A-Z WEST MIDLANDS BIRMIN

GW00729062

CONTENTS

Key to Map Pages	2-3
Large Scale City Centres	4-7
Map Pages	8-217
Index to and sele	-286
Index to Hospitals and Hospices	287-288

REFERENCE

- Motorway M6
  - Proposed
- A Road A38
  - Under Construction
  - Proposed
- B Road B4284
- Dual Carriageway
- One Way Street
  - Traffic flow on A Roads is indicated by a heavy line on the driver's left
  - All one way streets are shown on Large Scale Pages
- Restricted Access
- Pedestrianized Road
- Coventry City Centre Ring Road Junction Numbers — Large Scale Pages Only (1)
- Track/Footpath
- Railway — Level Crossing, Station, Tunnel
- Private Railway — Station
- Midland Metro — Station
  - The boarding of Metro trains at stations may be limited to a single direction, indicated by the arrow.
- Built Up Area (HOOPER STREET)
- Local Authority Boundary
- Posttown Boundary
- Postcode Boundary
- Map Continuation 20 — Large Scale City Centre 4
- Car Park
- Church or Chapel
- Fire Station
- House Numbers (A & B Roads only) 20 40
- Hospital
- Information Centre
- National Grid Reference 412
- Police Station
- Post Office
- Toilet
  - with facilities for the Disabled
- Educational Establishment
- Hospital or Health Centre
- Industrial Building
- Leisure or Recreational Facility
- Place of Interest
- Public Building
- Shopping Centre or Market
- Other Selected Buildings

SCALE

Map Pages 8-217
1:18103 3½ inches to 1 mile

0 ¼ ½ ¾ Mile

0 250 500 750 Metres 1 Kilometre

5.52 cm to 1 km — 8.89 cm to 1 mile

Map Pages 4-7
1:9051 7 inches to 1 mile

0 ⅛ ¼ ⅜ Mile

0 100 200 300 400 500 Metres

11.05 cm to 1 km — 17.78 cm to 1 mile

Copyright of Geographers' A-Z Map Company Limited

Head Office:
Fairfield Road, Borough Green, Sevenoaks, Kent, TN15 8PP
Tel: 01732 781000

Showrooms:
44 Gray's Inn Road, London, WC1X 8HX
Tel: 020 7440 9500

This map is based upon Ordnance Survey mapping with the permission of The Controller of Her Majesty's Stationery Office.
© Crown copyright licence number 399000. All rights reserved.

EDITION 1 2000

Copyright © Geographers' A-Z Map Co. Ltd. 2000

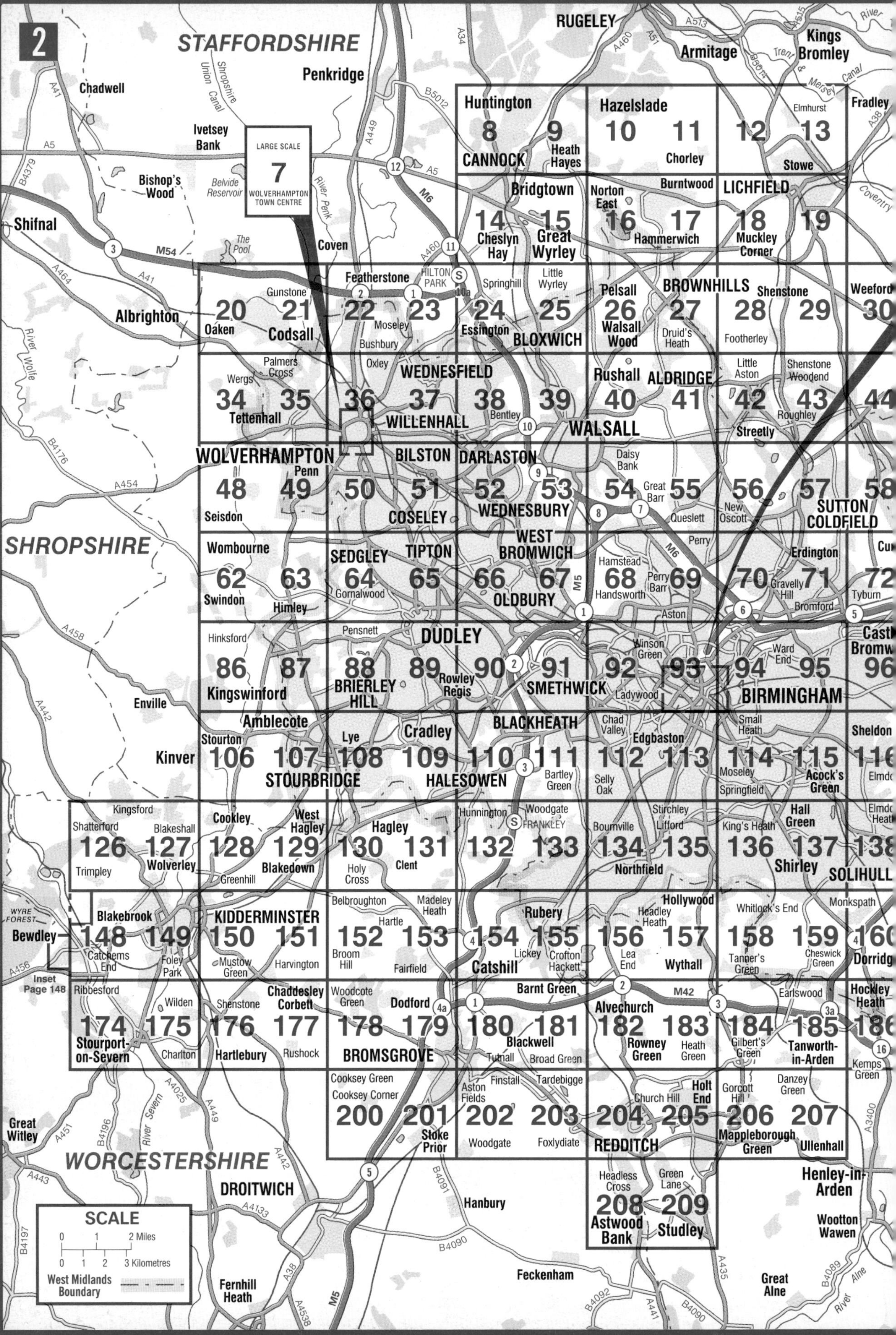

2

STAFFORDSHIRE

Chadwell · Penkridge

Ivetsey Bank

LARGE SCALE **7** WOLVERHAMPTON TOWN CENTRE

Bishop's Wood

Shifnal

Coven

Belvide Reservoir

Shropshire Union Canal

The Pool

RUGELEY
Armitage · Kings Bromley · Fradley

Huntington · Hazelslade · Elmhurst

8 **9** **10** **11** **12** **13**
CANNOCK · Heath Hayes · Chorley · Stowe

Bridgtown · Burntwood · LICHFIELD
Norton East

14 **15** **16** **17** **18** **19**
Cheslyn Hay · Great Wyrley · Hammerwich · Muckley Corner

Springhill · Little Wyrley · Pelsall · BROWNHILLS · Shenstone · Weeford

20 **21** **22** **23** **24** **25** **26** **27** **28** **29** **30**
Oaken · Codsall · Moseley Bushbury · Essington · BLOXWICH · Walsall Wood · Druid's Heath · Footherley

Gunstone · Oxley · WEDNESFIELD · Rushall · ALDRIDGE · Little Aston · Shenstone Woodend

Albrighton · Palmers Cross · Wergs

34 **35** **36** **37** **38** **39** **40** **41** **42** **43** **44**
Tettenhall · WILLENHALL · Bentley · WALSALL · Streetly · Roughley

WOLVERHAMPTON · Penn · BILSTON · DARLASTON · Daisy Bank · Great Barr · New Oscott · SUTTON COLDFIELD

48 **49** **50** **51** **52** **53** **54** **55** **56** **57** **58**
Seisdon · COSELEY · WEDNESBURY · Queslett

SHROPSHIRE

Wombourne · WEST BROMWICH · Perry · Erdington

62 **63** **64** **65** **66** **67** **68** **69** **70** **71** **72**
Swindon · Himley · SEDGLEY · TIPTON · OLDBURY · Gornalwood · Hamstead · Handsworth · Perry Barr · Aston · Gravelly Hill · Bromford · Tyburn

Hinksford · Pensnett · DUDLEY · Winson Green · Ward End · Cast Bromw

86 **87** **88** **89** **90** **91** **92** **93** **94** **95** **96**
Kingswinford · BRIERLEY HILL · Rowley Regis · SMETHWICK · Ladywood · BIRMINGHAM

Enville · Amblecote · Lye · Cradley · BLACKHEATH · Chad Valley · Edgbaston · Small Heath · Sheldon

Kinver · Stourton · **106** **107** **108** **109** **110** **111** **112** **113** **114** **115** **116**
STOURBRIDGE · HALESOWEN · Bartley Green · Selly Oak · Moseley · Springfield · Acock's Green · Elmd

Kingsford · Cookley · West Hagley · Hagley · Hunnington · Woodgate FRANKLEY · Bournville · Stirchley Lifford · King's Heath · Hall Green

Shatterford · Blakeshall · **126** **127** **128** **129** **130** **131** **132** **133** **134** **135** **136** **137** **138**
Wolverley · Blakedown · Holy Cross · Clent · Northfield · Shirley · SOLIHULL

Trimpley · Greenhill

WYRE FOREST · Belbroughton · Madeley Heath · Hollywood · Whitlock's End · Monkspath

Bewdley · Blakebrook · KIDDERMINSTER · Hartle · Rubery · Headley Heath · Tanner's Green · Cheswick Green

148 **149** **150** **151** **152** **153** **154** **155** **156** **157** **158** **159** **160**
Catchems End · Foley Park · Mustow Green · Harvington · Broom Hill · Fairfield · Catshill · Lickey · Crofton Hackett · Lea End · Wythall · Dorridg

Inset Page 148 · Ribbesford · Wilden · Shenstone · Chaddesley Corbett · Woodcote Green · Dodford · Barnt Green · Alvechurch · Earlswood · Hockley Heath

174 **175** **176** **177** **178** **179** **180** **181** **182** **183** **184** **185** **186**
Stourport-on-Severn · Charlton · Hartlebury · Rushock · BROMSGROVE · Tutnall · Blackwell · Broad Green · Rowney Green · Heath Green · Gilbert's Green · Tanworth-in-Arden · Kemps Green

Cooksey Green · Cooksey Corner · Aston Fields · Finstall · Tardebigge · Church Hill · Holt End · Gorcott Hill · Danzey Green

200 **201** **202** **203** **204** **205** **206** **207**
Stoke Prior · Woodgate · Foxlydiate · REDDITCH · Mappleborough Green · Ullenhall

Great Witley · DROITWICH · Hanbury · Headless Cross · Green Lane · Henley-in-Arden

208 **209**
Astwood Bank · Studley · Wootton Wawen

WORCESTERSHIRE

Fernhill Heath · Feckenham · Great Alne

SCALE
0 1 2 Miles
0 1 2 3 Kilometres
West Midlands Boundary — —

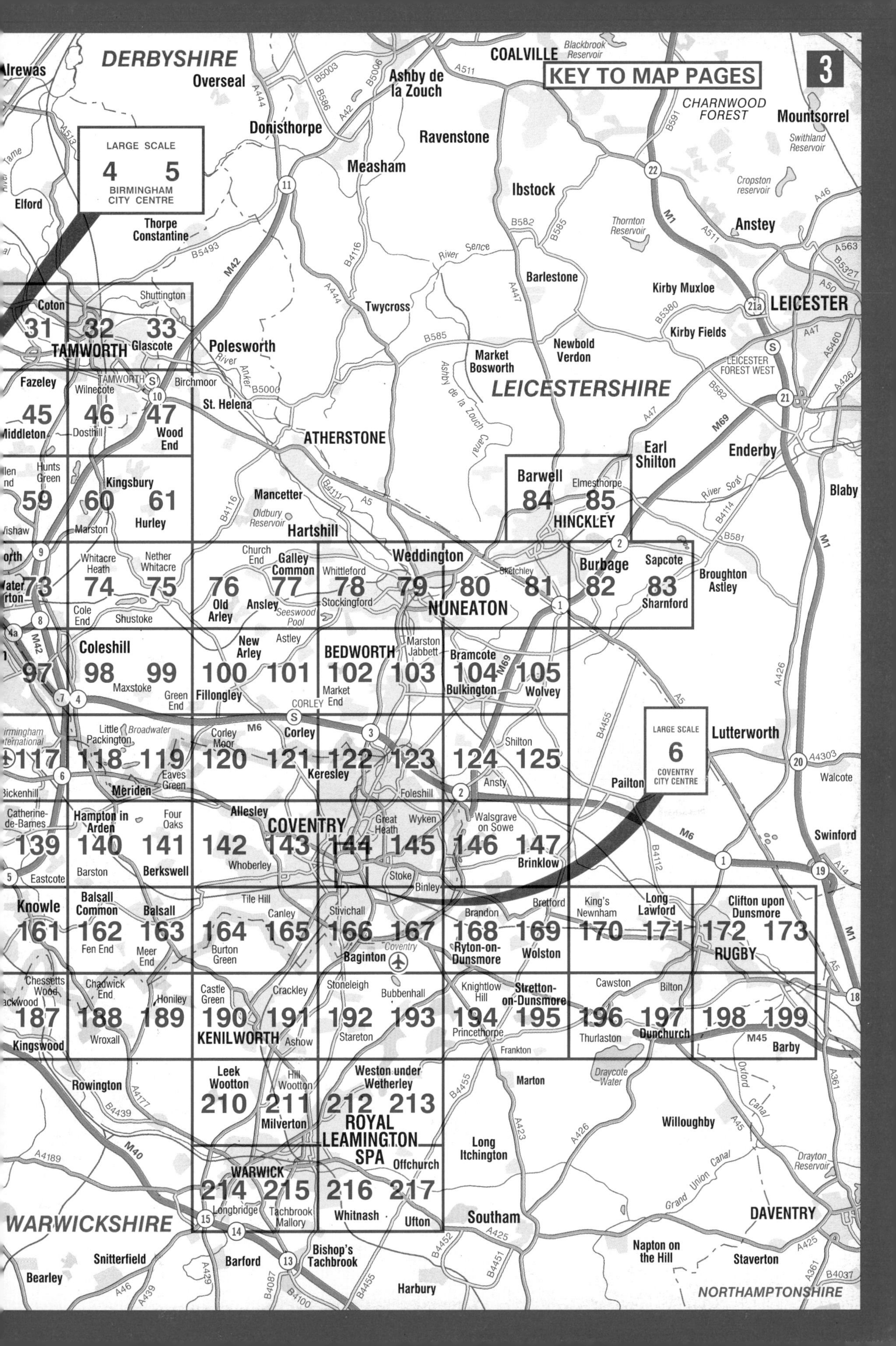
DERBYSHIRE
Overseal
COALVILLE
Blackbrook Reservoir
Ashby de la Zouch
CHARNWOOD FOREST
Mountsorrel
Swithland Reservoir
Donisthorpe
Ravenstone
Measham
Elford
LARGE SCALE
4 5
BIRMINGHAM CITY CENTRE
Ibstock
Cropston reservoir
Thorpe Constantine
Thornton Reservoir
Anstey
River Sence
Barlestone
Kirby Muxloe
LEICESTER
Twycross
Kirby Fields
Coton
31 32 33
Shuttington
TAMWORTH
Glascote
Polesworth
Market Bosworth
Newbold Verdon
LEICESTER FOREST WEST
Fazeley
TAMWORTH
Wilnecote
Birchmoor
45 46 47
St. Helena
LEICESTERSHIRE
Dosthill
Wood End
ATHERSTONE
Earl Shilton
Enderby
Hunts Green
59 60 61
Kingsbury
Mancetter
Barwell
84 85
Elmesthorpe
Blaby
Marston
Hurley
Oldbury Reservoir
Hartshill
HINCKLEY
Whitacre Heath
Nether Whitacre
Church End
Galley Common
Weddington
Burbage
Sapcote
Broughton Astley
73 74 75 76 77 78 79 80 81 82 83
Whittleford
Sketchley
Old Arley
Ansley
Stockingford
NUNEATON
Sharnford
Cole End
Shustoke
Seeswood Pool
Coleshill
New Arley
Astley
BEDWORTH
Marston Jabbett
Bramcote
97 98 99 100 101 102 103 104 105
Maxstoke
Green End
Fillongley
Market End
Bulkington
Wolvey
CORLEY
LARGE SCALE
6
COVENTRY CITY CENTRE
Lutterworth
Little Packington
Broadwater
Corley Moor
Corley
Shilton
117 118 119 120 121 122 123 124 125
Eaves Green
Keresley
Ansty
Pailton
Walcote
Meriden
Foleshill
Catherine-de-Barnes
Hampton in Arden
Four Oaks
Allesley
COVENTRY
Great Heath
Wyken
Walsgrave on Sowe
Swinford
139 140 141 142 143 144 145 146 147
Eastcote
Barston
Berkswell
Whoberley
Stoke
Brinklow
Binley
Knowle
Balsall Common
Balsall
Tile Hill
Canley
Stivichall
Brandon
Bretford
King's Newnham
Long Lawford
Clifton upon Dunsmore
161 162 163 164 165 166 167 168 169 170 171 172 173
Fen End
Meer End
Burton Green
Baginton
Coventry
Ryton-on-Dunsmore
Wolston
RUGBY
Chessetts Wood
Chadwick End
Honiley
Castle Green
Crackley
Stoneleigh
Bubbenhall
Knightlow Hill
Stretton-on-Dunsmore
Cawston
Bilton
187 188 189 190 191 192 193 194 195 196 197 198 199
Kingswood
Wroxall
KENILWORTH
Ashow
Stareton
Princethorpe
Frankton
Thurlaston
Dunchurch
Barby
Rowington
Leek Wootton
Hill Wootton
Weston under Wetherley
Marton
Draycote Water
Oxford Canal
210 211 212 213
Milverton
ROYAL LEAMINGTON SPA
Willoughby
Long Itchington
WARWICK
Offchurch
Grand Union Canal
Drayton Reservoir
214 215 216 217
Longbridge
Tachbrook Mallory
Whitnash
Ufton
WARWICKSHIRE
Southam
DAVENTRY
Snitterfield
Barford
Bishop's Tachbrook
Napton on the Hill
Staverton
Bearley
Harbury
NORTHAMPTONSHIRE
M42
M6
M69
M1
M45
M40
A5
A444
A511
A447
A46
A426
A423
A425
A429
A439
A4189
A4177
A45
A361
B4116
B585
B582
B4114
B4455
B4112
B4439
B4087
B4100
B4451
B4452

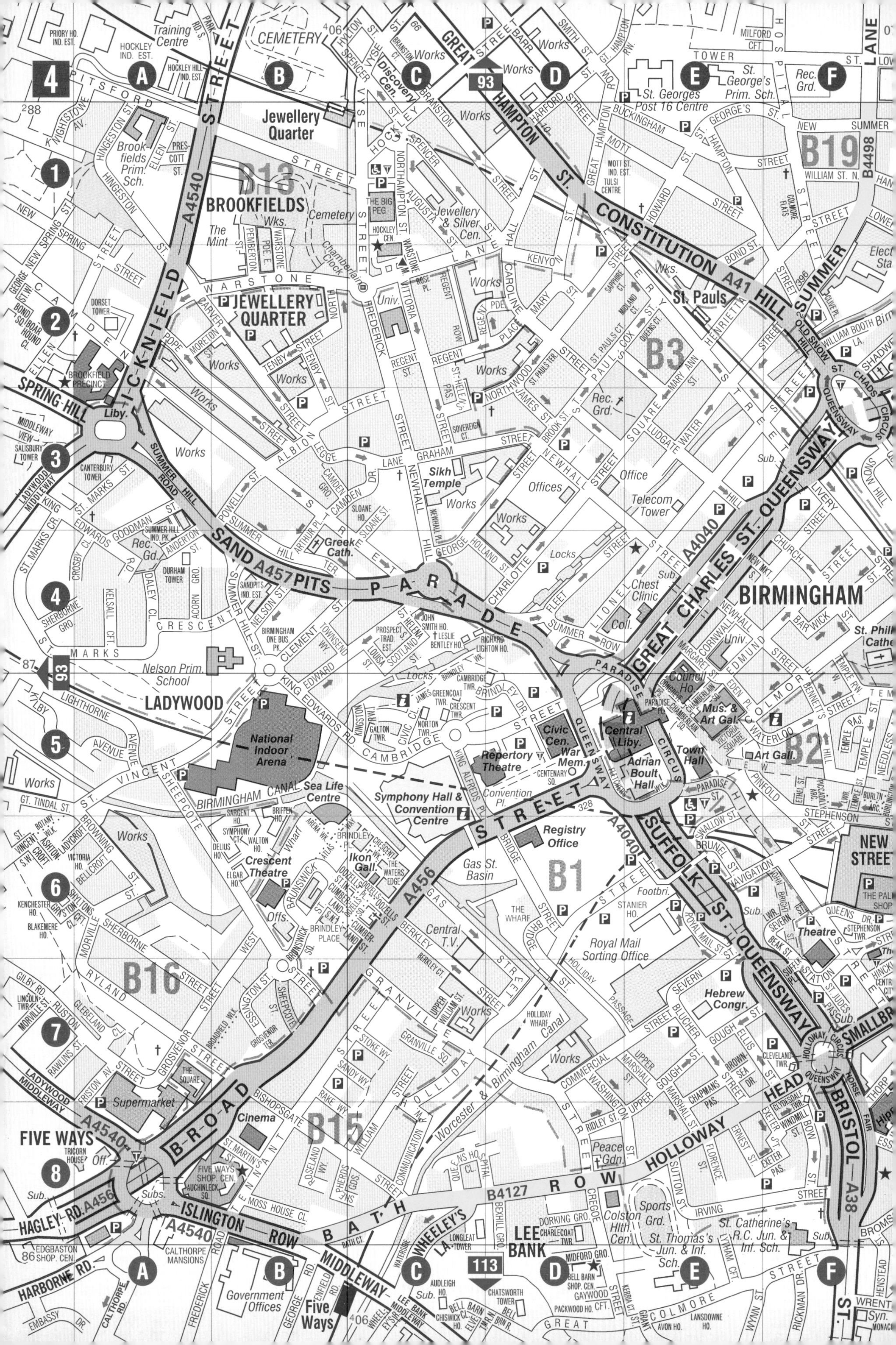
4
A
B
C
D
E
F
1
2
3
4
5
6
7
8
93
113
BIRMINGHAM
B1
B2
B3
B13
B15
B16
B19
BROOKFIELDS
JEWELLERY QUARTER
Jewellery Quarter
LADYWOOD
FIVE WAYS
LEE BANK
CEMETERY
Training Centre
HOCKLEY IND. EST.
PRIORY HO. IND. EST.
HOCKLEY HILL IND. EST.
PITSFORD
KNIGHTSTOWE AV.
HINGESTON ST.
Brookfields Prim. Sch.
PRESCOTT ST.
ELLEN ST.
ICKNIELD STREET
A4540
SPRING HILL
NEW SPRING ST.
SPRING STREET
CAMDEN
BROOKFIELD PRECINCT
DORSET TOWER
Liby.
MIDDLEWAY VIEW
SALISBURY TOWER
CANTERBURY TOWER
LADYWOOD MIDDLEWAY
SUMMER HILL ROAD
KING EDWARDS RD.
ST. MARKS CR.
GOODMAN ST.
Rec. Gd.
DURHAM TOWER
SUMMER HILL IND. PK.
ANDERTON ST.
DALEY CL.
ACORN GRO.
KELSALL CFT.
SHERBORNE GRO.
CRESCENT
ST. MARKS
Nelson Prim. School
SANDPITS IND. EST.
NELSON ST.
SUMMER HILL ST.
SAND PITS PARADE
A457
SUMMER HILL TER.
The Mint
Cemetery
Chamberlain Clock
WARSTONE LANE
CARVER ST.
POPE ST.
MORETON ST.
Works
ALBION ST.
LEGGE LANE
CAMDEN GRO.
CAMDEN DR.
GRAHAM ST.
POWELL ST.
ARTHUR PL.
SLOANE ST.
Greek Cath.
TENBY ST.
TENBY STREET NORTH
FREDERICK ST.
VYSE ST.
Discovery Cen.
GREAT HAMPTON STREET
THE BIG PEG
HOCKLEY CEN.
NORTHAMPTON ST.
AUGUSTA ST.
Jewellery & Silver Cen.
SPENCER ST.
BRANSTON ST.
HOCKLEY ST.
Univ.
VITTORIA ST.
REGENT PL.
REGENT ST.
NEWHALL HILL
Sikh Temple
HALL ST.
CAROLINE ST.
KENYON ST.
MARY ST.
NORTHWOOD ST.
ST. PAULS TER.
Rec. Grd.
ST. PAULS SQUARE
CHARLOTTE ST.
HOLLAND ST.
GEORGE ST.
Locks
FLEET ST.
SUMMER ROW
NEWHALL ST.
LUDGATE HILL
Office
Telecom Tower
Offices
Chest Clinic
Coll.
LIONEL ST.
HAMPTON ST.
CONSTITUTION HILL
A41
St. Pauls
HENRIETTA ST.
GREAT CHARLES ST. QUEENSWAY
A4040
ST. CHADS CIRCUS
QUEENSWAY
SUMMER LANE
OLD SNOW HILL
St. Georges Post 16 Centre
St. George's Prim. Sch.
TOWER ST.
Rec. Grd.
MILFORD CFT.
HOSPITAL ST.
BUCKINGHAM ST.
NEW SUMMER ST.
WILLIAM ST. N.
COLMORE FLATS
B4498
TULSI CENTRE
MOTT ST. IND. EST.
HOWARD ST.
BOND ST.
St. Phil. Cathe
CHURCH ST.
BARWICK ST.
Univ.
EDMUND ST.
COLMORE ROW
Council Ho.
Mus. & Art Gal.
Art Gal.
Town Hall
Central Liby.
Adrian Boult Hall
PARADISE CIRCUS
Civic Cen.
War Mem.
Repertory Theatre
CENTENARY SQ.
Convention Pl.
Symphony Hall & Convention Centre
National Indoor Arena
Sea Life Centre
BIRMINGHAM CANAL
KING EDWARD RD.
CAMBRIDGE ST.
BRINDLEY DR.
BROAD STREET
A456
Registry Office
Gas St. Basin
Crescent Theatre
Ikon Gall.
BRINDLEY PLACE
BRUNSWICK ST.
SHEEPCOTE ST.
Offs.
Central T.V.
BERKLEY ST.
GRANVILLE ST.
Works
Worcester & Birmingham Canal
HOLLIDAY ST.
HOLLIDAY WHARF
SUFFOLK ST. QUEENSWAY
Royal Mail Sorting Office
STANIER HO.
Footbri.
NAVIGATION ST.
NEW STREET
Theatre
Hebrew Congr.
SEVERN ST.
BLUCHER ST.
GOUGH ST.
HOLLOWAY HEAD
HOLLOWAY CIRCUS
BRISTOL ST.
A38
SMALLBROOK
COMMERCIAL ST.
WASHINGTON ST.
UPPER MARSHALL ST.
Peace Gdn.
HOLLOWAY
B4127
ROW
BATH ROW
Sports Grd.
Colston Hlth. Cen.
St. Thomas's Jun. & Inf. Sch.
St. Catherine's R.C. Jun. & Inf. Sch.
IRVING STREET
GREAT COLMORE STREET
BELL BARN SHOP. CEN.
CHATSWORTH TOWER
WHEELEY'S LA.
MIDDLEWAY
Five Ways
Government Offices
FIVE WAYS SHOP. CEN.
ISLINGTON ROW
HAGLEY RD.
HARBORNE RD.
CALTHORPE RD.
EDGBASTON SHOP. CEN.
CALTHORPE MANSIONS
TENNANT ST.
BISHOPSGATE ST.
Cinema
Supermarket
THE SQUARE
GROSVENOR ST.
RYLAND ST.
SHERBORNE ST.
MORVILLE ST.
RUSTON ST.
Works
VINCENT ST.
SHEEPCOTE ST.
LIGHTHORNE AVENUE
TRICORN HOUSE
GT. TINDAL ST.
BROWNING ST.
LADYCROFT

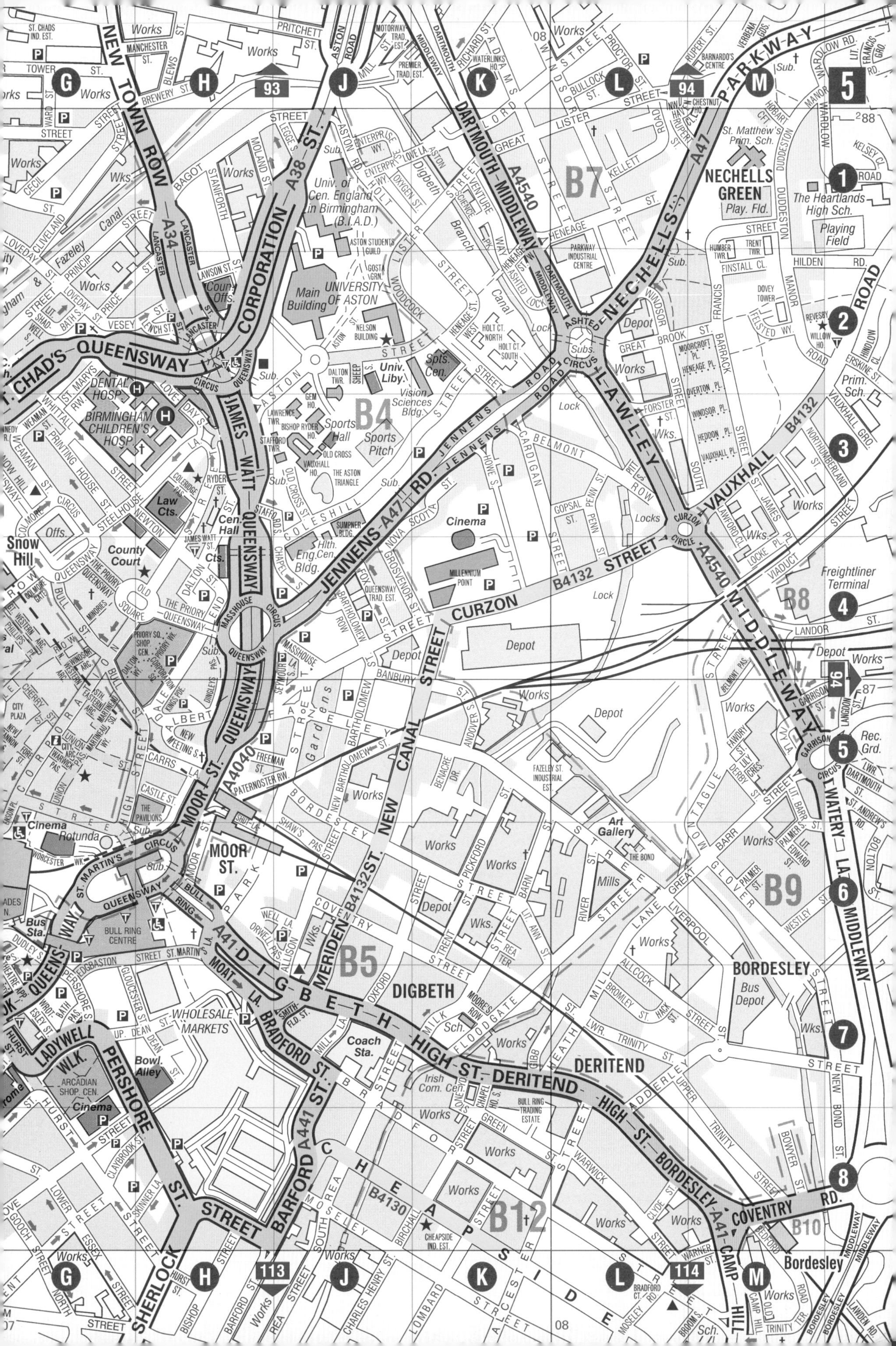

5
93
94
113
114
G
H
J
K
L
M
1
2
3
4
6
7
8
B4
B5
B7
B8
B9
B10
B12
NEW TOWN ROW
A34
A38
CORPORATION ST.
ST. CHAD'S QUEENSWAY
JAMES WATT QUEENSWAY
MASSHOUSE CIRCUS
MOOR ST. QUEENSWAY
A4040
ST. MARTIN'S CIRCUS
QUEENSWAY
SMALLBROOK QUEENSWAY
A41 DIGBETH
HIGH ST. DERITEND
HIGH ST. BORDESLEY
A41 CAMP HILL
COVENTRY RD.
PERSHORE ST.
BARFORD ST.
A441
BRADFORD ST.
CHEAPSIDE
B4130
MERIDEN ST.
B4132
NEW CANAL ST.
CURZON STREET
B4132 STREET
JENNENS RD.
A47
DARTMOUTH MIDDLEWAY
A4540
NECHELLS PARKWAY
LAWLEY MIDDLEWAY
ASHTED CIRCUS
CURZON CIRCLE
GARRISON CIRCUS
VAUXHALL ROAD
WATERY LA. MIDDLEWAY
PARKWAY
NECHELLS GREEN
Play. Fld.
The Heartlands High Sch.
Playing Field
St. Matthew's Prim. Sch.
Univ. of Cen. England in Birmingham (B.I.A.D.)
UNIVERSITY OF ASTON
Main Building
Univ. Liby.
Spts. Cen.
Sports Hall
Sports Pitch
Vision Sciences Bldg.
Eng. Cen. Bldg.
Hlth. Cen.
Cinema
MILLENNIUM POINT
Depot
Freightliner Terminal
Rec. Grd.
Art Gallery
THE BOND
Mills
BORDESLEY
Bus Depot
Bordesley
DIGBETH
DERITEND
Coach Sta.
Irish Com. Cen.
BULL RING TRADING ESTATE
CHEAPSIDE IND. EST.
WHOLESALE MARKETS
Bowl. Alley
ARCADIAN SHOP. CEN.
Cinema
LADYWELL WLK.
Bus Sta.
BULL RING CENTRE
Cinema Rotunda
MOOR ST.
THE PAVILIONS
PRIORY SQ. SHOP. CEN.
County Court
Law Cts.
Cen. Hall
Cts.
Snow Hill
Offs.
BIRMINGHAM CHILDREN'S HOSP.
DENTAL HOSP.
County Offs.
PARKWAY INDUSTRIAL CENTRE
FAZELEY ST. INDUSTRIAL EST.
QUEENSWAY TRAD. EST.
Works
Canal
Fazeley
Digbeth Branch Canal
Lock
Locks
Sub.
88
87
08
07

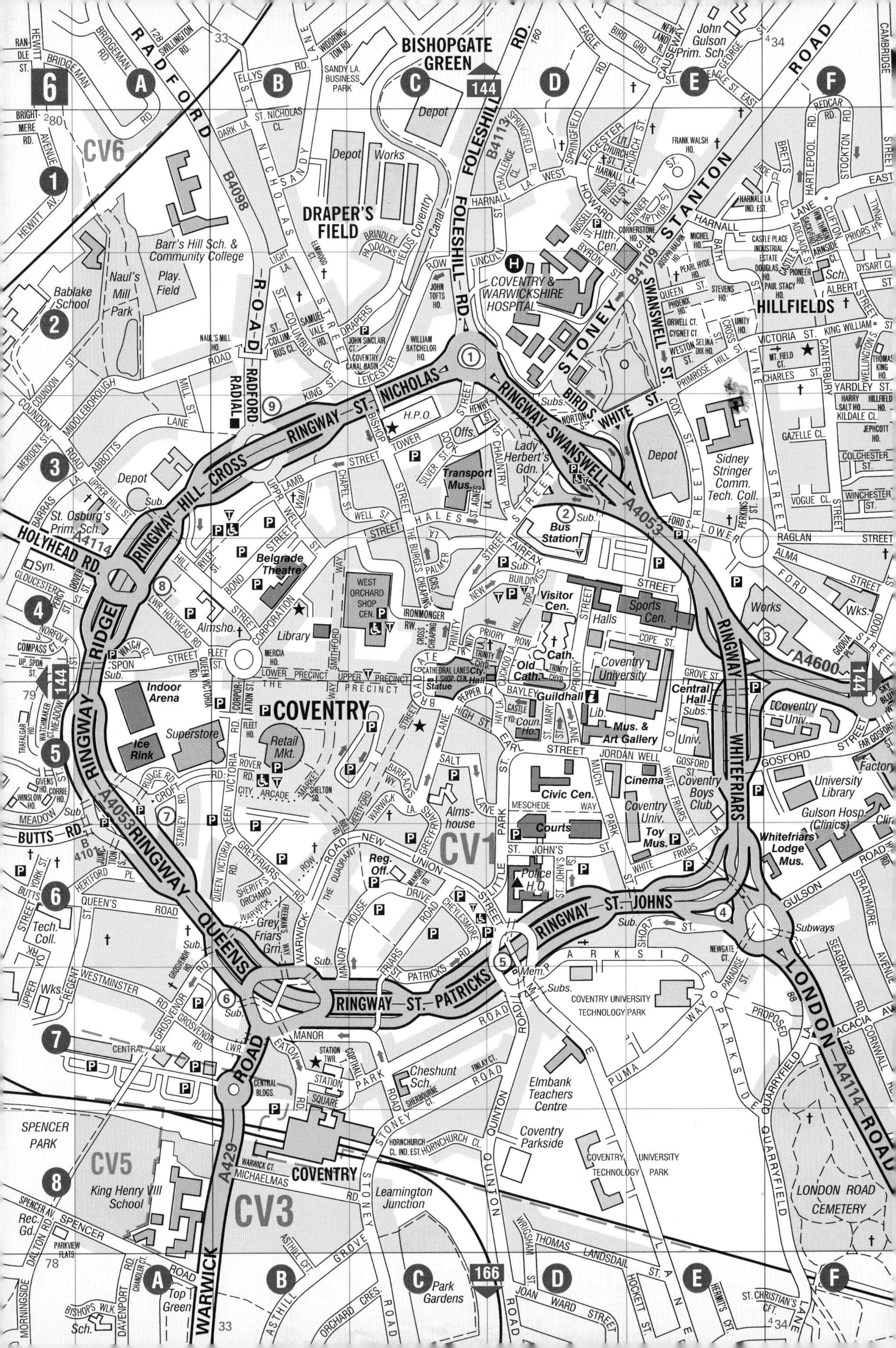

6
A
B
C
D
E
F
1
2
3
4
5
6
7
8
33
34
78
79
80
144
166
CV6
CV1
CV5
CV3
BISHOPGATE GREEN
DRAPER'S FIELD
HILLFIELDS
COVENTRY
RADFORD ROAD
FOLESHILL RD.
STONEY STANTON ROAD
B4113
B4098
B4109
A4053
A4114
A4600
A429
HOLYHEAD RD.
RINGWAY HILL CROSS
RINGWAY ST. NICHOLAS
RINGWAY SWANSWELL
RINGWAY WHITEFRIARS
RINGWAY ST. JOHNS
RINGWAY ST. PATRICKS
RINGWAY QUEENS
RINGWAY RIDGE
RINGWAY RUDGE
LONDON ROAD
WARWICK ROAD
RADFORD RADIAL
Barr's Hill Sch. & Community College
Naul's Mill Park
Play. Field
Bablake School
St. Osburg's Prim. Sch.
COVENTRY & WARWICKSHIRE HOSPITAL
Sidney Stringer Comm. Tech. Coll.
Transport Mus.
Lady Herbert's Gdn.
Bus Station
Belgrade Theatre
WEST ORCHARD SHOP CEN.
Library
Visitor Cen.
Sports Cen.
Halls
Cath.
Old Cath.
Coventry University
Guildhall
Mus. & Art Gallery
Central Hall
Coventry Univ.
University Library
Gulson Hosp. (Clinics)
Whitefriars Lodge Mus.
Indoor Arena
Superstore
Ice Rink
Retail Mkt.
Alms-house
Reg. Off.
Civic Cen.
Cinema
Courts
Police H.Q.
Toy Mus.
Coventry Boys Club
Grey Friars Grn.
Tech. Coll.
COVENTRY UNIVERSITY TECHNOLOGY PARK
Elmbank Teachers Centre
Coventry Parkside
Cheshunt Sch.
Leamington Junction
SPENCER PARK
King Henry VIII School
LONDON ROAD CEMETERY
Park Gardens
Top Green
Works
Depot
Subways

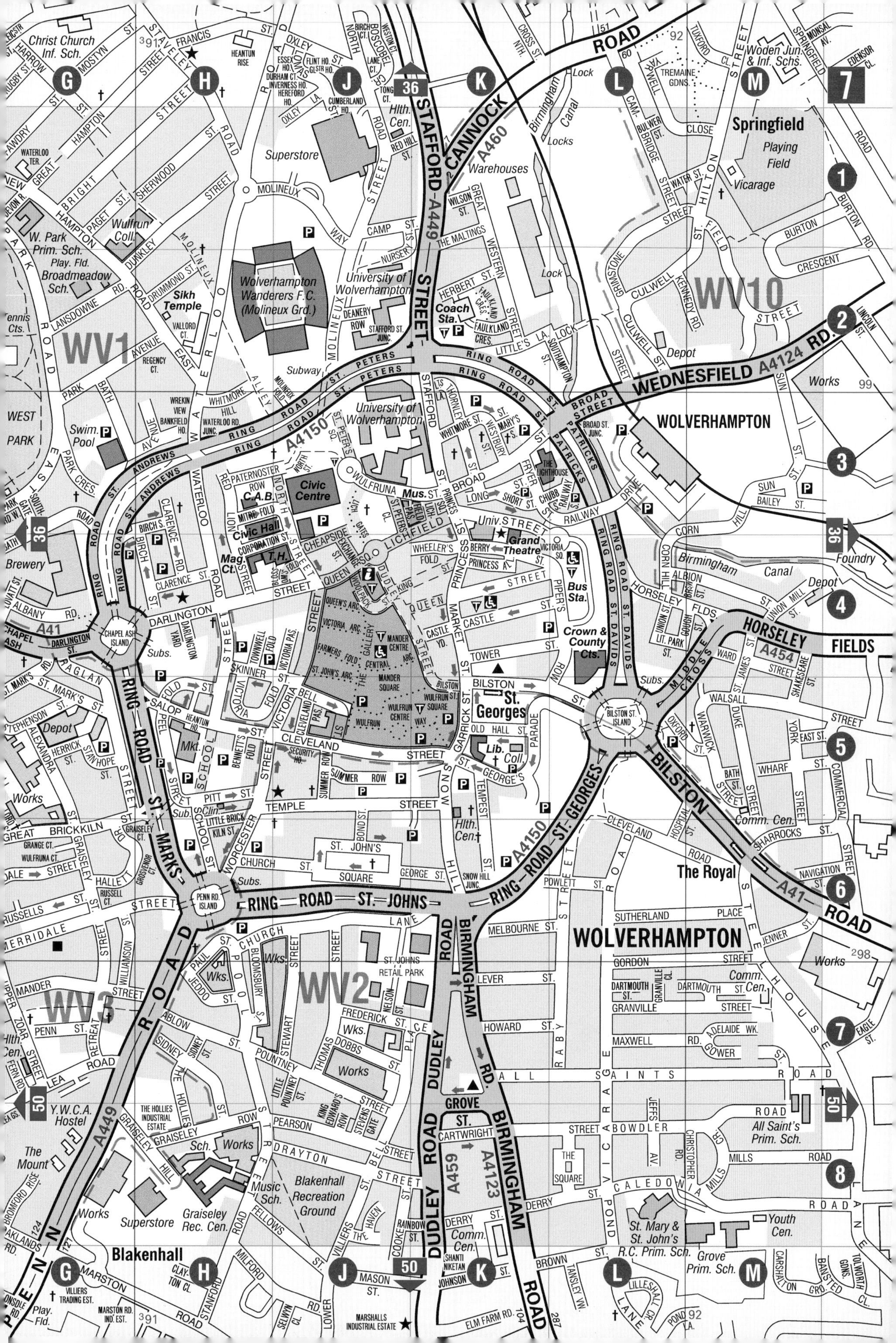

7
36
50
G
H
J
K
L
M
1
2
3
4
5
6
7
8
Christ Church Inf. Sch.
Woden Jun. & Inf. Schs.
Springfield
Playing Field
Vicarage
Tremaine Gdns.
Superstore
Hlth. Cen.
Warehouses
Lock
Locks
Birmingham Canal
Wulfrun Coll.
W. Park Prim. Sch.
Play. Fld.
Broadmeadow Sch.
Wolverhampton Wanderers F.C. (Molineux Grd.)
University of Wolverhampton
Coach Sta.
Sikh Temple
Tennis Cts.
WV1
WV10
WV2
WV3
Depot
Works
Subway
West Park
Swim. Pool
Wolverhampton
Civic Centre
C.A.B.
Civic Hall
Mag. Ct.
T.H.
Mus.
Univ.
Grand Theatre
The Lighthouse
Bus Sta.
Crown & County Cts.
Brewery
Foundry
Chapel Ash Island
Subs.
Mkt.
Mander Centre
Mander Square
Wulfrun Centre
St. Georges
Lib.
Coll.
Bilston St. Island
Penn Rd. Island
Clin.
Sub.
Hlth. Cen.
The Royal
Comm. Cen.
St. Johns Retail Park
Wks.
Works
The Hollies Industrial Estate
Sch.
Y.W.C.A. Hostel
The Mount
Music Sch.
Blakenhall Recreation Ground
Superstore
Graiseley Rec. Cen.
Blakenhall
Villiers Trading Est.
Play. Fld.
Marston Rd. Ind. Est.
Marshalls Industrial Estate
Comm. Cen.
All Saint's Prim. Sch.
St. Mary & St. John's R.C. Prim. Sch.
Grove Prim. Sch.
Youth Cen.
The Square
Ring Road St. Andrews
Ring Road St. Peters
Ring Road St. Patricks
Ring Road St. Davids
Ring Road St. Georges
Ring Road St. Johns
Ring Road St. Marks
A4150
Stafford Street A449
Cannock Road A460
Wednesfield Rd. A4124
Horseley Fields A454
Bilston Road A41
Penn Road A449
Dudley Road A459
Birmingham Rd. A4123
Darlington St. A41
Molineux Way
Waterloo Road
Lichfield St.
Queen Square
Victoria St.
Cleveland Street
Snow Hill
All Saints Road
Caledonia Road
Vicarage Road
Steelhouse Lane

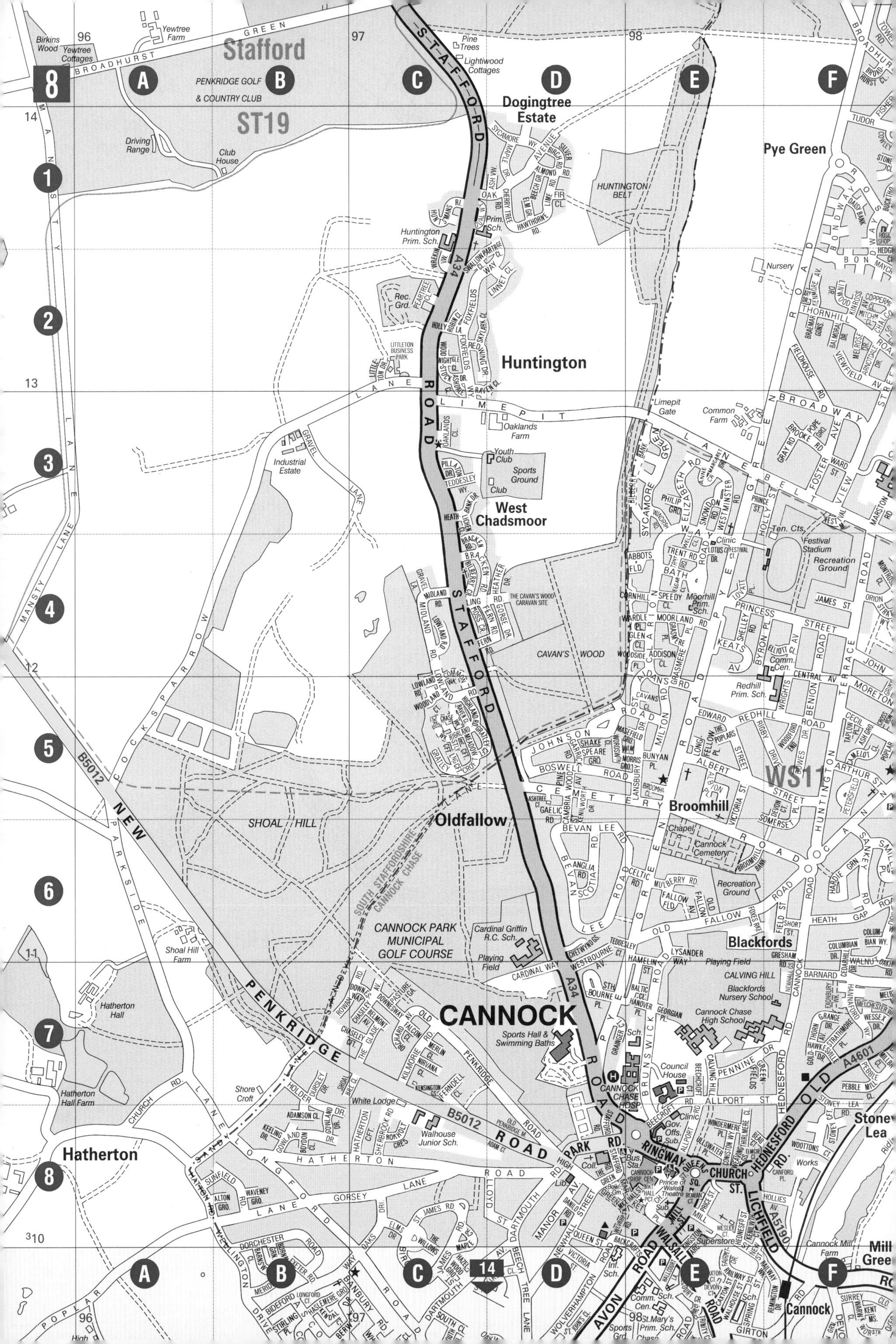
8
Stafford
ST19
PENKRIDGE GOLF & COUNTRY CLUB
Birkins Wood
Yewtree Cottages
Yewtree Farm
BROADHURST GREEN
Driving Range
Club House
Pine Trees
Lightwood Cottages
Dogingtree Estate
HUNTINGTON BELT
Huntington Prim. Sch.
Rec. Grd.
LITTLETON BUSINESS PARK
Huntington
LIMEPIT LANE
Limepit Gate
Common Farm
Oaklands Farm
Youth Club
Sports Ground
Club
West Chadsmoor
Industrial Estate
STAFFORD ROAD
A34
THE CAVAN'S WOOD CARAVAN SITE
CAVAN'S WOOD
Pye Green
Nursery
BROADWAY
Ten. Cts.
Festival Stadium
Recreation Ground
Moorhill Prim. Sch.
Redhill Prim. Sch.
Comm. Cen.
Clinic
WS11
Broomhill
Chapel
Cannock Cemetery
Recreation Ground
Blackfords
Playing Field
CALVING HILL
Blackfords Nursery School
Cannock Chase High School
COCKSPARROW LANE
MANSTY LANE
B5012
NEW PENKRIDGE ROAD
SHOAL HILL
Oldfallow
SOUTH STAFFORDSHIRE CANNOCK CHASE
CANNOCK PARK MUNICIPAL GOLF COURSE
Cardinal Griffin R.C. Sch.
Playing Field
Shoal Hill Farm
Hatherton Hall
Hatherton Hall Farm
Hatherton
Shore Croft
White Lodge
Walhouse Junior Sch.
CANNOCK
Sports Hall & Swimming Baths
CANNOCK CHASE HOSP.
Council House
Gov. Offs.
Bus Sta.
Coll.
Lib.
Prince of Wales Theatre
RINGWAY
CHURCH ST.
LICHFIELD RD.
A5190
HEDNESFORD RD.
OLD HEDNESFORD RD.
A4601
Works
Stoney Lea
Superstore
Inf. Sch.
Comm. Cen.
St. Mary's Prim. Sch.
WALSALL ROAD
AVON ROAD
HATHERTON ROAD
GORSEY LANE
LONGFORD ROAD
POPLAR LANE
Cannock Mill Farm
Cannock
14
96
97
98
13
12
11
10

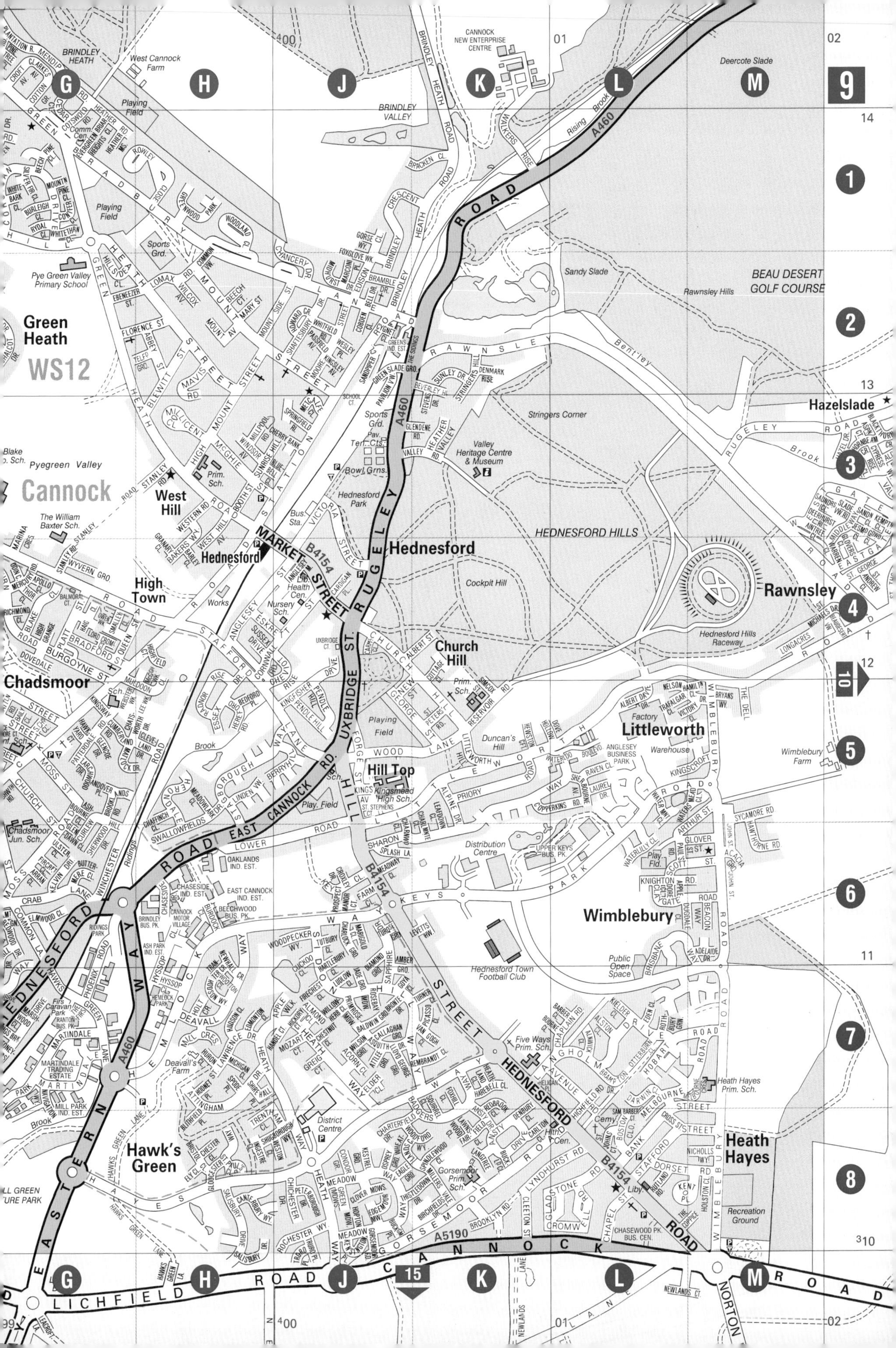
G
H
J
K
L
M
1
2
3
4
5
6
7
8
14
13
12
11
310
400
01
02
10
15
Brindley Heath
West Cannock Farm
Cannock New Enterprise Centre
Deercote Slade
Brindley Valley
Playing Field
Rising Brook
A460
Sports Grd.
Pye Green Valley Primary School
Green Heath
WS12
Sandy Slade
BEAU DESERT GOLF COURSE
Rawnsley Hills
Rawnsley Road
Bentley
Hazelslade
Rugeley Road
Stringers Corner
Valley Heritage Centre & Museum
Hednesford Park
Blake Sch.
Pyegreen Valley
Cannock
West Hill
The William Baxter Sch.
Hednesford
HEDNESFORD HILLS
Cockpit Hill
Rawnsley
Market Street
B4154
Rugeley Road
High Town
Hednesford Hills Raceway
Church Hill
Chadsmoor
Uxbridge St.
Littleworth
Factory
Warehouse
Wimblebury Farm
Duncan's Hill
Anglesey Business Park
Hill Top
Kingsmead High Sch.
Chadsmoor Jun. Sch.
East Cannock Road
Lower Road
Distribution Centre
Upper Keys Bus. Pk.
Oaklands Ind. Est.
Chaseside Ind. Est.
East Cannock Ind. Est.
Beechwood Bus. Pk.
Keys Park
Wimblebury
Hednesford Road
Hednesford Town Football Club
Public Open Space
Eastern Way
Five Ways Prim. Sch.
Heath Hayes Prim. Sch.
Deavall's Farm
Martindale Trading Estate
Mill Park Ind. Est.
District Centre
Hednesford Road
Hawk's Green
Gorsemoor Prim. Sch.
Heath Hayes
Recreation Ground
Hayes Way
Hawks Green La.
Gorsemoor Road
Chasewood Pk. Bus. Cen.
A5190
Cannock Road
Lichfield Road
Norton Lane
Newlands Ct.
Wimblebury Road

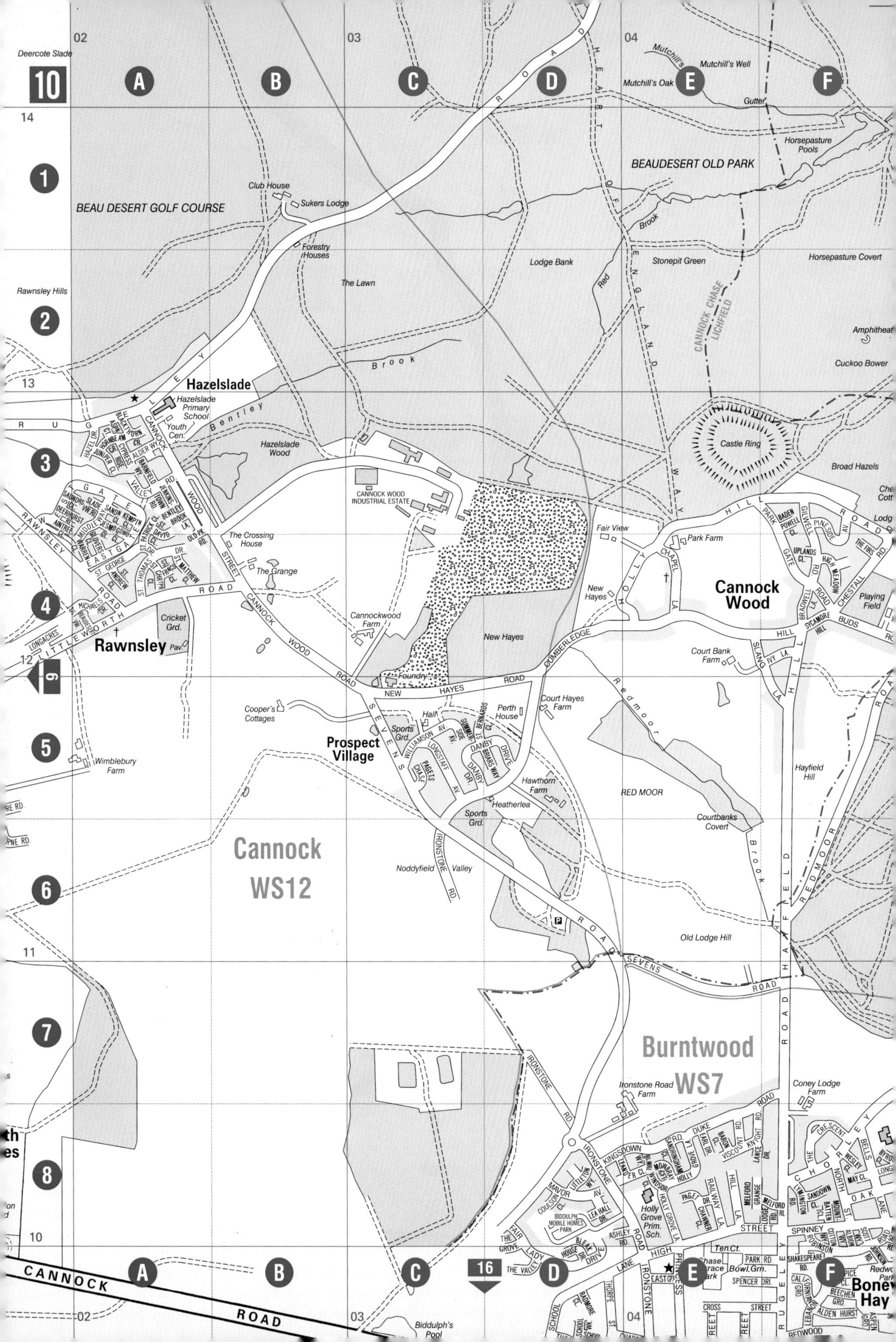
Deercote Slade
02
03
04
A
B
C
D
E
F
14
13
12
11
10
1
2
3
4
5
6
7
8
Mutchill's Well
Mutchill's Oak
Gutter
Horsepasture Pools
BEAUDESERT OLD PARK
BEAU DESERT GOLF COURSE
Club House
Sukers Lodge
Forestry Houses
The Lawn
Lodge Bank
Stonepit Green
Horsepasture Covert
Red Brook
HEART OF ENGLAND WAY
CANNOCK CHASE
LICHFIELD
Rawnsley Hills
Amphitheatre
Cuckoo Bower
Brook
Hazelslade
Hazelslade Primary School
Youth Cen.
Bentley
Hazelslade Wood
Castle Ring
Broad Hazels
CANNOCK WOOD INDUSTRIAL ESTATE
The Crossing House
The Grange
Fair View
Park Farm
New Hayes
Cannock Wood
Playing Field
Cannockwood Farm
Cricket Grd.
Pav.
Rawnsley
New Hayes
Court Bank Farm
Foundry
NEW HAYES ROAD
CANNOCK WOOD ROAD
CUMBERLEDGE HILL
Court Hayes Farm
Redmoor
Cooper's Cottages
Hall
Perth House
Sports Grd.
Prospect Village
Wimblebury Farm
Hawthorn Farm
RED MOOR
Hayfield Hill
Heatherlea
Sports Grd.
Courtbanks Covert
Brook
Cannock WS12
Noddyfield Valley
IRONSTONE RD.
REDMOOR
Old Lodge Hill
SEVENS ROAD
HAYFIELD ROAD
Burntwood WS7
Ironstone Road Farm
Coney Lodge Farm
IRONSTONE RD.
BIDDULPH MOBILE HOMES PARK
Holly Grove Prim. Sch.
Chase Terrace Park
Bowl.Grn.
Ten.Ct.
HIGH STREET
Boney Hay
CANNOCK ROAD
16
9
Biddulph's Pool

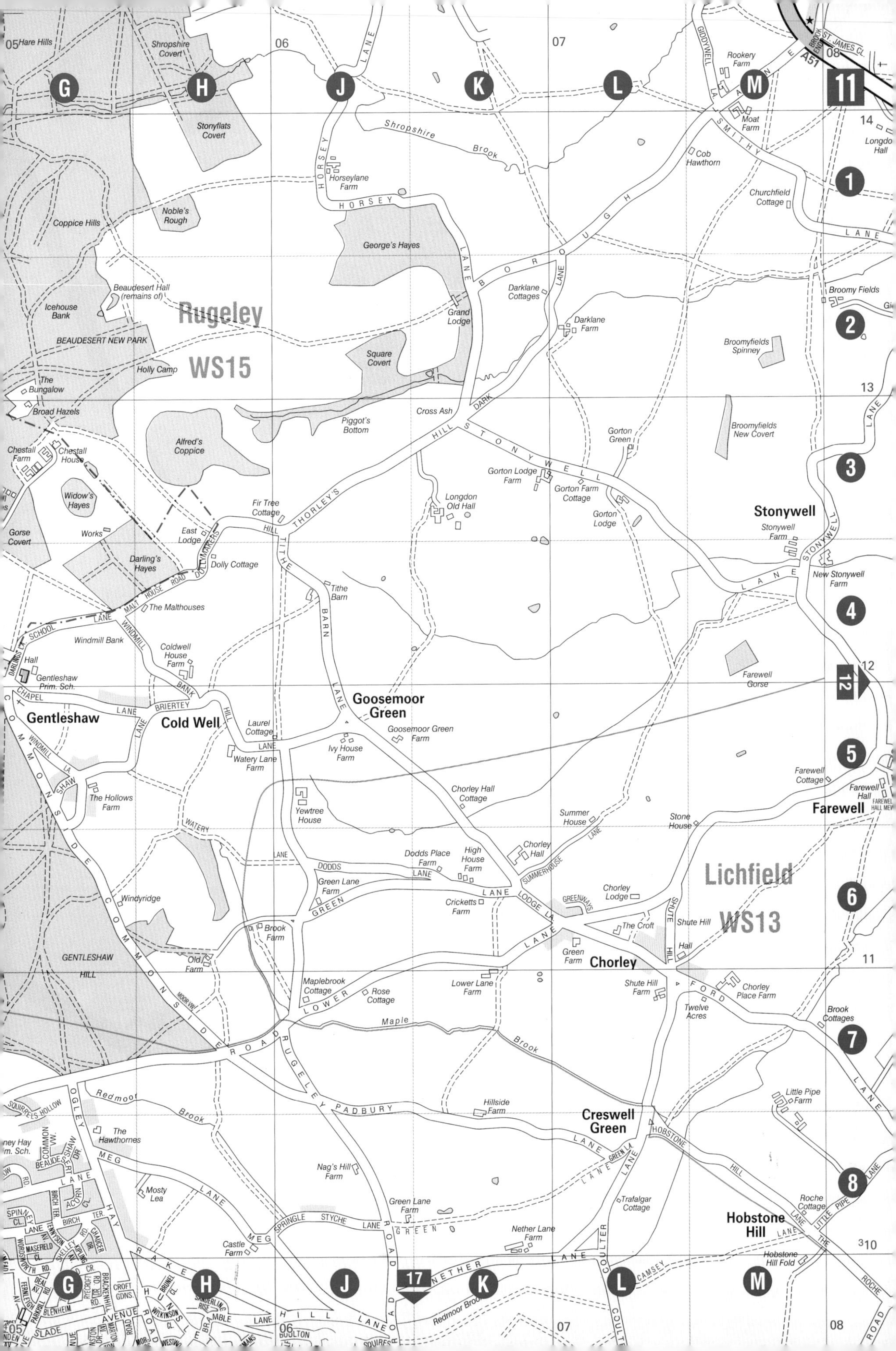
11
12
17
Rugeley
WS15
Lichfield
WS13
Hare Hills
Shropshire Covert
Stonyflats Covert
Shropshire Brook
Horseylane Farm
HORSEY LANE
Noble's Rough
Coppice Hills
George's Hayes
Beaudesert Hall (remains of)
Icehouse Bank
BEAUDESERT NEW PARK
Holly Camp
Grand Lodge
Square Covert
The Bungalow
Broad Hazels
Piggot's Bottom
Cross Ash
Alfred's Coppice
Chestall Farm
Chestall House
Widow's Hayes
Gorse Covert
Works
East Lodge
Fir Tree Cottage
THORLEY'S HILL
DARK LANE
BOROUGH LANE
Darklane Cottages
Darklane Farm
Rookery Farm
Moat Farm
Cob Hawthorn
SMITHY LANE
GIDDYWELL LA.
Churchfield Cottage
Longdon Hall
Broomy Fields
Broomyfields Spinney
Broomyfields New Covert
Gorton Green
Gorton Lodge Farm
Gorton Farm Cottage
Gorton Lodge
STONYWELL LANE
Stonywell
Stonywell Farm
New Stonywell Farm
Longdon Old Hall
Darling's Hayes
Dolly Cottage
DOLLYMAKERS HILL
MALT HOUSE ROAD
The Malthouses
SCHOOL LANE
Windmill Bank
WINDMILL BANK
Coldwell House Farm
Hall
Gentleshaw Prim. Sch.
CHAPEL LANE
Gentleshaw
BRIERTEY LANE
Cold Well
Tithe Barn
TITHE BARN LANE
Goosemoor Green
Goosemoor Green Farm
Laurel Cottage
Ivy House Farm
Watery Lane Farm
Farewell Gorse
Farewell Cottage
Farewell Hall
Farewell
The Hollows Farm
Yewtree House
Chorley Hall Cottage
Summer House
Stone House
WATERY LANE
DODDS LANE
Dodds Place Farm
High House Farm
Chorley Hall
SUMMERHOUSE LANE
Green Lane Farm
GREEN LANE
Cricketts Farm
Chorley Lodge
GREENWAYS
LODGE LA.
Windyridge
Brook Farm
The Croft
Shute Hill
Hall
SHUTE HILL
GENTLESHAW HILL
COMMONSIDE
Old Farm
Green Farm
Chorley
Maplebrook Cottage
Rose Cottage
Lower Lane Farm
LOWER ROAD
Shute Hill Farm
FORD LANE
Chorley Place Farm
Twelve Acres
Brook Cottages
Maple Brook
RUGELEY ROAD
Redmoor Brook
OGLEY HAY
Hillside Farm
PADBURY LANE
Creswell Green
Little Pipe Farm
The Hawthornes
MEG LANE
HOBSTONE HILL LANE
GREEN LANE
Nag's Hill Farm
Mosty Lea
Green Lane Farm
SPRINGLE STYCHE LANE
Trafalgar Cottage
Roche Cottage
Hobstone Hill
Castle Farm
Nether Lane Farm
NETHER LANE
COULTER LANE
LITTLE PIPE LANE
Hobstone Hill Fold
CAMSEY LANE
THE ROCHE ROAD
RAKE HILL
BLENHEIM
AVENUE
SLADE
CROFT GDNS.
BOULTON
Redmoor Brook
A51
ST. JAMES CL.
05
06
07
08
14
13
12
11
10
G
H
J
K
L
M
1
2
3
4
5
6
7
8

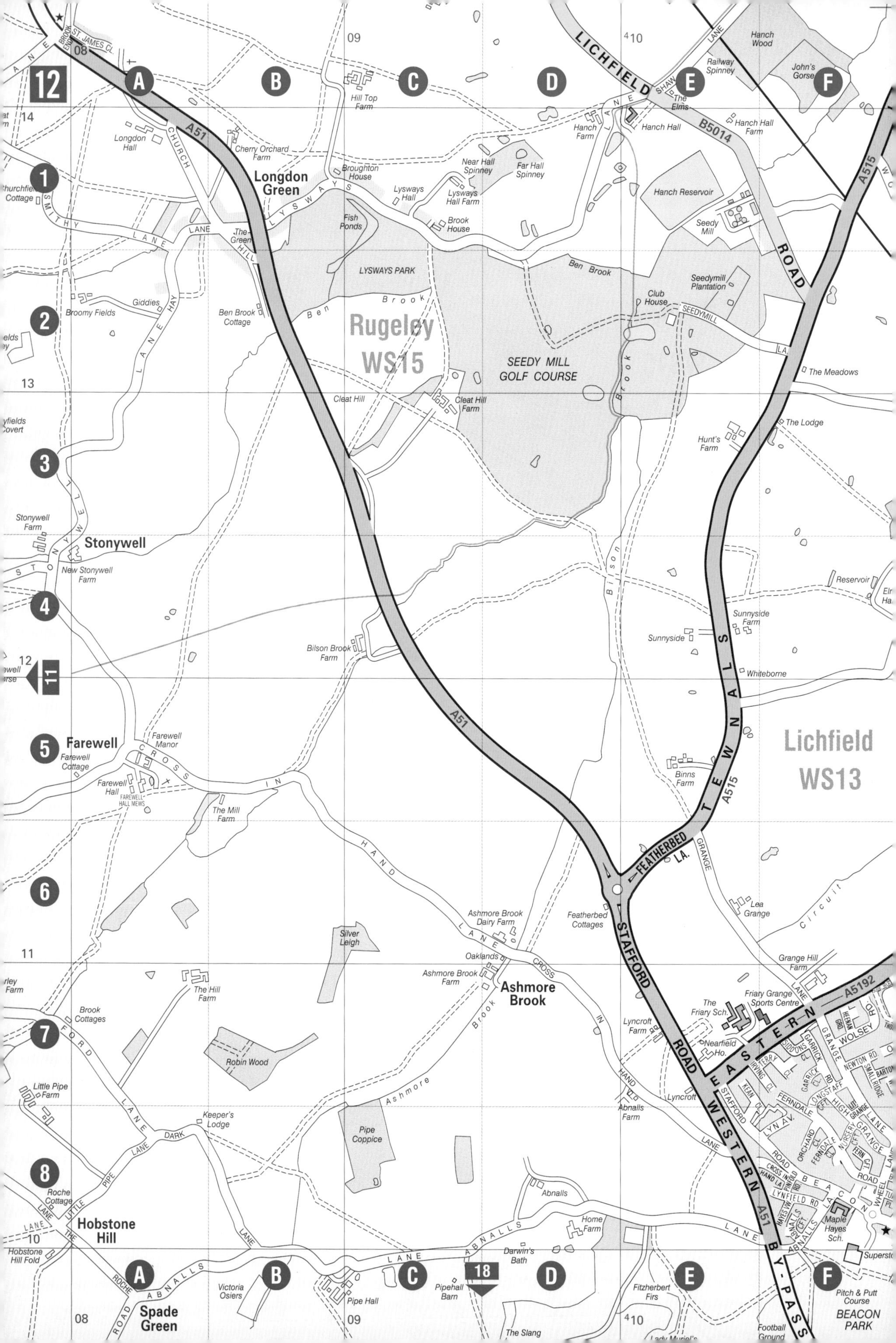

Longdon Green
Stonywell
Farewell
Ashmore Brook
Hobstone Hill
Spade Green
Rugeley WS15
Lichfield WS13
SEEDY MILL GOLF COURSE
LYSWAYS PARK
Longdon Hall
Cherry Orchard Farm
Broughton House
Hill Top Farm
Lysways Hall
Near Hall Spinney
Far Hall Spinney
Lysways Hall Farm
Brook House
Fish Ponds
The Green
Hanch Farm
Hanch Hall
Hanch Hall Farm
Hanch Reservoir
Hanch Wood
John's Gorse
Railway Spinney
The Elms
Seedy Mill
Seedymill Plantation
Club House
Ben Brook
Ben Brook Cottage
Broomy Fields
Giddies
Cleat Hill
Cleat Hill Farm
The Meadows
The Lodge
Hunt's Farm
Stonywell Farm
New Stonywell Farm
Bilson Brook Farm
Bilson Brook
Reservoir
Sunnyside Farm
Sunnyside
Whiteborne
Binns Farm
Farewell Manor
Farewell Cottage
Farewell Hall
FAREWELL HALL MEWS
The Mill Farm
Featherbed Cottages
Lea Grange
Silver Leigh
Ashmore Brook Dairy Farm
Oaklands
Ashmore Brook Farm
Grange Hill Farm
The Friary Sch.
Friary Grange Sports Centre
The Hill Farm
Brook Cottages
Lyncroft Farm
Nearfield Ho.
Robin Wood
Lyncroft
Abnalls Farm
Little Pipe Farm
Keeper's Lodge
Pipe Coppice
Abnalls
Roche Cottage
Home Farm
Hobstone Hill Fold
Darwin's Bath
Victoria Osiers
Pipehall Barn
Pipe Hall
Fitzherbert Firs
Maple Hayes Sch.
Pitch & Putt Course
BEACON PARK
Football Ground
The Slang
A51
A515
A5192
B5014
LICHFIELD ROAD
SHAW LANE
CHURCH LANE
SMITHY LANE
HAY LANE
LYSWAYS LANE
SEEDYMILL LA.
STONYWELL LANE
CROSS IN HAND LANE
FEATHERBED LA.
GRANGE LANE
TEWNALLS LANE
STAFFORD ROAD
EASTERN AVE.
WESTERN BY-PASS
FORD LANE
DARK LANE
LITTLE PIPE LANE
ROCHE ROAD
ABNALLS LANE
BEACON ST.
ST. JAMES CL.
BROOK END
WOLSEY RD.
GARRICK RD.
FERNDALE RD.
LYN AV.
LYNFIELD RD.
NEWTON RD.
LONGSTAFF CFT.
HIGH GRANGE
ORCHARD CL.
Circuit
Ashmore Brook

11
18

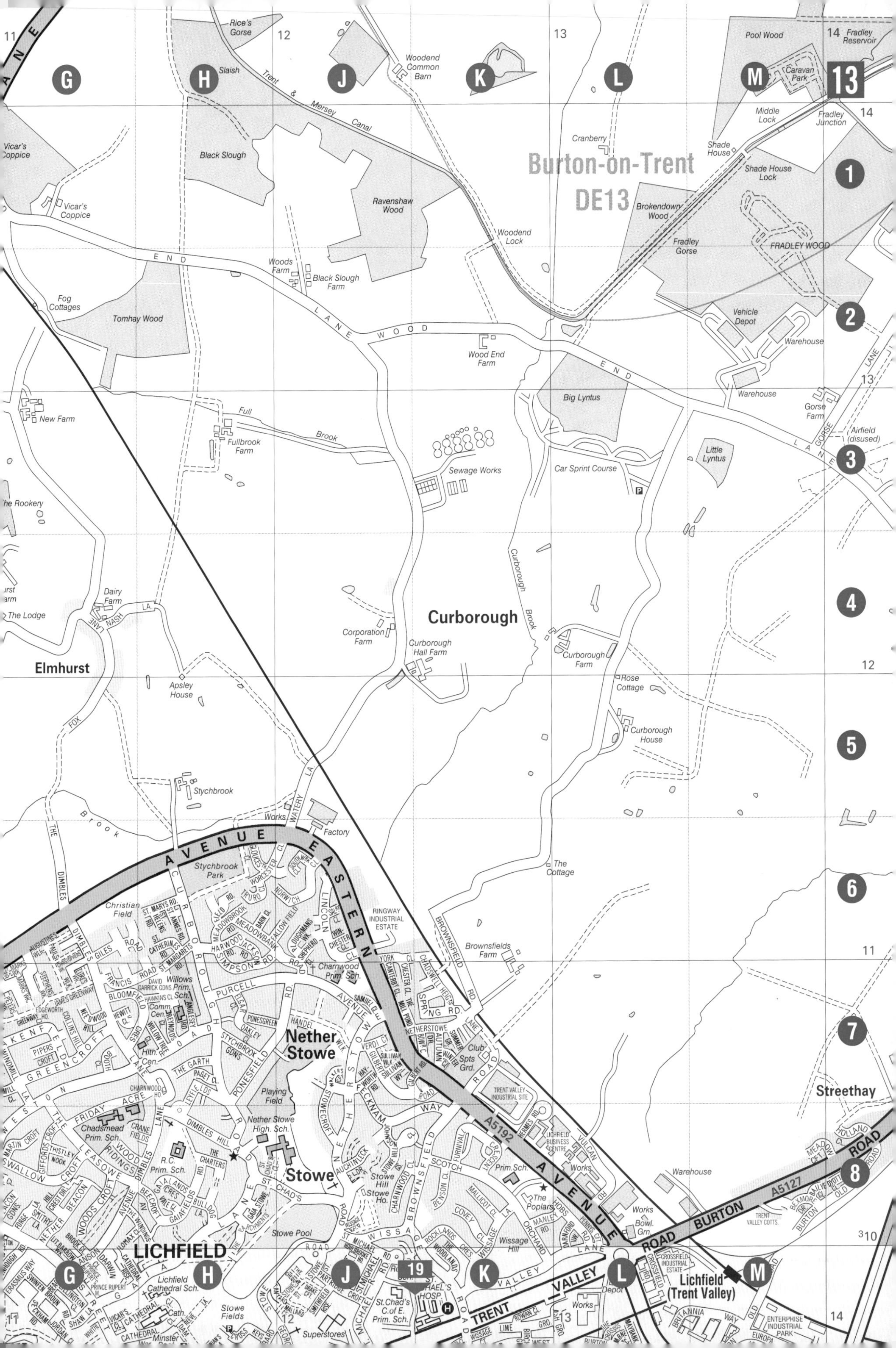
13
Burton-on-Trent
DE13
Rice's Gorse
Slaish
Trent & Mersey Canal
Woodend Common Barn
Pool Wood
Fradley Reservoir
Caravan Park
Middle Lock
Fradley Junction
Vicar's Coppice
Black Slough
Cranberry
Shade House
Shade House Lock
Ravenshaw Wood
Brokendown Wood
Fradley Gorse
FRADLEY WOOD
Woodend Lock
Woods Farm
Black Slough Farm
Fog Cottages
Tomhay Wood
Vehicle Depot
Warehouse
WOOD END LANE
Wood End Farm
Big Lyntus
Gorse Farm
Airfield (disused)
GORSE LANE
New Farm
Full Brook
Fullbrook Farm
Sewage Works
Car Sprint Course
Little Lyntus
The Rookery
Curborough Brook
Curborough
Dairy Farm
NASH LA.
The Lodge
Elmhurst
Corporation Farm
Curborough Hall Farm
Curborough Farm
Rose Cottage
Apsley House
FOX LANE
Curborough House
Stychbrook
Brook
WATERY LA.
Works
Factory
EASTERN AVENUE
The Cottage
Stychbrook Park
THE DIMBLES
Christian Field
RINGWAY INDUSTRIAL ESTATE
BROWNSFIELD RD.
Brownsfields Farm
Charnwood Prim. Sch.
Willows Prim. Sch.
Comm. Cen.
Hlth. Cen.
Nether Stowe
Playing Field
Club Spts Grd.
TRENT VALLEY INDUSTRIAL SITE
Streethay
Chadsmead Prim. Sch.
R.C. Prim. Sch.
Nether Stowe High. Sch.
Stowe
Stowe Hill
Stowe Ho.
LICHFIELD BUSINESS CENTRE
Prim. Sch.
A5192
The Poplars
Warehouse
BURTON ROAD
A5127
TRENT VALLEY COTTS.
Bowl. Grn.
Wissage Hill
Stowe Pool
LICHFIELD
Lichfield Cathedral Sch.
St.Chad's C.of E. Prim. Sch.
ST. MICHAEL'S HOSP.
TRENT VALLEY ROAD
CROSSFIELD INDUSTRIAL ESTATE
Lichfield (Trent Valley)
Depot
ENTERPRISE INDUSTRIAL PARK
Stowe Fields
Superstores
Minster
19
G H J K L M
1 2 3 4 5 6 7 8
11 12 13 14
310

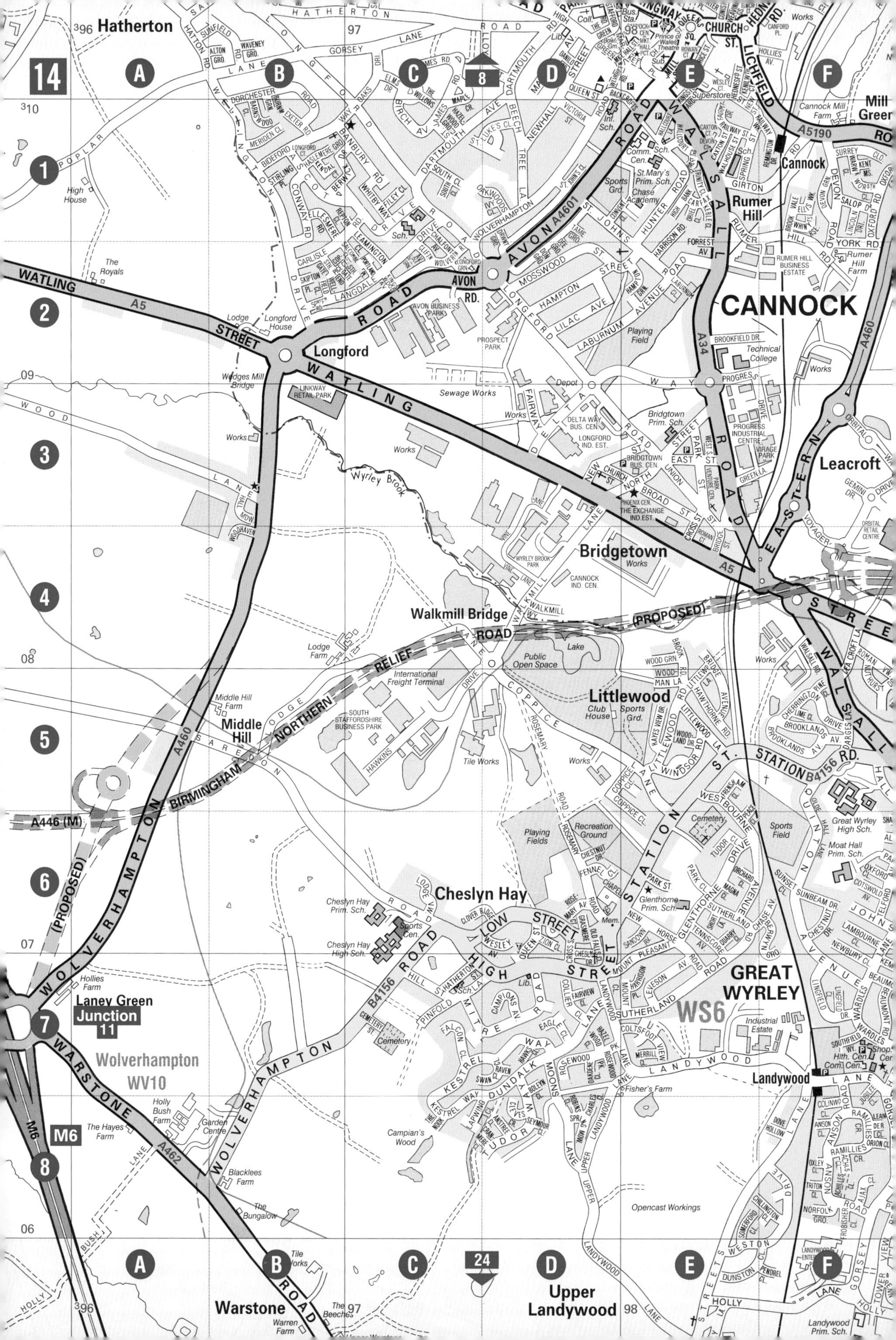
14
Hatherton
A
B
C
D
E
F
8
24
1
2
3
4
5
6
7
8
WATLING STREET
A5
Longford
Wedges Mill Bridge
LINKWAY RETAIL PARK
AVON ROAD
A4601
AVON BUSINESS PARK
PROSPECT PARK
Sewage Works
Works
Wyrley Brook
CANNOCK
Cannock
Rumer Hill
RUMER HILL BUSINESS ESTATE
Rumer Hill Farm
Technical College
PROGRESS INDUSTRIAL CENTRE
VIRAGE PARK
Leacroft
ORBITAL RETAIL CENTRE
EASTERN
A460
A34
WALSALL ROAD
A5190
Cannock Mill Farm
Mill Green
St.Mary's Prim. Sch.
Chase Academy
Sports Grd.
Playing Field
Bridgtown Prim. Sch.
DELTA WAY BUS. CEN.
LONGFORD IND. EST.
BRIDGTOWN BUS. CEN.
PHOENIX CEN.
THE EXCHANGE IND.EST.
WYRLEY BROOK PARK
CANNOCK IND. CEN.
Bridgetown
Walkmill Bridge
NORTHERN RELIEF ROAD
(PROPOSED)
Lake
Public Open Space
International Freight Terminal
SOUTH STAFFORDSHIRE BUSINESS PARK
Lodge Farm
Tile Works
Littlewood
Club House
Sports Grd.
Middle Hill Farm
Middle Hill
BIRMINGHAM
A446 (M)
A460
WOLVERHAMPTON
Recreation Ground
Playing Fields
Cemetery
Sports Field
Great Wyrley High Sch.
Moat Hall Prim. Sch.
STATION ROAD
B4156
Cheslyn Hay
Cheslyn Hay Prim. Sch.
Cheslyn Hay High Sch.
Sports Cen.
Glenthorne Prim. Sch.
GREAT WYRLEY
WS6
Industrial Estate
Landywood
Fisher's Farm
Campian's Wood
Opencast Workings
Hollies Farm
Laney Green
Junction 11
Wolverhampton
WV10
WARSTONE
A462
M6
The Hayes Farm
Holly Bush Farm
Garden Centre
Blacklees Farm
The Bungalow
Tile Works
Warstone
Warren Farm
The Beeches
Upper Landywood
Landywood Prim. Sch.
High House
The Royals
Lodge
Longford House
396
97
98
310
09
08
07
06

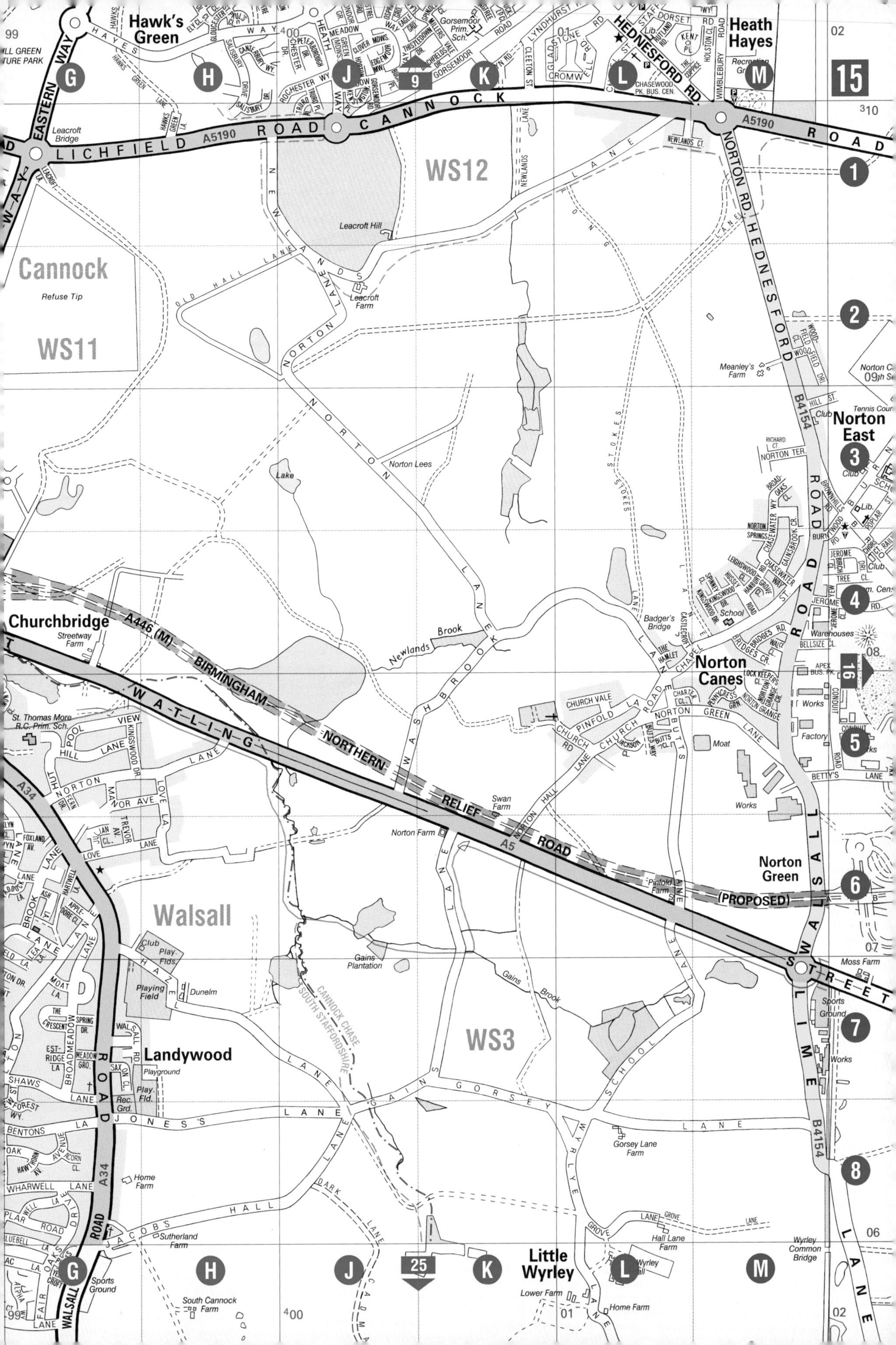

15
Hawk's Green
Heath Hayes
Cannock
Refuse Tip
WS11
WS12
WS3
Norton East
Norton Canes
Norton Green
Churchbridge
Walsall
Landywood
Little Wyrley
LICHFIELD ROAD A5190
CANNOCK ROAD
EASTERN WAY
HEDNESFORD RD.
NORTON RD.
HEDNESFORD ROAD B4154
WATLING STREET A5
LIME LANE B4154
A446 (M) BIRMINGHAM NORTHERN RELIEF ROAD (PROPOSED)
WALSALL ROAD A34
NORTON LANE
NEWLANDS LANE
OLD HALL LANE
WASH BROOK LANE
STOKES LANE
CHURCH ROAD
NORTON HALL LANE
NORTON GREEN LANE
GORSEY LANE
SCHOOL LANE
WYRLEY LANE
JONES'S LANE
GAINS LANE
HALL LANE
DARK LANE
CADMAN LANE
BETTY'S LANE
LOVE LANE
HILL LANE
POOL VIEW
Leacroft Bridge
Leacroft Hill
Leacroft Farm
Meanley's Farm
Norton Lees
Lake
Newlands Brook
Badger's Bridge
Streetway Farm
St. Thomas More R.C. Prim. Sch.
Swan Farm
Norton Farm
Pinfold Farm
Moat
Works
Factory
Warehouses
Gains Plantation
Gains Brook
Dunelm
Playing Field
Playground
Gorsey Lane Farm
Hall Lane Farm
Wyrley Hall
Wyrley Common Bridge
Lower Farm
Home Farm
Sutherland Farm
South Cannock Farm
Sports Ground
Moss Farm
CANNOCK CHASE
SOUTH STAFFORDSHIRE
9
16
25

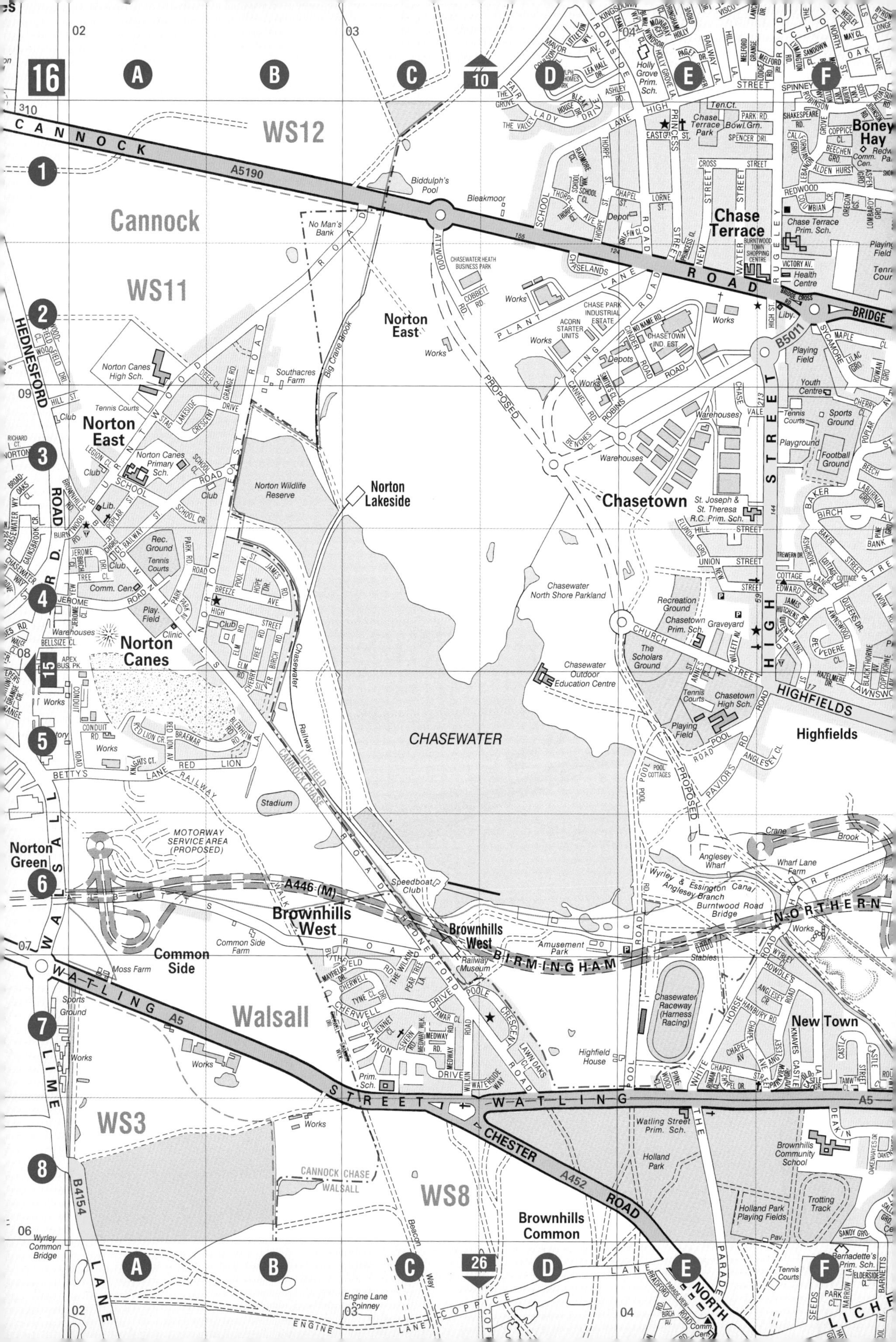
16
A
B
C
D
E
F
10
26
15
WS12
WS11
WS3
WS8
Cannock
Walsall
CANNOCK
A5190
ROAD
Biddulph's Pool
Bleakmoor
No Man's Bank
Norton East
Southacres Farm
Big Crane Brook
Norton Canes High Sch.
Norton East
Norton Canes Primary Sch.
Norton Wildlife Reserve
Norton Lakeside
Norton Canes
Chasetown
Chase Terrace
Boney Hay
Chase Terrace Prim. Sch.
CHASEWATER HEATH BUSINESS PARK
CHASE PARK INDUSTRIAL ESTATE
ACORN STARTER UNITS
CHASETOWN IND. EST.
PROPOSED
Chasewater North Shore Parkland
St. Joseph & St. Theresa R.C. Prim. Sch.
Recreation Ground
Chasetown Prim. Sch.
The Scholars Ground
Chasewater Outdoor Education Centre
Chasetown High Sch.
HIGHFIELDS
Highfields
HIGH STREET
B5011
BRIDGE
CHASEWATER
Stadium
MOTORWAY SERVICE AREA (PROPOSED)
Norton Green
A446 (M)
Speedboat Club
Brownhills West
Anglesey Wharf
Wyrley & Essington Canal Anglesey Branch
Burntwood Road Bridge
Wharf Lane Farm
Crane Brook
NORTHERN
BIRMINGHAM
Amusement Park
Railway Museum
Stables
Chasewater Raceway (Harness Racing)
Highfield House
New Town
Common Side
Common Side Farm
Moss Farm
WATLING STREET
A5
CHESTER ROAD
A452
Watling Street Prim. Sch.
Holland Park
Brownhills Community School
Holland Park Playing Fields
Trotting Track
Brownhills Common
Bernadette's Prim. Sch.
HEDNESFORD ROAD
WALSALL ROAD
LIME LANE
B4154
Wyrley Common Bridge
Engine Lane Spinney
COPPICE LANE
ENGINE LANE
NORTH
LICHFIELD
Beacon Way
CANNOCK CHASE
WALSALL

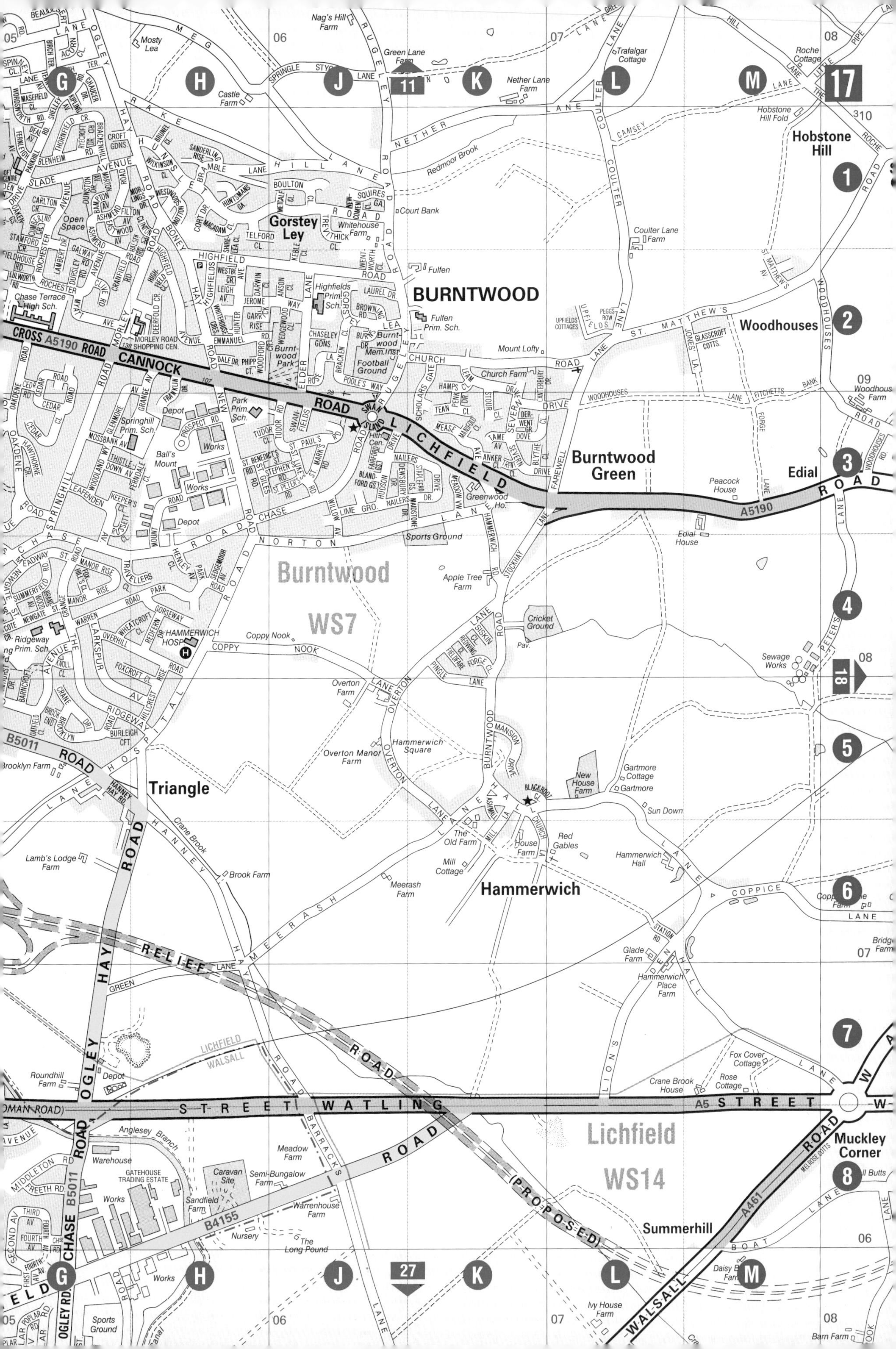

17
BURNTWOOD
Burntwood
WS7
Gorstey Ley
Hobstone Hill
Woodhouses
Edial
Burntwood Green
Triangle
Hammerwich
Lichfield
WS14
Muckley Corner
Summerhill
Nag's Hill Farm
Green Lane Farm
Mosty Lea
Castle Farm
Nether Lane Farm
Trafalgar Cottage
Roche Cottage
Hobstone Hill Fold
Court Bank
Whitehouse Farm
Coulter Lane Farm
Fulfen
Fulfen Prim. Sch.
Highfields Prim. Sch.
Burntwood Mem. Inst.
Football Ground
Burntwood Park
Chase Terrace High Sch.
Open Space
Morley Road Shopping Cen.
Mount Lofty
Church Farm
Upfields Cottages
Park Prim. Sch.
Springhill Prim. Sch.
Ball's Mount
Works
Depot
Hlth. Cen.
Greenwood Ho.
Peacock House
Edial House
Woodhouses Farm
Sports Ground
Apple Tree Farm
Cricket Ground
Pav.
Coppy Nook
Hammerwich Hosp.
Ridgeway Prim. Sch.
Overton Farm
Overton Manor Farm
Hammerwich Square
Sewage Works
Brooklyn Farm
Lamb's Lodge Farm
Brook Farm
Meerash Farm
New House Farm
Gartmore Cottage
Gartmore
Sun Down
The Old Farm
Mill Cottage
House Farm
Red Gables
Hammerwich Hall
Coppice Farm
Glade Farm
Hammerwich Place Farm
Bridge Farm
Fox Cover Cottage
Rose Cottage
Crane Brook House
Roundhill Farm
Anglesey Branch
Warehouse
Gatehouse Trading Estate
Caravan Site
Meadow Farm
Semi-Bungalow Farm
Sandfield Farm
Warrenhouse Farm
Nursery
The Long Pound
Ivy House Farm
Daisy Bank Farm
Barn Farm
Sports Ground
Redmoor Brook
Crane Brook
CANNOCK ROAD
CROSS A5190 ROAD
LICHFIELD ROAD
A5190
A5 STREET
WATLING STREET
B5011 ROAD
OGLEY HAY ROAD
CHASE ROAD B5011
B4155
A461
WALSALL ROAD
RELIEF ROAD (PROPOSED)
LICHFIELD
WALSALL
MEG LANE
RAKE HILL
HILL LANE
NETHER LANE
COULTER LANE
CAMSEY LANE
ST. MATTHEW'S ROAD
WOODHOUSES ROAD
FITCHETTS BANK
FORGE LANE
CHURCH ROAD
NORTON LANE
CHASE ROAD
COPPY NOOK
OVERTON LANE
PINGLE LANE
HAMMERWICH RD.
BURNTWOOD RD.
MANSION DRIVE
HALL LANE
CHURCH LA.
COPPICE LANE
STATION RD.
LION'S DEN
HANNEY HAY RD.
HOSPITAL ROAD
MEERASH LANE
GREEN LANE
BARRACKS LANE
BOAT LANE
ST. PETER'S LANE
06
07
08
05
310
09
G
H
J
K
L
M
1
2
3
4
5
6
7
8
11
18
27

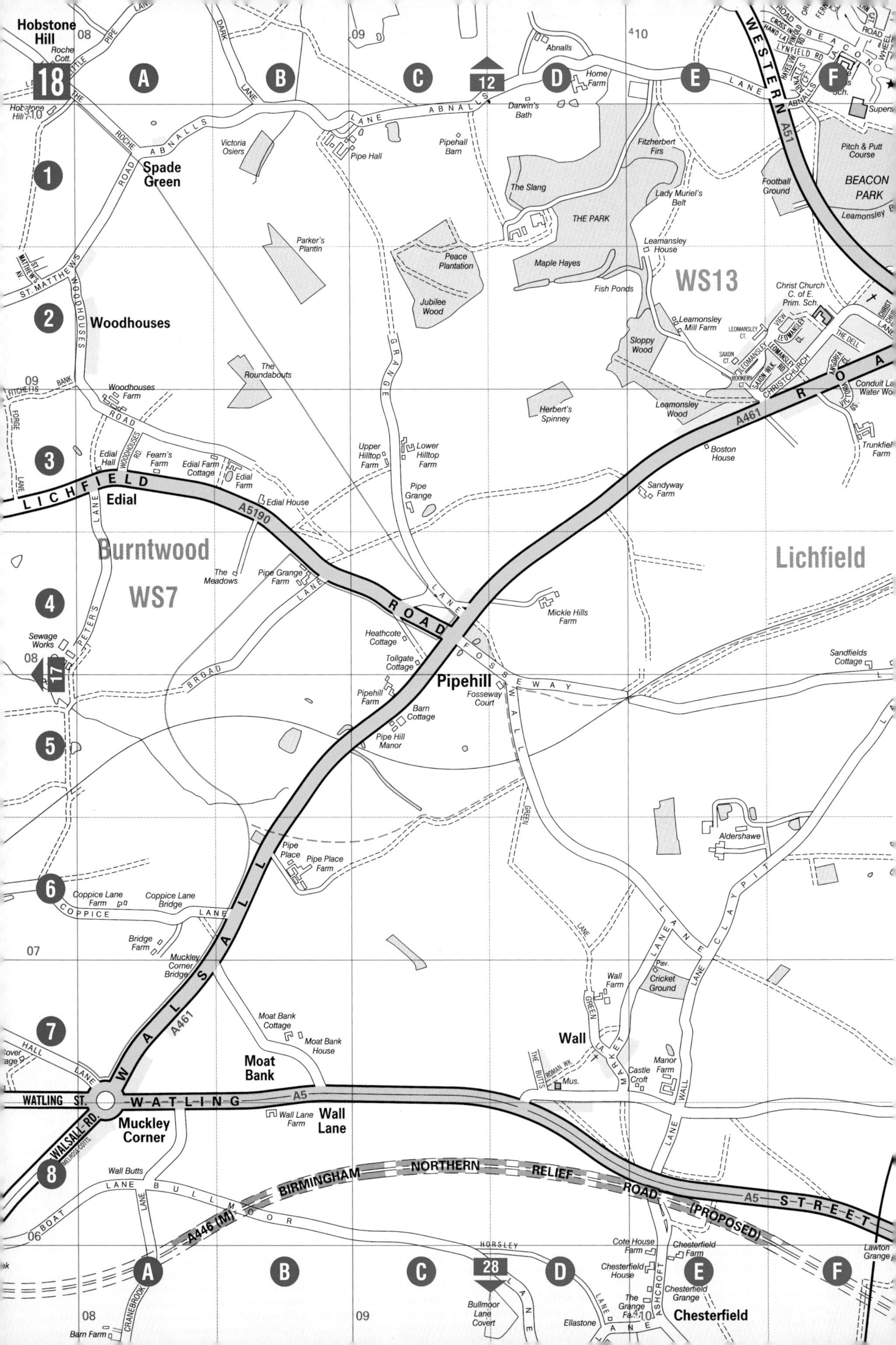

18
12
17
28
A
B
C
D
E
F
1
2
3
4
5
6
7
8
Hobstone Hill
Roche Cott.
Spade Green
Victoria Osiers
Pipe Hall
Pipehall Barn
Abnalls
Home Farm
Darwin's Bath
Fitzherbert Firs
The Slang
THE PARK
Lady Muriel's Belt
Leamansley House
Maple Hayes
Peace Plantation
Parker's Plantin
Jubilee Wood
Fish Ponds
WS13
Pitch & Putt Course
Football Ground
BEACON PARK
Christ Church C. of E. Prim. Sch.
Leamonsley Mill Farm
Sloppy Wood
Leamonsley Wood
Woodhouses
Woodhouses Farm
The Roundabouts
Herbert's Spinney
Conduit La. Water Wo
Trunkfield Farm
Boston House
Sandyway Farm
Upper Hilltop Farm
Lower Hilltop Farm
Pipe Grange
Edial Hall
Fearn's Farm
Edial Farm Cottage
Edial Farm
Edial House
Edial
Burntwood
WS7
The Meadows
Pipe Grange Farm
Lichfield
Mickle Hills Farm
Sewage Works
Heathcote Cottage
Tollgate Cottage
Pipehill
Fosseway Court
Pipehill Farm
Barn Cottage
Pipe Hill Manor
Sandfields Cottage
Aldershawe
Pipe Place
Pipe Place Farm
Coppice Lane Farm
Coppice Lane Bridge
Bridge Farm
Muckley Corner Bridge
Wall Farm
Pav.
Cricket Ground
Moat Bank Cottage
Moat Bank House
Moat Bank
Wall
Mus.
Castle Croft
Manor Farm
Muckley Corner
Wall Lane Farm
Wall Lane
Wall Butts
BIRMINGHAM NORTHERN RELIEF ROAD (PROPOSED)
A446 (M)
Cote House Farm
Chesterfield Farm
Chesterfield House
Chesterfield Grange
The Grange Farm
Chesterfield
Lawton Grange
Bullmoor Lane Covert
Ellastone
Barn Farm
LICHFIELD ROAD
A5190
A461
A51
A5
WATLING ST.
WALSALL ROAD
FOSSEWAY
ABNALLS LANE
WESTERN

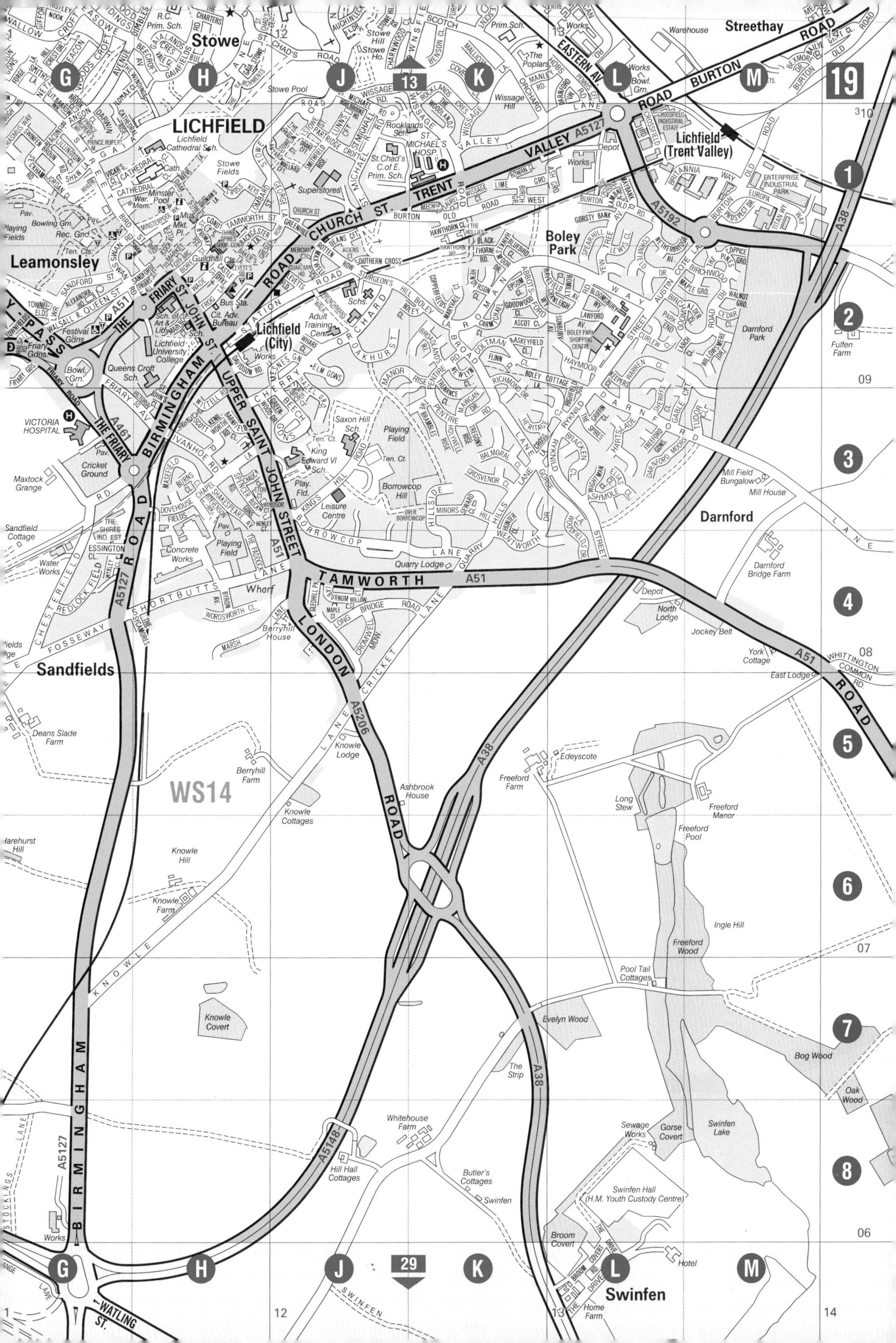

13
29
G
H
J
K
L
M
1
2
3
4
5
6
7
8
12
13
14
06
07
08
09
310
Stowe
LICHFIELD
Streethay
Leamonsley
Boley Park
Darnford
Sandfields
Swinfen
WS14
Lichfield Cathedral Sch.
Cath.
Stowe Fields
Stowe Pool
Stowe Hill
Stowe Ho.
R.C. Prim. Sch.
Prim. Sch.
The Poplars
Wissage Hill
Works
Warehouse
Bowl. Grn.
Lichfield (Trent Valley)
Depot
ENTERPRISE INDUSTRIAL PARK
Rocklands Sch.
St. Michael's Hosp.
St. Chad's C. of E. Prim. Sch.
Superstores
Minster Pool
War. Mem.
Mus.
Mkt. Pl.
Guildhall
Bus Sta.
Cit. Adv. Bureau
Pav.
Bowling Grn.
Rec. Gnd.
Playing Fields
Ten. Cts.
Festival Gdns.
Friary Gdns.
Bowl. Grn.
Queens Croft Sch.
Sch. of Art & Liby.
Lichfield University College
Lichfield (City)
Adult Training Cen.
Schs.
BOLEY PARK SHOPPING CENTRE
VICTORIA HOSPITAL
Cricket Ground
Maxtock Grange
Sandfield Cottage
Water Works
Concrete Works
Playing Field
Saxon Hill Sch.
Playing Field
King Edward VI Sch.
Ten. Ct.
Play. Fld.
Leisure Centre
Borrowcop Hill
Quarry Lodge
Wharf
Berryhill House
Darnford Park
Fulfen Farm
Mill Field Bungalow
Mill House
Darnford Bridge Farm
North Lodge
Jockey Belt
York Cottage
East Lodge
Deans Slade Farm
Knowle Lodge
Berryhill Farm
Ashbrook House
Knowle Cottages
Edeyscote
Freeford Farm
Long Stew
Freeford Manor
Freeford Pool
Harehurst Hill
Knowle Hill
Knowle Farm
Ingle Hill
Freeford Wood
Pool Tail Cottages
Knowle Covert
Evelyn Wood
The Strip
Bog Wood
Oak Wood
Whitehouse Farm
Sewage Works
Gorse Covert
Swinfen Lake
Hill Hall Cottages
Butler's Cottages
Swinfen Hall (H.M. Youth Custody Centre)
Broom Covert
Hotel
Home Farm
TRENT VALLEY ROAD
A5127
BURTON ROAD
EASTERN AV.
A5192
A38
CHURCH ST.
ROAD
BIRMINGHAM ROAD
A461
THE FRIARY
A51
ST. JOHN ST.
UPPER SAINT JOHN STREET
TAMWORTH
A51
LONDON ROAD
A5206
A5148
BIRMINGHAM
A5127
WATLING ST.
WHITTINGTON COMMON RD.
A51 ROAD
SHORTBUTTS LANE
FOSSEWAY
CRICKET LANE
KNOWLE LANE
BORROWCOP LANE
BURTON OLD ROAD
SWINFEN

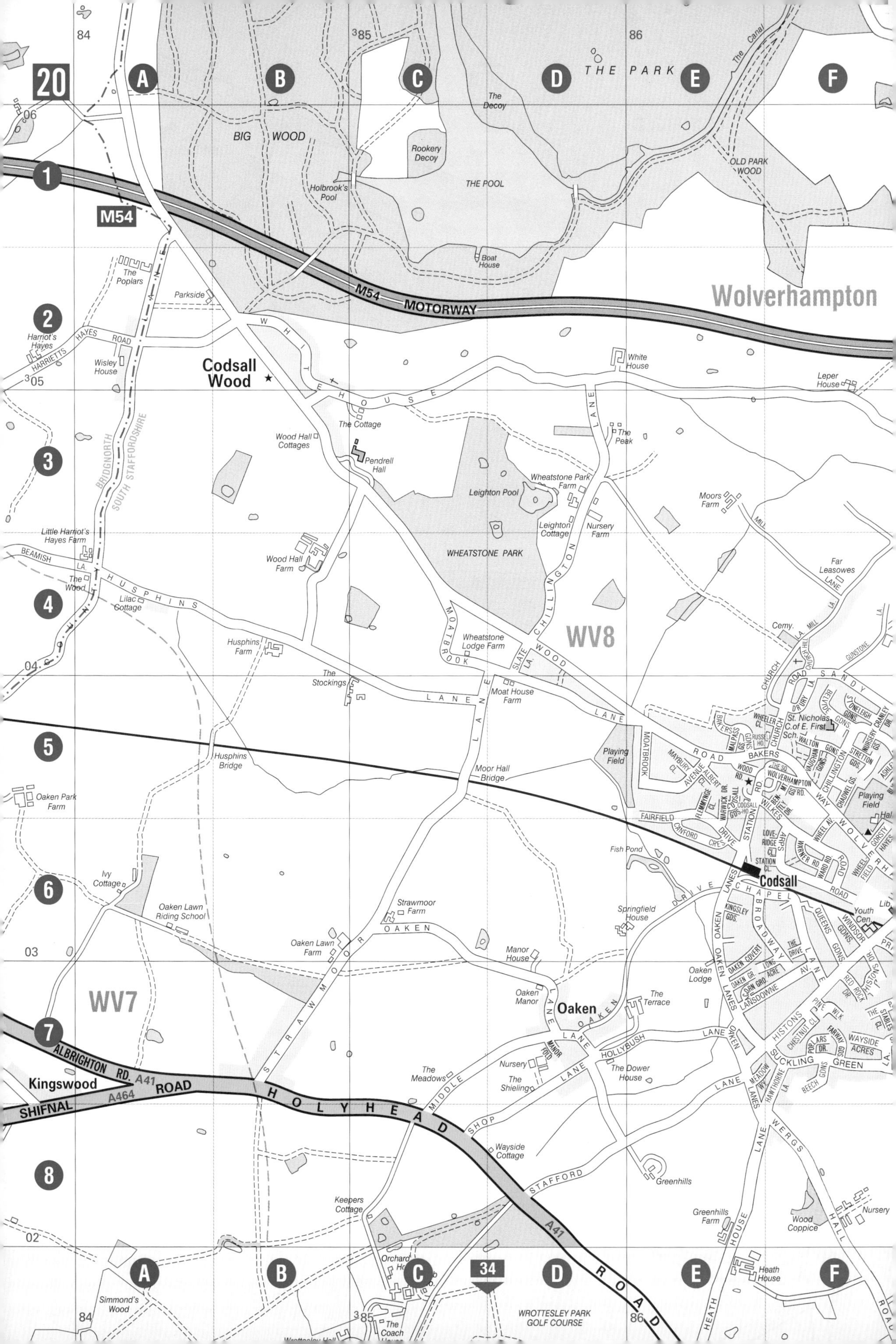

20

A   B   C   D   THE PARK   E   F

84   385   86

06

BIG WOOD

The Decoy

Rookery Decoy

OLD PARK WOOD

1

M54

Holbrook's Pool

THE POOL

Boat House

M54   MOTORWAY

Wolverhampton

The Poplars

Parkside

2

Harriot's Hayes

HAYES ROAD

HARRIETTS

Wisley House

305

Codsall Wood ★

White House

Leper House

The Cottage

Wood Hall Cottages

Pendrell Hall

The Peak

3

BRIDGNORTH

SOUTH STAFFORDSHIRE

Leighton Pool

Wheatstone Park Farm

Moors Farm

Leighton Cottage

Nursery Farm

MILL

Little Harriot's Hayes Farm

BEAMISH LA.

The Wood

WHEATSTONE PARK

Wood Hall Farm

Far Leasowes

LANE

4

Lilac Cottage

HUSPHINS

WV8

Cemy.

CHURCH

04

Husphins Farm

MOATBROOK

Wheatstone Lodge Farm

The Stockings

LANE

Moat House Farm

SLATE LA.

WOOD

LANE

SANDY

St. Nicholas C. of E. First Sch.

5

Husphins Bridge

Moor Hall Bridge

Playing Field

MOATBROOK

WHEELER CL

ROAD

WOLVERHAMPTON

FAIRFIELD

CANFORD DRIVE

Playing Field

Oaken Park Farm

Fish Pond

LOVE RIDGE CL

STATION

6

Ivy Cottage

Springfield House

Codsall

Youth Cen.

03

Oaken Lawn Riding School

Strawmoor Farm

STRAWMOOR

OAKEN

Oaken Lawn Farm

Manor House

Oaken Covert

Oaken Lodge

CHAPEL BROADWAY

KINGSLEY GDS.

QUEENS GDNS.

THE DRIVE

WV7

Oaken Manor

Oaken

The Terrace

LANDSOWNE

HISTONS

WAYSIDE ACRES

GREEN

7

ALBRIGHTON RD. A41

Kingswood

A464 ROAD

MANOR RD

OAKEN LANE

HOLLYBUSH

SUCKLING LANE

WERGS

SHIFNAL

The Meadows

Nursery

The Shieling

The Dower House

HOLYHEAD

MIDDLE

SHOP LANE

OAKEN LANE

8

Wayside Cottage

STAFFORD

Greenhills

Greenhills Farm

HEATH

Wood Coppice

Nursery

02

Keepers Cottage

A41   ROAD

Heath House

84   385   86

A   B   C   **34**   D   E   F

Simmond's Wood

Orchard Ho.

WROTTESLEY PARK GOLF COURSE

The Coach

Wrottesley Hall

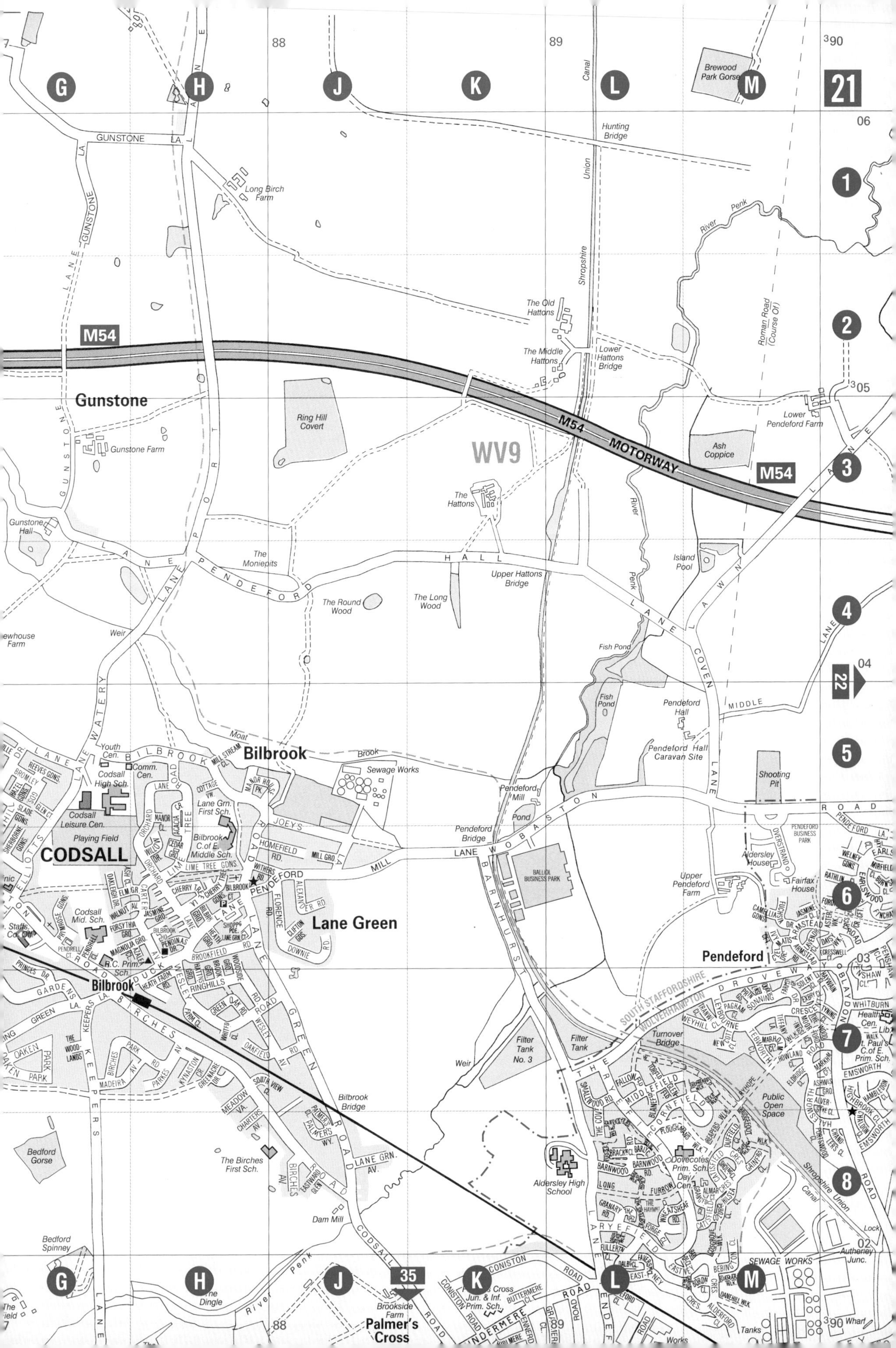

21
88
89
390
06
05
04
03
02
M54
M54 MOTORWAY
WV9
Gunstone
Gunstone Farm
Gunstone Hall
GUNSTONE LA.
GUNSTONE LANE
Long Birch Farm
Brewood Park Gorse
Hunting Bridge
Shropshire Union Canal
River Penk
Roman Road (Course Of)
The Old Hattons
The Middle Hattons
Lower Hattons Bridge
Lower Pendeford Farm
Ring Hill Covert
Ash Coppice
The Hattons
The Moniepits
PENDEFORD HALL LANE
The Round Wood
The Long Wood
Upper Hattons Bridge
Island Pool
LAWN LANE
COVEN LANE
Fish Pond
Pendeford Hall
Pendeford Hall Caravan Site
MIDDLE
Shooting Pit
Weir
PORT LANE
WATERY LANE
Moat Brook
Bilbrook
Sewage Works
Pendeford Mill
Pond
WOBASTON ROAD
Pendeford Bridge
Balliol Business Park
BARNHURST LANE
Upper Pendeford Farm
Pendeford Business Park
Aldersley House
Fairfax House
Pendeford
CODSALL
Codsall High Sch.
Codsall Leisure Cen.
Playing Field
Codsall Mid. Sch.
Staffs. Co. Off.
Youth Cen.
Comm. Cen.
Lane Grn. First Sch.
Bilbrook C.of E. Middle Sch.
Lane Green
LANE GREEN ROAD
R.C. Prim. Sch.
Bilbrook
The Birches First Sch.
BIRCHES ROAD
Bilbrook Bridge
KEEPERS LANE
Bedford Gorse
Bedford Spinney
Dam Mill
CODSALL ROAD
The Dingle
Brookside Farm
Palmer's Cross
35
22
Filter Tank No. 3
Filter Tank
SOUTH STAFFORDSHIRE
WOLVERHAMPTON
Turnover Bridge
THE RYEFIELD
Aldersley High School
Dovecotes Prim. Sch.
Day Cen.
Public Open Space
SEWAGE WORKS
Autherley Junc.
Lock
Wharf
Tanks
Works
Health Cen.
St. Paul's C.of E. Prim. Sch.
Coniston Jun. & Inf. Prim. Sch.

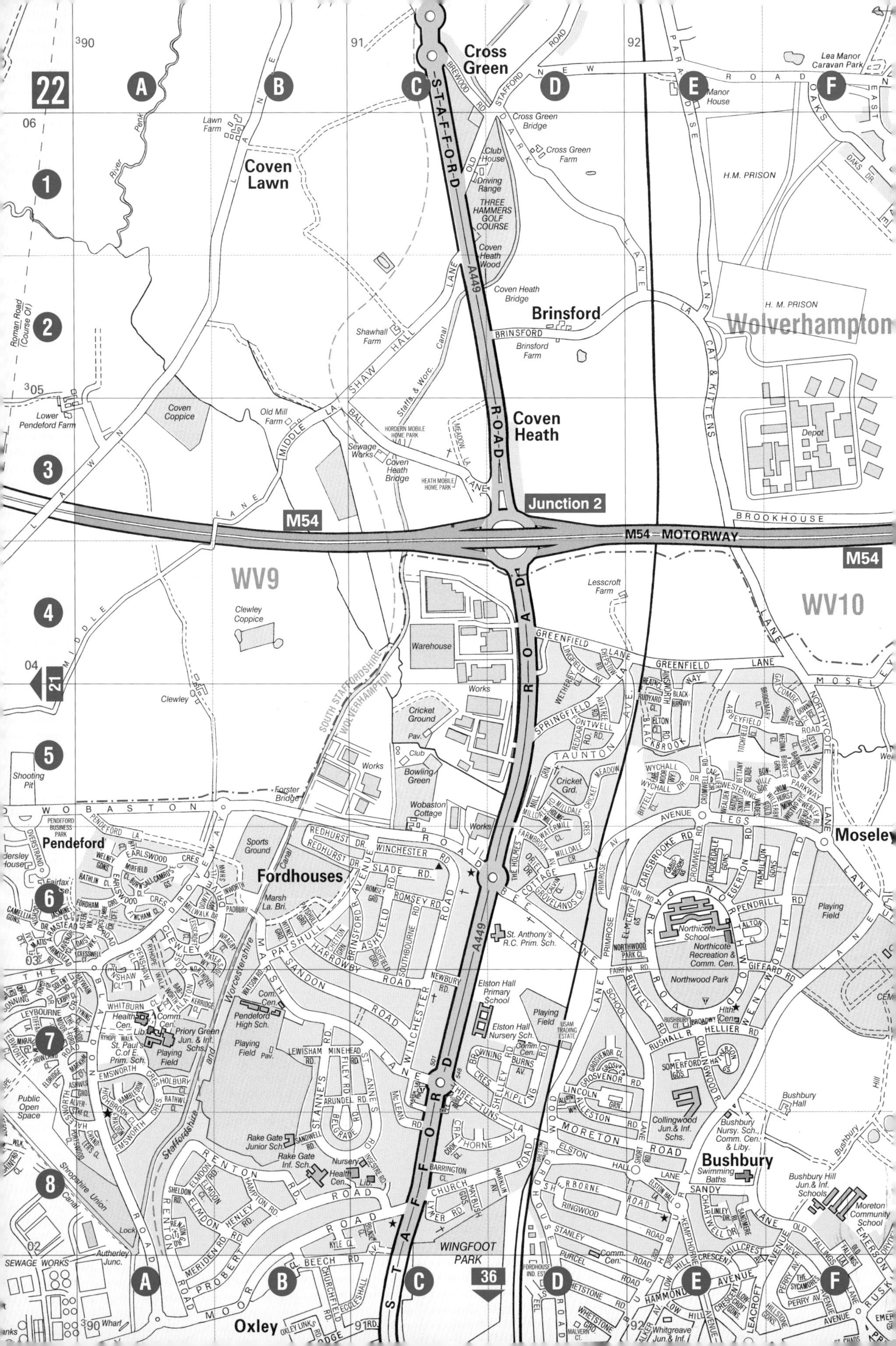

Cross Green
Coven Lawn
Lawn Farm
River Penk
Cross Green Bridge
Cross Green Farm
Club House
Driving Range
THREE HAMMERS GOLF COURSE
Coven Heath Wood
Manor House
Lea Manor Caravan Park
H.M. PRISON
H. M. PRISON
Wolverhampton
Coven Heath Bridge
Brinsford
Brinsford Farm
Shawhall Farm
Roman Road (Course Of)
Lower Pendeford Farm
Coven Coppice
Old Mill Farm
Sewage Works
Coven Heath Bridge
HORDERN MOBILE HOME PARK
HEATH MOBILE HOME PARK
Coven Heath
Depot
Junction 2
M54
M54 MOTORWAY
WV9
WV10
Lesscroft Farm
Clewley Coppice
Clewley
Warehouse
Works
Cricket Ground
Pav.
Club
Bowling Green
Wobaston Cottage
SOUTH STAFFORDSHIRE
WOLVERHAMPTON
Shooting Pit
Forster Bridge
Pendeford
PENDEFORD BUSINESS PARK
Fordhouses
Sports Ground
Marsh La. Bri.
Moseley
Cricket Grd.
St. Anthony's R.C. Prim. Sch.
Northicote School
Northicote Recreation & Comm. Cen.
Northwood Park
Playing Field
Elston Hall Primary School
Elston Hall Nursery Sch.
USAM TRADING ESTATE
Pendeford High Sch.
Health Cen.
Comm. Cen.
Lib.
Priory Green Jun. & Inf. Schs.
St. Paul's C.of E. Prim. Sch.
Public Open Space
Rake Gate Junior Sch.
Rake Gate Inf. Sch.
Nursery
Health Cen.
Collingwood Jun.& Inf. Schs.
Bushbury Hall
Bushbury Nursy. Sch., Comm. Cen. & Liby.
Bushbury
Swimming Baths
Bushbury Hill Jun.& Inf. Schools
Moreton Community School
Shropshire Union Canal
Staffordshire and Worcestershire Canal
Lock
Autherley Junc.
SEWAGE WORKS
Wharf
WINGFOOT PARK
Oxley
FORDHOUSE IND. EST.
Whitgreave Jun.& Inf.
STAFFORD ROAD
A449
WOBASTON ROAD
GREENFIELD LANE
MOSELEY ROAD
BROOKHOUSE LANE
BRINSFORD LANE
PARADISE LANE
CAT & KITTENS LANE
NEW ROAD
DARK LANE
MIDDLE LANE
LAWN LANE
SHAW HALL LANE
BLAYDON ROAD
MARSH LANE
PATSHULL AVENUE
SANDON ROAD
RENTON ROAD
PROBERT ROAD
MOOR ROAD
BEECH RD
CHURCHFIELD
SHALE LANE
ELSTON HALL LANE
MORETON ROAD
PRIMROSE LANE
LEGS AVENUE
NORTHWOOD PARK ROAD
WINCHESTER ROAD
REDHURST DR.
SLADE RD.
HARROWBY ROAD
A
B
C
D
E
F
1
2
3
4
5
6
7
8
390
91
92
06
305
04
03
02

21
36

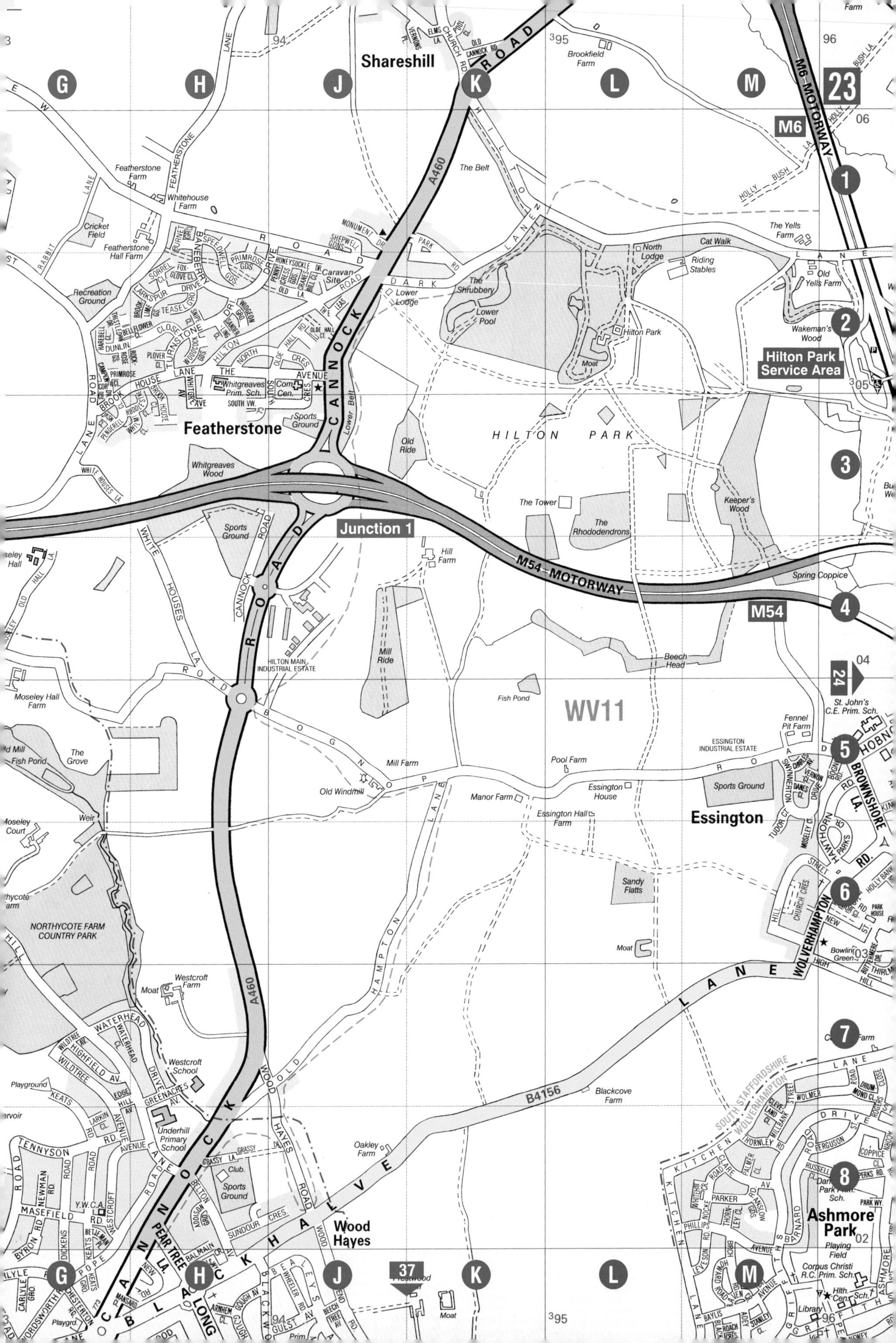

Shareshill
Featherstone
Essington
Wood Hayes
Ashmore Park
HILTON PARK
WV11
Junction 1
M54 MOTORWAY
M54
M6 MOTORWAY
M6
Hilton Park Service Area
CANNOCK ROAD
A460
B4156
WOLVERHAMPTON LANE
HILTON LANE
BLACKHALVE LANE
HAMPTON LANE
WHITE HOUSES LA.
BROOKFIELD Farm
Featherstone Farm
Whitehouse Farm
Cricket Field
Featherstone Hall Farm
Recreation Ground
Caravan Site
Lower Lodge
The Shrubbery
Lower Pool
North Lodge
Cat Walk
Riding Stables
The Yells Farm
Old Yells Farm
Wakeman's Wood
Hilton Park
Moat
The Belt
Whitgreaves Prim. Sch.
Com. Cen.
Sports Ground
Lower Belt
Old Ride
Whitgreaves Wood
The Tower
The Rhododendrons
Keeper's Wood
Spring Coppice
Hill Farm
Mill Ride
HILTON MAIN INDUSTRIAL ESTATE
Beech Head
Fish Pond
Moseley Hall Farm
The Grove
Fish Pond
Mill Farm
Old Windmill
Pool Farm
ESSINGTON INDUSTRIAL ESTATE
Fennel Pit Farm
St. John's C.E. Prim. Sch.
Sports Ground
Manor Farm
Essington House
Essington Hall Farm
Weir
Moseley Court
NORTHYCOTE FARM COUNTRY PARK
Sandy Flatts
Moat
Bowling Green
Westcroft Farm
Moat
Westcroft School
Playground
Underhill Primary School
Club
Sports Ground
Y.W.C.A.
Blackcove Farm
Oakley Farm
SOUTH STAFFORDSHIRE
WOLVERHAMPTON
Playing Field
Corpus Christi R.C. Prim. Sch.
Hlth. Cen.
Library
Moat
Playgrd.

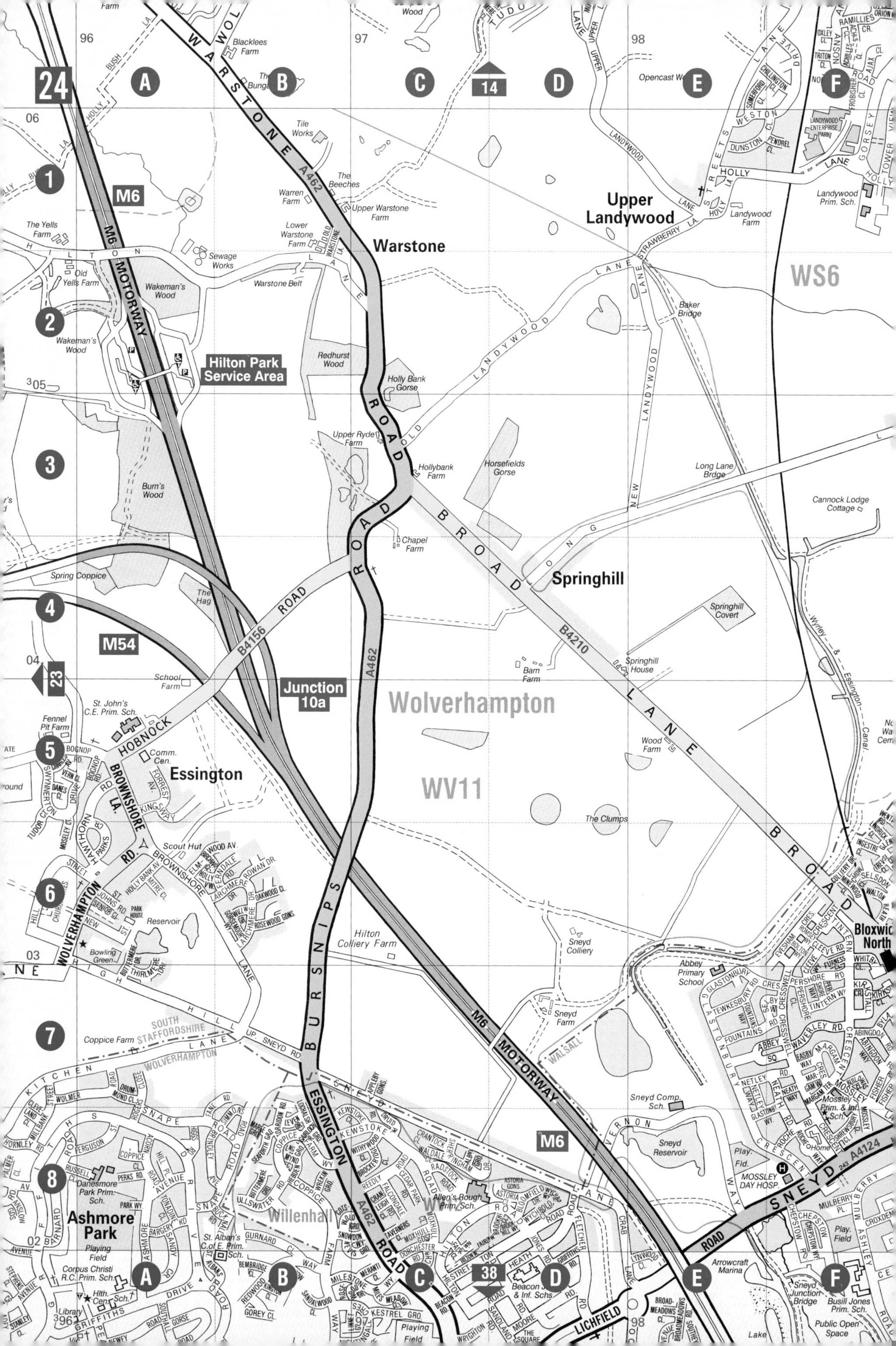

Blacklees Farm
Tile Works
The Beeches
Warren Farm
Upper Warstone Farm
Lower Warstone Farm
Warstone
WARSTONE
A462
M6
The Yells Farm
Old Yells Farm
Sewage Works
Warstone Belt
Wakeman's Wood
Hilton Park Service Area
Redhurst Wood
Holly Bank Gorse
Upper Ryde Farm
Hollybank Farm
Horsefields Gorse
Burn's Wood
Chapel Farm
Spring Coppice
The Hag
M54
Springhill
Springhill Covert
B4210
B4156
Barn Farm
Springhill House
School Farm
Junction 10a
Wolverhampton
St. John's C.E. Prim. Sch.
Fennel Pit Farm
Comm. Cen.
Essington
WV11
Wood Farm
The Clumps
Scout Hut
Reservoir
Bowling Green
Hilton Colliery Farm
Sneyd Colliery
Abbey Primary School
Sneyd Farm
SOUTH STAFFORDSHIRE
WOLVERHAMPTON
WALSALL
Coppice Farm
M6 MOTORWAY
Sneyd Comp. Sch.
Sneyd Reservoir
MOSSLEY DAY HOSP.
Danesmore Park Prim. Sch.
Ashmore Park
Playing Field
Corpus Christi R.C. Prim. Sch.
Library
Willenhall
Allen's Rough Prim. Sch.
St. Alban's C.of E. Prim. Sch.
Beacon Jun. & Inf. Schs
Arrowcraft Marina
Sneyd Junction Bridge
Busill Jones Prim. Sch.
Public Open Space
Lake
Upper Landywood
Landywood Farm
Landywood Prim. Sch.
LANDYWOOD ENTERPRISE PARK
Opencast Works
WS6
Baker Bridge
Long Lane Bridge
Cannock Lodge Cottage
Wyrley & Essington Canal
Bloxwich North
BROAD LANE
BURSNIPS ROAD
ESSINGTON ROAD
SNEYD LANE
LICHFIELD ROAD
A4124
HOBNOCK ROAD
BROWNSHORE LA.
WOLVERHAMPTON RD.
HIGH HILL
KITCHEN LANE
SNAPE ROAD
LANDYWOOD LANE
NEW LANDYWOOD LANE
LONG LANE
HOLLY LANE
STRAWBERRY LA.
HILTON LANE
14
23
38
96
97
98
06
05
04
03
02

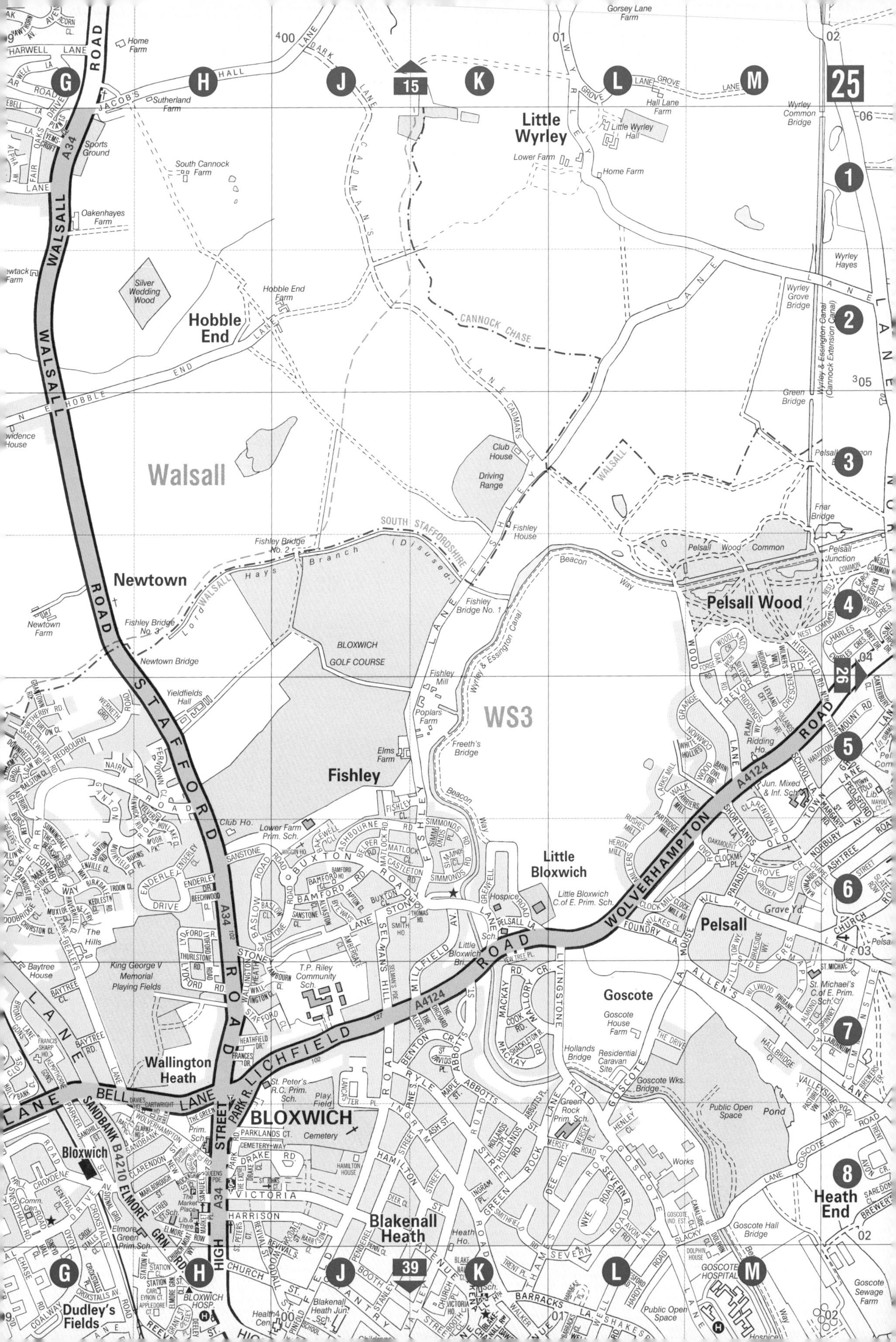
25
15
26
39
G
H
J
K
L
M
1
2
3
4
5
6
7
8
Gorsey Lane Farm
Home Farm
HARWELL LANE
WALSALL ROAD
A34
JACOB'S HALL
Sutherland Farm
DARK LANE
Sports Ground
South Cannock Farm
Little Wyrley
Hall Lane Farm
Little Wyrley Hall
Lower Farm
Home Farm
WYRLEY GROVE
GROVE LANE
Wyrley Common Bridge
Oakenhayes Farm
Silver Wedding Wood
Hobble End Farm
Hobble End
HOBBLE END LANE
CADMANS LANE
CANNOCK CHASE
Wyrley Hayes
Wyrley Grove Bridge
Wyrley & Essington Canal (Cannock Extension Canal)
Green Bridge
Providence House
Walsall
Club House
Driving Range
WALSALL
Friar Bridge
SOUTH STAFFORDSHIRE
Fishley Bridge No. 2
Hays Branch (Disused)
Lord WALSALL
Fishley House
Pelsall Wood Common
Pelsall Junction
Beacon Way
Newtown
Newtown Farm
Fishley Bridge No. 3
Fishley Bridge No. 1
BLOXWICH GOLF COURSE
Pelsall Wood
Newtown Bridge
STAFFORD ROAD
Yieldfields Hall
Fishley Mill
Poplars Farm
WS3
Freeth's Bridge
Elms Farm
Fishley
FISHLEY LANE
WOLVERHAMPTON ROAD
A4124
Ridding Ho.
Jun. Mixed & Inf. Sch.
Club Ho.
Lower Farm Prim. Sch.
Little Bloxwich
Little Bloxwich C.of E. Prim. Sch.
Hospice
The Hills
Baytree House
King George V Memorial Playing Fields
T.P. Riley Community Sch.
LICHFIELD ROAD
Little Bloxwich Bri.
Pelsall
Grave Yd.
Goscote
Goscote House Farm
Hollands Bridge
Residential Caravan Site
St. Michael's C.of E. Prim. Sch.
Wallington Heath
BELL LANE
St. Peter's R.C. Prim. Sch.
Play Field
BLOXWICH
Cemetery
Green Rock Prim. Sch.
Goscote Wks. Bridge
Public Open Space
Pond
Works
Bloxwich
SANDBANK B4210
ELMORE GRN.
HIGH STREET
VICTORIA
Blakenall Heath
Heath End
Goscote Hall Bridge
Heath Ho.
Elmore Green Prim. Sch.
BLOXWICH HOSP.
GOSCOTE HOSPITAL
Blakenall Heath Jun. Sch.
Public Open Space
Goscote Sewage Farm
Dudley's Fields
BARRACKS LA.
GOSCOTE LANE

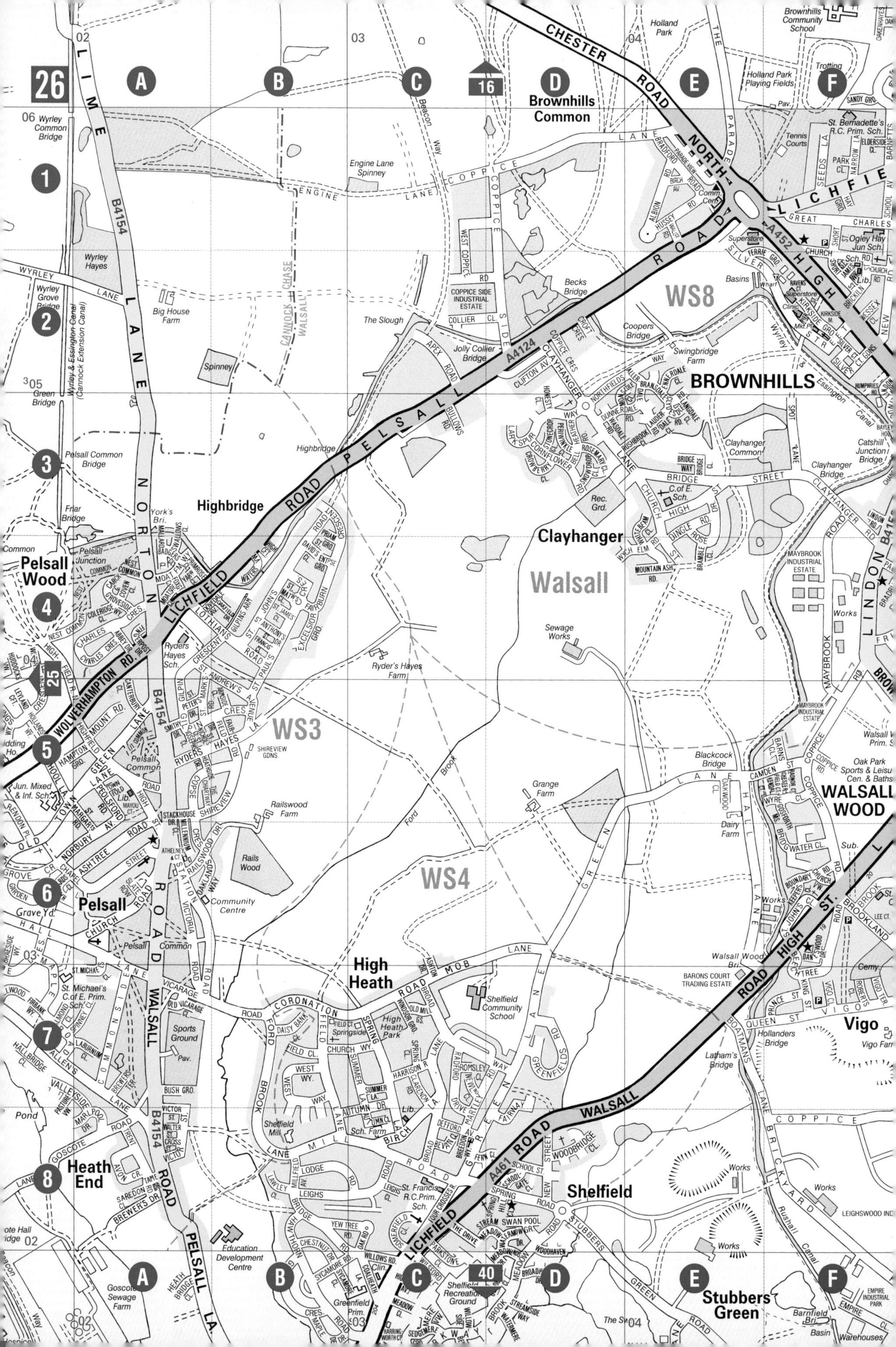

A   B   C   16   D   E   F

1

06 Wyrley Common Bridge

Engine Lane Spinney

Brownhills Common

Holland Park

Holland Park Playing Fields

Trotting

Brownhills Community School

2

WYRLEY

Wyrley Grove Bridge

Wyrley Hayes

Big House Farm

The Slough

Jolly Collier Bridge

WEST COPPICE RD

COPPICE SIDE INDUSTRIAL ESTATE

Becks Bridge

Coopers Bridge

WS8

Basins

Superstore

St. Bernadette's R.C. Prim. Sch.

Tennis Courts

Ogley Hay Jun Sch.

3

305 Green Bridge

Pelsall Common Bridge

Friar Bridge

Highbridge

Highbridge

A4124

Swingbridge Farm

BROWNHILLS

Clayhanger Common

Clayhanger Bridge

Catshill Junction Bridge

Highbridge

Clayhanger

Maybrook Industrial Estate

Works

4

Pelsall Wood

Pelsall Junction Common

York's Bri.

Walsall

Sewage Works

25

04

Jun. Mixed & Inf. Sch.

WS3

Ryder's Hayes Farm

Railswood Farm

Rails Wood

Community Centre

WS4

Grange Farm

Dairy Farm

Blackcock Bridge

Oak Park Sports & Leisu Cen. & Baths

Maybrook Industrial Estate

WALSALL WOOD

5

WOLVERHAMPTON RD

B4154

Pelsall Common

Shireview Gdns

Brook

Ford

6

Pelsall

Grave Yd.

Pelsall Common

Works

Walsall Wood Bri.

BARONS COURT TRADING ESTATE

7

St. Michael's C. of E. Prim. Sch.

Old Vicarage

Sports Ground

High Heath

High Heath Park

Shelfield Community School

Hollanders Bridge

Latham's Bridge

Vigo

Vigo Lane

8

Heath End

Hallbridge

Education Development Centre

Shelfield Mill

St. Francis R.C. Prim. Sch.

Shelfield

SWAN POOL

Works

Works

LEIGHSWOOD IND.

Goscote Sewage Farm

Greenfield Prim. Sch.

Shelfield Recreation Ground

Stubbers Green

Barnfield Bri. Basin

Empire Industrial Estate

A   B   40   C   D   E   F

CHESTER ROAD

LICHFIELD

WS8

A452 HIGH

A461 ROAD WALSALL

PELSALL ROAD

B4154 PELSALL LA.

LICHFIELD ROAD

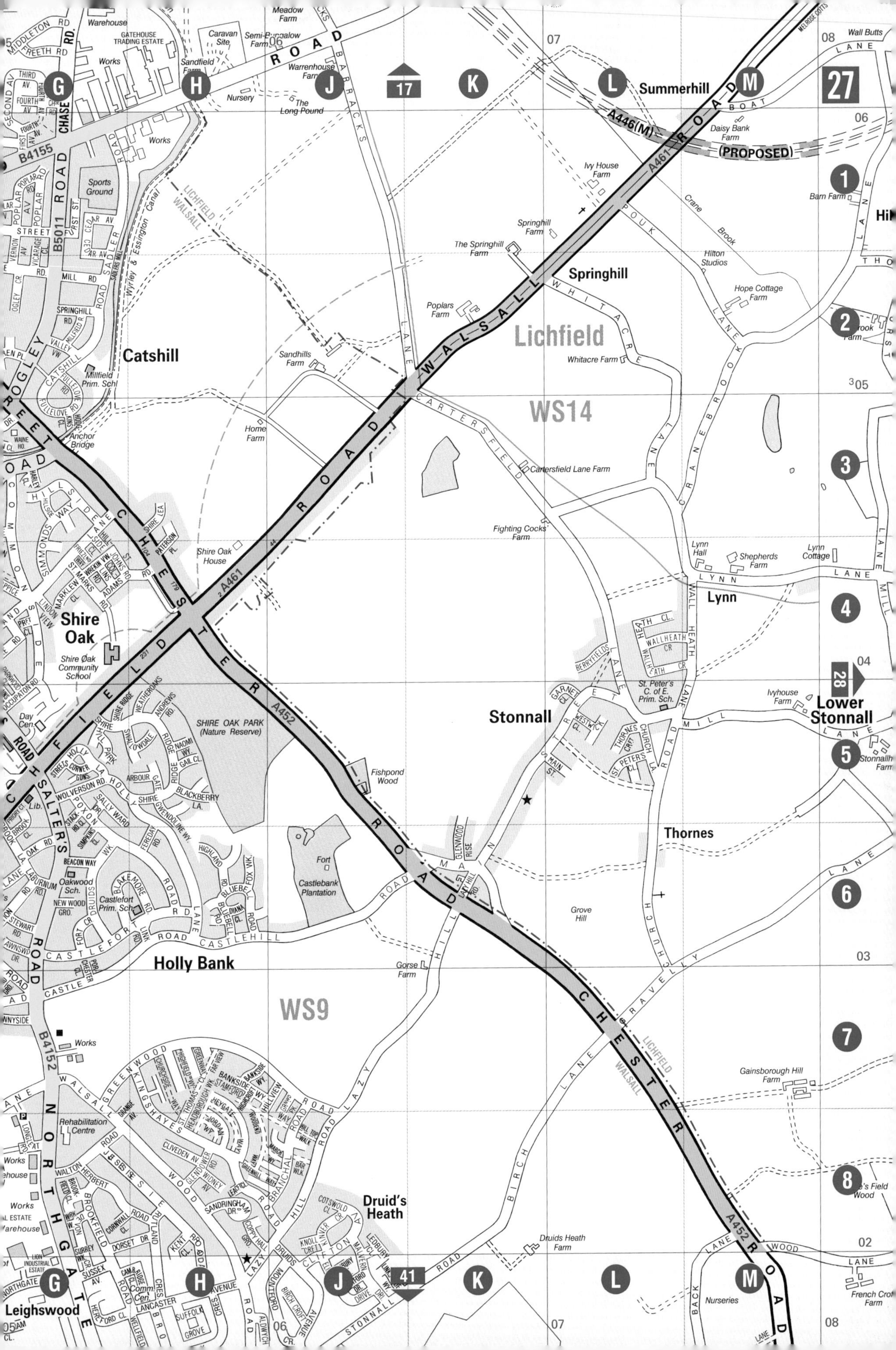

27
Summerhill
Springhill
Lichfield
WS14
Catshill
Shire Oak
Stonnall
Lynn
Lower Stonnall
Thornes
Holly Bank
WS9
Druid's Heath
Leighswood
A461
A452
A446(M) (PROPOSED)
B4155
B5011
B4152
WALSALL ROAD
CHESTER ROAD
LICHFIELD ROAD
SHIRE OAK PARK (Nature Reserve)
Castlebank Plantation
Fishpond Wood
Grove Hill
Shire Oak Community School
Millfield Prim. Schl
Oakwood Sch.
Castlefort Prim. Sch.
St. Peter's C. of E. Prim. Sch.
Rehabilitation Centre
Sports Ground
Gatehouse Trading Estate
Wyrley & Essington Canal
Crane Brook
Anchor Bridge
17
28
41

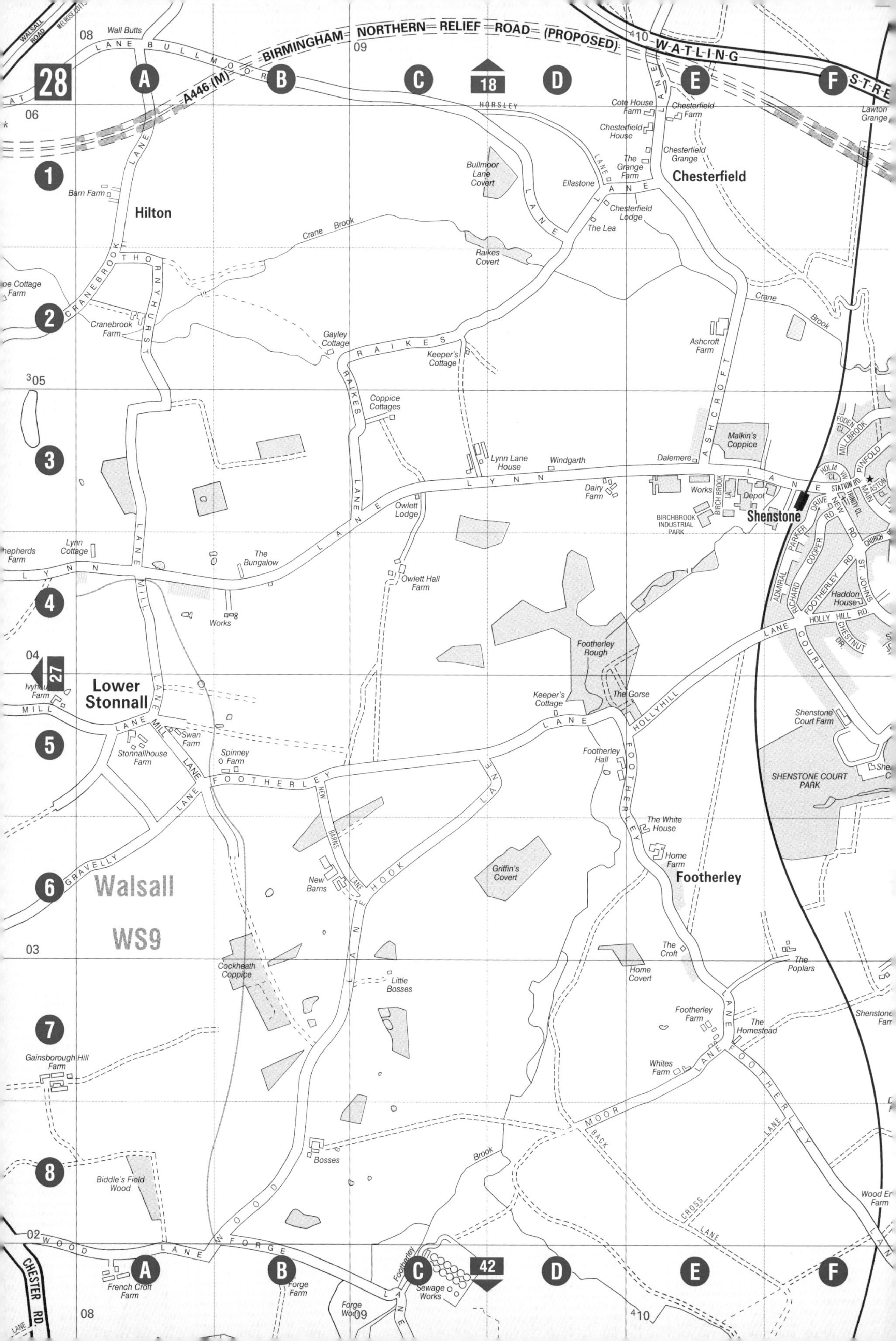
28
BIRMINGHAM NORTHERN RELIEF ROAD (PROPOSED)
A446 (M)
WATLING STREET
18
27
42
Wall Butts
BULLMOOR LANE
HORSLEY LANE
Cote House Farm
Chesterfield Farm
Chesterfield House
Chesterfield Grange
The Grange Farm
Chesterfield
Bullmoor Lane Covert
Ellastone
Chesterfield Lodge
The Lea
Lawton Grange
Barn Farm
Hilton
Crane Brook
Raikes Covert
THORNYHURST
CRANEBROOK
Cranebrook Farm
Gayley Cottage
RAIKES
Keeper's Cottage
Ashcroft Farm
ASHCROFT
Coppice Cottages
Malkin's Coppice
Lynn Lane House
Windgarth
Dalemere
LYNN LANE
Dairy Farm
Works
Depot
BIRCH BROOK LA.
BIRCHBROOK INDUSTRIAL PARK
Shenstone
Owlett Lodge
Lynn Cottage
The Bungalow
Owlett Hall Farm
MILL LANE
Works
Footherley Rough
The Gorse
Keeper's Cottage
HOLLYHILL LANE
Lower Stonnall
Swan Farm
Stonnallhouse Farm
Spinney Farm
FOOTHERLEY LANE
NEW BARNS LANE
HOOK LANE
Footherley Hall
The White House
Home Farm
Footherley
Griffin's Covert
New Barns
GRAVELLY LANE
Walsall
WS9
Cockheath Coppice
Little Bosses
The Croft
Home Covert
The Poplars
Footherley Farm
The Homestead
Whites Farm
Gainsborough Hill Farm
MOOR LANE
BACK LANE
CROSS LANE
Brook
Bosses
Biddle's Field Wood
WOOD LANE
FORGE LANE
French Croft Farm
Forge Farm
Forge Wood
Footherley Brook
Sewage Works
CHESTER RD.
Shenstone Court Farm
SHENSTONE COURT PARK
FODEN CL.
MILLBROOK
PINFOLD
HOLM CL.
STATION RD.
MAIN
PARKER
DRIVE
NEW RD.
TRINITY CL.
COOPER
ADMIRAL
RICHARD
FOOTHERLEY RD.
CHURCH
ST. JOHNS
Haddon House
HOLLY HILL RD.
CHESTNUT DR.
COURT
Wood End Farm
08
09
410
06
05
04
03
02

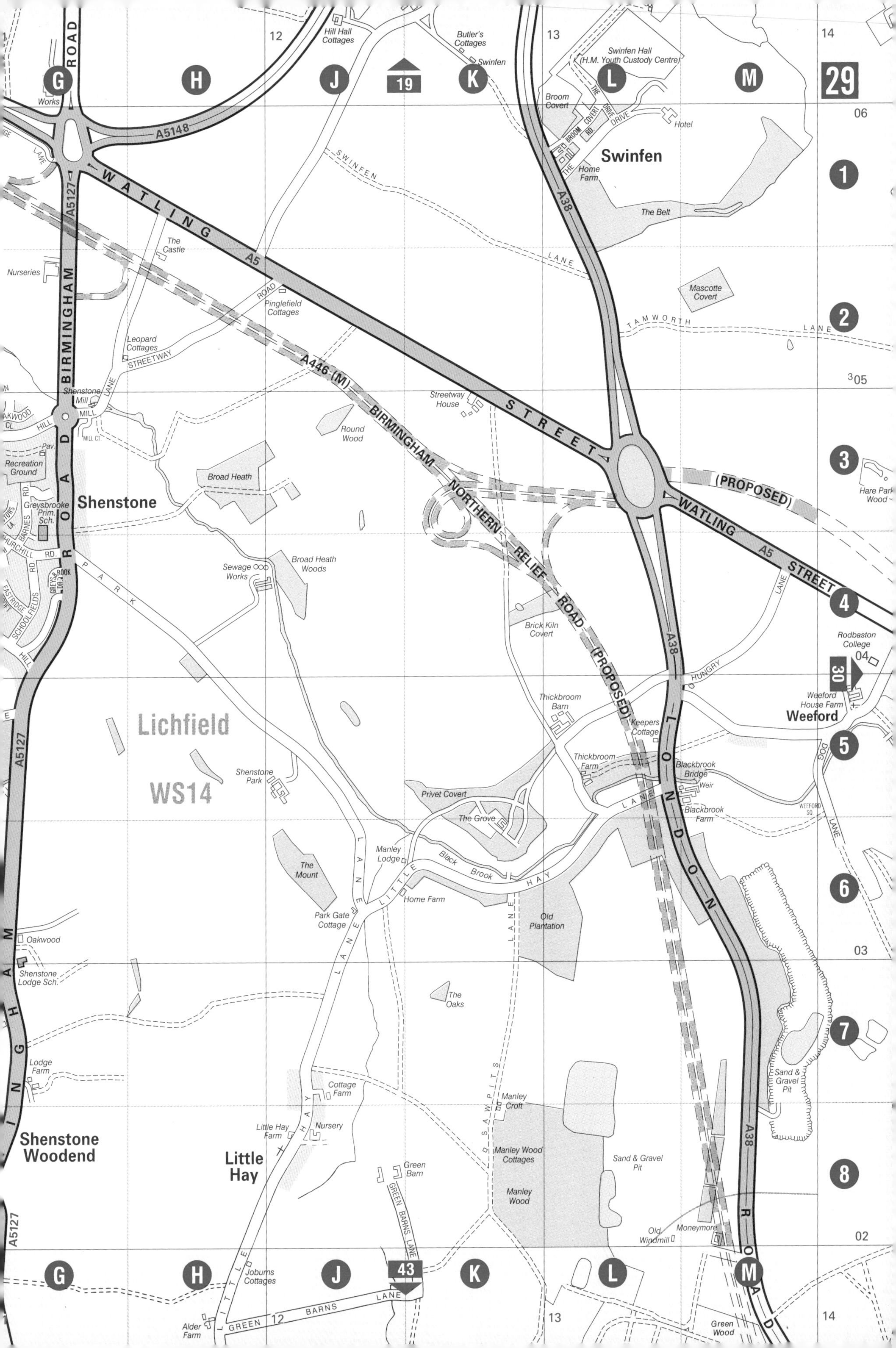

Hill Hall Cottages
Butler's Cottages
Swinfen
Swinfen Hall (H.M. Youth Custody Centre)
19
Works
Broom Covert
Hotel
A5148
Swinfen
Home Farm
SWINFEN
WATLING STREET
A5127
BIRMINGHAM ROAD
A5
The Belt
The Castle
LANE
Nurseries
Mascotte Covert
Pinglefield Cottages
TAMWORTH LANE
Leopard Cottages
STREETWAY
A446 (M)
Shenstone Mill
Streetway House
Round Wood
BIRMINGHAM NORTHERN RELIEF ROAD (PROPOSED)
Recreation Ground
Broad Heath
(PROPOSED)
Hare Park Wood
Shenstone
Greysbrooke Prim. Sch.
Broad Heath Woods
Sewage Works
PARK
A38
Brick Kiln Covert
Rodbaston College
HUNGRY
30
Thickbroom Barn
Weeford House Farm
Weeford
Lichfield
Keepers Cottage
WS14
Shenstone Park
Thickbroom Farm
Blackbrook Bridge
Weir
Privet Covert
LANE
Blackbrook Farm
The Grove
DOG LANE
Manley Lodge
Black Brook
The Mount
HAY
LONDON ROAD
Home Farm
LITTLE LANE
Park Gate Cottage
Old Plantation
Oakwood
Shenstone Lodge Sch.
The Oaks
Lodge Farm
Sand & Gravel Pit
Cottage Farm
Manley Croft
SAWPITS LANE
Little Hay Farm
Nursery
Shenstone Woodend
Manley Wood Cottages
Sand & Gravel Pit
Little Hay
Green Barn
GREEN BARNS LANE
Manley Wood
Old Windmill
Moneymore
Jobums Cottages
43
GREEN BARNS LANE
Alder Farm
Green Wood

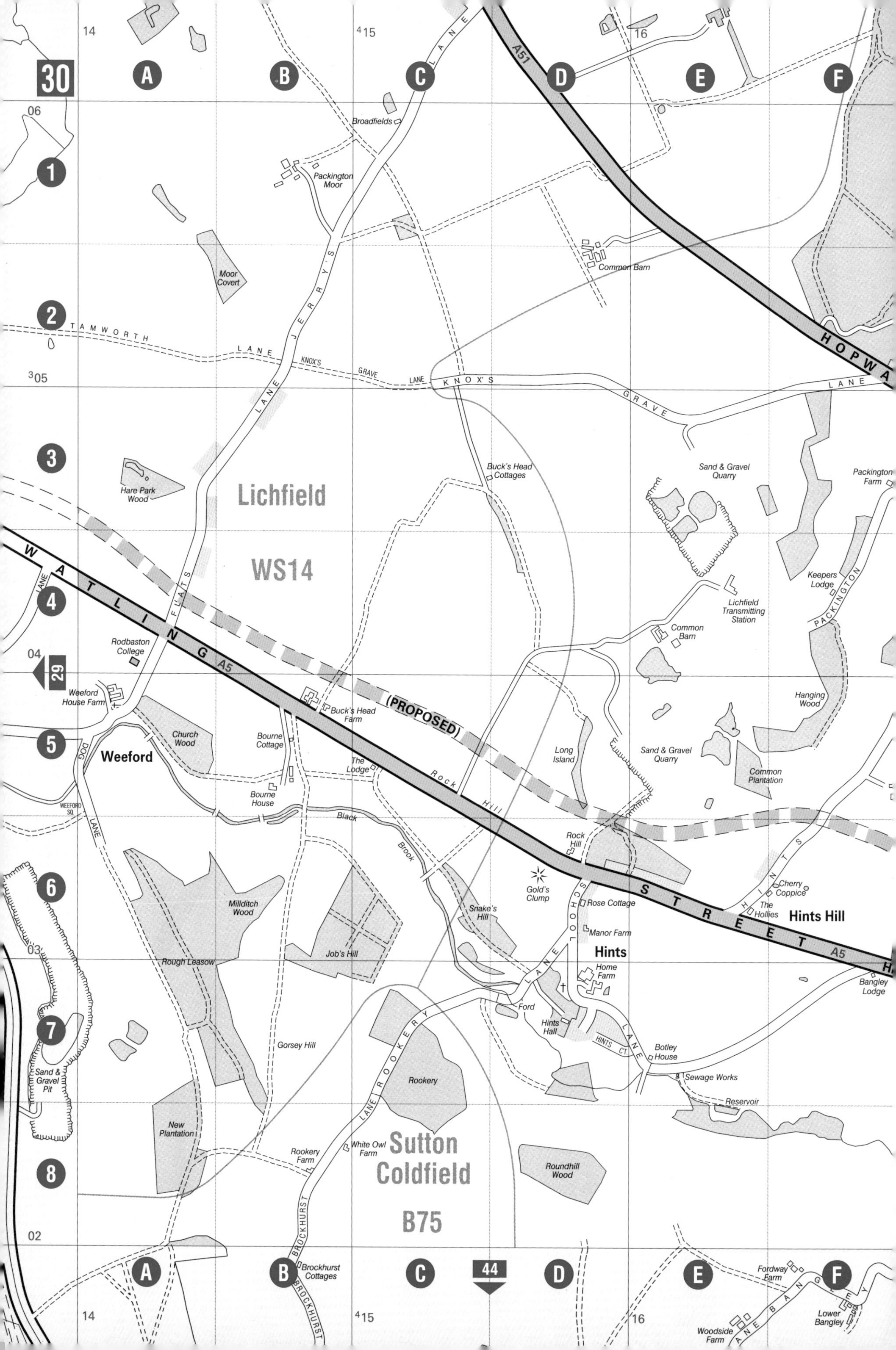

14
415
16
A
B
C
D
E
F
06
1
2
3
305
04
29
4
5
6
03
7
8
02
44
Broadfields
Packington Moor
Moor Covert
TAMWORTH LANE
JERRY'S LANE
KNOX'S GRAVE LANE
Common Barn
A51
HOPWA
Hare Park Wood
Lichfield
WS14
Buck's Head Cottages
Sand & Gravel Quarry
Packington Farm
Keepers Lodge
PACKINGTON
Lichfield Transmitting Station
Common Barn
WATLING STREET
A5
FLATS LANE
LANE
Rodbaston College
Weeford House Farm
(PROPOSED)
Buck's Head Farm
Bourne Cottage
Church Wood
Weeford
DOG LANE
Hanging Wood
Long Island
Sand & Gravel Quarry
Common Plantation
The Lodge
Bourne House
Rock Hill
Black Brook
WEEFORD SQ.
Rock Hill
Gold's Clump
Cherry Coppice
The Hollies
Hints Hill
HINTS LANE
Rose Cottage
Manor Farm
SCHOOL LANE
Milldiitch Wood
Snake's Hill
Job's Hill
Rough Leasow
Hints
Home Farm
Ford
Hints Hall
HINTS CT.
Botley House
Bangley Lodge
ROOKERY LANE
Rookery
Gorsey Hill
Sand & Gravel Pit
Sewage Works
Reservoir
New Plantation
Rookery Farm
White Owl Farm
Sutton Coldfield
B75
Roundhill Wood
BROCKHURST
Brockhurst Cottages
Fordway Farm
BANGLEY LANE
Lower Bangley
Woodside Farm

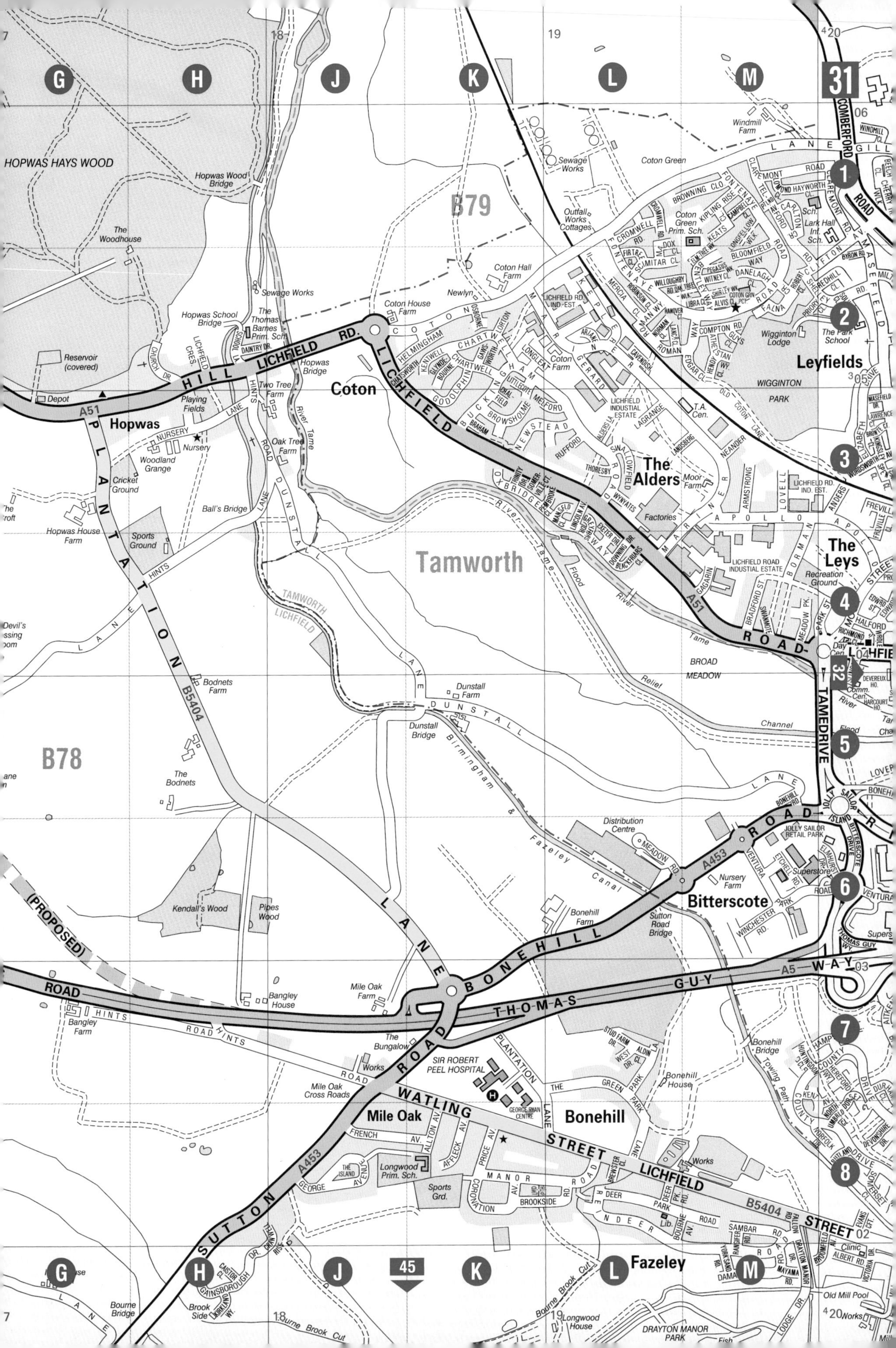

HOPWAS HAYS WOOD
Hopwas Wood Bridge
The Woodhouse
Sewage Works
Hopwas School Bridge
The Thomas Barnes Prim. Sch.
Reservoir (covered)
Depot
A51
HILL
LICHFIELD RD.
Hopwas
Playing Fields
Two Tree Farm
Hopwas Bridge
River Tame
Coton
Coton House Farm
Newlyn
Coton Hall Farm
B79
Sewage Works
Outfall Works Cottages
Coton Green
Windmill Farm
COMBERFORD ROAD
Coton Green Prim. Sch.
Lark Hall Inf. Sch.
Wigginton Lodge
The Park School
Leyfields
WIGGINTON PARK
LICHFIELD RD. IND. EST.
LICHFIELD INDUSTIAL ESTATE
T.A. Cen.
The Alders
Moor Farm
LICHFIELD RD. IND. EST.
Factories
LICHFIELD ROAD INDUSTIAL ESTATE
The Leys
Recreation Ground
Woodland Grange
Nursery
Cricket Ground
Oak Tree Farm
Hopwas House Farm
Sports Ground
Ball's Bridge
Tamworth
TAMWORTH
LICHFIELD
PLANTATION
B5404
Bodnets Farm
B78
The Bodnets
Dunstall Farm
Dunstall Bridge
DUNSTALL LANE
Birmingham & Fazeley Canal
BROAD MEADOW
Relief Channel
River Tame
Flood
TAMEDRIVE
Distribution Centre
JOLLY SAILOR RETAIL PARK
Superstore
Nursery Farm
Bitterscote
Bonehill Farm
Sutton Road Bridge
Kendall's Wood
Pipes Wood
(PROPOSED)
LANE
BONEHILL ROAD
A453
THOMAS GUY WAY
A5
Bangley Farm
Bangley House
Mile Oak Farm
The Bungalow
Works
Mile Oak Cross Roads
SIR ROBERT PEEL HOSPITAL
GEORGE RYAN CENTRE
Bonehill
Bonehill House
Bonehill Bridge
Towing Path
WATLING STREET
LICHFIELD STREET
B5404
Mile Oak
Longwood Prim. Sch.
Sports Grd.
SUTTON ROAD
Lib.
Works
Fazeley
Old Mill Pool
Works
Bourne Bridge
Brook Side
Bourne Brook Cut
Longwood House
DRAYTON MANOR PARK
Clinic
45
32

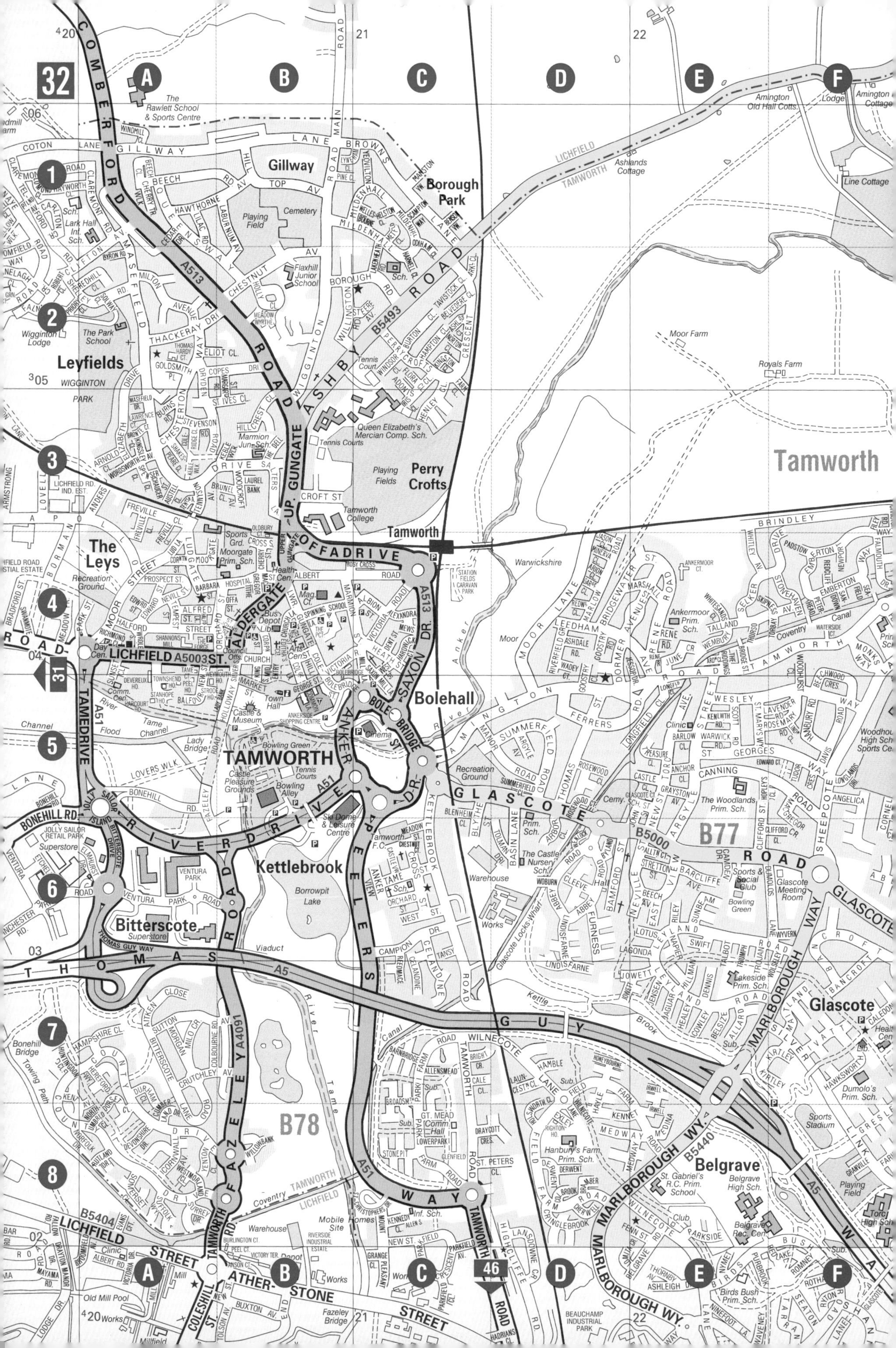

32
A
B
C
D
E
F
1
2
3
4
5
6
7
8
21
22
06
05
04
03
02
31
46
The Rawlett School & Sports Centre
Amington Old Hall Cotts.
Lodge
Amington Cottage
Ashlands Cottage
Line Cottage
Gillway
Borough Park
Playing Field
Cemetery
Flaxhill Junior School
Lark Hall Int. Sch.
Wigginton Lodge
The Park School
Leyfields
WIGGINTON PARK
Moor Farm
Royals Farm
Queen Elizabeth's Mercian Comp. Sch.
Tennis Courts
Marmion Jun. Sch.
Playing Fields
Perry Crofts
Tamworth College
Tamworth
LICHFIELD RD. IND. EST.
The Leys
Recreation Ground
Sports Grd.
Moorgate Prim. Sch.
Health Cen.
Warwickshire
Ankermoor Prim. Sch.
Coventry Canal
STATION FIELDS CARAVAN PARK
Moor
Bolehall
Day Cen.
Council Offs.
Bus Depot
Lib.
Arts Cen.
Town Hall
Castle & Museum
ANKERSIDE SHOPPING CENTRE
Cinema
Bowling Green
TAMWORTH
Castle Pleasure Grounds
Tennis Courts
Bowling Alley
Ski Dome & Leisure Centre
Recreation Ground
Clinic
The Woodlands Prim. Sch.
Cemy.
Prim. Sch.
The Castle Nursery Sch.
Warehouse
Works
Glascote Locks Wharf
Sports & Social Club
Bowling Green
Glascote Meeting Room
Woodhouse High Sch. Sports Cen.
B77
Kettlebrook
Borrowpit Lake
Tamworth F.C.
JOLLY SAILOR RETAIL PARK
Superstore
VENTURA PARK
Bitterscote
Superstore
Viaduct
Channel
Flood
River Tame
Lady Bridge
Lakeside Prim. Sch.
Glascote
Dumolo's Prim. Sch.
Sports Stadium
Bonehill Bridge
Towing Path
B78
Comm. Hall
Hanbury's Farm Prim. Sch.
Belgrave
St. Gabriel's R.C. Prim. School
Belgrave High Sch.
Belgrave Rec. Cen.
Playing Field
Mobile Homes Site
RIVERSIDE INDUSTRIAL ESTATE
Warehouse
Inf. Sch.
Clinic
Mill
Old Mill Pool
Works
Millfield
Depot
Fazeley Bridge
BEAUCHAMP INDUSTRIAL PARK
Club
Birds Bush Prim. Sch.
A513
A51
A5
A5003
A4091
B5493
B5000
B5440
B5404
COMBERFORD ROAD
GILLWAY
UP. GUNGATE
ASHBY ROAD
OFFA DRIVE
ALDERGATE
LICHFIELD ST.
TAMEDRIVE
SAXON DR.
BOLE BRIDGE
ANKER
RIVER DRIVE
GLASCOTE ROAD
THOMAS GUY WAY
FAZELEY RD
PEELERS WAY
MARLBOROUGH WAY
MARLBOROUGH WY.
LICHFIELD STREET
ATHER-STONE STREET
COLESHILL ST.
TAMWORTH ROAD

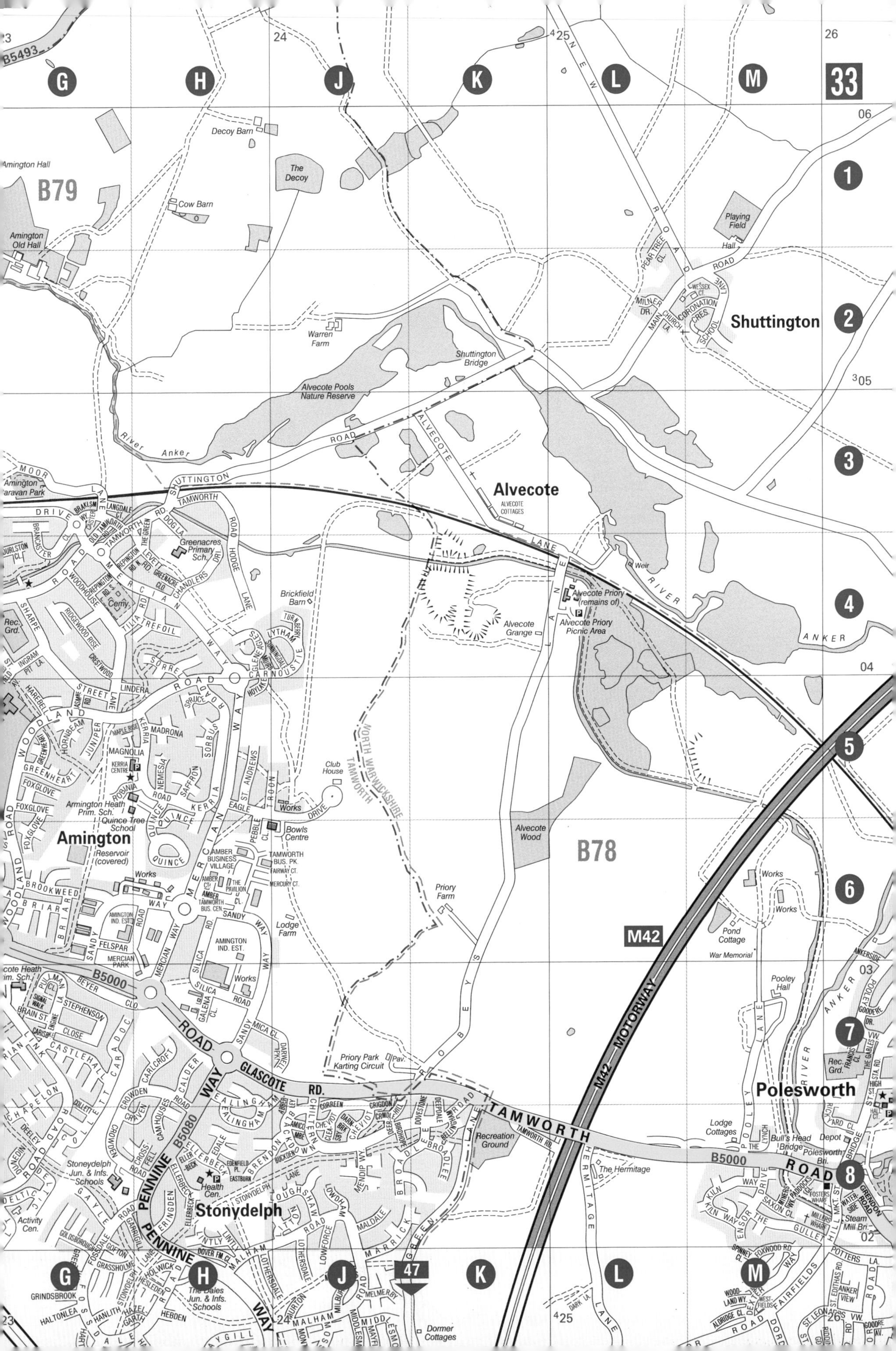
B5493
G
H
J
K
L
M
24
25
26
06
05
04
03
02
1
2
3
4
5
6
7
8
Decoy Barn
The Decoy
Amington Hall
B79
Cow Barn
Amington Old Hall
Playing Field
Hall
NEW ROAD
PEAR TREE CL.
ROAD
LANE
WESSEX CT.
MILNER DR.
MAIN
CHURCH LA.
CORONATION CRES.
SCHOOL
Shuttington
Warren Farm
Shuttington Bridge
Alvecote Pools Nature Reserve
River Anker
ROAD
ALVECOTE
MOOR
Amington Caravan Park
SHUTTINGTON
Alvecote
ALVECOTE COTTAGES
LANE
Weir
RIVER
TAMWORTH
DRIVE
BRAKLSM
LANGDALE CT.
TAMWORTH RD.
DOGLA.
HODGE
LANE
Greenacres Primary Sch.
CHANDLERS DRI.
MERCIAN
WAY
WOODHOUSE
REPINGTON
LEVETT
GREENACRE CL.
Cemy.
TILIA RD.
TREFOIL
RIDGEWOOD RISE
CRESTWOOD
SORREL
LINDERA
SHARPE
Rec. Grd.
INGRAM PIT LA.
Brickfield Barn
TURNBERRY
LYTHAM
GLENEAGLES
MUIRFIELD
CARNOUSTIE
HOYLAKE
Alvecote Priory (remains of)
Alvecote Priory Picnic Area
Alvecote Grange
ANKER
STREET LANE
WOODLAND
HAREBELL
JASMINE
HORNBEAM
JUNIPER
GREENHEART
FOXGLOVE
ROAD
MAPLE RISE
KERRIA
MADRONA
MAGNOLIA
KERRIA CENTRE
NEMESIA
SAFFRON
SORBUS
SPRUCE
ROBINIA
QUINCE
Amington Heath Prim. Sch.
Quince Tree School
Amington
Reservoir (covered)
ST. ANDREWS
TROON
EAGLE
Works
DRIVE
Club House
PEBBLE CL.
Bowls Centre
NORTH WARWICKSHIRE
TAMWORTH
AMBER BUSINESS VILLAGE
TAMWORTH BUS. PK.
FAIRWAY CT.
MERCURY CT.
THE PAVILION
AMBER TAMWORTH BUS. CEN.
SANDY
WAY
Alvecote Wood
B78
Works
Pond Cottage
War Memorial
BROOKWEED
BRIAR
AMINGTON IND. EST.
FELSPAR
MERCIAN PARK
MERCIAN WAY
AMINGTON IND. EST.
SILICA RD.
Lodge Farm
Priory Farm
M42
MOTORWAY
Glascote Heath Prim. Sch.
B5000
BEYER CLO
PULLMAN
SIGNAL WALK
STEPHENSON
BRAIN ST.
ENGINE
CLOSE
CASTLEHALL
CARADOC
GALENA CL.
MICA CL.
DARWELL PK.
ROAD
SANDY
Pooley Hall
ANKERSIDE
POOLEY
GOODERE DR.
THE GABLES
Rec. Grd.
FRANCIS CL.
HIGH ST.
Priory Park Karting Circuit
Pav.
GLASCOTE RD.
WAY
TAMWORTH
TAMWORTH RD.
Recreation Ground
CARLCROFT
CALDER
CROWDEN
CRAVEN
CAMHOUSES
EALINGHAM
CHILTERN
CORREEN
CRIGDON
CHEVIOT
DOVESTONE
DESPDALE
BROADLEE
B5080
PENNINE
ELLERBECK
EDALE
EDENFIELD PL.
EASTBURN
BRENDON
BUCKDEN
MENDIP WY.
Polesworth
Lodge Cottages
THE LYNCH
Bull's Head Bridge
Depot
Polesworth Bri.
B5000
ROAD
The Hermitage
HERMITAGE
Stoneydelph Jun. & Infs. Schools
Health Cen.
Stonydelph
STONYDELPH LANE
LOUGHSHAW
LOWDHAM
MALDALE
MARRICK
GREEN LANE
KILN WAY
ENSOR
SAXON CL.
THE GULLET
MILLERS WHARF
Steam Mill Bri.
GRENDON ROAD
Activity Cen.
GAYLE
ERINGDEN
GARRIGILL
LINTLY
DOVER FM. CL.
MALHAM
LOTHERSDALE
LOWFORCE
47
Dormer Cottages
DARK LA.
LANE
SPINNEY CL.
FOXWOOD RD.
WAY
POTTERS LA.
ANKER VIEW
WOODLAND WY.
WEST-FIELDS
DEXTER
FAIRFIELDS
ALDRIDGE CL.
ROAD
ST. LEONARDS VW.
GOODERE AV.
GRINDSBROOK
HALTONLEA
HANLITH
HAZELGARTH
HEBDEN
The Dales Jun. & Infs. Schools
FOSSDALE
GOFTON
GRASSHOLME
HOLWICK
HESLEDEN
WAY
MALHAM
MELMERBY
MIDDLESMOOR

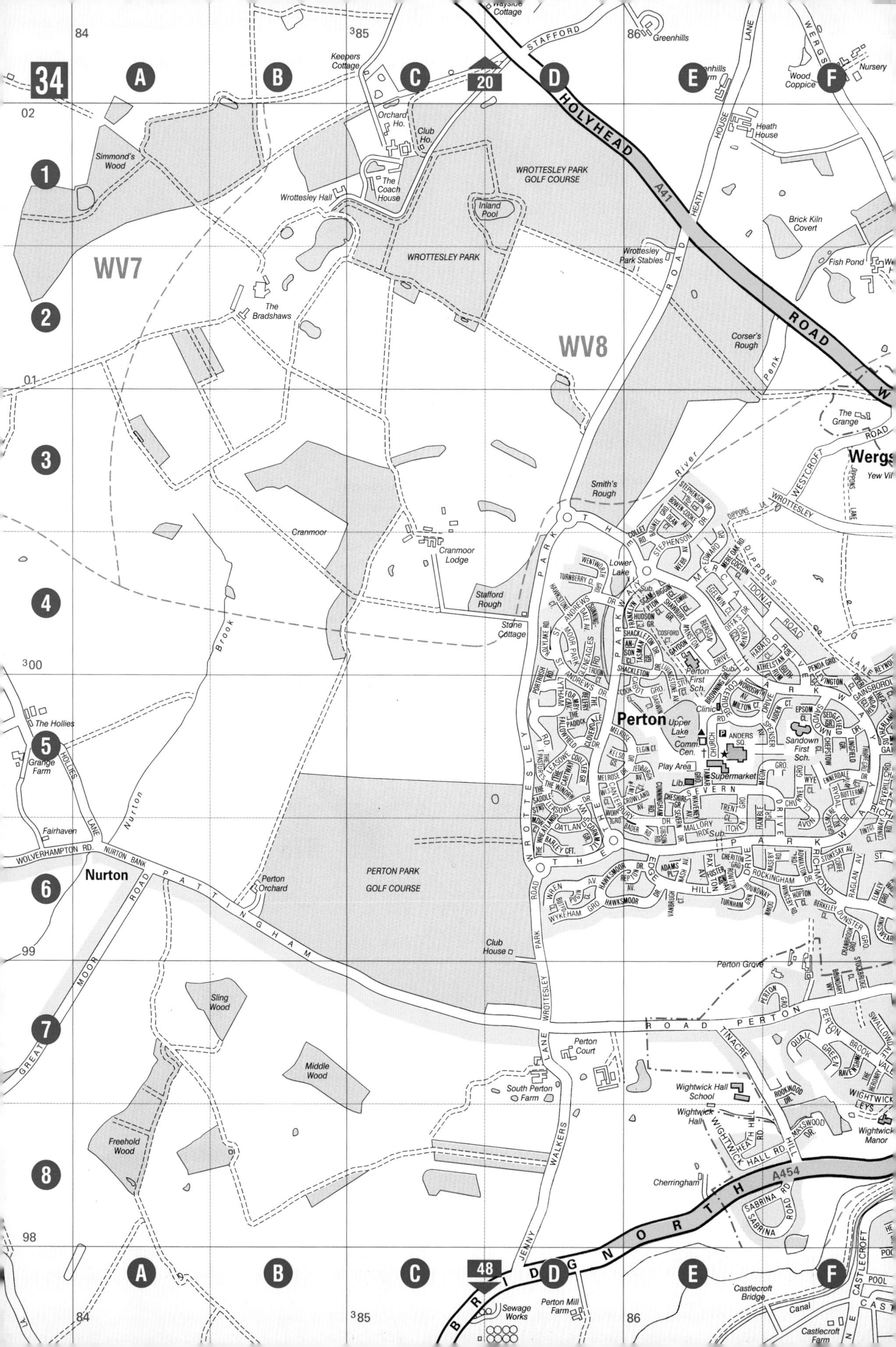
84
385
86
A
B
C
D
E
F
20
48
02
01
300
99
98
1
2
3
4
5
6
7
8
WV7
WV8
Wayside Cottage
Keepers Cottage
Greenhills
Greenhills Farm
Wood Coppice
Nursery
Simmond's Wood
Orchard Ho.
Club Ho.
The Coach House
Wrottesley Hall
Heath House
WROTTESLEY PARK GOLF COURSE
Inland Pool
HOLYHEAD
A41
ROAD
STAFFORD
HEATH HOUSE LANE
WERGS
Brick Kiln Covert
Fish Pond
WROTTESLEY PARK
Wrottesley Park Stables
The Bradshaws
Corser's Rough
Penk
The Grange
Wergs
Yew Vil
WESTCROFT
WROTTESLEY
DIPPONS LANE
River
Smith's Rough
Cranmoor
Cranmoor Lodge
Stafford Rough
Stone Cottage
Brook
Lower Lake
Perton
Upper Lake
Comm. Cen.
Play Area
Lib.
Supermarket
ANDERS SQ.
Perton First Sch.
Clinic
Sandown First Sch.
PARKWAY
WROTTESLEY ROAD
THE PARKWAY
THE EDGE
THE HILL
RICHMOND
MERCIA
SEVERN DRIVE
The Hollies
Grange Farm
HOLLIES LANE
Fairhaven
WOLVERHAMPTON RD.
NURTON BANK
Nurton
Nurton
PATTINGHAM ROAD
Perton Orchard
PERTON PARK GOLF COURSE
Club House
Perton Grove
GREAT MOOR ROAD
Sling Wood
Middle Wood
Freehold Wood
Perton Court
South Perton Farm
PERTON ROAD
TINACRE HILL
Wightwick Hall School
Wightwick Hall
WIGHTWICK HALL RD
Wightwick Manor
Cherringham
A454
BRIDGNORTH
SABRINA RD
JENNY WALKERS LANE
Sewage Works
Perton Mill Farm
Castlecroft Bridge
Canal
Castlecroft Farm
CASTLECROFT
POOL

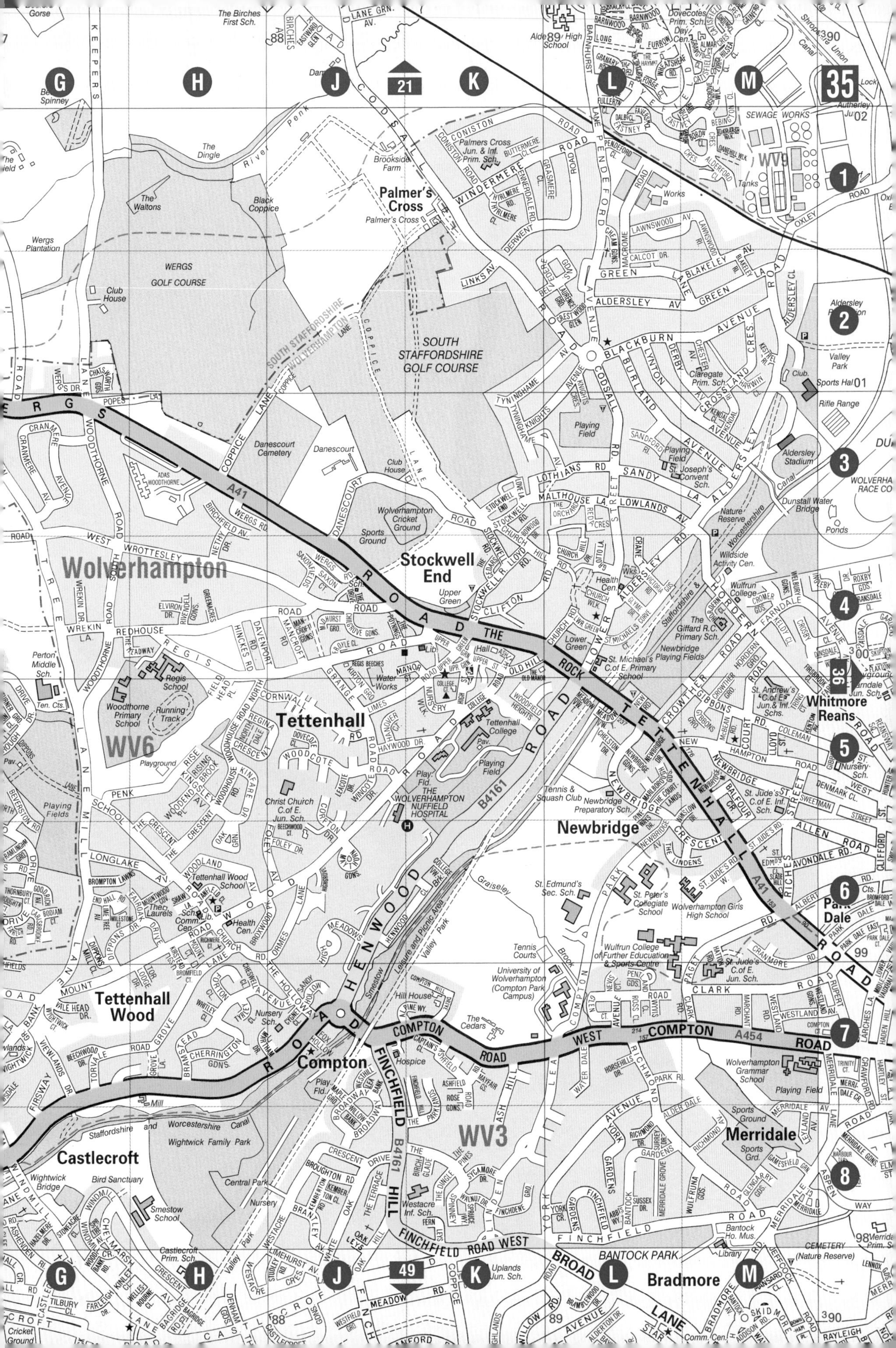

21
49
36
G
H
J
K
L
M
1
2
3
4
5
6
7
8
Gorse
The Birches First Sch.
Aldersley High School
Dovecotes Prim. Sch.
Day Cen.
Shropshire Union Canal
Lock
Autherley Jn.
SEWAGE WORKS
Tanks
WV9
Spinney
The Dingle
River Penk
Brookside Farm
Dam
Palmers Cross Jun. & Inf. Prim. Sch.
Palmer's Cross
Works
The Waltons
Black Coppice
Wergs Plantation
WERGS GOLF COURSE
Club House
SOUTH STAFFORDSHIRE
WOLVERHAMPTON
SOUTH STAFFORDSHIRE GOLF COURSE
Aldersley Recreation
Valley Park
Sports Hall
Rifle Range
Claregate Prim. Sch.
Playing Field
Danescourt Cemetery
Danescourt
Club House
Aldersley Stadium
WOLVERHAMPTON RACE COURSE
Dunstall Water Bridge
Ponds
St. Joseph's Convent Sch.
Nature Reserve
Worcestershire
Wolverhampton Cricket Ground
Sports Ground
Stockwell End
Upper Green
Wildside Activity Cen.
Wolverhampton
Health Cen.
Wulfrun College
The Giffard R.C. Primary Sch.
Newbridge Playing Fields
Staffordshire &
Lower Green
St. Michael's C.of E. Primary School
Perton Middle Sch.
Ten. Cts.
Regis School
Running Track
Woodthorne Primary School
WV6
Tettenhall
Water Works
Tettenhall College
Playing Field
Whitmore Reans
St. Andrew's C.of E. Jun.& Inf. Schs.
St. Jude's C.of E. Inf. Sch.
Nursery Sch.
Playground
Playing Fields
Christ Church C.of E. Jun. Sch.
THE WOLVERHAMPTON NUFFIELD HOSPITAL
Tennis & Squash Club
Newbridge Preparatory Sch.
Newbridge
Tettenhall Wood School
Laurels
Health Cen.
Graiseley
St. Edmund's Sec. Sch.
St. Peter's Collegiate School
Wolverhampton Girls High School
Park Dale
Leisure and Picnic Area
Valley Park
Tennis Courts
University of Wolverhampton (Compton Park Campus)
Wulfrun College of Further Education & Sports Centre
St. Jude's C.of E. Jun. Sch.
Tettenhall Wood
Nursery Sch.
Hill House
The Cedars
Compton
Hospice
WV3
Wolverhampton Grammar School
Playing Field
Sports Ground
Merridale
Sports Grd.
Mill
Staffordshire and Worcestershire Canal
Wightwick Family Park
Castlecroft
Wightwick Bridge
Bird Sanctuary
Smestow School
Central Park
Nursery
Westacre Inf. Sch.
Castlecroft Prim. Sch.
Uplands Jun. Sch.
BANTOCK PARK
Bantock Ho. Mus.
Library
Bradmore
CEMETERY (Nature Reserve)
Comm. Cen.
Cricket Ground
A41
A454
B4161
WERGS ROAD
TETTENHALL ROAD
THE ROCK
HENWOOD ROAD
COMPTON ROAD
COMPTON ROAD WEST
FINCHFIELD HILL
FINCHFIELD ROAD WEST
BROAD LANE
CODSALL ROAD
PENDEFORD LANE
OXLEY ROAD
ALDERSLEY ROAD
WOODTHORNE ROAD
REGIS ROAD
MILL LANE
CASTLECROFT ROAD

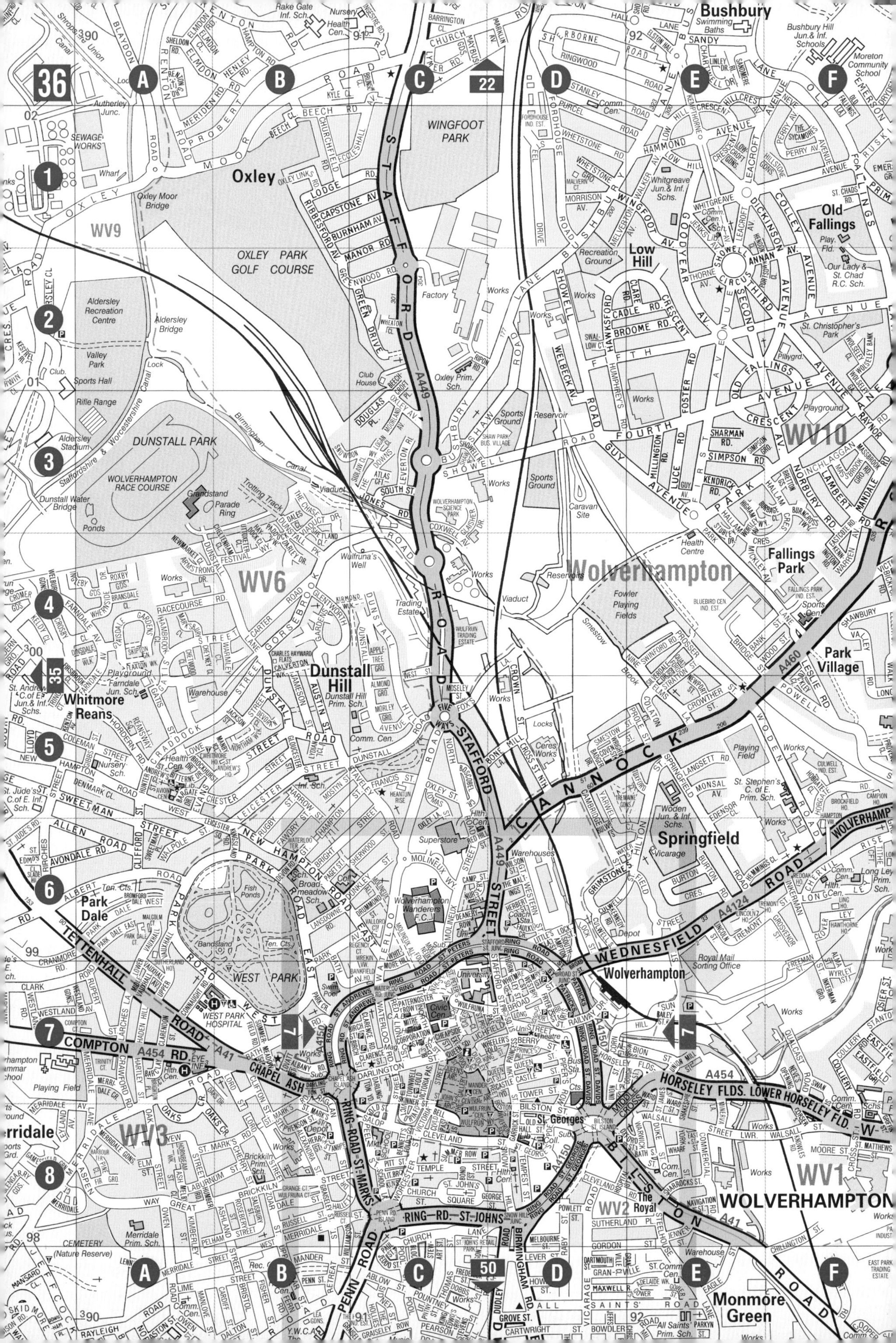

36
Bushbury
Oxley
WINGFOOT PARK
OXLEY PARK GOLF COURSE
Low Hill
Old Fallings
Aldersley Recreation Centre
Valley Park
DUNSTALL PARK
WOLVERHAMPTON RACE COURSE
WV9
WV6
WV10
WV3
WV2
WV1
Wolverhampton
Fowler Playing Fields
Falllings Park
Park Village
Dunstall Hill
Whitmore Reans
Springfield
Park Dale
WEST PARK
Wolverhampton Wanderers F.C.
WEST PARK HOSPITAL
St. Georges
The Royal
WOLVERHAMPTON
Monmore Green
Merridale
STAFFORD ROAD
CANNOCK ROAD
WEDNESFIELD ROAD
TETTENHALL ROAD
COMPTON RD.
CHAPEL ASH
PENN ROAD
BILSTON ROAD
HORSELEY FLDS.
RING ROAD ST. JOHNS
RING ROAD ST. MARKS
A449
A460
A4124
A454
A41
A4150
22
35
50

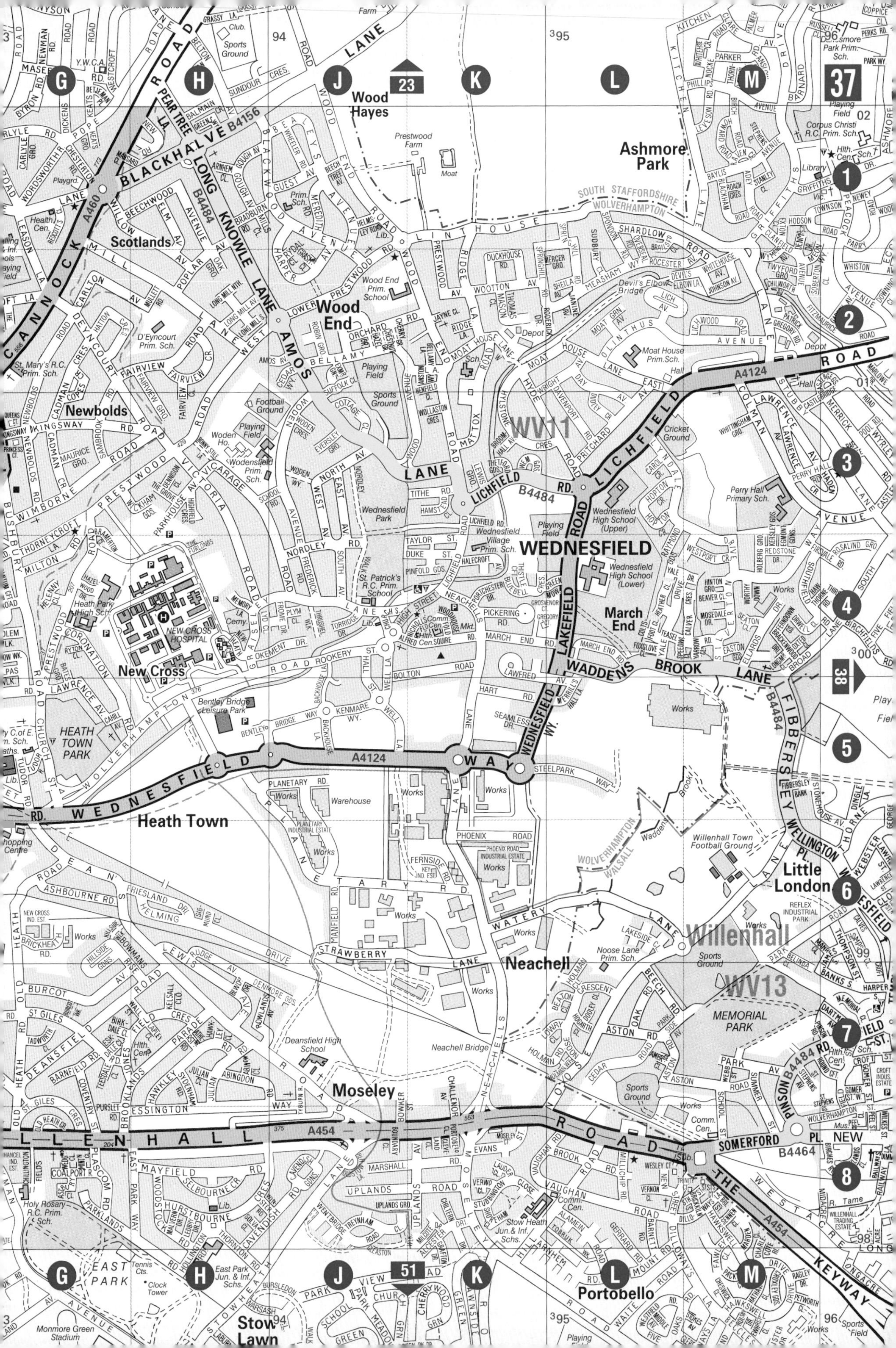
G
H
J
K
L
M
23
38
51
1
2
3
4
5
6
7
8
94
395
96
Wood Hayes
Prestwood Farm
Moat
Ashmore Park
Corpus Christi R.C. Prim. Sch.
Library
Playing Field
SOUTH STAFFORDSHIRE
WOLVERHAMPTON
Scotlands
Wood End
Wood End Prim. School
CANNOCK ROAD
A460
BLACKHALVE LA.
B4156
LONG KNOWLE LANE
B4484
AMOS LANE
LINTHOUSE LANE
Devil's Elbow Bridge
Moat House Prim. Sch.
D'Eyncourt Prim. Sch.
St. Mary's R.C. Prim. Sch.
Newbolds
Woden Ho.
Wodensfield Prim. Sch.
Football Ground
Sports Ground
Playing Field
WV11
LICHFIELD ROAD
A4124
Cricket Ground
Perry Hall Primary Sch.
WEDNESFIELD
Wednesfield High School (Upper)
Wednesfield High School (Lower)
Wednesfield Park
Wednesfield Village Prim. Sch.
St. Patrick's R.C. Prim. School
March End
NEW CROSS HOSPITAL
New Cross
Heath Park High Sch.
WADDENS BROOK LANE
Works
Bentley Bridge Leisure Park
HEATH TOWN PARK
WEDNESFIELD WAY
STEELPARK WAY
FIBBERSLEY
Heath Town
Warehouse
PLANETARY RD.
PHOENIX ROAD
Phoenix Road Industrial Estate
WOLVERHAMPTON
WALSALL
Willenhall Town Football Ground
Little London
REFLEX INDUSTRIAL PARK
Willenhall
WV13
Sports Ground
MEMORIAL PARK
Neachell
Noose Lane Prim. Sch.
Deansfield High School
Neachell Bridge
Moseley
WILLENHALL ROAD
A454
SOMERFORD PL.
NEW
B4464
THE KEYWAY
Holy Rosary R.C. Prim. Sch.
East Park Jun. & Inf. Schs.
Stow Heath Jun. & Inf. Schs.
EAST PARK
Clock Tower
Monmore Green Stadium
Stow Lawn
Portobello
Shopping Centre

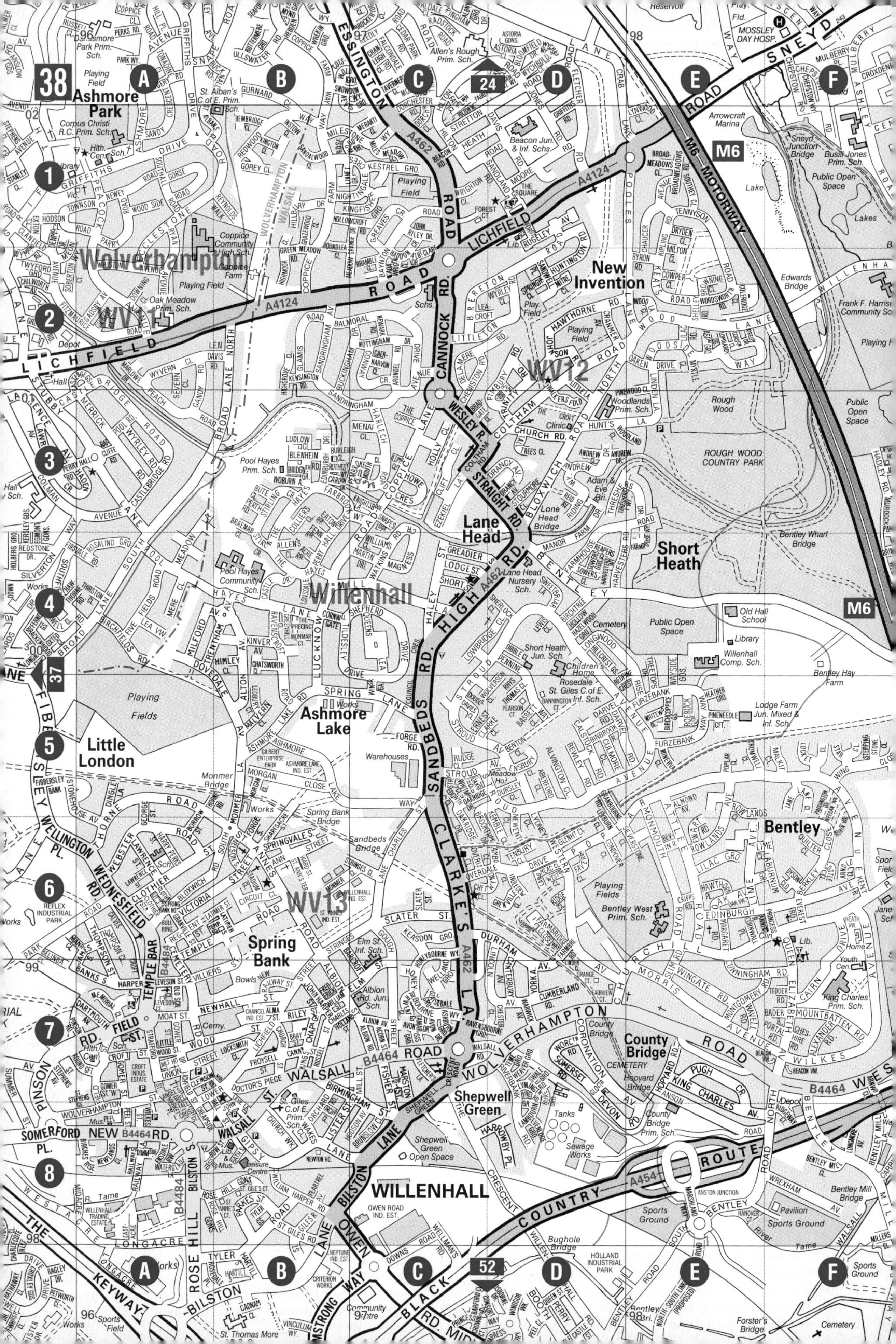
A
B
C
D
E
F
1
2
3
4
5
6
7
8
24
37
52
Ashmore Park
Wolverhampton
WV11
WV12
WV13
New Invention
Lane Head
Short Heath
Willenhall
Ashmore Lake
Little London
Spring Bank
Bentley
County Bridge
Shepwell Green
WILLENHALL
M6 MOTORWAY
M6
LICHFIELD ROAD
A4124
CANNOCK RD.
A462
ESSINGTON
SNEYD ROAD
WILLENHALL
BENTLEY
STRAIGHT RD.
HIGH RD.
SANDBEDS RD.
CLARKE'S LA.
WOLVERHAMPTON ROAD
B4464
WALSALL ROAD
BILSTON LANE
BLACK COUNTRY ROUTE
A454
OWEN ROAD
ROSE HILL
B4484
THE KEYWAY
WEDNESFIELD RD
Rough Wood
ROUGH WOOD COUNTRY PARK
Public Open Space
Arrowcraft Marina
Sneyd Junction Bridge
Edwards Bridge
Bentley Wharf Bridge
Willenhall Comp. Sch.
Old Hall School
Pool Hayes Community Sch.
Coppice Community High Sch.
Beacon Jun. & Inf. Schs.
Woodlands Prim. Sch.
Short Heath Jun. Sch.
Bentley West Prim. Sch.
King Charles Prim. Sch.
County Bridge Prim. Sch.
Lodge Farm Jun. Mixed & Inf. Sch.
Frank F. Harrison Community Sch.
Busill Jones Prim. Sch.
Allen's Rough Prim. Sch.
Oak Meadow Prim. Sch.
Pool Hayes Prim. Sch.
Corpus Christi R.C. Prim. Sch.
MOSSLEY DAY HOSP.
Playing Fields
Warehouses
Sewage Works
Tanks
Shepwell Green Open Space
Sports Ground
Bentley Mill Bridge
Bughole Bridge
HOLLAND INDUSTRIAL PARK
OWEN ROAD IND. EST.
Leisure Centre
Cemetery
Monmer Bridge
Spring Bank Bridge
Sandbeds Bridge
Hopyard Bridge
ANSTON JUNCTION
Forster's Bridge

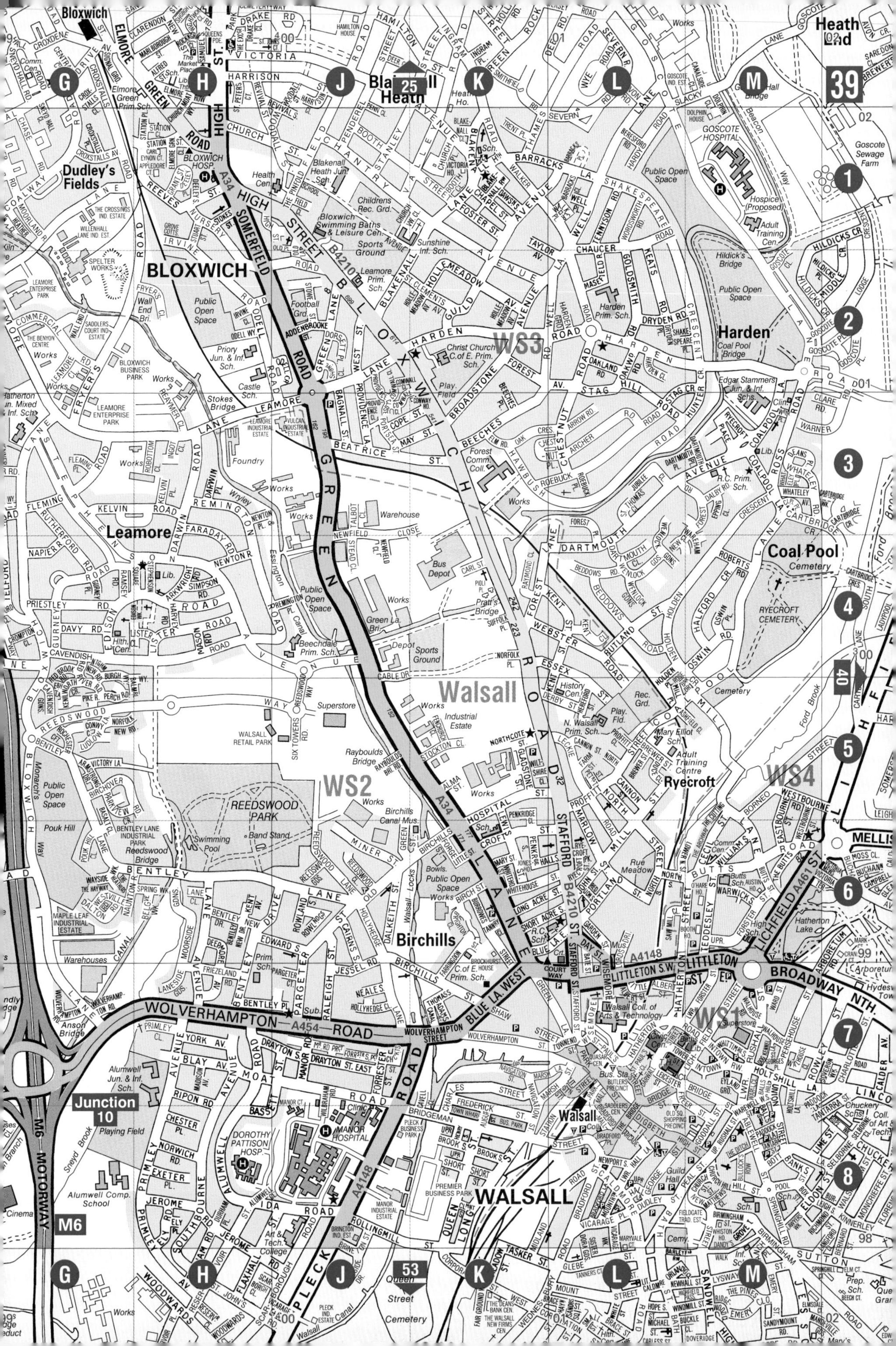

39
Bloxwich
Heath End
Blakenall Heath
25
BLOXWICH
Dudley's Fields
Leamore
Harden
Coal Pool
WS3
WS2
WS4
WS1
Walsall
Ryecroft
Birchills
WALSALL
40
53
Junction 10
M6
M6 MOTORWAY
HIGH ST.
HIGH STREET
SOMERFIELD ROAD
GREEN LANE
BLOXWICH ROAD
STAFFORD ST.
WOLVERHAMPTON ROAD
WOLVERHAMPTON STREET
BLUE LA. WEST
LITTLETON ST. WEST
BROADWAY NTH.
LICHFIELD ST.
PLECK ROAD
REEDSWOOD PARK
Reedswood Park
Goscote Hospital
Manor Hospital
Dorothy Pattison Hosp.
Bloxwich Hosp.
Ryecroft Cemetery
Coal Pool Cemetery
Queen Street Cemetery
Walsall Retail Park
Premier Business Park
Pouk Hill
Hatherton Lake
Bus Depot
Superstore
G
H
J
K
L
M
1
2
3
4
5
6
7
8

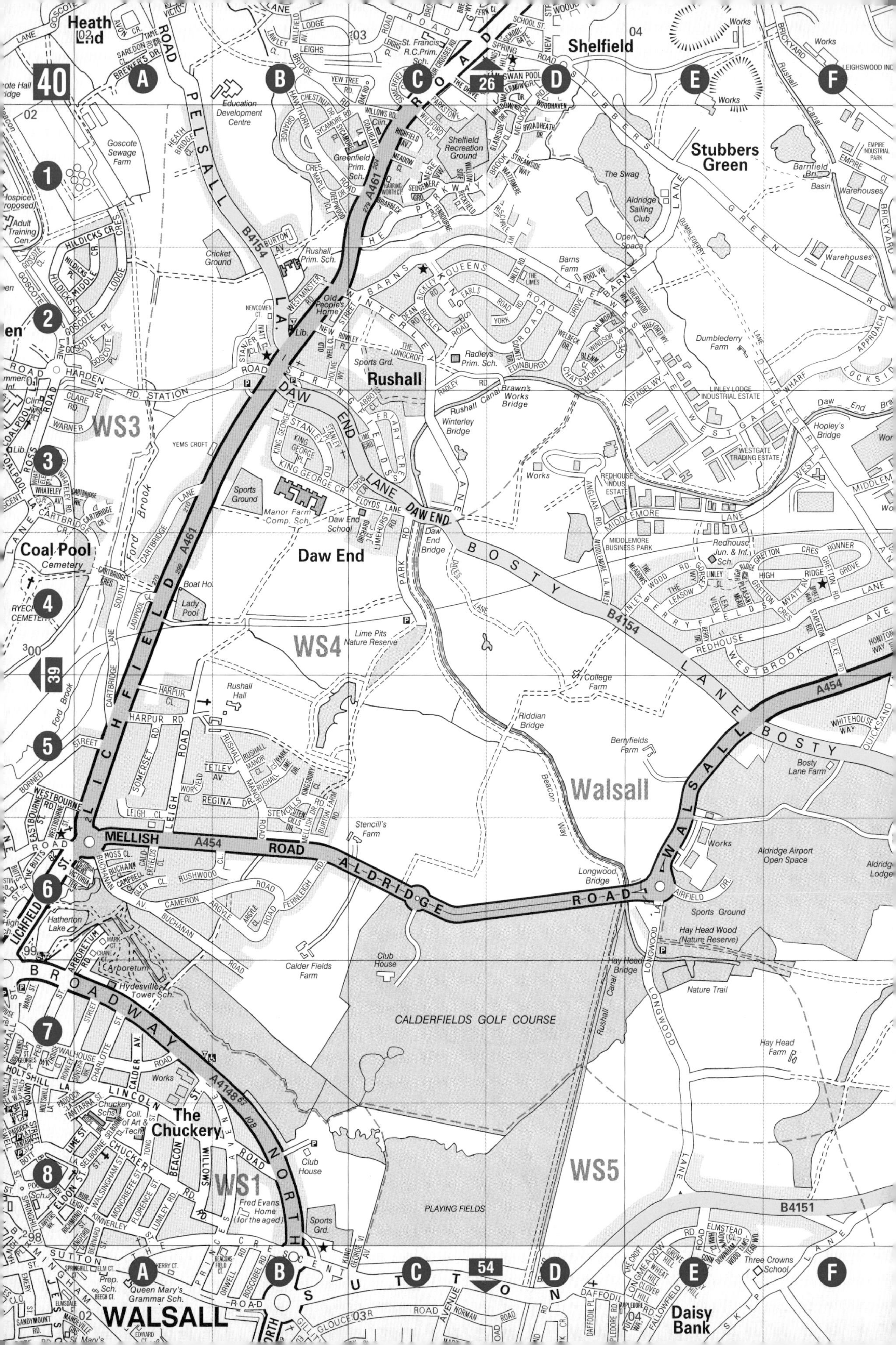
40
Heath End
Shelfield
Stubbers Green
Goscote Sewage Farm
Education Development Centre
Greenfield Prim. Sch.
Shelfield Recreation Ground
The Swag
Aldridge Sailing Club
Rushall Prim. Sch.
Cricket Ground
Old People's Home
Rushall
Radleys Prim. Sch.
Barns Farm
Dumblederry Farm
LINLEY LODGE INDUSTRIAL ESTATE
WESTGATE TRADING ESTATE
Hopley's Bridge
Brawn's Works Bridge
Winterley Bridge
WS3
Coal Pool
Cemetery
Sports Ground
Manor Farm Comp. Sch.
Daw End School
Daw End
Daw End Bridge
REDHOUSE INDUS. ESTATE
MIDDLEMORE BUSINESS PARK
Redhouse Jun. & Inf. Sch.
Lady Pool
Boat Ho.
WS4
Lime Pits Nature Reserve
Rushall Hall
College Farm
Riddian Bridge
Berryfields Farm
Bosty Lane Farm
Walsall
Beacon Way
Stencill's Farm
Works
Aldridge Airport Open Space
Longwood Bridge
Sports Ground
Hay Head Wood (Nature Reserve)
Hay Head Bridge
Nature Trail
Club House
Calder Fields Farm
CALDERFIELDS GOLF COURSE
Hay Head Farm
Hatherton Lake
Arboretum
Hydesville Tower Sch.
The Chuckery
Chuckery Schs.
Coll. of Art & Tech.
WS1
Club House
Fred Evans Home (for the aged)
Sports Grd.
PLAYING FIELDS
WS5
Three Crowns School
Prep. Sch.
Queen Mary's Grammar Sch.
WALSALL
Daisy Bank
PELSALL ROAD
LICHFIELD ROAD
MELLISH ROAD
ALDRIDGE ROAD
BOSTY LANE
WALSALL ROAD
BROADWAY NORTH
SUTTON ROAD
A461
A454
B4154
A4148
B4151
26
39
54

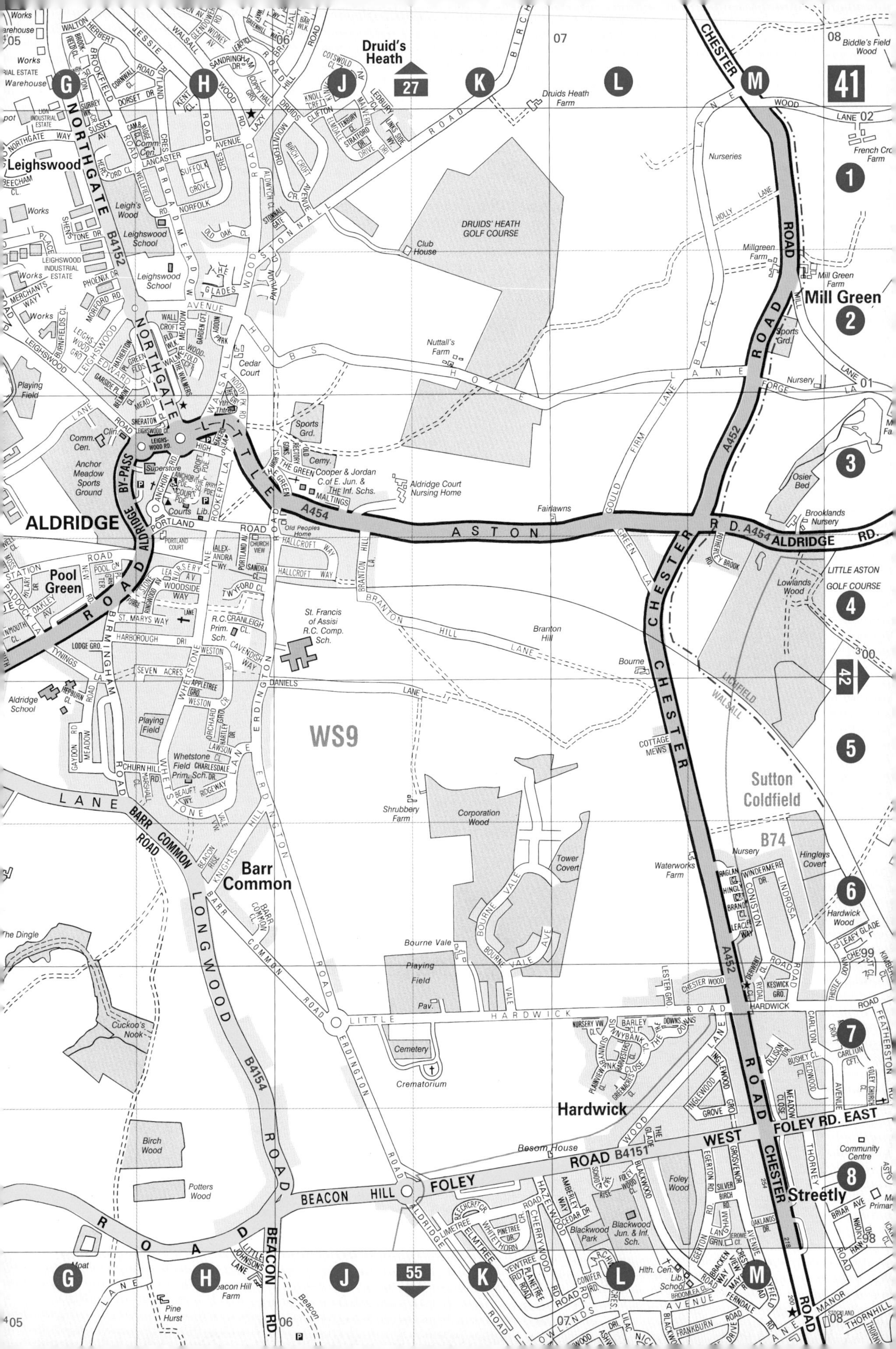

41
27
42
55
G
H
J
K
L
M
1
2
3
4
5
6
7
8
05
06
07
08
02
01
00
99
98
Druid's Heath
Leighswood
Mill Green
ALDRIDGE
Pool Green
Barr Common
Hardwick
Streetly
Sutton Coldfield
B74
WS9
NORTHGATE
B4152
LEIGHSWOOD INDUSTRIAL ESTATE
LION INDUSTRIAL ESTATE
Leigh's Wood
Leighswood School
Playing Field
Comm. Cen.
Anchor Meadow Sports Ground
Superstore
Courts
Lib.
ALDRIDGE BY-PASS
PORTLAND ROAD
HIGH ST.
LITTLE ASTON ROAD
A454
ASTON RD. A454 ALDRIDGE RD.
Sports Grd.
Cemy.
Cooper & Jordan C.of E. Jun. & Inf. Schs.
Aldridge Court Nursing Home
Old Peoples Home
HALLCROFT WAY
BRANTON HILL LA.
BRANTON HILL LANE
Branton Hill
St. Francis of Assisi R.C. Comp. Sch.
R.C. Prim. Sch.
DANIELS LANE
ERDINGTON ROAD
Aldridge School
Playing Field
Whetstone Field Prim. Sch.
BIRMINGHAM ROAD
ST. MARYS WAY
SEVEN ACRES
LANE BARR COMMON ROAD
LONGWOOD ROAD
B4154
BARR COMMON ROAD
The Dingle
Cuckoo's Nook
Birch Wood
Potters Wood
Moat
Beacon Hill Farm
Pine Hurst
BEACON HILL
BEACON RD.
FOLEY ROAD B4151
FOLEY RD. EAST
FOLEY ROAD WEST
Besom House
Blackwood Park
Blackwood Jun. & Inf. Sch.
Hlth. Cen.
Lib.
School
Foley Wood
Community Centre
LITTLE HARDWICK ROAD
Shrubbery Farm
Corporation Wood
Tower Covert
Bourne Vale
Playing Field
Pav.
Cemetery
Crematorium
Waterworks Farm
Nursery
Hingleys Covert
Hardwick Wood
CHESTER ROAD
A452
COTTAGE MEWS
Bourne
LICHFIELD WALSALL
LITTLE ASTON GOLF COURSE
Lowlands Wood
Brooklands Nursery
Osier Bed
Fairlawns
GOULD FIRM LANE
GREEN LANE
BACK LANE
HOLLY LANE
HOBS HOLE LANE
Nuttall's Farm
DRUIDS' HEATH GOLF COURSE
Club House
Druids Heath Farm
Nurseries
Millgreen Farm
Mill Green Farm
Sports Grd.
Nursery
FORGE LANE
MILL LANE
WOOD LANE
French Cross Farm
Biddle's Field Wood
Cedar Court
BIRCH LANE
CHESTER ROAD

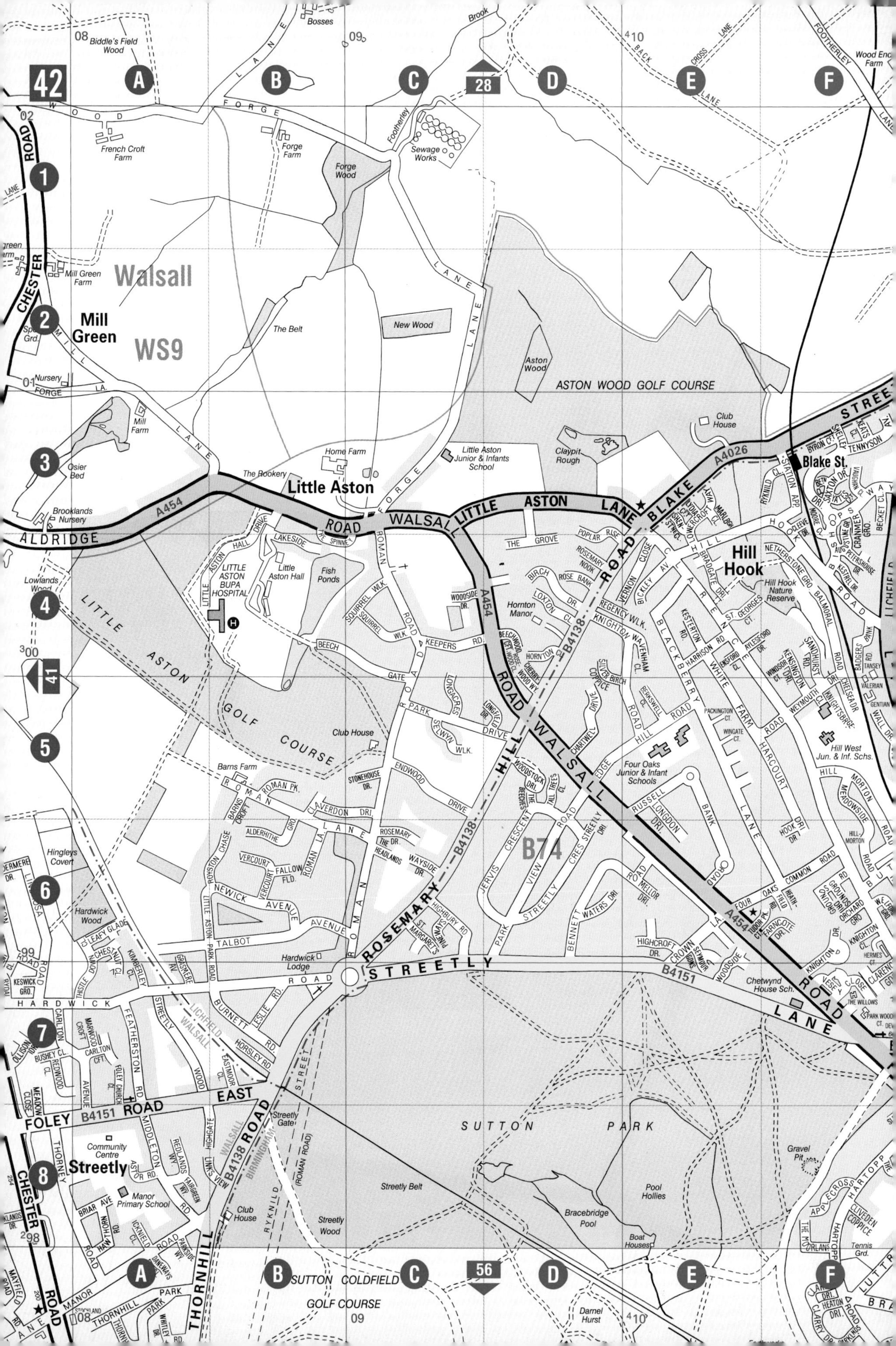

Biddle's Field Wood
Bosses
Brook
28
Wood End Farm
Back Lane
Cross Lane
Footherley Lane
Wood Lane
Forge Lane
French Croft Farm
Forge Farm
Forge Wood
Footherley
Sewage Works
Chester Road
Mill Green Farm
Walsall
WS9
Mill Green
The Belt
New Wood
Aston Wood
Aston Wood Golf Course
Nursery
Forge La.
Mill Lane
Mill Farm
Osier Bed
Club House
Claypit Rough
Little Aston Junior & Infants School
Home Farm
The Rookery
Little Aston
Brooklands Nursery
A454
Aldridge Road
Walsall Road
Little Aston Lane
Blake Lane
A4026
Blake St.
Street
Station App.
The Grove
Poplar Rise
Rosemary Nook
Rose Bank
Birch Dr.
Loxton Cl.
Hornton Manor
Vernon Close
Bickley Av.
Regency Wlk.
Knighton Wavenham Cl.
Hill Hook
Hill Hook Nature Reserve
Netherstone Gro.
Balmoral Road
Lowlands Wood
Little Aston Golf Course
Little Aston Hall Drive
Little Aston BUPA Hospital
Lakeside
The Spinney
Little Aston Hall
Fish Ponds
Roman Road
Squirrel Wlk.
Woodside Dr.
Keepers Rd.
Beech Gate
41
Longacres
Longfield Dr.
Park Drive
Selwyn Wlk.
Club House
Barns Farm
Roman Pk.
Roman Lane
Stonehouse Dr.
Endwood Drive
Claverdon Dri.
Rosemary Dr.
The Headlands
Wayside Dr.
Alderhithe Gro.
Vercourt
Fallow Fld.
Roman La.
Royston Chase
Newick Avenue
Talbot Avenue
Little Aston Park Road
Hingleys Covert
Hardwick Wood
Leafy Glade
Chestnut Cl.
Kimberley Cl.
Hardwick Lodge
Rosemary Hill
B4138
Highbury Rd.
St. Margaret's
Streetly Road
B4151
Streetly Lane
Grasmere Av.
Burnett Road
Leslie Rd.
Horsley Rd.
Hardwick Road
Carlton
Marwood Croft
Featherston Rd.
Lichfield
Walsall
Streetly Wood
Eastmoor Cl.
Bushey Cl.
Redwood Cl.
Avenue
Foley Church Cl.
Foley Road East
Middleton
Highgate
Walsall Road
Thornley
Community Centre
Streetly
Astor Rd.
Redlands Wy.
Fairgreen Wy.
Links View
Birmingham
Roman Road
Streetly Gate
Sutton Park
Briar Ave
Manor Primary School
Hawthorn Rd.
Icknield Cl.
Parkside Wy.
Daneways
Club House
Rykniield
Streetly Belt
Streetly Wood
Bracebridge Pool
Pool Hollies
Boat Houses
Gravel Pit
Sutton Coldfield Golf Course
56
Thornhill Road
Thornhill Park
Manor Lane
Darnel Hurst
B74
Woodstock Dri.
Jervis Crescent
View Road
Streetly Cres.
Streetly Dri.
Mellor Dri.
Bennett Road
Waters Dri.
Highcroft Dr.
Crown Lane
Four Oaks Rd.
Woodside
Chetwynd House Sch.
Four Oaks Junior & Infant Schools
Russell Longdon Dri.
Bank Road
Edge Hill Road
Blackberry Lane
Kesterton Rd.
Harrison Rd.
White Farm Road
Harcourt Road
Hook Dri.
Common Road
Hill West Jun. & Inf. Schs.
Hill Morton
Meadowside Rd.
Knighton Dr.
Hermes Ct.
The Willows
Apple Cross
Hartopp
Cliveden Coppice
Tennis Grd.
Heaton Dri.
Hornton Cl.
Silver Birch Coppice
Chartwell Drive
Berkswell Cl.
Packington Ct.
Wingate Ct.
Sandhurst Rd.
Kensington Dri.
Weymouth Cl.
Knightsbridge
Chelsea Dri.
Badgers Bank Rd.
Byron Ct.
Shelley Cl.
Keats Cl.
Tennyson Av.
Saxton Dr.
Cranmer Gro.
Becket Cl.
Bishops Way
Petersfield
Sutton Coldfield

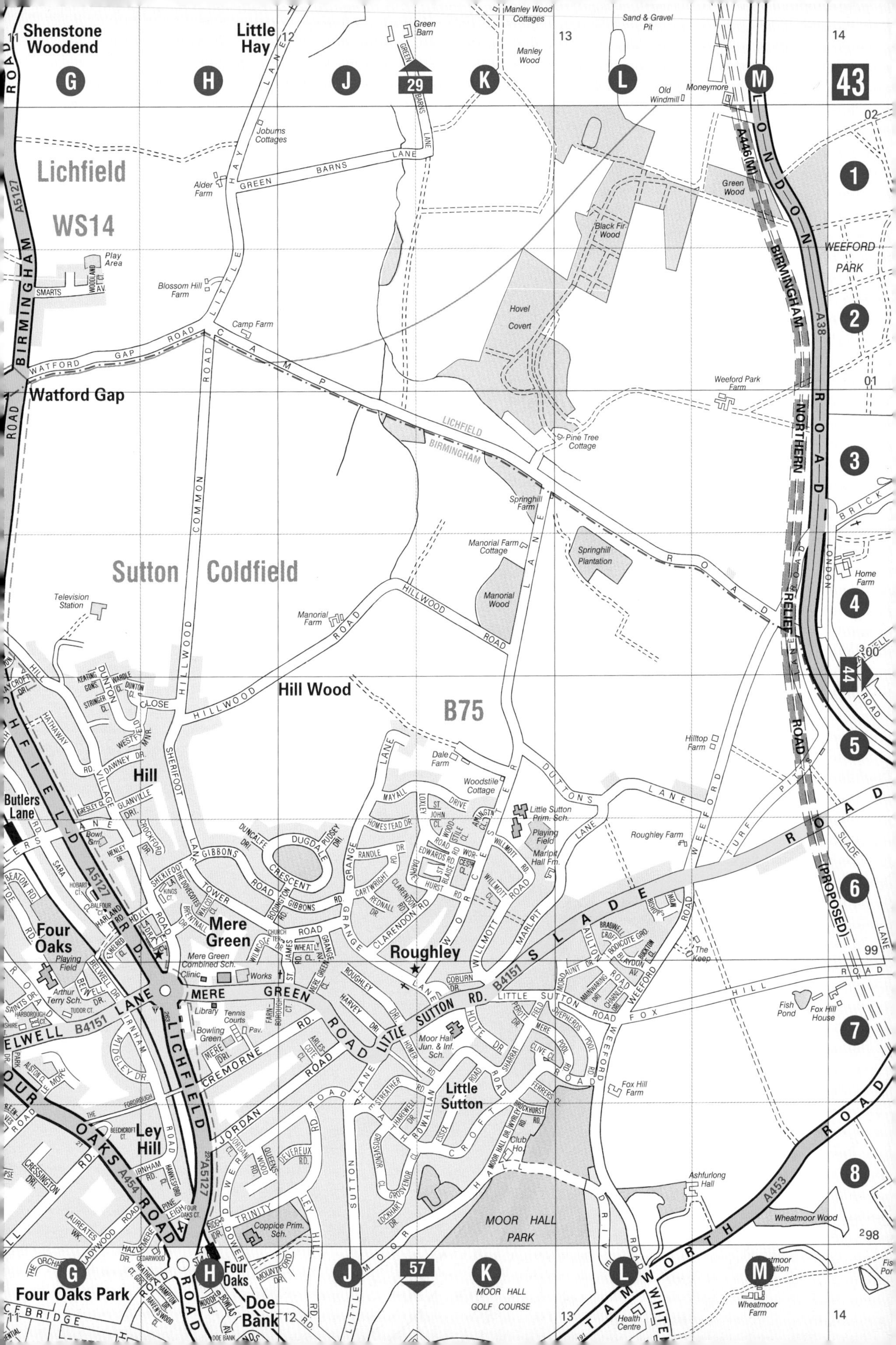
43
Shenstone Woodend
Little Hay
Green Barn
Manley Wood Cottages
Sand & Gravel Pit
Manley Wood
G
H
J
K
L
M
29
13
14
11
12
Old Windmill
Moneymore
Jobums Cottages
Lichfield
WS14
Alder Farm
GREEN BARNS LANE
LITTLE HAY LANE
A446(M)
LONDON ROAD
Green Wood
Black Fir Wood
WEEFORD PARK
Play Area
SMARTS
WOODLAND AV.
Blossom Hill Farm
Camp Farm
Hovel Covert
BIRMINGHAM ROAD
A5127
A38
WATFORD GAP ROAD
Watford Gap
Weeford Park Farm
CAMP ROAD
LICHFIELD
BIRMINGHAM
Pine Tree Cottage
BIRMINGHAM NORTHERN RELIEF ROAD (PROPOSED)
Springhill Farm
Manorial Farm Cottage
Springhill Plantation
Home Farm
COMMON ROAD
Sutton Coldfield
Television Station
Manorial Farm
HILLWOOD ROAD
Manorial Wood
Hill Wood
B75
44
Hilltop Farm
Dale Farm
Woodstile Cottage
Little Sutton Prim. Sch.
Playing Field
Marlpit Hall Fm.
DUTTONS LANE
Roughley Farm
WEEFORD ROAD
TURF PITTS LANE
Hill
Butlers Lane
LICHFIELD RD.
A5127
DUGDALE CRESCENT
GIBBONS ROAD
TOWER ROAD
Mere Green
Roughley
SLADE ROAD
B4151
Four Oaks
Playing Field
Arthur Terry Sch.
Mere Green Combined Sch.
Works
Clinic
Library
Tennis Courts
Bowling Green
MERE GREEN ROAD
LITTLE SUTTON RD.
LITTLE SUTTON LANE
Moor Hall Jun. & Inf. Sch.
Little Sutton
The Keep
Fish Pond
Fox Hill House
FOX HILL ROAD
Fox Hill Farm
Ley Hill
FOUR OAKS ROAD
A454
Coppice Prim. Sch.
Club Ho.
MOOR HALL PARK
MOOR HALL GOLF COURSE
Ashfurlong Hall
Wheatmoor Wood
TAMWORTH ROAD
A453
Wheatmoor Farm
Health Centre
Four Oaks Park
Doe Bank
57
99
98
02
01
00

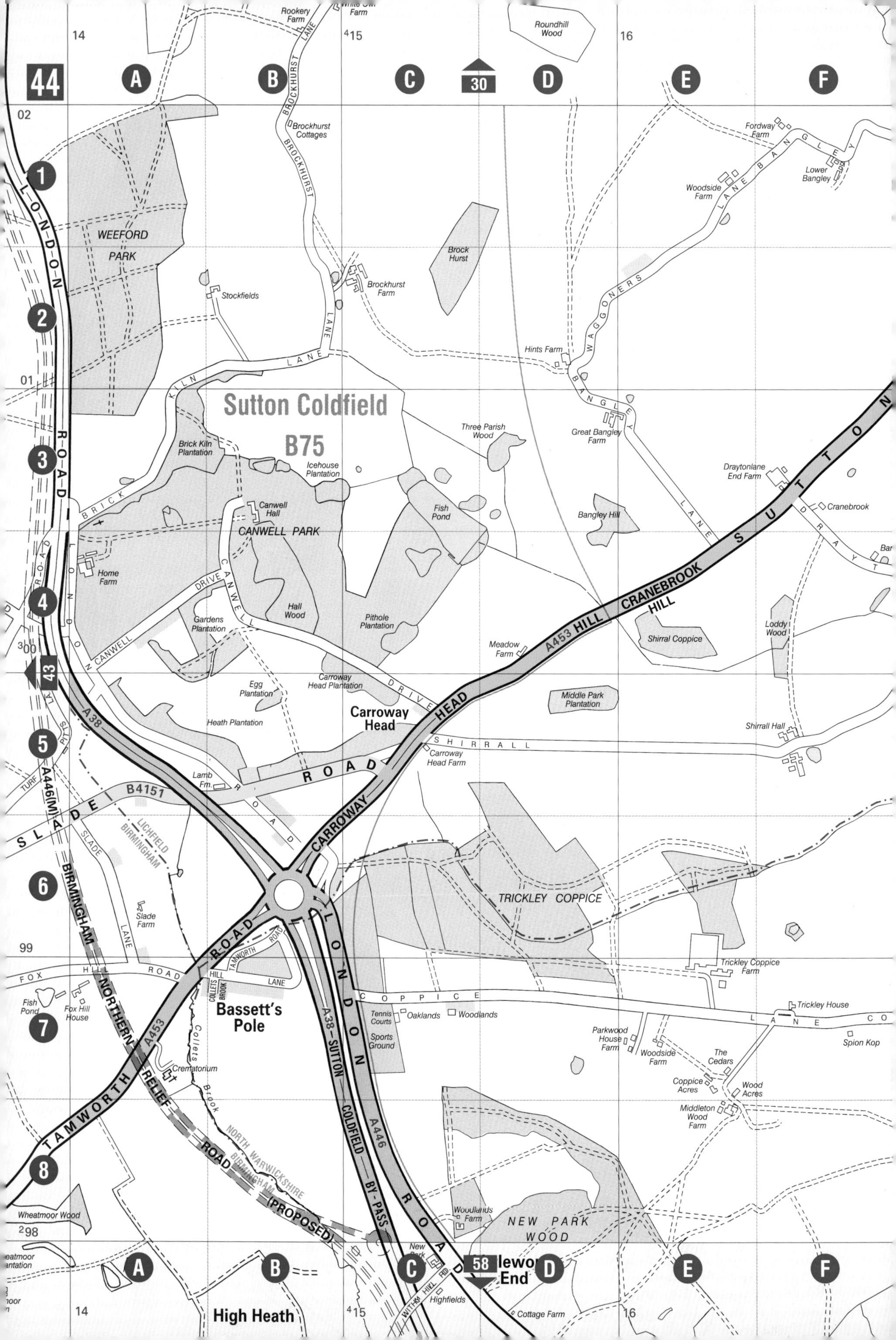

Sutton Coldfield
B75
WEEFORD PARK
LONDON ROAD
Stockfields
Brockhurst Cottages
BROCKHURST LANE
Rookery Farm
Roundhill Wood
Brock Hurst
Brockhurst Farm
KILN LANE
Fordway Farm
Lower Bangley
Woodside Farm
BANGLEY LANE
WAGGONERS LANE
Hints Farm
Brick Kiln Plantation
Icehouse Plantation
Three Parish Wood
Great Bangley Farm
Draytonlane End Farm
Cranebrook
Canwell Hall
CANWELL PARK
Fish Pond
Bangley Hill
Home Farm
CANWELL DRIVE
Hall Wood
Pithole Plantation
Gardens Plantation
CRANEBROOK HILL
A453 HILL
Shirral Coppice
Loddy Wood
Meadow Farm
Egg Plantation
Carroway Head Plantation
Middle Park Plantation
Carroway Head
Heath Plantation
HEAD
SHIRRALL
Shirrall Hall
Carroway Head Farm
Lamb Fm.
ROAD
B4151
SLADE
A446(M)
A38
LICHFIELD
BIRMINGHAM
CARROWAY
TRICKLEY COPPICE
BIRMINGHAM NORTHERN RELIEF ROAD (PROPOSED)
Slade Farm
SLADE LANE
FOX HILL ROAD
HILL LANE
TAMWORTH ROAD
Trickley Coppice Farm
COPPICE LANE
Trickley House
Fish Pond
Fox Hill House
COLLETS BROOK
Bassett's Pole
Tennis Courts
Oaklands
Woodlands
Sports Ground
Parkwood House Farm
Woodside Farm
The Cedars
Spion Kop
A453
Crematorium
Collets Brook
A38 SUTTON COLDFIELD BY-PASS
A446
Coppice Acres
Wood Acres
Middleton Wood Farm
NORTH WARWICKSHIRE
BIRMINGHAM
Wheatmoor Wood
Woodlands Farm
NEW PARK WOOD
New Park
WITHY HILL RD
Highfields
Cottage Farm
High Heath
Wheatmoor Plantation
14
415
16
02
01
300
99
298
A
B
C
D
E
F
1
2
3
4
5
6
7
8
30
43
58

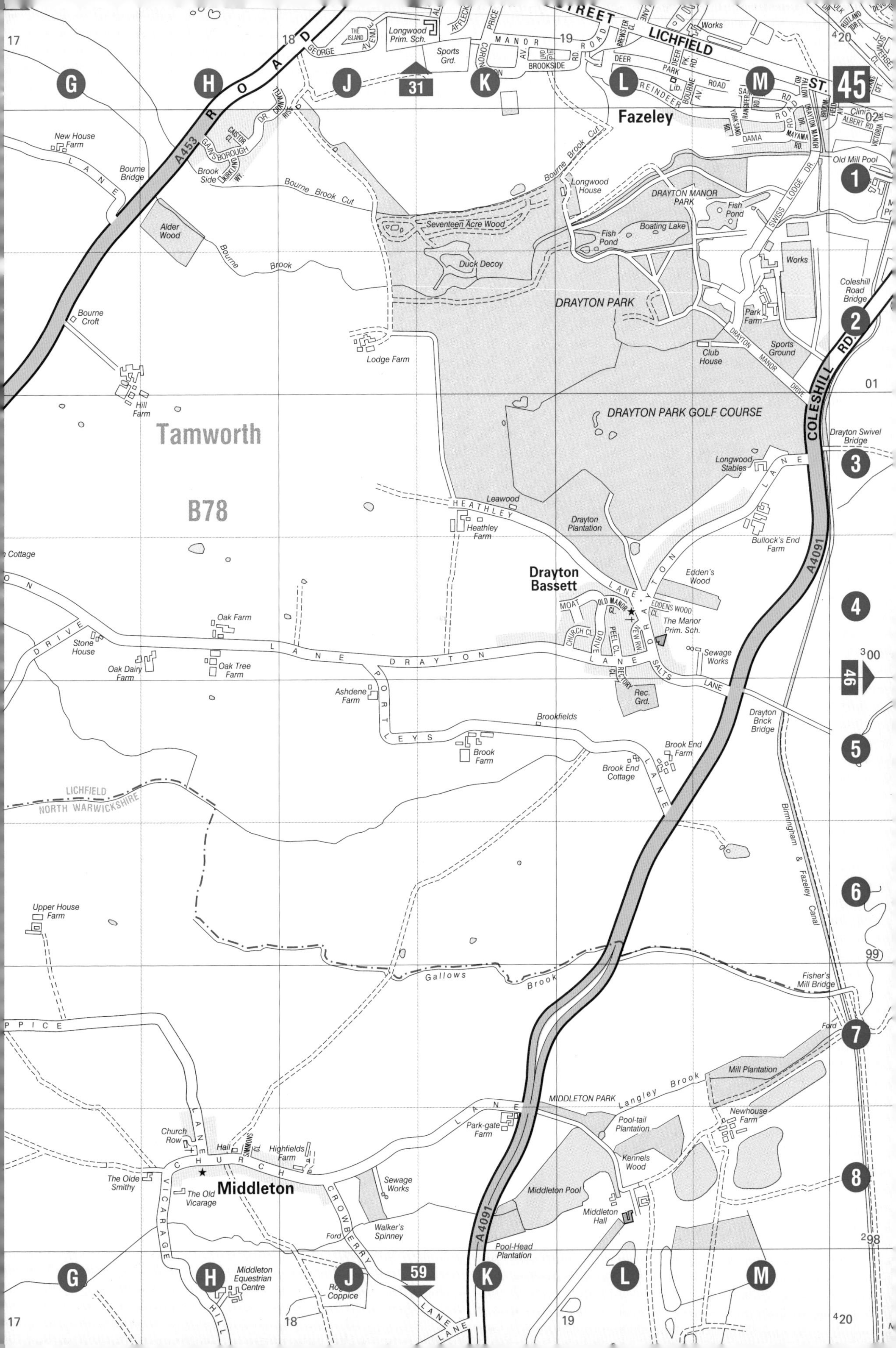
45
Fazeley
Drayton Bassett
Middleton
Tamworth
B78
LICHFIELD STREET
MANOR RD.
BROOKSIDE
DEER PARK
REINDEER RD.
BOURNE AV.
DAMA RD.
MAYAMA RD.
DRAYTON MANOR DR.
Works
Longwood Prim. Sch.
Sports Grd.
GEORGE AVENUE
THE ISLAND
A453 ROAD
New House Farm
Bourne Bridge
Brook Side
GAINSBOROUGH
CASTOR CL.
Alder Wood
Bourne Brook Cut
Bourne Brook
Seventeen Acre Wood
Duck Decoy
Longwood House
DRAYTON MANOR PARK
Fish Pond
Boating Lake
DRAYTON PARK
Works
Park Farm
Club House
Sports Ground
Old Mill Pool
Coleshill Road Bridge
COLESHILL RD.
A4091
Bourne Croft
Lodge Farm
Hill Farm
DRAYTON PARK GOLF COURSE
Drayton Swivel Bridge
Longwood Stables
Leawood
HEATHLEY LANE
Heathley Farm
Drayton Plantation
Bullock's End Farm
Edden's Wood
EDDENS WOOD CL.
The Manor Prim. Sch.
Sewage Works
MOAT
OLD MANOR CL.
CHURCH CL.
PEEL CL.
NEW RW.
RECTORY CL.
Rec. Grd.
SALTS LANE
DRAYTON LANE
DRIVE
Oak Farm
Stone House
Oak Dairy Farm
Oak Tree Farm
Ashdene Farm
PORTLEYS LANE
Brookfields
Brook Farm
Brook End Farm
Brook End Cottage
Drayton Brick Bridge
LICHFIELD
NORTH WARWICKSHIRE
Birmingham & Fazeley Canal
Upper House Farm
Gallows Brook
Fisher's Mill Bridge
Ford
Mill Plantation
Langley Brook
MIDDLETON PARK
Newhouse Farm
Park-gate Farm
Pool-tail Plantation
Kennels Wood
Church Row
Hall
SIMMONS CL.
Highfields Farm
CHURCH LANE
The Olde Smithy
The Old Vicarage
Sewage Works
CROWBERRY LANE
Middleton Pool
Middleton Hall
Walker's Spinney
Pool-Head Plantation
VICARAGE HILL
Middleton Equestrian Centre
Coppice
31
59
46

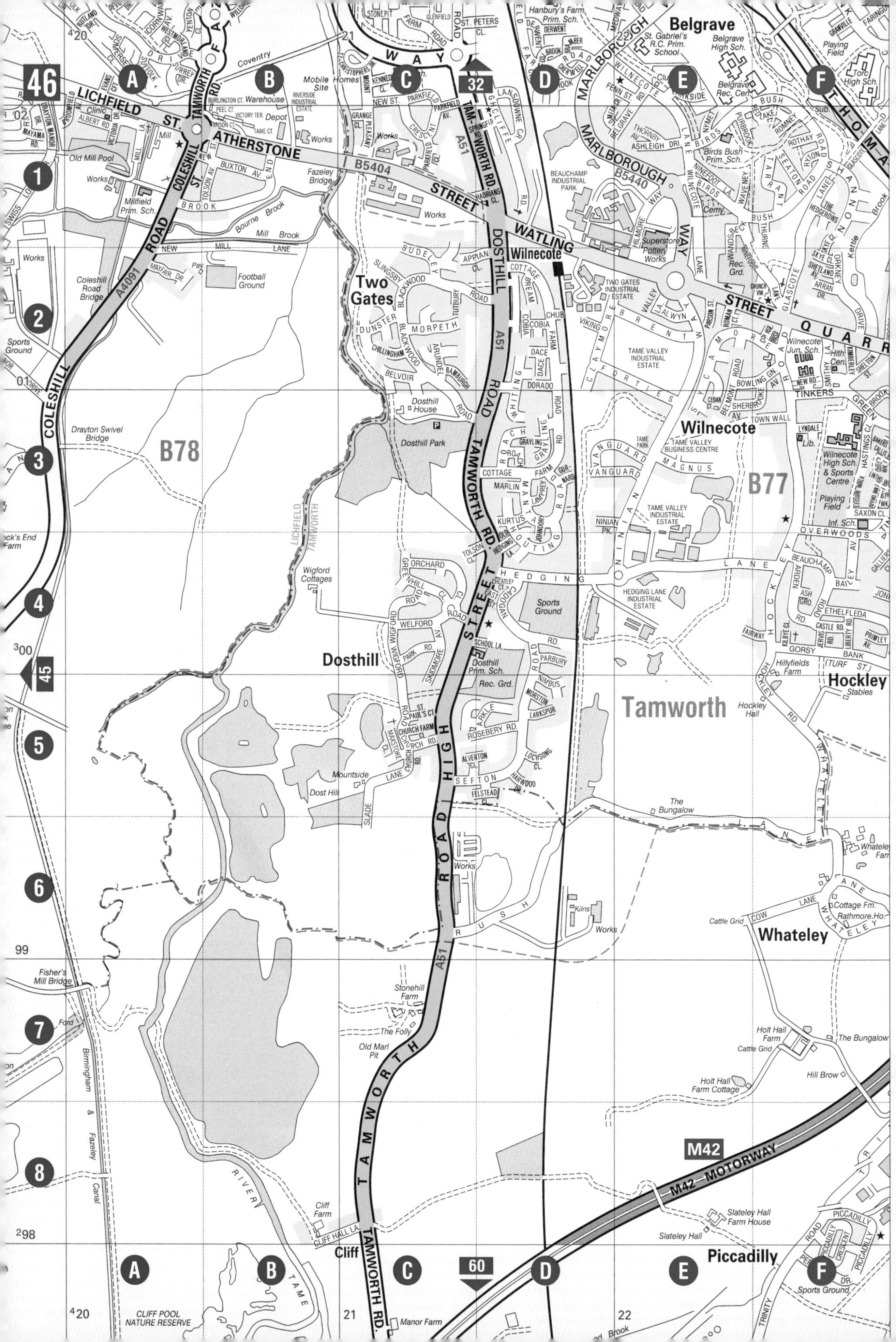
A
B
C
D
E
F
1
2
3
4
5
6
7
8
32
45
60
420
21
22
300
99
298
Belgrave
Belgrave High Sch.
St. Gabriel's R.C. Prim. School
Hanbury's Farm Prim. Sch.
Torc High Sch.
Playing Field
Belgrave Rec. Cen.
Birds Bush Prim. Sch.
LICHFIELD ST.
ATHERSTONE
B5404
STREET
WATLING
STREET
QUARRY
COLESHILL
ROAD
A4091
TAMWORTH RD.
DOSTHILL ROAD
TAMWORTH ROAD
STREET
HIGH ROAD
TAMWORTH
TAMWORTH RD.
A51
MARLBOROUGH
MARLBOROUGH WAY
B5440
B78
B77
Coventry
Warehouse
Depot
Works
Mobile Homes Site
RIVERSIDE INDUSTRIAL ESTATE
Fazeley Bridge
Clinic
Mill
Old Mill Pool
Millfield Prim. Sch.
Bourne Brook
Mill Brook
NEW MILL LANE
Football Ground
Coleshill Road Bridge
Sports Ground
Drayton Swivel Bridge
BEAUCHAMP INDUSTRIAL PARK
Superstore
Pottery Works
Wilnecote
TWO GATES INDUSTRIAL ESTATE
Two Gates
Dosthill House
Dosthill Park
TAME VALLEY INDUSTRIAL ESTATE
TAME PARK
TAME VALLEY BUSINESS CENTRE
Wilnecote
Wilnecote Jun. Sch.
Wilnecote High Sch. & Sports Centre
Playing Field
Inf. Sch.
Lib.
HEDGING LANE INDUSTRIAL ESTATE
Sports Ground
Wigford Cottages
LICHFIELD
TAMWORTH
Dosthill
Dosthill Prim. Sch.
Rec. Grd.
Mountside
Dost Hill
Hillyfields Farm
Hockley
Stables
Hockley Hall
Tamworth
The Bungalow
WHATELEY LANE
Whateley
Cottage Fm.
Rathmore Ho.
Cattle Grid
Kilns
Works
Fisher's Mill Bridge
Ford
Birmingham & Fazeley Canal
Stonehill Farm
The Folly
Old Marl Pit
Holt Hall Farm
The Bungalow
Hill Brow
Holt Hall Farm Cottage
M42
M42 MOTORWAY
RIVER TAME
Cliff Farm
CLIFF HALL LA.
Cliff
Slateley Hall Farm House
Slateley Hall
Piccadilly
PICCADILLY
Sports Ground
CLIFF POOL NATURE RESERVE
Manor Farm
HEDGING LANE
HOCKLEY RD.
BRENT
FORTIES
VANGUARD
MAGNUS
NINIAN
ROACH
MARLIN
KURTUS
COBIA
DACE
DORADO
MORPETH
BLACKWOOD
SLINGSBY
DUNSTER
BELVOIR
ORCHARD
WELFORD
WIGFORD
SCHOOL LA.
PARBURY
NIMBUS
ROSEBERY RD.
SEFTON
RUSH LANE
SLADE
OVERWOODS
BEAUCHAMP
GORSY BANK
TINKERS GREEN
SYCAMORE
BOWLING GN.
TOWN WALL

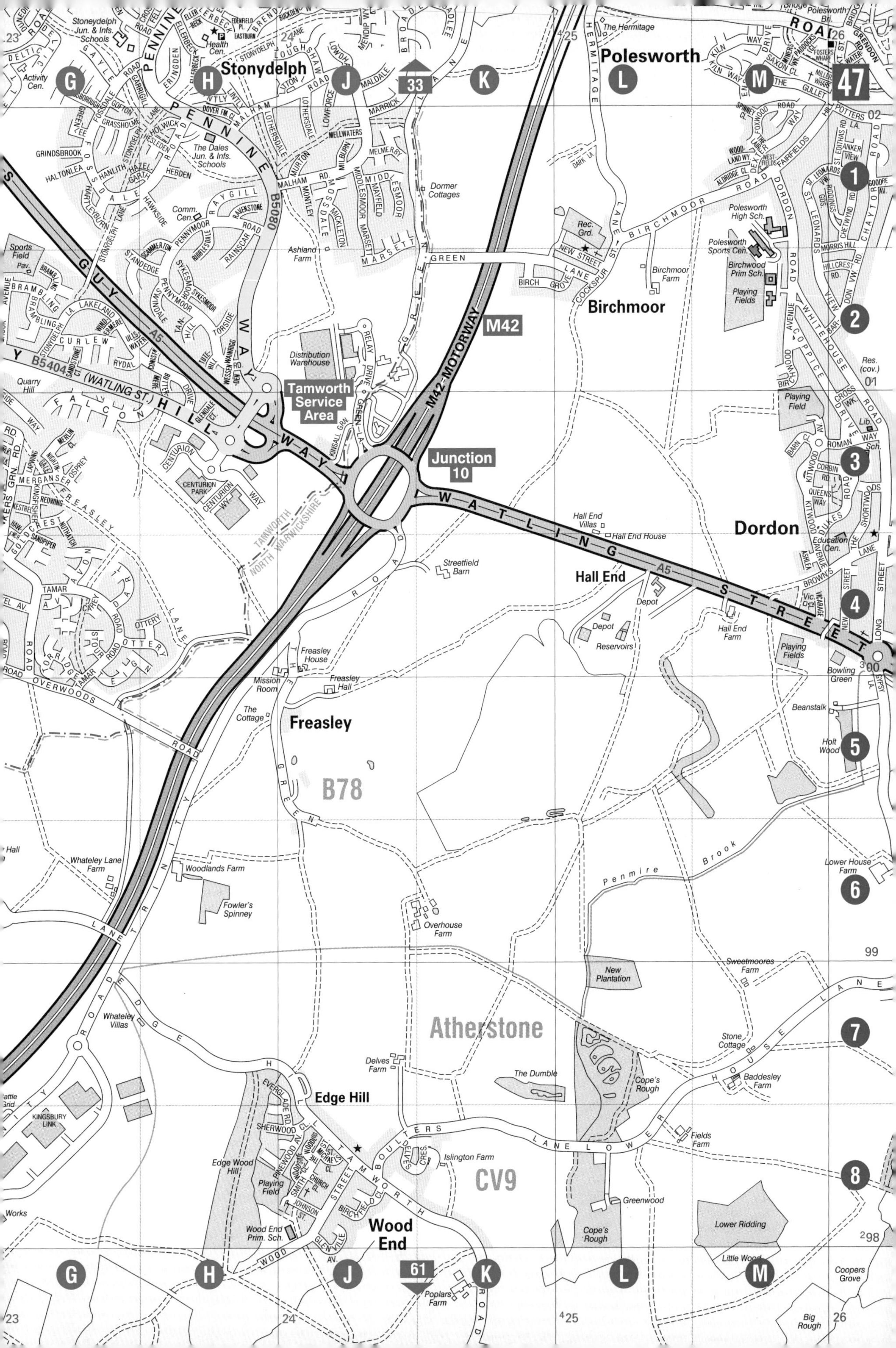
47
Stonydelph
Polesworth
Birchmoor
Dordon
Hall End
Freasley
Edge Hill
Wood End
Atherstone
B78
CV9
Tamworth Service Area
Junction 10
M42
M42 MOTORWAY
WATLING STREET
A5
B5404 (WATLING ST.)
B5080
PENNINE WAY
GUY'S HILL
33
61
Stoneydelph Jun. & Infs. Schools
The Dales Jun. & Infs. Schools
Health Cen.
Activity Cen.
Comm. Cen.
Sports Field Pav.
Quarry Hill
Distribution Warehouse
Dormer Cottages
Ashland Farm
The Hermitage
Rec. Grd.
Birchmoor Farm
Polesworth High Sch.
Polesworth Sports Cen.
Birchwood Prim Sch.
Playing Fields
Playing Field
Res. (cov.)
Lib.
Education Cen.
Hall End Villas
Hall End House
Streetfield Barn
Depot
Reservoirs
Hall End Farm
Bowling Green
Beanstalk
Holt Wood
Freasley House
Mission Room
Freasley Hall
The Cottage
Whateley Lane Farm
Woodlands Farm
Fowler's Spinney
Overhouse Farm
Penmire Brook
Lower House Farm
Sweetmoores Farm
New Plantation
Stone Cottage
Baddesley Farm
The Dumble
Cope's Rough
Delves Farm
Whateley Villas
Edge Wood Hill
Wood End Prim. Sch.
Islington Farm
Fields Farm
Greenwood
Lower Ridding
Little Wood
Coopers Grove
Big Rough
Poplars Farm
KINGSBURY LINK
CENTURION PARK
TAMWORTH NORTH WARWICKSHIRE
TRINITY ROAD
OVERWOODS ROAD
LOWER HOUSE LANE
BOULTERS LANE
TAMWORTH ROAD
EDGE HILL
BIRCHMOOR ROAD
DORDON ROAD
HERMITAGE LANE
GREEN LANE

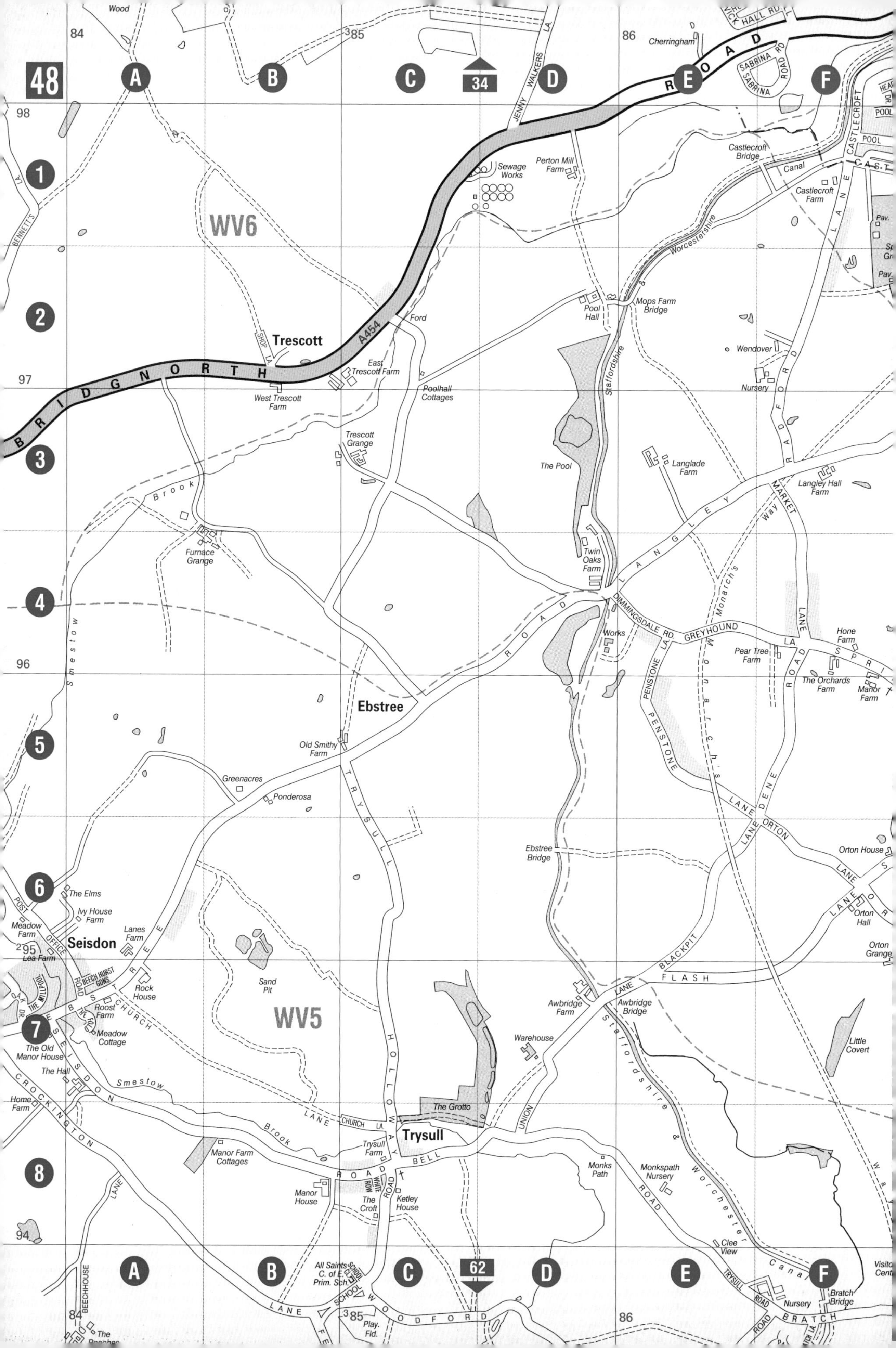

Wood
84
85
86
34
A
B
C
D
E
F
1
2
3
4
5
6
7
8
98
97
96
95
94
Cherringham
HALL RD
ROAD
SABRINA RD
SABRINA
CASTLECROFT
POOL
JENNY WALKERS LA.
BENNETT'S LA.
WV6
Sewage Works
Perton Mill Farm
Castlecroft Bridge
Canal
Castlecroft Farm
Pav.
Worcestershire
Mops Farm Bridge
Pool Hall
Staffordshire
Wendover
Nursery
RADFORD
Ford
Trescott
SHOP LA.
A454
East Trescott Farm
BRIDGNORTH
West Trescott Farm
Poolhall Cottages
Trescott Grange
The Pool
Langlade Farm
Langley Hall Farm
MARKET
Monarch's Way
LANGLEY
Brook
Furnace Grange
Twin Oaks Farm
Smestow
DIMMINGSDALE RD.
GREYHOUND
LA
LANE
Works
Hone Farm
Pear Tree Farm
SPRING
The Orchards Farm
Manor Farm
ROAD
Ebstree
Old Smithy Farm
PENSTONE LA.
PENSTONE
Greenacres
Ponderosa
TRYSULL
DENE
LANE
ORTON
Orton House
Ebstree Bridge
The Elms
Ivy House Farm
POST OFFICE ROAD
Meadow Farm
Seisdon
Lanes Farm
Orton Hall
Orton Grange
Lea Farm
THE WILLPOOL
BEECH HURST GDNS
Sand Pit
Rock House
WV5
BLACKPIT
FLASH
Awbridge Farm
Awbridge Bridge
Roost Farm
Meadow Cottage
CHURCH
Warehouse
Little Covert
The Old Manor House
The Hall
CROCKINGTON
Home Farm
Smestow
SEISDON
HOLLOWAY
The Grotto
UNION
Staffordshire & Worcester Canal
LANE
CHURCH LA.
Trysull
Brook
Trysull Farm
BELL
Manor Farm Cottages
Monks Path
Monkspath Nursery
ROAD
Manor House
WHITE ROW
The Croft
Ketley House
Clee View
BEECHHOUSE
62
All Saints C. of E. Prim. Sch.
SCHOOL
Bratch Bridge
Nursery
Play. Fld.
WOODFORD
TRYSULL ROAD
BRATCH
The Beeches

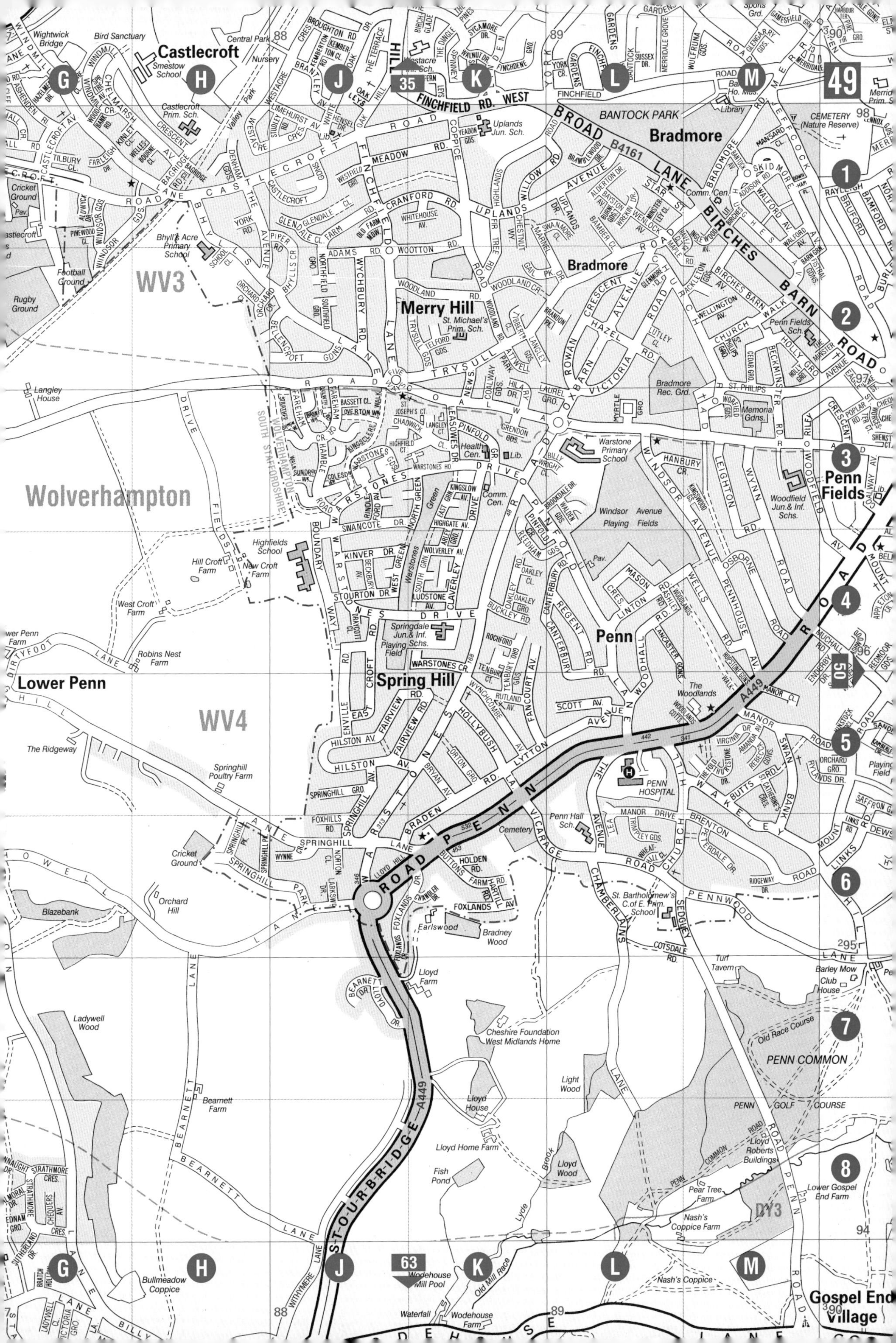
49
Castlecroft
Smestow School
Castlecroft Prim. Sch.
Bird Sanctuary
Wightwick Bridge
Central Park Nursery
Valley Park
Westacre Inf. Sch.
Uplands Jun. Sch.
FINCHFIELD RD. WEST
FINCHFIELD
BANTOCK PARK
Bantock Ho. Mus.
Library
CEMETERY (Nature Reserve)
Merridale Prim. Sch.
Bradmore
BROAD LANE
B4161
BIRCHES BARN ROAD
Comm. Cen.
CASTLECROFT ROAD
UPLANDS AVENUE
Bhylls Acre Primary School
Cricket Ground
Football Ground
Rugby Ground
WV3
Merry Hill
St. Michael's Prim. Sch.
TRYSULL ROAD
FIVE WAYS
COALWAY ROAD
Penn Fields Sch.
Bradmore Rec. Grd.
Memorial Gdns.
Warstone Primary School
Health Cen.
Lib.
Comm. Cen.
Woodfield Jun.& Inf. Schs.
Penn Fields
Wolverhampton
SOUTH STAFFORDSHIRE
Langley House
Highfields School
Hill Croft Farm
New Croft Farm
West Croft Farm
Lower Penn Farm
Robins Nest Farm
DIRTYFOOT LANE
Windsor Avenue Playing Fields
Pav.
WARSTONES DRIVE
Warstones Green
Springdale Jun.& Inf. Schs.
Playing Field
Penn
Spring Hill
Lower Penn
WV4
The Ridgeway
Springhill Poultry Farm
The Woodlands
PENN ROAD
A449
PENN HOSPITAL
Penn Hall Sch.
Cemetery
VICARAGE ROAD
Cricket Ground
SPRINGHILL LANE
Blazebank
Orchard Hill
Earlswood
Bradney Wood
St. Bartholomew's C.of E. Prim. School
PENNWOOD LANE
Playing Field
Turf Tavern
Barley Mow Club House
Lloyd Farm
Ladywell Wood
Cheshire Foundation West Midlands Home
Old Race Course
PENN COMMON
PENN GOLF COURSE
Light Wood
Lloyd House
Lloyd Home Farm
Lloyd Wood
Bearnett Farm
BEARNETT LANE
Fish Pond
Lyde Brook
Lloyd Roberts Buildings
Pear Tree Farm
Nash's Coppice Farm
Lower Gospel End Farm
DY3
STOURBRIDGE ROAD
63
Wodehouse Mill Pool
Old Mill Race
Nash's Coppice
Bullmeadow Coppice
Waterfall
Wodehouse Farm
Gospel End Village
35
50
G
H
J
K
L
M
1
2
3
4
5
6
7
8

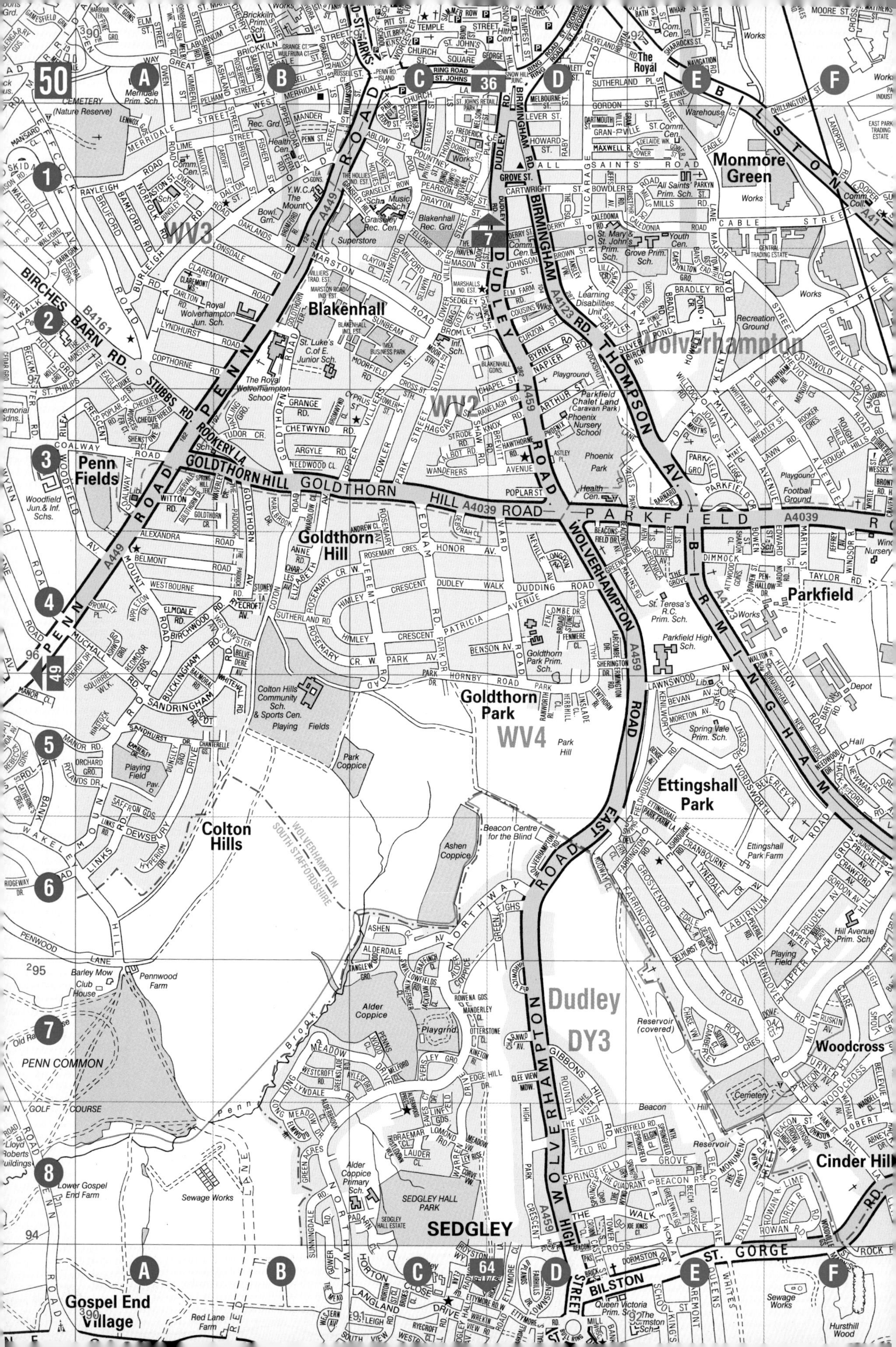

50
A
B
C
D
E
F
36
7
49
64
1
2
3
4
5
6
7
8
CEMETERY
(Nature Reserve)
Merridale Prim. Sch.
WV3
WV2
WV4
Blakenhall
Penn Fields
Goldthorn Hill
Goldthorn Park
Monmore Green
Wolverhampton
Parkfield
Ettingshall Park
Colton Hills
PENN COMMON
GOLF COURSE
Gospel End Village
SEDGLEY
Dudley DY3
Woodcross
Cinder Hill
The Royal
Works
Warehouse
Superstore
Blakenhall Rec. Grd.
Graiseley Rec. Cen.
Royal Wolverhampton Jun. Sch.
The Royal Wolverhampton School
St. Luke's C.of E. Junior Sch.
Colton Hills Community Sch. & Sports Cen.
Playing Fields
Park Coppice
Ashen Coppice
Alder Coppice
Alder Coppice Primary Sch.
SEDGLEY HALL PARK
Beacon Centre for the Blind
Parkfield Chalet Land (Caravan Park)
Phoenix Nursery School
Phoenix Park
Parkfield High Sch.
St. Teresa's R.C. Prim. Sch.
Spring Vale Prim. Sch.
Ettingshall Park Farm
Hill Avenue Prim. Sch.
Goldthorn Park Prim. Sch.
Woodfield Jun.& Inf. Schs.
Recreation Ground
Football Ground
Reservoir (covered)
Reservoir
Cemetery
Sewage Works
Barley Mow Club House
Pennwood Farm
Lower Gospel End Farm
Red Lane Farm
Hurst Hill Wood
Queen Victoria Prim. Sch.
WOLVERHAMPTON
SOUTH STAFFORDSHIRE
PENN ROAD
A449
DUDLEY ROAD
A459
BIRMINGHAM ROAD
A4123
THOMPSON AV.
GOLDTHORN HILL
A4039
PARKFIELD ROAD
WOLVERHAMPTON ROAD
BILSTON ROAD
A41
BIRCHES BARN RD.
B4161
STUBBS RD.
RING ROAD ST. JOHNS
CABLE STREET
ALL SAINTS' ROAD
ST. GORGE
PENNWOOD LANE
Penn Brook

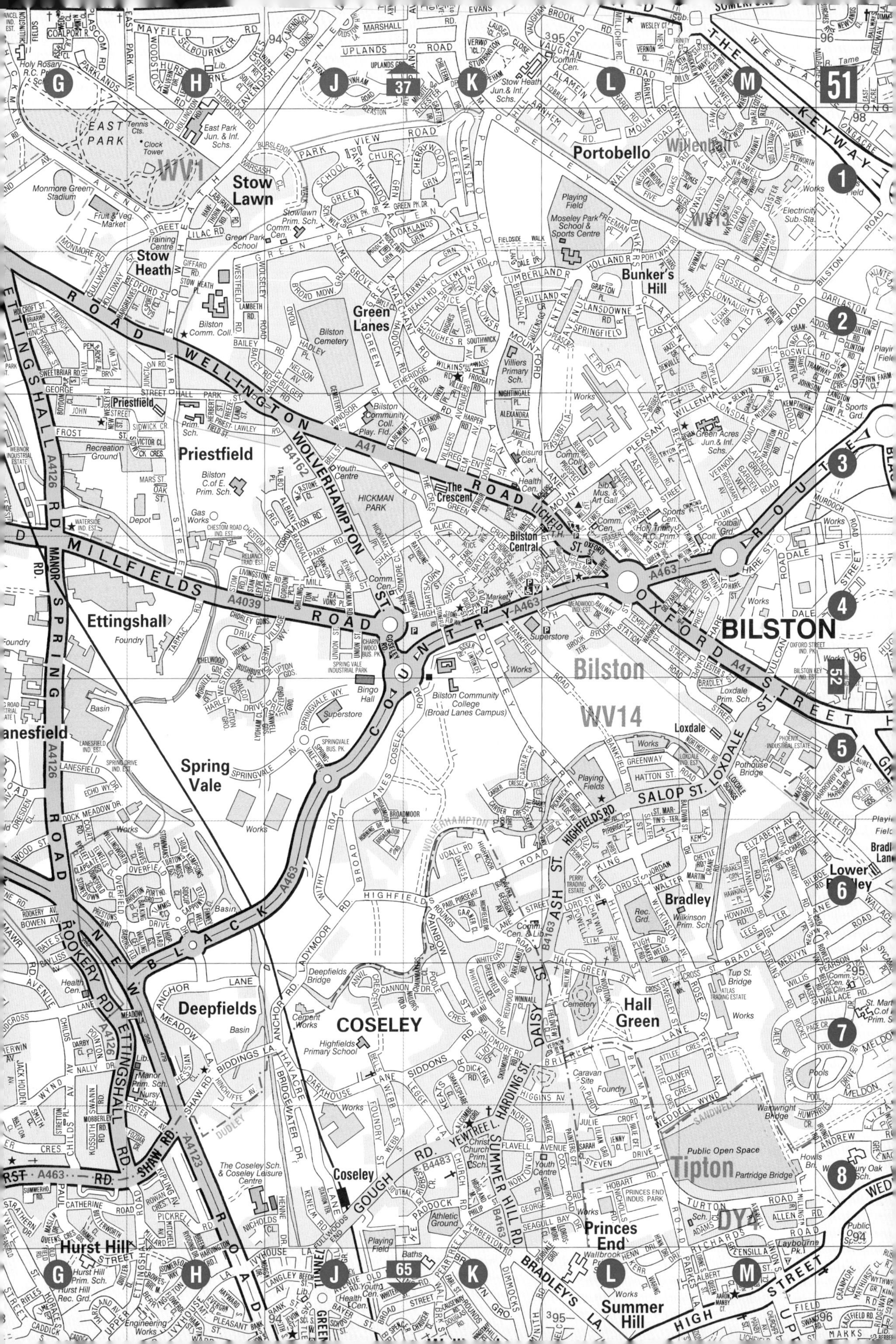
51
37
52
65
G
H
J
K
L
M
1
2
3
4
5
6
7
8
WV1
WV13
WV14
DY4
EAST PARK
Stow Lawn
Stow Heath
Portobello
Willenhall
Green Lanes
Bunker's Hill
Priestfield
Ettingshall
BILSTON
Bilston
Spring Vale
Deepfields
COSELEY
Coseley
Bradley
Lower Bradley
Hall Green
Loxdale
Tipton
Princes End
Hurst Hill
Summer Hill
Lanesfield
Monmore Green Stadium
Fruit & Veg. Market
Bilston Cemetery
Hickman Park
Moseley Park School & Sports Centre
Villiers Primary Sch.
Bilston Comm. Coll.
Bilston Community College (Broad Lanes Campus)
Bilston Central
The Crescent
Public Open Space
Partridge Bridge
Deepfields Bridge
Highfields Primary School
The Coseley Sch. & Coseley Leisure Centre
Athletic Ground
Wilkinson Prim. Sch.
Loxdale Prim. Sch.
WELLINGTON ROAD
WOLVERHAMPTON ST.
WOLVERHAMPTON ROAD
MILLFIELDS ROAD
BLACK COUNTRY ROUTE
OXFORD STREET
THE KEYWAY
LICHFIELD ST.
SALOP ST.
HIGHFIELDS RD.
ETTINGSHALL RD.
SPRING ROAD
NEW ROOKERY RD.
GOUGH RD.
SUMMER HILL RD.
HIGH STREET
BRADLEY'S LA.
A41
A463
A4039
A4126
A4123
B4162
B4163
B4483

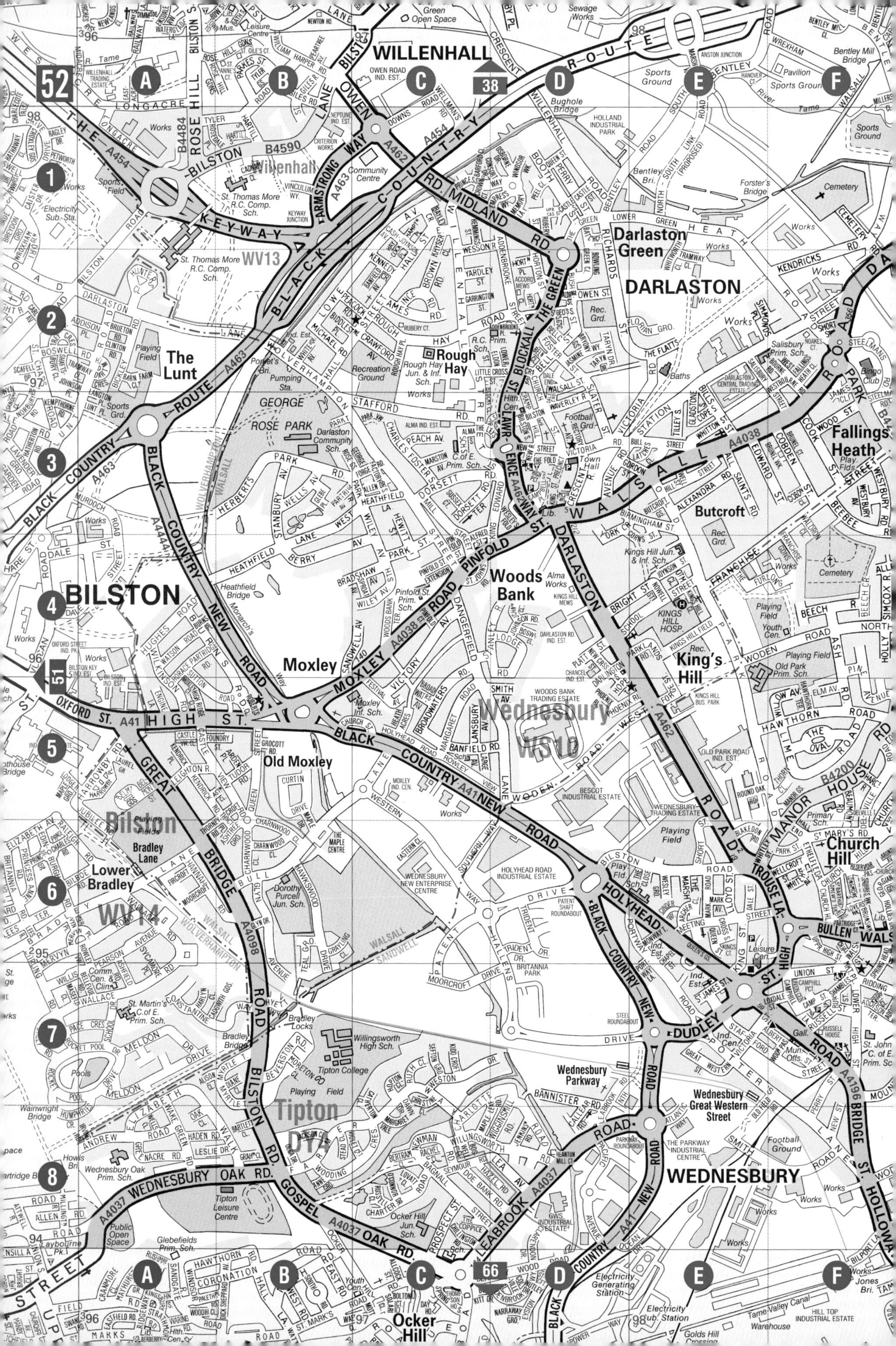

52
38
51
66
WILLENHALL
DARLASTON
Darlaston Green
BILSTON
The Lunt
Rough Hay
Fallings Heath
Butcroft
Woods Bank
Moxley
Old Moxley
King's Hill
Church Hill
Lower Bradley
Bradley Lane
Tipton
WEDNESBURY
Ocker Hill
WV13
WV14
WS10
DY4
BLACK COUNTRY ROUTE
KEYWAY
BILSTON
WOLVERHAMPTON
WALSALL
SANDWELL
MIDLAND RD.
BLACK COUNTRY NEW ROAD
OXFORD ST.
HIGH ST.
GREAT BRIDGE
BILSTON ROAD
WEDNESBURY OAK RD.
GOSPEL OAK RD.
LEABROOK ROAD
HOLYHEAD
DUDLEY
DARLASTON ROAD
MOXLEY ROAD
PINFOLD ST.
WALSALL ST.
MANOR HOUSE ROAD
TROUSE LA.
BRIDGE ST.
HOLLOWAY
A454
A463
A462
A41
A4038
A4098
A4037
A4444
A4196
A4200
B4484
B4590
George Rose Park
Darlaston Community Sch.
Holyhead Road Industrial Estate
Bescot Industrial Estate
Wednesbury Trading Estate
Wednesbury New Enterprise Centre
Willingsworth High Sch.
Tipton College
Tipton Leisure Centre
Wednesbury Parkway
Wednesbury Great Western Street
The Parkway Industrial Centre
Britannia Park
Patent Shaft Roundabout
Steel Roundabout
Kings Hill Hosp.
Old Park Prim. Sch.
St. Thomas More R.C. Comp. Sch.
Wednesbury Oak Prim. Sch.
Electricity Generating Station
Tame Valley Canal
Hill Top Industrial Estate
Cemetery
Sports Ground
Playing Field
Works

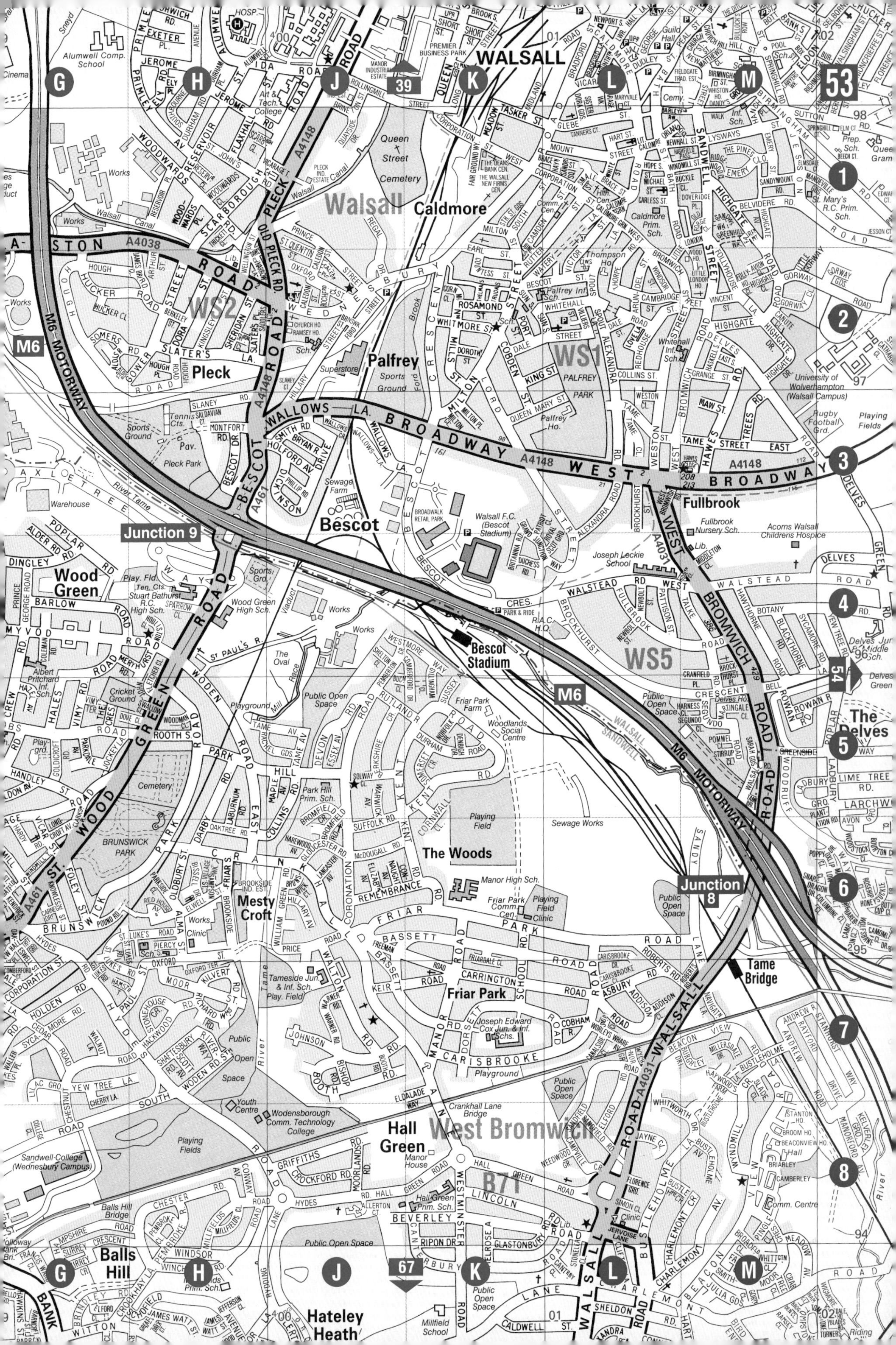

53
39
67
54
G
H
J
K
L
M
1
2
3
4
5
6
7
8
WALSALL
Walsall
Caldmore
Pleck
Palfrey
Bescot
Fullbrook
Wood Green
Mesty Croft
Friar Park
The Woods
Hall Green
West Bromwich
Balls Hill
Hateley Heath
The Delves
Tame Bridge
WS1
WS2
WS5
B71
Junction 9
Junction 8
M6
M6 MOTORWAY
A4038
A4148
A461
A4031
BROADWAY
BROADWAY WEST
BESCOT ROAD
PLECK ROAD
OLD PLECK RD.
WOOD GREEN ROAD
WALSALL ROAD
WEST BROMWICH ROAD
WALLOWS LA.
BESCOT CRES.
WALSTEAD ROAD
CRANKHALL LANE
FRIAR PARK ROAD
CARISBROOKE
HIGHGATE
SANDWELL STREET
Queen Street Cemetery
Walsall Canal
River Tame
Pleck Park
Sports Ground
Palfrey Sports Ground
Palfrey Park
Walsall F.C. (Bescot Stadium)
Bescot Stadium
Broadwalk Retail Park
Sewage Farm
Sewage Works
Playing Field
Playing Fields
Public Open Space
Brunswick Park
Cemetery
The Oval
Warehouse
Works
Superstore
University of Wolverhampton (Walsall Campus)
Rugby Football Grd.
Acorns Walsall Childrens Hospice
Joseph Leckie School
Fullbrook Nursery Sch.
Wood Green High Sch.
Stuart Bathurst R.C. High Sch.
Alumwell Comp. School
Manor High Sch.
Joseph Edward Cox Jun. & Inf. Schs.
Tameside Jun. & Inf. Sch.
Wodensborough Comm. Technology College
Sandwell College (Wednesbury Campus)
Hall Green Prim. Sch.
Millfield School
Crankhall Lane Bridge
Balls Hill Bridge
Manor House
Woodlands Social Centre
Friar Park Farm
Premier Business Park
Manor Industrial Estate

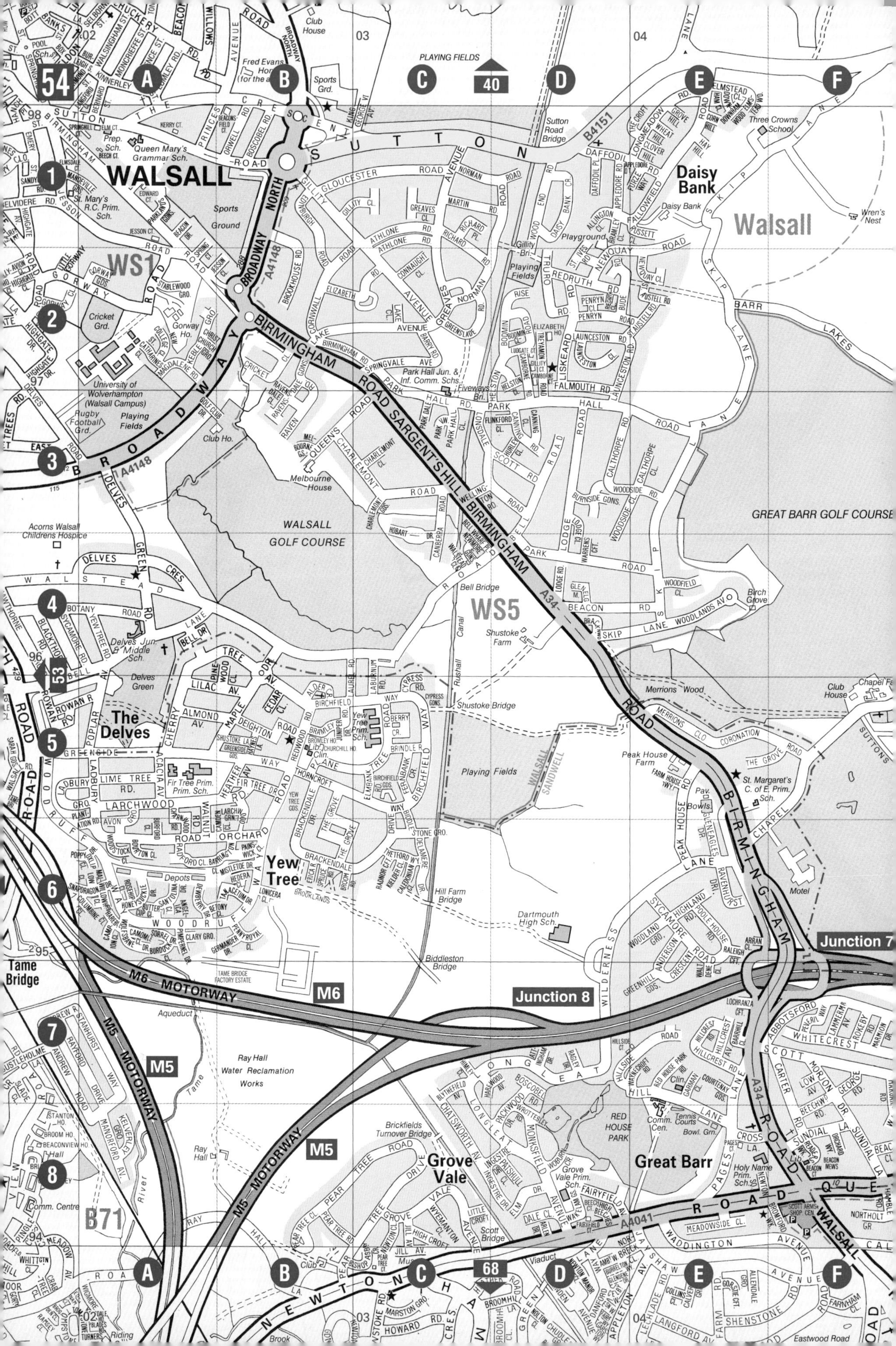

54
40
53
68
A
B
C
D
E
F
1
2
3
4
5
6
7
8
03
04
WALSALL
Walsall
WS1
WS5
B71
Daisy Bank
The Delves
Yew Tree
Grove Vale
Great Bar
Tame Bridge
PLAYING FIELDS
Club House
Sports Grd.
Fred Evans Home (for the a
Prep. Sch.
Queen Mary's Grammar Sch.
St. Mary's R.C. Prim. Sch.
Sports Ground
Cricket Grd.
Gorway Ho.
University of Wolverhampton (Walsall Campus)
Rugby Football Grd.
Playing Fields
Club Ho.
Melbourne House
WALSALL GOLF COURSE
Acorns Walsall Childrens Hospice
Delves Jun. & Middle Sch.
Delves Green
Fir Tree Prim. Sch.
Yew Tree Prim. Sch.
Depots
TAME BRIDGE FACTORY ESTATE
Aqueduct
Ray Hall Water Reclamation Works
Ray Hall
River Tame
Comm. Centre
Brickfields Turnover Bridge
Scott Bridge
Viaduct
Grove Vale Prim. Sch.
RED HOUSE PARK
Comm. Cen.
Tennis Courts
Bowl. Grn.
Holy Name Prim. Sch.
SCOTT ARMS SHOP. CEN.
Motel
St. Margaret's C. of E. Prim. Sch.
Pav.
Bowls
Peak House Farm
Merrions Wood
Club House
Chapel Fa
GREAT BARR GOLF COURSE
Birch Grove
Shustoke Farm
Bell Bridge
Shustoke Bridge
Hill Farm Bridge
Biddleston Bridge
Dartmouth High Sch.
Rushall Canal
Playing Fields
Park Hall Jun. & Inf. Comm. Schs.
Fiveways Bri.
Gillity Bri.
Playground
Sutton Road Bridge
Three Crowns School
Wren's Nest
Junction 7
Junction 8
M6 MOTORWAY
M6
M5 MOTORWAY
M5
A4148
A34
A4041
B4151
BROADWAY NORTH
BROADWAY
BIRMINGHAM ROAD
SUTTON ROAD
SARGENT'S HILL
PARK HALL RD.
SKIP LANE
BARR LAKES LANE
QUEEN'S ROAD
NEWTON ROAD
WALSALL ROAD
WOODRUFF WAY
LONGLEAT
BEACON RD
WALSTEAD RD.
DELVES GREEN RD.
Riding
Brook
Eastwood Road

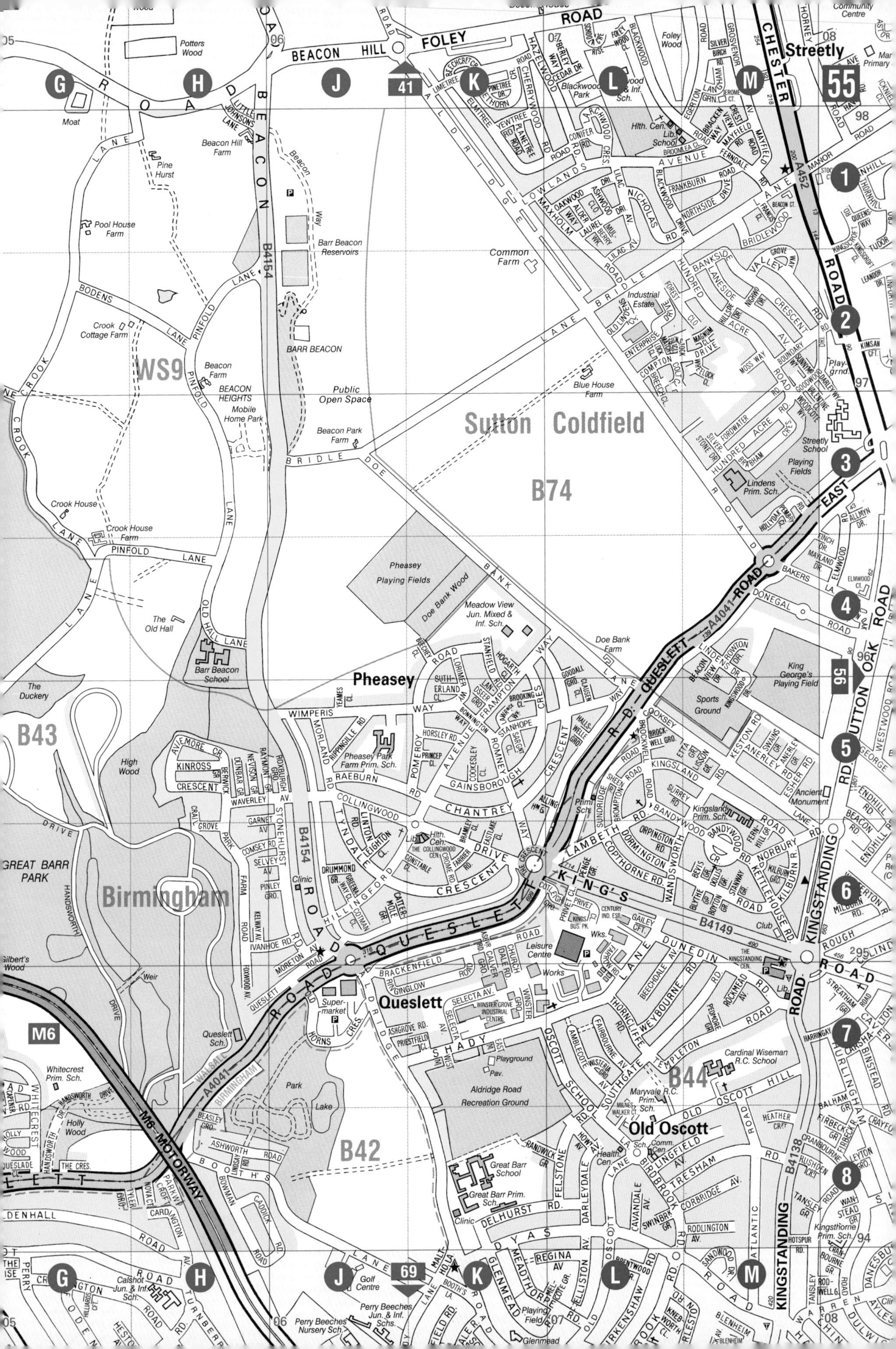

55
41
69
56
Streetly
Sutton Coldfield
Pheasey
Queslett
Old Oscott
Birmingham
WS9
B74
B43
B42
B44
BEACON HILL
FOLEY ROAD
CHESTER ROAD
A452
B4154
A4041
B4149
B4138
M6
M6 MOTORWAY
QUESLETT ROAD
KING'S ROAD
KINGSTANDING ROAD
ALDRIDGE ROAD
BRIDLE LANE
DOE BANK LANE
PINFOLD LANE
CROOK LANE
BODENS LANE
OLD HALL LANE
WIMPERIS WAY
COLLINGWOOD DRIVE
CHANTREY CRESCENT
GAINSBOROUGH CRESCENT
RAEBURN RD.
SHADY LANE
OSCOTT SCHOOL LANE
DUNEDIN ROAD
OWLANDS AVENUE
HUNDRED ACRE ROAD
BOUNDARY ROAD
EAST ROAD
DONEGAL ROAD
BAKERS LA.
DELHURST RD.
DYAS ROAD
OSCOTT HILL
TRESHAM ROAD
Potters Wood
Moat
Beacon Hill Farm
Pine Hurst
Pool House Farm
Barr Beacon Reservoirs
BARR BEACON
Crook Cottage Farm
Beacon Farm
BEACON HEIGHTS Mobile Home Park
Public Open Space
Beacon Park Farm
Common Farm
Blue House Farm
Industrial Estate
Crook House
Crook House Farm
The Old Hall
Barr Beacon School
The Duckery
High Wood
GREAT BARR PARK
Pheasey Playing Fields
Doe Bank Wood
Meadow View Jun. Mixed & Inf. Sch.
Doe Bank Farm
Pheasey Park Farm Prim. Sch.
Lib.
Hlth. Cen.
THE COLLINGWOOD CEN.
Clinic
Leisure Centre
Works
Wks.
CENTURY IND. EST.
KINGS BUS. PK.
Super-market
WINSTER GROVE INDUSTRIAL CENTRE
Playground
Pav.
Aldridge Road Recreation Ground
Park
Lake
Weir
Queslett Sch.
Whitecrest Prim. Sch.
Holly Wood
Gilbert's Wood
Great Barr School
Great Barr Prim. Sch.
Health Cen.
Maryvale R.C. Prim. Sch.
Cardinal Wiseman R.C. School
Kingsland Prim. Sch.
Sports Ground
King George's Playing Field
Ancient Monument
Lindens Prim. Sch.
Streetly School
Playing Fields
Play-grnd.
Foley Wood
Blackwood Park
Hlth. Cen.
Community Centre
THE KINGSTANDING CEN.
Kingsthorne Prim. Sch.
Calshot Jun. & Inf. Sch.
Golf Centre
Perry Beeches Jun. & Inf. Schs.
Perry Beeches Nursery Sch.
Playing Field
Glenmead
G
H
J
K
L
M
1
2
3
4
5
6
7
8
05
06
07
08
94
95
96
97
98

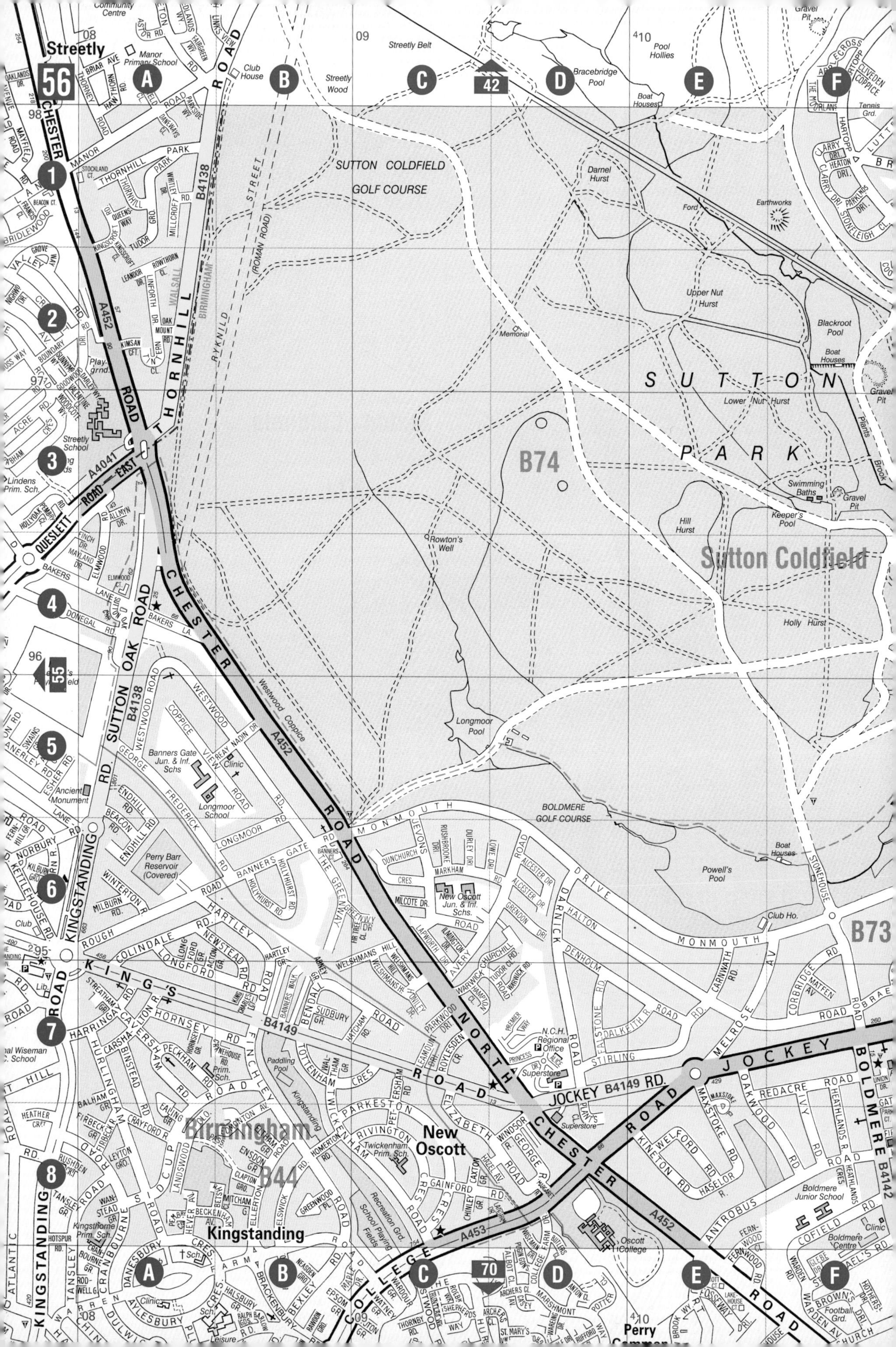
Streetly
Manor Primary School
Club House
Streetly Wood
Streetly Belt
42
Bracebridge Pool
Pool Hollies
Boat Houses
Gravel Pit
SUTTON COLDFIELD GOLF COURSE
Darnel Hurst
Ford
Earthworks
Upper Nut Hurst
Blackroot Pool
Boat Houses
Memorial
S U T T O N
P A R K
Lower Nut Hurst
Gravel Pit
B74
Swimming Baths
Keeper's Pool
Hill Hurst
Sutton Coldfield
Rowton's Well
Holly Hurst
Longmoor Pool
BOLDMERE GOLF COURSE
Boat Houses
Powell's Pool
Club Ho.
B73
MONMOUTH DRIVE
JOCKEY ROAD
BOLDMERE
B4142
CHESTER ROAD
A452
NORTH
B4138
BIRMINGHAM
WALSALL
RYKNILD STREET (ROMAN ROAD)
THORNHILL ROAD
THORNHILL PARK
A4041
QUESLETT ROAD EAST
Streetly School
Lindens Prim. Sch.
Play-grnd.
BAKERS LANE
DONEGAL RD.
SUTTON OAK ROAD
55
Westwood Coppice
Banners Gate Jun. & Inf. Schs
Clinic
Longmoor School
Ancient Monument
Perry Barr Reservoir (Covered)
KINGSTANDING ROAD
BANNERS GATE ROAD
ROUGH ROAD
HARTLEY RD.
KING'S ROAD
B4149
Club
Lib.
Paddling Pool
New Oscott Jun. & Inf. Schs.
N.C.H. Regional Office
Superstore
JOCKEY B4149 RD.
Birmingham
B44
New Oscott
Twickenham Prim. Sch.
Recreation Grd.
School Playing Fields
Kingsthorne Prim. Sch.
Kingstanding
A453
COLLEGE ROAD
Oscott College
Boldmere Junior School
Boldmere Centre
Clinic
Football Grd.
70
Perry
A B C D E F
1 2 3 4 5 6 7 8
08 09 410
98 97 96

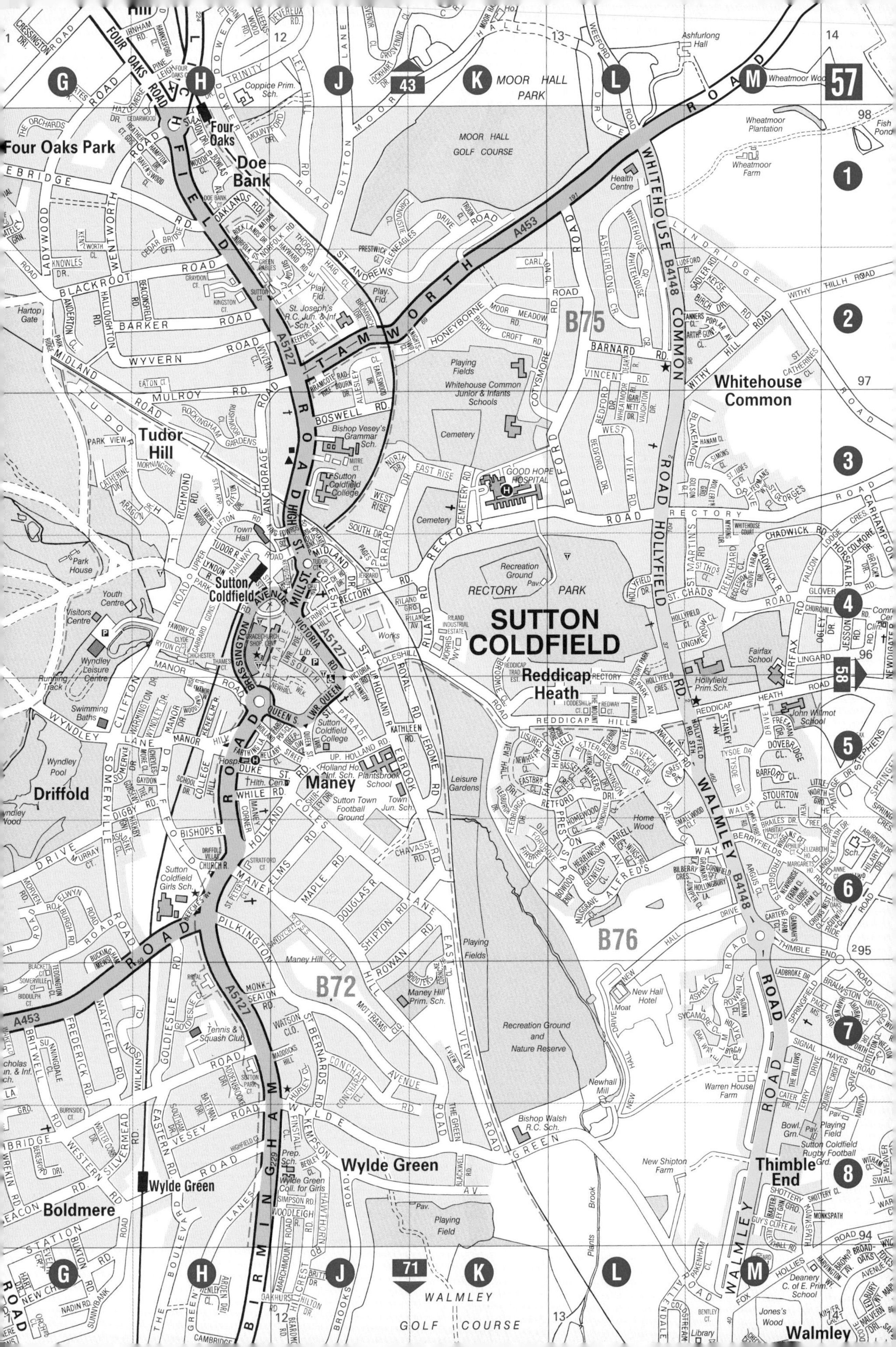

57
43
58
71
Four Oaks Park
Four Oaks
Doe Bank
MOOR HALL PARK
MOOR HALL GOLF COURSE
Ashfurlong Hall
Wheatmoor Wood
Wheatmoor Plantation
Wheatmoor Farm
Fish Pond
Health Centre
Whitehouse Common
B75
B76
B72
A453
A5127
B4148
TAMWORTH ROAD
WHITEHOUSE COMMON ROAD
HOLLYFIELD RD.
WALMLEY ROAD
BIRMINGHAM ROAD
LICHFIELD ROAD
Tudor Hill
Hartop Gate
Park House
Youth Centre
Visitors Centre
Wyndley Leisure Centre
Running Track
Swimming Baths
Wyndley Pool
Driffold
Sutton Coldfield
Town Hall
Bishop Vesey's Grammar Sch.
Sutton Coldfield College
St. Joseph's R.C. Jun. & Inf. Sch.
Play. Fld.
Playing Fields
Whitehouse Common Junior & Infants Schools
Cemetery
GOOD HOPE HOSPITAL
Recreation Ground
RECTORY PARK
SUTTON COLDFIELD
Reddicap Heath
Works
Hollyfield Prim.Sch.
Fairfax School
John Willmot School
Maney
Sutton Town Football Ground
Town Jun. Sch.
Holland Ho. Inf. Sch.
Plantsbrook School
Leisure Gardens
Home Wood
Sutton Coldfield Girls Sch.
Maney Hill
Maney Hill Prim. Sch.
Tennis & Squash Club
Recreation Ground and Nature Reserve
New Hall Hotel
Moat
Newhall Mill
Warren House Farm
Bishop Walsh R.C. Sch.
Wylde Green
Prep. Sch.
Wylde Green Coll. for Girls
Playing Field
New Shipton Farm
Thimble End
Sutton Coldfield Rugby Football Grd.
Boldmere
WALMLEY GOLF COURSE
Plants Brook
Deanery C. of E. Prim. School
Jones's Wood
Walmley
Library

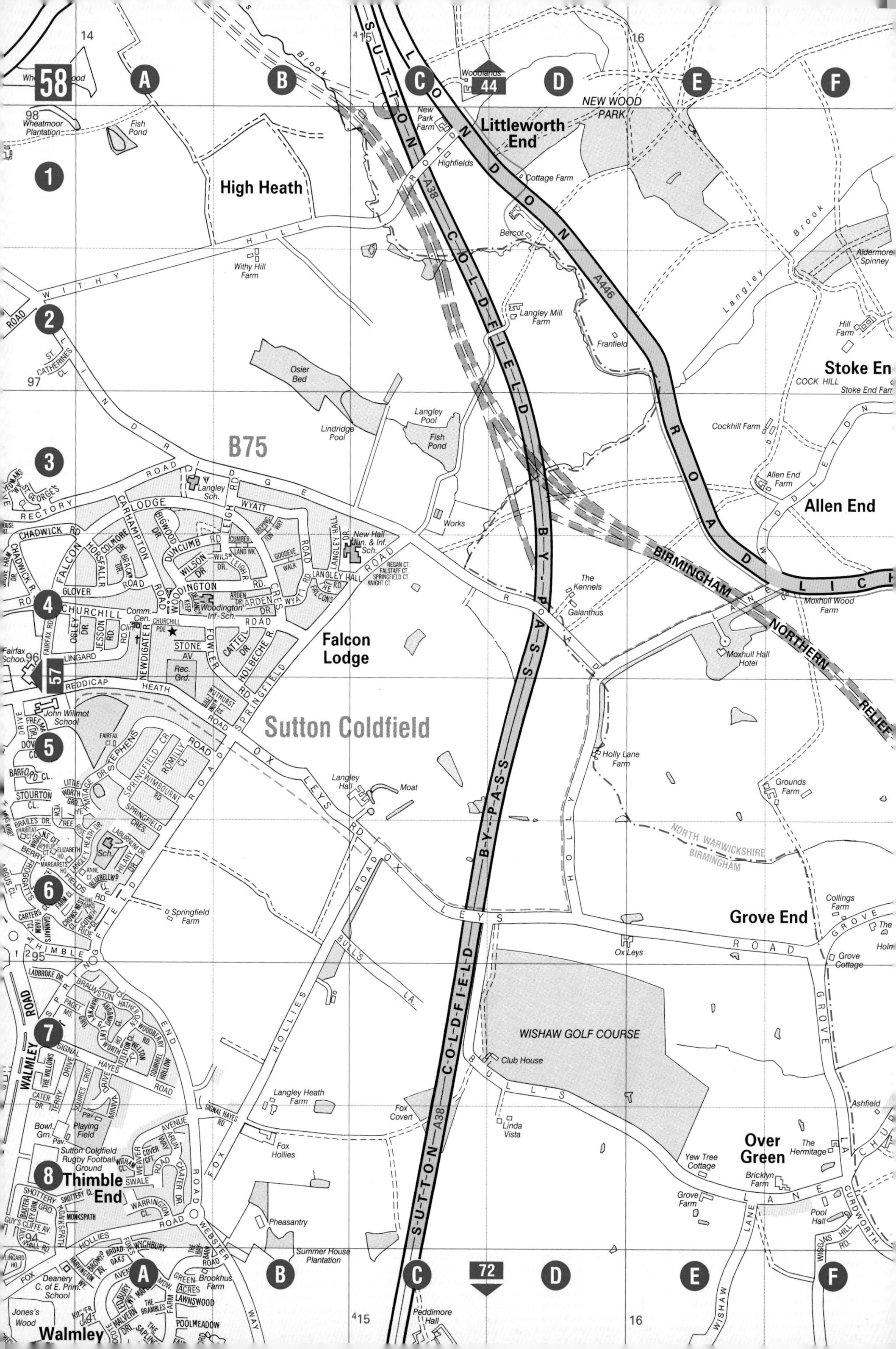
58
14
415
16
A
B
C
D
E
F
44
72
57
1
2
3
4
5
6
7
8
98
97
96
95
94
Wheatmoor Plantation
Fish Pond
Brook
New Park Farm
Woodlands
Littleworth End
NEW WOOD PARK
Highfields
Cottage Farm
High Heath
Bercot
WITHY HILL
Withy Hill Farm
LONDON ROAD
A446
SUTTON COLDFIELD BY-PASS
A38
Langley Mill Farm
Franfield
Langley Brook
Aldermore Spinney
Hill Farm
Stoke End
COCK HILL
Stoke End Farm
Osier Bed
Lindridge Pool
Langley Pool
Fish Pond
B75
Cockhill Farm
Allen End Farm
Allen End
MIDDLETON
Langley Sch.
RECTORY ROAD
LINDRIDGE ROAD
Works
New Hall Jun. & Inf. Sch.
BIRMINGHAM NORTHERN RELIEF
The Kennels
Galanthus
Moxhull Wood Farm
Moxhull Hall Hotel
Falcon Lodge
Woodington Inf. Sch.
Comm. Cen.
Clinic
Rec. Grd.
Fairfax Schoo.
John Willmot School
REDDICAP HEATH ROAD
Sutton Coldfield
OX LEYS RD
Langley Hall
Moat
Holly Lane Farm
Grounds Farm
NORTH WARWICKSHIRE
BIRMINGHAM
HOLLY LANE
Springfield Farm
Collings Farm
Grove End
OX LEYS ROAD
Ox Leys
GROVE
Grove Cottage
BULLS LA.
HOLLIES ROAD
WISHAW GOLF COURSE
Club House
Langley Heath Farm
Fox Covert
Linda Vista
Fox Hollies
Ashfield
Over Green
The Hermitage
Yew Tree Cottage
Bricklyn Farm
Grove Farm
Pool Hall
Sutton Coldfield Rugby Football Ground
Playing Field
Thimble End
Pheasantry
Summer House Plantation
WEBSTER WAY
Brookhus Farm
Deanery C. of E. Prim. School
Jones's Wood
Walmley
Peddimore Hall
WISHAW LANE
CURDWORTH
WIGGINS HILL RD.

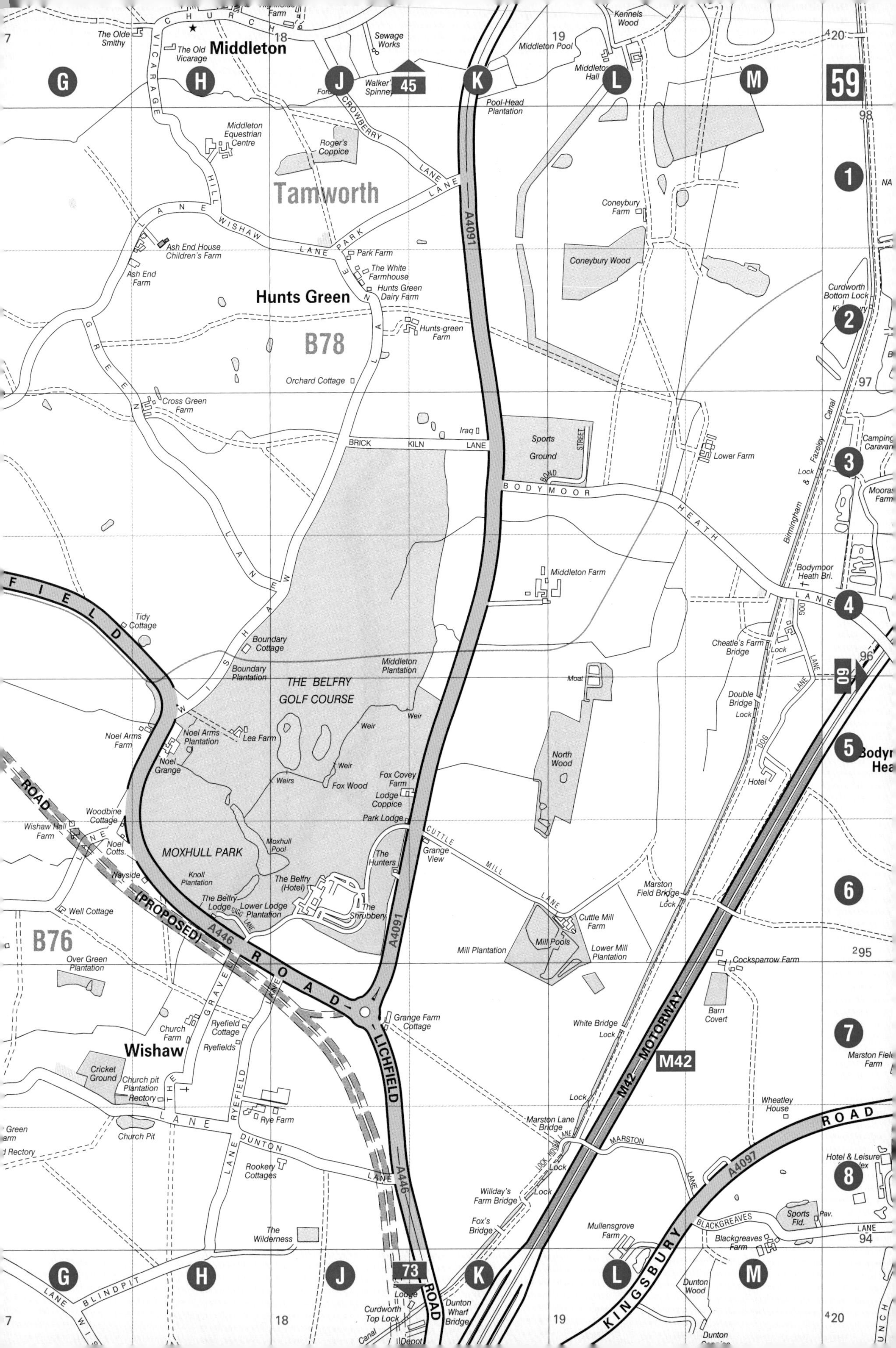
Middleton
The Olde Smithy
The Old Vicarage
CHURCH
Sewage Works
Kennels Wood
Middleton Pool
Middleton Hall
Walker's Spinney
Ford
45
CROWBERRY LANE
Pool-Head Plantation
Middleton Equestrian Centre
Roger's Coppice
VICARAGE HILL
Tamworth
WISHAW LANE
PARK LANE
A4091
Coneybury Farm
Coneybury Wood
Ash End House Children's Farm
Ash End Farm
Park Farm
The White Farmhouse
Hunts Green Dairy Farm
Hunts Green
Hunts-green Farm
Curdworth Bottom Lock
B78
Orchard Cottage
GREEN LANE
Cross Green Farm
Iraq
BRICK KILN LANE
Sports Ground
STREET
BOND
BODYMOOR HEATH LANE
Lower Farm
Lock
Birmingham & Fazeley Canal
Camping Caravan
Moorash Farm
Middleton Farm
Bodymoor Heath Bri.
FIELD
Tidy Cottage
Boundary Cottage
WISHAW LANE
Boundary Plantation
Middleton Plantation
Cheatle's Farm Bridge
Lock
DOG LANE
THE BELFRY GOLF COURSE
Moat
60
Double Bridge
Lock
Weir
Noel Arms Farm
Noel Arms Plantation
Lea Farm
North Wood
Bodymoor Heath
Noel Grange
Weirs
Fox Wood
Fox Covey Farm
Lodge Coppice
Hotel
ROAD
Woodbine Cottage
Park Lodge
Wishaw Hall Farm
Noel Cotts.
MOXHULL PARK
Moxhull Pool
The Hunters
Grange View
CUTTLE MILL LANE
Wayside
Knoll Plantation
The Belfry (Hotel)
Marston Field Bridge
Lock
Well Cottage
The Belfry Lodge
Lower Lodge Plantation
The Shrubbery
GIGG LANE
Cuttle Mill Farm
(PROPOSED)
A446
Mill Plantation
Mill Pools
Lower Mill Plantation
B76
Over Green Plantation
95
Cocksparrow Farm
GRAVELLY LANE
ROAD
Barn Covert
Church Farm
Ryefield Cottage
Ryefields
Grange Farm Cottage
White Bridge
Lock
Wishaw
LICHFIELD
M42 MOTORWAY
M42
Marston Field Farm
Cricket Ground
Church pit Plantation
Rectory
THE
Wheatley House
Lock
LANE
RYEFIELD LANE
Rye Farm
Marston Lane Bridge
ROAD
Green Farm
Church Pit
DUNTON LANE
LOCK HOUSE LANE
MARSTON LANE
Hotel & Leisure Complex
Rectory
Rookery Cottages
A4097
A446
Lock
Willday's Farm Bridge
Lock
Fox's Bridge
Mullensgrove Farm
BLACKGREAVES LANE
Sports Fld.
Pav.
Blackgreaves Farm
94
The Wilderness
73
KINGSBURY
Dunton Wood
BLINDPIT LANE
Lodge
Curdworth Top Lock
Dunton Wharf Bridge
Canal
Depot
Dunton
17
18
19
420
98
97
96
G H J K L M
1 2 3 4 5 6 7 8

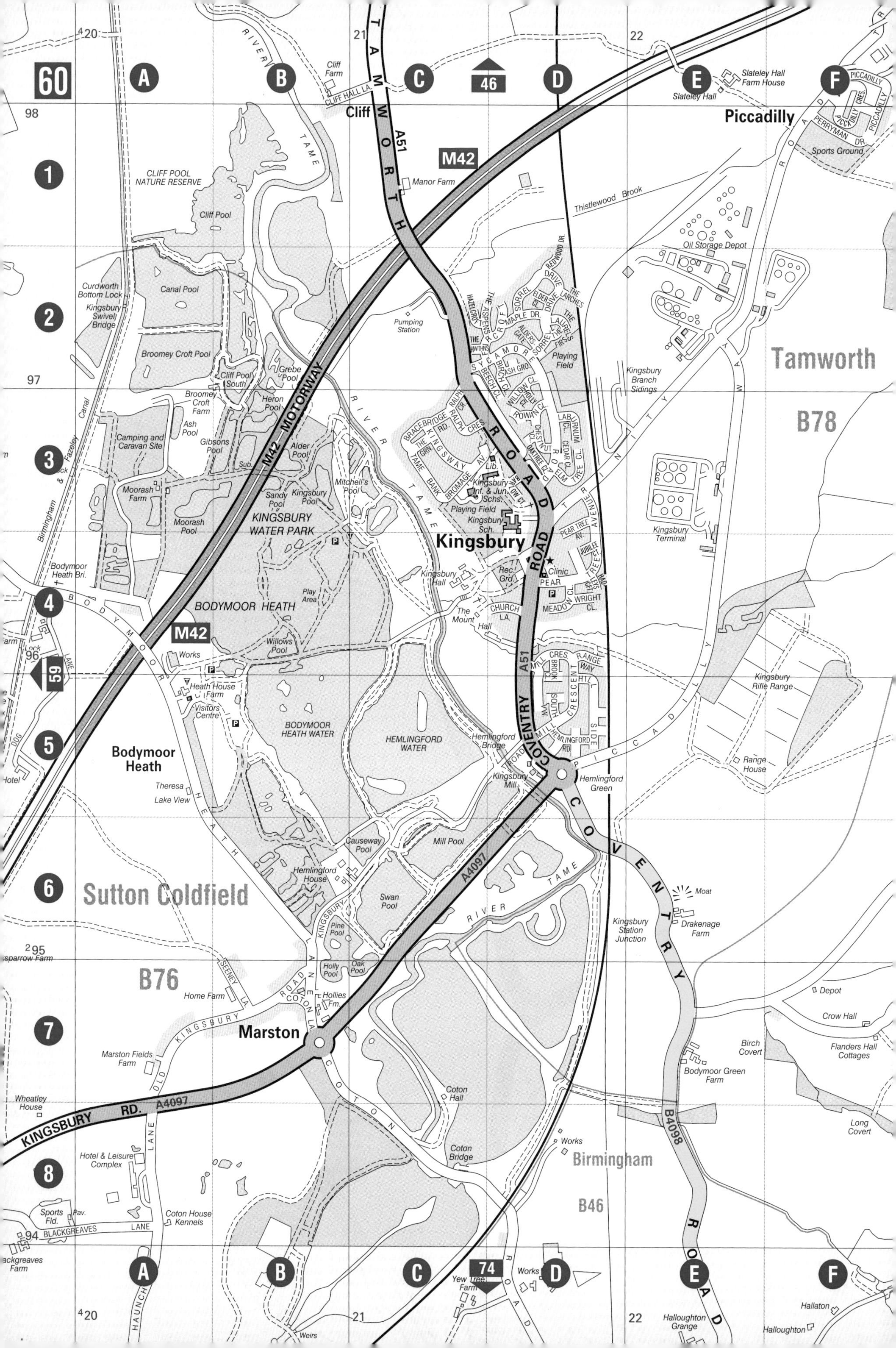

60
46
59
74
A
B
C
D
E
F
1
2
3
4
5
6
7
8
420
21
22
98
97
96
295
94
Cliff Farm
CLIFF HALL LA.
Cliff
TAMWORTH
A51
M42
Manor Farm
Slateley Hall Farm House
Slateley Hall
Piccadilly
PICCADILLY
PICCADILLY CRES.
PERRYMAN DR.
Sports Ground
RIVER
TAME
CLIFF POOL NATURE RESERVE
Cliff Pool
Thistlewood Brook
Oil Storage Depot
Curdworth Bottom Lock
Kingsbury Swivel Bridge
Canal Pool
Broomey Croft Pool
Cliff Pool South
Grebe Pool
Pumping Station
Tamworth
Kingsbury Branch Sidings
Broomey Croft Farm
Heron Pool
M42 MOTORWAY
Playing Field
B78
Ash Pool
Camping and Caravan Site
Gibsons Pool
Alder Pool
Birmingham & Fazeley Canal
Moorash Farm
Sandy Pool
Kingsbury Pool
Mitchell's Pool
Playing Field
Kingsbury Inf. & Jun. Schs.
Lib.
Kingsbury Sch.
Moorash Pool
KINGSBURY WATER PARK
Kingsbury
Kingsbury Terminal
Bodymoor Heath Bri.
Kingsbury Hall
Rec. Grd.
Clinic
Play Area
BODYMOOR HEATH
The Mount
CHURCH LA.
Hall
WRIGHT CL.
MEADOW
PEAR TREE AV.
JUBILEE
M42
Willows Pool
Works
Heath House Farm
Visitors Centre
BODYMOOR HEATH WATER
HEMLINGFORD WATER
Hemlingford Bridge
Kingsbury Rifle Range
Kingsbury Mill
Hemlingford Green
Range House
Bodymoor Heath
Theresa
Lake View
COVENTRY ROAD
Causeway Pool
Mill Pool
Hemlingford House
Swan Pool
A4097
Moat
Sutton Coldfield
Kingsbury Station Junction
Drakenage Farm
Pine Pool
Holly Pool
Oak Pool
Sparrow Farm
B76
Home Farm
Hollies Fm.
COTON LA.
Depot
Crow Hall
Marston
Birch Covert
Marston Fields Farm
OLD KINGSBURY ROAD
Flanders Hall Cottages
Bodymoor Green Farm
Coton Hall
Wheatley House
KINGSBURY RD.
B4098
Long Covert
Hotel & Leisure Complex
Coton Bridge
Works
Birmingham
Sports Fld.
Pav.
Coton House Kennels
B46
BLACKGREAVES LANE
Blackgreaves Farm
HAUNCH LANE
Yew Tree Farm
Works
Weirs
Halloughton Grange
Hallaton
Halloughton
ROAD

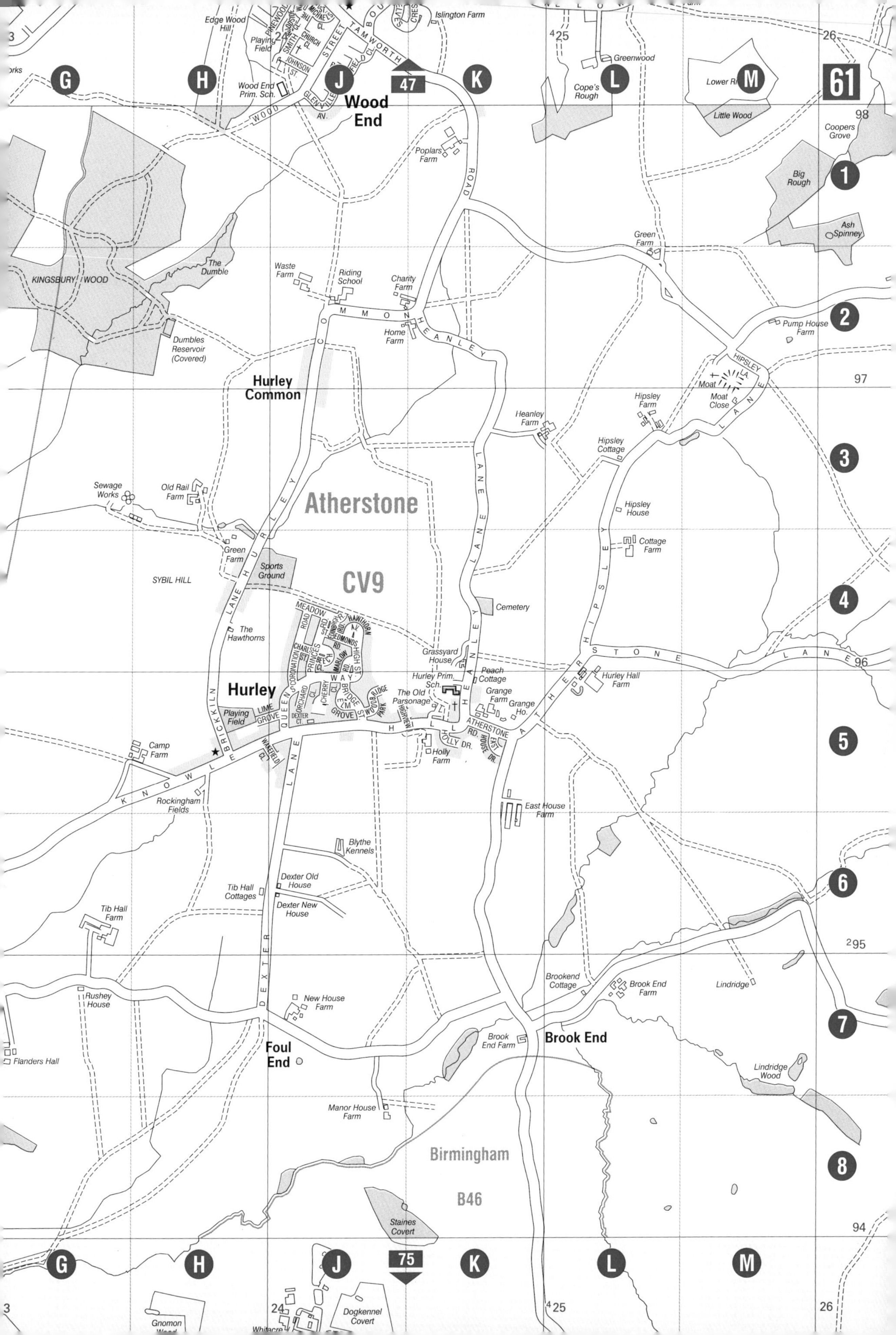

61

G H J K L M

Wood End

47

Islington Farm

Greenwood

Cope's Rough

Lower R

Little Wood

Coopers Grove

Big Rough

Ash Spinney

Edge Wood Hill

Playing Field

PINE WOOD
SMITH CL.
CHURCH CL.
JOHNSON
LYNTON CL.
TAMWORTH
BEDFORD
STREET
GATE
CRES.

Wood End Prim. Sch.

WOOD
GLEN
AV.

Poplars Farm

COMMON

Waste Farm

Riding School

Charity Farm

Home Farm

HEANLEY

Green Farm

Pump House Farm

Hipsley Farm

HIPSLEY LA.

Moat

Moat Close

Hurley Common

The Dumble

KINGSBURY WOOD

Dumbles Reservoir (Covered)

Heanley Farm

Hipsley Cottage

Hipsley House

Atherstone

Sewage Works

Old Rail Farm

HURLEY
LANE

Green Farm

SYBIL HILL

Sports Ground

CV9

The Hawthorns

MEADOW
CHARLES ST.
PRINCES ST.
CORONATION
HIGH ST.
HAWTHORN
REDMONDS
MARLOW
ROAD

Cottage Farm

Cemetery

Grassyard House

Peach Cottage

Hurley Prim. Sch.

Grange Farm

Grange Ho.

Hurley Hall Farm

ATHERSTONE LANE

HERSTONE LANE

Hurley

BRICKKILN
QUEEN
ORCHARD
CHERRY
DEXTER CT.
LIME GROVE
BRIDGE
ELM
PARK
NIGHTINGALE
WAY

The Old Parsonage

HOUSE DR.

Playing Field

Camp Farm

KNOWLE LANE

WAKEFD CL.

Rockingham Fields

DEXTER

Blythe Kennels

Dexter Old House

Dexter New House

Tib Hall Cottages

Holly Farm

HOLLY DR.

East House Farm

Tib Hall Farm

Rushey House

New House Farm

Brookend Cottage

Brook End Farm

Lindridge

Flanders Hall

Foul End

Brook End

Lindridge Wood

Manor House Farm

Birmingham

B46

Staines Covert

Gnomon Wood

Dogkennel Covert

Whitacre

75

G H J K L M

98

1

2

97

3

4

96

5

6

95

7

8

94

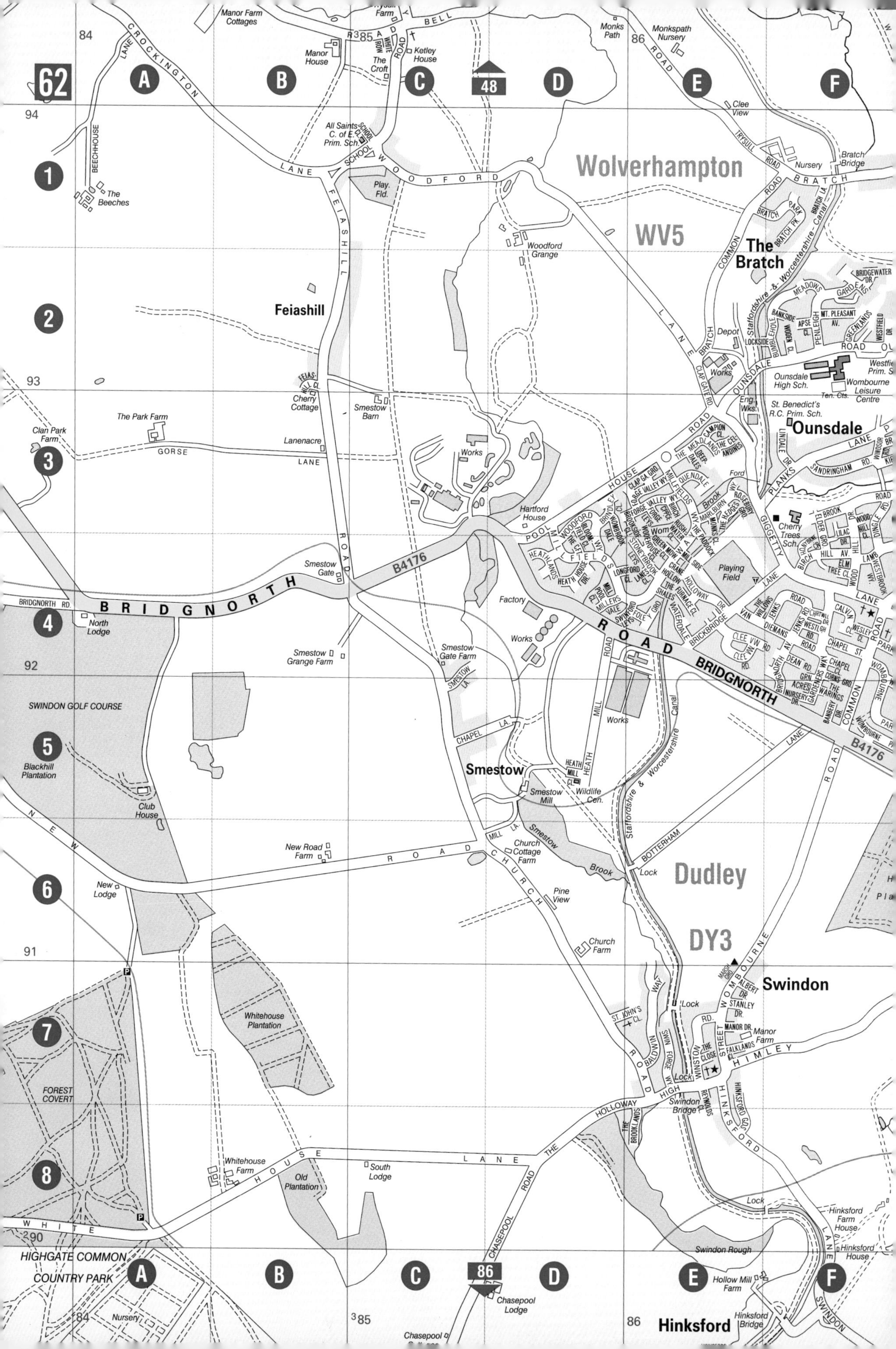

Wolverhampton
WV5
The Bratch
Ounsdale
Feiashill
Smestow
Dudley
DY3
Swindon
Hinksford
BRIDGNORTH ROAD
B4176
SWINDON GOLF COURSE
Blackhill Plantation
Club House
FOREST COVERT
HIGHGATE COMMON COUNTRY PARK
Whitehouse Plantation
Old Plantation
Swindon Rough
Staffordshire & Worcestershire Canal
Manor Farm Cottages
Manor House
Ketley House
The Croft
All Saints C. of E. Prim. Sch.
Monks Path
Monkspath Nursery
Clee View
Nursery
Bratch Bridge
The Beeches
Woodford Grange
Ounsdale High Sch.
Wombourne Leisure Centre
St. Benedict's R.C. Prim. Sch.
Cherry Trees Sch.
Cherry Cottage
Smestow Barn
The Park Farm
Clan Park Farm
Lanenacre
Hartford House
Smestow Gate
North Lodge
Smestow Grange Farm
Smestow Gate Farm
Factory
Works
Smestow Mill
Wildlife Cen.
Church Cottage Farm
Pine View
Church Farm
New Road Farm
New Lodge
Whitehouse Farm
South Lodge
Chasepool Lodge
Hollow Mill Farm
Hinksford Farm House
Hinksford House
Hinksford Bridge
Swindon Bridge
Manor Farm
Playing Field
Lock
48
86
84
85
94
93
92
91
90

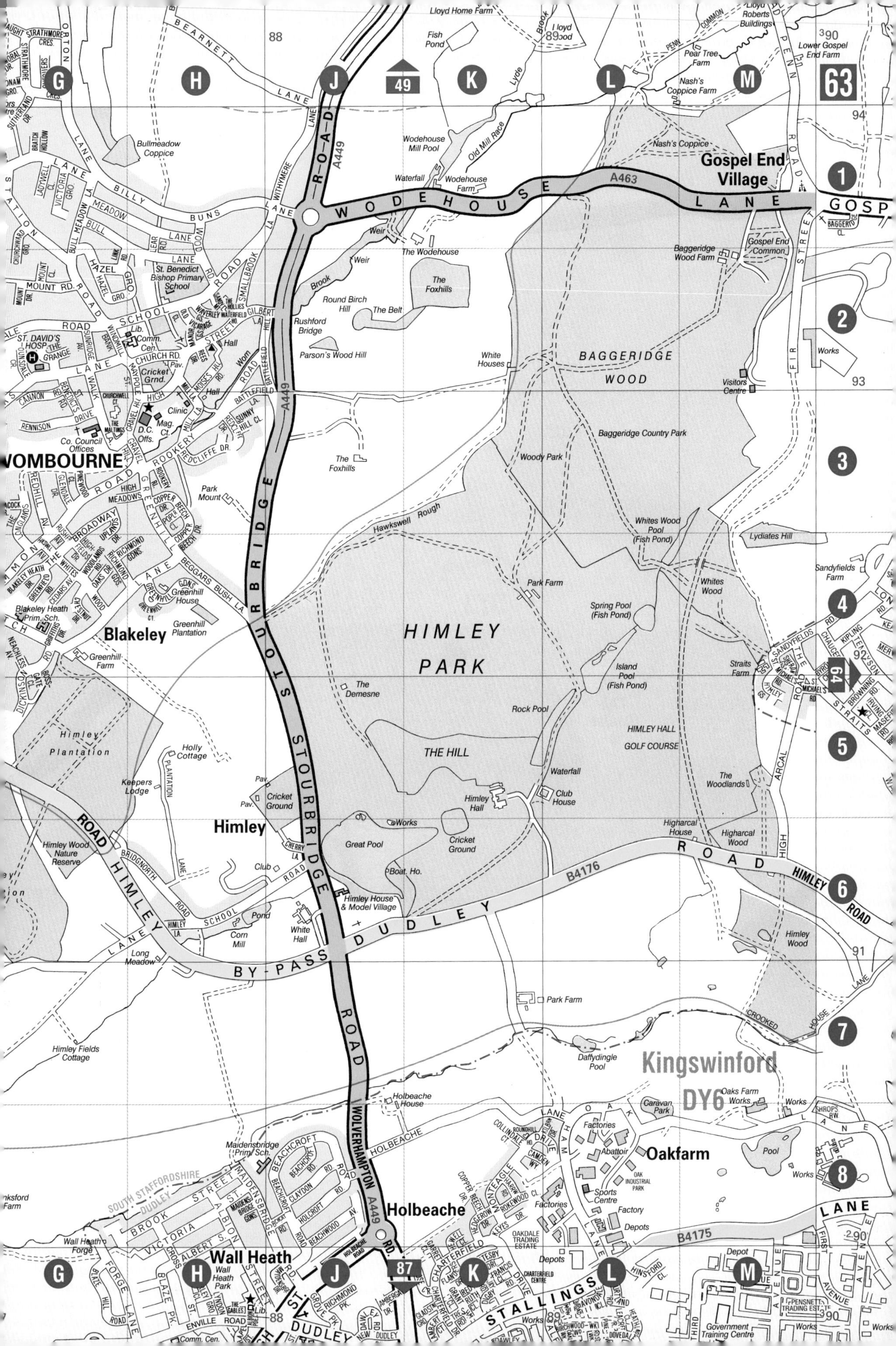
63
49
64
87
WOMBOURNE
Blakeley
Himley
Wall Heath
Holbeache
Oakfarm
Kingswinford
DY6
Gospel End Village
HIMLEY PARK
BAGGERIDGE WOOD
Baggeridge Country Park
WODEHOUSE LANE
A463
STOURBRIDGE ROAD
A449
WOLVERHAMPTON RD.
DUDLEY BY-PASS
B4176
HIMLEY ROAD
BRIDGNORTH ROAD
B4175
Lloyd Home Farm
Fish Pond
Pear Tree Farm
Nash's Coppice Farm
Lower Gospel End Farm
Nash's Coppice
Bullmeadow Coppice
Wodehouse Mill Pool
Wodehouse Farm
Old Mill Race
Waterfall
Weir
The Wodehouse
The Foxhills
Round Birch Hill
The Belt
Rushford Bridge
Parson's Wood Hill
St. Benedict Bishop Primary School
White Houses
Baggeridge Wood Farm
Gospel End Common
Visitors Centre
Works
Woody Park
Park Mount
Hawkswell Rough
Whites Wood Pool (Fish Pond)
Lydiates Hill
Sandyfields Farm
Park Farm
Spring Pool (Fish Pond)
Whites Wood
Island Pool (Fish Pond)
Straits Farm
Greenhill House
Greenhill Plantation
Blakeley Heath Prim. Sch.
Greenhill Farm
The Demesne
Rock Pool
HIMLEY HALL GOLF COURSE
Himley Plantation
Holly Cottage
THE HILL
Keepers Lodge
Cricket Ground
Himley Hall
Club House
The Woodlands
Higharcal House
Higharcal Wood
Great Pool
Boat. Ho.
Himley Wood Nature Reserve
Himley House & Model Village
White Hall
Corn Mill
Pond
Long Meadow
Himley Wood
Himley Fields Cottage
Daffydingle Pool
Holbeache House
Caravan Park
Oaks Farm Works
Factories
Abattoir
Pool
Maidensbridge Prim. Sch.
SOUTH STAFFORDSHIRE
DUDLEY
Sports Centre
OAK INDUSTRIAL PARK
Factory
Depots
OAKDALE TRADING ESTATE
CHARTERFIELD CENTRE
Wall Heath Forge
Wall Heath Park
PENSNETT TRADING ESTATE
Government Training Centre
STALLINGS
ST. DAVID'S HOSP.
THE GRANGE
Co. Council Offices
D.C. Offs.
Mag. Ct.
Clinic
Cricket Grnd.
Comm. Cen.
Lib.
Hall
Depot

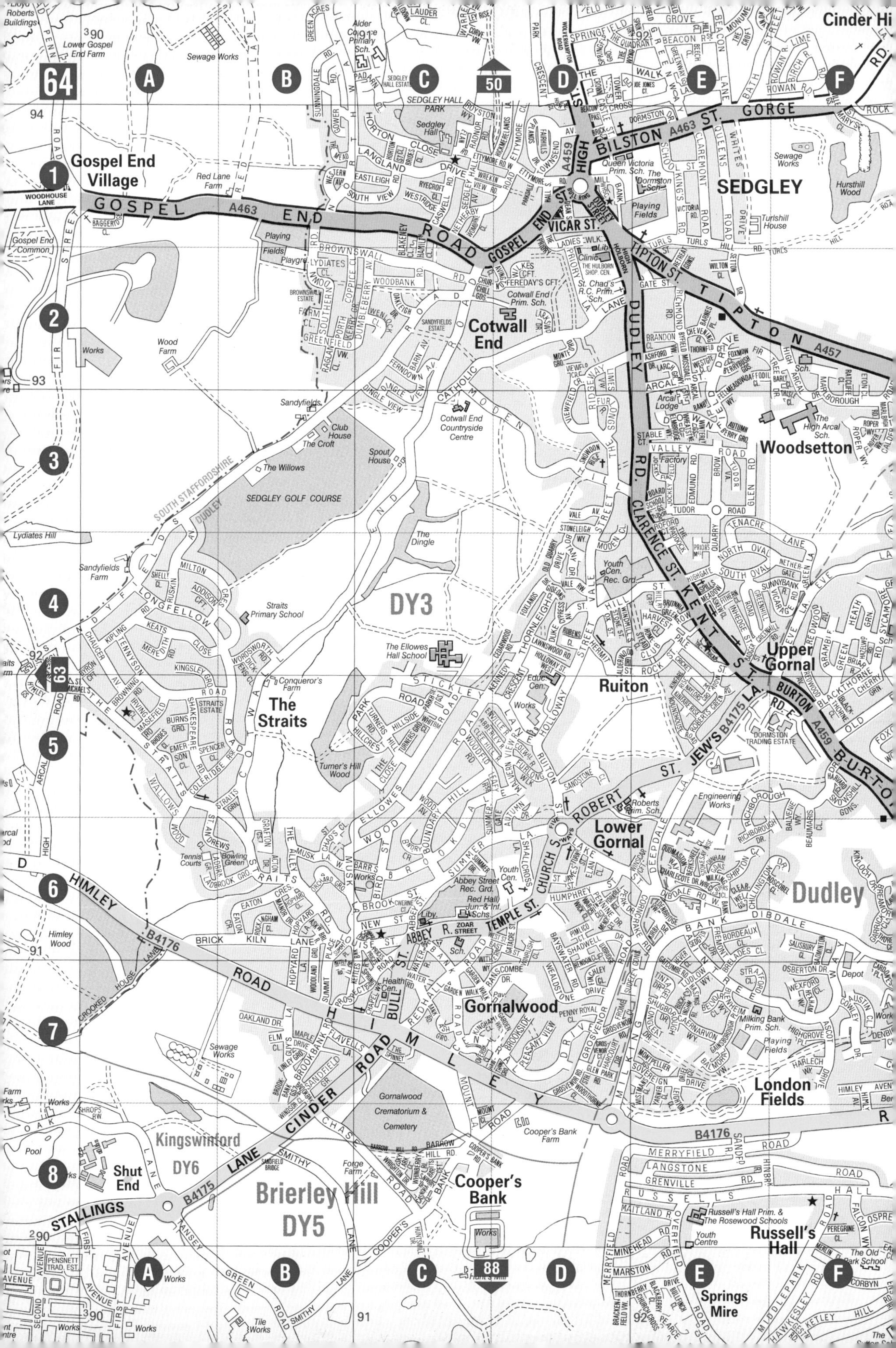
A
B
C
D
E
F
50
Cinder Hill
Lower Gospel End Farm
Sewage Works
Alder Coppice Primary Sch.
Sedgley Hall Estate
Sedgley Hall Park
Sedgley Hall
Gospel End Village
Woodhouse Lane
Red Lane Farm
GOSPEL END ROAD
A463
Gospel End Common
Playing Fields
Brownswall Estate
Wood Farm
Works
Sandyfields Estate
Cotwall End
Cotwall End Prim. Sch.
VICAR ST.
HIGH ST.
A459
BILSTON ST.
A463
GORGE
Queen Victoria Prim. Sch.
The Dormston Sch.
SEDGLEY
Hurst Hill Wood
Turls Hill House
Playing Fields
TIPTON ST.
TIPTON ROAD
A457
DUDLEY RD.
St. Chad's R.C. Prim. Sch.
The Hulborn Shop. Cen.
Clinic
Libry.
Sandyfields
Club House
The Croft
Spout House
Cotwall End Countryside Centre
The Willows
SOUTH STAFFORDSHIRE
SEDGLEY GOLF COURSE
Lydiates Hill
Sandyfields Farm
The Dingle
DY3
Straits Primary School
The Ellowes Hall School
Conqueror's Farm
The Straits
Turner's Hill Wood
Arcal Lodge
Factory
The High Arcal Sch.
Woodsetton
Youth Cen. Rec. Grd.
CLARENCE ST.
KENT ST.
Upper Gornal
Ruiton
BURTON RD.
A459
JEW'S LA.
B4175
Dormston Trading Estate
Engineering Works
ROBERT ST.
Roberts Prim. Sch.
Lower Gornal
Five Ways
Dudley
Tennis Courts
Bowling Green
Youth Cen.
Abbey Street Rec. Grd.
Red Hall Jun. & Inf. Schs.
Himley Wood
HIMLEY ROAD
B4176
BRICK KILN LANE
Health Cen.
Gornalwood
Milking Bank Prim. Sch.
Playing Fields
Depot
Sewage Works
Gornalwood Crematorium & Cemetery
CINDER ROAD
Cooper's Bank Farm
London Fields
B4176
Kingswinford DY6
Pool
Shut End
Forge Farm
STALLINGS LANE
B4175
Brierley Hill DY5
Cooper's Bank
Works
Russell's Hall Prim. & The Rosewood Schools
Youth Centre
Russell's Hall
The Old Park School
Pensnett Trad. Est.
88
Springs Mire
Tile Works
90
91
92
93
94
1
2
3
4
5
6
7
8
63

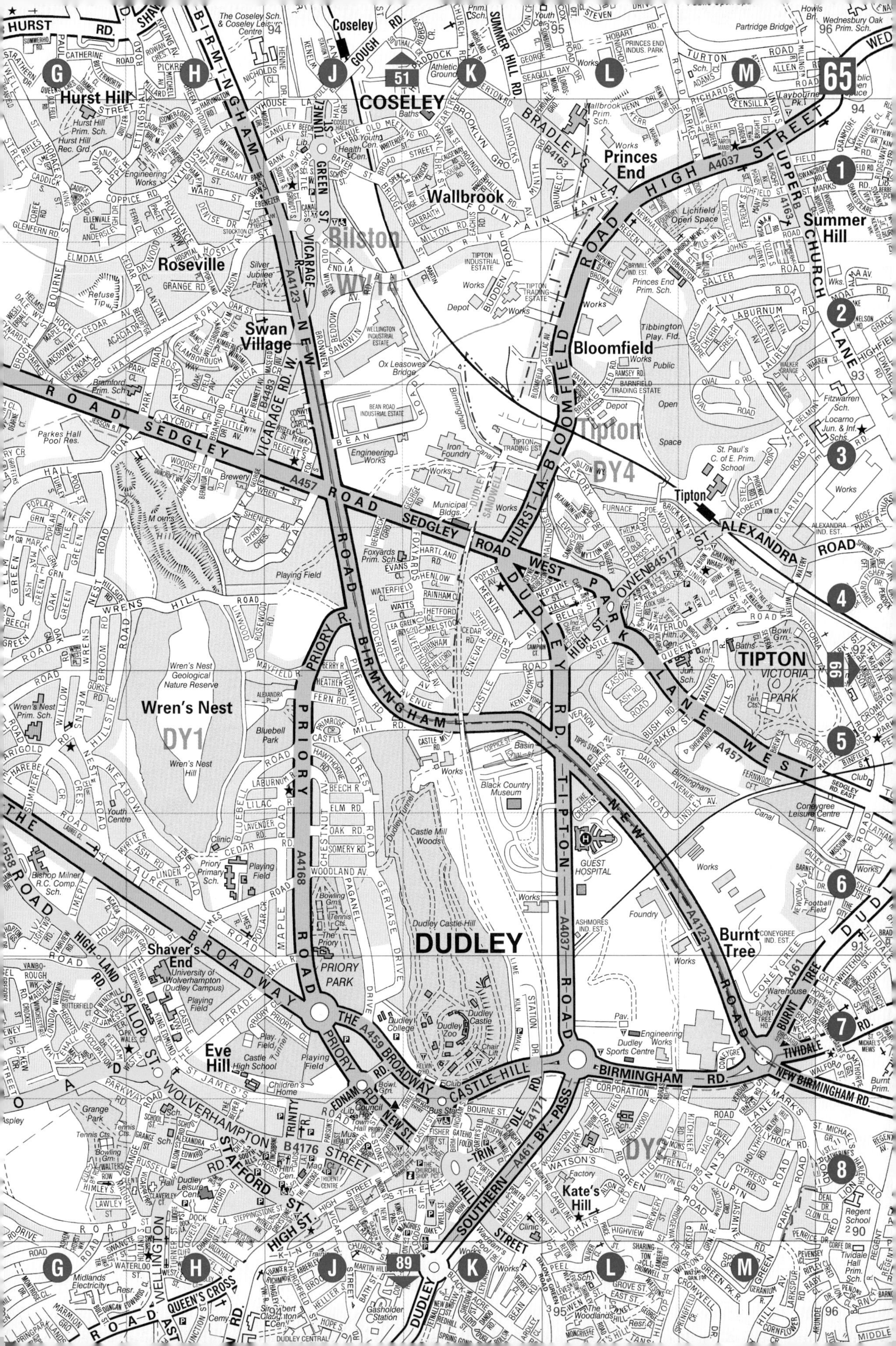

65
51
89
66
COSELEY
Coseley
Hurst Hill
Roseville
Swan Village
Wallbrook
Princes End
Summer Hill
Bloomfield
Tipton
TIPTON
Bilston
WV14
DY4
DY1
DY2
Wren's Nest
DUDLEY
Eve Hill
Shaver's End
Burnt Tree
Kate's Hill
Black Country Museum
Dudley Castle Hill
Dudley Zoo
Dudley Castle
PRIORY PARK
GUEST HOSPITAL
VICTORIA PARK
Wren's Nest Geological Nature Reserve
Coneygree Leisure Centre
Dudley Sports Centre
Dudley Leisure Centre
University of Wolverhampton (Dudley Campus)
SEDGLEY ROAD WEST
BIRMINGHAM NEW ROAD
BIRMINGHAM ROAD
HIGH STREET
PARK LANE WEST
ALEXANDRA ROAD
DUDLEY ROAD
TIPTON ROAD
PRIORY ROAD
THE BROADWAY
CASTLE HILL
SOUTHERN BY-PASS
WOLVERHAMPTON STREET
STAFFORD STREET
HURST LA.
BLOOMFIELD ROAD
A4123
A457
A4037
A4168
A459
A461
A4171
B4176
B4163
B4517
G
H
J
K
L
M
1
2
3
4
5
6
7
8

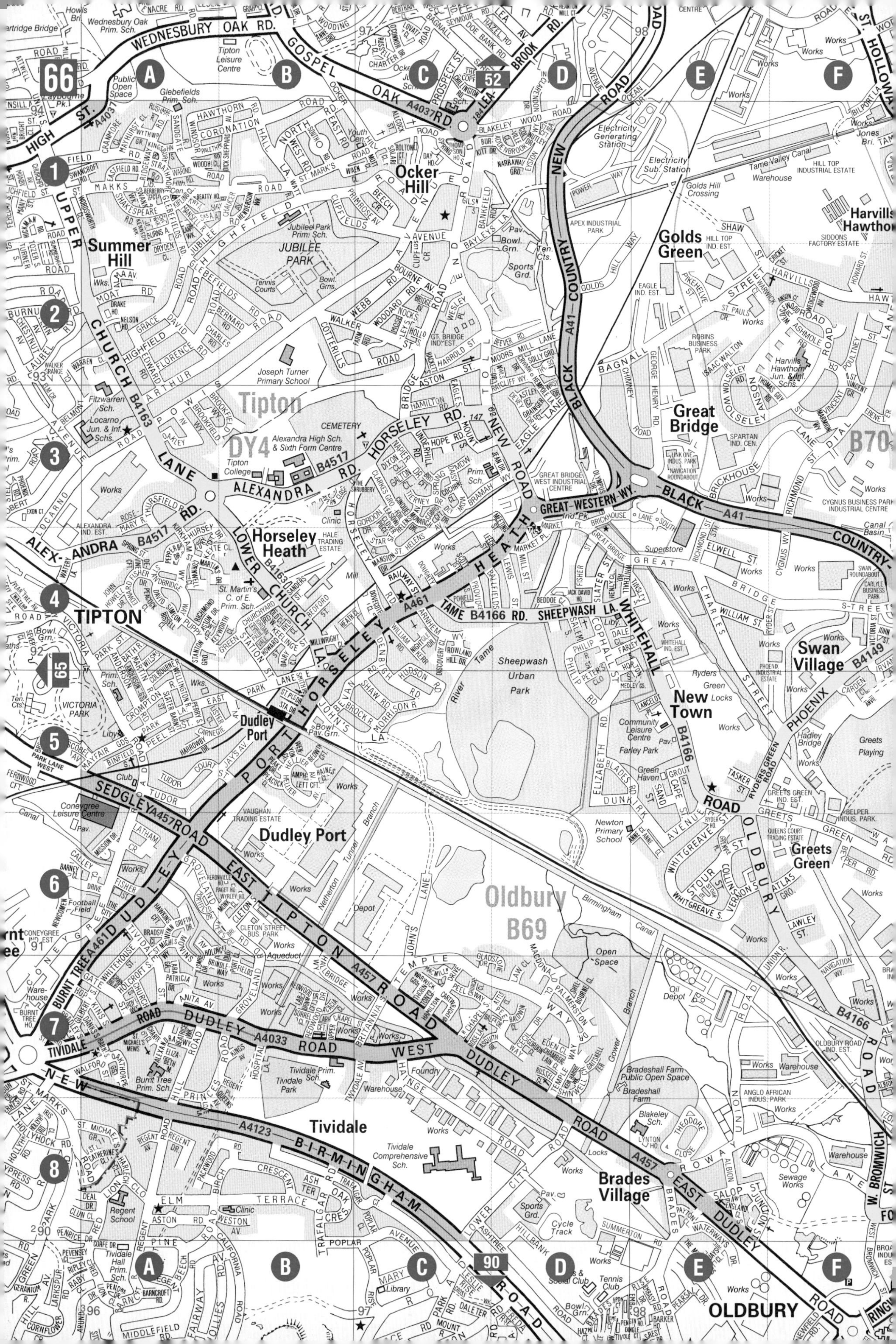

A
B
C
D
E
F
1
2
3
4
5
6
7
8
52
65
90
WEDNESBURY OAK RD.
GOSPEL OAK A4037 RD.
Wednesbury Oak Prim. Sch.
Tipton Leisure Centre
Public Open Space
Glebefields Prim. Sch.
HIGH ST.
UPPER CHURCH B4163 LANE
Summer Hill
Ocker Hill
Jubilee Park Prim. Sch.
JUBILEE PARK
Tennis Courts
Bowl. Grns.
Electricity Generating Station
Electricity Sub. Station
Golds Hill Crossing
APEX INDUSTRIAL PARK
Golds Green
HILL TOP IND. EST.
HILL TOP INDUSTRIAL ESTATE
Tame Valley Canal
Harvills Hawthorne
SIDDONS FACTORY ESTATE
NEW ROAD
BLACK COUNTRY A41 ROAD
EAGLE IND. EST.
ROBINS BUSINESS PARK
Harvills Hawthorn Jun. & Inf. Schs.
Joseph Turner Primary School
GT. BRIDGE IND. EST.
Tipton
DY4
CEMETERY
Alexandra High Sch. & Sixth Form Centre
Tipton College
Fitzwarren Sch.
Locarno Jun. & Inf. Schs.
ALEXANDRA RD. B4517
HORSELEY RD.
GREAT BRIDGE WEST INDUSTRIAL CENTRE
GREAT-WESTERN-WY.
Great Bridge
SPARTAN IND. CEN.
LINK ONE INDUS. PARK
NAVIGATION ROUNDABOUT
B70
CYGNUS BUSINESS PARK INDUSTRIAL ESTATE
Canal Basin
ALEXANDRA IND. EST.
Horseley Heath
HALE TRADING ESTATE
Clinic
Mill
HEATH
Superstore
GREAT BRIDGE STREET
SWAN ROUNDABOUT
CARLYLE BUSINESS PARK
St. Martin's C. of E. Prim. Sch.
TIPTON
VICTORIA PARK
TAME B4166 RD.
SHEEPWASH LA.
WHITEHALL
WHITEHALL IND. EST.
Sheepwash Urban Park
River Tame
Swan Village
B4149
PHOENIX INDUSTRIAL ESTATE
Ryders Green Locks
New Town
PHOENIX STREET
Dudley Port
Community Leisure Centre
Farley Park
Hadley Bridge
Greets Playing
Coneygree Leisure Centre
SEDGLEY A457 ROAD
VAUGHAN TRADING ESTATE
Dudley Port
Green Haven
Newton Primary School
RYDERS GREEN ROAD
GREETS GREEN IND. EST.
BELPER INDUS. PARK
QUEENS COURT TRADING ESTATE
Greets Green
Football Field
CONEYGREE IND. EST.
DUDLEY A461 RD.
EAST TIPTON A457 ROAD
Netherton Tunnel Branch
Depot
CLETON STREET BUS. PARK
Aqueduct
Oldbury
B69
Birmingham Canal
Open Space
OLDBURY ROAD
Oil Depot
B4166
OLDBURY ROAD IND. EST.
BURNT TREE
TIVIDALE
DUDLEY A4033 ROAD WEST
Tividale Prim. Sch.
Tividale Park
Foundry
Warehouse
Burnt Tree Prim. Sch.
Bradeshall Farm Public Open Space
Bradeshall Farm
Blakeley Sch.
ANGLO AFRICAN INDUS. PARK
Gower Branch
NEW A4123 BIRMINGHAM ROAD
Tividale
Tividale Comprehensive Sch.
Locks
Brades Village
Sewage Works
EAST DUDLEY A457 ROAD
Regent School
Clinic
Sports Grd.
Cycle Track
Tividale Hall Prim. Sch.
Library
Tennis Club
OLDBURY
W. BROMWICH ST.

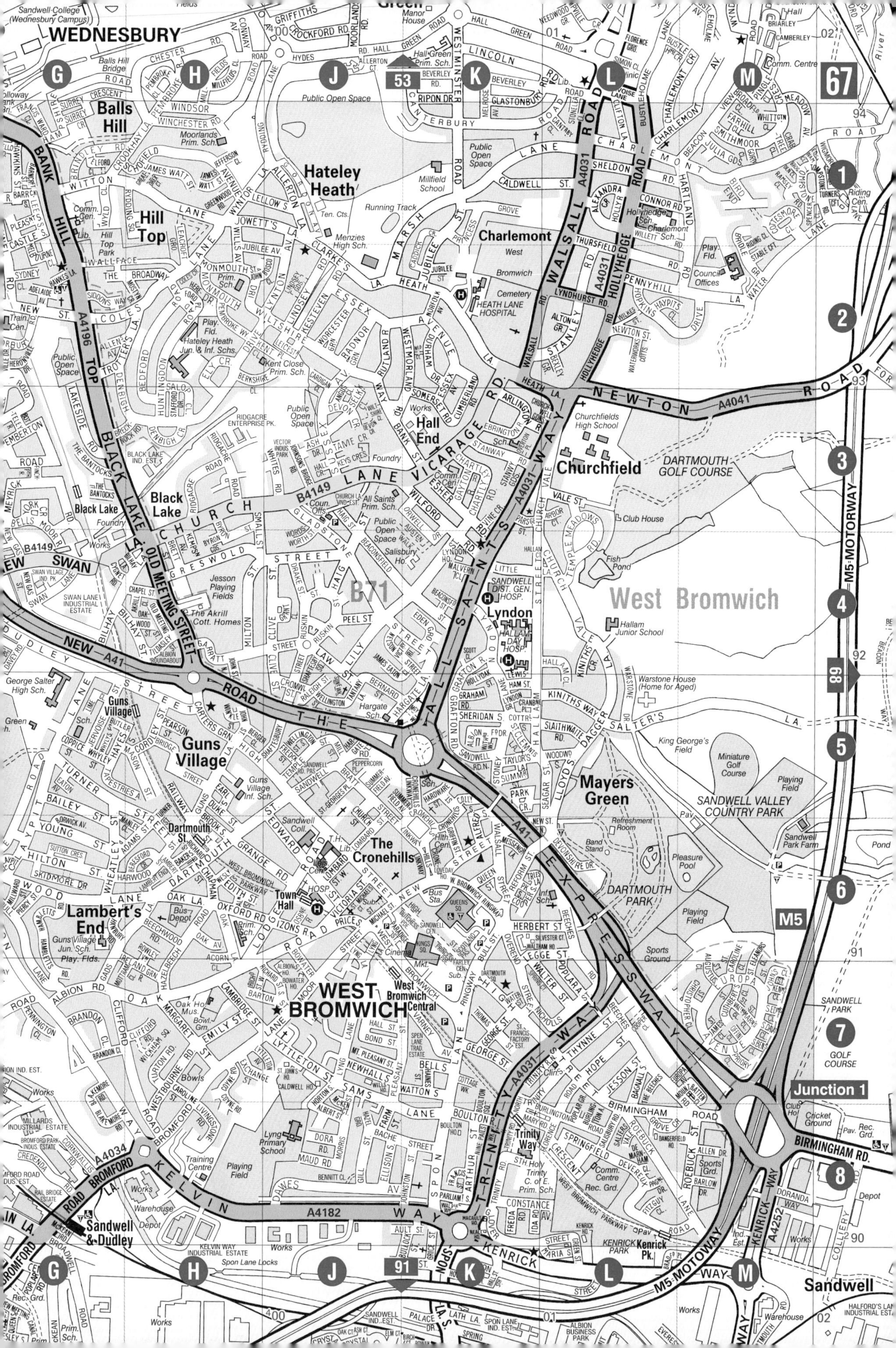
67
53
91
89
WEDNESBURY
Sandwell College (Wednesbury Campus)
Balls Hill
Balls Hill Bridge
Hill Top
Hateley Heath
Charlemont
Black Lake
Churchfield
West Bromwich
Lyndon
Hall End
B71
Guns Village
Mayers Green
The Cronehills
Lambert's End
WEST BROMWICH
West Bromwich Central
Trinity Way
Sandwell
Sandwell & Dudley
Kenrick Pk.
Junction 1
M5
M5 MOTORWAY
A4031
A4041
A4196
B4149
A41
A4182
A4034
A4252
BLACK LAKE
HILL TOP
BANK
NEWTON ROAD
WALSALL ROAD
HOLLYHEDGE ROAD
CHURCH LANE
VICARAGE RD.
ALL SAINTS WAY
TRINITY WAY
KELVIN WAY
BROMFORD ROAD
BIRMINGHAM RD.
HEATH LANE
OLD MEETING STREET
NEW SWAN LA.
DUDLEY STREET
NEW ROAD
THE EXPRESSWAY
KENRICK WAY
CHARLEMONT ROAD
LINCOLN RD.
CANTERBURY
HYDES ROAD
HALL GREEN ROAD
Public Open Space
Menzies High Sch.
Millfield School
Running Track
Heath Lane Hospital
Cemetery
Churchfields High School
DARTMOUTH GOLF COURSE
Club House
Fish Pond
Sandwell Dist. Gen. Hosp.
Hallam Day Hosp.
Hallam Junior School
Warstone House (Home for Aged)
King George's Field
Miniature Golf Course
Playing Field
SANDWELL VALLEY COUNTRY PARK
Sandwell Park Farm
Pond
DARTMOUTH PARK
Pleasure Pool
Band Stand
Refreshment Room
Sports Ground
SANDWELL PARK GOLF COURSE
Cricket Ground
Jesson Playing Fields
The Akrill Cott. Homes
George Salter High Sch.
Guns Village Inf. Sch.
Sandwell Coll.
Town Hall
Queens Sq.
Kings Sq.
Cinema
Oak Ho. Mus.
Lyng Primary School
Training Centre
Playing Field
Kelvin Way Industrial Estate
Spon Lane Locks
Works
Warehouse
Depot
Hateley Heath Jun. & Inf. Schs.
Kent Close Prim. Sch.
Ridgacre Enterprise Pk.
Black Lake Ind. Est.
Swan Lane Industrial Estate
Foundry
All Saints Prim. Sch.
Salisbury Ho.
Hargate Sch.
Holy Trinity C. of E. Prim. Sch.
Comm. Centre Rec. Grd.
Council Offices
Riding Cen.
Hollyhedge Sch.
Charlemont Sch.
Moorlands Prim. Sch.
Guns Village Jun. Sch. Play. Flds.
Millards Industrial Estate
Halford's Lane Industrial Estate
Albion Business Park
Sandwell Ind. Est.
Spon Lane Ind. Est.
Dartmouth St.
Bus Depot
Bus Sta.

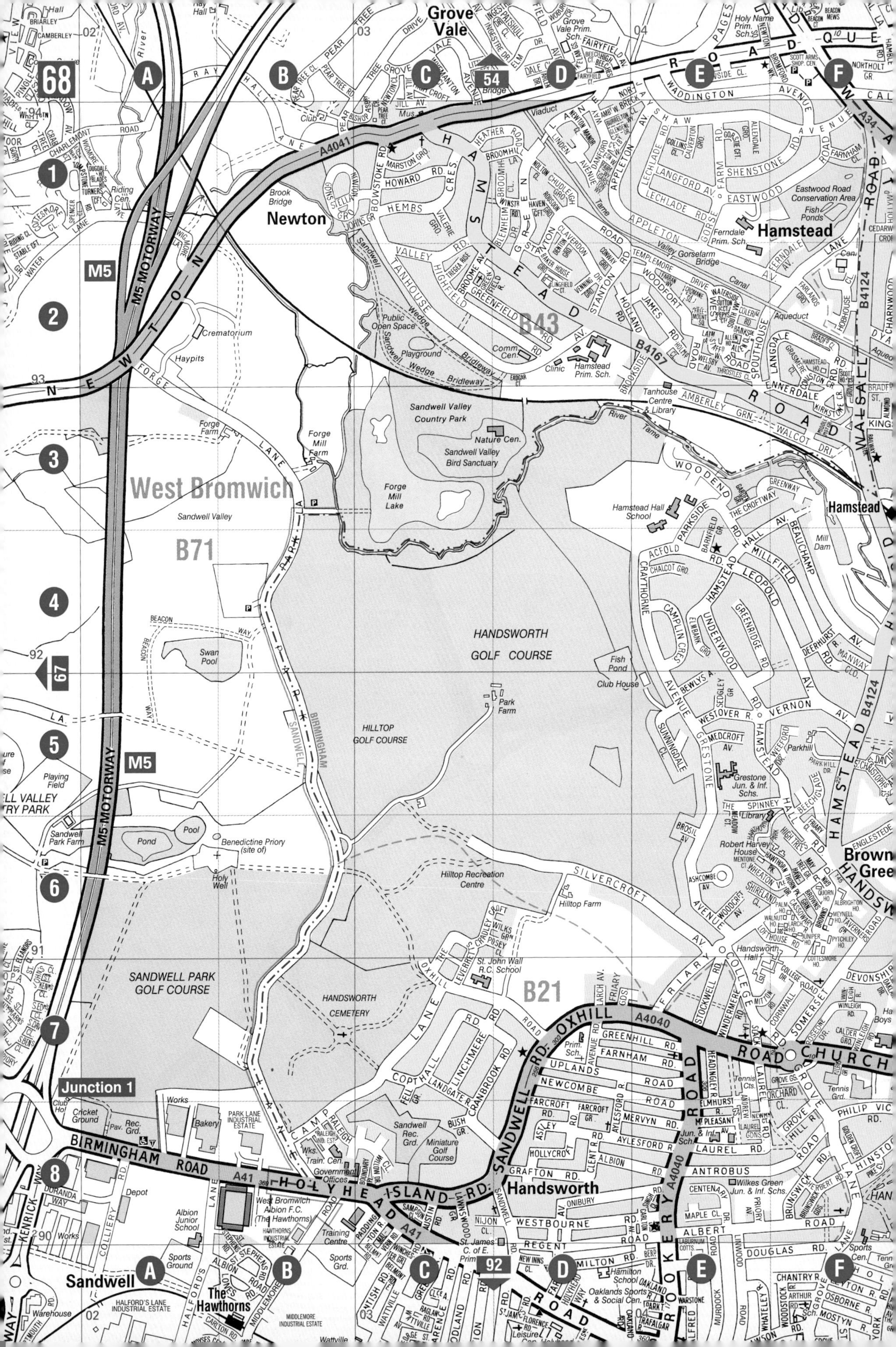

68
Grove Vale
Newton
Hamstead
West Bromwich
Sandwell Valley
B71
B43
B21
Handsworth
Sandwell
The Hawthorns
Brown Green
M5 MOTORWAY
M5
Junction 1
NEWTON ROAD
A4041
HAMSTEAD ROAD
WALSALL ROAD
A34
B4124
B4167
A4040
A41
BIRMINGHAM ROAD
HOLYHEAD ROAD
ISLAND RD.
SANDWELL RD.
OXHILL RD.
ROOKERY ROAD
CHURCH ROAD
PARK LANE
FORGE LANE
BIRMINGHAM ROAD
TANHOUSE AV.
APPLETON AV.
WADDINGTON AVENUE
SHENSTONE AV.
EASTWOOD RD.
TEMPLEMORE DRIVE
AMBERLEY GRN.
WALCOT DRI.
WOODEND
HAMSTEAD HALL AV.
MILLFIELD RD.
LEOPOLD AV.
CRAYTHORNE AVENUE
GRESTONE AVENUE
VERNON AV.
SILVERCROFT AV.
COLLEGE RD.
FRIARY RD.
Crematorium
Haypits
Forge Farm
Forge Mill Farm
Forge Mill Lake
Sandwell Valley Country Park
Nature Cen.
Sandwell Valley Bird Sanctuary
Public Open Space
Sandwell Wedge Bridleway
Playground
Hamstead Prim. Sch.
Tanhouse Centre & Library
River Tame
Hamstead Hall School
Ferndale Prim. Sch.
Eastwood Road Conservation Area
Fish Ponds
Mill Dam
HANDSWORTH GOLF COURSE
HILLTOP GOLF COURSE
Park Farm
Fish Pond
Club House
Swan Pool
Playing Field
Sandwell Park Farm
Pond
Pool
Benedictine Priory (site of)
Holy Well
Hilltop Recreation Centre
Hilltop Farm
SANDWELL PARK GOLF COURSE
HANDSWORTH CEMETERY
St. John Wall R.C. School
Grestone Jun. & Inf. Schs.
Robert Harvey House
Handsworth Hall
Sandwell Rec. Grd.
Miniature Golf Course
Government Offices
West Bromwich Albion F.C. (The Hawthorns)
Cricket Ground
Rec. Grd.
PARK LANE INDUSTRIAL ESTATE
Bakery
Works
Depot
Albion Junior School
Sports Ground
Training Centre
Sports Grd.
HALFORD'S LANE INDUSTRIAL ESTATE
MIDDLEMORE INDUSTRIAL ESTATE
Warehouse
Wilkes Green Jun. & Inf. Schs.
Hamilton School
Oaklands Sports & Social Cen.
54
92
67

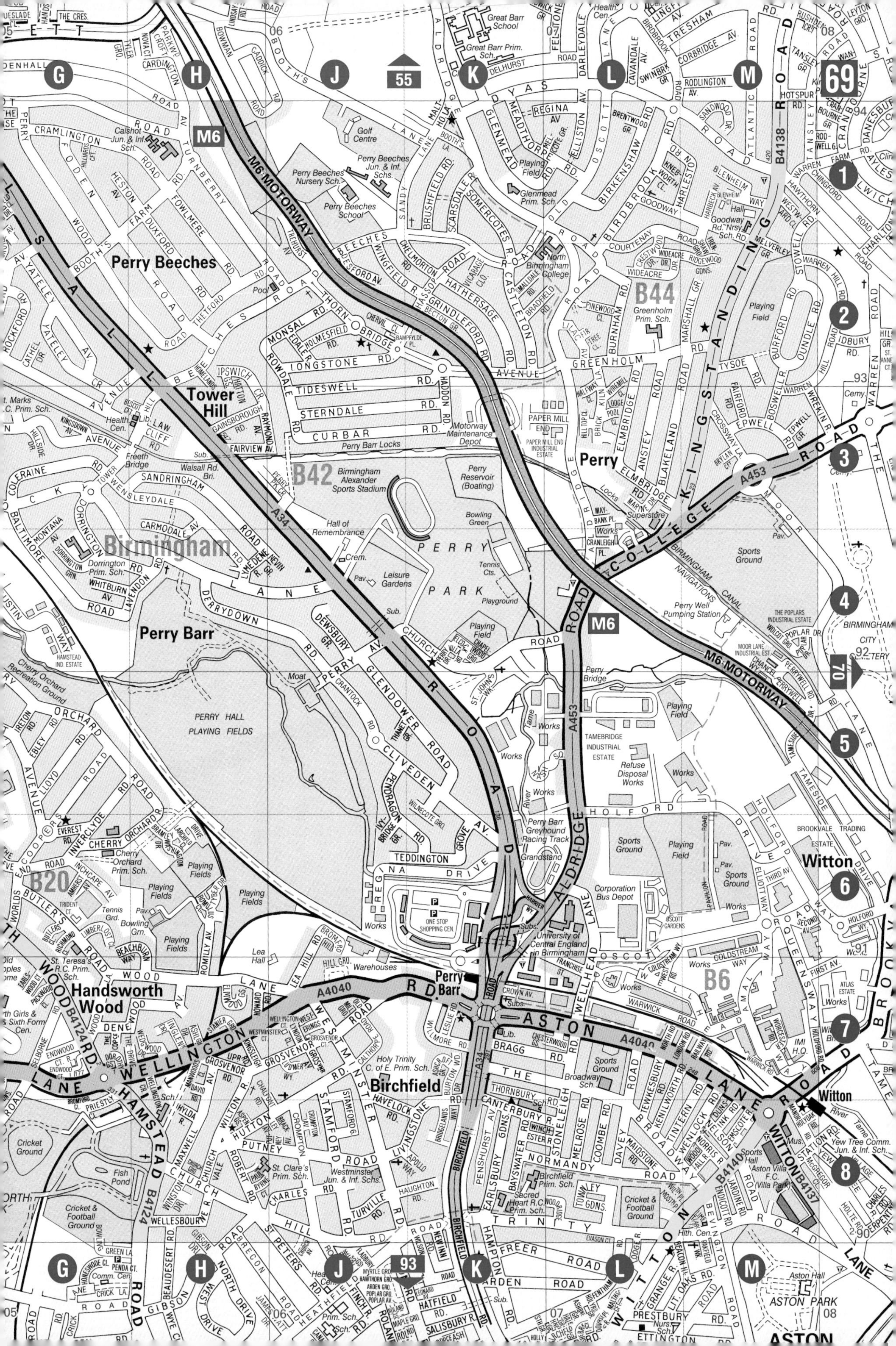

69
55
70
93
G
H
J
K
L
M
1
2
3
4
5
6
7
8
Perry Beeches
Tower Hill
Birmingham
Perry Barr
Perry
Witton
Handsworth Wood
Birchfield
Aston
B44
B42
B20
B6
M6
M6 MOTORWAY
A34
A453
A4040
B4138
B4124
B4140
B4137
WALSALL ROAD
KINGSTANDING ROAD
COLLEGE ROAD
ALDRIDGE ROAD
ASTON LANE
WITTON ROAD
WELLINGTON RD.
HAMSTEAD RD.
BIRCHFIELD RD.
BEECHES ROAD
TOWER HILL
PERRY PARK
Great Barr School
Great Barr Prim. Sch.
Golf Centre
Perry Beeches Nursery Sch.
Perry Beeches Jun. & Inf. Schs.
Perry Beeches School
Calshot Jun. & Inf. Sch.
Glenmead Prim. Sch.
North Birmingham College
Greenholm Prim. Sch.
Goodway Nrsy. Sch. Rd.
Birmingham Alexander Sports Stadium
Perry Reservoir (Boating)
Motorway Maintenance Depot
Perry Barr Locks
Hall of Remembrance
Leisure Gardens
Bowling Green
Tennis Cts.
Playground
Playing Field
Paper Mill End Industrial Estate
Superstore
Birmingham Navigations Canal
Perry Well Pumping Station
Sports Ground
The Poplars Industrial Estate
Moor Lane Industrial Est.
Birmingham City Cemetery
Freeth Bridge
Walsall Rd. Bri.
Dorrington Prim. Sch.
Health Cen.
Hamstead Ind. Estate
Cherry Orchard Recreation Ground
Perry Hall Playing Fields
Moat
Perry Bridge
Tamebridge Industrial Estate
Refuse Disposal Works
Works
Perry Barr Greyhound Racing Track
Grandstand
Corporation Bus Depot
University of Central England in Birmingham
One Stop Shopping Cen.
Warehouses
Lea Hall
Cherry Orchard Prim. Sch.
Playing Fields
Tennis Grd.
Bowling Grn.
St. Teresa's R.C. Prim. Sch.
Holy Trinity C. of E. Prim. Sch.
St. Clare's Prim. Sch.
Westminster Jun. & Inf. Schs.
Birchfield Prim. Sch.
Sacred Heart R.C. Prim. Sch.
Broadway Sch.
Cricket & Football Ground
Aston Villa F.C. (Villa Park)
Sports Hall
Yew Tree Comm. Jun. & Inf. Sch.
IMI H.Q.
Brookvale Trading Estate
Atlas Estate
Oscott Gardens
Cricket Ground
Fish Pond
Comm. Cen.
Hlth. Cen.
Aston Hall
ASTON PARK
Nurs. Sch.
River Tame

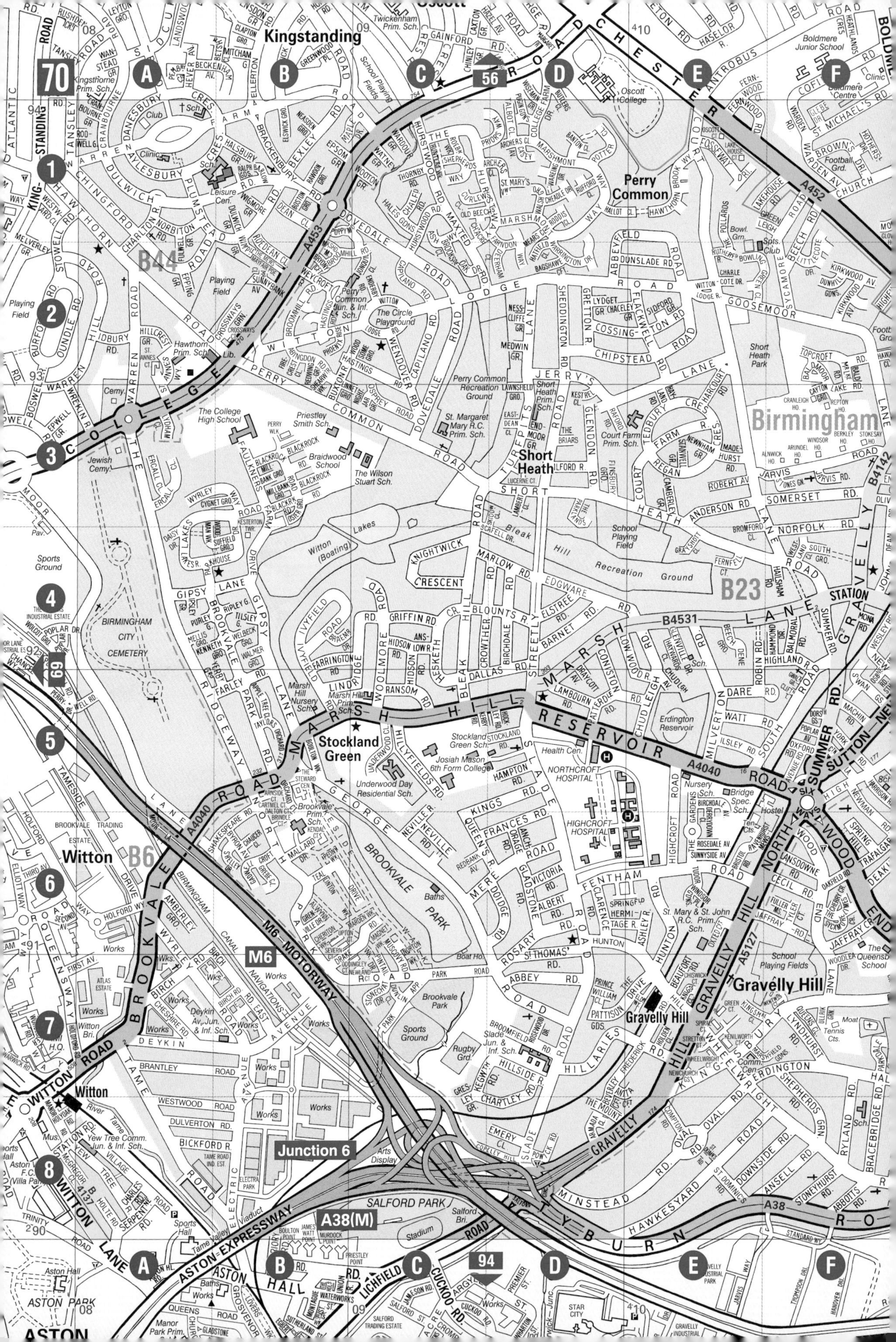

70
Kingstanding
Oscott College
Perry Common
Birmingham
Short Heath
Stockland Green
Witton
Gravelly Hill
Aston
Aston Hall
Aston Park
B44
B23
B6
56
69
94
A453
A452
A4040
B4531
B4142
A5127
A38
A38(M)
M6
M6 MOTORWAY
Junction 6
ASTON EXPRESSWAY
COLLEGE ROAD
CHESTER ROAD
KINGSTANDING ROAD
WITTON LODGE ROAD
PERRY COMMON ROAD
MARSH HILL
RESERVOIR ROAD
MARSH LANE
GRAVELLY HILL
GRAVELLY LANE
BROOKVALE ROAD
WITTON ROAD
WITTON LANE
GIPSY LANE
SLADE ROAD
TYBURN ROAD
SUMMER ROAD
SIX WAYS
BIRMINGHAM CITY CEMETERY
Jewish Cemy.
Witton (Boating) Lakes
Bleak Hill Recreation Ground
Perry Common Recreation Ground
Brookvale Park
Erdington Reservoir
Short Heath Park
Sports Ground
Playing Field
School Playing Fields
NORTHCROFT HOSPITAL
HIGHCROFT HOSPITAL
The College High School
Priestley Smith Sch.
Braidwood School
The Wilson Stuart Sch.
Hawthorn Prim. Sch.
Perry Common Jun. & Inf. Sch.
The Circle Playground
Court Farm Prim. Sch.
St. Margaret Mary R.C. Prim. Sch.
Short Heath Prim. Sch.
Marsh Hill Nursery Sch.
Marsh Hill Prim. Sch.
Stockland Green Sch.
Josiah Mason 6th Form College
Underwood Day Residential Sch.
Brookvale Prim. Sch.
Slade Jun. & Inf. Sch.
St. Mary & St. John R.C. Prim. Sch.
Deykin Av. Jun. & Inf. Sch.
Yew Tree Comm. Jun. & Inf. Sch.
Kingsthorne Prim. Sch.
Twickenham Prim. Sch.
Boldmere Junior School
The Queensbury School
Aston Villa F.C. (Villa Park)
Witton
Salford Park
Stadium
Star City
Arts Display
BROOKVALE TRADING ESTATE
ATLAS ESTATE
TAME ROAD IND. EST.
SALFORD TRADING ESTATE
Manor Park Prim.
Works
A B C D E F
1 2 3 4 5 6 7 8

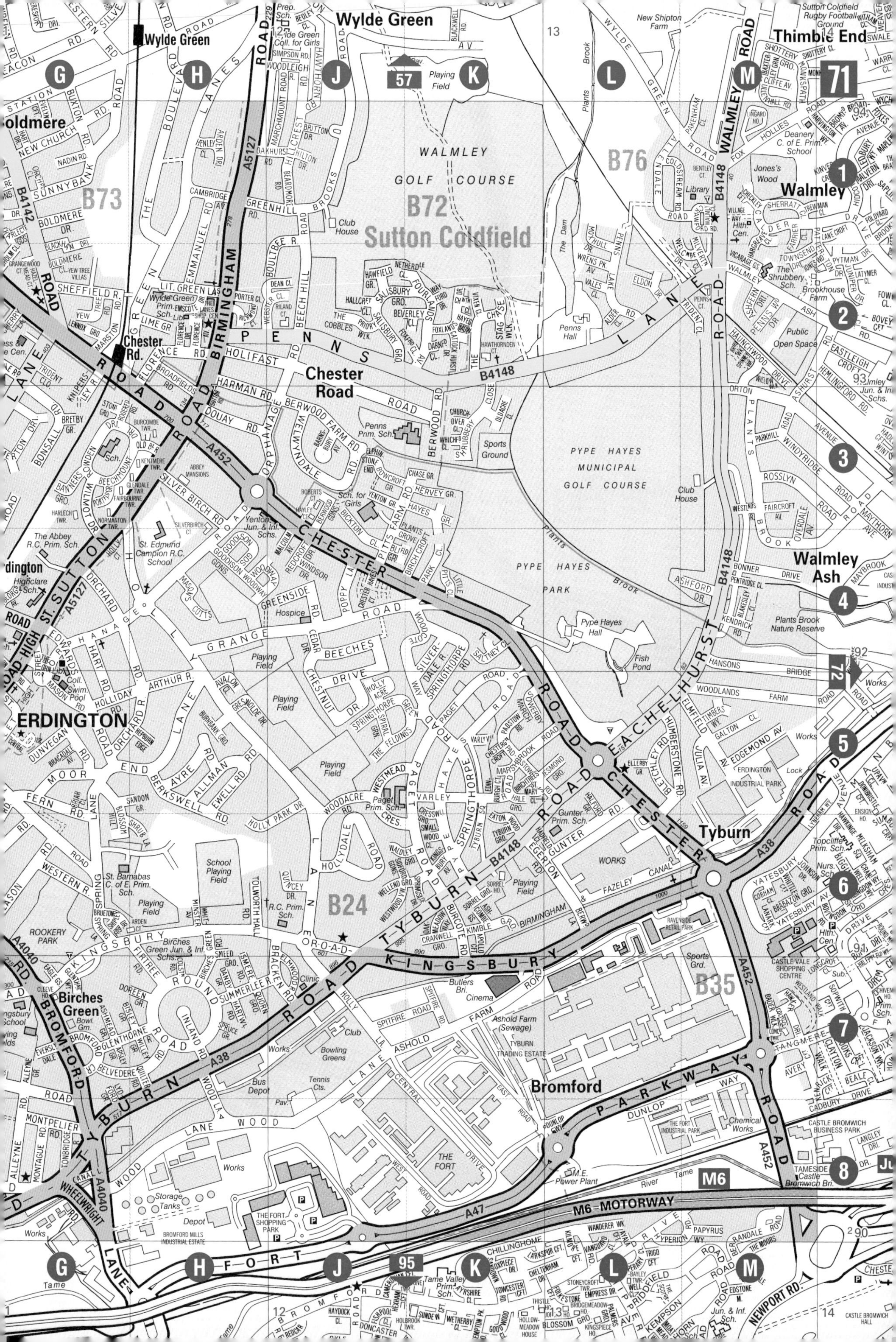

Wylde Green
Boldmere
Thimble End
Walmley
Walmley Ash
Chester Road
Tyburn
Erdington
Birches Green
Bromford
Sutton Coldfield
B72
B73
B76
B24
B35
57
71
72
95
M6
WALMLEY GOLF COURSE
PYPE HAYES MUNICIPAL GOLF COURSE
PYPE HAYES PARK
Pype Hayes Hall
Fish Pond
Plants Brook
Plants Brook Nature Reserve
Jones's Wood
Public Open Space
Club House
Sports Ground
Penns Hall
Penns Prim. Sch.
Sch. for Girls
Yenton Jun. & Inf. Schs.
St. Edmund Campion R.C. School
The Abbey R.C. Prim. Sch.
Highclere Sch.
Wylde Green Prim. Sch.
Hospice
Playing Field
School Playing Field
Paget Prim. Sch.
Gunter Prim. Sch.
St. Barnabas C. of E. Prim. Sch.
Birches Green Jun. & Inf. Schs.
R.C. Prim. Sch.
Rookery Park
Butlers Bri.
Cinema
Clinic
Ashold Farm (Sewage)
TYBURN TRADING ESTATE
Sports Grd.
RAVENSIDE RETAIL PARK
ERDINGTON INDUSTRIAL PARK
Works
Lock
CASTLE VALE SHOPPING CENTRE
Topcliffe Prim. Sch.
Bus Depot
Bowling Greens
Tennis Cts.
THE FORT
THE FORT SHOPPING PARK
THE FORT INDUSTRIAL PARK
Chemical Works
CASTLE BROMWICH BUSINESS PARK
Castle Bromwich Bri.
Storage Tanks
BROMFORD MILLS INDUSTRIAL ESTATE
Depot
M.E. Power Plant
River Tame
Tame
Tame Valley Prim. Sch.
Jun. & Inf. Sch.
Deanery C. of E. Prim. School
Library
Brookhouse Farm
The Shrubbery Sch.
Sutton Coldfield Rugby Football Ground
New Shipton Farm
Walmley Jun. & Inf. Schs.
CHESTER ROAD
TYBURN ROAD
KINGSBURY ROAD
BIRMINGHAM ROAD
PENNS LANE
WALMLEY ROAD
EACHELHURST ROAD
PARKWAY
FORT PARKWAY
BROMFORD LANE
BROMFORD ROAD
M6 MOTORWAY
LANE WOOD
GRANGE ROAD
ORPHANAGE ROAD
SUTTON ST.
HIGH STREET
A5127
A452
A38
A47
A4040
B4148
B4142
G
H
J
K
L
M
1
2
3
4
5
6
7
8
12
13
14

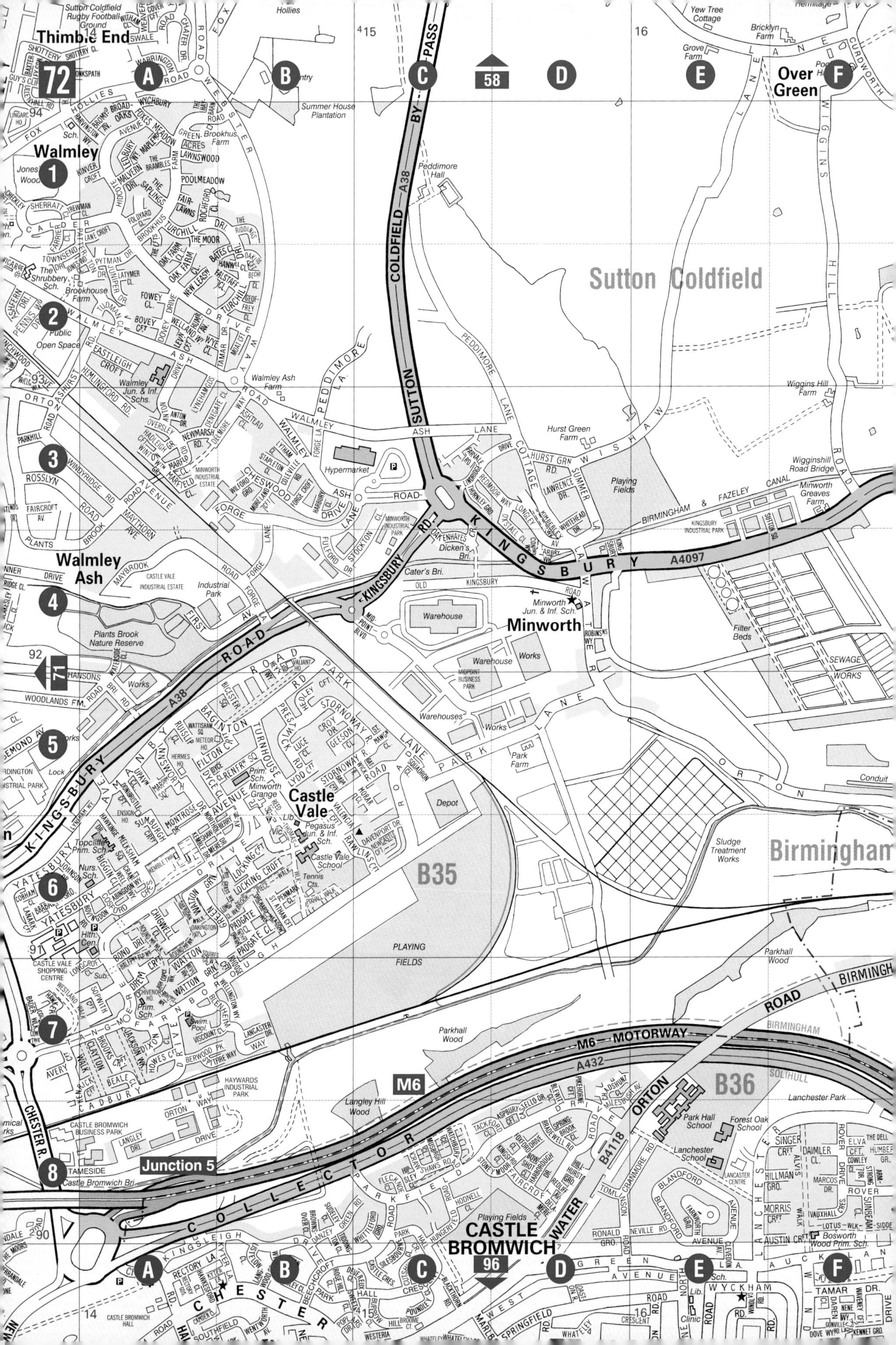

72
58
71
96
Thimble End
Walmley
Walmley Ash
Minworth
Over Green
Castle Vale
CASTLE BROMWICH
Sutton Coldfield
Birmingham
B35
B36
SUTTON COLDFIELD BY-PASS
A38
KINGSBURY ROAD
A4097
M6 MOTORWAY
A432
COLLECTOR ROAD
B4118
Junction 5
Hypermarket
Warehouse
Works
Depot
PLAYING FIELDS
Playing Fields
Filter Beds
SEWAGE WORKS
Sludge Treatment Works
Plants Brook Nature Reserve
Summer House Plantation
Peddimore Hall
Hurst Green Farm
Wiggins Hill Farm
Minworth Greaves Farm
Park Farm
Parkhall Wood
Langley Hill Wood
Lanchester Park
CASTLE VALE SHOPPING CENTRE
CASTLE BROMWICH BUSINESS PARK
HAYWARDS INDUSTRIAL PARK
MIDPOINT BUSINESS PARK
KINGSBURY INDUSTRIAL PARK
CASTLE VALE INDUSTRIAL ESTATE
BIRMINGHAM & FAZELEY CANAL
Walmley Jun. & Inf. Schs.
Minworth Jun. & Inf. Sch.
Park Hall School
Forest Oak School
Lanchester School
Castle Vale School
Bosworth Wood Prim. Sch.

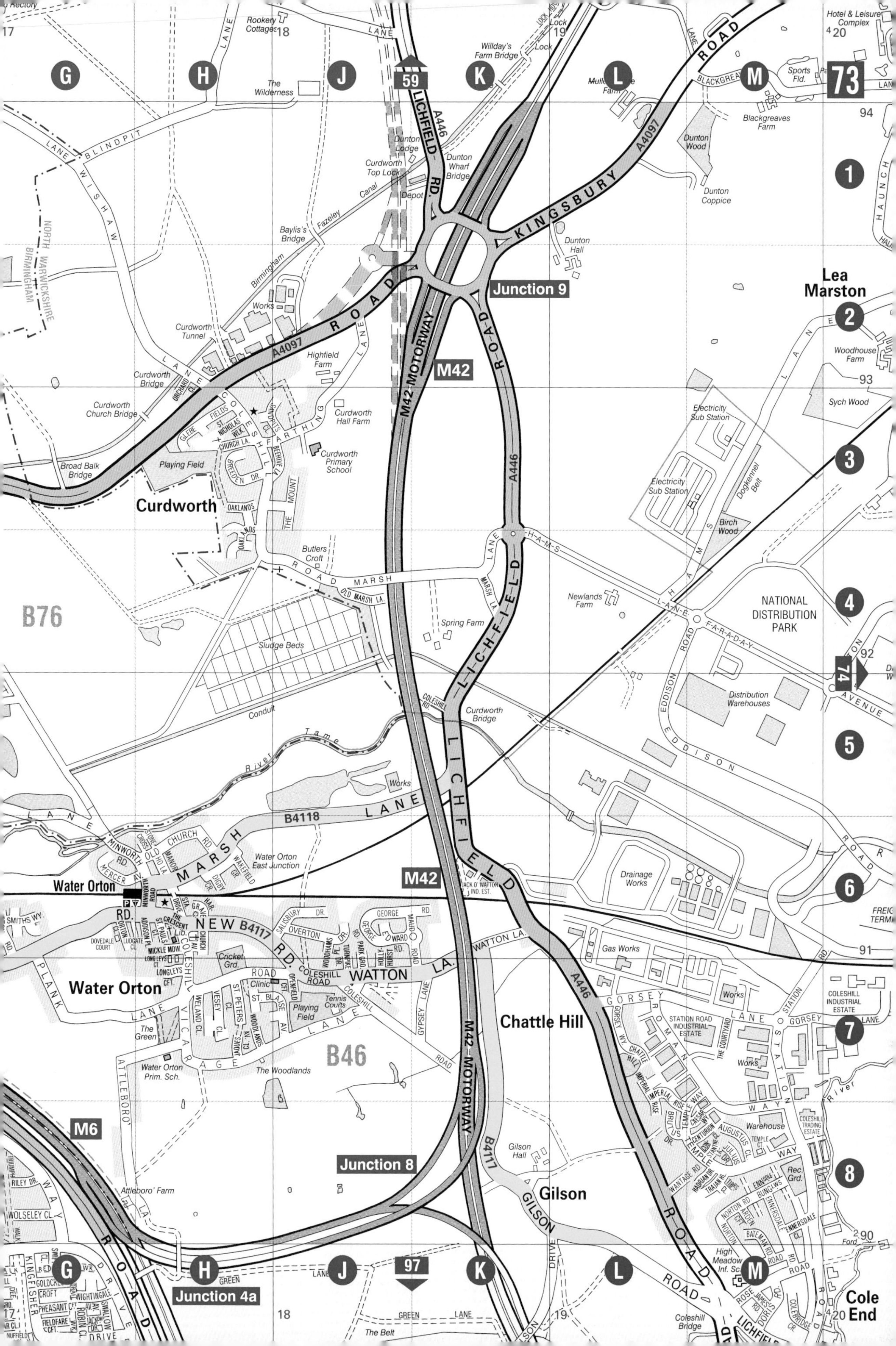

73
Curdworth
Water Orton
Chattle Hill
Gilson
Lea Marston
Cole End
NATIONAL DISTRIBUTION PARK
Junction 9
Junction 8
Junction 4a
M42
M6
M42 MOTORWAY
LICHFIELD RD.
KINGSBURY ROAD
A4097
A446
B4118
B4117
B76
B46
59
74
97
Sludge Beds
Drainage Works
Gas Works
Distribution Warehouses
Electricity Sub Station
Curdworth Primary School
Water Orton Prim. Sch.
Playing Field
Dunton Wood
Sych Wood
Birch Wood
Spring Farm
Newlands Farm
Highfield Farm
Curdworth Hall Farm
Blackgreaves Farm
Woodhouse Farm
Gilson Hall
Attleboro' Farm
The Woodlands
The Belt
Hotel & Leisure Complex
COLESHILL INDUSTRIAL ESTATE
STATION ROAD INDUSTRIAL ESTATE
COLESHILL TRADING ESTATE
River Tame
Birmingham Fazeley Canal

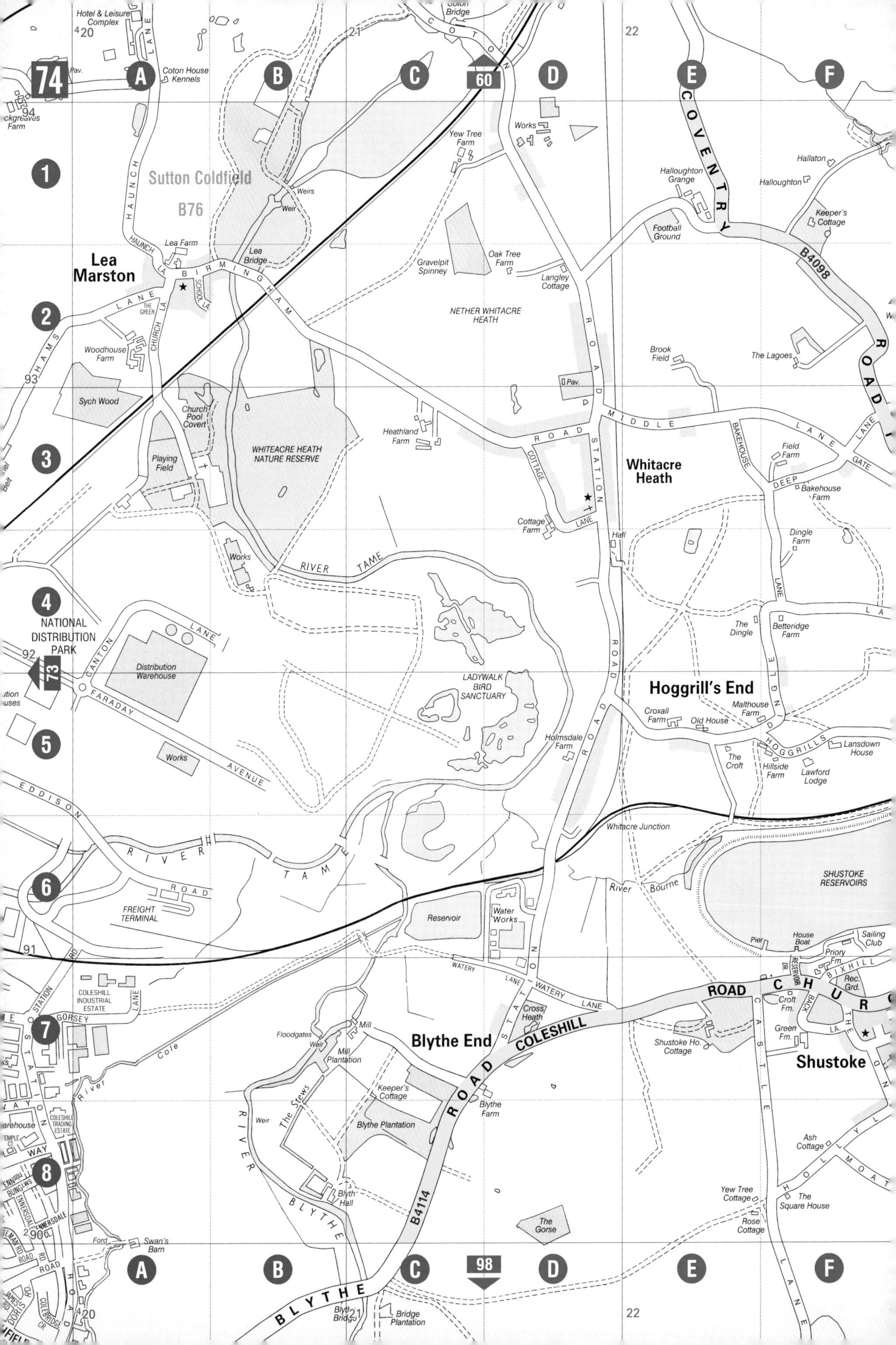

74
60
73
98
A
B
C
D
E
F
1
2
3
4
5
6
7
8
20
21
22
94
93
92
91
90
Hotel & Leisure Complex
Coton House Kennels
Coton Bridge
Sutton Coldfield
B76
Weirs
Weir
Lea Farm
Lea Bridge
Lea Marston
HAUNCH LANE
BIRMINGHAM ROAD
LANE
THE GREEN
CHURCH LA.
SCHOOL LA.
Woodhouse Farm
Sych Wood
Church Pool Covert
Playing Field
Works
WHITEACRE HEATH NATURE RESERVE
Yew Tree Farm
Works
Gravelpit Spinney
Oak Tree Farm
Langley Cottage
NETHER WHITACRE HEATH
Heathland Farm
Pav.
COTTAGE
STATION ROAD
Whitacre Heath
Cottage Farm
LANE
Hall
RIVER TAME
LADYWALK BIRD SANCTUARY
Holmsdale Farm
NATIONAL DISTRIBUTION PARK
CANTON LANE
Distribution Warehouse
FARADAY AVENUE
Works
EDDISON ROAD
RIVER TAME
FREIGHT TERMINAL
Reservoir
Water Works
WATERY LANE
Cross Heath
COLESHILL ROAD
Blythe End
COLESHILL INDUSTRIAL ESTATE
GORSEY LANE
STATION RD
River Cole
Floodgates
Weir
Mill
Mill Plantation
The Stews
Keeper's Cottage
Blythe Plantation
Blythe Farm
RIVER BLYTHE
Blyth Hall
B4114
The Gorse
Swan's Barn
Ford
Blyth Bridge
Bridge Plantation
BLYTHE ROAD
COLESHILL TRADING ESTATE
COVENTRY ROAD
B4098
Halloughton Grange
Hallaton
Halloughton
Keeper's Cottage
Football Ground
Brook Field
The Lagoes
MIDDLE LANE
BAKEHOUSE
Field Farm
DEEP
GATE
Bakehouse Farm
Dingle Farm
The Dingle
Betteridge Farm
Hoggrill's End
Croxall Farm
Old House
Malthouse Farm
DINGLE LANE
HOGGRILLS
Lansdown House
The Croft
Hillside Farm
Lawford Lodge
Whitacre Junction
River Bourne
SHUSTOKE RESERVOIRS
Pier
House Boat
Sailing Club
Priory Fm.
BIXHILL
Rec. Grd.
RESERVOIR DR.
CHURCH
Croft Fm.
BACK LA.
Green Fm.
Shustoke Ho. Cottage
CASTLE LANE
Shustoke
Ash Cottage
HOLLY LANE
MOAT
Yew Tree Cottage
The Square House
Rose Cottage

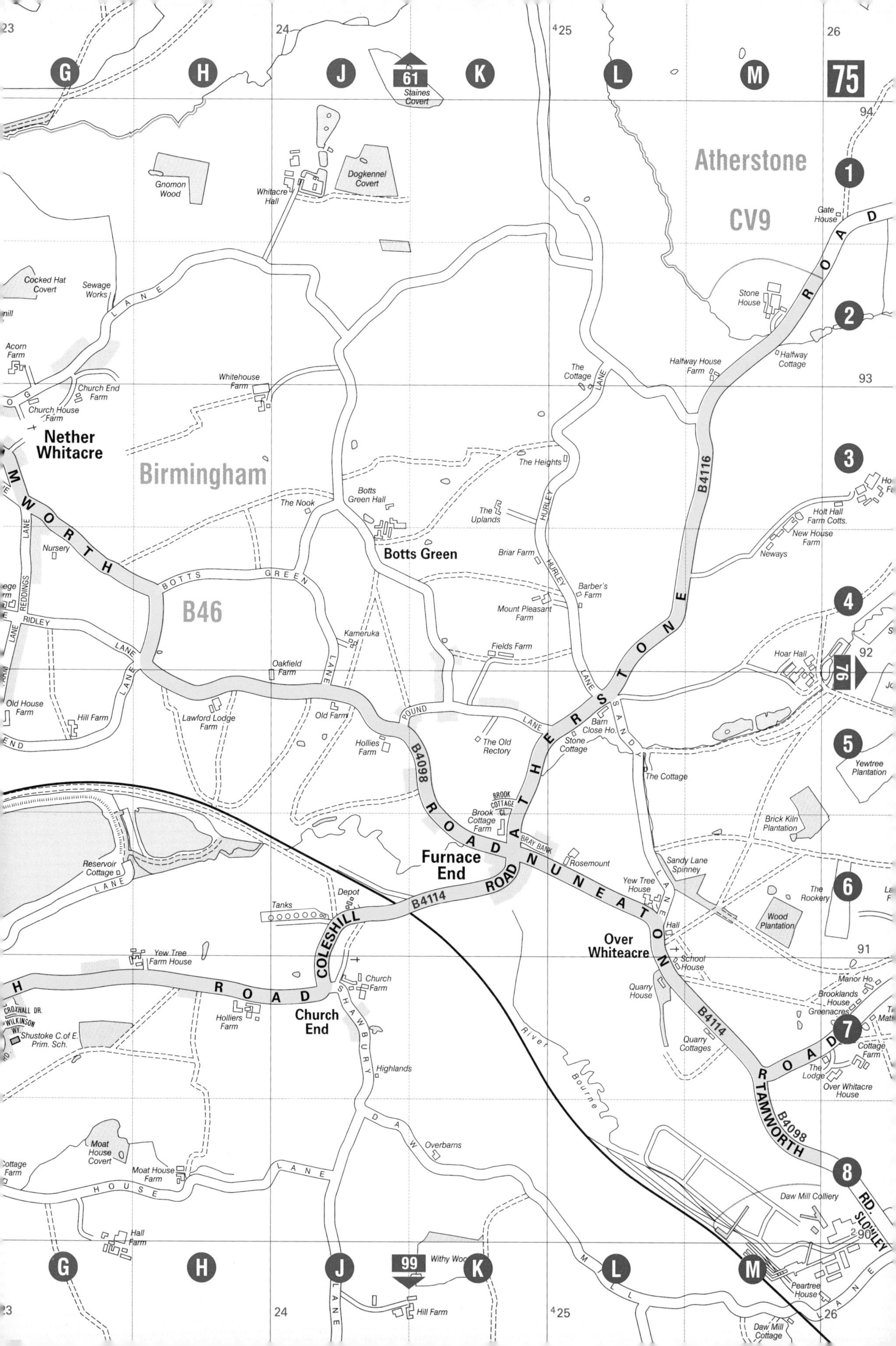

Atherstone
CV9
Birmingham
B46
Nether Whitacre
Botts Green
Furnace End
Over Whiteacre
Church End
Gnomon Wood
Whitacre Hall
Dogkennel Covert
Staines Covert
Cocked Hat Covert
Sewage Works
Acorn Farm
Church End Farm
Church House Farm
Whitehouse Farm
Stone House
Halfway House Farm
Halfway Cottage
Gate House
The Cottage
The Heights
Botts Green Hall
The Nook
The Uplands
Nursery
Briar Farm
Barber's Farm
Mount Pleasant Farm
Holt Hall Farm Cotts.
New House Farm
Neways
Hoar Hall
Kameruka
Fields Farm
Oakfield Farm
Old House Farm
Hill Farm
Lawford Lodge Farm
Old Farm
Hollies Farm
The Old Rectory
Barn Close Ho.
Stone Cottage
The Cottage
Yewtree Plantation
Brick Kiln Plantation
Brook Cottage Farm
Rosemount
Sandy Lane Spinney
Yew Tree House
The Rookery
Wood Plantation
Reservoir Cottage
Depot
Tanks
Hall
School House
Quarry House
Quarry Cottages
Yew Tree Farm House
Church Farm
Holliers Farm
Shustoke C.of E. Prim. Sch.
Highlands
Manor Ho.
Brooklands House
Greenacres
Cottage Farm
The Lodge
Over Whitacre House
River Bourne
Overbarns
Moat House Covert
Moat House Farm
Hall Farm
Daw Mill Colliery
Withy Wood
Hill Farm
Peartree House
Daw Mill Cottage
LANE
BOTTS GREEN
HURLEY
SANDY LANE
POUND LANE
RIDLEY LANE
REDDINGS LANE
BROOK COTTAGE CL.
BRAY BANK
CROXHALL DR.
WILKINSON WY.
SHAWBURY LANE
DAW MILL LANE
HOUSE LANE
SLOWLEY RD.
B4116
B4098
B4114
ATHERSTONE ROAD
NUNEATON ROAD
COLESHILL ROAD
TAMWORTH ROAD
B4098 ROAD
G H J K L M
1 2 3 4 5 6 7 8
23 24 25 26
90 91 92 93 94
61
76
99

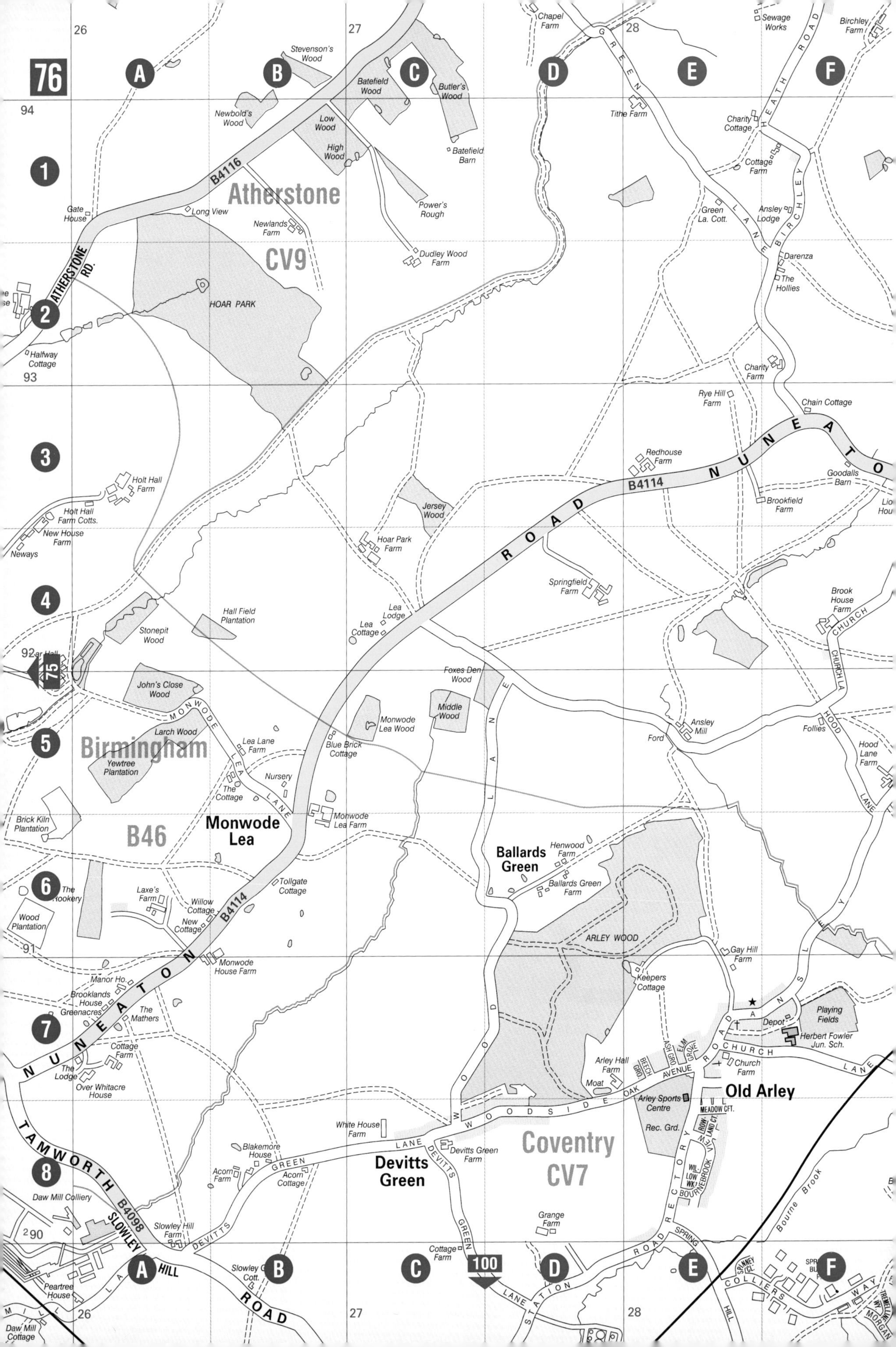

Atherstone
CV9
Birmingham
B46
Coventry
CV7
Monwode Lea
Ballards Green
Devitts Green
Old Arley
HOAR PARK
ARLEY WOOD
B4116
B4114
B4098
ATHERSTONE RD.
NUNEATON ROAD
TAMWORTH
SLOWLEY HILL
ROAD
Stevenson's Wood
Newbold's Wood
Batefield Wood
Low Wood
High Wood
Butler's Wood
Batefield Barn
Power's Rough
Dudley Wood Farm
Newlands Farm
Long View
Gate House
Halfway Cottage
Chapel Farm
Tithe Farm
Sewage Works
Birchley Farm
Charity Cottage
Cottage Farm
Ansley Lodge
Green La. Cott.
Darenza
The Hollies
Charity Farm
Rye Hill Farm
Chain Cottage
Redhouse Farm
Goodalls Barn
Brookfield Farm
Holt Hall Farm
Holt Hall Farm Cotts.
New House Farm
Neways
Jersey Wood
Hoar Park Farm
Springfield Farm
Stonepit Wood
Hall Field Plantation
Lea Lodge
Lea Cottage
Brook House Farm
John's Close Wood
Larch Wood
Yewtree Plantation
Lea Lane Farm
Nursery
The Cottage
Foxes Den Wood
Middle Wood
Monwode Lea Wood
Blue Brick Cottage
Ansley Mill
Ford
Follies
Hood Lane Farm
Brick Kiln Plantation
Monwode Lea Farm
Henwood Farm
Ballards Green Farm
The Rookery
Laxe's Farm
Willow Cottage
New Cottage
Tollgate Cottage
Wood Plantation
Monwode House Farm
Manor Ho.
Brooklands House
Greenacres
The Mathers
Cottage Farm
The Lodge
Over Whitacre House
Gay Hill Farm
Keepers Cottage
Playing Fields
Depot
Herbert Fowler Jun. Sch.
Arley Hall Farm
Moat
Church Farm
Arley Sports Centre
Rec. Grd.
White House Farm
Blakemore House
Acorn Farm
Acorn Cottage
Devitts Green Farm
Grange Farm
Daw Mill Colliery
Slowley Hill Farm
Slowley Cott.
Cottage Farm
Peartree House
Daw Mill Cottage
GREEN LANE
BIRCHLEY HEATH ROAD
MONWODE LEA LANE
LANE
CHURCH LA
HOOD LANE
CHURCH LANE
WOODSIDE
OAK AVENUE
WOOD LANE
RECTORY ROAD
SPRING HILL
DEVITTS GREEN LANE
STATION ROAD
GREEN LANE
DEVITTS
COLLIERS WAY
SPINNEY CL.
MEADOW CFT.
ROWLAND CT.
BOURNEBROOK VIEW
WIL. LOW WK.
ASH GRO
ELM GROVE
BEECH GRD.
MORGAN
Bourne Brook
ANSLEY
75
100
26
27
28
94
93
92
91
90
A B C D E F
1 2 3 4 5 6 7 8

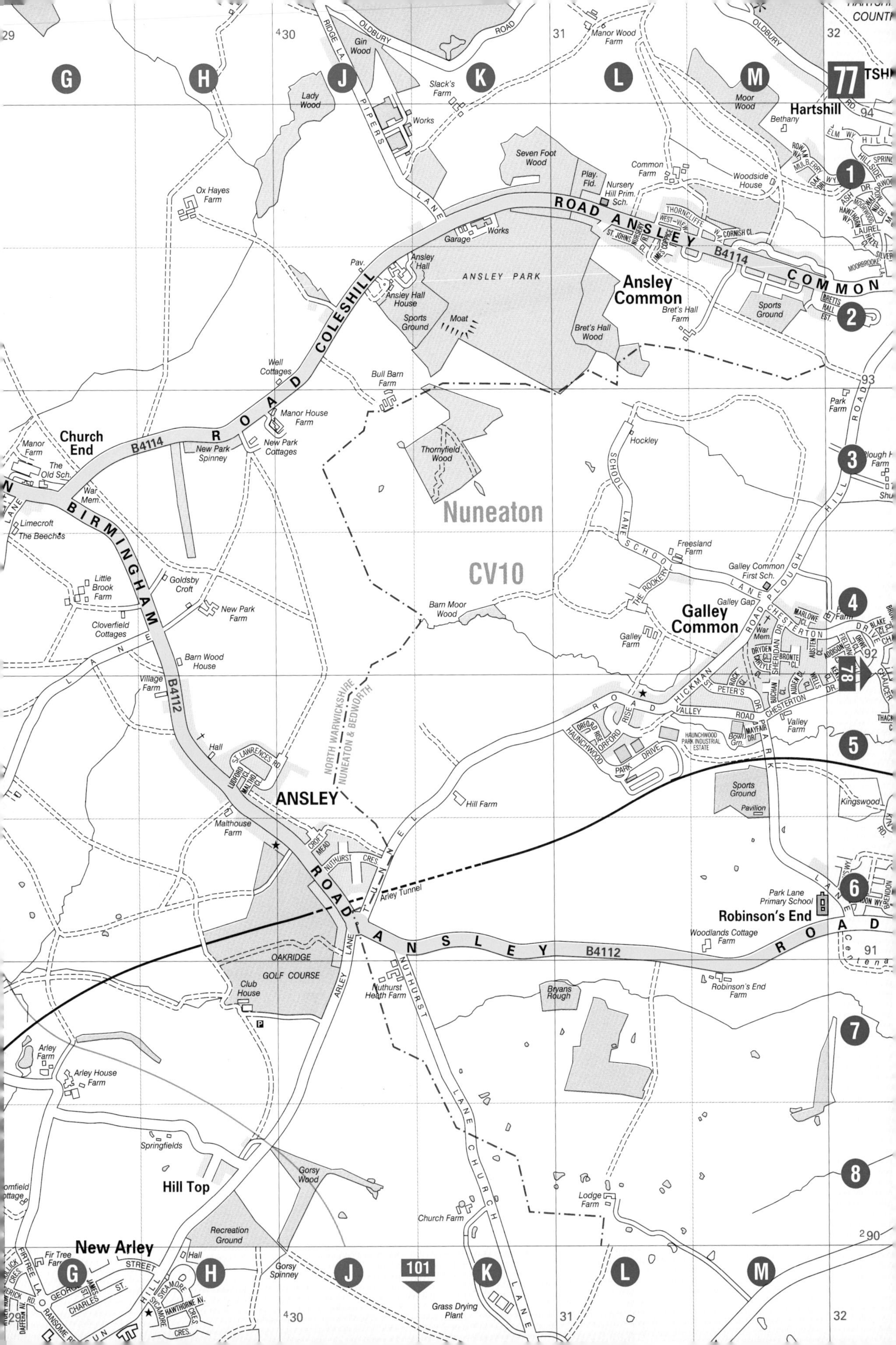

Hartshill
Ansley Common
Church End
Nuneaton
CV10
Galley Common
ANSLEY
Robinson's End
New Arley
Hill Top
COLESHILL ROAD
ANSLEY ROAD
B4114
BIRMINGHAM ROAD
B4112
ANSLEY PARK
OAKRIDGE GOLF COURSE
NORTH WARWICKSHIRE
NUNEATON & BEDWORTH
Gin Wood
Lady Wood
Slack's Farm
Works
Manor Wood Farm
Moor Wood
Bethany
Seven Foot Wood
Play. Fld.
Nursery Hill Prim. Sch.
Common Farm
Woodside House
Ox Hayes Farm
Garage
Ansley Hall
Ansley Hall House
Sports Ground
Moat
Bret's Hall Wood
Bret's Hall Farm
Well Cottages
Bull Barn Farm
Manor House Farm
New Park Cottages
New Park Spinney
Thornyfield Wood
Park Farm
Hockley
Manor Farm
The Old Sch.
War Mem.
Limecroft
The Beeches
Little Brook Farm
Goldsby Croft
New Park Farm
Cloverfield Cottages
Barn Wood House
Village Farm
Freesland Farm
Galley Common First Sch.
Galley Gap
Galley Farm
Barn Moor Wood
Hall
Malthouse Farm
Hill Farm
Haunchwood Park Industrial Estate
Valley Farm
Kingswood
Pavilion
Arley Tunnel
Park Lane Primary School
Woodlands Cottage Farm
Robinson's End Farm
Club House
Nuthurst Heath Farm
Bryans Rough
Arley Farm
Arley House Farm
Springfields
Gorsy Wood
Recreation Ground
Lodge Farm
Church Farm
Fir Tree Farm
Gorsy Spinney
Grass Drying Plant
77
78
101

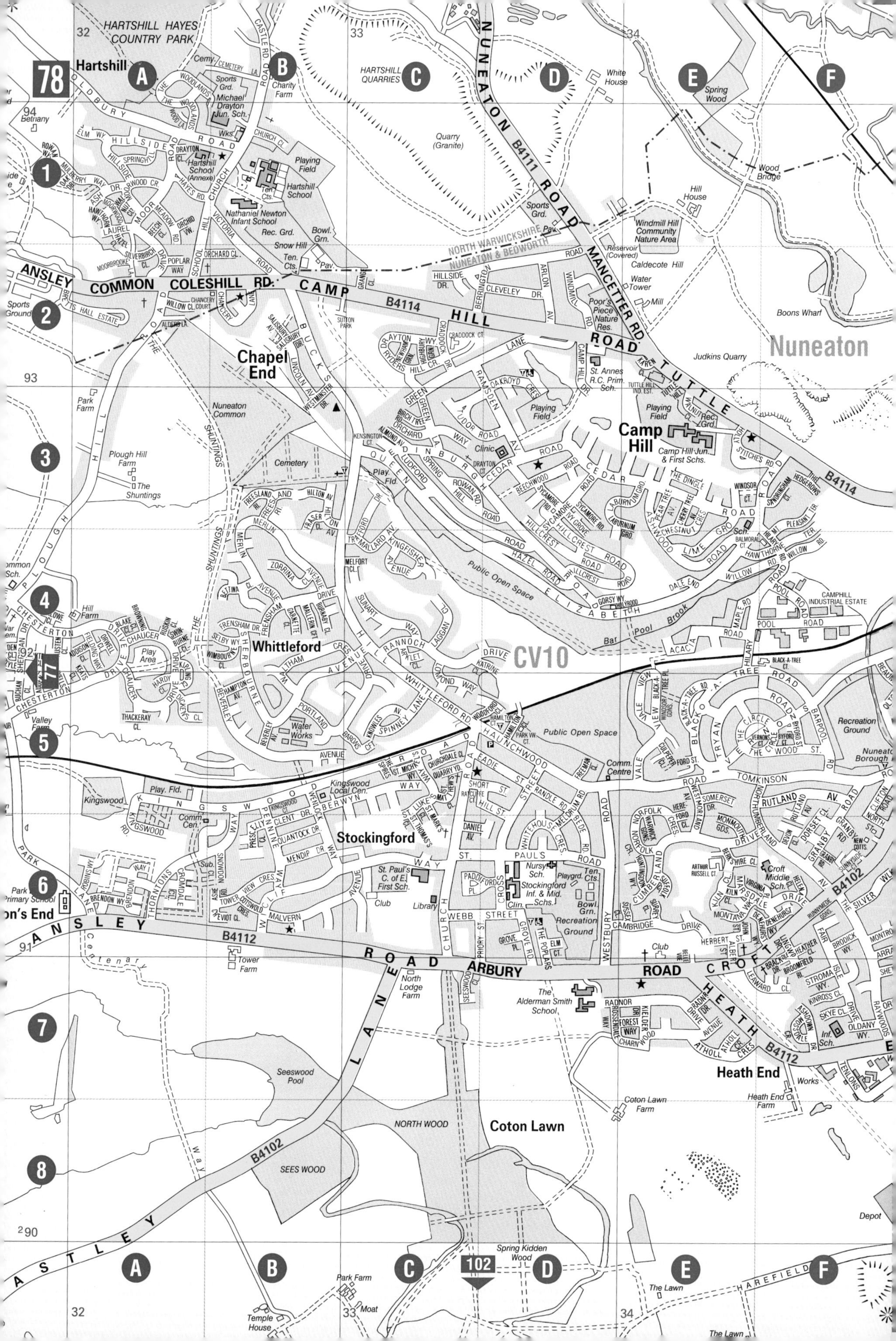

78
HARTSHILL HAYES COUNTRY PARK
Hartshill
HARTSHILL QUARRIES
Quarry (Granite)
White House
Spring Wood
Wood Bridge
Hill House
Windmill Hill Community Nature Area
Reservoir (Covered)
Caldecote Hill
Water Tower
Mill
Boons Wharf
Nuneaton
Judkins Quarry
NUNEATON B4111 ROAD
MANCETTER RD
TUTTLE HILL
B4114
CAMP HILL ROAD
ANSLEY COMMON COLESHILL RD.
NORTH WARWICKSHIRE
NUNEATON & BEDWORTH
Charity Farm
Michael Drayton Jun. Sch.
Hartshill School (Annexe)
Hartshill School
Playing Field
Nathaniel Newton Infant School
Rec. Grd.
Snow Hill
Bowl. Grn.
Sports Grd.
Sports Ground
Bethany
Chapel End
Nuneaton Common
Park Farm
Plough Hill Farm
The Shuntings
Cemetery
PLOUGH HILL
THE SHUNTINGS
Poor's Piece Nature Res.
St. Annes R.C. Prim. Sch.
Camp Hill
Camp Hill Jun. & First Schs.
Playing Field
Clinic
EDINBURGH ROAD
Public Open Space
ELIZABETH ROAD
CAMPHILL INDUSTRIAL ESTATE
Pool Road
Bar Pool Brook
CV10
Whittleford
Hill Farm
Play Area
CHESTERTON DRIVE
CHAUCER DRIVE
Valley Farm
Water Works
WHITTLEFORD RD
HAUNCHWOOD
Public Open Space
Recreation Ground
Nuneaton Borough
Comm. Centre
TOMKINSON ROAD
Kingswood
Play. Fld.
KINGSWOOD ROAD
Kingswood Local Cen.
Comm. Cen.
Stockingford
St. Paul's C. of E. First Sch.
Library
Club
ST. PAUL'S ROAD
Stockingford Inf. & Mid. Schs.
Recreation Ground
Croft Middle Sch.
Inf. Sch.
ANSLEY ROAD B4112
ARBURY ROAD
CROFT ROAD
B4102
HEATH END ROAD B4112
Tower Farm
North Lodge Farm
The Alderman Smith School
Heath End
Works
Heath End Farm
Coton Lawn Farm
Park Primary School
Centenary Way
Seeswood Pool
NORTH WOOD
SEES WOOD
Coton Lawn
Depot
Spring Kidden Wood
Park Farm
Moat
Temple House
The Lawn
HAREFIELD
ASTLEY LANE
102
77
32
33
34
94
93
92
91
90
A B C D E F
1 2 3 4 5 6 7 8

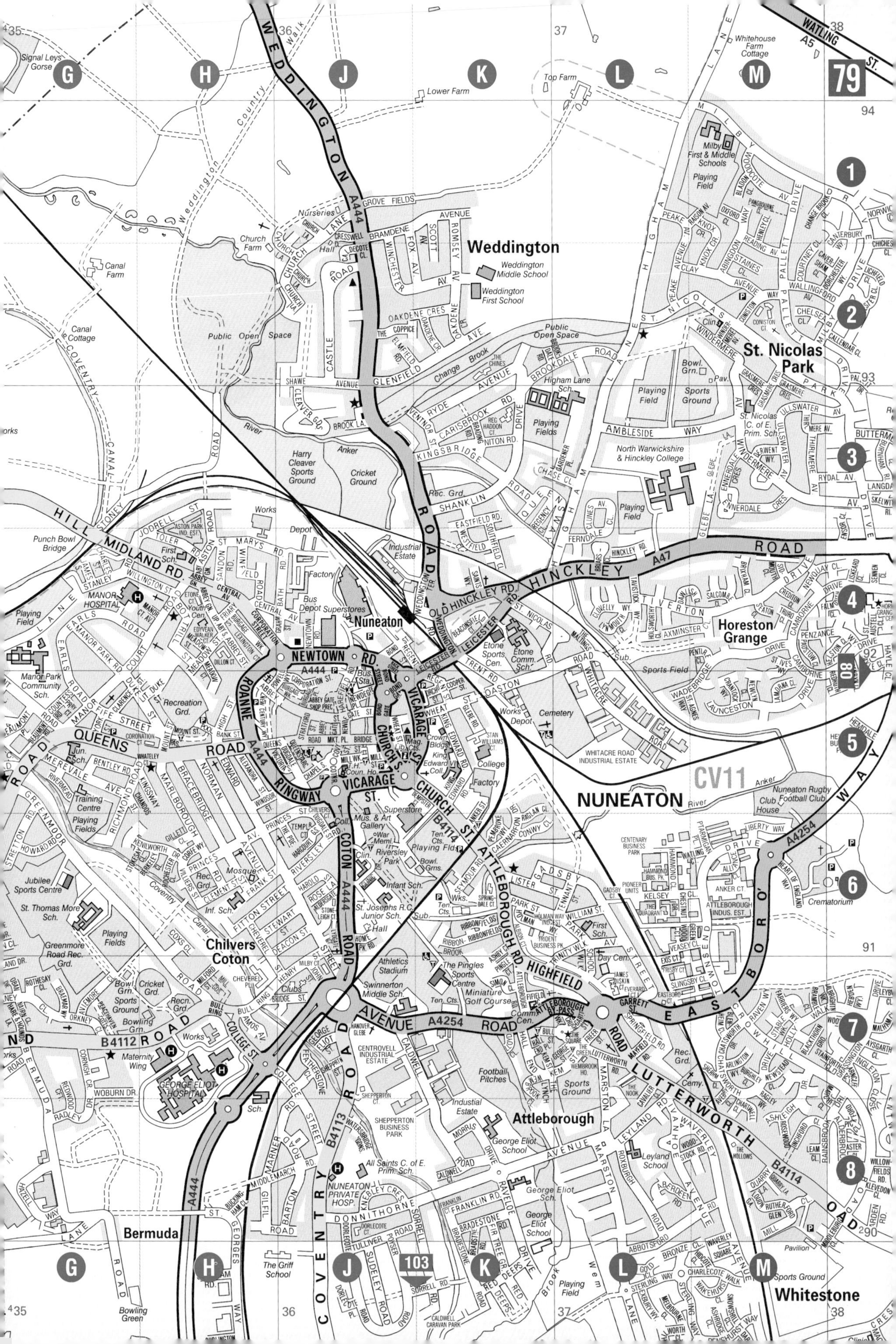

79
Weddington
Nuneaton
NUNEATON
CV11
St. Nicolas Park
Horeston Grange
Chilvers Coton
Attleborough
Bermuda
Whitestone
WEDDINGTON ROAD
A444
WATLING ST.
A5
HINCKLEY ROAD
A47
QUEENS ROAD
NEWTOWN RD
RINGWAY
VICARAGE ST.
CHURCH ST.
COTON ROAD
ATTLEBOROUGH RD.
AVENUE ROAD
A4254
EASTBORO' WAY
LUTTERWORTH ROAD
B4114
B4112 ROAD
COVENTRY ROAD
B4113
MIDLAND RD.
HIGHAM LANE
ST. NICOLAS PARK DRIVE
MILBY DRIVE
Weddington Middle School
Weddington First School
Milby First & Middle Schools
Higham Lane Sch.
North Warwickshire & Hinckley College
Harry Cleaver Sports Ground
Cricket Ground
Public Open Space
Manor Hospital
Manor Park Community Sch.
Jubilee Sports Centre
St. Thomas More Sch.
George Eliot Hospital
Maternity Wing
Nuneaton Private Hosp.
The Pingles Sports Centre
Athletics Stadium
Swinnerton Middle Sch.
Mus. & Art Gallery
Riversley Park
Cemetery
Whitacre Road Industrial Estate
Nuneaton Rugby Football Club
Crematorium
Attleborough Indus. Est.
Centenary Business Park
Centrovell Industrial Estate
Shepperton Business Park
George Eliot School
Leyland School
All Saints C. of E. Prim. Sch.
The Griff School
Sports Ground
Playing Field
Canal Farm
Canal Cottage
Church Farm
Lower Farm
Top Farm
Whitehouse Farm Cottage
Signal Leys Gorse
Punch Bowl Bridge
River Anker
Coventry Canal
Change Brook
103
80

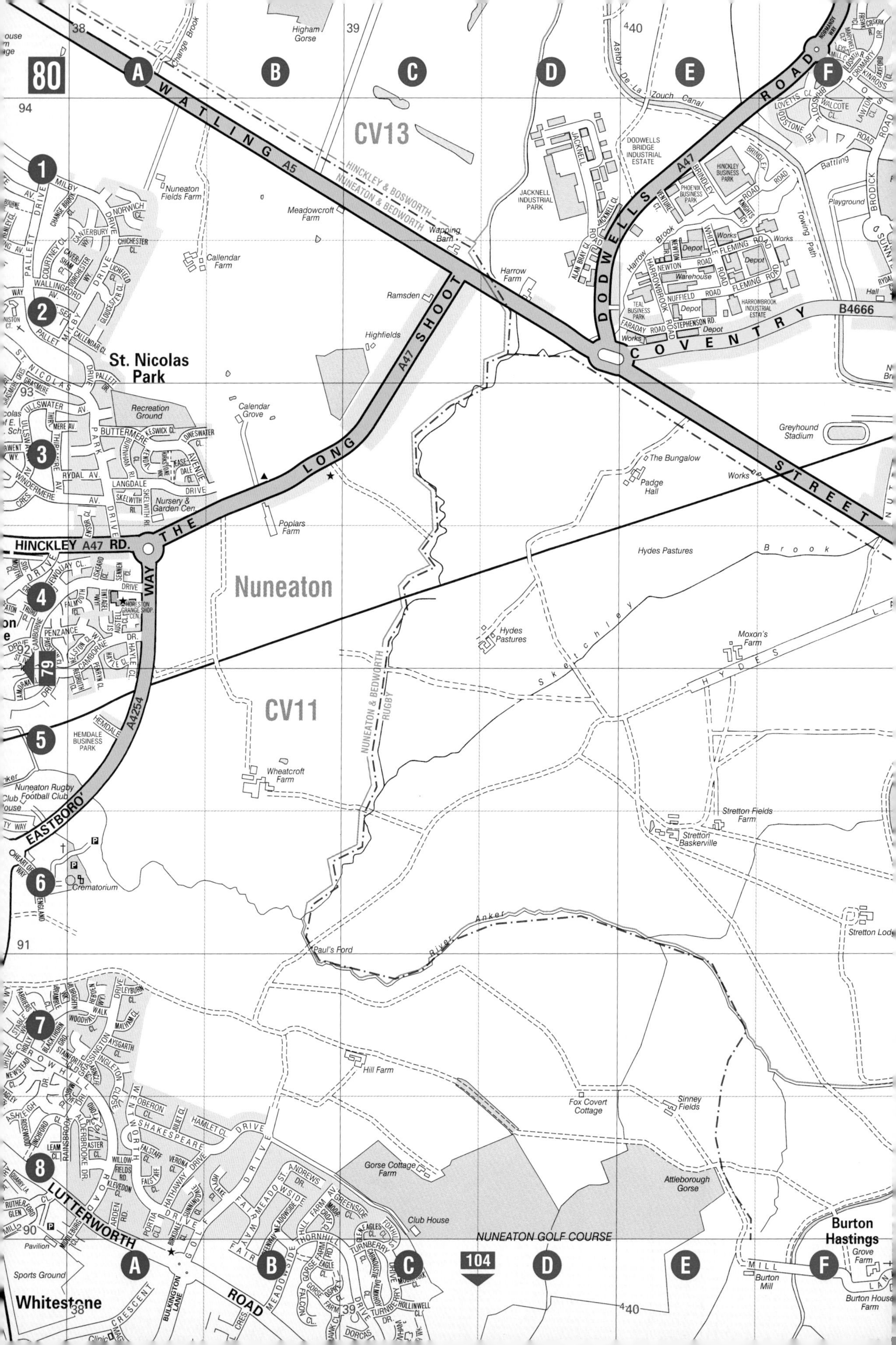

WATLING A5
STREET
CV13
CV11
Nuneaton
St. Nicolas Park
HINCKLEY & BOSWORTH
NUNEATON & BEDWORTH
THE LONG SHOOT A47
HINCKLEY A47 RD.
EASTBORO' WAY A4254
DODWELLS ROAD A47
COVENTRY ROAD B4666
Ashby De-La-Zouch Canal
DODWELLS BRIDGE INDUSTRIAL ESTATE
JACKNELL INDUSTRIAL PARK
HINCKLEY BUSINESS PARK
PHOENIX BUSINESS PARK
HARROWBROOK INDUSTRIAL ESTATE
TEAL BUSINESS PARK
HEMDALE BUSINESS PARK
Higham Gorse
Nuneaton Fields Farm
Meadowcroft Farm
Wapping Barn
Callendar Farm
Harrow Farm
Ramsden
Highfields
Calendar Grove
Recreation Ground
Nursery & Garden Cen.
Poplars Farm
Greyhound Stadium
The Bungalow
Padge Hall
Hydes Pastures
Sketchley Brook
Moxon's Farm
HYDES LANE
Wheatcroft Farm
Nuneaton Rugby Football Club
Crematorium
Stretton Fields Farm
Stretton Baskerville
Stretton Lodge
Paul's Ford
River Anker
Hill Farm
Fox Covert Cottage
Sinney Fields
Gorse Cottage Farm
Attleborough Gorse
Club House
NUNEATON GOLF COURSE
Burton Hastings
Grove Farm
Burton Mill
Burton House Farm
MILL LANE
LUTTERWORTH ROAD
Whitestone
Sports Ground
Pavilion
Towing Path
Playground
NUNEATON & BEDWORTH
RUGBY

79
104

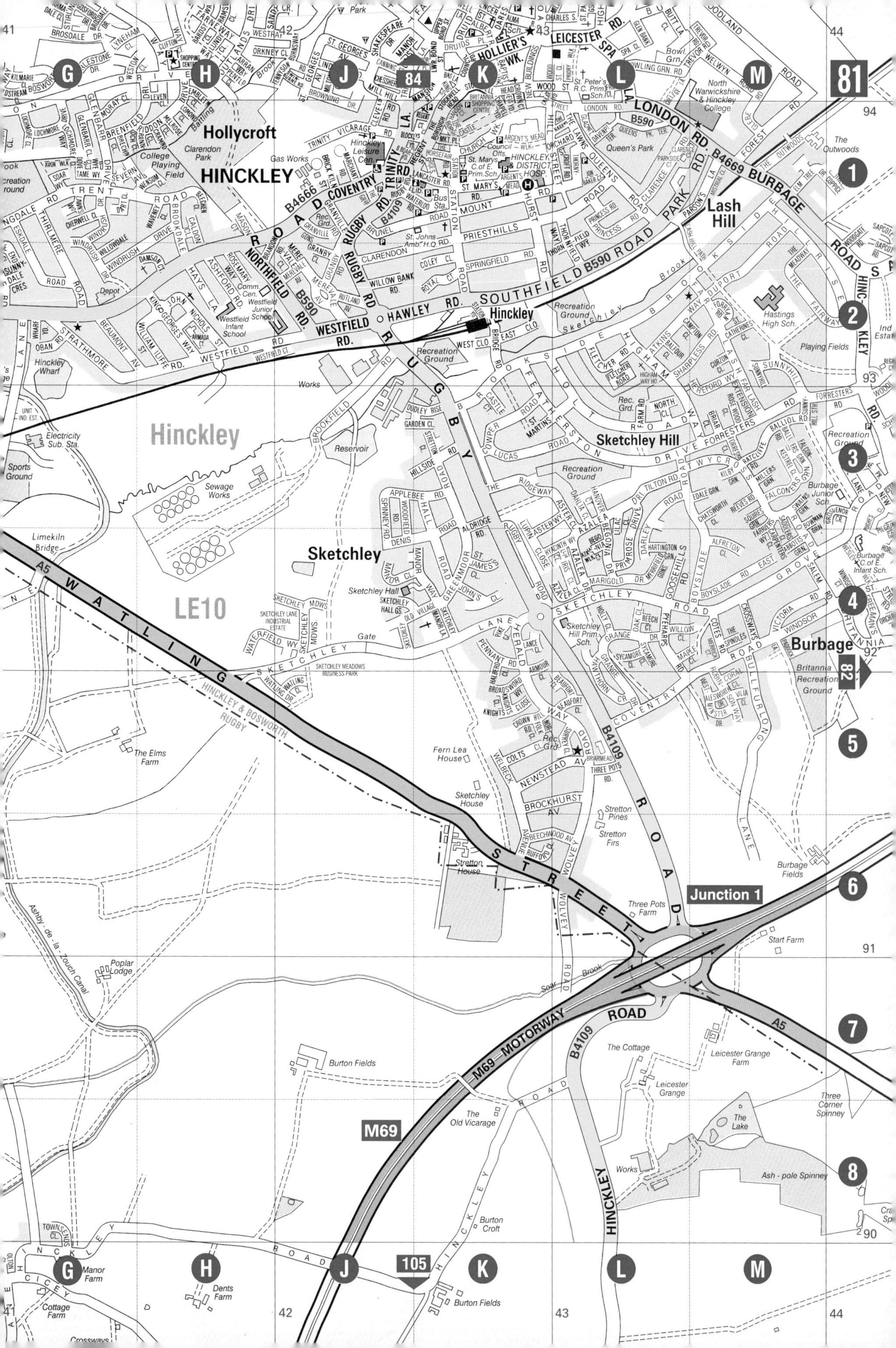

81
84
82
105
G
H
J
K
L
M
1
2
3
4
5
6
7
8
41
42
43
44
94
93
92
91
90
Hollycroft
HINCKLEY
Hinckley
Clarendon Park
College Playing Field
Gas Works
Hinckley Leisure Cen.
HOLLIER'S WK.
LEICESTER RD.
SPA LA.
LONDON RD.
B4669 BURBAGE RD.
North Warwickshire & Hinckley College
Queen's Park
The Outwoods
Lash Hill
B590 ROAD
PARK RD.
HINCKLEY RD.
Hastings High Sch.
Playing Fields
Recreation Ground
Sketchley Hill
Burbage
Burbage Junior Sch.
Burbage C.of E. Infant Sch.
Britannia Recreation Ground
B4666 COVENTRY ROAD
TRINITY LA.
RUGBY RD.
B4109
NORTHFIELD RD.
WESTFIELD RD.
HAWLEY RD.
SOUTHFIELD RD.
St. Marys C.of E. Prim.Sch.
HINCKLEY & DISTRICT HOSP.
St. Johns Amb. H.Q.
Bus Sta.
Westfield Junior School
Westfield Infant School
Comm. Cen.
Hinckley Wharf
Works
Reservoir
Sewage Works
Electricity Sub. Sta.
Sports Ground
Limekiln Bridge
A5
WATLING STREET
HINCKLEY & BOSWORTH
RUGBY
Sketchley
LE10
Sketchley Hall
SKETCHLEY LANE INDUSTRIAL ESTATE
SKETCHLEY MEADOWS BUSINESS PARK
Sketchley Hill Prim. Sch.
SKETCHLEY LANE
COVENTRY RD.
BULLFURLONG LANE
The Elms Farm
Fern Lea House
Sketchley House
Stretton House
Stretton Pines
Stretton Firs
Burbage Fields
Junction 1
Three Pots Farm
Start Farm
M69 MOTORWAY
M69
B4109 ROAD
WOLVEY ROAD
Soar Brook
Poplar Lodge
Ashby - de - la - Zouch Canal
Burton Fields
The Old Vicarage
The Cottage
Leicester Grange Farm
Leicester Grange
Three Corner Spinney
The Lake
Ash - pole Spinney
Works
Burton Croft
HINCKLEY ROAD
Manor Farm
Dents Farm
Cottage Farm
Crossways

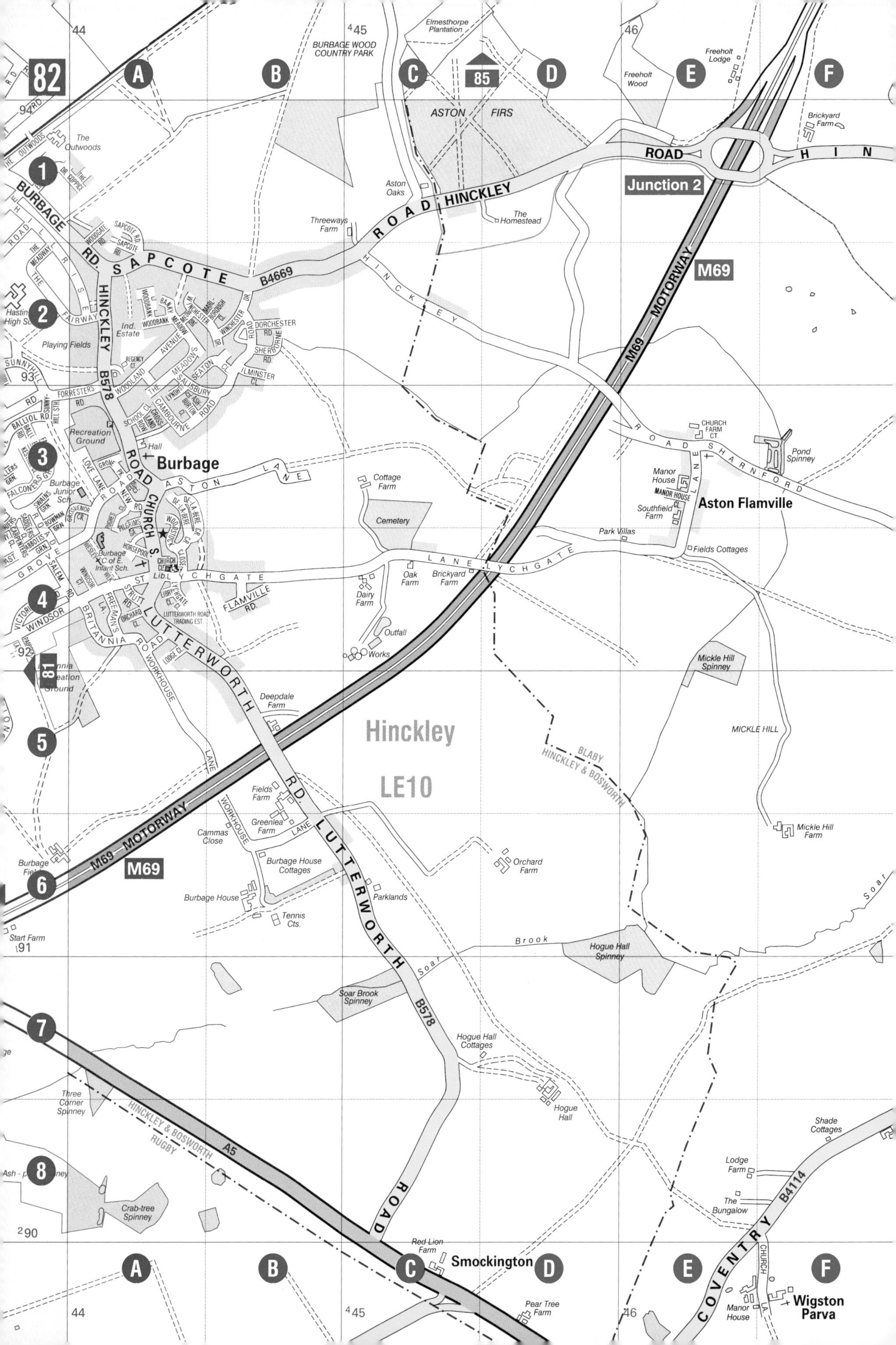

Elmesthorpe Plantation
BURBAGE WOOD COUNTRY PARK
85
Freehold Lodge
Freehold Wood
ASTON FIRS
Brickyard Farm
The Outwoods
THE OUTWOODS
BURBAGE
ROAD
HINCKLEY
HIN
Junction 2
Aston Oaks
Threeways Farm
The Homestead
SAPCOTE
RD.
B4669
M69
MOTORWAY
Hastings High Sch.
Ind. Estate
Playing Fields
FAIRWAY
DORCHESTER RD.
SHERBORNE RD.
ILMINSTER CL.
SEATON
SALISBURY
WOODBANK
WINCHESTER
MARLBOROUGH CL.
MEADOWS
AVENUE
WOODLAND
CAMBOURNE
FORRESTERS RD.
SUNNYHILL
B578
Recreation Ground
Hall
Burbage
ASTON LANE
CHURCH ST.
Burbage Junior Sch.
LOVE LANE
NEW RD.
PILGRIMS CL.
HORSEPOOL
Burbage C. of E. Infant Sch.
FALCONERS GR.
BALLIOL RD.
SWAINS GRN.
BOWMAN GRN.
SADDLERS
GROVE
SALEM
WINDSOR
VICTORIA
BRITANNIA
FREEMAN'S
ORCHARD CL.
LYCHGATE
FLAMVILLE RD.
LUTTERWORTH ROAD TRADING EST.
LUTTERWORTH
WORKHOUSE
LODGE CL.
81
Britannia Recreation Ground
Cottage Farm
Cemetery
Oak Farm
Brickyard Farm
Dairy Farm
Outfall
Works
Park Villas
LANE
SHARNFORD
CHURCH FARM CT.
Manor House
MANOR HOUSE CL.
Southfield Farm
Aston Flamville
Pond Spinney
Fields Cottages
Mickle Hill Spinney
MICKLE HILL
Deepdale Farm
Hinckley
LE10
BLABY
HINCKLEY & BOSWORTH
Fields Farm
Greenlea Farm
Cammas Close
Burbage House Cottages
Burbage House
Tennis Cts.
Parklands
Orchard Farm
Mickle Hill Farm
Burbage Fields
Start Farm
Soar Brook
Hogue Hall Spinney
Soar Brook Spinney
Hogue Hall Cottages
Hogue Hall
Three Corner Spinney
HINCKLEY & BOSWORTH
RUGBY
A5
Crab-tree Spinney
Shade Cottages
Lodge Farm
The Bungalow
B4114
COVENTRY
Red Lion Farm
Smockington
Pear Tree Farm
Manor House
Wigston Parva
A B C D E F
1 2 3 4 5 6 7 8
44 445 46
94 93 92 91 90

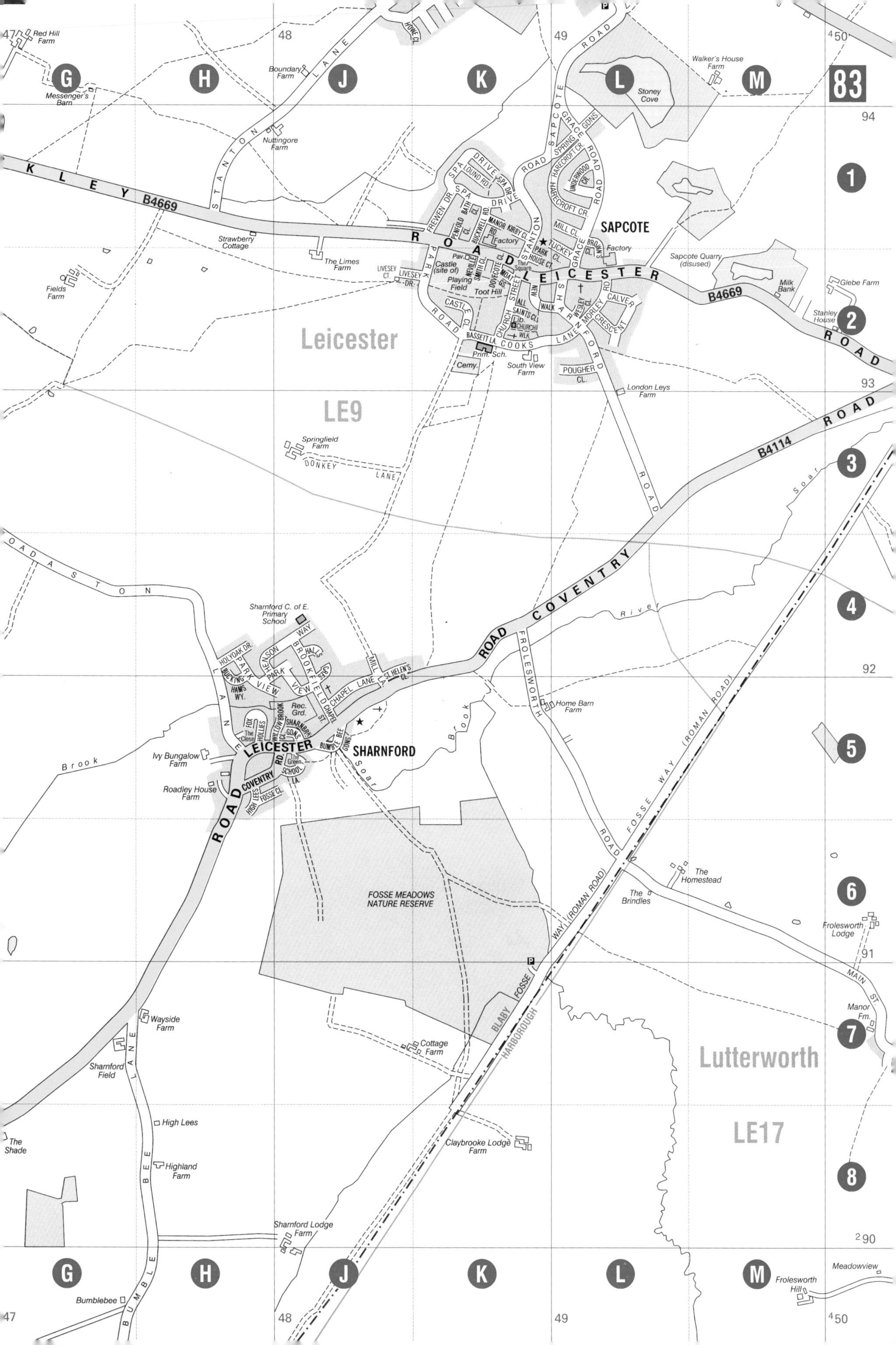

SAPCOTE
SHARNFORD
Leicester
LE9
Lutterworth
LE17
LEICESTER ROAD
B4669
B4114
COVENTRY ROAD
FOSSE WAY (ROMAN ROAD)
FROLESWORTH ROAD
SAPCOTE ROAD
ASTON LANE
STANTON LANE
BUMBLE BEE LANE
DONKEY LANE
FOSSE MEADOWS NATURE RESERVE
Stoney Cove
Sapcote Quarry (disused)
Red Hill Farm
Messenger's Barn
Boundary Farm
Nuttingore Farm
Walker's House Farm
Strawberry Cottage
The Limes Farm
Fields Farm
Glebe Farm
Milk Bank
Stanley House
London Leys Farm
South View Farm
Springfield Farm
Sharnford C. of E. Primary School
Home Barn Farm
Ivy Bungalow Farm
Roadley House Farm
The Homestead
The Brindles
Frolesworth Lodge
Manor Fm.
Wayside Farm
Sharnford Field
Cottage Farm
High Lees
Claybrooke Lodge Farm
Highland Farm
Sharnford Lodge Farm
The Shade
Bumblebee
Meadowview
Frolesworth Hill
River Soar
Brook
HARBOROUGH
BLABY
MAIN ST.
Castle (site of)
Playing Field
Toot Hill
Prim. Sch.
Cemy.
Factory
Rec. Grd.
G H J K L M
1 2 3 4 5 6 7 8
47 48 49 450
94 93 92 91 290

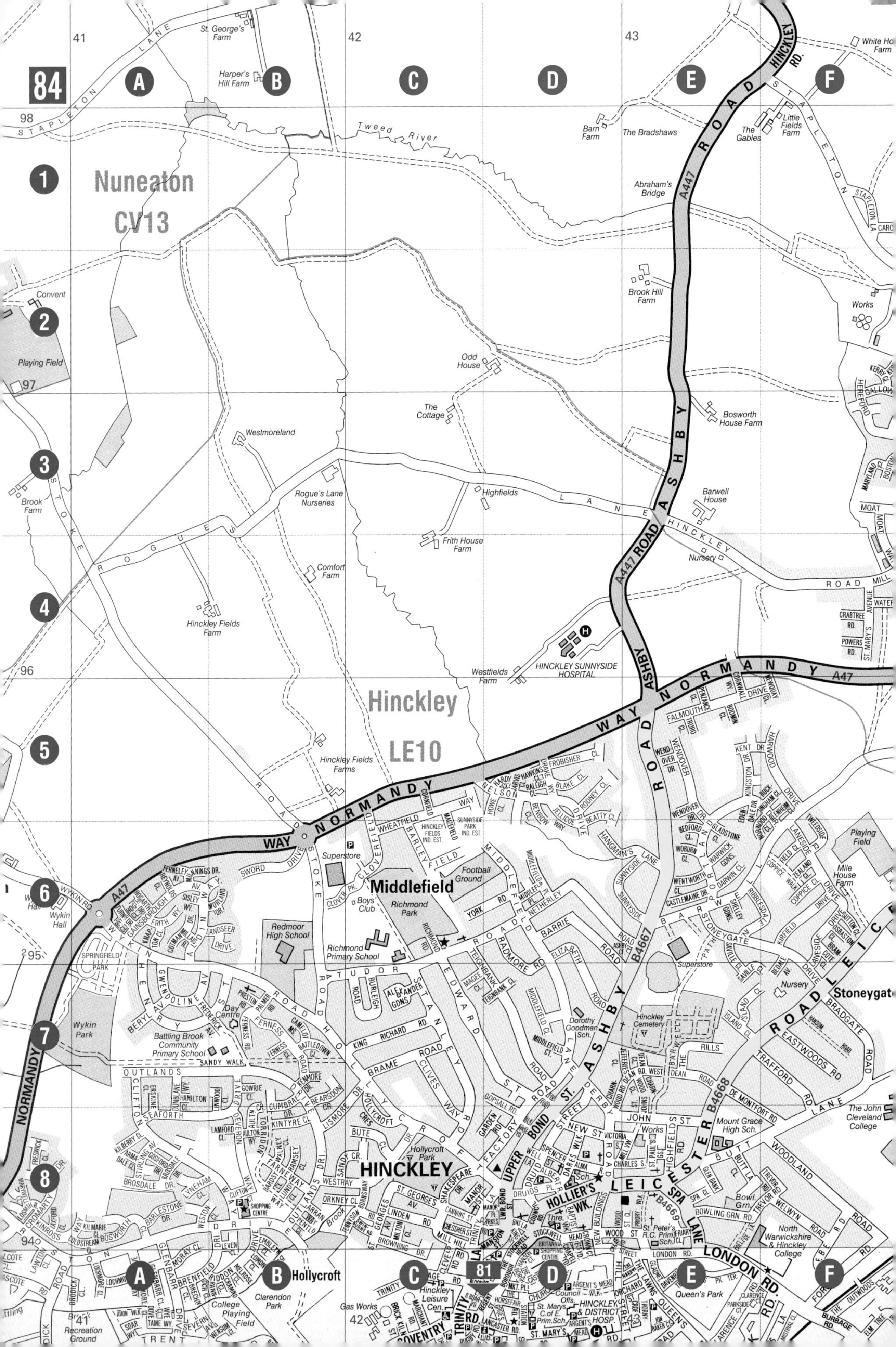

41
42
43
A
B
C
D
E
F
1
2
3
4
5
6
7
8
98
97
96
95
94
STAPLETON LANE
St. George's Farm
Harper's Hill Farm
Tweed River
Barn Farm
The Bradshaws
HINCKLEY RD.
STAPLETON LA.
The Gables
Little Fields Farm
White House Farm
Abraham's Bridge
A447 ROAD
Nuneaton
CV13
Convent
Playing Field
Brook Hill Farm
Works
Odd House
The Cottage
Bosworth House Farm
Westmoreland
Rogue's Lane Nurseries
Highfields
LANE
Barwell House
ASHBY ROAD
Brook Farm
STOKE
ROGUES
Frith House Farm
HINCKLEY
Nursery
ROAD
MILL
Comfort Farm
Hinckley Fields Farm
HINCKLEY SUNNYSIDE HOSPITAL
Westfields Farm
CRABTREE RD.
POWERS RD.
ST. MARY'S
AVENUE
MOAT
HEREFORD
GALLOW
MARYLAND
BOSTON
NORMANDY WAY
A47
Hinckley
LE10
Hinckley Fields Farms
FALMOUTH
CORNWALL DRIVE
NEWQUAY
PENZANCE
TRURO
BODMIN
KENT DR.
HARWOOD DRIVE
WENDOVER DR.
FROBISHER CL.
HAWKINS CL.
DRAKE WY.
RALEIGH CL.
BLAKE CL.
RODNEY CL.
BEATTY CL.
JELLICOE DRIVE
BENBOW WAY
HOWE CL.
NELSON
HARDY CL.
KINGSTON DR.
EDEN
DALE DR.
WOBURN CL.
BEDFORD CL.
GLADSTONE CL.
WARWICK GDNS.
DARWIN CL.
WENTWORTH CL.
CASTLEMAINE DR.
SHELLEY GDNS.
RIBBLESDALE
STONEYGATE
Playing Field
Mile House Farm
TWEEDSIDE
LANESIDE
TEALAND
COPPICE CL.
KIRFIELD DRIVE
SUTTON CL.
OSBASTON
BRAME
CORNFIELD
WHEATFIELD
BARLEY FIELD
HINCKLEY FIELDS IND. EST.
SUNNYSIDE PARK IND. EST.
Superstore
Football Ground
Middlefield
CLOVERFIELD
CLOVER PK.
Boys Club
Richmond Park
YORK RD
MIDDLEFIELD
NETHERLEY
BARRIE
RICHMOND RD.
RADMORE RD
ELIZABETH
HANGMAN'S LANE
SUNNYSIDE
WAY
SWORD DRIVE
FERNELEY AV.
MANNINGS DR.
WYKIN RD.
Wykin Hall
GAINSBOROUGH
FRITH WY.
SISLEY
MORLAND
LANDSEER DRIVE
KNAP
SPRINGFIELD PARK
Redmoor High School
Richmond Primary School
TUDOR
Superstore
ASHBY
B4667
Stoneygate
ROAD
LEIC
Nursery
BRADGATE
EASTWOODS RD
TRAFFORD RD
HANSOM
DE MONTFORT RD
LANE
The John Cleveland College
Mount Grace High Sch.
WOODLAND
WELWYN
TREVOR
North Warwickshire & Hinckley College
ROAD
FORRESTERS
B4668
BURLEIGH
ALEXANDER GDNS
KING RICHARD RD
BRAME ROAD
EDWARD
TEIGNBANK
TEIGNBANK CL.
MIDDLEFIELD CL.
Dorothy Goodman Sch.
Hinckley Cemetery
BARWELL
THE RILLS
DEAN
Wykin Park
GWENDOLINE AV.
HENRY ST.
BERYL AV.
FREDERICK
PRESTON RD.
PALMER
Day Centre
Battling Brook Community Primary School
SANDY WALK
FERNESS
CAMELOT
BATTLEDOWN CL.
KENMORE
OUTLANDS
CLIFTON
ERSKINE
HAMILTON CL.
SEAFORTH
GOWRIE CL.
LAMFORD CL.
CUMBRAE DR.
KINTYRE CL.
BEARSDON
LISMORE DR.
HOLLYCROFT
BUTE CL.
Hollycroft Park
HINCKLEY
SHAKESPEARE
ST. GEORGE'S AV.
LINDEN RD.
MANOR
WESTRAY
ORKNEY CL.
SANDY CR.
BURNSWAY
KILBERRY CL.
BROSDALE DR.
LYNEHAM CL.
CUFTON
CROMARTY
KINROSS
COLDSTREAM
BOSWORTH
BARLESTONE
WESTON
KILMARIE
FRESHWICK
NORMANDY
SHOPPING CENTRE
GLENBARR
BRENFIELD
MORAY CL.
LEVEN CL.
RIDDON
MELROSE
LOMOND
EMBLETON
Hollycroft
Clarendon Park
College Playing Field
Brook
Recreation Ground
SEVERN
TAME WY.
TRENT
BRODICK
LOCHMORE
Gas Works
BRICK KILN
COVENTRY
TRINITY
Hinckley Leisure Cen.
CLEVELEY
BROWNING DR.
MILL HILL
81
REGENT
LANCASTER RD.
HORSEFAIR
MKT. PL.
CHURCH
Council Offs.
St. Marys C. of E. Prim. Sch.
HINCKLEY & DISTRICT HOSP.
ST. MARY'S
ARGENT'S MEAD
UPPER BOND
FACTORY
GARDEN RD
GOPSALL RD
STOCKWELL HEAD
ST.
DERBY
JOHN ST.
NEW ST.
SPENCER
DRUID ST.
ALBERT
DARES WLK.
ALMA
HOLLIER'S WK.
BAPTIST
NEW BUILDINGS
VICTORIA
CHARLES S.
ST. PAUL'S
HIGHFIELD ST.
Works
LEICESTER
B4669
SPA LANE
St. Peter's R.C. Prim. Sch.
WOOD ST
PRIORY WLK.
FRIARY
LONDON RD.
LONDON RD.
Queen's Park
Bowl. Grn.
BOWLING GRN. RD.
BUTT LA.
BUTT LANE
THE LAWNS
QUEENS
ORCHARD
DAVENPORT
CLARENCE
PARKSIDE
BURBAGE RD.
THE OUTWOODS
Hinckley Leisure

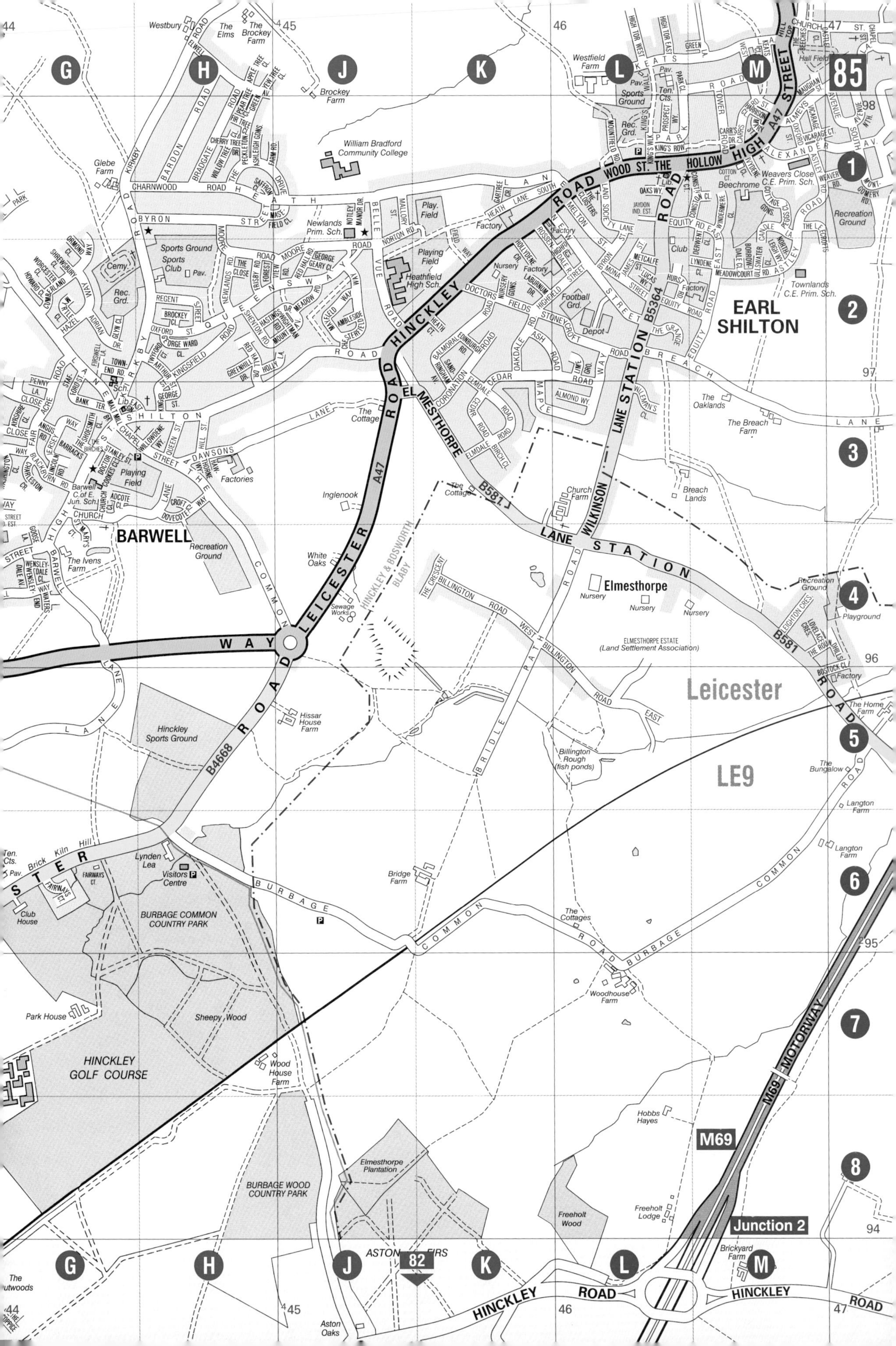
85
EARL SHILTON
BARWELL
Elmesthorpe
Leicester
LE9
Westbury
The Elms
The Brockey Farm
Brockey Farm
William Bradford Community College
Glebe Farm
Westfield Farm
Sports Ground
Rec. Grd.
Newlands Prim. Sch.
Play. Field
Playing Field
Heathfield High Sch.
Factory
Nursery
Football Grd.
Depot
Club
Weavers Close C.E. Prim. Sch.
Beechrome
Recreation Ground
Townlands C.E. Prim. Sch.
Hall Field
Sports Ground
Sports Club
Cemy.
Rec. Grd.
Playing Field
Barwell C.of E. Jun. Sch.
Factories
Recreation Ground
The Ivens Farm
The Cottage
Inglenook
White Oaks
Sewage Works
HINCKLEY & BOSWORTH
BLABY
Church Farm
The Oaklands
The Breach Farm
Breach Lands
ELMESTHORPE ESTATE (Land Settlement Association)
Playground
The Home Farm
The Bungalow
Langton Farm
Hissar House Farm
Hinckley Sports Ground
Billington Rough (fish ponds)
Lynden Lea
Visitors Centre
Club House
BURBAGE COMMON COUNTRY PARK
Bridge Farm
The Cottages
Woodhouse Farm
Park House
Sheepy Wood
HINCKLEY GOLF COURSE
Wood House Farm
Hobbs Hayes
Elmesthorpe Plantation
BURBAGE WOOD COUNTRY PARK
Freeholt Wood
Freeholt Lodge
Brickyard Farm
ASTON FIRS
Aston Oaks
M69
M69 MOTORWAY
Junction 2
82
A47
B4668
B581
B5364
LEICESTER ROAD
HINCKLEY ROAD
HIGH STREET
WOOD ST.
THE HOLLOW
STATION ROAD
WILKINSON LANE
STATION LANE
ELMESTHORPE LANE
BILLINGTON ROAD
BILLINGTON ROAD EAST
BRIDLE PATH
BURBAGE COMMON ROAD
BRICK KILN HILL
BREACH LANE
CHARNWOOD ROAD
BYRON STREET
KIRKBY ROAD
BARDON ROAD
BELLE VUE ROAD
HEATH LANE SOUTH
DOCTORS FIELDS
SHILTON ROAD
DAWSONS LANE
COMMON LANE
STAPLETON LANE
HIGH STREET
MOORE ROAD
QUEENS WAY
KINGSFIELD ROAD
MELTON STREET
BYRON STREET
EQUITY ROAD
ALEXANDER AV.
ASTLEY ROAD
KEATS LANE
PARK ROAD
G
H
J
K
L
M
1
2
3
4
5
6
7
8
44
45
46
47
94
95
96
97
98

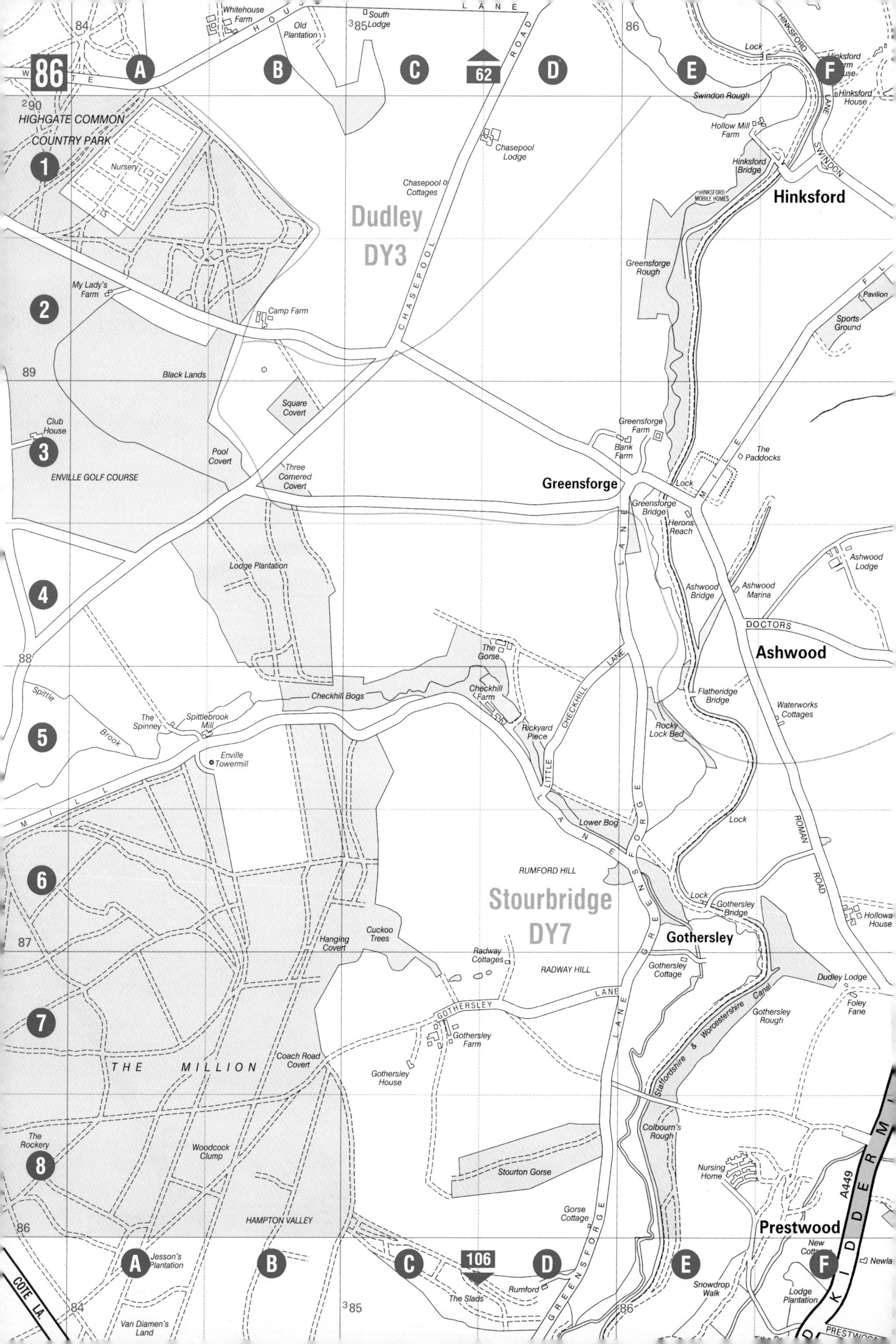
Whitehouse Farm
South Lodge
Old Plantation
LANE
ROAD
62
HIGHGATE COMMON
COUNTRY PARK
Nursery
Swindon Rough
Hollow Mill Farm
Hinksford Bridge
HINKSFORD MOBILE HOMES
Hinksford
Hinksford Farm House
Hinksford House
Chasepool Lodge
Chasepool Cottages
Dudley
DY3
CHASEPOOL
My Lady's Farm
Camp Farm
Greensforge Rough
Pavilion
Sports Ground
Black Lands
Square Covert
Club House
Pool Covert
Three Cornered Covert
ENVILLE GOLF COURSE
Greensforge Farm
Bank Farm
The Paddocks
Greensforge
Lock
Greensforge Bridge
Herons Reach
Lodge Plantation
Ashwood Lodge
Ashwood Bridge
Ashwood Marina
DOCTORS
Ashwood
The Gorse
Checkhill Farm
Checkhill Bogs
Spittle Brook
The Spinney
Spittlebrook Mill
Enville Towermill
Rickyard Piece
CHECKHILL LANE
Flatheridge Bridge
Waterworks Cottages
Rocky Lock Bed
LITTLE LANE
MILL
Lower Bog
GREENSFORGE LANE
ROMAN ROAD
RUMFORD HILL
Stourbridge
DY7
Gothersley Bridge
Hollowa House
Gothersley
Gothersley Cottage
Cuckoo Trees
Hanging Covert
Radway Cottages
RADWAY HILL
GOTHERSLEY LANE
Dudley Lodge
Foley Fane
Gothersley Rough
Staffordshire & Worcestershire Canal
Gothersley Farm
THE MILLION
Coach Road Covert
Gothersley House
Colbourn's Rough
The Rockery
Woodcock Clump
Stourton Gorse
Nursing Home
A449
KIDDERMINSTER
HAMPTON VALLEY
Gorse Cottage
Prestwood
New Cottages
Newla
Jesson's Plantation
106
Rumford
The Slads
Snowdrop Walk
Lodge Plantation
COTE LA.
Van Diamen's Land
PRESTWOOD

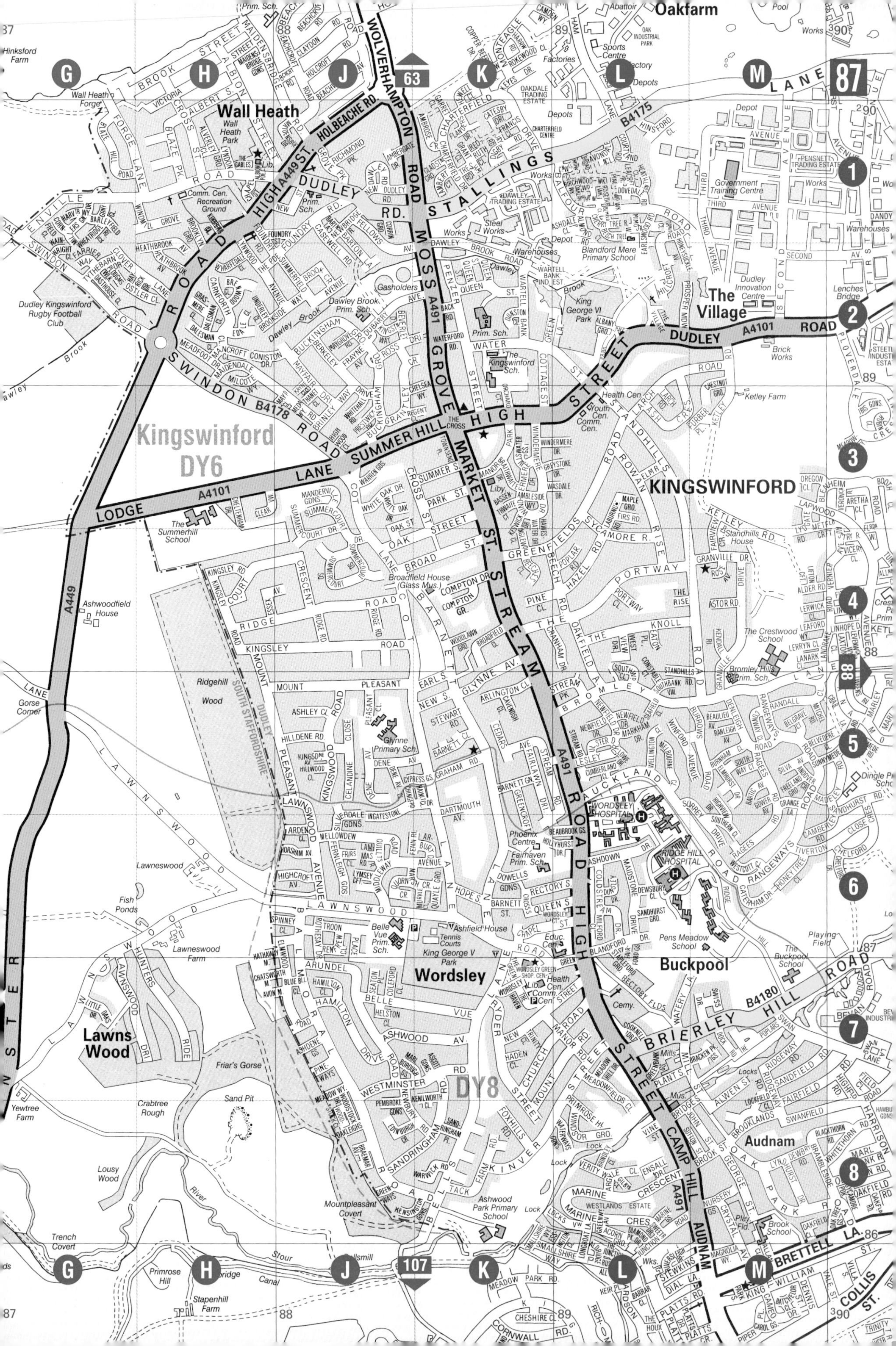
87
63
Oakfarm
Wall Heath
Wall Heath Park
Hinksford Farm
Wall Heath Forge
WOLVERHAMPTON ROAD
HOLBEACHE RD.
HIGH ST.
A449
B4175
STALLINGS LANE
HINSFORD
Oakdale Trading Estate
Charterfield Centre
Sports Centre
Factories
Depots
Abattoir
Pool
Works
Pensnett Trading Estate
Government Training Centre
Third Avenue
Second Avenue
First Avenue
Warehouses
Dandy
Dudley Innovation Centre
Lenches Bridge
The Village
DUDLEY ROAD
A4101
Brick Works
Ketley Farm
DUDLEY RD.
MOSS GROVE
A491
Steel Works
Dawley Trading Estate
Dawley Brook Road
Wartell Bank Ind. Est.
Blandford Mere Primary School
King George VI Park
Comm. Cen. Recreation Ground
Prim. Sch.
Gasholders
Dawley Brook Prim. Sch.
Dudley Kingswinford Rugby Football Club
SWINDON ROAD
B4178
Kingswinford DY6
SUMMER HILL
HIGH STREET
The Cross
Health Cen.
Youth Cen.
Comm. Cen.
The Kingswinford Sch.
KINGSWINFORD
Standhills House
LODGE LANE
The Summerhill School
MARKET ST.
STREAM
Liby.
Broadfield House (Glass Mus.)
The Rise
The Crestwood School
Bromley Hills Prim. Sch.
Ashwoodfield House
Ridgehill Wood
SOUTH STAFFORDSHIRE
DUDLEY
Gorse Corner
Glynne Primary Sch.
Wordsley Hospital
Ridge Hill Hospital
Phoenix Centre
Fairhaven Prim. Sch.
RANGEWAYS
Dingle Prim. Sch.
Lawneswood
Fish Ponds
Lawneswood Farm
Belle Vue Prim. Sch.
Ashfield House
Tennis Courts
King George V Park
Wordsley
Wordsley Green Shop. Cen.
Health Cen.
Comm. Cen.
Educ. Cen.
Pens Meadow School
Buckpool
The Buckpool School
Playing Field
B4180
BRIERLEY HILL ROAD
Cemy.
Lawns Wood
Friar's Gorse
DY8
Sand Pit
Crabtree Rough
Yewtree Farm
Lousy Wood
Mountpleasant Covert
Ashwood Park Primary School
Mills
Mus.
Locks
Lock
Audnam
Brook School
Play Fld.
BRETTELL LA.
COLLIS ST.
HIGH ST.
CAMP HILL
AUDNAM
Trench Covert
Primrose Hill
Stapenhill Farm
River Stour
Canal
Wks.
107
G
H
J
K
L
M
1
2
3
4
5
6
7
8
88
89
90
86

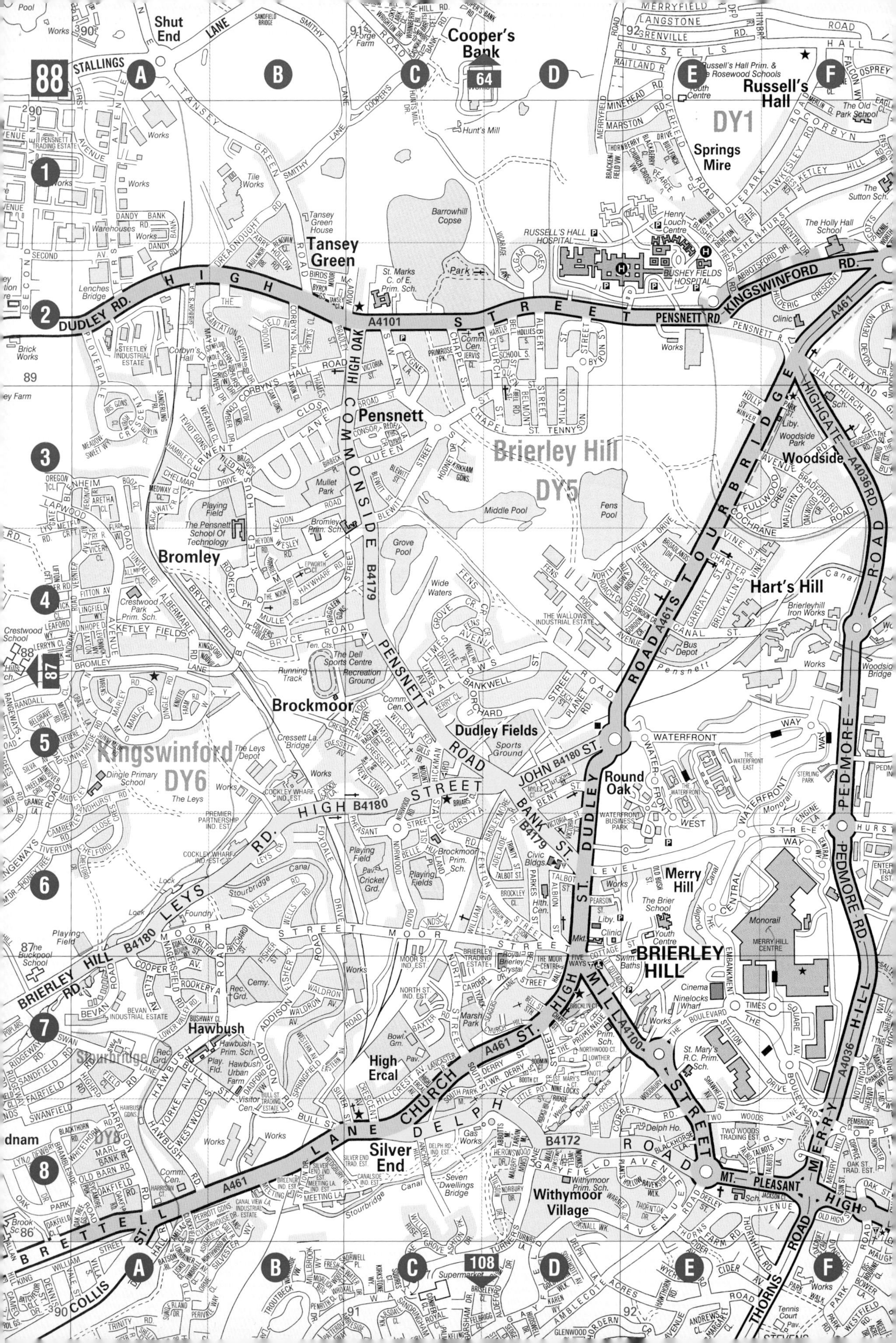

Shut End
Cooper's Bank
64
Russell's Hall
DY1
Springs Mire
Tansey Green
Barrowhill Copse
RUSSELL'S HALL HOSPITAL
BUSHEY FIELDS HOSPITAL
HIGH STREET
A4101
DUDLEY RD.
PENSNETT RD.
KINGSWINFORD RD.
Pensnett
Brierley Hill
DY5
Middle Pool
Fens Pool
Grove Pool
Wide Waters
Woodside
Hart's Hill
Bromley
COMMONSIDE
B4179
The Pensnett School Of Technology
Crestwood Park Prim. Sch.
87
Brockmoor
The Dell Sports Centre
Dudley Fields
Round Oak
Kingswinford
DY6
HIGH STREET
B4180
STOURBRIDGE ROAD
A461
PEDMORE ROAD
A4036
Merry Hill
MERRY HILL CENTRE
WATERFRONT
BRIERLEY HILL
Hawbush
High Ercal
Silver End
Withymoor Village
DELPH ROAD
B4172
CHURCH LANE
BRETTELL LANE
A461
Stourbridge
DY8
108
89
90
91
92
86
A
B
C
D
E
F
1
2
3
4
5
6
7
8

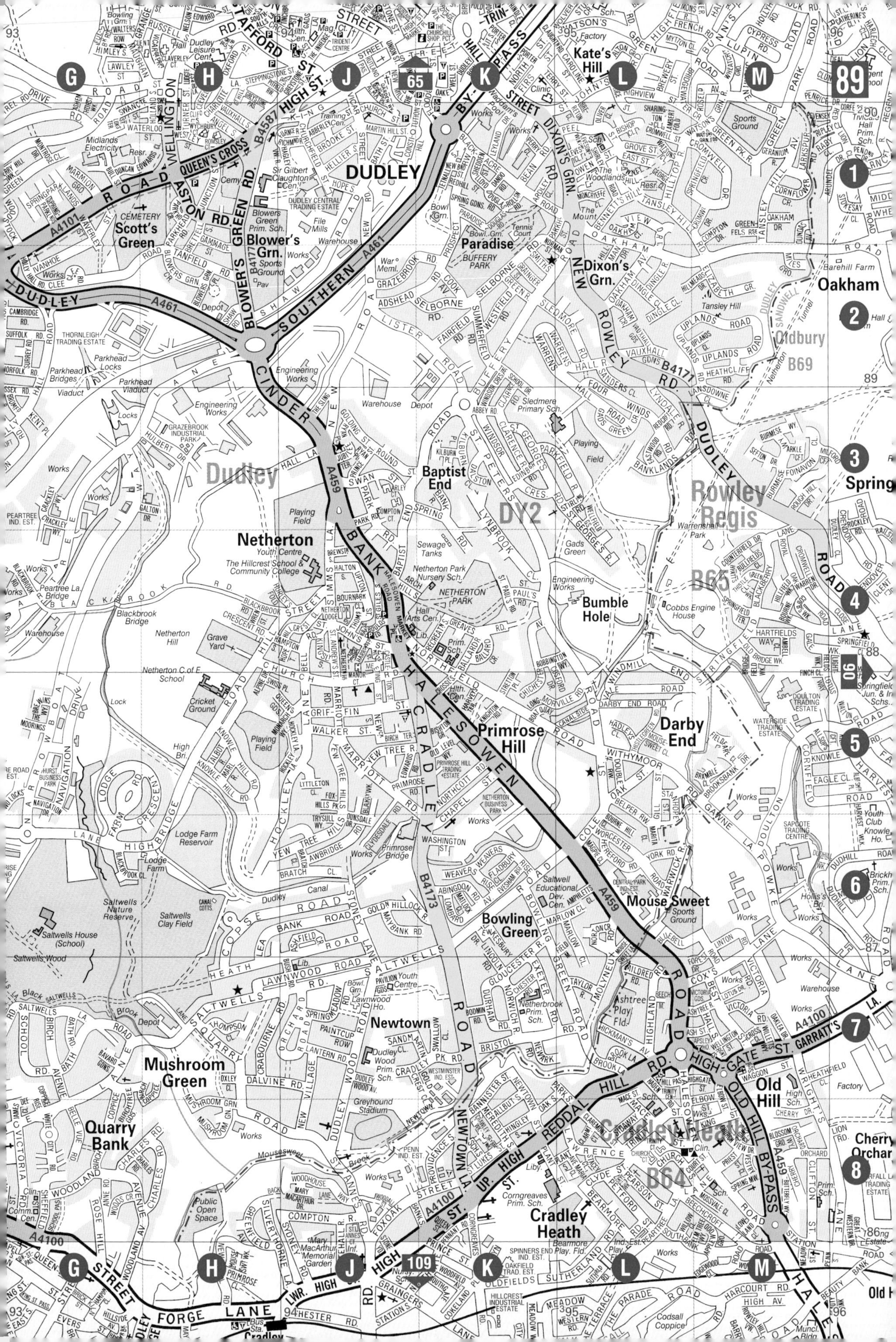

89
65
109
90
G
H
J
K
L
M
1
2
3
4
5
6
7
8
DUDLEY
Dudley
Scott's Green
Blower's Grn.
Kate's Hill
Paradise
Buffery Park
Dixon's Grn.
Oakham
Oldbury
B69
Tansley Hill
Baptist End
DY2
Netherton
Rowley Regis
B65
Bumble Hole
Darby End
Primrose Hill
Mouse Sweet
Bowling Green
Newtown
Mushroom Green
Quarry Bank
Cradley Heath
B64
Old Hill
Spring
Cherry Orchard
Sports Ground
Netherton Park
Lodge Farm Reservoir
Saltwells Nature Reserve
Saltwells Clay Field
Saltwells House (School)
Saltwells Wood
Greyhound Stadium
Cobbs Engine House
Warrenshall Park
Sledmere Primary Sch.
The Hillcrest School & Community College
Netherton C.of E. School
Dudley Leisure Cent.
Dudley Central Trading Estate
Thornleigh Trading Estate
Grazebrook Industrial Park
Doulton Trading Estate
Waterside Trading Estate
Sapcote Trading Centre
Midlands Electricity
Cemetery
Cricket Ground
Playing Field
Grave Yard
Blackbrook Bridge
Parkhead Viaduct
Parkhead Locks
Mary MacArthur Memorial Garden
Public Open Space
Dudley Canal
A4101
A461
A459
B4587
B4171
B4173
A4100
QUEEN'S CROSS
SOUTHERN BY-PASS
CINDER BANK
HALESOWEN ROAD
CRADLEY ROAD
NEW ROWLEY RD.
DUDLEY ROAD
HIGH ST.
OLD HILL BY-PASS
FORGE LANE
GARRATT'S LA.

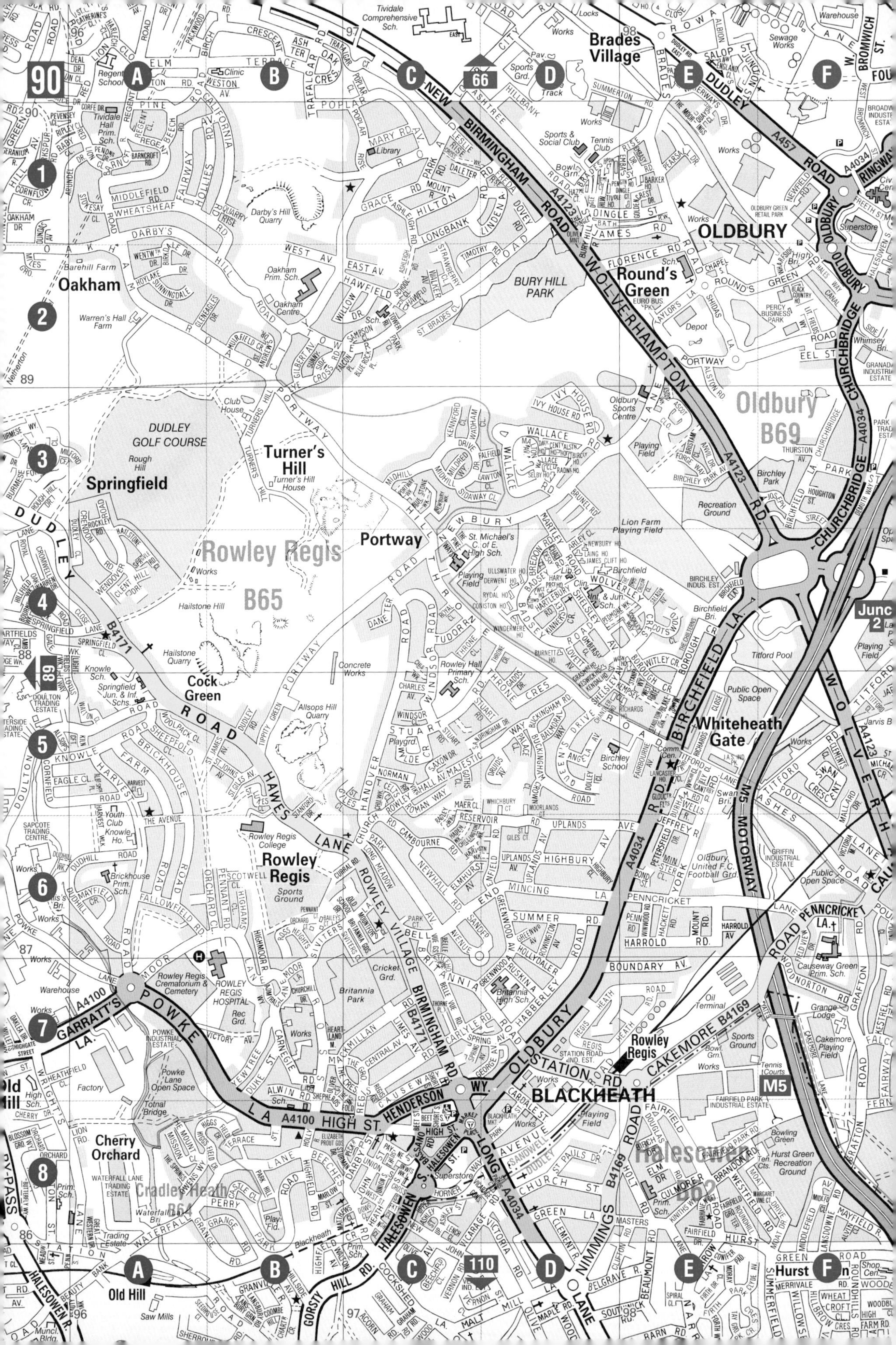

90
A
B
C
D
E
F
66
1
2
3
4
5
6
7
8
88
110
Brades Village
OLDBURY
Round's Green
Oakham
BURY HILL PARK
Oldbury B69
DUDLEY GOLF COURSE
Springfield
Turner's Hill
Portway
Rowley Regis
B65
Cock Green
Rowley Regis
Whiteheath Gate
BLACKHEATH
Halesowen B62
Cherry Orchard
Cradley Heath B64
Old Hill
Hurst Green
NEW BIRMINGHAM ROAD A4123
WOLVERHAMPTON RD.
DUDLEY ROAD A457
CHURCHBRIDGE A4034
BIRCHFIELD LA.
OLDBURY RD. A4034
DUDLEY ROAD B4171
HAWES LANE
ROWLEY VILLAGE
BIRMINGHAM RD. B4171
POWKE LA A4100
GARRATT'S LA. A4100
HIGH ST.
HALESOWEN ST.
STATION RD.
CAKEMORE B4169
NIMMINGS ROAD B4169
M5 MOTORWAY
PENNCRICKET LA.
Tividale Comprehensive Sch.
Darby's Hill Quarry
Hailstone Quarry
Allsops Hill Quarry
Rowley Regis College
Rowley Regis Crematorium & Cemetery
ROWLEY REGIS HOSPITAL
Britannia Park
Oldbury Sports Centre
Lion Farm Playing Field
Oldbury United F.C. Football Grd.
Titford Pool
Rowley Regis
Junc 2

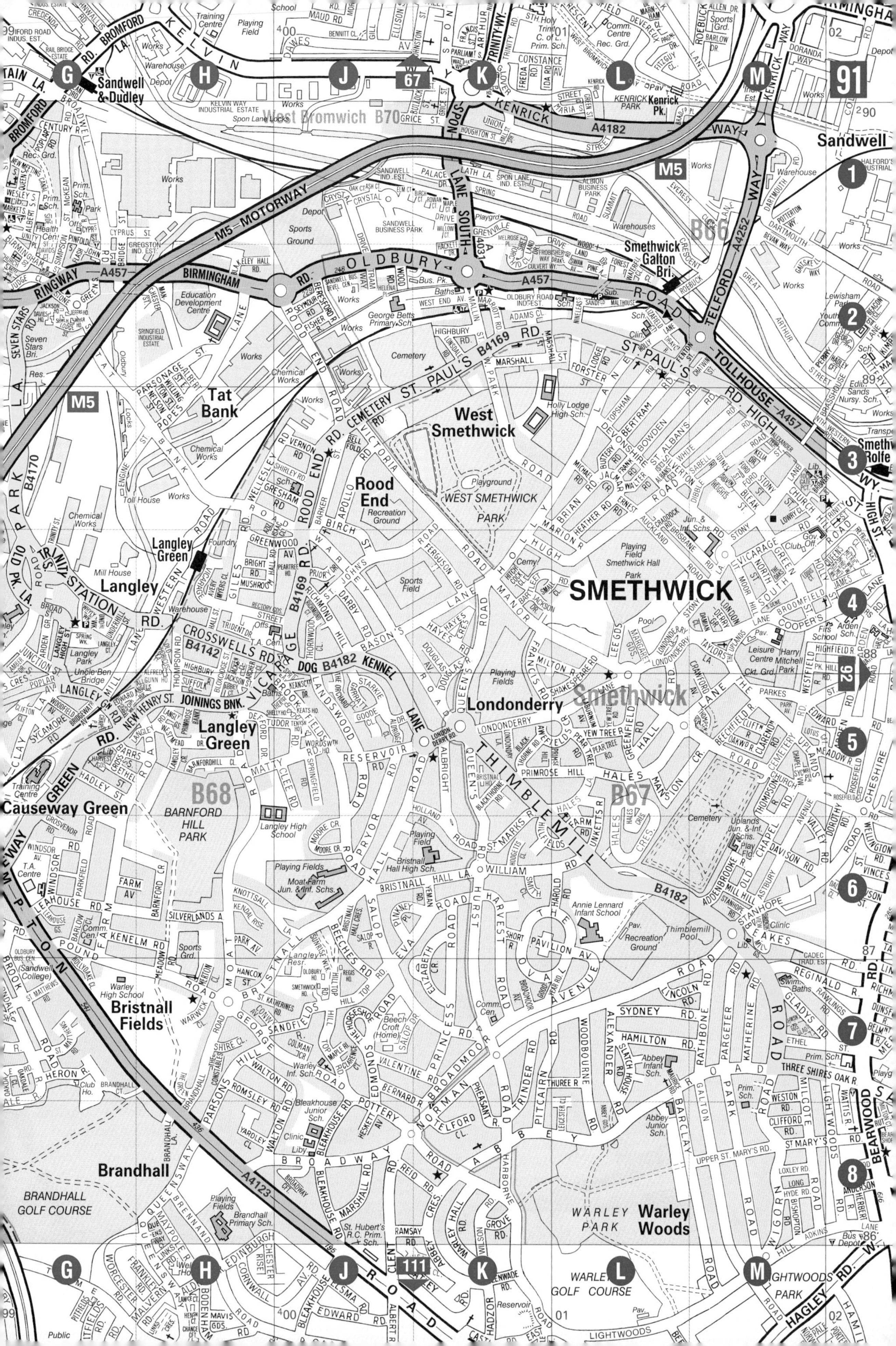

G
H
J
K
L
M
67
91
Sandwell & Dudley
Training Centre
Playing Field
Kelvin Way Industrial Estate
West Bromwich B70
Spon Lane Locks
Kenrick Park
Kenrick Pk.
Comm. Centre
Rec. Grd.
Sandwell
1
2
3
4
5
6
7
8
92
M5
M5 MOTORWAY
A457
A4182
A4252
A4031
B4169
B4182
B4142
B4170
A4123
B66
B67
B68
RINGWAY
BIRMINGHAM RD.
OLDBURY RD.
TELFORD WAY
TOLLHOUSE WAY
HIGH ST.
KENRICK WAY
SPON LANE SOUTH
Sandwell Business Park
Sandwell Ind. Est.
Albion Business Park
Smethwick Galton Bri.
Sports Ground
Education Development Centre
Springfield Industrial Estate
Seven Stars Bri.
Tat Bank
Chemical Works
Cemetery
George Betts Primary Sch.
Holly Lodge High Sch.
West Smethwick
WEST SMETHWICK PARK
Playground
ST. PAUL'S RD.
CEMETERY RD.
ROOD END RD.
Rood End
Recreation Ground
Langley Green
Langley
STATION RD.
Mill House
Toll House
Sports Field
SMETHWICK
Playing Field Smethwick Hall Park
Smethwick
Londonderry
THIMBLEMILL RD.
HOLLY LANE
Smethwick Rolfe
Lewisham Park
Leisure Centre
Harry Mitchell Park
Langley Park
Uncle Ben Bridge
CROSSWELLS RD.
VICARAGE RD.
DOG KENNEL LANE
JOININGS BNK.
NEW HENRY ST.
Causeway Green
Training Centre
BARNFORD HILL PARK
Langley High School
Playing Fields
Moat Farm Jun. & Inf. Schs.
Bristnall Hall High Sch.
Annie Lennard Infant School
Recreation Ground
Thimblemill Pool
Cemetery
Uplands Jun. & Inf. Schs.
Warley High School
Bristnall Fields
Sports Grd.
Oldbury Bus. Cen. (Sandwell College)
Brandhall
BRANDHALL GOLF COURSE
Brandhall Primary Sch.
Bleakhouse Junior Sch.
Beech Croft (Home)
Warley Inf. Sch.
Abbey Infant Sch.
Abbey Junior Sch.
St. Hubert's R.C. Prim. Sch.
WARLEY PARK
Warley Woods
WARLEY GOLF COURSE
LIGHTWOODS PARK
Reservoir
111
HAGLEY RD.
BEARWOOD RD.
ABBEY RD.
BROADWAY
HARBORNE RD.
QUEENSWAY
WOLVERHAMPTON RD.
CLENT RD.

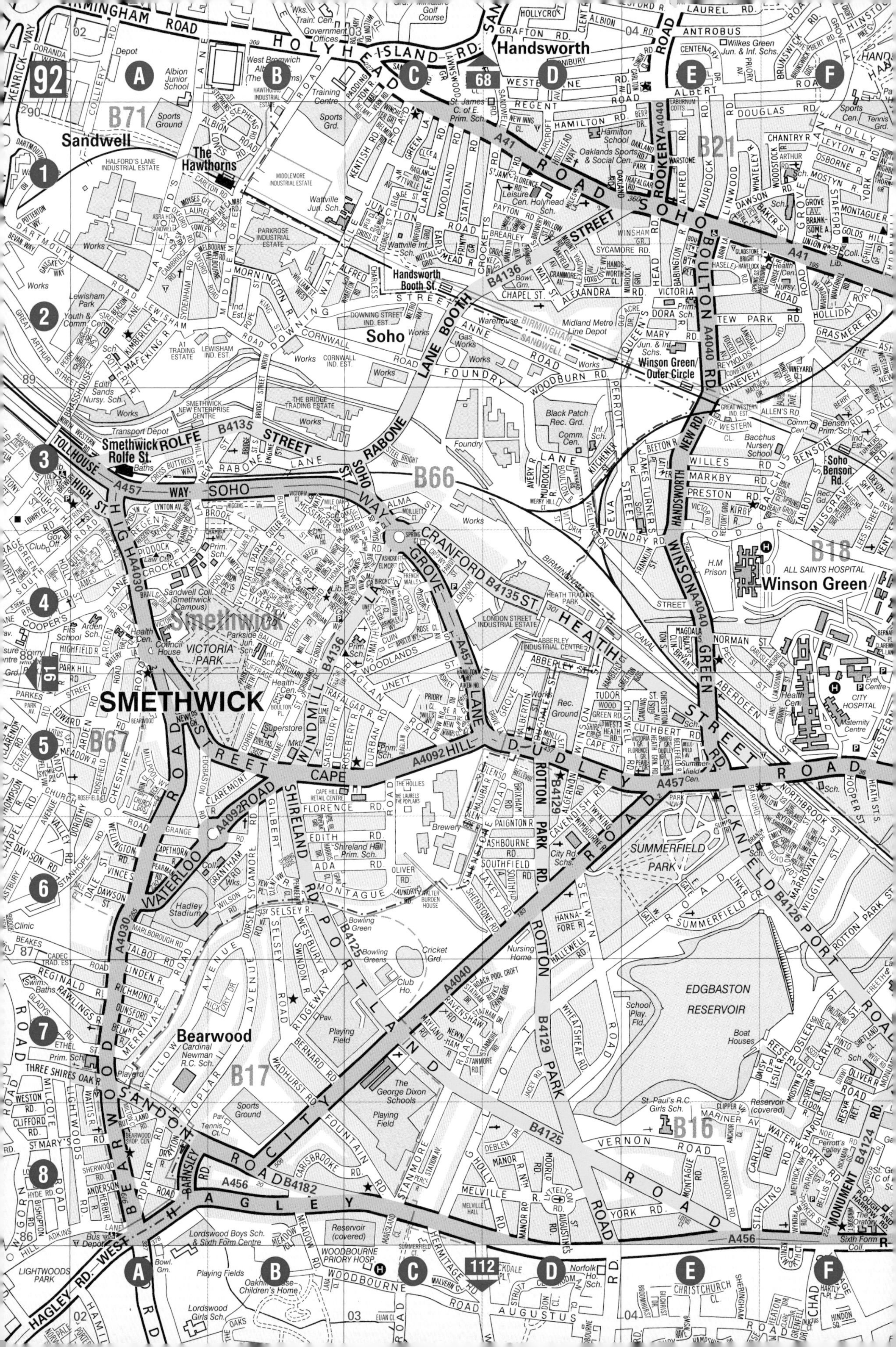
92
68
91
112
A
B
C
D
E
F
1
2
3
4
5
6
7
8
B71
B21
B66
B18
B67
B17
B16
Handsworth
Sandwell
The Hawthorns
Soho
Winson Green
SMETHWICK
Smethwick
Bearwood
BIRMINGHAM ROAD
HOLYHEAD ROAD
A41
SOHO ROAD
SOHO WAY
A457
B4135
B4136
A4030
A4040
A4092
B4125
B4129
B4126
B4182
A456
B4124
HAGLEY ROAD
HAGLEY RD. WEST
CITY ROAD
DUDLEY ROAD
ROLFE STREET
HIGH ST.
CAPE STREET
WINSON GREEN RD.
HANDSWORTH NEW RD.
BOULTON RD.
ICKNIELD PORT ROAD
PORTLAND ROAD
ROTTON PARK RD.
BEARWOOD ROAD
WATERLOO ROAD
VICTORIA PARK
SUMMERFIELD PARK
EDGBASTON RESERVOIR
Hadley Stadium
Smethwick Rolfe St.
Handsworth Booth St.
Winson Green/ Outer Circle
H.M Prison
ALL SAINTS HOSPITAL
CITY HOSPITAL
West Bromwich Albion (The Hawthorns)
LIGHTWOODS PARK
Lordswood Boys Sch. & Sixth Form Centre
WOODBOURNE PRIORY HOSP.
The George Dixon Schools
Cardinal Newman R.C. Sch.
St. Paul's R.C. Girls Sch.
Black Patch Rec. Grd.
Shireland Hall Prim. Sch.
Halford's Lane Industrial Estate
Middlemore Industrial Estate
Parkrose Industrial Estate
The Bridge Trading Estate
Smethwick New Enterprise Centre
Heath Trading Park
London Street Industrial Estate
Abberley Industrial Centre
Downing Street Ind. Est.
Great Western Ind. Est.

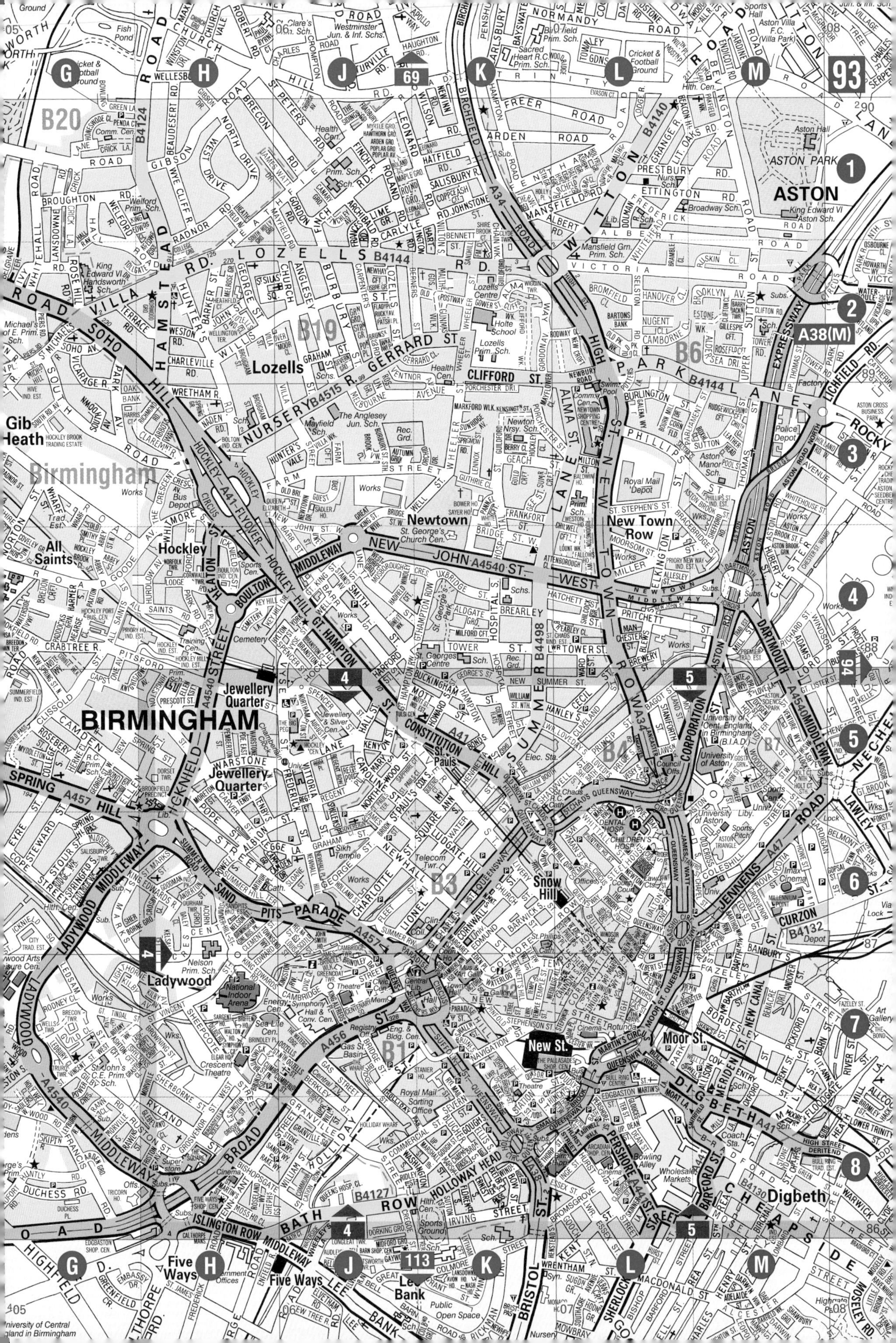

93
G
H
J
K
L
M
69
1
2
3
4
5
6
7
8
4
5
94
4
5
113
B20
B19
B6
B4
B7
B3
B1
ASTON
ASTON PARK
Aston Hall
King Edward VI Aston Sch.
A38(M)
ASTON EXPRESSWAY
Lozells
LOZELLS RD.
B4144
Gib Heath
Birmingham
All Saints
Hockley
Newtown
New Town Row
BIRMINGHAM
Jewellery Quarter
St. Pauls
Snow Hill
Ladywood
National Indoor Arena
New St.
Moor St.
Digbeth
Five Ways
Lee Bank
University of Aston
University of Cent. England in Birmingham (B.I.A.D.)
Royal Mail Depot
Royal Mail Sorting Office
HOCKLEY CIRCUS
A41 FLYOVER
A34
A4540
A457
A456
A47
A41
A38
B4140
B4515
B4498
B4127
B4132
B4130
SOHO HILL
VILLA ROAD
HAMSTEAD ROAD
WITTON ROAD
PARK LANE
NURSERY R.
GERRARD ST
CLIFFORD ST.
NEW JOHN ST. WEST
MIDDLEWAY
GT. HAMPTON ST.
CONSTITUTION HILL
SUMMER LANE
NEW TOWN ROW
CORPORATION ST.
DARTMOUTH MIDDLEWAY
JENNENS ROAD
CURZON ST.
SPRING HILL
LADYWOOD MIDDLEWAY
SAND PITS PARADE
BROAD ST.
ISLINGTON ROW
BATH ROW
HOLLOWAY HEAD
BRISTOL ST.
PERSHORE ST.
DIGBETH
DERITEND
CHEAPSIDE
MOAT LA.
SMALLBROOK QUEENSWAY
ST. CHADS QUEENSWAY
JAMES WATT QUEENSWAY
MOOR ST. QUEENSWAY
STEPHENSON ST.
Bull Ring Centre
The Pallasades Shop. Cen.
Central Lib.
Symphony Hall & Conv. Cen.
Telecom Twr.
Gas St. Basin
Crescent Theatre
Sea Life Cen.
Wholesale Markets
Hockley Brook Trading Estate
405
University of Central England in Birmingham

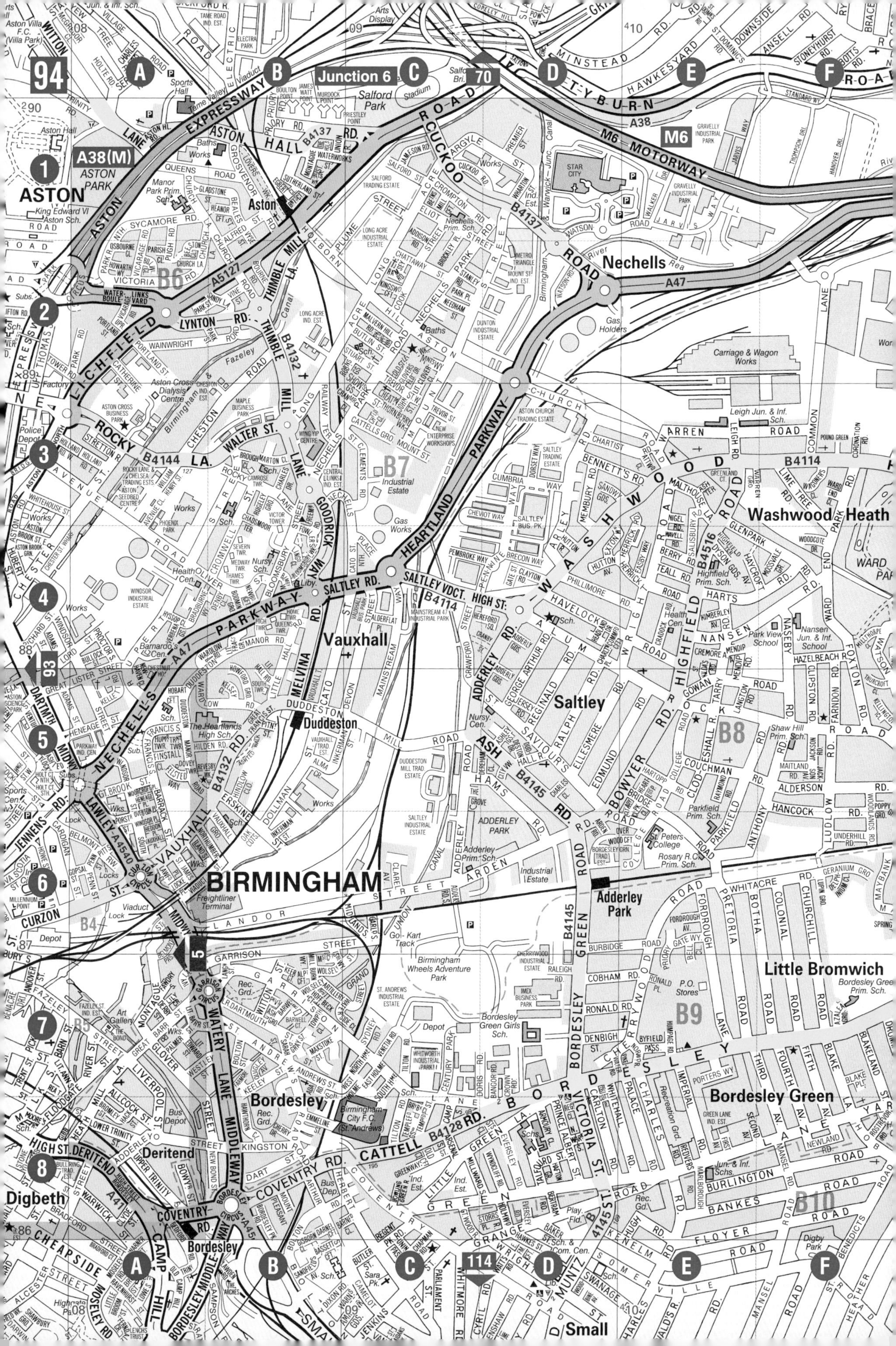
94
93
70
114
5
A B C D E F
1 2 3 4 5 6 7 8
Junction 6
A38(M)
M6
M6 MOTORWAY
TYBURN
A38
A47
A5127
A4540
A45
B4137
B4132
B4144
B4114
B4145
B4516
B4128
4145
B6
B7
B8
B9
B10
B5
B4
ASTON
ASTON PARK
Aston Hall
Aston Villa F.C. (Villa Park)
Aston
Nechells
Washwood Heath
WARD END PARK
Saltley
Vauxhall
Duddeston
BIRMINGHAM
Bordesley
Deritend
Digbeth
Adderley Park
Little Bromwich
Bordesley Green
Small
Salford Park
Stadium
Arts Display
STAR CITY
GRAVELLY INDUSTRIAL PARK
Carriage & Wagon Works
Gas Holders
Gas Works
Industrial Estate
Leigh Jun. & Inf. Sch.
Highfield Prim. Sch.
Nansen Jun. & Inf. School
Park View School
Shaw Hill Prim. Sch.
Parkfield Prim. Sch.
St. Peters College
Rosary R.C. Prim. Sch.
ADDERLEY PARK
Adderley Prim. Sch.
Freightliner Terminal
Birmingham Wheels Adventure Park
Go-Kart Track
Bordesley Green Girls Sch.
Birmingham City F.C. (St. Andrews)
Art Gallery
Bus Depot
Digby Park
Bordesley Green Prim. Sch.
The Heartlands High Sch.
Windsor Industrial Estate
Aston Cross Dialysis Centre
Maple Business Park
Nechells Prim. Sch.
Manor Park Prim. Sch.
King Edward VI Aston Sch.
EXPRESSWAY
ASTON EXPRESSWAY
LICHFIELD RD.
ROCKY LA.
PARKWAY
NECHELLS PARKWAY
HEARTLAND PARKWAY
SALTLEY RD.
SALTLEY VDCT.
HIGH ST.
WASHWOOD HEATH ROAD
WARREN ROAD
ALUM ROCK ROAD
HIGHFIELD RD.
BORDESLEY GREEN
COVENTRY RD.
CATTELL RD.
GREEN LANE
WATERY LANE
MIDDLEWAY
LAWLEY MIDDLEWAY
VAUXHALL
GARRISON
LANDOR STREET
ARDEN RD.
CURZON ST.
CURZON CIRCLE
HIGH ST. DERITEND
CHEAPSIDE
CAMP HILL
BORDESLEY MIDDLEWAY
BORDESLEY CIRCUS
GARRISON CIRCUS
MINSTEAD RD.
HAWKESYARD
STANDARD WY.
CUCKOO ROAD
ASTON HALL RD.
THIMBLE MILL LA.
MELVINA RD.
GOODRICK WAY
DUDDESTON MILL ROAD
ASH HAMS RD.
BOWYER RD.
MUNTZ ST.
VICTORIA ST.
SOMERVILLE RD.
BANKES ROAD
FLOYER ROAD
BURLINGTON ROAD
COBHAM RD.
BURBIDGE ROAD
RONALD RD.
WHITACRE RD.
PRETORIA ROAD
BOTHA ROAD
COLONIAL ROAD
CHURCHILL ROAD

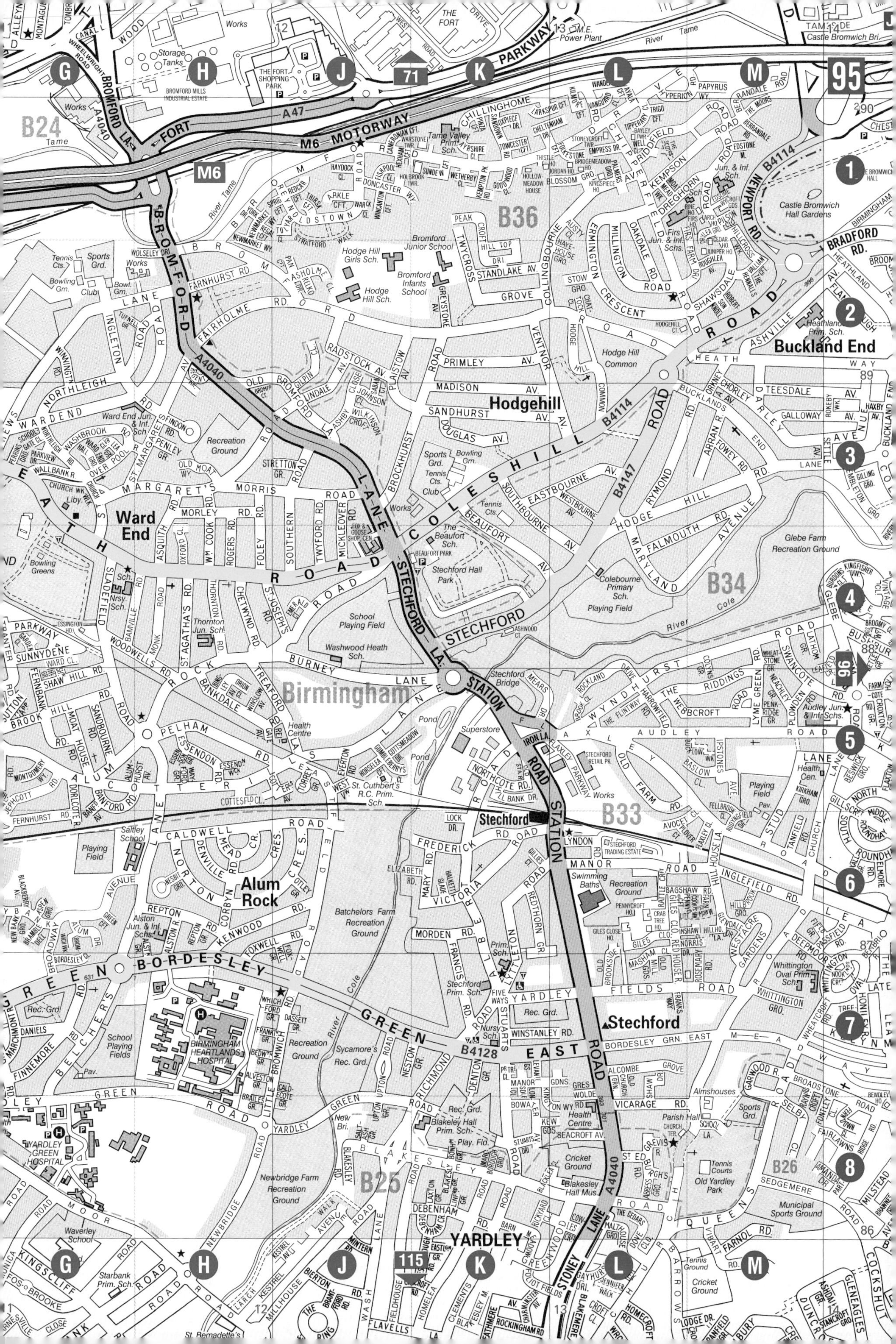

95
71
96
115
G
H
J
K
L
M
1
2
3
4
5
6
7
8
B24
B36
B34
B33
B25
B26
Works
Storage Tanks
Bromford Mills Industrial Estate
The Fort Shopping Park
The Fort
M.E. Power Plant
River Tame
Castle Bromwich Bri.
Parkway
Fort Parkway
A47
M6 Motorway
M6
Bromford La.
A4040
Wheelwright Road
Tame Valley Prim. Sch.
Chillinghome
Papyrus Wy.
Hyperion
Kempson
Dreghorn
Newport Rd.
B4114
Castle Bromwich Hall Gardens
Bradford Rd.
Heathland Av.
Heathland Prim. Sch.
Buckland End
Hodge Hill Common
Hodgehill
B36
Bromford Road
Bromford Junior School
Bromford Infants School
Hodge Hill Girls Sch.
Hodge Hill Sch.
Peak Croft
Hill Top
Twycross
Standlake Av.
Grove
Collingbourne
Millington
Oakdale Rd.
Ermington Crescent
Firs Jun. & Inf. Schs.
Jun. & Inf. Sch.
Ashsville
Heath Way
Primley Av.
Madison Av.
Sandhurst Av.
Douglas Av.
Ventnor
Coleshill Road
B4147
Bucklands End
Teesdale Av.
Galloway Av.
Chorley Av.
Arran Rd.
Fowey Rd.
Rymond Hill
Hodge Hill
Falmouth Rd.
Maryland Av.
Colebourne Primary Sch.
Playing Field
Glebe Farm Recreation Ground
River Cole
Tennis Cts.
Sports Grd.
Bowling Grn.
Club
Bowl. Grn.
Farnhurst Rd.
Wolseley Dri.
Fairholme Rd.
Ingleton Road
Winnington Rd.
Northleigh
Wardend
Ward End Jun. & Inf. Sch.
Recreation Ground
Washbrook
Wallbank Rd.
Church Wk.
Liby.
Margaret's
Morris Road
Morley Rd.
Ward End
Washwood Heath Road
Bowling Greens
Sladefield
Sch.
Nrsy. Sch.
Thornton Jun. Sch.
St. Agatha's Rd.
Chetwynd Rd.
St. Joseph's
School Playing Field
Washwood Heath Sch.
Burney Lane
Stechford Lane
Stechford Hall Park
The Beaufort Sch.
Beaufort Park
Southbourne
Eastbourne Av.
Westbourne Av.
Beaufort Av.
Stechford
Old Bromford La.
Radstock Av.
Lindale
Plaistow Av.
Brockhurst
Stretton Gr.
Parkway
Sunnydene
Ward Cl.
Shaw Hill Rd.
Fernbank
Brook Hill
Moat House Rd.
Sandbourne
Woodwells Rd.
Rock Rd.
Bankdale
Treaford La.
Birmingham
Pelham
Essendon
Alum Rock Rd.
Cottesfield Cl.
Health Centre
Pond
Superstore
Station Road
Stechford Bridge
Mears Dr.
Rockland Drive
Wyndhurst Road
The Flintway
Harrowfield
The Webbcroft
Lyme Green Rd.
Riddings
Swancote Rd.
Audley Road
Audley Jun. & Inf. Schs.
Iron La.
Flaxley Parkway
Stechford Retail Pk.
Old Farm Rd.
Baslow Cl.
Ipstones Av.
Playing Field
Pav.
Health Cen.
Kirkham Gro.
North Roundhay
South Roundhay
Church Rd.
Stud
Northcote Rd.
Stechford
Everton Rd.
Horsella
St. Cuthbert's R.C. Prim. Sch.
Fernhurst Rd.
Banford Rd.
Montgomery
Jephcott
Saltley School
Playing Field
Caldwell
Norton
Denville
Alum Rock
Alum Rock Road
Saltley Lane
Lock Dr.
Frederick Rd.
Victoria Road
Elizabeth Rd.
Mary Rd.
Morden Rd.
Francis Rd.
Lyndon
Stechford Trading Estate
Manor Road
Swimming Baths
Recreation Ground
Inglefield Rd.
Bagshaw Rd.
Giles Clo.
Redthorn Gr.
Lyttleton
Prim. Sch.
Batchelors Farm Recreation Ground
Repton
Kenwood
Alston Jun. & Inf. Schs.
Foxwell Rd.
Bordesley Green
Bordesley Green East
B4128
Rec. Grd.
School Playing Fields
Birmingham Heartlands Hospital
Daniels
Finnemore
Belchers
Pav.
Yardley Green Road
Yardley Green Hospital
Little Bromwich Road
Recreation Ground
Sycamore's Rec. Grd.
River Cole
Five Ways
Stechford Prim. Sch.
Nursy. Sch.
Winstanley Rd.
Fields Road
Whittington Oval Prim. Sch.
Whittington Gro.
Deepmoor Rd.
Stechford
Stechford Road
Alcombe Grove
Vicarage Rd.
Almshouses
Parish Hall
Sports Grd.
Broadstone Road
Meadway
Richmond Rd.
Blakeley Hall Prim. Sch.
Play. Fld.
Rec. Grd.
Health Centre
Seacroft Av.
Cricket Ground
Blakesley Hall Mus.
Blakesley Road
St. Edburgh's Rd.
Church Rd.
Tennis Courts
Old Yardley Park
Sedgemere
Municipal Sports Ground
Queens Road
Farnol Rd.
Tennis Ground
Cricket Ground
Newbridge Farm Recreation Ground
Waverley School
Kingscliff
Fos-Brooke
Starbank Prim. Sch.
Moor End
Newbridge Road
Yardley
Debenham
Rockingham Rd.
Flavells
Stoney Lane
A4040
Blakemere
Gayhurst Dri.
Homecroft Rd.
Barrows
Lodge Dr.
Cockshut
Gleneagles
Duncroft
St. Bernadette's
12
13
14
86
87
88
89
90

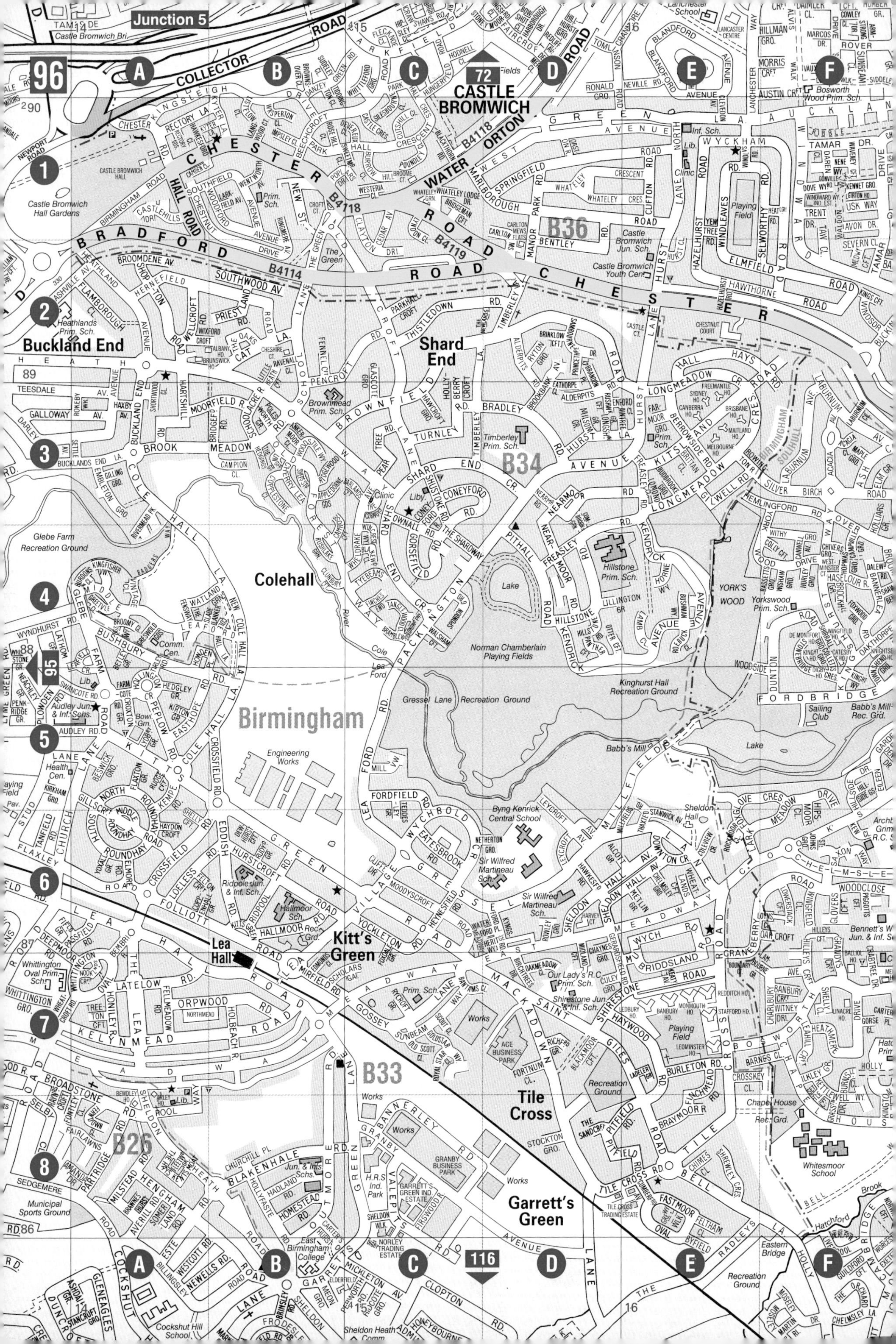
96
Junction 5
Castle Bromwich Bri.
COLLECTOR ROAD
A
B
C
D
E
F
72
CASTLE BROMWICH
Castle Bromwich Hall Gardens
CASTLE BROMWICH HALL
CHESTER ROAD
B4118
WATER ORTON ROAD
B4118
B4119
BRADFORD ROAD
B4114
1
2
3
4
5
6
7
8
Buckland End
Heathlands Prim. Sch.
HEATH
89
Shard End
Brownmead Prim. Sch.
Timberley Prim. Sch.
B34
B36
Castle Bromwich Jun. Sch.
Castle Bromwich Youth Cen.
Inf. Sch.
Lib.
Clinic
Playing Field
Lancaster Centre
Bosworth Wood Prim. Sch.
Hillstone Prim. Sch.
YORK'S WOOD
Yorkswood Prim. Sch.
Glebe Farm Recreation Ground
Colehall
Lake
Norman Chamberlain Playing Fields
Kinghurst Hall Recreation Ground
Gressel Lane Recreation Ground
Babb's Mill
Lake
Sailing Club
Babb's Mill Rec. Grd.
Birmingham
BIRMINGHAM
SOLIHULL
Engineering Works
River Cole
Lea Ford
Comm. Cen.
Audley Jun. & Inf. Schs.
Health Cen.
95
Byng Kenrick Central School
Sir Wilfred Martineau Sch.
Sheldon Hall
Ridpool Jun. & Inf. Sch.
Hallmoor Sch.
Kitt's Green
Lea Hall
Whittington Oval Prim. Sch.
Prim. Sch.
Our Lady's R.C. Prim. Sch.
Shirestone Jun. & Inf. Sch.
Bennett's Well Jun. & Inf. Sch.
Works
ACE BUSINESS PARK
B33
Tile Cross
Recreation Ground
Chapel House Rec. Grd.
Whitesmoor School
B26
Municipal Sports Ground
Jun. & Inf. Schs.
H.R.S. Ind. Park
GARRETT'S GREEN IND. ESTATE
GRANBY BUSINESS PARK
Garrett's Green
TILE CROSS TRADING ESTATE
East Birmingham College
NORLEY TRADING ESTATE
116
Eastern Bridge
Recreation Ground
Cockshut Hill School
Sheldon Heath Comm.
14
15
16
87
88
86
90

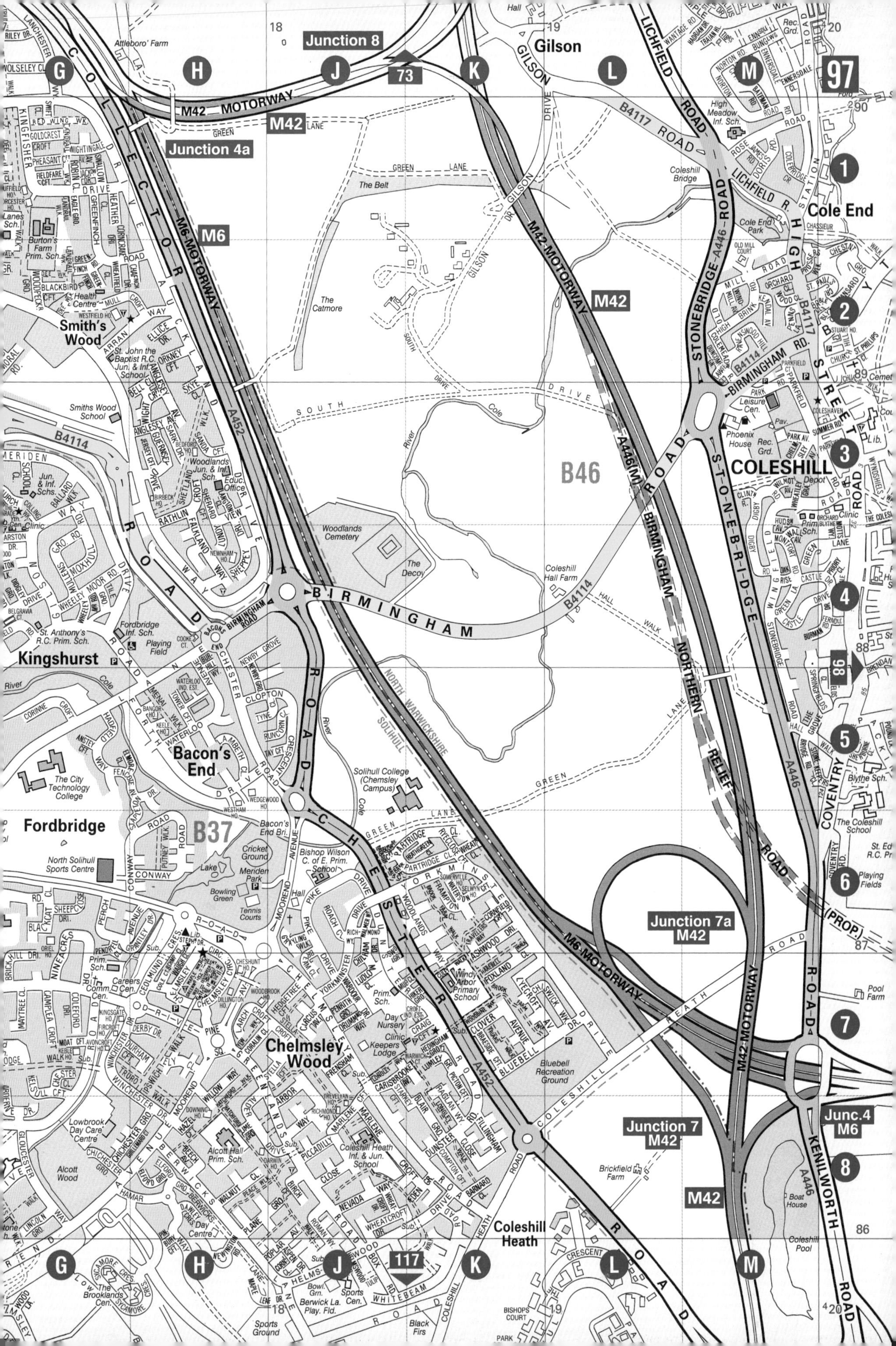

97
Junction 8
73
Junction 4a
Junction 7a M42
Junction 7 M42
Junc.4 M6
M42 MOTORWAY
M6 MOTORWAY
M42
M6
A452
A446
A446(M)
B4114
B4117
B46
B37
Gilson
Cole End
COLESHILL
Smith's Wood
Kingshurst
Bacon's End
Fordbridge
Chelmsley Wood
Coleshill Heath
Attleboro' Farm
The Belt
The Catmore
Woodlands Cemetery
The Decoy
Coleshill Hall Farm
Solihull College (Chemsley Campus)
NORTH WARWICKSHIRE
SOLIHULL
BIRMINGHAM NORTHERN RELIEF ROAD (PROP)
STONEBRIDGE ROAD
COLLECTOR ROAD
CHESTER ROAD
COLESHILL ROAD
COVENTRY ROAD
KENILWORTH ROAD
LICHFIELD ROAD
HIGH STREET
BIRMINGHAM ROAD
GREEN LANE
HEATH ROAD
Cole End Park
Coleshill Bridge
High Meadow Inf. Sch.
Leisure Cen.
Phoenix House
Rec. Grd.
The Coleshill School
Blythe Sch.
Playing Fields
Pool Farm
Brickfield Farm
Boat House
Coleshill Pool
Bluebell Recreation Ground
Windy Arbor Primary School
Bishop Wilson C. of E. Prim. School
Cricket Ground
Meriden Park
Bowling Green
Tennis Courts
Bacon's End Bri.
North Solihull Sports Centre
The City Technology College
Fordbridge Inf. Sch.
Playing Field
St. Anthony's R.C. Prim. Sch.
Smiths Wood School
St. John the Baptist R.C. Jun. & Inf. School
Burton's Farm Prim. Sch.
Woodlands Jun. & Inf. Sch.
Educ. Office
Alcott Hall Prim. Sch.
Alcott Wood
Lowbrook Day Care Centre
Coleshill Heath Inf. & Jun. School
Keepers Lodge
Day Nursery
The Brooklands Cen.
Berwick La. Play. Fld.
Sports Cen.
Sports Ground
Black Firs
117
98

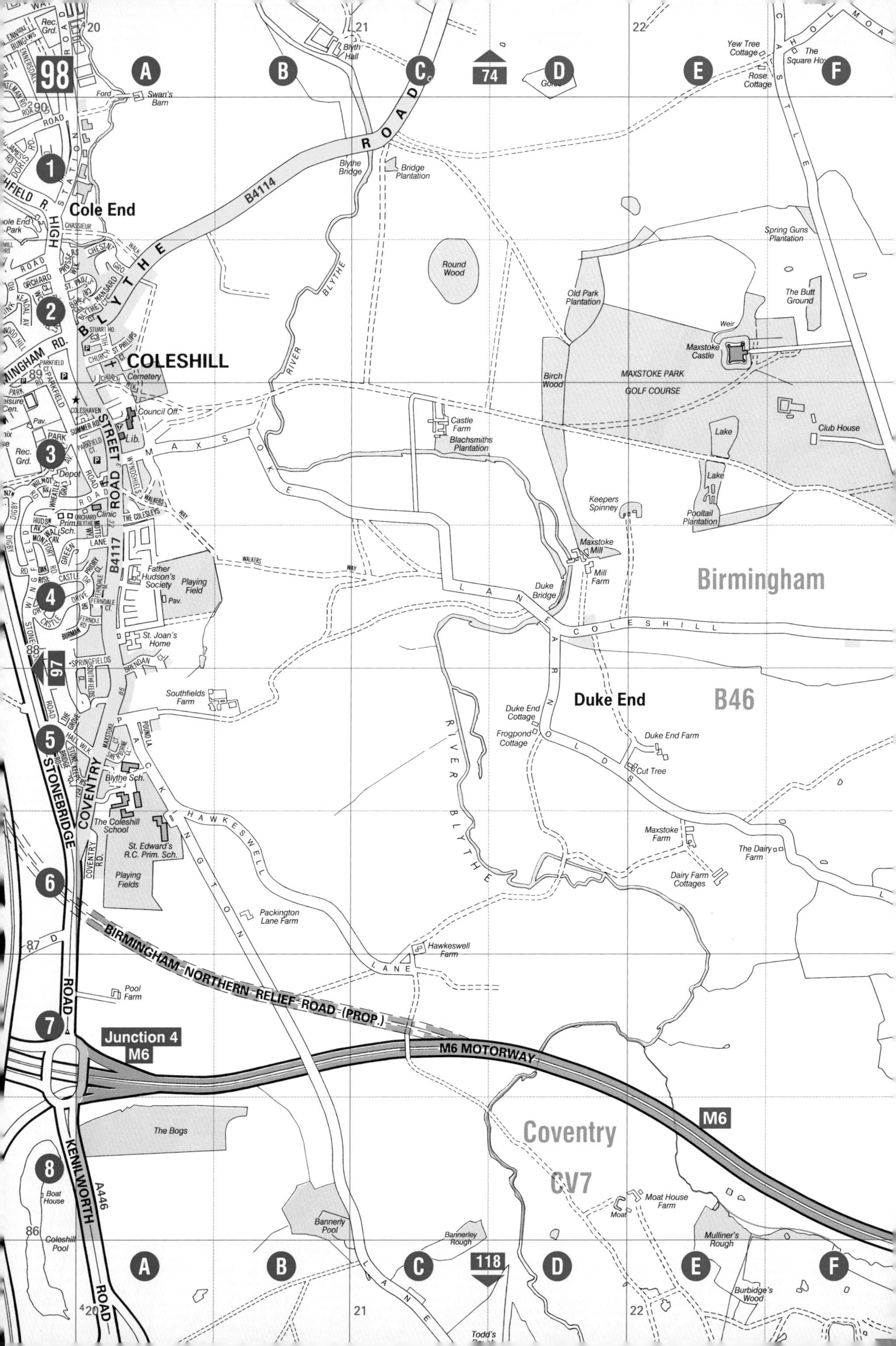

98
A
B
C
D
E
F
74
118
97
1
2
3
4
5
6
7
8
420
21
22
90
89
88
87
86
Cole End
COLESHILL
Duke End
Birmingham
B46
Coventry
CV7
B4114
B4117
A446
BLYTHE ROAD
MAXSTOKE LANE
COLESHILL
LANE
ARNOLDS LANE
PACKINGTON LANE
HAWKESWELL LANE
RIVER BLYTHE
CASTLE LANE
STONEBRIDGE ROAD
KENILWORTH ROAD
COVENTRY ROAD
HIGH STREET
STATION ROAD
BIRMINGHAM RD.
PARKFIELD ROAD
WALKERS WAY
BIRMINGHAM NORTHERN RELIEF ROAD (PROP.)
M6 MOTORWAY
M6
Junction 4
M6
Rec. Grd.
Swan's Barn
Ford
Blyth Hall
Blythe Bridge
Bridge Plantation
Yew Tree Cottage
Rose Cottage
The Square Ho
Round Wood
Spring Guns Plantation
The Butt Ground
Old Park Plantation
Weir
Maxstoke Castle
Birch Wood
MAXSTOKE PARK
GOLF COURSE
Club House
Lake
Lake
Pooltail Plantation
Keepers Spinney
Castle Farm
Blachsmiths Plantation
Maxstoke Mill
Mill Farm
Duke Bridge
Cemetery
Council Off.
Lib.
Depot
Clinic
Prim. Sch.
Father Hudson's Society
Playing Field
Pav.
St. Joan's Home
Southfields Farm
Blythe Sch.
The Coleshill School
St. Edward's R.C. Prim. Sch.
Playing Fields
Packington Lane Farm
Hawkeswell Farm
Pool Farm
Duke End Cottage
Frogpond Cottage
Duke End Farm
Cut Tree
Maxstoke Farm
The Dairy Farm
Dairy Farm Cottages
The Bogs
Boat House
Coleshill Pool
Bannerly Pool
Bannerley Rough
Moat House Farm
Moat
Mulliner's Rough
Burbidge's Wood
Todd's
Rec. Grd.
Pav.
Leisure Cen.
CHASSIEUR WALK
CHESTNUT GRO
PROSSERS WALK
ST. PAUL'S CT.
MANSARD CT.
ORCHARD
KENDAL AV.
STUART HO.
CHURCH HILL
ST. PHILLIPS CT.
CHURCH WLK.
COLESHAVEN
SUMMER RD.
PARKFIELD CT.
WYNDSHIELS
WHEATLEY GRA.
WILMOT
DIGBY
HUDSON AV.
MONTFORT
WALL AV.
ORCHARD BLYTHE
MITTS LANE
THE COLESLEYS
GREEN
PRIORY
CASTLE DR.
FERNDALE CT.
FERNDALE RD.
BURMAN
CASTLE DRIVE
SPRINGFIELDS
BRENDAN
POUND LA.
MAXSTOKE CT.
SHERBORNE
HALL WLK.
THE GROVE
COVENTRY RD.

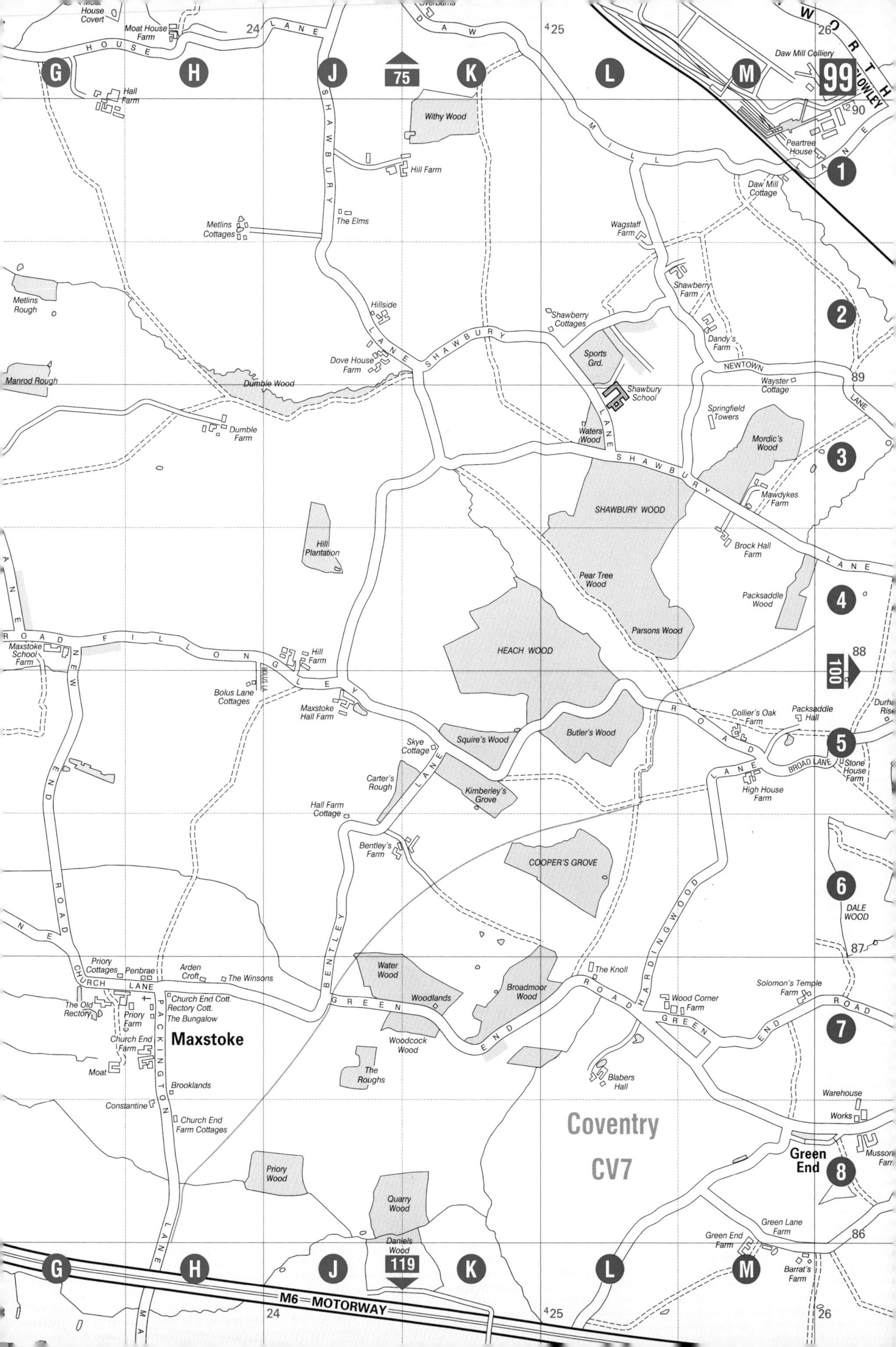

Moat House Covert
Moat House Farm
HOUSE LANE
DAW MILL LANE
Daw Mill Colliery
WHITACRE HEATH SLOWLEY
G
H
J
K
L
M
75
Hall Farm
Withy Wood
SHAWBURY LANE
Hill Farm
Peartree House
Daw Mill Cottage
Metlins Cottages
The Elms
Wagstaff Farm
Metlins Rough
Hillside
Shawberry Farm
Shawberry Cottages
Dandy's Farm
Dove House Farm
Sports Grd.
NEWTOWN LANE
Manrod Rough
Dumble Wood
Shawbury School
Wayster Cottage
Dumble Farm
Springfield Towers
Waters Wood
Mordic's Wood
Mawdykes Farm
SHAWBURY WOOD
Brock Hall Farm
Hill Plantation
Pear Tree Wood
Packsaddle Wood
Parsons Wood
FILLONGLEY ROAD
Maxstoke School Farm
NEW END ROAD
Hill Farm
HEACH WOOD
BOLUS LA
Bolus Lane Cottages
Maxstoke Hall Farm
Collier's Oak Farm
Packsaddle Hall
Durham Rise
Squire's Wood
Butler's Wood
BROAD LANE
Stone House Farm
Skye Cottage
Carter's Rough
Kimberley's Grove
High House Farm
Hall Farm Cottage
Bentley's Farm
COOPER'S GROVE
BENTLEY GREEN
HARDINGWOOD LANE
DALE WOOD
Priory Cottages
Penbrae
Arden Croft
The Winsons
The Knoll
Water Wood
Solomon's Temple Farm
CHURCH LANE
Woodlands
Broadmoor Wood
Wood Corner Farm
The Old Rectory
Church End Cott.
Rectory Cott.
The Bungalow
Priory Farm
Church End Farm
GREEN END ROAD
Maxstoke
Woodcock Wood
Moat
Blabers Hall
The Roughs
Brooklands
PACKINGTON LANE
Warehouse
Works
Constantine
Church End Farm Cottages
Coventry
CV7
Green End
Musson Farm
Priory Wood
Quarry Wood
Green Lane Farm
Daniels Wood
Green End Farm
Barrat's Farm
119
M6 MOTORWAY
MAXSTOKE LANE
24
425
26
90
89
88
87
86
1
2
3
4
5
6
7
8
100

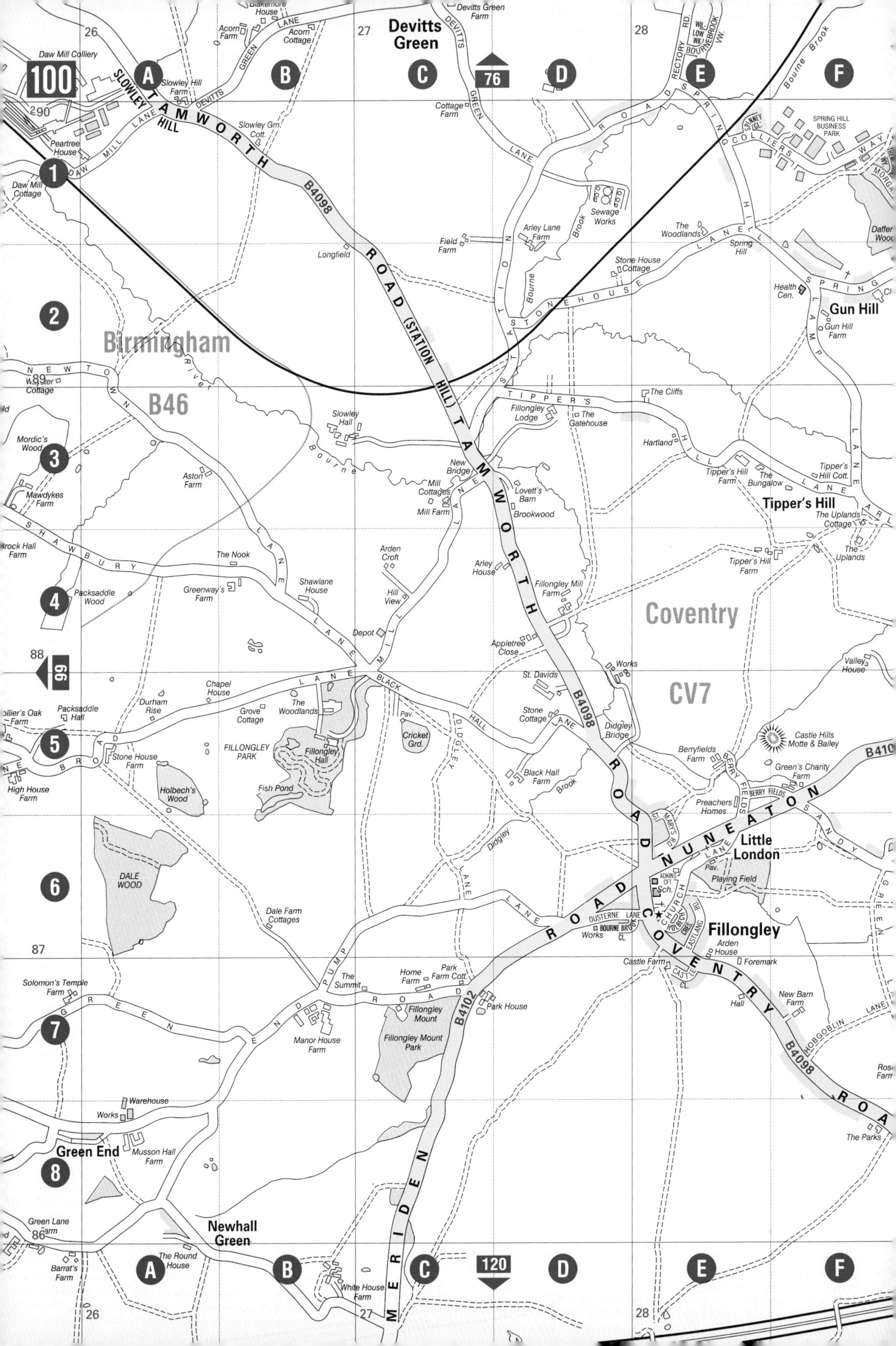
100
Daw Mill Colliery
A
B
C
D
E
F
26
27
28
Devitts Green
76
Blakemore House
Acorn Farm
Acorn Cottage
Devitts Green Farm
Slowley Hill Farm
SLOWLEY HILL
TAMWORTH
DEVITTS
GREEN LANE
LANE
Cottage Farm
RECTORY RD.
WILLOW WK.
BOURNEBROOK VW.
Bourne Brook
290
Peartree House
DAW MILL LANE
Slowley Grn. Cott.
SPINNEY CL.
SPRING HILL BUSINESS PARK
COLLIERS WAY
MORGAN
1
Daw Mill Cottage
B4098
Sewage Works
Arley Lane Farm
Brook
The Woodlands
Daffern Wood
Field Farm
Longfield
ROAD
Spring Hill
Stone House Cottage
Health Cen.
SPRING HILL
Bourne
STONEHOUSE
LANE
Gun Hill
Gun Hill Farm
2
STATION
Birmingham
(STATION HILL)
NEWTOWN
Weaver Cottage
89
B46
River
TIPPER'S
The Cliffs
Fillongley Lodge
The Gatehouse
Slowley Hall
Mordic's Wood
3
Bourne
New Bridge
Hartland
Tipper's Hill Farm
The Bungalow
Tipper's Hill Cott.
Aston Farm
Mill Cottages
Lovett's Barn
Brookwood
Mill Farm
Tipper's Hill
The Uplands Cottage
Mawdykes Farm
Brock Hall Farm
SHAWBURY
The Nook
Arden Croft
Arley House
The Uplands
Tipper's Hill Farm
4
Packsaddle Wood
Greenway's Farm
Shawlane House
Hill View
Fillongley Mill Farm
Coventry
Depot
88
99
Appletree Close
MILL LANE
LANE
Works
Valley House
Collier's Oak Farm
Packsaddle Hall
Durham Rise
Chapel House
Grove Cottage
The Woodlands
BLACK HALL
St. Davids
CV7
5
Pav.
Cricket Grd.
DIDGLEY
Stone Cottage
Didgley Bridge
Castle Hills Motte & Bailey
Stone House Farm
FILLONGLEY PARK
Fillongley Hall
Berryfields Farm
Green's Charity Farm
B4102
High House Farm
Holbech's Wood
Fish Pond
Black Hall Farm
Brook
BERRY FIELDS
Preachers Homes
NUNEATON
ST. MARY'S RD.
Didgley
Little London
SANDY
DALE WOOD
6
ADKINS CFT.
Sch.
Pav.
Playing Field
CHURCH LANE
GREEN
Dale Farm Cottages
OUSTERNE LANE
BOURNE BROOK CL.
Works
HOLBECH CRES.
EASTLANG RD.
Fillongley
87
Arden House
Castle Farm
Foremark
CASTLE CL.
COVENTRY
Solomon's Temple Farm
The Summit
Home Farm
Park Farm Cott.
PUMP
Park House
Hall
New Barn Farm
HOBGOBLIN LANE
GREEN END ROAD
Fillongley Mount
7
Manor House Farm
Fillongley Mount Park
Rose Farm
Warehouse
Works
Green End
Musson Hall Farm
The Parks
8
MERIDEN
Green Lane Farm
86
Newhall Green
The Round House
120
Barrat's Farm
White House Farm

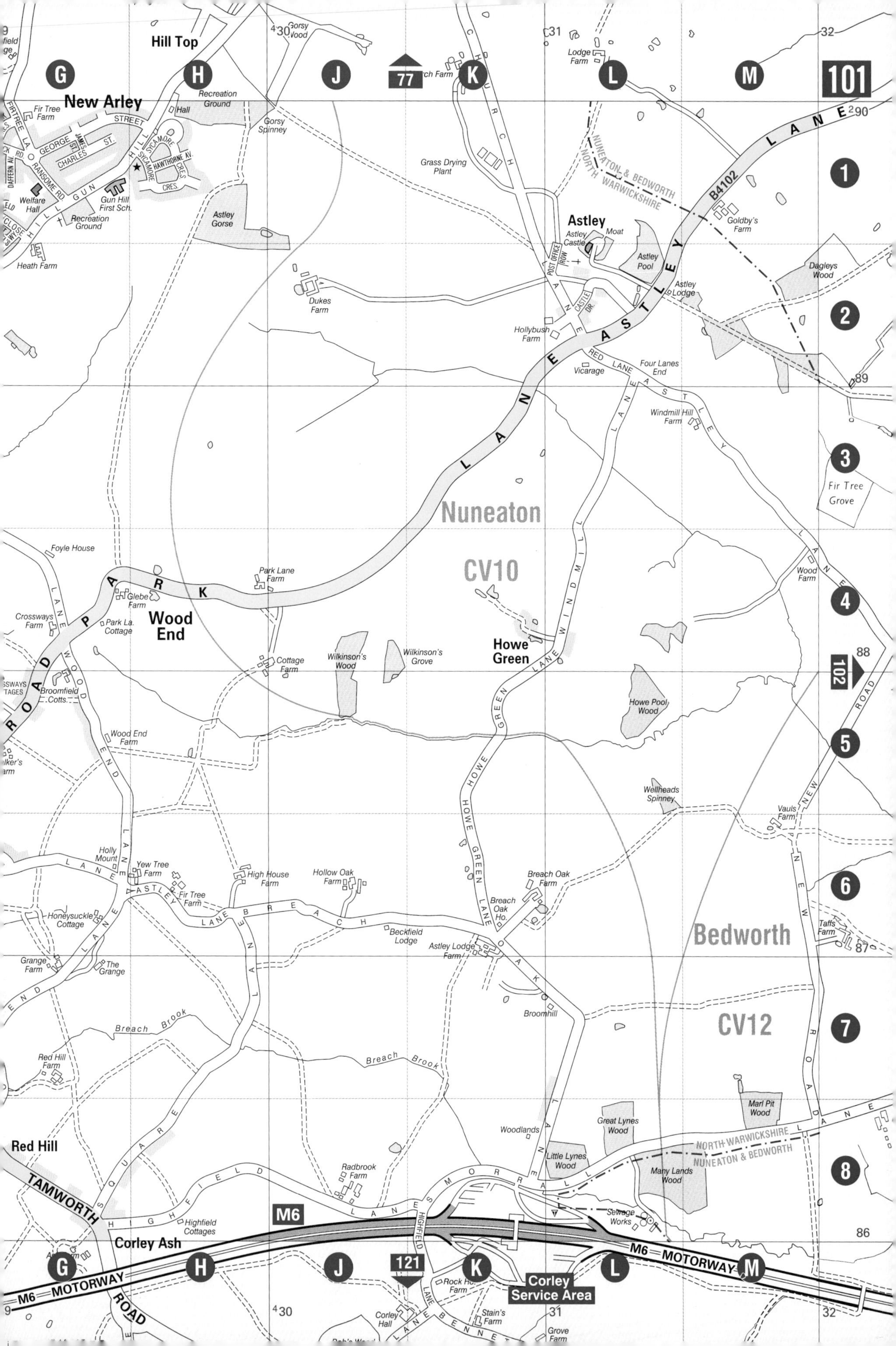

Hill Top
Gorsy Wood
New Arley
Fir Tree Farm
Recreation Ground
Hall
Gorsy Spinney
Church Farm
Lodge Farm
77
Grass Drying Plant
George St.
James St.
Charles St.
Street
Firtree La.
Ransome Rd.
Dafern Av.
Sycamore
Hawthorne Av.
Hawthorne Cres.
Cres.
Gun Hill
Gun Hill First Sch.
Welfare Hall
Recreation Ground
Heath Farm
Astley Gorse
NUNEATON & BEDWORTH
NORTH WARWICKSHIRE
B4102
Astley Lane
Goldby's Farm
Astley
Astley Castle
Moat
Post Office Row
Astley Pool
Astley Lodge
Castle Dr.
Church Lane
Dagleys Wood
Dukes Farm
Hollybush Farm
Red Lane
Four Lanes End
Vicarage
Windmill Hill Farm
Astley Lane
Fir Tree Grove
Nuneaton
CV10
Foyle House
Park Lane Farm
Glebe Farm
Park Lane
Wood End
Crossways Farm
Park La. Cottage
Wood Farm
Windmill Lane
Howe Green
Wilkinson's Wood
Wilkinson's Grove
Cottage Farm
Broomfield Cotts.
Crossways Cottages
Road
Wood End Lane
Wood End Farm
Howe Pool Wood
102
New Road
Wellheads Spinney
Vauls Farm
Howe Green Lane
Holly Mount
Yew Tree Farm
High House Farm
Hollow Oak Farm
Breach Oak Farm
Fir Tree Farm
Astley Lane
Breach Lane
Honeysuckle Cottage
Beckfield Lodge
Breach Oak Ho.
Astley Lodge Farm
Oak Lane
Bedworth
Taffs Farm
Grange Farm
The Grange
End Lane
Broomhill
CV12
Breach Brook
Red Hill Farm
Marl Pit Wood
Great Lynes Wood
Woodlands
Red Hill
Square Lane
Radbrook Farm
Little Lynes Wood
Many Lands Wood
Highfield Lane
Morrall Lane
Tamworth Road
M6
Highfield Cottages
Sewage Works
Corley Ash
Highfield
M6 Motorway
121
Rock Ho. Farm
Corley Service Area
Corley Hall
Bennetts Lane
Stain's Farm
Grove Farm
Corley Moor Lane
430
31
32
290
89
88
87
86

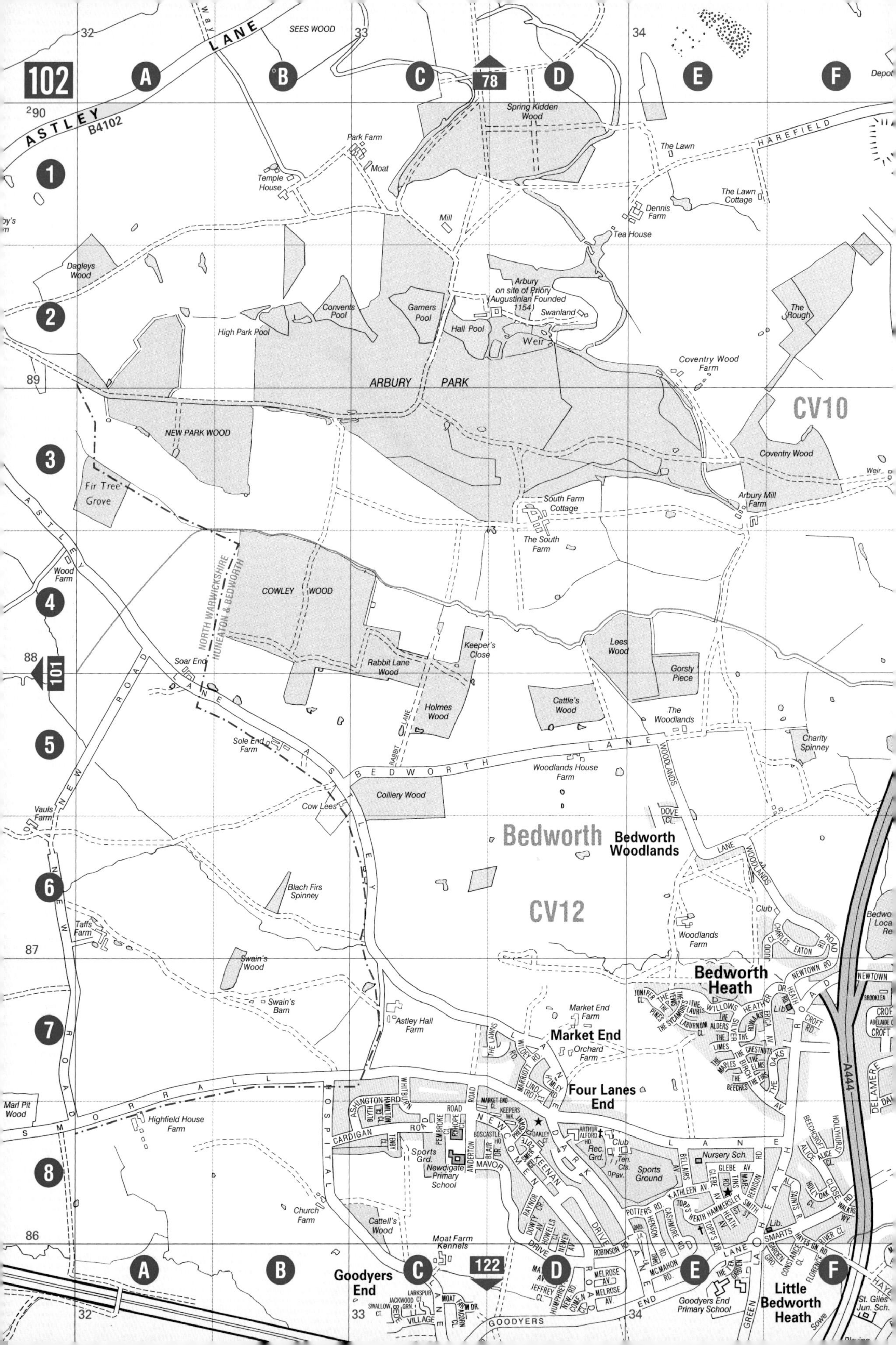

ASTLEY LANE
B4102
SEES WOOD
Spring Kidden Wood
Park Farm
Moat
Temple House
Mill
HAREFIELD
The Lawn
The Lawn Cottage
Dennis Farm
Tea House
Dagleys Wood
Arbury on site of Priory (Augustinian Founded 1154)
Convents Pool
Garners Pool
Hall Pool
Swanland
Weir
High Park Pool
The Rough
Coventry Wood Farm
ARBURY PARK
CV10
NEW PARK WOOD
Coventry Wood
Fir Tree Grove
South Farm Cottage
Arbury Mill Farm
The South Farm
Wood Farm
COWLEY WOOD
NORTH WARWICKSHIRE
NUNEATON & BEDWORTH
Keeper's Close
Lees Wood
Soar End
Rabbit Lane Wood
Gorsty Piece
Holmes Wood
Cattle's Wood
The Woodlands
Sole End Farm
Charity Spinney
BEDWORTH LANE
RABBIT LANE
Woodlands House Farm
Colliery Wood
Vauls Farm
Cow Lees
DOVE CL.
Bedworth
Bedworth Woodlands
Blach Firs Spinney
CV12
Taffs Farm
Woodlands Farm
Club
Swain's Wood
Bedworth Heath
Swain's Barn
Astley Hall Farm
Market End Farm
Market End
Orchard Farm
Four Lanes End
Marl Pit Wood
Highfield House Farm
SMORRALL LANE
NEW ROAD
HOSPITAL LANE
Sports Grd.
Newdigate Primary School
Rec. Grd.
Sports Ground
Nursery Sch.
Church Farm
Cattell's Wood
Moat Farm Kennels
Goodyers End
Goodyers End Primary School
Little Bedworth Heath
GOODYERS END LANE
A444
St. Giles Jun. Sch.
Lib.

78
101
122

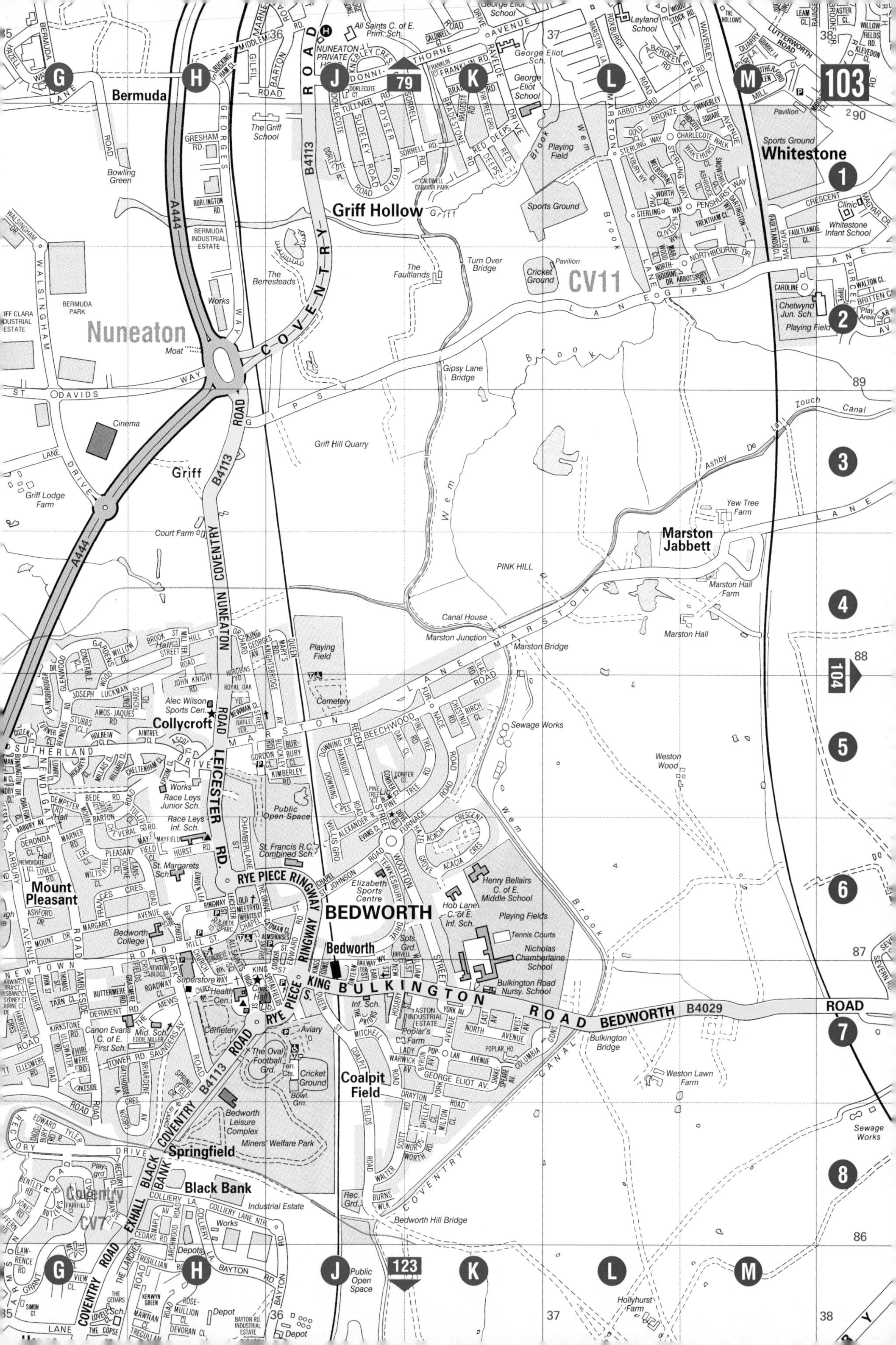

103
79
104
123
Bermuda
Nuneaton
Griff Hollow
Griff
Whitestone
Marston Jabbett
Collycroft
BEDWORTH
Mount Pleasant
Coalpit Field
Springfield
Black Bank
CV11
CV7
A444
B4113
B4029
COVENTRY
COVENTRY ROAD
NUNEATON ROAD
LEICESTER RD.
GIPSY LANE
MARSTON LANE
BULKINGTON ROAD
BEDWORTH ROAD
RYE PIECE RINGWAY
ST. DAVIDS WAY
Ashby De La Zouch Canal
COVENTRY CANAL
Wem Brook
Griff Brook
All Saints C. of E. Prim. Sch.
Nuneaton Private Hospl.
George Eliot School
George Eliot Sch.
Leyland School
The Griff School
Bowling Green
Bermuda Industrial Estate
Bermuda Park
Works
Moat
Cinema
Griff Lodge Farm
Court Farm
Griff Hill Quarry
The Berresteads
The Faultlands
Turn Over Bridge
Cricket Ground
Pavilion
Playing Field
Sports Ground
Clinic
Whitestone Infant School
Chetwynd Jun. Sch.
Gipsy Lane Bridge
Yew Tree Farm
PINK HILL
Marston Hall Farm
Marston Hall
Canal House
Marston Junction
Marston Bridge
Cemetery
Sewage Works
Weston Wood
Alec Wilson Sports Cen.
Race Leys Junior Sch.
Race Leys Inf. Sch.
Public Open Space
St. Francis R.C. Combined Sch.
St. Margarets Sch.
Elizabeth Sports Centre
Henry Bellairs C. of E. Middle School
Hob Lane C. of E. Inf. Sch.
Playing Fields
Tennis Courts
Nicholas Chamberlaine School
Bulkington Road Nursy. School
Bedworth College
Superstore
Health Cen.
Civic Hall
Lib.
Canon Evans C. of E. First Sch.
Mid. Sch.
The Oval Football Grd.
Cricket Ground
Aviary
Bowl. Grn.
Bedworth Leisure Complex
Miners' Welfare Park
Aston Industrial Estate
Poplar's Farm
Bulkington Bridge
Weston Lawn Farm
Sewage Works
Bedworth Hill Bridge
Industrial Estate
Depots
Depot
Bayton Rd. Industrial Estate
Hollyhurst Farm
Inf. Sch.
Rec. Grd.

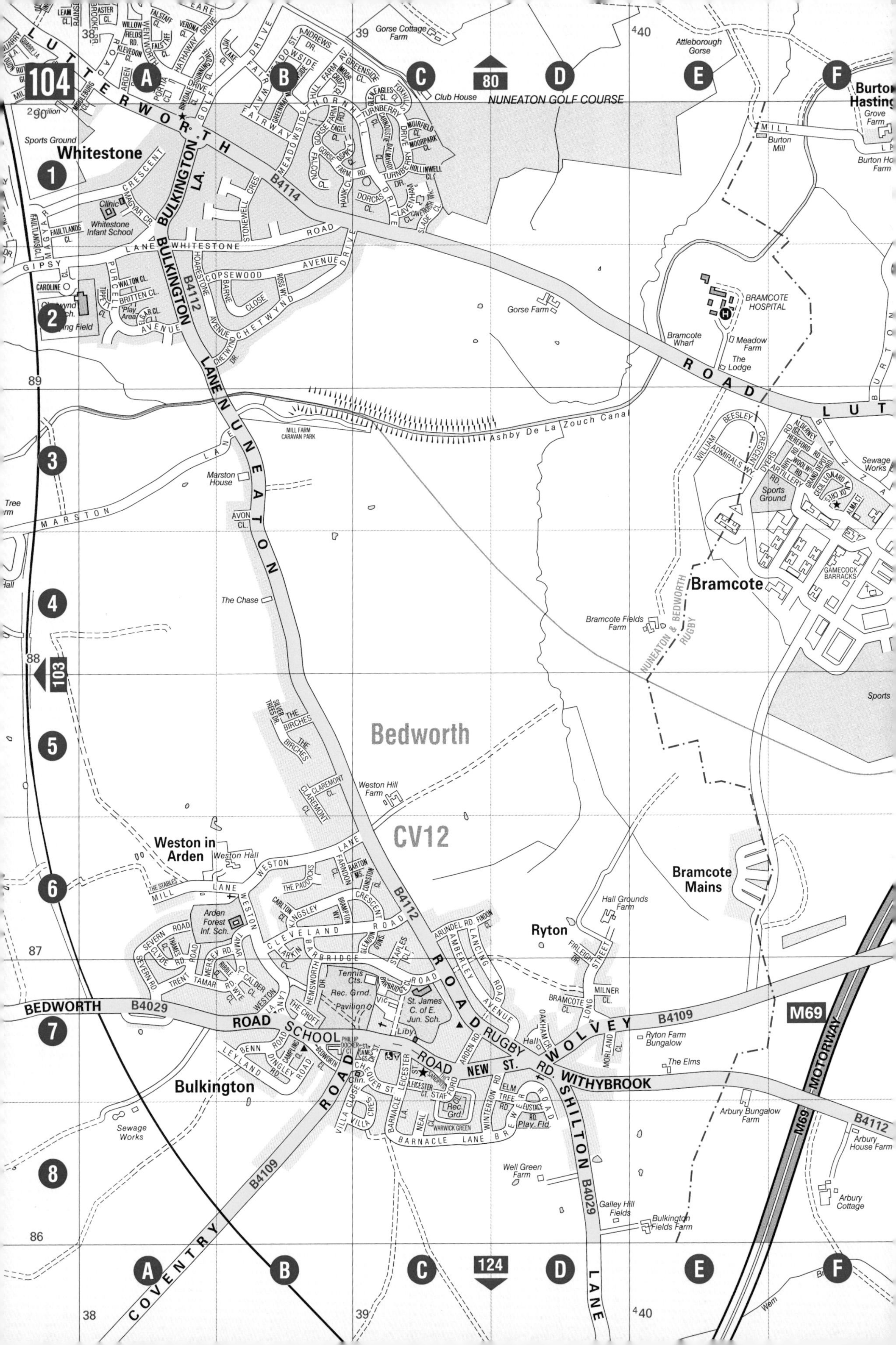

104
NUNEATON GOLF COURSE
Club House
Gorse Cottage Farm
Attleborough Gorse
Burton Hastings
Grove Farm
Burton Mill
Burton House Farm
Whitestone
Sports Ground
Clinic
Whitestone Infant School
LUTTERWORTH
BULKINGTON LA.
B4114
WHITESTONE ROAD
GIPSY LANE
MAGYAR CRESCENT
FAULTLANDS CL.
CAROLINE CL.
PURCELL
TIPPETT CL.
WALTON CL.
BRITTEN CL.
ELGAR CL.
Play Area
Playing Field
BULKINGTON
B4112
HOARESTONE
COPSEWOOD AVENUE
BARNE CLOSE
ROSS WY.
CHETWYND
CHETWYND DR.
AVENUE
STONEWELL CRES.
FAIRWAY
GREENWAY
MEADOWSIDE
THORNHILL
TURNBERRY
GORSE FARM RD.
EAGLE CL.
FALCON CL.
HAWK CL.
OSPREY CL.
DORCAS CL.
FOXHILLS
GREENSIDE
ST. ANDREWS DR.
MUIRFIELD CL.
MOORPARK CL.
HOLLINWELL CL.
LAVENHAM CL.
SLADE CL.
Gorse Farm
BRAMCOTE HOSPITAL
Bramcote Wharf
Meadow Farm
The Lodge
ROAD
LUT
BURTON
MILL LA
Ashby De La Zouch Canal
MILL FARM CARAVAN PARK
NUNEATON LANE
Marston House
MARSTON LANE
Tree Farm
AVON CL.
The Chase
Hall
88
89
87
86
38
39
440
103
80
124
A
B
C
D
E
F
1
2
3
4
5
6
7
8
Bedworth
CV12
SILVER TREES DR.
THE BIRCHES
CLAREMONT CL.
Weston Hill Farm
Bramcote Fields Farm
NUNEATON & BEDWORTH
RUGBY
Bramcote
GAMECOCK BARRACKS
BEESLEY
WILLIAM
ADMIRALS WY.
CRESCENT
DYERS RD.
ARTILLERY RD.
Sports Ground
ALDERNEY
HEREFORD RD.
RHYL
WOOLWICH
GRAND DEPOT
CECIL LEONARD
ALMA CT.
Sewage Works
Sports
Bramcote Mains
Weston in Arden
Weston Hall
THE STABLES
MILL LANE
WESTON LANE
THE PADDOCKS
FARNDON
BARTON MS.
BONISTON CL.
CRESCENT
KINGSLEY
BRAMPTON WY.
CARLTON CL.
CLEVELAND ROAD
LARKIN CL.
BARBRIDGE
GLENDON GDNS.
STAPLES CL.
Arden Forest Inf. Sch.
SEVERN ROAD
SEVERN RD.
THAMES CL.
CLYDE RD.
TRENT
TAMAR RD.
MERSEY RD.
RIBBLE CL.
WYE CL.
CALDER CL.
HEMSWORTH DR.
Tennis Cts.
Rec. Grnd.
Pavilion
St. James C. of E. Jun. Sch.
Liby.
ARUNDEL RD.
FINDON
AMBERLEY
LANCING ROAD
AVENUE
RUGBY ROAD
Ryton
Hall Grounds Farm
FIRLEIGH DR.
STREET
MILNER CL.
BRAMCOTE CL.
LONG
OAKHAM CR.
MORLAND CL.
WOLVEY RD.
B4109
Ryton Farm Bungalow
The Elms
WITHYBROOK
M69
MOTORWAY
B4112
Arbury Bungalow Farm
Arbury House Farm
Arbury Cottage
BEDWORTH ROAD
B4029
THE CROFT
SCHOOL ROAD
PHILLIP DOCKER CT.
BENN
LEYLAND RD.
CAMPLING CL.
DINGLEY ROAD
Bulkington
CHEQUER ST.
Clin.
VILLA CLOSE
VILLA CRES.
BARNACLE LA.
LEICESTER ST.
LEICESTER CT.
STAFFORD
NEAL CL.
WARWICK GREEN
Rec. Grd.
NEW ST.
ARDEN RD.
WINTERTON RD.
ELM TREE RD.
EUSTACE RD.
BREWER ROAD
Play. Fld.
BARNACLE LANE
SHILTON LANE
Well Green Farm
Galley Hill Fields
Bulkington Fields Farm
Sewage Works
COVENTRY ROAD
B4109
Wem

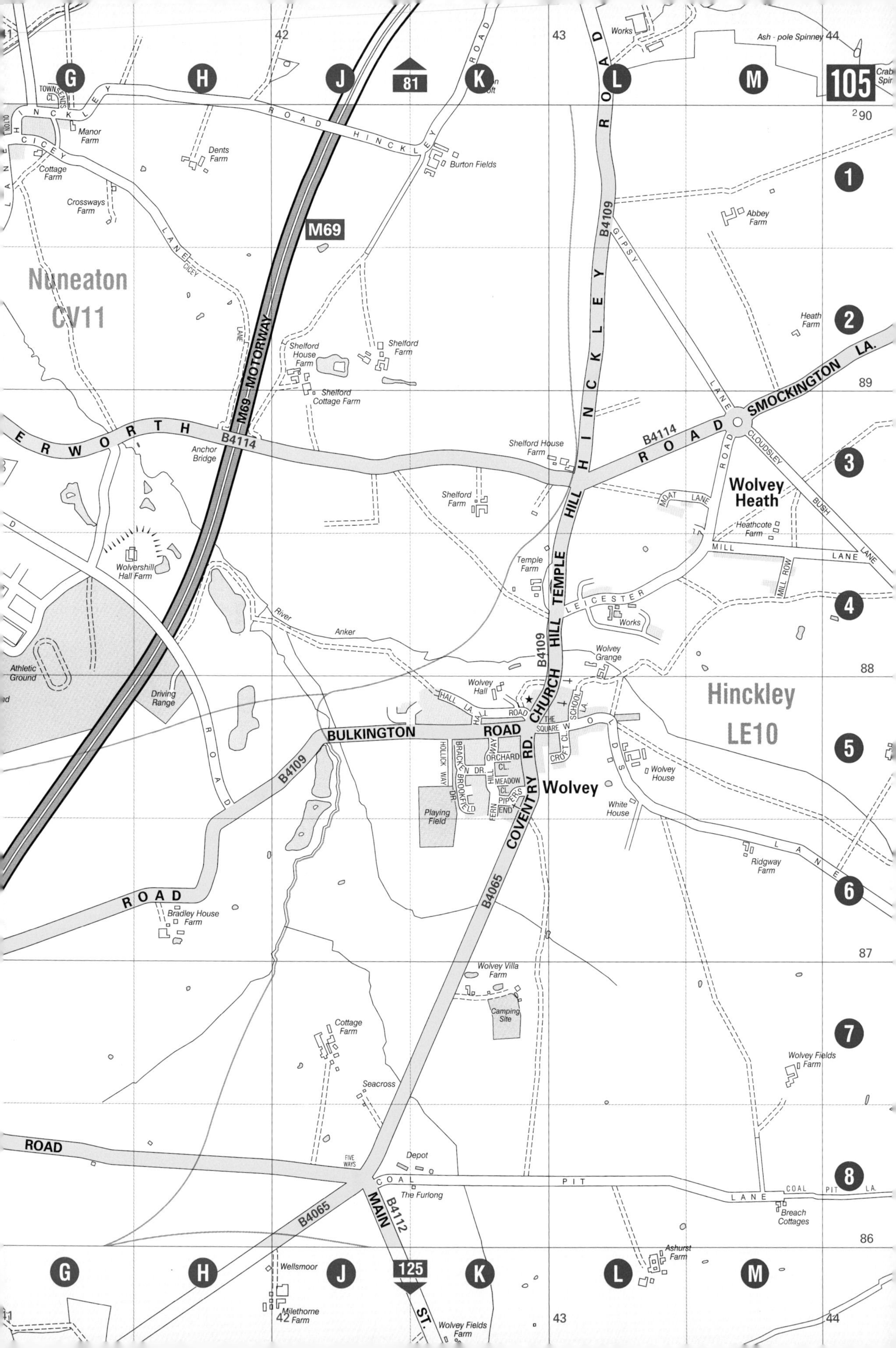

G
H
J
81
K
L
M
42
43
44
Works
Ash - pole Spinney
90
89
88
87
86
1
2
3
4
5
6
7
8
TOWNSENDS CL.
HINCKLEY ROAD
Manor Farm
Dents Farm
Burton Fields
CICEY
Cottage Farm
Crossways Farm
LANE
CICEY LANE
M69
Abbey Farm
Nuneaton
CV11
M69 MOTORWAY
B4109
GIPSY LANE
Heath Farm
SMOCKINGTON LA.
Shelford House Farm
Shelford Farm
Shelford Cottage Farm
HINCKLEY ROAD
B4114
ROAD
CLOUDSLEY BUSH LANE
WEDDINGTON ROAD
Anchor Bridge
Shelford House Farm
Shelford Farm
Wolvey Heath
MOAT LANE
Heathcote Farm
MILL LANE
MILL ROW
Wolvershill Hall Farm
Temple Farm
TEMPLE HILL
LEICESTER ROAD
Works
River Anker
Athletic Ground
Driving Range
Wolvey Grange
Wolvey Hall
HALL LA.
HALL ROAD
CHURCH HILL
SCHOOL LA.
THE SQUARE
Hinckley
LE10
BULKINGTON ROAD
WOLDS
HOLLICK WAY
BRACKEN DR.
BROOKFIELD DR.
HILL WAY
ORCHARD CL.
MEADOW CL.
PIPERS END
FERN
CROFT CL.
CORONATION RD.
Wolvey House
Wolvey
Playing Field
White House
COVENTRY RD.
LANE
Ridgway Farm
B4065
ROAD
Bradley House Farm
Wolvey Villa Farm
Camping Site
Cottage Farm
Wolvey Fields Farm
Seacross
ROAD
FIVE WAYS
Depot
COAL PIT LANE
COAL PIT LA.
The Furlong
MAIN ST.
B4112
Breach Cottages
Ashurst Farm
125
Wellsmoor
Milethorne Farm
Wolvey Fields Farm

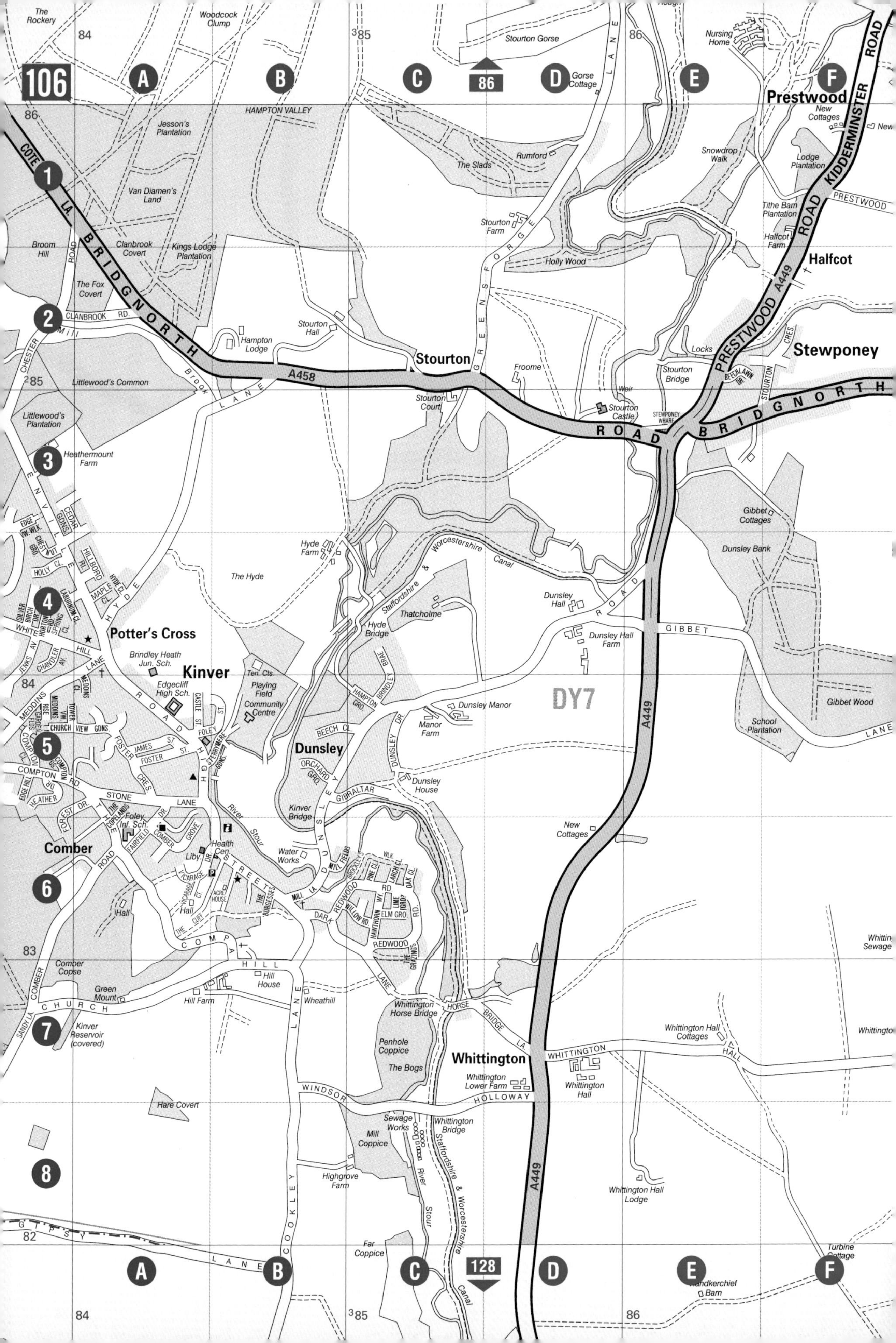

106
A
B
C
D
E
F
86
128
84
385
86
82
83
85
1
2
3
4
5
6
7
8
The Rockery
Woodcock Clump
Stourton Gorse
Gorse Cottage
Nursing Home
Prestwood
New Cottages
HAMPTON VALLEY
Jesson's Plantation
Rumford
The Slads
Snowdrop Walk
Lodge Plantation
Van Diemen's Land
Tithe Barn Plantation
PRESTWOOD
Broom Hill
Clanbrook Covert
Kings Lodge Plantation
Stourton Farm
Halfcot Farm
Halfcot
Holly Wood
The Fox Covert
CLANBROOK RD.
Stourton Hall
Hampton Lodge
Stourton
Locks
Stourton Bridge
Stewponey
Littlewood's Common
Froome
Littlewood's Plantation
Stourton Court
Stourton Castle
Weir
STEWPONEY WHARF
Heathermount Farm
COTE LA.
BRIDGNORTH
ROAD
A458
A449
GREENS FORGE LANE
KIDDERMINSTER ROAD
PRESTWOOD ROAD
BRIDGNORTH ROAD
Gibbet Cottages
Hyde Farm
Staffordshire & Worcestershire Canal
Dunsley Bank
The Hyde
Thatcholme
Dunsley Hall
Hyde Bridge
Dunsley Hall Farm
GIBBET
Potter's Cross
Brindley Heath Jun. Sch.
Kinver
Ten. Cts.
Playing Field
Community Centre
Edgecliff High Sch.
Dunsley Manor
DY7
Gibbet Wood
Manor Farm
School Plantation
LANE
Dunsley
Dunsley House
Kinver Bridge
GIBRALTAR
New Cottages
Foley Inf. Sch.
Comber
Health Cen.
Liby.
Water Works
River Stour
Hall
Comber Copse
Hill House
Green Mount
Hill Farm
Wheathill
Whittington Horse Bridge
HORSE BRIDGE LA.
Whittington Sewage
Kinver Reservoir (covered)
Whittington Hall Cottages
Whittington
Penhole Coppice
The Bogs
Whittington
WHITTINGTON
Whittington Lower Farm
Whittington Hall
HALL
WINDSOR
HOLLOWAY
Hare Covert
Sewage Works
Whittington Bridge
Mill Coppice
Highgrove Farm
Whittington Hall Lodge
GIPSY LANE
COOKLEY LANE
Far Coppice
Turbine Cottage
Handkerchief Barn
Canal

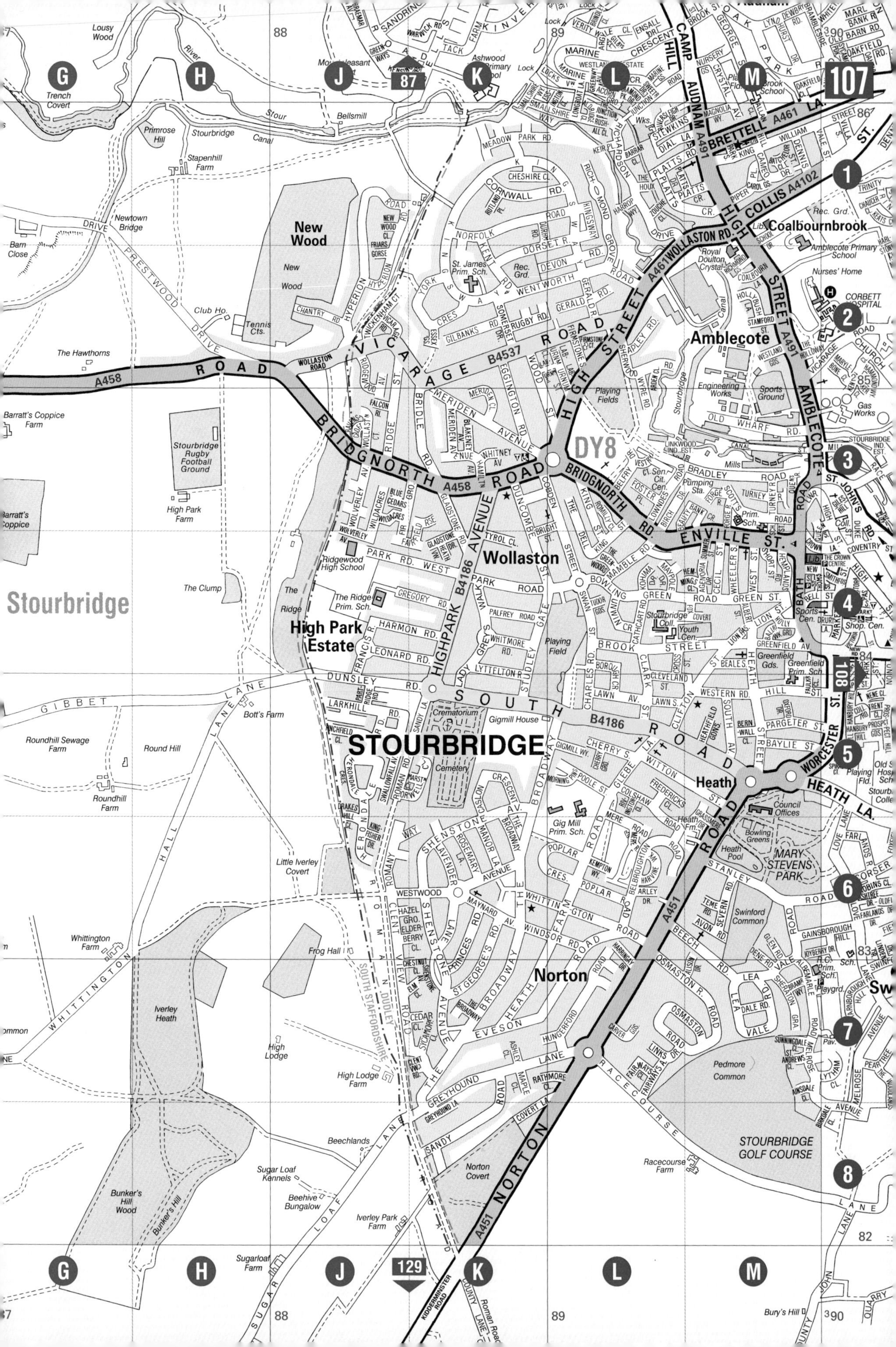

107
87
129
108
G
H
J
K
L
M
1
2
3
4
5
6
7
8
88
89
90
86
85
84
83
82
STOURBRIDGE
Stourbridge
Wollaston
Amblecote
Coalbournbrook
Norton
Heath
High Park Estate
DY8
New Wood
Lousy Wood
Trench Covert
Primrose Hill
Stapenhill Farm
Newtown Bridge
Barn Close
The Hawthorns
Barratt's Coppice Farm
Stourbridge Rugby Football Ground
High Park Farm
The Clump
The Ridge
Ridgewood High School
The Ridge Prim. Sch.
Bott's Farm
Roundhill Sewage Farm
Round Hill
Roundhill Farm
Little Iverley Covert
Whittington Farm
Frog Hall
Iverley Heath
High Lodge
High Lodge Farm
Beechlands
Sugar Loaf Kennels
Beehive Bungalow
Iverley Park Farm
Bunker's Hill Wood
Bunker's Hill
Sugarloaf Farm
Norton Covert
Racecourse Farm
STOURBRIDGE GOLF COURSE
Pedmore Common
MARY STEVENS PARK
Swinford Common
Heath Pool
Council Offices
Gig Mill Prim. Sch.
Gigmill House
Crematorium
Cemetery
Playing Field
Playing Fields
Stourbridge Coll.
Engineering Works
Sports Ground
Gas Works
Royal Doulton Crystal
Amblecote Primary School
Nurses' Home
CORBETT HOSPITAL
St. James Prim. Sch.
Ashwood Primary School
Bellsmill
River Stour
Stourbridge Canal
Club Ho.
Tennis Cts.
A458
A461
A491
A4102
A451
B4537
B4186
BRIDGNORTH ROAD
VICARAGE ROAD
HIGH STREET
WOLLASTON RD.
COLLIS ST.
BRETTELL LA.
AMBLECOTE
ENVILLE ST.
SOUTH ROAD
HIGHPARK AVENUE
NORTON
HEATH LA.
WORCESTER ST.
CAMP HILL
AUDNAM
GIBBET LANE
HALL LANE
WHITTINGTON
SUGAR LOAF LANE
PRESTWOOD DRIVE
ROMAN ROAD
CLENT VIEW ROAD
SOUTH STAFFORDSHIRE
RACECOURSE LANE
KIDDERMINSTER ROAD
SHENSTONE AVENUE
BROADWAY

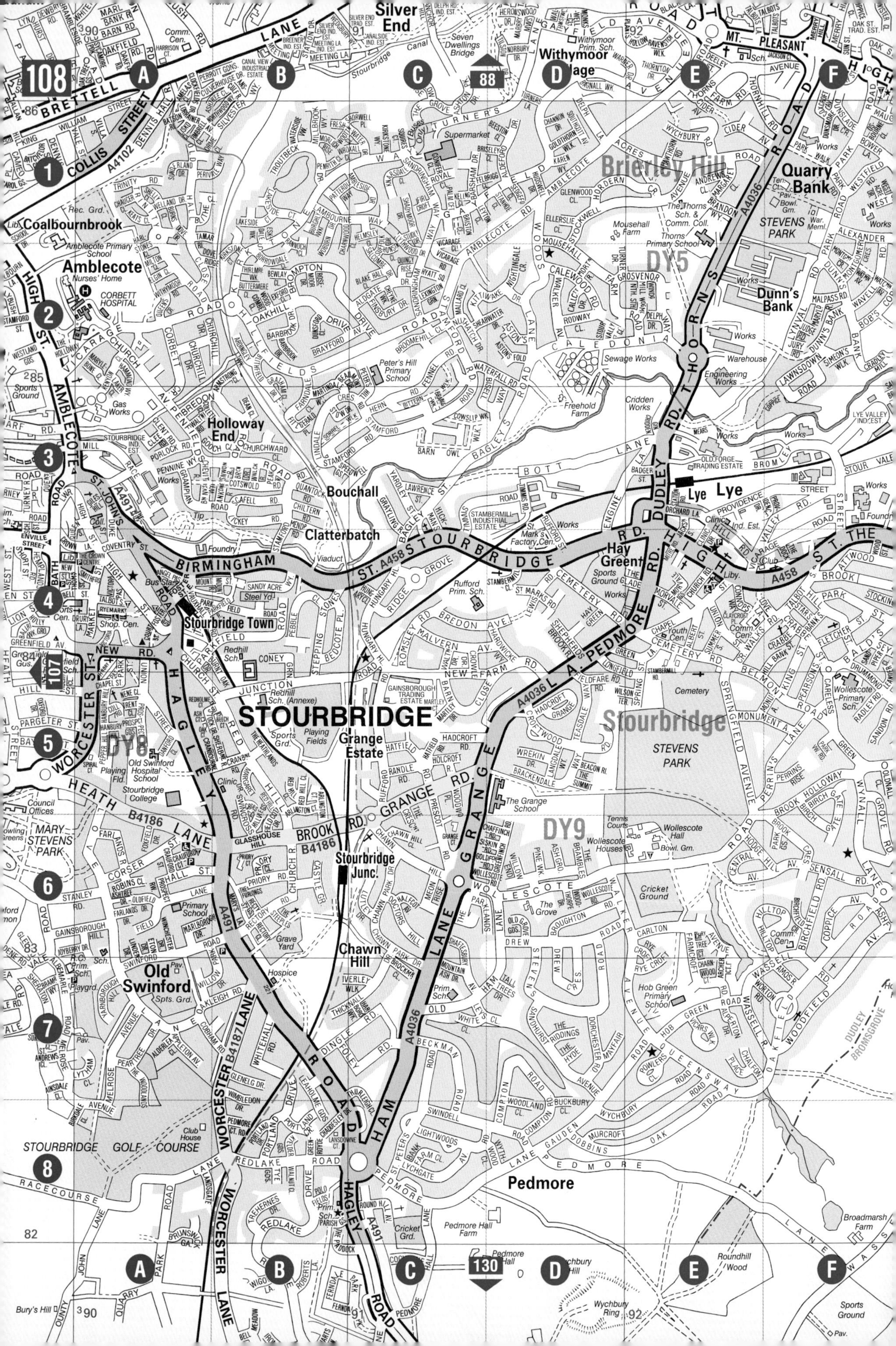

108
A
B
C
D
E
F
1
2
3
4
5
6
7
8
88
107
130
Silver End
Seven Dwellings Bridge
Stourbridge Canal
Withymoor Village
Withymoor Prim. Sch.
MT. PLEASANT
Brierley Hill
Quarry Bank
STEVENS PARK
DY5
Dunn's Bank
Coalbournbrook
Amblecote
Amblecote Primary School
Nurses' Home
CORBETT HOSPITAL
BRETTELL LANE
COLLIS STREET
A4102
Supermarket
Mousehall Farm
The Thorns Sch. & Comm. Coll.
Thorns Primary School
A4036
THORNS RD.
Sewage Works
Engineering Works
Warehouse
Works
Peter's Hill Primary School
Freehold Farm
Cridden Works
LYE VALLEY IND. EST.
OLD FORGE TRADING ESTATE
Sports Ground
Gas Works
Holloway End
STOURBRIDGE IND. EST.
Lye
Bouchall
Clatterbatch
Viaduct
Foundry
STOURBRIDGE INDUSTRIAL ESTATE
St. Mark's Factory Cen.
Hay Green
BIRMINGHAM ST.
A458
STOURBRIDGE RD.
DUDLEY RD.
HIGH ST.
PEDMORE LA.
Bus Stn.
Stourbridge Town
Steel Yd.
Rufford Prim. Sch.
Redhill Sch.
Redhill Sch. (Annexe)
Shop. Cen.
THE CROWN CENTRE
GAINSBOROUGH TRADING ESTATE
STOURBRIDGE
Sports Grd.
Playing Fields
Grange Estate
Stourbridge
STEVENS PARK
Cemetery
Wollescote Primary Sch.
DY8
DY9
Old Swinford Hospital School
Playing Fld.
Stourbridge College
Council Offices
MARY STEVENS PARK
HEATH LANE
B4186
A491
HAGLEY RD.
WORCESTER ST.
The Grange School
Tennis Courts
Wollescote Hall
Wollescote Houses
Bowl. Grn.
Stourbridge Junc.
Cricket Ground
The Grove
Primary School
Grave Yard
Chawn Hill
Hospice
Old Swinford
Spts. Grd.
Hob Green Primary School
Prim. Sch.
Comm. Cen.
DUDLEY
BROMSGROVE
B4187
WORCESTER LANE
STOURBRIDGE GOLF COURSE
Club House
RACECOURSE LANE
REDLAKE ROAD
HAGLEY RD.
Pedmore
PEDMORE LANE
Pedmore Hall Farm
Pedmore Hall
Cricket Grd.
Wychbury Hill
Wychbury Ring
Roundhill Wood
Broadmarsh Farm
Sports Ground
Pav.
Bury's Hill
82
83
84
85
86
90
91
92

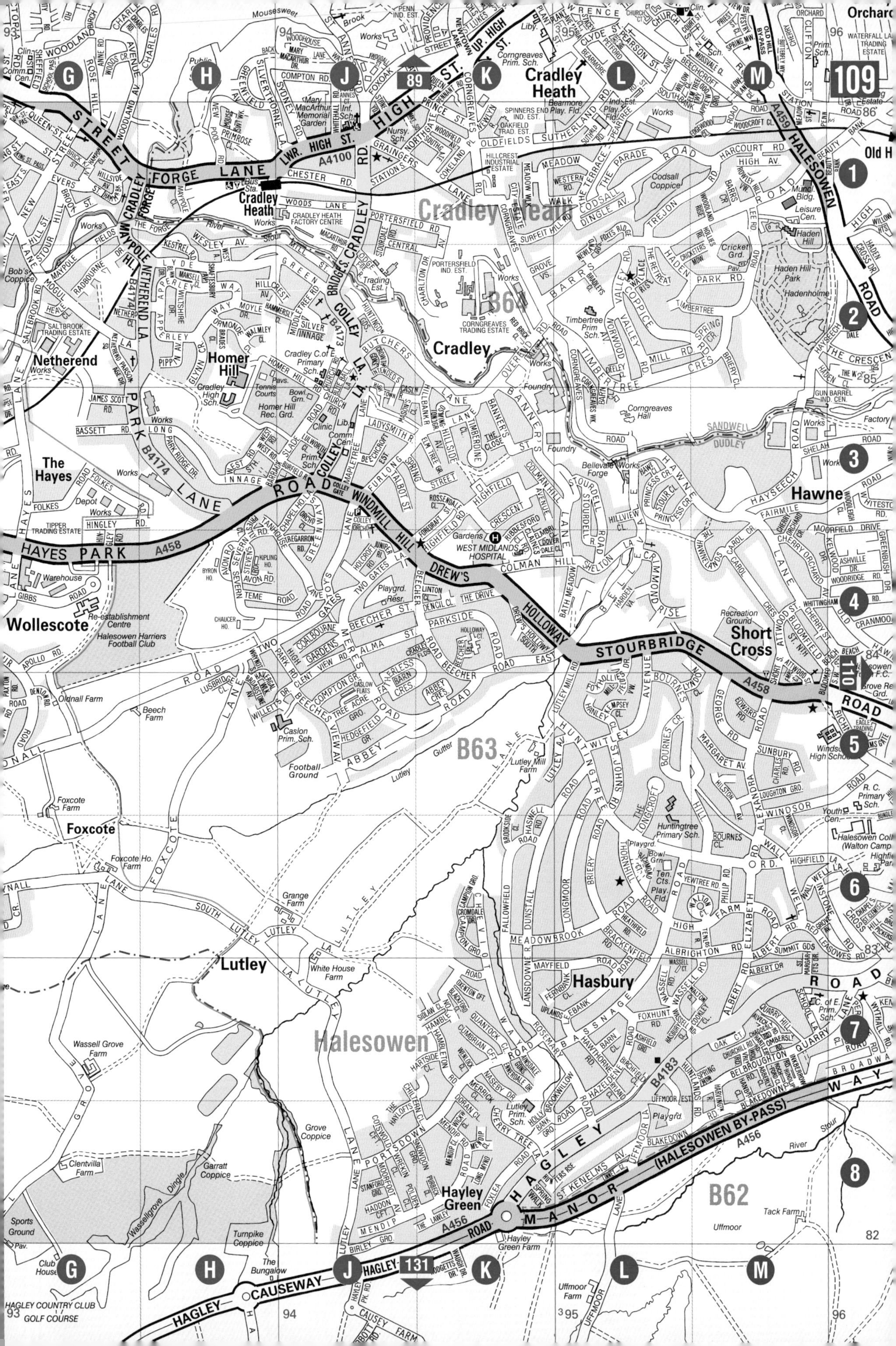

109
89
131
110
G
H
J
K
L
M
1
2
3
4
5
6
7
8
93
94
95
96
82
83
84
85
86
Cradley Heath
Cradley
Netherend
Homer Hill
The Hayes
Wollescote
Foxcote
Lutley
Halesowen
Hasbury
Hayley Green
Short Cross
Hawne
Orchard
Old Hill
B62
B63
B64
STREET
FORGE LANE
LWR. HIGH ST.
HIGH ST.
UP. HIGH ST.
A4100
A459
HALESOWEN ROAD
CRADLEY FORGE
MAYPOLE HL.
NETHEREND LA.
B4174
PARK LANE
HAYES PARK
A458
ROAD
WINDMILL HILL
DREW'S HOLLOWAY
STOURBRIDGE ROAD
COLLEY LA.
COLLEY GATE
BRIDGES CRADLEY RD.
B4173
CHESTER RD.
WOODS LANE
CORNGREAVES RD.
CORNGREAVES
HALESOWEN BY-PASS
MANOR WAY
A456
HAGLEY ROAD
HAGLEY CAUSEWAY
B4183
HAGLEY COUNTRY CLUB GOLF COURSE
Cradley Heath Factory Centre
Corngreaves Trading Estate
Saltbrook Trading Estate
Tipper Trading Estate
Hillcrest Industrial Estate
Gun Barrel Ind. Cen.
Bellevale Forge
Corngreaves Hall
Haden Hill Park
Hadenholme
Haden Hill
Leisure Cen.
Codsall Coppice
Cradley High Sch.
Homer Hill Rec. Grd.
Cradley C. of E. Primary Sch.
West Midlands Hospital
Re-establishment Centre
Halesowen Harriers Football Club
Caslon Prim. Sch.
Football Ground
Lutley Mill Farm
Huntingtree Primary Sch.
Halesowen Coll. (Walton Camp.)
Windsor High School
Oldnall Farm
Beech Farm
Foxcote Farm
Foxcote Ho. Farm
Grange Farm
White House Farm
Wassell Grove Farm
Clentvilla Farm
Garratt Coppice
Grove Coppice
Turnpike Coppice
The Bungalow
Hayley Green Farm
Uffmoor Farm
Uffmoor
Tack Farm
Sports Ground
Club House
Bob's Coppice
Timbertree Prim. Sch.
Lutley Prim. Sch.
C. of E. Prim. Sch.
Recreation Ground
Foundry
Works
River Stour
SANDWELL
DUDLEY

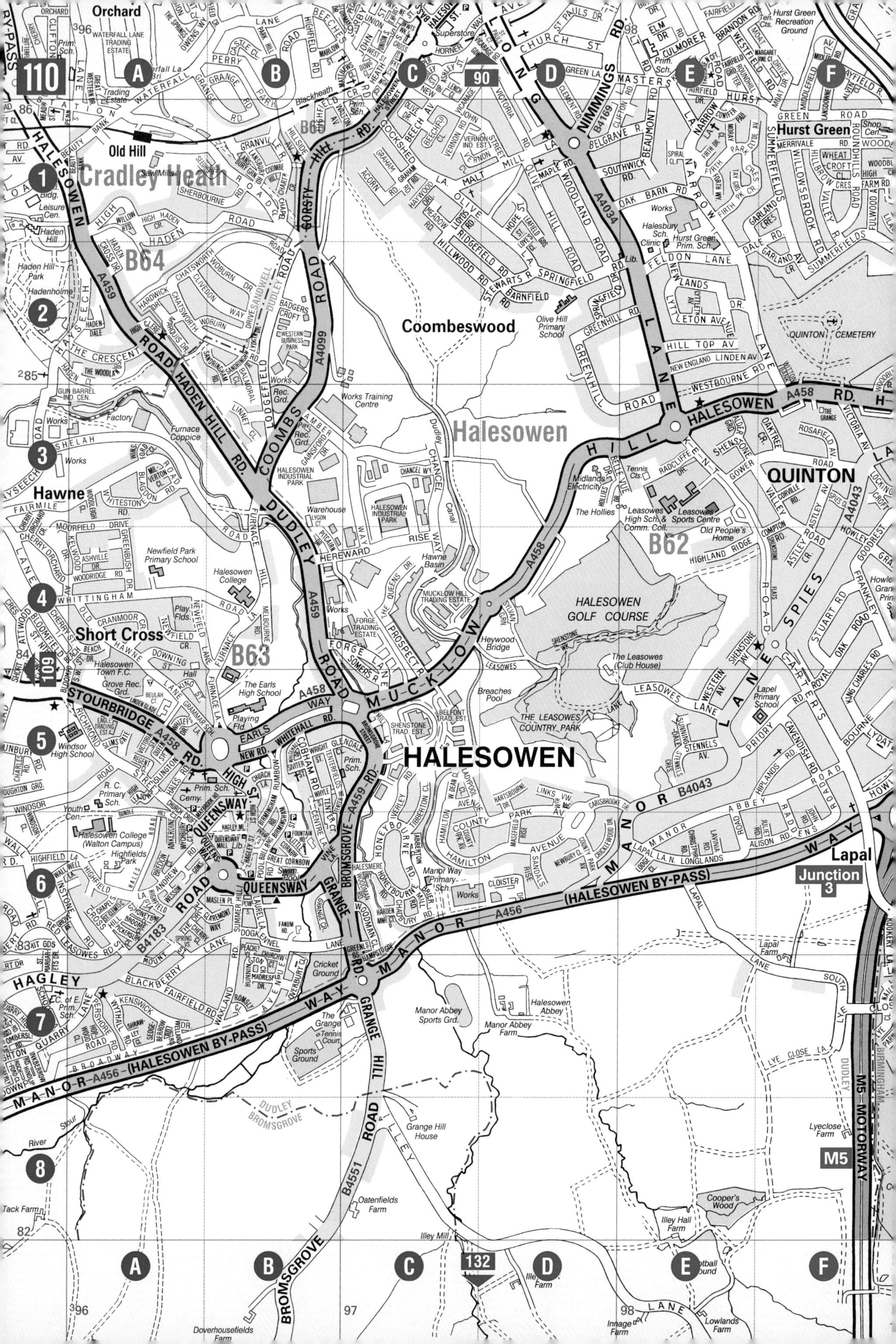

Orchard
Old Hill
Cradley Heath
Haden Hill
Haden Hill Park
Hadenholme
Hawne
Short Cross
Hagley
Coombeswood
Halesowen
HALESOWEN
QUINTON
Hurst Green
Lapal
Junction 3
M5 MOTORWAY
M5
90
132
109
A
B
C
D
E
F
1
2
3
4
5
6
7
8
96
97
98
86
85
84
83
82
HALESOWEN ROAD
HADEN HILL RD.
COOMBS ROAD
DUDLEY ROAD
GORSTY HILL RD.
MUCKLOW HILL
STOURBRIDGE RD.
HIGH ST.
QUEENSWAY
GRANGE RD.
GRANGE HILL
BROMSGROVE ROAD
MANOR WAY
(HALESOWEN BY-PASS)
MANOR LANE
LONG LANE
NIMMINGS RD.
HALESOWEN RD.
SPIES LANE
A459
A458
A456
A4099
A4034
A4043
B4169
B4183
B4043
B4551
B62
B63
B64
B65
Halesowen College
Halesowen Industrial Park
Newfield Park Primary School
Windsor High School
Halesowen Town F.C.
The Earls High School
Leasowes High Sch. & Comm. Coll.
Leasowes Sports Centre
Halesowen Golf Course
The Leasowes Country Park
The Leasowes (Club House)
Breaches Pool
Heywood Bridge
Hawne Basin
Dudley Canal
Mucklow Hill Trading Estate
Forge Trading Estate
Shenstone Trad. Est.
Belfont Trad. Est.
Olive Hill Primary School
Quinton Cemetery
Hurst Green Recreation Ground
Manor Abbey Sports Grd.
Manor Abbey Farm
Halesowen Abbey
Grange Hill House
Oatenfields Farm
Illey Mill
Illey Hall Farm
Cooper's Wood
Lapal Farm
Lyeclose Farm
Tack Farm
Doverhousefields Farm
Innage Farm
Lowlands Farm
River Stour
Furnace Coppice
Works Training Centre
Midlands Electricity
The Hollies
Old People's Home
Lapal Primary School
Manor Way Primary Sch.
Cricket Ground
Sports Ground
The Grange
DUDLEY
BROMSGROVE
BIRMINGHAM

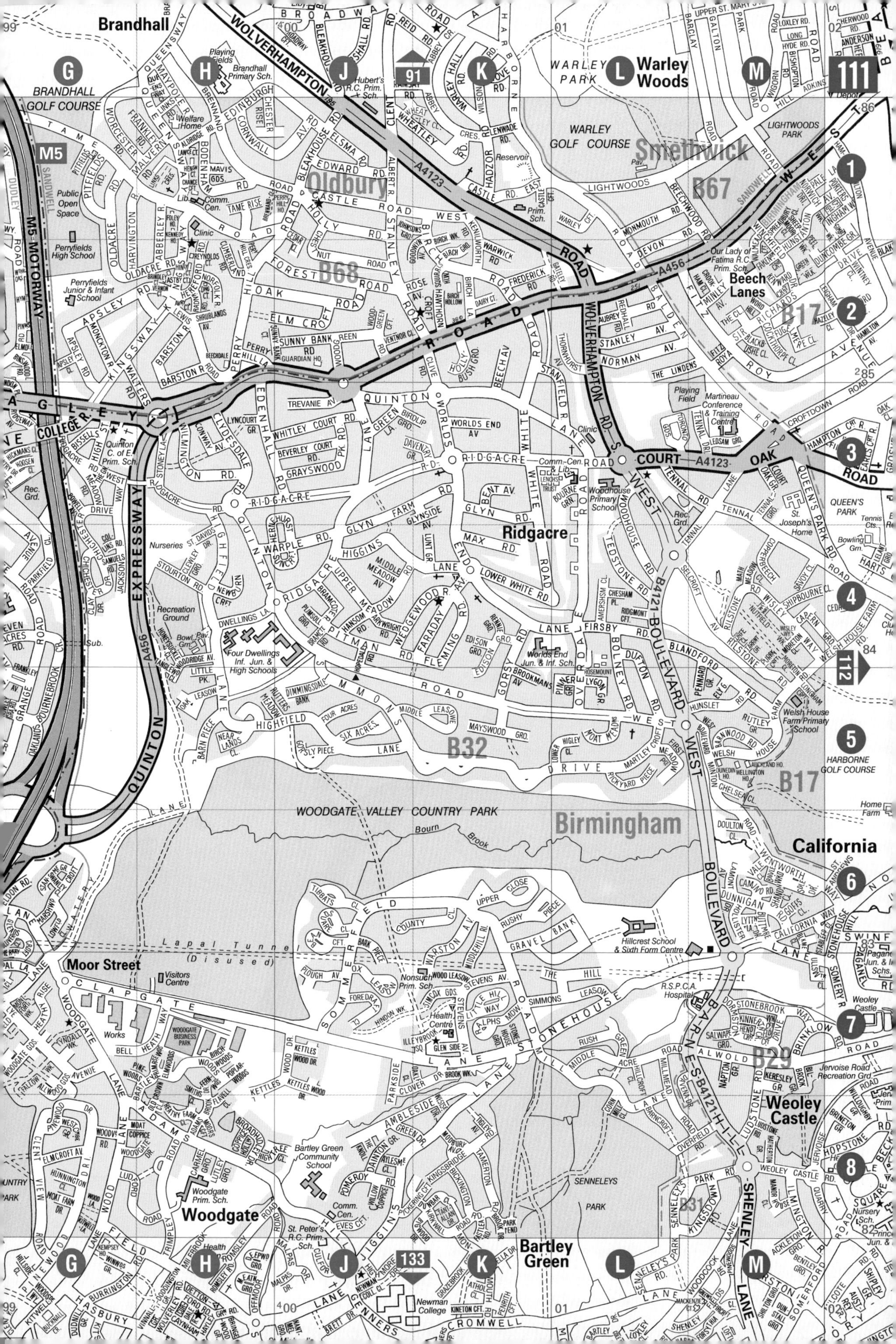
111
Brandhall
BRANDHALL GOLF COURSE
Playing Fields
Brandhall Primary Sch.
Warley Woods
WARLEY PARK
WARLEY GOLF COURSE
Smethwick
B67
LIGHTWOODS PARK
Oldbury
B68
91
WOLVERHAMPTON ROAD
A4123
A456
Hagley Road
M5
M5 MOTORWAY
Public Open Space
Perryfields High School
Perryfields Junior & Infant School
Quinton C. of E. Prim. Sch.
Our Lady of Fatima R.C. Prim. Sch.
Beech Lanes
B17
Martineau Conference & Training Centre
QUEEN'S PARK
St. Joseph's Home
Ridgacre
Woodhouse Primary School
Worlds End Jun. & Inf. Sch.
Four Dwellings Inf. Jun. & High Schools
Recreation Ground
QUINTON EXPRESSWAY
B4121 BOULEVARD
Welsh House Farm Primary School
HARBORNE GOLF COURSE
112
B32
WOODGATE VALLEY COUNTRY PARK
Birmingham
Bourn Brook
California
Lapal Tunnel (Disused)
Moor Street
Visitors Centre
Hillcrest School & Sixth Form Centre
Nonsuch Prim. Sch.
R.S.P.C.A. Hospital
B29
Weoley Castle
Jervoise Road Recreation Grd.
Bartley Green Community School
Woodgate Prim. Sch.
Woodgate
SENNELEYS PARK
B31
Bartley Green
St. Peter's R.C. Prim. Sch.
133
Newman College
CROMWELL LANE
SHENLEY LANE
G
H
J
K
L
M
1
2
3
4
5
6
7
8

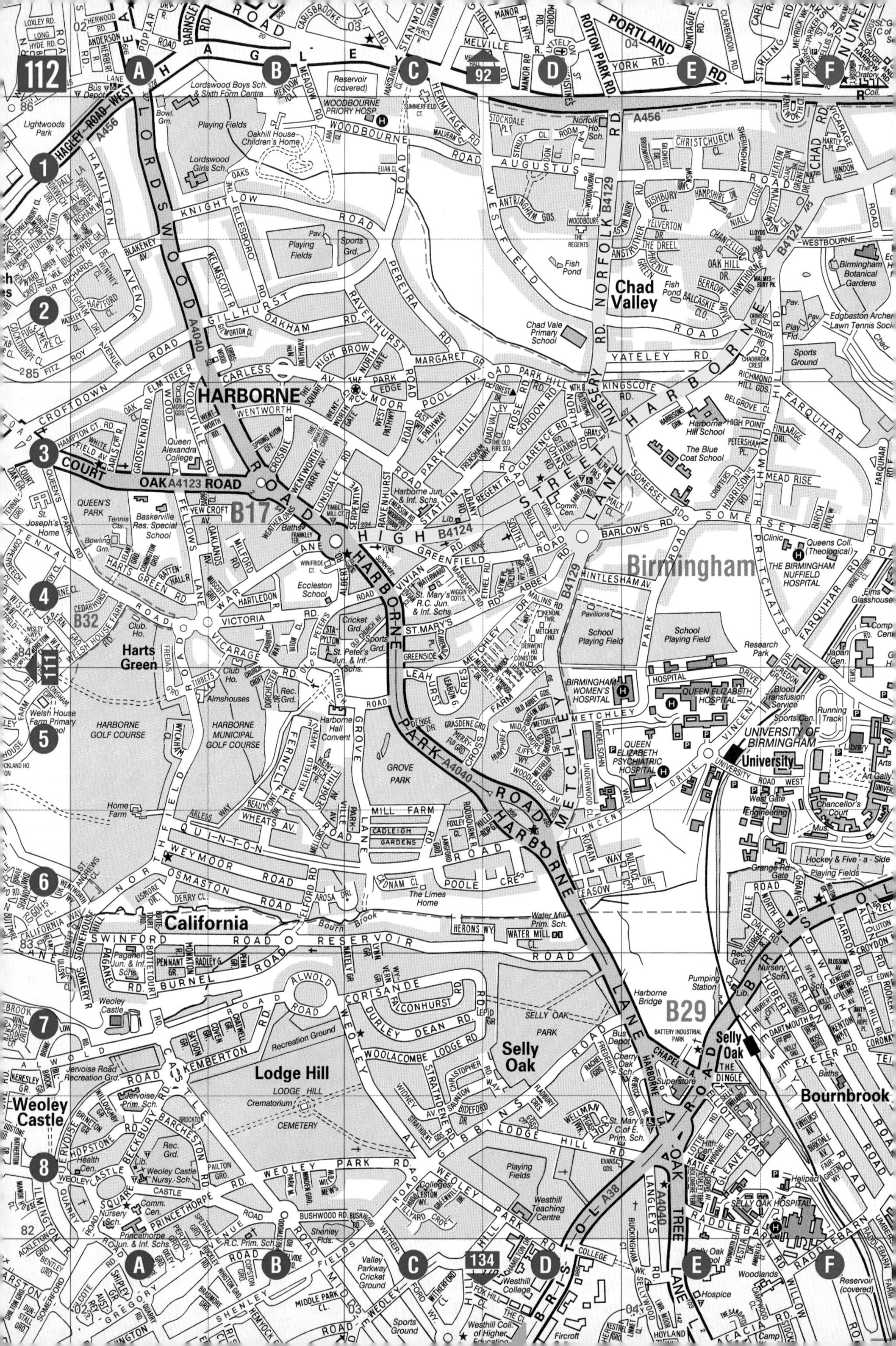

A
B
C
D
E
F
1
2
3
4
5
6
7
8
92
111
134
HAGLEY ROAD WEST
HAGLEY
A456
PORTLAND RD.
ROTTON PARK RD.
YORK RD.
CARISBROOKE ROAD
STANMORE RD.
MELVILLE
Lightwoods Park
Bus Depot
Lordswood Boys Sch. & Sixth Form Centre
Lordswood Girls Sch.
Playing Fields
Oakhill House Children's Home
Reservoir (covered)
WOODBOURNE PRIORY HOSP.
WOODBOURNE ROAD
HERMITAGE RD.
LORDSWOOD ROAD
A4040
KNIGHTLOW ROAD
ELLESBORO RD.
KELMSCOTT RD.
GILLHURST RD.
OAKHAM RD.
HAMILTON AV.
AVENUE
FITZ ROY AVENUE
PEREIRA RD.
RAVENHURST RD.
HIGH BROW
NORTH GATE
THE CIRCLE
PARK EDGE
MOOR POOL AV.
MARGARET GR.
PARK HILL
ROAD
Chad Valley
Chad Vale Primary School
Fish Pond
WESTFIELD RD.
NORFOLK RD.
B4129
AUGUSTUS RD.
ANTRINGHAM GDS.
CHRISTCHURCH CL.
YATELEY RD.
KINGSCOTE RD.
HARBORNE RD.
B4124
WESTBOURNE
Birmingham Botanical Gardens
Edgbaston Archery & Lawn Tennis Society
Sports Ground
FARQUHAR RD.
RICHMOND HILL RD.
PRITCHATTS RD.
HARBORNE
CROFTDOWN RD.
COURT OAK RD.
A4123
QUEEN'S PARK
Queen Alexandra College
Baskerville Res. Special School
B17
HIGH ST.
B4124
STREET
SOMERSET RD.
BARLOW'S RD.
Birmingham
THE BIRMINGHAM NUFFIELD HOSPITAL
Queens Coll. (Theological)
Harborne Hill School
The Blue Coat School
Harborne Jun. & Inf. Schs.
Comm. Cen.
Eccleston School
Cricket Grd.
Sports Grd.
St. Peter's Jun. & Inf. Schs.
VICTORIA RD.
VICARAGE RD.
WAR LANE
Harts Green
B32
Club Ho.
Almshouses
HARBORNE GOLF COURSE
HARBORNE MUNICIPAL GOLF COURSE
Welsh House Farm Primary School
Harborne Hall Convent
GROVE PARK
HARBORNE PARK ROAD
A4040
METCHLEY LANE
School Playing Field
BIRMINGHAM WOMEN'S HOSPITAL
QUEEN ELIZABETH HOSPITAL
QUEEN ELIZABETH PSYCHIATRIC HOSPITAL
Research Park
UNIVERSITY OF BIRMINGHAM
University
UNIVERSITY ROAD WEST
Library
Chancellor's Court
Hockey & Five-a-Side Playing Fields
Home Farm
QUINTON RD.
WEYMOOR ROAD
OSMASTON ROAD
POOLE CRES.
The Limes Home
California
Bourn Brook
SWINFORD ROAD
RESERVOIR ROAD
Water Mill Prim. Sch.
HARBORNE LANE
Harborne Bridge
B29
Selly Oak
Selly Oak Park
Weoley Castle
Recreation Ground
Lodge Hill
LODGE HILL Crematorium
CEMETERY
Jervoise Road Recreation Grd.
CORISANDE RD.
FALCONHURST RD.
DURLEY DEAN RD.
WOOLACOMBE LODGE RD.
GIBBINS RD.
LODGE HILL RD.
WEOLEY PARK RD.
Playing Fields
Westhill Teaching Centre
BRISTOL RD.
A38
OAK TREE LANE
CHAPEL LA.
Superstore
BATTERY INDUSTRIAL PARK
THE DINGLE
Bournbrook
SELLY OAK HOSPITAL
RADDLEBARN ROAD
Helipad
Reservoir (covered)
Westhill College
Valley Parkway Cricket Ground
Sports Ground
Shenley Flds.
Woodlands
Hospice
BRISTOL ROAD
DAWLISH RD.
TIVERTON RD.
EXETER RD.
DARTMOUTH R.
Baths
Pumping Station
Lib.

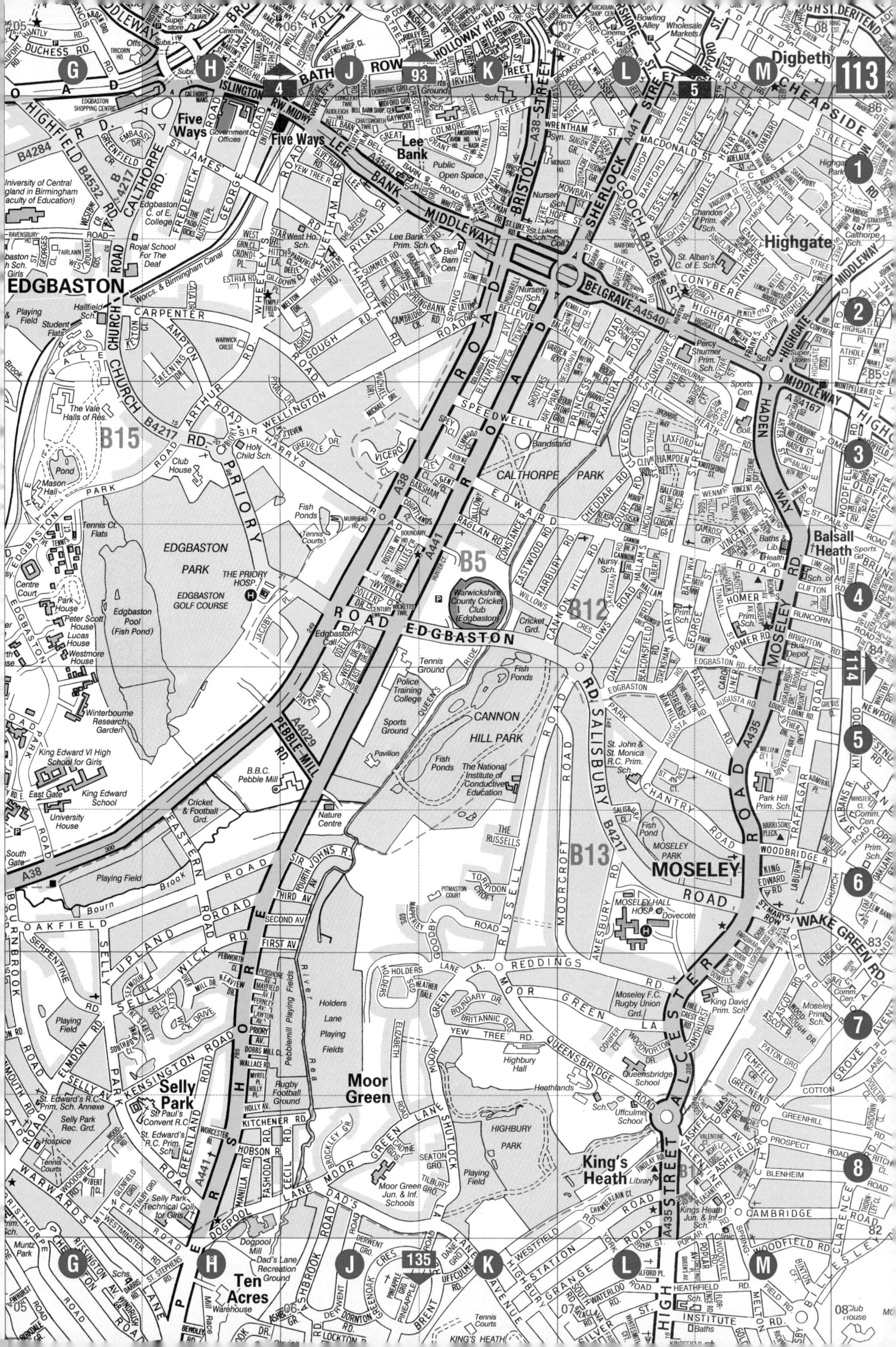

Digbeth
Highgate
EDGBASTON
Five Ways
Lee Bank
Balsall Heath
MOSELEY
Moor Green
Selly Park
King's Heath
Ten Acres
B15
B5
B12
B13
B14
ISLINGTON
MIDDLEWAY
BATH ROW
HOLLOWAY HEAD
CHEAPSIDE
BELGRAVE A4540
SHERLOCK ST.
BRISTOL ROAD
BRISTOL STREET
A38
A441
A435
A4540
B4217
B4284
B4532
B4126
A4029
A4167
CALTHORPE RD.
HIGHFIELD RD.
CHURCH ROAD
CARPENTER RD.
ARTHUR RD.
PRIORY RD.
SIR HARRYS RD.
SPEEDWELL RD.
EDWARD RD.
EDGBASTON ROAD
SALISBURY RD
CANNON HILL RD.
PERSHORE ROAD
MOSELEY RD.
ALCESTER ROAD
HIGH STREET
WAKE GREEN RD.
REDDINGS LA.
MOOR GREEN LA.
OAKFIELD RD.
SELLY PARK ROAD
PEBBLE MILL RD.
EDGBASTON PARK
EDGBASTON GOLF COURSE
Edgbaston Pool (Fish Pond)
THE PRIORY HOSP.
Warwickshire County Cricket Club (Edgbaston)
CALTHORPE PARK
CANNON HILL PARK
HIGHBURY PARK
MOSELEY PARK
B.B.C. Pebble Mill
Holders Lane Playing Fields
Pebblemill Playing Fields
Winterbourne Research Garden
King Edward VI High School for Girls
King Edward School
University House
The Vale Halls of Res.
Royal School For The Deaf
Worcs. & Birmingham Canal
Police Training College
The National Institute of Conductive Education
Moseley F.C. Rugby Union Grd.
Queensbridge School
Uffculme School
Highbury Hall
Moor Green Jun. & Inf. Schools
Selly Park Technical Coll. for Girls
Dogpool Mill
Dad's Lane Recreation Ground
Wholesale Markets
Government Offices
EDGBASTON SHOPPING CENTRE
93
135
114

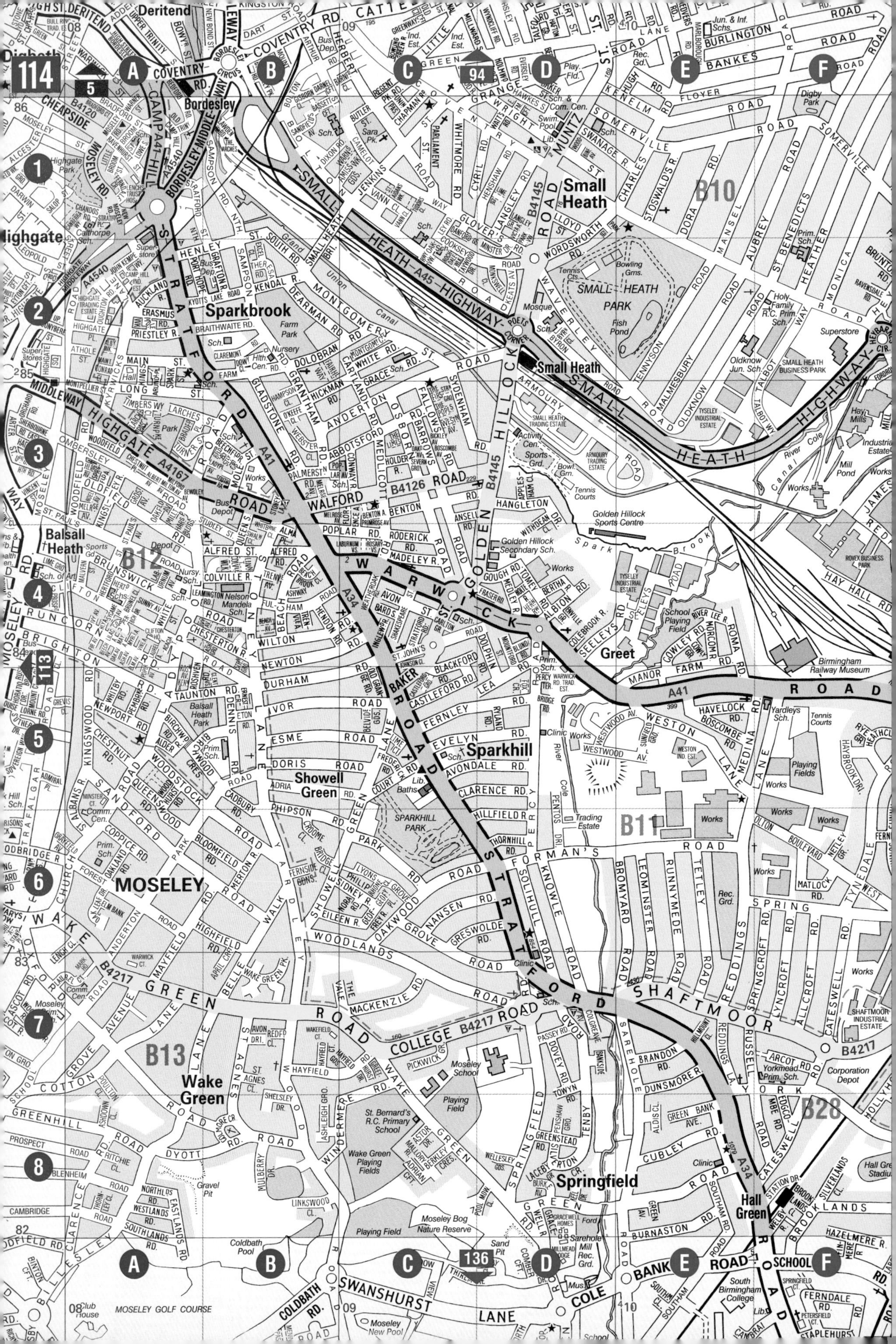
114
5
94
113
136
A
B
C
D
E
F
1
2
3
4
5
6
7
8
Deritend
Digbeth
Bordesley
Highgate
Sparkbrook
Small Heath
Balsall Heath
Sparkhill
Greet
Showell Green
MOSELEY
Wake Green
Springfield
Hall Green
B10
B11
B12
B13
B28
COVENTRY RD.
SMALL HEATH HIGHWAY A45
HIGHGATE MIDDLEWAY A4167
STRATFORD ROAD A34
STRATFORD RD. A41
WARWICK ROAD A41
GOLDEN HILLOCK ROAD B4145
WALFORD ROAD B4126
GREEN ROAD B4217
COLLEGE ROAD B4217
SHAFTMOOR LANE
FORMAN'S ROAD
WOODLANDS ROAD
SWANSHURST LANE
COLDBATH RD.
COLE BANK ROAD
SCHOOL ROAD
WAKE GREEN ROAD
ST. BENEDICTS ROAD
SOMERVILLE ROAD
BANKES ROAD
BURLINGTON ROAD
MUNTZ ST.
CHARLES ROAD
STRATFORD ROAD
SMALL HEATH PARK
SPARKHILL PARK
Golden Hillock Sports Centre
Golden Hillock Secondary Sch.
Birmingham Railway Museum
Tyseley Industrial Estate
Small Heath Business Park
Moseley School
St. Bernard's R.C. Primary School
Wake Green Playing Fields
Moseley Bog Nature Reserve
Coldbath Pool
MOSELEY GOLF COURSE
South Birmingham College
Shaftmoor Industrial Estate
Corporation Depot
Nelson Mandela Sch.
Highgate Park
River Cole
Grand Union Canal
Spark Brook

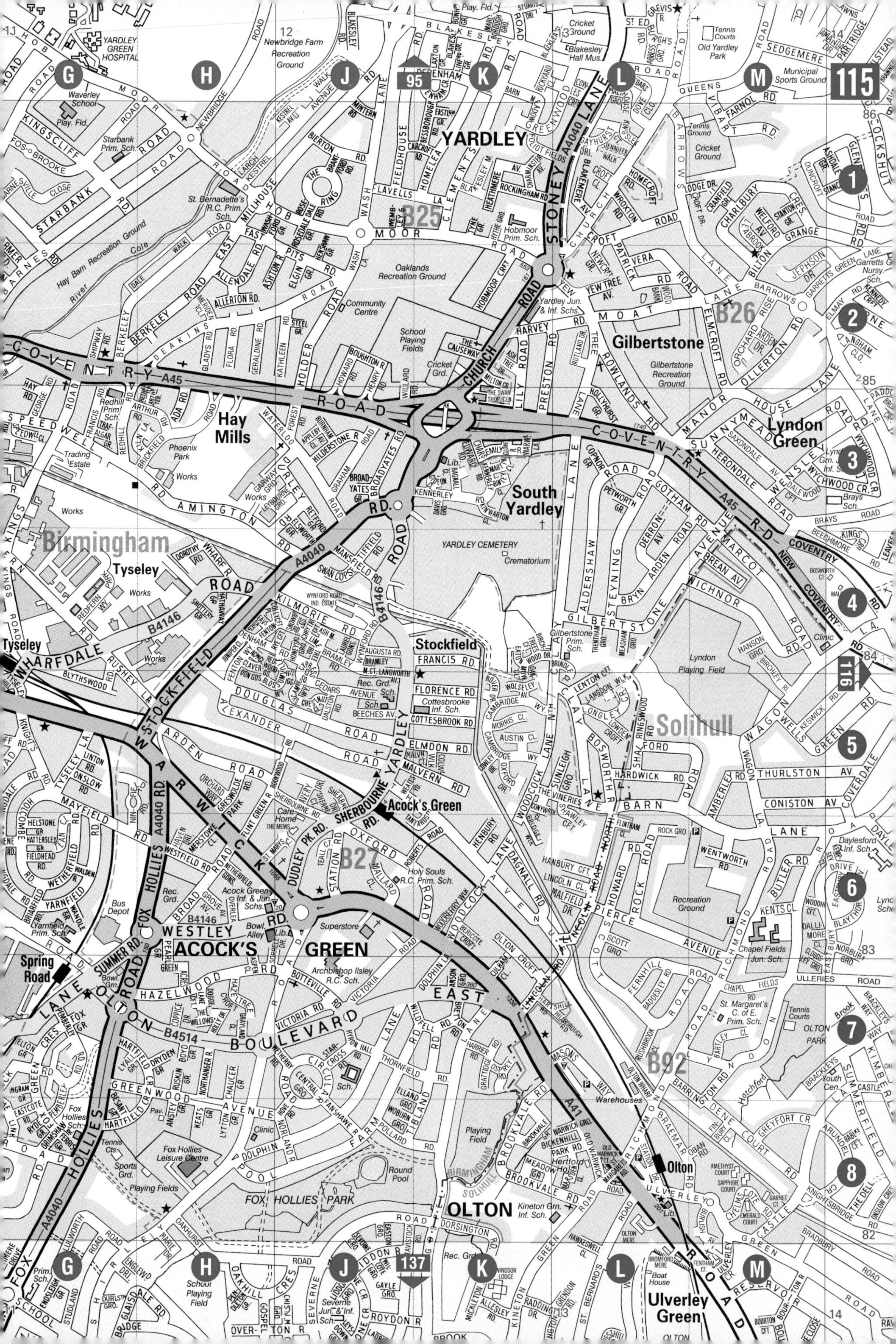
115
95
116
137
G
H
J
K
L
M
1
2
3
4
5
6
7
8
YARDLEY
Yardley Green Hospital
Waverley School
Starbank Prim. Sch.
St. Bernadette's R.C. Prim. Sch.
Hay Barn Recreation Ground
River Cole
Newbridge Farm Recreation Ground
Blakesley Hall Mus.
Cricket Ground
Old Yardley Park
Tennis Courts
Municipal Sports Ground
Hobmoor Prim. Sch.
Oaklands Recreation Ground
Community Centre
School Playing Fields
Cricket Grd.
Yardley Jun. & Inf. Schs.
Gilbertstone
Gilbertstone Recreation Ground
Lyndon Green
Hay Mills
Redhill Prim. Sch.
Phoenix Park
Trading Estate
Works
Birmingham
Tyseley
South Yardley
Yardley Cemetery
Crematorium
Stockfield
Cottesbrooke Inf. Sch.
Gilbertstone Prim. Sch.
Lyndon Playing Field
Solihull
Acock's Green
ACOCK'S GREEN
Holy Souls R.C. Prim. Sch.
Superstore
Archbishop Ilsley R.C. Sch.
Bus Depot
Spring Road
Yarnfield Prim. Sch.
Recreation Ground
Chapel Fields Jun. Sch.
St. Margaret's C. of E. Prim. Sch.
Olton Park
Youth Cen.
Warehouses
Olton
OLTON
Playing Field
Round Pool
FOX HOLLIES PARK
Fox Hollies Leisure Centre
Playing Fields
Sports Grd.
Tennis Cts.
Fox Hollies Sch.
Kineton Grn. Inf. Sch.
Rec. Grd.
Windsor Lodge
Severne Jun. & Inf. Sch.
School Playing Field
Prim. Sch.
Boat House
Ulverley Green
COVENTRY ROAD A45
STONEY LANE A4040
CHURCH ROAD
STOCKFIELD ROAD A4040
WARWICK ROAD A41
FOX HOLLIES ROAD A4040
OLTON BOULEVARD EAST B4514
WHARFDALE ROAD B4146
YARDLEY ROAD B4146
B25
B26
B27
B92
NEW COVENTRY RD.
WAGON LANE
RICHMOND ROAD
LINCOLN ROAD NORTH
WOODCOCK LANE
SHERBOURNE RD.
DUDLEY PK. RD.
WESTLEY RD.
SUMMER RD.
HAZELWOOD
GREENWOOD AVENUE
DOLPHIN LANE
POOL FARM ROAD
ARDEN ROAD
ALEXANDER ROAD
DOUGLAS ROAD
AMINGTON RD.
MOOR END LANE
HOB MOOR ROAD
STARBANK RD.
KINGSCLIFF ROAD
BERKELEY ROAD
HOLDER ROAD
FRANCIS RD.
FLORENCE RD.
ELMDON RD.
MALVERN RD.
SHAFTMOOR LANE
BARN LANE
MANOR HOUSE LANE
SUNNYMEAD ROAD
BARROWS LANE
MOAT LANE
ULVERLEY GREEN ROAD
RESERVOIR ROAD

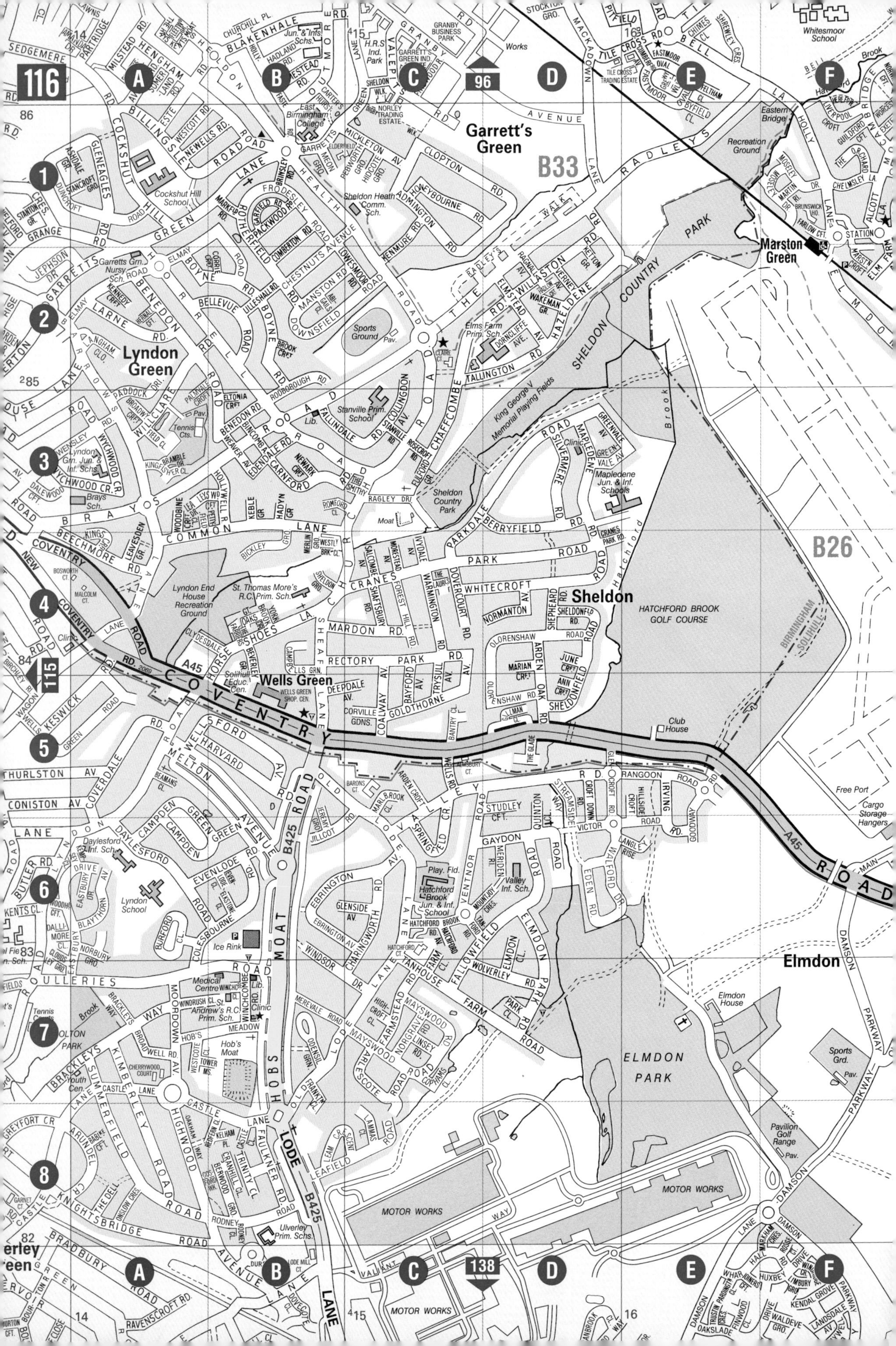

Garrett's Green
B33
Lyndon Green
Sheldon
Wells Green
Marston Green
Elmdon
B26
96
115
138
Whitesmoor School
Cockshut Hill School
East Birmingham College
Sheldon Heath Comm. Sch.
Norley Trading Estate
Tile Cross Trading Estate
Granby Business Park
H.R.S. Ind. Park
Works
Recreation Ground
Eastern Bridge
Garretts Grn. Nursy. Sch.
Sports Ground
Elms Farm Prim. Sch.
King George V Memorial Playing Fields
Sheldon Country Park
Stanville Prim. School
Lyndon Grn. Jun. & Inf. Schs.
Brays Sch.
Mapledene Jun. & Inf. Schools
Lyndon End House Recreation Ground
St. Thomas More's R.C. Prim. Sch.
Solihull Educ. Cen.
Wells Green Shop. Cen.
Hatchford Brook Golf Course
Club House
Free Port
Cargo Storage Hangers
Daylesford Inf. Sch.
Lyndon School
Ice Rink
Medical Centre
Clinic
St. Andrew's R.C. Prim. Sch.
Hob's Moat
Valley Inf. Sch.
Hatchford Brook Jun. & Inf. School
Play. Fld.
Elmdon House
Elmdon Park
Sports Grd.
Pavilion Golf Range
Motor Works
Ulverley Prim. Schs.
Youth Cen.
Tennis Courts
Coventry Road
A45
B425
Hobs Moat
Lode Lane
Sheldon Country Park
Radleys Walk
Chaffcombe Road
Church Road
Sheaf Lane
Damson Parkway
Knightsbridge Road
Ravenscroft Rd.
Bradbury Road
Hatchford Brook
Birmingham
Solihull

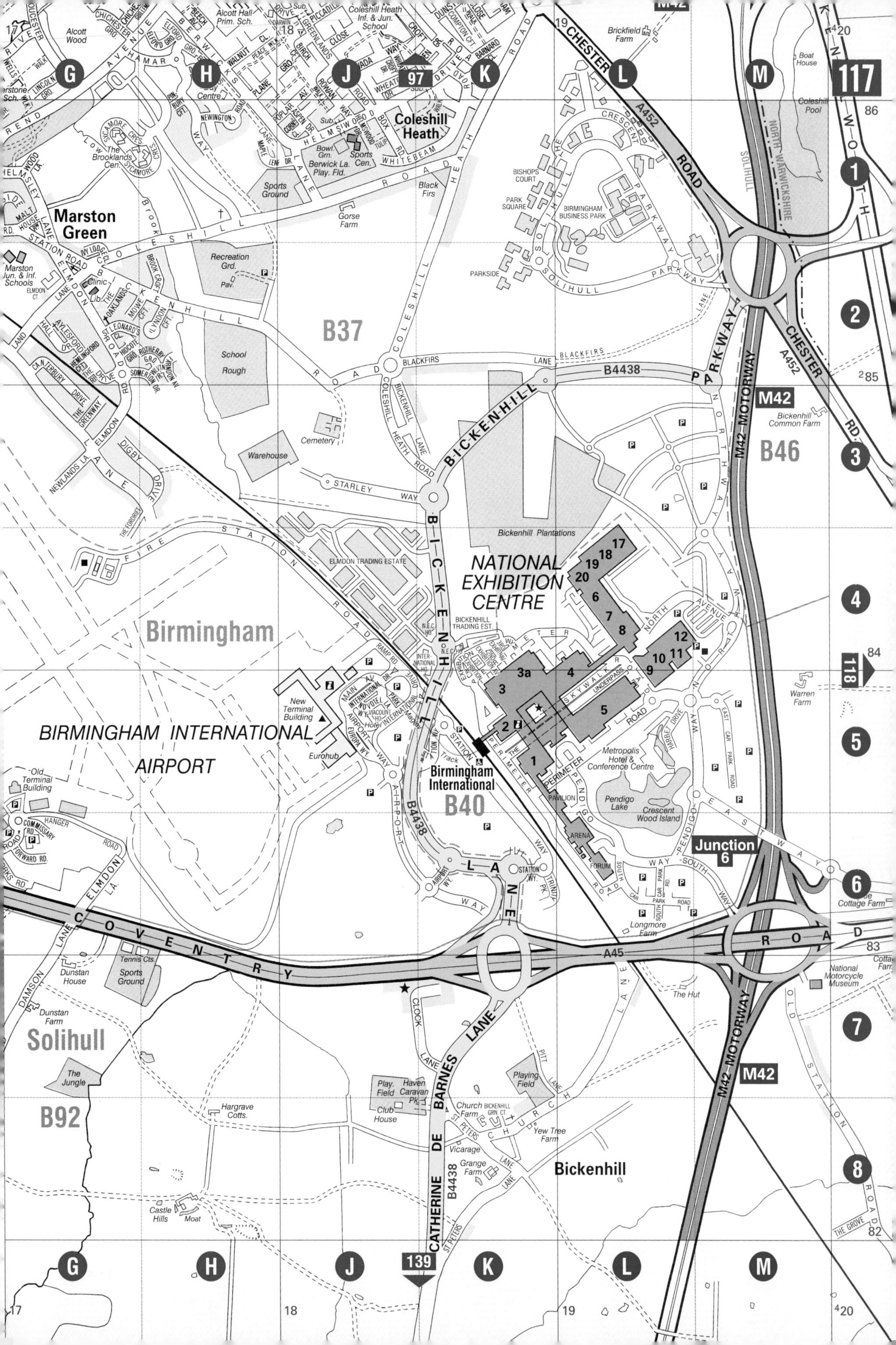

Marston Green
Coleshill Heath
B37
NATIONAL EXHIBITION CENTRE
Birmingham
BIRMINGHAM INTERNATIONAL AIRPORT
Birmingham International
B40
B46
Solihull
B92
Bickenhill
Junction 6
M42 MOTORWAY
M42
A452
CHESTER ROAD
A45
COVENTRY ROAD
B4438
BICKENHILL LANE
CATHERINE DE BARNES LANE
COLESHILL HEATH ROAD
BLACKFIRS LANE
PARKWAY
NORTH WAY
EAST WAY
STARLEY WAY
STATION ROAD
AIRPORT WAY
ELMDON LANE
DIGBY DRIVE
Alcott Wood
Alcott Hall Prim. Sch.
Coleshill Heath Inf. & Jun. School
Brickfield Farm
Boat House
Coleshill Pool
NORTH WARWICKSHIRE
SOLIHULL
BIRMINGHAM BUSINESS PARK
BISHOPS COURT
PARK SQUARE
PARKSIDE
Sports Ground
Black Firs
Gorse Farm
Recreation Grd.
School Rough
Cemetery
Warehouse
Bickenhill Plantations
ELMDON TRADING ESTATE
BICKENHILL TRADING EST.
Bickenhill Common Farm
Warren Farm
New Terminal Building
Eurohub
Old Terminal Building
Metropolis Hotel & Conference Centre
Pendigo Lake
Crescent Wood Island
ARENA
FORUM
PAVILION
Longmore Farm
Cottage Farm
National Motorcycle Museum
The Hut
Dunstan House
Dunstan Farm
Tennis Cts.
Sports Ground
The Jungle
Hargrave Cotts.
Castle Hills
Moat
Play. Field
Haven Caravan Pk.
Club House
Church Farm
Playing Field
Yew Tree Farm
Vicarage
Grange Farm
Marston Jun. & Inf. Schools
Bowl. Grn.
Sports Cen.
Berwick La. Play. Fld.
The Brooklands Cen.
97
118
139
G H J K L M
1 2 3 4 5 6 7 8
17 18 19 20
82 83 84 85 86

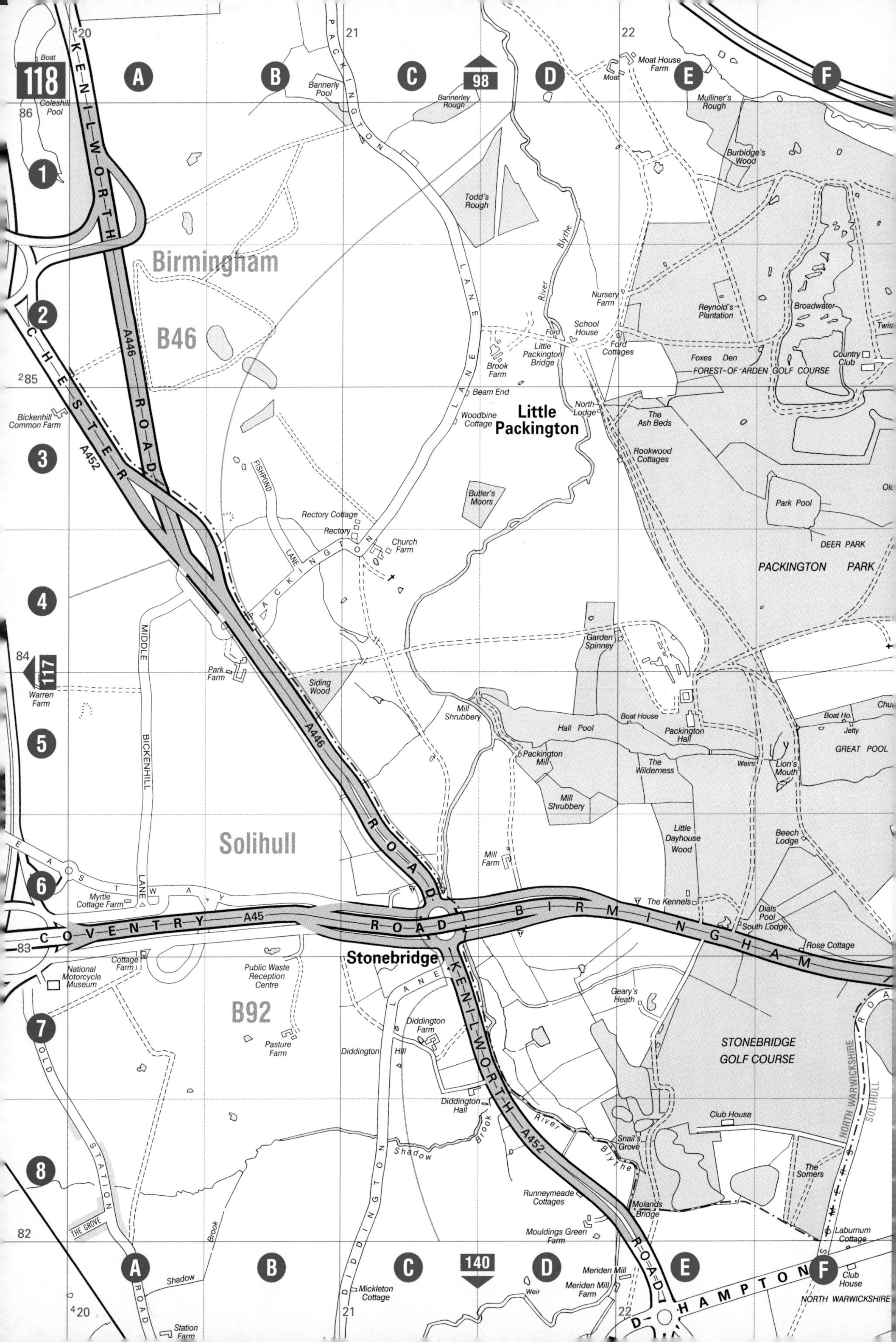
118
98
117
140
A
B
C
D
E
F
1
2
3
4
5
6
7
8
420
21
22
86
285
84
83
82
Boat
Coleshill Pool
KENILWORTH ROAD
A446
CHESTER ROAD
A452
Birmingham
B46
Solihull
B92
Bannerly Pool
Bannerly Rough
PACKINGTON LANE
Moat House Farm
Moat
Mulliner's Rough
Burbidge's Wood
Todd's Rough
River Blythe
Nursery Farm
School House
Ford
Little Packington Bridge
Ford Cottages
Brook Farm
Reynold's Plantation
Broadwater
Foxes Den
FOREST-OF-ARDEN GOLF COURSE
Country Club
Beam End
Woodbine Cottage
Little Packington
North Lodge
The Ash Beds
Rookwood Cottages
Bickenhill Common Farm
FISHPOND LANE
Butler's Moors
Park Pool
DEER PARK
PACKINGTON PARK
Rectory Cottage
Rectory
Church Farm
MIDDLE BICKENHILL LANE
Garden Spinney
Park Farm
Warren Farm
Siding Wood
Mill Shrubbery
Boat House
Hall Pool
Packington Hall
Boat Ho.
Jetty
GREAT POOL
Packington Mill
The Wilderness
Weirs
Lion's Mouth
Mill Shrubbery
Little Dayhouse Wood
Beech Lodge
Mill Farm
EAST WAY
Myrtle Cottage Farm
The Kennels
Dials Pool
South Lodge
Rose Cottage
COVENTRY ROAD
A45
BIRMINGHAM ROAD
Stonebridge
Cottage Farm
National Motorcycle Museum
Public Waste Reception Centre
Geary's Heath
Diddington Farm
Diddington Hill
Pasture Farm
STONEBRIDGE GOLF COURSE
NORTH WARWICKSHIRE
SOLIHULL
OLD STATION ROAD
Diddington Hall
Club House
Shadow Brook
Snail's Grove
River Blythe
The Somers
Runneymeade Cottages
Molands Bridge
THE GROVE
Mouldings Green Farm
Laburnum Cottage
Shadow Brook
DIDDINGTON LANE
Meriden Mill
Meriden Mill Farm
Mickleton Cottage
Weir
HAMPTON LANE
Club House
Station Farm

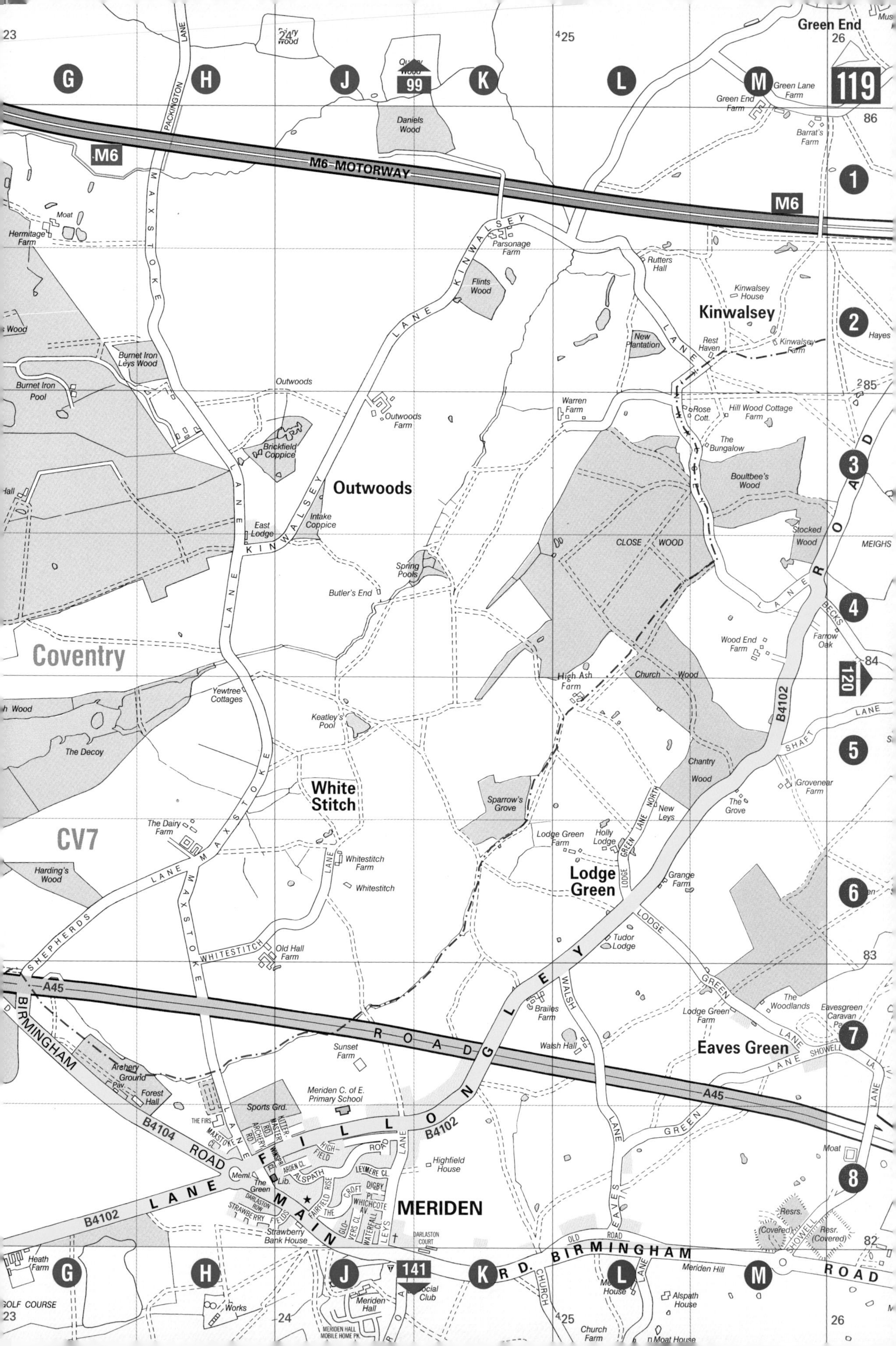

G **H** **J** **K** **L** **M**

Quarry Wood **99**

Daniels Wood

M6

M6—MOTORWAY

M6

1

Hermitage Farm
Moat
PACKINGTON LANE
Rutters Hall
Parsonage Farm
Flints Wood
Green Lane Farm
Green End Farm
Barrat's Farm

2

Burnet Iron Leys Wood
Burnet Iron Pool
Outwoods
New Plantation
Kinwalsey House
Kinwalsey Farm
Rest Haven
Hayes
Kinwalsey

85

Warren Farm
Rose Cott.
Hill Wood Cottage Farm
The Bungalow
KINWALSEY LANE

3

Brickfield Coppice
Outwoods Farm
Outwoods
Boultbee's Wood
Stocked Wood
MEIGHS

Hall
East Lodge
Intake Coppice
CLOSE WOOD

4

Spring Pools
Butler's End
Farrow Oak
Wood End Farm
BECKS LANE

84

120

B4102

Coventry

Yewtree Cottages
Keatley's Pool
High Ash Farm
Church Wood
Chantry Wood
The Grove
Grovenear Farm
SHAFT LANE

5

The Decoy

CV7

Harding's Wood
The Dairy Farm
White Stitch
Whitestitch Farm
Whitestitch
Sparrow's Grove
Lodge Green Farm
Holly Lodge
New Leys
Lodge Green
Grange Farm
GREEN LANE NORTH
LODGE GREEN LANE

6

83

MAXSTOKE LANE
SHEPHERDS LANE
WHITESTITCH LANE
Old Hall Farm
Tudor Lodge

A45

BIRMINGHAM
Brailes Farm
Walsh Hall
Lodge Green Farm
The Woodlands
Eavesgreen Caravan Pk
Eaves Green
WALSH LANE
GREEN LANE
A45
SHOWELL LANE

7

Archery Ground
Forest Hall
Pav.
Sunset Farm
Meriden C. of E. Primary School
Sports Grd.
THE FIRS
FILLONGLEY ROAD
B4102
Highfield House
Moat

8

B4104 ROAD
Meml.
The Green
Lib.
HIGHFIELD
ROW
LEYMERE CL.
DIGBY
WHICHCOTE AV
SOFT
The OLD VICS CL
WATERFALL LEYS
FAIRFIELD RISE
MERIDEN
Darlaston Court
Resrs. (Covered)
Resr. (Covered)
SHOWELL LANE

B4102 MAIN LANE
Strawberry Bank House
141
Social Club
Meriden Hall Mobile Home Pk.
Church Farm
OLD BIRMINGHAM ROAD
Alspath House
Meriden Hill
BIRMINGHAM ROAD

82

G **H** **J** **K** **L** **M**

Heath Farm
GOLF COURSE
Works
CHURCH RD.
House
n Moat House

23 24 25 26

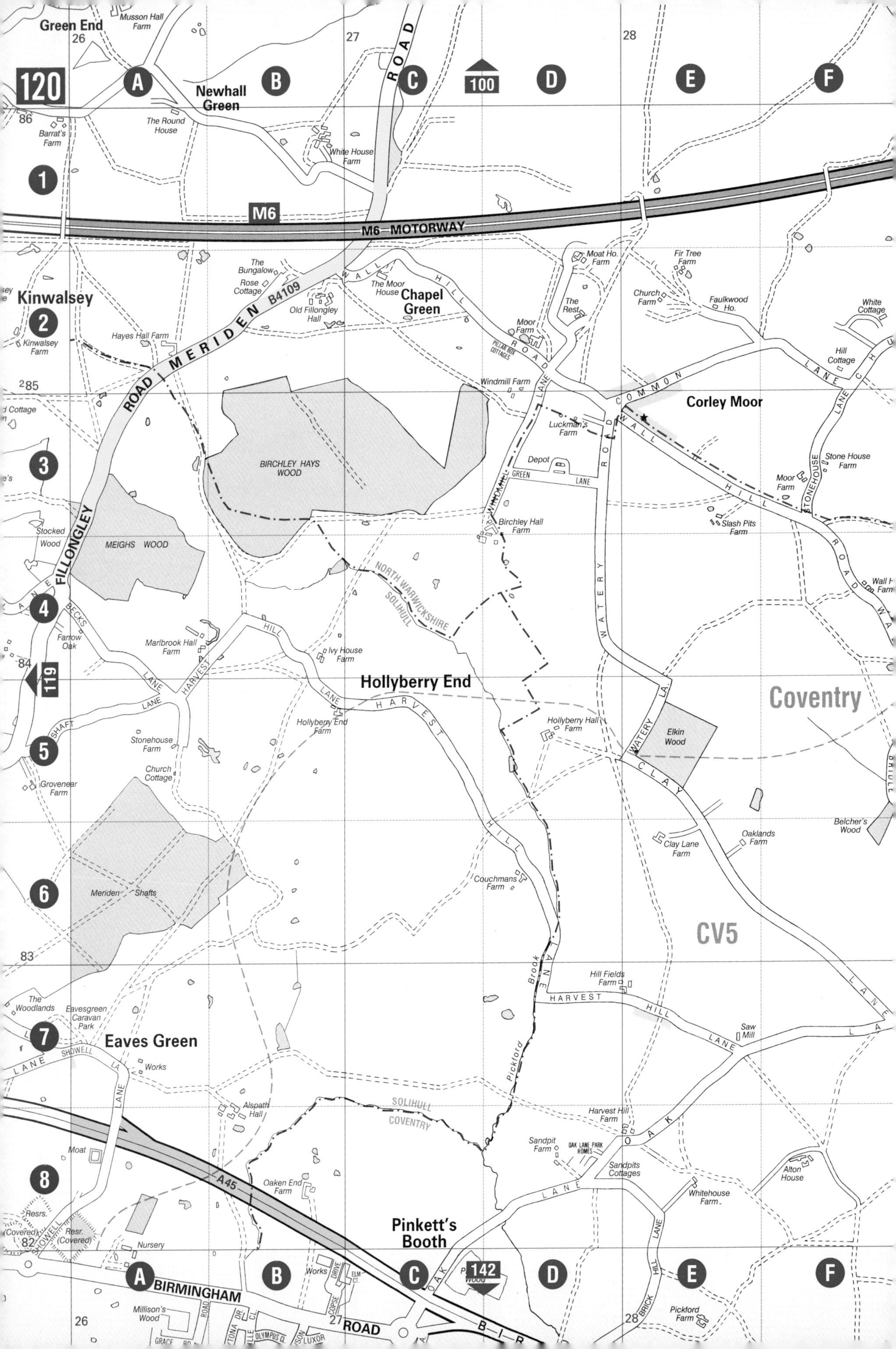

120
Green End
Musson Hall Farm
Newhall Green
The Round House
Barrat's Farm
White House Farm
100
M6
M6 MOTORWAY
Kinwalsey
Kinwalsey Farm
Hayes Hall Farm
The Bungalow
Rose Cottage
MERIDEN ROAD
B4109
Old Fillongley Hall
The Moor House
Chapel Green
WALL HILL ROAD
Moat Ho. Farm
The Rest
Moor Farm
PILLAR BOX COTTAGES
Windmill Farm
Fir Tree Farm
Church Farm
Faulkwood Ho.
White Cottage
Hill Cottage
COMMON LANE
Corley Moor
Luckman's Farm
Depot
GREEN LANE
WINDMILL LANE
WATERY ROAD
BIRCHLEY HAYS WOOD
Birchley Hall Farm
Stone House Farm
Moor Farm
STONEHOUSE LANE
Slash Pits Farm
WALL HILL ROAD
Wall Hill Farm
FILLONGLEY ROAD
MEIGHS WOOD
Stocked Wood
NORTH WARWICKSHIRE
SOLIHULL
BECKS LANE
Farrow Oak
Marlbrook Hall Farm
HARVEST HILL LANE
Ivy House Farm
Hollyberry End
Hollyberry End Farm
119
SHAFT LANE
Stonehouse Farm
Church Cottage
Grovenear Farm
Hollyberry Hall Farm
WATERY LA.
Elkin Wood
Coventry
CLAY LANE
Clay Lane Farm
Oaklands Farm
Belcher's Wood
BRIDLE
Meriden Shafts
Couchmans Farm
CV5
Brook
Pickford
Hill Fields Farm
HARVEST HILL LANE
Saw Mill
The Woodlands
Eavesgreen Caravan Park
Eaves Green
SHOWELL LANE
Works
Alspath Hall
SOLIHULL
COVENTRY
Harvest Hill Farm
Sandpit Farm
OAK LANE PARK HOMES
Sandpits Cottages
OAK LANE
Alton House
Whitehouse Farm
Moat
A45
Oaken End Farm
Resrs. (Covered)
Resr. (Covered)
Nursery
Pinkett's Booth
142
BRICK HILL LANE
Works
COPSE DRIVE
ELM CT.
BIRMINGHAM ROAD
Millison's Wood
Pickford Farm
GRACE RD
TONA DR.
OLYMPUS CL
LUXOR
B I R
26
27
28
86
85
84
83
82
A B C D E F
1 2 3 4 5 6 7 8

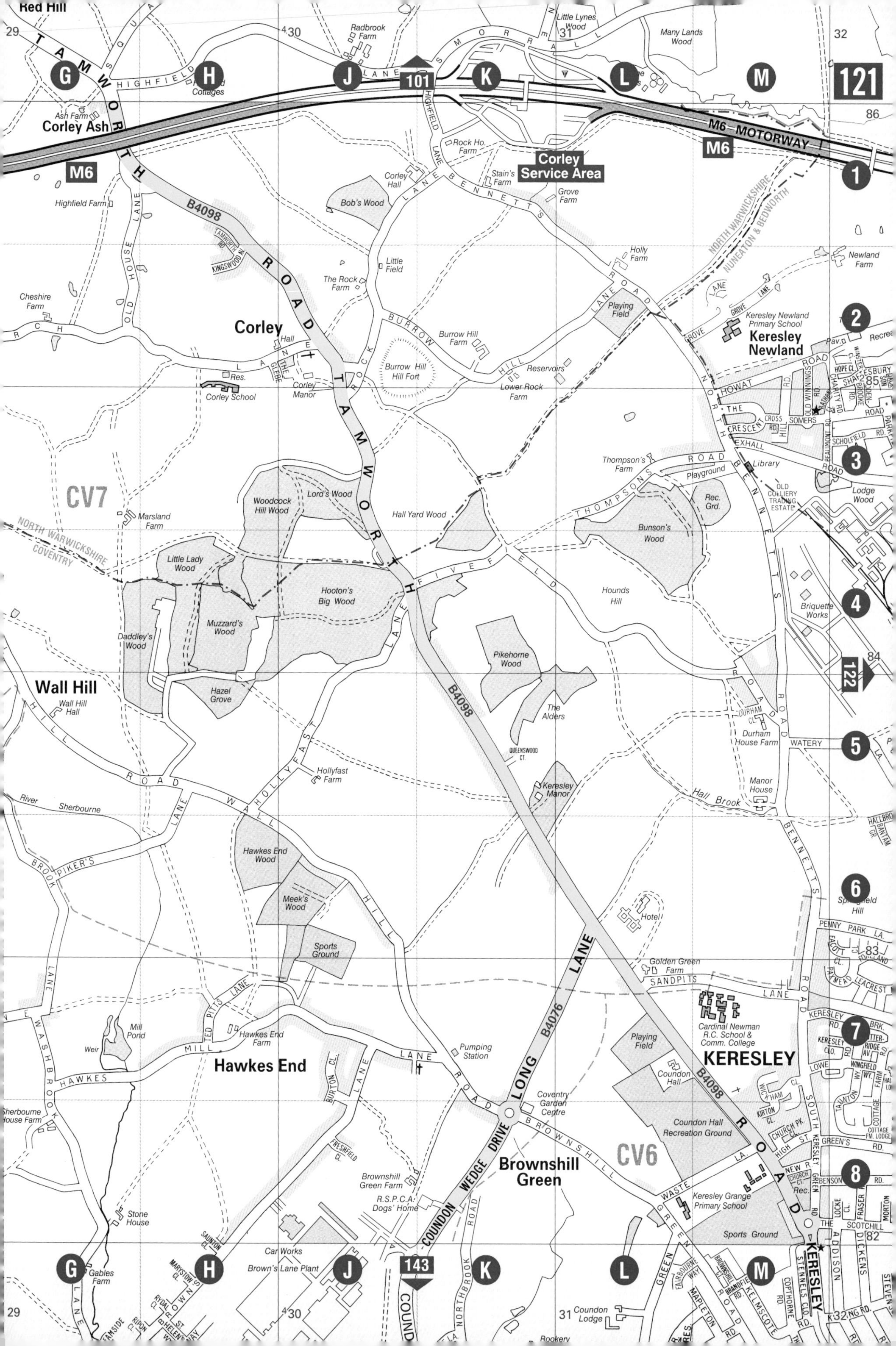

121
Red Hill
Corley Ash
Ash Farm
Highfield Farm
Highfield Cottages
Radbrook Farm
Little Lynes Wood
Many Lands Wood
M6 MOTORWAY
M6
Corley Service Area
Rock Ho. Farm
Corley Hall
Stain's Farm
Grove Farm
Bob's Wood
Little Field
The Rock Farm
Holly Farm
Newland Farm
Cheshire Farm
Corley
Corley Manor
Corley School
Burrow Hill Farm
Burrow Hill Hill Fort
Reservoirs
Lower Rock Farm
Playing Field
Keresley Newland Primary School
Keresley Newland
CV7
Marsland Farm
Woodcock Hill Wood
Lord's Wood
Hall Yard Wood
Thompson's Farm
Playground
Library
Rec. Grd.
Bunson's Wood
Old Colliery Trading Estate
Lodge Wood
NORTH WARWICKSHIRE
COVENTRY
NUNEATON & BEDWORTH
Little Lady Wood
Hooton's Big Wood
Muzzard's Wood
Daddley's Wood
Hounds Hill
Briquette Works
Pikehorne Wood
The Alders
Hazel Grove
Wall Hill
Wall Hill Hall
Durham House Farm
Hollyfast Farm
Keresley Manor
Manor House
Hall Brook
River Sherbourne
Hawkes End Wood
Meek's Wood
Hotel
Springfield Hill
Sports Ground
Golden Green Farm
Cardinal Newman R.C. School & Comm. College
Mill Pond
Weir
Hawkes End Farm
Hawkes End
Pumping Station
Playing Field
Coundon Hall
KERESLEY
Coventry Garden Centre
Coundon Hall Recreation Ground
Sherbourne House Farm
Brownshill Green Farm
Brownshill Green
CV6
R.S.P.C.A. Dogs' Home
Keresley Grange Primary School
Stone House
Car Works
Brown's Lane Plant
Sports Ground
Gables Farm
Coundon Lodge
Rookery
TAMWORTH ROAD
B4098
LONG LANE
B4076
COUNDON WEDGE DRIVE
BENNETTS ROAD
THOMPSONS ROAD
FIVEFIELD LANE
HOLLYFAST LANE
WALL HILL ROAD
WASHBROOK LANE
HAWKES MILL LANE
BROWNSHILL
SANDPITS LANE
WATERY LANE
PENNY PARK LA.
WASTE LA.
101
143
122
G H J K L M
1 2 3 4 5 6 7 8
29 30 31 32
86 85 84 83 82

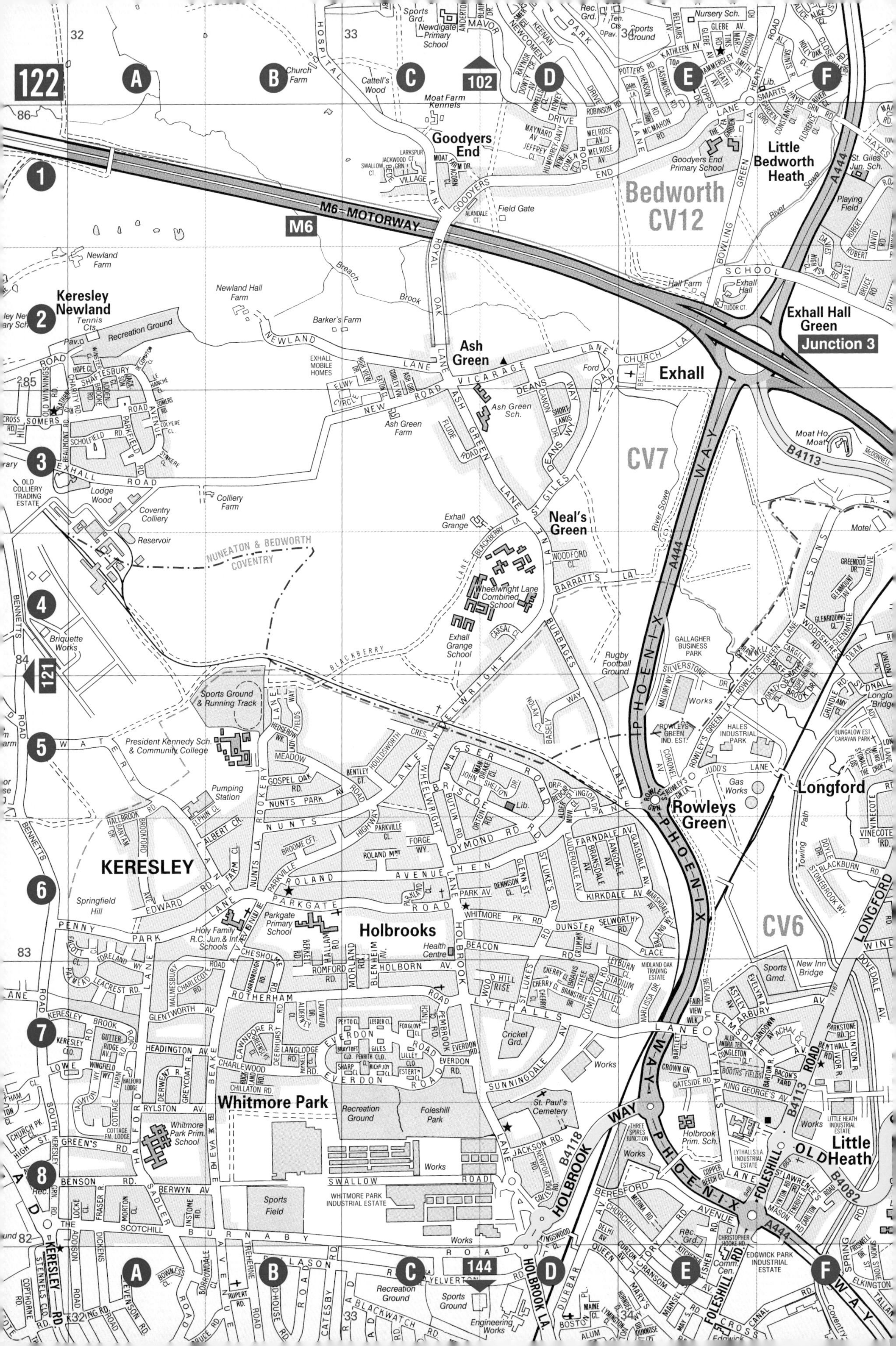

122
102
121
144
M6 MOTORWAY
M6
Junction 3
Goodyers End
Bedworth
CV12
Little Bedworth Heath
Exhall Hall Green
Keresley Newland
Ash Green
Exhall
CV7
Neal's Green
Rowleys Green
Longford
KERESLEY
Holbrooks
Whitmore Park
CV6
Little Heath
Newland Farm
Newland Hall Farm
Barker's Farm
Church Farm
Cattell's Wood
Moat Farm Kennels
Field Gate
Hall Farm
Exhall Hall
Ash Green Sch.
Ash Green Farm
Exhall Grange
Exhall Grange School
Wheelwright Lane Combined School
Colliery Farm
Coventry Colliery
Lodge Wood
Reservoir
OLD COLLIERY TRADING ESTATE
Briquette Works
NUNEATON & BEDWORTH
COVENTRY
Sports Ground & Running Track
President Kennedy Sch. & Community College
Pumping Station
Springfield Hill
Holy Family R.C. Jun.& Inf. Schools
Parkgate Primary School
Health Centre
Cricket Grd.
St. Paul's Cemetery
Recreation Ground
Foleshill Park
Whitmore Park Prim. School
WHITMORE PARK INDUSTRIAL ESTATE
Sports Field
Works
Rugby Football Ground
GALLAGHER BUSINESS PARK
ROWLEYS GREEN IND. EST.
HALES INDUSTRIAL PARK
Gas Works
MIDLAND OAK TRADING ESTATE
Holbrook Prim. Sch.
LYTHALLS LA INDUSTRIAL ESTATE
LITTLE HEATH INDUSTRIAL ESTATE
EDGWICK PARK INDUSTRIAL ESTATE
Sports Grnd.
New Inn Bridge
Goodyers End Primary School
Newdigate Primary School
Nursery Sch.
St. Giles Jun. Sch.
Playing Field
Moat Ho. Moat
Motel
Recreation Ground
Sports Ground
Engineering Works
PHOENIX WAY
A444
B4113
B4118
B4082
HOLBROOK LANE
FOLESHILL RD
A
B
C
D
E
F
1
2
3
4
5
6
7
8
32
33
34
82
83
84
85
86

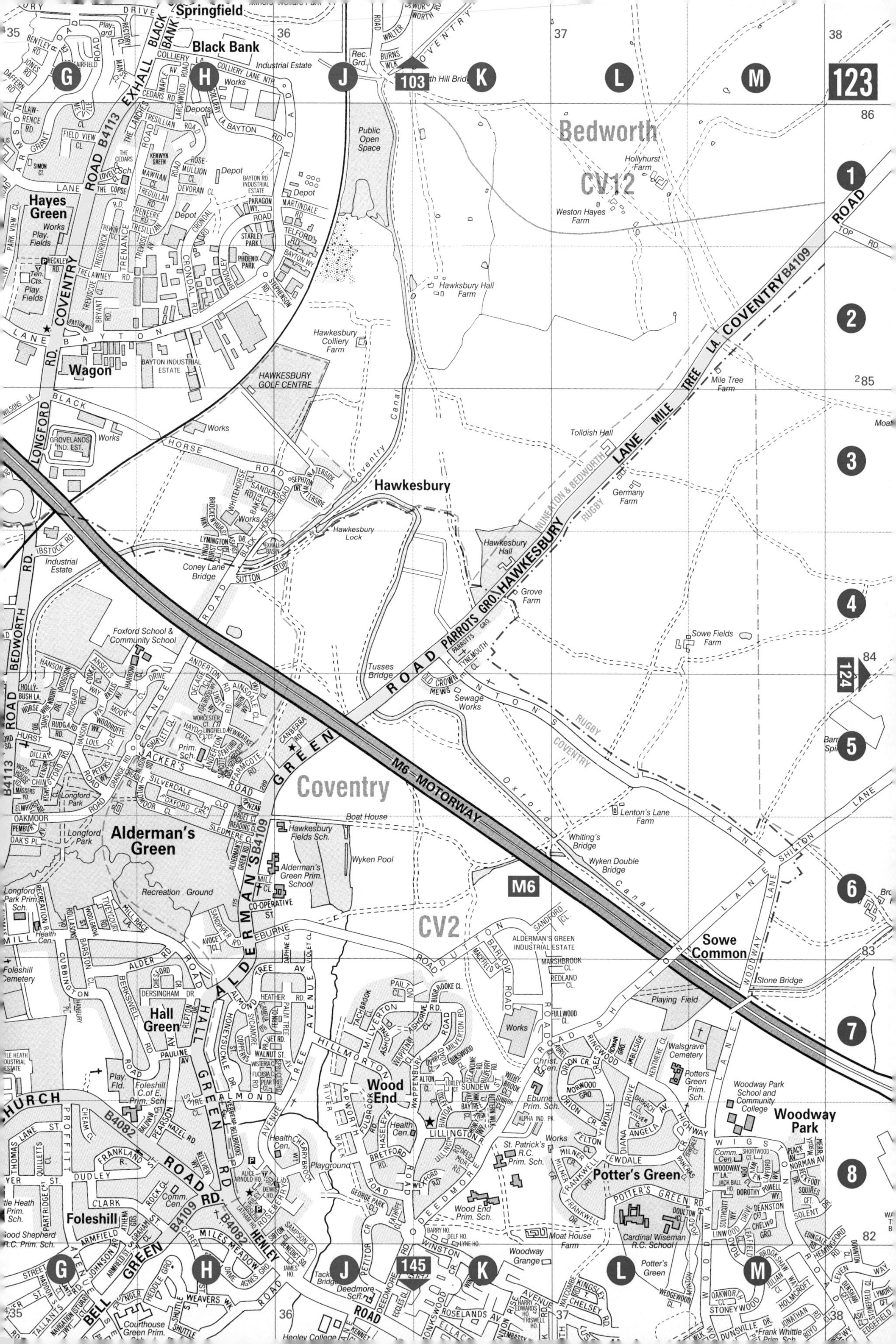
123
Springfield
Black Bank
Industrial Estate
Hayes Green
Wagon
Bedworth
CV12
Hollyhurst Farm
Weston Hayes Farm
Hawkesbury Hall Farm
Hawkesbury Colliery Farm
HAWKESBURY GOLF CENTRE
Public Open Space
Mile Tree Farm
Tolldish Hall
Germany Farm
Hawkesbury
Hawkesbury Lock
Hawkesbury Hall
Grove Farm
Sowe Fields Farm
Coney Lane Bridge
Foxford School & Community School
Tusses Bridge
Sewage Works
Coventry
M6 MOTORWAY
M6
Boat House
Hawkesbury Fields Sch.
Wyken Pool
Alderman's Green
Alderman's Green Prim. School
Recreation Ground
Longford Park
Lenton's Lane Farm
Whiting's Bridge
Wyken Double Bridge
Oxford Canal
Coventry Canal
CV2
ALDERMAN'S GREEN INDUSTRIAL ESTATE
Sowe Common
Stone Bridge
Playing Field
Walsgrave Cemetery
Hall Green
Wood End
Potter's Green
Woodway Park
Woodway Park School and Community College
Potters Green Prim. Sch.
Cardinal Wiseman R.C. School
Moat House Farm
Woodway Grange
Wood End Prim. Sch.
St. Patrick's R.C. Prim. Sch.
Eburne Prim. Sch.
Foleshill
Foleshill C.of E. Prim. Sch.
Foleshill Cemetery
COVENTRY ROAD B4113
B4109
B4082
HAWKESBURY LANE
MILE TREE LA.
SHILTON LANE
WOODWAY LANE
ALDERMAN'S GREEN ROAD
HALL GREEN RD.
FOLESHILL ROAD
BELL GREEN
103
145
124

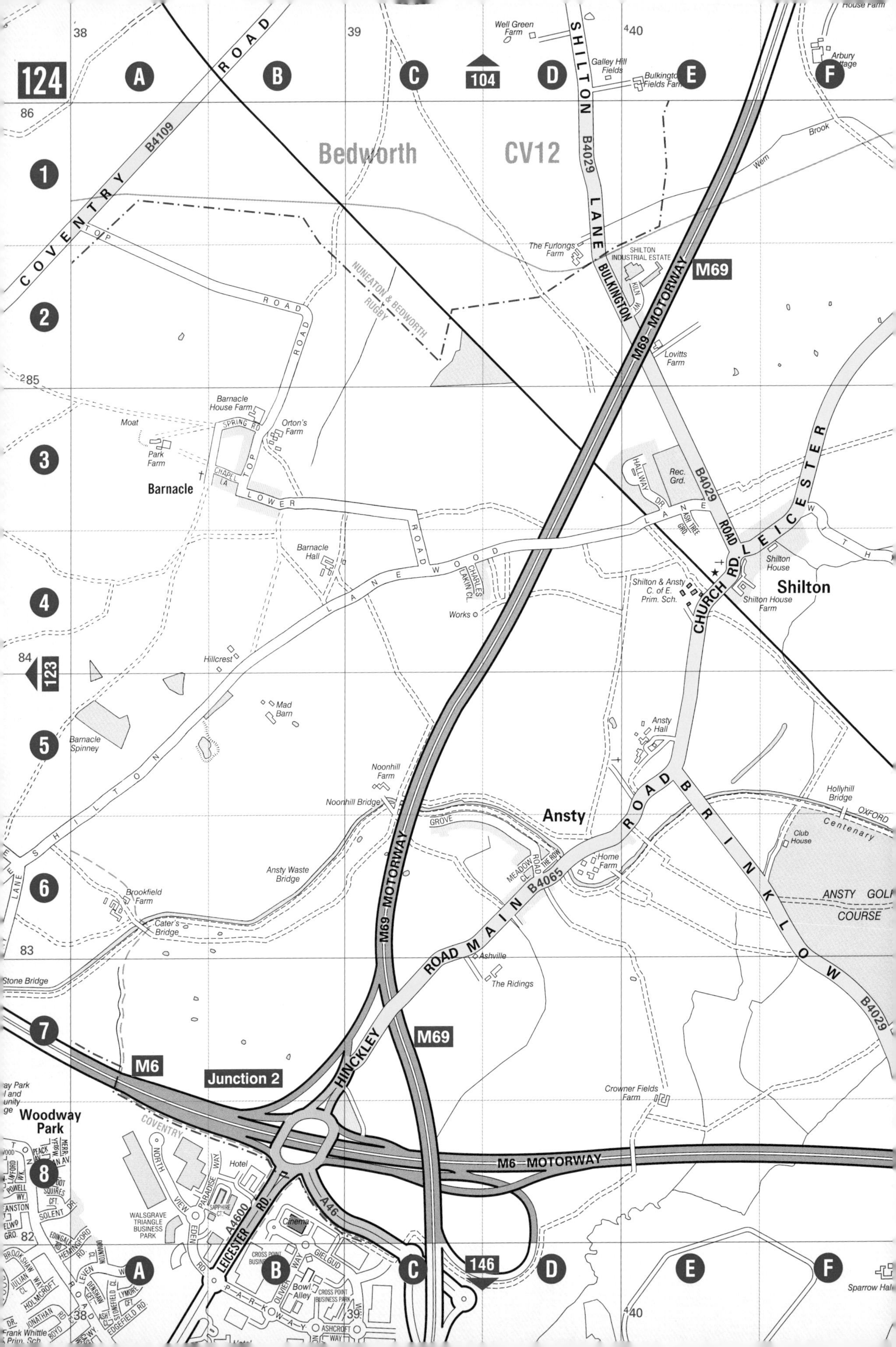

Bedworth
CV12
COVENTRY ROAD
B4109
SHILTON LANE
B4029
Well Green Farm
Galley Hill Fields
Bulkington Fields Farm
Arbury Cottage
Wem Brook
The Furlongs Farm
SHILTON INDUSTRIAL ESTATE
BULKINGTON
KILN WAY
M69
M69 MOTORWAY
NUNEATON & BEDWORTH
RUGBY
TOP ROAD
Lovitts Farm
Barnacle House Farm
SPRING RD.
Orton's Farm
Moat
Park Farm
CHAPEL LA.
Barnacle
LOWER ROAD
HALLWAY DR.
Rec. Grd.
LANE
ASH TREE GRO.
ROAD
LEICESTER
Shilton House
Shilton
Shilton & Ansty C. of E. Prim. Sch.
Shilton House Farm
CHURCH RD.
Barnacle Hall
WOOD LANE
CHARLES LAKIN CL.
Works
Hillcrest
Mad Barn
Barnacle Spinney
SHILTON LANE
Ansty Hall
Noonhill Farm
Noonhill Bridge
GROVE
Ansty
BRINKLOW ROAD
Hollyhill Bridge
OXFORD
Centenary
Club House
ANSTY GOLF COURSE
Ansty Waste Bridge
MEADOW CL.
ROAD
THE ROW
Home Farm
B4065
MAIN ROAD
Brookfield Farm
Cater's Bridge
Stone Bridge
Ashville
The Ridings
HINCKLEY ROAD
M6
Junction 2
Crowner Fields Farm
Woodway Park
COVENTRY
NORTH VIEW
PARADISE WAY
SAPPHIRE CT.
Hotel
M6 MOTORWAY
WALSGRAVE TRIANGLE BUSINESS PARK
EDEN RD.
LEICESTER RD.
A4600
A46
Cinema
CROSS POINT BUSINESS PARK
OLIVIER WAY
GIELGUD WAY
Bowl Alley
PARKWAY
ASHCROFT WAY
SQUIRES CFT.
SOLENT DR.
POWELL WY.
EDINGALE RD.
HEMINGFORD RD.
LEVEN WAY
DENSHAW CFT.
STONEFIELD CL.
LYMORE CFT.
EDGEFIELD RD.
BROOKSHAW WAY
JULIAN CL.
HOLMCROFT
JONATHAN RD.
BOYD CL.
Frank Whittle Prim. Sch.
Sparrow Hall
38
39
440
86
85
84
83
82
A
B
C
D
E
F
1
2
3
4
5
6
7
8
104
123
146

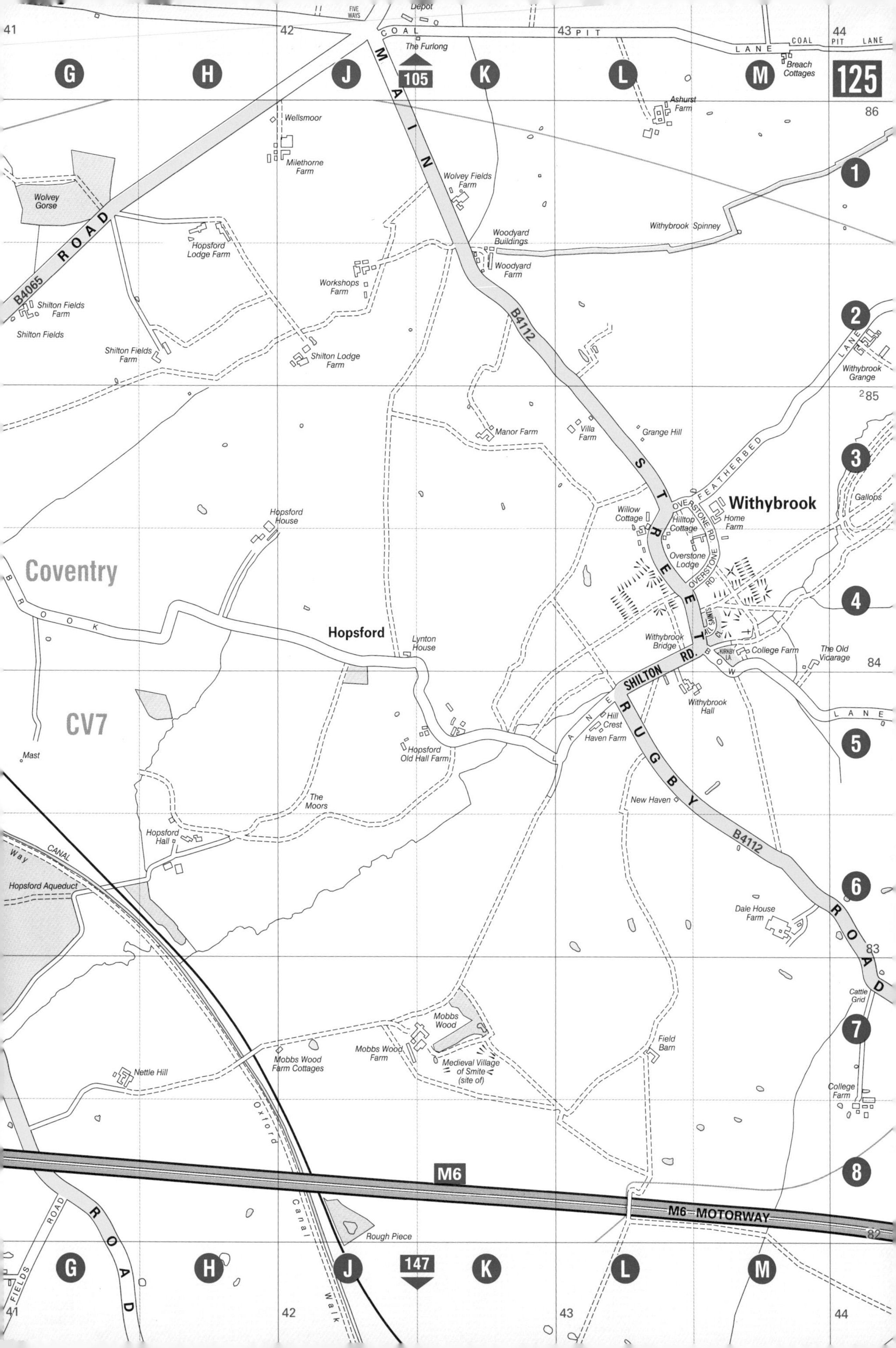

Map content labels:

FIVE WAYS
Depot
COAL PIT LANE
COAL PIT LANE
The Furlong
105
Breach Cottages
Ashurst Farm
Wellsmoor
Wolvey Fields Farm
Milethorne Farm
Withybrook Spinney
Wolvey Gorse
Hopsford Lodge Farm
Woodyard Buildings
Woodyard Farm
B4065
Workshops Farm
Withybrook Grange
Shilton Fields Farm
Shilton Fields
Shilton Lodge Farm
Shilton Fields Farm
Manor Farm
Villa Farm
Grange Hill
Gallops
ROAD
MAIN
B4112
STREET
FEATHERBED LANE
Withybrook
Hopsford House
Willow Cottage
Hilltop Cottage
Overstone Lodge
OVERSTONE RD.
Home Farm
OVERSTONE RD.
Coventry
BROOK
Hopsford
Lynton House
Withybrook Bridge
SMITS LA.
KIRKBY LA.
College Farm
The Old Vicarage
SHILTON RD.
CV7
Hopsford Old Hall Farm
LANE
RUGBY
Hill Crest
Haven Farm
Withybrook Hall
LANE
Mast
The Moors
New Haven
Hopsford Hall
ROAD
Dale House Farm
CANAL
Way
Hopsford Aqueduct
B4112
Cattle Grid
Mobbs Wood
Mobbs Wood Farm Cottages
Mobbs Wood Farm
Medieval Village of Smite (site of)
Field Barn
College Farm
Nettle Hill
Oxford
M6
M6 MOTORWAY
Rough Piece
Canal
ROAD
FIELDS
ROAD
Walk
147

Grid references:
41 42 43 44
G H J K L M
1 2 3 4 5 6 7 8
86 85 84 83 82

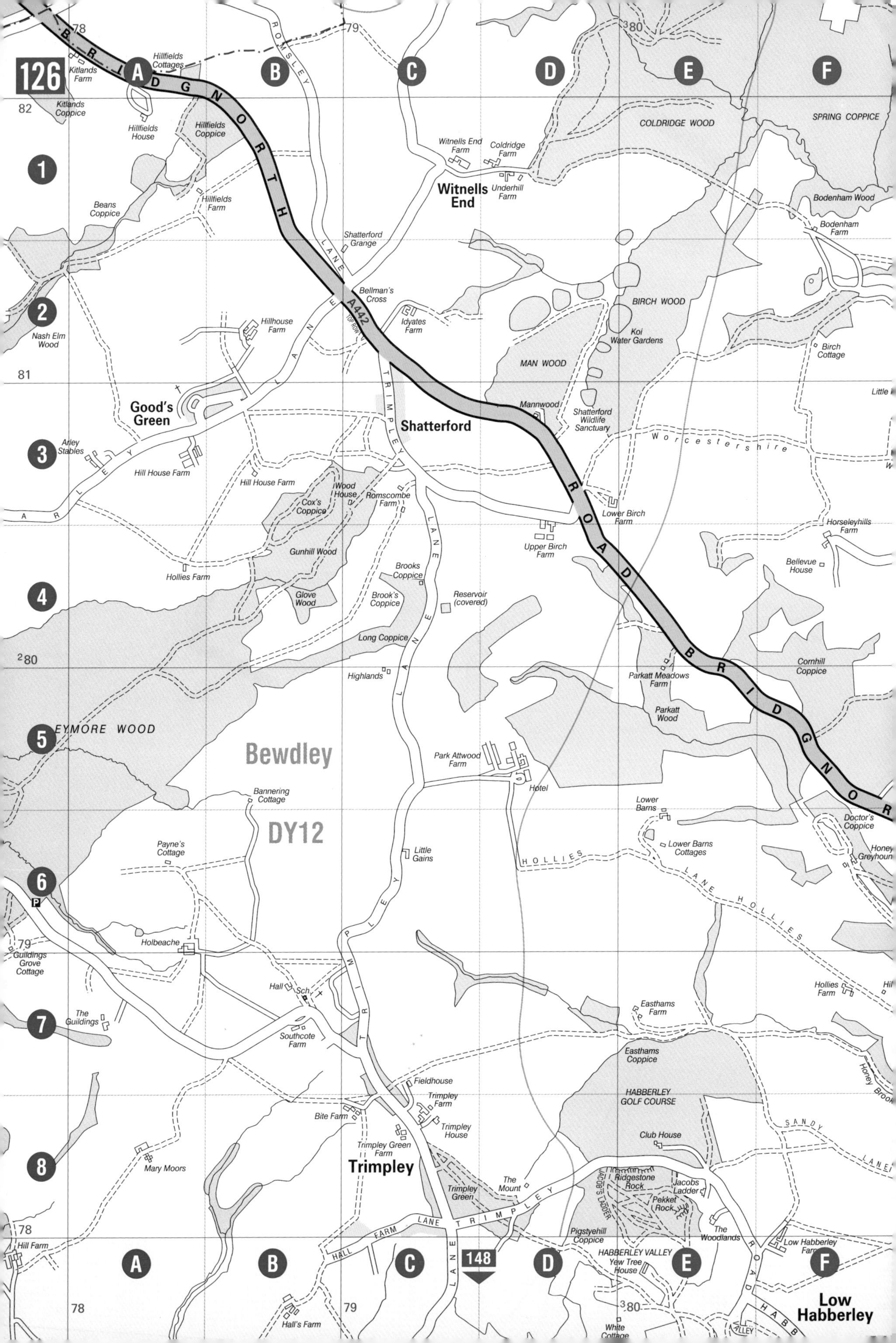

A
B
C
D
E
F
1
2
3
4
5
6
7
8
78
79
380
82
81
280
Kitlands Farm
Kitlands Coppice
Hillfields Cottages
Hillfields House
Hillfields Coppice
BRIDGNORTH ROAD
A442
ROMSLEY LANE
Beans Coppice
Hillfields Farm
Witnells End Farm
Coldridge Farm
Witnells End
Underhill Farm
COLDRIDGE WOOD
SPRING COPPICE
Bodenham Wood
Bodenham Farm
Shatterford Grange
Bellman's Cross
Idyates Farm
BIRCH WOOD
Koi Water Gardens
Birch Cottage
Nash Elm Wood
Hillhouse Farm
MAN WOOD
Mannwood
Shatterford Wildlife Sanctuary
Little
Good's Green
Shatterford
TRIMPLEY LANE
Worcestershire
Arley Stables
Hill House Farm
Hill House Farm
Wood House
Romscombe Farm
Cox's Coppice
ARLEY LANE
Lower Birch Farm
Upper Birch Farm
Horseleyhills Farm
Gunhill Wood
Brooks Coppice
Hollies Farm
Bellevue House
Glove Wood
Brook's Coppice
Reservoir (covered)
Long Coppice
Highlands
Cornhill Coppice
Parkatt Meadows Farm
Parkatt Wood
EYMORE WOOD
Bewdley
Park Attwood Farm
Hotel
Bannering Cottage
DY12
Lower Barns
Doctor's Coppice
Payne's Cottage
Little Gains
Lower Barns Cottages
HOLLIES LANE
HOLLIES
Honey
Greyhoun
Guildings Grove Cottage
Holbeache
Hall
Sch
Hollies Farm
The Guildings
Easthams Farm
Southcote Farm
Easthams Coppice
HABBERLEY GOLF COURSE
Fieldhouse
Trimpley Farm
Bite Farm
Trimpley House
Honey Brook
SANDY LANE
Club House
Mary Moors
Trimpley Green Farm
Trimpley
The Mount
Ridgestone Rock
Jacobs Ladder
Trimpley Green
Pekket Rock
HALL FARM LANE
Pigstyehill Coppice
The Woodlands
Low Habberley Farm
Hill Farm
HABBERLEY VALLEY
Yew Tree House
148
Hall's Farm
White Cottage
Low Habberley
HABBERLEY ROAD
ALLEY

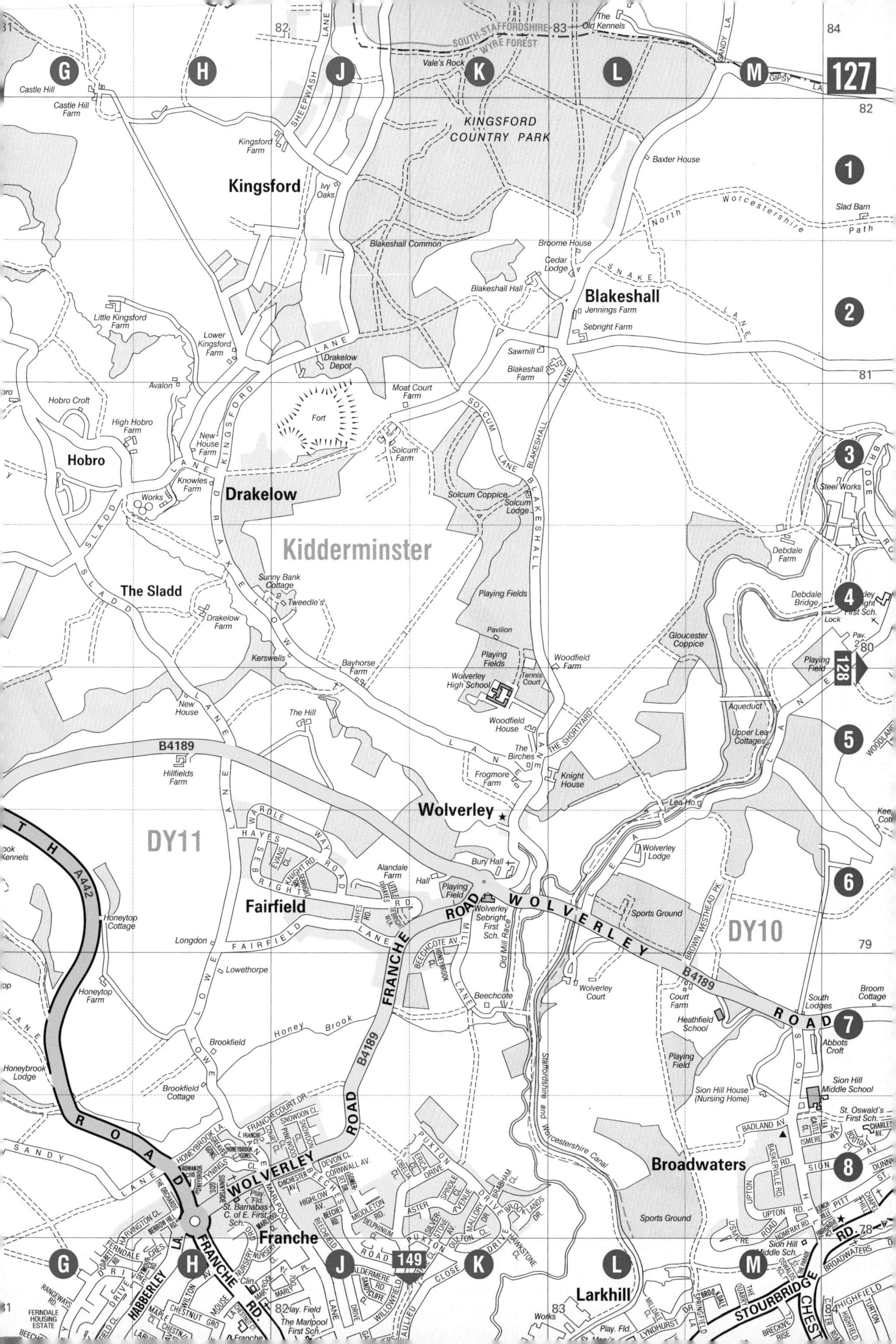
127
Kingsford
Kingsford Country Park
Blakeshall
Hobro
Drakelow
Kidderminster
The Sladd
Wolverley
Fairfield
DY11
DY10
Broadwaters
Franche
Larkhill
Castle Hill
Castle Hill Farm
Kingsford Farm
Ivy Oaks
Vale's Rock
South Staffordshire
Wyre Forest
The Old Kennels
Baxter House
Slad Barn
North Worcestershire Path
Blakeshall Common
Broome House
Cedar Lodge
Blakeshall Hall
Jennings Farm
Sebright Farm
Snake Lane
Little Kingsford Farm
Lower Kingsford Farm
Drakelow Depot
Sawmill
Blakeshall Farm
Avalon
Moat Court Farm
Fort
Hobro Croft
High Hobro Farm
New House Farm
Solcum Farm
Knowles Farm
Works
Solcum Coppice
Solcum Lodge
Steel Works
Debdale Farm
Debdale Bridge
Lock
Sunny Bank Cottage
Tweedle's
Drakelow Farm
Playing Fields
Pavilion
Gloucester Coppice
Kerswells
Bayhorse Farm
Wolverley High School
Tennis Court
Woodfield Farm
New House
The Hill
Woodfield House
Aqueduct
Upper Lea Cottages
The Birches
The Shortyard
Frogmore Farm
Knight House
Hillfields Farm
B4189
Lea Ho.
Wolverley Lodge
Bury Hall
Alandale Farm
Hall
Playing Field
Wolverley Sebright First Sch.
Old Mill Race
Sports Ground
Brown Westhead Pk.
Honeytop Cottage
Longdon
Lowethorpe
Beechcote Av.
Wolverley Court
Court Farm
Heathfield School
South Lodges
Broom Cottage
Abbots Croft
Honeytop Farm
Honey Brook
Brookfield
Beechcote
Honeybrook Lodge
Brookfield Cottage
Sion Hill House (Nursing Home)
Sion Hill Middle School
St. Oswald's First Sch.
Staffordshire and Worcestershire Canal
Franche Road
Wolverley Road
Stourbridge Road
A442
St. Barnabas C. of E. First Sch.
Sion Hill Middle Sch.
The Marlpool First Sch.
Ferndale Housing Estate
Habberley
Sandy Lane
Lowe Lane
Kingsford Lane
Drakelow Lane
Solcum Lane
Blakeshall Lane
Sladd Lane
Wardle Way
Hayes Road
Sebright Road
Fairfield Lane
Mill Lane
Puxton Drive
Upton Rd.
Badland Av.
Baskerville Rd.
149
128

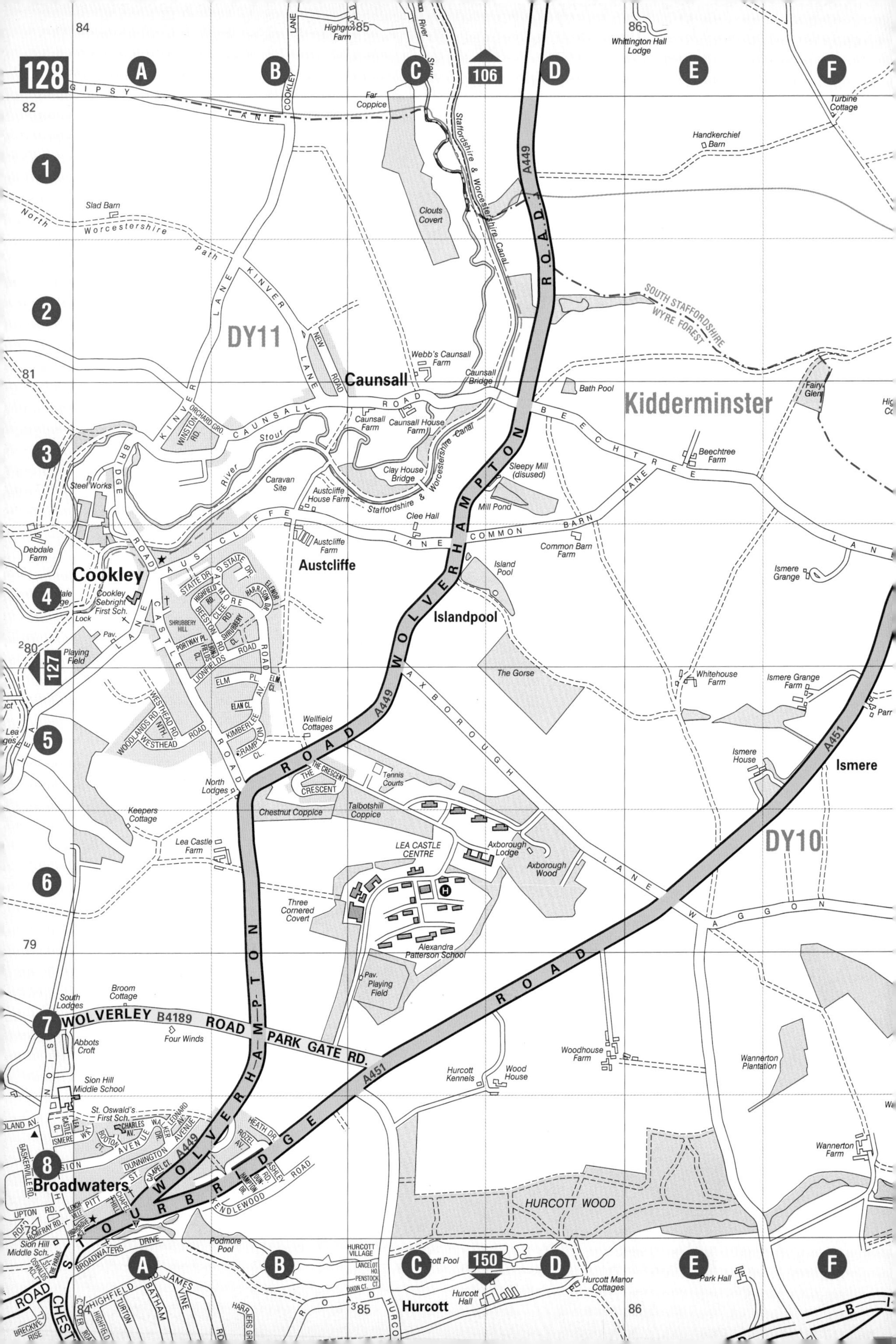
A
B
C
D
E
F
106
127
150
1
2
3
4
5
6
7
8
84
85
86
82
81
80
79
78
Highgrove Farm
Whittington Hall Lodge
GIPSY LANE
COOKLEY LANE
River Stour
Far Coppice
Turbine Cottage
Handkerchief Barn
Staffordshire & Worcestershire Canal
A449
ROAD
Slad Barn
North Worcestershire Path
Clouts Covert
KINVER LANE
SOUTH STAFFORDSHIRE
WYRE FOREST
DY11
NEW LANE
NEW ROAD
Webb's Caunsall Farm
Caunsall
Caunsall Bridge
Bath Pool
Kidderminster
Fairy Glen
CAUNSALL ROAD
ORCHARD GRO.
WINSTON RD.
Caunsall Farm
Caunsall House Farm
BEECHTREE LANE
Beechtree Farm
BRIDGE ROAD
Steel Works
Caravan Site
Clay House Bridge
Sleepy Mill (disused)
Austcliffe House Farm
Mill Pond
Clee Hall
COMMON BARN LANE
Common Barn Farm
Debdale Farm
AUSTCLIFFE ROAD
Austcliffe Farm
Austcliffe
Island Pool
Ismere Grange
Cookley
Cookley Sebright First Sch.
Lock
STAITE DR.
HIGHFIELD RD.
AYLMORE
HARRISON DR.
ELENOR
BEESTON RD.
CLEE RD.
SHRUBBERY HILL
SHRUBBERY CL.
Islandpool
PORTWAY PL.
LIONFIELDS CL.
LIONFIELDS
CASTLE ROAD
WOLVERHAMPTON
Pav.
Playing Field
ELM PL.
ELM AV.
ELM CL.
ELAN CL.
AXBOROUGH LANE
The Gorse
Whitehouse Farm
Ismere Grange Farm
WOODLANDS RD.
WESTHEAD RD.
WESTHEAD ROAD
KIMBERLEE AV.
RAMPTON CL.
Wellfield Cottages
Ismere House
Ismere
A451
LEA
North Lodges
THE CRESCENT
Tennis Courts
Keepers Cottage
Chestnut Coppice
Talbotshill Coppice
Lea Castle Farm
LEA CASTLE CENTRE
Axborough Lodge
Axborough Wood
DY10
Three Cornered Covert
WAGGON
Alexandra Patterson School
Broom Cottage
South Lodges
Playing Field
WOLVERLEY B4189 ROAD
PARK GATE RD.
Four Winds
Abbots Croft
Woodhouse Farm
Wanneton Plantation
Sion Hill Middle School
Hurcott Kennels
Wood House
St. Oswald's First Sch.
LEONARD AVENUE
HEATH DR.
ROZEL AV.
Wannerton Farm
DUNNINGTON AVENUE
STOURBRIDGE ROAD
DASHLEY RD.
Broadwaters
HURCOTT WOOD
ENDLEWOOD
BROADWATERS DRIVE
Podmore Pool
HURCOTT VILLAGE
Hurcott Pool
Hurcott Manor Cottages
Park Hall
Sion Hill Middle Sch.
HIGHFIELD
BATHAM
JAMES
VINE
Hurcott Hall
Hurcott
CHESTER ROAD
BRECKNELL RISE

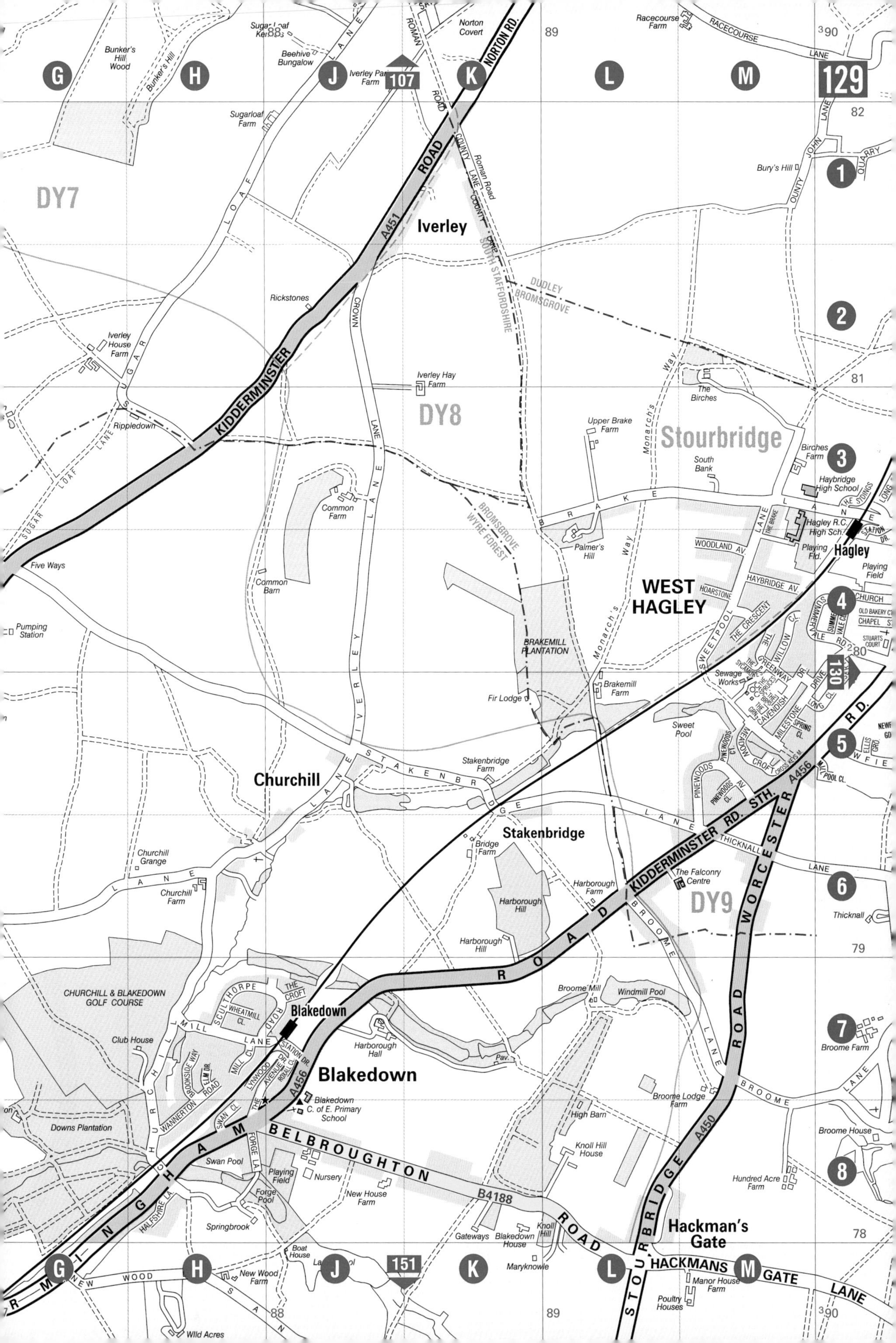

107
151
130
Iverley
Churchill
Blakedown
Stakenbridge
WEST HAGLEY
Hagley
Stourbridge
Hackman's Gate
DY7
DY8
DY9
KIDDERMINSTER ROAD
A451
NORTON RD.
KIDDERMINSTER RD. STH.
A456
WORCESTER ROAD
STOURBRIDGE ROAD
A450
BELBROUGHTON ROAD
B4188
HACKMANS GATE LANE
BROOME LANE
THICKNALL LANE
STAKENBRIDGE LANE
IVERLEY LANE
CROWN LANE
SUGAR LOAF LANE
BRAKE LANE
RACECOURSE LANE
COUNTY LANE
JOHN LANE
QUARRY
Monarch's Way
Roman Road
DUDLEY
BROMSGROVE
SOUTH STAFFORDSHIRE
WYRE FOREST
Sugar Loaf Kennels
Beehive Bungalow
Iverley Park Farm
Norton Covert
Racecourse Farm
Bunker's Hill Wood
Bunker's Hill
Sugarloaf Farm
Bury's Hill
Rickstones
Iverley House Farm
Iverley Hay Farm
Rippledown
The Birches
Upper Brake Farm
South Bank
Birches Farm
Haybridge High School
Hagley R.C. High Sch.
Common Farm
Common Barn
Five Ways
Pumping Station
Palmer's Hill
BRAKEMILL PLANTATION
Fir Lodge
Brakemill Farm
Sewage Works
Sweet Pool
Stakenbridge Farm
Bridge Farm
Churchill Grange
Churchill Farm
Harborough Farm
Harborough Hill
The Falconry Centre
Thicknall
CHURCHILL & BLAKEDOWN GOLF COURSE
Club House
Downs Plantation
Broome Mill
Windmill Pool
Harborough Hall
Pav.
Broome Farm
Blakedown C. of E. Primary School
Broome Lodge Farm
High Barn
Knoll Hill House
Broome House
Swan Pool
Playing Field
Nursery
Forge Pool
New House Farm
Hundred Acre Farm
Springbrook
Gateways
Blakedown House
Knoll Hill
Boat House
New Wood Farm
Maryknowle
Manor House Farm
Poultry Houses
Wild Acres
WOODLAND AV.
HAYBRIDGE AV.
HOARSTONE
SWEETPOOL
THE CRESCENT
THE GREENWAY
WILLOW CL.
SUMMERVALE RD.
CHURCH
OLD BAKERY CT
CHAPEL ST.
STUARTS COURT
CAVENDISH
MILESTONE
SPRING CL.
MEADOW CROFT
PINEWOODS AV.
PINEWOODS CL.
CROSS KEYS M.
MILL POOL CL.
ELLIS GRO.
STATION DR.
THE SYDINGS
THE BRAKE
SCULTHORPE
WHEATMILL CL.
THE CROFT
MILL LANE
MILL CL.
LYNWOOD
THE AVENUE
ROYALL CL.
STATION DR.
ELM DR.
BROOKSIDE WAY
WANNERTON ROAD
SWAN CL.
FORGE LA.
HALFSHIRE LA.
CHURCHILL LANE
NEW WOOD LANE
Playing Fld.
Playing Field
88
89
390
82
81
80
79
78
G
H
J
K
L
M
1
2
3
4
5
6
7
8

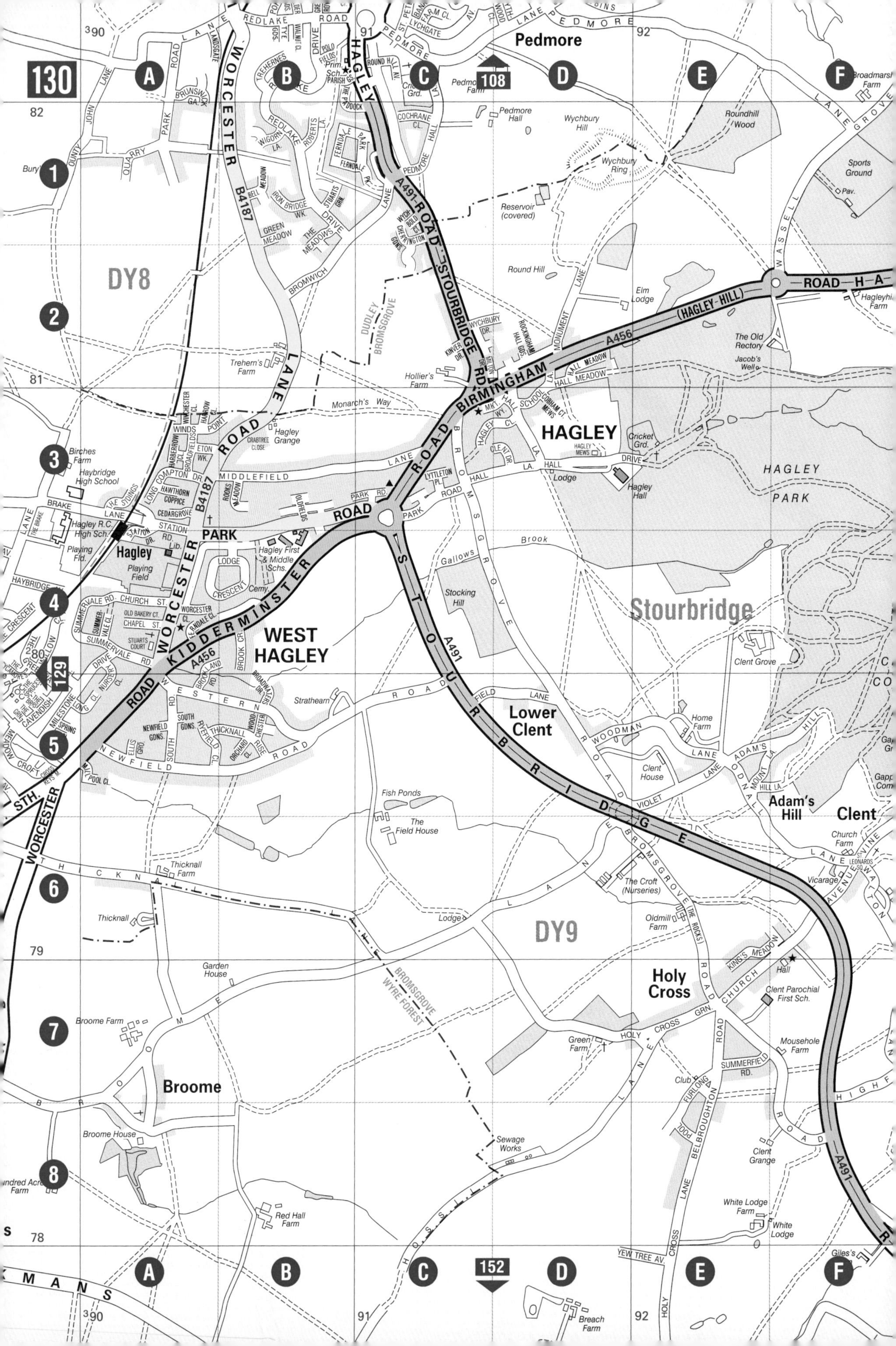
130
A
B
C
D
E
F
1
2
3
4
5
6
7
8
390
91
92
82
81
80
79
78
108
129
152
Pedmore
Pedmore Farm
Pedmore Hall
Wychbury Hill
Wychbury Ring
Roundhill Wood
Broadmarsh Farm
Sports Ground
Pav.
Reservoir (covered)
Round Hill
Elm Lodge
Hagleyhill Farm
The Old Rectory
Jacob's Well
DY8
DY9
Bury
Birches Farm
Haybridge High School
Hagley R.C. High Sch.
Playing Fld.
Hagley
Playing Field
Lib.
PARK
Trehern's Farm
Hagley Grange
Hollier's Farm
Monarch's Way
DUDLEY
BROMSGROVE
HAGLEY
Cricket Grd.
Hagley Hall
Lodge
HAGLEY PARK
Hagley First & Middle Schs.
Cemy.
WEST HAGLEY
Stocking Hill
Stourbridge
Clent Grove
Strathearn
Lower Clent
Home Farm
Clent House
Adam's Hill
Clent
Church Farm
Vicarage
Fish Ponds
The Field House
Thicknall Farm
Thicknall
The Croft (Nurseries)
Oldmill Farm
Lodge
Holy Cross
Hall
Clent Parochial First Sch.
Mousehole Farm
Green Farm
Club
Garden House
Broome Farm
Broome
Broome House
Hundred Acre Farm
Red Hall Farm
Sewage Works
BROMSGROVE
WYRE FOREST
Clent Grange
White Lodge Farm
White Lodge
Giles's
Breach Farm
WORCESTER LANE
WORCESTER ROAD
B4187
HAGLEY ROAD
A491 ROAD STOURBRIDGE
STOURBRIDGE RD.
BIRMINGHAM ROAD
A456
(HAGLEY HILL)
KIDDERMINSTER ROAD
STOURBRIDGE A491
BROMSGROVE ROAD
REDLAKE ROAD
PEDMORE LANE
PEDMORE HALL LANE
WASSELL GROVE LANE
QUARRY LA.
PARK ROAD
JOHN LANE
COUNTY LANE
BRAKE LANE
STATION RD.
MIDDLEFIELD LANE
HALL LA.
PARK RD.
LODGE CRESCENT
WESTERN ROAD
NEWFIELD ROAD
FIELD LANE
WOODMAN LANE
VIOLET LANE
ODNALL LANE
THICKNALL LANE
BROOME LANE
HOLY CROSS GRN.
HOLY CROSS LANE
BELBROUGHTON LANE
SUMMERFIELD RD.
CHURCH ROAD
KING'S MEADOW
YEW TREE AV.
HOSS LANE
MANS
BROMWICH LANE
MONUMENT LANE
HALL MEADOW
Gallows
Brook

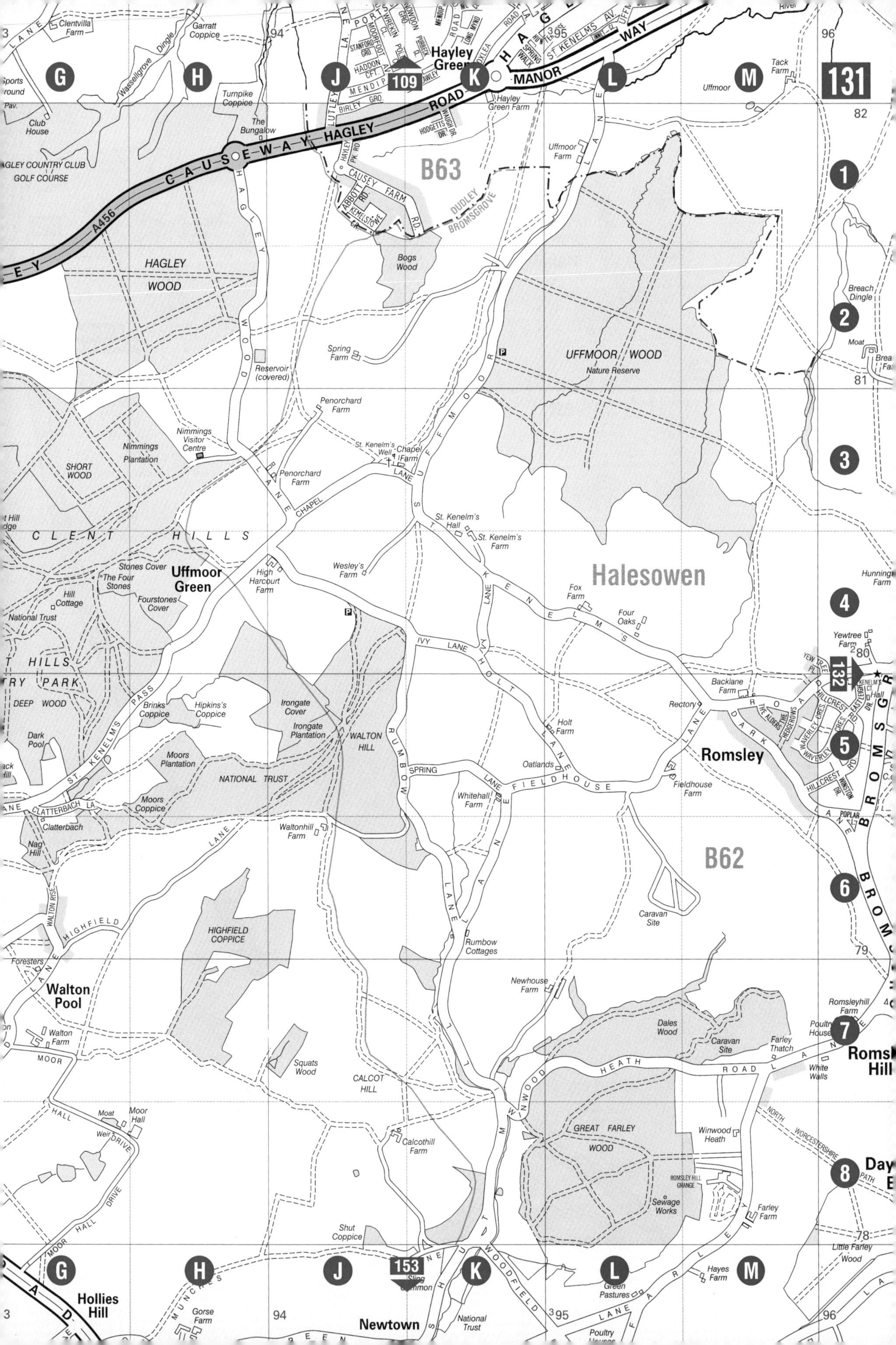
Hayley Green
Uffmoor Green
Halesowen
Romsley
Walton Pool
Hollies Hill
Newtown
B63
B62
HAGLEY WOOD
UFFMOOR WOOD
Nature Reserve
CLENT HILLS
GREAT FARLEY WOOD
HIGHFIELD COPPICE
WALTON HILL
CALCOT HILL
NATIONAL TRUST
SHORT WOOD
DEEP WOOD
HAGLEY COUNTRY CLUB GOLF COURSE
MANOR WAY
HAGLEY ROAD
CAUSEWAY
A456
DUDLEY
BROMSGROVE
ST. KENELM'S PASS
ST. KENELMS LANE
UFFMOOR LANE
CHAPEL LANE
HAGLEY WOOD LANE
IVY LANE
HOLT LANE
SPRING LANE
FIELDHOUSE LANE
RUMBOW LANE
HEATH ROAD
DARK LANE
WINWOOD HEATH
NORTH WORCESTERSHIRE PATH
MOOR HALL DRIVE
HIGHFIELD LANE
CLATTERBACH LA.
Bogs Wood
Spring Farm
Penorchard Farm
St. Kenelm's Well
Chapel Farm
St. Kenelm's Hall
St. Kenelm's Farm
Wesley's Farm
High Harcourt Farm
Fox Farm
Four Oaks
Holt Farm
Oatlands
Whitehall Farm
Rumbow Cottages
Newhouse Farm
Dales Wood
Caravan Site
Farley Thatch
White Walls
Winwood Heath
Romsley Hill Grange
Sewage Works
Farley Farm
Hayes Farm
Green Pastures
Calcothill Farm
Shut Coppice
Sling Common
Gorse Farm
Walton Farm
Moor Hall
Moat
Weir
Nimmings Visitor Centre
Nimmings Plantation
Reservoir (covered)
The Bungalow
Turnpike Coppice
Garratt Coppice
Clentvilla Farm
Wasselgrove Dingle
Club House
Uffmoor Farm
Uffmoor
Tack Farm
Breach Dingle
Hunnington Farm
Yewtree Farm
Backlane Farm
Rectory
Fieldhouse Farm
Romsleyhill Farm
Poultry House
Romsley Hill
Little Farley Wood
Irongate Cover
Irongate Plantation
Brinks Coppice
Hipkins's Coppice
Moors Plantation
Moors Coppice
Clatterbach
Nag Hill
Dark Pool
Stones Cover
The Four Stones
Fourstones Cover
Hill Cottage
National Trust
Squats Wood
Walton Hill Farm
Foresters
Hayley Green Farm
109
132
153
G H J K L M
1 2 3 4 5 6 7 8
94 95 96
78 79 80 81 82

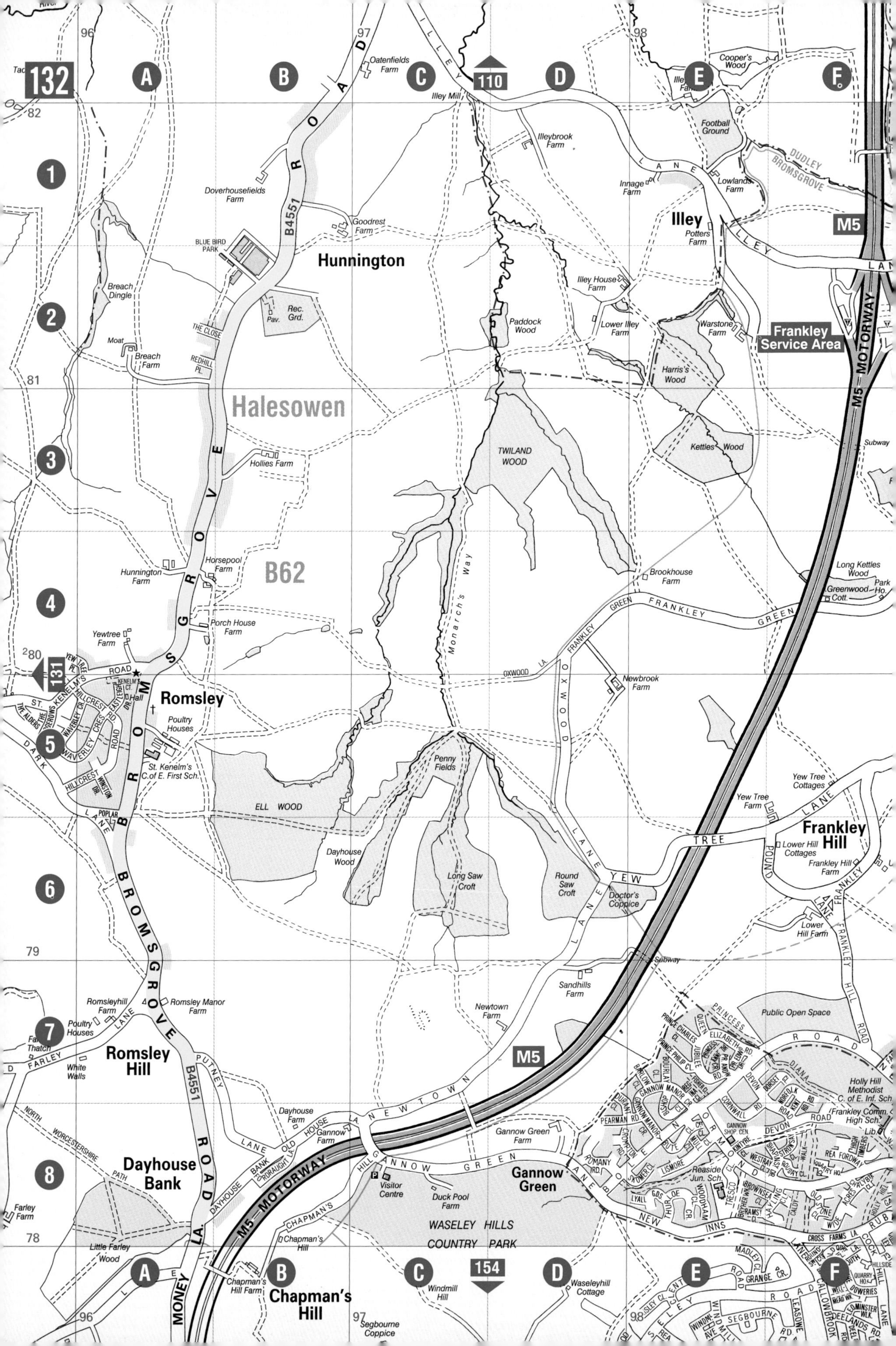

132
110
154
131
A
B
C
D
E
F
1
2
3
4
5
6
7
8
96
97
98
82
81
80
79
78
Oatenfields Farm
Illey Mill
ILLEY LANE
Cooper's Wood
Football Ground
Illeybrook Farm
DUDLEY
BROMSGROVE
Innage Farm
Lowlands Farm
Illey
Potters Farm
M5
Doverhousefields Farm
Goodrest Farm
BLUE BIRD PARK
Hunnington
B4551
BROMSGROVE ROAD
Breach Dingle
Rec. Grd.
Pav.
THE CLOSE
REDHILL PL.
Moat
Breach Farm
Illey House Farm
Paddock Wood
Lower Illey Farm
Warstone Farm
Frankley Service Area
Harris's Wood
M5 MOTORWAY
Halesowen
Hollies Farm
TWILAND WOOD
Kettles Wood
Subway
B62
Monarch's Way
Hunnington Farm
Horsepool Farm
Brookhouse Farm
Long Kettles Wood
Park Ho.
Greenwood Cott.
FRANKLEY GREEN
Porch House Farm
Yewtree Farm
YEW TREE PL.
ROAD
ST. KENELM'S
KENELM'S CT.
Hall
OXWOOD LA.
OXWOOD LANE
Newbrook Farm
Romsley
HILLCREST RD.
EASTLEIGH DR.
WAVERLEY CR.
WAVERLEY CRES.
THE ALDERS
THE SEDGEROWS
Poultry Houses
DARK LANE
HILLCREST
WINSTON DR.
POPLAR LANE
St. Kenelm's C.of E. First Sch.
ELL WOOD
Penny Fields
Yew Tree Cottages
Yew Tree Farm
YEW TREE LANE
Frankley Hill
Lower Hill Cottages
Frankley Hill Farm
POUND LANE
Dayhouse Wood
Long Saw Croft
Round Saw Croft
Doctor's Coppice
FRANKLEY HILL ROAD
Lower Hill Farm
Subway
Sandhills Farm
Romsleyhill Farm
Romsley Manor Farm
Newtown Farm
Public Open Space
PRINCESS ROAD
PRINCE CHARLES CL.
QUEEN ELIZABETH RD.
PRINCE PHILIP CL.
JUBILEE
Poultry Houses
Farley Thatch
FARLEY LANE
Romsley Hill
White Walls
PUTNEY LANE
DIANA
Holly Hill Methodist C. of E. Inf. Sch.
Frankley Comm. High Sch.
Lib.
DEVON ROAD
DEVON RD
DORSET CL.
KENT RD
BARLOW CL.
BOURLAY
GANNOW MANOR CR.
BISHOP
PEARMAN RD
DURANT
CROMPTON RD.
GANNOW MANOR
CORNWALL RD
ORMOND RD
BUTE CL.
GANNOW SHOP. CEN.
KINTYRE
WESTRAY
REA FORDWAY
NORTH WORCESTERSHIRE PATH
Dayhouse Farm
Gannow Farm
OLD HOUSE LANE
DAYHOUSE BANK
RORAUGHT LA.
NEWTOWN LA.
Gannow Green Farm
ROMANY RD.
STOWER CL.
LISMORE
Reaside Jun. Sch.
Dayhouse Bank
P
Visitor Centre
GANNOW GREEN LANE
HILL
Gannow Green
Duck Pool Farm
LYALL
THURLOE CL.
WOODHAM CR.
TRESCO CL.
BROWNSEA CL.
RAMSY CL.
CALDY
OLD STONE
WYE
ACRES
Farley Farm
CHAPMAN'S HILL
WASELEY HILLS COUNTRY PARK
NEW INNS LANE
CROSS FARMS LA.
Little Farley Wood
Chapman's Hill
MONEY LANE
Chapman's Hill Farm
Chapman's Hill
Windmill Hill
Waseleyhill Cottage
MADLEY CL.
GRANGE CR.
ROAD
CALLOWBROOK
Segbourne Coppice
SEGBOURNE RD.
WINDMILL AVE
LEASOWE RD.
QUARRY HO.
DOWERIES
DEELANDS RD.

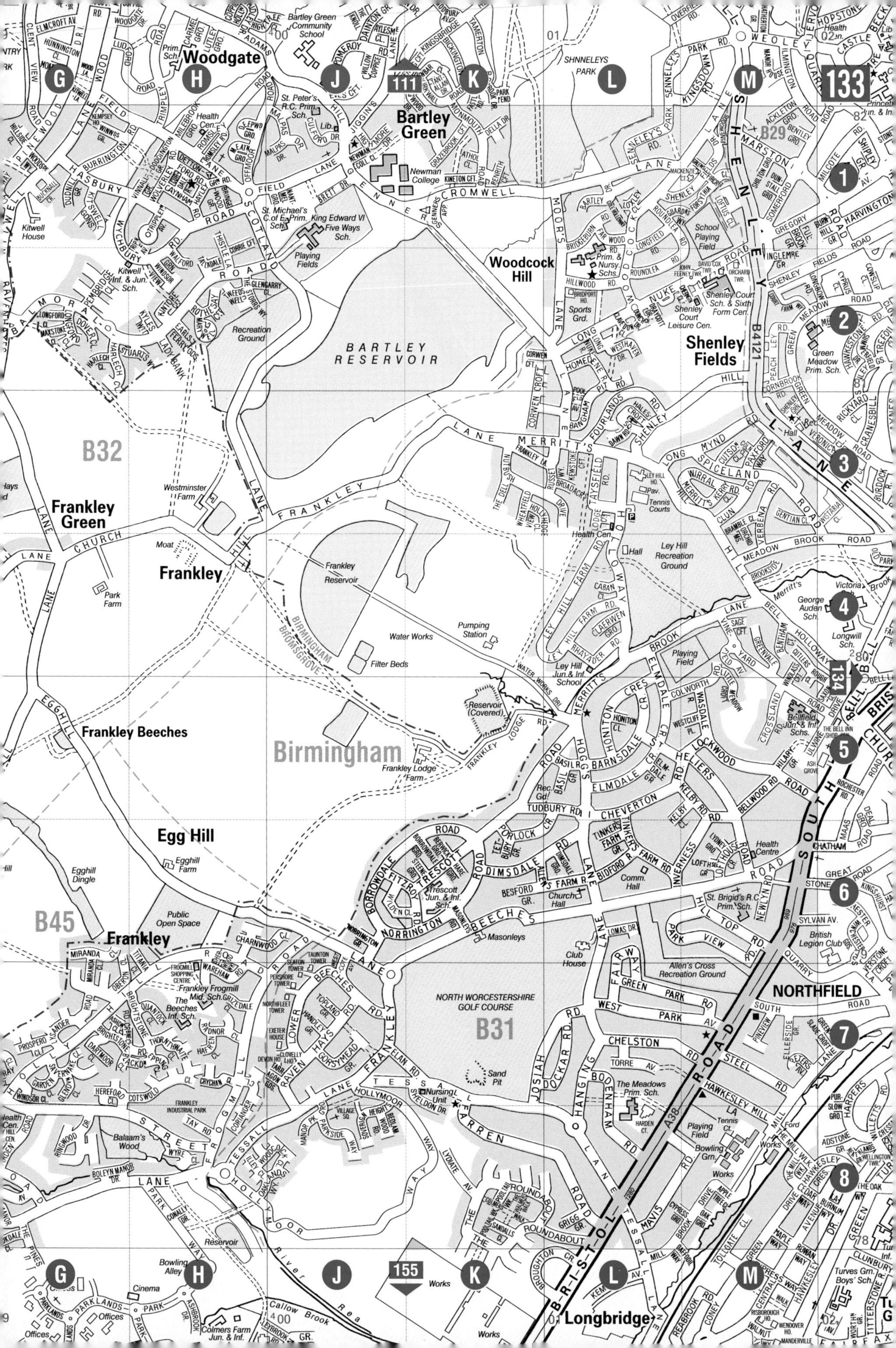
133
111
155
Woodgate
Bartley Green
Bartley Green Community School
Newman College
St. Peter's R.C. Prim. Sch.
St. Michael's C. of E. Prim. Sch.
King Edward VI Five Ways Sch.
Playing Fields
Health Cen.
Kitwell House
Kitwell Inf. & Jun. Sch.
Recreation Ground
BARTLEY RESERVOIR
Woodcock Hill
SHNNELEYS PARK
Shenley Fields
Shenley Court Sch. & Sixth Form Cen.
Shenley Court Leisure Cen.
School Playing Field
Sports Grd.
Prim. & Nursy. Schs
Green Meadow Prim. Sch.
B29
B32
B31
B45
B4121
A38
Frankley Green
Frankley
Westminster Farm
Moat
Park Farm
Frankley Reservoir
Water Works
Pumping Station
Filter Beds
Reservoir (Covered)
Frankley Lodge Farm
BIRMINGHAM
BROMSGROVE
Birmingham
Frankley Beeches
Egg Hill
Egghill Farm
Egghill Dingle
Public Open Space
Ley Hill Recreation Ground
Ley Hill Jun. & Inf. School
Tennis Courts
Health Cen.
George Auden Sch.
Longwill Sch.
Victoria
Merritt's Brook
Bellfield Jun. & Inf. Schs.
Health Centre
Comm. Hall
Church Hall
Trescott Jun. & Inf. Sch.
Masonleys
St. Brigid's R.C. Prim. Sch.
British Legion Club
NORTHFIELD
Club House
Allen's Cross Recreation Ground
NORTH WORCESTERSHIRE GOLF COURSE
Sand Pit
The Meadows Prim. Sch.
Playing Field
Bowling Grn.
Works
Nursing Unit
Frankley Frogmill Mid. Sch.
The Beeches Inf. Sch.
FRANKLEY INDUSTRIAL PARK
Balaam's Wood
Reservoir
Bowling Alley
Cinema
Offices
Colmers Farm Jun. & Inf.
River Rea
Callow Brook
Longbridge
Turves Grn. Boys' Sch.
SCOTLAND LANE
FRANKLEY BEECHES ROAD
FRANKLEY LANE
MERRITT'S HILL
SHENLEY LANE
BRISTOL ROAD SOUTH
HOLLYMOOR WAY
TESSALL LANE
HANGING LANE
FARREN ROAD
BOLEYN MANOR LANE
CROMWELL LANE
HASBURY ROAD
MEADOW BROOK ROAD

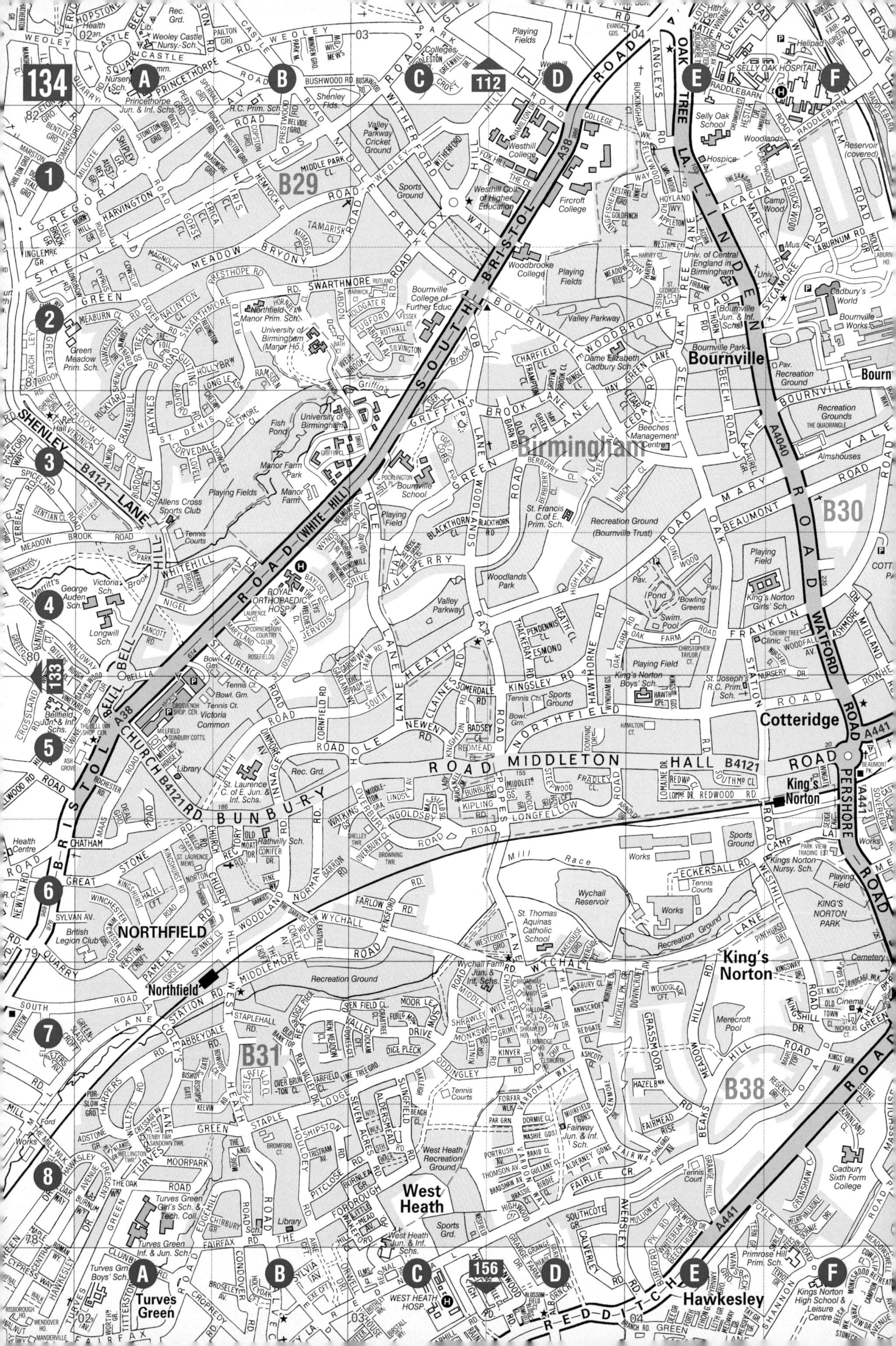

134
A
B
C
D
E
F
112
156
133
1
2
3
4
5
6
7
8
B29
B30
B31
B38
Birmingham
Bournville
Cotteridge
King's Norton
NORTHFIELD
Northfield
West Heath
Hawkesley
Turves Green
SHENLEY
SOUTH BRISTOL ROAD
A38
ROAD (WHITE HILL)
A4040
WATFORD ROAD
PERSHORE ROAD
A441
B4121
MIDDLETON HALL ROAD
BUNBURY RD.
REDDITCH
LINDEN ROAD
OAK TREE LA.
SELLY OAK HOSPITAL
Selly Oak School
Univ. of Central England in Birmingham
Cadbury's World
Bournville Works
Fircroft College
Westhill College
Woodbrooke College
Bournville College of Further Educ.
University of Birmingham (Manor Ho.)
Manor Farm Park
Playing Fields
Valley Parkway
Woodlands Park
ROYAL ORTHOPAEDIC HOSP.
Bournville School
Recreation Ground (Bournville Trust)
King's Norton Girls' Sch.
King's Norton Boys' Sch.
Wychall Reservoir
KING'S NORTON PARK
Cadbury Sixth Form College
Kings Norton High School & Leisure Centre
West Heath Recreation Ground
WEST HEATH HOSP.
Victoria Common
Library
Recreation Ground
Turves Green Girl's Sch. & Tech. Coll.
Turves Grn Boys' Sch.

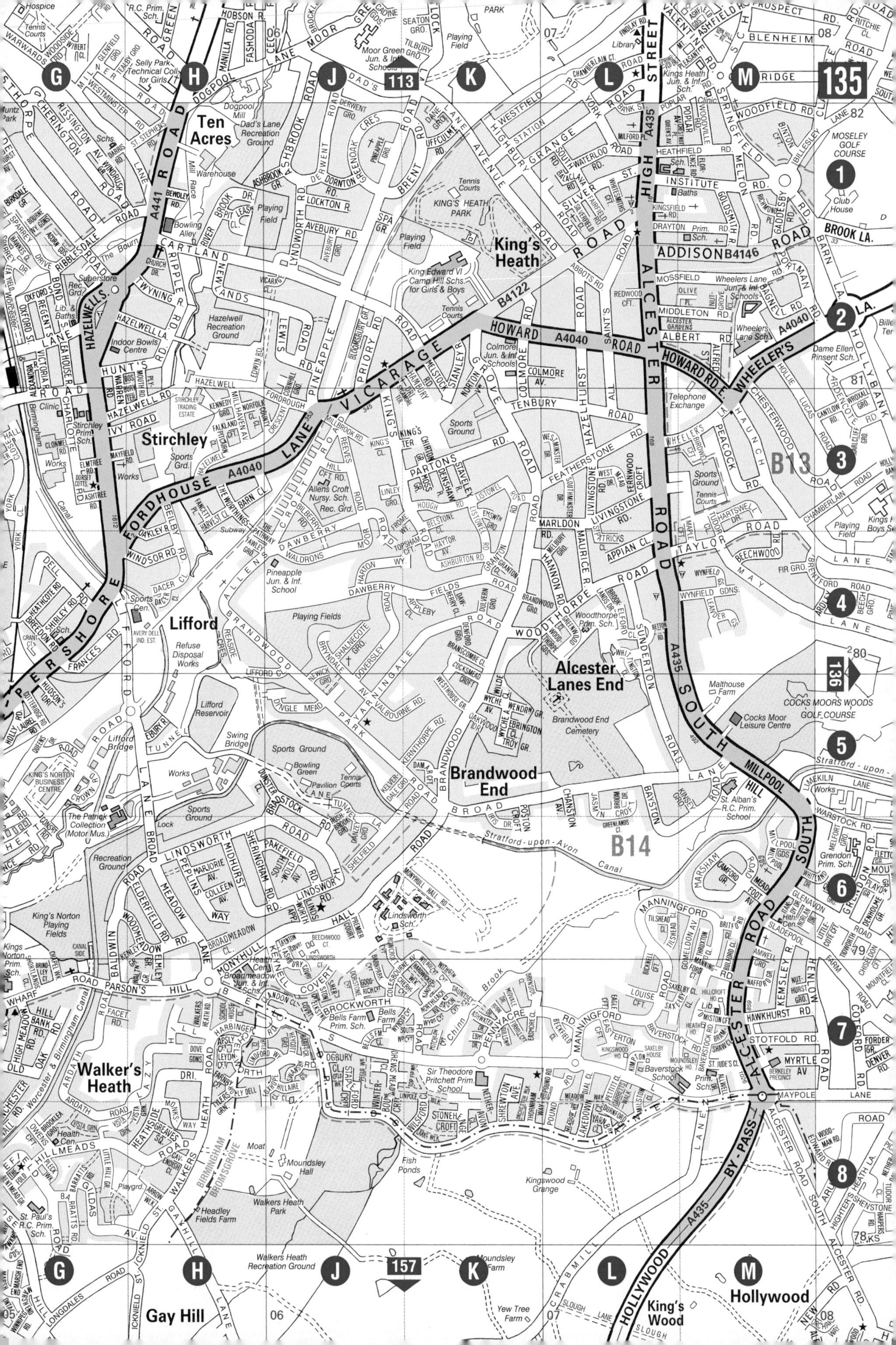

135
113
136
157
G
H
J
K
L
M
1
2
3
4
5
6
7
8
06
07
08
Ten Acres
King's Heath
Stirchley
Lifford
Alcester Lanes End
Brandwood End
Walker's Heath
Gay Hill
King's Wood
Hollywood
B13
B14
HIGH STREET
ALCESTER ROAD
ALCESTER ROAD SOUTH
A435
A441
A4040
B4122
B4146
HOWARD ROAD
VICARAGE ROAD
FORDHOUSE LANE
PERSHORE ROAD
HAZELWELL ST.
DOGPOOL LANE
ADDISON ROAD
WHEELER'S LANE
MILLPOOL HILL
HOLLYWOOD BY-PASS
MAYPOLE LANE
BROOK LA.
MOSELEY GOLF COURSE
Club House
COCKS MOORS WOODS GOLF COURSE
Cocks Moor Leisure Centre
Malthouse Farm
KING'S HEATH PARK
Playing Field
Sports Ground
Brandwood End Cemetery
Lifford Reservoir
Refuse Disposal Works
Stratford-upon-Avon Canal
Worcester & Birmingham Canal
King's Norton Playing Fields
Recreation Ground
Walkers Heath Park
Walkers Heath Recreation Ground
Moundsley Hall
Moundsley Farm
Fish Ponds
Kingswood Grange
Yew Tree Farm
Headley Fields Farm
The Patrick Collection (Motor Mus.)
KING'S NORTON BUSINESS CENTRE
Hazelwell Recreation Ground
Dads Lane Recreation Ground
Dogpool Mill
Warehouse
Bowling Alley
Superstore
Indoor Bowls Centre
Telephone Exchange
Dame Ellen Pinsent Sch.
King Edward VI Camp Hill Schs. for Girls & Boys
Colmore Jun. & Inf. Schools
Pineapple Jun. & Inf. School
Woodthorpe Prim. Sch.
Wheelers Lane Jun. & Inf. Schools
Kings Heath Jun. & Inf. Sch.
Moor Green Jun. & Inf. Schools
Selly Park Technical Coll. for Girls
Stirchley Prim. Sch.
Allens Croft Nursy. Sch.
Lindsworth Sch.
Broadmeadow Jun. & Inf. Schs.
Bells Farm Prim. Sch.
Sir Theodore Pritchett Prim. School
Baverstock School
St. Alban's R.C. Prim. School
Grendon Prim. Sch.
St. Paul's R.C. Prim. Sch.
Kings Norton Prim. Sch.

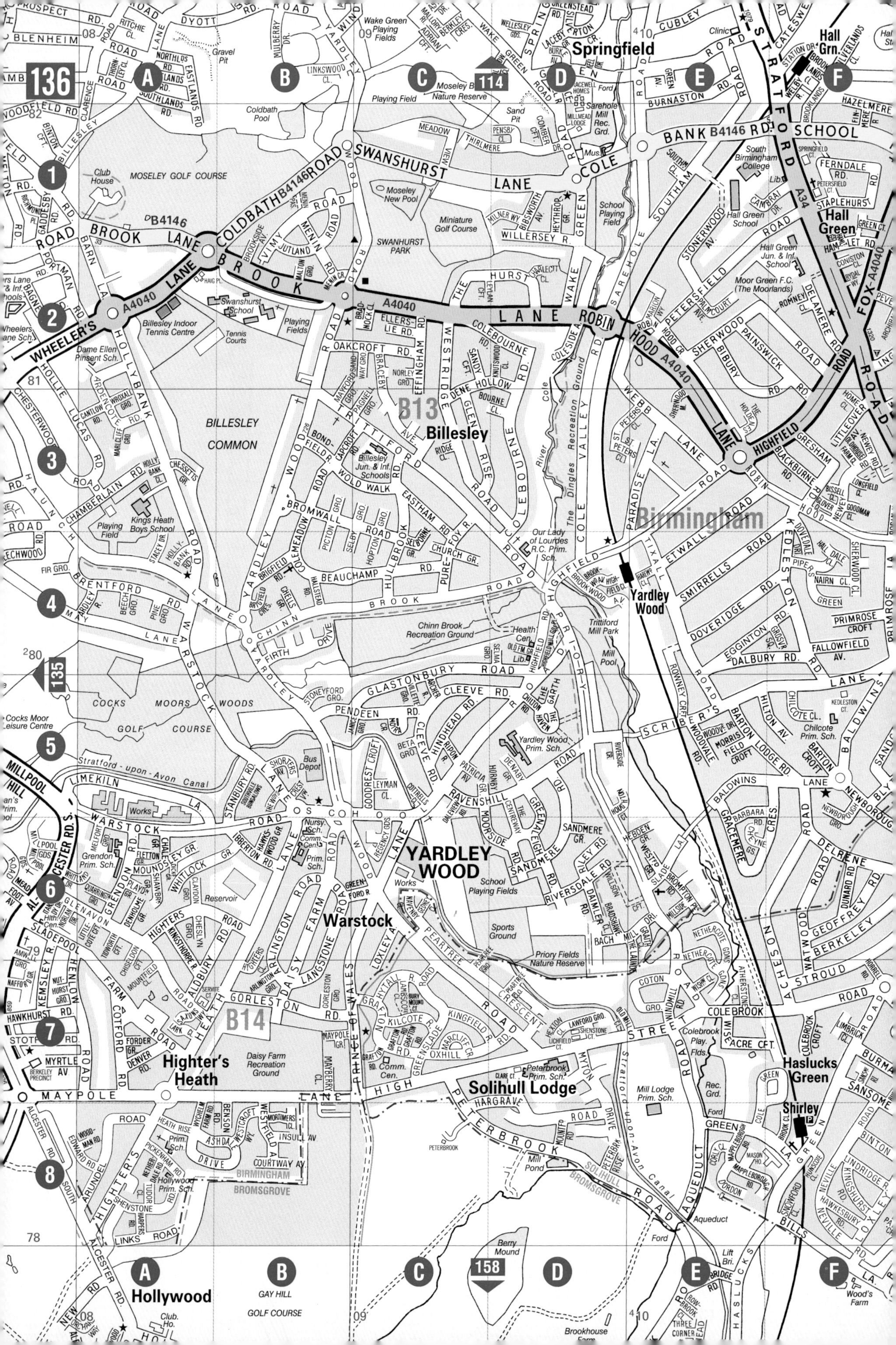

Springfield
Hall Grn.
Moseley Golf Course
Club House
Gravel Pit
Coldbath Pool
Wake Green Playing Fields
Playing Field
Moseley Bog Nature Reserve
Sand Pit
Sarehole Mill Rec. Grd.
Mus.
Ford
Clinic
COLDBATH ROAD
B4146
SWANSHURST LANE
BROOK LANE
COLE BANK B4146 RD.
SCHOOL ROAD
STRATFORD ROAD
A34
South Birmingham College
Hall Green School
Hall Green
Hall Green Jun. & Inf. School
Moor Green F.C. (The Moorlands)
Moseley New Pool
Miniature Golf Course
Swanshurst Park
School Playing Field
Swanshurst School
Billesley Indoor Tennis Centre
Tennis Courts
Playing Fields
Dame Ellen Pinsent Sch.
WHEELER'S LANE
A4040
ROBIN HOOD LANE
HIGHFIELD ROAD
FOX HOLLIES ROAD
B13
Billesley
Billesley Common
Billesley Jun. & Inf. Schools
Kings Heath Boys School
Playing Field
Our Lady of Lourdes R.C. Prim. Sch.
The Dingles Recreation Ground
River Cole
Birmingham
Yardley Wood
Trittiford Mill Park
Mill Pool
Chinn Brook Recreation Ground
Health Cen.
Lib.
Cocks Moors Woods Golf Course
Cocks Moor Leisure Centre
Stratford-upon-Avon Canal
Works
Bus Depot
Yardley Wood Prim. Sch.
Chilcote Prim. Sch.
YARDLEY WOOD
School Playing Fields
Sports Ground
Priory Fields Nature Reserve
Grendon Prim. Sch.
Reservoir
Warstock
Nursy. Sch.
Comm. Cen.
Prim. Sch.
B14
Highter's Heath
Daisy Farm Recreation Ground
Solihull Lodge
Peterbrook Prim. Sch.
Colebrook Play. Flds.
Rec. Grd.
Mill Lodge Prim. Sch.
Haslucks Green
Shirley
Mill Pond
Aqueduct
Ford
Lift Bri.
Berry Mound
Hollywood Prim. Sch.
BIRMINGHAM
BROMSGROVE
SOLIHULL
Hollywood
Gay Hill Golf Course
Club. Ho.
Brookhouse Farm
Wood's Farm
MAYPOLE LANE
HIGH STREET
ALCESTER RD. S.
114
135
158

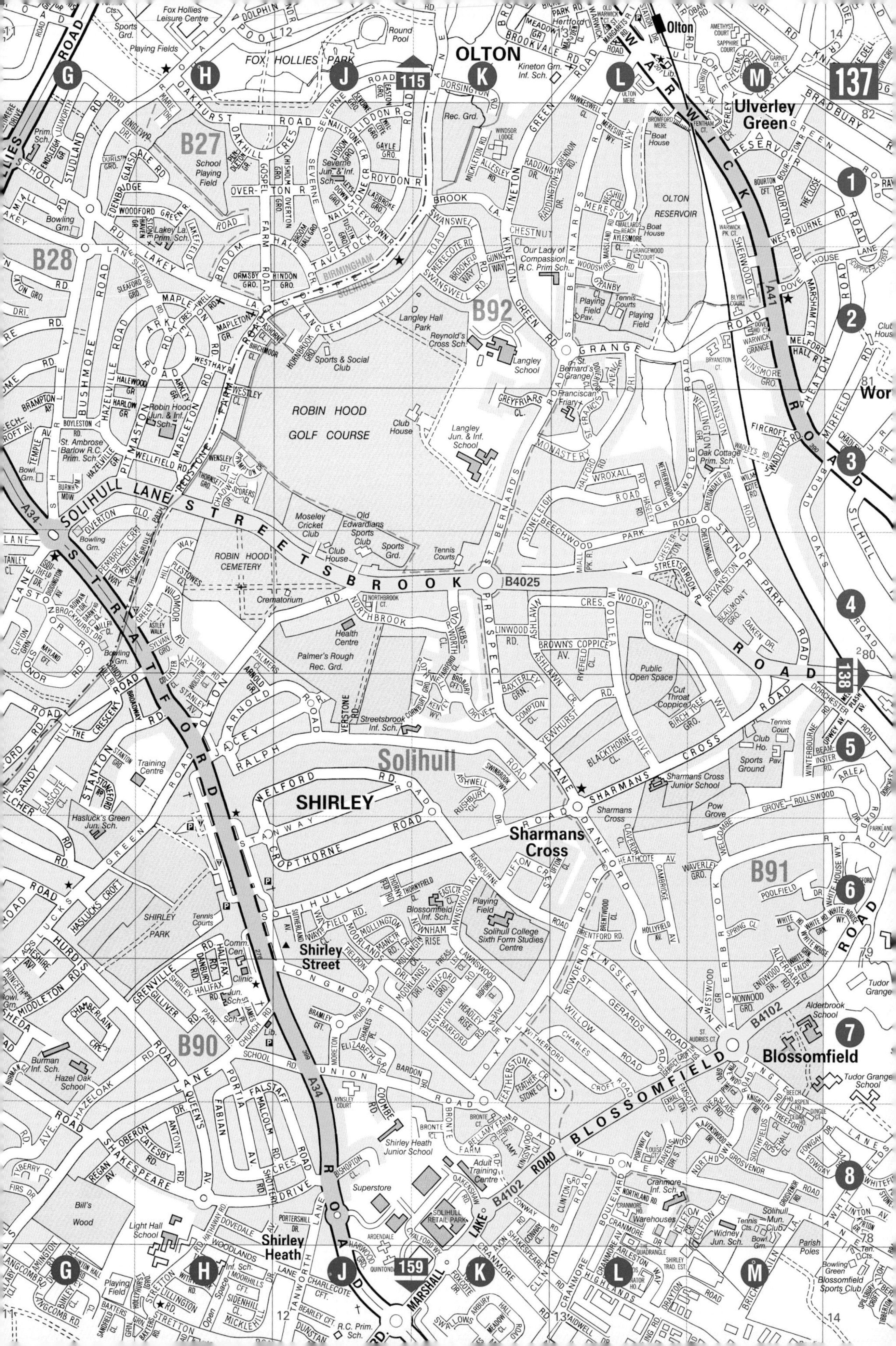
137
115
138
159
OLTON
Olton
Ulverley Green
FOX HOLLIES PARK
Fox Hollies Leisure Centre
Round Pool
B27
B28
B92
B90
B91
OLTON RESERVOIR
ROBIN HOOD GOLF COURSE
ROBIN HOOD CEMETERY
Crematorium
Langley Hall Park
Sports & Social Club
Moseley Cricket Club
Old Edwardians Sports Club
Palmer's Rough Rec. Grd.
Public Open Space
Cut Throat Coppice
Solihull
SHIRLEY
Sharmans Cross
Shirley Street
Shirley Heath
Blossomfield
SHIRLEY PARK
Bill's Wood
Superstore
SOLIHULL RETAIL PARK
Sports Ground
Pow Grove
Tudor Grange
Tudor Grange School
Alderbrook School
Solihull College Sixth Form Studies Centre
Sharmans Cross Junior School
Shirley Heath Junior School
Hasluck's Green Jun. Sch.
Light Hall School
Hazel Oak School
Burman Inf. Sch.
Robin Hood Jun. & Inf. Sch.
Lakey La. Prim. Sch.
Langley School
Langley Jun. & Inf. School
Reynold's Cross Sch.
Streetsbrook Inf. Sch.
Blossomfield Inf. Sch.
Oak Cottage Prim. Sch.
Cranmore Inf. Sch.
Widney Jun. Sch.
Solihull Mun. Club
Blossomfield Sports Club
Parish Poles
Our Lady of Compassion R.C. Prim Sch.
St. Ambrose Barlow R.C. Prim. Sch.
Franciscan Friary
St. Bernard's Grange
STREETSBROOK ROAD
B4025
SOLIHULL LANE
STRATFORD ROAD
A34
A41
WARWICK ROAD
BLOSSOMFIELD ROAD
B4102
SHARMANS CROSS ROAD
LAKE
MARSHALL
G
H
J
K
L
M
1
2
3
4
5
6
7
8
11
12
13
14
78
79
80
81
82

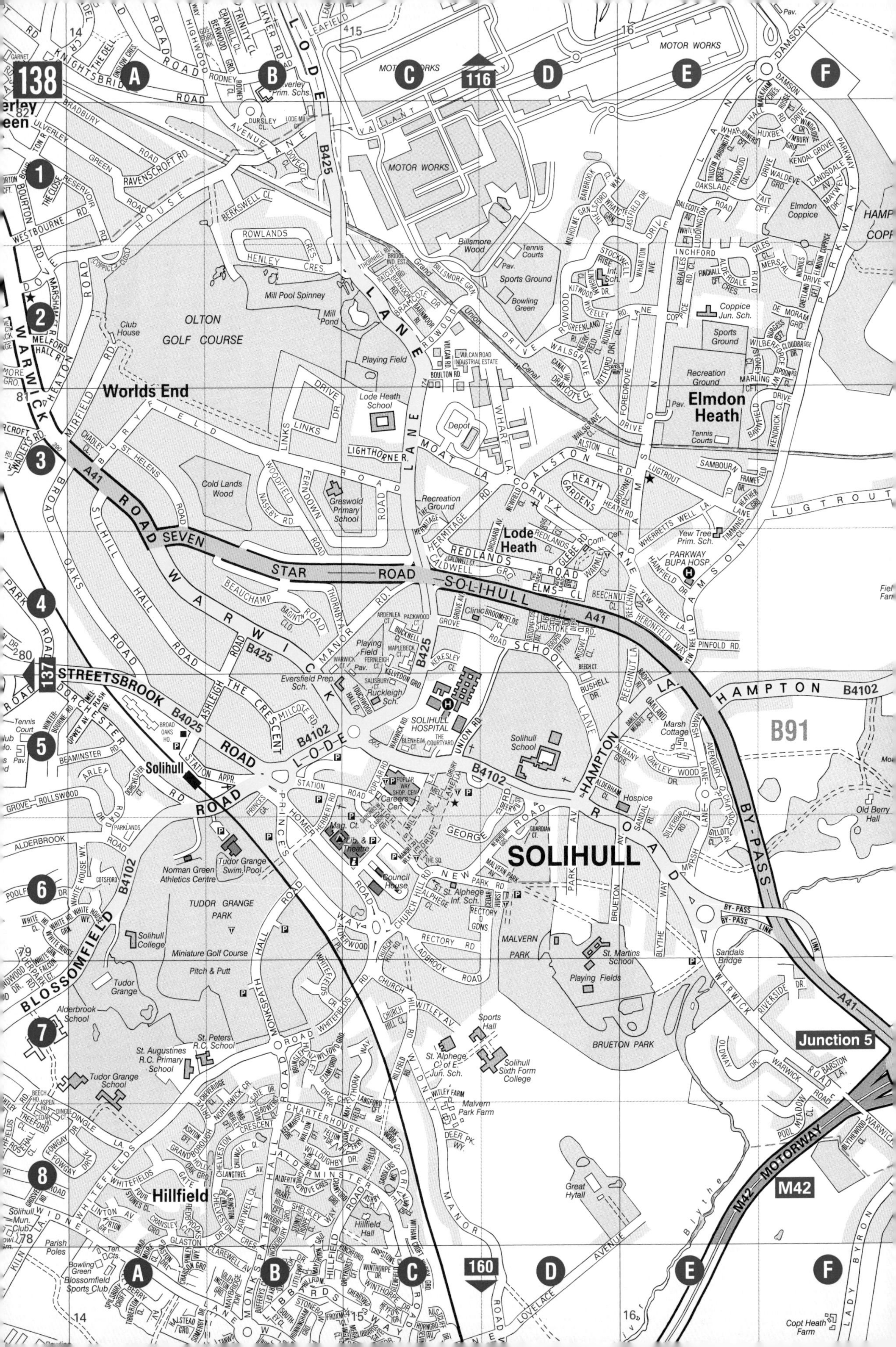
116
137
160
A
B
C
D
E
F
1
2
3
4
5
6
7
8
14
15
16
82
81
80
79
78
MOTOR WORKS
Worlds End
OLTON
GOLF COURSE
Club House
Mill Pool Spinney
Mill Pond
Playing Field
Lode Heath School
Depot
Billsmore Wood
Tennis Courts
Pav.
Sports Ground
Bowling Green
Cold Lands Wood
Greswold Primary School
Recreation Ground
Lode Heath
Elmdon Heath
Elmdon Coppice
Coppice Jun. Sch.
Sports Ground
Recreation Ground
Yew Tree Prim. Sch.
PARKWAY BUPA HOSP.
Eversfield Prep. Sch.
Ruckleigh Sch.
SOLIHULL HOSPITAL
Solihull School
Marsh Cottage
Hospice
Old Berry Hall
SOLIHULL
Solihull
Lib. & Theatre
Council House
Careers Cen.
Norman Green Athletics Centre
Tudor Grange Swim. Pool
TUDOR GRANGE PARK
Solihull College
Miniature Golf Course
Pitch & Putt
Tudor Grange
Alderbrook School
St. Peters R.C. School
St. Augustines R.C. Primary School
Tudor Grange School
St. Alphege Inf. Sch.
MALVERN PARK
St. Martins School
Playing Fields
Sports Hall
St. Alphege C. of E. Jun. Sch.
Solihull Sixth Form College
Malvern Park Farm
BRUETON PARK
Great Hytall
Hillfield
Hillfield Hall
Parish Poles
Bowling Green
Blossomfield Sports Club
Copt Heath Farm
Junction 5
M42
B91
A41
B425
B4025
B4102
SOLIHULL BY-PASS
STREETSBROOK ROAD
WARWICK ROAD
STAR ROAD
SEVEN
LODE LANE
HAMPTON LANE
DAMSON PARKWAY
LUGTROUT LANE
HAMPTON ROAD
B4102
M42 MOTORWAY
BLOSSOMFIELD
WARWICK ROAD
Grand Union Canal
Blythe
MOTOR WORKS
VULCAN ROAD INDUSTRIAL ESTATE

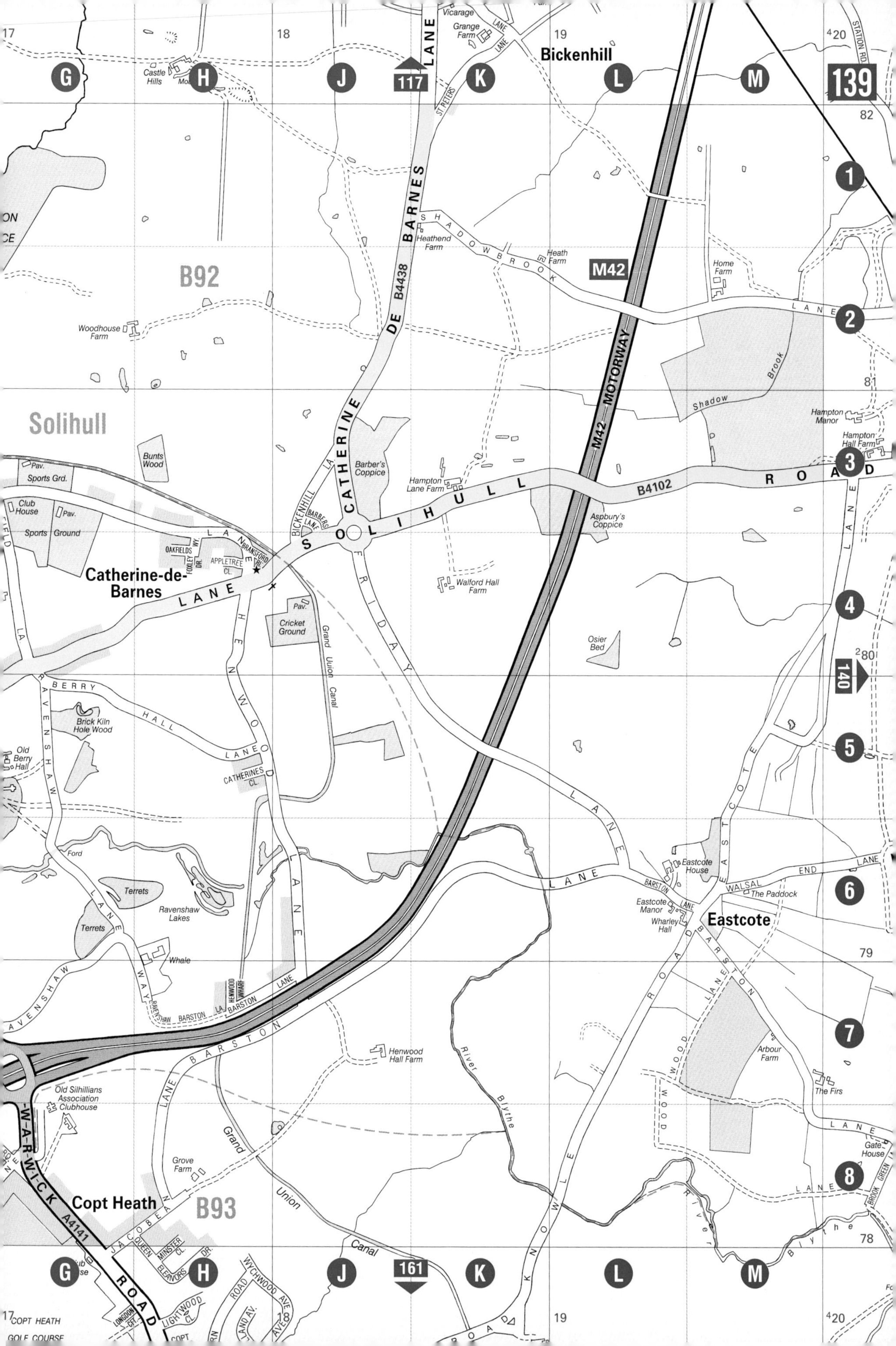

G H J **117** K **Bickenhill** L M

B92

Solihull

Woodhouse Farm

Castle Hills

Bunts Wood

Pav.
Sports Grd.

Club House

Sports Ground

Pav.

Catherine-de-Barnes

OAKFIELDS WY

APPLETREE CL

B4438

DE BARNES LANE

BARNES LANE

ST PETERS LANE

Vicarage LANE

Grange Farm

Heathend Farm

SHADOWBROOK

Heath Farm

M42

Home Farm

Shadow Brook

Hampton Manor

Hampton Hall Farm

1

2

82

81

Barber's Coppice

Hampton Lane Farm

SOLIHULL

B4102 R O A D

Aspbury's Coppice

3

BICKENHILL LA

BARBERS LA

FRIDAY LANE

NBRANSFORD

FOOLEY DR

Cricket Ground

Pav.

Walford Hall Farm

Grand Union Canal

Osier Bed

M42 MOTORWAY

LANE

4

²80

140

5

LANE

EASTCOTE LANE

Brick Kiln Hole Wood

Old Berry Hall

HENWOOD LANE

CATHERINES CL

BERRY HALL LANE

RAVENSHAW LANE

Ford

Terrets

Ravenshaw Lakes

Terrets

Whale

WAY RAVENSHAW

BARSTON LA

HENWOOD WHARF

BARSTON LANE

Henwood Hall Farm

River Blythe

Eastcote House

The Paddock

WALSAL END LANE

BARSTON LANE

Eastcote Manor

Wharley Hall

Eastcote

Arbour Farm

The Firs

KNOWLE WOOD ROAD

BARSTON LANE

6

79

7

RAVENSHAW WAY

W-A-R-W-I-C-K A4141

Old Silhillians Association Clubhouse

Grand Union Canal

Grove Farm

Copt Heath

B93

JACOBEAN LA

QUEEN ELEANORS DR

MINSTER CL

LIGHTWOOD CL

LONDON CL

WYCHWOOD AVE

GRAND AV

GRAND AV

G H J **161** K L M

COPT HEATH GOLF COURSE

COPT

Gate House

BROOK GREEN

River Blythe

LANE

8

78

17 18 19 ⁴20

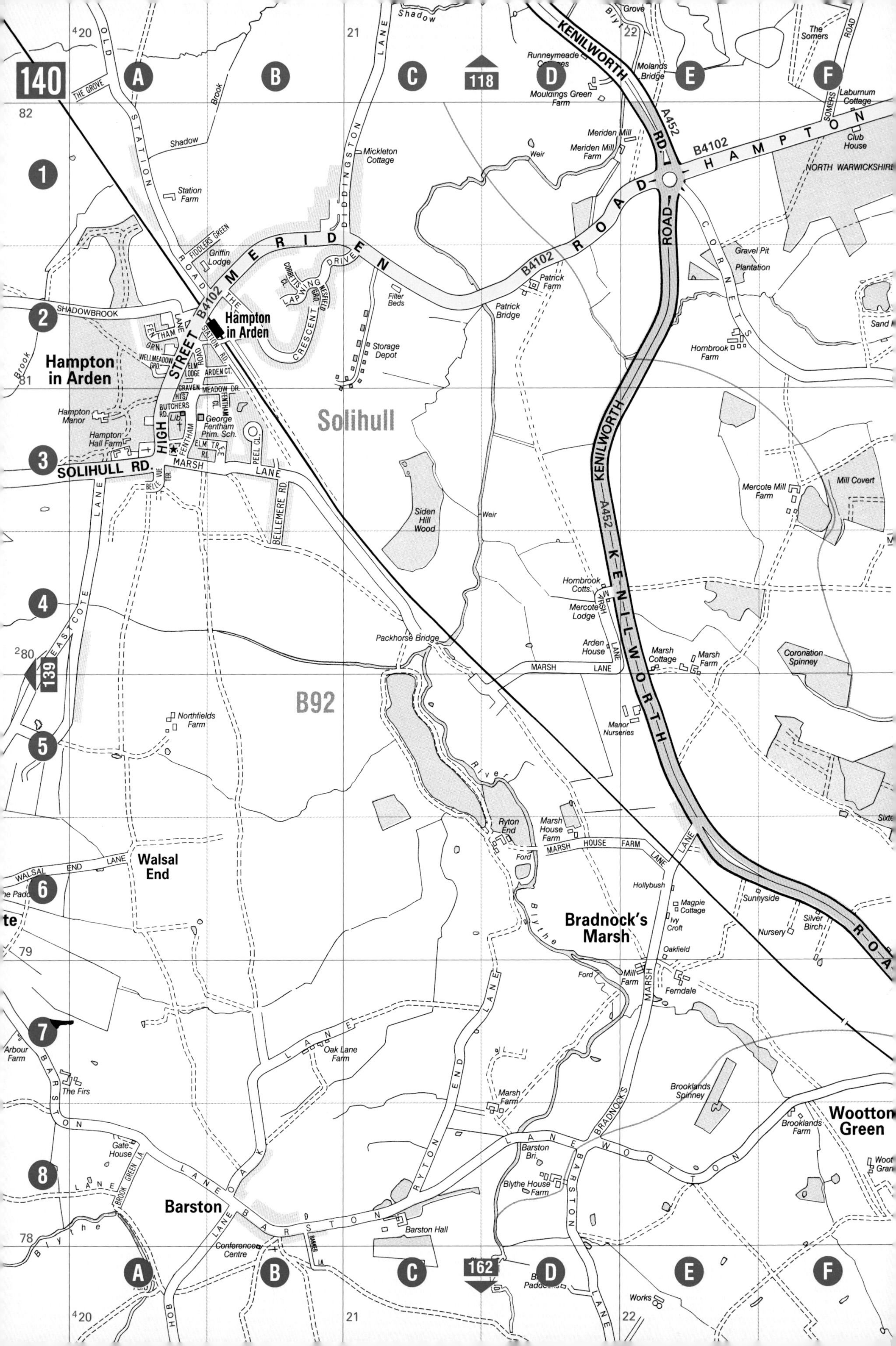

Hampton in Arden
Solihull
B92
Walsal End
Bradnock's Marsh
Barston
Wootton Green
MERIDEN ROAD
KENILWORTH ROAD
A452
B4102
HAMPTON
HIGH STREET
SOLIHULL RD.
MARSH LANE
EASTCOTE LANE
BARSTON LANE
OAK LANE
RYTON END LANE
WOOTTON LANE
BRADNOCKS MARSH LANE
DIDDINGSTON LANE
STATION ROAD
OLD STATION ROAD
SHADOWBROOK
Station Farm
Griffin Lodge
Mickleton Cottage
Filter Beds
Storage Depot
Patrick Farm
Patrick Bridge
Runneymeade Cottages
Mouldings Green Farm
Molands Bridge
Meriden Mill
Meriden Mill Farm
The Somers
Laburnum Cottage
Club House
NORTH WARWICKSHIRE
Gravel Pit Plantation
Hornbrook Farm
Hampton Manor
Hampton Hall Farm
George Fentham Prim. Sch.
Siden Hill Wood
Hornbrook Cotts.
Mercote Lodge
Arden House
Marsh Cottage
Marsh Farm
Mercote Mill Farm
Mill Covert
Coronation Spinney
Manor Nurseries
Packhorse Bridge
Northfields Farm
Ryton End
Marsh House Farm
Ford
Hollybush
Magpie Cottage
Ivy Croft
Oakfield
Mill Farm
Ferndale
Sunnyside
Nursery
Silver Birch
Oak Lane Farm
Brooklands Spinney
Brooklands Farm
Arbour Farm
The Firs
Gate House
Barston Bri.
Blythe House Farm
Barston Hall
Conference Centre
Works
River Blythe
118
139
162

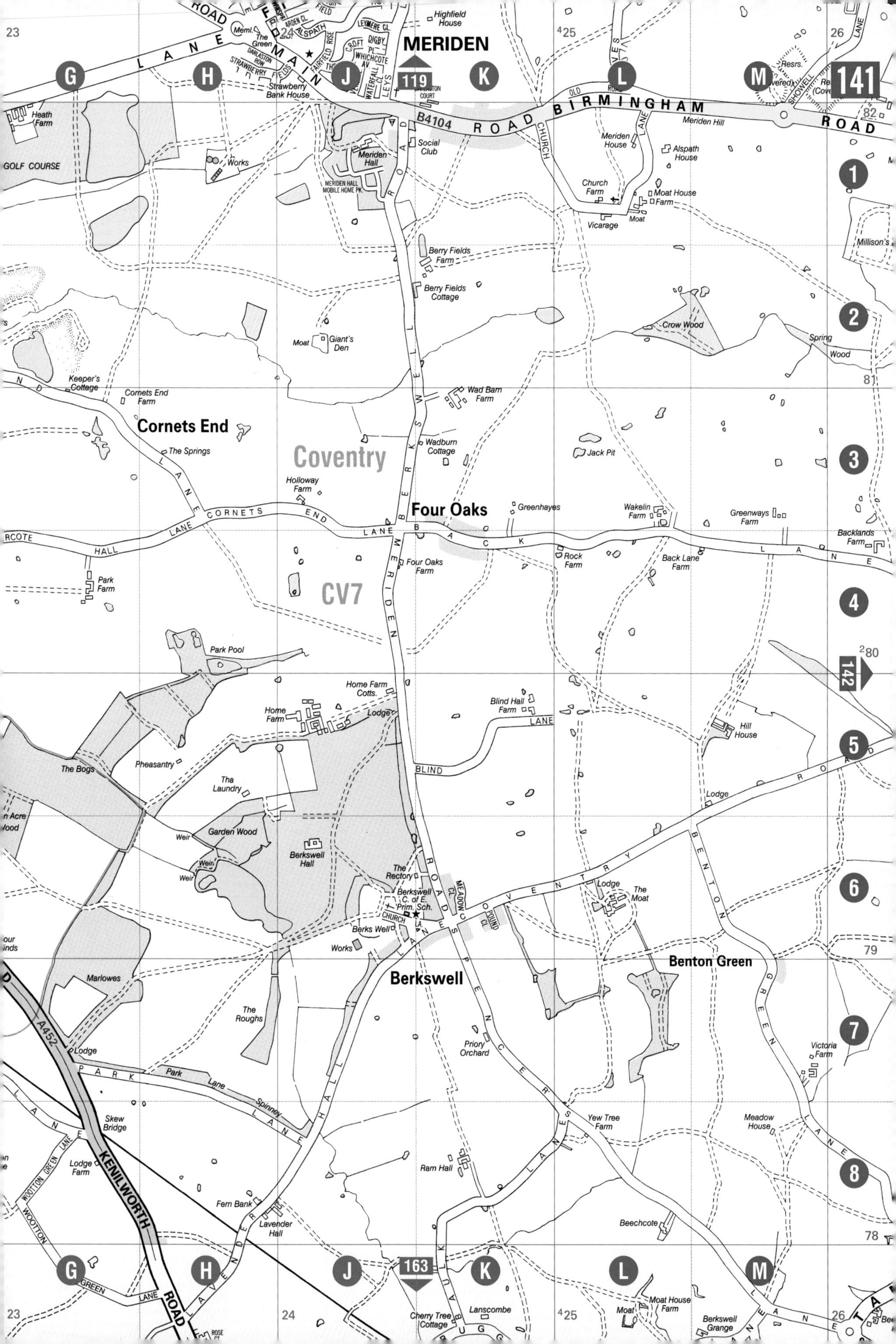

141
MERIDEN
119
163
142
B4104
BIRMINGHAM ROAD
OLD ROAD
MAIN ROAD
MERIDEN ROAD
BERKSWELL ROAD
CHURCH LANE
CORNETS END LANE
HALL LANE
BACK LANE
BLIND LANE
COVENTRY ROAD
BENTON GREEN LANE
SPENCERS LANE
PARK LANE
HALL LANE
LAVENDER HALL LANE
WOOTTON GREEN LANE
WOOTTON LANE
GREEN LANE
KENILWORTH ROAD
A452
FAIRFIELD RISE
ARDEN CL.
ALSPATH
LEYMERE CL.
CROFT
DIGBY PL.
WHICHCOTE AV.
WATERFALL CL.
LEYS
STRAWBERRY FIELDS
DARLASTON ROW
DARLASTON COURT
MEADOW CL.
POUND CL.
CHURCH LA.
SHOWELL LANE
Highfield House
Meml.
The Green
Strawberry Bank House
Heath Farm
GOLF COURSE
Works
Meriden Hall
MERIDEN HALL MOBILE HOME PK.
Social Club
Meriden House
Alspath House
Meriden Hill
Church Farm
Moat House Farm
Moat
Vicarage
Resrs.
Millison's
Berry Fields Farm
Berry Fields Cottage
Crow Wood
Spring Wood
Moat
Giant's Den
Keeper's Cottage
Cornets End Farm
Wad Barn Farm
Cornets End
The Springs
Coventry
Wadburn Cottage
Jack Pit
Holloway Farm
Four Oaks
Greenhayes
Wakelin Farm
Greenways Farm
Backlands Farm
Park Farm
Four Oaks Farm
Rock Farm
Back Lane Farm
CV7
Park Pool
Home Farm Cotts.
Blind Hall Farm
Home Farm
Lodge
Hill House
The Bogs
Pheasantry
Tha Laundry
Lodge
Garden Wood
Weir
Berkswell Hall
The Rectory
Berkswell C. of E. Prim. Sch.
Lodge
The Moat
Berks Well
Works
Benton Green
Berkswell
Marlowes
The Roughs
Priory Orchard
Victoria Farm
Lodge
Skew Bridge
Park Spinney
Yew Tree Farm
Meadow House
Lodge Farm
Ram Hall
Fern Bank
Lavender Hall
Beechcote
Cherry Tree Cottage
Lanscombe
Moat
Moat House Farm
Berkswell Grange
G
H
J
K
L
M
1
2
3
4
5
6
7
8
23
24
425
26
82
81
280
79
78

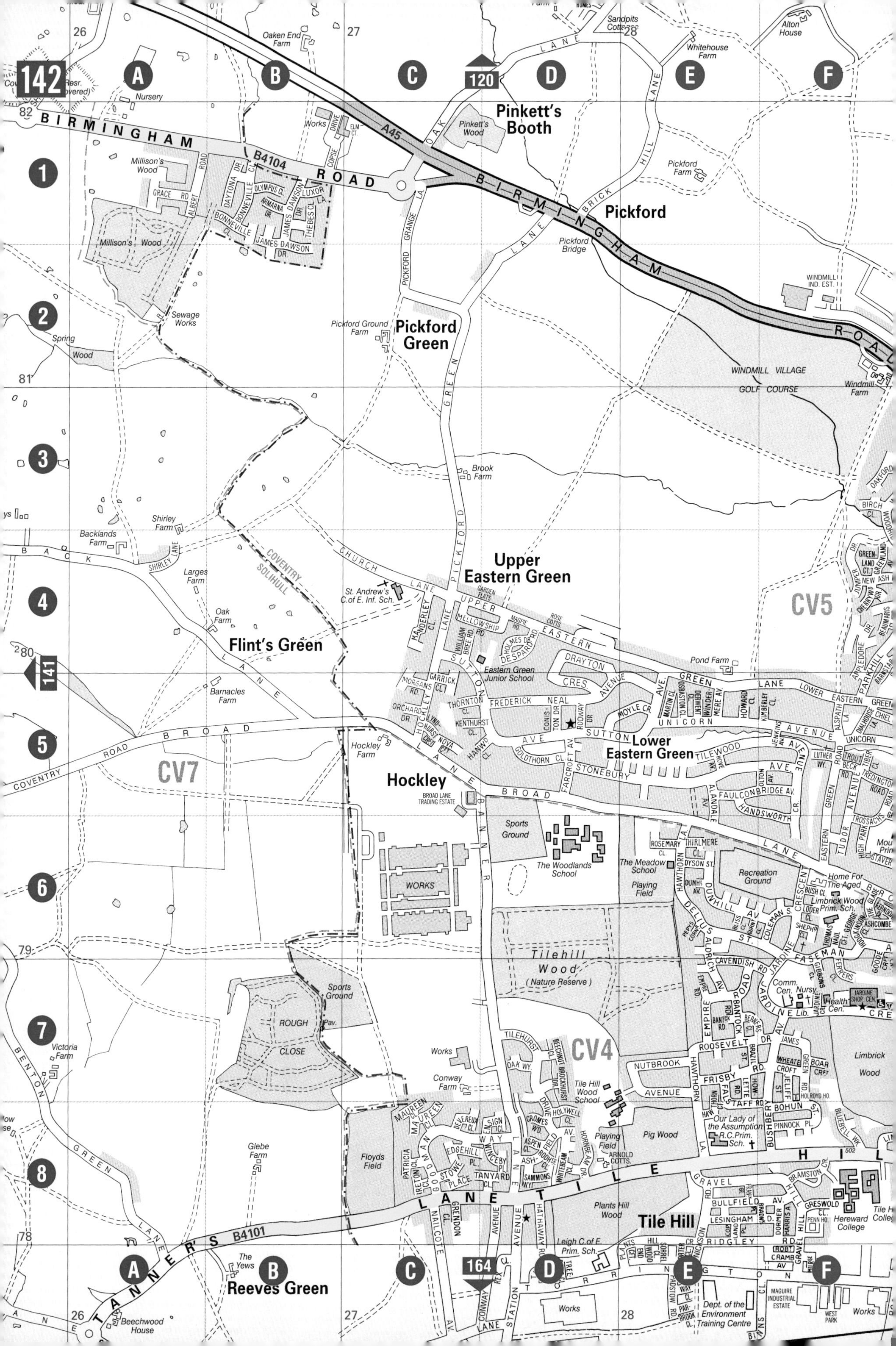

142
A
B
C
D
E
F
1
2
3
4
5
6
7
8
26
27
28
82
81
80
79
78
120
141
164
Oaken End Farm
Sandpits Cottages
Alton House
Whitehouse Farm
Nursery
BIRMINGHAM ROAD
B4104
A45
Works
ELM CT.
DRIVE
COPSE
OAK
Pinkett's Wood
Pinkett's Booth
Millison's Wood
GRACE RD
ALBERT ROAD
DAYTONA DR.
BONNEVILLE CL.
OLYMPUS CL.
ARMARNA DR.
JAMES DAWSON DR.
LUXOR
THEBES CL.
LA.
Sewage Works
Spring Wood
PICKFORD GRANGE LA.
LANE
BRICK HILL LANE
Pickford Farm
Pickford
Pickford Bridge
WINDMILL IND. EST.
WINDMILL VILLAGE GOLF COURSE
Windmill Farm
Pickford Ground Farm
Pickford Green
PICKFORD GREEN
Brook Farm
OAKFORD
BIRCH CL.
Shirley Farm
Backlands Farm
BACK
SHIRLEY LANE
Larges Farm
COVENTRY
SOLIHULL
CHURCH LANE
St. Andrew's C.of E. Inf. Sch.
Upper Eastern Green
GARDEN FLATS
UPPER EASTERN
MANDERLEY CL.
MELLOWSHIP RD.
MAGPIE HO.
ROSE COTTS
HOLMES DR.
DESPARD RD.
WILLIAM BREE RD.
CV5
Oak Farm
Flint's Green
LANE
Barnacles Farm
SUTTON
Eastern Green Junior School
DRAYTON CRES
AVENUE
Pond Farm
GREEN LANE
LOWER EASTERN GREEN
MORGANS RD.
GARRICK CL.
THORNTON CL.
FREDERICK
NEAL
ORCHARD DR.
KENTHURST CL.
CONISTON DR.
RODWAY DR.
MOYLE CR.
MARTIN CL.
OSBASTON CL.
DERWENT
WINDERMERE AV.
HOWARD CL.
KIMBERLEY CL.
UNICORN
AVENUE
ALSPATH LA.
DALEHOUSE
UNICORN
GREEN-LAND CT.
JUNIPER DR.
CHERRYWD
NEW ASH
BEAUMARIS
APPLEDORE DR.
PARKHILL
BROAD ROAD
COVENTRY ROAD
CV7
Hockley Farm
HOCKLEY
NOVA CRT.
AVE
HANWD CL.
GOLDTHORN CL.
FARCROFT AV.
SUTTON AVE
STONEBURY
Lower Eastern Green
TILEWOOD AVE.
ALANDALE AV.
FAULCONBRIDGE AV.
HANDSWORTH CR.
LUTHER WY.
BECK
TIBER
REDINGTON ROAD
GREEN
EASTERN
TUDOR
TROSSACHS
HIGH PARK
Hockley
BROAD LANE TRADING ESTATE
BROAD LANE
BANNER
Sports Ground
The Woodlands School
ROSEMARY
THIRLMERE CL.
DYSON ST.
The Meadow School
Playing Field
HAWTHORN
Recreation Ground
CRESCENT
Home For The Aged
BUSH CL.
Limbrick Wood Prim. Sch.
LODER CL.
WORKS
DUNHILL AV.
DELIUS
ALDRICH
COLEMAN S
JARDINE
ASHCOMBE
Tilehill Wood (Nature Reserve)
CAVENDISH RD
FASEMAN
GOODE
Sports Ground
ROUGH CLOSE
Pav.
EMPIRE RD.
BANTOCK RD.
BERNERS CL.
Comm. Cen.
Nursy
Lib.
Health Cen.
JARDINE SHOP CEN
JAMES
Victoria Farm
BENTON
Works
TILEHURST
OAK WY.
BEECHNUT
BROCKHURST DR.
CV4
NUTBROOK
ROOSEVELT DR.
WHEATE
BOAR CRFT
CROFT
JELIFF
Limbrick Wood
Conway Farm
Tile Hill Wood School
AVENUE
FRISBY RD.
HOW
TAFF RD.
BOHUN ST.
HOLROYD HO.
MAUREEN CL.
DEVEREUX CL.
CROMES WD.
HOLYWELL CL.
DRIVE
Playing Field
Pig Wood
Our Lady of the Assumption R.C.Prim. Sch.
BUSHBERRY AV.
PINNOCK PL.
BLUEBELL WK.
GREEN LANE
Glebe Farm
Floyds Field
PATRICIA
GOODMAN
EDGEHILL PL.
WAY
STOWE PLACE
TANYARD
WINCEBY PL.
ASPEN CL.
ASH
SAMMONS WY.
WHITEBEAM
HORNBEAM DR.
ARNOLD COTTS.
TILE HILL
GRAVEL
BULLFIELD AV.
BRAMSTON CR.
Plants Hill Wood
Tile Hill
LESINGHAM
DORMER
HARRISA
GRESWOLD CL.
PENN HO
Hereward College
IRETON CL.
GRENDON
NAILCOTE
AVENUE
HATHAWAY RD.
RIDGLEY RD
Leigh C.of E. Prim. Sch.
TANNER'S LANE
B4101
The Yews
Reeves Green
Beechwood House
PLANTS HILL CR.
TORRINGTON
CRAMB AV.
MAGUIRE INDUSTRIAL ESTATE
Works
WEST PARK
CONWAY AV.
LANE
STATION AVENUE
Works
PADSTOW RD.
Dept. of the Environment Training Centre
BINNS CL.

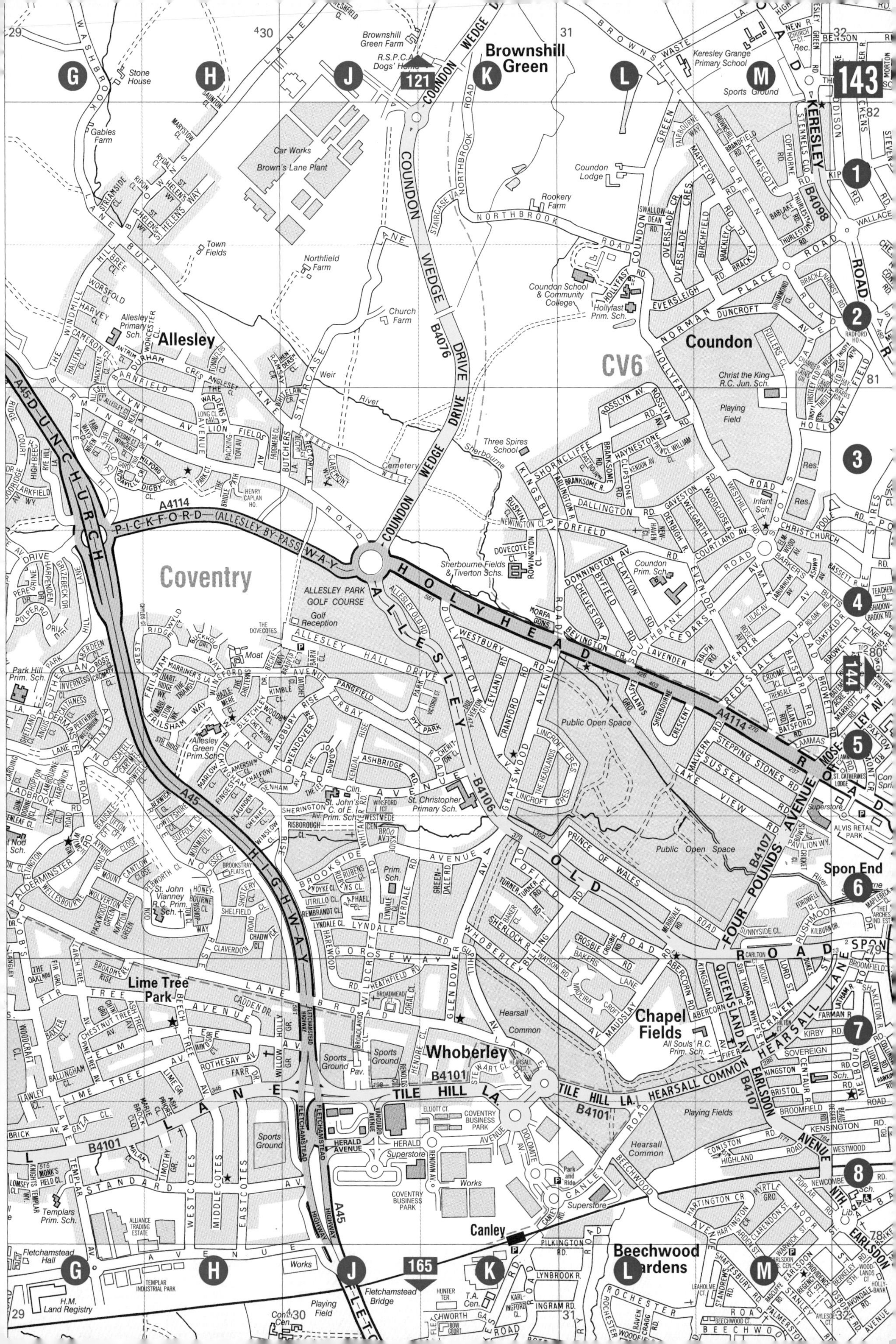

143
121
144
165
Brownshill Green
Allesley
Coundon
CV6
Coventry
Lime Tree Park
Whoberley
Chapel Fields
Spon End
Canley
Beechwood Gardens
Brownshill Green Farm
R.S.P.C.A. Dogs' Home
Stone House
Gables Farm
Car Works
Brown's Lane Plant
Town Fields
Northfield Farm
Church Farm
Coundon Lodge
Rookery Farm
Keresley Grange Primary School
Sports Ground
Coundon School & Community College
Hollyfast Prim. Sch.
Christ the King R.C. Jun. Sch.
Playing Field
Allesley Primary Sch.
Weir
River
Cemetery
Three Spires School
Sherbourne
Infant Sch.
Res.
Henry Caplan Ho.
Sherbourne Fields & Tiverton Schs.
Coundon Prim. Sch.
Allesley Park Golf Course
Golf Reception
The Dovecotes
Moat
Park Hill Prim. Sch.
Allesley Green Prim. Sch.
Clin.
St. John's C. of E. Prim. Sch.
St. Christopher Primary Sch.
Public Open Space
Superstore
Alvis Retail Park
Prim. Sch.
St. John Vianney R.C. Prim. Sch.
Brookstray Flats
Hearsall Common
All Souls' R.C. Prim. Sch.
Sch.
Pav.
Coventry Business Park
Works
Park and Ride
Alliance Trading Estate
Templars Prim. Sch.
Fletchamstead Hall
Templar Industrial Park
H.M. Land Registry
Fletchamstead Bridge
T.A. Cen.
Lib.
A45 Dunchurch Highway
A4114 Pickford (Allesley By-Pass) Way
Holyhead Road
Coundon Wedge Drive
B4076
B4106
B4098
B4101
B4107
A45
Allesley Old Rd.
Birmingham Road
Northbrook Road
Browns Lane
Hollyfast Road
Tile Hill La.
Hearsall Common
Four Pounds Avenue
Old Road
Spon Road
Earlsdon Avenue
Fletchamstead Highway
Broad Lane
Standard Av.
Templar Av.
G H J K L M
1 2 3 4 5 6 7 8

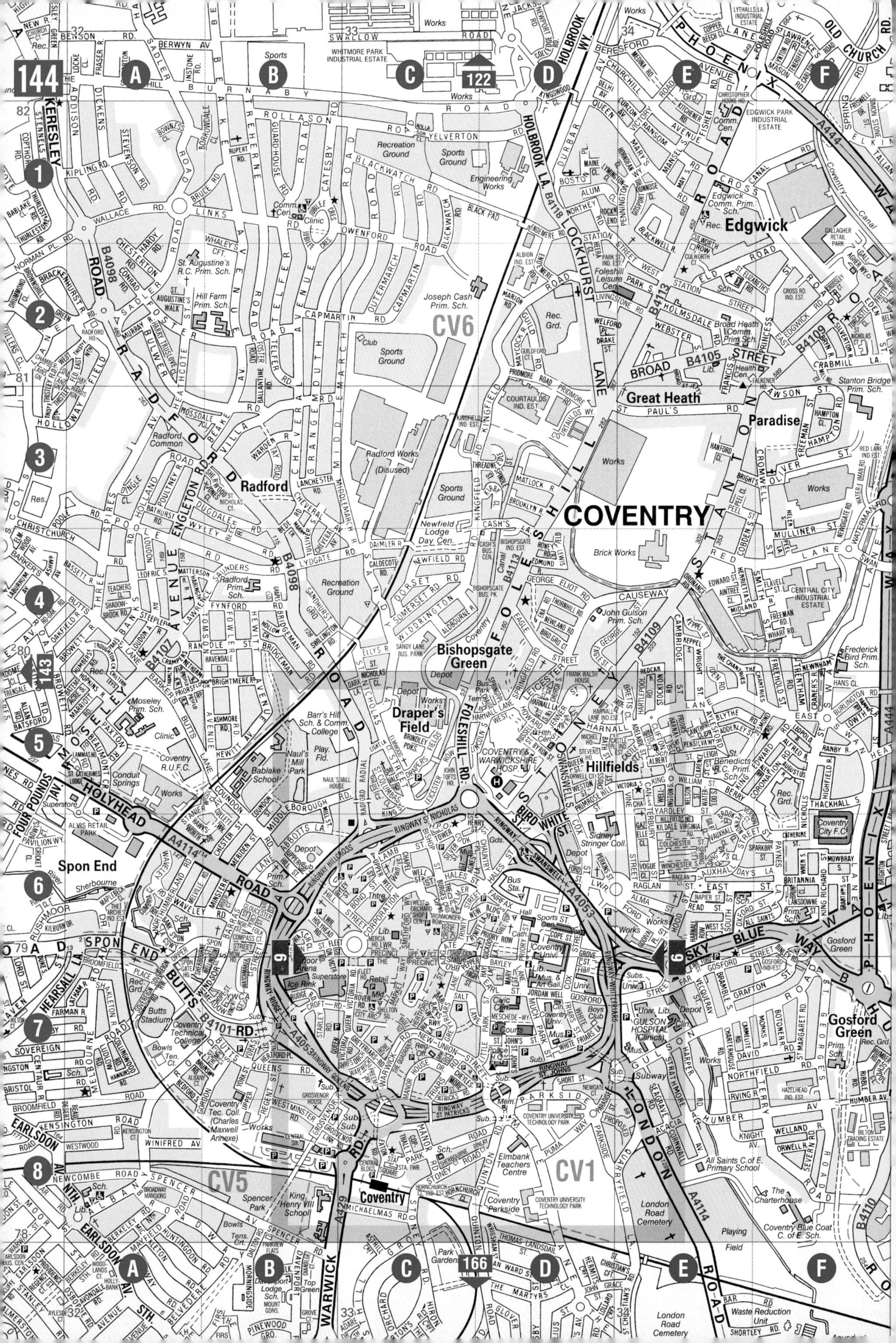

144
122
143
166
9
A
B
C
D
E
F
1
2
3
4
5
6
7
8
32
33
34
82
81
80
79
78
COVENTRY
CV6
CV5
CV1
Radford
Edgwick
Great Heath
Paradise
Bishopsgate Green
Draper's Field
Hillfields
Spon End
Gosford Green
Coventry
Radford Common
Radford Works (Disused)
Recreation Ground
Sports Ground
Brick Works
Coventry & Warwickshire Hosp.
Coventry City F.C.
Central City Industrial Estate
Edgwick Park Industrial Estate
Whitmore Park Industrial Estate
Gallagher Retail Park
Alvis Retail Park
Courtaulds Ind. Est.
Joseph Cash Prim. Sch.
Hill Farm Prim. Sch.
St. Augustine's R.C. Prim. Sch.
Moseley Prim. Sch.
Radford Prim. Sch.
Barr's Hill Sch. & Comm. College
Bablake School
Naul's Mill Park
Sidney Stringer Coll.
John Gulson Prim. Sch.
Coventry R.U.F.C.
Conduit Springs
Butts Stadium
Coventry Technical College
King Henry VIII School
Spencer Park
Elmbank Teachers Centre
Coventry University Technology Park
London Road Cemetery
All Saints C.of E. Primary School
Coventry Blue Coat C. of E. Sch.
The Charterhouse
Playing Field
Waste Reduction Unit
Stanton Bridge Prim. Sch.
Frederick Bird Prim. Sch.
Foleshill Leisure Cen.
KERESLEY RD.
HOLBROOK LA.
LOCKHURST LANE
FOLESHILL RD.
RADFORD ROAD
STONEY STANTON ROAD
PHOENIX WAY
HOLYHEAD ROAD
SKY BLUE WAY
LONDON ROAD
WARWICK RD.
EARLSDON AV.
SPON END
BUTTS
RINGWAY
A4114
A4053
A444
A429
B4098
B4107
B4113
B4118
B4109
B4105
B4101
B4110

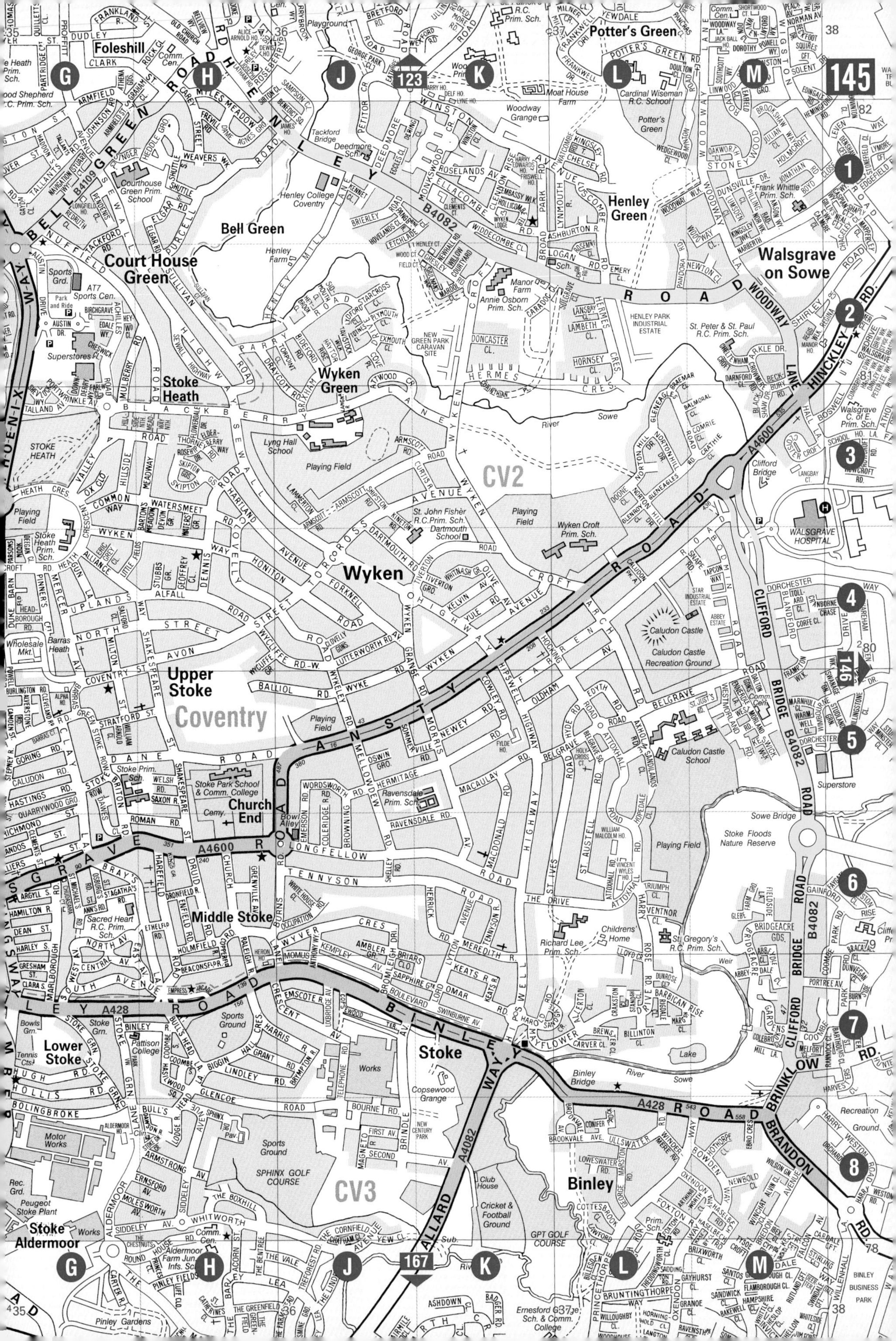
145
Foleshill
Potter's Green
Cardinal Wiseman R.C. School
Moat House Farm
Woodway Grange
Court House Green
Courthouse Green Prim. School
Bell Green
Henley College Coventry
Henley Farm
Tackford Bridge
Deedmore Sch.
Henley Green
Walsgrave on Sowe
Frank Whittle Prim. Sch.
Manor Farm
Annie Osborn Prim. Sch.
Henley Park Industrial Estate
St. Peter & St. Paul R.C. Prim. Sch.
New Green Park Caravan Site
AT7 Sports Cen.
Park and Ride
Superstores
Stoke Heath
Wyken Green
Lyng Hall School
Playing Field
River Sowe
Walsgrave C. of E. Prim. Sch.
Clifford Bridge
Walsgrave Hospital
CV2
Stoke Heath Prim. Sch.
St. John Fisher R.C. Prim. Sch.
Dartmouth School
Wyken Croft Prim. Sch.
Wyken
Star Industrial Estate
Abbey Estate
Caludon Castle
Caludon Castle Recreation Ground
Wholesale Mkt.
Barras Heath
Upper Stoke
Coventry
Caludon Castle School
Superstore
Stoke Prim. Sch.
Stoke Park School & Comm. College
Church End
Ravensdale Prim. Sch.
Sowe Bridge
Stoke Floods Nature Reserve
Sacred Heart R.C. Prim. Sch.
Middle Stoke
Richard Lee Prim. Sch.
Childrens' Home
St. Gregory's R.C. Prim. Sch.
Lower Stoke
Pattison College
Sports Ground
Works
Stoke
Copsewood Grange
Binley Bridge
Lake
Recreation Ground
Motor Works
Sphinx Golf Course
CV3
Club House
Cricket & Football Ground
Binley
Peugeot Stoke Plant
Stoke Aldermoor
Aldermoor Farm Jun. Infs. Sch.
GPT Golf Course
Pinley Gardens
Ernesford Grange Sch. & Comm. College
Binley Business Park
ANSTY ROAD
A4600
HINCKLEY RD.
B4082
CLIFFORD BRIDGE ROAD
A428
BINLEY ROAD
BRINKLOW RD.
BRANDON
ALLARD WAY
A4082
HENLEY ROAD
BELL GREEN ROAD
WALSGRAVE RD.
123
146
167

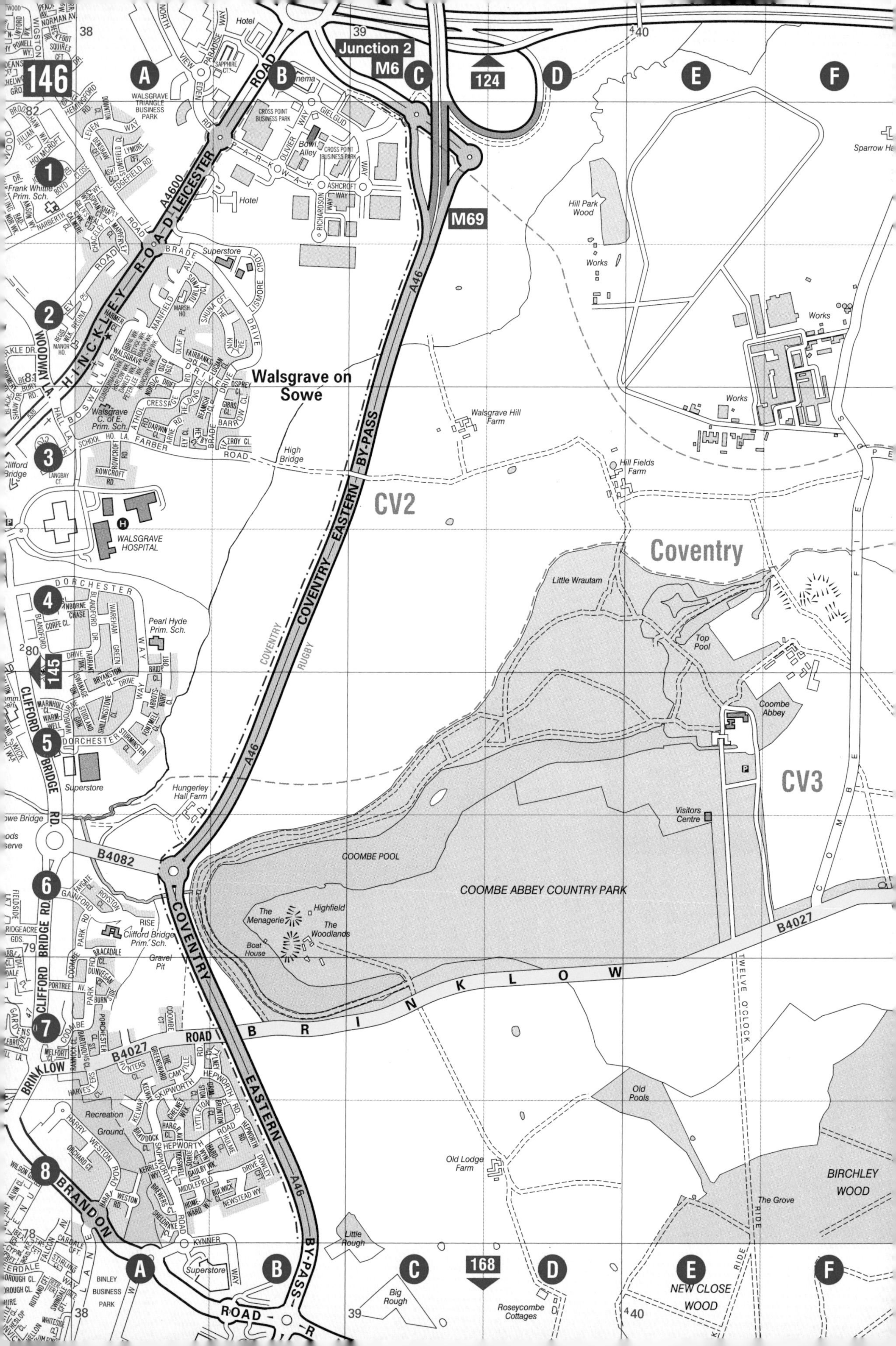

146
Junction 2
M6
124
M69
168
145
A
B
C
D
E
F
1
2
3
4
5
6
7
8
38
39
40
82
81
80
79
78
Walsgrave on Sowe
Coventry
CV2
CV3
WALSGRAVE TRIANGLE BUSINESS PARK
CROSS POINT BUSINESS PARK
Hotel
Cinema
Bowl. Alley
Superstore
Frank Whittle Prim. Sch.
Walsgrave C. of E. Prim. Sch.
WALSGRAVE HOSPITAL
Pearl Hyde Prim. Sch.
Clifford Bridge Prim. Sch.
Hill Park Wood
Works
Sparrow Hall
Walsgrave Hill Farm
Hill Fields Farm
High Bridge
Little Wrautam
Top Pool
Coombe Abbey
Visitors Centre
COOMBE POOL
COOMBE ABBEY COUNTRY PARK
The Menagerie
Highfield
The Woodlands
Boat House
Hungerley Hall Farm
Gravel Pit
Recreation Ground
Old Pools
Old Lodge Farm
BIRCHLEY WOOD
The Grove
Little Rough
Big Rough
Roseycombe Cottages
NEW CLOSE WOOD
BINLEY BUSINESS PARK
HINCKLEY ROAD
LEICESTER ROAD
A4600
COVENTRY EASTERN BY-PASS
A46
B4082
B4027
BRINKLOW ROAD
CLIFFORD BRIDGE RD.
BRANDON ROAD
WOODWAY LA.
TWELVE O'CLOCK RIDE
COOMBE FIELDS ROAD
DORCHESTER WAY
ROWCROFT RD.
SCHOOL HO. LA.
FARBER ROAD
HEPWORTH ROAD
COVENTRY
RUGBY
Sowe Bridge
Clifford Bridge

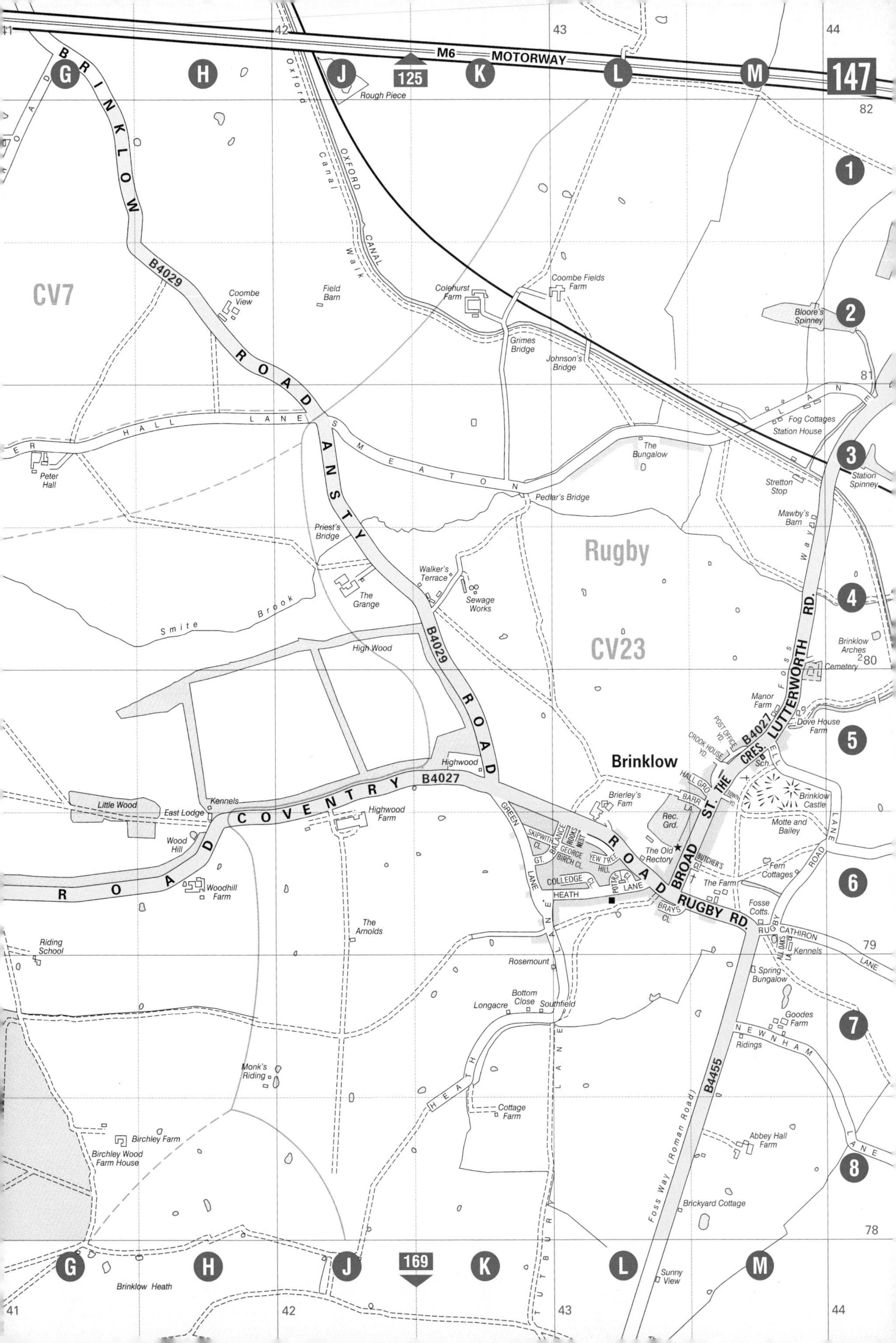

G **H** **J** **K** **L** **M**

M6 MOTORWAY

125

Rough Piece

CV7

BRINKLOW ROAD

B4029

ROAD ANSTY

Coombe View

Field Barn

SMEATON

Colehurst Farm

Coombe Fields Farm

Grimes Bridge

Johnson's Bridge

OXFORD CANAL

CANAL WALK

Peter Hall

HALL LANE

Pedlar's Bridge

The Bungalow

Fog Cottages
Station House

Bloore's Spinney

Station Spinney

Stretton Stop

Mawby's Barn

Priest's Bridge

Walker's Terrace

Sewage Works

Rugby

FOSS WAY

LUTTERWORTH RD.

Brinklow Arches

Cemetery

Smite Brook

The Grange

High Wood

CV23

B4029 ROAD

Manor Farm

B4027 CRFS.

Dove House Farm

Highwood

B4027

COVENTRY

Little Wood

East Lodge

Kennels

Highwood Farm

Wood Hill

Woodhill Farm

ROAD

ROAD

GREEN LANE

SKIPWITH CL.
LANCE

GT.

GEORGE
BIRCH CL.

BROOKS
WEST

YEW TREE HILL

COLLEDGE
HEATH

Brinklow

Brierley's Farm

Rec. Grd.

HALL GRD.

BARR LA.

The Old Rectory

BUTCHER'S

BRAYS CL.

POST OFFICE YD.

CROOK HOUSE YD.

Sch.

ST. THE

BROAD

Brinklow Castle

Motte and Bailey

Fern Cottages

The Farm

Fosse Cotts.

LANE

ROAD

RUGBY RD.

CATHIRON

Kennels

LANE

The Arnolds

Riding School

Rosemount

Longacre

Bottom Close
Southfield

Spring Bungalow

Goodes Farm

NEWNHAM

Ridings

HEATH LANE

Cottage Farm

Abbey Hall Farm

B4455

Foss Way (Roman Road)

SUTBURY LANE

Monk's Riding

Birchley Farm

Birchley Wood Farm House

Brickyard Cottage

Sunny View

Brinklow Heath

G **H** **J** **K** **L** **M**

169

41 42 43 44

82

81

80

79

78

1 2 3 4 5 6 7 8

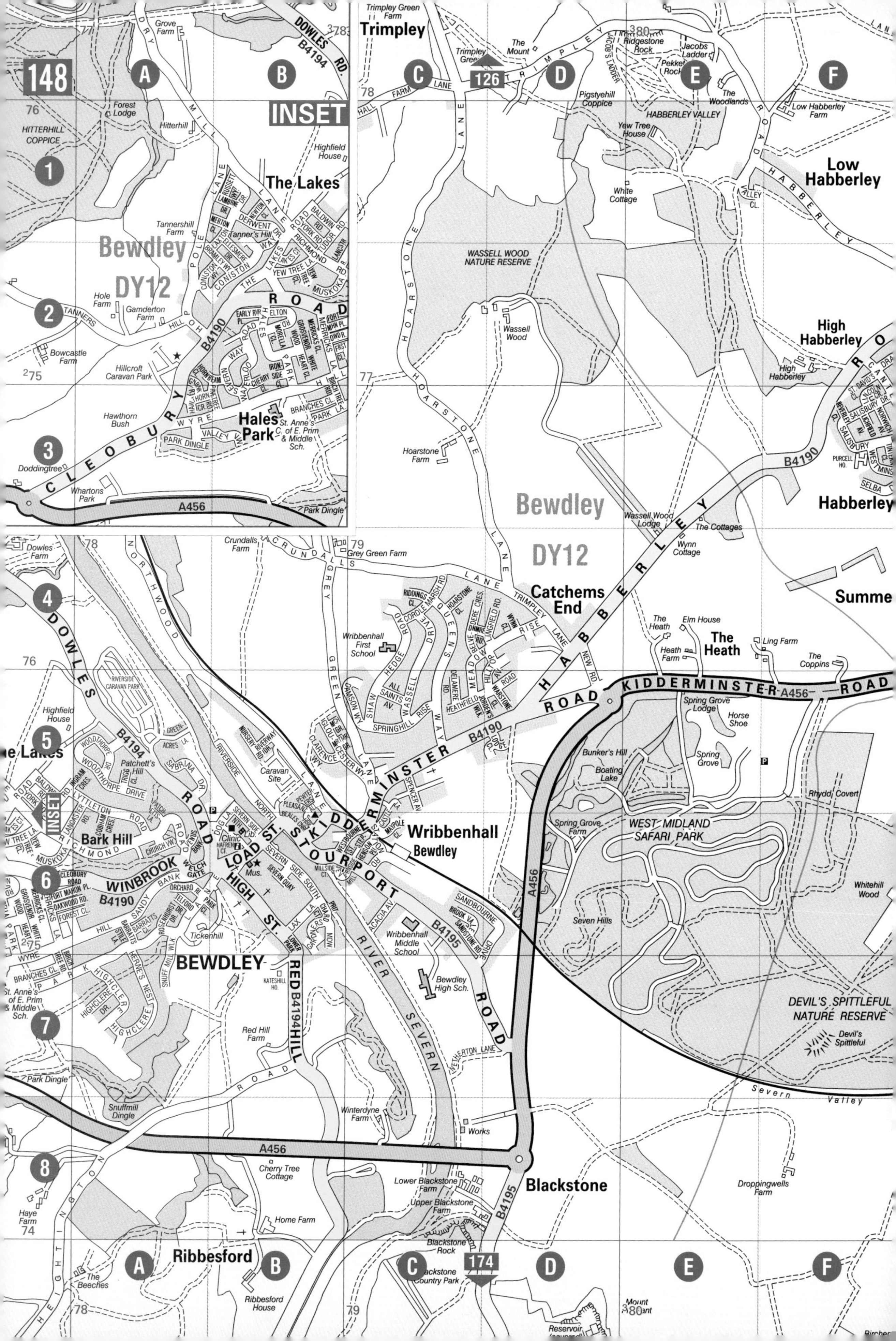
INSET
Bewdley
DY12
The Lakes
Hales Park
Grove Farm
Forest Lodge
HITTERHILL COPPICE
Hitterhill
Highfield House
Tannershill Farm
Hole Farm
Gamderton Farm
Bowcastle Farm
Hillcroft Caravan Park
Hawthorn Bush
Doddingtree
Whartons Park
Park Dingle
St. Anne's C. of E. Prim & Middle Sch.
DOWLES RD.
B4194
CLEOBURY ROAD
B4190
A456
Trimpley Green Farm
Trimpley
Trimpley Green
The Mount
Ridgestone Rock
Jacobs Ladder
Pekket Rock
The Woodlands
Pigstyehill Coppice
HABBERLEY VALLEY
Yew Tree House
Low Habberley Farm
Low Habberley
White Cottage
WASSELL WOOD NATURE RESERVE
Wassell Wood
Hoarstone Farm
HOARSTONE LANE
TRIMPLEY LANE
High Habberley
Habberley
HABBERLEY ROAD
Wassell Wood Lodge
The Cottages
Wynn Cottage
Catchems End
Summe
The Heath
Elm House
Heath Farm
Ling Farm
The Coppins
KIDDERMINSTER ROAD
Crundalls Farm
Grey Green Farm
CRUNDALLS LANE
GREY GREEN LANE
Wribbenhall First School
Dowles Farm
RIVERSIDE CARAVAN PARK
Patchett's Hill
Caravan Site
Bark Hill
WINBROOK
Wribbenhall
Bewdley
BEWDLEY
LOAD ST.
HIGH ST.
STOURPORT ROAD
B4195
Wribbenhall Middle School
Bewdley High Sch.
Tickenhill
KATESHILL HO.
RED HILL
Red Hill Farm
RIVER SEVERN
Spring Grove Lodge
Horse Shoe
Bunker's Hill
Boating Lake
Spring Grove
Spring Grove Farm
WEST MIDLAND SAFARI PARK
Rhydd Covert
Seven Hills
Whitehill Wood
DEVIL'S SPITTLEFUL NATURE RESERVE
Devil's Spittleful
Severn Valley
WETHERTON LANE
Winterdyne Farm
Works
Park Dingle
Snuffmill Dingle
Cherry Tree Cottage
Haye Farm
Home Farm
Blackstone
Lower Blackstone Farm
Upper Blackstone Farm
Blackstone Rock
Blackstone Country Park
Droppingwells Farm
Ribbesford
Ribbesford House
The Beeches
HEIGHTINGTON ROAD
Mount Pleasant
Reservoir
126
174

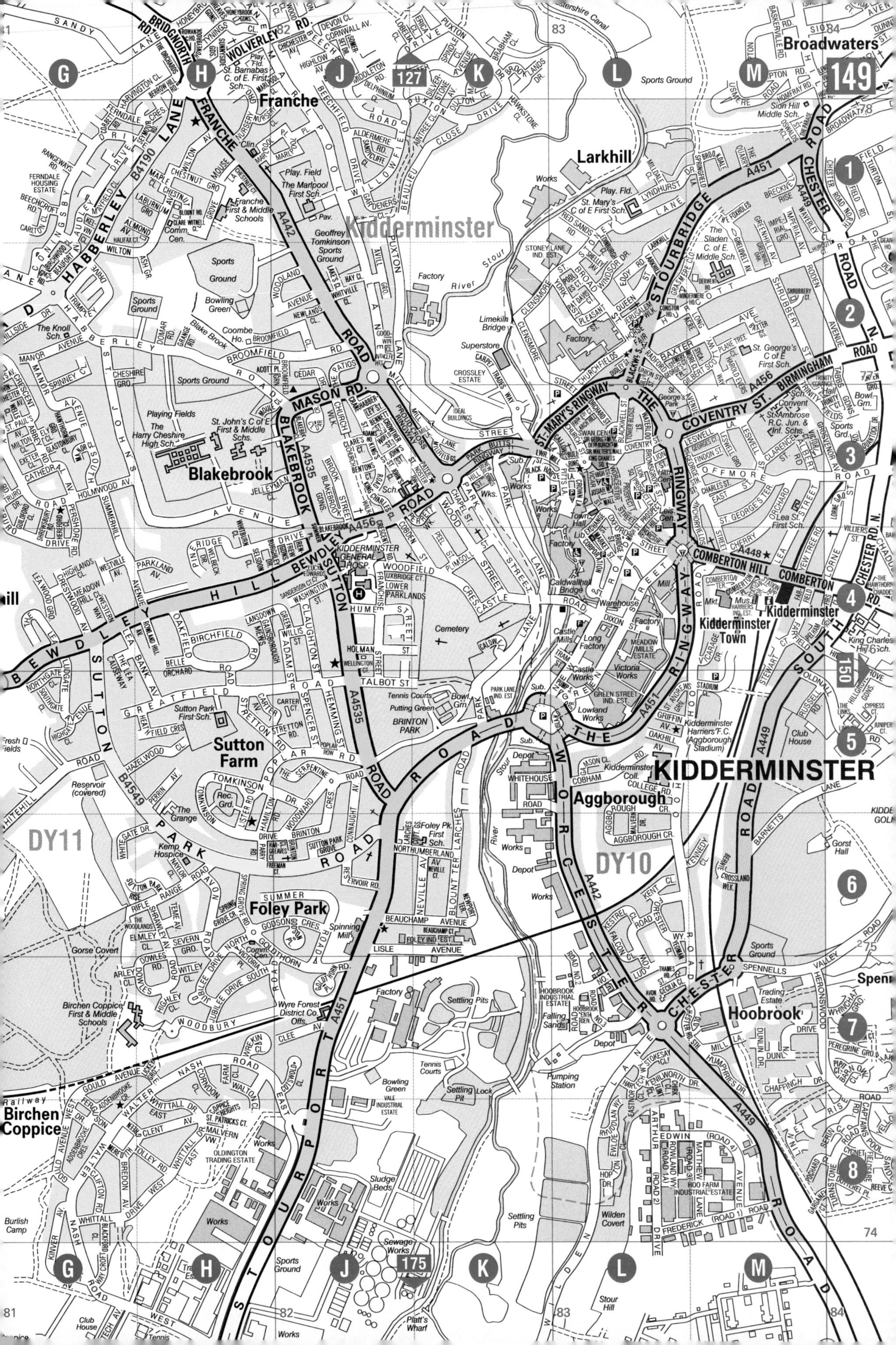

149
Broadwaters
Franche
Larkhill
Kidderminster
Blakebrook
Sutton Farm
Foley Park
Aggborough
KIDDERMINSTER
Kidderminster Town
Hoobrook
Birchen Coppice
DY11
DY10
127
150
175
G
H
J
K
L
M
1
2
3
4
5
6
7
8
81
82
83
84
74
75
76
77
78
Sports Ground
Sion Hill Middle Sch.
Franche First & Middle Schools
Play. Field
The Marlpool First Sch.
Geoffrey Tomkinson Sports Ground
Bowling Green
Coombe Ho.
Sports Ground
Playing Fields
The Harry Cheshire High Sch.
St. John's C of E First & Middle Schs.
The Knoll Sch.
Ferndale Housing Estate
Factory
Limekiln Bridge
Superstore
Crossley Estate
Ideal Buildings
River Stour
Stoney Lane Ind. Est.
St. Mary's C of E First Sch.
The Sladen C. of E. Middle Sch.
St. George's C of E First Sch.
St. George's Park
St. Ambrose R.C. Jun. & Inf. Schs.
Sports Grd.
Lea St. First Sch.
Kidderminster General Hosp.
Cemetery
Town Hall
Caldwall Bridge
Castle Mills
Long Factory
Meadow Mills Estate
Victoria Works
Green Street Ind. Est.
Lowland Works
Castle Works
Warehouse
Mkt.
Mus.
Stadium
Kidderminster Harriers F.C. (Aggborough Stadium)
Kidderminster Coll.
Club House
Tennis Courts
Putting Green
Brinton Park
Park Lane Ind. Est.
Sutton Park First Sch.
Reservoir (covered)
The Grange
Kemp Hospice
Foley Pk. First Sch.
Spinning Mill
Foley Ind. Est.
Gorse Covert
Birchen Coppice First & Middle Schools
Wyre Forest District Co. Offs.
Factory
Settling Pits
Tennis Courts
Bowling Green
Vale Industrial Estate
Settling Pit
Lock
Pumping Station
Hoobrook Industrial Estate
Falling Sands
Depot
Whitehouse
Works
Oldington Trading Estate
Sludge Beds
Sewage Works
Sports Ground
Platt's Wharf
Wilden Covert
Hoo Farm Industrial Estate
Stour Hill
Trading Estate
Sports Ground
Gorst Hall
Burlish Camp
Club House
Fresh Fields
Kidderminster
King Charles I Sch.
BEWDLEY HILL
SUTTON ROAD
STOURPORT ROAD
WORCESTER ROAD
CHESTER ROAD
STOURBRIDGE ROAD
COVENTRY ST.
BIRMINGHAM ROAD
COMBERTON HILL
THE RINGWAY
ST. MARY'S RINGWAY
FRANCHE ROAD
HABBERLEY LANE
BLAKEBROOK
MASON RD.
PARK BUTTS RINGWAY
A442
A451
A456
A448
A449
A4535
B4190
B4549

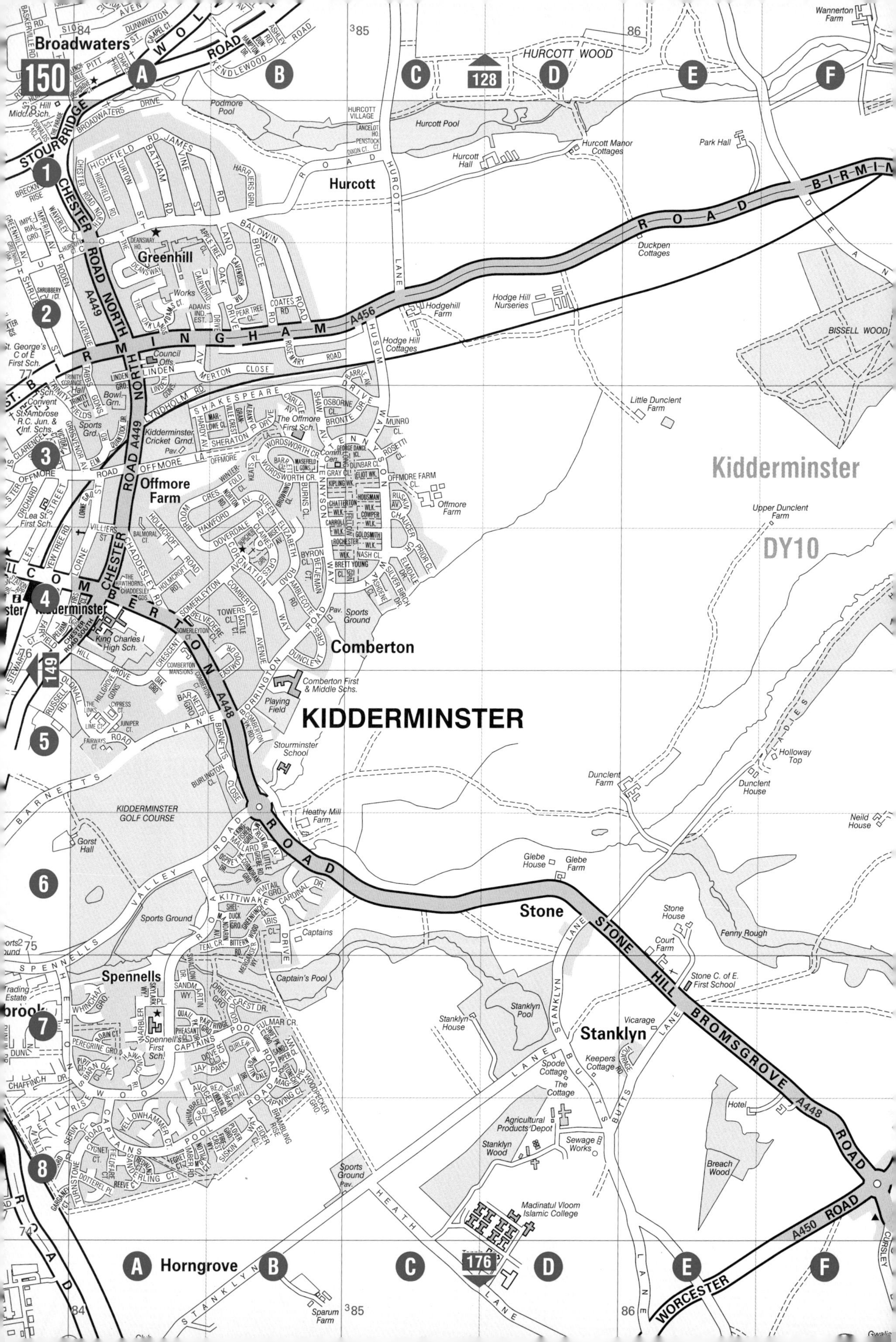

KIDDERMINSTER

Broadwaters

150

Hurcott

HURCOTT WOOD

Park Hall

BISSELL WOOD

Greenhill

Kidderminster

DY10

Offmore Farm

Comberton

KIDDERMINSTER GOLF COURSE

Stone

Spennells

Stanklyn

Horngrove

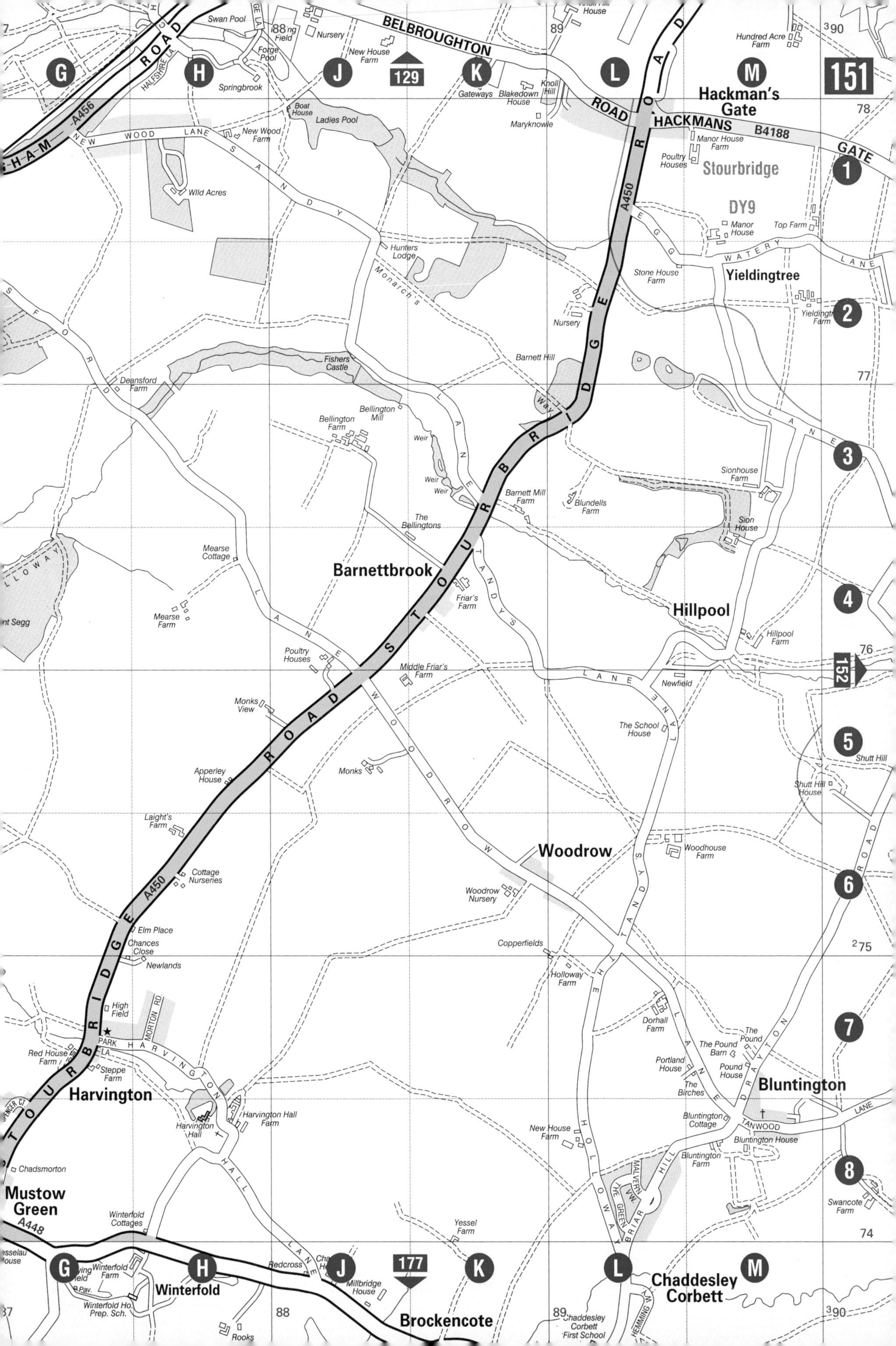

G **H** **J** 129 **K** **L** **M**

Hackman's Gate

BELBROUGHTON

HACKMANS ROAD B4188

Swan Pool

88ng Field

Nursery

New House Farm

Gateways

Blakedown House

Knoll Hill

Stourbridge

Forge Pool

Springbrook

Boat House

New Wood Farm

Ladies Pool

Maryknowle

Manor House Farm

Poultry Houses

1

NEW WOOD LANE

Wild Acres

DY9

Manor House

Top Farm

WATERY LANE

Yieldingtree

2

Hunters Lodge

Nursery

Stone House Farm

Yieldingtree Farm

Deansford Farm

Fishers Castle

Barnett Hill

3

Bellington Farm

Bellington Mill

Weir

Sionhouse Farm

Mearse Cottage

The Bellingtons

Weir

Weir

Barnett Mill Farm

Blundells Farm

Sion House

Barnettbrook

Friar's Farm

Hillpool

4

Mearse Farm

Poultry Houses

Middle Friar's Farm

Hillpool Farm

152

Newfield

Monks View

The School House

5

Shutt Hill

Apperley House

Monks

Shutt Hill House

Woodrow

Woodhouse Farm

Laight's Farm

6

Cottage Nurseries

Woodrow Nursery

Copperfields

Elm Place

Chances Close

Holloway Farm

Dorhall Farm

7

Newlands

High Field

The Pound

The Pound Barn

Pound House

Red House Farm

Steppe Farm

Portland House

The Birches

Bluntington

Harvington

Harvington Hall Farm

New House Farm

ANWOOD

Bluntington Cottage

Bluntington House

Chadsmorton

Harvington Hall

Bluntington Farm

8

Mustow Green

A448

Winterfold Cottages

Yessel Farm

Swancote Farm

esselau House

G Winterfold Farm **H** Redcross **J** 177 **K** **L** **M**

Winterfold

Millbridge House

Chaddesley Corbett

Winterfold Ho. Prep. Sch.

Rooks

Brockencote

Chaddesley Corbett First School

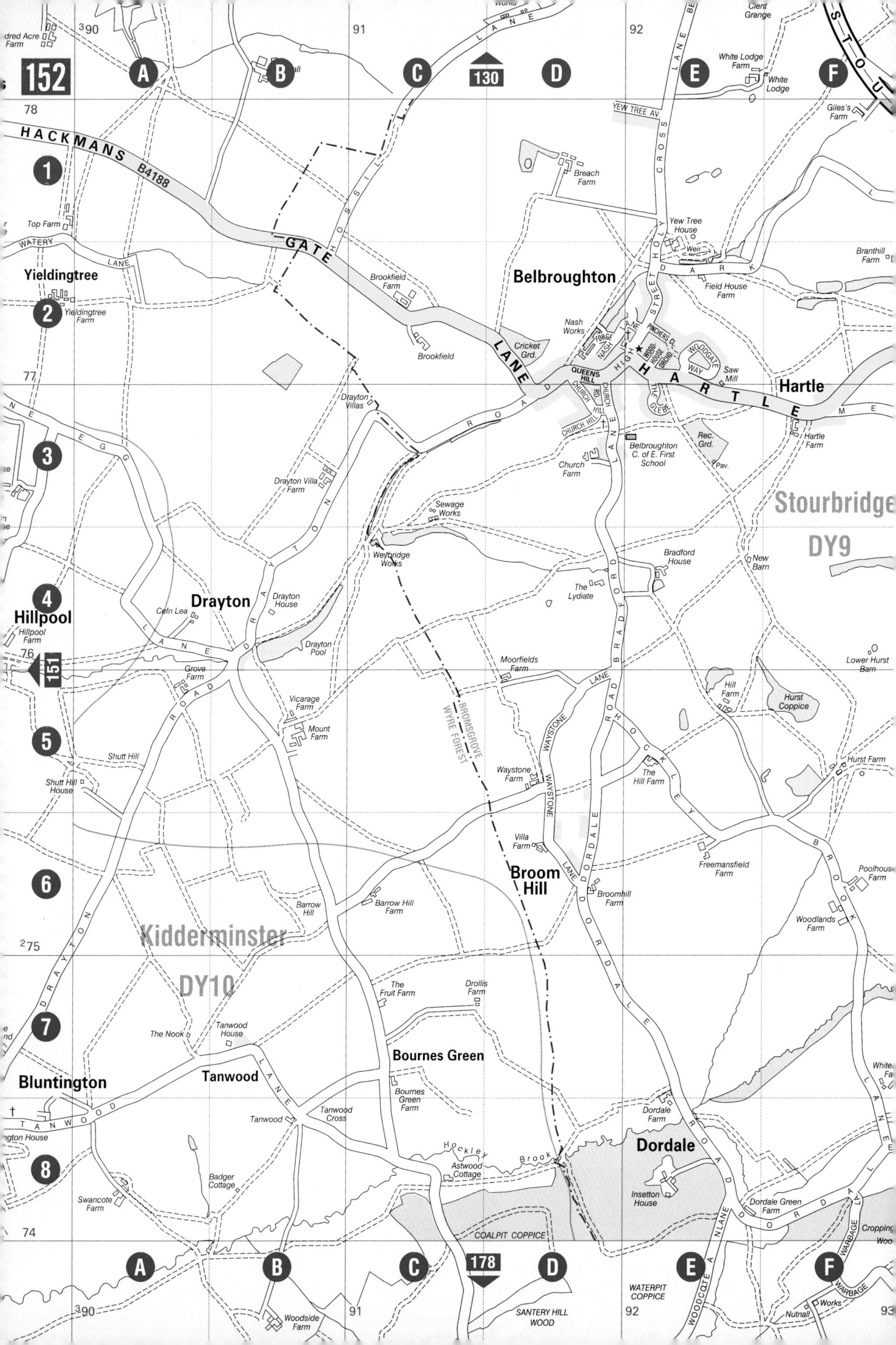

130
151
178
Belbroughton
Drayton
Hillpool
Yieldingtree
Hartle
Broom Hill
Bournes Green
Tanwood
Bluntington
Dordale
Kidderminster
DY10
Stourbridge
DY9
HACKMANS GATE LANE
B4188
HARTLE LANE
WATERY LANE
EGG LANE
DRAYTON ROAD
BROMSGROVE
WYRE FOREST
HOCKLEY
BRADFORD ROAD
WAYSTONE LANE
DORDALE ROAD
BROOK LANE
WOODCOTE LANE
WARBAGE LANE
HOLY CROSS LANE
YEW TREE AV.
DARK LANE
HIGH STREET
QUEENS HILL
CHURCH RD.
CHURCH HILL
PINCHERS CL.
WOODGATE WAY
THE GLEBE
FORGE
NASH LANE
Top Farm
Yieldingtree Farm
Hillpool Farm
Brookfield Farm
Brookfield
Breach Farm
Yew Tree House
Weir
Field House Farm
Nash Works
Cricket Grd.
Saw Mill
Drayton Villas
Drayton Villa Farm
Church Farm
Belbroughton C. of E. First School
Rec. Grd.
Pav.
Hartle Farm
Branthill Farm
White Lodge Farm
White Lodge
Giles's Farm
Clent Grange
Sewage Works
Weybridge Works
Bradford House
New Barn
The Lydiate
Drayton House
Drayton Pool
Cefn Lea
Grove Farm
Moorfields Farm
Lower Hurst Barn
Hill Farm
Hurst Coppice
Hurst Farm
Vicarage Farm
Mount Farm
Shutt Hill
Shutt Hill House
Waystone Farm
The Hill Farm
Villa Farm
Freemansfield Farm
Poolhouse Farm
Barrow Hill
Barrow Hill Farm
Broomhill Farm
Woodlands Farm
The Fruit Farm
Drollis Farm
The Nook
Tanwood House
Bournes Green Farm
Tanwood Cross
Dordale Farm
Hockley Brook
Astwood Cottage
Badger Cottage
Insetton House
Swancote Farm
Dordale Green Farm
COALPIT COPPICE
WATERPIT COPPICE
SANTERY HILL WOOD
Woodside Farm
Cropping Wood
Works
Nutnall
390
91
92
93
78
77
76
275
74

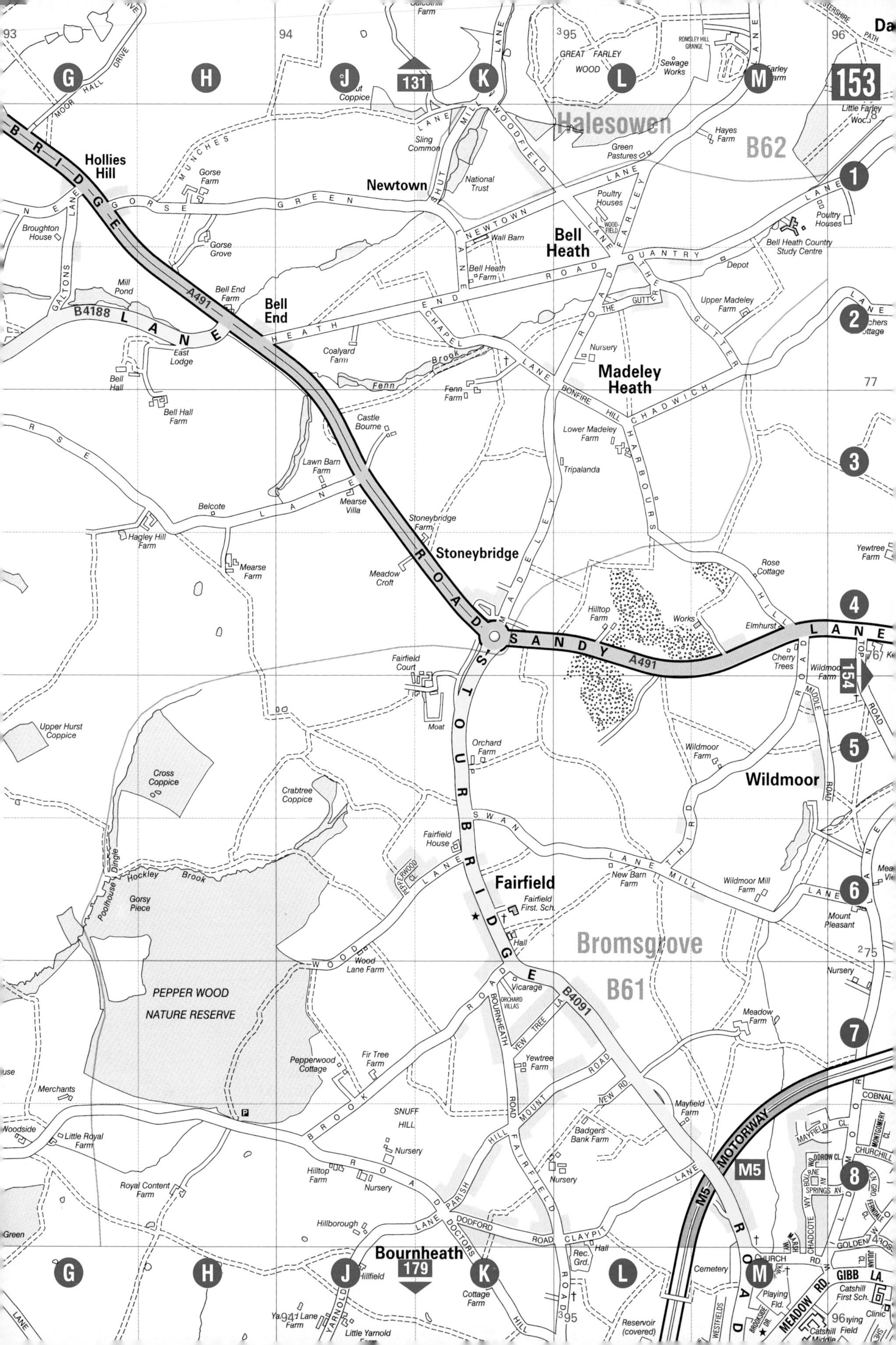

153
131
154
179
G H J K L M
1 2 3 4 5 6 7 8
93 94 95 96
77 76 75 74
Hollies Hill
BRIDGE ROAD
A491
Moor Hall Drive
Broughton House
Galtons Lane
Mill Pond
B4188
Lane
East Lodge
Bell Hall
Bell Hall Farm
Gorse Green
Munches
Gorse Farm
Gorse Grove
Bell End Farm
Bell End
Newtown
Sling Common
Shut Mill Lane
National Trust
Coppice
Newtown Lane
Wall Barn
Bell Heath Farm
Heath End Road
Coalyard Farm
Chapel Lane
Fenn Brook
Fenn Farm
Castle Bourne
Lawn Barn Farm
Mearse Villa
Belcote
Hagley Hill Farm
Mearse Farm
Stoneybridge Farm
Stoneybridge
Meadow Croft
Great Farley Wood
Halesowen
Romsley Hill Grange
Sewage Works
Farley Farm
Woodfield Lane
Green Pastures
Hayes Farm
B62
Little Farley Wood
Poultry Houses
Bell Heath
Farley Lane
Quantry Lane
Bell Heath Country Study Centre
Depot
The Gutter
Upper Madeley Farm
Nursery
Madeley Heath
Bonfire Hill
Chadwich Lane
Harbours Hill
Lower Madeley Farm
Tripalanda
Madeley Road
Rose Cottage
Yewtree Farm
Hilltop Farm
Works
Elmhurst
Sandy Lane
Cherry Trees
Wildmoor Farm
Top Road
Middle Road
Fairfield Court
Moat
Stourbridge Road
Upper Hurst Coppice
Cross Coppice
Crabtree Coppice
Orchard Farm
Wildmoor Farm
Wildmoor
Third Road
Swan Lane
Fairfield House
Pepperwood Cl.
Dingle
Hockley Brook
Poolhouse
Gorsy Piece
Fairfield
Fairfield First. Sch.
Hall
New Barn Farm
Mill Lane
Wildmoor Mill Farm
Mount Pleasant
Bromsgrove
B61
Nursery
Wood Lane Farm
Pepper Wood Nature Reserve
Vicarage
Orchard Villas
B4091
Bournheath Road
Yew Tree La.
Meadow Farm
Pepperwood Cottage
Fir Tree Farm
Yewtree Farm
Merchants
Brook Road
Snuff Hill
Mount Road
New Rd
Mayfield Farm
M5 Motorway
Woodside
Little Royal Farm
Nursery
Hilltop Farm
Nursery
Badgers Bank Farm
Nursery
Fairfield Road
Royal Content Farm
Hillborough
Parish Hill
Doctors Lane
Dodford Road
Claypit Lane
Hall
Rec. Grd.
Green
Bournheath
Hillfield
Cottage Farm
Yarnold Lane
Little Yarnold
Cemetery
Church Rd.
Playing Fld.
Brookside Dr.
Westfields
Meadow Rd.
Reservoir (covered)
Gibb La.
Catshill First Sch.
Clinic
Cobnal
Mayfield Cl.
Montgomery Cl.
Churchill
Springs Av.
Chadcote Wy.
Golden Cross
Julian Cl.
Marsh Wy.
Catshill Middle
Playing Field

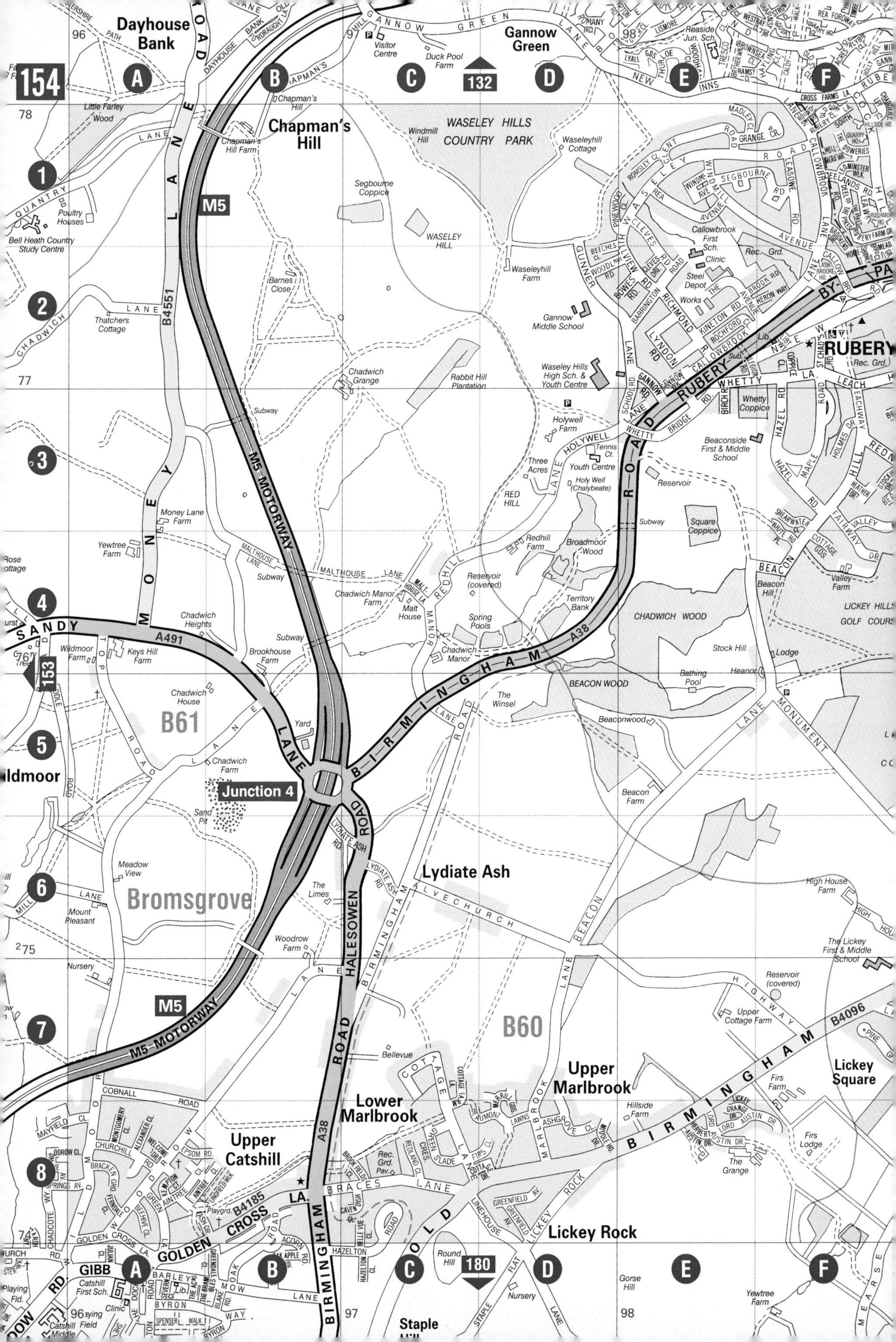
154
Dayhouse Bank
Gannow Green
Visitor Centre
Duck Pool Farm
132
Little Farley Wood
Chapman's Hill
Chapman's Hill Farm
WASELEY HILLS COUNTRY PARK
Windmill Hill
Waseleyhill Cottage
Segbourne Coppice
WASELEY HILL
Waseleyhill Farm
Poultry Houses
Bell Heath Country Study Centre
Barnes Close
Thatchers Cottage
M5
B4551
Gannow Middle School
Waseley Hills High Sch. & Youth Centre
Callowbrook First Sch.
Clinic
Steel Depot
Works
Reaside Jun. Sch.
RUBERY
Rec. Grd.
Chadwich Grange
Rabbit Hill Plantation
Holywell Farm
Tennis Ct.
Youth Centre
Holy Well (Chalybeate)
Three Acres
RED HILL
Whetty Coppice
Beaconside First & Middle School
Reservoir
Square Coppice
Money Lane Farm
Yewtree Farm
M5 MOTORWAY
MALTHOUSE LANE
Subway
Chadwich Manor Farm
Malt House
Redhill Farm
Broadmoor Wood
Reservoir (covered)
Spring Pools
Territory Bank
Chadwich Manor
Beacon Hill
Valley Farm
LICKEY HILLS GOLF COURSE
CHADWICH WOOD
Stock Hill
Lodge
Bathing Pool
Heanor
BEACON WOOD
The Winsel
Beaconwood
Chadwich Heights
SANDY
A491
Wildmoor Farm
Keys Hill Farm
Brookhouse Farm
153
Chadwich House
B61
A38
BIRMINGHAM ROAD
Yard
Chadwich Farm
Junction 4
Sand Pit
Beacon Farm
Wildmoor
Meadow View
Lydiate Ash
The Limes
Bromsgrove
Mount Pleasant
High House Farm
Woodrow Farm
ALVECHURCH
The Lickey First & Middle School
Nursery
Reservoir (covered)
Upper Cottage Farm
HALESOWEN ROAD
B60
B4096
Bellevue
Upper Marlbrook
Lickey Square
Lower Marlbrook
Firs Farm
Hillside Farm
Upper Catshill
Rec. Grd. Pav.
Firs Lodge
The Grange
COBNALL ROAD
B4185
GOLDEN CROSS LA.
BRACES LANE
Lickey Rock
Round Hill
180
Catshill First Sch.
Clinic
Playing Fld.
Gorse Hill
Yewtree Farm
Nursery
Staple
96
97
98
78
77
75
74
A
B
C
D
E
F
1
2
3
4
5
6
7
8

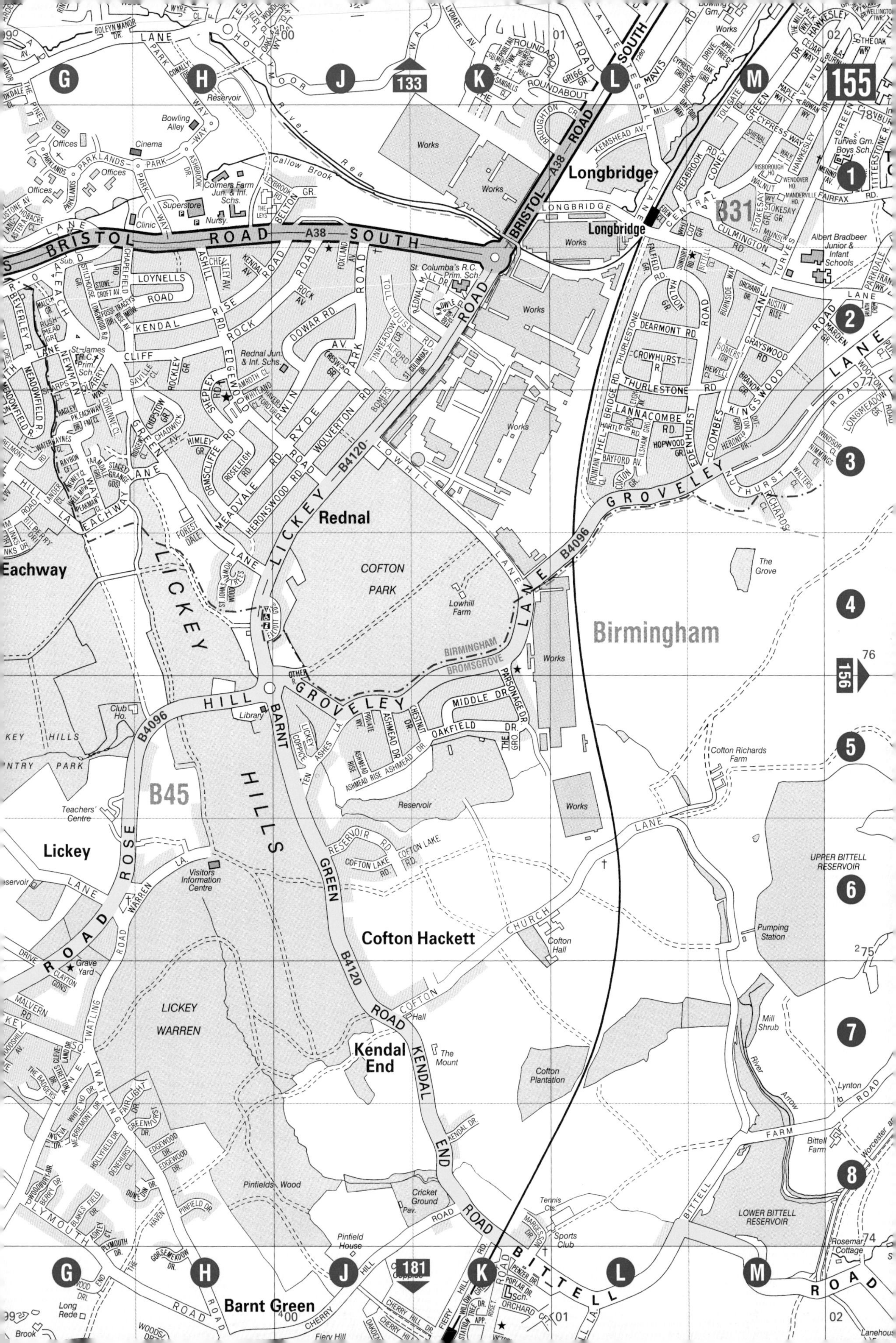
155
G
H
J
K
L
M
133
181
156
1
2
3
4
5
6
7
8
B31
B45
Longbridge
Rednal
Eachway
Birmingham
Lickey
Cofton Hackett
Kendal End
Barnt Green
BRISTOL ROAD SOUTH
A38
LICKEY ROAD
B4120
GROVELEY LANE
B4096
LICKEY HILLS
BARNT GREEN ROAD
KENDAL END ROAD
BITTELL ROAD
ROSE HILL
COFTON PARK
Lowhill Farm
BIRMINGHAM
BROMSGROVE
Works
Reservoir
Bowling Alley
Cinema
Offices
Superstore
Clinic
Colmers Farm Jun. & Inf. Schs.
St. Columba's R.C. Prim. Sch.
Rednal Jun. & Inf. Schs.
St. James R.C. Prim. Sch.
Albert Bradbeer Junior & Infant Schools
Turves Grn. Boys Sch.
Library
Club Ho.
Teachers' Centre
Visitors Information Centre
Grave Yard
LICKEY WARREN
Pinfields Wood
Pinfield House
Cricket Ground
Pav.
The Mount
Cofton Hall
Cofton Plantation
Cofton Richards Farm
The Grove
UPPER BITTELL RESERVOIR
LOWER BITTELL RESERVOIR
Pumping Station
Mill Shrub
River Arrow
Bittell Farm
Lynton
Rosemary Cottage
Tennis Cts.
Sports Club
Sch.
Long Rede
Fiery Hill
River Rea
Callow Brook
CHURCH LANE
COFTON LAKE RD.
RESERVOIR RD.
TWATLING ROAD
WARREN LANE
LICKEY LANE
MALVERN
LYMOUTH
CHERRY HILL
FARM ROAD
LONGBRIDGE LANE
TESSALL LANE
CENTRAL AV.
CULMINGTON RD.
KINGSWOOD RD.
THURLESTONE RD.
LANNACOMBE RD.
DEARMONT RD.
CROWHURST R.
GRAYSWOOD RD.
NUTHURST
ROCK RD.
RYDE PARK ROAD
KENDAL RISE
LOYNELLS ROAD
DOWAR RD.
WOLVERTON RD.
HERONSWOOD RD.
MEADVALE RD.
OAKFIELD DR.
MIDDLE DR.
PARSONAGE DR.
ASHMEAD DR.
ROUNDABOUT
HOLLYMOOR WAY
PARKLANDS
EDGEWOOD

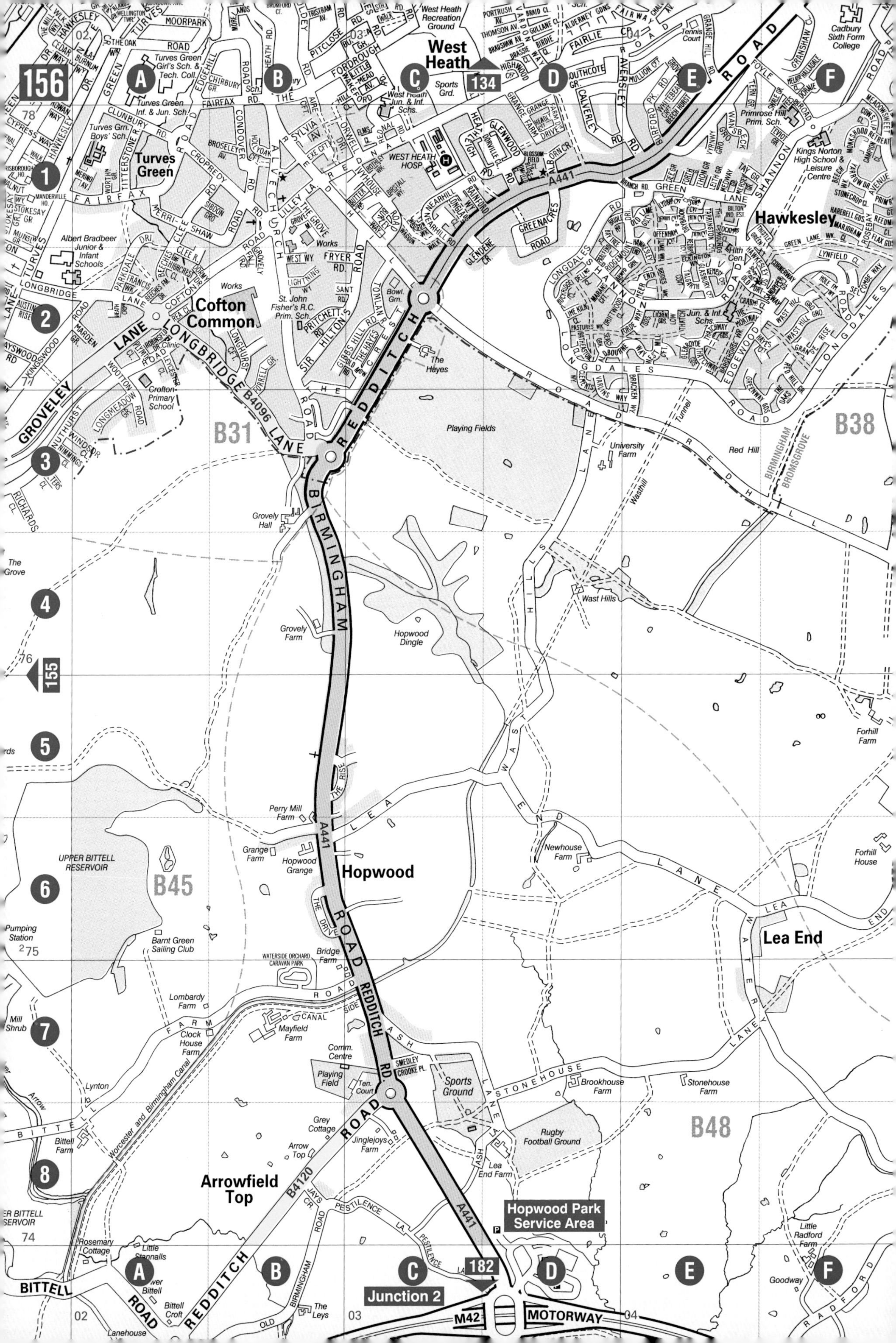

West Heath
134
West Heath Recreation Ground
Turves Green Girl's Sch. & Tech. Coll.
Turves Green Inf. & Jun. Sch.
Turves Grn. Boys' Sch.
Turves Green
West Heath Jun. & Inf. Schs.
Sports Grd.
WEST HEATH HOSP.
Tennis Court
Cadbury Sixth Form College
Primrose Hill Prim. Sch.
Kings Norton High School & Leisure Centre
Hawkesley
Albert Bradbeer Junior & Infant Schools
Cofton Common
Works
St. John Fisher's R.C. Prim. Sch.
Bowl. Grn.
Crofton Primary School
The Hayes
Playing Fields
B31
B38
B45
B48
University Farm
Red Hill
Grovely Hall
The Grove
Wast Hills
Grovely Farm
Hopwood Dingle
155
Forhill Farm
Perry Mill Farm
Grange Farm
Hopwood Grange
Hopwood
Newhouse Farm
Forhill House
UPPER BITTELL RESERVOIR
Pumping Station
Barnt Green Sailing Club
Bridge Farm
WATERSIDE ORCHARD CARAVAN PARK
Lea End
Lombardy Farm
Mayfield Farm
Clock House Farm
Mill Shrub
Comm. Centre
Playing Field
Ten. Court
Sports Ground
Brookhouse Farm
Stonehouse Farm
Lynton
Worcester and Birmingham Canal
Grey Cottage
Arrow Top
Jinglejoys Farm
Rugby Football Ground
Bittell Farm
Lea End Farm
Arrowfield Top
Hopwood Park Service Area
Little Radford Farm
Rosemary Cottage
Little Stannalls
Lower Bittell
Bittell Croft
Goodway
Junction 2
182
The Leys
Lanehouse
M42
MOTORWAY
A441
B4120
B4096
REDDITCH ROAD
BIRMINGHAM ROAD
LONGBRIDGE LANE
GROVELEY LANE
BITTELL ROAD
LEA END LANE
STONEHOUSE LANE
WAST HILLS LANE
REDHILL ROAD
LONGDALES ROAD
SHANNON ROAD
BRANCH RD.
GREEN LANE
PESTILENCE LANE
ASH LANE
WATERY LANE
RADFORD ROAD
FARM ROAD
CANAL SIDE
A B C D E F
1 2 3 4 5 6 7 8
02 03 04
74 75 76 78

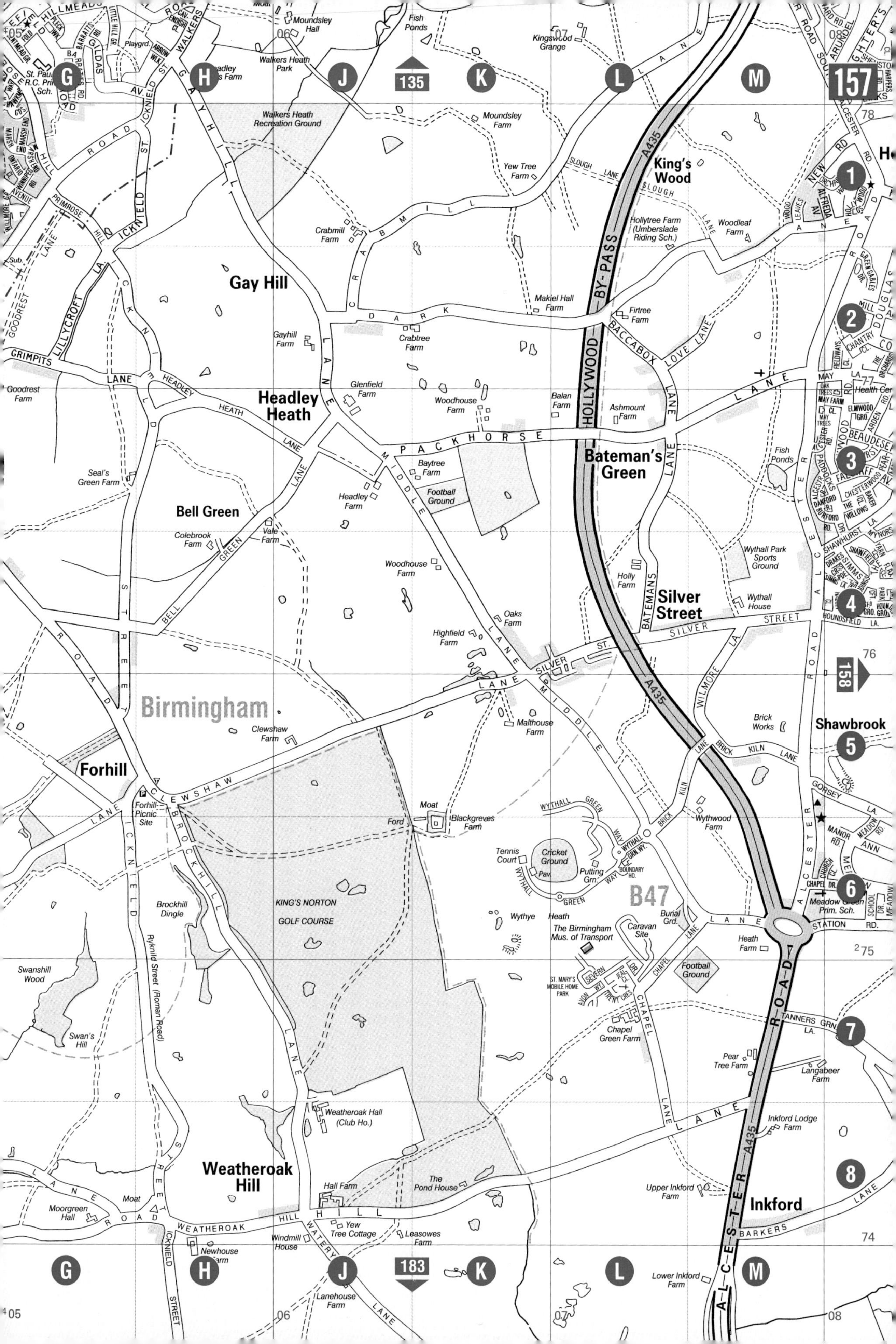

157
135
183
158
G
H
J
K
L
M
1
2
3
4
5
6
7
8
Moundsley Hall
Fish Ponds
Kingswood Grange
Walkers Heath Park
Headley Farm
Walkers Heath Recreation Ground
Moundsley Farm
Yew Tree Farm
SLOUGH LANE
King's Wood
Hollytree Farm (Umberslade Riding Sch.)
Woodleaf Farm
Crabmill Farm
CRABMILL LANE
Gay Hill
GAY HILL LANE
Makiel Hall Farm
Firtree Farm
DARK LANE
Gayhill Farm
Crabtree Farm
HOLLYWOOD BY-PASS
A435
BACCABOX LANE
LOVE LANE
MAY LANE
Glenfield Farm
Woodhouse Farm
Balan Farm
Ashmount Farm
Headley Heath
HEADLEY HEATH LANE
PACKHORSE LANE
Bateman's Green
Baytree Farm
Football Ground
Headley Farm
Fish Ponds
Seal's Green Farm
Bell Green
Colebrook Farm
Vale Farm
BELL GREEN LANE
Woodhouse Farm
Wythall Park Sports Ground
Holly Farm
Silver Street
Wythall House
BATEMANS LANE
SILVER STREET
Oaks Farm
Highfield Farm
SILVER ST.
SILVER LANE
Birmingham
Clewshaw Farm
Malthouse Farm
MIDDLE LANE
WILMORE LA.
Brick Works
BRICK KILN LANE
Shawbrook
Forhill
Forhill Picnic Site
CLEWSHAW LANE
Moat
Ford
Blackgreves Farm
WYTHALL GREEN WAY
Wythwood Farm
Tennis Court
Cricket Ground
Pav.
Putting Grn.
B47
KING'S NORTON GOLF COURSE
Brockhill Dingle
BROCKHILL LANE
Wythye
Heath
The Birmingham Mus. of Transport
Caravan Site
Burial Grd.
STATION RD.
Heath Farm
Football Ground
Swanshill Wood
Rykniild Street (Roman Road)
ST. MARY'S MOBILE HOME PARK
CHAPEL LANE
Chapel Green Farm
TANNERS GRN. LA.
Swan's Hill
Pear Tree Farm
Langabeer Farm
Weatheroak Hall (Club Ho.)
Inkford Lodge Farm
Weatheroak Hill
Hall Farm
The Pond House
Upper Inkford Farm
Inkford
Moorgreen Hall
Moat
WEATHEROAK HILL
Yew Tree Cottage
Windmill House
Leasowes Farm
Newhouse Farm
BARKERS LANE
ALCESTER ROAD
Lanehouse Farm
Lower Inkford Farm
ICKNIELD STREET
WATERY LANE
GRIMPITS LANE
Goodrest Farm
LILLYCROFT LA.
PRIMROSE HILL
GOODREST LANE
HEADLEY HEATH
Meadow Green Prim. Sch.
HOUNDSFIELD LA.
GORSEY LA.
Health Cen.
05
06
07
08
74
75
76
77
78

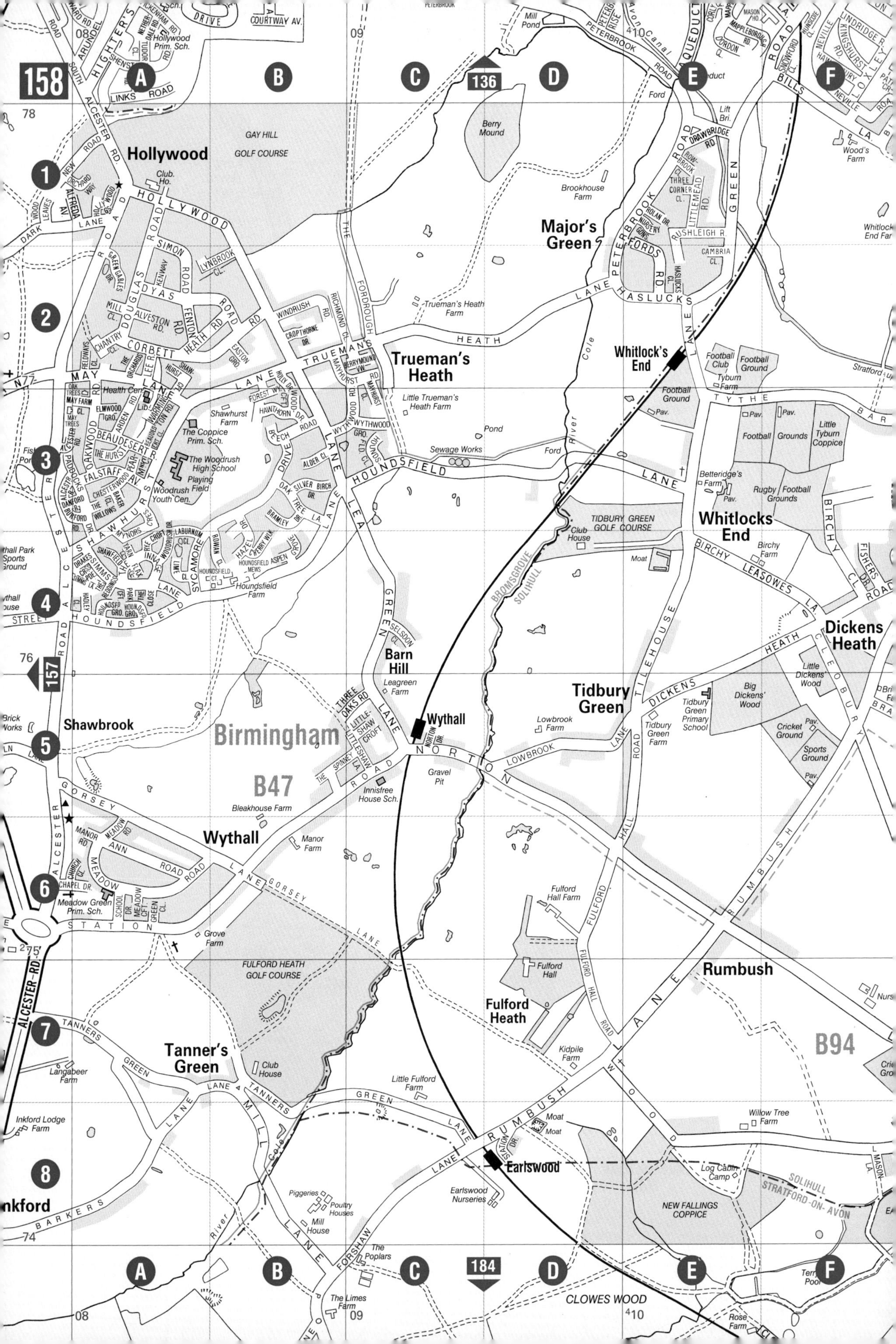

158
A
B
C
D
E
F
136
184
157
1
2
3
4
5
6
7
8
78
76
75
74
08
09
410
Hollywood
GAY HILL
GOLF COURSE
Club Ho.
Hollywood Prim. Sch.
LINKS ROAD
COURTWAY AV.
DRIVE
HIGHTER'S
ARUNDEL
ALCESTER RD.
HOLLYWOOD
LANE
DARK
ALFREDA AV.
SIMON
DYAS
LYNBROOK CL.
KENWAY
ALVESTON RD.
DOUGLAS
CORBETT
FENTON RD.
HEATH RD.
ROAD
MAY
LANE
Health Cen.
Lib.
BEAUDESERT
FALSTAFF AV.
OAKWOOD
HAWTHORN
Shawhurst Farm
The Coppice Prim. Sch.
The Woodrush High School
Playing Field
Woodrush Youth Cen.
HOUNDSFIELD
STREET
Houndsfield Farm
WINDRUSH
CROPTHORNE DR.
RICHMOND CL.
FORDROUGH
TRUEMAN'S
HEATH
Trueman's Heath
Trueman's Heath Farm
Little Trueman's Heath Farm
Pond
Sewage Works
Ford
HOUNDSFIELD
LANE
LEA
GREEN
LANE
WYTHWOOD RD.
SELSDON CL.
Barn Hill
Leagreen Farm
Wythall
NORTON DR.
NORTON
LOWBROOK
Gravel Pit
Innisfree House Sch.
Birmingham
B47
Bleakhouse Farm
Shawbrook
Wythall
GORSEY
MANOR RD.
ANN
MEADOW
ROAD
Manor Farm
CHAPEL DR.
Meadow Green Prim. Sch.
STATION
Grove Farm
FULFORD HEATH
GOLF COURSE
Club House
Tanner's Green
TANNERS
GREEN
LANE
MILL
Langabeer Farm
Inkford Lodge Farm
ALCESTER RD.
BARKERS
nkford
River Cole
Piggeries
Poultry Houses
Mill House
FORSHAW
The Poplars
The Limes Farm
Little Fulford Farm
GREEN
LANE
RUMBUSH
STATION DR.
Earlswood
Earlswood Nurseries
Moat
Kidpile Farm
Fulford Heath
Fulford Hall
Fulford Hall Farm
FULFORD
FULFORD HALL ROAD
Rumbush
RUMBUSH
LANE
WOOD
Willow Tree Farm
Log Cabin Camp
NEW FALLINGS COPPICE
SOLIHULL
STRATFORD-ON-AVON
B94
CLOWES WOOD
Rose Farm
Terry Pool
Berry Mound
Mill Pond
PETERBROOK
Canal
Ford
Lift Bri.
DRAWBRIDGE RD.
Brookhouse Farm
Major's Green
PETERBROOK
LITTLEMEAD RD.
THREE CORNER CL.
RUSHLEIGH R.
CAMBRIA CL.
FORDS RD.
HASLUCKS
LANE
GREEN
River Cole
Whitlock's End
Football Club
Football Ground
Tyburn Farm
TYTHE
BARN
Pav.
Football
Grounds
Little Tyburn Coppice
Betteridge's Farm
Rugby Football Grounds
Whitlocks End
BIRCHY
LEASOWES
LA.
Birchy Farm
TIDBURY GREEN
GOLF COURSE
Club House
Moat
BROMSGROVE
SOLIHULL
TILEHOUSE
LANE
Dickens Heath
DICKENS
HEATH
Little Dickens' Wood
Big Dickens' Wood
CLEOBURY
Cricket Ground
Sports Ground
Tidbury Green
Tidbury Green Primary School
Tidbury Green Farm
Lowbrook Farm
HALL
Wood's Farm
Whitlock's End Farm
Stratford-upon-Avon
BILLS
LA.
Nurs.

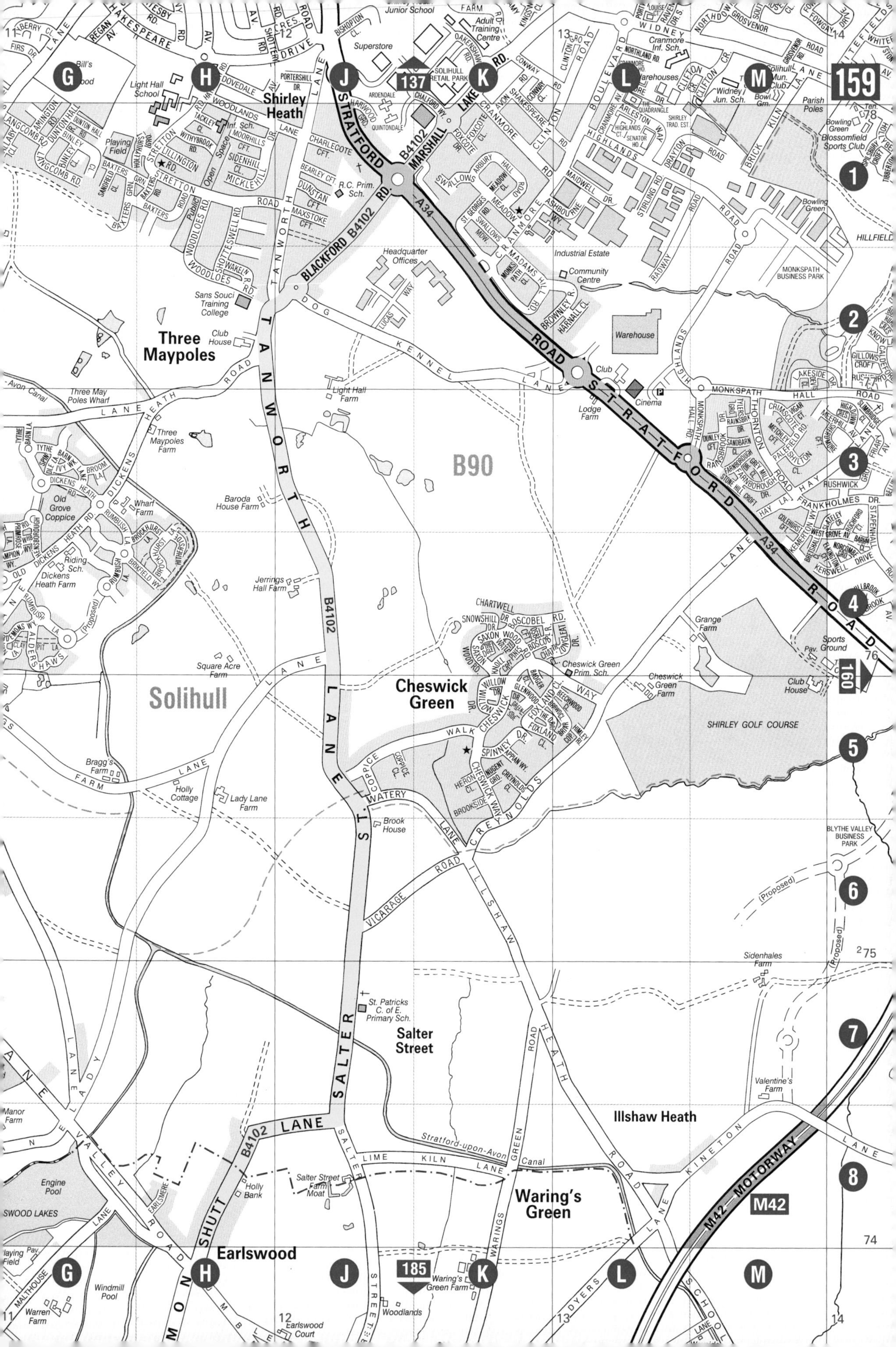

159
137
160
185
Shirley Heath
Three Maypoles
B90
Solihull
Cheswick Green
Salter Street
Illshaw Heath
Waring's Green
Earlswood
Bill's Wood
Light Hall School
Superstore
Junior School
Adult Training Centre
Solihull Retail Park
Cranmore Inf. Sch.
Warehouses
Solihull Mun. Club
Widney Jun. Sch.
Parish Poles
Bowling Green
Blossomfield Sports Club
Playing Field
Inf. Sch.
Open Space
Public Open Space
R.C. Prim. Sch.
Headquarter Offices
Industrial Estate
Community Centre
Monkspath Business Park
Hillfield
Warehouse
Club
Cinema
Lodge Farm
Sans Souci Training College
Club House
Three May Poles Wharf
Light Hall Farm
Three Maypoles Farm
Old Grove Coppice
Wharf Farm
Baroda House Farm
Riding Sch.
Dickens Heath Farm
Jerrings Hall Farm
Square Acre Farm
Grange Farm
Sports Ground
Pav.
Cheswick Green Prim. Sch.
Cheswick Green Farm
Shirley Golf Course
Bragg's Farm
Holly Cottage
Lady Lane Farm
Brook House
Blythe Valley Business Park
(Proposed)
Sidenhales Farm
St. Patricks C. of E. Primary Sch.
Valentine's Farm
Manor Farm
Engine Pool
Swood Lakes
Stratford-upon-Avon Canal
Salter Street Farm Moat
Holly Bank
Waring's Green Farm
Woodlands
Windmill Pool
Warren Farm
Earlswood Court
Playing Field
M42 Motorway
M42
A34
B4102
Stratford Road
Tanworth Lane
Salter St.
Blackford Rd.
Dog Kennel Lane
Monkspath Hall Road
Vicarage Road
Illshaw
Heath Road
Lime Kiln Lane
Kineton Lane
Valley Lane
Lady Lane
Malthouse Lane
Dyers Lane
School Lane
Watery Lane
Creynolds Lane
Farm Lane
Dickens Heath Rd.
Waring's Green Road
Mill Lane
Malthouse
Marshall Lake Rd.
Shakespeare Rd.
Dovedale Rd.
Woodlands Lane
Stretton Road
Highlands Road
Cranmore Boulevard
Widney Lane
Grosvenor Road
Brick Kiln Lane
Dog Kennel Lane
Hay Lane
Frankholmes Dr.
Rushwick
Cheswick Way
Spinney Dr.
Foxland Cl.
Coppice Cl.
11
12
13
14
74
75
76
77
78
1
2
3
4
5
6
7
8
G
H
J
K
L
M

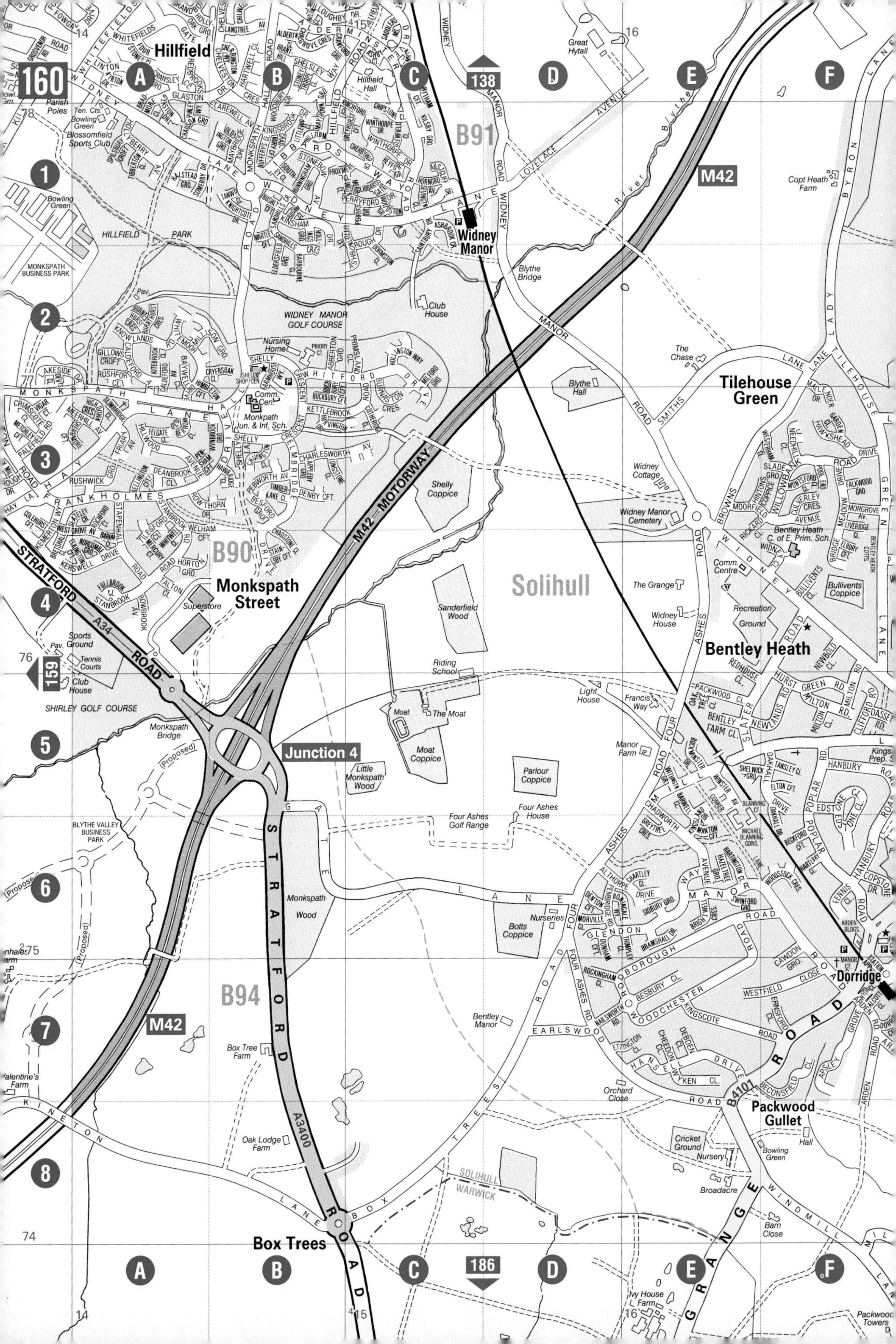
160
138
186
159
Hillfield
Widney Manor
Tilehouse Green
Monkspath Street
Solihull
Bentley Heath
Dorridge
Packwood Gullet
Box Trees
Junction 4
M42
M42 MOTORWAY
B91
B90
B94
B4101
A34
A3400
STRATFORD ROAD
WIDNEY MANOR GOLF COURSE
HILLFIELD PARK
MONKSPATH BUSINESS PARK
SHIRLEY GOLF COURSE
BLYTHE VALLEY BUSINESS PARK
Four Ashes Golf Range
Blossomfield Sports Club
Widney Manor Cemetery
Shelly Coppice
Sanderfield Wood
Moat Coppice
Little Monkspath Wood
Parlour Coppice
Monkspath Wood
Botts Coppice
Bullivents Coppice
Blythe Hall
Blythe Bridge
Monkspath Bridge
Great Hytall
Copt Heath Farm
The Chase
Widney Cottage
The Grange
Widney House
Light House
Francis Way
Manor Farm
Four Ashes House
Riding School
The Moat
Bentley Manor
Box Tree Farm
Oak Lodge Farm
Orchard Close
Cricket Ground
Bowling Green
Broadacre
Barn Close
Ivy House Farm
Packwood Towers
Valentine's Farm
Recreation Ground
Comm. Centre
Bentley Heath C. of E. Prim. Sch.
Monkspath Jun. & Inf. Sch.
Nursing Home
Superstore
Sports Ground
Tennis Courts
Club House
Hillfield Hall
SOLIHULL
WARWICK
WIDNEY MANOR ROAD
LOVELACE AVENUE
MONKSPATH HALL ROAD
BLYTHE
River Blythe
LADY BYRON LANE
TILEHOUSE LANE
FOUR ASHES ROAD
KINETON LANE
BOX TREES ROAD
GRANGE ROAD
WINDMILL LANE
EARLSWOOD ROAD
GATE LANE
HAY LANE
FRANKHOLMES DRIVE
SMITHS LANE
WIDNEY ROAD
BROWNS LANE
74
76
14
16
415

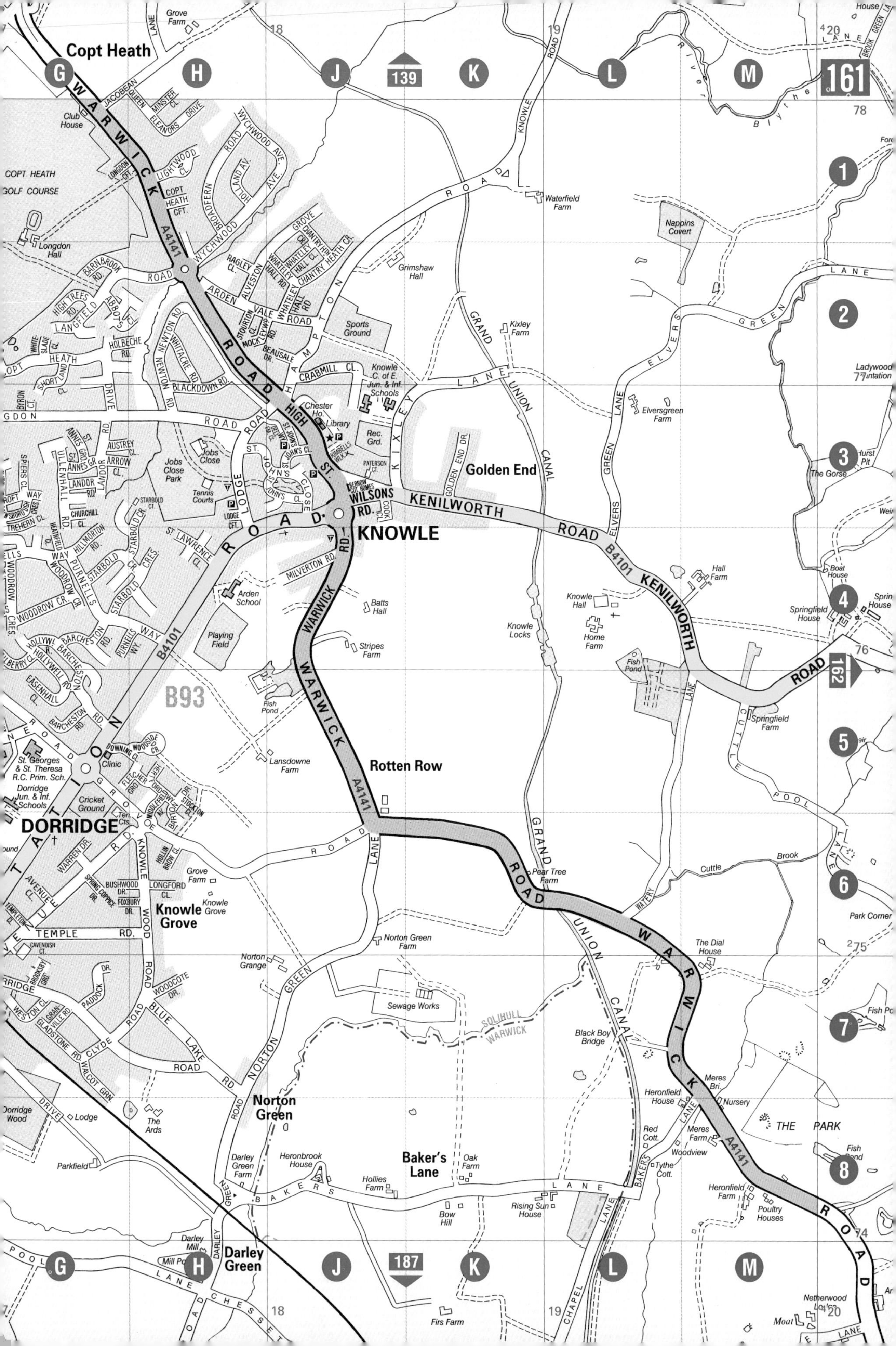

161
Copt Heath
G
H
J
K
L
M
139
187
162
18
19
20
78
77
76
75
74
1
2
3
4
5
6
7
8
Grove Farm
LANE
JACOBEAN
QUEEN
MINSTER CL.
ELEANORS DRIVE
WARWICK ROAD
Club House
COPT HEATH
GOLF COURSE
LONDON CFT.
LIGHTWOOD CL.
COPT HEATH CFT.
BROADFERN
WYCHWOOD
WYCHWOOD AVE.
HOLLIE LAND AV.
A4141
Longdon Hall
BARN BROOK RD.
ROAD
HIGH TREES RD.
LANGFIELD
ABBOTS CL.
WHITESLADE CL.
HEATH
SHORT LAND CL.
HOLBECHE RD.
NEWTON RD.
WHITACRE RD.
BLACKDOWN RD.
ARDEN VALE ROAD
RAGLEY CL.
ALVESTON
STOURTON CL.
MOCKLEY WD. RD.
BEAUSALE DR.
GROVE
CHANTRY HTH. CR.
WHATELEY HALL CL.
WHATELEY HALL RD.
CHANTRY HEATH CR.
HAMPTON
ROAD
Grimshaw Hall
Waterfield Farm
Nappins Covert
KNOWLE
Sports Ground
CRABMILL CL.
Knowle C. of E. Jun. & Inf. Schools
Chester Ho.
Library
Rec. Grd.
KIXLEY LANE
GRAND UNION CANAL
Kixley Farm
GREEN LANE
ELVERS
Eversgreen Farm
Ladywood Plantation
Hurst Pit
The Gorse
LONGDON ROAD
BYRON CT.
ST. ANNES GRO.
ULLENHALL RD.
LANDOR RD.
AUSTREY CL.
ARROW CL.
CHURCHILL CL.
SPIERS CL.
WAY
TREHERN CL.
HEATHFIELD WAY
HILLMORTON RD.
WOODROW CR.
PURNELLS WAY
STARBOLD CR.
STARBOLD CRES.
STARBOLD CT.
Jobs Close
Jobs Close Park
Tennis Courts
LODGE ROAD
LODGE CFT.
ST. JOHN'S CL.
ST. JOHN'S CLOSE
HIGH ST.
KIMBELLS WLK.
PATERSON CT.
GOLDEN END DR.
Golden End
WILSONS RD.
COOK CL.
KENILWORTH ROAD
B4101
KENILWORTH ROAD
ST. LAWRENCE CL.
MILVERTON RD.
WARWICK RD.
Arden School
Playing Field
Batts Hall
Stripes Farm
Knowle Locks
Knowle Hall
Home Farm
Hall Farm
Fish Pond
Boat House
Springfield House
Spring House
Weir
B93
HOLLYWELL RD.
BARCHESTON RD.
EASENHALL CL.
PURNELLS WY.
Fish Pond
Lansdowne Farm
Rotten Row
Springfield Farm
CUTTLE POOL LANE
STATION ROAD
St. Georges & St. Theresa R.C. Prim. Sch.
Dorridge Jun. & Inf. Schools
Clinic
DOWNING CL.
WOODSIDE CR.
FLETCHER GRO.
HEREFORD
MIDDLEFIELD
BARTON DR.
STOCKTON CL.
Cricket Ground
Ten. Cts.
GROVE RD.
DORRIDGE
WARREN DR.
AVENUE CL.
SPRING COPPICE DR.
BUSHWOOD DR.
FOXBURY DR.
LONGFORD CL.
KNOWLE WOOD ROAD
HOLLIN BROW CL.
Grove Farm
Knowle Grove
Knowle Grove
TEMPLE RD.
TEMPLETON CL.
CAVENDISH CT.
BROOKSBY GRO.
PADDOCK DR.
WESTON CL.
GRANVILLE RD.
GLADSTONE RD.
CLYDE ROAD
WALCOT GRN.
BLUE LAKE ROAD
WOODCOTE DR.
Pear Tree Farm
Norton Green Farm
Norton Grange
NORTON GREEN
Sewage Works
SOLIHULL
WARWICK
Black Boy Bridge
WATERY
Cuttle Brook
Park Corner
The Dial House
Fish Pond
Meres Bri.
Nursery
THE PARK
Heronfield House
Red Cott.
Meres Farm
Woodview
Tythe Cott.
Heronfield Farm
Poultry Houses
Dorridge Wood
Lodge
The Ards
Norton Green
Parkfield
Darley Green Farm
Heronbrook House
Hollies Farm
Baker's Lane
Oak Farm
BAKERS LANE
Rising Sun House
Bow Hill
Darley Mill
Mill Pool
POOL LANE
DARLEY
Darley Green
CHESSETTS WOOD ROAD
CHAPEL LANE
Firs Farm
Netherwood
Moat
LANE
BROOK GREEN LANE
River Blythe

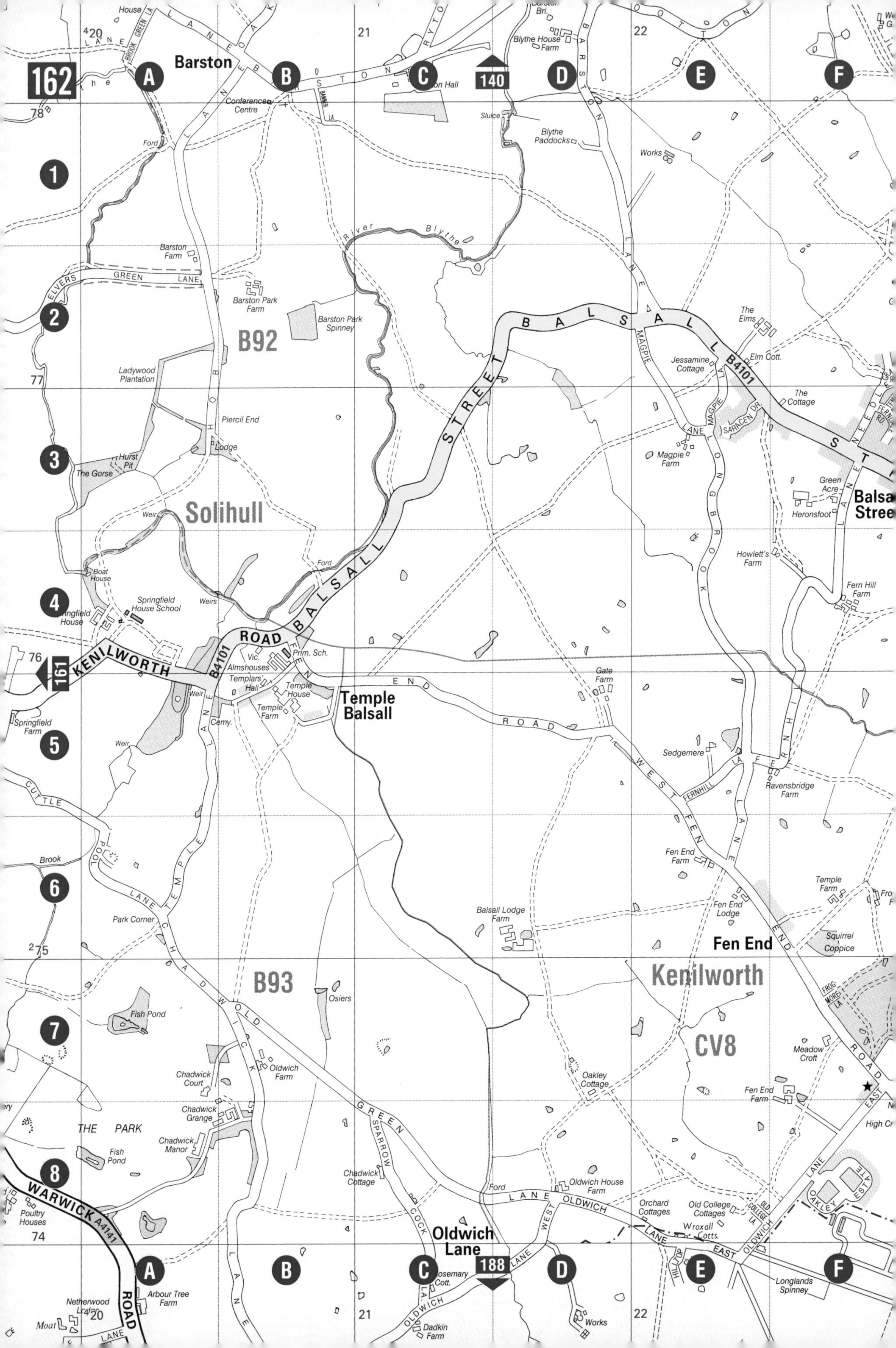

162
Barston
Conference Centre
B92
Solihull
Barston Farm
Barston Park Farm
Barston Park Spinney
Ladywood Plantation
Piercil End
Lodge
Hurst Pit
The Gorse
Boat House
Springfield House School
Springfield House
KENILWORTH ROAD
B4101
161
BALSALL STREET
River Blythe
Blythe House Farm
Blythe Paddocks
Sluice
140
Works
The Elms
Jessamine Cottage
Elm Cott.
The Cottage
Magpie Farm
MAGPIE LANE
LONGBROOK LANE
SARACEN DR.
Green Acre
Heronsfoot
Balsall Street
Howlett's Farm
Fern Hill Farm
Vic.
Almshouses
Prim. Sch.
Templars' Hall
Temple House
Temple Farm
Temple Balsall
Cemy.
Weir
Weirs
Ford
FEN END ROAD
Gate Farm
Sedgemere
FERNHILL LA
Ravensbridge Farm
WEST FEN END LANE
Fen End Farm
Fen End Lodge
Temple Farm
Fen End
Kenilworth
Squirrel Coppice
Balsall Lodge Farm
CV8
Meadow Croft
Fen End Farm
Oakley Cottage
FROGMORE LA
ROAD
East
High Cr
OAKLEY ESTATE
CUTTLE POOL LANE
Brook
Park Corner
TEMPLE LANE
CHADWICK LANE
B93
Osiers
Fish Pond
THE PARK
Chadwick Court
Chadwick Grange
Chadwick Manor
Oldwich Farm
GREEN LANE
SPARROW COCK LA.
Chadwick Cottage
Oldwich House Farm
Orchard Cottages
Old College Cottages
Wroxall Cotts.
OLDWICH LANE EAST
WEST LANE
HILLTOP
Oldwich Lane
188
Rosemary Cott.
Dadkin Farm
Works
Longlands Spinney
WARWICK ROAD A4141
Poultry Houses
Arbour Tree Farm
Netherwood Lodge
Moat
Springfield Farm
ELVERS GREEN LANE
BROOK GREEN LA
BARSTON LANE
OAK LANE
HOB LANE
BANNER LA

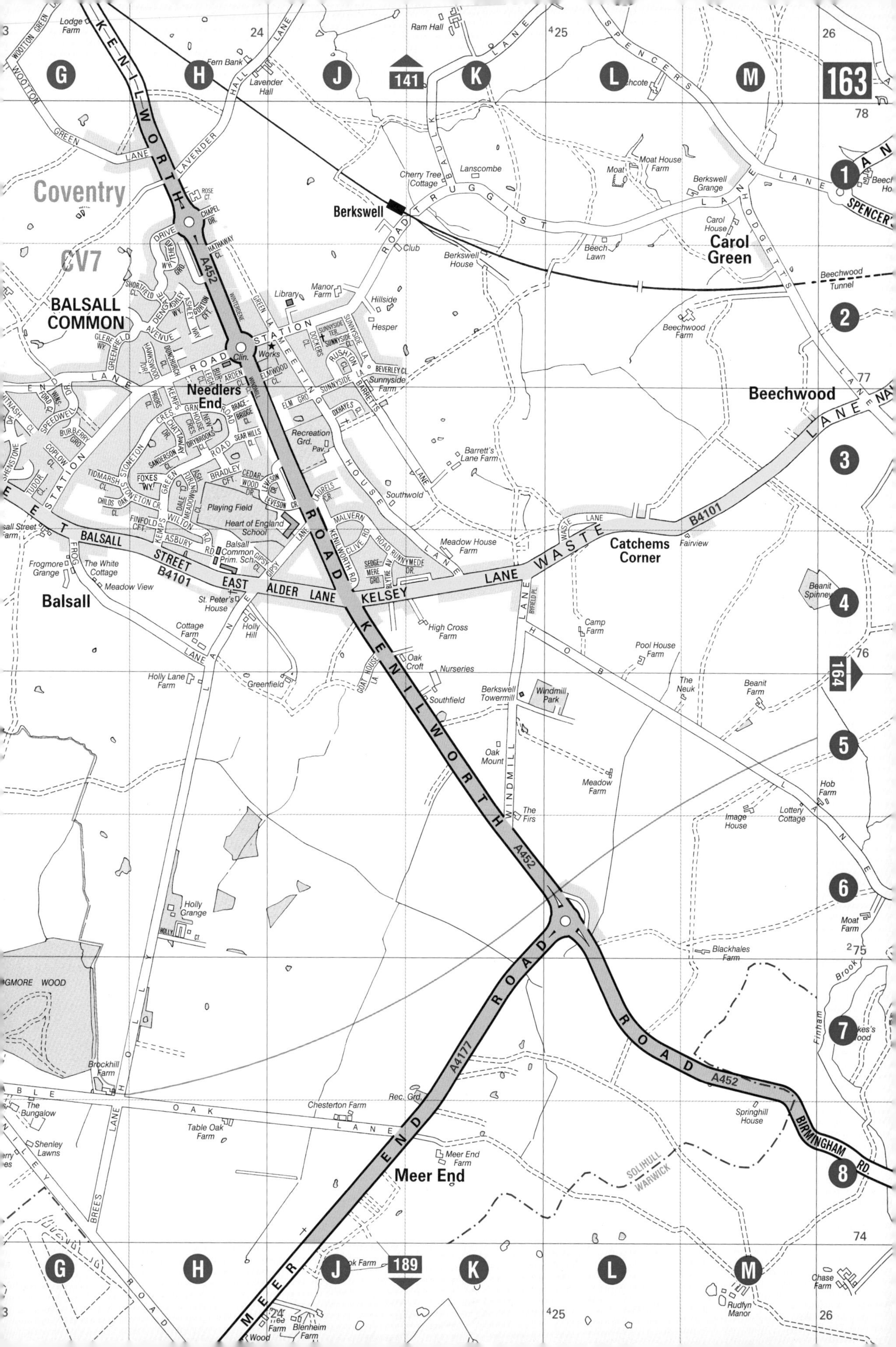

Coventry
CV7
BALSALL COMMON
Berkswell
Carol Green
Beechwood
Catchems Corner
Needlers End
Balsall
Meer End
KENILWORTH ROAD
A452
B4101
A4177
BALSALL STREET EAST
ALDER LANE
KELSEY LANE
WASTE LANE
STATION ROAD
MEETING HOUSE LANE
LAVENDER HALL LANE
TRUGGIST LANE
BAULK LANE
SPENCER'S LANE
HODGETTS LANE
HOB LANE
WINDMILL LANE
HOLLY LANE
OAK LANE
MEER END ROAD
BIRMINGHAM RD.
BREES LANE
WOOTTON GREEN LANE
Lodge Farm
Fern Bank
Lavender Hall
Ram Hall
Cherry Tree Cottage
Lanscombe
Moat House Farm
Moat
Berkswell Grange
Carol House
Beech Lawn
Berkswell House
Club
Library
Manor Farm
Hillside
Hesper
Works
Clin.
Sunnyside Farm
Recreation Grd.
Pav.
Playing Field
Heart of England School
Balsall Common Prim. Sch.
St. Peter's House
Frogmore Grange
The White Cottage
Meadow View
Cottage Farm
Holly Hill
Holly Lane Farm
Greenfield
Southwold
Barrett's Lane Farm
Meadow House Farm
Fairview
Beechwood Farm
Beechwood Tunnel
Beanit Spinney
Camp Farm
Pool House Farm
The Neuk
Beanit Farm
High Cross Farm
Oak Croft
Nurseries
Southfield
Berkswell Towermill
Windmill Park
Oak Mount
Meadow Farm
The Firs
Image House
Lottery Cottage
Hob Farm
Moat Farm
Blackhales Farm
Holly Grange
Brockhill Farm
The Bungalow
Shenley Lawns
Table Oak Farm
Chesterton Farm
Rec. Grd.
Meer End Farm
Springhill House
SOLIHULL
WARWICK
Finham Brook
Chase Farm
Rudfyn Manor
Blenheim Farm
141
164
189
G H J K L M
1 2 3 4 5 6 7 8
24 25 26
78 77 76 75 74

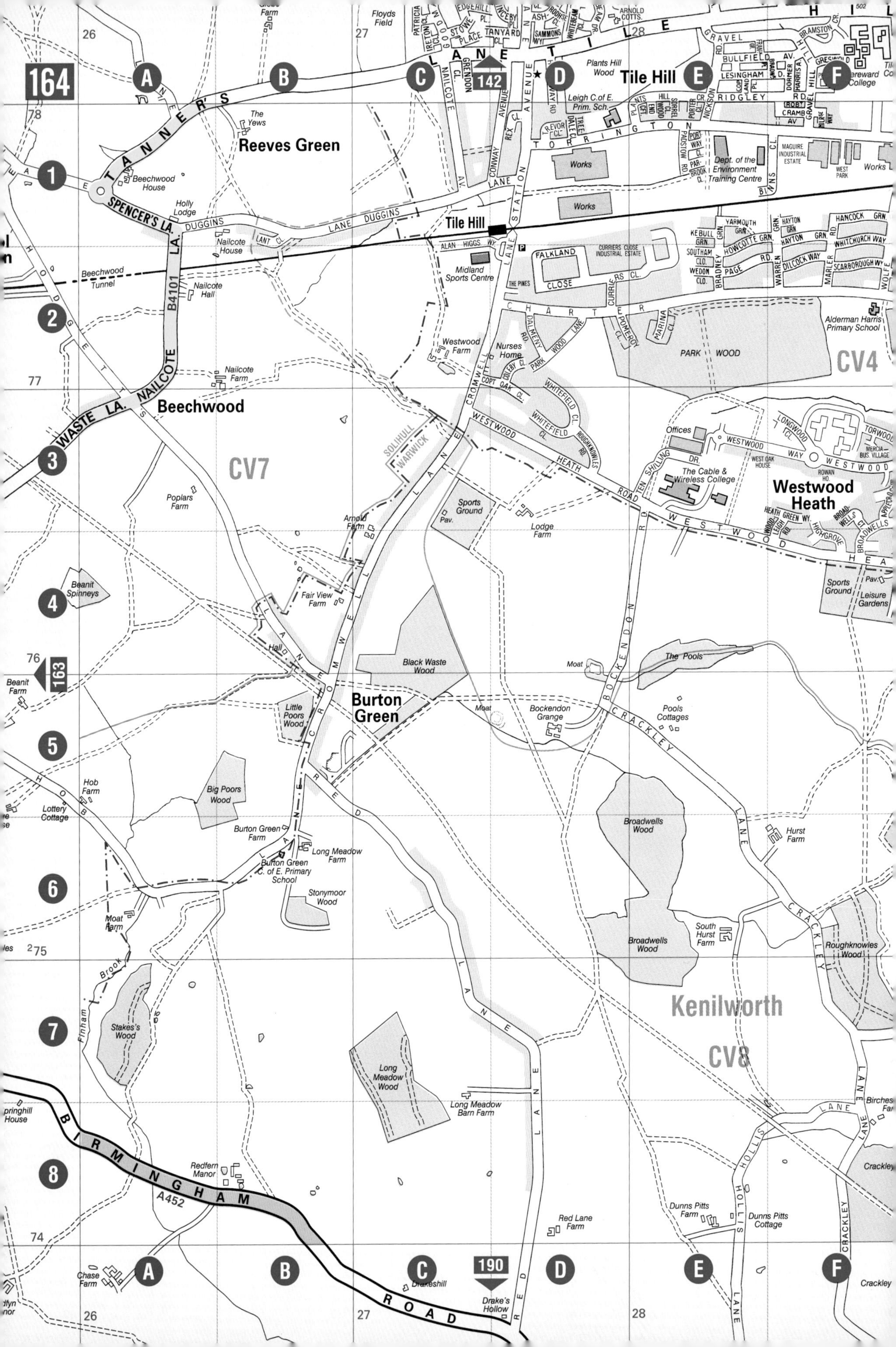

A map showing the following labelled features:

Grid references top: A B C D E F (with column numbers 26, 27, 28)

Reeves Green
Tile Hill
Tile Hill
Beechwood
Burton Green
Westwood Heath

CV7
CV4
CV8
Kenilworth

Roads and places:
TANNER'S LANE
SPENCER'S LA.
HODGETTS LA.
WASTE LA.
NAILCOTE LA.
B4101
CROMWELL LANE
STATION AVENUE
CONWAY AVENUE
REX AVENUE
TORRINGTON
CHARTER
WESTWOOD HEATH ROAD
CRACKLEY LANE
HOLLIS LANE
BIRMINGHAM ROAD
A452

142
163
190

Named features:
The Yews
Beechwood House
Holly Lodge
Nailcote House
Nailcote Hall
Nailcote Farm
Beechwood Tunnel
Westwood Farm
Nurses Home
Floyds Field
Plants Hill Wood
Leigh C. of E. Prim. Sch.
Works
Works
Midland Sports Centre
Alan Higgs Wy.
Falkland Close
Curriers Close Industrial Estate
The Pines
Dept. of the Environment Training Centre
Maguire Industrial Estate
West Park
Alderman Harris Primary School
PARK WOOD
Offices
The Cable & Wireless College
West Oak House
Rowan Ho.
Mercia Bus. Village
Poplars Farm
Arnold Farm
Fair View Farm
Beanit Spinneys
Sports Ground Pav.
Lodge Farm
Moat
The Pools
Sports Ground Pav.
Leisure Gardens
Beanit Farm
Hall
Little Poors Wood
Black Waste Wood
Bockendon Grange
Pools Cottages
Hob Farm
Lottery Cottage
Big Poors Wood
Burton Green Farm
Long Meadow Farm
Burton Green C. of E. Primary School
Stonymoor Wood
Moat Farm
Broadwells Wood
Hurst Farm
Broadwells Wood
South Hurst Farm
Roughknowles Wood
Finham Brook
Stakes's Wood
Long Meadow Wood
Long Meadow Barn Farm
Red Lane Farm
Chase Farm
Springhill House
Redfern Manor
Drakeshill
Drake's Hollow
Dunns Pitts Farm
Dunns Pitts Cottage
Birches Far
Crackley
Crackley

Grid references bottom: A B C D E F (with column numbers 26, 27, 28)

Side row numbers: 1, 2, 3, 4, 5, 6, 7, 8
Grid numbers left: 78, 77, 76, 75, 74

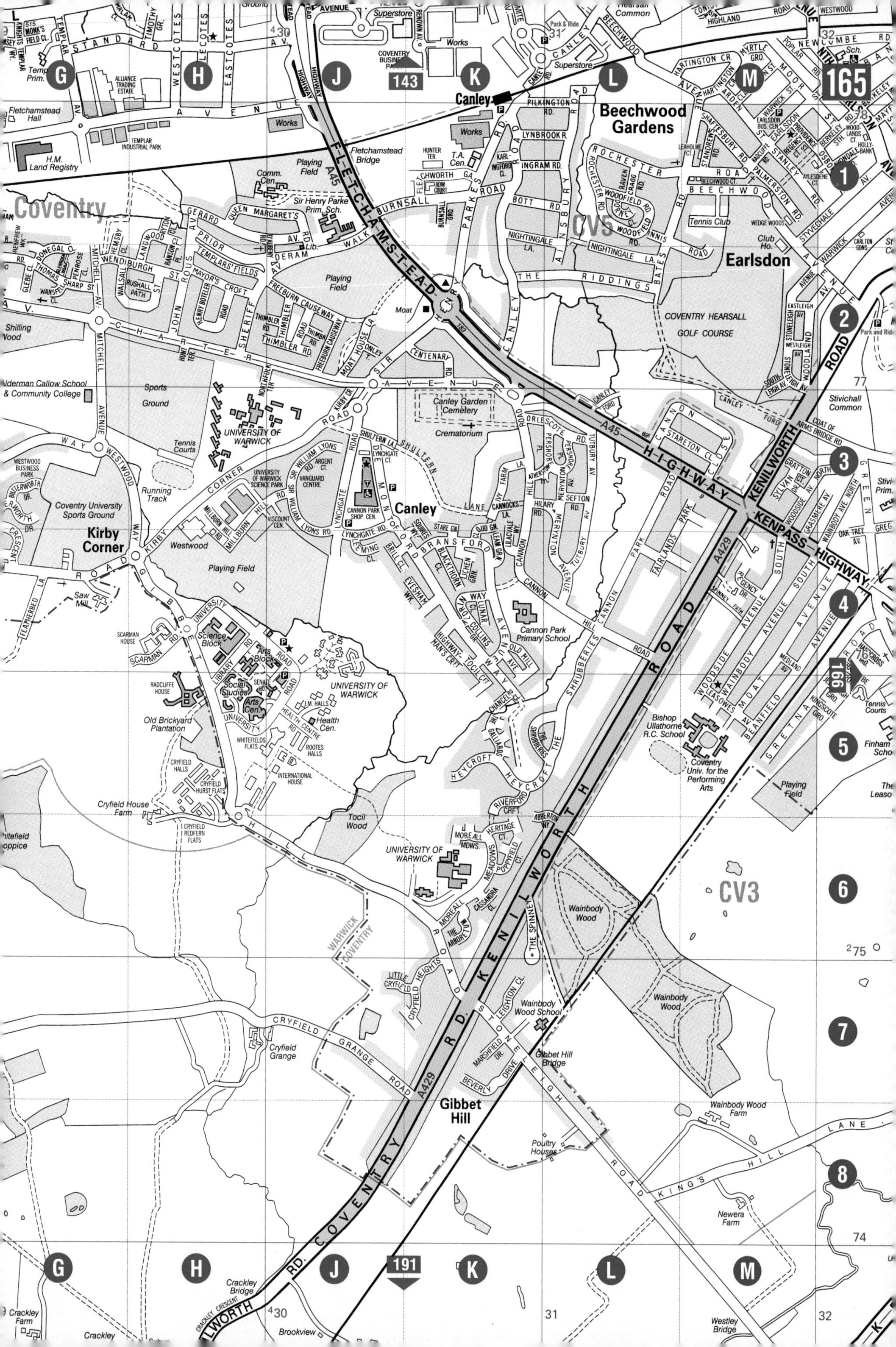

Coventry
Beechwood Gardens
Earlsdon
CV5
Canley
Kirby Corner
Gibbet Hill
CV3
FLETCHAMSTEAD HIGHWAY
KENILWORTH ROAD
COVENTRY RD.
KENPASS HIGHWAY
SIR HENRY PARKE PRIM. SCH.
Canley Garden Cemetery
Crematorium
UNIVERSITY OF WARWICK
COVENTRY HEARSALL GOLF COURSE
Coventry University Sports Ground
Westwood
Tocil Wood
Wainbody Wood
Cryfield Grange
Crackley Bridge
Stivichall Common
H.M. Land Registry
Fletchamstead Hall
Canley
143
166
191

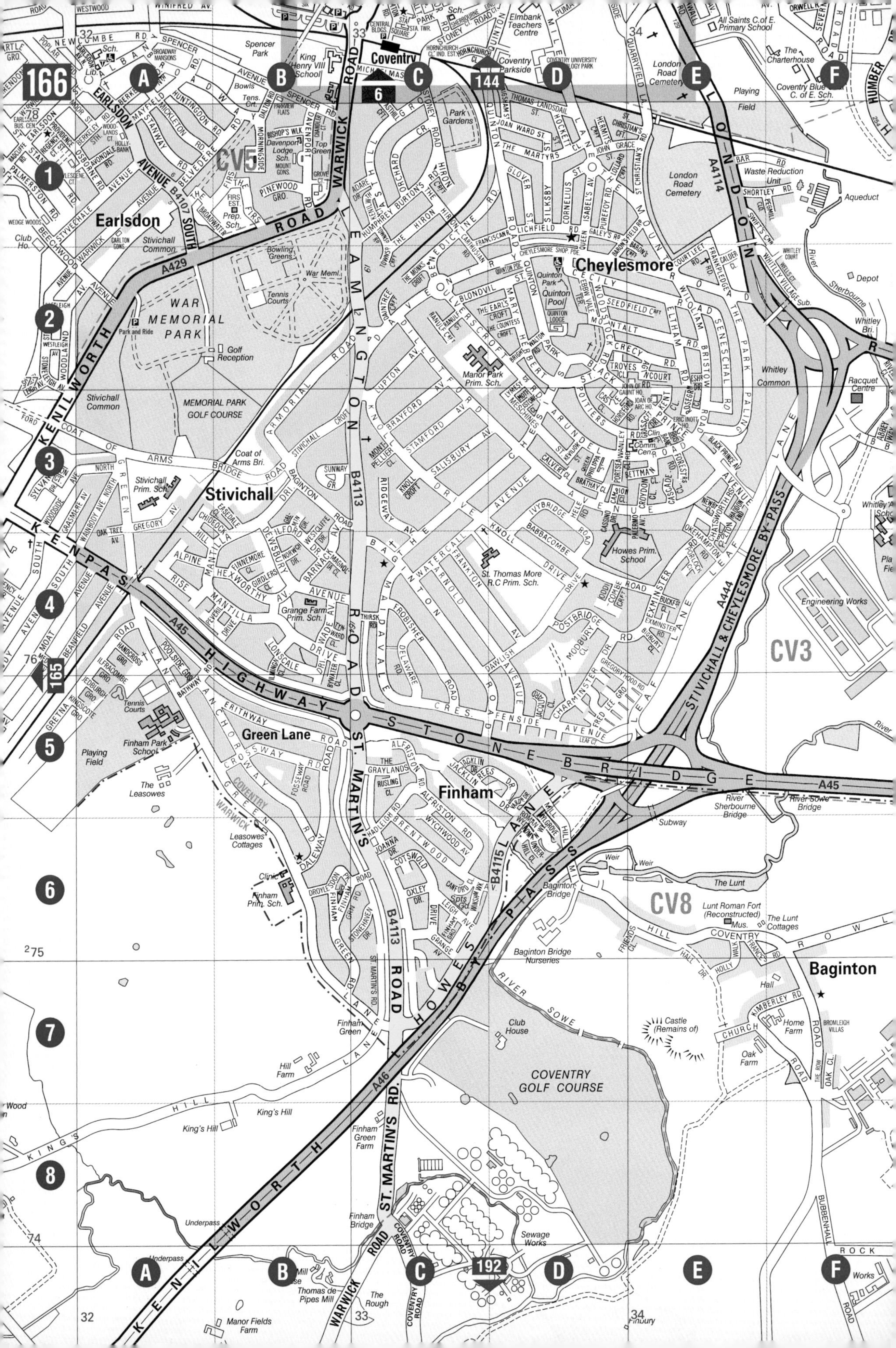

Earlsdon
Stivichall Common
WAR MEMORIAL PARK
MEMORIAL PARK GOLF COURSE
Stivichall
Coat of Arms Bri.
Stivichall Prim. Sch.
Cheylesmore
Quinton Pool
Manor Park Prim. Sch.
Howes Prim. School
St. Thomas More R.C Prim. Sch.
Grange Farm Prim. Sch.
Green Lane
Finham Park School
Finham
Finham Prim. Sch.
The Leasowes
Leasowes Cottages
London Road Cemetery
Whitley Common
Racquet Centre
Engineering Works
Waste Reduction Unit
Aqueduct
Depot
Whitley Bri.
Coventry
Spencer Park
King Henry VIII School
Park Gardens
Top Green
Elmbank Teachers Centre
Coventry Parkside
All Saints C.of E. Primary School
The Charterhouse
Coventry Blue Coat C. of E. Sch.
Playing Field
CV5
CV3
CV8
A429
A45
A46
A444
A4114
B4113
B4115
B4107
KENILWORTH ROAD
WARWICK ROAD
LEAMINGTON ROAD
ST. MARTIN'S ROAD
KENPAS HIGHWAY
STONEBRIDGE HIGHWAY
STIVICHALL & CHEYLESMORE BY-PASS
KENILWORTH BY-PASS
LONDON ROAD
River Sherbourne Bridge
River Sowe Bridge
River Sowe
River Sherbourne
Subway
Weir
Baginton Bridge
Baginton Bridge Nurseries
The Lunt
Lunt Roman Fort (Reconstructed) Mus.
The Lunt Cottages
Baginton
Castle (Remains of)
Home Farm
Oak Farm
Club House
COVENTRY GOLF COURSE
Sewage Works
Finham Green
Finham Green Farm
Finham Bridge
Hill Farm
King's Hill
Underpass
Thomas de Pipes Mill
The Rough
Manor Fields Farm
Works
Tennis Courts
Playing Field
Golf Reception
Park and Ride
Bowling Greens
War Meml.
144
6
165
192
A B C D E F
1 2 3 4 5 6 7 8
32 33 34
78 76 75 74

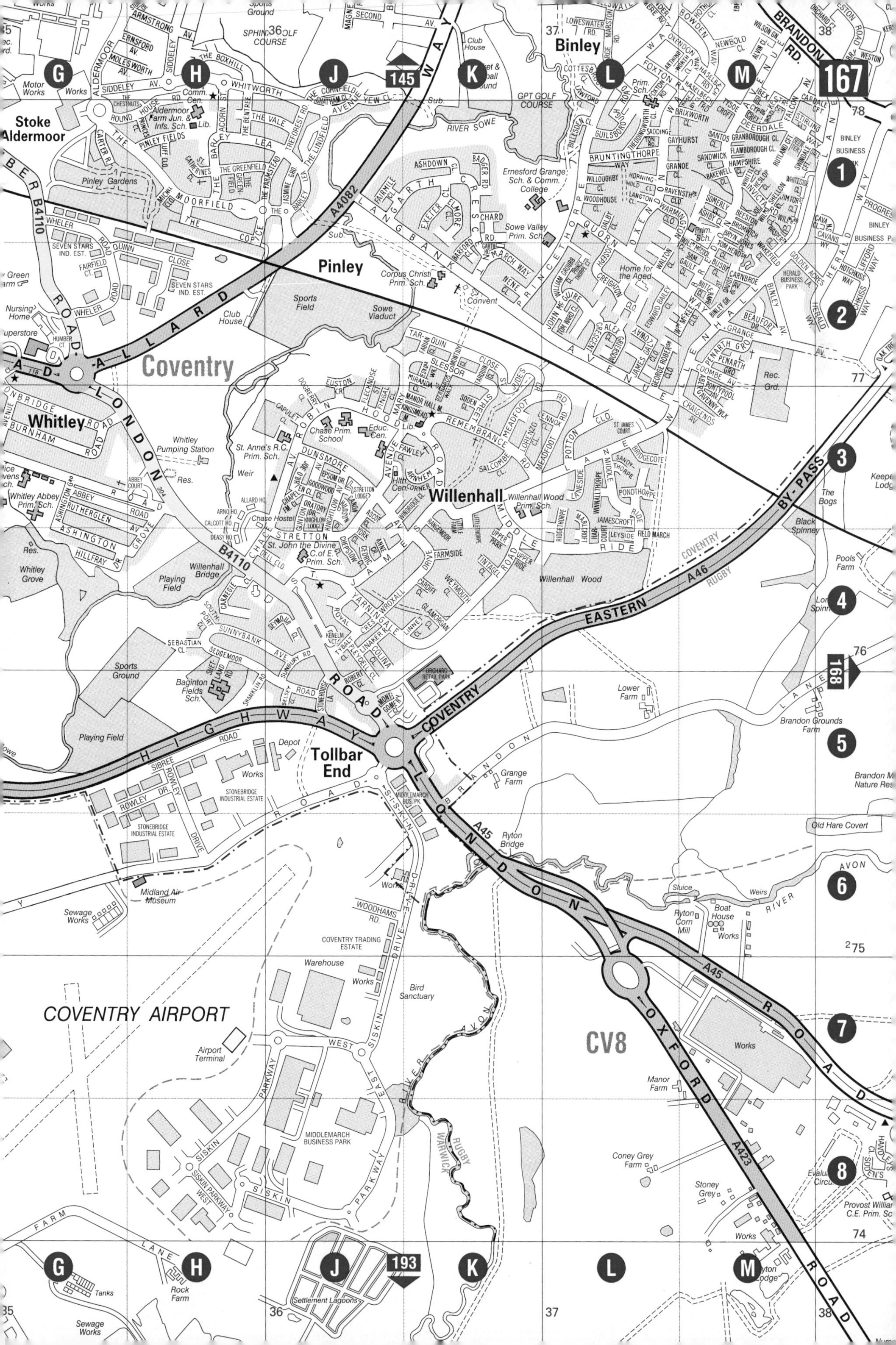

167
145
193
168
Binley
Stoke Aldermoor
Pinley
Coventry
Whitley
Willenhall
Tollbar End
COVENTRY AIRPORT
CV8
BRANDON RD.
A4082
B4110
A46
A45
A423
EASTERN BY-PASS
LONDON ROAD
OXFORD ROAD
HIGHWAY
ALLARD WAY
RIVER SOWE
RIVER AVON
GPT GOLF COURSE
SPHINX GOLF COURSE
Binley Business Park
Middlemarch Business Park
Stonebridge Industrial Estate
Coventry Trading Estate
Midland Air Museum
Airport Terminal
Willenhall Wood
Sowe Viaduct
Ryton Bridge
Grange Farm
Lower Farm
Brandon Grounds Farm
Coney Grey Farm
Manor Farm
Rock Farm
Whitley Pumping Station
Whitley Grove
Settlement Lagoons
Old Hare Covert
Bird Sanctuary

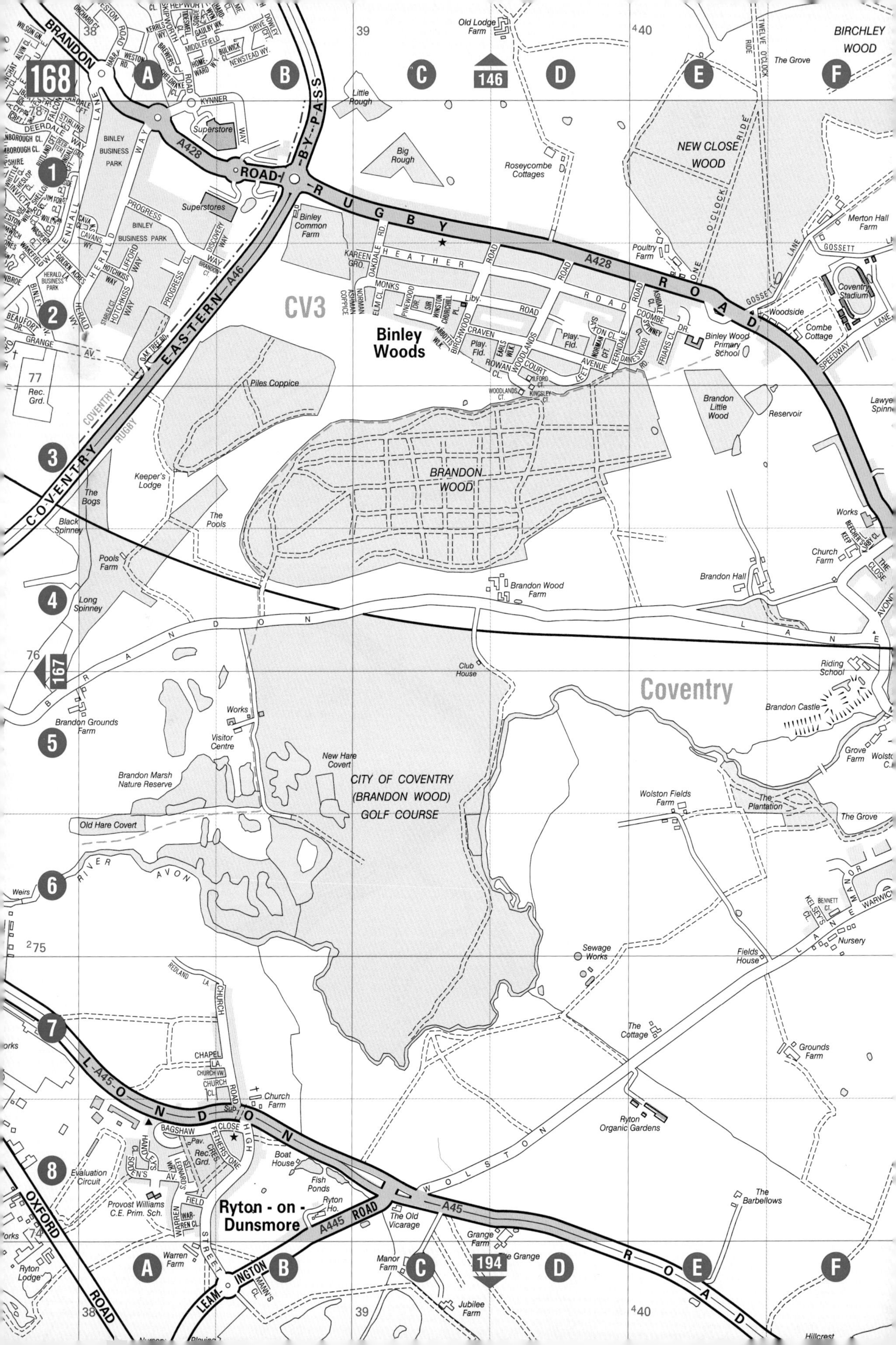

BRANDON
Old Lodge Farm
146
BIRCHLEY WOOD
The Grove
TWELVE O'CLOCK RIDE
A B C D E F
Little Rough
Big Rough
Superstore
KYNNER WAY
BINLEY BUSINESS PARK
A428
ROAD
BY-PASS
Roseycombe Cottages
NEW CLOSE WOOD
Superstores
PROGRESS
BINLEY BUSINESS PARK
DISCOVERY WAY
Binley Common Farm
RUGBY ROAD
Merton Hall Farm
GOSSETT
Coventry Stadium
Poultry Farm
HEATHER
KAREEN GRO.
OAKDALE RD.
HERALD
LIFFORD WAY
HOTCHKISS WAY
HOTCHKISS
PROGRESS CL.
BRANDON CT.
HERALD BUSINESS PARK
GOLDEN ACRES
WILLENHALL
MONKS
PINEWOOD DR.
SIR WINSTON CHURCHILL PL.
Liby.
ROAD
COOMBE
Woodside
Combe Cottage
CV3
Binley Woods
CRAVEN
Play. Fld.
ROWAN CL.
WOODLANDS COURT
AVENUE
FERNDALE
FRIARS CL.
Binley Wood Primary School
SPEEDWAY
BEAUFORT DR.
GRANGE AV.
OAK TREE RD.
EASTERN A46
77
Rec. Grd.
Piles Coppice
Brandon Little Wood
Reservoir
COVENTRY
RUGBY
BRANDON WOOD
Keeper's Lodge
The Bogs
The Pools
Black Spinney
COVENTRY
Works
Church Farm
Pools Farm
Brandon Wood Farm
Brandon Hall
Long Spinney
BRANDON LANE
76
167
Club House
Riding School
Coventry
Brandon Castle
Brandon Grounds Farm
Works
Visitor Centre
New Hare Covert
Brandon Marsh Nature Reserve
CITY OF COVENTRY (BRANDON WOOD) GOLF COURSE
Grove Farm
Wolston Fields Farm
The Plantation
The Grove
Old Hare Covert
RIVER AVON
Weirs
WARWICK
BENNETT CT.
KELSEYS CL.
Nursery
275
Sewage Works
Fields House
REDLAND LA.
CHURCH
The Cottage
Grounds Farm
CHAPEL LA.
CHURCH CL.
LONDON A45
HIGH ROAD
Church Farm
Sub.
BAGSHAW CLOSE
FETHERSTONE CRES.
Pav.
Rec. Grd.
Ryton Organic Gardens
WOLSTON
Evaluation Circuit
Boat House
Fish Ponds
Ryton Ho.
Provost Williams C.E. Prim. Sch.
FIELD
WARREN CL.
Ryton-on-Dunsmore
A445 ROAD
The Old Vicarage
A45
The Barbellows
OXFORD ROAD
74
Warren Farm
STREET
LEAMINGTON
MANN'S CL.
Grange Farm
The Grange
194
Manor Farm
ROAD
Ryton Lodge
38
39
Jubilee Farm
440
Hillcrest

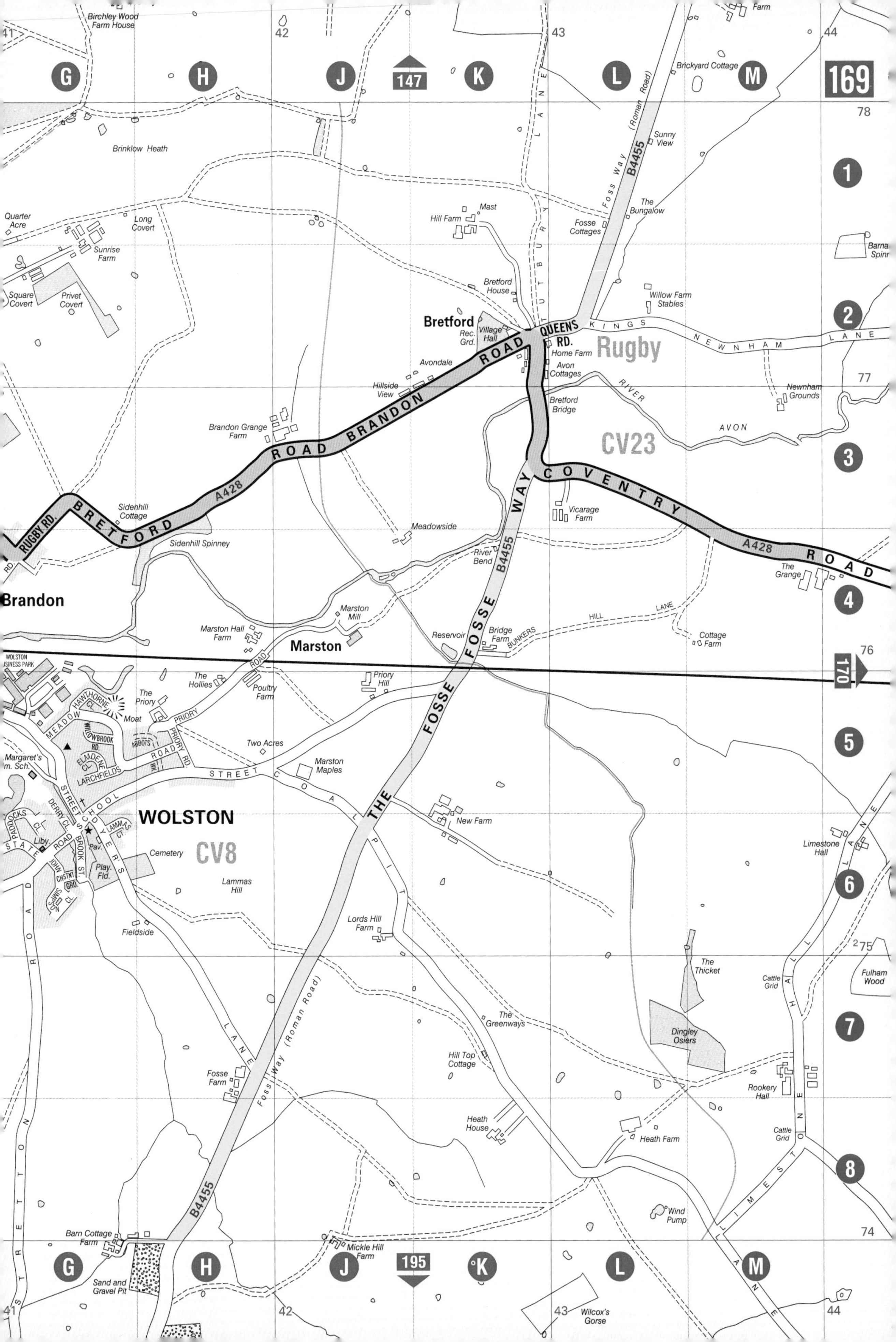

Birchley Wood Farm House
Farm
Brickyard Cottage
Brinklow Heath
Sunny View
Foss Way (Roman Road)
B4455
The Bungalow
Quarter Acre
Long Covert
Sunrise Farm
Hill Farm
Mast
Fosse Cottages
Barnacle Spinney
Square Covert
Privet Covert
Bretford House
Willow Farm Stables
Bretford
Rec. Grd.
Village Hall
QUEENS RD.
KINGS NEWNHAM LANE
Home Farm
Rugby
Avon Cottages
Avondale
Hillside View
BRANDON ROAD
Bretford Bridge
RIVER AVON
Newnham Grounds
Brandon Grange Farm
CV23
COVENTRY ROAD
A428
Sidenhill Cottage
BRETFORD ROAD
RUGBY RD.
Vicarage Farm
Meadowside
Sidenhill Spinney
River Bend
FOSSE WAY
The Grange
Brandon
Marston Mill
HILL LANE
BUNKERS
Marston Hall Farm
Marston
Reservoir
Bridge Farm
Cottage Farm
WOLSTON BUSINESS PARK
The Hollies
Poultry Farm
Priory Hill
HAWTHORNE CL.
The Priory
Moat
MEADOW
PRIORY
WILLOWBROOK RD.
ABBOTS
PRIORY RD.
Two Acres
Margaret's m. Sch.
ELMDENE CL.
LARCHFIELDS
STREET
Marston Maples
COALPIT
THE FOSSE
WOLSTON
PADDOCKS CL.
DERRY CL.
SCHOOL
LAMMAS CT.
New Farm
Limestone Hall
ESTATE
Liby.
BROOK ST.
DYERS
Pav.
Cemetery
CV8
JOHN
CHSTNT GRO.
Play. Fld.
SIMPSON CL.
Lammas Hill
Lords Hill Farm
Fieldside
The Thicket
Cattle Grid
Fulham Wood
HALL LANE
The Greenways
Dingley Osiers
Hill Top Cottage
Fosse Farm
Rookery Hall
Heath House
Heath Farm
Cattle Grid
LIMESTONE LANE
STRETTON ROAD
Wind Pump
Barn Cottage Farm
Mickle Hill Farm
Sand and Gravel Pit
Wilcox's Gorse
G
H
J
K
L
M
1
2
3
4
5
6
7
8
41
42
43
44
74
75
76
77
78

147

170

195

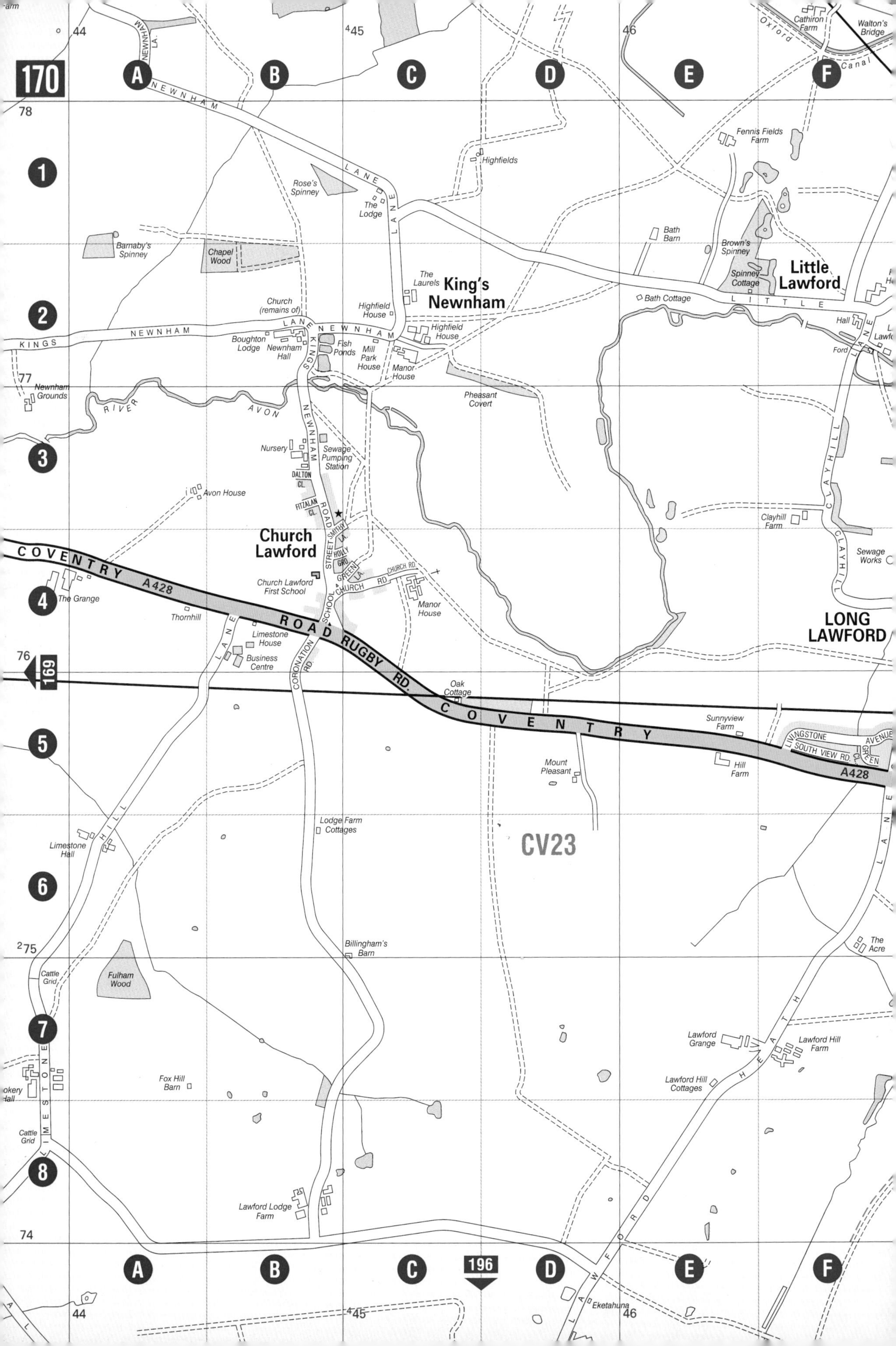

170
A
B
C
D
E
F
1
2
3
4
5
6
7
8
Cathiron Farm
Walton's Bridge
Oxford Canal
Fennis Fields Farm
Highfields
Rose's Spinney
The Lodge
Barnaby's Spinney
Chapel Wood
Bath Barn
Brown's Spinney
Spinney Cottage
Little Lawford
The Laurels
King's Newnham
Church (remains of)
Highfield House
Bath Cottage
Boughton Lodge
Newnham Hall
Fish Ponds
Mill Park House
Manor House
Hall
Ford
Newnham Grounds
River Avon
Pheasant Covert
Nursery
Sewage Pumping Station
Dalton Cl.
Fitzalan Cl.
Avon House
Church Lawford
Clayhill Farm
Sewage Works
Coventry Road
A428
The Grange
Church Lawford First School
Church Rd.
Manor House
Thornhill
Limestone House
Business Centre
Rugby Rd.
Coronation Rd.
Long Lawford
Oak Cottage
Sunnyview Farm
Livingstone Avenue
South View Rd.
Hill Farm
Mount Pleasant
Lodge Farm Cottages
CV23
Limestone Hall
Billingham's Barn
The Acre
Fulham Wood
Cattle Grid
Lawford Grange
Lawford Hill Farm
Fox Hill Barn
Lawford Hill Cottages
Limestone Hill
Lawford Lodge Farm
Lawford Heath Lane
Eketahuna
169
196
44
445
46
78
77
76
75
74

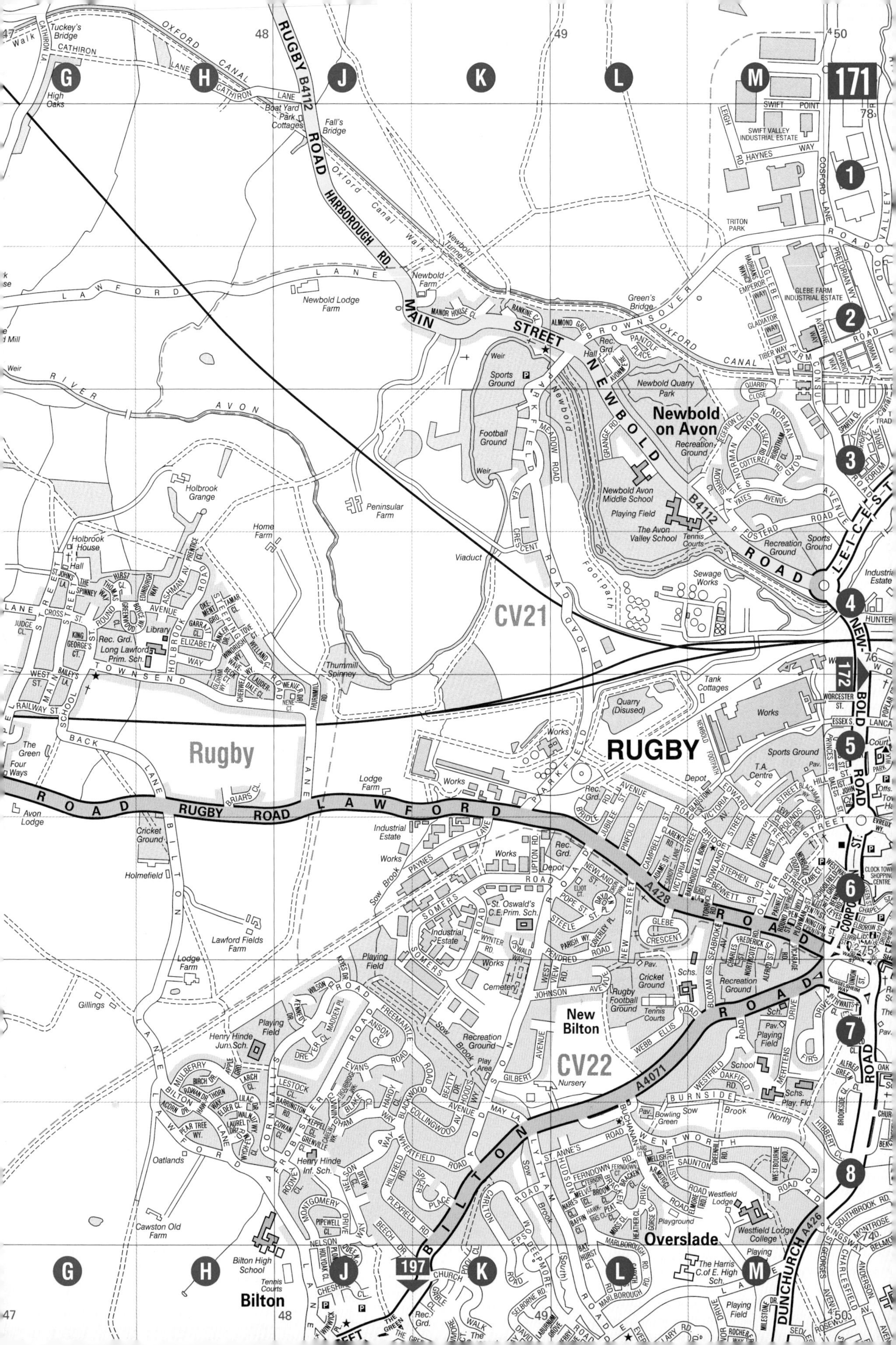

171
RUGBY
Rugby
Newbold on Avon
New Bilton
Overslade
Bilton
CV21
CV22
RUGBY B4112 ROAD
HARBOROUGH RD.
MAIN STREET
NEWBOLD ROAD
B4112
LAWFORD LANE
RUGBY ROAD
LAWFORD ROAD
A428
BILTON ROAD
A4071
DUNCHURCH ROAD
A426
LEICESTER ROAD
CORPORATION ST.
OXFORD CANAL
BROWNSOVER
RIVER AVON
CATHIRON LANE
Tuckey's Bridge
High Oaks
Boat Yard
Park Cottages
Fall's Bridge
Oxford Canal Walk
Newbold Tunnel
Newbold Farm
Newbold Lodge Farm
Green's Bridge
SWIFT VALLEY INDUSTRIAL ESTATE
GLEBE FARM INDUSTRIAL ESTATE
TRITON PARK
Newbold Quarry Park
Recreation Ground
Sports Ground
Football Ground
Weir
Peninsular Farm
Holbrook Grange
Holbrook House
Home Farm
Viaduct
Newbold Avon Middle School
Playing Field
The Avon Valley School
Tennis Courts
Sewage Works
Thummill Spinney
Tank Cottages
Quarry (Disused)
Works
Rec. Grd.
Long Lawford Prim. Sch.
Library
The Green
Four Ways
Avon Lodge
Cricket Ground
Holmefield
Lawford Fields Farm
Lodge Farm
Gillings
Oatlands
Cawston Old Farm
Bilton High School
Henry Hinde Jun. Sch.
Henry Hinde Inf. Sch.
Industrial Estate
St. Oswald's C.E. Prim. Sch.
Cemetery
Rugby Football Ground
Cricket Ground
Recreation Ground
Play Area
Nursery
Bowling Green
Westfield Lodge College
The Harris C.of E. High Sch.
T.A. Centre
Depot
Clock Tower Shopping Centre
172
197
47
48
49
50
G
H
J
K
L
M
1
2
3
4
5
6
7
8

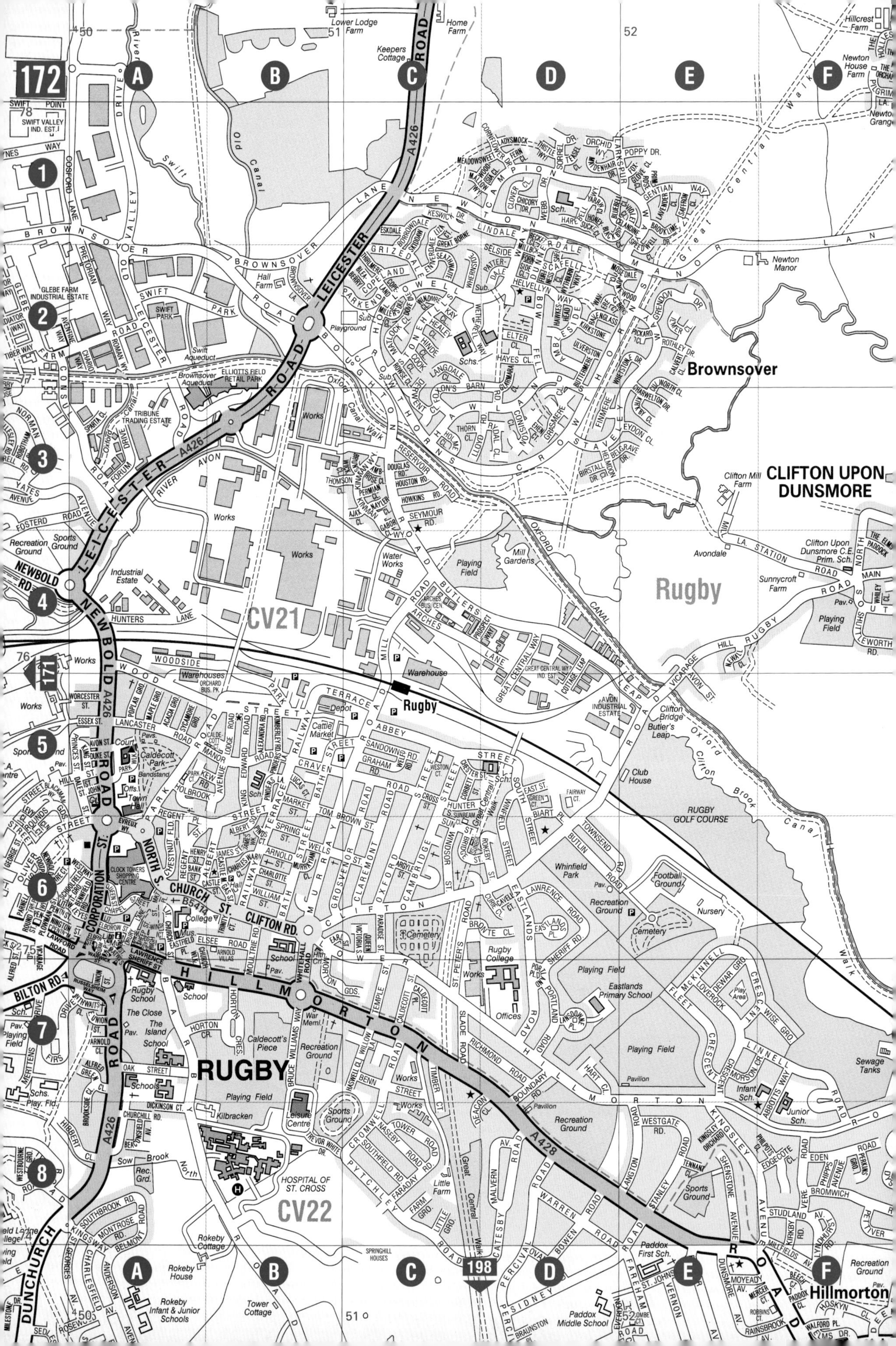

172
RUGBY
Rugby
Brownsover
CLIFTON UPON DUNSMORE
Hillmorton
CV21
CV22
LEICESTER ROAD
A426
A428
HILLMORTON ROAD
NEWBOLD ROAD
CORPORATION ST.
BROWNSOVER ROAD
NEWTON MANOR LANE
Oxford Canal
RUGBY GOLF COURSE
Great Central Walk
Swift Valley Ind. Est.
Glebe Farm Industrial Estate
Elliotts Field Retail Park
Tribune Trading Estate
Swift Park
Industrial Estate
Avon Industrial Estate
Clock Towers Shopping Centre
Caldecott Park
Rugby School
Rugby College
Whinfield Park
Recreation Ground
Eastlands Primary School
Hospital of St. Cross
Leisure Centre
Caldecott's Piece
Cattle Market
Warehouse
Works
Playing Field
Sports Ground
Cemetery
Clifton Mill Farm
Newton Manor
Lower Lodge Farm
Home Farm
Keepers Cottage
Hillcrest Farm
Newton House Farm
Rokeby House
Rokeby Infant & Junior Schools
Tower Cottage
Paddox Middle School
Paddox First Sch.
Sewage Tanks
171
198

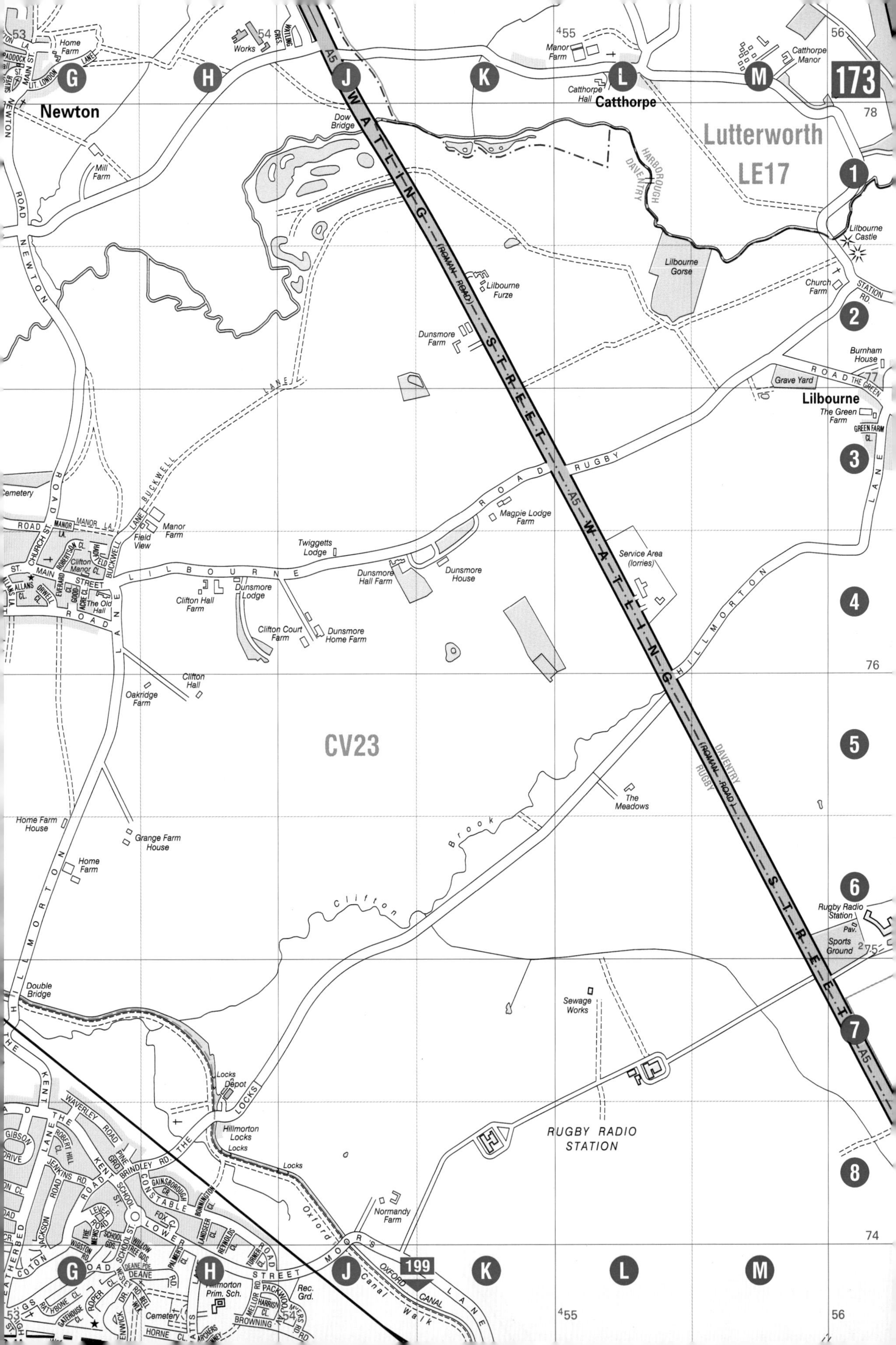
Newton
Catthorpe
Lutterworth
LE17
Lilbourne
CV23
Home Farm
Works
Manor Farm
Catthorpe Hall
Catthorpe Manor
Dow Bridge
Mill Farm
Lilbourne Castle
Lilbourne Gorse
Church Farm
Lilbourne Furze
Dunsmore Farm
Burnham House
Grave Yard
The Green Farm
Magpie Lodge Farm
Manor Farm
Field View
Twiggetts Lodge
Service Area (lorries)
Dunsmore Hall Farm
Dunsmore House
Clifton Manor
Dunsmore Lodge
Clifton Hall Farm
The Old Hall
Clifton Court Farm
Dunsmore Home Farm
Clifton Hall
Oakridge Farm
The Meadows
Home Farm House
Grange Farm House
Home Farm
Clifton Brook
Rugby Radio Station
Pav.
Sports Ground
Double Bridge
Sewage Works
Locks
Depot
Hillmorton Locks
RUGBY RADIO STATION
Normandy Farm
Hillmorton Prim. Sch.
Cemetery
Rec. Grd.
Oxford Canal Walk
WATLING STREET (ROMAN ROAD)
A5
RUGBY ROAD
LILBOURNE ROAD
HILLMORTON ROAD
NEWTON ROAD
BUCKWELL LANE
LOCKS LANE
MOOR'S LANE
HARBOROUGH DAVENTRY
DAVENTRY RUGBY
STATION RD.
THE GREEN
GREEN FARM CL.
199

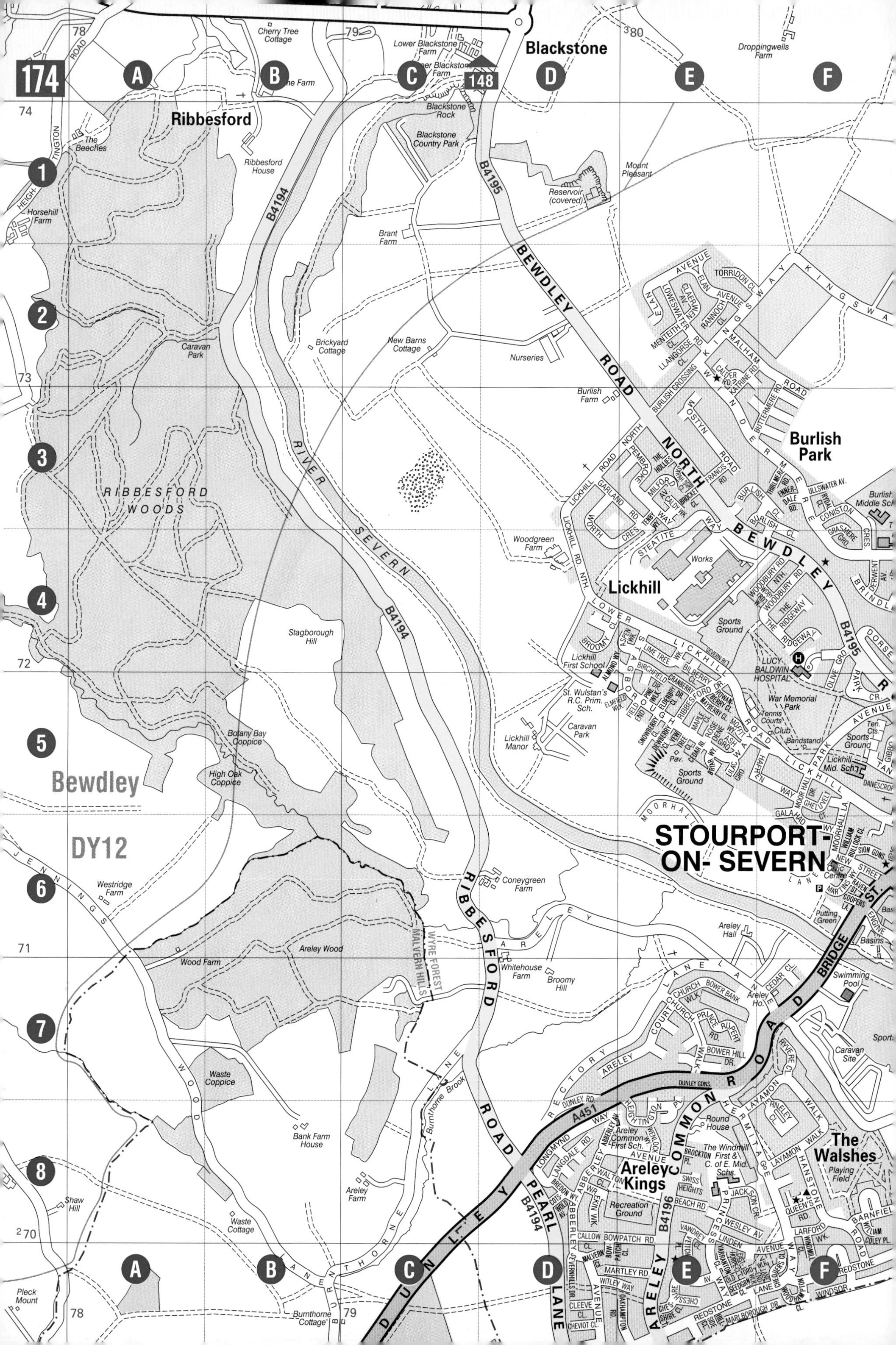
Blackstone
148
Ribbesford
Ribbesford House
Cherry Tree Cottage
Lower Blackstone Farm
Blackstone Rock
Blackstone Country Park
Droppingwells Farm
Mount Pleasant
Reservoir (covered)
The Beeches
Horsehill Farm
Caravan Park
Brant Farm
Brickyard Cottage
New Barns Cottage
Nurseries
Burlish Farm
Burlish Park
Burlish Middle Sch
RIBBESFORD WOODS
RIVER SEVERN
B4194
B4195
BEWDLEY ROAD
BEWDLEY ROAD NORTH
KINGSWAY
Woodgreen Farm
Lickhill
Works
Sports Ground
Stagborough Hill
Lickhill First School
St. Wulstan's R.C. Prim. Sch.
Caravan Park
Lickhill Manor
LUCY BALDWIN HOSPITAL
War Memorial Park
Tennis Courts
Club
Bandstand
Lickhill Mid. Sch.
Botany Bay Coppice
High Oak Coppice
Bewdley
DY12
Sports Ground
STOURPORT-ON-SEVERN
Civic Centre
Westridge Farm
Coneygreen Farm
Putting Green
Basins
Areley Hall
Areley Wood
Wood Farm
WYRE FOREST
MALVERN HILLS
Whitehouse Farm
Broomy Hill
Swimming Pool
RIBBESFORD ROAD
Areley Ho.
Caravan Site
Waste Coppice
Burnthorne Brook
Round House
Areley Common First Sch.
The Windmill First & C. of E. Mid. Schs.
The Walshes
Playing Field
Areley Kings
Recreation Ground
Bank Farm House
Areley Farm
Shaw Hill
Waste Cottage
Pleck Mount
Burnthorne Cottage
DUNLEY ROAD
A451
B4196
PEARL LANE
ARELEY COMMON
BRIDGE ROAD
JENNINGS
WOOD
BURNTHORNE LANE
A B C D E F
1 2 3 4 5 6 7 8
74 73 72 71 70
78 79 80

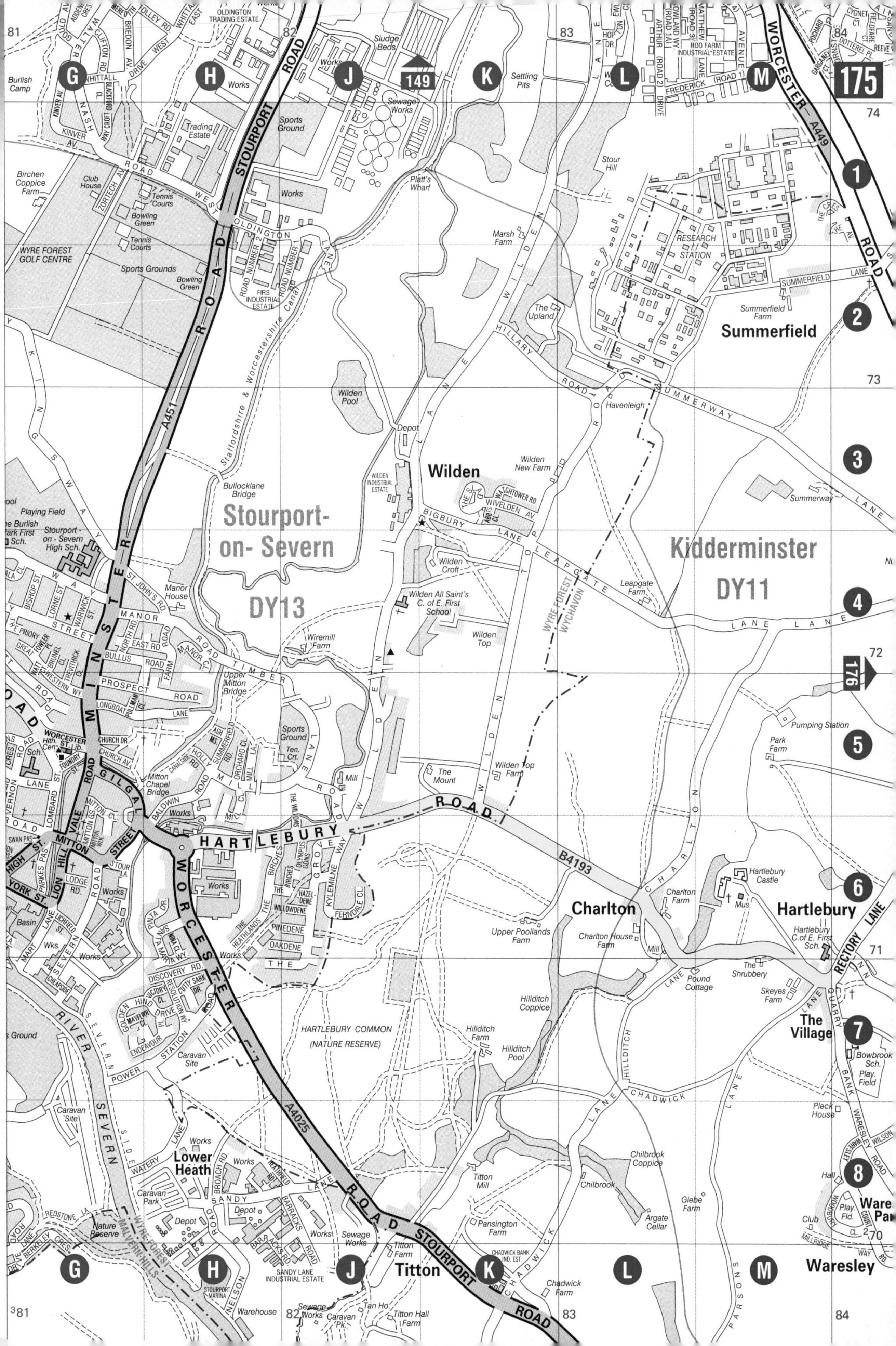

G
H
J
K
L
M
149
176
1
2
3
4
5
6
7
8
74
73
72
71
70
81
82
83
84
Stourport-on-Severn
DY13
Kidderminster
DY11
Wilden
Summerfield
Charlton
Hartlebury
The Village
Lower Heath
Titton
Waresley
STOURPORT ROAD
A451
MINSTER ROAD
WORCESTER ROAD
A449
A4025
HARTLEBURY ROAD
B4193
WILDEN LANE
HILLARY ROAD
SUMMERWAY
BIGBURY LANE
LEAPGATE LANE
CHARLTON LANE
HILLDITCH LANE
CHADWICK LANE
PARSONS LANE
RECTORY LANE
QUARRY BANK
SANDY LANE
BARRACKS ROAD
POWER STATION ROAD
WATERY LANE
GILGAL
MITTON STREET
TIMBER LANE
MANOR ROAD
PROSPECT ROAD
KINGSWAY
OLDINGTON LANE
SUMMERFIELD LANE
FREDERICK ROAD
RIVER SEVERN
SEVERN SIDE
Staffordshire & Worcestershire Canal
OLDINGTON TRADING ESTATE
HOO FARM INDUSTRIAL ESTATE
FIRS INDUSTRIAL ESTATE
WILDEN INDUSTRIAL ESTATE
SANDY LANE INDUSTRIAL ESTATE
CHADWICK BANK IND. EST.
WYRE FOREST GOLF CENTRE
WYRE FOREST
WYCHAVON
MALVERN HILLS
Burlish Camp
Birchen Coppice Farm
Club House
Tennis Courts
Bowling Green
Sports Grounds
Sports Ground
Trading Estate
Works
Sludge Beds
Sewage Works
Settling Pits
Platt's Wharf
Stour Hill
Marsh Farm
RESEARCH STATION
The Upland
Summerfield Farm
Havenleigh
Wilden Pool
Depot
Wilden New Farm
Summerway
Bullocklane Bridge
Playing Field
Stourport-on-Severn High Sch.
Manor House
Wilden Croft
Wilden All Saint's C. of E. First School
Wilden Top
Leapgate Farm
Wiremill Farm
Upper Mitton Bridge
Mitton Chapel Bridge
Pumping Station
Park Farm
The Mount
Wilden Top Farm
Mill
Hartlebury Castle
Mus.
Charlton Farm
Upper Poollands Farm
Charlton House Farm
Pound Cottage
The Shrubbery
Skeyes Farm
Hartlebury C.of E. First Sch.
Hilldith Coppice
Hillditch Farm
Hillditch Pool
HARTLEBURY COMMON
(NATURE RESERVE)
Caravan Site
Caravan Park
Bowbrook Sch.
Play. Field
Pleck House
Chilbrook Coppice
Chilbrook
Glebe Farm
Argate Cellar
Titton Mill
Pansington Farm
Titton Farm
Chadwick Farm
Nature Reserve
Stourport Marina
Warehouse
Tan Ho.
Titton Hall Farm
Hall
Club
Play. Fld.

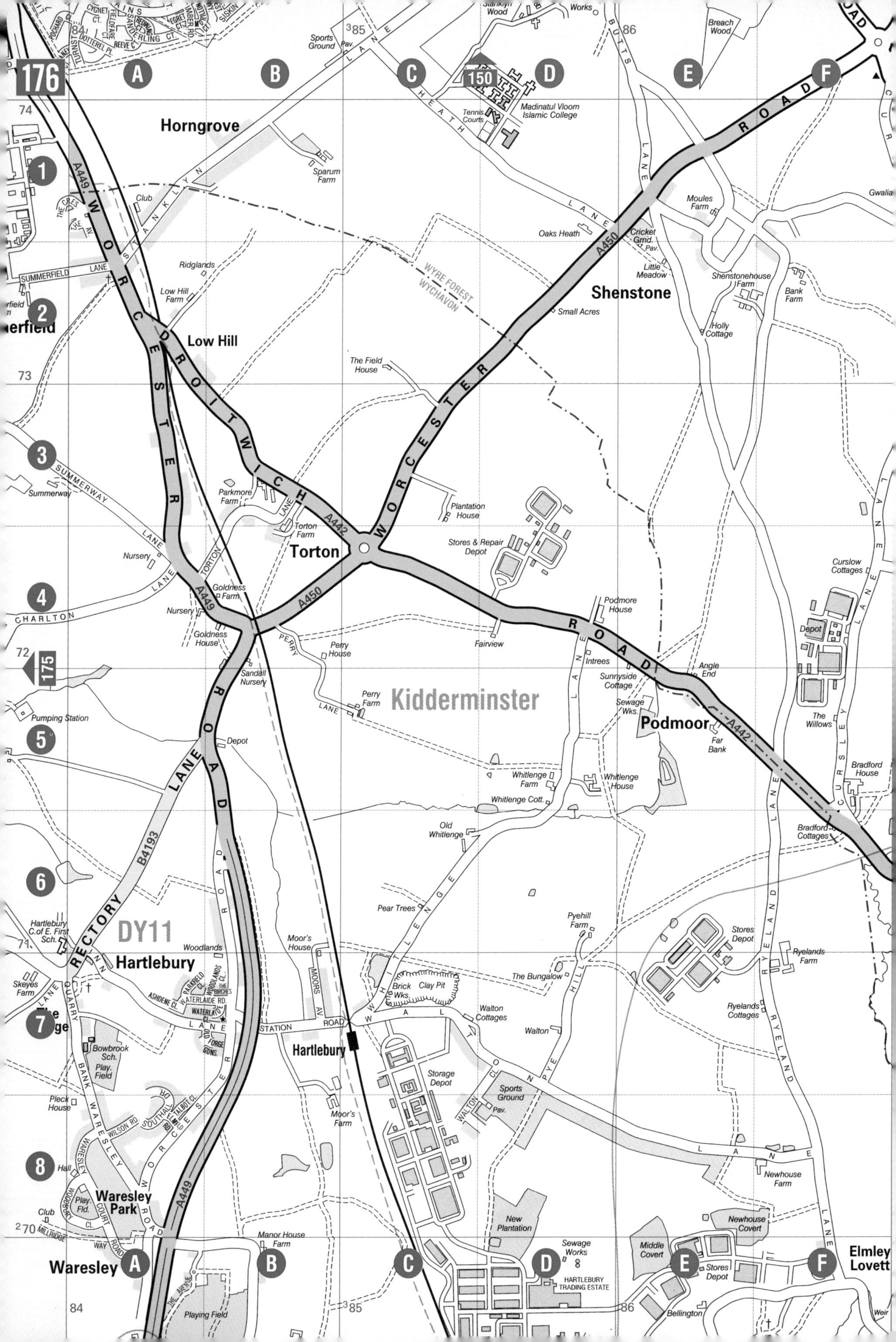

A
B
C
D
E
F
1
2
3
4
5
6
7
8
74
73
72
71
70
84
85
86
150
175
Horngrove
Sparum Farm
Madinatul Vloom Islamic College
Tennis Courts
Sports Ground
Breach Wood
Club
Ridglands
Low Hill Farm
Low Hill
Oaks Heath
Cricket Grnd.
Little Meadow
Moules Farm
Shenstonehouse Farm
Bank Farm
Holly Cottage
Shenstone
Small Acres
WYRE FOREST
WYCHAVON
The Field House
Plantation House
Stores & Repair Depot
Parkmore Farm
Torton Farm
Torton
Summerway
Nursery
Goldness Farm
Goldness House
Sandall Nursery
Perry House
Perry Farm
Kidderminster
Podmore House
Fairview
Intrees
Sunnyside Cottage
Sewage Wks.
Podmoor
Angle End
Far Bank
Curslow Cottages
Depot
The Willows
Bradford House
Bradford Cottages
Pumping Station
Whitlenge Farm
Whitlenge House
Whitlenge Cott.
Old Whitlenge
Pear Trees
Pyehill Farm
Stores Depot
Ryelands Farm
Ryelands Cottages
The Bungalow
Walton Cottages
Walton
Hartlebury C.of E. First Sch.
DY11
Woodlands
Moor's House
Hartlebury
Skeyes Farm
Clay Pit
Brick Wks.
Bowbrook Sch.
Play. Field
Storage Depot
Sports Ground
Pav.
Moor's Farm
Pleck House
Hall
Waresley Park
Play. Fld.
Club
Newhouse Farm
New Plantation
Manor House Farm
Sewage Works
Newhouse Covert
Middle Covert
Stores Depot
Elmley Lovett
Waresley
HARTLEBURY TRADING ESTATE
Playing Field
Bellington
WORCESTER ROAD
DROITWICH ROAD
A449
A442
A450
B4193
SUMMERFIELD LANE
SUMMERWAY LANE
CHARLTON LANE
TORTON LANE
STANKLYN LANE
HEATH LANE
BUTTS LANE
PERRY LANE
RECTORY LANE
WHITLENGE LANE
WALTON LANE
STATION ROAD
MOORS AV.
PYE HILL
RYELAND LANE
CURSLOW LANE
QUARRY BANK
WARESLEY COURT ROAD
WATERLAIDE RD.
ASHDENE CL.
PARKFIELD CL.
WOODLANDS CL.
THE BIRCHES
OLD FORGE GDNS.
WILSON RD.
SOUTHALL DR.
TALBOT CL.
WALTON CL.
MILLRIDGE WAY
THE AVENUE

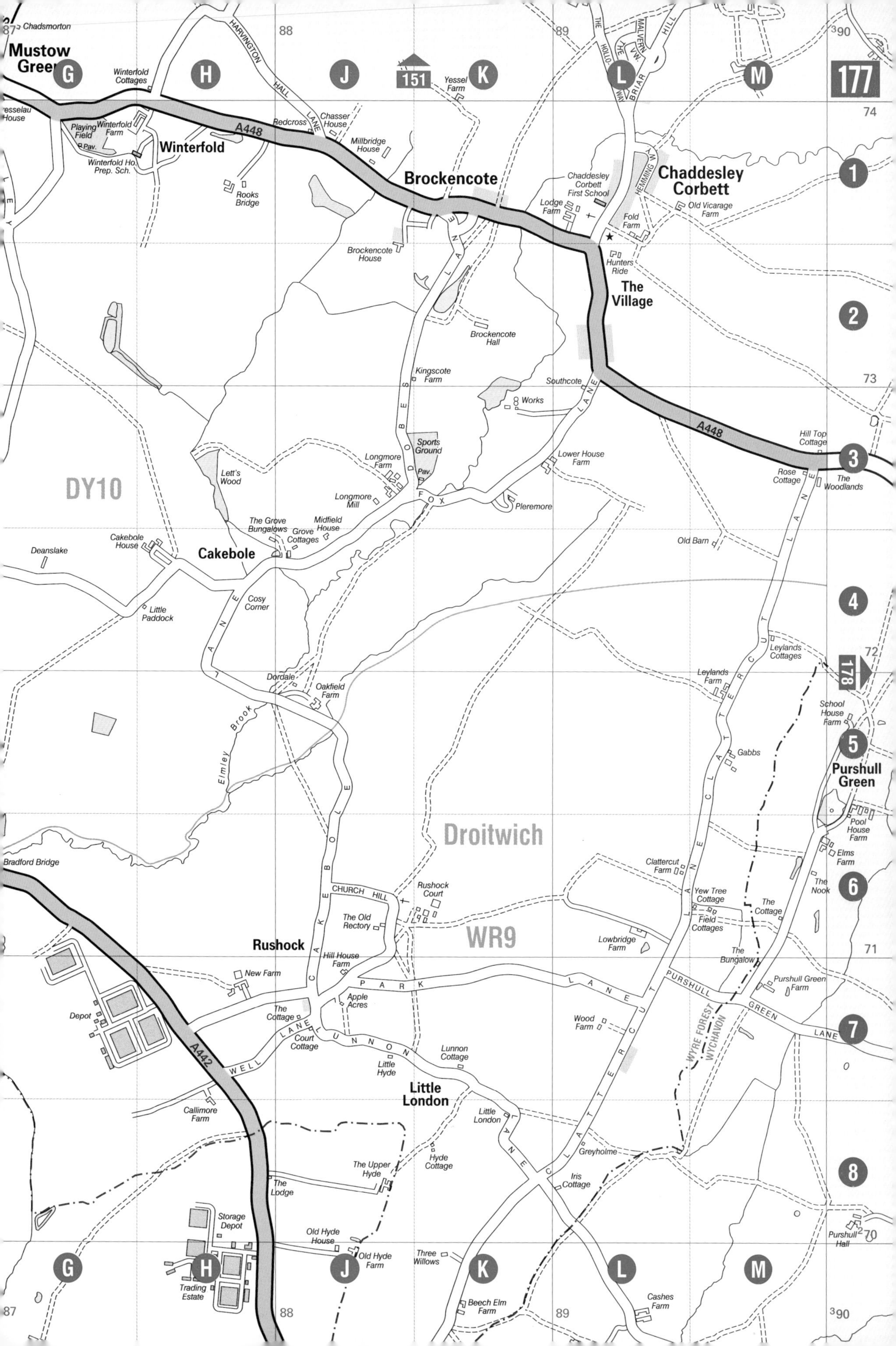

Chadsmorton
Mustow Green
Winterfold Cottages
Harvington Hall Lane
Yessel Farm
151
The Holloway
Malvern View
Briar Hill
Winterfold
Playing Field
Winterfold Farm
Pav.
Winterfold Ho. Prep. Sch.
A448
Redcross
Chasser House
Millbridge House
Brockencote
Rooks Bridge
Chaddesley Corbett First School
Chaddesley Corbett
Hemming Way
Old Vicarage Farm
Lodge Farm
Fold Farm
Brockencote House
Hunters Ride
The Village
Brockencote Hall
Kingscote Farm
Southcote
Works
Sports Ground
Lett's Wood
Longmore Farm
Dobbes Lane
Lower House Farm
Hill Top Cottage
Rose Cottage
The Woodlands
Longmore Mill
Fox Lane
Pleremore
DY10
The Grove Bungalows
Grove Cottages
Midfield House
Cakebole House
Cakebole
Deanslake
Old Barn
Cosy Corner
Little Paddock
Leylands Cottages
Leylands Farm
178
Dordale
Oakfield Farm
School House Farm
Elmley Brook
Gabbs
Purshull Green
Pool House Farm
Elms Farm
Droitwich
Bradford Bridge
Clattercut Farm
The Nook
Church Hill
Rushock Court
Yew Tree Cottage
The Cottage
The Old Rectory
Field Cottages
WR9
Lowbridge Farm
Rushock
Hill House Farm
The Bungalow
Purshull Green Farm
New Farm
Park Lane
Purshull Green Lane
Depot
Apple Acres
The Cottage
Wood Farm
Cakebole Lane
Well Lane
Court Cottage
Lunnon Lane
Lunnon Cottage
A442
Wyre Forest
Wychavon
Little Hyde
Little London
Clattercut Lane
Callimore Farm
Little London Lane
The Upper Hyde
Hyde Cottage
Greyholme
The Lodge
Iris Cottage
Storage Depot
Old Hyde House
Old Hyde Farm
Three Willows
Purshull Hall
Trading Estate
Beech Elm Farm
Cashes Farm
87
88
89
90
74
73
72
71
70
G
H
J
K
L
M
1
2
3
4
5
6
7
8

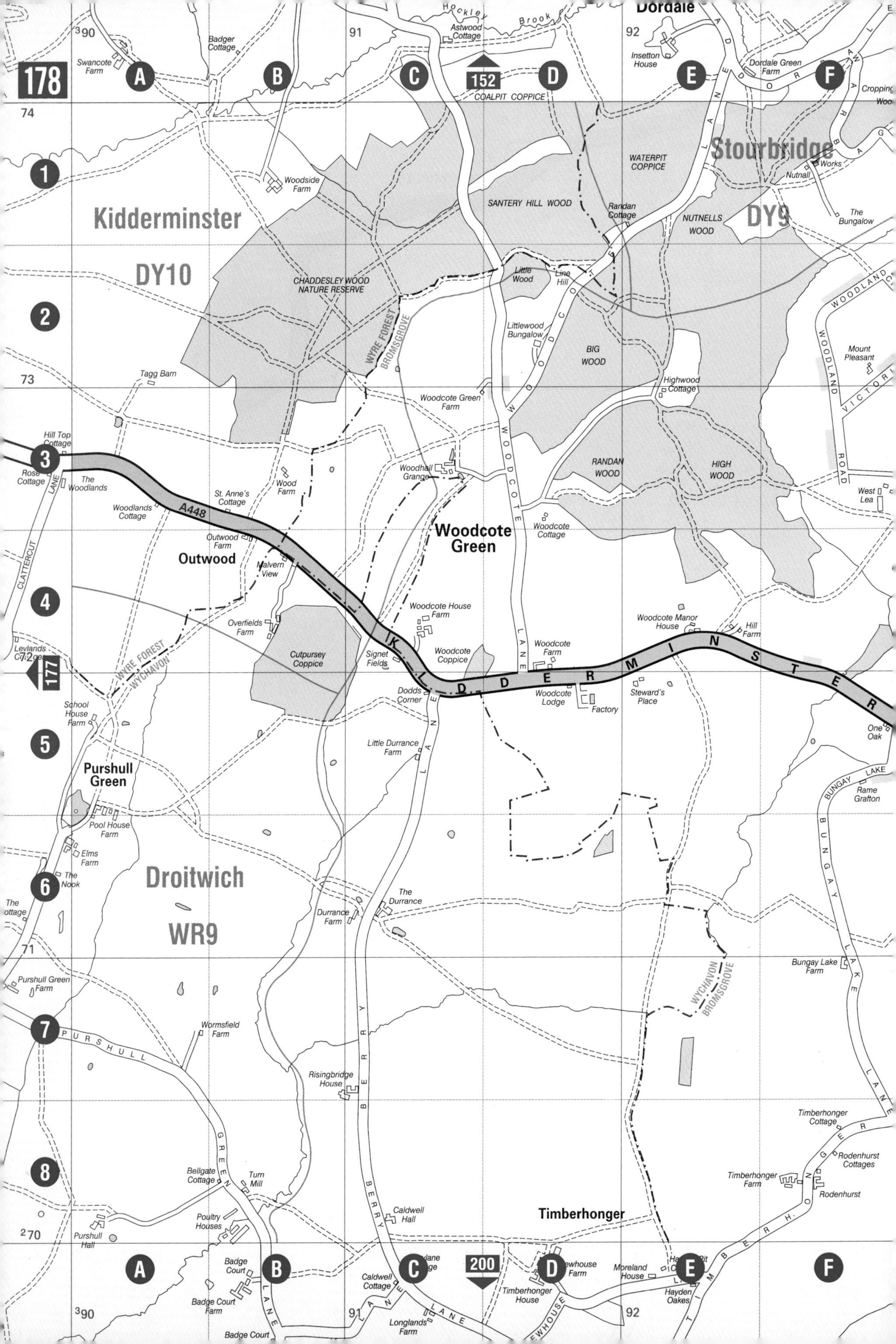
178
Hockley Brook
Dordale
Astwood Cottage
Badger Cottage
Swancote Farm
Insetton House
Dordale Green Farm
Cropping
Wood
152
COALPIT COPPICE
A
B
C
D
E
F
1
2
3
4
5
6
7
8
390
91
92
74
73
72
71
270
Stourbridge
WATERPIT COPPICE
Works
Nutnall
The Bungalow
DY9
Woodside Farm
Kidderminster
SANTERY HILL WOOD
Randan Cottage
NUTNELLS WOOD
DY10
CHADDESLEY WOOD NATURE RESERVE
Little Wood
Line Hill
WYRE FOREST
BROMSGROVE
Littlewood Bungalow
BIG WOOD
WOODLAND
VICTORIA
ROAD
Mount Pleasant
Tagg Barn
Highwood Cottage
Woodcote Green Farm
WOODCOTE LANE
DORDALE ROAD
Hill Top Cottage
Rose Cottage
The Woodlands
CLATTERCUT LANE
Wood Farm
Woodhall Grange
RANDAN WOOD
HIGH WOOD
West Lea
St. Anne's Cottage
A448
Woodlands Cottage
Outwood Farm
Outwood
Malvern View
Woodcote Cottage
Woodcote Green
Woodcote House Farm
Woodcote Manor House
Hill Farm
Overfields Farm
Levlands Cottage
177
WYRE FOREST
WYCHAVON
Cutpursey Coppice
Signet Fields
Woodcote Coppice
Woodcote Farm
KIDDERMINSTER ROAD
Dodds Corner
Woodcote Lodge
Factory
Steward's Place
One Oak
School House Farm
Little Durrance Farm
Purshull Green
BUNGAY LAKE
Rame Grafton
Pool House Farm
Elms Farm
The Nook
The Cottage
Droitwich
WR9
The Durrance
Durrance Farm
WYCHAVON
BROMSGROVE
Bungay Lake Farm
Purshull Green Farm
PURSHULL GREEN
Wormsfield Farm
BERRY LANE
Risingbridge House
Timberhonger Cottage
TIMBERHONGER LANE
Rodenhurst Cottages
Bellgate Cottage
Turn Mill
Timberhonger Farm
Rodenhurst
Caldwell Hall
Timberhonger
Poultry Houses
Purshull Hall
Badge Court
200
Caldwell Cottage
Timberhonger House
Moreland House
Hayden Oakes
Badge Court Farm
Longlands Farm
Badge Court
NEWHOUSE
LANE

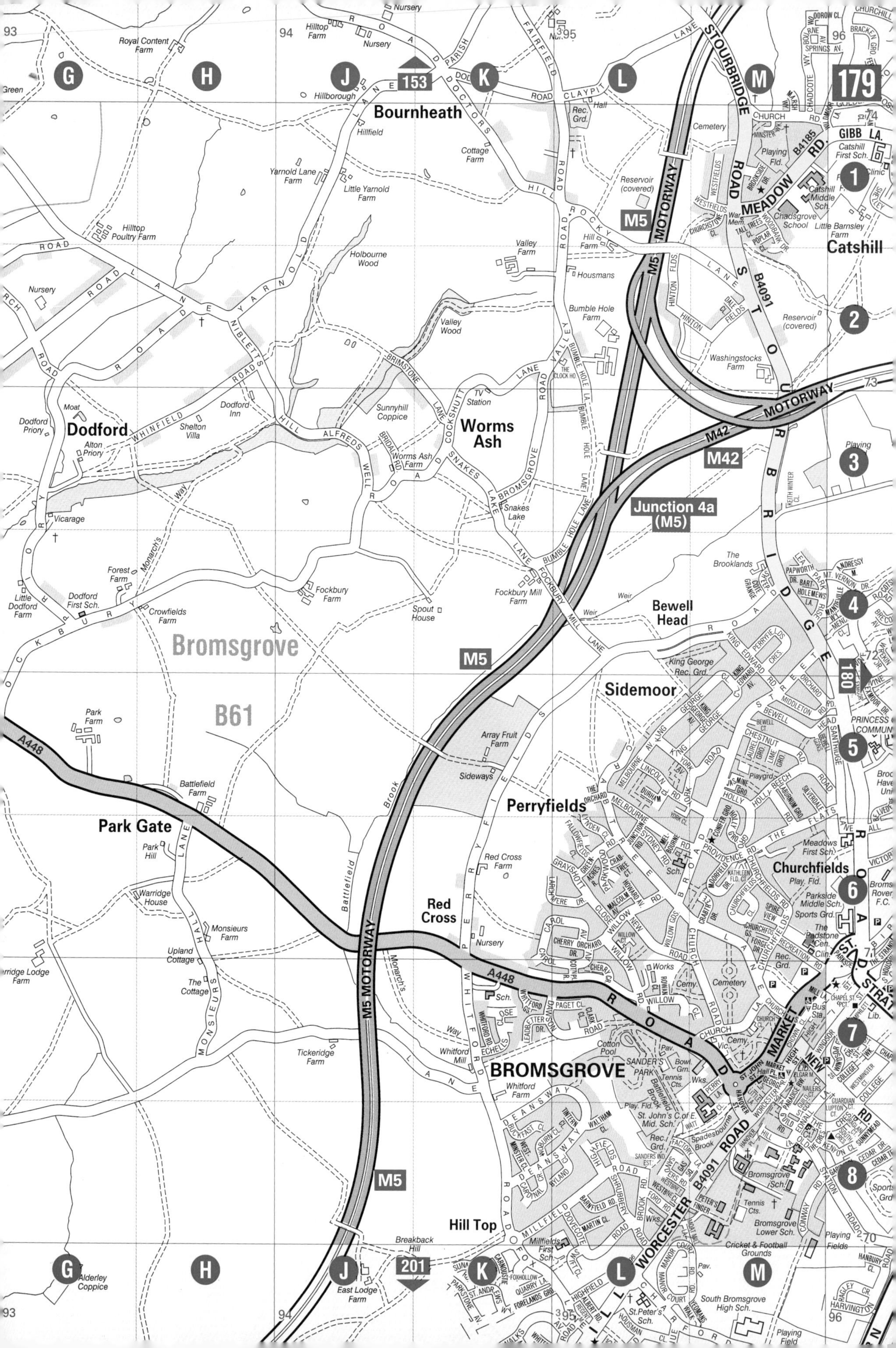
179
153
180
201
Bournheath
Catshill
Dodford
Worms Ash
Bewell Head
Sidemoor
Perryfields
Park Gate
Red Cross
BROMSGROVE
Hill Top
Churchfields
Bromsgrove
B61
M5
M42
M5 MOTORWAY
MOTORWAY
Junction 4a (M5)
A448
B4091
B4185
STOURBRIDGE ROAD
MEADOW RD.
GIBB LA.
ROCKY LANE
HILL LANE
DOCTORS HILL
CLAYPIT LANE
PARISH HILL
FAIRFIELD ROAD
YARNOLD LANE
NIBLETS HILL
WHINFIELD ROAD
ALFREDS WELL
COCKSHUTT LANE
SNAKES LAKE LANE
BROMSGROVE ROAD
BRIMSTONE LANE
BUMBLE HOLE LANE
VALLEY ROAD
FOCKBURY MILL LANE
FOCKBURY ROAD
PERRYFIELDS ROAD
MONSIEURS HALL LANE
WHITFORD ROAD
WHITFORD LANE
MILLFIELD ROAD
WORCESTER ROAD
MARKET ST.
NEW RD.
KING EDWARD RD.
BIRMINGHAM ROAD
ROCKY LANE
Royal Content Farm
Hilltop Farm
Nursery
Hillborough
Hillfield
Cottage Farm
Rec. Grd.
Hall
Cemetery
Church
Playing Fld.
Catshill First Sch.
Catshill Middle Sch.
Chadsgrove School
Little Barnsley Farm
Reservoir (covered)
Yarnold Lane Farm
Little Yarnold Farm
Hilltop Poultry Farm
Holbourne Wood
Valley Farm
Hill Farm
Housmans
Bumble Hole Farm
Valley Wood
Washingstocks Farm
Moat
Dodford Priory
Alton Priory
Dodford Inn
Shelton Villa
Sunnyhill Coppice
TV Station
Worms Ash Farm
Snakes Lake
Vicarage
Forest Farm
Dodford First Sch.
Little Dodford Farm
Crowfields Farm
Fockbury Farm
Spout House
Fockbury Mill Farm
The Brooklands
Weir
King George Rec. Grd.
Park Farm
Battlefield Farm
Park Hill
Warridge House
Monsieurs Farm
Upland Cottage
The Cottage
Array Fruit Farm
Sideways
Red Cross Farm
Nursery
Meadows First Sch.
Parkside Middle Sch.
Sports Grd.
The Padstone Cen.
Cemetery
Works
Tickeridge Farm
Whitford Mill
Whitford Farm
Cotton Pool
Sanders Park
St. John's C. of E. Mid. Sch.
Spadesbourne Brook
Bromsgrove Sch.
Bromsgrove Lower Sch.
Tennis Cts.
Cricket & Football Grounds
Playing Fields
Breakback Hill
Millfields First Sch.
South Bromsgrove High Sch.
St. Peter's Sch.
Alderley Coppice
East Lodge Farm
Monarch's Way
Battlefield Brook
G
H
J
K
L
M
1
2
3
4
5
6
7
8
93
94
95
96
70
71
72
73
74

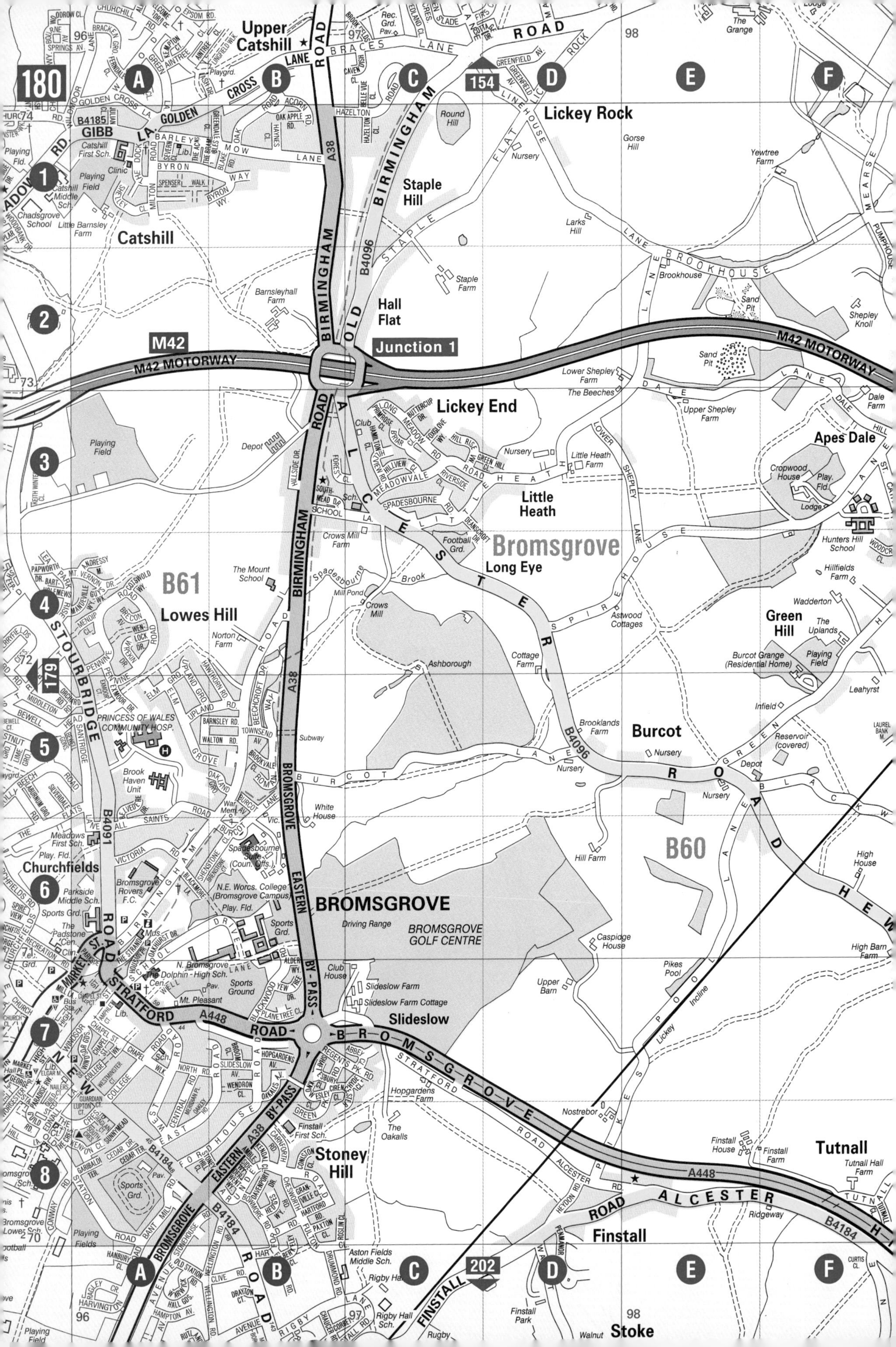

Upper Catshill
Lickey Rock
Catshill
Staple Hill
Hall Flat
Junction 1
M42
M42 MOTORWAY
Lickey End
Little Heath
Bromsgrove
Long Eye
B61
Lowes Hill
Apes Dale
Green Hill
Burcot
B60
Churchfields
BROMSGROVE
BROMSGROVE GOLF CENTRE
Slideslow
Stoney Hill
Tutnall
Finstall
Stoke
BIRMINGHAM ROAD
OLD BIRMINGHAM ROAD
BROMSGROVE EASTERN BY-PASS
STOURBRIDGE ROAD
STRATFORD ROAD
BROMSGROVE ROAD
ALCESTER ROAD
BROOKHOUSE LANE
GOLDEN CROSS LANE
GIBB LA.
BRACES LANE
CHESTER ROAD
FINSTALL
A38
A448
B4096
B4091
B4184
B4185
PRINCESS OF WALES COMMUNITY HOSP.
N.E. Worcs. College (Bromsgrove Campus)
Bromsgrove Rovers F.C.
Hunters Hill School
Catshill First Sch.
Catshill Middle Sch.
Chadsgrove School
The Mount School
Parkside Middle Sch.
N. Bromsgrove High Sch.
Finstall First Sch.
Aston Fields Middle Sch.
Rigby Hall Sch.
Lickey Incline
Pikes Pool
Barnsleyhall Farm
Staple Farm
Brookhouse
Lower Shepley Farm
Upper Shepley Farm
Crows Mill Farm
Astwood Cottages
Brooklands Farm
Burcot Grange (Residential Home)
Hill Farm
Caspidge House
Slideslow Farm
Hopgardens Farm
Finstall House
Finstall Farm
Tutnall Hall Farm
180
154
179
202
A B C D E F
1 2 3 4 5 6 7 8
96 97 98
70 71 72 73 74

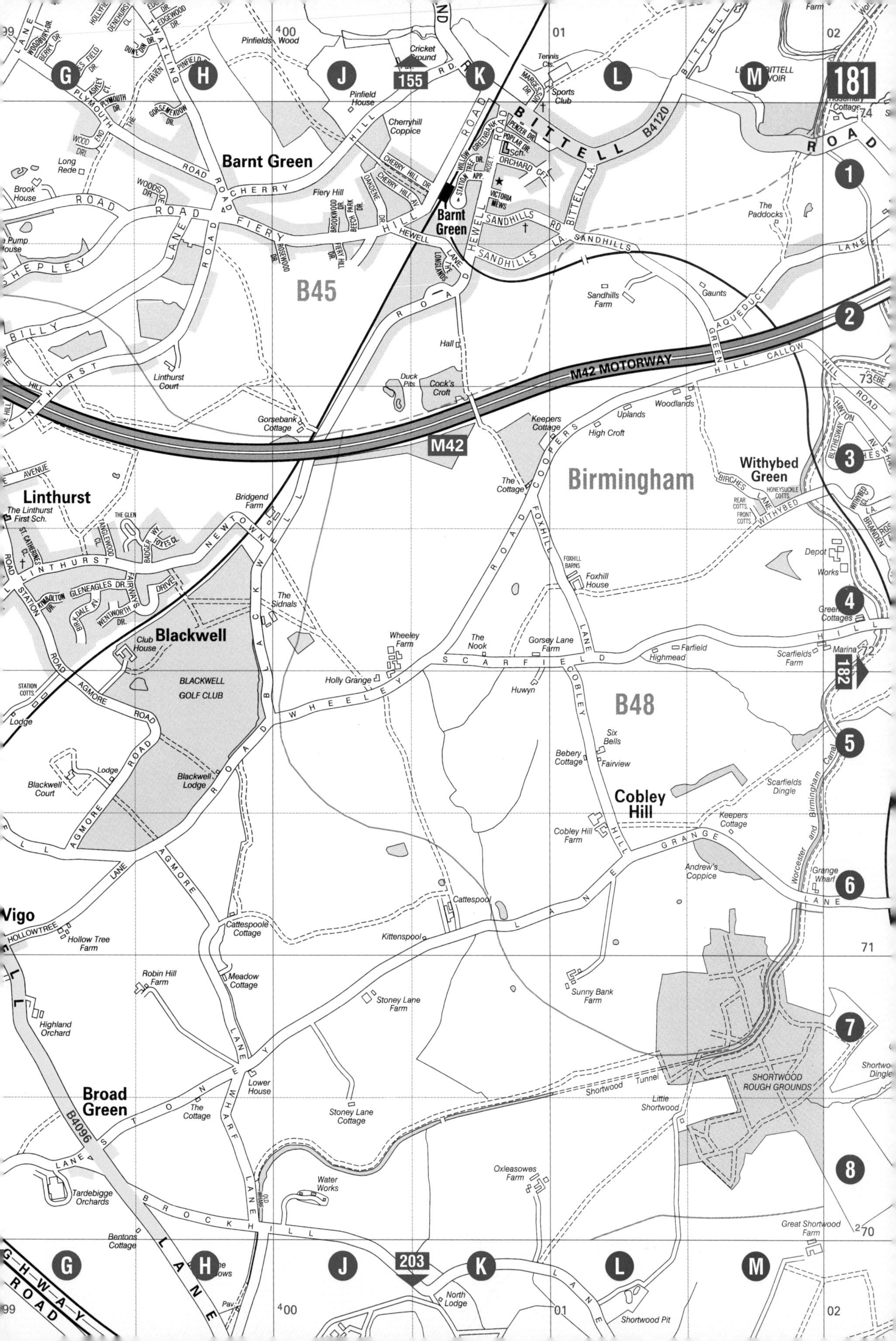
Barnt Green
Barnt Green
B45
Pinfields Wood
Cricket Ground
155
Pinfield House
Cherryhill Coppice
Fiery Hill
Long Rede
Brook House
Tennis Cts.
Sports Club
BITTELL B4120
ROAD
The Paddocks
Sandhills Farm
Gaunts
AQUEDUCT
CALLOW HILL
M42 MOTORWAY
M42
Linthurst Court
Hall
Duck Pits
Cock's Croft
Gorsebank Cottage
Keepers Cottage
Uplands
Woodlands
High Croft
Withybed Green
Birmingham
The Cottage
Linthurst
The Linthurst First Sch.
Bridgend Farm
NEWTOWN
Foxhill Barns
Foxhill House
Depot
Works
Green Cottages
The Sidnals
Blackwell
Club House
BLACKWELL GOLF CLUB
Wheeley Farm
The Nook
Gorsey Lane Farm
Farfield
Highmead
Scarfields Farm
Marina
182
Holly Grange
Huwyn
SCARFIELD
WHEELEY
B48
Six Bells
Bebery Cottage
Fairview
Station Cotts.
Lodge
Blackwell Court
Blackwell Lodge
AGMORE ROAD
Cobley Hill
Cobley Hill Farm
Scarfields Dingle
Keepers Cottage
GRANGE LANE
Andrew's Coppice
Grange Wharf
Worcester and Birmingham Canal
Vigo
Hollow Tree Farm
Cattespool
Cattespoole Cottage
Kittenspool
Robin Hill Farm
Meadow Cottage
Stoney Lane Farm
Sunny Bank Farm
Highland Orchard
Shortwood Tunnel
Little Shortwood
SHORTWOOD ROUGH GROUNDS
Broad Green
B4096
Lower House
The Cottage
Stoney Lane Cottage
Tardebigge Orchards
Water Works
Oxleasowes Farm
Bentons Cottage
BROCKHILL LANE
Great Shortwood Farm
203
North Lodge
Shortwood Pit
99
400
01
02
74
73
72
71
70
G
H
J
K
L
M
1
2
3
4
5
6
7
8

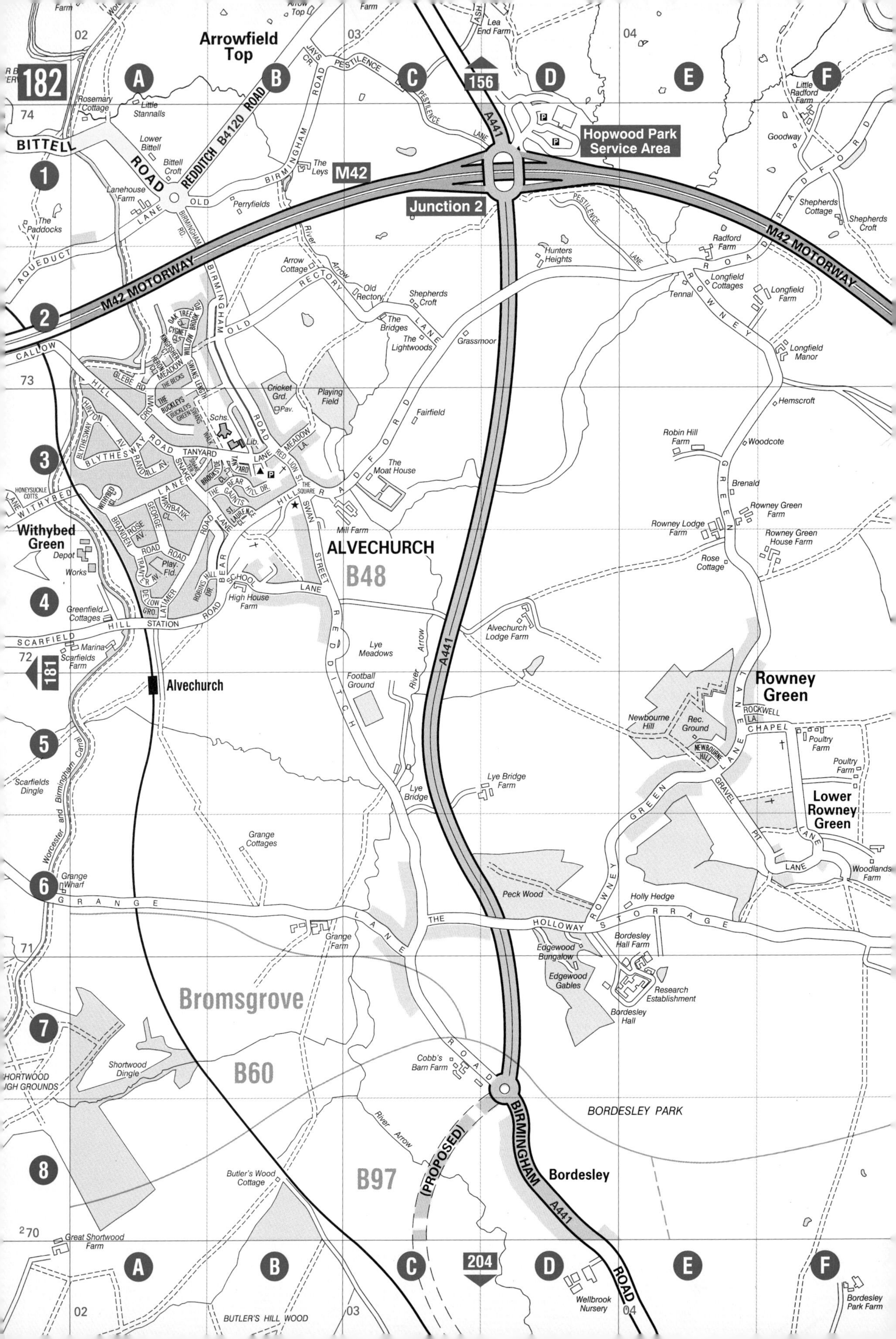

182
Arrowfield Top
A
B
C
D
E
F
156
Rosemary Cottage
Little Stannalls
Lower Bittell
Bittell Croft
BITTELL
ROAD
REDDITCH B4120 ROAD
JAYS CR.
PESTILENCE
BIRMINGHAM ROAD
The Leys
M42
A441
Lea End Farm
Hopwood Park Service Area
Junction 2
Little Radford Farm
Goodway
Lanehouse Farm
The Paddocks
AQUEDUCT LANE
OLD
Perryfields
M42 MOTORWAY
Shepherds Cottage
Shepherds Croft
Radford Farm
Hunters Heights
Arrow Cottage
River Arrow
Old Rectory
RECTORY
Shepherds Croft
The Bridges
The Lightwoods
Grassmoor
Longfield Cottages
Longfield Farm
Tennal
ROWNEY
Longfield Manor
CALLOW
HILL
GLEBE RD.
Cricket Grd.
Pav.
Playing Field
RADFORD
Fairfield
Hemscroft
Robin Hill Farm
Woodcote
Schs.
Lib.
TANYARD
The Moat House
Brenald
Rowney Green Farm
Rowney Lodge Farm
Rowney Green House Farm
HONEYSUCKLE COTTS.
WITHYBED
Withybed Green
Depot
Works
THE SQUARE
SWAN
Mill Farm
ALVECHURCH
B48
Rose Cottage
Greenfield Cottages
High House Farm
SCHOOL
LANE
STATION
SCARFIELD
HILL
Marina
Scarfields Farm
181
Alvechurch
Lye Meadows
Alvechurch Lodge Farm
Football Ground
Rowney Green
Newbourne Hill
Rec. Ground
ROCKWELL LA.
CHAPEL
Poultry Farm
Scarfields Dingle
Worcester and Birmingham Canal
Lye Bridge
Lye Bridge Farm
Lower Rowney Green
Grange Cottages
GRAVEL PIT LANE
Woodlands Farm
Grange Wharf
GRANGE
Peck Wood
Holly Hedge
THE HOLLOWAY
STORRAGE
Grange Farm
Bordesley Hall Farm
Edgewood Bungalow
Edgewood Gables
Research Establishment
Bromsgrove
Bordesley Hall
Shortwood Dingle
B60
Cobb's Barn Farm
BORDESLEY PARK
HORTWOOD HIGH GROUNDS
(PROPOSED)
River Arrow
BIRMINGHAM A441 ROAD
Butler's Wood Cottage
B97
Bordesley
Great Shortwood Farm
204
Wellbrook Nursery
Bordesley Park Farm
BUTLER'S HILL WOOD
02
03
04
74
73
72
71
70
1
2
3
4
5
6
7
8

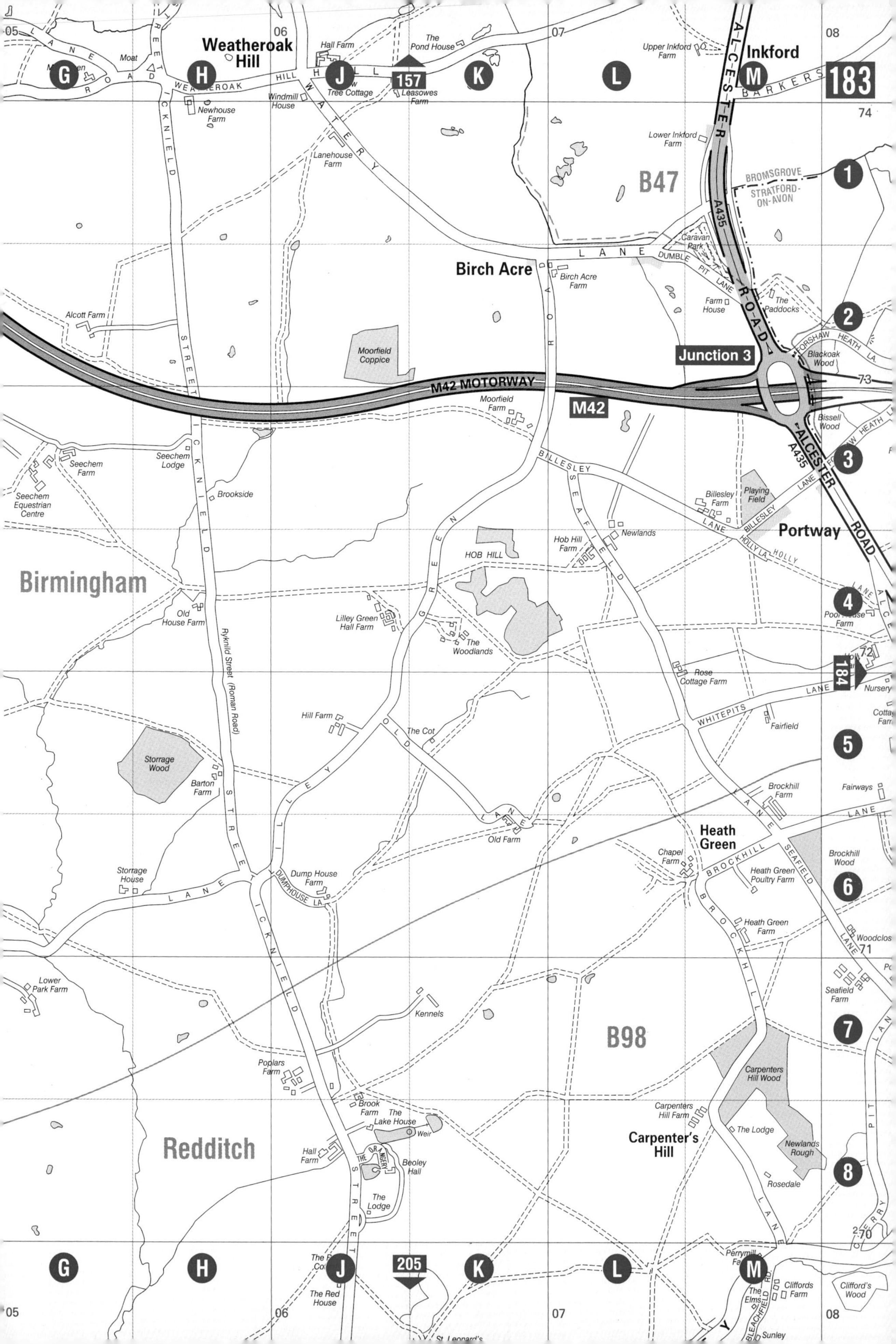

Weatheroak Hill

G **H** **J** 157 **K** **L** **M** 183

Inkford

Alcester Road

Hall Farm

Tree Cottage
Leasowes Farm
Windmill House
The Pond House
Upper Inkford Farm
Lower Inkford Farm

74

Newhouse Farm
Moat

Lanehouse Farm

B47

BROMSGROVE
STRATFORD-ON-AVON

Birch Acre

Birch Acre Farm

Caravan Park
Farm House
The Paddocks

2

Alcott Farm

Moorfield Coppice

FORSHAW HEATH LA.
Blackoak Wood

73

Junction 3

M42 MOTORWAY
Moorfield Farm
M42

A435

Bissell Wood
3

Seechem Farm
Seechem Lodge

Brookside

Billesley Lane
Billesley Farm
Playing Field
Newlands
Portway

Seechem Equestrian Centre

Hob Hill Farm
Holly La. Holly

Birmingham

Old House Farm

Lilley Green Hall Farm

HOB HILL

The Woodlands

Pool House Farm

4

Rose Cottage Farm
184
Nursery

Ryknild Street (Roman Road)

Hill Farm

The Cot

WHITEPITS
Fairfield

Cotta Far

5

Storrage Wood

Barton Farm

Brockhill Farm
Fairways

LANE

Storrage House

Dump House Farm

Old Farm

Heath Green

Chapel Farm
Heath Green Poultry Farm
Brockhill Wood

6

Heath Green Farm
Woodclos

71

Lower Park Farm

Kennels

Seafield Farm

7

B98

Carpenters Hill Wood

Poplars Farm

Carpenters Hill Farm
The Lodge
Newlands Rough

Brook Farm
The Lake House
Weir

Redditch

Hall Farm
Beoley Hall
The Lodge

Carpenter's Hill

Rosedale
8

70

Perrymill Fa

G **H** **J** 205 **K** **L** **M**

The R Co
The Red House

Clifffords Farm
Clifford's Wood
The Elms
Sunley
St Leonard's

05 06 07 08

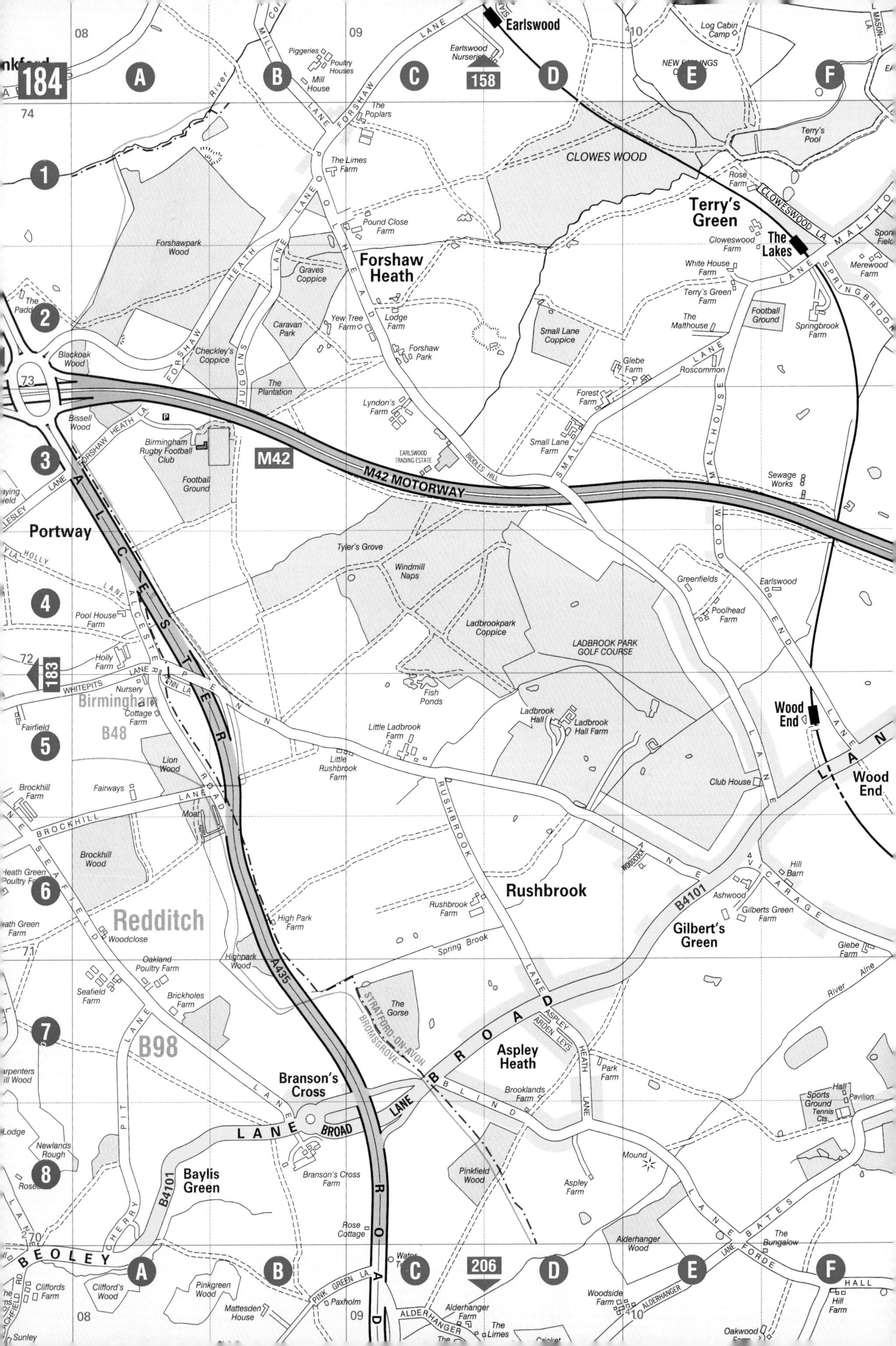

Earlswood
158
206
183
Log Cabin Camp
Piggeries
Poultry Houses
Mill House
Earlswood Nurseries
The Poplars
The Limes Farm
Terry's Pool
CLOWES WOOD
Rose Farm
CLOWESWOOD LA
Terry's Green
The Lakes
Cloweswood Farm
Pound Close Farm
Forshawpark Wood
Forshaw Heath
Graves Coppice
White House Farm
Terry's Green Farm
Merewood Farm
The Malthouse
Football Ground
Springbrook Farm
Caravan Park
Yew Tree Farm
Lodge Farm
Small Lane Coppice
Blackoak Wood
Checkley's Coppice
Forshaw Park
Glebe Farm
Roscommon
The Plantation
Forest Farm
Lyndon's Farm
Bissell Wood
FORSHAW HEATH LA
Birmingham Rugby Football Club
Small Lane Farm
M42
EARLSWOOD TRADING ESTATE
Football Ground
M42 MOTORWAY
Sewage Works
Portway
Tyler's Grove
Windmill Naps
Greenfields
Earlswood
Pool House Farm
Poolhead Farm
Ladbrookpark Coppice
LADBROOK PARK GOLF COURSE
Holly Farm
WHITEPITS
Nursery
Birmingham
Cottage Farm
B48
Fish Ponds
Ladbrook Hall
Ladbrook Hall Farm
Wood End
Fairfield
Little Ladbrook Farm
Little Rushbrook Farm
Lion Wood
Brockhill Farm
Fairways
Club House
Wood End
BROCKHILL
Moat
Brockhill Wood
RUSHBROOK
WOODCOCK CL
Hill Barn
Rushbrook
Ashwood
Gilberts Green Farm
Rushbrook Farm
Redditch
High Park Farm
B4101
Gilbert's Green
Woodclose
Spring Brook
Glebe Farm
Oakland Poultry Farm
Highpark Wood
A435
River Alne
Seafield Farm
Brickholes Farm
The Gorse
STRATFORD-ON-AVON
BROMSGROVE
ASPLEY
ARDEN LEYS
Aspley Heath
Park Farm
B98
Branson's Cross
BROAD ROAD
BLIND LANE
Brooklands Farm
Hall
Sports Ground
Pavilion
Tennis Cts.
Newlands Rough
Branson's Cross Farm
Baylis Green
Mound
Pinkfield Wood
Aspley Farm
B4101
Rose Cottage
Alderhanger Wood
The Bungalow
BATES
FORDE
HALL
BEOLEY
Cliffords Farm
Clifford's Wood
Pinkgreen Wood
Mattesden House
PINK GREEN LA
Paxholm
Alderhanger Farm
The Limes
Woodside Farm
ALDERHANGER
Hill Farm
Oakwood
Sunley
08
09
10
74
73
72
71
70
A
B
C
D
E
F
1
2
3
4
5
6
7
8

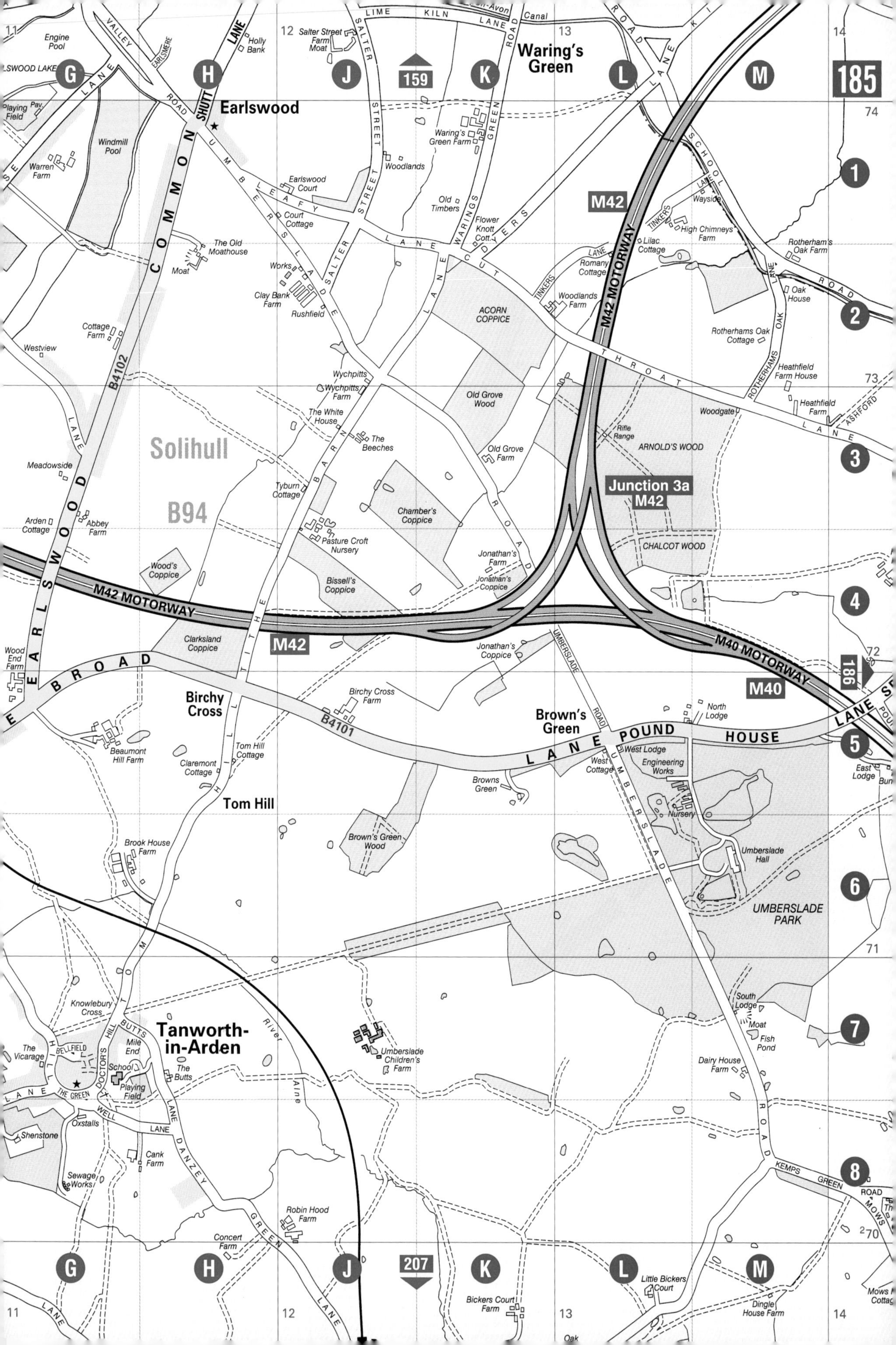

G **H** **J** 159 **K** **L** **M**

74

Stratford-on-Avon Canal

LIME KILN LANE

Waring's Green

Engine Pool

SWOOD LAKE

Playing Field

Pay.

VALLEY LANE

EARLSMERE

SHUTT LANE

Holly Bank

Salter Street Farm Moat

SALTER STREET

12

13

14

1

Earlswood

COMMON LANE

UMBERSLADE

LEAFY LANE

Windmill Pool

Warren Farm

The Old Moathouse

Moat

SALTER LANE

Earlswood Court

Court Cottage

Woodlands

Old Timbers

Woodlands

Waring's Green Farm

WARINGS GREEN

CUT THROAT LANE

Flower Knott Cott.

TINKERS LANE

M42

SCHOOL LANE

M42 MOTORWAY

Wayside

High Chimneys Farm

Lilac Cottage

Romany Cottage

Woodlands Farm

Rotherham's Oak Farm

Oak House

ROTHERHAMS OAK LANE

2

73

Works

Clay Bank Farm

Rushfield

ACORN COPPICE

Rotherhams Oak Cottage

Heathfield Farm House

Heathfield Farm

ASHFORD LANE

Cottage Farm

Westview

B4102

Wychpitts

Wychpitts Farm

The White House

The Beeches

Old Grove Wood

Old Grove Farm

Woodgate

Rifle Range

ARNOLD'S WOOD

3

Solihull

B94

Meadowside

Arden Cottage

Abbey Farm

BARN ROAD

Tyburn Cottage

Chamber's Coppice

Junction 3a
M42

CHALCOT WOOD

Wood's Coppice

Pasture Croft Nursery

Bissell's Coppice

Jonathan's Farm

Jonathan's Coppice

4

72

EARLSWOOD

M42 MOTORWAY

M42

TITHE ROAD

Clarksland Coppice

Birchy Cross Farm

Jonathan's Coppice

UMBERSLADE ROAD

M40 MOTORWAY

M40

186

Wood End Farm

BROAD LANE

Birchy Cross

B4101

Beaumont Hill Farm

Claremont Cottage

Tom Hill Cottage

Brown's Green

LANE POUND HOUSE

West Cottage

West Lodge

Engineering Works

North Lodge

LANE S

POU

East Lodge

5

Tom Hill

Browns Green

Brown's Green Wood

Nursery

Umberslade Hall

UMBERSLADE ROAD

6

71

Brook House Farm

BUTTS HILL

River Alne

South Lodge

Moat

Fish Pond

Knowlebury Cross

Mile End

Tanworth-in-Arden

The Butts

Umberslade Children's Farm

Dairy House Farm

South Lodge

7

The Vicarage

BELL FIELD

HILL LANE

School

Playing Field

The Green

DOCTORS HILL

WELL LANE

ROAD

8

Shenstone

Oxstalls

Cank Farm

DANZEY LANE

Sewage Works

GREEN LANE

Robin Hood Farm

Little Bickers Court

KEMPS GREEN ROAD

Dingle House Farm

MOWS

70

Concert Farm

Bickers Court Farm

Oak

G **H** **J** 207 **K** **L** **M**

11

12

13

14

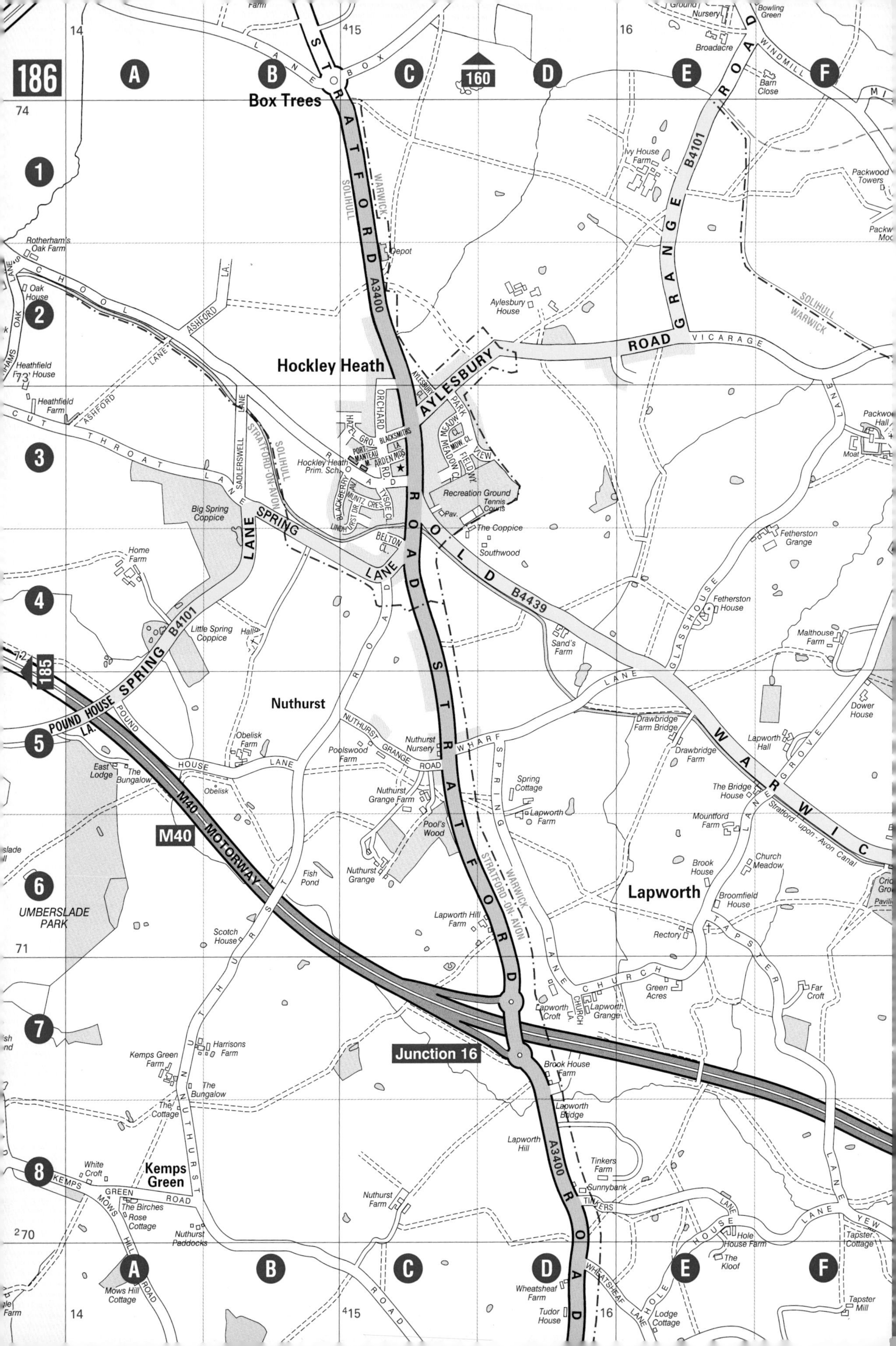
186
A
B
C
D
E
F
1
2
3
4
5
6
7
8
14
415
16
74
73
72
71
270
160
185
Box Trees
Hockley Heath
Nuthurst
Lapworth
Kemps Green
UMBERSLADE PARK
STRATFORD ROAD
A3400
B4101
B4439
M40
M40 MOTORWAY
Junction 16
BOX LANE
SCHOOL ROAD
ASHFORD LANE
CUT THROAT LANE
SADLERSWELL LANE
SPRING LANE
POUND HOUSE LANE
POUND LA.
AYLESBURY ROAD
VICARAGE ROAD
GRANGE ROAD
WINDMILL LANE
OLD WARWICK ROAD
GLASSHOUSE LANE
NUTHURST GRANGE ROAD
WHARF LANE
SPRING LANE
CHURCH LANE
TAPSTER LANE
NUTHURST LANE
KEMPS GREEN ROAD
MOWS HILL ROAD
TINKERS LANE
HOLE HOUSE LANE
WHEATSHEAF LANE
YEW LANE
LAPWORTH GROVE
SOLIHULL
WARWICK
STRATFORD-ON-AVON
Stratford - upon - Avon Canal
Rotherham's Oak Farm
Oak House
Heathfield Farm
Heathfield House
Big Spring Coppice
Little Spring Coppice
Home Farm
Hall
Obelisk Farm
Obelisk
East Lodge
The Bungalow
Scotch House
Fish Pond
Poolswood Farm
Nuthurst Nursery
Nuthurst Grange Farm
Nuthurst Grange
Pool's Wood
Lapworth Hill Farm
Harrisons Farm
Kemps Green Farm
The Bungalow
The Cottage
White Croft
The Birches
Rose Cottage
Nuthurst Paddocks
Mows Hill Cottage
Nuthurst Farm
Wheatsheaf Farm
Tudor House
Lapworth Hill
Lapworth Bridge
Brook House Farm
Lapworth Croft
Lapworth Grange
Tinkers Farm
Sunnybank
Hole House Farm
The Kloof
Lodge Cottage
Tapster Cottage
Tapster Mill
Far Croft
Green Acres
Rectory
Broomfield House
Church Meadow
Brook House
Mountford Farm
The Bridge House
Lapworth Hall
Drawbridge Farm
Drawbridge Farm Bridge
Dower House
Malthouse Farm
Fetherston House
Fetherston Grange
Sand's Farm
Spring Cottage
Lapworth Farm
Southwood
The Coppice
Recreation Ground
Tennis Courts
Pav.
Hockley Heath Prim. Sch.
Aylesbury House
Ivy House Farm
Depot
Barn Close
Broadacre
Nursery
Bowling Green
Packwood Towers
Packwood Hall
Moat
ORCHARD
HAZEL GRO.
BLACKSMITHS LA.
PORTMANTEAU
M. ARDEN MDS.
TYSOE CL.
MUNTZ CRES.
BLACKBERRY AV.
BELTON CL.
MEADOW CL.
MDW. CL.
FIELD WY.
PARK VIEW
AYLESBURY CL.

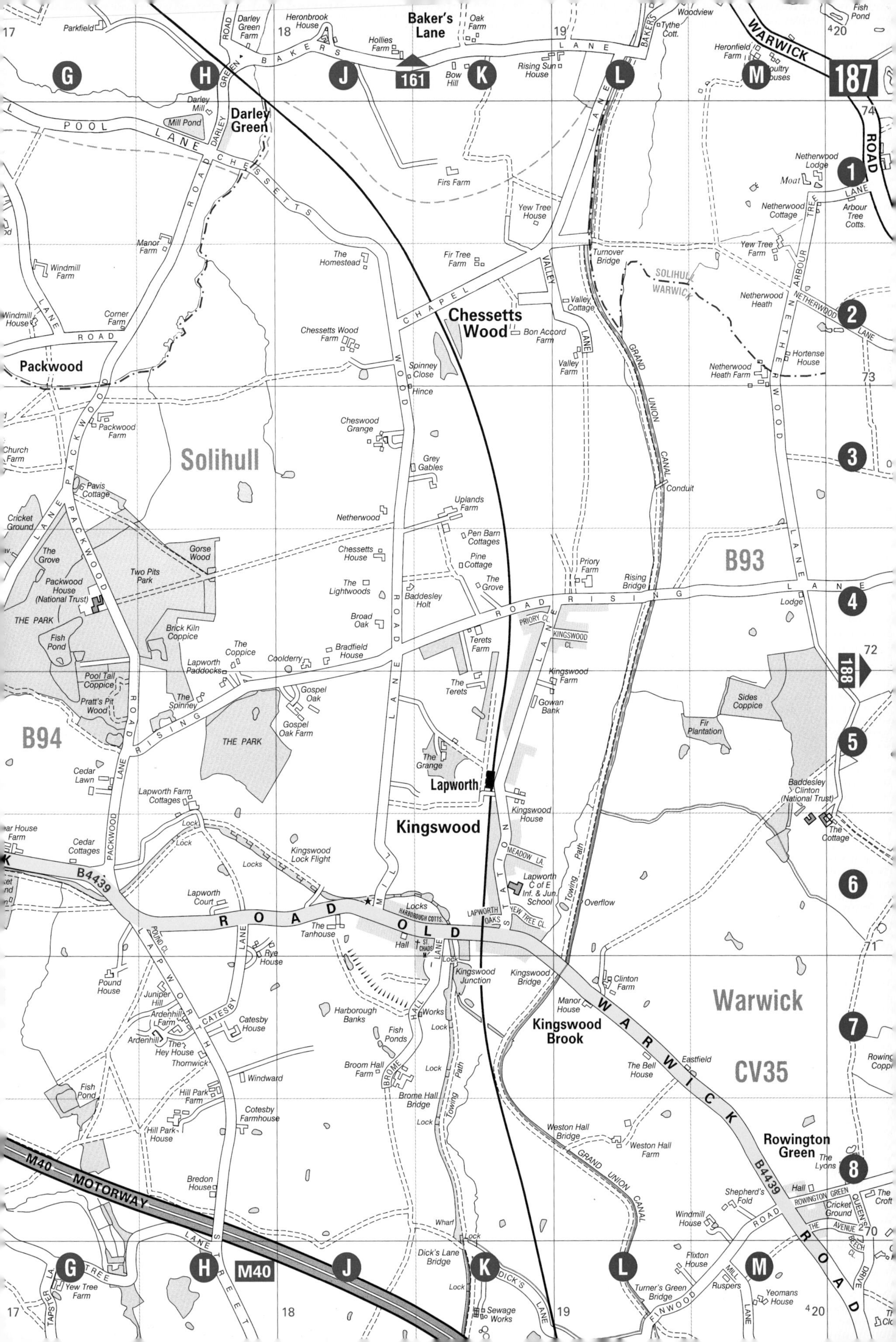
187
161
188
Baker's Lane
Darley Green
Chessetts Wood
Solihull
Packwood
Lapworth
Kingswood
Kingswood Brook
Warwick
CV35
Rowington Green
B93
B94
B4439
M40
M40 MOTORWAY
WARWICK ROAD
POOL LANE
BAKERS LANE
DARLEY GREEN ROAD
CHESSETTS WOOD ROAD
CHAPEL LANE
VALLEY LANE
RISING LANE
ROAD
PACKWOOD LANE
PACKWOOD ROAD
WOOD LANE
OLD WARWICK ROAD
STATION LANE
MILL LANE
HALL LANE
BROME HALL LANE
LAPWORTH STREET
CATESBY LANE
POND CL.
TAPSTER LANE
TREE LANE
DICK'S LANE
FINWOOD ROAD
MILL LANE
WINDMILL LANE
NETHERWOOD LANE
ARBOUR TREE LANE
ROWINGTON GREEN
QUEEN'S DRIVE
THE AVENUE
BEECH CL.
PRIORY CL.
KINGSWOOD CL.
MEADOW LA.
YEW TREE CL.
LAPWORTH OAKS
HARBOROUGH COTTS.
GRAND UNION CANAL
Towing Path
SOLIHULL
WARWICK
Parkfield
Darley Green Farm
Heronbrook House
Hollies Farm
Oak Farm
Bow Hill
Rising Sun House
Woodview
Tythe Cott.
Fish Pond
Heronfield Farm
Poultry Houses
Darley Mill
Mill Pond
Firs Farm
Netherwood Lodge
Moat
Netherwood Cottage
Arbour Tree Cotts.
Yew Tree House
Manor Farm
Windmill Farm
The Homestead
Fir Tree Farm
Turnover Bridge
Yew Tree Farm
Netherwood Heath
Valley Cottage
Windmill House
Corner Farm
Chessetts Wood Farm
Bon Accord Farm
Valley Farm
Spinney Close
Hince
Hortense House
Netherwood Heath Farm
Packwood Farm
Cheswood Grange
Church Farm
Grey Gables
Conduit
Pavis Cottage
Uplands Farm
Netherwood
Cricket Ground
Pen Barn Cottages
The Grove
Gorse Wood
Chessetts House
Pine Cottage
Priory Farm
Two Pits Park
The Lightwoods
The Grove
Rising Bridge
Packwood House (National Trust)
Baddesley Holt
Lodge
THE PARK
Broad Oak
Brick Kiln Coppice
Terets Farm
Fish Pond
The Coppice
Bradfield House
Cooldery
Lapworth Paddocks
Kingswood Farm
Pool Tail Coppice
The Terets
Gospel Oak
Sides Coppice
Pratt's Pit Wood
The Spinney
Gowan Bank
Gospel Oak Farm
Fir Plantation
THE PARK
The Grange
Cedar Lawn
Lapworth Farm Cottages
Baddesley Clinton (National Trust)
The Cottage
Kingswood House
Cedar Cottages
Kingswood Lock Flight
Lock
Locks
Lapworth C of E Inf. & Jun. School
Lapworth Court
Overflow
The Tanhouse
Hall
ST. CHADS
Rye House
Kingswood Junction
Kingswood Bridge
Clinton Farm
Pound House
Juniper Hill
Harborough Banks
Manor House
Ardenhill Farm
Catesby House
Works
Ardenhill
The Hey House
Fish Ponds
Thornwick
Broom Hall Farm
The Bell House
Eastfield
Windward
Fish Pond
Hill Park Farm
Brome Hall Bridge
Cotesby Farmhouse
Hill Park House
Weston Hall Bridge
Weston Hall Farm
The Lyons
Bredon House
Shepherd's Fold
Hall
The Croft
Cricket Ground
Windmill House
Wharf
Dick's Lane Bridge
Flixton House
Yew Tree Farm
Turner's Green Bridge
Ruspers
Yeomans House
Sewage Works
Rowing Coppi
17
18
19
420
74
73
72
71
70
G
H
J
K
L
M
1
2
3
4
5
6
7
8

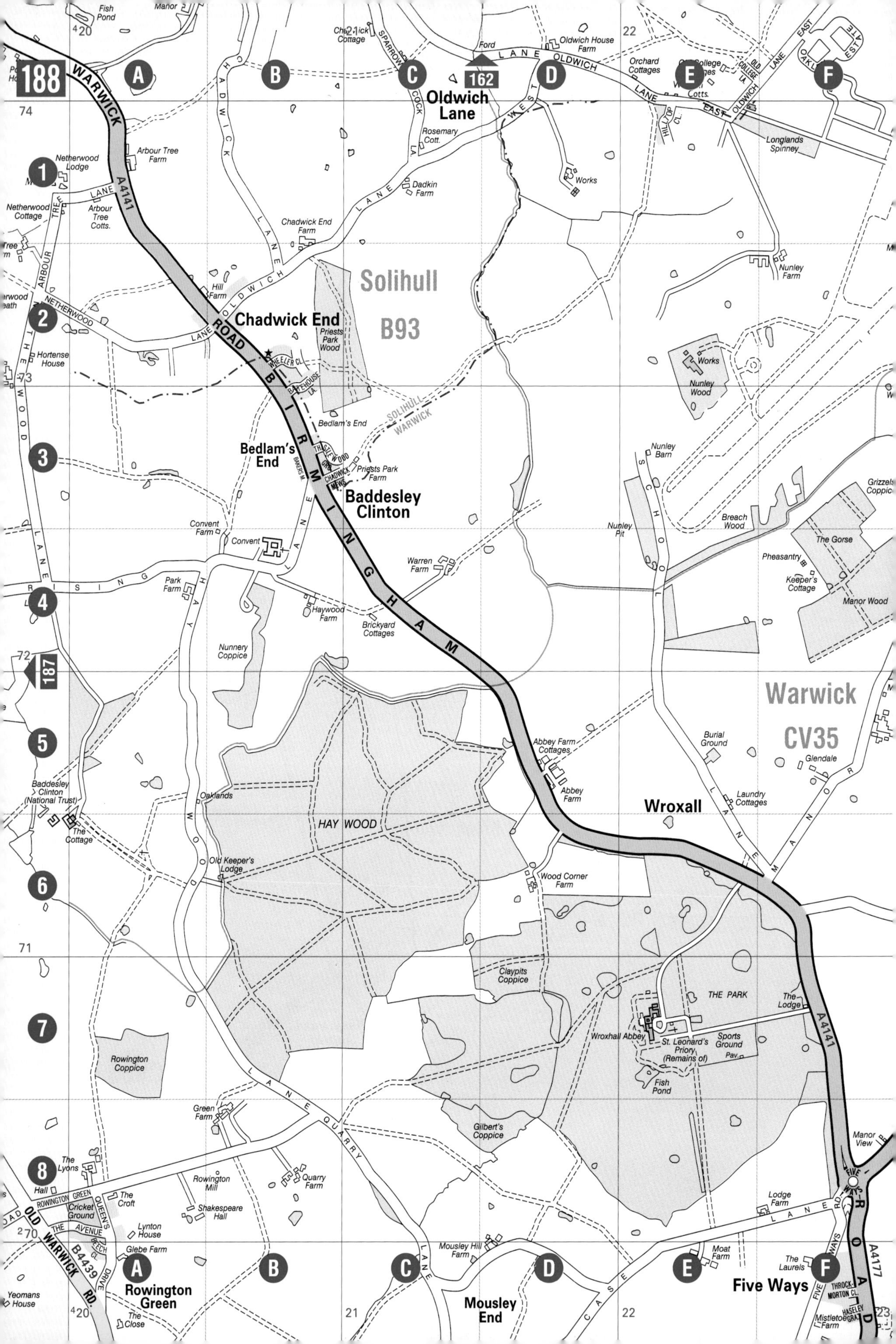

Fish Pond
Manor
WARWICK
A4141
Netherwood Lodge
Arbour Tree Farm
Netherwood Cottage
Arbour Tree Cotts.
ARBOUR TREE LANE
NETHERWOOD LANE
Hortense House
CHADWICK LANE
SPARROW COCK LA.
Rosemary Cott.
Dadkin Farm
Chadwick End Farm
Hill Farm
OLDWICH LANE
Chadwick End
Priests Park Wood
Ford
162
Oldwich House Farm
OLDWICH LANE
Oldwich Lane
WEST
Orchard Cottages
OLD COLLEGE LA.
OLDWICH LANE EAST
HILLTOP CL.
Longlands Spinney
OAKLEY ESTATE
Works
Solihull
B93
Nunley Farm
WHEELER CL.
BAKEHOUSE LA.
Bedlam's End
SOLIHULL
WARWICK
BIRMINGHAM ROAD
Bedlam's End
BAKERS LA.
Priests Park Farm
CHADWICK MEWS
Baddesley Clinton
Works
Nunley Wood
Nunley Barn
SCHOOL LANE
Nunley Pit
Breach Wood
Grizzels Coppice
The Gorse
Pheasantry
Keeper's Cottage
Manor Wood
Convent Farm
Convent
RISING LANE
Park Farm
HAY WOOD LANE
Warren Farm
Haywood Farm
Brickyard Cottages
Nunnery Coppice
187
Warwick
CV35
Abbey Farm Cottages
Abbey Farm
Burial Ground
Glendale
MANOR ROAD
Laundry Cottages
Wroxall
Baddesley Clinton (National Trust)
The Cottage
Oaklands
HAY WOOD
Old Keeper's Lodge
Wood Corner Farm
Claypits Coppice
THE PARK
The Lodge
A4141
Wroxhall Abbey
St. Leonard's Priory (Remains of)
Sports Ground
Pav.
Fish Pond
Rowington Coppice
Green Farm
QUARRY LANE
Gilbert's Coppice
Manor View
The Lyons
Hall
ROWINGTON GREEN
Cricket Ground
The Croft
QUEEN'S DRIVE
Rowington Mill
Quarry Farm
Shakespeare Hall
Lodge Farm
LANE
FIVE WAYS ROAD
Lynton House
THE AVENUE
OLD WARWICK RD.
B4439
BEECH CL.
Glebe Farm
Mousley Hill Farm
Moat Farm
The Laurels
A4177
Rowington Green
Mousley End
CASE LANE
Five Ways
THROCKMORTON CL.
HASELEY GRA.
Mistletoe Farm
Yeomans House
The Close

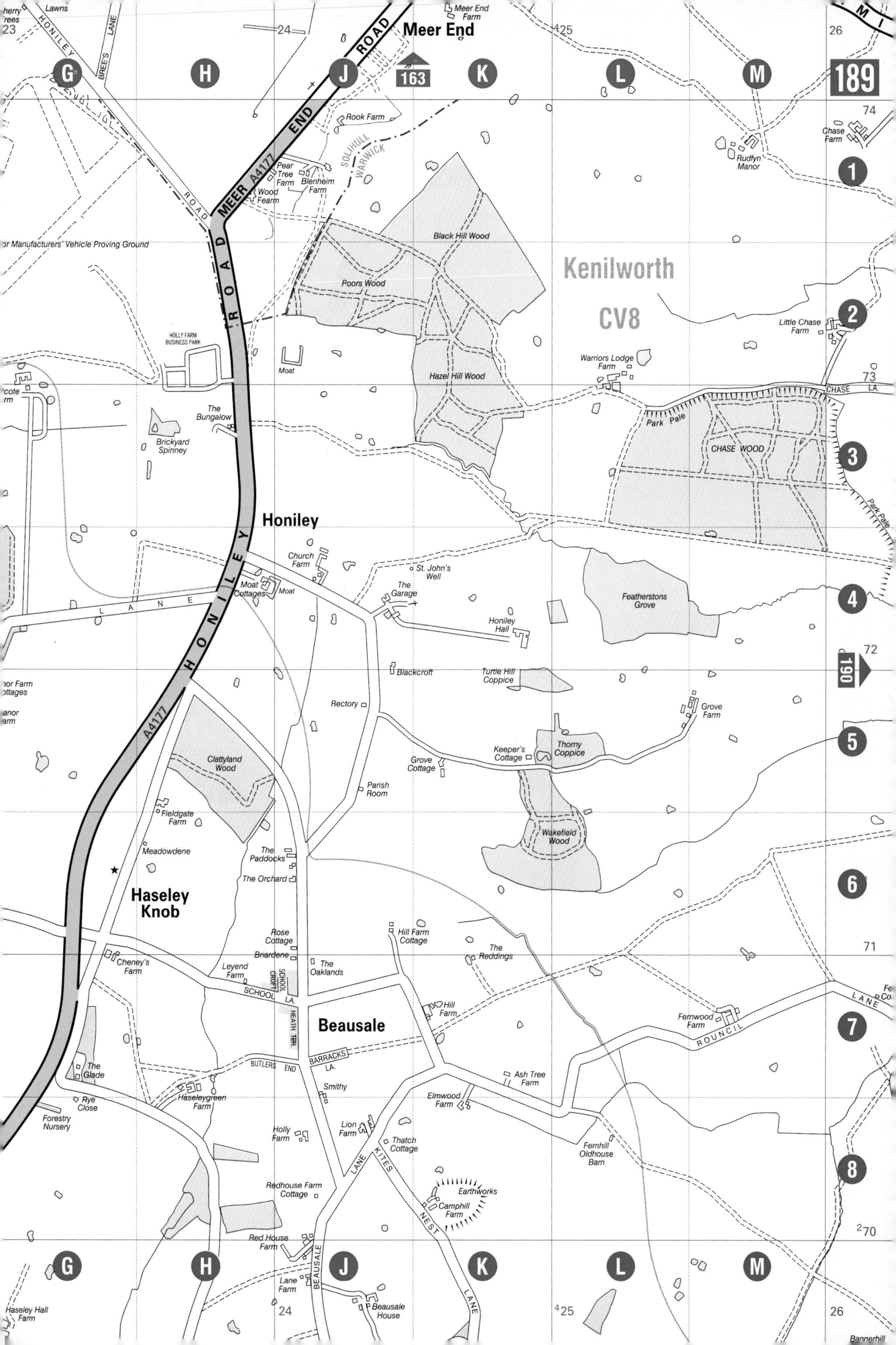

189
Meer End
163
Meer End Farm
MEER END ROAD
A4177
HONILEY ROAD
BREE'S LANE
Rook Farm
SOLIHULL
WARWICK
Pear Tree Farm
Blenheim Farm
Wood Fearm
Rudfyn Manor
Chase Farm
Motor Manufacturers' Vehicle Proving Ground
Black Hill Wood
Poors Wood
Kenilworth
CV8
HOLLY FARM BUSINESS PARK
Moat
Hazel Hill Wood
Warriors Lodge Farm
Little Chase Farm
CHASE LA.
Park Pale
CHASE WOOD
The Bungalow
Brickyard Spinney
Honiley
Church Farm
Moat Cottages
St. John's Well
The Garage
Featherstons Grove
LANE
HONILEY
Honiley Hall
Blackcroft
Turtle Hill Coppice
190
Rectory
Grove Farm
Keeper's Cottage
Thorny Coppice
Grove Cottage
Clattyland Wood
Parish Room
Fieldgate Farm
Wakefield Wood
Meadowdene
The Paddocks
The Orchard
Haseley Knob
Rose Cottage
Hill Farm Cottage
The Reddings
Briardene
Cheney's Farm
The Oaklands
Leyend Farm
SCHOOL CROFT
SCHOOL LA.
HEATH TER.
Hill Farm
Beausale
Fernwood Farm
ROUNCIL LANE
BUTLERS END
BARRACKS LA.
The Glade
Ash Tree Farm
Smithy
Rye Close
Haseleygreen Farm
Elmwood Farm
Forestry Nursery
Lion Farm
Holly Farm
Thatch Cottage
Fernhill Oldhouse Barn
KITES NEST LANE
Earthworks
Camphill Farm
Redhouse Farm Cottage
Red House Farm
BEAUSALE LANE
Lane Farm
Beausale House
Haseley Hall Farm
Bannerhill
G H J K L M
1 2 3 4 5 6 7 8
23 24 425 26
74 73 72 71 270

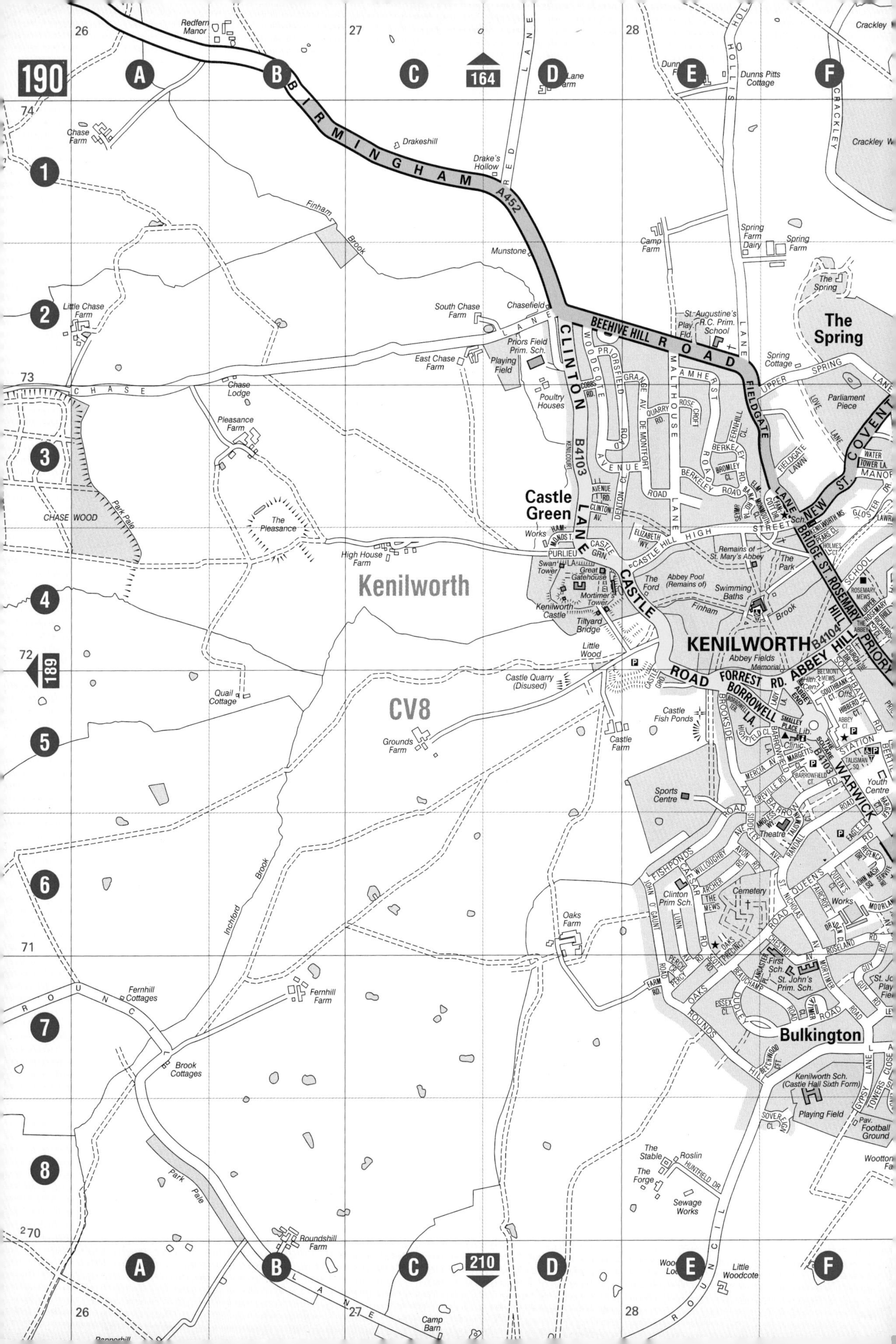

164
210
189
Redfern Manor
BIRMINGHAM ROAD A452
Drakeshill
Drake's Hollow
RED LANE
Dunns Pitts Cottage
HOLLIS LANE
Crackley
CRACKLEY LANE
Crackley Wood
Chase Farm
Finham Brook
Munstone
Camp Farm
Spring Farm Dairy
Spring Farm
The Spring
Little Chase Farm
South Chase Farm
Chasefield
BEEHIVE HILL ROAD
St. Augustine's R.C. Prim. School
Play. Fld.
Priors Field Prim. Sch.
Playing Field
East Chase Farm
Spring Cottage
UPPER SPRING LANE
CHASE LANE
Chase Lodge
Poultry Houses
CLINTON LANE
B4103
WOODCOTE AV.
PRIORSFIELD RD.
GRANGE AV.
AMHERST RD.
MALTHOUSE LANE
QUARRY RD.
ROSE CROFT
DE MONTFORT RD.
FERNHILL CL.
FIELDGATE LANE
Parliament Piece
LOVE LANE
FIELDGATE LAWN
Pleasance Farm
COBBS RD.
KENILCOURT
AVENUE ROAD
BERKELEY RD.
BROMLEY CL.
NEW ST.
COVENTRY RD.
WATER TOWER LA.
MANOR
CHASE WOOD
Park Pale
Castle Green
AVENUE RD.
CLINTON AV.
DENTON CL.
ELIZABETH WY.
CASTLE HILL
HIGH STREET
KENILWORTH MS.
PEARS CL.
GLOSTER
The Pleasance
Works
HAMMONDS TER.
PURLIEU LA.
CASTLE GRN.
Remains of St. Mary's Abbey
The Park
HOLMES CT.
SCHOOL LANE
High House Farm
Swan Tower
Great Gatehouse
The Ford
Abbey Pool (Remains of)
Swimming Baths
BRIDGE ST.
ROSEMARY HILL
ROSEMARY MEWS
Kenilworth
Kenilworth Castle
Mortimer's Tower
Tiltyard Bridge
CASTLE RD.
Finham Brook
KENILWORTH
B4104
Little Wood
Abbey Fields
Memorial
ABBEY HILL
PRIORY
CHURCH LA.
Castle Quarry (Disused)
FORREST RD.
BORROWELL LA.
ABBEY END
Hlth. Cen.
BELMONT MEWS
SOUTHBANK RD.
Offs.
HIBBERD CT.
ABBEY CT.
Quail Cottage
CV8
Castle Fish Ponds
BROOKSIDE AV.
HIGHFIELD CL.
SMALLEY PLACE
Lib.
Clinic
THE SQUARE
STATION RD.
TALISMAN SQ.
Grounds Farm
Castle Farm
MERCIA AV.
MARGETTS CL.
BARROWFIELD LA.
BARROWFIELD CT.
Sports Centre
GREVILLE RD.
Youth Centre
WARWICK RD.
BARRON WY.
ANGLESEY WY.
Theatre
TALISMAN CT.
RANDALL RD.
EAGLE ST.
SIDDELEY AV.
FISHPONDS RD.
WILLOUGHBY AV.
AVON RD.
Inchford Brook
Clinton Prim Sch.
CAESAR RD.
ARCHER RD.
THE MEWS
Cemetery
ST. NICHOLAS RD.
QUEENS RD.
QUEENS CL.
JOHN NASH SQ.
Works
MOORLANDS
JOHN O'GAUNT RD.
LUNN AV.
FAIRCROFT
DALKEITH AV.
Oaks Farm
OAKS PRECINCT
ROSELAND RD.
CHESTNUT AV.
First Sch.
St. John's Prim. Sch.
St. John's Playing Field
MORTIMER RD.
Fernhill Cottages
Fernhill Farm
PERCY RD.
PERCY CR.
FARM RD.
OAKS RD.
LANCASTER PL.
BEAUCHAMP RD.
ESSEX CL.
DUDLEY RD.
GUY RD.
ROUNCIL LANE
ROUNDS HILL
Bulkington
BEECHWOOD CFT.
Brook Cottages
Kenilworth Sch. (Castle Hall Sixth Form)
GYPSY LANE
TOWERS CLOSE
Playing Field
SOVEREIGN CL.
Pav.
Football Ground
Wootton Fm.
The Stable
Roslin
The Forge
HUNTFIELD DR.
Sewage Works
Park Pale
Roundshill Farm
LANE
Wood Lodge
Little Woodcote
ROUNCIL
Camp Barn
Pepperhill
26
27
28
74
73
72
71
270

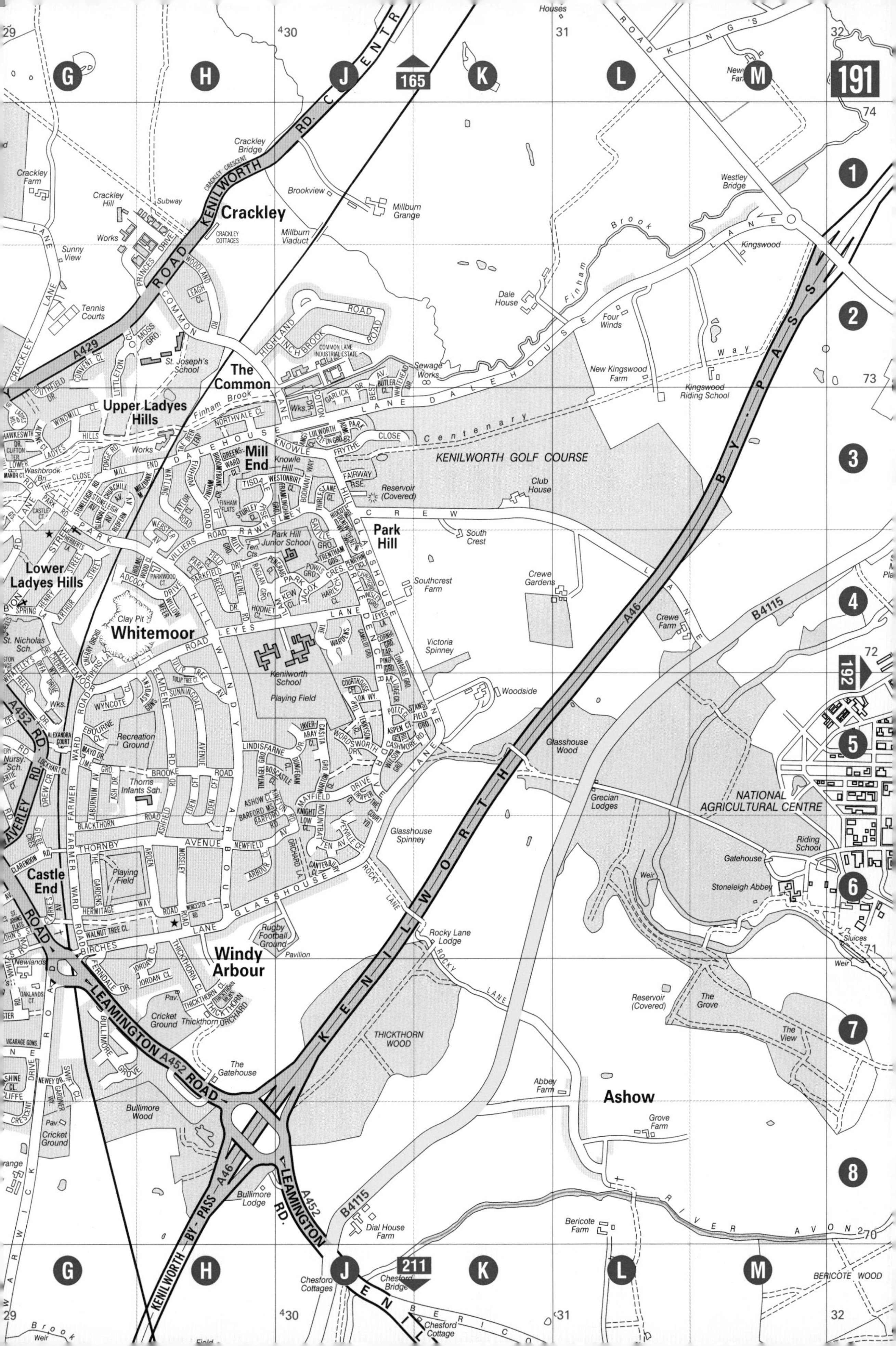

191
165
211
192
G
H
J
K
L
M
1
2
3
4
5
6
7
8
Crackley
The Common
Upper Ladyes Hills
Mill End
Park Hill
Lower Ladyes Hills
Whitemoor
Castle End
Windy Arbour
Ashow
KENILWORTH GOLF COURSE
NATIONAL AGRICULTURAL CENTRE
KENILWORTH BY-PASS
KENILWORTH ROAD
LEAMINGTON ROAD
A429
A452
A46
B4115
RIVER AVON
Crackley Farm
Crackley Hill
Crackley Bridge
Sunny View
Tennis Courts
Works
Subway
Brookview
Millburn Grange
Millburn Viaduct
St. Joseph's School
Common Lane Industrial Estate
Sewage Works
Dale House
Four Winds
New Kingswood Farm
Kingswood Riding School
Kingswood
Westley Bridge
Finham Brook
Centenary Way
Club House
Reservoir (Covered)
South Crest
Southcrest Farm
Crewe Gardens
Crewe Farm
Victoria Spinney
Woodside
Glasshouse Wood
Grecian Lodges
Gatehouse
Riding School
Stoneleigh Abbey
Sluices
Weir
The Grove
The View
Kenilworth School
Playing Field
Park Hill Junior School
Clay Pit
St. Nicholas Sch.
Recreation Ground
Thorns Infants Sch.
Rugby Football Ground
Pavilion
Rocky Lane Lodge
Glasshouse Spinney
THICKTHORN WOOD
Cricket Ground
The Gatehouse
Abbey Farm
Grove Farm
Bullimore Wood
Bullimore Lodge
Dial House Farm
Bericote Farm
BERICOTE WOOD
Chesford Cottages
Chesford Bridge
Chesford Cottage
Newlands
29
430
31
32
74
73
72
71
70

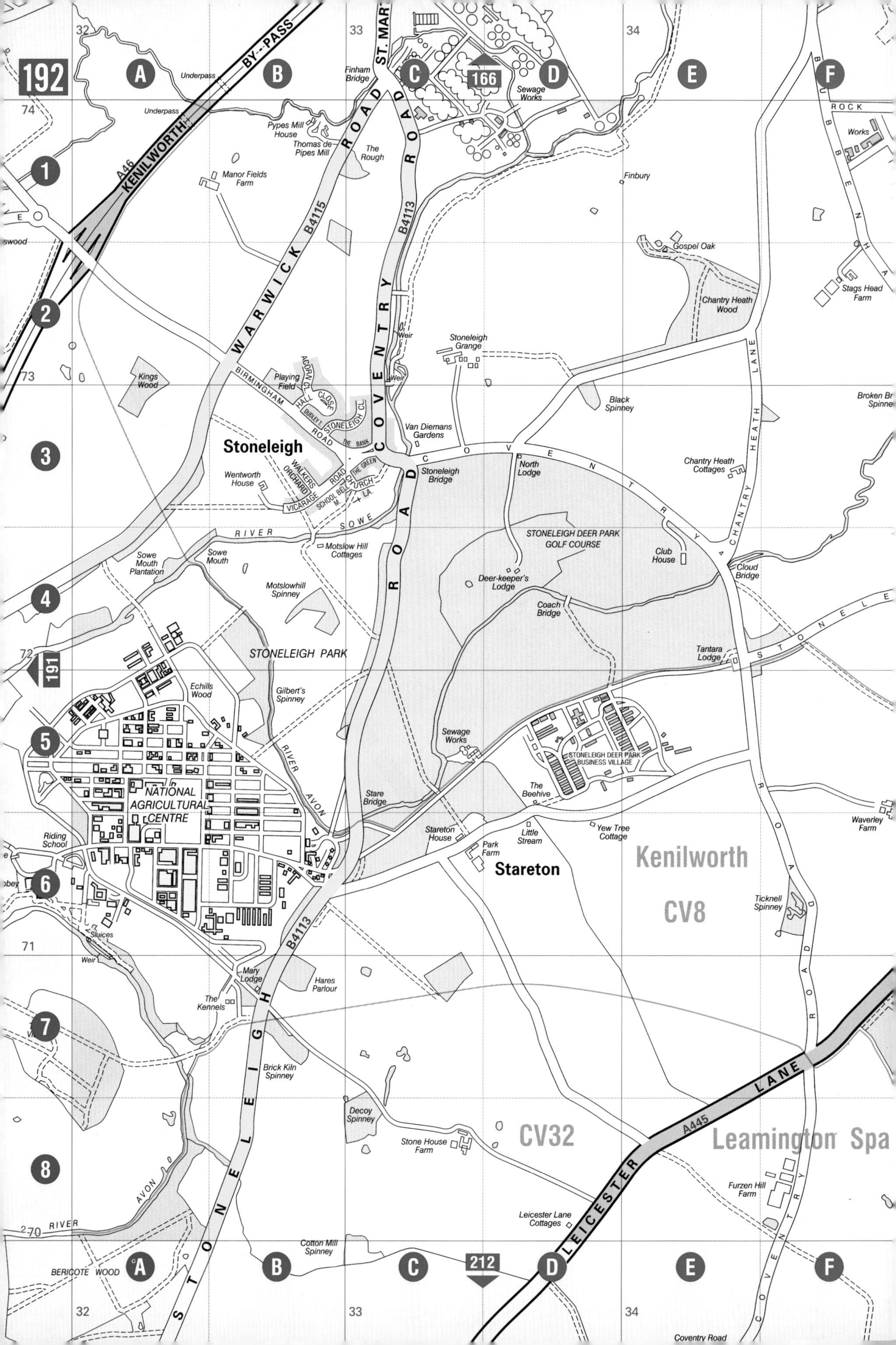

A 32 B 33 C ST. MAR D 34 E F

A46 KENILWORTH BY-PASS

74

Underpass

Finham Bridge

166

Sewage Works

ROCK

1

Underpass

Pypes Mill House

Thomas de Pipes Mill

The Rough

Finbury

Manor Fields Farm

WARWICK B4115 ROAD

COVENTRY ROAD B4113

Works

2

73

Kings Wood

BIRMINGHAM ROAD

Weir

Gospel Oak

Chantry Heath Wood

Stags Head Farm

Playing Field

Stoneleigh Grange

Weir

Black Spinney

Broken Br Spinney

ACORN CL.
HALL CLOSE
STONELEIGH CL.
THE BANK

Van Diemans Gardens

Chantry Heath Cottages

CHANTRY HEATH LANE

3

Stoneleigh

Wentworth House

WALKERS ORCHARD
VICARAGE
SCHOOL
THE GREEN
SOWE
BED
M
CHURCH LA.

Stoneleigh Bridge

North Lodge

COVENTRY

STONELEIGH DEER PARK GOLF COURSE

Club House

Cloud Bridge

RIVER

SOWE

Motslow Hill Cottages

ROAD

4

Sowe Mouth Plantation

Sowe Mouth

Motslowhill Spinney

STONELEIGH PARK

Deer-keeper's Lodge

Coach Bridge

Tantara Lodge

STONELE

72

◄191

Echills Wood

Gilbert's Spinney

RIVER

AVON

Sewage Works

STONELEIGH DEER PARK BUSINESS VILLAGE

Waverley Farm

5

NATIONAL AGRICULTURAL CENTRE

Stare Bridge

The Beehive

Kenilworth

CV8

Riding School

bey

Stareton House

Park Farm

Little Stream

Yew Tree Cottage

Ticknell Spinney

6

71

Sluices

Weir

B4113

Mary Lodge

Hares Parlour

Stareton

STONELEIGH

7

The Kennels

Brick Kiln Spinney

LANE

A445

8

Decoy Spinney

Stone House Farm

CV32

Leamington Spa

Furzen Hill Farm

RIVER

AVON

270

Cotton Mill Spinney

Leicester Lane Cottages

LEICESTER

COVENTRY ROAD

BERICOTE WOOD

A 32 B 33 C 212 D 34 E F

Coventry Road

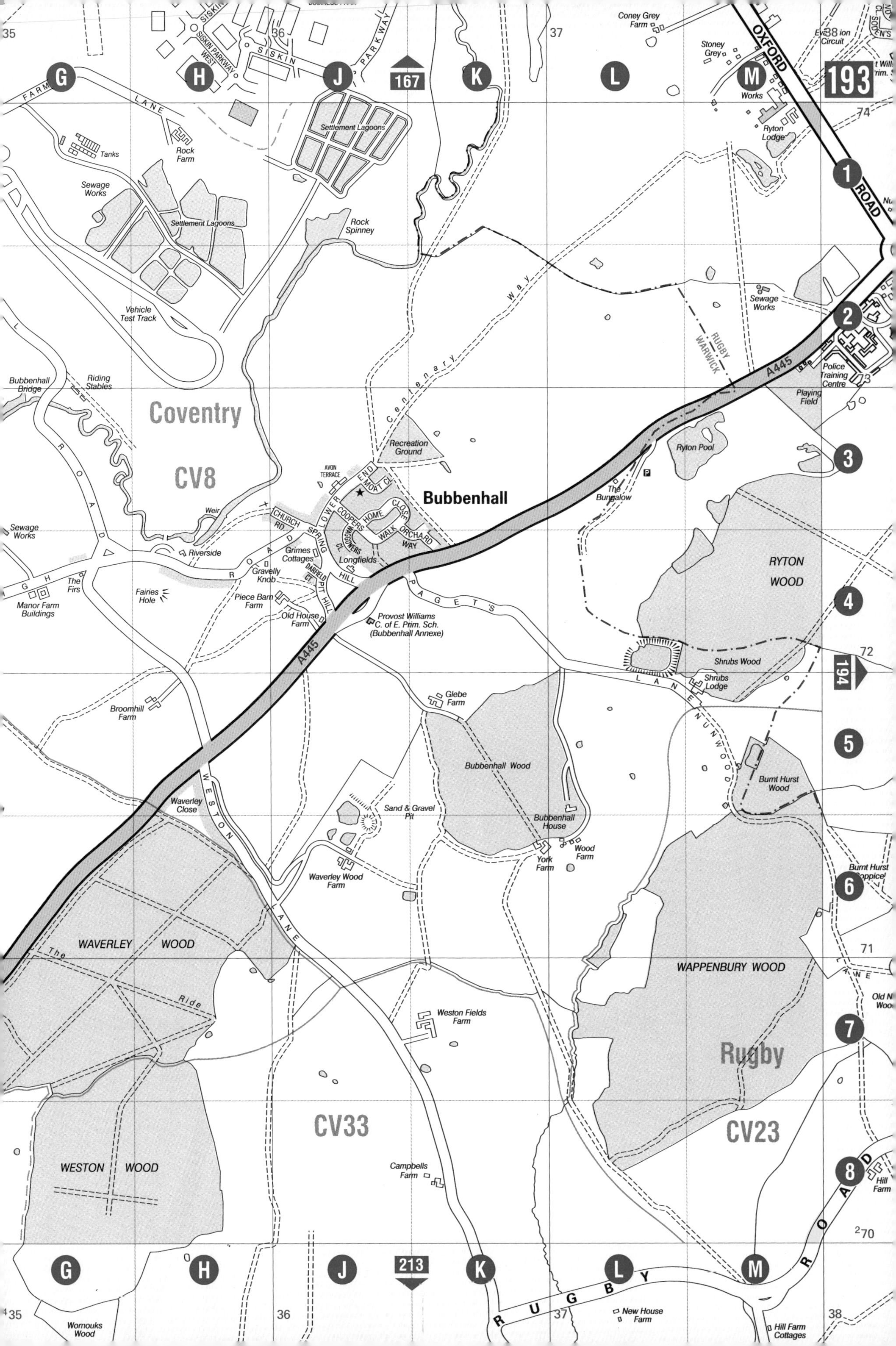
193
167
194
213
Coventry
CV8
Bubbenhall
CV33
CV23
Rugby
OXFORD ROAD
A445
Coney Grey Farm
Stoney Grey
Works
Ryton Lodge
Evolution Circuit
SISKIN PARKWAY WEST
SISKIN PARKWAY
FARM LANE
Tanks
Rock Farm
Sewage Works
Settlement Lagoons
Rock Spinney
Vehicle Test Track
Bubbenhall Bridge
Riding Stables
Centenary Way
RUGBY
WARWICK
Sewage Works
Police Training Centre
Playing Field
Ryton Pool
The Bungalow
Recreation Ground
AVON TERRACE
LOWER END
MOAT CL
COOPERS
HOME CLOSE
WALK
ORCHARD WAY
WAGGONERS CL
CHURCH RD.
SPRING HILL
DARFIELD CT
PIT HILL
Weir
Riverside
Grimes Cottages
Longfields
Gravelly Knob
Piece Barn Farm
Old House Farm
Provost Williams C. of E. Prim. Sch. (Bubbenhall Annexe)
PAGET'S LANE
Sewage Works
The Firs
Fairies Hole
Manor Farm Buildings
RYTON WOOD
Shrubs Wood
Shrubs Lodge
NUNWOOD LANE
Glebe Farm
Broomhill Farm
Bubbenhall Wood
Burnt Hurst Wood
Sand & Gravel Pit
Bubbenhall House
York Farm
Wood Farm
Waverley Wood Farm
Waverley Close
WESTON LANE
Burnt Hurst Coppice
WAVERLEY WOOD
The Ride
WAPPENBURY WOOD
Weston Fields Farm
Old N Woo
WESTON WOOD
Campbells Farm
Hill Farm
New House Farm
Hill Farm Cottages
Wornouks Wood
RUGBY ROAD
G
H
J
K
L
M
1
2
3
4
5
6
7
8
35
36
37
38
74
73
72
71
70

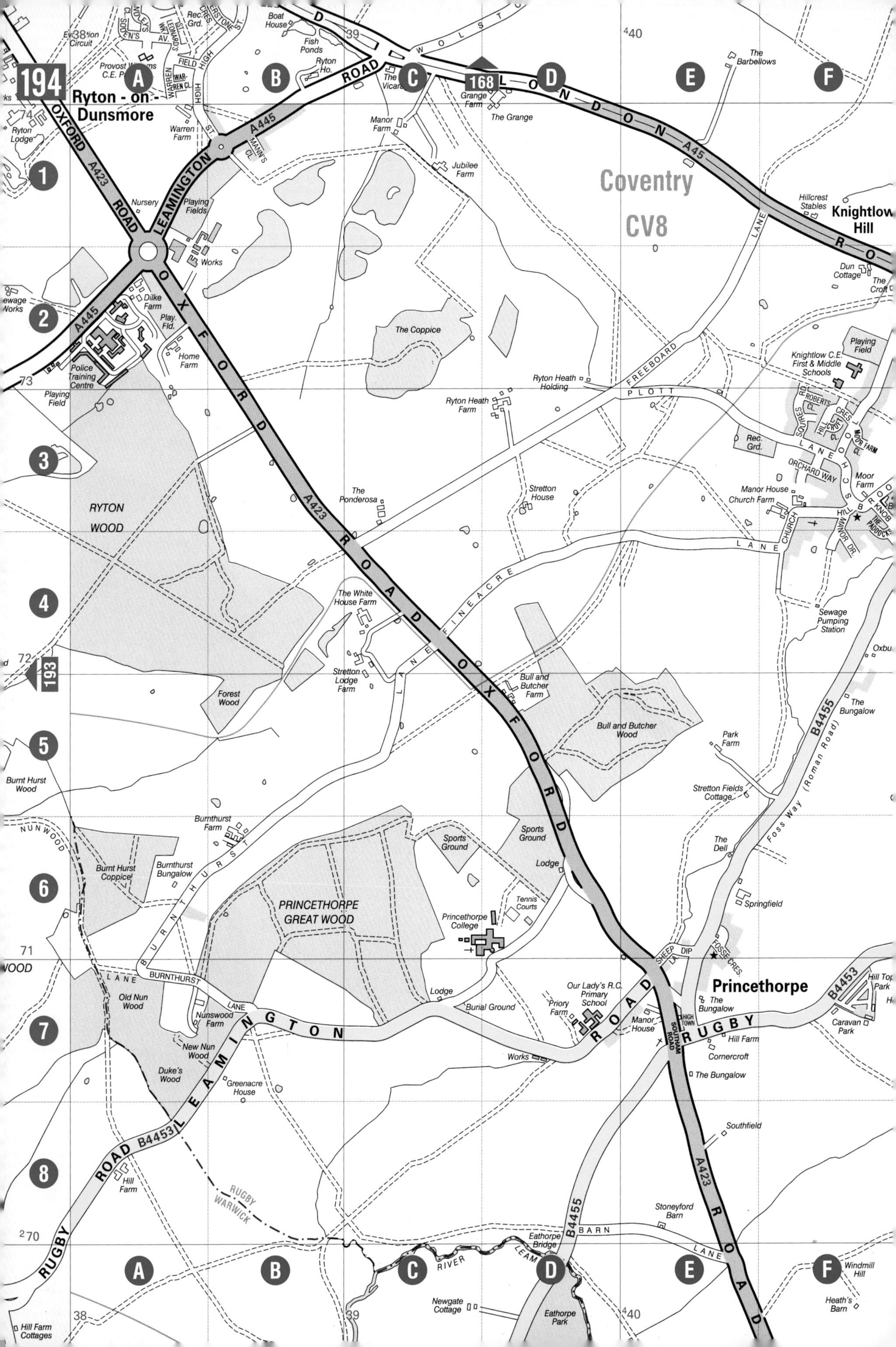
Ryton - on - Dunsmore
Coventry
CV8
Knightlow Hill
Princethorpe
OXFORD ROAD
A423
LEAMINGTON
A445
LONDON ROAD
A45
RUGBY ROAD
B4453
B4455
Foss Way (Roman Road)
RYTON WOOD
Forest Wood
The Coppice
PRINCETHORPE GREAT WOOD
Bull and Butcher Wood
Burnt Hurst Wood
Burnt Hurst Coppice
Old Nun Wood
New Nun Wood
Duke's Wood
Police Training Centre
Princethorpe College
Our Lady's R.C. Primary School
Knightlow C.E. First & Middle Schools
Ryton Heath Farm
Stretton House
The White House Farm
Stretton Lodge Farm
Bull and Butcher Farm
Burnthurst Farm
Nunswood Farm
Greenacre House
Hill Farm
Eathorpe Bridge
Eathorpe Park
Newgate Cottage
Stoneyford Barn
Southfield
Windmill Hill
Heath's Barn
Caravan Park
Hill Top Park
Park Farm
Stretton Fields Cottage
The Dell
Springfield
Sewage Pumping Station
The Bungalow
Manor House
Priory Farm
Works
Burial Ground
Lodge
Sports Ground
Tennis Courts
FINEACRE LANE
BURNTHURST LANE
PLOTT LANE
FREEBOARD LANE
CHURCH LANE
BARN LANE
SHEEP DIP LA.
FOSSE CRES.
SOUTHAM ROAD
HIGH TOWN
Grange Farm
The Grange
Manor Farm
Jubilee Farm
The Barbellows
Hillcrest Stables
Dun Cottage
The Croft
Ryton Heath Holding
The Ponderosa
Manor House Church Farm
Moor Farm
Dilke Farm
Home Farm
Playing Field
Nursery
Warren Farm
Boat House
Fish Ponds
Ryton Ho.
Provost Williams C.E. P.
Ryton Lodge
RIVER LEAM
RUGBY
WARWICK
168
193
A B C D E F
1 2 3 4 5 6 7 8
38 39 440
73 72 71 270

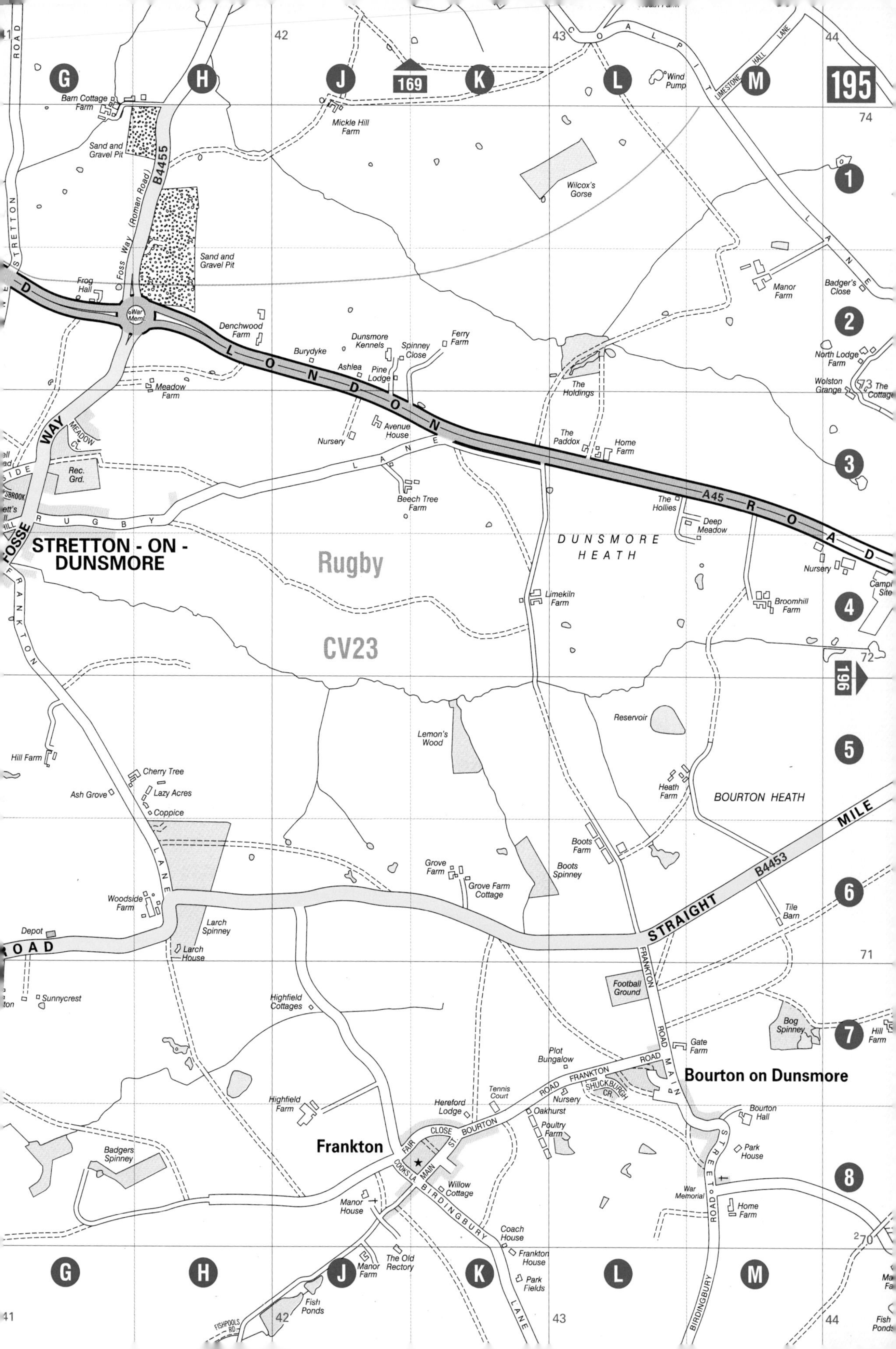
169
196
G
H
J
K
L
M
1
2
3
4
5
6
7
8
41
42
43
44
74
73
72
71
70
COAL PIT LANE
LIMESTONE HALL LANE
Wind Pump
Barn Cottage Farm
Mickle Hill Farm
Sand and Gravel Pit
B4455
Foss Way (Roman Road)
Wilcox's Gorse
STRETTON ROAD
Sand and Gravel Pit
Frog Hall
War Meml.
Denchwood Farm
Manor Farm
Badger's Close
Dunsmore Kennels
Burydyke
Spinney Close
Ferry Farm
Ashlea
Pine Lodge
North Lodge Farm
Wolston Grange
The Cottage
Meadow Farm
LONDON ROAD
The Holdings
MEADOW CL.
FOSSE WAY
Avenue House
Nursery
The Paddox
Home Farm
LANE
Rec. Grd.
Beech Tree Farm
The Hollies
Deep Meadow
A45 ROAD
RUGBY
STRETTON - ON - DUNSMORE
Rugby
DUNSMORE HEATH
Nursery
Camp Site
FRANKTON
Limekiln Farm
Broomhill Farm
CV23
Reservoir
Lemon's Wood
Hill Farm
Cherry Tree
Ash Grove
Lazy Acres
Coppice
Heath Farm
BOURTON HEATH
LANE
Boots Farm
Boots Spinney
Grove Farm
Grove Farm Cottage
Woodside Farm
STRAIGHT MILE
B4453
Tile Barn
Depot
ROAD
Larch Spinney
Larch House
FRANKTON ROAD
Football Ground
Sunnycrest
Highfield Cottages
Bog Spinney
Hill Farm
Gate Farm
Plot Bungalow
FRANKTON ROAD
SHUCKBURGH CR.
Bourton on Dunsmore
MAIN STREET
Highfield Farm
Hereford Lodge
Tennis Court
Nursery
Oakhurst
Bourton Hall
Poultry Farm
FAIR CLOSE
BOURTON ST.
Frankton
Park House
Badgers Spinney
COOKS LA.
MAIN
War Memorial
Willow Cottage
BIRDINGBURY
Home Farm
Manor House
Coach House
Manor Farm
The Old Rectory
Frankton House
Park Fields
BIRDINGBURY ROAD
Fish Ponds
FISHPOOLS RD.
LANE
Fish Ponds

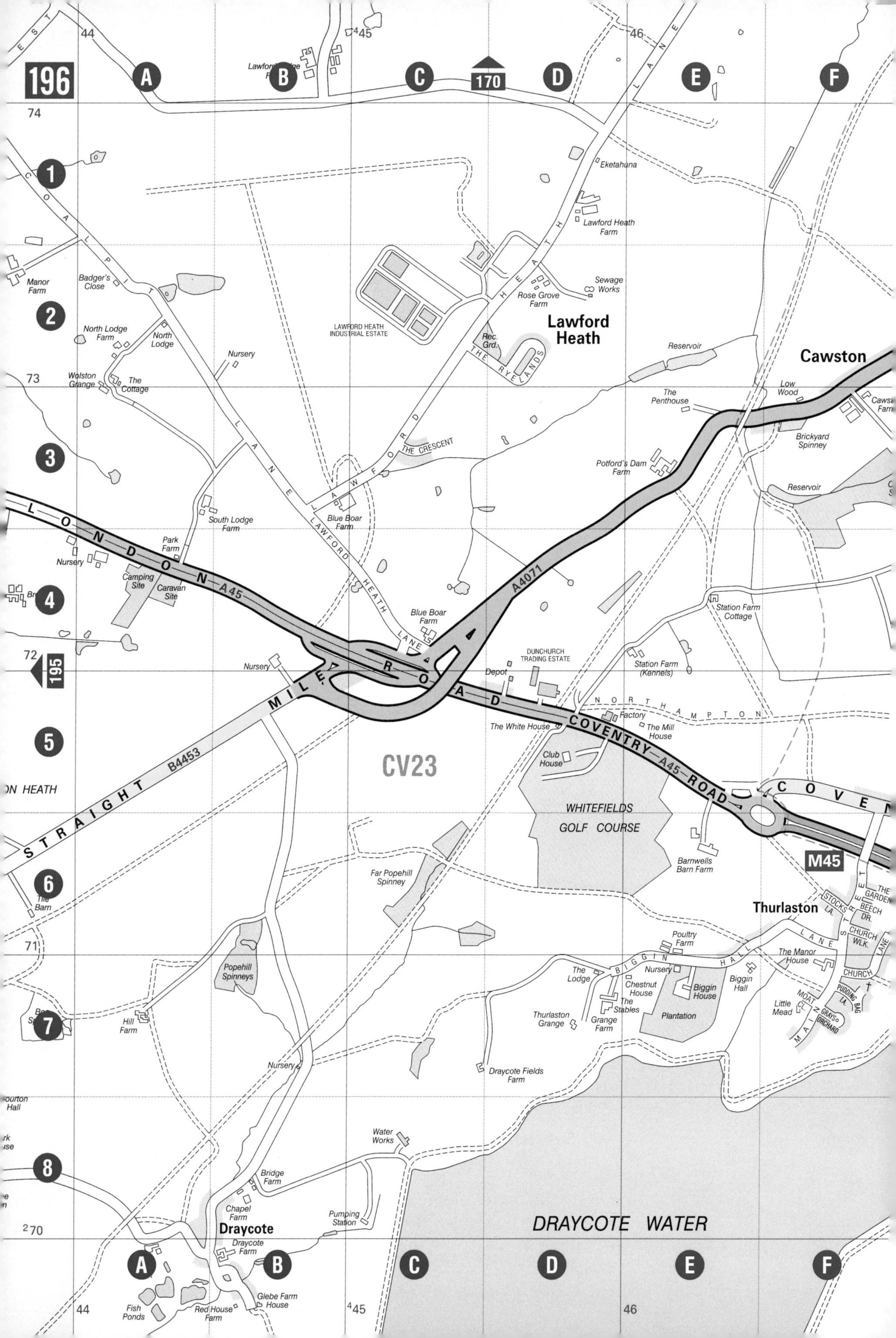
Lawford Heath
Cawston
Thurlaston
Draycote
DRAYCOTE WATER
CV23
LAWFORD HEATH INDUSTRIAL ESTATE
DUNCHURCH TRADING ESTATE
WHITEFIELDS GOLF COURSE
LONDON ROAD A45
COVENTRY A45 ROAD
A4071
M45
STRAIGHT MILE B4453
NORTHAMPTON LANE
BIGGIN HALL LANE
LAWFORD HEATH LANE
LAWFORD LANE
COALPIT LANE
THE RYELANDS
THE CRESCENT
Eketahuna
Lawford Heath Farm
Sewage Works
Rose Grove Farm
Rec. Grd.
Reservoir
Low Wood
The Penthouse
Brickyard Spinney
Potford's Dam Farm
Blue Boar Farm
South Lodge Farm
Park Farm
Nursery
Camping Site
Caravan Site
Manor Farm
Badger's Close
North Lodge Farm
North Lodge
Wolston Grange
The Cottage
Station Farm Cottage
Station Farm (Kennels)
Depot
Factory
The Mill House
The White House
Club House
Barnwells Barn Farm
Far Popehill Spinney
Popehill Spinneys
Hill Farm
The Barn
Poultry Farm
The Lodge
Chestnut House
The Stables
Biggin House
Biggin Hall
Plantation
Thurlaston Grange
Grange Farm
The Manor House
Little Mead
STOCKS LA.
BEECH DR.
CHURCH WLK.
CHURCH
MOAT CL.
PUDDING BAG LA.
GRAYS ORCHARD
MAIN
Draycote Fields Farm
Water Works
Bridge Farm
Chapel Farm
Pumping Station
Draycote Farm
Glebe Farm House
Red House Farm
Fish Ponds
ON HEATH
170
195
44
445
46
74
73
72
71
270

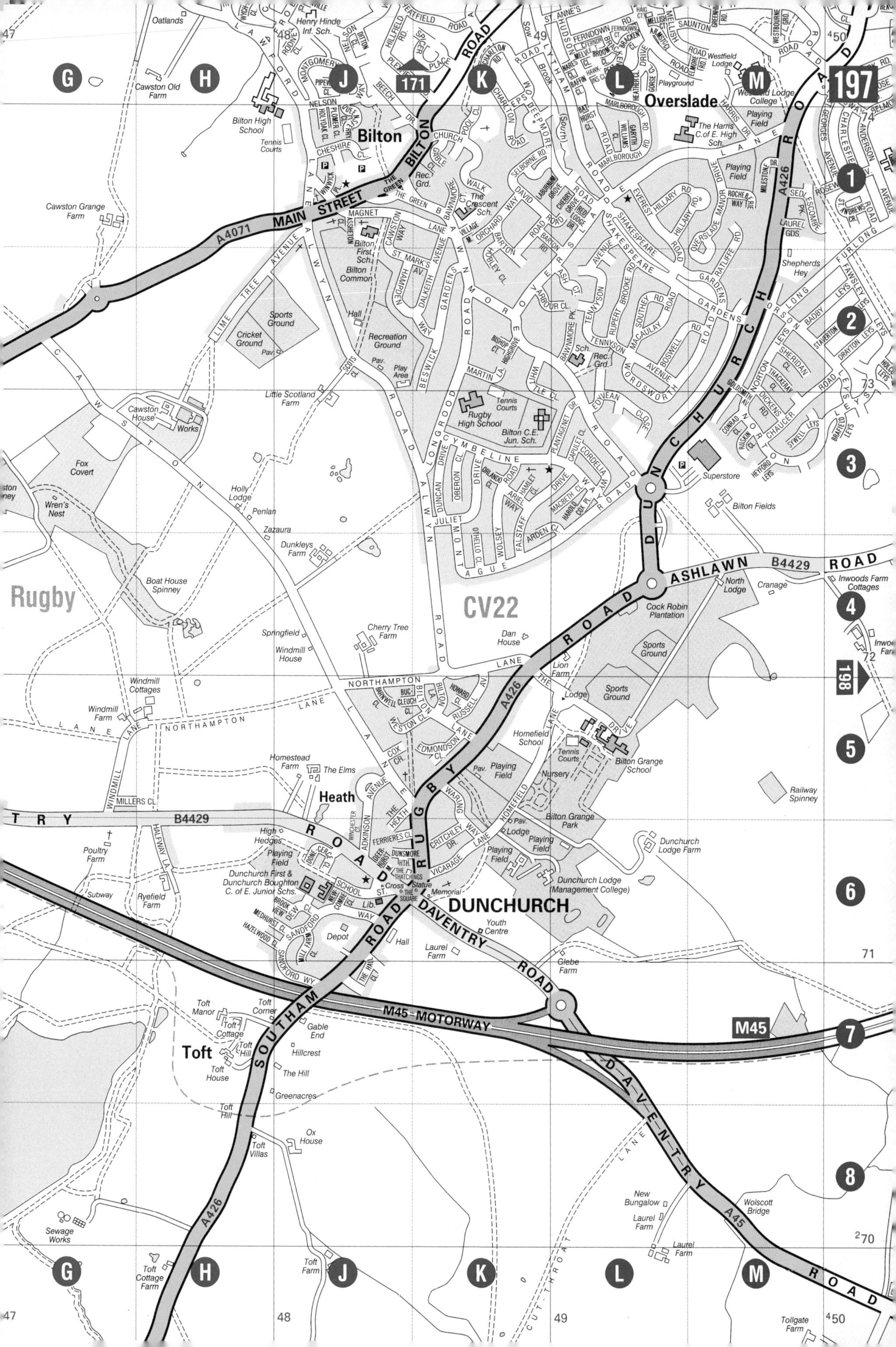

197
171
198
Bilton
Overslade
Rugby
CV22
Heath
DUNCHURCH
Toft
A4071 MAIN STREET
BILTON ROAD
A426 DUNCHURCH ROAD
B4429 ASHLAWN ROAD
A426 RUGBY ROAD
SOUTHAM ROAD
A426
DAVENTRY ROAD
A45 DAVENTRY ROAD
M45 MOTORWAY
M45
B4429
CAWSTON LANE
NORTHAMPTON LANE
WINDMILL LANE
LIME TREE AVENUE
ALWYN ROAD
LONGROOD ROAD
MONTAGUE ROAD
CYMBELINE
MOREDOVERS ROAD
SHAKESPEARE GARDENS
LAWFORD LANE
Oatlands
Henry Hinde Inf. Sch.
Cawston Old Farm
Bilton High School
Tennis Courts
Cawston Grange Farm
Rec. Grd.
The Crescent Sch.
Bilton First Sch.
Bilton Common
Sports Ground
Cricket Ground
Pav.
Hall
Recreation Ground
Play Area
Little Scotland Farm
Cawston House
Works
Fox Covert
Wren's Nest
Holly Lodge
Penlan
Zazaura
Dunkleys Farm
Boat House Spinney
Rugby High School
Bilton C.E. Jun. Sch.
Cherry Tree Farm
Springfield
Windmill House
Windmill Cottages
Windmill Farm
Dan House
Lion Farm
Homefield School
Lodge
Sports Ground
Bilton Grange School
Tennis Courts
Nursery
Playing Field
Bilton Grange Park
Homestead Farm
The Elms
High Hedges
Poultry Farm
Ryefield Farm
Subway
Dunchurch First & Dunchurch Boughton C. of E. Junior Schs.
Lib.
Cross
Statue
Memorial
Depot
Youth Centre
Laurel Farm
Glebe Farm
Dunchurch Lodge (Management College)
Dunchurch Lodge Farm
Railway Spinney
Toft Manor
Toft Corner
Toft Cottage
Toft Hill
Toft House
Gable End
Hillcrest
The Hill
Greenacres
Ox House
Toft Villas
Sewage Works
Toft Cottage Farm
Toft Farm
New Bungalow
Laurel Farm
Wolscott Bridge
Tollgate Farm
CUT THROAT LANE
Playground
Westfield Lodge
Westwood Lodge College
Playing Field
The Harris C.of E. High Sch.
Shepherds Hey
Superstore
Bilton Fields
North Lodge
Cranage
Inwoods Farm Cottages
Cock Robin Plantation
G H J K L M
1 2 3 4 5 6 7 8
47 48 49 450
74 73 72 71 270

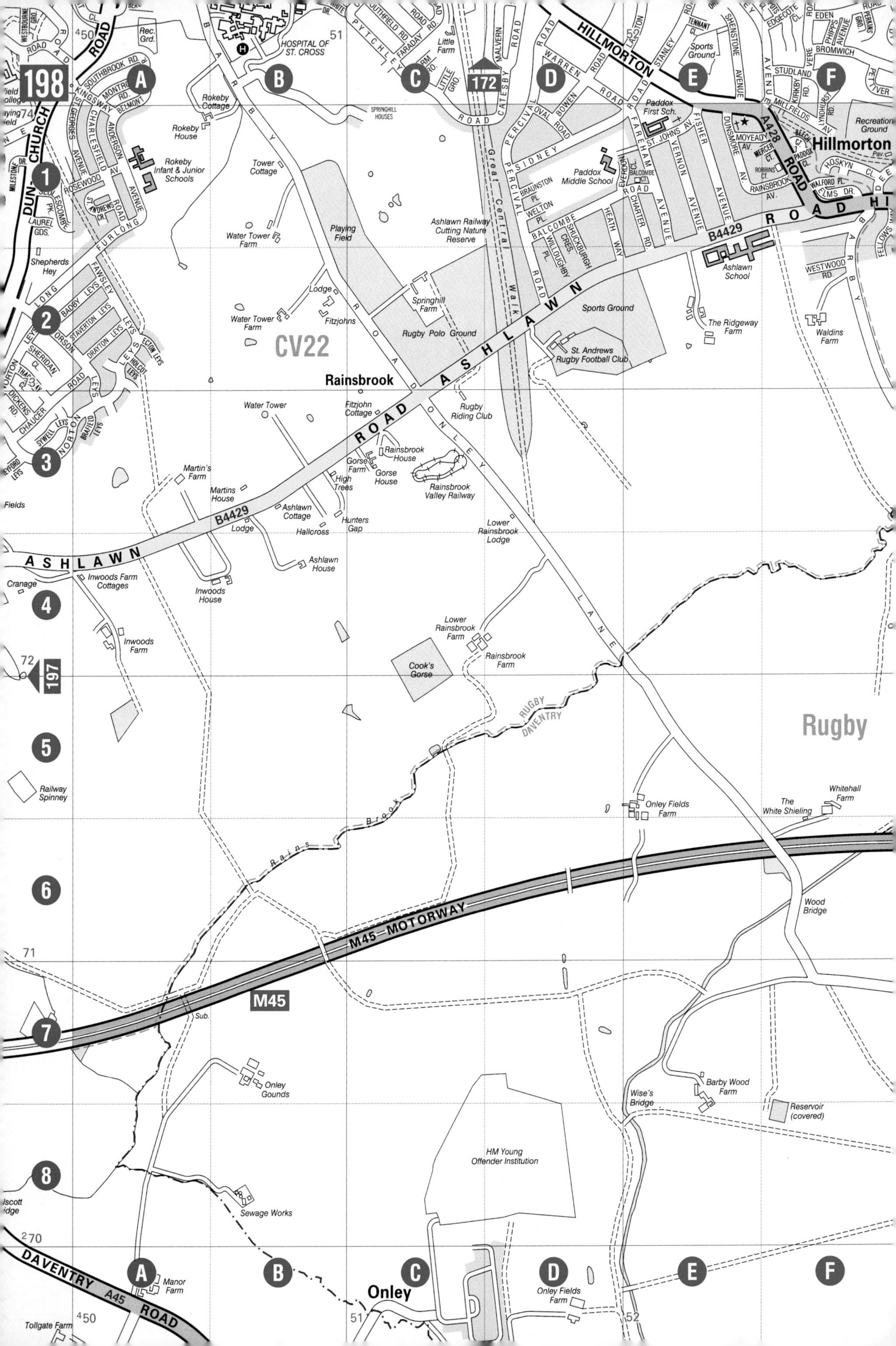

A   B   C   D   E   F

DUNCHURCH ROAD

Rec. Grd.

HOSPITAL OF ST. CROSS

51

HILLMORTON

Sports Ground

172

Recreation Ground

Hillmorton

Rokeby Cottage
Rokeby House
Rokeby Infant & Junior Schools

Shepherds Hey

Tower Cottage

SPRINGHILL HOUSES

Little Farm

Little Gro.

Paddox First Sch.

1

Water Tower Farm

Playing Field

Ashlawn Railway Cutting Nature Reserve

Paddox Middle School

Ashlawn School

Lodge

Water Tower Farm

Fitzjohns

Springhill Farm

Rugby Polo Ground

Sports Ground

St. Andrews Rugby Football Club

The Ridgeway Farm

Waldins Farm

2

CV22

Rainsbrook

Water Tower

Fitzjohn Cottage

Rugby Riding Club

ASHLAWN ROAD

DONLEY

Martin's Farm

High Trees

Gorse Farm

Gorse House

Rainsbrook House

Rainsbrook Valley Railway

3

ASHLAWN ROAD B4429

Martins House

Ashlawn Cottage

Hunters Gap

Lodge

Hallcross

Ashlawn House

Lower Rainsbrook Lodge

Fields

Cranage

Inwoods Farm Cottages

Inwoods House

4

72

197

Inwoods Farm

Cook's Gorse

Lower Rainsbrook Farm

Rainsbrook Farm

LANE

Rugby

RUGBY DAVENTRY

5

Railway Spinney

Rains Brook

Onley Fields Farm

Whitehall Farm

The White Shieling

6

71

M45 MOTORWAY

Wood Bridge

M45

Sub.

7

Onley Gounds

Wise's Bridge

Barby Wood Farm

Reservoir (covered)

8

scott dge

Sewage Works

HM Young Offender Institution

270

DAVENTRY ROAD A45

Manor Farm

Onley

Onley Fields Farm

Tollgate Farm

450

A   B   C   51   D   52   E   F

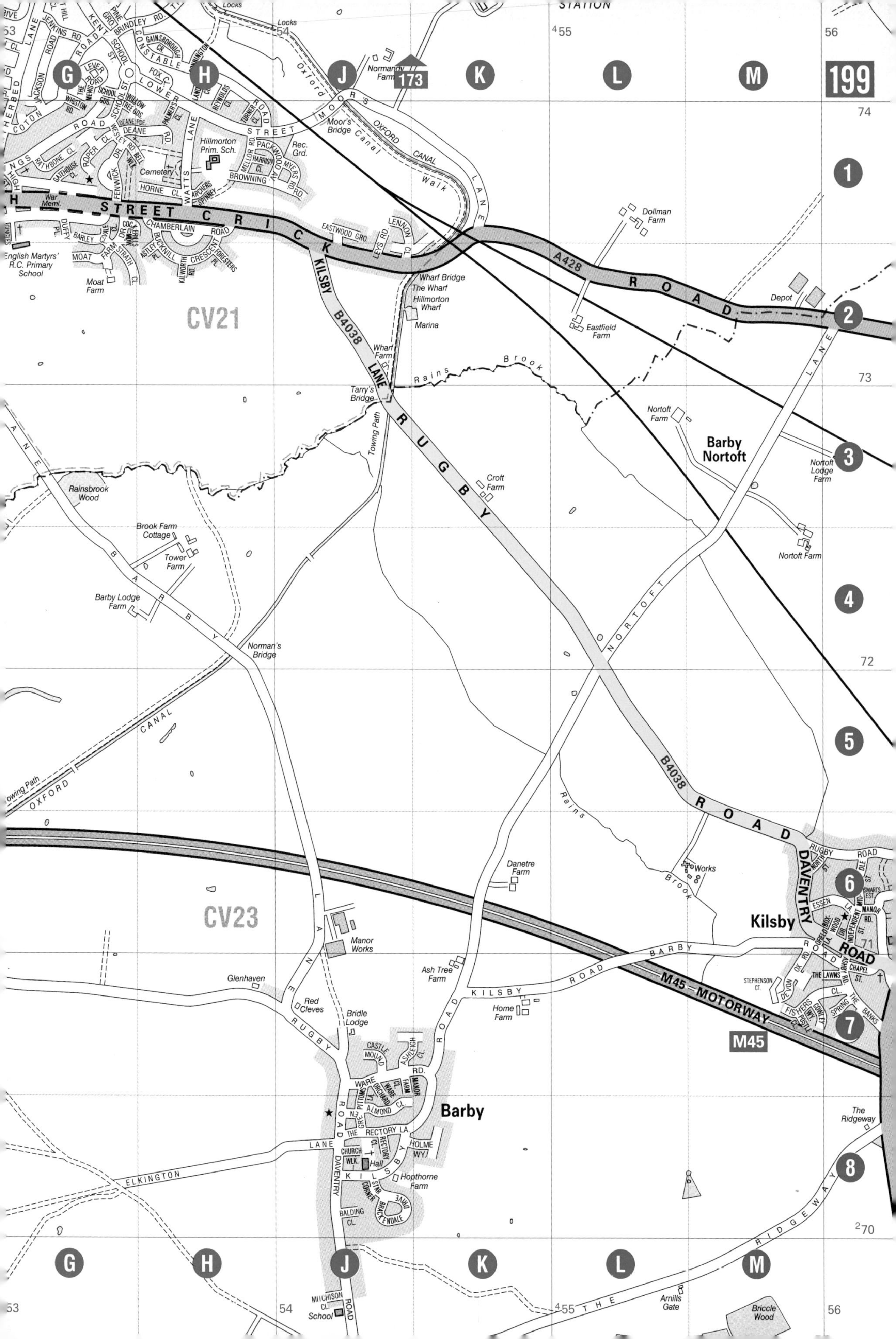
173
Normandy Farm
Locks
Oxford Canal
Moor's Bridge
MOORS STREET
Rec. Grd.
Hillmorton Prim. Sch.
Cemetery
War Meml.
STREET CRICK ROAD
English Martyrs' R.C. Primary School
Moat Farm
CV21
A428 ROAD
Dollman Farm
Eastfield Farm
Depot
Wharf Bridge
The Wharf
Hillmorton Wharf
Marina
Wharf Farm
Tarry's Bridge
KILSBY LANE
B4038
Rains Brook
RUGBY
Towing Path
Nortoft Farm
Barby Nortoft
Nortoft Lodge Farm
Croft Farm
Rainsbrook Wood
Brook Farm Cottage
Tower Farm
Barby Lodge Farm
BARBY LANE
Norman's Bridge
CANAL
OXFORD
NORTOFT LANE
B4038 ROAD
Rains Brook
Works
Danetre Farm
CV23
Manor Works
Glenhaven
Red Cleves
Bridle Lodge
Ash Tree Farm
KILSBY ROAD
Home Farm
BARBY ROAD
M45 MOTORWAY
M45
Kilsby
DAVENTRY ROAD
RUGBY ROAD
Barby
ELKINGTON LANE
DAVENTRY ROAD
Hall
Hopthorne Farm
The Ridgeway
THE RIDGEWAY
Arnills Gate
Briccle Wood
MITCHISON CL.
School
G
H
J
K
L
M
1
2
3
4
5
6
7
8
53
54
55
56
74
73
72
71
70

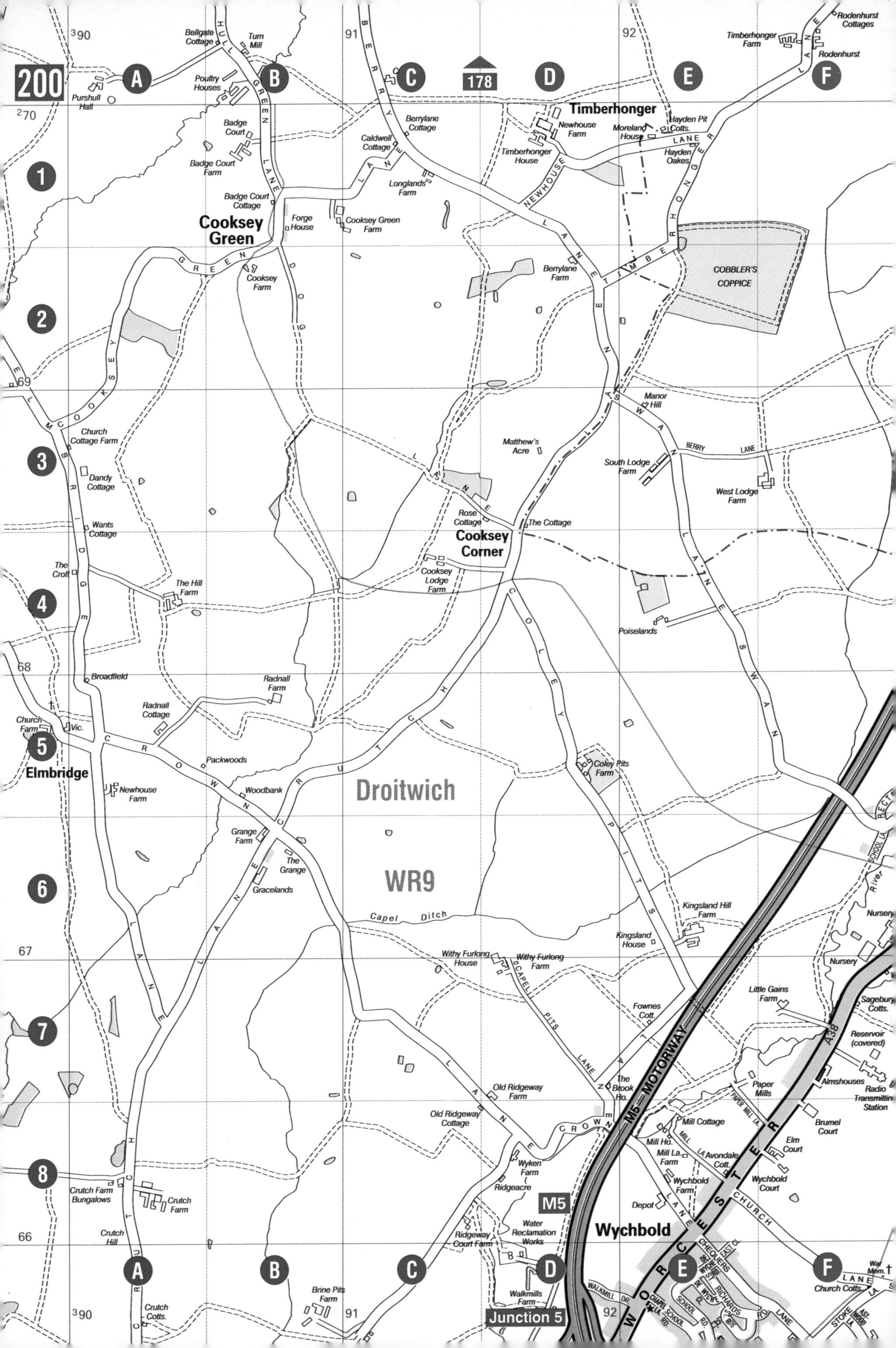

178
Timberhonger
Cooksey Green
Cooksey Corner
Droitwich
WR9
Elmbridge
Wychbold
Junction 5
M5
M5 — MOTORWAY
A38
COBBLER'S COPPICE
Purshull Hall
Bellgate Cottage
Turn Mill
Poultry Houses
Badge Court
Badge Court Farm
Badge Court Cottage
Forge House
Cooksey Farm
Berrylane Cottage
Caldwell Cottage
Longlands Farm
Cooksey Green Farm
Newhouse Farm
Timberhonger House
Moreland House
Hayden Pit Cotts.
Hayden Oakes
Timberhonger Farm
Rodenhurst Cottages
Rodenhurst
Berrylane Farm
Manor Hill
Matthew's Acre
South Lodge Farm
West Lodge Farm
Rose Cottage
The Cottage
Cooksey Lodge Farm
Poiselands
Church Cottage Farm
Dandy Cottage
Wants Cottage
The Croft
The Hill Farm
Broadfield
Radnall Farm
Radnall Cottage
Church Farm
Vic.
Packwoods
Newhouse Farm
Woodbank
Coley Pits Farm
Grange Farm
The Grange
Gracelands
Capel Ditch
Kingsland Hill Farm
Kingsland House
Withy Furlong House
Withy Furlong Farm
Fownes Cott.
Little Gains Farm
Sagebury Cotts.
Nursery
Reservoir (covered)
Almshouses
Radio Transmitting Station
Paper Mills
The Brook Ho.
Old Ridgeway Farm
Old Ridgeway Cottage
Mill Cottage
Mill Ho.
Mill La. Farm
Avondale Cott.
Brumel Court
Elm Court
Wychbold Farm
Wychbold Court
Wyken Farm
Ridgeacre
Depot
Water Reclamation Works
Ridgeway Court Farm
Walkmills Farm
Crutch Farm Bungalows
Crutch Farm
Crutch Hill
Crutch Cotts.
Brine Pits Farm
War Mem.
Church Cotts.
HULL LANE
GREEN LANE
BERRY LANE
GREEN LANE
DODGE LANE
NEWHOUSE LANE
TIMBERHONGER LANE
SWAN LANE
BERRY LANE
ELMBRIDGE LANE
COOKSEY LANE
COLEY PITS LANE
CRUTCH LANE
CROWN LANE
CAPEL PITS LANE
PAPER MILL LA.
MILL LA.
WORCESTER RD.
CHURCH LANE
CHEQUERS LA.
EAST CL.
WALKMILL DR.
SCHOOL RD.
RICHARDS RD.
DE WYCHE CL.
CHAPEL LA.
STOKE LA.
ASTWOOD LA.
SCHOOL LA.
River
RECTORY
390
270
91
92
69
68
67
66
A
B
C
D
E
F
1
2
3
4
5
6
7
8

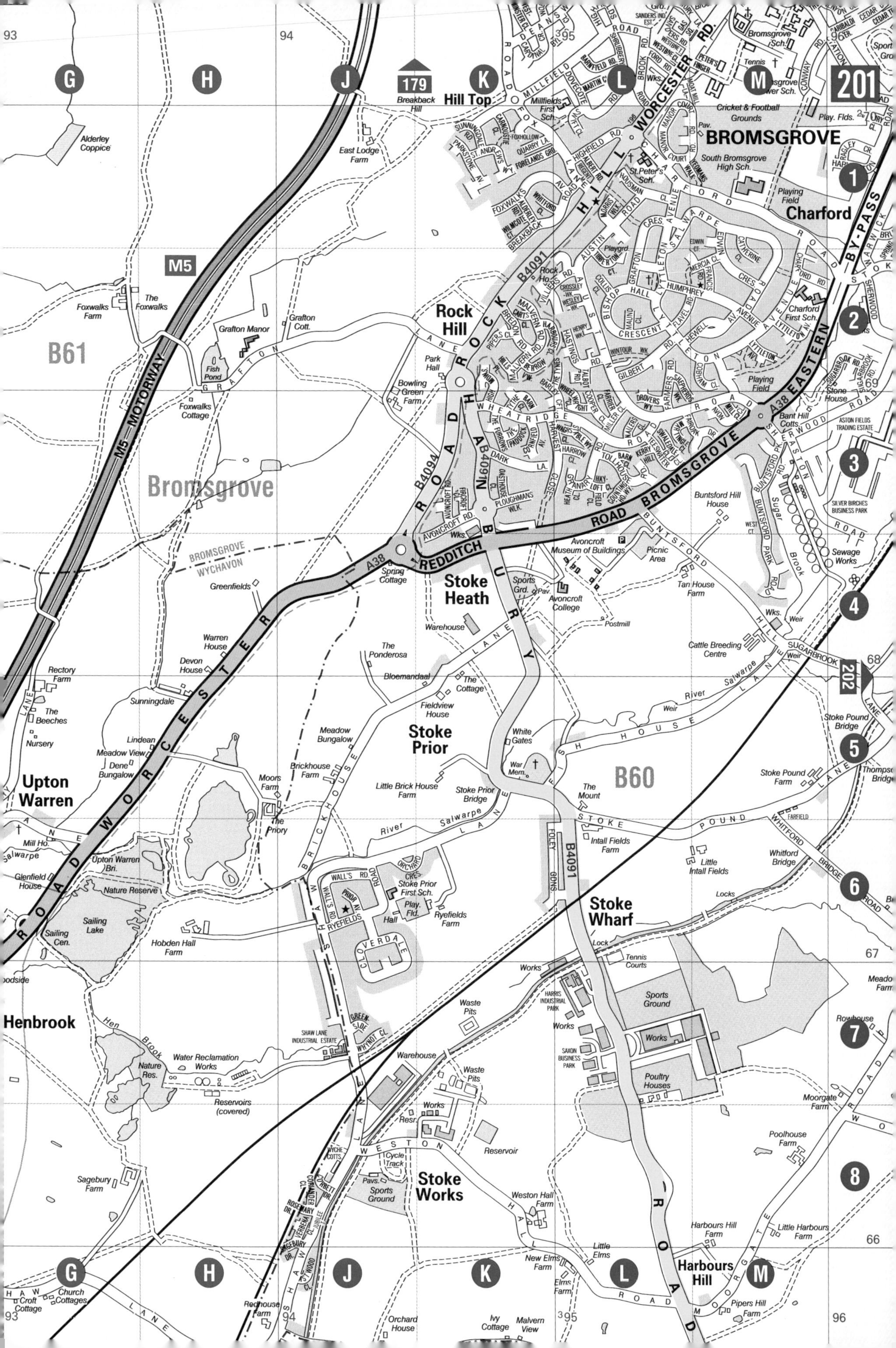

BROMSGROVE
Charford
Hill Top
Rock Hill
Stoke Heath
Stoke Prior
Upton Warren
Stoke Wharf
Henbrook
Stoke Works
Harbours Hill
Bromsgrove
B61
B60
M5
M5 – MOTORWAY
179
202
BROMSGROVE
WYCHAVON
Alderley Coppice
East Lodge Farm
Breakback Hill
The Foxwalks
Foxwalks Farm
Grafton Manor
Grafton Cott.
Fish Pond
Foxwalks Cottage
Park Hall
Bowling Green Farm
Greenfields
Spring Cottage
Warren House
Devon House
Rectory Farm
The Beeches
Nursery
Sunningdale
Lindean
Meadow View
Dene Bungalow
Mill Ho.
Upton Warren Bri.
Glenfield House
Nature Reserve
Sailing Lake
Sailing Cen.
Hobden Hall Farm
Moors Farm
The Priory
Brickhouse Farm
Meadow Bungalow
The Ponderosa
Bloemandaal
The Cottage
Fieldview House
Warehouse
Little Brick House Farm
Stoke Prior Bridge
White Gates
War Mem.
The Mount
Sports Grd.
Avoncroft College
Avoncroft Museum of Buildings
Picnic Area
Tan House Farm
Postmill
Buntsford Hill House
Cattle Breeding Centre
Sewage Works
Weir
SILVER BIRCHES BUSINESS PARK
ASTON FIELDS TRADING ESTATE
Bant Hill Cotts.
Stone House
Stoke Pound Bridge
Stoke Pound Farm
Thompson's Bridge
Whitford Bridge
Intall Fields Farm
Little Intall Fields
Locks
Lock
Tennis Courts
Sports Ground
Works
Poultry Houses
HARRIS INDUSTRIAL PARK
SAXON BUSINESS PARK
Waste Pits
Stoke Prior First Sch.
Play. Fld.
Ryefields Farm
SHAW LANE INDUSTRIAL ESTATE
Water Reclamation Works
Nature Res.
Reservoirs (covered)
Resr.
Reservoir
Cycle Track
Pavs.
Sports Ground
Weston Hall Farm
Little Elms
New Elms Farm
Elms Farm
Harbours Hill Farm
Little Harbours Farm
Moorgate Farm
Poolhouse Farm
Rowhouse Farm
Meadow Farm
Pipers Hill Farm
Sagebury Farm
Church Cottages
Croft Cottage
Redhouse Farm
Orchard House
Ivy Cottage
Malvern View
Millfields First Sch.
St.Peter's Sch.
South Bromsgrove High Sch.
Cricket & Football Grounds
Play. Flds.
Playing Field
Charford First Sch.
Playgrd.
Rock Ho.
Pav.
Tennis
ROCK HILL
WORCESTER RD.
WORCESTER ROAD
REDDITCH ROAD
BROMSGROVE ROAD
EASTERN BY-PASS
BURCOT LANE
BURY LANE
SHAW LANE
WESTON HALL ROAD
HANBURY ROAD
MOORGATE ROAD
STOKE POUND LANE
SHEPHOUSE LANE
SUGARBROOK LANE
BUNTSFORD HILL
GRAFTON LANE
CHARFORD ROAD
SALWARPE ROAD
BRICKHOUSE LANE
WESTON LANE
WHITFORD BRIDGE ROAD
River Salwarpe
Hen Brook
Sugar Brook
A38
B4091
B4094
A4091
93
94
95
96
66
67
68
69
70
G
H
J
K
L
M
1
2
3
4
5
6
7
8

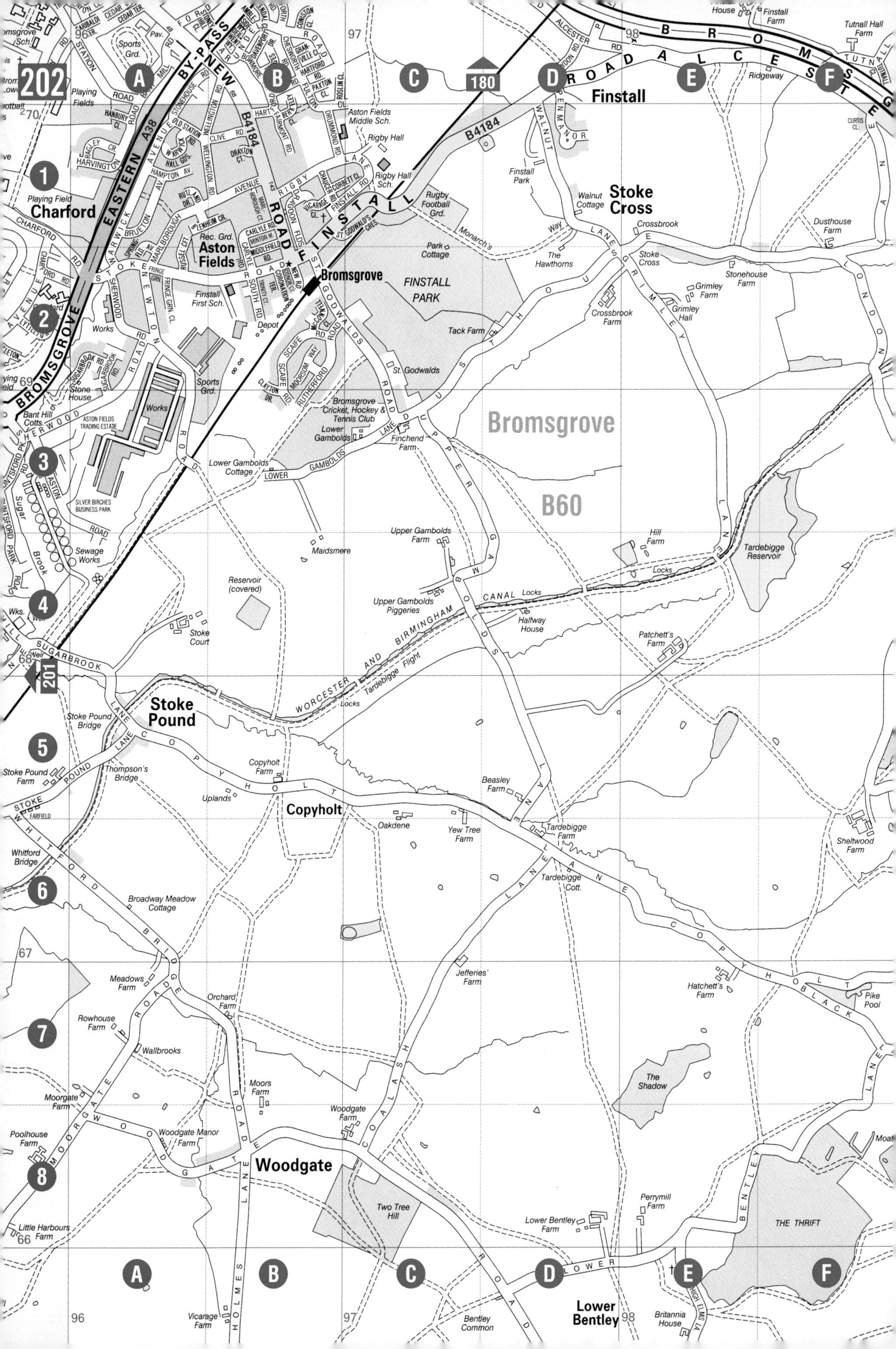
202
180
201
A
B
C
D
E
F
1
2
3
4
5
6
7
8
96
97
98
70
69
68
67
66
Charford
Aston Fields
Bromsgrove
Finstall
Stoke Cross
Stoke Pound
Copyholt
Woodgate
Lower Bentley
B60
FINSTALL PARK
NEW BY-PASS
EASTERN A38
BROMSGROVE
B4184
FINSTALL ROAD
ALCESTER ROAD
BROMSGROVE
Playing Fields
Playing Field
Sports Grd.
Rec. Grd.
Finstall First Sch.
Aston Fields Middle Sch.
Rigby Hall
Rigby Hall Sch.
Rugby Football Grd.
Park Cottage
Finstall Park
Walnut Cottage
Crossbrook
The Hawthorns
Monarch's Way
Stonehouse Farm
Grimley Farm
Grimley Hall
Crossbrook Farm
Dusthouse Farm
Tack Farm
St. Godwalds
Bromsgrove Cricket, Hockey & Tennis Club
Lower Gambolds
Finchend Farm
Lower Gambolds Cottage
Aston Fields Trading Estate
Silver Birches Business Park
Works
Depot
Sewage Works
Stone House
Bant Hill Cotts.
Sugar Brook
Maidsmere
Upper Gambolds Farm
Upper Gambolds Piggeries
Reservoir (covered)
Stoke Court
Hill Farm
Tardebigge Reservoir
Locks
Halfway House
Patchett's Farm
WORCESTER AND BIRMINGHAM CANAL
Tardebigge Flight
Stoke Pound Bridge
Stoke Pound Farm
Thompson's Bridge
Copyholt Farm
Uplands
Oakdene
Yew Tree Farm
Beasley Farm
Tardebigge Farm
Tardebigge Cott.
Shelwood Farm
Whitford Bridge
Broadway Meadow Cottage
Jefferies' Farm
Hatchett's Farm
Pike Pool
Meadows Farm
Orchard Farm
Rowhouse Farm
Wallbrooks
The Shadow
Moors Farm
Moorgate Farm
Woodgate Farm
Woodgate Manor Farm
Poolhouse Farm
Two Tree Hill
Perrymill Farm
Lower Bentley Farm
THE THRIFT
Little Harbours Farm
Vicarage Farm
Bentley Common
Britannia House
Ridgeway
Finstall Farm
Tutnall Hall Farm
Moat
UPPER GAMBOLDS LANE
GRIMLEY LANE
LONDON LANE
SHAW LANE
COPYHOLT LANE
WHITFORD ROAD
MOORGATE ROAD
WOODGATE ROAD
HOLMES LANE
COALASH LANE
LOWER BENTLEY LANE
BENTLEY LANE
BLACKPOLE LANE
SUGARBROOK
STOKE POUND LANE
LOWER GAMBOLDS LANE
ST. GODWALDS ROAD
RIGBY LANE
STOKE ROAD
NEW ROAD
Weir

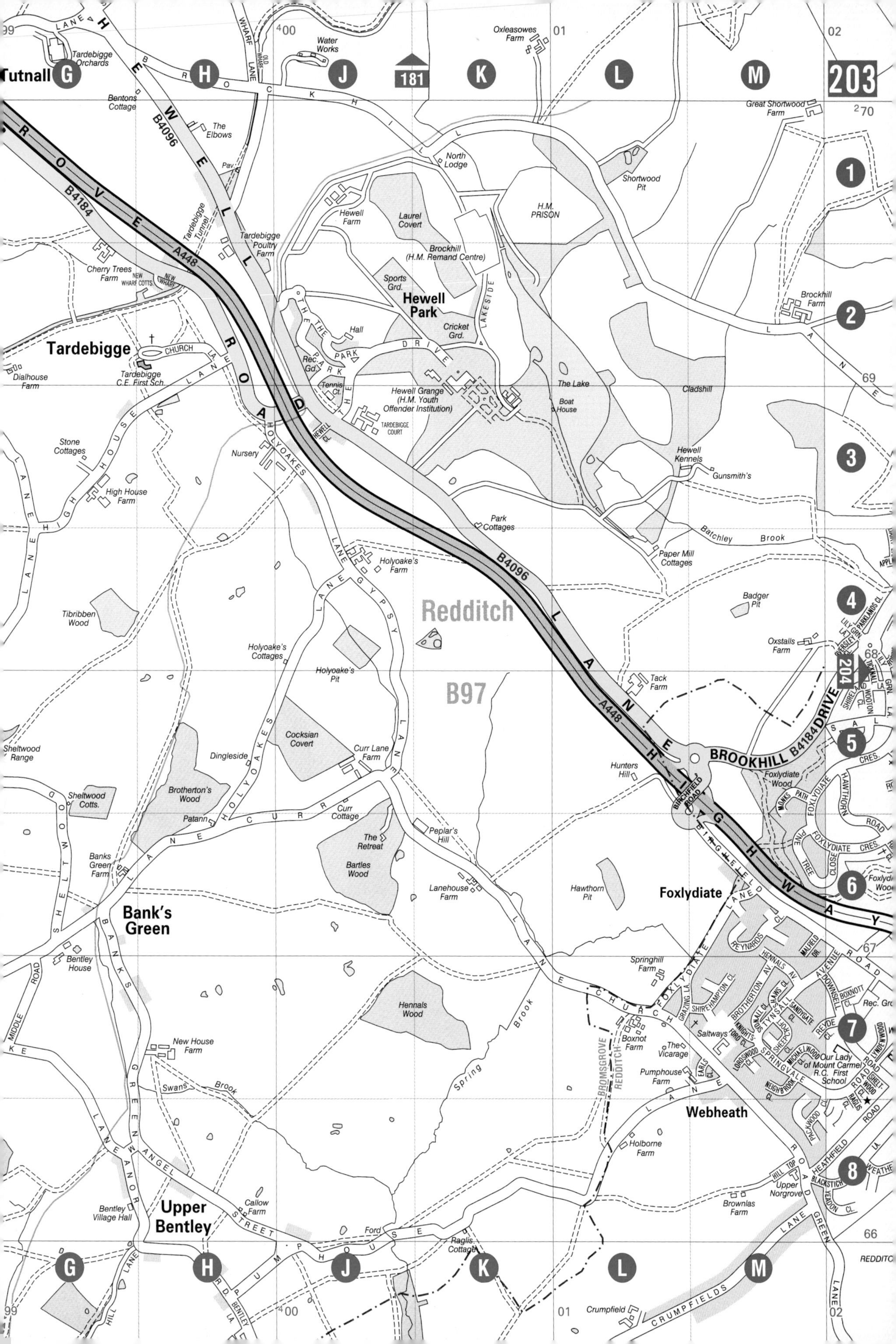
181
204
Tutnall
Tardebigge Orchards
Water Works
Oxleasowes Farm
Great Shortwood Farm
Bentons Cottage
The Elbows
B4096
WHARF LANE
OLD WHARF
HEWELL LANE
BIRCHFIELD ROAD
North Lodge
Shortwood Pit
H.M. PRISON
Hewell Farm
Laurel Covert
Brockhill (H.M. Remand Centre)
Tardebigge Tunnel
Tardebigge Poultry Farm
ROVEL ROAD
B4184
A448
Cherry Trees Farm
NEW WHARF COTTS.
NEW WHARF
Sports Grd.
Hewell Park
Cricket Grd.
LAKESIDE
Brockhill Farm
BROCKHILL LANE
Tardebigge
CHURCH LANE
Tardebigge C.E. First Sch.
Dialhouse Farm
THE PARK
THE DRIVE
Hall
Rec. Gd.
Tennis Ct.
Hewell Grange (H.M. Youth Offender Institution)
TARDEBIGGE COURT
HEWELL CL.
The Lake
Boat House
Cladshill
Stone Cottages
HIGH HOUSE LANE
Nursery
HOLYOAKES LANE
Hewell Kennels
Gunsmith's
High House Farm
Park Cottages
Batchley Brook
Paper Mill Cottages
Holyoake's Farm
GYPSY LANE
Badger Pit
Tibribben Wood
Redditch
Oxstalls Farm
Holyoake's Cottages
Holyoake's Pit
B97
Tack Farm
BROOKHILL DRIVE
Sheltwood Range
Cocksian Covert
Curr Lane Farm
Dingleside
Hunters Hill
Foxlydiate Wood
Sheltwood Cotts.
Brotherton's Wood
Patann
CURR LANE
Curr Cottage
Peplar's Hill
The Retreat
Bartles Wood
Banks Green Farm
Lanehouse Farm
Hawthorn Pit
Foxlydiate
Bank's Green
SHELTWOOD LANE
REYNARDS CL.
Bentley House
Springhill Farm
MIDDLE ROAD
FOXLYDIATE LANE
Hennals Wood
New House Farm
Boxnot Farm
The Vicarage
Saltways
Our Lady of Mount Carmel R.C. First School
Swans Brook
Spring Brook
BROMSGROVE
REDDITCH
Pumphouse Farm
Webheath
Holborne Farm
MANOR LANE
GREEN LANE
ANGEL STREET
Bentley Village Hall
Upper Bentley
Callow Farm
Upper Norgrove
Brownlas Farm
Ford
Raglis Cottage
HUMPHOUSE LANE
Crumpfield
CRUMPFIELDS LANE
HILL LANE
REDDITCH
G H J K L M
1 2 3 4 5 6 7 8
99 400 01 02
270 69 68 67 66

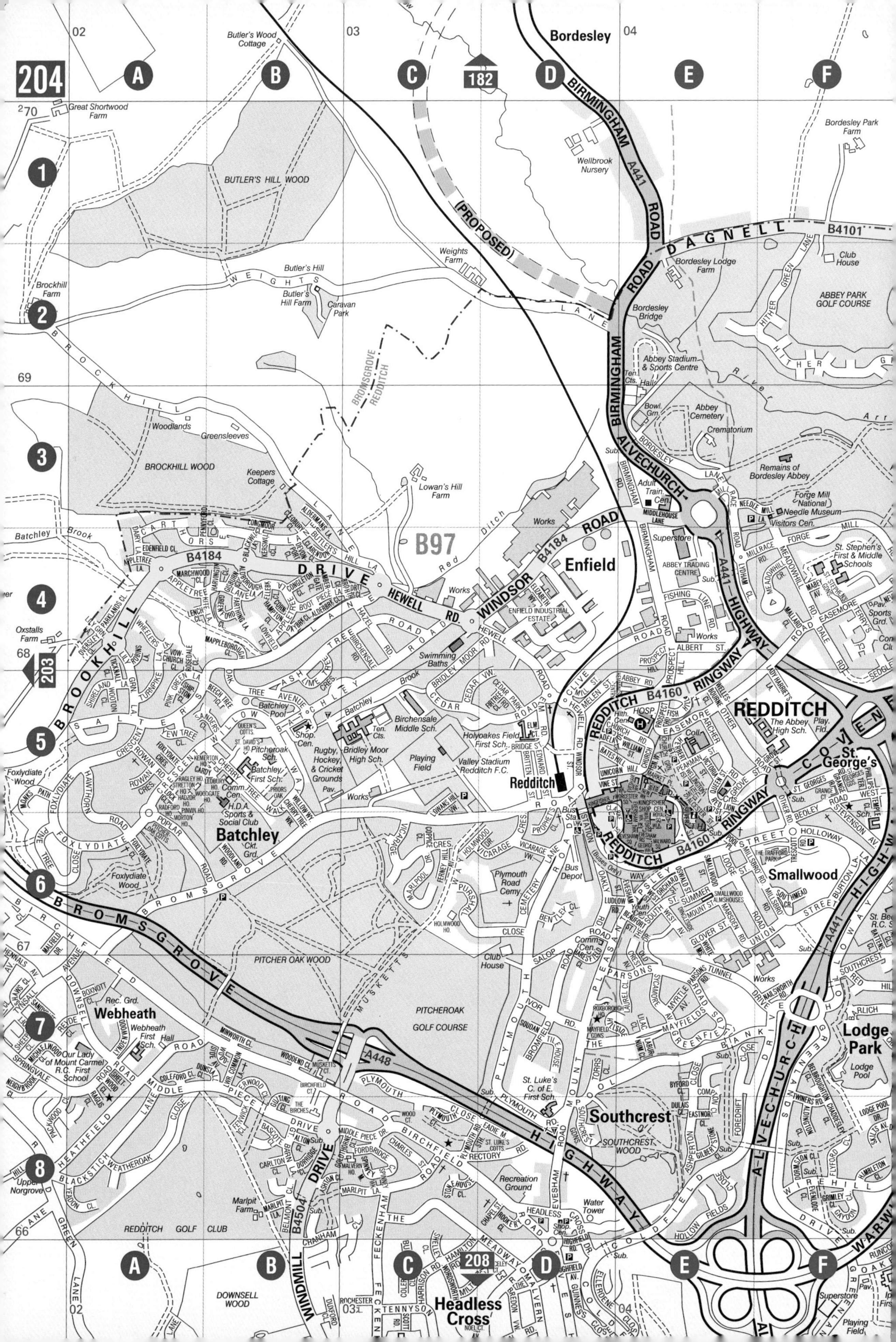

A
B
C
D
E
F
1
2
3
4
5
6
7
8
02
03
04
70
69
68
67
66
182
203
208
Great Shortwood Farm
Butler's Wood Cottage
Bordesley
BIRMINGHAM ROAD A441
Wellbrook Nursery
Bordesley Park Farm
BUTLER'S HILL WOOD
(PROPOSED)
DAGNELL LANE B4101
Bordesley Lodge Farm
Club House
ABBEY PARK GOLF COURSE
Weights Farm
Butler's Hill
WEIGHTS LANE
Butler's Hill Farm
Caravan Park
Brockhill Farm
Bordesley Bridge
Abbey Stadium & Sports Centre
BROCKHILL LANE
BROMSGROVE
REDDITCH
River Arrow
Woodlands
Greensleeves
BROCKHILL WOOD
Keepers Cottage
Lowan's Hill Farm
Abbey Cemetery
Crematorium
Remains of Bordesley Abbey
ALVECHURCH HIGHWAY
Forge Mill National Needle Museum
Visitors Cen.
Batchley Brook
Red Ditch
B97
Works
Enfield
Superstore
ABBEY TRADING CENTRE
St. Stephen's First & Middle Schools
B4184
DRIVE
HEWELL RD.
WINDSOR ROAD
ENFIELD INDUSTRIAL ESTATE
Oxstalls Farm
Swimming Baths
Sports Grd.
BROCKHILL
Batchley Pool
Birchensale Middle Sch.
REDDITCH RINGWAY B4160
HOSP.
REDDITCH
The Abbey High Sch.
Play. Fld.
Holyoakes Field First Sch.
St. George's
Foxlydiate Wood
Rugby, Hockey, & Cricket Grounds
Bridley Moor High Sch.
Playing Field
Valley Stadium Redditch F.C.
Redditch
KINGFISHER SHOP. CEN.
Pitcheroak Sch.
Batchley First Sch.
H.D.A. Sports & Social Club
Batchley
Ckt. Grd.
Foxlydiate Wood
Bus Sta.
Bus Depot
Plymouth Road Cemy.
Smallwood
BROMSGROVE HIGHWAY
PITCHER OAK WOOD
Club House
Works
PITCHEROAK GOLF COURSE
Webheath
Rec. Grd.
Webheath First Sch.
Hall
Our Lady of Mount Carmel R.C. First School
Lodge Park
Lodge Pool
A448
St. Luke's C. of E. First Sch.
Southcrest
SOUTHCREST WOOD
Upper Norgrove
Marlpit Farm
Recreation Ground
Water Tower
REDDITCH GOLF CLUB
WINDMILL DRIVE B4504
Headless Cross
DOWNSELL WOOD
Superstore
Playing Field

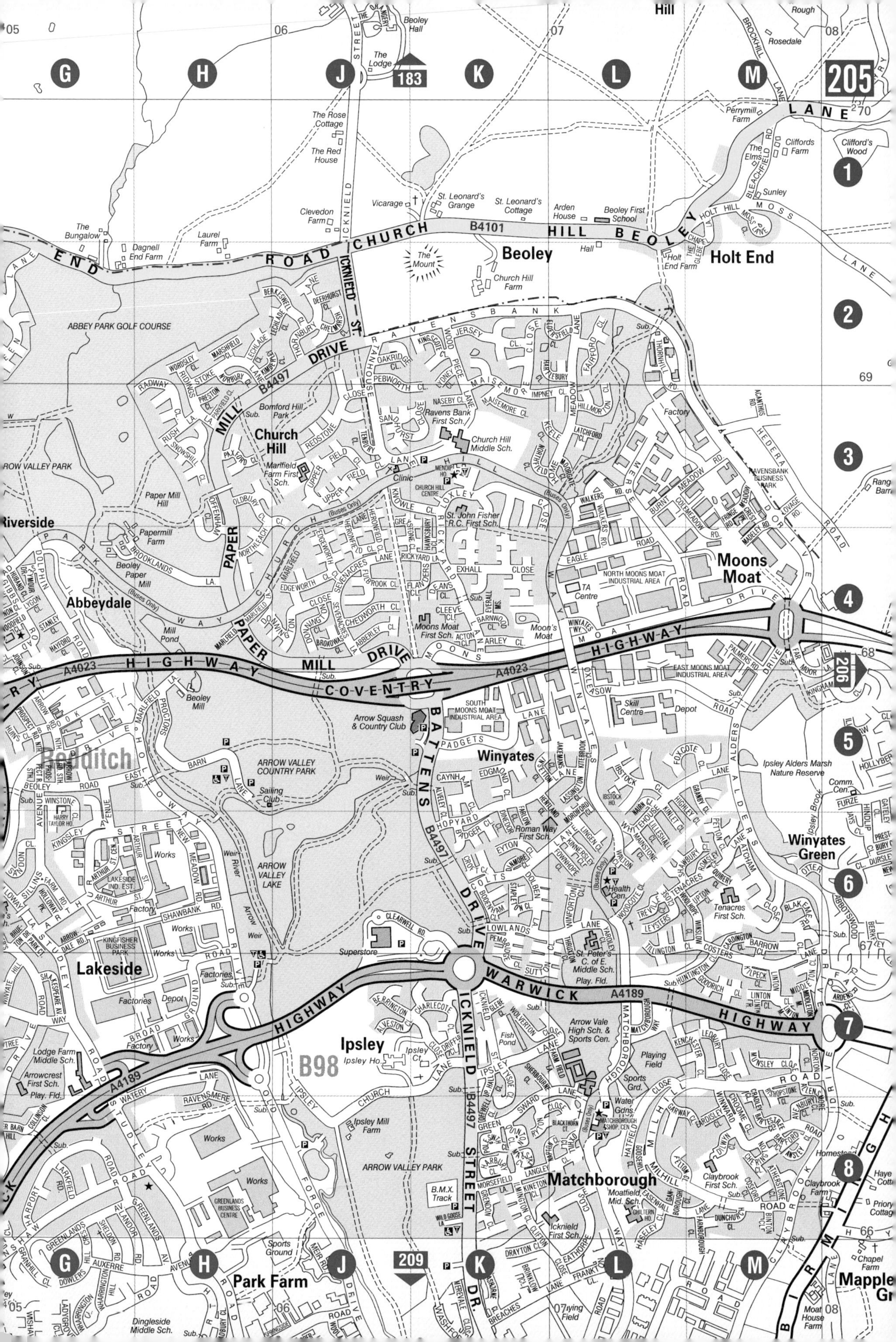
205
G
H
J
K
L
M
183
206
209
1
2
3
4
5
6
7
8
05
06
07
08
70
69
68
67
66
Hill
Rough
Beoley Hall
The Lodge
Rosedale
Perrymill Farm
Cliffords Farm
Clifford's Wood
The Elms
The Rose Cottage
The Red House
Sunley
Vicarage
St. Leonard's Grange
St. Leonard's Cottage
Arden House
Beoley First School
Clevedon Farm
Laurel Farm
The Bungalow
Dagnell End Farm
The Mount
Beoley
Church Hill Farm
Hall
Holt End Farm
Holt End
END ROAD
CHURCH HILL
B4101
BEOLEY LANE
HOLT HILL
MOSS LANE
BROCKHILL LANE
ICKNIELD STREET
ABBEY PARK GOLF COURSE
RAVENSBANK DRIVE
MILL DRIVE
B4497
PAPER MILL DRIVE
Church Hill
Bomford Hill Park
Ravens Bank First Sch.
Church Hill Middle Sch.
Marlfield Farm First Sch.
Clinic
Church Hill Centre
St. John Fisher R.C. First Sch.
Factory
Ravensbank Business Park
HEDERA ROAD
Moons Moat
NORTH MOONS MOAT INDUSTRIAL AREA
TA Centre
EAGLE
Moats Moat First Sch.
Moon's Moat
MOONS MOAT DRIVE
Riverside
Paper Mill Hill
Papermill Farm
Beoley Paper Mill
Abbeydale
Mill Pond
ARROW VALLEY PARK
A4023
COVENTRY HIGHWAY
EAST MOONS MOAT INDUSTRIAL AREA
Skill Centre
Depot
Beoley Mill
Arrow Squash & Country Club
SOUTH MOONS MOAT INDUSTRIAL AREA
BATTENS DRIVE
Winyates
ARROW VALLEY COUNTRY PARK
Sailing Club
Weir
Redditch
Ipsley Alders Marsh Nature Reserve
Winyates Green
Roman Way First Sch.
Health Cen.
Tenacres First Sch.
Lakeside
LAKESIDE IND. EST.
Works
Factory
KINGFISHER BUSINESS PARK
ARROW VALLEY LAKE
Superstore
St. Peter's C. of E. Middle Sch.
Play. Fld.
Factories
Depot
A4189
WARWICK HIGHWAY
Lodge Farm Middle Sch.
Arrowcrest First Sch.
Ipsley
Ipsley Ho.
B98
Fish Pond
Arrow Vale High Sch. & Sports Cen.
Playing Field
Sports Grd.
Water Gdns.
MATCHBOROUGH SHOP. CEN.
Ipsley Mill Farm
ARROW VALLEY PARK
B.M.X. Track
Matchborough
Moatfield Mid. Sch.
Claybrook First Sch.
Claybrook Farm
Homestead
Icknield First Sch.
GREENLANDS BUSINESS CENTRE
Sports Ground
Park Farm
Dingleside Middle Sch.
Moat House Farm
Chapel Farm
Mapple
Priory Cottage
Haye Cotts

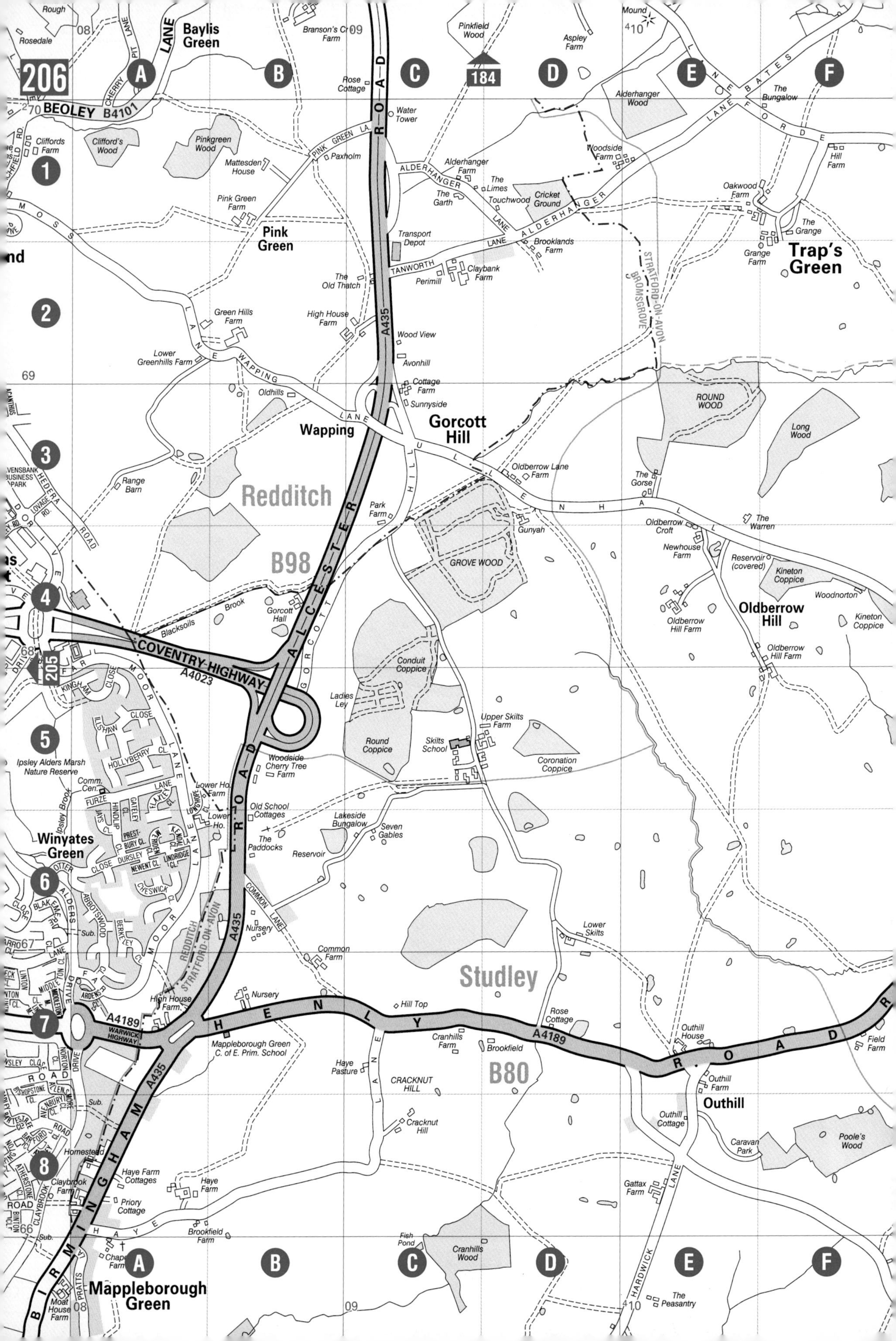

206
Rough
Rosedale
Baylis Green
CHERRY PIT LANE
BEOLEY B4101
Cliffords Farm
Clifford's Wood
Pinkgreen Wood
Mattesden House
Branson's Cross Farm
Rose Cottage
Water Tower
Pinkfield Wood
184
Aspley Farm
Mound
Alderhanger Wood
BATES LANE
FORDE LANE
The Bungalow
Hill Farm
Woodside Farm
Alderhanger Farm
The Limes
The Garth
Touchwood
Cricket Ground
ALDERHANGER LANE
PINK GREEN LA.
Paxholm
Pink Green Farm
Pink Green
MOSS LANE
Transport Depot
Brooklands Farm
TANWORTH LANE
Claybank Farm
Perimill
The Old Thatch
Oakwood Farm
The Grange
Grange Farm
Trap's Green
STRATFORD-ON-AVON
BROMSGROVE
Green Hills Farm
High House Farm
Wood View
Avonhill
Lower Greenhills Farm
WAPPING LANE
Oldhills
Cottage Farm
Sunnyside
Wapping
Gorcott Hill
ROUND WOOD
Long Wood
HEDERA ROAD
LOVAGE RD.
Range Barn
Redditch
HILL
Oldberrow Lane Farm
The Gorse
HENLEY ROAD
ALCESTER ROAD
A435
Park Farm
Gunyah
Oldberrow Croft
The Warren
B98
GROVE WOOD
Newhouse Farm
Reservoir (covered)
Kineton Coppice
Woodnorton
Brook
Blacksoils
Gorcott Hall
GORCOTT
Oldberrow Hill Farm
Oldberrow Hill
COVENTRY HIGHWAY
A4023
205
KINGHAM CLOSE
MOOR LANE
Conduit Coppice
Oldberrow Hill Farm
Ladies Ley
ILLSHAW CLOSE
HOLLYBERRY CL.
Upper Skilts Farm
Round Coppice
Skilts School
Coronation Coppice
Ipsley Alders Marsh Nature Reserve
Woodside Cherry Tree Farm
Comm. Cen.
FURZE LANE
Lower Ho. Farm
Lower Ho.
Ipsley Brook
Old School Cottages
Lakeside Bungalow
Seven Gables
The Paddocks
Reservoir
Winyates Green
DURSLEY CLOSE
NEWENT CL.
LINDRIDGE CL.
CHESWICK
ALDERS DRIVE
ABBOTSWOOD
BERKELEY CL.
COMMON LANE
REDDITCH
STRATFORD-ON-AVON
Nursery
Lower Skilts
Common Farm
Studley
High House Farm
Nursery
Hill Top
A4189
WARWICK HIGHWAY
HENLEY ROAD
Rose Cottage
Outhill House
Field Farm
Mappleborough Green C. of E. Prim. School
Cranhills Farm
Brookfield
Haye Pasture
CRACKNUT HILL
B80
Outhill Farm
Outhill
Outhill Cottage
Cracknut Hill
Caravan Park
Poole's Wood
Homestead
Haye Farm Cottages
Claybrook Farm
Haye Farm
Priory Cottage
Gattax Farm
HAYE LANE
Brookfield Farm
Fish Pond
Cranhills Wood
HARDWICK LANE
Chapel Farm
Mappleborough Green
BIRMINGHAM ROAD
Moat House Farm
PRATTS
The Peasantry
08
09
410
70
69
68
67
66
A
B
C
D
E
F
1
2
3
4
5
6
7
8

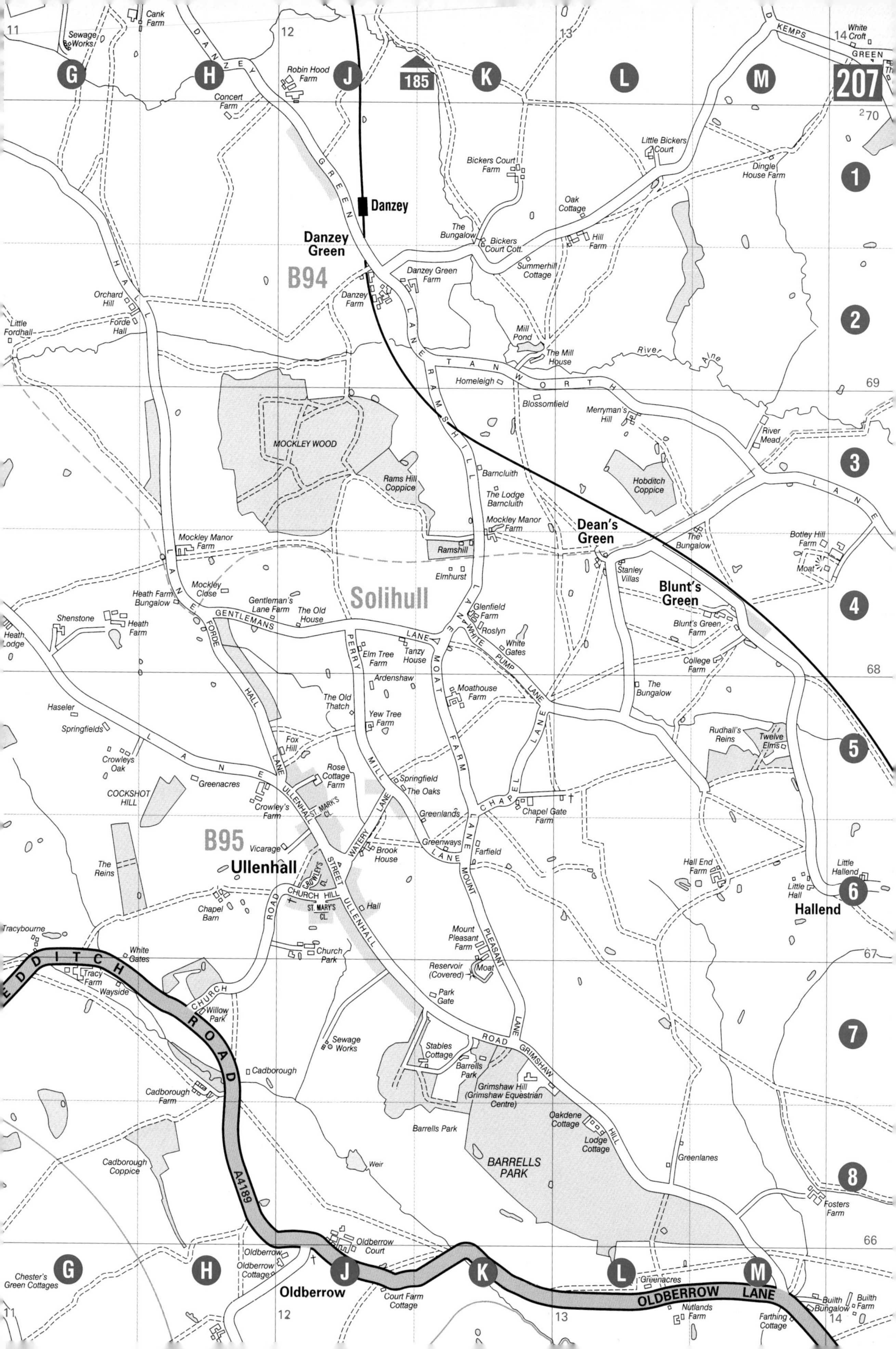

185
G
H
J
K
L
M
11
12
13
14
1
2
3
4
5
6
7
8
70
69
68
67
66
Cank Farm
Sewage Works
DANZEY GREEN
Robin Hood Farm
Concert Farm
KEMPS GREEN
White Croft
Little Bickers Court
Bickers Court Farm
Dingle House Farm
Danzey
Danzey Green
B94
Oak Cottage
The Bungalow
Bickers Court Cott.
Hill Farm
Summerhill Cottage
Danzey Green Farm
Danzey Farm
Orchard Hill
Forde Hall
Little Fordhall
HALL
Mill Pond
The Mill House
River Alne
TANWORTH
Homeleigh
Blossomfield
Merryman's Hill
River Mead
RAMSHILL LANE
MOCKLEY WOOD
Rams Hill Coppice
Barncluith
The Lodge Barncluith
Hobditch Coppice
LANE
Mockley Manor Farm
Dean's Green
The Bungalow
Botley Hill Farm
Moat
Ramshill
Elmhurst
Stanley Villas
Blunt's Green
Mockley Manor Farm
Mockley Close
Heath Farm Bungalow
Gentleman's Lane Farm
The Old House
Solihull
Glenfield Farm
Roslyn
White Gates
Blunt's Green Farm
Shenstone
Heath Farm
Heath Lodge
GENTLEMANS LANE
FORDE HALL LANE
PERRY MILL LANE
Elm Tree Farm
Tanzy House
MOAT FARM LANE
WHITE PUMP LANE
College Farm
Ardenshaw
The Old Thatch
Moathouse Farm
The Bungalow
Haseler
Springfields
Yew Tree Farm
Fox Hill
Rudhall's Reins
Twelve Elms
Crowleys Oak
Rose Cottage Farm
Springfield
The Oaks
CHAPEL LANE
Chapel Gate Farm
COCKSHOT HILL
Greenacres
Crowley's Farm
ST. MARK'S CL.
Greenlands
B95
Vicarage
WATERY LANE
Brook House
Greenways
Farfield
The Reins
Ullenhall
CROWLEY'S CL.
STREET
Hall End Farm
Little Hallend
Little Hall
Hallend
CHURCH HILL
ST. MARY'S CL.
Hall
Chapel Barn
ROAD
ULLENHALL
MOUNT PLEASANT LANE
Tracybourne
Mount Pleasant Farm
White Gates
Church Park
REDDITCH ROAD
Tracy Farm
Wayside
Reservoir (Covered)
Moat
CHURCH ROAD
Willow Park
Park Gate
Sewage Works
ROAD
GRIMSHAW HILL
Stables Cottage
Barrells Park
Cadborough
Grimshaw Hill (Grimshaw Equestrian Centre)
Cadborough Farm
Oakdene Cottage
Barrells Park
Lodge Cottage
Greenlanes
Cadborough Coppice
Weir
BARRELLS PARK
A4189
Fosters Farm
Oldberrow Court
Oldberrow
Oldberrow Cottage
Chester's Green Cottages
Oldberrow
Court Farm Cottage
Greenacres
OLDBERROW LANE
Nutlands Farm
Farthing Cottage
Builth Bungalow
Builth Farm

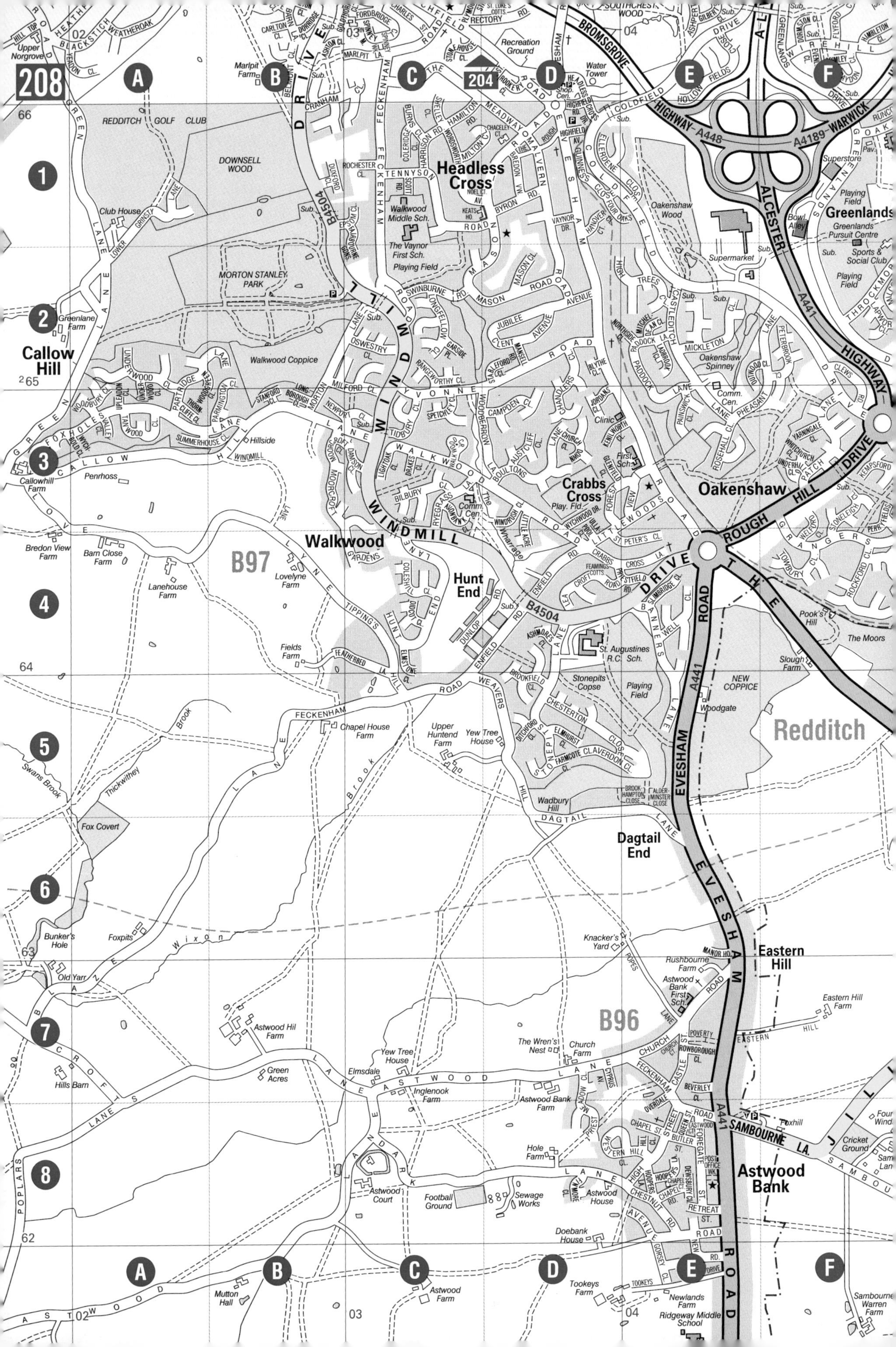

204
A
B
C
D
E
F
1
2
3
4
5
6
7
8
66
65
64
63
62
02
03
04
Upper Norgrove
Heathfield
Blackstitch
Weatheroak
Marlpit Farm
Redditch Golf Club
Downsell Wood
Club House
Lower Grinsty Lane
Green Lane
Callow Hill
Greenlane Farm
Morton Stanley Park
Walkwood Coppice
Headless Cross
Walkwood Middle Sch.
The Vaynor First Sch.
Playing Field
Recreation Ground
Water Tower
Bromsgrove Highway
Coldfield Drive
A448
A4189 Warwick Highway
Alcester Highway
A441
Greenlands
Superstore
Playing Field
Bowl. Alley
Greenlands Pursuit Centre
Sports & Social Club
Oakenshaw Wood
Supermarket
Oakenshaw Spinney
Comm. Cen.
Oakenshaw
Rough Hill Drive
Pook's Hill
The Moors
Slough Farm
New Coppice
Woodgate
Redditch
Crabbs Cross
Play. Fld.
Clinic
First Sch.
Windmill Drive
B4504
Walkwood
Hunt End
St. Augustines R.C. Sch.
Stonepits Copse
Playing Field
Evesham Road
Callow Hill
Penrhoss
Callowhill Farm
Hillside
Bredon View Farm
Barn Close Farm
B97
Lovelyne Farm
Lanehouse Farm
Fields Farm
Feckenham Road
Chapel House Farm
Upper Huntend Farm
Yew Tree House
Wadbury Hill
Dagtail Lane
Dagtail End
Swans Brook
Thickwithey
Fox Covert
Bunker's Hole
Foxpits
Wixon Brook
Old Yarr
Knacker's Yard
Eastern Hill
Rushbourne Farm
Astwood Bank First Sch.
Eastern Hill Farm
B96
Astwood Hil Farm
Green Acres
Hills Barn
Yew Tree House
Elmsdale
Inglenook Farm
The Wren's Nest
Church Farm
Astwood Bank Farm
Astwood Lane
Hole Farm
Astwood Court
Football Ground
Sewage Works
Astwood House
Doebank House
Astwood Bank
Sambourne La.
Foxhill
Cricket Ground
Poplars Lane
Astwood Farm
Mutton Hall
Tookeys Farm
Newlands Farm
Ridgeway Middle School
Sambourne Warren Farm

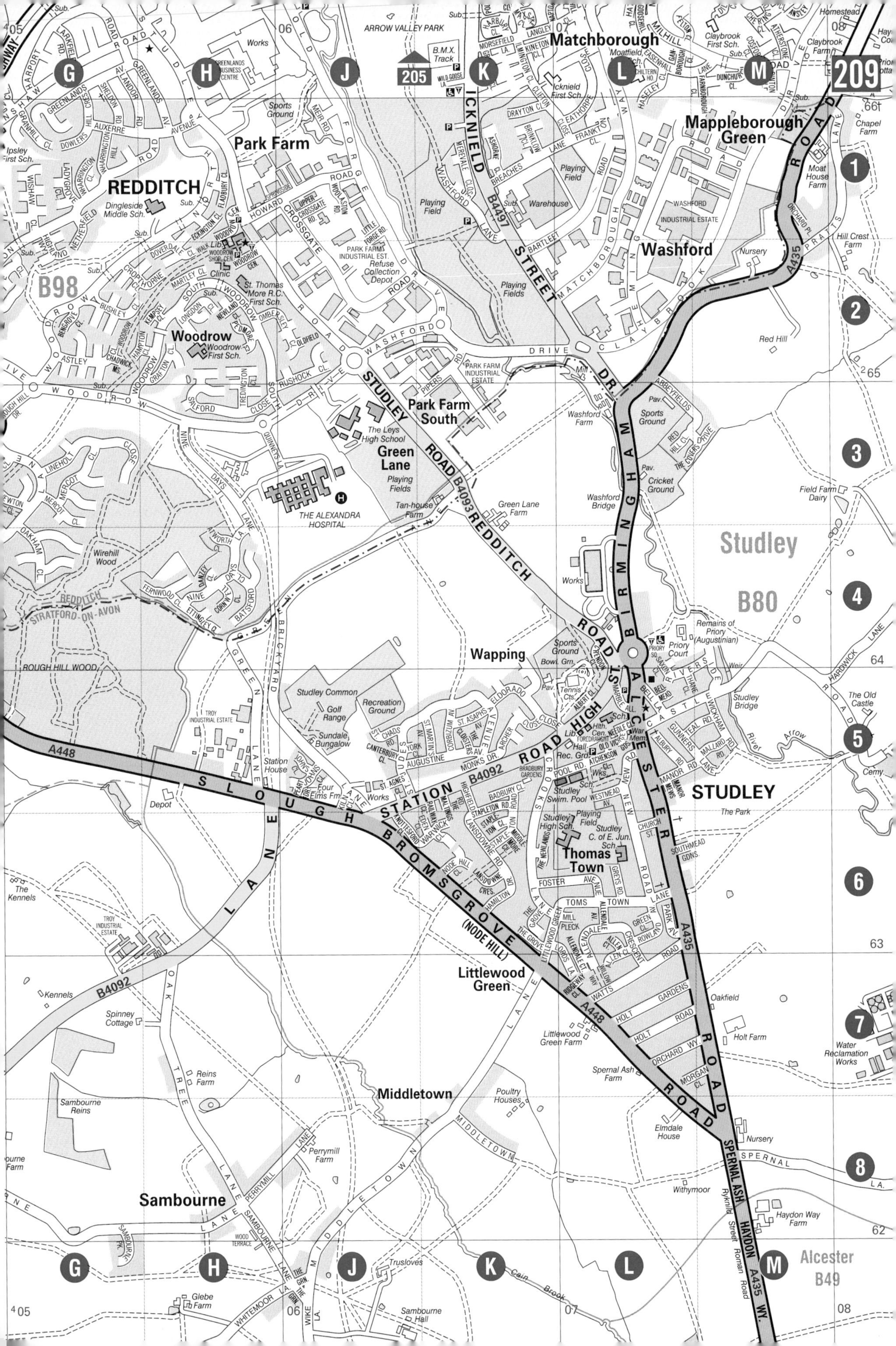

209
205
ARROW VALLEY PARK
B.M.X. Track
Matchborough
Claybrook First Sch.
Homestead
Claybrook Farm
Greenlands Business Centre
Works
Sports Ground
Park Farm
Icknield First Sch.
Mappleborough Green
Chapel Farm
Moat House Farm
REDDITCH
Ipsley First Sch.
Dingleside Middle Sch.
Playing Field
Warehouse
WASHFORD INDUSTRIAL ESTATE
Washford
Nursery
Hill Crest Farm
PARK FARMS INDUSTRIAL EST.
Refuse Collection Depot
Playing Fields
B98
Clinic
St. Thomas More R.C. First Sch.
Woodrow
Woodrow First Sch.
Red Hill
PARK FARM INDUSTRIAL ESTATE
Park Farm South
Washford Farm
Sports Ground
The Leys High School
Green Lane
Playing Fields
Cricket Ground
Tan-house Farm
THE ALEXANDRA HOSPITAL
Green Lane Farm
Washford Bridge
Field Farm Dairy
Studley
Wirehill Wood
Works
B80
REDDITCH
STRATFORD-ON-AVON
ROUGH HILL WOOD
Wapping
Sports Ground
Remains of Priory (Augustinian)
Priory Court
The Old Castle
Studley Common
Recreation Ground
Golf Range
Sundale Bungalow
TROY INDUSTRIAL ESTATE
Studley Bridge
Station House
Four Elms Fm.
Works
Depot
STUDLEY
The Park
Studley Swim. Pool
Studley High Sch.
Studley C. of E. Jun. Sch.
Thomas Town
Cemy.
River Arrow
The Kennels
TROY INDUSTRIAL ESTATE
Kennels
Littlewood Green
Littlewood Green Farm
Oakfield
Holt Farm
Spinney Cottage
Water Reclamation Works
Reins Farm
Sambourne Reins
Sperval Ash Farm
Middletown
Poultry Houses
Elmdale House
Nursery
Perrymill Farm
Withymoor
Haydon Way Farm
Sambourne
Ryknild Street Roman Road
Trusloves
Cain Brook
Alcester B49
Glebe Farm
Sambourne Hall
A448
A435
B4092
B4093
B4497
SLOUGH
BROMSGROVE ROAD (NODE HILL)
STATION ROAD
REDDITCH ROAD
STUDLEY ROAD
BIRMINGHAM ROAD
ALCESTER ROAD
HIGH ST.
ICKNIELD STREET
WASHFORD DRIVE
CLAYBROOK DR.
WOODROW DRIVE
HAYDON WY.
SPERNAL LA.
MIDDLETOWN LANE
GREEN LANE
BRICKYARD LANE
OAK TREE LANE
SAMBOURNE LANE
PERRYMILL LANE
G H J K L M
1 2 3 4 5 6 7 8
05 06 07 08
62 63 64 65 66

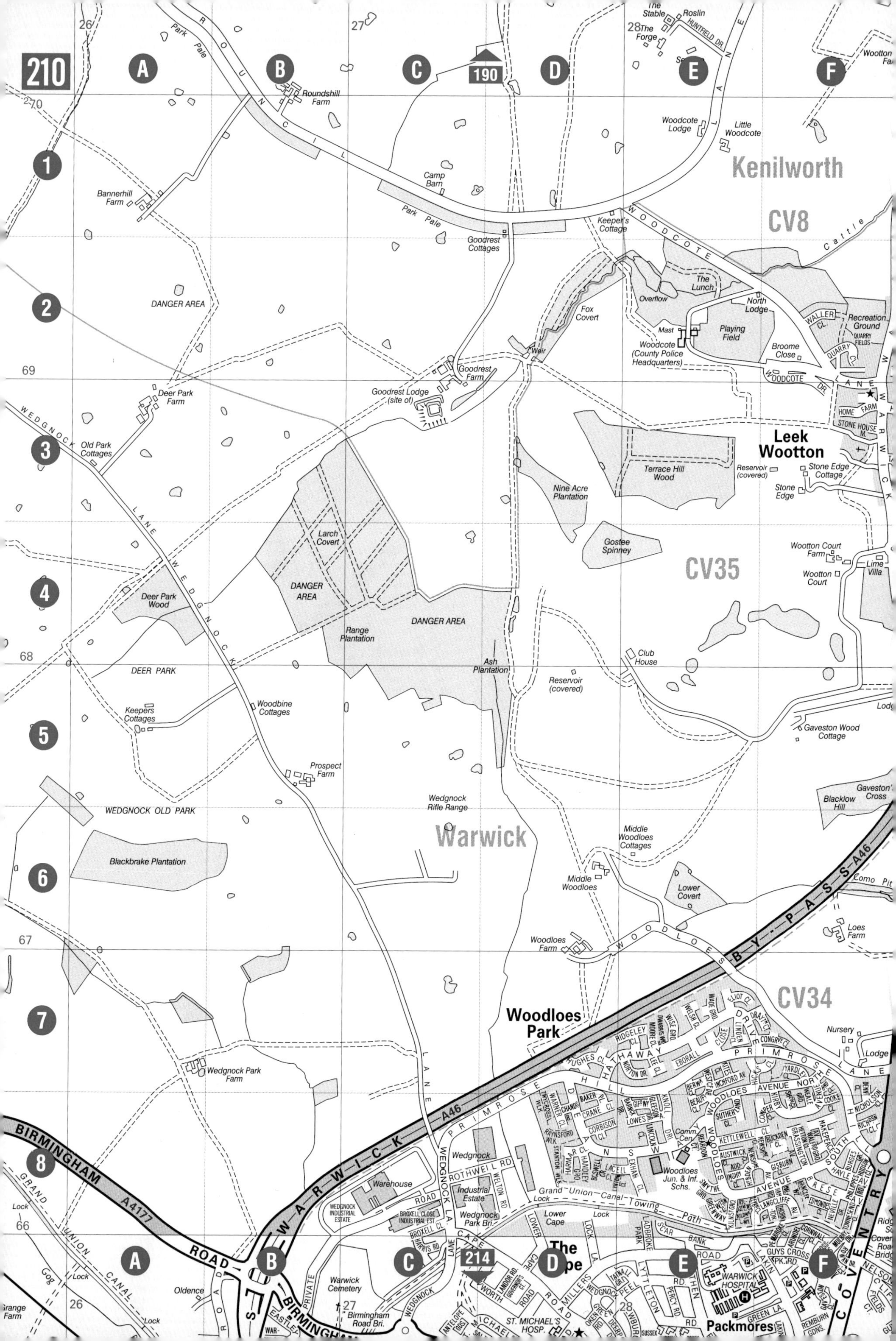

210
190
214
A
B
C
D
E
F
1
2
3
4
5
6
7
8
26
27
28
270
69
68
67
66
Roundshill Farm
Bannerhill Farm
Camp Barn
Park Pale
ROUNCIL LANE
Goodrest Cottages
Keeper's Cottage
The Stable
Roslin
The Forge
HUNTFIELD DR.
Woodcote Lodge
Little Woodcote
Kenilworth
CV8
WOODCOTE LANE
The Lunch
Overflow
North Lodge
Fox Covert
Playing Field
Mast
Woodcote (County Police Headquarters)
Broome Close
Recreation Ground
WALLER CL.
QUARRY FIELDS
Weir
Goodrest Farm
Goodrest Lodge (site of)
DANGER AREA
Deer Park Farm
WEDGNOCK LANE
Old Park Cottages
HOME FARM
STONE HOUSE M.
Leek Wootton
Terrace Hill Wood
Reservoir (covered)
Stone Edge Cottage
Stone Edge
Nine Acre Plantation
Larch Covert
Gostee Spinney
CV35
Wootton Court Farm
Lime Villa
Wootton Court
Deer Park Wood
Range Plantation
Ash Plantation
Club House
DEER PARK
Woodbine Cottages
Keepers Cottages
Gaveston Wood Cottage
Prospect Farm
Wedgnock Rifle Range
Blacklow Hill
Gaveston's Cross
WEDGNOCK OLD PARK
Blackbrake Plantation
Warwick
Middle Woodloes Cottages
Middle Woodloes
Lower Covert
Loes Farm
Woodloes Farm
WOODLOES LANE
BY-PASS A46
CV34
Nursery
Woodloes Park
Wedgnock Park Farm
PRIMROSE HILL
PRIMROSE LANE
HATHAWAY DRIVE
WOODLOES AVENUE NORTH
WOODLOES AVENUE SOUTH
WARWICK BY-PASS A46
BIRMINGHAM ROAD A4177
Wedgnock
Warehouse
ROTHWEIL RD
WELTON RD
Industrial Estate
WEDGNOCK INDUSTRIAL ESTATE
BROXELL CLOSE INDUSTRIAL EST
BROXELL CL.
Wedgnock Park Bri.
Grand Union Canal Towing Path
Lock
Lower Cape
Woodloes Jun. & Inf. Schs.
Comm. Cen.
GRAND UNION CANAL
Oldence
Warwick Cemetery
PRIVATE
Birmingham Road Bri.
The Cape
CAPE ROAD
LOWER CAPE
ST. MICHAEL'S HOSP.
WARWICK HOSPITAL
Packmores
LAKIN ROAD
GUYS CROSS PK. RD.
COVENTRY ROAD
Grange Farm
Gog

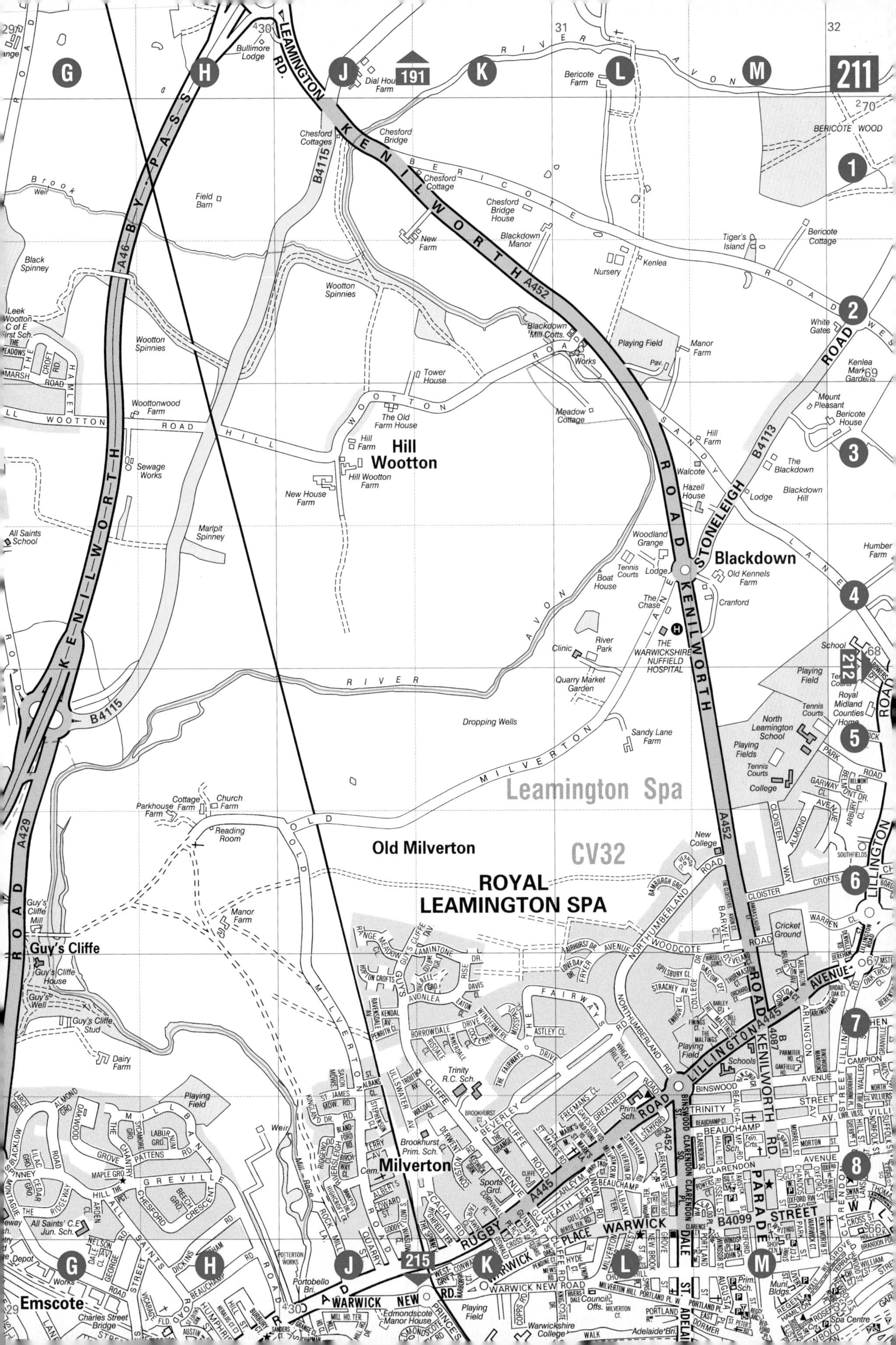

211
191
212
215
RIVER AVON
Bullimore Lodge
Dial House Farm
Bericote Farm
BERICOTE WOOD
LEAMINGTON RD.
KENILWORTH A452
A46 BY-PASS
B4115
Chesford Cottages
Chesford Bridge
Chesford Cottage
Chesford Bridge House
BERICOTE ROAD
New Farm
Blackdown Manor
Field Barn
Brook
Weir
Tiger's Island
Bericote Cottage
Kenlea
Nursery
Black Spinney
Leek Wootton C of E First Sch.
Wootton Spinnies
Blackdown Mill Cotts.
Works
Playing Field
Manor Farm
Pav.
White Gates
Kenlea Mark Gardens
STONELEIGH ROAD B4113
Tower House
WOOTTON ROAD
The Old Farm House
Wootton Farm
Meadow Cottage
SANDY LANE
Hill Farm
Mount Pleasant
Bericote House
HILL WOOTTON ROAD
Hill Farm
Hill Wootton
Hill Wootton Farm
Sewage Works
New House Farm
Walcote
Hazell House
The Blackdown
Blackdown Hill
Lodge
KENILWORTH ROAD
Marlpit Spinney
All Saints School
Woodland Grange
Tennis Courts
Lodge
Blackdown
Old Kennels Farm
Humber Farm
Boat House
The Chase
Cranford
River Park
Clinic
THE WARWICKSHIRE NUFFIELD HOSPITAL
School
Playing Field
Tennis Courts
Royal Midland Counties Home
Quarry Market Garden
Dropping Wells
Sandy Lane Farm
North Leamington School
Playing Fields
Tennis Courts
College
PARK ROAD
MILVERTON
Leamington Spa
Cottage Farm
Church Farm
Parkhouse Farm
Reading Room
OLD MILVERTON
Old Milverton
CV32
New College
A429 ROAD
Guy's Cliffe Mill
Manor Farm
ROYAL LEAMINGTON SPA
CLOISTER WAY
CROFTS
WARREN CL.
Cricket Ground
Guy's Cliffe
Guy's Cliffe House
Guy's Well
Guy's Cliffe Stud
Dairy Farm
NORTHUMBERLAND RD.
WOODCOTE
AVENUE
FAIRWAYS
ASTLEY CL.
LILLINGTON A445
KENILWORTH RD. B4087
Playing Field
Schools
Trinity R.C. Sch.
Brookhurst Prim. Sch.
Playing Field
MILLBANK
GREVILLE
CHESFORD CRESCENT
Weir
Mill Race
Milverton
Cem.
Sports Grd.
RUGBY ROAD A445
BINSWOOD
TRINITY
BEAUCHAMP
CLARENDON
PARADE
STREET
All Saints' C.E. Jun. Sch.
Depot
Works
Emscote
Charles Street Bridge
Potterton Works
Portobello Bri.
WARWICK NEW RD.
Edmondscote Manor House
Playing Field
Council Offs.
Warwickshire College
Adelaide Bri.
WARWICK STREET
B4099
Prim. Sch.
Munl. Bldgs.
Spa Centre

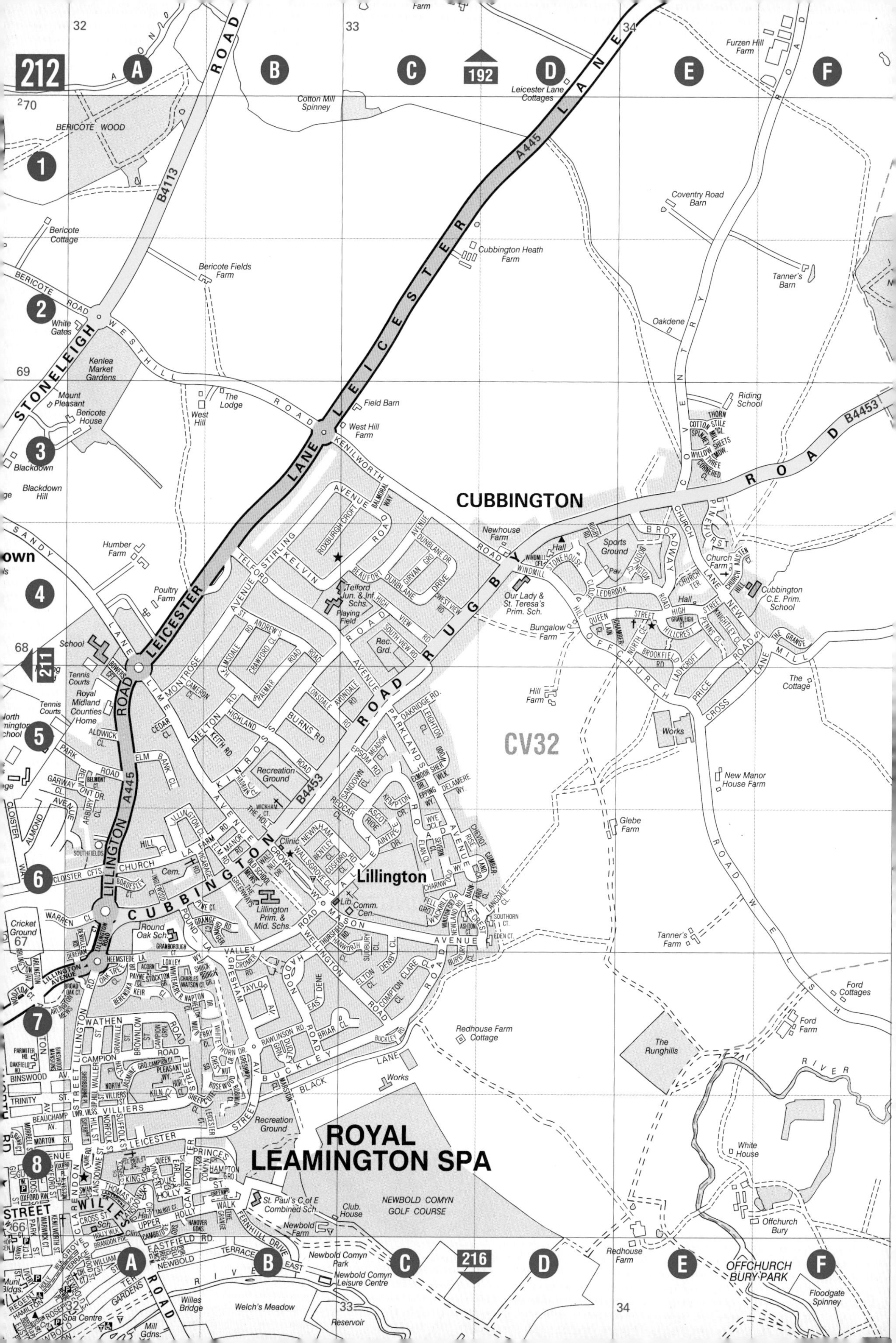

192
211
216
A
B
C
D
E
F
1
2
3
4
5
6
7
8
32
33
34
70
69
68
67
66
Farm
Furzen Hill Farm
Leicester Lane Cottages
Cotton Mill Spinney
BERICOTE WOOD
B4113
A445
Bericote Cottage
Bericote Fields Farm
BERICOTE ROAD
White Gates
STONELEIGH ROAD
WESTHILL ROAD
Kenlea Market Gardens
Mount Pleasant
Bericote House
Blackdown
Blackdown Hill
West Hill
The Lodge
Field Barn
West Hill Farm
Coventry Road Barn
Cubbington Heath Farm
Tanner's Barn
Oakdene
COVENTRY ROAD
Riding School
B4453
CUBBINGTON
Newhouse Farm
Sports Ground
Hall
Our Lady & St. Teresa's Prim. Sch.
Bungalow Farm
Church Farm
Cubbington C.E. Prim. School
The Cottage
Hill Farm
CV32
Works
New Manor House Farm
Glebe Farm
Humber Farm
Poultry Farm
School
Tennis Courts
Royal Midland Counties Home
SANDY LANE
LEICESTER LANE
KENILWORTH ROAD
RUGBY ROAD
Telford Jun. & Inf. Schs.
Playing Field
Rec. Grd.
Recreation Ground
Lillington
Clinic
Lib.
Comm. Cen.
Lillington Prim. & Mid. Schs.
Round Oak Sch.
Cem.
CUBBINGTON ROAD
LILLINGTON ROAD
Cricket Ground
Tanner's Farm
Ford Cottages
Ford Farm
Redhouse Farm Cottage
The Runghills
RIVER
White House
Offchurch Bury
OFFCHURCH BURY PARK
Floodgate Spinney
Redhouse Farm
WELSH ROAD
Recreation Ground
ROYAL LEAMINGTON SPA
NEWBOLD COMYN GOLF COURSE
Club House
Newbold Farm
Newbold Comyn Park
Newbold Comyn Leisure Centre
Welch's Meadow
Willes Bridge
Reservoir
Spa Centre
Mill Gdns.
St. Paul's C of E Combined Sch.
Works
BUCKLEY LANE
BLACK LANE

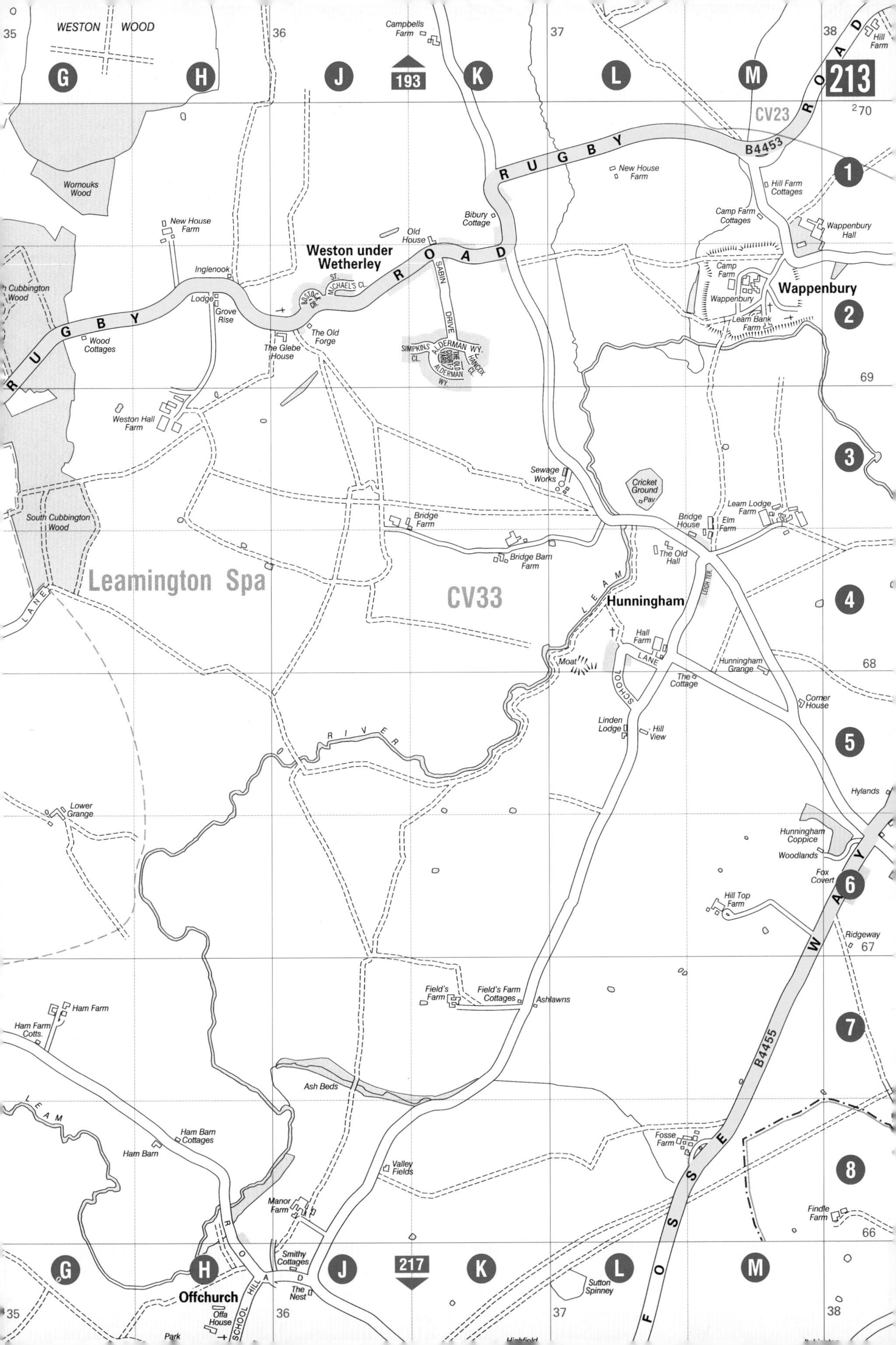

WESTON WOOD

G   H   J   193   K   L   M

CV23

Campbells Farm

Hill Farm

RUGBY ROAD

B4453

270

1

New House Farm

Hill Farm Cottages

Wornouks Wood

New House Farm

Camp Farm Cottages

Wappenbury Hall

Cubbington Wood

Weston under Wetherley

Inglenook

Old House

Bibury Cottage

RUGBY ROAD

Camp Farm

Wappenbury

2

Lodge
Grove Rise

St. MICHAEL'S CL.

WESTON CL.

The Old Forge

SABIN DRIVE

Wappenbury

Leam Bank Farm

Wood Cottages

The Glebe House

SIMPKINS CL.

ALDERMAN WY.

THE OLD SMITHY

HANCOX WY.

ALDERMAN WY.

69

RUGBY

Weston Hall Farm

3

South Cubbington Wood

Bridge Farm

Sewage Works

Cricket Ground
Pav.

Bridge House

Leam Lodge Farm

Elm Farm

LANE

Bridge Barn Farm

The Old Hall

4

Leamington Spa

CV33

L E A M

Hunningham

Hall Farm

LANE

Hunningham Grange

68

Moat

The Cottage

Corner House

LEAM TER.

SCHOOL

5

Lower Grange

R I V E R

Linden Lodge

Hill View

Hylands

Hunningham Coppice

Woodlands

Fox Covert

6

Hill Top Farm

Ridgeway
67

WAY

Ham Farm

Ham Farm Cotts.

Field's Farm

Field's Farm Cottages

Ashlawns

7

B4455

L E A M

Ash Beds

Fosse Farm

FOSSE

8

Ham Barn Cottages

Ham Barn

Valley Fields

Findle Farm

66

Manor Farm

G   H   J   217   K   L   M

Smithy Cottages

The Nest

Sutton Spinney

Offchurch

Offa House

SCHOOL HILL

ROAD

Park

35   36   37   38

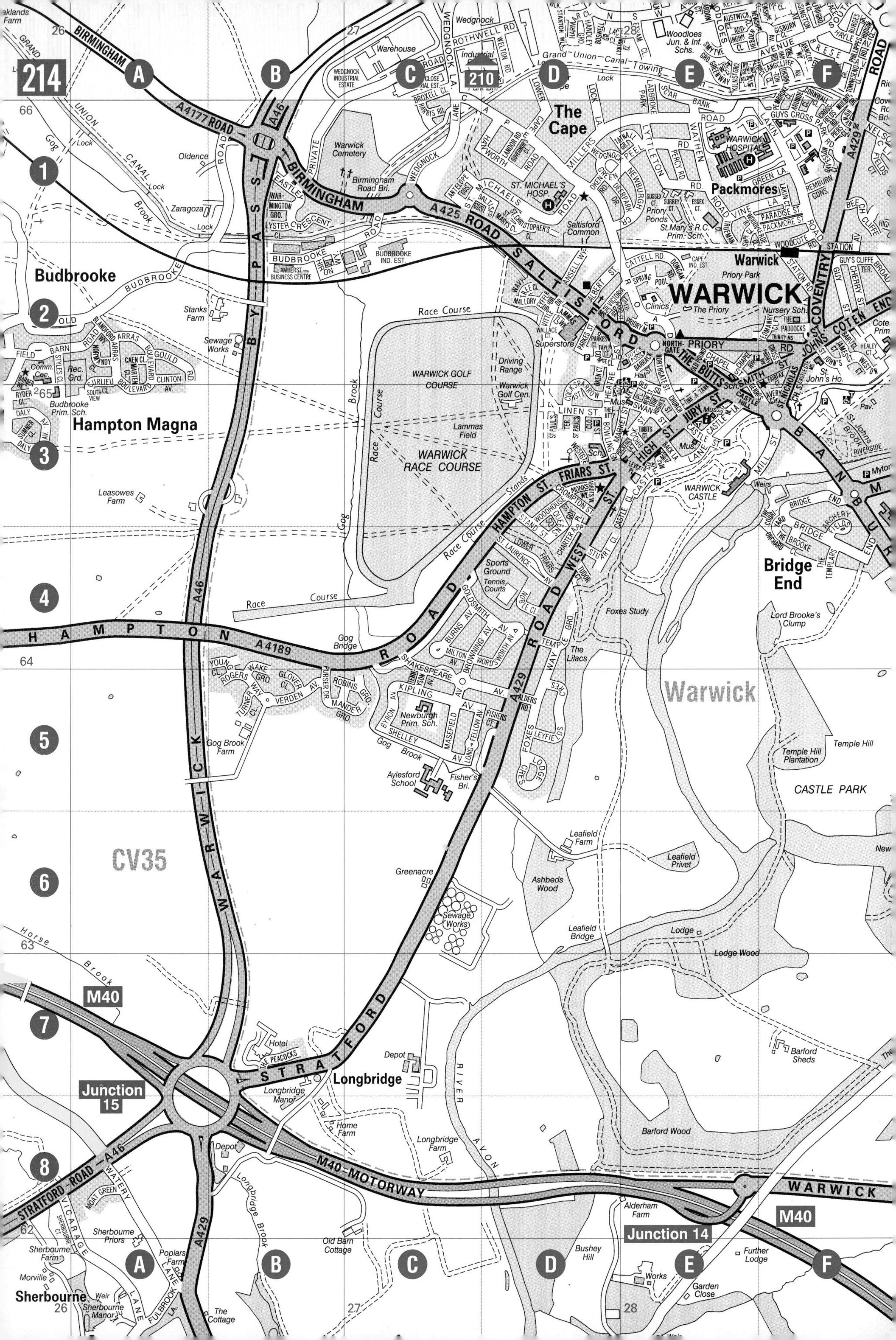

214
210
WARWICK
Warwick
The Cape
Packmores
Budbrooke
Hampton Magna
Bridge End
Longbridge
Sherbourne
CV35
WARWICK RACE COURSE
WARWICK GOLF COURSE
Lammas Field
WARWICK CASTLE
CASTLE PARK
WARWICK HOSPITAL
ST. MICHAEL'S HOSP.
Warwick Cemetery
Saltisford Common
Priory Park
The Priory
St. John's Ho.
Lord Brooke's Clump
Temple Hill Plantation
Temple Hill
Foxes Study
The Lilacs
Leafield Farm
Leafield Privet
Ashbeds Wood
Leafield Bridge
Lodge Wood
Barford Wood
Barford Sheds
Sewage Works
Greenacre
Aylesford School
Newburgh Prim. Sch.
Gog Brook Farm
Leasowes Farm
Stanks Farm
Oldence
Zaragoza
Longbridge Manor
Home Farm
Longbridge Farm
Old Barn Cottage
Bushey Hill
Alderham Farm
Further Lodge
Garden Close
Sherbourne Priors
Sherbourne Farm
Sherbourne Manor
Morville
The Cottage
Hotel
Depot
RIVER AVON
M40 MOTORWAY
M40
Junction 15
Junction 14
BIRMINGHAM ROAD
A425
A4177 ROAD
A46
A429
A4189
HAMPTON ROAD
STRATFORD ROAD
WARWICK BY-PASS
SALTISFORD
HAMPTON ST.
FRIARS ST.
HIGH ST.
JURY ST.
SMITH ST.
THE BUTTS
PRIORY RD.
COVENTRY RD.
BANBURY RD.
COTEN END
Grand Union Canal
Gog Brook
Horse Brook
Longbridge Brook

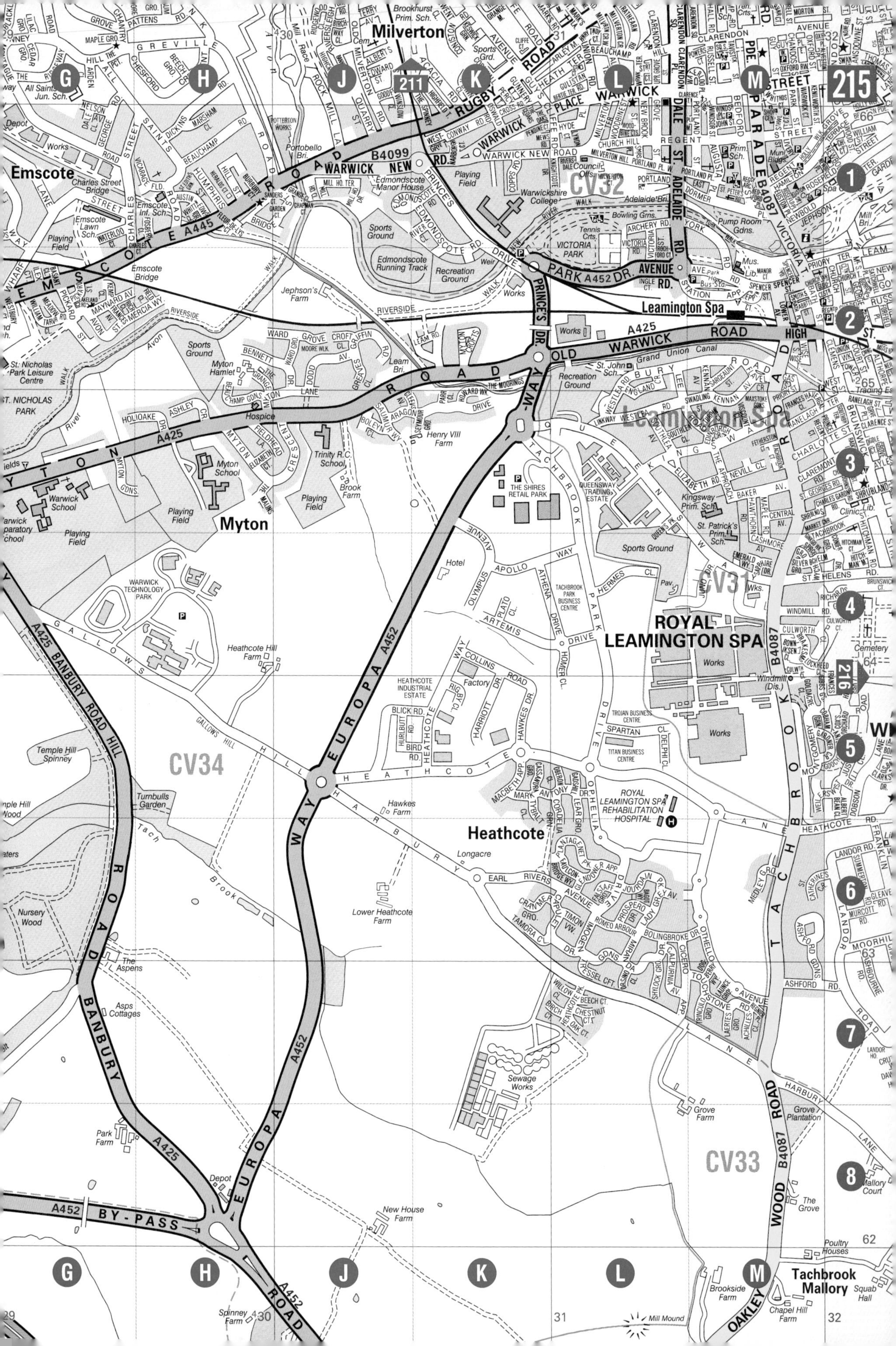
215
211
216
Milverton
Emscote
Myton
Heathcote
ROYAL LEAMINGTON SPA
Leamington Spa
Tachbrook Mallory
WARWICK
CV31
CV32
CV33
CV34
G
H
J
K
L
M
1
2
3
4
5
6
7
8
62
63
64
65
66
29
430
31
32
RUGBY ROAD
WARWICK NEW RD.
B4099
EMSCOTE A445
A425
MYTON ROAD
OLD WARWICK ROAD
HIGH ST.
A452 PARK DR.
PRINCE'S DR.
EUROPA WAY A452
BANBURY ROAD A425
A452 BY-PASS
A452 ROAD
TACHBROOK ROAD B4087
WOOD ROAD B4087
OAKLEY
GALLOWS HILL
HEATHCOTE LANE
HARBURY LANE
EARL RIVERS AVENUE
QUEENSWAY
TACHBROOK PARK DRIVE
Grand Union Canal
Avon
Tach Brook
Edmondscote Manor House
Edmondscote Running Track
Sports Ground
Recreation Ground
Playing Field
Warwickshire College
VICTORIA PARK
Bowling Grns.
Tennis Crts.
Pump Room Gdns.
Jephson's Farm
Myton Hamlet
Hospice
Trinity R.C. School
Henry VIII Farm
Brook Farm
Myton School
Warwick School
St. Nicholas Park Leisure Centre
ST. NICHOLAS PARK
WARWICK TECHNOLOGY PARK
Heathcote Hill Farm
THE SHIRES RETAIL PARK
QUEENSWAY TRADING ESTATE
TACHBROOK PARK BUSINESS CENTRE
HEATHCOTE INDUSTRIAL ESTATE
TROJAN BUSINESS CENTRE
TITAN BUSINESS CENTRE
ROYAL LEAMINGTON SPA REHABILITATION HOSPITAL
Kingsway Prim. Sch.
St. Patrick's Prim. Sch.
Hawkes Farm
Longacre
Lower Heathcote Farm
Temple Hill Spinney
Turnbulls Garden
Nursery Wood
The Aspens
Asps Cottages
Park Farm
Depot
New House Farm
Spinney Farm
Mill Mound
Sewage Works
Grove Farm
Grove Plantation
The Grove
Mallory Court
Poultry Houses
Brookside Farm
Chapel Hill Farm
Squab Hall
Works
Windmill (Dis.)
Cemetery

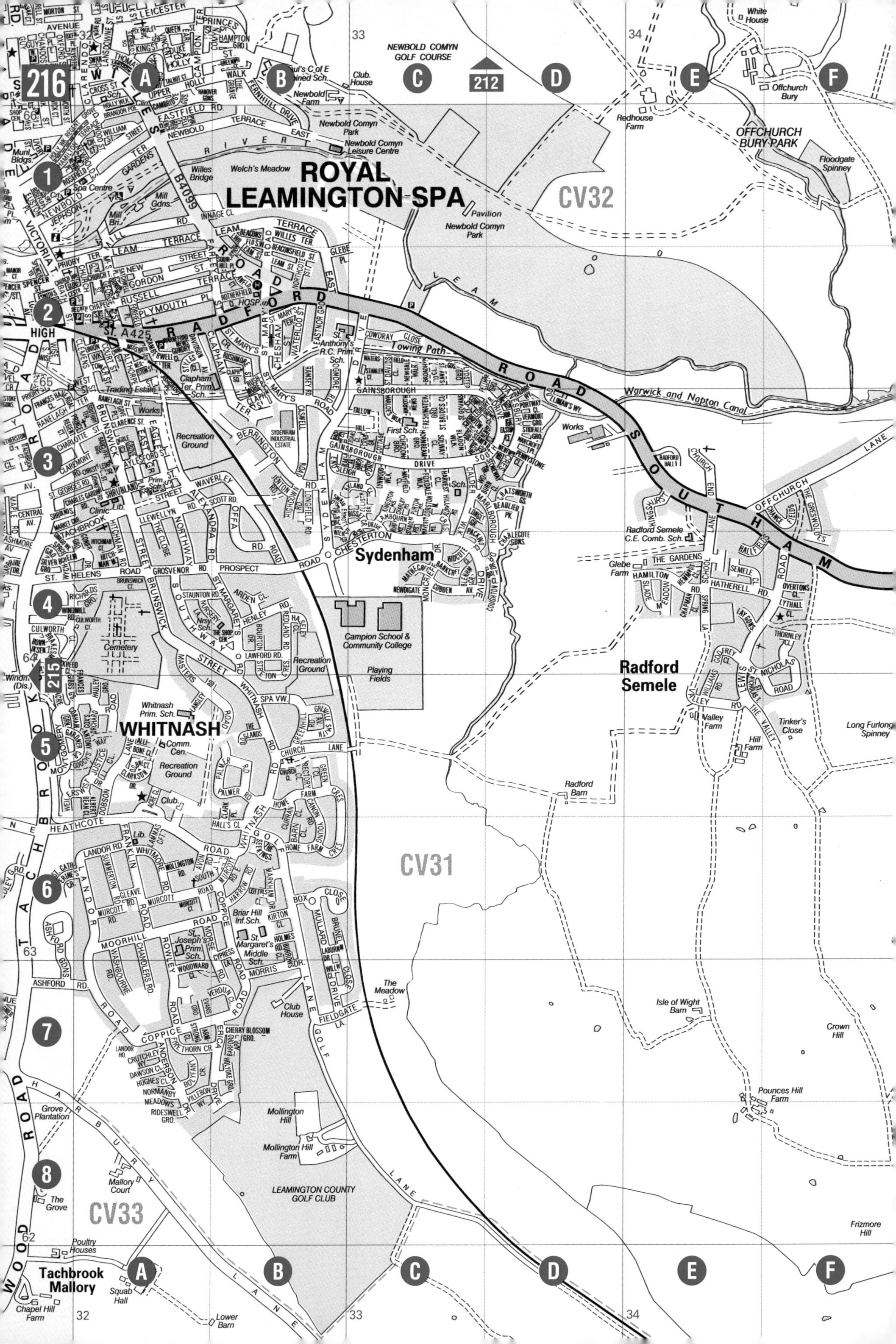
216
212
215
ROYAL LEAMINGTON SPA
WHITNASH
Sydenham
Radford Semele
Tachbrook Mallory
OFFCHURCH BURY PARK
CV32
CV31
CV33
NEWBOLD COMYN GOLF COURSE
Newbold Comyn Park
Newbold Comyn Leisure Centre
Newbold Farm
Club House
Welch's Meadow
Willes Bridge
Mill Gdns.
Spa Centre
Pavilion
Newbold Comyn Park
Redhouse Farm
White House
Offchurch Bury
Floodgate Spinney
Warwick and Napton Canal
Towing Path
Works
Trading Estate
Recreation Ground
SYDENHAM INDUSTRIAL ESTATE
St. Anthony's R.C. Prim. Sch.
First Sch.
Clapham Ter. Prim. Sch.
Radford Semele C.E. Comb. Sch.
Glebe Farm
Campion School & Community College
Playing Fields
Cemetery
Whitnash Prim. Sch.
Comm. Cen.
Briar Hill Inf. Sch.
St. Joseph's Prim. Sch.
St. Margaret's Middle Sch.
Valley Farm
Hill Farm
Tinker's Close
Long Furlong Spinney
Radford Barn
Isle of Wight Barn
Crown Hill
Pounces Hill Farm
Frizmore Hill
The Meadow
Mollington Hill
Mollington Hill Farm
LEAMINGTON COUNTY GOLF CLUB
Grove Plantation
Mallory Court
The Grove
Poultry Houses
Squab Hall
Lower Barn
Chapel Hill Farm
RADFORD ROAD
SOUTHAM ROAD
A425
B4099
RIVER LEAM
HARBURY LANE
TACHBROOK ROAD
WOOD ROAD
CHESTERTON ROAD
PROSPECT ROAD
GRASVENOR RD.
ST. HELENS ROAD
HEATHCOTE
WHITNASH ROAD
CHURCH LANE
GOLF LANE
FIELDGATE LA.
MORRIS DR.
COPPICE ROAD
MOORHILL RD.
ASHFORD RD.
LANDOR RD.
GAINSBOROUGH DRIVE
NEWBOLD TERRACE EAST
EASTFIELD RD.
LEAM TERRACE
PRIORY TER.
HIGH ST.
VICTORIA TER.
OFFCHURCH LANE
CHURCH LANE
THE GARDENS
HAMILTON
HATHERELL RD.
VALLEY RD.
ST. NICHOLAS ROAD
32
33
34
62
63
64
65
66
A
B
C
D
E
F
1
2
3
4
5
6
7
8

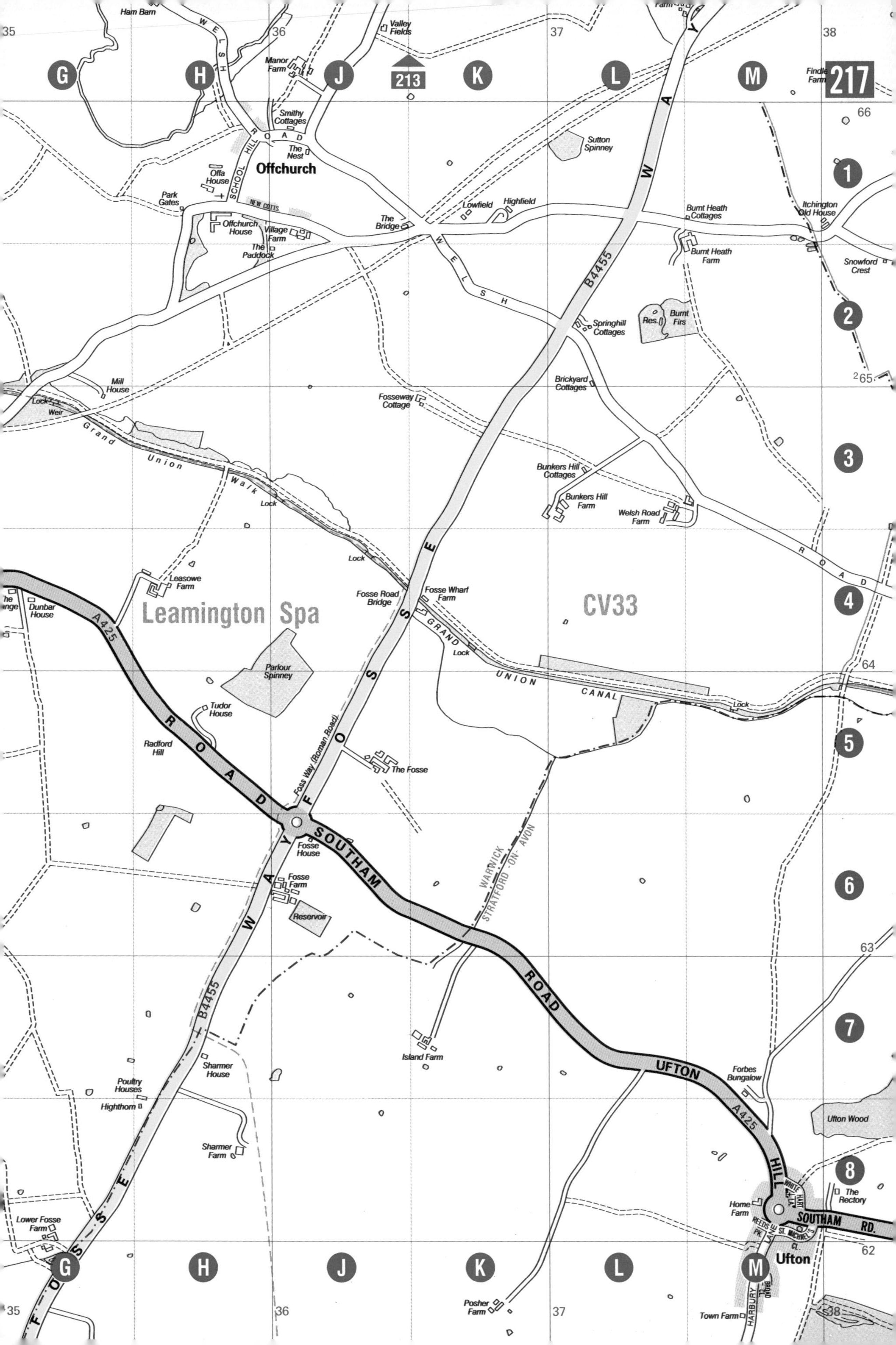
217
213
Ham Barn
Valley Fields
Manor Farm
Findle Farm
Smithy Cottages
The Nest
Offchurch
Offa House
Park Gates
New Cotts
Offchurch House
Village Farm
The Paddock
The Bridge
Lowfield
Highfield
Sutton Spinney
Burnt Heath Cottages
Burnt Heath Farm
Itchington Old House
Snowford Crest
Springhill Cottages
Res.
Burnt Firs
Brickyard Cottages
Mill House
Lock
Weir
Fosseway Cottage
Grand Union Walk
Bunkers Hill Cottages
Bunkers Hill Farm
Welsh Road Farm
Welsh Road
School Hill Road
Leasowe Farm
Dunbar House
Fosse Road Bridge
Fosse Wharf Farm
Leamington Spa
CV33
Grand Union Canal
Parlour Spinney
Tudor House
Radford Hill
Foss Way (Roman Road)
The Fosse
Fosse Way
B4455
A425
Road
Fosse House
Fosse Farm
Reservoir
Southam Road
Warwick
Stratford-on-Avon
Island Farm
Sharmer House
Poultry Houses
Highthorn
Sharmer Farm
Ufton Hill
Forbes Bungalow
Ufton Wood
The Rectory
Home Farm
White Hart La.
Reeds Pk.
St. Michael's Cl.
Southam Rd.
Ufton
Harbury La.
Broad Rd.
Town Farm
Posher Farm
Lower Fosse Farm
G H J K L M
1 2 3 4 5 6 7 8
35 36 37 38
62 63 64 65 66

INDEX

Including Streets, Places & Areas, Industrial Estates, Selected Subsidiary Addresses and Selected Places of Interest.

HOW TO USE THIS INDEX

1. Each street name is followed by its Posttown or Postal Locality and then by its map reference; e.g. Abberley Av. *Stour S* —8D **174** is in the Stourport-on-Severn Posttown and is to be found in square 8D on page **174**. The page number being shown in bold type.
A strict alphabetical order is followed in which Av., Rd., St., etc. (though abbreviated) are read in full and as part of the street name; e.g. Abbotswood Clo. appears after Abbots Way but before Abbott Rd.

2. Streets and a selection of Subsidiary names not shown on the Maps, appear in the index in *Italics* with the thoroughfare to which it is connected shown in brackets;
e.g. *Abberton Ho. Redd —5A **204** (off Lock Clo.)*

3. Places and areas are shown in the index in **bold type**, the map reference referring to the actual map square in which the town or area is located and not to the place name; e.g. **Abbeydale. —4G 205**

4. An example of a selected place of interest is Abbey Barn. —4E 190

5. Map references shown in brackets; e.g. Abbotts La. *Cov* —6B **144** (3A **6**) refer to entries that also appear on the large scale pages 4-7.

GENERAL ABBREVIATIONS

All : Alley
App : Approach
Arc : Arcade
Av : Avenue
Bk : Back
Boulevd : Boulevard
Bri : Bridge
B'way : Broadway
Bldgs : Buildings
Bus : Business
Cvn : Caravan
Cen : Centre
Chu : Church
Chyd : Churchyard
Circ : Circle
Cir : Circus
Clo : Close
Comn : Common
Cotts : Cottages
Ct : Court
Cres : Crescent
Cft : Croft
Dri : Drive
E : East
Embkmt : Embankment
Est : Estate
Fld : Field
Gdns : Gardens
Gth : Garth
Ga : Gate
Gt : Great
Grn : Green
Gro : Grove
Ho : House
Ind : Industrial
Info : Information
Junct : Junction
La : Lane
Lit : Little
Lwr : Lower
Mc : Mac
Mnr : Manor
Mans : Mansions
Mkt : Market
Mdw : Meadow
M : Mews
Mt : Mount
Mus : Museum
N : North
Pal : Palace
Pde : Parade
Pk : Park
Pas : Passage
Pl : Place
Quad : Quadrant
Res : Residential
Ri : Rise
Rd : Road
Shop : Shopping
S : South
Sq : Square
Sta : Station
St : Street
Ter : Terrace
Trad : Trading
Up : Upper
Va : Vale
Vw : View
Vs : Villas
Vis : Visitors
Wlk : Walk
W : West
Yd : Yard

POSTTOWN AND POSTAL LOCALITY ABBREVIATIONS

A Grn : Acocks Green
Agg : Aggborough
Alb : Albrighton
Ald G : Aldermans Green
Ald I : Aldermans Green Ind. Est.
A'rdge : Aldridge
Alle : Allesley
Alum R : Alum Rock
A'chu : Alvechurch
A'cte : Alvecote
Amb : Amblecote
Amin : Amington
Ansl : Ansley
Ansty : Ansty
Arb : Arbury
Arly : Arley
Ash G : Ash Green
Asty : Astley
Aston : Aston
Aston C : Aston Cantlow
Aston F : Aston Flamville
A'wd B : Astwood Bank
Attl : Attleborough
Attl F : Attleborough Fields Ind. Est.
Bad E : Baddesley Ensor
Bag : Baginton
Bal C : Balsall Common
Bal H : Balsall Heath
Barby : Barby
Barf : Barford
Barn : Barnacle
B Grn : Barnt Green
Bars : Barston
Bart G : Bartley Green
Barw : Barwell
Bass P : Bassetts Pole
Bay I : Bayton Road Ind. Est.
Beau : Beausale
Bed : Bedworth
Belb : Belbroughton
B'ley : Bentley (nr. Redditch)
Bntly : Bentley (nr. Walsall)
Ben H : Bentley Heath
Beo : Beoley
Berk : Berkswell
Berm I : Bermuda Park Ind. Est.
Bew : Bewdley
Bick : Bickenhill
Bils : Bilston
Bstne : Bilstone
Bil : Bilton
Bin : Binley
Bin I : Binley Ind. Est.
Bin W : Binley Woods
B'fld : Birchfield
Bir H : Birchley Heath
B'moor : Birchmoor
Bird : Birdingbury
Birm : Birmingham
Birm P : Birmingham Bus. Pk.
Birm A : Birmingham International Airport
Bis T : Bishops Tachbrook
Blac I : Blackburn Road Ind. Est.
B'dwn : Blackdown
B'wll : Blackwell
Blak : Blakedown
B'hll : Blakenhall
Bloom : Bloomfield
Blox : Bloxwich
Bod H : Bodymoor Heath
Bol : Bolehall
Bone : Bonehill
Bord : Bordesley
Bord G : Bordesley Green
B'brk : Bournbrook
B'hth : Bournheath
B'vlle : Bournville
Bour : Bourton
Brad : Bradley
B'mre : Bradmore
Brad M : Bradnocks Marsh
Bram : Bramcote
Bran : Brandon
Bret : Bretford
B'twn : Bridgtown
Brie H : Brierley Hill
Brin : Brinklow
B'frd : Brinsford
Brit E : Britannia Enterprise Pk.
Brock : Brockmoor
B'gve : Bromsgrove
Bmhll : Broomhill
Bwnhls : Brownhills
Brow : Brownsover
Bubb : Bubbenhall
Buc E : Buckland End
Bud : Budbrooke
Bulk : Bulkington
Burb : Burbage
Burc : Burcot
Burn : Burntwood
Burt G : Burton Green
Burt H : Burton Hastings
Bush : Bushbury
Cald : Caldecote
Call H : Callow Hill
Camp H : Camp Hill
Cann : Cannock
Cann W : Cannock Wood
Can : Canwell
Cas B : Castle Bromwich
Cas : Castlecroft
Cas V : Castle Vale
Cath B : Catherine-de-Barnes
Cats : Catshill
Cau : Caunsall
Caw : Cawston
Chad C : Chaddesley Corbett
C'mr : Chadsmoor
Chad : Chadwich
Chad E : Chadwick End
Char I : Charter Avenue Ind. Est.
C Ter : Chase Terrace
Chase : Chasetown
Chel W : Chelmsley Wood
C Hay : Cheslyn Hay
Ches : Chesterton
Chor : Chorley
C'bri : Churchbridge
Chu H : Church Hill North
C'hll : Churchill
Chu L : Church Lawford
Clay : Clayhanger
Clent : Clent
Cliff : Cliff
Clift D : Clifton upon Dunsmore
Cod : Codsall
Cod W : Codsall Wood
Col : Coleshill
Comp : Compton
Cong E : Congreaves Trad. Est.
Cookl : Cookley
Cor : Corley
Cose : Coseley
Cot : Coton
Cou : Coughton
Coven : Coven
Cov H : Coven Heath
Cov : Coventry
Cov W : Coventry Walsgrave Triangle
Crad H : Cradley Heath
C Grn : Cross Green
Cross P : Cross Point Bus. Pk.
Cubb : Cubbington
Curd : Curdworth
Dad : Dadlington
Darl : Darlaston
Der : Deritend
D'frd : Dodford
Dord : Dordon
Dorr : Dorridge
Dost : Dosthill
Dray B : Drayton Bassett
Dud : Dudley
Dud P : Dudley Port
Dunc : Dunchurch
Dunl : Dunley
Earl S : Earl Shilton
Earls : Earlswood
E Grn : Eastern Green
Edg : Edgbaston
Elc B : Elcocks Brook
Elmb : Elmbridge
Elmd : Elmdon
Elme : Elmesthorpe
Elmh : Elmhurst
Elm L : Elmley Lovett
Env : Enville
Erd : Erdington
Ess : Essington
E'shll : Ettingshall
E'shll P : Ettingshall Park
Exh : Exhall
Fair : Fairfield
Fall P : Fallings Park
Fare : Farewell
Faz : Fazeley
F'stne : Featherstone
Fill : Fillongley
Finc : Finchfield
Fins : Finstall
Foot : Footherley
F'bri : Fordbridge
F'hses : Fordhouses
Four O : Four Oaks
Fran : Frankley
F'ton : Frankton
Fren W : French Walls
Frol : Frolesworth
F End : Furnace End
Gall P : Gallagher Bus. Pk.
Gall C : Galley Common
Gent : Gentleshaw
Glas : Glascote
Gleb F : Glebe Farm Ind. Est.
G Hill : Golds Hill
Gold P : Goldthorn Park
Gorn W : Gornal Wood
Gt Barr : Great Barr
Gt Bri : Great Bridge
Gt Wyr : Great Wyrley
Greet : Greet
Griff : Griff
Gun H : Gun Hill
Guys C : Guys Cliffe
Hag : Hagley
Hale : Halesowen
Hall G : Hall Green
Hamm : Hammerwich
Hamp I : Hampstead Ind. Est.
H Ard : Hampton-in-Arden
H Mag : Hampton Magna
Hnbry : Hanbury
Hanch : Hanch
Hand : Handsworth
Harb : Harborne
Harb M : Harborough Magna
Hartl : Hartlebury
Harts : Hartshill
Harv : Harvington
Hasb : Hasbury
Hase : Haseley
Hatt : Hatton
Hay G : Hayley Green
Haz S : Hazel Slade
Head X : Headless Cross
H'cte : Heathcote
H'cte I : Heathcote Ind. Est.
Hth H : Heath Hayes
Hth T : Heath Town
Hed : Hednesford
H'ton : Heightington
Hen A : Henley-in-Arden
Hillm : Hillmorton
Hill T : Hill Top
Hltn : Hilton
Himl : Himley
Hinc : Hinckley
Hints : Hints
Hock : Hockley (nr. Birmingham)
H'ley : Hockley (nr. Tamworth)
H'ley H : Hockley Heath
Holf : Holford
H'wd : Hollywood
Hon : Honiley
Hop : Hopwas
Hudd : Huddlesford
H'ham : Hunningham
Hunn : Hunnington
H End : Hunt End
Hunt : Huntington
Hurc : Hurcott
Hurl : Hurley
Hurst B : Hurst Bus. Pk.
H Grn : Hurst Green
Ips : Ipsley
Ism : Ismere
I'ley : Iverley (nr. Kidderminster)
Iver : Iverley (nr. Stourbridge)
Ken : Kenilworth
Ker : Keresley
Ker E : Keresley End
Kett : Kettlebrook
Kidd : Kidderminster
Kils : Kilsby
K'bry : Kingsbury
K Hth : Kings Heath
K'hrst : Kingshurst
K Nor : Kings Norton
K'sdng : Kingstanding
K'wfrd : Kingswinford
Kinv : Kinver
Kitts G : Kitts Green
Know : Knowle
Lady : Ladywood
Lane : Lanesfield
Lapw : Lapworth
Law H : Lawford Heath
Lea M : Lea Marston
Lea S : Leamington Spa
Leek W : Leek Wootton
Lich : Lichfield
L End : Lickey End
Lilb : Lilbourne
Lill : Lillington
Lit A : Little Aston
Lit H : Little Hay
Lit L : Little Lawford
L'thpe : Littlethorpe
L'wth : Littleworth
Longd : Longdon
Longd G : Longdon Green
Longf : Longford
Long L : Long Lawford
Lwr B : Lower Bentley
Lwr G : Lower Gornal
Lwr P : Lower Penn
Low H : Low Habberley
Loz : Lozells
L Ash : Lydiate Ash
Lye : Lye
Lyng : Lyng
Lynn : Lynn
Maney : Maney
Map G : Mappleborough Green
Marl : Marlbrook
Mars : Marston
Mars G : Marston Green
May : Maypole
Mer : Meriden
Mer H : Merry Hill
Mid B : Middlemarch Bus. Pk.
Midd I : Middlemore Ind. Est. (nr. Birmingham)
Mid I : Middlemore Ind. Est. (nr. Smethwick)
Midd : Middleton
M Oak : Mile Oak
Min : Minworth
Moons M : Moons Moat North
Moons I : Moons Moat North Ind. Est.
Mose : Moseley
Mose V : Moseley Village
Mox : Moxley
Nech : Nechells
Neth : Netherton
New B : New Bilton
N'bld : Newbold
N'bri : Newbridge
New O : New Oscott
New S : New Shires Ind. Est.
Newt : Newton
N'fld : Northfield
Nort C : Norton Canes
Nun : Nuneaton
Oaken : Oaken
Ock H : Ocker Hill
Off : Offchurch
Oldb : Oldbury (nr. Nuneaton)
O'bry : Oldbury (nr. West Bromwich)
Out : Outhill
Oxl : Oxley
Park I : Park Farm Ind. Est.
P'flds : Parkfields
P'gte : Parkgate
Park V : Park Village
Patt : Pattingham
Pels : Pelsall
Pend : Pendeford
Penk : Penkridge
Penn : Penn
Penn F : Penn Fields
Pens : Pensnett
Pens T : Pensnett Trad. Est.
P Barr : Perry Barr
Pert : Perton
Picc : Piccadilly
Pole : Polesworth
Port : Portway
Prem B : Premier Bus. Pk.
P End : Princes End
Prin : Princethorpe
Quar B : Quarry Bank
Quin : Quinton
Rad S : Radford Semele
Redd : Redditch
Redn : Rednal
Ribb : Ribbesford
Rom : Romsley
Row : Rowington
Row R : Rowley Regis
Row V : Rowley Village
Rugby : Rugby
Ruge : Rugeley
Rus : Rushall
Rush : Rushock
Ryton D : Ryton on Dunsmore
Salt : Saltley
Sam : Sambourne
San : Sandwell
Sap : Sapcote
Sed : Sedgley
Seis : Seisdon
S Oak : Selly Oak
S Park : Selly Park
S End : Shard End
Share : Shareshill
Sharn : Sharnford
Shat : Shatterford
Sheld : Sheldon
Shelf : Shelfield
Shens : Shenstone (nr. Kidderminster)
Shen : Shenstone (nr. Lichfield)
Shen W : Shenstone Wood End
Sher : Sherbourne
Shil : Shilton
Shir : Shirley
Shut : Shuttington
Side : Sidemoor
S Hth : Slade Heath
Small H : Small Heath
Smeth : Smethwick
Smock : Smockington
Sol : Solihull
S'brk : Sparkbrook
S'hll : Sparkhill
Sper : Spernal
Spring : Springhill
Stap : Stapleton
Stech : Stechford
Stir : Stirchley
Stock : Stockingford
Stock G : Stockland Green
Stoke G : Stoke Golding
Stoke H : Stoke Heath
Stoke P : Stoke Pound

Posttown and Postal Locality Abbreviations

S Prior : Stoke Prior
Stone : Stone
S'lgh : Stoneleigh
S'lgh P : Stoneleigh Park
S Stan : Stoney Stanton
Ston : Stonnall
Stourb : Stourbridge
Stour S : Stourport-on-Severn
Stourt : Stourton
Stow H : Stow Heath
S'hay : Streethay
S'tly : Streetly
Stret D : Stretton on Dunsmore
Stret F : Stretton under Fosse
Stud : Studley
Summ : Summerfield
S Cold : Sutton Coldfield
Swan V : Swan Village
Swift I : Swift Valley Ind. Est.
Swind : Swindon
Syd : Sydenham
Tach P : Tachbrook Park
Tam : Tamworth
Tan A : Tanworth-in-Arden
Tard : Tardebigge
Tett : Tettenhall
Tett W : Tettenhall Wood
T'ton : Thurlaston
Tid G : Tidbury Green
Tip : Tipton
Tiv : Tividale
Torr I : Torrington Avenue Ind. Est.
Tort : Torton
Tres : Trescott
Trim : Trimpley
Try : Trysull
Tutn : Tutnall
Two G : Two Gates
Tys : Tyseley
Ufton : Ufton
Ullen : Ullenhall
Up Ben : Upper Bentley
Up Gor : Upper Gornal
U War : Upton Warren
Vaux : Vauxhall
Wall : Wall
W Hth : Wall Heath
Wals : Walsall
Wals W : Walsall Wood
W'grve S : Walsgrave on Sowe
W'grve R : Walsgrave Retail Pk.
W End : Ward End
Ware : Waresley
Warw : Warwick
Wash H : Washwood Heath
Wat O : Water Orton
Web : Webheath
Wedg M : Wedges Mills
W'bry : Wednesbury
Wed : Wednesfield
W'frd : Weeford
W Cas : Weoley Castle
Wergs : Wergs
W Brom : West Bromwich
Westc : Westcroft
W Weth : Weston under Wetherley
W'wd B : Westwood Bus. Pk.
What : Whateley
Whit V : Whitley Village
W'nsh : Whitnash
Wtgtn : Whittington
Wig P : Wigston Parva
Wild : Wildmoor
W'hall : Willenhall
Wiln : Wilnecote
Wim : Wimblebury
Win G : Winson Green
Wis : Wishaw
Withy : Withybrook
Witt : Witton
Woll : Wollaston
W'cte : Wollescote
Wols : Wolston
Wolv : Wolverhampton
W'ley : Wolverley
Wlvy : Wolvey
Wom : Wombourne
Woodc : Woodcross
Wood E : Wood End
W'gte : Woodgate
Wood P : Woodloes Park
Woods : Woodsetton
Wool : Woolscott
Word : Wordsley
Wrox : Wroxall
Wych : Wychbold
Wykin : Wykin
W Grn : Wylde Green
Wyt : Wythall
Yard : Yardley
Yard W : Yardley Wood
Yew T : Yew Tree Est.

INDEX

Aaron Manby Ct. P End —1M 65
Abberley. Wiln —8J 33
Abberley Av. Stour S —8D 174
Abberley Clo. Hale —7M 109
Abberley Clo. Redd —4J 205
Abberley Ind. Est. Smeth —4D 92
Abberley Rd. Dud —5C 64
Abberley Rd. O'bry —2H 111
Abberley St. Dud —1J 89
Abberley St. Smeth —4D 92
Abberton Clo. Hale —6C 110
Abberton Gro. Shir —2B 160
Abberton Ho. Redd —5A 204 (off Lock Clo.)
Abberton Way. Cov —6K 165
Abbess Gro. Birm —8L 95
Abbey Barn. —4E 190
Abbey Clo. B'gve —7C 180
Abbey Clo. Sol —4D 138
Abbey Ct. Cov —3H 167
Abbey Ct. Ken —5F 190
Abbey Ct. O'bry —5H 91
Abbey Cres. Hale —5K 109
Abbey Cres. O'bry —1K 111
Abbeydale. —4G 205
Abbeydale Clo. Cov —6M 145
Abbeydale Rd. Birm —7A 134
Abbey Dri. Wals —4A 26
Abbey End. Ken —5F 190
Abbeyfield Rd. Birm —2D 70
Abbeyfield Rd. Wolv —5E 22
Abbeyfields Dri. Stud —3L 209
Abbey Gdns. Smeth —8L 91
Abbey Ga. Nun —5J 79
Abbey Ga. Shop. Precinct. Nun —5J 79
Abbey Grn. Nun —4H 79
Abbey Hill. Ken —4F 190
Abbey Mans. Erd —3H 71
Abbey Rd. Cov —3F 166 (in three parts)
Abbey Rd. Dud —3K 89
Abbey Rd. Erd —7D 70
Abbey Rd. Glas —6D 32
Abbey Rd. Gorn W —6C 64
Abbey Rd. Hale —5J 109
Abbey Rd. Harb —4D 112
Abbey Rd. Kidd —3G 149
Abbey Rd. Redd —5E 204
Abbey Rd. Smeth —8K 91
Abbey Sq. Wals —7E 24
Abbey St. Birm —4G 93
Abbey St. Cann —2H 9
Abbey St. Dud —6C 64
Abbey St. Nun —4H 79 (in two parts)
Abbey St. Rugby —5C 172
Abbey St. N. Birm —4G 93
Abbey, The. Ken —4F 190
Abbey Trad. Cen. Redd —4E 204
Abbey Way. Cov —3F 166
Abbotsbury Clo. Cov —5A 146
Abbotsbury Way. Nun —2M 103
Abbots Clo. Know —2G 161
Abbots Clo. Wals —3C 40
Abbots Fld. Cann —4E 8
Abbotsford Av. Birm —7F 54
Abbotsford Dri. Dud —2E 88
Abbotsford Rd. Birm —3C 114
Abbotsford Rd. Lich —2K 19
Abbotsford Rd. Nun —1L 103
Abbots Rd. Birm —2L 135
Abbots Wlk. Wols —5H 169
Abbots Way. Birm —3H 93
Abbots Way. Warw —3D 214
Abbots Way. Wolv —8L 35
Abbotswood Clo. Redd —6A 206
Abbott Rd. Hale —1J 131
Abbotts Clo. Stour S —3K 175
Abbotts Grn. Hinc —4M 81
Abbotts La. Cov —6B 144 (3A 6)
Abbotts M. Brie H —8D 88
Abbotts Pl. Wals —8K 25
Abbotts Rd. Birm —8F 70
Abbotts St. Lea S —2M 215
Abbotts St. Wals —7K 25
Abbotts Wlk. Bin W —2C 168
Abbotts Way. Rugby —8F 172
Abdon Av. Birm —2B 134
Abelia. Tam —6F 32
Abercorn Rd. Cov —7L 143
Aberdeen Clo. Cov —4G 143
Aberdeen Rd. Nun —8L 79
Aberdeen St. Birm —5E 92
Aberford Clo. W'hall —5D 38
Abergavenny Wlk. Cov —2M 167
Abigails Clo. Birm —2B 116
Abingdon Clo. Wolv —7H 37
Abingdon Rd. Birm —2B 70
Abingdon Rd. Dud —6K 89
Abingdon Rd. Wals —7F 24
Abingdon Rd. Wolv —7H 37
Abingdon Way. Birm —6A 72
Abingdon Way. Nun —2M 79
Abingdon Way. Wals —7F 24
Ablewell St. Wals —8M 39
Ablow St. Wolv —1C 50 (7H 7)
Abnalls Cft. Lich —8F 12
Abnalls La. Lich —1A 18 (in two parts)
Abney Dri. Bils —8F 50
Abney Gro. Birm —7B 56
Aboyne Clo. Birm —3K 113
Acacia Av. Bew —6C 148
Acacia Av. Birm —3F 96
Acacia Av. Cov —8E 144 (7F 6)
Acacia Av. Wals —5A 54
Acacia Clo. Birm —3F 96
Acacia Clo. Dud —6G 65
Acacia Clo. Tiv —7B 66
Acacia Cres. Bed —6K 103
Acacia Cres. Cod —5H 21
Acacia Dri. Bils —2G 65
Acacia Gro. Cann —6M 9
Acacia Gro. Rugby —5A 172
Acacia Rd. Birm —1E 134
Acacia Rd. Lea S —8K 211
Acacia Rd. Nun —4E 78
Acacia Ter. Birm —4A 114
Acanthus Rd. Redd —3M 205
Accord M. W'bry —2D 52
Ace Bus. Pk. Birm —7D 96
Acfold Rd. Birm —4E 68
Achal Clo. Cov —7F 122
Acheson Rd. Shir & Hall G —7F 136
Achilles Clo. H'cte —7M 215
Achilles Clo. Wals —8F 14 (in two parts)
Achilles Rd. Cov —2G 145
Ackleton Gdns. Wolv —2M 49
Ackleton Gro. Birm —1M 133
Acock's Green. —6H 115
Acorn Clo. Bed —1C 122
Acorn Clo. Birm —4H 115
Acorn Clo. B'vlle —1E 134
Acorn Clo. Burn —8G 11
Acorn Clo. Cann —7J 9
Acorn Clo. Gt Wyr —8G 15
Acorn Clo. S'lgh —2B 192
Acorn Clo. W Brom —6H 67
Acorn Ct. Lea S —7A 212
Acorn Dri. Rugby —8H 171
Acorn Gdns. Birm —1G 135
Acorn Gro. Birm —6H 93 (4A 4)
Acorn Gro. Cod —7E 20
Acorn Gro. Stourb —8L 87
Acorn Rd. Cats —8B 154
Acorn Rd. Hale —1C 110
Acorn Rd. Wolv —8A 24
Acorn Starter Units. Burn —2D 16
Acorns, The. Cats —1A 180
Acorn St. Cov —1H 167
Acorn St. W'hall —7C 38
Acre Clo. W'nsh —5A 216
Acre Ho. Kinv —6B 106
Acre Ri. W'hall —4B 38
Acres Rd. Brie H —1D 108
Acton Clo. Redd —4K 205
Acton Dri. Dud —6B 64
Acton Ho. Bils —5H 51
Acton Gro. Birm —6A 56
Adam Ct. Cann —8D 8
Adam Rd. Cov —2G 145
Adams Brook Dri. Birm —8H 111
Adams Clo. Smeth —2K 91
Adams Clo. Tip —8M 51
Adams Ct. Kidd —2A 150
Adam's Hill. —5E 130
Adams Hill. Birm —8H 111
Adam's Hill. Clent —5E 130
Adams Ho. Kidd —3J 149
Adams Ind. Est. Kidd —2A 150
Adamson Clo. Cann —8B 8
Adams Rd. Wals —4G 27
Adams Rd. Wolv —2J 49
Adams St. Birm —4M 93 (1K 5)
Adams St. Rugby —6L 171
Adams St. Wals —7K 39
Adams St. W Brom —6G 67
Adam St. Kidd —4J 149
Adare Dri. Cov —1C 166
Ada Rd. Bord —7B 94
Ada Rd. Smeth —6B 92
Ada Rd. Yard —3H 115
Adas Woodthorne. Wolv —3H 35
Ada Wrighton Clo. W'hall —2C 38
Adcock Dri. Ken —4G 191
Adcote Clo. Barw —3G 85
Addenbrooke Ct. Crad H —1M 109
Addenbrooke Cres. Kidd (in two parts) —8G 149
Addenbrooke Dri. S Cold —7H 57
Addenbrooke Pl. W'bry —2D 52
Addenbrooke Rd. Ker E —3A 122
Addenbrooke Rd. Smeth —6M 91
Addenbrooke St. Wals —2J 39
Addenbrooke St. W'bry —1D 52
Addenbrook Way. Tip —1D 66
Adderley Gdns. Birm —4D 94 (in two parts)
Adderley Pk. Clo. Birm —5E 94
Adderley Rd. Salt & Birm —6C 94
Adderley Rd. S. Birm —6C 94
Adderley St. Birm —8A 94 (7L 5)
Adderley St. Cov —5E 144
Addingham Clo. Warw —8E 210
Addison Clo. Cann —4E 8
Addison Clo. Gall C —4A 78
Addison Clo. W'bry —7L 53
Addison Cft. Dud —4A 64
Addison Gro. Wolv —8H 23
Addison Pl. Bils —2A 52
Addison Pl. Wat O —6H 73
Addison Rd. Bil —8K 171
Addison Rd. Brie H —7B 88
Addison Rd. Cov —8A 122
Addison Rd. K Hth —2M 135
Addison Rd. Nech —1C 94
Addison Rd. W'bry —7L 53
Addison Rd. Wolv —1M 49
Addison St. W'bry —7F 52
Addison Ter. W'bry —7F 52
Adelaide Av. W Brom —2G 67
Adelaide Ct. Bed —7G 103
Adelaide Dri. Cann —6M 9
Adelaide Rd. Lea S —1L 215
Adelaide St. Birm —1M 113
Adelaide St. Brie H —6D 88
Adelaide St. Cov —5E 144 (1F 6)
Adelaide St. Redd —5D 204
Adelaide Wlk. Wolv —1E 50 (7M 7)
Adelphi Ct. Brie H —7D 88 (off Promenade, The)
Adey Rd. Wolv —1M 37
Adkins Cft. Fill —6E 100
Adkins La. Smeth —8M 91
Adkinson Av. Dunc —6J 197
Admington Rd. Birm —1C 116
Admiral Gdns. Ken —3J 191
Admiral Parker Dri. Shen —4F 28
Admiral Pl. Mose —5M 113
Admirals Way. Bram —3E 104
Admirals Way. Row R —7B 90
Adonis Clo. Tam —2C 32
Adrian Cft. Birm —8C 114
Adrian Dri. Barw —2G 85
Adria Rd. Birm —5B 114
Adshead Rd. Dud —2J 89
Adstone Gro. Birm —8A 134
Advent Gdns. W Brom —6H 67
Adwalton Rd. Wolv —6F 34
Affleck Av. M Oak —8K 31
Agenoria Dri. Stourb —4M 107
Aggborough. —5L 149
Aggborough Cres. Kidd —6L 149
Agincourt Rd. Cov —2E 166
Agmore La. Tard —6H 181
Agmore Rd. B'wll —5G 181
Aidens Ct. Lich —2J 19
Aiken Ho. Smeth —5C 92
Ainsbury Rd. Cov —1L 165
Ainsdale Clo. Cov —5H 123
Ainsdale Clo. Stourb —7M 107
Ainsdale Gdns. Birm —4J 71
Ainsdale Gdns. Hale —7K 109
Ainsworth Rd. Wolv —4E 22
Aintree Clo. Bed —5H 103
Aintree Clo. Cann —3M 9
Aintree Clo. Cats —8A 154
Aintree Clo. Cov —4E 144
Aintree Clo. Kidd —1K 149
Aintree Dri. Lea S —6C 212
Aintree Gro. Birm —3D 96
Aintree Rd. Wolv —5D 22
Aintree Way. Dud —6E 64
Aire Cft. Birm —8B 134
Airfield Dri. A'rdge —6E 40
Airport Way. Birm A —5J 117
Aitken Clo. Tam —7A 32
Ajax Clo. Rugby —3C 172
Ajax Clo. Wals —8F 14
Akrill Clo. W Brom —4H 67
Alamein Rd. W'hall —8L 37
Alan Bray Clo. Hinc —2D 80
Alandale Av. Cov —5E 142
Alandale Ct. Bed —1C 122
Alan Higgs Way. Cov —2C 164
Albany Clo. Kidd —3B 150
Albany Ct. Cov —7A 144
Albany Cres. Bils —3J 51
Albany Gdns. Sol —5E 138
Albany Gro. Ess —8C 24
Albany Gro. K'wfrd —2L 87
Albany Ho. Birm —2A 96
Albany Rd. Birm —3C 112
Albany Rd. Cov —8A 144
Albany Rd. Wolv —7B 36 (4G 7)
Albany Ter. Lea S —8L 211
Albemarle Rd. Stourb —7M 107
Albermarle Rd. K'wfrd —4A 88
Albert Av. Birm —3A 114
Albert Bean Clo. W'nsh —5A 216
Albert Clarke Dri. W'hall —2C 38
Albert Clo. Cod —5E 20
Albert Clo. Stud —5L 209
Albert Cres. Cov —6B 122
Albert Davie Dri. Cann —5L 9
Albert Dri. Hale —7M 109
Albert Dri. Swind —7E 62
Albert Ho. W'bry —3C 52 (off Factory St.)
Albert Pl. Birm —4L 113
Albert Rd. Alle —1A 142
Albert Rd. Aston —1L 93
Albert Rd. B'gve —1L 201
Albert Rd. Erd —6D 70
Albert Rd. Faz —1A 46
Albert Rd. Hale —7M 109
Albert Rd. Hand —8E 68
Albert Rd. Harb —4B 112
Albert Rd. Hinc —8D 84
Albert Rd. Kidd —3M 149
Albert Rd. K Hth —2L 135
Albert Rd. O'bry —1J 111
Albert Rd. Stech —7K 95
Albert Rd. Tam —4B 32
Albert Rd. Wolv —6M 35
Albert Smith Pl. Row R —5A 90
Albert Sq. Rugby —6B 172
Albert St. Birm —7L 93 (5H 5)
Albert St. Cann —5E 8
Albert St. Cov —5E 144 (2F 6)
Albert St. Hed —4K 9
Albert St. Lea S —8J 211
Albert St. Lye —4E 108
Albert St. Nun —6E 78
Albert St. O'bry —1G 91
Albert St. Pens —2D 88
Albert St. Redd —4E 204
Albert St. Rugby —6B 172
Albert St. Stourb —4M 107
Albert St. Tip —1M 65
Albert St. W Hth —1H 87
Albert St. Wals —7L 39
Albert St. Warw —2D 214
Albert St. W'bry —7E 52
Albert St. W Brom —8J 67
Albert St. E. O'bry —2H 91
Albert Wlk. Birm —4C 112
Albion Av. W'hall —7C 38
Albion Bus. Pk. Smeth —1L 91
Albion Ct. Nun —6K 79
Albion Fld. Dri. W Brom —5K 67
Albion Ho. W Brom —7J 67
Albion Ind. Est. Cov —2D 144
Albion Ind. Est. W Brom —7G 67
Albion Ind. Est. Rd. W Brom —7F 66
Albion Pde. K'wfrd —1H 87
Albion Pl. Cann —5E 8
Albion Rd. Hand —8D 68
Albion Rd. San —1B 92
Albion Rd. S'hll —4D 114
Albion Rd. Wals —1E 26
Albion Rd. W Brom —7F 66 (in two parts)
Albion Rd. W'hall —7C 38
Albion Roundabout. W Brom —5H 67
Albion St. Birm —6H 93 (3B 4)
Albion St. Brie H —6D 88
Albion St. Ken —4G 191
Albion St. O'bry —8E 66
Albion St. Tam —4C 32
Albion St. Tip —4M 65
Albion St. W Hth —8H 63
Albion St. W'hall —7B 38
Albion St. Wolv —7D 36 (4L 7)
Albion Way. Burn —8F 10
Alborn Cres. Birm —1D 156
Albright Ho. O'bry —5E 90 (off Kempsey Clo.)
Albrighton Ho. Birm —6F 68
Albrighton Rd. Alb —7A 20
Albrighton Rd. Hale —6L 109
Albrighton Wlk. Nun —7A 80
Albright Rd. O'bry —5K 91
Albury Rd. Stud —5L 209
Albury Wlk. Birm —2A 114
Albutts Rd. Wals —6A 16
Alcester Dri. S Cold —6D 56 (in two parts)
Alcester Dri. W'hall —8K 37
Alcester Gdns. Birm —2L 135
Alcester Highway. Redd —1F 208
Alcester Lanes End. —4L 135
Alcester Rd. Beo —4B 206
Alcester Rd. Birm —7L 113
Alcester Rd. Fins & Tutn —8D 180
Alcester Rd. H'wd & Wyt (in two parts) —1A 158
Alcester Rd. L End & Burc —3C 180
Alcester Rd. Port & Tan A —2M 183
Alcester Rd. Stud —5L 209
Alcester Rd. Tard —2H 203
Alcester Rd. S. Birm —2L 135 (in two parts)
Alcester St. Birm —1M 113 (8K 5)
Alcester St. Redd —5E 204
Alcombe Gro. Birm —7L 95
Alcott Clo. Dorr —7F 160
Alcott Gro. Birm —6D 96
Alcott La. Birm —1F 116
Alcove, The. Wals —7K 25
Aldborough La. Redd —4B 204
Aldbourne Rd. Cov —4C 144
Aldbourne Way. Birm —2D 156
Aldbury Ri. Cov —5J 143
Aldbury Rd. Birm —7A 136
Aldeburgh Clo. Wals —6G 25
Aldeford Dri. Brie H —1D 108
Alden Hurst. Burn —1F 16
Alderbrook Clo. Dud —8B 50
Alderbrook Clo. Redd —4B 204
Alderbrooke Dri. Nun —8A 80
Alderbrook Rd. Sol —7M 137
Alder Clo. H'wd —3B 158
Alder Clo. Lich —2M 19
Alder Clo. S Cold —2L 71
Alder Coppice. Dud —7C 50
Alder Cres. Wals —5B 54
Alder Dale. Wolv —8L 35
Alderdale Av. Dud —6C 50
Alderdale Cres. Sol —2E 138
Alder Dri. Birm —8H 97
Alderflat Pl. Birm —4C 94
Alderford Clo. Wolv —1M 35
Aldergate. Tam —4B 32
Alder Gro. Hale —3E 110
Alderham Clo. Sol —5D 138
Alderhanger La. Beo & Tan A —1C 206
Alderhithe Gro. S Cold —6B 42
Alder La. Bal C —4J 163
Alder La. Birm —3C 134
Alderlea Clo. Stourb —7A 108
Alderley Rd. B'gve —1K 201
Alderman's Green. —5H 123
Alderman's Grn. Ind. Est. Ald I —6K 123
Alderman's Grn. Rd. Cov (in two parts) —7H 123
Aldermans La. Redd —3B 204
Alderman Way. W Weth —2K 213
Alder Mdw. Clo. Cov —5D 122
Aldermere Rd. Kidd —1J 149
Alderminster Clo. Redd —5E 208
Alderminster Rd. Cov —5G 143
Alderminster Rd. Sol —8B 138
Aldermoor Ho. Cov —8G 145
Aldermoor La. Cov —8G 145
Alderney Clo. Bram —3F 104
Alderney Clo. Cov —7B 122
Alderney Gdns. Birm —8D 134
Alderpark Rd. Sol —6M 137
Alderpits Rd. Birm —2D 96 (in two parts)
Alder Rd. Birm —5A 114
Alder Rd. Cov —7H 123
Alder Rd. K'wfrd —4M 87
Alder Rd. W'bry —4G 53
Alder's Clo. Redd —6G 205
Alders Dri. Redd —5M 205
Aldersea Dri. Birm —2M 93
Alders Ga. K'bry —2D 60
Aldersgate. Nun —6J 79
Aldershaw Rd. Birm —4L 115
Aldershaws. Shir —4G 159
Alders La. Nun —2A 78
Alders La. Tam —3L 31
Aldersley Av. Wolv —2L 35
Aldersley Clo. Wolv —2M 35
Aldersley Rd. Wolv —4L 35
Aldersmead Rd. Birm —7C 134
Alderson Rd. Birm —5F 94
Alders Rd. Warw —5D 214
Alders, The. —3L 31
Alders, The. Bed —7E 102
Alders, The. Rom —5M 131
Alderton Clo. Sol —8B 138
Alderton Dri. Wolv —1L 49
Alderton M. Lea S —3C 216
Alder Way. B'gve —7B 180
Alder Way. Cann —3A 10
Alder Way. S Cold —1L 55
Alderwood Pl. Sol —6B 138
Alderwood Precinct. Dud —7C 50
Alderwood Ri. Dud —4D 64
Aldgate Dri. Brie H —2C 108
Aldgate Gro. Birm —4K 93
Aldin Clo. Bone —7L 31
Aldington Clo. Redd —8F 204
Aldin Way. Hinc —6A 84
Aldis Clo. Birm —8E 114
Aldis Clo. Wals —2G 53
Aldis Rd. Wals —2G 53
Aldrich Av. Cov —6E 142
Aldridge. —3H 41

Aldridge By-Pass—Arden Dri.

Aldridge By-Pass. A'rdge —4H 41
Aldridge Clo. B'moor —1M 47
Aldridge Clo. O'bry —5J 91
Aldridge Clo. Stourb —1L 107
Aldridge Rd. A'rdge & Lit A —4M 41
Aldridge Rd. Gt Barr & P Barr —7J 55
Aldridge Rd. Hinc —3K 81
Aldridge Rd. O'bry —1H 111
Aldridge Rd. S Cold & S'tly —8K 41
Aldridge Rd. Wals —6C 40
Aldridge St. W'bry —2D 52
Aldrin Way. Cov —4K 165
Aldwick Clo. Lea S —5A 212
Aldwych Clo. Wals —1H 41
Aldwyck Dri. Wolv —1G 49
Aldwyn Av. Birm —7M 113
Alesworth Dri. Burb —5M 81
Alexander Av. Earl S —1M 85
Alexander Clo. Cats —8A 154
Alexander Gdns. Hinc —7C 84
Alexander Hill. Brie H —1F 108
Alexander Rd. Bed —6J 103
Alexander Rd. Birm —5H 115
Alexander Rd. Cod —6J 21
Alexander Rd. Smeth —7L 91
Alexander Rd. Wals —7F 38
Alexander Ter. Smeth —3M 91
Alexandra Av. Birm —2D 92
Alexandra Ct. Ken —5G 191
Alexandra Cres. W Brom —1L 67
Alexandra Ho. Lich —2G 19
Alexandra Ind. Est. Tip —3A 66
Alexandra M. Tam —4C 32
Alexandra Pl. Bils —3K 51
Alexandra Pl. Dud —5H 65
Alexandra Rd. Birm —3L 113
Alexandra Rd. Cov —5F 144
Alexandra Rd. Hale —5M 109
Alexandra Rd. Hand —2D 92
Alexandra Rd. Lea S —3A 216
Alexandra Rd. Rugby —5B 172
Alexandra Rd. Stir —2G 135
Alexandra Rd. Tip —4M 65
Alexandra Rd. Wals —2L 53
Alexandra Rd. W'bry —3E 52
Alexandra Rd. Wolv —4A 50
Alexandra St. Dud —8H 65
Alexandra St. Nun —5H 79
Alexandra St. Wolv —8B 36 (5G 7)
Alexandra Ter. Cov —7E 122
Alexandra Way. Tiv —7A 66
Alexandra Way. Wals —4H 41
Alex Grierson Clo. Bin —2L 167
Alfall Rd. Cov —4H 145
Alford Clo. Redn —2J 155
Alfreda Av. H'wd —1M 157
Alfred Grn. Clo. Rugby —7A 172
Alfred Gunn Ho. O'bry —5H 91
Alfred Rd. Cov —5F 144
Alfred Rd. Hand —1E 92
Alfred Rd. S'hll —4B 114
Alfred Squire Rd. Wolv —4J 37
Alfred St. Aston —1B 94
Alfred St. K Hth —2M 135
Alfred St. Rugby —7M 171
Alfred St. Smeth —2C 92
Alfred St. S'brk —4B 114
Alfred St. Tam —4A 32
Alfred St. Wals —8H 25
Alfred St. W'bry —4C 52
Alfred St. W Brom —6K 67
Alfreds Well. D'frd —3J 179
Alfreton Clo. Burb —4M 81
Alfriston Rd. Cov —5C 166
Algernon Rd. Birm —5D 92
Alice Arnold Ho. Cov —8H 123
Alice Clo. Bed —8F 102
Alice St. Bils —3K 51
Alice Wlk. Bils —4K 51
Alison Clo. Tip —7A 52
Alison Dri. Stourb —7M 107
Alison Rd. Hale —6F 110
Alison Sq. Cov —5H 123
Allan Clo. Smeth —4B 92
Allan Clo. Stourb —1M 107
All Angels Wlk. O'bry —5H 91
Allan Rd. Cov —5M 143
Allans Clo. Clift D —4G 173
Allans La. Clift D —4G 173
Allard. Tam —7E 32
Allard Ho. Cov —3H 167
Allard Way. Cov —2G 167
Allbut St. Crad H —8K 89
Allcock St. Birm —8A 94 (6L 5)
Allcock St. Tip —1C 66
Allcroft Rd. Birm —7F 114
Allenby Clo. K'wfrd —4A 88
Allen Clo. Birm —2E 68
Allen Clo. Stud —7L 209
Allendale Av. Stud —6L 209
Allendale Ct. Stud —6L 209
Allendale Cres. Stud —6L 209
Allendale Gro. Birm —1E 68
Allendale Rd. Birm —2H 115
Allendale Rd. S Cold —1L 71
Allen Dri. W'bry —3C 52
Allen Dri. W Brom —8M 67
Allen End. —3F 58
Allen Ho. Birm —2E 68
Allen Rd. Tip —8M 51
Allen Rd. W'bry —4F 52
Allen Rd. Wolv —6M 35
Allen's Av. Birm —3F 92
Allens Av. W Brom —2G 67
Allen's Clo. W'hall —4B 38
Allens Cft. Rd. Birm —4H 135
Allens Farm Rd. Birm —6K 133
Allen's La. Wals —7M 25
Allensmead. Tam —7C 32
Allensmore Clo. Redd —7M 205
Allen's Rd. Birm —3F 92
Allen St. Tam —8C 32
Allen St. W Brom —6H 67
Allerdale Rd. Clay —2E 26
Allerton Clo. Cov —7L 145
Allerton Ct. W Brom —8J 53
Allerton La. W Brom —1J 67
Allerton Rd. Birm —2H 115
Allesley. —3G 143
Allesley By-Pass. Cov —3H 143
Allesley Clo. S Cold —3J 57
Allesley Ct. Cov —3G 143
Allesley Cft. Cov —3G 143
Allesley Hall Dri. Alle —4J 143
Allesley Old Rd. Cov —4J 143
Allesley Rd. Rugby —3M 171
Allesley Rd. Sol —1K 137
Allesley St. Birm —4L 93
Alleston Rd. Wolv —7D 22
Alleston Wlk. Wolv —7D 22
Alleyne Gro. Birm —7G 71
Alleyne Rd. Birm —8G 71
Alley, The. Dud —6B 64
Alliance Clo. Attl F —6M 79
Alliance Trad. Est. Cov —8G 143
Alliance Way. Cov —4G 145
Allibone Clo. W'nsh —5A 216
Allied Clo. Cov —7D 122
Allingham Gro. Birm —5L 55
Allington Clo. Wals —1D 54
Allison St. Birm —7M 93 (6J 5)
Allitt Gro. Ken —4H 191
Allman Rd. Birm —5H 71
Allmyn Dri. S Cold —3A 56
All Oaks La. Brin —6M 147
Allport Rd. Cann —8E 8
Allport St. Cann —7E 8
All Saints. —4G 93
All Saints Av. Bew —5C 148
All Saints Clo. Sap —2K 83
All Saints Clo. Withy —4M 125
All Saints Dri. S Cold —7F 42
All Saints La. Cov —6E 144
All Saints Rd. Bed —8F 102
All Saints Rd. B'gve —6A 180
All Saints Rd. Hock —4H 93
All Saint's Rd. K Hth —2L 135
All Saints Rd. Warw —8G 211
All Saints Rd. W'bry —3E 52
All Saints' Rd. Wolv —1D 50 (7K 7)
All Saints Sq. Bed —6H 103
All Saints St. Birm —4G 93
All Saints Way. W Brom —5K 67
Allsops Clo. Row R —5M 89
Allton Av. M Oak —8K 31
Allton Ct. Tam —6E 32
Allwell Dri. Birm —7M 135
Allwood Gdns. Birm —7G 111
Alma Av. Tip —2A 66
Alma Ct. Bram —3F 104
Alma Cres. Birm —5B 94
Alma Ind. Est. W'bry —3C 52
Alma Pas. Harb —3D 112
Alma Pl. Bal H —4B 114
Alma Pl. Dud —8J 65
Almar Ct. Wolv —8M 21
Alma Rd. Hinc —8D 84
Alma St. Birm —3L 93
Alma St. Cov —6E 144 (4F 6)
Alma St. Darl —3C 52
Alma St. Hale —4J 109
Alma St. Smeth —3C 92
Alma St. Wals —5K 39
Alma St. W'bry —6H 53
Alma St. W'hall —7B 38
Alma St. Wolv —6F 36
Alma Way. Birm —2K 93
Almeys La. Earl S —1M 85
Almond Av. Bntly —5E 38
Almond Av. Kidd —1H 149
Almond Av. Lea S —5M 211
Almond Av. Nun —3C 78
Almond Av. Yew T —5A 54
Almond Clo. Barby —8J 199
Almond Clo. Birm —3A 134
Almond Clo. Cann —7J 9
Almond Clo. Wals —7M 25
Almond Cft. Birm —3F 68
Almond Gro. Rugby —2L 171
Almond Gro. Warw —8G 211
Almond Gro. Wolv —5C 36
Almond Rd. Cann —1D 8
Almond Rd. K'wfrd —1L 87
Almond Tree Av. Cov —7H 123
Almond Way. Earl S —3L 85
Almond Way. Stour S —5D 174
Almsbury Ct. Birm —5C 116
Almshouses. Bed —6H 103
Alnwick Clo. Cann —7L 9
Alnwick Ho. Birm —3F 70
Alnwick Rd. Wals —5H 25
Alperton Dri. Stourb —7E 108
Alpha Clo. Birm —3L 113
Alpha Ho. Cov —5G 145
Alpha Ind. Pk. Cov —8K 123
Alpha Way. Wals —1G 25
Alpine Ct. Ken —3G 191
Alpine Dri. Cann —5K 9
Alpine Dri. Dud —5H 89
Alpine Ri. Cov —4A 166
Alpine Way. Wolv —7J 35
Alport Cft. Birm —7B 94
Alspath La. Cov —5F 142
Alspath Rd. Mer —8J 119
Alston Clo. Cann —7L 9
Alston Clo. Sol —3D 138
Alston Clo. S Cold —7G 43
Alston Gro. Birm —6H 95
Alston Ho. O'bry —3D 90
Alston Rd. Birm —6H 95
Alston Rd. O'bry —2E 90
Alston Rd. Sol —3D 138
Alston St. Birm —7G 93
Althorpe Dri. Dorr —6D 160
Althorpe St. Lea S —2A 216
Alton Av. W'hall —5B 38
Alton Clo. Cov —7K 123
Alton Clo. Redd —8B 204
Alton Clo. Wolv —6E 22
Alton Gro. Cann —8B 8
Alton Gro. Dud —8L 65
Alton Gro. W Brom —2L 67
Alton Rd. Birm —6F 112
Alum Clo. Cov —1D 144
Alum Dri. Birm —6G 95
Alumhurst Av. Birm —5H 95
Alum Rock. —6H 95
Alum Rock Rd. Salt & Birm —4D 94
Alumwell Clo. Wals —8H 39
Alumwell Rd. Wals —8H 39
Alvaston Clo. Wals —6J 25
Alvechurch. —4B 182
Alvechurch Highway. L Ash —6C 154
Alvechurch Highway. Redd —3E 204
Alvechurch Ho. B'gve —6B 180 (off Burcot La.)
Alvechurch Rd. Birm —1B 156
Alvechurch Rd. Hale —7M 109
Alvecote. —3K 33
Alvecote Clo. Sol —4D 138
Alvecote La. A'cte —3K 33
Alvecote Pools Nature Reserve. —2J 33
Alvecote Priory. —4L 33
Alveley Clo. Redd —5K 205
Alverley Clo. K'wfrd —1H 87
Alverstoke Clo. Wolv —7A 22
Alverstone Rd. Cov —5G 145
Alverton Clo. Dost —5C 46
Alveston Clo. Redd —7J 205
Alveston Gro. Birm —7H 95
Alveston Gro. Know —2H 161
Alveston Pl. Lea S —8A 212
Alveston Rd. H'wd —2A 158
Alvin Clo. Bin —8M 145
Alvin Clo. Hale —8F 90
Alvington Clo. W'hall —5D 38
Alvis Clo. Tam —2M 31
Alvis Retail Pk. Cov —6A 144
Alvis Wlk. Birm —8F 72
Alwen St. Stourb —7M 87
Alwin Rd. Row R —7B 90
Alwold Rd. Birm —7M 111
Alwyn. Wiln —2E 46
Alwyn Clo. Wals —6F 14
Alwynn Wlk. Birm —6B 70
Alwyn Rd. Bil —1J 197
Amal Way. Witt —7M 69 (in two parts)
Amanda Av. Penn —5M 49
Amanda Dri. Birm —8A 96
Ambassador Ct. Lea S —6M 211
Ambell Clo. Row R —4M 89
Amber Bus. Village. Tam —6H 33
Amber Clo. Tam —6H 33
Amber Ct. Tam —6H 33
Amber Dri. O'bry —4G 91
Ambergate Clo. Redd —4B 204
Ambergate Clo. Wals —6J 25
Ambergate Dri. K'wfrd —1J 87
Amber Gro. Cann —7J 9
Amberley Av. Bulk —6C 104
Amberley Ct. Birm —1E 134
Amberley Grn. Birm —3E 68
Amberley Gro. Birm —6A 70
Amberley Rd. Sol —5M 115
Amberley Way. S Cold —8L 41
Amber Way. Hale —3B 110
Amber Wood Clo. Wals —6D 38
Amblecote. —2M 107
Amblecote Av. Birm —7L 55
Amblecote Rd. Brie H —2C 108
Amblecote Rd. Kidd —4B 150
Ambler Gro. Cov —6J 145
Ambleside. Barw —2J 85
Ambleside. Birm —8J 111
Ambleside. Cov —7L 123
Ambleside. Rugby —2D 172
Ambleside Clo. Brad —6L 51
Ambleside Dri. Brie H —1C 108
Ambleside Rd. Bed —7G 103
Ambleside Way. B'gve —8B 180
Ambleside Way. K'wfrd —3K 87
Ambleside Way. Nun —3L 79
Ambrose Clo. Rugby —3C 172
Ambrose Clo. W'hall —7L 37
Ambrose Cres. K'wfrd —1K 87
Ambury Way. Birm —1D 68
Amelas Clo. Brie H —8A 88
Amersham Clo. Birm —4L 111
Amersham Clo. Cov —5H 143
Amesbury Rd. Birm —6L 113
Ames Rd. W'bry —2C 52
Amethyst Ct. Sol —8M 115
Amherst Av. Birm —6G 69
Amherst Bus. Cen. Warw —2B 214
Amherst Rd. Ken —2E 190
Amicombe. Wiln —8J 33
Amington. —6G 33
Amington Clo. S Cold —5K 43
Amington Ind. Est. Tam —6G 33
Amington Rd. Birm & Yard —3H 115
Amington Rd. Shir —1G 159
Amington Rd. Tam —5C 32
Amiss Gdns. Birm —1C 114
Amity Clo. Smeth —4B 92
Amos Av. Nun —7H 79
Amos Av. Wolv —2H 37
Amos-Jaques Rd. Bed —5G 103
Amos La. Wolv —2J 37
Amos Rd. Stourb —7F 108
Amphlett Ct. B'gve —7A 180
Amphlett Cft. Tip —5B 66
Amphletts Clo. Dud —6L 89
Ampton Rd. Birm —2H 113
Amroth Clo. Redn —2H 155
Amroth M. Lea S —3C 216
Amwell Gro. Birm —6M 135
Amy Clo. Cov —5F 122
Anchorage Rd. Birm —6D 70
Anchorage Rd. S Cold —3H 57
Anchor Clo. Birm —8E 92
Anchor Clo. Tam —5E 32
Anchor Fields. Kidd —3M 149
Anchor Hill. Brie H —8C 88
Anchor La. Bils —7H 51 (in two parts)
Anchor Pde. Wals —3H 41
Anchor Rd. A'rdge —3H 41
Anchor Rd. Bils —7J 51
Anchorway Rd. Cov —5A 166
Anders. Tam —3A 32
Andersleigh Dri. Bils —1G 65
Anderson Av. Rugby —1A 198
Anderson Cres. Birm —6E 54
Anderson Dri. W'nsh —7A 216
Anderson Gdns. Tip —5A 66
Anderson Rd. Birm —3E 70
Anderson Rd. Smeth —8A 92
Anderson Rd. Tip —4A 66
Anders Sq. Pert —5E 34
Anderton Clo. S Cold —2G 57
Anderton Pk. Rd. Birm —6A 114
Anderton Rd. Bed —8C 102
Anderton Rd. Birm —3C 114
Anderton Rd. Cov —4H 123
Anderton St. Birm —6H 93 (4A 4)
Andover Cres. K'wfrd —5M 87
Andover Pl. Cann —5G 9
Andover St. Birm —7M 93 (5K 5)
Andressy M. B'gve —4A 180
Andrew Clo. W'hall —3D 38
Andrew Dri. W'hall —3D 38
Andrew Gdns. Birm —8E 68
Andrew Rd. Hale —6A 110
Andrew Rd. Tip —8A 52
Andrew Rd. W Brom —7M 53
Andrews Clo. Brie H —1E 108
Andrews Rd. Wals W —5H 27
Anerley Gro. Birm —5M 55
Anerley Rd. Birm —5M 55
Anfield Ct. Lea S —2B 216
Angela Av. Cov —8L 123
Angela Av. Row R —5D 90
Angela Pl. Bils —3K 51
Angelica. Tam —5F 32
Angelica Clo. Wals —6A 54
Angelina St. Birm —2M 113
Angel Pas. Stourb —4A 108
Angel St. Dud —1H 89
Angel St. Up Ben —8H 203
Angel St. W'hall —7A 38
Anglesey Av. Birm —2H 97
Anglesey Bus. Pk. Cann —5L 9
Anglesey Clo. Alle —2H 143
Anglesey Clo. Burn —5E 16
Anglesey Cres. Wals —7F 16
Anglesey M. Cann —4J 9
Anglesey Rd. Lich —7H 13
Anglesey Rd. Wals —7F 16
Anglesey St. Birm —2J 93
Anglesey St. Cann —4H 9
Angless Way. Ken —6F 190
Anglian Rd. Wals —3D 40
Anglia Rd. Cann —6D 8
Anglo African Ind. Pk. O'bry —7E 66
Angorfa Clo. Lich —2F 18
Angus Clo. Cov —5G 143
Angus Clo. Ken —3J 191
Angus Clo. W Brom —3J 67
Angus Rd. Barw —3G 85
Anita Av. Tip —7A 66
Anita Cft. Birm —7D 70
Ankadine Rd. Stourb —3B 108
Anker Clo. Burn —3K 17
Anker Ct. Attl F —6M 79
Ankerdine Ct. Hale —6A 110
Anker Dri. Long L —4H 171
Anker Dri. Tam —5B 32
Ankermoor Clo. Birm —3B 96
Ankermoor Ct. Tam —4E 32
Ankerside. Pole —6M 33
Ankerside Shop. Cen. Tam —5B 32
Anker St. Nun —6K 79
Anker Vw. Pole —1M 47
Anker Vw. Tam —6C 32
Annan Av. Wolv —2E 36
Ann Cft. Birm —5D 116
Anne Clo. W Brom —6E 66
Anne Ct. S Cold —6A 58
Anne Cres. Cann —3E 8
Anne Cres. Cov —4J 167
Anne Gro. Tip —8B 52
Anne Rd. Brie H —8G 89
Anne Rd. Smeth —2C 92
Anne Rd. Wolv —4B 50
Ann Rd. Wyt —6A 158
Annscroft. Birm —7D 134
Ann St. W'hall —6B 38
Ansbro Clo. Birm —4F 92
Ansculf Rd. Brie H —8B 88
Ansell Rd. Erd —8F 70
Ansell Rd. S'brk —3C 114
Ansells Dri. Longf —4G 123
Ansell Way. Warw —2D 214
Ansley. —6J 77
Ansley Clo. Redd —8M 205
Ansley Common. —2L 77
Ansley Comn. Nun —1L 77
Ansley La. Arly —7E 76
Ansley Rd. Nun —6J 77
Ansley Way. Sol —2D 138
Anslow Gdns. Wolv —8M 23
Anslow Rd. Birm —4C 70
Anson Av. Lich —1G 19
Anson Clo. Burn —2J 17
Anson Clo. Rugby —7J 171
Anson Clo. Wals —8F 14
Anson Clo. Wolv —4E 34
Anson Ct. Faz —1B 46
Anson Ct. W Brom —2F 66
Anson Gro. Birm —7K 115
Anson Rd. Gt Wyr —8F 14
Anson Rd. Wals —7E 38
Anson Rd. W Brom —3E 66
Anson Way. W'grve S —1M 145
Anstey Cft. F'bri —5G 97
Anstey Gro. Birm —8H 115
Anstey Rd. Birm —3L 69
Anston Junct. Wals —8E 38
Anston Way. Wed —2K 37
Anstree Clo. C Hay —8D 14
Anstruther Rd. Birm —2D 112
Ansty. —6D 124
Ansty Dri. Cann —8K 9
Ansty Rd. Cov —5J 145
Antelope Gdns. Warw —1C 214
Anthony Rd. Birm —6E 94
Anthony Way. Cov —7J 145
Anton Dri. Min —3A 72
Antony Gardner Cres. W'nsh —5A 216
Antony Rd. Shir —8H 137
Antrim Clo. Alle —2G 143
Antringham Gdns. Birm —1D 112
Antrobus Rd. Birm —8E 68
Antrobus Rd. S Cold —8E 56
Anvil Cres. Cose —7J 51
Anvil Dri. O'bry —3E 90
Anvil Wlk. W Brom —5F 66
A1 Trad. Est. Smeth —2A 92
Apes Dale. —3F 180
Apex Bus. Pk. Nort C —4M 15
Apex Ind. Est. Tip —1D 66
Apex Rd. Wals —2C 26
Apley Rd. Stourb —2L 107
Apollo. Tam —3M 31
Apollo Clo. Cann —4G 9
Apollo Cft. Erd —6K 71
Apollo Rd. O'bry —3J 91
Apollo Rd. Stourb —4G 109
Apollo Way. Birm —8K 69
Apollo Way. Smeth —4C 92
Apollo Way. Warw —4K 215
Apperley Way. Hale —2H 109
Appian Clo. Birm —4L 135
Appian Clo. Tam —2C 46
Appian Way. Shir —5K 159
Applebee Rd. Hinc —3J 81
Appleby Clo. Birm —4K 135
Appleby Gdns. Ess —7C 24
Appleby Gro. Shir —3B 160
Applecross. S Cold —8F 42
Applecross Clo. Cov —3F 164
Appledore Clo. Cann —6L 9
Appledore Clo. Gt Wyr —6G 15
Appledore Ct. Blox —1H 39
Appledore Dri. Cov —4F 142
Appledore Rd. Wals —1D 54
Appledore Ter. Wals —1D 54
Appledorne Gdns. Birm —3B 96
Apple Gro. Rugby —7H 171
Applesham Clo. Birm —3D 114
Appleton Av. Birm —1D 68
Appleton Av. Stourb —7A 108
Appleton Clo. Birm —1E 134
Appleton Cres. Wolv —4A 50
Apple Tree Clo. Barw —1H 85
Apple Tree Clo. Birm —5B 70 (B23)
Apple Tree Clo. Birm —8M 133 (B31)
Appletree Clo. Cath B —4H 139
Apple Tree Clo. Kidd —1A 150
Appletree Gro. A'rdge —5H 41
Appletree Gro. Wolv —4C 36
Appletree La. Redd —4A 204
Apple Wlk. Cann —7J 9
Applewood Gro. Crad H —1M 109
Approach, The. Lea S —3M 215
April Cft. Birm —7B 114
Apse Clo. Wom —2F 62
Apsley Clo. O'bry —2G 111
Apsley Cft. Birm —7H 135
Apsley Gro. Birm —7G 71
Apsley Gro. Dorr —7F 160
Apsley Ho. Crad H —7M 89
Apsley Rd. O'bry —2G 111
Aqueduct La. A'chu —2M 181
Aqueduct Rd. Shir —8E 136
Aragon Dri. S Cold —3G 57
Aragon Dri. Warw —3J 215
Arbor Clo. Tam —6D 32
Arbor Ct. W Brom —3L 67
Arboretum Rd. Wals —7M 39
Arboretum, The. Cov —6K 165
Arbor Way. Birm —8J 97
Arbour Clo. Ken —6H 191
Arbour Clo. Rugby —2K 197
Arbour Ga. Wals W —5H 27
Arbour Tree La. Chad E —2M 187
Arbury Av. Bed —6G 103
Arbury Av. Cov —7E 122
Arbury Clo. Lea S —6A 212
Arbury Dri. Stourb —6K 87
Arbury Hall. —2D 102
Arbury Hall Rd. Shir —1K 159
Arbury Rd. Nun —7C 78
Arbury Wlk. Min —4D 72
Arcade. N'fld —5A 134
Arcade. Wals —8L 39
Arcade, The. Up Gor —4E 64
Arcadia. W Brom —6J 67 (off Paradise St.)
Arcadian Shop. Cen. Birm —8L 93 (7G 5)
Arcal St. Dud —2E 64
Archer Clo. O'bry —4H 91
Archer Clo. Stud —5K 209
Archer Clo. W'bry —6E 52
Archer Ct. Stourb —7E 108
Archer Rd. Birm —5C 136
Archer Rd. Ken —6E 190
Archer Rd. Redd —5E 204
Archer Rd. Wals —3L 39
Archers Clo. Birm —1C 70 (in two parts)
Archers Spinney. Hillm —1H 199
Archery Fields. Warw —3F 214
Archery Rd. Lea S —1L 215
Archery Rd. Mer —8H 119
Arches Bus. Cen. Rugby —4C 172
Arches Ind. Est., The. Cov —6A 144
Arches La. Rugby —4C 172
Arches, The. Birm —1B 114
Arch Hill. Kidd —3L 149
Arch Hill St. Dud —4J 89
Archibald Rd. Birm —1J 93
Arch Rd. Cov —4L 145
Archway, The. Wals —6M 39
Arcot Rd. Birm —7F 114
Ardath Rd. Birm —7G 135
Ardav Rd. W Brom —1F 66
Ardedale. Shir —8J 137
Arden Bldgs. Dorr —6F 160
Arden Clo. Amin —4E 32
Arden Clo. Bal C —2H 163
Arden Clo. Lea S —4B 216
Arden Clo. Mer —8J 119
Arden Clo. Rugby —4K 197
Arden Clo. Warw —8G 211
Arden Clo. Woll —2L 107
Arden Clo. Word —6J 87
Ardencote Rd. Birm —3A 136
Arden Ct. Erd —6H 71
Arden Ct. H Ard —2B 140
Arden Cft. Col —8M 73
Arden Cft. Sol —5C 116
Arden Dri. Birm —2M 115
Arden Dri. Dorr —7F 160

Arden Dri. S Cold —1H 71 (B73)
Arden Dri. S Cold —4B 58 (B75, in two parts)
Arden Gro. Birm —1J 93
Arden Gro. Lady —8G 93
Arden Gro. O'bry —4G 91
Arden Ho. B'gve —6B 180 (off Burcot La.)
Ardenlea Ct. Sol —4C 138
Arden Leys. Tan A —7D 184
Arden Meads. H'ley H —3C 186
Arden Oak Rd. Birm —4D 116
Arden Pl. Bils —5B 52
Arden Rd. A Grn —5H 115
Arden Rd. Aston —1K 93
Arden Rd. Bulk —7C 104
Arden Rd. Dorr —7F 160
Arden Rd. H'ley —4F 46
Arden Rd. H'wd —3A 158
Arden Rd. Ken —6H 191
Arden Rd. Nun —8A 80
Arden Rd. Redn —8G 133
Arden Rd. Salt —6D 94
Arden Rd. Smeth —5A 92
Ardens Clo. Redd —7A 206
Arden St. Cov —8M 143
Arden Va. Rd. Know —2H 161
Arderne Dri. Birm —8G 97
Ardgay Dri. Cann —2F 8
Ardingley Wlk. Brie H —2B 108
Ardley Clo. Dud —1K 89
Ardley Rd. Birm —4A 136
Areley Comn. Stour S —8E 174
Areley Ct. Stour S —7D 174
Areley Kings. —8E 174
Areley La. Stour S —6D 174
Arena Wlk. Birm —6B 4
Aretha Clo. K'wfrd —3A 88
Argent Ct. Cov —3J 165
Argent's Mead. Hinc —1K 81
Argent's Mead Wlk. Hinc —1K 81
Argus Clo. S Cold —6M 57
Argyle Av. Tam —5D 32
Argyle Clo. Stourb —8L 87
Argyle Clo. Wals —6B 40
Argyle Rd. Wals —6B 40
Argyle Rd. Wolv —3B 50
Argyle St. Birm —1C 94
Argyle St. Rugby —6C 172
Argyle St. Tam —6E 32
Argyll Ho. Wolv —1J 7
Argyll St. Cov —6G 145
Ariane. Tam —2L 31
Ariel Way. Rugby —3K 197
Arion Clo. Tam —4D 32
Arkall Clo. Tam —2C 32
Arkle. Dost —5D 46
Arkle Cft. Birm —1J 95
Arkle Cft. Row R —3M 89
Arkle Dri. Cov —2M 145
Arklet Clo. Nun —4C 78
Arkley Gro. Birm —2H 137
Arkley Rd. Birm —2H 137
Arkwright Rd. Birm —4J 111
Arkwright Rd. Wals —4H 39
Arlen Dri. Birm —8D 54
Arlescote Clo. S Cold —7J 43
Arlescote Rd. Sol —7C 116
Arless Way. Birm —6A 112
Arleston Way. Shir —1L 159
Arley Clo. Kidd —7G 149
Arley Clo. O'bry —4D 90
Arley Clo. Redd —4K 205
Arley Ct. Dud —3J 89
Arley Dri. Stourb —6L 107
Arley Gro. Wolv —4K 49
Arley Ho. Birm —8A 96
Arley La. Ansl —7J 77
Arley La. Fill —3F 100
Arley La. Shat —3A 126
Arley M. Lea S —8L 211
Arley Rd. B'brk —6F 112
Arley Rd. Salt —4D 94
Arley Rd. Sol —5A 138
Arlidge Clo. Bils —5K 51
Arlidge Cres. Ken —5J 191
Arlington Av. Lea S —7M 211
Arlington Clo. K'wfrd —5K 87
Arlington Ct. Lea S —7M 211
Arlington Ct. Stourb —5B 108
Arlington Gro. Birm —7B 136
Arlington M. Lea S —7M 211
Arlington Rd. Birm —7B 136
Arlington Rd. W Brom —3K 67
Arlington Way. Nun —7M 79
Arlon Av. Nun —2D 78
Armada Clo. Birm —8D 70
Armada Ct. Hinc —2H 81
Armadale Clo. Hinc —8A 84
Armarna Dri. Alle —1B 142
Armfield St. Cov —8G 123
Armorial Rd. Cov —3B 166
Armour Clo. Burb —4K 81
Armoury Clo. Birm —8D 94
Armoury Rd. Birm —3D 114
Armoury Trad. Est. Birm —3D 114
Armscott Rd. Cov —3J 145 (in two parts)
Armside Clo. Wals —5B 26
Armson Rd. Exh —1G 123
Armstead Rd. Pend —6M 21
Armstrong. Tam —3M 31
Armstrong Av. Cov —8H 145
Armstrong Clo. Lea S —7A 216
Armstrong Clo. Rugby —8L 171
Armstrong Clo. Stourb —2B 108
Armstrong Dri. Birm —8F 72
Armstrong Dri. Wals —5G 39
Armstrong Dri. Wolv —4A 36
Armstrong Way. W'hall —1B 52
Arncliffe Clo. Nun —7A 80
Arncliffe Way. Warw —8F 210
Arne Rd. Cov —3A 146
Arnfield St. Cov —1G 145
Arnhem Clo. Wolv —1H 37
Arnhem Corner. Cov —3K 167
Arnhem Rd. W'hall —1L 51
Arnhem Way. Tip —4C 66
Arnills Way. Kils —7M 199
Arno Ho. Cov —3H 167
Arnold Av. Cov —4C 166
Arnold Clo. Rugby —7A 172
Arnold Clo. Tam —3A 32
Arnold Clo. Wals —6F 38
Arnold Cotts. Cov —8D 142
Arnold Gro. Birm —5D 134
Arnold Gro. Shir —5H 137
Arnold Rd. Shir —5H 137
Arnolds La. Col —5D 98
Arnold St. Rugby —6B 172
Arnold Vs. Rugby —6B 172
Arnotdale Dri. Cann —2F 8
Arnside Clo. Cov —5E 144 (2F 6)
Arnside Ct. Birm —5B 70
Arnwood Clo. Wals —7F 38
Arosa Dri. Birm —6B 112
Arps Rd. Cod —6F 20
Arran Clo. Birm —6E 54
Arran Clo. Cann —6G 9
Arran Clo. Nun —6F 78
Arran Dri. Wiln —2F 46
Arran Rd. Birm —3M 95
Arran Way. Birm —2G 97
Arran Way. Hinc —8B 84
Arras Boulevd. H Mag —2A 214
Arras Rd. Dud —7L 65
Arrow Clo. Know —3G 161
Arrowdale Rd. Redd —6G 205
Arrowfield Grn. Birm —2D 156
Arrow Rd. Wals —3L 39
Arrow Rd. N. Redd —5G 205
Arrow Rd. S. Redd —5G 205
Arrow Valley Country Pk. —5H 205
Arrow Wlk. Birm —8H 135
Arsenal St. Birm —8C 94
Artemis Dri. Tach P —4K 215
Arter St. Bal H —3M 113
Arthingworth Clo. Bin —8L 145
Arthur Alford Ho. Bed —8D 102
Arthur Dri. Kidd —8L 149
Arthur Gunby Clo. S Cold —2M 57
Arthur Pl. Birm —6H 93 (4B 4)
Arthur Rd. Edg —3H 113
Arthur Rd. Erd —5H 71
Arthur Rd. Hand —1F 92
Arthur Rd. Tip —2A 66
Arthur Rd. Yard —3H 115
Arthur Russell Ct. Nun —6E 78
Arthur St. Barw —2H 85
Arthur St. Bils —3K 51
Arthur St. Birm —8B 94
Arthur St. Cann —5F 8
Arthur St. Cov —5D 144 (1E 6)
Arthur St. Ken —4G 191
Arthur St. Redd —6G 205
Arthur St. Wals —2H 53
Arthur St. W Brom —8K 67
Arthur St. Wim —6L 9
Arthur St. Wolv —3D 50
Arthur St. Cen. Redd —6G 205
Arthur Ter. Yard —3H 115
Artillery Rd. Bram —3F 104
Artillery St. Birm —7B 94
Arton Cft. Birm —7F 70
Arundel. Tam —2C 46
Arundel Av. W'bry —6F 52
Arundel Clo. Warw —1F 214
Arundel Cres. Sol —8A 116
Arundel Dri. Tiv —1A 90
Arundel Gro. Pert —6F 34
Arundel Ho. Birm —3F 70
Arundel Pl. Birm —3A 114
Arundel Rd. Birm —8A 136
Arundel Rd. B'gve —8B 180
Arundel Rd. Bulk —6C 104
Arundel Rd. Cov —3D 166
Arundel Rd. Stourb —7J 87
Arundel Rd. W'hall —2C 38
Arundel Rd. Wolv —7B 22
Arundel St. Wals —2L 53
Arun Way. S Cold —8A 58
Asbury Rd. Bal C —4H 163
Asbury Rd. W'bry —7L 53
Ascot Clo. Bed —5H 103
Ascot Clo. Birm —7F 92
Ascot Clo. Cov —3J 167
Ascot Clo. Lich —2K 19
Ascot Clo. O'bry —3E 90
Ascot Dri. Cann —1B 14
Ascot Dri. Dud —7F 64
Ascot Dri. Wolv —5A 50
Ascot Gdns. Stourb —7K 87
Ascot Ride. Lea S —6C 212
Ascot Rd. Birm —7M 113
Ascot Wlk. O'bry —3E 90
Ash Av. Birm —4A 114
Ashborough Dri. Sol —2C 160
Ashbourne Clo. Cann —5G 9
Ashbourne Gro. Aston —1L 93
Ashbourne Rd. Birm —6D 92
Ashbourne Rd. E'shll P —6E 50
Ashbourne Rd. Wals —6J 25
Ashbourne Rd. Wolv —6G 37
Ashbourne Way. Shir —1L 159
Ashbridge Rd. Cov —5J 143
Ashbrook Cres. Sol —1C 160
Ashbrook Dri. Redn —1H 155
Ashbrook Gro. Birm —1J 135
Ashbrook Rd. Birm —1J 135
Ashburn Gro. W'hall —7C 38
Ashburton Clo. Burb —3A 82
Ashburton Rd. Birm —4K 135
Ashburton Rd. Cov —1L 145
Ashbury Covert. Birm —6J 135
Ashby Clo. Bin —1M 167
Ashby Clo. Birm —3J 95
Ashby Ct. Hinc —6E 84
Ashby Ct. Nun —6K 79
Ashby Ct. Sol —8C 138
Ashby Rd. Hinc & Barw —7D 84
Ashby Rd. Kils —7M 199
Ashby Rd. Tam —3B 32
Ash Clo. Cod —6G 21
Ashcombe Av. Birm —6E 68
Ashcombe Dri. Cov —6F 142
Ashcombe Gdns. Erd —6K 71
Ashcott Clo. Birm —7D 134
Ash Ct. Rugby —2L 197
Ash Ct. Smeth —1J 91
Ash Ct. Stourb —5A 108
Ash Cres. Birm —3F 96
Ash Cres. K'wfrd —3L 87
Ashcroft. Smeth —4C 92
Ashcroft Clo. Cov —1A 146
Ashcroft Gro. Birm —7K 69
Ashcroft La. Lich —3E 28
Ashcroft Way. Cross P —1B 146
Ashdale Clo. Bin W —2E 168
Ashdale Clo. Cann —2C 8
Ashdale Clo. K'wfrd —1L 87
Ashdale Dri. Birm —8B 136
Ashdale Gro. Birm —1A 116
Ashdale Rd. Tam —4D 32
Ashdene Clo. Hartl —7A 176
Ashdene Clo. Kidd —4C 150
Ashdene Clo. S Cold —6C 57
Ashdene Gdns. Ken —5H 191
Ashdene Gdns. Stourb —7J 87
Ashdown Clo. Bin —1K 167
Ashdown Clo. Birm —8A 114
Ashdown Clo. Redn —7G 133
Ashdown Dri. Nun —7F 78
Ashdown Dri. Stourb —6L 87
Ash Dri. Cats —8A 154
Ash Dri. Harts —1A 78
Ash Dri. Ken —5G 191
Ash Dri. W Brom —3J 67
Ashen Clo. Dud —6C 50
Ashenden Ri. Wolv —8G 35
Ash End House Children's Farm. —1H 59
Ashenhurst Rd. Dud —2E 88
Ashenhurst Wlk. Dud —1G 89
Ashe Rd. Nun —6B 78
Ashes Rd. O'bry —5F 90
Ashfern Dri. S Cold —2M 71
Ashfield Av. Birm —8M 113
Ashfield Av. Cov —8D 142
Ashfield Clo. Wals —5L 39
Ashfield Cres. Dud —6J 89
Ashfield Cres. Stourb —6F 108
Ashfield Gdns. Birm —8M 113
Ashfield Gro. Hale —7L 109
Ashfield Gro. Wolv —6C 22
Ashfield Rd. Bils —7A 52
Ashfield Rd. Birm —8M 113
Ashfield Rd. Comp —7K 35
Ashfield Rd. F'hses —6C 22
Ashfield Rd. Ken —6H 191
Ashford Dri. Bed —6G 103
Ashford Dri. Dud —2E 64
Ashford Dri. S Cold —4M 71
Ashford Gdns. W'nsh —6M 215
Ashford La. H'ley H —3A 186
Ashford Rd. Hinc —2H 81
Ashford Rd. W'nsh —7M 215
Ash Furlong Clo. Bal C —3H 163
Ashfurlong Cres. S Cold —2L 57
Ash Green. —2C 122
Ash Grn. Dud —4G 65
Ash Grn. La. Cov —3C 122
Ash Gro. Arly —7E 76
Ash Gro. Bal H —4B 114
Ash Gro. Birm —7B 94
Ashgrove. Burn —4F 16
Ash Gro. Cann —5F 8
Ash Gro. Cov —2C 122
Ash Gro. Dud —7C 64
Ash Gro. H'ley —4F 46
Ash Gro. Kidd —2H 149
Ash Gro. K'bry —2D 60
Ash Gro. Lich —1L 19
Ash Gro. N'fld —5M 133
Ash Gro. Stourb —6D 108
Ash Gro. Stour S —5E 174
Ash Gro. Clo. Marl —8D 154
Ashgrove Pl. Lea S —2A 216
Ashgrove Rd. Birm —7J 55
Ash Hill. Wolv —8K 35
Ashill Rd. Redn —2H 155
Ashington Gro. Cov —3G 167
Ashington Rd. Bed —8C 102
Ashlands Clo. Tam —2C 32
Ashland St. Wolv —8B 36
Ash La. A'chu —7C 156
Ash La. Wals —6G 15
Ashlawn Cres. Sol —4K 137
Ashlawn Railway Cutting Nature Reserve. —1C 198
Ashlawn Rd. Rugby —4L 197
Ashlea. Dord —4M 47
Ashleigh Clo. Barby —7J 199
Ashleigh Dri. Birm —7H 69
Ashleigh Dri. Nun —8M 79
Ashleigh Dri. Tam —1E 46
Ashleigh Gdns. Barw —1H 85
Ashleigh Gro. Birm —8B 114
Ashleigh Rd. Sol —5B 138
Ashleigh Rd. Tiv —1C 90
Ashley Clo. Birm —2J 113
Ashley Clo. K'wfrd —5J 87
Ashley Clo. Stourb —7K 107
Ashley Ct. B Grn —8G 155
Ashley Cres. Warw —3H 215
Ashley Gdns. Birm —5D 94
Ashley Gdns. Cod —5F 20
Ashley Mt. Wolv —4K 35
Ashley Rd. Birm —6E 70
Ashley Rd. Birm —8D 10
Ashley Rd. Kidd —8B 128
Ashley Rd. Smeth —5C 92
Ashley Rd. Wals —8F 24
Ashley Rd. Wolv —4L 49
Ashley St. Bils —3L 51
Ashley St. Row R —8C 90
Ashley Ter. Birm —8E 112
Ashley Way. Bal C —2H 163
Ashmall. Hamm —5K 17
Ashman Av. Long L —4H 171
Ashmead Dri. Redn —5J 155
Ashmead Gro. Birm —7G 71
Ashmead Ri. Redn —5J 155
Ashmead Rd. Burn —1G 17
Ash M. Birm —4J 115
Ashmole Clo. Lich —3L 19
Ashmole Rd. W Brom —2F 66
Ashmore Av. Wolv —1A 38
Ashmore Brook. —7D 12
Ashmore Lake. —5B 38
Ashmore Lake Ind. Est. W'hall —5B 38
Ashmore Lake Rd. W'hall —5B 38
Ashmore Lake Way. W'hall —5B 38
Ashmore Park. —8A 24
Ashmore Rd. Birm —4F 134
Ashmore Rd. Cov —5B 144
Ashmores Clo. Redd —4D 208
Ashmores Ind. Est. Dud —6L 65
Ashold Farm Rd. Birm —7K 71
Asholme Clo. Birm —2J 95
Ashorne Clo. Birm —2H 137
Ashorne Clo. Cov —7J 123 (in two parts)
Ashorne Clo. Redd —1K 209
Ashover Gro. Birm —5E 92 (off Heath Grn. Rd.)
Ashover Rd. Birm —6K 55
Ashow. —7L 191
Ashow Clo. Ken —5H 191
Ash Pk. Ind. Est. Cann —6H 9
Ashperton Clo. Redd —8E 204
Ash Priors Clo. Cov —8H 143
Ash Ridge Clo. Nun —1M 103
Ash Rd. Birm —5D 94
Ash Rd. Dud —6H 65
Ash Rd. Earl S —2K 85
Ash Rd. Tip —5L 65
Ash Rd. W'bry —4F 52
Ash St. Bils —6L 51
Ash St. Crad H —7L 89
Ash St. Wals —8K 25
Ash St. Wolv —8A 36
Ashtead Clo. Min —3B 72
Ashted Cir. Birm —2L 5
Ashted Lock. Birm —5M 93 (2K 5)
Ashted Wlk. Birm —5B 94
Ash Ter. Tiv —8B 66
Ash Ter. Wash H —3E 94
Ashton Clo. Redd —8B 204
Ashton Ct. Lea S —6C 212
Ashtoncroft. Birm —7G 93 (6A 4)
Ashton Cft. Sol —8A 138
Ashton Dri. Wals —6C 26
Ashton Pk. Dri. Brie H —1C 108
Ashton Rd. Birm —2H 115
Ash Tree Av. Cov —7G 143
Ashtree Clo. Brie H —1A 108
Ashtree Ct. Cann —5D 8
Ash Tree Dri. Birm —2K 115
Ashtree Dri. Stourb —6A 108
Ashtree Gro. Bils —6B 52
Ash Tree Gro. Shil —3E 124
Ashtree Rd. Birm —3G 135
Ashtree Rd. Crad H —7L 89
Ash Tree Rd. Redd —5B 204
Ashtree Rd. Tiv & O'bry —8C 66
Ashtree Rd. Wals —6A 26
Ashurst Clo. Longf —4H 123
Ashurst Rd. S Cold —3M 71
Ash Vw. Cann —1D 8
Ashville Av. Birm —2M 95
Ashville Dri. Hale —4A 110
Ashwater Dri. Birm —7K 135
Ashway. Birm —4B 114 (B11)
Ash Way. Birm —1C 70 (B23)
Ashwell Dri. Shir —5K 137
Ashwells Gro. Wolv —7A 22
Ashwin Rd. Birm —2F 92
Ashwood. —4E 86
Ashwood Av. Cov —4M 143
Ashwood Av. Stourb —7J 87
Ashwood Clo. S Cold —1L 55
Ashwood Ct. Birm —4K 95
Ashwood Dri. Birm —6K 97
Ashwood Gro. Wolv —4A 50
Ashwood Rd. Nun —3E 78
Ashworth Ho. Cann —5G 9
Ashworth Rd. Birm —8H 55
Askew Bri. Rd. Dud —6B 64
Askew Clo. Dud —4E 64
Aspbury Ct. Tam —6E 32 (off Neville St.)
Aspbury Cft. Birm —8D 72
Aspen Clo. Birm —7H 115
Aspen Clo. Cov —8D 142
Aspen Clo. S Cold —7M 57
Aspen Ct. Cann —3A 10
Aspen Dri. Birm —1J 117
Aspen Gdns. Hand —8H 69
Aspen Gro. Birm —6G 95
Aspen Gro. Birm —1F 16
Aspen Gro. W'hall —2E 38
Aspen Gro. Wyt —4B 158
Aspen Ho. Sol —7M 137
Aspens, The. K'bry —2C 60
Aspen Wlk. Stour S —4E 174
Aspen Way. Wolv —8A 36
Asplen Ct. Ken —5J 191
Aspley Heath. —7D 184
Aspley Heath La. Tan A —7D 184
Asquith Dri. Cann —7J 9
Asquith Dri. Tiv —7C 66
Asquith Rd. Birm —4H 95
Asra Clo. Smeth —1A 92
Asra Ho. Smeth —1A 92
Assheton Clo. Rugby —1J 197
Astbury Av. Smeth —6M 91
Astbury Clo. Wals —5G 25
Astbury Clo. Wolv —8G 37
Astbury Ct. O'bry —2H 111
Aster Av. Kidd —8K 127
Aster Clo. Hinc —3L 81
Aster Clo. Nun —8A 80
Aster Wlk. Pend —6A 22
Aster Way. Hinc —3K 81
Asthill Cft. Cov —1C 166 (8B 6)
Asthill Gro. Cov —1C 166 (8B 6)
Astley. —2L 101
Astley Av. Cov —7E 122
Astley Av. Hale —3F 110
Astley Clo. Lea S —7K 211
Astley Clo. Redd —2G 209
Astley Clo. Tip —3D 66
Astley Cres. Hale —4F 110
Astley La. Asty —2L 101 (in two parts)
Astley La. Fill —6H 101
Astley Pl. Rugby —2H 199
Astley Pl. Wolv —3D 50
Astley Rd. Birm —8D 68
Astley Rd. Earl S —1M 85
Astley Wlk. Shir —4H 137
Aston. —1M 93
Aston Bri. Birm —4M 93
Aston Brook Grn. Birm —4M 93
Aston Brook St. Birm —3M 93 (in two parts)
Aston Brook St. E. Birm —4M 93
Aston Bury. Birm —1D 112
Aston Chu. Rd. Nech & Salt —2C 94
Aston Chu. Trad. Est. Nech —3D 94
Aston Clo. Bils —5B 52
Aston Clo. Lich —3F 28
Aston Cross Bus. Pk. Aston —3A 94
Aston Expressway. Birm —4M 93
Aston Fields. —1B 202
Aston Fields Trad. Est. B'gve —3A 202
Aston Flamville. —3E 82
Aston Hall. —1M 93
Aston Hall Rd. Birm —1A 94
Aston Ind. Est. Bed —7K 103
Aston La. Burb —3A 82
Aston La. Hand & Aston —7K 69
Aston La. Sharn —4G 83
Aston Manor Transport Mus. —8M 69
Aston Pk. Ind. Est. Nun —3H 79
Aston Rd. Birm —4M 93 (1J 5) (in three parts)
Aston Rd. B'gve —3M 201
Aston Rd. Cov —8M 143
Aston Rd. Dud —1H 89
Aston Rd. Nun —4H 79
Aston Rd. Tiv —8A 66
Aston Rd. W'hall —7L 37
Aston Rd. N. Birm —3M 93
Aston Science Pk. Birm —5M 93 (1K 5)
Aston's Clo. Brie H —2D 108
Aston Seedbed Cen. Nech —3A 94
Aston's Fold. Brie H —2D 108
Aston St. Birm —5M 93 (3H 5) (in two parts)
Aston St. Tip —2C 66
Aston St. Wolv —1A 50
Aston Students Guild. Birm —1J 5
Aston Triangle. Birm —6M 93 (3J 5)
Astor Dri. Birm —8C 114
Astoria Clo. W'hall —8D 24
Astoria Gdns. W'hall —8D 24
Astor Rd. K'wfrd —4M 87
Astor Rd. S Cold —8A 42
Astwood Bank. —8E 208
Astwood Clo. S Prior —8J 201
Astwood La. A'wd B —8A 208
Astwood La. S Prior —8F 200
Atcham Clo. Redd —6M 205
Atchenson Clo. Stud —5L 209
Athelney Ct. Wals —6A 26
Athelstan Gro. Wolv —4F 34
Athelstan Way. Tam —2M 31
Athena Dri. Tach P —4K 215
Athena Gdns. Cov —8G 123
Atherstone Clo. Redd —8M 205
Atherstone Clo. Shir —7E 136
Atherstone La. Hurl —5K 61
Atherstone Rd. Col —5K 75
Atherstone Rd. Hurl —5K 61
Atherstone Rd. Wolv —7H 37
Atherstone St. Faz —1B 46
Atherston Pl. Cov —3K 165
Athlone Rd. Wals —1C 54
Athol Clo. Birm —1K 133
Athole St. Birm —2A 114
Atholl Cres. Nun —7E 78
Athol Rd. Cov —3A 146
Atkins Way. Hinc —2L 81
Atlantic Ct. W'hall —8A 38 (off Cheapside)
Atlantic Rd. Birm —1M 69
Atlantic Way. W'bry —8E 52
Atlas Cft. Wolv —3C 36
Atlas Est. Witt —7A 70
Atlas Gro. W Brom —6F 66
Atlas Trad. Est. Bils —7M 51
Atlas Way. Birm —6B 4
Attenborough Clo. Birm —4L 93
Attingham Dri. Birm —7D 54
Attingham Dri. Cann —7H 9
Attleborough. —8L 79
Attleborough By-Pass. Attl —7K 79
Attleborough Ind. Est. Attl F —6M 79
Attleborough La. Wat O —7G 73
Attleborough Rd. Nun —6K 79
Attlee Clo. Tiv —7D 66
Attlee Cres. Bils —7L 51
Attlee Gro. Cann —7J 9
Attlee Rd. Wals —5E 38
Attoxhall Rd. Cov —5L 145
Attwell Pk. Wolv —2K 49
Attwell Rd. Tip —8M 51
Attwood Clo. Birm —3E 94
Attwood Cres. Cov —2J 145
Attwood Gdns. Wolv —4E 50
Attwood Rd. Burn —2C 16
Attwood St. Hale —4M 109
Attwood St. Stourb —4F 108
Atworth Clo. Redd —4H 209
Aubrey Rd. Birm —2L 111
Aubrey Rd. Small H —1F 114
Auchinleck Dri. Lich —8J 13
Auchinleck Sq. Birm —8A 4
Aucinleck Ho. Birm (off Broad St.) —8H 93 (7B 4)
Auckland Dri. Birm —1F 96
Auckland Ho. Birm —5M 111
Auckland Rd. Birm —2A 114
Auckland Rd. K'wfrd —5L 87
Auckland Rd. Smeth —3L 91
Auden Clo. Gall C —5M 77
Auden Ct. Pert —5F 34
Audleigh Ho. Birm —1J 113 (8C 4)
Audlem Wlk. Wolv —4G 37
Audley Dri. Kidd —1G 149
Audley Rd. Birm —5L 95
Audnam. —8M 87
Audnam. Stourb —8M 87
Augusta Pl. Lea S —1M 215

Barn Owl Dri.—Beechwood Pk. Rd.

Barn Owl Dri. Wals —5M 25
Barn Owl Wlk. Brie H —3C 108
Barnpark Covert. Birm —7J 135
Barn Piece. Birm —5H 111
Barnsbury Av. S Cold —3J 71
Barns Clo. Wals —5F 26
Barns Cft. S Cold —5B 42
Barnsdale Cres. Birm —5L 133
Barns La. Wals & A'rdge —2C 40
Barnsley Rd. Birm —8A 92
Barnsley Rd. B'gve —5A 180
Barnstaple Clo. Cov —5F 142
Barnstaple Rd. Smeth —4B 92
Barn St. Birm —7M 93 (6K 5)
Barnswood Clo. Cann —1B 14
Barnt Green. —1H 181
Barnt Grn. Rd. Redn —5J 155
Barnwell Clo. Dunc —5J 197
Barnwood Clo. Redd —4K 205
Barnwood Rd. Birm —5M 111
Barnwood Rd. Wolv —8L 21
Baron Clo. Burn —8E 10
Barons Clo. Birm —3A 112
Barons Ct. Sol —5C 116
Barons Ct. Trad. Est. Wals —7E 26
Baron's Cft. Cov —2E 166
Barons Cft. Nun —5C 78
Baron's Fld. Rd. Cov —2D 166
Barpool Rd. Nun —5F 78
Barrack La. Hale —3H 109
Barracks Clo. Wals —1L 39
Barracks La. Beau —7J 189
Barracks La. Bwnhls & Wals W —8J 17
Barracks La. Wals —1K 39
Barracks Pl. Wals —1L 39
Barracks Rd. Stour S —8J 175
Barracks, The. Barw —3G 85
Barrack St. Birm —5A 94 (2M 5)
Barrack St. Warw —2E 214
Barrack St. W Brom —1G 67
Barracks Way. Cov —7C 144 (5C 6)
Barra Cft. Birm —5B 72
Barrar Clo. Stourb —1L 107
Barras Ct. Cov —5G 145
Barras Grn. Cov —5G 145
Barras La. Cov —6B 144
Barratts Clo. Bew —6A 148
Barratts Cft. Brie H —8C 64
Barratt's La. Ash G —4D 122
Barratts Rd. Birm —8G 135
Barratts Stile La. Bew —6A 148
Barr Comn. Clo. Wals —6H 41
Barr Comn. Rd. Wals —5G 41
Barrett Clo. Kidd —3B 150
Barretts La. Bal C —3J 163
Barrhill Clo. Birm —7E 54
Barrie Av. Kidd —2C 150
Barrie Rd. Hinc —6D 84
Barrington Clo. Wals —6A 54
Barrington Clo. Wolv —8C 22
Barrington Rd. Redn —2E 154
Barrington Rd. Rugby —7J 171
Barrington Rd. Sol —7L 115
Barr Lakes La. A'rdge —2E 54
Barr La. Brin —5L 147
Bar Rd. Cov —1E 166
Barron Rd. Birm —6B 134
Barrow Clo. Cov —3B 146
Barrow Clo. Redd —6M 205
Barrowfield Ct. Ken —5F 190
Barrowfield La. Ken —5F 190
Barrow Hill Rd. Brie H —8C 64
(in two parts)
Barrow Rd. Ken —5F 190
Barrows La. Birm —1L 115
(in two parts)
Barrows Rd. Birm —3C 114
Barrow Wlk. Birm —2L 113
(in two parts)
Barrs Cres. Crad H —1M 109
Barrs Rd. Crad H —2L 109
Barrs St. O'bry —5G 91
Barr St. Birm —4J 93 (1D 4)
(in two parts)
Barr St. Dud —6C 64
Barry Ho. Cov —8K 123
Barry Jackson Tower. Birm —2M 93
Barry Rd. Wals —2C 54
Barsham Clo. Birm —3J 113
Barsham Dri. Brie H —1C 108
Barston. —8A 140
Barston Clo. Cov —6G 123
Barston La. Bal C —8D 140
Barston La. H Ard & Bars —6L 139
(in two parts)
Barston La. Know —7F 138
Barston La. Sol —7H 139
(in three parts)
Barston Rd. O'bry —2H 111
Bartestree Clo. Redd —8M 205
Bartholemews La. B'gve —4M 179
Bartholomew Row. Birm —6M 93 (4J 5)
Bartholomew St. Birm —7M 93 (5J 5)
Bartic Av. K'wfrd —5M 87
Bartleet Rd. Redd —2K 209
Bartleet Rd. Smeth —4K 91
Bartlett Clo. Cov —7E 122
Bartlett Clo. Tip —8B 52
Bartlett Clo. Warw —2F 214
Bartley Clo. Sol —7M 115
Bartley Dri. Birm —1L 133
Bartley Green. —1K 133
Bartley Woods. Birm —7H 111
Barton Cres. Lea S —3C 216
Barton Cft. Birm —5F 136
Barton Dri. Know —6H 161
Barton La. K'wfrd —1J 87
Barton Lodge Rd. Birm —5E 136
Barton Rd. Bed —6G 103
Barton Rd. Cov —7F 122
Barton Rd. Nun —8J 79
Barton Rd. Rugby —1K 197
Barton Rd. Wolv —5F 50
Bartons Bank. Birm —2L 93
Barton's Mdw. Cov —3H 145
Barton St. W Brom —7H 67
Bar Wlk. Wals —8J 27
Barwell. —3G 85
Barwell Clo. Dorr —5E 160
Barwell Clo. Lea S —6M 211
Barwell Ct. Birm —7B 94
Barwell La. Hinc —6E 84
Barwell Path. Hinc —7E 84
Barwell Rd. Birm —7B 94
Barwick St. Birm —6K 93 (4F 4)
Basalt Clo. Wals —5G 39
Basant Clo. Warw —2G 215
Bascote Clo. Redd —8B 204
Basely Way. Longf —5D 122
Basford Brook Dri. Cov —4F 122
Basildon Wlk. Cov —2A 146
Basil Gro. Birm —5L 133
Basil Rd. Birm —5L 133
Basin La. Tam —6D 32
Baskerville Rd. Kidd —8M 127
Baskeyfield Clo. Lich —2K 19
Baslow Clo. Birm —5M 95
Baslow Clo. Wals —6H 25
Baslow Rd. Wals —6H 25
Bason's La. O'bry —4J 91
Bassano Rd. Row R —8C 90
Bassenthwaite Ct. K'wfrd —3K 87
Bassett Clo. S Cold —5L 57
Bassett Clo. W'hall —5D 38
Bassett Clo. Wolv —3J 49
Bassett Cft. Birm —1B 114
Bassett La. Sap —2K 83
Bassett Rd. Cov —4A 144
Bassett Rd. Hale —3G 109
Bassett Rd. W'bry —7J 53
(in two parts)
Bassetts Gro. Birm —4F 96
Bassett's Pole. —7B 44
Bassett St. Wals —8H 39
Bassnage Rd. Hale —7L 109
Batch Cft. Bils —4K 51
Batchcroft. W'bry —1D 52
Batchelor Clo. Stourb —1M 107
Batchley. —5B 204
Batchley Rd. Redd —5B 204
Bateman Dri. S Cold —7H 57
Bateman Rd. Col —8M 73
Bateman's Acre S. Cov —5A 144
Bateman's Green. —3L 157
Batemans La. H'wd & Wyt —4L 157
Bates Clo. S Cold —2B 72
Bates Gro. Wolv —4G 37
Bates Hill. Redd —5D 204
Bates La. Tan A —8E 184
Bates Rd. Cov —2L 165
Bate St. Wals —6L 39
Bate St. Wolv —6G 51
Batham Rd. Kidd —1A 150
Bath Av. Wolv —7B 36 (2G 7)
Bath Clo. Sap —1K 83
Bath Ct. Birm —8J 93 (8B 4)
(B15)
Bath Ct. Birm —2B 134
(B29)
Batheaston Clo. Birm —2D 156
Bath Mdw. Hale —4L 109
Bath Pas. Birm —8L 93 (7G 5)
Bath Pl. Lea S —2M 215
Bath Rd. Brie H —7G 89
Bath Rd. Cann —4E 8
Bath Rd. Nun —4J 79
Bath Rd. Stourb —4M 107
Bath Rd. Tip —4A 66
Bath Rd. Wals —1L 53
Bath Rd. Wolv —7B 36 (4G 7)
Bath Row. Birm —8J 93 (8B 4)
Bath Row. O'bry —1D 90
Bath St. Bils —4L 51
Bath St. Birm —5L 93 (2G 5)
Bath St. Cov —5D 144 (1E 6)
Bath St. Dud —1J 89
Bath St. Lea S —2M 215
Bath St. Rugby —6B 172
Bath St. Sed —8E 50
Bath St. Wals —8L 39
Bath St. W'hall —8B 38
Bath St. Wolv —8E 36 (5M 7)
Bathurst Clo. Rugby —1L 197
Bathurst Rd. Cov —3A 144
Bath Wlk. Birm —4L 113
Bathway Rd. Cov —5A 166
Batmans Hill Rd. Bils —7L 51
Batsford Clo. Redd —4H 209
Batsford Rd. Cov —4M 143
Batson Ri. Brie H —1A 108
Battenhall Rd. Birm —4A 112
Battens Clo. Redd —6F 204
Battens Dri. Redd —5K 205
Battery Ind. Pk. S Oak —7E 112
Battledown Clo. Hinc —7B 84
Battlefield Hill. Wom —2J 63
Battlefield La. Wom —3H 63
Baulk La. Berk —1K 163
Bavaro Gdns. Brie H —7G 89
Baverstock Rd. Birm —7L 135
Bawnmore Ct. Bil —1K 197
Bawnmore Pk. Rugby —2L 197
Bawnmore Rd. Rugby —1K 197
Baxter Av. Kidd —2L 149
Baxter Clo. Cov —7G 143
Baxter Ct. Lea S —2A 216
Baxter Gdns. Kidd —2M 149
Baxterley Grn. Sol —5K 137
Baxterley Grn. S Cold —8M 57
Baxter Rd. Brie H —7C 88
Baxters Grn. Shir —1G 159
(in two parts)
Baxters Rd. Shir —1H 159
Bayer St. Bils —1J 65
Bayford Av. N'fld —3L 155
Bayford Av. Sheld —5C 116
Bayley Cres. W'bry —1C 52
Bayley Ho. Bwnhls —3F 26
Bayley La. Cov —7D 144 (5D 6)
Bayleys La. Tip —1C 66
Bayley Tower. Birm —1L 95
Baylie St. Stourb —5M 107
Baylis Av. Longf —5G 123
Baylis Av. Wolv —1M 37
Baylis Green. —8A 184
Bayliss Av. Wolv —6G 51
Bayliss Clo. Bils —2J 51
Bayliss Clo. Birm —4B 134
Baynton Rd. W'hall —2C 38
Bayston Av. Wolv —1L 49
Bayston Rd. Birm —5L 135
Bayswater Rd. Birm —8K 69
Bayswater Rd. Dud —6D 64
Bayton Ind. Est. Exh —2G 123
Bayton Rd. Exh —2G 123
Bayton Rd. Ind. Est. Exh —1H 123
Bayton Way. Exh —2J 123
Bay Tree Clo. Birm —1D 156
Baytree Clo. Cov —8K 123
Baytree Clo. Wals —7G 25
Baytree Rd. Wals —7G 25
Baywell Clo. Shir —2A 160
Bazzard Rd. Bram —3F 104
Beach Av. Bal H —4B 114
Beach Av. Bils —6F 50
Beach Brook Clo. Birm —4B 114
Beachburn Way. Birm —6G 69
Beach Clo. Birm —8C 134
Beachcroft Rd. K'wfrd —8J 63
Beach Dri. Hale —4A 110
Beach Rd. Bils —2K 51
Beach Rd. Birm —4B 114
Beach Rd. Stour S —8E 174
Beach St. Hale —4A 110
Beachwood Av. K'wfrd —8J 63
Beacon Clo. Gt Barr —8F 54
Beacon Clo. Redn —3G 155
Beacon Clo. Smeth —2A 92
Beacon Ct. Birm —8F 54
Beacon Ct. S Cold —1M 55
Beacon Dri. Wals —1A 54
Beaconfields. Lich —1G 19
Beacon Gdns. Lich —8G 13
Beacon Hill. Aston —1L 93
Beacon Hill. Redn —4F 154
Beacon Hill. Wals —8J 41
Beacon La. Dud —8E 50
Beacon La. Redn —6D 154
Beacon M. Birm —8F 54
Beacon Pas. Dud —1D 64
Beacon Ri. Dud —8E 50
Beacon Ri. Stourb —5D 108
Beacon Ri. Wals —6H 41
Beacon Rd. Cov —6C 122
Beacon Rd. K'sdng —5A 56
Beacon Rd. S Cold —8G 57
Beacon Rd. Wals —4D 54
Beacon Rd. Wals & Birm —1H 55
Beacon Rd. W'hall —1C 38
Beaconsfield Av. Rugby —8A 172
Beaconsfield Av. Wolv —3D 50
Beaconsfield Ct. Nun —4K 79
Beaconsfield Ct. Wals —1B 54
Beaconsfield Cres. Birm —4L 113
Beaconsfield Dri. Wolv —3D 50
Beaconsfield Rd. Birm —5L 113
Beaconsfield Rd. Cov —7H 145
Beaconsfield Rd. S Cold —2H 57
Beaconsfield St. Lea S —2B 216
Beaconsfield St. W Brom —4J 67
Beaconsfield St. W. Lea S —1B 216
Beacon St. Bils —8F 50
Beacon St. Lich —8F 12
Beacon St. Wals —8A 40
Beacon Vw. Redn —3F 154
Beacon Vw. Wals —7F 38
(in two parts)
Beacon Vw. Dri. S Cold —4M 55
Beaconview Ho. W Brom —8M 53
Beacon Vw. Rd. W Brom —7L 53
Beacon Way. Cann —6M 9
Beacon Way. Wals —6G 27
Beacon Way. W Brom —4A 68
Beake Av. Cov —8B 122
Beakes Rd. Smeth —6M 91
Beaks Farm Gdns. Birm —7D 92
Beaks Hill Rd. Birm —8E 134
Beak St. Birm —7K 93 (6F 4)
Beale Clo. Birm —7A 72
Beales Corner. Bew —6B 148
Beales St. Birm —1B 94
Beale St. Stourb —4M 107
Bealeys Av. Wolv —1J 37
Bealeys Fold. Wolv —4K 37
(off Nicholls Fold)
Bealeys La. Wals —6G 25
(in two parts)
Beamans Clo. Sol —5A 116
Beaminster Rd. Sol —5A 138
Beamish Clo. Cov —3A 146
Beamish La. Cod W —4A 20
Beamont Clo. Tip —3L 65
Bean Cft. Birm —6J 111
Beanfield Av. Cov —5M 165
Bean Rd. Dud —1K 89
Bean Rd. Tip —3J 65
Bean Rd. Ind. Est. Tip —3J 65
Beardmore Rd. S Cold —1J 71
Bear Hill. A'chu —4B 182
Bear Hill Dri. A'chu —3B 182
Bearley Cft. Shir —1J 159
Bearmore Rd. Crad H —8L 89
Bearnett Dri. Wolv —7J 49
Bearnett La. Wolv —8H 49
Bearsdon Cres. Hinc —7B 84
Bearwood. —7A 92
Bearwood Ho. Smeth —5A 92
Bearwood Rd. Smeth —8A 92
Bearwood Shop. Cen. Smeth —8A 92
Beasley Gro. Birm —8H 55
Beaton Clo. W'hall —7L 37
Beaton Rd. S Cold —6G 43
Beatrice St. Wals —3J 39
Beatrice Wlk. Tiv —7A 66
Beatty Clo. Hinc —5D 84
Beatty Dri. Rugby —7K 171
Beatty Ho. Tip —1A 66
Beaubrook Gdns. Word —6L 87
Beauchamp Av. Birm —4F 68
Beauchamp Av. Kidd —6J 149
Beauchamp Av. Lea S —8M 211
Beauchamp Clo. Birm —7H 97
Beauchamp Clo. S Cold —2B 72
Beauchamp Ct. Kidd —6K 149
Beauchamp Ct. Lea S —8M 211
Beauchamp Gdns. Warw —3H 215
Beauchamp Hill. Lea S —8L 211
Beauchamp Ind. Est. Wiln —1D 46
Beauchamp Rd. Birm —4B 136
Beauchamp Rd. H'ley —4F 46
Beauchamp Rd. Ken —7E 190
Beauchamp Rd. Lea S —8M 211
Beauchamp Rd. Sol —4B 138
Beauchamp Rd. Warw —1H 215
Beau Ct. Cann —8E 8
Beaudesert. Burn —8G 11
Beaudesert Clo. H'wd —3A 158
Beaudesert Rd. Birm —1H 93
Beaudesert Rd. Cov —8A 144
Beaudesert Rd. H'wd —3A 158
Beaudesert Vw. Cann —4A 10
Beaufell Clo. Warw —8E 210
Beaufort Av. Birm —3K 95
Beaufort Av. Kidd —2G 149
Beaufort Av. Lea S —4C 212
Beaufort Clo. Burb —5L 81
Beaufort Dri. Bin —2M 167
Beaufort Pk. Birm —4K 95
Beaufort Rd. Edg —8F 92
Beaufort Rd. Erd —7E 70
Beaufort St. Redd —6E 204
Beaufort Way. Wals —5H 41
Beaulieu Av. K'wfrd —5M 87
Beaulieu Clo. Kidd —1J 149
Beaulieu Pk. Syd —3D 216
Beaumaris Clo. Cov —4F 142
Beaumaris Clo. Dud —6F 64
Beaumont Av. Hinc —2G 81
Beaumont Clo. Wals —7F 14
Beaumont Ct. Cov —5A 144
(off Beaumont Cres.)
Beaumont Cres. Cov —5A 144
Beaumont Dri. Birm —5B 112
Beaumont Dri. Brie H —2B 108
Beaumont Gdns. Birm —3F 92
Beaumont Gro. Sol —4M 137
Beaumont Lawns. Marl —8C 154
Beaumont Pk. K Nor —5F 134
Beaumont Pl. Nun —5G 79
Beaumont Rd. Birm —3E 134
Beaumont Rd. Hale —1E 110
Beaumont Rd. Ker E —3M 121
Beaumont Rd. Nun —4F 78
Beaumont Rd. Wals —7F 14
Beaumont Rd. W'bry —5F 52
Beausale. —7J 189
Beausale Cft. Cov —6G 143
Beausale Dri. Know —2J 161
Beausale La. Beau —8J 189
Beauty Bank. Crad H —1A 110
Beauty Bank Cres. Stourb —3L 107
Beaver Clo. Wolv —4M 37
Beaver Rd. Tip —2D 66
Bebington Clo. Wolv —1M 35
Beccles Dri. W'hall —1M 51
Beche Way. Cov —4H 143
Beckbury Av. Wolv —4J 49
Beckbury Rd. Birm —8A 112
Beckbury Rd. Cov —3M 145
Beck Clo. Smeth —5A 92
Beckenham Av. Birm —8A 56
Becket Clo. S Cold —3F 42
Beckett St. Bils —3L 51
Beckfield Clo. Birm —7L 135
Beckfield Clo. Wals —1C 40
Beckfoot Clo. Rugby —1D 172
Beckfoot Dri. Cov —8M 123
Beckford Cft. Dorr —6F 160
Beckman Rd. Stourb —7C 108
Beckminster Rd. Wolv —2M 49
Becks La. Mer —4A 120
Becks, The. A'chu —2A 182
Beconsfield Clo. Dorr —7F 160
Becton Gro. Birm —2K 69
Bedale Av. Hinc —7F 84
Bedcote Pl. Stourb —4B 108
Beddoe Clo. Tip —4D 66
Beddow Av. Bils —2J 65
Beddows Rd. Wals —4L 39
Bede Arc. Bed —6H 103
Bede Rd. Bed —5G 103
Bede Rd. Cov —3B 144
Bede Rd. Nun —6D 78
Bede Village. Bed —1C 122
Bedford Clo. Hinc —6E 84
Bedford Dri. S Cold —3L 57
Bedford Ho. Birm —3H 97
Bedford Ho. Wolv —1J 7
Bedford Pl. Cann —5H 9
Bedford Pl. Lea S —1M 215
Bedford Rd. Camp H —8A 94 (8M 5)
Bedford Rd. S Cold —3L 57
Bedford Rd. W Brom —2H 67
Bedford St. Cov —7A 144
Bedford St. Lea S —1M 215
Bedford St. Tip —4B 66
Bedford St. Wolv —2H 51
Bedlam La. Longf —7E 122
Bedlam's End. —3B 188
Bedlam Wood Rd. Birm —8J 133
Bedworth. —7H 103
Bedworth Clo. Bulk —7B 104
Bedworth Ct. Tip —5B 66
Bedworth Gro. Birm —7H 95
Bedworth Heath. —7E 102
Bedworth La. Bed —5C 102
Bedworth Rd. Bulk —7L 103
Bedworth Rd. Longf —4G 123
Bedworth Sloughs Nature Reserve. —6F 102
Bedworth Woodlands. —6E 102
Beebee Rd. W'bry —3F 52
Beecham Clo. Wals —1G 41
Beech Av. Birm —4A 114
Beech Av. Chel W —8H 97
Beech Av. Hale —1C 110
Beech Av. Quin —2K 111
Beech Av. Tam —6E 32
Beech Cliffe. Warw —1F 214
Beech Clo. Dud —8E 50
Beech Clo. Harts —1A 78
Beech Clo. Hurl —4J 61
Beech Clo. K'bry —2C 60
Beech Clo. Kinv —5B 106
Beech Clo. Row —8A 188
Beech Clo. Tam —1A 32
Beech Clo. Wolv —1B 36
Beechcote Av. Kidd —7K 127
Beech Ct. Birm —8D 54
Beech Ct. Cann —2H 9
Beech Ct. H'cte —7L 215
Beech Ct. Rugby —1F 198
Beech Ct. Sol —5D 138
Beech Ct. Stourb —5B 108
Beech Ct. Wals —1A 54
Beech Cres. Burn —3F 16
Beech Cres. Tip —1C 66
Beech Cres. W'bry —4F 52
Beech Cft. Bed —8F 102
Beechcroft Av. Birm —3G 137
Beechcroft Ct. Cann —7E 8
Beechcroft Ct. S Cold —8G 43
Beechcroft Cres. S Cold —8K 41
Beechcroft Dri. B'gve —5B 180
Beechcroft Est. Hale —3J 109
Beechcroft Pl. Wolv —2C 36
Beechcroft Rd. Birm —1B 96
Beechcroft Rd. Crad H —8L 89
Beechcroft Rd. Kidd —1G 149
Beechdale. O'bry —2H 111
Beechdale Av. Birm —7L 55
Beech Dene Gro. Birm —4E 70
Beech Dri. Ken —4H 191
Beech Dri. Rugby —8J 171
Beech Dri. T'ton —6F 196
Beechen Gro. Burn —1F 16
Beecher Pl. Hale —4K 109
Beecher Rd. Hale —4K 109
Beecher Rd. E. Hale —4K 109
Beecher's Keep. Bran —4F 168
Beecher St. Hale —4J 109
Beeches Av. Birm —5J 115
Beeches Clo. K'wfrd —4K 87
Beeches Clo. Redn —2D 154
Beeches Dri. Birm —4J 71
Beeches Farm Dri. Birm —2A 156
Beeches Pl. Wals —2K 39
Beeches Rd. Birm —2H 69
Beeches Rd. Kidd —8J 127
Beeches Rd. O'bry —6J 91
Beeches Rd. Row R —8B 90
Beeches Rd. Wals —3K 39
Beeches Rd. W Brom —6L 67
(in two parts)
Beeches, The. Bed —7E 102
Beeches, The. Birm —1J 113
Beeches, The. Earl S —1M 85
Beeches, The. S Cold —5D 42
Beeches, The. W Brom —7L 67
Beeches Vw. Av. Hale —5J 109
Beeches Wlk. S Cold —6H 57
Beeches Way. Birm —2A 156
Beechey Clo. Birm —4K 55
Beech Farm Cft. Birm —6A 134
Beechfield Av. Birm —3B 114
Beechfield Clo. Hale —1C 110
Beechfield Dri. Kidd —8J 127
Beechfield Gro. Bils —2H 65
Beechfield Ri. Lich —1K 19
Beechfield Rd. Birm —3B 114
Beechfield Rd. Smeth —5M 91
Beech Gdns. Cod —7F 20
Beech Gdns. Lich —3J 19
Beech Ga. S Cold —4B 42
Beechglade. Birm —5F 68
Beech Grn. Dud —4G 65
Beech Gro. Arly —7E 76
Beech Gro. Birm —4A 136
Beech Gro. Cann —1D 8
Beech Gro. Warw —8H 211
Beech Hill Rd. S Cold —2J 71
Beech Ho. Sol —7M 137
Beechhouse La. Seis —1A 62
Beech Hurst. Birm —1E 156
Beech Hurst Gdns. Seis —7A 48
Beech Lanes. —2M 111
Beechlawn Dri. Stourb —2E 106
Beech M. Crad H —7L 89
Beechmore Rd. Birm —4M 115
Beechmount Dri. Birm —3G 71
Beechnut Clo. Cov —7D 142
Beechnut Clo. Sol —4D 138
Beechnut La. Sol —5E 138
(in two parts)
Beech Pk. Dri. B Grn —1J 181
Beech Pine Clo. Cann —1G 9
Beech Rd. B'vlle —2E 134
Beech Rd. B'gve —5M 179
Beech Rd. Cov —4B 144
Beech Rd. Dud —5J 65
Beech Rd. Erd —2F 70
Beech Rd. H'wd —3B 158
Beech Rd. K'wfrd —4L 87
Beech Rd. Stourb —6L 107
Beech Rd. Tam —1A 32
Beech Rd. Tiv —1A 90
Beech Rd. W'bry —4F 52
Beech Rd. W'hall —7L 37
Beech Rd. Wolv —1B 36
Beech St. Bils —1J 65
Beech Tree Av. Cov —7H 143
Beech Tree Av. Wolv —1J 37
Beech Tree Clo. K'wfrd —1L 87
Beech Tree Clo. Redd —5B 204
Beech Tree La. Cann —1D 14
Beechtree La. Cookl —3D 128
Beechtree Rd. Wals —6F 26
Beech Wlk. Birm —1F 156
Beech Way. Smeth —4B 92
Beechwood. —2M 163
Beechwood Av. Cov —8L 143
(in two parts)
Beechwood Av. Hinc —6K 81
Beechwood Av. Wolv —1H 37
Beechwood Bus. Pk. Cann —6H 9
Beechwood Clo. Shir —5L 159
Beechwood Clo. Wals —6H 25
Beechwood Ct. Birm —6J 135
Beechwood Ct. Cov —1M 165
Beechwood Ct. Wolv —6J 35
Beechwood Cres. Tam —5F 32
Beechwood Cft. Ken —7F 190
Beechwood Cft. Lit A —4D 42
Beechwood Dri. Wolv —7G 35
Beechwood Gardens. —1L 165
Beechwood Pk. Rd. Sol —4L 137

Beechwood Rd.—Birch Av.

Beechwood Rd. Bed —5J 103
Beechwood Rd. Dud —8L 65
Beechwood Rd. Gt Barr —8F 54
Beechwood Rd. K Hth —4M 135
Beechwood Rd. Nun —3D 78
Beechwood Rd. Smeth —1L 111
Beechwood Rd. W Brom —6H 67
Beecken Clo. Hinc —1H 81
Beecroft Av. Lich —8H 13
Beecroft Rd. Cann —8E 8
Beehive Clo. Cats —8A 154
Beehive Hill. Ken —2D 190
Beehive La. Curd —3J 73
Beehive Wlk. Tip —4L 65
Bee La. Wolv —6D 22
Beeston Clo. Bin —1M 167
Beeston Clo. Birm —2A 94
Beeston Clo. Brie H —1D 108
Beeston Rd. Cookl —4A 128
Beeton Rd. Birm —3E 92
Beet St. Row R —8C 90
Beggars Bush La. Wom —4H 63
Begonia Clo. Hinc —4L 81
Begonia Dri. Hinc —4L 81
Beighton Clo. S Cold —3F 42
Beilby Rd. Birm —3H 135
Belbroughton. —2D 152
Belbroughton Clo. Redd —7F 204
Belbroughton Rd. Blak —8J 129
Belbroughton Rd. Clent —8E 130
Belbroughton Rd. Hale —7M 109
Belbroughton Rd. Stourb —6L 107
Belcher's La. Birm —7G 95
Beldray Rd. Bils —3L 51
Belfont Trad. Est. Hale —5C 110
Belfry Clo. Wals —6G 25
Belfry Dri. Woll —3L 107
Belfry, The. Pert —5D 34
Belgrade Rd. Wolv —8B 22
Belgrave. —8E 32
Belgrave Ct. K'wfrd —5M 87
Belgrave Dri. Rugby —3D 172
Belgrave Middleway. Birm —2L 113
Belgrave Rd. Cov —5L 145
Belgrave Rd. Hale —1D 110
Belgrave Rd. Tam —1E 46
Belgrave Sq. Cov —5L 145
Belgrave Ter. Birm —2G 93
Belgrave Wlk. Wals —6H 39
Belgravia Clo. Birm —2L 113
Belgravia Clo. Walkway. Birm —2L 113
Belgravia Ct. Birm —4G 97
Belgrove Clo. Birm —3E 112
Belinda Clo. W'hall —6M 37
Bellairs Av. Bed —8E 102
Bellam Rd. H Mag —2A 214
Bellamy Clo. Shir —8K 137
Bellamy Farm Rd. Shir —8K 137
Bellamy La. Wolv —2J 37
Bell Av. W'hall —7A 38
Bell Barn Clo. Birm —1J 113 (8C 4)
Bell Barn Rd. Birm —1J 113 (8D 4)
Bell Barn Shop. Cen. Birm —1J 113 (8D 4)
Bellbrooke Clo. Cov —8H 123
Bell Clo. Birm —6E 94 (B9)
Bell Clo. Birm —3H 97 (B36)
Bell Clo. Lich —8F 12
Bell Clo. W'bry —2D 52
Bell Ct. Lea S —7M 211
Bellcroft. Birm —7H 93 (6A 4)
Bell Dri. Cann —2J 9
Bell Dri. Cov —2E 122
Bell Dri. Wals —4A 54
Bellefield Av. Birm —5E 92
Bellefield Rd. Birm —5E 92
Belle Isle. Brie H —6C 88
Bellemere Rd. H Ard —4B 140
Bellencroft Gdns. Wolv —2J 49
Bell End. —2H 153
Bell End. Row R —6C 90
Belle Orchard. Kidd —4H 149
Bellevale. Hale —4L 109
Bellevue. Birm —2K 113
Bellevue. Edg —5D 92
Belle Vue. Nun —6E 78
Belle Vue. Stourb —7J 87
Bellevue Clo. Marl —8C 154
Belle Vue Dri. Hale —3D 110
Belle Vue Gdns. Row R —6C 90
Bellevue Rd. Bils —7A 52
Bellevue Rd. Birm —2B 116
Belle Vue Rd. Brie H —8G 89
Belle Vue Rd. Earl S —1J 85
Belle Vue Rd. Row R —7C 90
Bellevue St. Bils —7F 50
Belle Vue Ter. H Ard —3A 140
Belle Wlk. Birm —7B 114
Bellfield. Tan A —7G 185
Bellflower Clo. F'stne —2G 23
Bell Fold. O'bry —3J 91
Bell Green. —8H 123
Bell Grn. La. Birm —4H 157
Bell Grn. Rd. Cov —1G 145
Bell Heath. —1L 153
Bell Heather Rd. Clay —3D 26
Bell Heath Way. Birm —7G 111
Bell Hill. Birm —4A 134
Bell Holloway. Birm —4M 133
Bellingham. Wiln —8K 33
Bellington Cft. Shir —3A 160
Bell Inn Shop. Cen., The. N'fld —5A 134
Bellis St. Birm —8F 92
Bell La. Blox —7G 25
Bell La. Kitts G —8E 96
Bell La. N'fld —5A 134
Bell La. Stud —5L 209
Bell La. Wals —5M 53
Bellman Clo. W'bry —2D 52
Bell Mead. Stud —5L 209
Bell Mdw. Stourb —1B 130
Bell Mdw. Way. Birm —7L 135
Bell Pl. Wolv —1C 50 (8J 7) (in two parts)
Bell Rd. Dud —4J 89
Bell Rd. Try —8C 48
Bell Rd. Wals —3D 54
Bells Farm Clo. Birm —7J 135
Bellsize Clo. Cann —4M 15
Bell's La. Birm —7H 135
Bells La. Burn —8F 10
Bells La. Stourb —8K 87
Bells Moor Rd. W Brom —3G 67
Bell St. Bils —3J 51
Bell St. Cose —7J 51
Bell St. Pens —2D 88 (in two parts)
Bell St. Stourb —4M 107
Bell St. Tip —4L 65
Bell St. W'bry —2D 52
Bell St. W Brom —7K 67
Bell St. Wolv —8C 36 (5J 7)
Bell St. S. Brie H —7D 88
Bellview Way. Cov —8H 123
Bell Wlk. Birm —8F 96
Bell Wlk. Rugby —1H 199
Bell Wharf Pl. Wals —3C 54
Bellwood Rd. Birm —5M 133
Belmont Av. Cann —7C 8
Belmont Clo. Cann —5F 14
Belmont Clo. Redd —8B 204
Belmont Clo. Tip —3M 65
Belmont Clo. Wals —3G 41
Belmont Ct. Lea S —5A 212
Belmont Covert. Birm —3B 134
Belmont Dri. Lea S —5A 212
Belmont Gdns. Bils —5A 52
Belmont M. Ken —5F 190
Belmont Pas. Birm —7A 94 (5M 5)
Belmont Rd. Birm —1C 92
Belmont Rd. Brie H —3D 88
Belmont Rd. Cov —2F 144 (in two parts)
Belmont Rd. Redn —3G 155
Belmont Rd. Rugby —1A 198
Belmont Rd. Smeth —7A 92
Belmont Rd. Stourb —5E 108
Belmont Rd. Wiln —3E 46
Belmont Rd. Wolv —4A 50
Belmont Rd. E. Birm —1C 92
Belmont Row. Birm —6A 94 (3K 5)
Belmont St. Bils —5A 52
Belper Ind. Pk. W Brom —6F 66
Belper Rd. Wals —6J 25
Belper Rd. W Brom —6F 66
Belper Row. Dud —5L 89
Belper, The. Dud —8H 65
Belsize. Tam —7E 32
Belstone Clo. Birm —3K 135
Belton Av. Wolv —8H 23
Belton Clo. H'ley H —4C 186
Belton Gro. Redn —1J 155
Belt Rd. Cann —3F 8
Belvedere Av. Wolv —4B 50
Belvedere Clo. Burn —4F 16
Belvedere Clo. Kidd —4A 150
Belvedere Clo. K'wfrd —5M 87
Belvedere Clo. Tam —2C 32
Belvedere Cres. Bew —4C 148
Belvedere Dri. B'gve —5A 180
Belvedere Gdns. Wolv —2L 35
Belvedere Rd. Birm —7G 71
Belvedere Rd. Cov —1A 166
Belvide Gdns. Cod —5F 20
Belvide Gro. Birm —1B 134
Belvidere Gdns. Birm —5C 114
Belvidere Rd. Wals —1M 53
Belvoir. Tam —2C 46
Belvoir Clo. Dud —7E 64
Belwell Dri. S Cold —7G 43
Belwell La. S Cold —7G 43
Bembridge Clo. W'hall —1B 38
Bembridge Rd. Birm —6A 96
Benacre Dri. Birm —7M 93 (5K 5)
Benbeck Gro. Tip —4J 65
Benbow Clo. Hinc —5D 84
Benches Clo. C Ter —3D 16
Bendall Rd. Birm —7B 56
Benedictine Rd. Cov —2C 166
Benedict Sq. Cov —1J 145
Benedon Rd. Birm —2A 116
Bengrove Clo. Redd —2G 209
Benion Rd. Cann —5F 8
Benmore Av. Birm —2K 113
Bennett Av. Dud —3H 65
Bennett Ct. Wols —6F 168
Bennett Dri. Warw —2H 215
Bennett Rd. S Cold —6D 42
Bennett's Fold. Wolv —8C 36 (5H 7)
Bennett's Hill. Birm —7K 93 (5F 4)
Bennett's Hill. Dud —1L 89
Bennett's La. Patt —1A 48
Bennett's Rd. Birm —3D 94
Bennett's Rd. Ker E —3M 121
Bennett's Rd. N. Cor —1K 121
Bennett's Rd. S. Cov —6M 121
Bennett St. Birm —1K 93
Bennett St. Kidd —3J 149
Bennett St. Rugby —6M 171
Ben Nevis Way. Stourb —3A 108
Bennfield Rd. Rugby —6A 172
Bennitt Clo. W Brom —8J 67
Benn Rd. Bulk —7B 104
Benn St. Rugby —7C 172
Benson Av. Wolv —4C 50
Benson Clo. Lich —8K 13
Benson Clo. Wolv —4E 34
Benson Rd. Cov —8M 121
Benson Rd. Hock —3F 92
Benson Rd. K Hth —8B 136
Benson Vw. Tam —1C 32
Bent Av. Birm —3K 111
Benthall Rd. Cov —7F 122
Bentham Ct. Birm —4M 133
Bentley. —6F 38
Bentley Bri. Way. Wed —5H 37
Bentley Brook La. Cann —3A 10
Bentley Clo. Lea S —6B 212
Bentley Clo. Redd —6D 204
Bentley Ct. Cov —5C 122
Bentley Ct. S Cold —1M 71
Bentley Dri. Cod —5F 20
Bentley Dri. Wals —7H 39
Bentley Farm Clo. Ben H —5E 160
Bentley Gro. Birm —1M 133
Bentley Heath. —4E 160
Bentley Heath Cotts. Know —4F 160
Bentley La. Col —7J 99
Bentley La. Elc B & Up Ben —8H 203
Bentley La. Wals —5G 39
Bentley La. W'hall —4D 38
Bentley La. Ind. Est. Wals —5H 39
Bentley La. Ind. Pk. Wals —6G 39
Bentley Mill Clo. Wals —8F 38
Bentley Mill La. Wals —8F 38
Bentley Mill Way. Wals —8F 38
Bentley New Dri. Wals —6H 39
Bentley Pl. Wals —7H 39
Bentley Rd. Birm —2D 96
Bentley Rd. Exh —8G 103
Bentley Rd. Nun —5G 79
Bentley Rd. Wolv —7E 22
Bentley Rd. N. Wals —8E 38
Bentley Rd. S. W'bry —1D 52
Bentley Way. Tam —2M 31
Bentmead Gro. Birm —8M 135
Benton Av. Birm —3C 114
Benton Clo. W'hall —5D 38
Benton Cres. Wals —7J 25
Benton Grn. La. Berk —6M 141
Benton Rd. Birm —3C 114
Bentons Ct. Kidd —3J 149
Bentons La. Wals —8G 15
Bentons Mill Cft. Birm —1C 94
Bentree, The. Cov —1H 167
Bent St. Brie H —5D 88
Ben Willetts Wlk. Row R —8C 90
Benyon Cen., The. Wals —2G 39
Beoley. —2K 205
Beoley Clo. S Cold —8J 57
Beoley Gro. Redn —2F 154
Beoley La. Beo —1L 205
Beoley Rd. E. Redd —5G 205
Beoley Rd. W. Redd —6F 204
Berberry Clo. Birm —3D 134
Berberry Ct. Tip —1A 66
Berenska Dri. Lea S —7A 212
Beresford Av. Cov —8D 122
Beresford Cres. W Brom —6H 67
Beresford Dri. S Cold —8G 57
Beresford Rd. O'bry —2J 91
Beresford Rd. Wals —1L 39
Bericote Cft. Birm —6K 115
Bericote Rd. B'dwn —1K 211
Berkeley Clo. B'gve —1B 202
Berkeley Clo. Nun —6H 79
Berkeley Clo. Redd —6A 206
Berkeley Clo. Wolv —6F 34
Berkeley Cres. Stour S —8G 175
Berkeley Dri. K'wfrd —2J 87
Berkeley Precinct. Birm —7M 135
Berkeley Rd. Birm —2G 115
Berkeley Rd. Ken —3E 190
Berkeley Rd. Shir —6F 136
Berkeley Rd. E. Birm —2H 115
Berkeley Rd. N. Cov —8A 144
Berkeley Rd. S. Cov —1A 166
Berkeley St. Wals —2H 53
Berkeswell Clo. Redd —2H 205
Berkett Rd. Cov —6B 122
Berkley Clo. Wals —6F 38
Berkley Ct. Birm —8J 93 (6C 4)
Berkley Cres. Birm —8C 114
Berkley Ho. Birm —3F 70
Berkley St. Birm —7J 93 (6C 4)
Berkshire Clo. Nun —6E 78
Berkshire Clo. W Brom —2H 67
Berkshire Cres. W'bry —5J 53
Berkshire, The. Wals —6G 25
Berkswell. —6K 141
Berkswell Clo. Dud —6E 64
Berkswell Clo. Sol —1B 138
Berkswell Clo. S Cold —5E 42
Berkswell Rd. Birm —5H 71
Berkswell Rd. Cov —7G 123
Berkswell Rd. Mer —3J 141
Berkswell Towermill. —5K 163
Bermuda. —1G 103
Bermuda Clo. Dud —3H 65
Bermuda Ind. Est. Berm I —1H 103
Bermuda Pk. Nun —2G 103
Bermuda Rd. Nun —7G 79
Bernard Pl. Birm —4F 92
Bernard Rd. Birm —7B 92
Bernard Rd. O'bry —7J 91
Bernard Rd. Tip —2B 66
Bernard St. Wals —1A 54
Bernard St. W Brom —5J 67
Berners Clo. Cov —7E 142
Berners St. Birm —2K 93
Bernhard Dri. Birm —1E 92
Bernie Crossland Wlk. Kidd —6M 149
Bernwall Clo. Stourb —5M 107
Berrandale Rd. Birm —1M 95
Berrington Clo. Redd —7J 205
Berrington Dri. Bils —1H 65
Berrington Rd. Lea S —3B 216
Berrington Rd. Nun —2C 78
Berrington Wlk. Birm —2L 113
Berrow Cottage Homes. Know —3J 161
Berrow Dri. Birm —2E 112
Berrow Hill Rd. Kidd —8H 127
Berrowside Rd. Birm —3E 96
Berrow Vw. B'gve —2K 201
Berry Av. W'bry —4B 52
Berrybush Gdns. Sed —2E 64
Berry Clo. Birm —3K 93
Berry Cres. Wals —5C 54
Berry Dri. B Grn —8G 155
Berry Dri. Wals —4E 40
Berryfield Rd. Birm —3D 116
Berryfields. A'rdge —4E 40
Berry Fields. Fill —5E 100
Berryfields. Ston —4L 27
Berryfields Rd. S Cold —6M 57
Berry Hall La. Cath B —5G 139
Berryhill. Cann —5J 9
Berry La. U War —8C 178 (in two parts)
Berrymound Vw. H'wd —2C 158
Berry Rd. Birm —4E 94
Berry Rd. Dud —4J 65
Berry St. Birm —3F 92
Berry St. Cov —5E 144
Berry St. Wolv —7D 36 (4K 7)
Bertha Rd. Birm —4D 114
Bertie Ct. Ken —5G 191
Bertie Rd. Ken —5F 190
Bertie Ter. Lea S —8L 211
Bertram Clo. Tip —8C 52
Bertram Rd. Birm —8D 94
Bertram Rd. Smeth —3L 91
Berwick Clo. Cov —5H 143
Berwick Clo. Warw —7E 210
Berwick Dri. Cann —1B 14
Berwick Gro. Gt Barr —5H 55
Berwick Gro. N'fld —6K 133
Berwicks La. Birm —8H 97 (in two parts)
Berwood Farm Rd. S Cold —3J 71
Berwood Gdns. Birm —3J 71
Berwood Gro. Sol —8B 116
Berwood La. Birm —6L 71
Berwood Pk. Cas V —7A 72
Berwood Rd. S Cold —3K 71
Berwyn Av. Cov —8A 122
Berwyn Gro. Wals —6F 14
Berwyn Way. Nun —5B 78
Beryl Av. Hinc —7A 84
Besant Gro. Birm —8G 115
Besbury Clo. Dorr —7E 160
Bescot. —4H 53
Bescot Cres. Wals —3K 53
Bescot Cft. Birm —3H 69
Bescot Dri. Wals —3H 53
Bescot Ind. Est. W'bry —5D 52
Bescot Rd. Wals —3H 53
Bescot St. Wals —2K 53
Besford Gro. Birm —6K 133
Besford Gro. Shir —3B 160
Bessborough Rd. Birm —1K 115
Best Av. Ken —3J 191
Best Rd. Bils —2K 51
Best St. Crad H —7M 89
Beswick Gdns. Rugby —2K 197
Beswick Gro. Birm —5A 96
Beta Gro. Birm —5C 136
Betjeman Ct. Kidd —4B 150
Betjeman Pl. Wolv —8G 23
Betley Gro. Birm —4A 96
Betony Clo. Wals —6A 54
Betsham Clo. Birm —8B 56
Bettany Glade. Wolv —5E 22
Betteridge Dri. S Cold —5L 57
Bettina Clo. Nun —4B 78
Bettman Clo. Cov —3E 166
Betton Rd. Birm —4L 135
Bett Rd. Birm —6F 68
Betty's La. Cann —5M 15
Beulah Ct. Hale —5A 110
Bevan Av. Wolv —5E 50
Bevan Clo. Bils —3M 51
Bevan Clo. Wals —8C 26
Bevan Ind. Est. Brie H —7A 88
Bevan Lee Rd. Cann —6D 8
Bevan Rd. Brie H —7A 88
Bevan Rd. Tip —5B 66
Bevan Way. Smeth —1M 91
Beverley Av. Nun —5B 78
Beverley Clo. A'wd B —7E 208
Beverley Clo. Bal C —2J 163
Beverley Clo. Kidd —3F 148
Beverley Clo. S Cold —2J 71
Beverley Ct. Rd. Birm —3J 111
Beverley Cres. Wolv —5F 50
Beverley Cft. Birm —8D 70
Beverley Dri. K'wfrd —2J 87
Beverley Gro. Birm —4B 116
Beverley Hill. Cann —2K 9
Beverley Rd. Lea S —8K 211
Beverley Rd. Redn —2G 155
Beverley Rd. W Brom —8K 53
Beverly Dri. Cov —7K 165
Beverston Rd. Tip —7B 52
Beverston Rd. Wolv —5G 35
Bevington Cres. Cov —4L 143
Bevington Rd. Birm —8M 69
Bevin Rd. Wals —6E 38
Bevis Gro. Birm —6M 55
Bewdley. —6B 148
Bewdley Av. Birm —3A 114
Bewdley Dri. Wolv —7H 37
Bewdley Hill. Kidd —4G 149
Bewdley Ho. Birm —8A 96
Bewdley Mus. —6B 148
Bewdley Rd. Birm —1H 135
Bewdley Rd. Kidd —4J 149
Bewdley Rd. Stour S —4F 174
Bewdley Rd. N. Stour S —2D 174
Bewdley Tourist Info. Cen. —6B 148
Bewell Ct. B'gve —5M 179
Bewell Gdns. B'gve —5M 179
Bewell Head. —4L 179
Bewell Head. B'gve —5M 179
Bewlay Clo. Brie H —2B 108
Bewley Rd. W'hall —5D 38
Bewlys Av. Birm —5E 68
Bexfield Clo. Alle —3G 143
Bexhill Gro. Birm —8J 93 (8D 4)
Bexley Gro. W Brom —2L 67
Bexley Rd. Birm —1B 70
Bexmore Dri. S'hay —8M 13
Beyer Clo. Tam —7G 33
Bhylls Cres. Wolv —2J 49
Bhylls La. Wolv —1H 49
Biart Pl. Rugby —5D 172
Bibbey's Grn. Wolv —5F 22
Bibsworth Av. Birm —1D 136
Bibury Rd. Birm —2E 136
Bicester Sq. Birm —5B 72
Bickenhill. —8K 117
Bickenhill Grn. Ct. Bick —8K 117
Bickenhill La. Birm —3K 117 (in two parts)
Bickenhill La. Cath B —3J 139
Bickenhill Pk. Rd. Sol —8K 115
Bickenhill Rd. Birm —2G 117
Bickenhill Trad. Est. Birm —4K 117
Bickford Rd. Birm —8A 70
Bickford Rd. Wolv —4F 36
Bickington Rd. Birm —8K 111
Bickley Av. Birm —3C 114
Bickley Av. S Cold —4E 42
Bickley Gro. Birm —4B 116
Bickley Rd. Bils —2A 52
Bickley Rd. Wals —2C 40
Bicknell Cft. Birm —7L 135
Bickton Clo. Birm —3J 71
Biddings La. Bils —7H 51
Biddles Hill. Earls —3C 184
Biddlestone Gro. Wals —6C 54
Biddlestone Pl. W'bry —2B 52
Biddulph Ct. S Cold —7G 57
Biddulph Mobile Homes Pk. Burn —8D 10
Bideford Dri. Birm —8C 112
Bideford Rd. Cov —2J 145
Bideford Rd. Smeth —4B 92
Bideford Way. Cann —1B 14
Bidford Clo. Shir —7K 137
Bidford Rd. Birm —6L 133
Bierton Rd. Birm & Yard —1J 115
Bigbury Clo. Cov —4E 166
Bigbury La. Stour S —3K 175
Biggin Clo. Birm —6A 72
Biggin Clo. Wolv —4E 34
Biggin Hall Cres. Cov —7H 145
Biggin Hall La. T'ton —7E 196
Big Peg, The. Birm & Hock —5J 93 (1C 4)
Bigwood Dri. Birm —8K 111
Bigwood Dri. S Cold —3A 58
Bilberry Bank. Cann —3E 8
Bilberry Clo. Stour S —4E 174
Bilberry Cres. Cann —4C 8
Bilberry Cres. S Cold —6M 57
Bilberry Dri. Redn —3G 155
Bilberry Rd. Birm —3J 135
Bilberry Rd. Cov —7K 123
Bilboe Rd. Bils —6M 51
Bilbrook. —5H 21
Bilbrook Ct. Cod —6H 21
Bilbrook Gro. Birm —7M 111
Bilbrook Gro. Cod —6H 21
Bilbrook Ho. Cod —6H 21
Bilbrook Rd. Cod —5H 21
Bilbury Clo. Redd —3C 208
Bilhay La. W Brom —4G 67
Bilhay St. W Brom —4G 67
Billau Rd. Bils —7K 51
Billesden Clo. Bin —1L 167
Billesley. —3C 136
Billesley La. A'chu —3K 183
Billesley La. Mose —1M 135
Billingham Clo. Sol —1B 160
Billing Rd. Cov —6K 143
Billingsley Rd. Birm —1A 116
Billington Rd. E. Elme —4K 85
Billington Rd. W. Elme —4K 85
Billinton Clo. Cov —7L 145
Bills La. Shir —8F 136
Billsmore Grn. Sol —2C 138
Bills St. W'bry —2E 52
Billy Buns La. Wom —1G 63
Billy La. B'wll & B Grn —2G 181
Billy Wright Clo. Wolv —3L 49
Bilport La. W'bry —1F 66
Bilston. —4M 51
Bilston Ind. Est. Bils —4A 52
Bilston Key Ind. Est. Bils —4M 51
Bilston La. W'hall —1A 52
Bilston Mus. & Art Gallery. —3L 51
Bilston Rd. Tip —7B 52
Bilston Rd. W'bry —6D 52
Bilston Rd. W'hall —2A 52
Bilston Rd. Wolv —8D 36 (5L 7)
Bilston St. Dud —1D 64
Bilston St. W'bry —3D 52 (in two parts)
Bilston St. W'hall —8A 38
Bilston St. Wolv —8D 36 (5K 7)
Bilston St. Island. Wolv —8D 36 (5L 7)
Bilton. —1J 197
Bilton Grange Rd. Birm —2M 115
Bilton Ind. Est. Birm —1E 156
Bilton La. Dunc —5K 197
Bilton La. Long L —6H 171
Bilton Rd. Bil —1J 197
Bilton Trad. Est. Cov —8F 144
Binbrook Rd. W'hall —5D 38
Bincomb Av. Birm —3B 116
Binfield St. Tip —5A 66
Bingley Av. Birm —5H 95
Bingley St. Wolv —1A 50
Binley. —1L 167
Binley Av. Bin —2M 167
Binley Bus. Pk. Bin —1A 168 (in two parts)
Binley Clo. Birm —3K 115
Binley Clo. Shir —1G 159
Binley Gro. Cov —2M 167
Binley Rd. Cov & Bin —6F 144 (in three parts)
Binley Woods. —2C 168
Binns Clo. Torr I —1F 164
Binstead Rd. Birm —7A 56
Binswood Av. Lea S —7M 211
Binswood Clo. Cov —7K 123
Binswood Cres. Lea S —7M 211
Binswood Mans. Lea S —7M 211
Binswood Rd. Hale —2G 111
Binswood St. Lea S —8L 211
Binton Clo. Redd —8M 205
Binton Cft. Birm —1M 135
Binton Rd. Cov —8K 123
Binton Rd. Shir —8F 136
Birbeck Ho. Birm —3H 97
Birbeck Pl. Brie H —3B 88
Birch Acre. —2K 183
Birchall St. Birm —8M 93 (8J 5)
Birch Av. Brie H —7G 89
Birch Av. Bwnhls —1E 26
Birch Av. Burn —3F 16
Birch Av. Cann —1C 14

Birchbrook Ind. Pk.—Boat La.

Birchbrook Ind. Pk. Shen —3E 28
Birchbrook La. Shen —3E 28
Birch Clo. Bed —5K 103
Birch Clo. Birm —3D 134
Birch Clo. Cov —3F 142
Birch Clo. Earl S —3K 85
Birch Clo. K'bry —2D 60
Birch Clo. S Cold —7M 57
Birch Coppice. Brie H —8G 89 (in two parts)
Birch Coppice. Wom —3E 62
Birchcoppice Gdns. W'hall —5E 38
Birch Ct. H'cte —7L 215
Birch Ct. Smeth —1K 91
Birch Ct. Wals —5A 40 (off Lichfield Rd.)
Birch Ct. Wolv —1J 7
Birch Cres. Tiv —8A 66
Birch Cft. Chel W —8J 97
Birch Cft. Erd —4K 71
Birchcroft. Fren W —4C 92
Birch Cft. Wals —1J 41
Birch Cft. Rd. S Cold —2K 57
Birchdale. Bils —2K 51
Birchdale Av. Birm —5E 70
Birchdale Rd. Birm —4D 70
Birch Dri. Hale —8E 90
Birch Dri. Lit A —4D 42
Birch Dri. Rugby —7H 171
Birch Dri. Stourb —3L 107
Birch Dri. S Cold —2M 57
Birchen Coppice. —8G 149
Birchensale Rd. Redd —4C 204
Birches Av. Cod —8J 21
Birches Barn Av. Wolv —2M 49
Birches Barn Rd. Wolv —1M 49
Birches Clo. Birm —8M 113
Birches Green. —7G 71
Birches Grn. Rd. Birm —7H 71
Birches La. A'chu —3M 181
Birches La. Ken —6G 191
Birches Pk. Rd. Cod —7G 21
Birches Ri. W'hall —8A 38
Birches Rd. Cod —7G 21
Birches, The. Barw —3G 85
Birches, The. Bulk —5B 104
Birches, The. Hartl —7B 176
Birches, The. Redd —8B 204
Birches, The. Stour S —6H 175
Birchfield. —7J 69
Birchfield Av. Wolv —3H 35
Birchfield Clo. Hale —7L 109
Birchfield Clo. Wood E —8J 47
Birchfield Ct. Redd —7B 204
Birchfield Cres. Stourb —6F 108
Birchfield Dri. Stour S —4E 174
Birchfield Gdns. Birm —1L 93
Birchfield Gdns. Wals —5C 54
Birchfield La. O'bry —5E 90 (in three parts)
Birchfield Rd. Birm —8K 69
Birchfield Rd. Cov —2M 143
Birchfield Rd. Kidd —4H 149
Birchfield Rd. Redd —5L 203
Birchfield Rd. Stourb —6F 108
Birchfields Dri. Cann —8K 9
Birchfields Rd. W'hall —4A 38
Birchfield Way. Wals —5B 54
Birch Ga. Stourb —5F 108
Birchglade. Wolv —8K 35
Birchgrave Clo. Cov —2G 145
Birch Gro. B'moor —2K 47
Birch Gro. Lich —1K 19
Birch Gro. O'bry —2K 111
Birch Hill Av. Wom —4F 62
Birch Hollow. Birm —3F 112
Birch Hollow. O'bry —2K 111
Birchills. —6J 39
Birchills Canal Mus. —6K 39
Birchills St. Wals —6J 39
Birch La. A'rdge —8K 27
Birch La. O'bry —2K 111
Birch La. Pels —8C 26
Birchley Heath Rd. Bir H —1F 76
Birchley Ho. O'bry —3D 90
Birchley Ind. Est. O'bry —4E 90
Birchley Pk. Av. O'bry —3E 90
Birchley Ri. Sol —4M 115
Birchmoor. —2L 47
Birchmoor Clo. Birm —2H 137
Birchmoor Rd. B'moor —1L 47
Birchover Rd. Wals —5G 39
Birch Rd. Dud —8F 50
Birch Rd. O'bry —1K 111
Birch Rd. Redn —3E 154
Birch Rd. Witt —7A 70
Birch Rd. Wolv —8M 23
Birch Rd. E. Birm —7B 70
Birch St. O'bry —3J 91
Birch St. Tip —4M 65
Birch St. Wals —6K 39
Birch St. Wolv —7C 36 (3H 7)
Birch Ter. Burn —8G 11
Birch Ter. Dud —5J 89
Birchtree Gdns. Brie H —8G 89
Birch Tree Gro. Sol —5L 137
Birchtree Hollow. W'hall —4D 38
Birch Tree Rd. Bew —3B 148
Birch Tree Rd. Nun —3C 78
Birchtrees. Birm —5K 71
Birchtrees Cft. Birm —4K 115
Birchtrees Dri. Birm —7D 96
Birch Wlk. O'bry —1K 111
Birchway Clo. Lea S —8J 211
Birchwood Av. Dord —2M 47
Birchwood Clo. Ess —6A 24
Birchwood Clo. Kidd —2G 149
Birchwood Cres. Birm —5B 114
Birchwood Rd. Bin W —2C 168
Birchwood Rd. Birm —5A 114
Birchwood Rd. Lich —2M 19
Birchwood Rd. Wolv —4A 50
Birchwoods. Birm —7H 111
Birchwood Wlk. K'wfrd —1L 87
Birchy Clo. Shir —3F 158
Birchy Cross. —5H 185
Birchy Leasowes La. Shir —4E 158
Birdbrook Rd. Birm —8L 55
Birdcage Wlk. Birm —7F 134
Birdcage Wlk. Dud —8K 65
Bird End. W Brom —1M 67
Bird Gro. Ct. Cov —4D 144 (1D 6)
Birdhope. Wiln —8J 33
Birdie Clo. Birm —8D 134
Birdingbury La. F'ton —8K 195
Birdingbury Rd. Bird —8M 195
Birdlip Gro. Birm —3J 111
Bird Rd. H'cte —5J 215
Birds Bush Rd. Tam —1E 46
Birds Mdw. Brie H —2B 88
Bird St. Cov —6D 144 (3D 6)
Bird St. Dud —6C 64
Bird St. Lich —1G 19 (in two parts)
Birdwell Cft. Birm —3M 135
Birkdale Av. Birm —8F 112
Birkdale Av. B'wll —4G 181
Birkdale Clo. Nun —8A 80
Birkdale Clo. Stourb —8M 107
Birkdale Clo. Wolv —7G 37
Birkdale Dri. Tiv —2A 90
Birkdale Gro. Birm —1G 135
Birkdale Rd. Wals —6G 25
Birkenshaw Rd. Birm —1L 69
Birley Gro. Hale —1J 131
Birlingham Ho. B'gve —6B 180 (off Burcot La.)
Birmingham. —7K 93 (6F 4)
Birmingham Airport Info. Desk. —5J 117
Birmingham Botanical Gardens. —2F 112
Birmingham Bus. Pk. Birm P —1L 117
Birmingham Cathedral. —6K 93 (4F 4)
Birmingham City Info. Cen. —7J 93 (5D 4)
Birmingham Convention & Vis. Bureau. —7L 93 (5G 5) (City)
Birmingham Convention & Vis. Bureau. —7K 93 (5F 4) (Colmore Row)
Birmingham Convention & Vis. Bureau. —7J 93 (5C 4) (ICC)
Birmingham Convention & (NEC) Vis. Bureau. —5K 117
Birmingham Mus. & Art Gallery. —7K 93 (5E 4)
Birmingham Mus. of Transport, The. —6L 157
Birmingham Nature Cen. —5J 113
Birmingham New Rd. Dud & Tip —4J 65
Birmingham New Rd. Wolv —4E 50
Birmingham One Bus. Pk. Birm —6H 93 (4B 4)
Birmingham Railway Mus. —4F 114
Birmingham Rd. A'rdge —4G 41
Birmingham Rd. Alle —3G 143
Birmingham Rd. A'chu —1A 182
Birmingham Rd. Ansl —3G 77
Birmingham Rd. B'gve —6A 180 (in two parts)
Birmingham Rd. Bud —8A 210
Birmingham Rd. Cas B —1A 96
Birmingham Rd. Chad E & Wrox —3B 188
Birmingham Rd. Dud —7L 65
Birmingham Rd. Hag —3C 130
Birmingham Rd. Hale —6B 110
Birmingham Rd. Hase & Hatt —8F 188
Birmingham Rd. Ken —8M 163
Birmingham Rd. Kidd & Blak —3M 149
Birmingham Rd. K'hrst & Col —4H 97
Birmingham Rd. Lea M —2A 74
Birmingham Rd. L End & Marl —4B 180
Birmingham Rd. L Ash & Redn —5C 154
Birmingham Rd. Mer —6D 118
Birmingham Rd. Mer & Alle (in two parts) —1L 141
Birmingham Rd. N'fld —3B 156
Birmingham Rd. O'bry —2H 91
Birmingham Rd. Redd —8D 182
Birmingham Rd. Row R —7C 90
Birmingham Rd. Shen W —2G 43
Birmingham Rd. S'lgh —2B 192
Birmingham Rd. Stud & Map G —4L 209
Birmingham Rd. S Cold —2H 71
Birmingham Rd. Wals —8M 39
Birmingham Rd. Wals & Birm —3C 54
Birmingham Rd. Warw —1B 214
Birmingham Rd. Wat O —7F 72
Birmingham Rd. W Brom —8L 67
Birmingham Rd. Wolv —8D 36 (6K 7)
Birmingham Roman Catholic Cathedral. —5K 93 (2F 4)
Birmingham St. Dud —8K 65
Birmingham St. Hale —6B 110
Birmingham St. O'bry —2G 91
Birmingham St. Stourb —4A 108
Birmingham St. Wals —8M 39
Birmingham St. W'bry —3D 52
Birmingham St. W'hall —7B 38
Birnham Clo. Tip —4K 65
Birstall Dri. Rugby —3D 172
Birstall Way. Birm —1C 156
Birvell Ct. Bed —7K 103
Bisell Way. Brie H —2D 108
Biset Av. Kidd —4B 150
Bishbury Clo. Birm —1E 112
Bishop Asbury Cottage. —1C 68
Bishop Asbury Cres. Birm —1C 68
Bishop Clo. Dud —1L 89
Bishop Clo. Redn —8E 132
Bishopgate Green. —1C 6
Bishop Hall Cres. B'gve —2L 201
Bishop Rd. W'bry —7J 53
Bishop Ryder Ho. Birm —3J 5
Bishops Clo. Smeth —5C 92
Bishops Ct. Birm P —1K 117
Bishops Ga. Birm —7A 134
Bishopsgate Bus. Pk. Cov —4D 144
Bishopsgate Grn. Cov —4D 144
Bishopsgate Ind. Est. Cov —4D 144
Bishopsgate St. Birm —8H 93 (7B 4)
Bishops Mdw. S Cold —6L 43
Bishops Rd. S Cold —6H 57
Bishopstone Clo. Redd —7M 205
Bishop St. Birm —1L 113 (8H 5)
Bishop St. Cov —6C 144 (3C 6)
Bishop St. Stour S —4G 175
Bishop's Wlk. Cov —1B 166 (8A 6)
Bishops Way. S Cold —4F 42
Bishopton Clo. Cov —6H 143
Bishopton Clo. Shir —8J 137
Bishopton Rd. Smeth —8M 91
Bishton Gro. Neth —5K 89
Bisley Gro. Birm —7G 71
Bissell Clo. Birm —3F 136
Bissell Dri. W'bry —6H 53
Bissell St. Bils —4M 51
Bissell St. Birm —1L 113
Bissell St. Quin —3G 111
Bisset Cres. Lea S —3C 216
Biton Clo. Birm —4B 112
Bittell Clo. Birm —2M 155
Bittell Clo. Wolv —5E 22
Bittell Farm Rd. B Grn & A'chu —8M 155
Bittell La. B Grn —1L 181
Bittell Rd. B Grn & A'chu —1K 181
Bitterne Dri. Wolv —5A 36
Bittern Wlk. Brie H —3C 108
Bittern Wlk. Cov —8K 123
Bitterne Wood Rd. Kidd —6B 150
Bitterscote. —6A 32
Bitterscote Dri. Bone —6A 32
Bitterscote La. Tam —7A 32
Bixhill La. Col —7F 74
Blackacre Rd. Dud —1K 89
Black-a-Tree Ct. Nun —4F 78
Black-a-Tree Pl. Nun —5E 78
Black-a-Tree Rd. Nun —5E 78
Black Bank. —8H 103
Black Bank. Exh —8H 103
Blackberry Av. Birm —6G 95
Blackberry Av. H'ley H —3B 186
Blackberry Clo. Dud —1E 88
Blackberry Clo. Rugby —1D 172
Blackberry La. Ash G —4C 122 (in two parts)
Blackberry La. Cov —3G 145
Blackberry La. Hale —7A 110
Blackberry La. Row R —4M 89
Blackberry La. S Cold —4E 42
Blackberry La. Wals W —5H 27
Blackbird Cft. Birm —2G 97
Blackbrook Clo. Dud —6G 89
Blackbrook Rd. Dud —4G 89 (in two parts)
Blackbrook Way. Wolv —5E 22
Blackburn Av. Wolv —2L 35
Blackburne Rd. Birm —3F 136
Blackburn Rd. Barw —3G 85
Blackburn Rd. Blac I —6F 122
Blackbushe Clo. Birm —2M 111
Blackcat Clo. Birm —6G 97
Black Country Ho. O'bry —2F 90
Black Country Mus. —5K 65
Black Country New Rd. Bstne & W'bry —3A 52
Black Country New Rd. Tip & W Brom —3E 66
Black Country Route. Bils —6H 51
Black Country Route. W'hall —2B 52
Blackdown. —4M 211
Blackdown. Wiln —8J 33
Blackdown Clo. Redn —7G 133
Blackdown Rd. Know —3H 161
Blackett Ct. S Cold —7G 57
Blackfirs La. Birm —2J 117
Blackford Clo. Hale —7K 109
Blackford Clo. Kidd —8G 149
Blackford Rd. Birm —5C 114
Blackford Rd. Shir —2J 159
Blackfords. —6E 8
Blackford St. Birm —4E 92
Blackfriars Clo. Tam —4L 31
Blackgreaves La. Lea M —8M 59
Black Hall La. Fill —5C 100
Blackhalve La. Wolv —1H 37
Blackham Dri. S Cold —2G 71
Blackham Rd. Wolv —1M 37
Black Haynes Rd. Birm —3A 134
Blackheath Mkt. Row R —8D 90
Blackhorse La. Brie H —8E 88
Black Horse La. Kidd —3K 149
Black Horse Rd. Exh & Longf —3G 123
Black Horse Yd. Hinc —8D 84
Blacklake. —3G 67
Black Lake. W Brom —3G 67
Black Lake Ind. Est. W Brom —3H 67
Black Lake La. Up Ben —7F 202
Black La. Lea S —7B 212
Blacklea Clo. Birm —8K 95
Blacklow Rd. Warw —8G 211
Blackman Way. Rugby —5M 171
Blackmoor Cft. Birm —7D 96
Blackmore La. B'gve —6A 180
Black Pad. Cov —1C 144
Blackpit La. Lwr P —6E 48
Black Prince Av. Cov —2D 166
Blackrock Rd. Birm —3B 70
Blackroot Clo. Hamm —5K 17
Blackroot Rd. S Cold —2G 57
Blackshaw Dri. W'grve S —3M 145
Blacksmiths La. H'ley H —3C 186
Blackstitch La. Redd —8A 204
Blackstone. —8D 148
Blackstone Country Pk. —1C 174
Blackthorn Clo. Birm —3C 134
Blackthorn Clo. Cov —4K 165
Blackthorn Ct. Redd —8L 205
Blackthorn Cres. Cann —3A 10
Blackthorne Av. Burn —5F 16
Blackthorne Clo. Dud —5F 64
Blackthorne Clo. Sol —5L 137
Blackthorne Rd. Dud —5F 64
Blackthorne Rd. Lich —2K 19
Blackthorne Rd. Smeth —5K 91 (in two parts)
Blackthorne Rd. Wals —4M 53
Blackthorn Gro. Nun —7M 79
Blackthorn Rd. Cas B —1C 96
Blackthorn Rd. Ken —6G 191
Blackthorn Rd. K Nor —3C 134
Blackthorn Rd. Stourb —8M 87
Blackwatch Rd. Cov —1C 144
Blackwater Clo. Brie H —3A 88
Blackwell. —4H 181
Blackwell La. Redd —4B 204
Blackwell Rd. B'wll & B Grn —5F 180
Blackwell Rd. Cov —1E 144
Blackwell Rd. S Cold —8K 57
Blackwell St. Kidd —3L 149
Blackwood Av. Rugby —8J 171
Blackwood Av. Wolv —1H 37
Blackwood Dri. S Cold —1L 55
Blackwood Rd. B'gve —7B 180
Blackwood Rd. S Cold —8L 41
Blackwood Rd. Tam —2C 46
Blades Ho. W Brom —1A 68
Blades Rd. W Brom —5D 66
Bladon Clo. Nun —1M 79
Bladon Wlk. Lea S —3C 216
Blaenwern Dri. Hale —2H 109
Blagdon Rd. Hale —3A 110
Blair Dri. Bed —8D 102
Blair Gro. Birm —8K 97
Blakebrook. —3H 149
Blakebrook. Kidd —3J 149
Blakebrook Clo. Kidd —3J 149
Blakebrook Gdns. Kidd —3J 149
Blake Clo. Cann —4G 9
Blake Clo. Gall C —4A 78
Blake Clo. Hinc —5D 84
Blake Clo. Rugby —8J 171
Blakedon Rd. W'bry —6E 52
Blakedown. —7J 129
Blakedown Rd. Hale —8L 109
Blakedown Way. O'bry —5E 90
Blake Hall Clo. Brie H —2C 108
Blake Ho. Wals —1J 53 (off St Johns Rd.)
Blakeland Rd. Birm —3L 69
Blakelands Av. Lea S —3B 216
Blakeland St. Birm —7F 94
Blake La. Birm —7F 94
Blakeley. —4G 63
Blakeley Av. Wolv —2M 35
Blakeley Hall Rd. O'bry —2H 91
Blakeley Heath Dri. Wom —4G 63
Blakeley Ri. Wolv —2M 35
Blakeley Wlk. Dud —5J 89
Blakeley Wood Rd. Tip —1C 66
Blakemere Av. Birm —1L 115
Blakemere Clo. Redd —6M 205
Blakemere Ho. Birm —6A 4
Blakemore Clo. Birm —6M 111
Blakemore Dri. S Cold —3M 57
Blakemore Rd. Wals —6G 27
Blakemore Rd. W Brom —7G 67
Blakenall Clo. Wals —1K 39
Blakenall Heath. —8J 25
Blakenall Heath. Wals —1K 39
Blakenall La. Wals —2J 39
Blakenall Row. Wals —1K 39
Blakeney Av. Birm —2A 112
Blakeney Av. Stourb —3K 107
Blakeney Clo. Dud —2C 64
Blakenhale Rd. Birm —8B 96
Blakenhall. —2B 50 (8G 7)
Blakenhall Gdns. Wolv —2C 50
Blakenhall Ind. Est. Wolv —2B 50
Blake Pl. Birm —7F 94
Blake Rd. Cats —1B 180
Blakes Fld. Dri. B Grn —8G 155
Blakeshall. —2L 127
Blakeshall La. W'ley —3K 127
Blakeskey Hall. —8L 95
Blakesley Clo. S Cold —4M 71
Blakesley Gro. Birm —8K 95
Blakesley M. Birm —1K 115
Blakesley Rd. Birm —8J 95
Blake St. S Cold —3E 42
Blakewood Clo. Birm —4C 96
Blandford Av. Birm —8E 72
Blandford Dri. Cov —4M 145
Blandford Dri. Stourb —6L 87
Blandford Gdns. Burn —3J 17
Blandford Rd. Birm —4L 111
Blandford Rd. Lea S —8J 211
Blandford Way. H Mag —2A 214
Blanefield. Wolv —7L 21
Blanning Ct. Dorr —5E 160
Blay Av. Wals —7H 39
Blaydon Av. S Cold —6L 43
Blaydon Rd. Wolv —7A 22
Blaythorn Av. Sol —6A 116
Blaze Hill Rd. K'wfrd —1G 87
Blaze La. A'wd B —7A 208
Blaze Pk. K'wfrd —1H 87
Bleaberry. Rugby —2C 172
Bleachfield Rd. Beo —1M 205
Bleak Hill Rd. Birm —5C 70
Bleak Ho. Dri. Burn —1D 16
Bleakhouse Rd. O'bry —8J 91
Bleak St. Smeth —3M 91
Blenheim Av. Cov —7C 122
Blenheim Clo. Hinc —5F 84
Blenheim Clo. Nun —7M 79
Blenheim Clo. Tam —5C 32
Blenheim Clo. Wals —2D 40
Blenheim Ct. Birm —1M 69
Blenheim Ct. Sol —5C 138
Blenheim Cres. B'gve —1A 202
Blenheim Cres. Lea S —4C 216
Blenheim Dri. Birm —1D 68
Blenheim Rd. Birm —8M 113
Blenheim Rd. Burn —1G 17
Blenheim Rd. Cann —5B 16
Blenheim Rd. K'wfrd —3M 87
Blenheim Rd. Shir —7K 137
Blenheim Rd. W'hall —3B 38
Blenheim Way. Birm —1M 69
Blenheim Way. Cas V —7B 72
Blenheim Way. Dud —7E 64
Bletchley Dri. Cov —5H 143
Bletchley Rd. Birm —5L 71
Blewitt Clo. Birm —7D 72
Blewitt St. Brie H —3C 88
Blewitt St. Cann —3H 9
Blews St. Birm —4L 93 (1H 5)
Blick Rd. H'cte I —5J 215
Blind La. Berk —5K 141
Blind La. Tan A —7C 184
Blindpit La. Wis —1G 73
Bliss Clo. Cov —6E 142
Blithe Clo. Stourb —1A 108
Blithfield Dri. Brie H —2B 108
Blithfield Gro. Birm —4J 71
Blithfield Pl. Cann —8H 9
Blithfield Rd. Wals —7B 16
Blockall. W'bry —2D 52
Blockall Clo. W'bry —3C 52
Blockley Rd. Bed —5J 103
Blockleys Yd. Hinc —1J 81
Blondvil St. Cov —2C 166
Bloomfield. —2L 65
Bloomfield Clo. Wom —3D 62
Bloomfield Cres. Lich —7G 13
Bloomfield Dri. W'hall —8D 24
Bloomfield Rd. Birm —6B 114
Bloomfield Rd. Tip & Bloom —3L 65
Bloomfield St. N. Hale —4M 109
Bloomfield St. W. Hale —5M 109
Bloomfield Ter. Tip —3K 65
Bloomfield Way. Tam —2M 31
Bloomsbury Gro. Birm —2J 135
Bloomsbury St. Birm —4B 94
Bloomsbury St. Wolv —1C 50 (6H 7)
Bloomsbury Wlk. Birm —4B 94 (in two parts)
Bloomsbury Way. Lich —2L 19
Blossom Av. Birm —7F 112
Blossomfield. —7M 137
Blossomfield Clo. Birm —1D 156
Blossomfield Clo. K'wfrd —1L 87
Blossomfield Ct. Birm —1D 156
Blossomfield Rd. Sol —8L 137
Blossom Gro. Birm —1L 95
Blossom Gro. Crad H —8M 89
Blossom Hill. Birm —6G 71
Blossom's Fold. Wolv —7C 36 (4J 7)
Blossomville Way. Birm —5H 115
Blount Ho. Kidd —1H 149
Blounts Rd. Birm —4C 70
Blount Ter. Kidd —6K 149
Blower's Green. —2H 89
Blower's Grn. Cres. Dud —2H 89
Blower's Grn. Pl. Dud —2H 89
Blower's Grn. Rd. Dud —2H 89
Bloxam Gdns. Rugby —7M 171
Bloxcidge St. O'bry —5H 91
Bloxham Pl. Rugby —6A 172
Bloxwich. —8H 25
Bloxwich Bus. Pk. Wals —2G 39
Bloxwich La. Wals —5G 39
Bloxwich Rd. Wals —2J 39
Bloxwich Rd. N. W'hall —3D 38
Bloxwich Rd. S. W'hall —6A 38
Blucher St. Birm —8K 93 (7E 4)
Blue Ball La. Hale —3J 109
Bluebell Clo. Cann —3H 9
Bluebell Clo. Rugby —1D 172
Blue Bell Clo. Stourb —7J 87
Bluebell Cres. Wed —4K 37
Bluebell Dri. Birm —7K 97
Bluebell La. Wals —8G 15
Bluebell Rd. Crad H —6L 89
Bluebell Rd. Dud —6H 65
Bluebell Rd. Wals W —6H 27
Bluebell Wlk. Cov —8F 142
Bluebellwood Clo. S Cold —6A 58
Bluebird Cen. Ind. Est. Wolv —4E 36
Bluebird Clo. Lich —1K 19
Blue Bird Pk. Hunn —1A 132
Blue Boar Yd. Hinc —1J 81
Blue Cedars. Stourb —3J 107
Blue Lake Rd. Dorr —7H 161
Blue La. E. Wals —6K 39
Blue La. W. Wals —7K 39
Blue Rock Pl. Tiv —2C 90
Blue Stone Wlk. Row R —3C 90
Blundell Rd. Birm —4D 114
Blundells, The. Ken —4F 190
Bluntington. —7M 151
Blunt's Green. —4M 207
Blyth Clo. Bed —8C 102
Blyth Ct. Sol —2M 137
Blythe Av. Bal C —4J 163
Blythe Clo. Burn —3K 17
Blythe Clo. Redd —2D 208
Blythe Ct. Col —2A 98
Blythe End. —7C 74
Blythefield Av. Birm —7C 54
Blythe Gdns. Cod —5F 20
Blythe Gro. Birm —6M 55
Blythe Rd. Col —2A 98
Blythe Rd. Cov —5E 144
Blythe St. Tam —6C 32
Blythesway. A'chu —3A 182
Blythe Valley Bus. Pk. H'ley H —6A 160
Blythe Way. Sol —6E 138
Blythewood Clo. Sol —8F 138
Blythsford Rd. Birm —5F 136
Blythswood Rd. Birm —5G 115
Blyton Clo. Birm —6F 92
Boar Cft. Cov —7F 142
Board School Gdns. Dud —3E 64
Boar Hound Clo. Birm —5G 93 (2A 4)
Boat La. Lich —8M 17

Boatmans La.—Bray's La.

Boatmans La. *Wals* —7E 26
Bobbington Way. *Dud* —4K 89
Bob's Coppice Wlk. *Brie H* —2F 108
Bockendon Rd. *Cov* —5D 164
Boddington Clo. *Lea S* —4E 212
Bodenham Clo. *Redd* —6K 205
Bodenham Rd. *Birm* —7L 133
Bodenham Rd. *O'bry* —1H 111
Boden Rd. *Birm* —2F 136
Bodens La. *Wals* —2G 55
Bodiam Ct. *Wolv* —6G 35
Bodicote Gro. *S Cold* —6L 43
Bodington Rd. *S Cold* —6H 43
Bodmin Clo. *Hinc* —5E 84
Bodmin Clo. *Wals* —2D 54
Bodmin Ct. *Brie H* —7D 88
Bodmin Gro. *Birm* —4B 94
Bodmin Ri. *Wals* —2D 54
Bodmin Rd. *Cov* —4M 145
Bodmin Rd. *Dud* —7K 89
Bodnant Way. *Ken* —3J 191
Bodymoor Heath. —5A 60
Bodymoor Heath La. *Bod H* —4M 59
Bodymoor Heath La. *Midd* —3L 59
Bognop Rd. *Ess* —5J 23
Bohun St. *Cov* —8F 142
Boldmere. —1F 70
Boldmere Clo. *S Cold* —2G 71
Boldmere Ct. Birm —2E 68 (off South Vw.)
Boldmere Dri. *S Cold* —1G 71
Boldmere Gdns. *S Cold* —1F 70
Boldmere Rd. *S Cold* —7F 56
Boldmere Ter. *Birm* —8E 112
Bolebridge M. Tam —4B 32 (off Bolebridge St.)
Bolebridge St. *Tam* —5B 32
Bolehall. —5C 32
Boley Clo. *Lich* —2J 19
Boley Cottage La. *Lich* —2K 19
Boley La. *Lich* —2K 19
Boleyn Clo. *Wals* —7D 14
Boleyn Clo. *Warw* —3J 215
Boleyn Mnr. Dri. *Redn* —8G 133
Boleyn Rd. *Redn* —8D 132
Boley Park. —2L 19
Boley Pk. Shop. Cen. *Lich* —2L 19
Bolingbroke Dri. *H'cte* —6L 215
Bolingbroke Rd. *Cov* —8G 145
Bolney Rd. *Birm* —4L 111
Bolton Clo. *Cov* —4E 166
Bolton Ct. *Tip* —1C 66
Bolton Ind. Cen. *Birm* —3H 93
Bolton Rd. *Birm* —1B 114
Bolton Rd. *Wolv* —4J 37
Bolton St. *Birm* —7B 94 (6M 5)
Bolton Way. *Wals* —6F 24
Bolus La. *Col* —5H 99
Bolyfant Cres. *W'nsh* —7A 216
Bomers Fld. *Redn* —3J 155
Bond Dri. *Birm* —6A 72
Bondfield Rd. *Birm* —3B 136
Bond Ga. *Nun* —5J 79
Bond Sq. *Birm* —5G 93 (2A 4)
Bond St. *Bils* —1G 65
Bond St. *Cov* —6C 144 (4B 6)
Bond St. *Hock* —5K 93 (2E 4)
Bond St. *Midd* —3L 59
Bond St. *Nun* —4J 79
Bond St. *Row R* —6E 90
Bond St. *Rugby* —6M 171
Bond St. *Stir* —2G 135
Bond St. *W Brom* —7J 67
Bond St. *Wolv* —8C 36 (6J 7)
Bond, The. *Birm* —7A 94 (6L 5)
Bondway. *Cann* —1F 8
Bonehill. —7L 31
Bonehill Rd. *M Oak & Tam* —7K 31
Bone Mill La. *Wolv* —5D 36
Boney Hay. —1F 16
Boney Hay Rd. *Burn* —1H 17
Bonfire Hill. *Belb* —3L 153
Bonham Gro. *Birm* —8K 95
Boningale Way. *Dorr* —6D 160
Bonner Dri. *S Cold* —4M 71
Bonner Gro. *Wals* —4F 40
Bonneville Clo. *Alle* —1B 142
Bonniksen Clo. *Lea S* —4M 215
Bonnington Clo. *Rugby* —8H 173
Bonnington Dri. *Bed* —5G 103
Bonnington Way. *Birm* —5K 55
Bonny Stile La. *Wolv* —3H 37
Bonsall Rd. *Birm* —3G 71
Bonville Gdns. *Wolv* —5E 22
Booth Clo. *K'wfrd* —3A 88
Booth Clo. *Lich* —7G 13
Booth Clo. *Wals* —1K 39
Booth Ct. *Brie H* —7D 88
Booth Ho. *Wals* —6M 39
Booth Rd. *W'bry* —7J 53
Booth's Farm Rd. *Birm* —2G 69
Booths Fields. *Cov* —7E 122
Booth's La. *Birm* —8H 55
Booth St. *Cann* —3H 9
Booth St. *Smeth & Birm* —2C 92
Booth St. *Wals* —1J 39
Booth St. *W'bry* —1D 52
Booton Ct. *Kidd* —8A 128
Boot Piece La. *Redd* —4B 204
Bordeaux Clo. *Dud* —6E 64
Borden Clo. *Wolv* —1M 35
Bordesley. —8B 94 (7M 5) (near Birmingham)
Bordesley. —8D 182 (near Redditch)
Bordesley Abbey. —3F 204
Bordesley Abbey Vis. Cen. —3F 204
Bordesley Circ. *Birm* —8B 94 (8M 5)
Bordesley Clo. *Birm* —7G 95
Bordesley Ct. *Lea S* —6A 212
Bordesley Green. —7E 94
Bordesley Grn. *Birm* —7D 94
Bordesley Grn. E. *Bord G & Stech* —7H 95
Bordesley Grn. Rd. *Birm* —7D 94
Bordesley Grn. Trad. Est. *Birm* —6D 94
Bordesley La. *Redd* —3E 204
Bordesley Middleway. *Camp H* —1A 114 (8M 5)
Bordesley Pk. Rd. *Birm* —8B 94
Bordesley St. *Birm* —7M 93 (5J 5)
Bore St. *Lich* —2H 19
Borman. *Tam* —4M 31
Borneo St. *Wals* —5M 39
Borough Cres. *O'bry* —4E 90
Borough Cres. *Stourb* —4L 107
Borough La. *Longd* —2K 11
Borough Park. —1C 32
Borough Rd. *Tam* —2B 32
Borough, The. *Hinc* —1K 81
Borrington Rd. *Kidd* —5B 150
Borrowcop La. *Lich* —3J 19
Borrowdale. *Rugby* —1C 172
Borrowdale Clo. *Brie H* —2B 108
Borrowdale Clo. *Cov* —1A 144
Borrowdale Clo. *Earl S* —2M 85
Borrowdale Dri. *Lea S* —7K 211
Borrowdale Gro. *Birm* —6K 133
Borrowdale Rd. *Birm* —6J 133
Borrowell La. *Ken* —5E 190
Borrowell Ter. *Ken* —5E 190
Borrow St. *W'hall* —6A 38
Borwick Av. *W Brom* —6G 67
Bosbury Ter. *Birm* —2H 135
Boscastle Ho. *Bed* —8C 102
Boscobel Av. *Tip* —5M 65
Boscobel Clo. *Dud* —6F 64
Boscobel Cres. *Wolv* —5C 36 (1J 7)
Boscobel Rd. *Birm* —7D 54
Boscobel Rd. *Shir* —4K 159
Boscobel Rd. *Wals* —1B 54
Boscombe Av. *Birm* —3C 114
Boscombe Rd. *Birm* —5E 114
Bossgate Clo. *Wom* —5G 63
Bostock Clo. *Elme* —5M 85
Bostock Cres. *W Weth* —2J 213
Boston Clo. *Hth H* —8L 9
Boston Gro. *Birm* —1B 70
Boston Pl. *Cov* —1D 144
Boston Way. *Barw* —3F 84
Bosty La. *Wals* —4C 40
Boswell Clo. *Darl* —4D 52
Boswell Clo. *W'bry* —8C 52
Boswell Dri. *Cov* —3A 146
Boswell Gro. *Warw* —8D 210
Boswell Rd. *Bils* —2M 51
Boswell Rd. *Birm* —3M 69
Boswell Rd. *Cann* —5D 8
Boswell Rd. *Rugby* —2L 197
Boswell Rd. *S Cold* —3J 57
Bosworth Clo. *Dud* —3F 64
Bosworth Clo. *Hinc* —8A 84
Bosworth Ct. *Sheld* —4A 116
Bosworth Dri. *Birm* —7F 96
Bosworth Rd. *Birm* —5L 115
Botany Dri. *Dud* —4D 64
Botany Rd. *Wals* —4M 53
Botany Wlk. *Birm* —7G 93 (6A 4)
Botha Rd. *Birm* —6E 94
Botoner Rd. *Cov* —7F 144
Botteley Rd. *W Brom* —3G 67
Botterham La. *Swind* —6E 62
Bottetourt Rd. *Birm* —6A 112 (in two parts)
Botteville Rd. *Birm* —7J 115
Bott La. *Stourb* —3D 108
Bott La. *Wals* —8M 39
Bottrill St. *Nun* —4H 79
Bott Rd. *Cov* —1K 165
Botts Green. —4J 75
Botts Grn. La. *Col* —4H 75
Bouchall. —3B 108
Boughton Rd. *Birm* —2J 115
Boughton Rd. *Rugby* —2B 172
Boulevard, The. *Brie H* —7E 88
Boulevard, The. *S Cold* —1H 71
Boultbee Rd. *S Cold* —2J 71
Boulters La. *Wood E* —8J 47
Boulton Clo. *Burn* —1J 17
Boulton Ho. *W Brom* —8K 67
Boulton Ind. Cen. *Hock* —4H 93
Boulton Middleway. *Hock* —4H 93
Boulton Pl. *Smeth* —5B 92
Boulton Point. *Birm* —1B 94
Boulton Retreat. *Birm* —2E 92
Boulton Rd. *Birm* —2E 92
Boulton Rd. *Smeth* —3D 92
Boulton Rd. *Sol* —2C 138
Boulton Rd. *W Brom* —8K 67
Boultons La. *Redd* —3D 208
Boulton Sq. *W Brom* —8K 67
Boulton Ter. *Birm* —2E 92
Boulton Wlk. *Birm* —5B 70
Boundary Av. *Row R* —7E 90
Boundary Clo. *W'hall* —8J 37
Boundary Ct. *Birm* —7E 96
Boundary Cres. *Dud* —6C 64
Boundary Dri. *Mose* —7K 113
Boundary Hill. *Dud* —6C 64
Boundary Ho. *Birm* —4J 113
Boundary Ho. *Wyt* —6L 157
Boundary Pl. *Birm* —8C 68
Boundary Rd. *Rugby* —7D 172
Boundary Rd. *S Cold* —2M 55
Boundary Rd. *Wals W* —6F 26
Boundary Way. *Comp* —7F 34
Boundary Way. *Penn* —4J 49
Bourlay Clo. *Redn* —7E 132
Bournbrook. —7F 112
Bournbrook Rd. *Birm* —6G 113
Bourne Av. *Cats* —8M 153
Bourne Av. *Faz* —8L 31
Bourne Av. *Hale* —5F 110
Bourne Av. *Tip* —2C 66
Bournebrook Clo. *Dud* —4J 89
Bourne Brook Clo. *Fill* —6D 100
Bournebrook Cres. *Hale* —5G 111
Bournebrook Vw. *Arly* —8E 76
Bourne Clo. *Birm* —3D 136
Bourne Clo. *Cann* —7K 9
Bourne Clo. *Sol* —3D 138
Bourne Grn. *Birm* —3L 111
Bourne Hill Clo. *Dud* —6L 89
Bourne Rd. *Birm* —2B 94
Bourne Rd. *Cov* —8J 145
Bournes Clo. *Hale* —6M 109
Bournes Cres. *Hale* —5L 109
Bournes Green. —7C 152
Bournes Hill. *Hale* —5L 109
Bourne St. *Dud* —8K 65
Bourne St. *Woods & Bils* —2G 65
Bourne Va. *Wals* —6K 41
Bourne Wlk. *Row R* —4M 89
Bourne Way Gdns. *Birm* —1G 135
Bournheath. —1J 179
Bournheath Rd. *Fair* —7K 153
Bourn Mill Dri. *Birm* —3L 93
Bournvale Wlk. *Birm* —6M 111
Bournville. —2E 134
Bournville La. *Birm* —2D 134
Bourton Clo. *Wals* —6A 54
Bourton Cft. *Sol* —1M 137
Bourton Dri. *Lea S* —4B 216
Bourton on Dunsmore. —7L 195
Bourton Rd. *F'ton* —8K 195
Bourton Rd. *Sol* —1M 137
Bovey Cft. *S Cold* —2A 72
Bovingdon Rd. *Birm* —6A 72
Bowater Av. *Birm* —8K 95
Bowater Ho. Birm —4K 93 (off Aldgate Gro.)
Bowater Ho. *W Brom* —7J 67
Bowater St. *W Brom* —6J 67
Bowbrook Av. *Shir* —4A 160
Bow Ct. *Cov* —1K 165
Bowcroft Gro. *Birm* —3J 71
Bowden Rd. *Smeth* —3L 91
Bowden Way. *Bin* —8M 145
Bowdler Rd. *Wolv* —1D 50 (8L 7)
Bowen Av. *Wolv* —6G 51
Bowen-Cooke Av. *Pert* —3E 34
Bowen Rd. *Rugby* —1D 198
Bowen St. *Wolv* —4E 50
Bower Bank. *Stour S* —7E 174
Bower Clo. *Lich* —7K 13
Bowercourt Clo. *Sol* —8B 138
Bower Hill Dri. *Stour S* —7E 174
Bower Ho. *Birm* —3K 93
Bower La. *Brie H* —1F 108
Bowers Cft. *Lea S* —5A 212
Bowes Dri. *Cann* —5F 8
Bowes Rd. *Redn* —2E 154
Bow Fell. *Rugby* —2D 172
Bowfell Clo. *Cov* —5G 143
Bowker St. *W'hall* —8J 37
Bow La. *Withy* —4M 125
Bowlas Av. *S Cold* —1H 57
Bowling Green. —6K 89
Bowling Grn. Av. *Wiln* —2E 46
Bowling Grn. Clo. *Birm* —2E 70
Bowling Grn. Clo. *W'bry* —2D 52
Bowling Grn. La. *Bed* —2E 122
Bowling Grn. La. *Birm* —1G 93
Bowling Grn. Rd. *Dud* —6K 89
Bowling Grn. Rd. *Hinc* —8E 84
Bowling Grn. Rd. *Small H* —8C 94
Bowling Grn. Rd. *Stourb* —4L 107
Bowling Grn. St. *Warw* —3D 214
Bowls Ct. *Cov* —6M 143
Bowman Grn. *Hinc* —3M 81
Bowman Rd. *Birm* —8H 55
Bowmans Ri. *Wolv* —6G 37
Bowmore Rd. *B'gve* —8B 180
Bowness Clo. *Cov* —1A 144
Bowood Cres. *Birm* —7B 134
Bowood Dri. *Wolv* —3K 35
Bowood End. *S Cold* —6L 57
Bowpatch Clo. *Stour S* —8D 174
Bowpatch Rd. *Stour S* —8D 174
Bowshot Clo. *Birm* —8D 72
Bowstoke Rd. *Birm* —1C 68
Bow St. *Bils* —3L 51
Bow St. *Birm* —8K 93 (8F 4)
Bow St. *W'hall* —8B 38
Bowyer Rd. *Birm* —5E 94
Bowyer St. *Birm* —8A 94 (8M 5)
Box Clo. *W'nsh* —6B 216
Boxhill Clo. *Birm* —3M 93
Boxhill, The. *Cov* —8H 145
Boxnott Clo. *Redd* —7A 204
Box Rd. *Birm* —1J 117
Box St. *Wals* —8M 39
Box Trees. —8B 160
Box Trees Rd. *H'ley H & Dorr* —8C 160
Boxwood Dri. *Kils* —6M 199
Boyce Way. *Long L* —4H 171
Boyd Clo. *Cov* —1M 145
Boyd Gro. *Birm* —7H 115
Boydon Clo. *Cann* —8B 8
Boydon Clo. *Wolv* —3G 51
Boyleston Rd. *Birm* —3G 137
Boyne Rd. *Birm* —2A 116
Boyslade Rd. *Hinc* —4M 81
Boyslade Rd. E. *Hinc* —4M 81
Boyton Gro. *Birm* —6M 55
Brabazon Gro. *Birm* —6M 71
Brabham Clo. *Kidd* —8K 127
Brabham Cres. *S Cold* —3M 55
Bracadale Av. *Birm* —5G 71
Bracadale Clo. *Cov* —6A 146
Bracebridge Clo. *Bal C* —3H 163
Bracebridge Rd. *Birm* —8F 70
Bracebridge Rd. *K'bry* —3C 60
Bracebridge Rd. *S Cold* —1F 56
Bracebridge St. *Birm* —3L 93
Bracebridge St. *Nun* —5H 79
Braceby Av. *Birm* —2C 136
Braces La. *Marl* —8B 154
Brace St. *Wals* —1L 53 (in two parts)
Brackenbury Rd. *Birm* —1B 70
Bracken Clo. *Burn* —2J 17
Bracken Clo. *Cann* —1K 9
Bracken Clo. *Lich* —3L 19
Bracken Clo. *Rugby* —8L 171
Bracken Clo. *Wolv* —8L 21
Bracken Cft. *Birm* —6J 97
Brackendale Dri. *Barby* —8J 199
Brackendale Dri. *Nun* —7F 78
Brackendale Dri. *Wals* —6B 54
Brackendale Way. *Stourb* —5D 108
Bracken Dri. *Rugby* —8L 171
Bracken Dri. *S Cold* —4A 58
Bracken Dri. *Wlvy* —5K 105
Brackenfield Rd. *Birm* —7J 55
Brackenfield Rd. *Hale* —6L 109
Brackenfield Vw. *Dud* —1D 88
Bracken Gro. *Cats* —8A 154
Brackenhill Rd. *Burn* —1G 17
Brackenhurst Rd. *Cov* —2M 143
Bracken Pk. Gdns. *Word* —7M 87
Bracken Rd. *Birm* —7J 71
Bracken Rd. *Cann* —4C 8
Bracken Way. *Birm* —2E 156
Bracken Way. *S Cold* —1M 55
Brackenwood. *Wals* —4D 54
Brackenwood Dri. *Wolv* —4M 37
Bracklesham Way. *Amin* —3G 33
Brackley Av. *Birm* —8J 69
Brackley Clo. *Cov* —2M 143
Brackleys Way. *Sol* —7M 115
Bracknell Wlk. *Cov* —2A 146
Bradburne Way. *Birm* —4A 94
Bradburn Rd. *Wolv* —1H 37
Bradbury Clo. *Wals* —4F 26
Bradbury La. *Cann* —1G 9
Bradbury Rd. *Sol* —8M 115
Braddock Clo. *Bin* —8A 146
Brade Dri. *Cov* —2A 146
Braden Rd. *Wolv* —6K 49
Brades Clo. *Hale* —2H 109
Brades Ri. *O'bry* —1D 90
Brades Rd. *O'bry* —8E 66
Bradestone Rd. *Nun* —8K 79
Brades Village. —8E 66
Bradewell Rd. *Birm* —8D 72
Bradfield Clo. *Cov* —4J 143
Bradfield Rd. *Birm* —2K 69
Bradford Clo. *Birm* —2F 68
Bradford Cotts. *Tip* —6A 66
Bradford Ct. *Birm* —1A 114 (8L 5)
Bradford La. *Belb* —4D 152
Bradford La. *Wals* —8L 39
Bradford Mall. *Wals* —8L 39
Bradford Pl. *Birm* —3A 114
Bradford Pl. *Wals* —8L 39
Bradford Pl. *W Brom* —1L 91
Bradford Rd. *Birm* —1A 96
Bradford Rd. *Dud* —3F 88
Bradford Rd. *Wals* —1E 26
Bradford St. *Birm* (B5, B12) —8M 93 (7H 5)
Bradford St. *Birm* —3F 68 (B42)
Bradford St. *Cann* —4G 9
Bradford St. *Tam* —4M 31
Bradford St. *Wals* —8L 39
Bradgate Clo. *W'hall* —3C 38
Bradgate Dri. *S Cold* —4E 42
Bradgate Rd. *Barw* —1H 85
Bradgate Rd. *Hinc* —7F 84
Brading Rd. *Nun* —3K 79
Bradley. —6L 51
Bradley Cft. *Bal C* —3H 163
Bradley La. *Bils* —6M 51
Bradleymore Rd. *Brie H* —6D 88
Bradley Rd. *Birm* —3D 96
Bradley Rd. *Stourb* —3M 107
Bradley Rd. *Wolv* —2E 50
Bradleys Clo. *Crad H* —2L 109
Bradley's La. *Bils* —1K 65
Bradley St. *Bils* —5M 51
Bradley St. *Brie H* —2B 88
Bradley St. *Tip* —7M 65
Bradmore. —1L 49
Bradmore Clo. *Sol* —1A 160
Bradmore Gro. *Birm* —1A 134
Bradmore Rd. *Wolv* —1M 49
Bradney Grn. *Cov* —2E 164
Bradnick Pl. *Cov* —8F 142
Bradnock Clo. *Birm* —2C 136
Bradnock's Marsh. —6D 140
Bradnocks Marsh La. *H Ard* —8D 140
Bradshaw Av. *Birm* —8D 134
Bradshaw Av. *W'bry* —4B 52
Bradshaw Clo. *Tip* —6A 66
Bradshawe Clo. *Birm* —6D 136
Bradshaw St. *Wolv* —7E 36 (4M 7)
Bradstock Rd. *Birm* —5J 135
Bradwell Cft. *S Cold* —6L 43
Bradwell La. *Ruge* —4F 10
Braemar Av. *Stourb* —8J 87
Braemar Clo. *Cov* —2L 145
Braemar Clo. *Dud* —8C 50
Braemar Clo. *W'hall* —3B 38
Braemar Dri. *Birm* —4B 70
Braemar Gdns. *Cann* —2F 8
Braemar Rd. *Cann* —5A 16
Braemar Rd. *Lea S* —5B 212
Braemar Rd. *Sol* —8L 115
Braemar Rd. *S Cold* —7F 56
Braemar Way. *Nun* —7G 79
Braeside Cft. *Birm* —7K 97
Braeside Way. *Wals* —6M 25
Brafield Leys. *Rugby* —3A 198
Bragg Rd. *Birm* —7K 69
Braggs Farm La. *Shir* —5F 158
Braham. *Tam* —3K 31
Braid Clo. *Birm* —8D 134
Brailes Clo. *Sol* —2E 138
Brailes Dri. *S Cold* —6M 57
Brailes Gro. *Birm* —8H 95
Brailsford Clo. *Wolv* —1L 37
Brailsford Dri. *Smeth* —4A 92
Brain St. *Glas* —7G 33
Braithwaite Dri. *K'wfrd* —3K 87
Braithwaite Rd. *Birm* —2B 114
Brake La. *Hag* —3L 129
Brakesmead. *Lea S* —4M 215
Brake, The. *Hag* —3M 129
Bramah Way. *Tip* —3C 66
Bramber. *Tam* —8D 32
Bramber Dri. *Wom* —3F 62
Bramber Way. *Stourb* —7M 107
Bramble Clo. *Aston* —2L 93
Bramble Clo. *Col* —2M 97
Bramble Clo. *Crad H* —5M 89
Bramble Clo. *N'fld* —3M 133
Bramble Clo. *Nun* —7M 79
Bramble Clo. *Wals* —4E 26
Bramble Clo. *W'hall* —2C 38
Bramble Dell. *Birm* —6G 95
Bramble Dri. *Birm* —3A 116
Bramble Dri. *Cann* —2J 9
Bramble Grn. *Dud* —4F 64
Bramble La. *Burn* —1H 17
Brambleside. *Stourb* —8M 87
Brambles, The. *Cats* —1A 180
Brambles, The. *Lich* —3K 19
Brambles, The. *Stourb* —6D 108
Brambles, The. *S Cold* —1A 72
Bramble St. *Cov* —7E 144
Bramblewood Dri. *Wolv* —1L 49
Bramblewoods. *Birm* —4C 96
Brambling. *Wiln & Tam* —2G 47
Brambling Ri. *Kidd* —8B 150
Brambling Wlk. *Birm* —2J 113
Brambling Wlk. *Brie H* —3C 108
Bramcote. —4E 104
Bramcote Clo. *Bulk* —7D 104
Bramcote Clo. *Hinc* —6F 84
Bramcote Dri. *Sol* —2C 138
Bramcote Mains. —6E 104
Bramcote Ri. *S Cold* —2J 57
Bramcote Rd. *Birm* —4J 111
Bramdean Wlk. *Wolv* —3J 49
Bramdene Av. *Nun* —1J 79
Brame Rd. *Hinc* —7C 84
Bramerton Clo. *Wolv* —3G 37
Bramford Dri. *Dud* —3H 65
Bramley Clo. *Birm* —6K 55
Bramley Clo. *Wals* —1D 54
Bramley Cft. *Shir* —7J 137
Bramley Dri. *Hand* —6H 69
Bramley Dri. *H'wd* —3B 158
Bramley M. Ct. *Birm* —4J 115
Bramley Rd. *Birm* —4J 115
Bramley Rd. *Wals* —5B 54
Bramley Way. *Bew* —2A 148
Brampton Av. *Birm* —3G 137
Brampton Clo. *Cookl* —5B 128
Brampton Cres. *Shir* —3H 137
Brampton Dri. *Cann* —7L 9
Brampton Way. *Bulk* —6B 104
Bramshall Dri. *Dorr* —6E 160
Bramshaw Clo. *Birm* —7M 135
Bramstead Av. *Wolv* —7H 35
Bramston Cres. *Cov* —8F 142
Bramwell Gdns. *Cov* —4E 122
Brancaster Clo. *Amin* —3G 33
Branchal Rd. *Wals* —8J 27
Branches Clo. *Bew* —3B 148
Branch Rd. *Birm* —1E 156
Branden Rd. *A'chu* —3A 182
Brandfield Rd. *Cov* —1M 143
Brandhall. —1H 111
Brandhall Ct. *O'bry* —7G 91
Brandhall La. *O'bry* —8H 91
Brandhall Rd. *O'bry* —7H 91
Brandon. —4F 168
Brandon Castle. —5F 168
Brandon Clo. *Dud* —2E 64
Brandon Clo. *Wals* —6M 41
Brandon Clo. *W Brom* —7G 67
Brandon Ct. *Bin I* —2A 168
Brandon Gro. *Birm* —2M 155
Brandon La. *Cov & Wols* —5K 167
Brandon Marsh Nature Reserve. —5A 168
Brandon Marsh Nature Reserve Vis. Cen. —5B 168
Brandon Pde. *Lea S* —1A 216
Brandon Pk. *Wolv* —2L 49
Brandon Pas. *Birm* —6E 92
Brandon Pl. *Birm* —2D 96
Brandon Rd. *Bin* —8M 145
Brandon Rd. *Birm* —7E 114
Brandon Rd. *Bret* —3J 169
Brandon Rd. *Hale* —8E 90
Brandon Rd. *Hinc* —2H 81
Brandon Rd. *Sol* —2C 138
Brandon Thomas Ct. *Birm* —1B 94
Brandon Way. *Brie H* —1E 108
Brandon Way. *W Brom* —6G 67
Brandon Way Ind. Est. *W Brom* —7F 66
Brandwood End. —5K 135
Brandwood Gro. *Birm* —4K 135
Brandwood Pk. Rd. *Birm* —4H 135
Brandwood Rd. *Birm* —5K 135
Branfield Clo. *Bils* —8G 51
Branksome Av. *Birm* —1F 92
Branksome Rd. *Cov* —3L 143
Branscombe Clo. *Birm* —4K 135
Bransdale Av. *Cov* —6D 122
Bransdale Clo. *Wolv* —4A 36
Bransdale Rd. *Clay* —2E 26
Bransford Av. *Cov* —4K 165
Bransford Ri. *Cath B* —4H 139
Branson's Cross. —7B 184
Branston Ct. *Birm* —4J 93 (1C 4)
Branston St. *Birm* —4J 93 (1C 4)
Branstree Dri. *Cov* —7D 122
Brantford Rd. *Birm* —1J 115
Branthill Cft. *Sol* —8B 138
Brantley Av. *Wolv* —8J 35
Brantley Rd. *Birm* —7A 70
Branton Hill La. *Wals* —4J 41
Brantwood Av. *Burn* —4G 17
Brascote Rd. *Hinc* —1F 80
Brasshouse La. *Smeth* —3M 91
Brassie Clo. *Birm* —8D 134
Brassington Av. *S Cold* —5H 57
Bratch Clo. *Dud* —6J 89
Bratch Comn. Rd. *Wom* —2E 62
Bratch Hollow. *Wom* —1G 63
Bratch La. *Wom* —1F 62
Bratch Pk. *Wom* —1E 62
Bratch, The. —1E 62
Brathay Clo. *Cov* —3D 166
Bratt St. *W Brom* —5J 67
Braunston Clo. *S Cold* —7A 58
Braunston Pl. *Rugby* —1D 198
Brawnes Hurst. *Birm* —8A 96
Bray Bank. *F End* —6K 75
Brayford Av. *Brie H* —2B 108
Brayford Av. *Cov* —3C 166
Braymoor Rd. *Birm* —8E 96
Brays Clo. *Brin* —6L 147
Bray's La. *Cov* —6G 145

Brays Rd.—Brookbank Rd.

Brays Rd. Birm —3A 116
Bray St. W'hall —7B 38
Braytoft Clo. Cov —7B 122
Brazil St. Cov —7E 142
Breaches La. Redd —1K 209
Breach La. Earl S —2L 85
Breach Oak La. Fill —6J 101
Breadmarket St. Lich —1H 19
Break Bk. Rd. B'gve —1K 201
Bream. Tam —2D 46
Bream Clo. Birm —7J 97
Breamore Cres. Dud —6F 64
Brean Av. Birm —4M 115
Brearley Clo. Birm —4L 93
Brearley St. Hand —1D 92
Brearley St. Hock —4K 93
Breaside Wlk. Birm —6J 97
Brechin Clo. Hinc —1G 81
Brecknell Ri. Kidd —1M 149
Brecknock Rd. W Brom —3G 67
Brecon Av. B'gve —4A 180
Brecon Dri. Stourb —3B 108
Brecon Rd. Birm —1H 93
Brecon Tower. Birm —7G 93
Brecon Way. Salt —4D 94
Bredon Av. Bin —2M 167
Bredon Av. Kidd —8G 149
Bredon Av. Stourb —4C 108
Bredon Ct. Hale —6A 110
Bredon Cft. Birm —4G 93
Bredon Rd. B'gve —2K 201
Bredon Rd. O'bry —4D 90
Bredon Rd. Stourb —3A 108
Bredon Vw. Redd —1D 208
Bredon Way. Stour S —8D 174
Breech Clo. S Cold —2L 55
Bree Clo. Alle —2G 143
Breeden Dri. Curd —3H 73
Breedon Rd. Birm —4G 135
Breedon Ter. Birm —4G 93
Breedon Way. Wals —8C 26
Breener Ind. Est. Brie H —8B 88
Breen Rydding Dri. Bils —8H 51
Brees La. Ken —8G 163
Breeze Av. Cann —4B 16
Brelades Clo. Dud —7E 64
Brendan Clo. Col —4A 98
Brendon. Wiln —8H 33
Brendon Way. Nun —6A 78
Brenfield Dri. Hinc —1G 81
Brennand Clo. O'bry —1H 111
Brennand Rd. O'bry —8H 91
Brent. Wiln —2E 46
Brentford Rd. Birm —4A 136
Brentford Rd. Sol —6L 137
Brentmill Clo. Wolv —5F 22
Brentnall Dri. S Cold —6H 43
Brenton Rd. Wolv —6M 49
Brent Rd. Birm —1K 135
Brentwood Av. Cov —6C 166
Brentwood Clo. Sol —6L 137
Brentwood Gro. Birm —1L 69
Brenwood Clo. K'wfrd —2H 87
Brereton Clo. Dud —1L 89
Brereton Rd. W'hall —2C 38
Brese Av. Warw —8F 210
Bretby Gro. Birm —3G 71
Bretford. —2K 169
Bretford Rd. Bran & Bret —3G 169
Bretford Rd. Cov —8J 123
Bretshall Clo. Shir —4M 159
Brett Dri. Birm —1J 133
Brettell La. Stourb & Brie H —1M 107
Brettell St. Dud —1H 89
Bretton Gdns. Wolv —3F 36
Bretton Rd. Birm —7K 115
Bretts Clo. Cov —5E 144 (1F 6)
Bretts Hall Est. Nun —2M 77
Brett St. W Brom —4H 67
Brett Young Clo. Kidd —4B 150
Brevitt Rd. Wolv —3D 50
Brewer Rd. Bulk —8D 104
Brewers Clo. Bin —8A 146
Brewer's Dri. Wals —8A 26
Brewers Ter. Wals —7A 26
Brewer St. Wals —5L 39
Brewery St. Aston —4L 93 (1H 5)
Brewery St. Dud —8L 65
Brewery St. Hand —1D 92
Brewery St. Smeth —3M 91
Brewery St. Tip —5M 65
Brewins Way. Hurst B —5G 89
Brewood Rd. Coven & C Grn —1C 22
Brewster Clo. Cov —7L 145
Brewster Clo. Faz —8L 31
Brewster St. Dud —4J 89
Breydon Gro. W'hall —1M 51
Brian Rd. Smeth —3L 91
Brians Way. Cov —6E 122
Briar. Tam —6G 33
Briar Av. S Cold —8A 42
Briarbeck. Wals —1C 40
Briar Clo. Birm —5G 71
Briar Clo. Cann —1G 9
Briar Clo. Hinc —3M 81
Briar Clo. Lea S —7B 212
Briar Clo. L End —3C 180
Briar Coppice. Shir —5L 159
Briar Ct. Brie H —7D 88 (off Hill St.)
Briardene Av. Bed —7H 103
Briarfield Rd. Birm —6G 115
Briar Hill. Chad C —8L 151
Briarley. W Brom —8M 53
Briarmead. Burb —5L 81
Briar Rd. Dud —4F 64
Briars Clo. Brie H —5C 88
Briars Clo. Cov —7J 145
Briars Clo. Long L —5H 171
Briars Clo. Nun —4L 79
Briars, The. Birm —3D 70
Briars, The. Hag —5M 129
Briars Way. Cann —5D 10
Briar Way. Stour S —5E 174
Briarwood Clo. Shir —5L 159
Briarwood Clo. Wolv —2G 51
Brickbridge La. Wom —4E 62
Brickfield Rd. Birm —3H 115
Brickheath Rd. Wolv —6G 37
Brickhill Dri. Birm —7G 97
Brick Hill La. Alle —1D 142
Brickhouse La. S Prior —6J 201
Brickhouse La. W Brom —3E 66
Brickhouse La. S. Gt Bri & Tip —3D 66
Brickhouse Rd. Row R —5A 90
Brickiln Ct. Brie H —7D 88
Brickiln St. Wals —2F 26
Brick Kiln La. Dud —6A 64
Brick Kiln La. Gt Barr —3L 69
Brickkiln La. Hurl —5H 61
Brick Kiln La. Midd —3J 59
Brick Kiln La. Sol —1M 159
Brick Kiln La. S Cold —3A 44
Brick Kiln La. Wyt —6L 157
Brick Kiln St. Brie H —4E 88
Brick Kiln St. Hinc —1J 81
Brick Kiln St. Quar B —1G 109
Brick Kiln St. Tip —3L 65
Brickkiln St. W'hall —8M 37
Bricklin Ct. Brie H —7D 88
Brick St. Dud —1D 64
Brickyard La. Stud —4J 209
Brickyard Rd. Wals —8F 26
Bridal Rd. D'frd —3J 179
Briddsland Rd. Birm —7E 96
Brides Row. Bils —3L 51
Brides Wlk. Birm —2E 156
Bridgeacre Gdns. Cov —6M 145
Bridge Av. Tip —2C 66
Bridge Av. Wals —4E 14
Bridgeburn Rd. Birm —1L 133
Bridge Clo. Birm —6B 114
Bridge Clo. Clay —3E 26
Bridgecote. Cov —3L 167
Bridge Ct. Crad H —1M 109
Bridge Cft. Birm —3L 113
Bri. Cross Rd. Burn —2F 16
Bridge End. —4F 214
Bridge End. Warw —3F 214
Bridgefield Wlk. Row R —4M 89
Bridgefoot Wlk. Pend —8M 21
Bridgeford Rd. Birm —3B 96
Bridgehead Wlk. S Cold —2M 71
Bridge Ind. Est. Sol —2C 138
Bridge Ind. Est., The. Smeth —3B 92
Bridgelands Way. Birm —8K 69
Bridgeman Cft. Birm —1C 96
Bridgeman Rd. Cov —4B 144 (1A 6)
Bridgeman St. Wals —8K 39
Bridgemary Clo. Wolv —5F 22
Bridge Mdw. Dri. Know —4F 160
Bridgemeadow Ho. Birm —1L 95
Bridgend Cft. Brie H —3B 88
Bridge Piece. Birm —7B 134
Bridge Rd. Birm —5D 114
Bridge Rd. Cookl —3A 128
Bridge Rd. Hinc —2K 81
Bridge Rd. Salt —5E 94
Bridge Rd. Tip —3C 66
Bridge Rd. Wals —8B 26
Bridges Cres. Cann —4M 15
Bridges Rd. Cann —4M 15
Bridge St. Amin —4E 32
Bridge St. Bils —4L 51
Bridge St. Birm —7J 93 (6D 4)
Bridge St. B'twn —4E 14
Bridge St. Bwnhls —3E 26
Bridge St. Cose —1J 65
Bridge St. Cot —7J 79
Bridge St. Cov —2F 144
Bridge St. Hale —2J 109
Bridge St. Hurl —5J 61
Bridge St. Ken —4F 190
Bridge St. Kidd —4L 149
Bridge St. Nun —5J 79
Bridge St. O'bry —2G 91
Bridge St. Park V —4E 36
Bridge St. Pole —8M 33
Bridge St. Redd —5D 204
Bridge St. Rugby —6C 172
Bridge St. Stourb —8L 87
Bridge St. Stour S —7F 174
Bridge St. Wals —7L 39
Bridge St. Warw —1H 215
Bridge St. W'bry —8F 52
Bridge St. W Brom —5H 67
Bridge St. W'hall —8M 37
Bridge St. N. Smeth —3B 92
Bridge St. S. Smeth —3B 92
Bridge St. W. Birm —3J 93 (in two parts)
Bridge, The. Wals —8L 39
Bridgetown. —4D 14
Bridget St. Rugby —6M 171
Bridge Wlk. Birm —6K 115
Bridgewater Av. O'bry —5G 91
Bridgewater Cres. Dud —8L 65
Bridgewater Dri. Bils —7J 51
Bridgewater Dri. Wom —2F 62
Bridgewater St. Tam —4D 32
Bridge Way. Clay —3E 26
Bridgnorth Av. Wom —5F 62
Bridgnorth Gro. W'hall —3B 38
Bridgnorth Rd. Env & Stourt —2A 106
Bridgnorth Rd. Kidd —4E 126
Bridgnorth Rd. Patt & Wolv —3A 48
Bridgnorth Rd. Shat —1A 126
Bridgnorth Rd. Stourb & Woll —3E 106
Bridgnorth Rd. Swind & Wom —4A 62
Bridgtown Bus. Cen. B'twn —3E 14
Bridgwater Clo. Wals —6F 26
Bridle Brook La. Alle —5F 120
Bridle Gro. W Brom —1M 67
Bridle La. Wals & S Cold —3J 55
Bridle Mead. Birm —1D 156
Bridle Path Rd. Elme —5K 85
Bridle Path, The. Cov —3H 143
Bridle Path, The. Shir —4G 137
Bridle Rd. Rugby —5L 171
Bridle Rd. Stourb —3K 107
Bridle Ter. Hand —1E 92
Bridlewood. S Cold —1M 55
Bridley Moor Rd. Redd —5C 204
Bridport Clo. Cov —4A 146
Bridport Ho. Birm —2L 133
Brierley Hill. —6D 88
Brierley Hill Rd. Stourb & Brie H —7L 87
Brierley La. Bils —7L 51
Brierley Rd. Cov —1J 145
Brierley Trad. Est. Brie H —6C 88
Brier Mill Rd. Hale —6C 110
Briertey Hill La. Ruge —5H 11
Briery Clo. Crad H —2M 109
Briery Rd. Hale —6L 109
Briffen Ho. Birm —7H 93 (5B 4)
Brigfield Cres. Birm —4B 136
Brigfield Rd. Birm —4B 136
Bright Cres. Tam —7C 32
Brightmere Rd. Cov —5B 144 (1A 6)
Brighton Clo. Wals —6K 39
Brighton Pl. Wolv —7A 36
Brighton Rd. Birm —4M 113
Brighton St. Cov —6F 144 (in two parts)
Bright Rd. O'bry —4H 91
Brightstone Clo. Wolv —5F 22
Brightstone Rd. Redn —7H 133
Bright St. Cov —3E 144
Bright St. Stourb —4K 107
Bright St. W'bry —4D 52
Bright St. Wolv —6B 36 (1G 7)
Bright Ter. Hand —2E 92
Bright Walton Rd. Cov —2D 166
Brightwell Cres. Dorr —6E 160
Brill Clo. Cov —4J 165
Brimstone La. D'frd —2J 179
Brindle Av. Cov —8J 145
Brindle Clo. Sheld —4L 115
Brindle Ct. Birm —6B 70
Brindlefields Way. Tip —7A 66
Brindle Rd. Wals —5C 54
Brindley Av. Wolv —8A 24
Brindley Brae. Kinv —5C 106
Brindley Bus. Pk. Cann —6H 9
Brindley Clo. Stourb —8L 87
Brindley Clo. Wals —4F 38
Brindley Clo. Wom —3D 62
Brindley Ct. Birm —7G 135
Brindley Ct. O'bry —2H 111
Brindley Ct. Tip —4L 65
Brindley Cres. Cann —2J 9
Brindley Dri. Amin —3F 32
Brindley Dri. Birm —7J 93 (5C 4)
Brindley Heath Rd. Cann —1K 9
Brindley Paddocks. Cov —5C 144 (1C 6)
Brindley Pl. Birm —7H 93 (6B 4)
Brindley Rd. Bay I —2H 123
Brindley Rd. Hinc —1E 80
Brindley Rd. Rugby —8G 173
Brindley Rd. W Brom —1G 67
Brindley St. Stour S —4F 174
Brindley Way. Smeth —4C 92
Brineton Gro. Birm —8A 112
Brineton Ind. Est. Wals —8J 39
Brineton St. Wals —8J 39
Bringewood Gro. Birm —1H 133
Brinklow. —6L 147
Brinklow Castle. —5M 147
Brinklow Clo. Redd —1K 209
Brinklow Cft. Birm —2D 96
Brinklow Rd. Ansty —5E 124
Brinklow Rd. Bin —7M 145
Brinklow Rd. Birm —7M 111
Brinley Way. K'wfrd —3J 87
Brinsford. —2D 22
Brinsford La. Wolv —2D 22
Brinsford Rd. Wolv —6C 22
Brinsley Clo. Sol —7B 138
Brinsley Rd. Birm —1B 116
Brinton Clo. Kidd —6J 149
Brinton Cres. Kidd —6J 149
Brisbane Clo. Cov —3E 166
Brisbane Ct. Bed —7G 103
Brisbane Ho. Birm —3E 96
Brisbane Rd. Smeth —4L 91
Brisbane Way. Cann —7L 9
Briscoe Rd. Cov —5C 122
Briseley Clo. Brie H —1D 108
Bristam Clo. O'bry —3E 90
Bristnall Fields. —7H 91
Bristnall Hall Cres. O'bry —6J 91
Bristnall Hall La. O'bry —6J 91
Bristnall Hall Rd. O'bry —7H 91
Bristnall Ho. Smeth —5K 91
Bristol Clo. Cann —8H 9
Bristol Pas. Birm —1K 113
Bristol Rd. Cov —7M 143
Bristol Rd. Dud —7K 89
Bristol Rd. Erd —6E 70
Bristol Rd. S Oak & Birm —2D 134
Bristol Rd. S. Redn & N'fld —1G 155
Bristol St. Birm —1K 113 (7F 4)
Bristol St. Wolv —1B 50
Briston Clo. Brie H —1C 108
Britannia Gdns. Row R —6C 90
Britannia Grn. Dud —4E 64
Britannia Pk. W'bry —7D 52
Britannia Rd. Bils —6M 51
Britannia Rd. Hinc —4A 82
Britannia Rd. Row R —7C 90
Britannia Rd. Wals —4K 53
Britannia Shop. Cen. Hinc —8D 84
Britannia St. Cov —6F 144
Britannia St. Tiv —7C 66
Britannia Way. Brit E —1L 19
Britannic Gdns. Mose —7K 113
Britford Clo. Birm —6M 135
British Road Transport Mus. —6C 144 (3C 6)
Briton Rd. Cov —5G 145
Brittan Clo. Birm —3E 96
Britten Clo. Nun —2A 104
Britten St. Redd —5D 204
Britton Dri. S Cold —1J 71
Britwell Rd. S Cold —7G 57
Brixfield Way. Shir —4G 159
Brixham Clo. Nun —4M 79
Brixham Dri. Cov —3J 145
Brixham Rd. Birm —5D 92
Brixworth Clo. Bin —1M 167
Broach Rd. Stour S —8H 175
Broadacres. Birm —3L 133
Broad Clo. Ufton —8M 217
Broad Cft. Tip —3C 66
Broadfern Rd. Know —1H 161
Broadfield Clo. K'wfrd —4K 87
Broadfield Clo. W Brom —8M 53
Broadfield House Glass Mus. —4K 87
Broadfields. Hag —3A 130
Broadfields Rd. Birm —2H 71
Broadfield Wlk. Birm —8H 93 (7B 4)
Broadgate. Cov —7C 144 (5C 6)
Broad Green. —8G 181
Broad Ground Rd. Redd —7H 205
Broadhaven Clo. Lea S —2C 216
Broad Heath Clo. Redd —4C 204
Broadheath Dri. Shelf —1D 40
Broadhidley Dri. Birm —8H 111
Broadhurst Clo. Cann —1F 8
Broadhurst Grn. Cann —1F 8
Broadhurst Grn. Rd. Penk —1A 8
Broadlands Clo. Cov —7J 143
Broadlands Dri. Brie H —4E 88
Broadlands Ri. Lich —2K 19
Broad La. Beo —8B 184
Broad La. Birm —5K 135
Broad La. Ess & Wals —3C 24
Broad La. Hudd —5A 18
Broad La. Lich —2K 19
Broad La. Mer & Cov —5A 142
Broad La. Pels —8C 26
Broad La. Tan A —7C 184
Broad La. Wolv —1L 49
Broad La. Gdns. Wals —7G 25
Broad La. N. W'hall —3B 38
Broad Lanes. Bils —6J 51
Broad La. S. Wolv —4M 37
Broad La. Trad. Est. Cov —5C 142
Broadlee. Wiln —8J 33
Broadmead Ct. Cov —7J 143
Broadmeadow. K'wfrd —1L 87
Broadmeadow. Wals —1H 41
Broadmeadow Clo. Birm —6H 135
Broad Mdw. Grn. Bils —2J 51
Broad Mdw. La. Birm —6H 135
Broadmeadow La. Wals —7G 15
Broadmeadows Clo. W'hall —1E 38
Broadmeadows Rd. W'hall —1E 38
Broadmere Ri. Cov —7G 143
Broadmoor Av. O'bry & Smeth —7K 91
Broadmoor Clo. Bils —5J 51
Broadmoor Rd. Bils —5J 51
Broad Oak Ct. Lea S —7A 212
Broadoaks. S Cold —1A 72
Broadoaks Clo. Cann —3M 15
Broad Oaks Ho. Sol —5A 138
Broad Oaks Rd. Sol —3M 137
Broad Pk. Rd. Cov —2K 145
Broad Rd. Birm —6H 115
Broadsmeath. Tam —7C 32
Broadstone Av. Hale —5H 109
Broadstone Av. Wals —3K 39
Broadstone Clo. Wolv —4D 50
Broadstone Rd. Birm —7M 95
Broad St. Bils —3J 51
Broad St. Birm —8H 93 (8A 4)
Broad St. Brin —6L 147
Broad St. B'gve —6L 179
Broad St. Cann —3E 14
Broad St. Cose —1J 65
Broad St. Cov —2E 144
Broad St. Kidd —2L 149
Broad St. K'wfrd —4K 87
Broad St. O'bry —4G 91
Broad St. Pens —3C 88
Broad St. Warw —2F 214
Broad St. Wolv —7D 36 (3K 7)
Broad St. Jetty. Cov —2E 144
Broad St. Junct. Wolv —7D 36 (3L 7)
Broadsword Way. Burb —5K 81
Broadwalk Retail Pk. Wals —3K 53
Broadwas Clo. Redd —4J 205
Broadwater. Cov —1A 166
Broadwaters. —8M 127
Broadwaters Av. W'bry —5C 52
Broadwaters Dri. Hag —5B 130
Broadwaters Dri. Kidd —1A 150
Broadwaters Rd. W'bry —5C 52
Broadway. Bush —7E 22
Broadway. Cann —3F 8
Broadway. Cod —6E 20
Broadway. Cov —8A 144
Broadway. Finc —8J 35
Broadway. Lea S —4E 212
Broadway. O'bry —8J 91
Broad Way. Pels —7C 26
Broadway. Shir —5G 137
Broadway. Wals —3M 53
Broadway Av. Birm —7G 95
Broadway Av. Hale —7A 110
Broadway Cft. Birm —3A 116
Broadway Cft. O'bry —8J 91
Broadway Ho. Birm —7D 134
Broadway Mans. Cov —8A 144
Broadway N. Wals —7M 39
Broadway, The. Birm —7K 69
Broadway, The. Dud —6G 65
Broadway, The. Stourb —7K 107
Broadway, The. W Brom —2G 67
Broadway, The. Wom —4G 63
Broadway W. Wals —3J 53
Broadwell Ind. Est. O'bry —1F 90
Broadwell Rd. O'bry —1G 91
Broadwell Rd. Sol —7A 116
Broadwells Ct. Cov —3F 164
Broadwells Cres. Cov —4F 164
Broadyates Gro. Birm —3J 115
Broadyates Rd. Birm —3J 115
Brobury Cft. Sol —5K 137
Brockencote. —1K 177
Brockenhurst Way. Longf —3H 123
Brockeridge Clo. W'hall —8C 24
Brocket Clo. Stour S —3E 174
Brockey Clo. Barw —2H 85
Brockfield Ho. Wolv —5F 36
Brockhall Gro. Birm —4F 96
Brockhill La. A'chu —6H 157
Brockhill La. Beo —6M 183
Brockhill La. Redd —2M 203
Brockhill La. Tard —8H 181
Brockhurst Av. Hinc —5K 81
Brockhurst Cres. Wals —4L 53
Brockhurst Dri. Birm —4G 137
Brockhurst Dri. Cov —7D 142
Brockhurst Dri. Wolv —5A 36
Brockhurst Ho. Wals —6K 39
Brockhurst La. Can —8B 30
Brockhurst Pl. Wals —4M 53
Brockhurst Rd. Birm —3J 95
Brockhurst Rd. S Cold —8K 43
Brockhurst St. Wals —3L 53
Brockley Clo. Brie H —6D 88
Brockley Gro. Birm —8J 113
Brockley Pl. Birm —2C 94
Brockley's Wlk. Kinv —6C 106
Brockmoor. —5B 88
Brockmoor Clo. Stourb —7C 108
Brock Rd. Tip —5C 66
Brockton Pl. Stour S —8E 174
Brockton Rd. Birm —8A 112
Brockwell Gro. Birm —5L 55
Brockwell Rd. Birm —5L 55
Brockworth Rd. Birm —7J 135
Brocton Clo. Bils —6H 51
Brocton Clo. Wals —1F 38
Brodick Clo. Hinc —1G 81
Brodick Rd. Hinc —1F 80
Brodick Way. Nun —6F 78
Brogden Clo. W Brom —1M 67
Bromage Av. K'bry —3C 60
Brome Hall La. Lapw —7J 187
Bromfield Clo. Birm —2L 93
Bromfield Ct. Wolv —7H 35
Bromfield Cres. W'bry —5J 53
Bromfield Rd. Redd —7D 204
Bromfield Rd. W'bry —6J 53
Bromford. —7K 71
Bromford Clo. Birm —8G 69
Bromford Clo. Erd —4E 70
Bromford Ct. N'fld & Birm —8B 134
Bromford Cres. Birm —7G 71
Bromford Dale. Wolv —6A 36
Bromford Dri. Birm —1H 95
Bromford Hill. Birm —6J 69
Bromford La. Erd —7G 71
Bromford La. Wash H —3H 95
Bromford La. W Brom —8G 67
Bromford Mere. Sol —1L 137
Bromford Mills Ind. Est. Erd —8H 71
Bromford Pk. Ind. Est. W Brom —8G 67
Bromford Ri. Wolv —1B 50 (8G 7)
Bromford Rd. Birm —2H 95
Bromford Rd. Dud —3G 89
Bromford Rd. O'bry & W Brom —1G 91
Bromford Rd. Ind. Est. O'bry —8G 67
Bromford Wlk. Birm —8F 54
Bromleigh Dri. Cov —7J 145
Bromleigh Vs. Bag —7F 166
Bromley. —4A 88
Bromley. Brie H —4B 88
Bromley Clo. Ken —3E 190
Bromley Gdns. Cod —5G 21
Bromley Ho. Wals —5B 54
Bromley La. K'wfrd —5L 87
Bromley Pl. Wolv —4A 50
Bromley St. Birm —8A 94 (7L 5)
Bromley St. Stourb —3F 108
Bromley St. Wolv —2C 50
Brompton Dri. Brie H —2B 108
Brompton Lawns. Wolv —6G 35
Brompton Pool Rd. Birm —6E 136
Brompton Rd. Birm —5L 55
Bromsgrove. —7M 179
Bromsgrove Eastern By-Pass. B'gve —5B 180
Bromsgrove Highway. B'gve —7C 180
Bromsgrove Highway. Redd —5M 203
Bromsgrove Mus. —6A 180
Bromsgrove Rd. D'frd —3K 179
Bromsgrove Rd. Hag & Clent —3C 130
Bromsgrove Rd. Hale —6C 110
Bromsgrove Rd. Redd —6A 204
Bromsgrove Rd. Rom & Hunn —5A 132
Bromsgrove Rd. Stone —7E 150
Bromsgrove Rd. Stud —6J 209
Bromsgrove St. Birm —8L 93 (8F 4)
Bromsgrove St. Hale —5C 110
Bromsgrove St. Kidd —3L 149
Bromsgrove Tourist Info. Cen. —6A 180
Bromwall Rd. Birm —3B 136
Bromwich Clo. Bin —1M 167
Bromwich Dri. S Cold —2J 57
Bromwich La. Stourb —2B 130
Bromwich Rd. Rugby —8F 172
Bromwich Wlk. Birm —6G 95
Bromwynd Clo. Wolv —3B 50
Bromyard Av. S Cold —1A 72
Bromyard Rd. Birm —6E 114
Bronte Clo. Gall C —4M 77
Bronte Clo. Rugby —6C 172
Bronte Clo. Shir —8K 137
Bronte Ct. Shir —8K 137
Bronte Ct. Tam —3A 32
Bronte Dri. Cann —7J 9
Bronte Dri. Kidd —3B 150
Bronte Farm Rd. Shir —8K 137
Bronte Rd. Wolv —3F 50
Bronwen Rd. Bils —2J 65
Bronze Clo. Nun —1L 103
Brook Av. Wiln —2G 47
Brookbank Av. Birm —3D 96
Brookbank Gdns. Dud —7B 64
Brookbank Rd. Dud —7B 64

Burns Gro.—Carlisle St.

Burns Gro. Dud —5A 64
Burnside. Cov —7A 146
Burnside. Rugby —7L 171
Burnside Ct. S Cold —8G 57
Burnside Gdns. Wals —3D 54
Burnside Way. Birm —2M 155
Burns Pl. W'bry —4A 52
Burns Rd. Cov —6J 145
Burns Rd. Lea S —5B 212
Burns Rd. Tam —3A 32
Burns Rd. W'bry —4A 52
Burns St. Cann —5F 8
Burns Wlk. Bed —8J 103
Burnsway. Hinc —8C 84
Burnthorne La. Dunl —8B 174
Burnthurst Cres. Shir —2A 160
Burnthurst La. Prin —7A 194
Burnt Mdw. Rd. Moons I & Redd —3L 205
Burnt Oak Dri. Stourb —4B 108
Burnt Tree. —7M 65
Burnt Tree. Tip —7M 65
Burnt Tree Ho. Tip —7M 65
Burntwood. —3J 17
Burntwood Green. —3L 17
Burntwood Rd. Cann —3A 16
Burntwood Rd. Hamm —5K 17
Burntwood Town Shop. Cen. Burn —2E 16
Burrelton Way. Birm —1D 68
Burrington Rd. Birm —1G 133
Burrowes St. Wals —6K 39
Burrow Hill Clo. Birm —1C 96
Burrow Hill Hill Fort. —2J 121
Burrow Hill La. Cor —2J 121
Burrows Clo. W'nsh —6B 216
Burrows Ho. Wals —6K 39 (off Burrowes St.)
Burrows Rd. K'wfrd —5M 87
Bursledon Wlk. Wolv —1J 51
Burslem Clo. Wals —5G 25
Bursnips Rd. Ess —7B 24
Burton Av. Wals —1B 40
Burton Clo. Alle —7J 121
Burton Clo. Tam —2C 32
Burton Cres. Wolv —6E 36 (1M 7)
Burton Farm Rd. Wals —6B 40
Burton Green. —5C 164
Burton Hastings. —1G 105
Burton La. Burt H —3F 104
Burton La. Redd —6F 204
Burton Old Rd. Lich —1M 19 (in two parts)
Burton Old Rd. E. Lich —1L 19
Burton Old Rd. W. Lich —1J 19
Burton Rd. Dud —5F 64
Burton Rd. S'hay —8M 13
Burton Rd. Wolv —6E 36 (1M 7)
Burton Rd. E. Dud —5F 64
Burton Wood Dri. Birm —7K 69
Buryfield Rd. Sol —3A 138
Bury Hill Rd. O'bry —1D 90
Bury Mound Ct. Shir —7C 136
Bury Rd. Lea S —2L 215
Busby Clo. Bin —2M 167
Bush Av. Smeth —4C 92
Bushbery Av. Cov —8F 142
Bushbury. —8E 22
Bushbury Ct. Bush —7E 22
Bushbury Cft. Birm —6J 97
Bushbury La. Wolv —3C 36
Bushbury Rd. Birm —4A 96
Bushbury Rd. Wolv —3G 37
Bush Clo. Cov —6F 142
Bushell Dri. Sol —5D 138
Bushey Clo. S Cold —7M 41
Bushey Fields Rd. Dud —1E 88
Bush Gro. Birm —8C 68
Bush Gro. Wals —7A 26
Bushley Clo. Redd —2G 209
Bushley Cft. Sol —1B 160
Bushman Way. Birm —4E 96
Bushmore Rd. Birm —3G 137
Bush Rd. Dud —7J 89
Bush Rd. Tip —5L 65
Bush St. W'bry —2D 52
Bushway Clo. Brie H —7A 88
Bushwood Dri. Dorr —6G 161
Bushwood Rd. Birm —8B 112 (in two parts)
Bustleholme Av. W Brom —8M 53
Bustleholme Cres. W Brom —8L 53
Bustleholme La. W Brom (in two parts) —8L 53
Butcher's Clo. Brin —6M 147
Butchers La. Cov —3J 143
Butchers La. Hale —2J 109
Butchers Rd. H Ard —3A 140
Butcroft. —3E 52
Butcroft Gdns. W'bry —3E 52
Bute Clo. Hinc —8C 84
Bute Clo. Redn —8E 132
Bute Clo. W'hall —3B 38
Butler Clo. Ken —2J 191
Butler Rd. Sol —6M 115
Butlers Clo. Erd —8D 56
Butlers Clo. Hand —6G 69
Butler's Cres. Exh —8G 103
Butlers End. Beau —7H 189
Butler's Hill La. Redd —4B 204
Butlers La. S Cold —6F 42
Butlers Leap. Rugby —4C 172
Butlers Precinct. Wals —7L 39
Butler's Rd. Birm —6G 69
Butler St. A'wd B —8E 208
Butler St. Small H —1C 114
Butler St. W Brom —5G 67
Butlin Rd. Cov —5C 122
Butlin Rd. Rugby —6D 172
Butlin St. Birm —2C 94
Buttercup Clo. Wals —6A 54
Buttercup Dri. L End —3C 180
Butterfield Clo. Pert —6D 34
Butterfield Ct. Dud —7G 65
Butterfield Rd. Brie H —2B 88
Butterfly Way. Crad H —8M 89
Buttermere. Rugby —2D 172
Buttermere. Wiln —2H 47
Buttermere Av. Nun —3A 80
Buttermere Clo. Bin —2M 167
Buttermere Clo. Brie H —2B 108
Buttermere Clo. Cann —6G 9
Buttermere Clo. Tett —1K 35
Buttermere Ct. Pert —5F 34
Buttermere Dri. Birm —6M 111
Buttermere Dri. Ess —7A 24
Buttermere Gro. W'hall —8B 24
Buttermere Rd. Stour S —3F 174
Butter Wlk. Birm —1C 156
Butterworth Clo. Bils —8G 51
Butterworth Dri. Cov —3G 165
Buttery Rd. Smeth —3L 91
Butt La. Alle —2H 143
Butt La. Hinc —8E 84
Butt La. Clo. Hinc —8E 84
Buttons Farm Rd. Wolv —6K 49
Buttress Way. Smeth —3A 92
Butts. Cov —7B 144
Butts Clo. Cann —5L 15
Butts La. Cann —5L 15
Butts La. Stone —7D 150
Butts La. Tan A —7G 185
Butts Rd. Cov —7A 144
Butts Rd. Wals —6M 39
Butts Rd. Wolv —5M 49
Butts St. Wals —6M 39
Butts, The. Lich —7D 18
Butts, The. Wals —6M 39
Butts, The. Warw —2E 214
Butts Way. Cann —5L 15
Buxton Av. Faz —1B 46
Buxton Clo. Wals —6J 25
Buxton Rd. Birm —3B 70
Buxton Rd. Dud —3F 88
Buxton Rd. S Cold —1G 71
Buxton Rd. Wals —6J 25
Byeways. Wals —6J 25
Byfield Clo. Birm —1E 116
Byfield Pas. Birm —7E 94
Byfield Pl. Bal C —4K 163
Byfield Rd. Cov —4L 143
Byfield Vw. Dud —2E 64
Byfleet Clo. Bils —6G 51
Byford Clo. Redd —7E 204
Byford Ct. Nun —5F 78
Byford St. Nun —5F 78
Byland. Glas —6D 32
Byland Clo. B'gve —8L 179
Byland Way. Wals —7F 24
By-Pass Link. Sol —6E 138
Byrchen Moor Gdns. Brie H —2B 88
Byrne Rd. Wolv —2D 50
Byron Av. Bed —7K 103
Byron Av. Birm —6B 70
Byron Av. Lich —4H 19
Byron Av. Warw —5C 214
Byron Clo. Birm —2D 114
Byron Clo. Burn —8F 10
Byron Clo. Kidd —4B 150
Byron Ct. Know —3G 161
Byron Ct. S Cold —4G 43
Byron Cres. Dud —4H 65
Byron Cft. Dud —4A 64
Byron Cft. S Cold —3F 42
Byron Gdns. W Brom —4H 67
Byron Ho. Hale —4H 109
Byron Pl. Cann —4E 8
Byron Rd. Birm —2D 114
Byron Rd. Redd —1D 208
Byron Rd. Tam —2A 32
Byron Rd. W'hall —2E 38
Byron Rd. Wolv —1G 37
Byron St. Barw —1H 85
Byron St. Brie H —2D 88
Byron St. Cov —5D 144 (1D 6)
Byron St. Earl S —2L 85
Byron St. W Brom —3H 67
Byron Way. Cats —1A 180
Bywater Clo. Cov —5B 166
Bywater Ho. Wals —8M 39 (off Paddock La.)

Caban Clo. Birm —4L 133
Cable Dri. Wals —4J 39
Cable St. Wolv —1E 50
Cabot Gro. Wolv —5E 34
Cadbury Dri. Birm —8A 72
Cadbury Ho. Birm —4K 93 (off Gt. Hampton Row)
Cadbury Rd. Birm —5B 114
Cadbury Way. Birm —4B 112
Cadbury World. —2F 134
Cadden Dri. Cov —7H 143
Caddick Cres. W Brom —2K 67
Caddick Rd. Birm —8H 55
Caddick St. Bils —1G 65 (in two parts)
Cadec Trad. Est. Smeth —6M 91
Cadgwith Gdns. Bils —7A 52
Cadine Gdns. Birm —8J 113
Cadleigh Gdns. Birm —6C 112
Cadle Rd. Wolv —2E 36
Cadman Clo. Bed —6J 103
Cadman Cres. Wolv —3G 37
Cadman's La. Wals —1J 25 (in two parts)
Cadnam Clo. Birm —6C 112
Cadnam Clo. W'hall —1B 52
Cadogan Rd. Dost —4D 46
Caen Clo. H Mag —2A 214
Caernarfon Dri. Nun —6K 79
Caernarvon Clo. W'hall —2C 38
Caernarvon Way. Dud —7E 64
Caesar Rd. Ken —6E 190
Caesar Way. Col —8M 73
Cahill Av. Wolv —5G 37
Cairndhu Dri. Kidd —2A 150
Cairn Dri. Wals —7F 38
Cairns St. Wals —6J 39
Caister. Amin —3G 33
Caister Dri. W'hall —1M 51
Caistor Clo. M Oak —1H 45
Caithness Clo. Cov —5G 143
Cakebole. —4H 177
Cakebole La. Rush & Kidd —7J 177
Cakemore La. O'bry —7F 90
Cakemore Rd. Row R —7E 90
Cala Dri. Birm —2H 113
Calcot Dri. Wolv —2L 35
Calcott Ho. Cov —3H 167
Caldecote Clo. Nun —2J 79
Caldecote Gro. Birm —7J 95
Caldecote Rd. Cov —4C 144
Caldecott Ct. Rugby —5B 172
Caldecott Pl. Rugby —7C 172
Caldecott St. Rugby —7C 172
Caldeford Av. Shir —2A 160
Calder. Wiln —7H 33
Calder Av. Wals —7A 40
Calder Clo. Bulk —7B 104
Calder Clo. Cov —2E 166
Calder Dri. S Cold —1M 71
Calderfields Clo. Wals —6A 40
Calder Gro. Birm —7F 68
Calder Ri. Dud —3F 64
Calder Rd. Stour S —2E 174
Calder Wlk. Lea S —3C 216
Caldmore. —1K 53
Caldmore Grn. Wals —1L 53
Caldmore Rd. Wals —8L 39
Caldon Clo. Hinc —1H 81
Caldwall Cres. Kidd —4K 149
Caldwell Cvn. Pk. Nun —1K 103
Caldwell Ct. Nun —8K 79
Caldwell Ct. Sol —4C 138
Caldwell Gro. Sol —4C 138
Caldwell Ho. W Brom —7J 67
Caldwell Rd. Birm —6H 95
Caldwell Rd. Nun —7J 79
Caldwell St. W Brom —1K 67
Caldy Wlk. Redn —8F 132
Caldy Wlk. Stour S —3E 174
Cale Clo. Tam —7C 32
Caledonia. Brie H —2D 108
Caledonian. Tam —7F 32
Caledonian Clo. Wals —6C 54
Caledonia Rd. Wolv (in two parts) —1D 50 (8L 7)
Caledonia St. Bils —3L 51
Caledon Pl. Wals —2J 53
Caledon St. Wals —2J 53 (in two parts)
Calewood Rd. Brie H —2D 108
California. —6A 112
Californian Gro. Burn —1F 16
California Rd. Tiv —1B 90
California Way. Birm —6M 111
Callaghan Gro. Cann —7J 9
Callcott Dri. Brie H —2D 108
Callear Rd. W'bry —8D 52
Callendar Clo. Nun —2A 80
Calley Clo. Tip —6M 65
Callis Wlk. Wiln —3F 46
Callow Bri. Rd. Redn —2F 154
Callowbrook La. Redn —1F 154
Callow Clo. Stour S —8D 174
Callow Hill. —3A 208
Callow Hill La. Call H —3A 208
Callow Hill Rd. A'chu —2M 181
Callows La. Kidd —3L 149
Calmere Clo. Cov —1M 145
Calpurnia Av. H'cte —6L 215
Calshot Rd. Birm —8F 54
Calstock Rd. W'hall —5D 38
Calthorpe Clo. Wals —3E 54
Calthorpe Mans. Edg —8H 93 (8A 4)
Calthorpe Rd. Edg —1G 113 (8A 4)
Calthorpe Rd. Hand —7J 69
Calthorpe Rd. Wals —3D 54
Caludon Castle. —4L 145
Caludon Pk. Av. Cov —4L 145
Caludon Rd. Cov —5G 145
Calver Cres. Sap —2L 83
Calver Cres. Wed —4M 37
Calver Gro. Birm —6K 55
Calverley Rd. Birm —8D 134
Calvert Clo. Cov —3D 166
Calvert Clo. Rugby —2E 172
Calverton Gro. Birm —1E 68
Calverton Wlk. Wolv —4B 36
Calves Cft. W'hall —6A 38
Calvin Clo. Wolv —6D 22
Calvin Clo. Wom —4F 62
Calving Hill. Cann —7E 8
Camberley. W Brom —8M 53
Camberley Cres. Wolv —7E 50
Camberley Dri. Wolv —5A 50
Camberley Gro. Birm —3E 70
Camberley Rd. K'wfrd —6M 87
Camberwell Ter. Lea S —2A 216
Camborne Clo. Birm —2L 93
Camborne Ct. Wals —2D 54
Camborne Dri. Nun —4M 79
Camborne Rd. Wals —2D 54
Cambourne Rd. Burb —3A 82
Cambourne Rd. Row R —6C 90
Cambrai Dri. Birm —1E 136
Cambria Clo. Shir —2E 158
Cambrian. Tam —7F 32
Cambria St. Cann —5D 8
Cambridge Av. Sol —6L 137
Cambridge Av. S Cold —1H 71
Cambridge Clo. Wals —1G 41
Cambridge Cres. Birm —2J 113
Cambridge Dri. Birm —1F 116
Cambridge Dri. Nun —6E 78
Cambridge Gdns. Lea S —8A 212
Cambridge Rd. Birm —8M 113
Cambridge Rd. Dud —2G 89
Cambridge Rd. Smeth —2A 92 (nr. Halford's La.)
Cambridge Rd. Smeth —1B 92 (nr. Middlemore Rd.)
Cambridge St. Birm —7J 93 (5C 4)
Cambridge St. Cov —4E 144 (1F 6)
Cambridge St. Rugby —6C 172
Cambridge St. Wals —2L 53
Cambridge St. W Brom —7H 67
Cambridge St. Wolv —5D 36 (1L 7)
Cambridge Tower. Birm —7J 93 (5C 4)
Cambridge Way. Birm —5K 115
Camden Clo. Birm —1A 96
Camden Clo. Wals —6A 54
Camden Dri. Birm —6H 93 (3B 4)
Camden Dri. Glas —6E 32
Camden Gro. Birm —6H 93 (3B 4)
Camden St. Cov —5G 145
Camden St. Hock & Birm —5G 93 (2A 4)
Camden St. Wals —1K 53
Camden St. Wals W —5E 26
Camden Way. K'wfrd —8K 63
Camelia Rd. Cov —7H 123
Camellia Gdns. Pend —6M 21
Camelot Clo. Cann —5F 8
Camelot Gro. Ken —4J 191
Camelot Way. Birm —1C 114
Cameo Dri. Stourb —1M 107
Cameron Clo. Alle —2G 143
Cameron Clo. Lea S —5A 212
Cameronian Cft. Birm —1J 95
Cameron Rd. Wals —6A 40
Camford Gro. Birm —6M 135
Cam Gdns. Brie H —3B 88
Camhouses. Wiln —8H 33
Camino Rd. Birm —6M 111
Camomile Clo. Wals —6A 54
Campbell Clo. Tam —1M 31
Campbell Clo. Wals —6A 40
Campbell Pl. W'bry —3D 52
Campbells Grn. Birm —4B 116
Campbell St. Brie H —5C 88
Campbell St. Rugby —6L 171
Campden Clo. Redd —3D 208
Campden Grn. Sol —6A 116
Camp Hill. —3D 78
Camp Hill. Birm —1A 114 (8M 5)
Camp Hill. Stourb —8L 87
Camp Hill Dri. Nun —2D 78
Camp Hill Ind. Est. Birm —2A 114
Camphill Ind. Est. Nun —4F 78
Camphill La. W'bry —7F 52
Camphill Precinct. W'bry —7F 52
Camp Hill Rd. Nun —2B 78
Campion Clo. Birm —3B 96 (B34)
Campion Clo. Birm —1F 156 (B38)
Campion Clo. Cov —3D 166
Campion Clo. Wals —6A 54
Campion Clo. Wom —3E 62
Campion Ct. Lea S —7A 212
Campion Ct. Tip —4K 65
Campion Dri. F'stne —2G 23
Campion Dri. Tam —6C 32
Campion Grn. Lea S —7A 212
Campion Gro. Hale —6K 109
Campion Ho. Wolv —5F 36
Campion Rd. Lea S —7A 212
Campions Av. Wals —7D 14
Campion Ter. Lea S —8A 212
Campion Way. Rugby —1D 172
Campion Way. Shir —4G 159
Camp La. Birm & Hand —8B 68
Camp La. K Nor —6F 134
Camplea Cft. Birm —7G 97
Camplin Cres. Birm —4E 68
Campling Clo. Bulk —7B 104
Camp Rd. Lich & S Cold —2H 43
Camp St. Birm —8C 94
Camp St. W'bry —7F 52
Camp St. Wolv —6C 36 (1J 7)
Campton Clo. Hinc —2L 81
Campville Cres. W Brom —8L 53
Campville Gro. Birm —4F 96
Campwood Clo. Birm —1E 134
Camrose Cft. Bal H —4M 113
Camrose Cft. Buc E —4B 96
Camrose Gdns. Pend —6A 22
Camrose Tower. Birm —3B 94
Camsey La. Burn —1L 17
Camville. Bin —7A 146
Canal Cotts. Neth —6H 89
Canal La. Birm —8G 71
Canal Rd. Cov —1F 144
Canal Side. A'chu —7B 156
Canal Side. Dud —5L 89
Canal Side. K Nor —6G 135
Canal Side. O'bry —1G 91 (in two parts)
Canalside. Stour S —5H 175
Canalside Clo. Wals —8M 25
Canalside Clo. W'bry —7L 53
Canalside Ind. Est. Brie H —8C 88
Canal St. Bils —1J 65
Canal St. Brie H —4E 88
Canal St. O'bry —2F 90
Canal St. Stourb —3M 107
Canal St. Tip —5K 65
Canal St. Wals —7K 39
Canal Vw. Ind. Est. Brie H —8B 88
Canary Gro. Birm —1J 93
Canberra Ct. Bed —7G 103
Canberra Ho. Birm —3E 96
Canberra Rd. Cov —5J 123
Canberra Rd. Wals —4C 54
Canberra Way. Birm —1A 114
Candle La. Earl S —1M 85
Canford Clo. Birm —2M 113
Canford Clo. Cov —6C 166
Canford Cres. Cod —6E 20
Canford Pl. Cann —8F 8
Canley. —3J 165
Canley Ford. Cov —3L 165
Canley Rd. Cov —2K 165 (in two parts)
Cannel Rd. C Ter —3D 16
Canning Clo. Wals —3D 54
Canning Gdns. Birm —5E 92
Canning Rd. Tam —5E 32
Canning Rd. Wals —3D 54
Canning St. Hinc —8C 84
Cannock. —8E 8
Cannock Chase Tourist Info. Cen. —3K 9
Cannock Ind. Cen. Cann —4D 14
Cannock Motor Village. Cann —6H 9
Cannock New Enterprise Cen. Cann —1K 9
Cannock Rd. Burn —2H 17
Cannock Rd. Cann —7F 8 (WS11)
Cannock Rd. Cann —1J 15 (WS12)
Cannock Rd. F'stne —4H 23
Cannock Rd. Hth H & Burn —1M 15
Cannock Rd. W'hall —2C 38
Cannock Rd. Wolv —5D 36 (1K 7)
Cannock Shop. Cen. Cann —8E 8
Cannocks La. Cov —3K 165
Cannock Wood. —4F 10
Cannock Wood Ind. Est. Cann —3C 10
Cannock Wood Rd. Cann —4B 10
Cannock Wood St. Cann —3A 10
Cannon Clo. Cov —3L 165
Cannon Dri. Bils —7J 51
Cannon Hill Gro. Birm —4L 113
Cannon Hill Pl. Birm —4L 113
Cannon Hill Rd. Birm —4K 113
Cannon Hill Rd. Cov —4K 165
Cannon Pk. Rd. Cov —4L 165
Cannon Pk. Shop. Cen. Cov —3J 165
Cannon Rd. Wom —3G 63
Cannon St. Birm —7L 93 (5F 4)
Cannon St. Wals —5L 39
Cannon St. W'hall —7B 38
Cannon St. N. Wals —5L 39
Canon Dri. Cov —3D 122
Canon Hudson Clo. Cov —3J 167
Canon Young Rd. W'nsh —5B 216
Canterbury Av. W'hall —7D 38
Canterbury Clo. Ken —6J 191
Canterbury Clo. Lich —7J 13
Canterbury Clo. Row R —5E 90
Canterbury Clo. Stud —5J 209
Canterbury Clo. Wals —5A 26
Canterbury Clo. W Brom —1L 67
Canterbury Dri. Birm —2G 117
Canterbury Dri. Burn —3K 17
Canterbury Dri. Pert —5D 34
Canterbury Rd. Birm —8K 69
Canterbury Rd. Kidd —2F 148
Canterbury Rd. W Brom —1K 67
Canterbury Rd. Wolv —4L 49
Canterbury St. Cov —5E 144 (2F 6)
Canterbury Tower. Birm —3A 4
Canterbury Way. Cann —8H 9
Canterbury Way. Nun —1A 80
Cantlow Clo. Cov —6G 143
Cantlow Rd. Birm —3A 136
Canton La. Col —4A 74
Canute Clo. Wals —2M 53
Canvey Clo. Redn —8E 132
Canwell Av. Birm —4F 96
Canwell Dri. Can —4A 44
Canwell Gdns. Bils —5J 51
Capcroft Rd. Birm —3B 136
Cape Clo. Wals —3G 27
Cape Hill. Smeth —5B 92
Cape Hill Retail Cen. Smeth —5B 92
Cape Ind. Est. Warw —2E 214
Capel Pits La. Wych —7D 200
Capener Rd. Birm —7G 55
Capern Gro. Birm —4M 111
Cape Rd. Warw —1D 214
Cape St. Birm —5D 92
Cape St. W Brom —5E 66
Cape, The. —1D 214
Capethorn Rd. Smeth —6A 92
Capilano Rd. Birm —2C 70
Capmartin Rd. Cov —2B 144
Capponfield Clo. Bils —6H 51
Capstone Av. Birm —5G 93
Capstone Av. Wolv —1B 36
Captain's Clo. Wolv —7K 35
Captain's Pool Rd. Kidd —7A 150
Capulet Clo. Cov —3J 167
Capulet Clo. Rugby —3L 197
Capulet Dri. H'cte —6L 215
Caradoc. Tam —7G 33
Caradoc Clo. Cov —2K 145
Carcroft Rd. Birm —1K 115
Cardale Cft. Bin —8M 145
Cardale St. Row R —7D 90
Carden Clo. W Brom —5F 66
Carder Cres. Bils —5K 51
Carder Dri. Brie H —7C 88
Cardiff Clo. Cov —4K 167
Cardiff St. Wolv —1B 50
Cardigan Clo. W Brom —2J 67
Cardigan Dri. W'hall —3B 38
Cardigan Pl. Cann —4J 9
Cardigan Rd. Bed —8B 102
Cardigan St. Birm —6M 93 (3K 5)
Cardinal Cres. B'gve —8K 179
Cardinal Dri. Kidd —6B 150
Cardinal Way. Cann —7D 8
Carding Clo. Cov —5G 143
Cardington Av. Birm —8H 55
Cardington Clo. Redd —6M 205
Cardoness Pl. Dud —7F 64
Cardy Clo. Redd —5A 204
Careless Grn. Stourb —5F 108
Carew Wlk. Rugby —8J 171
Carey. H'ley —4G 47
Careynon Ct. Blox —1H 39
Carey St. Cov —8H 123
Carfax. Cann —1E 14
Cargill Clo. Longf —4F 122
Carhampton Rd. S Cold —3A 58
Carisbrooke. Tam —7G 33
Carisbrooke Av. Birm —7J 97
Carisbrooke Clo. W'bry —7L 53
Carisbrooke Cres. W'bry —6L 53
Carisbrooke Dri. Hale —5D 110
Carisbrooke Gdns. Wolv —6E 22
Carisbrooke Rd. Birm —8B 92
Carisbrooke Rd. Bush —6E 22
Carisbrooke Rd. Pert —6G 35
Carisbrooke Rd. W'bry —7K 53
Carisbrook Rd. Nun —3K 79
Carlcroft. Wiln —7H 33
Carless Av. Birm —2B 112
Carless St. Wals —1L 53
Carlisle Rd. Cann —2B 14
Carlisle St. Birm —4E 92

Carl St.—Chapel La.

Carl St. Wals —4K 39
Carlton Av. Bils —2M 51
Carlton Av. Birm —8E 68
Carlton Av. Stourb —6E 108
Carlton Av. S Cold —7M 41
Carlton Av. Wolv —2G 37
Carlton Clo. Bulk —6B 104
Carlton Clo. Cann —8K 9
Carlton Clo. Dud —3J 65
Carlton Clo. Kidd —1G 149
Carlton Clo. Redd —8B 204
Carlton Clo. S Cold —2K 57
Carlton Ct. Cov —7M 143
Carlton Cres. Burn —1G 17
Carlton Cres. Tam —1M 31
Carlton Cft. S Cold —7A 42
Carlton Gdns. Cov —1A 166
Carlton Gro. S'hll —4C 114
Carlton M. Birm —1D 96
Carlton M. Flats. Birm —1D 96
Carlton Rd. Cov —8F 122
Carlton Rd. Rugby —8K 171
Carlton Rd. Small H —8D 94
Carlton Rd. Smeth —1A 92
Carlton Rd. Wolv —2A 50
Carlyle Av. Kidd —3B 150
Carlyle Bus. Pk. Swan V —4F 66
Carlyle Clo. Gall C —4M 77
Carlyle Gro. Wolv —1G 37
Carlyle Rd. B'gve —1B 202
Carlyle Rd. Edg —8E 92
Carlyle Rd. Loz —1J 93
Carlyle Rd. Row R —7C 90
Carlyle Rd. Wolv —1G 37
Carmel Clo. Cann —4J 9
Carmel Gro. Birm —8H 111
Carmelite Rd. Cov —7E 144
Carmichael Clo. Lich —2K 19
Carmodale Av. Birm —3H 69
Carnbroe Av. Bin —2M 167
Carnegie Av. Tip —5A 66
Carnegie Clo. Cov —4H 167
Carnegie Dri. W'bry —6G 53
Carnegie Rd. Row R —7B 90
Carnford Rd. Birm —3B 116
Carnforth Clo. K'wfrd —2H 87
Carnforth Rd. B'gve —8B 180
Carnoustie. Tam —4H 33
Carnoustie Clo. B'gve —1K 201
Carnoustie Clo. Nun —1C 104
Carnoustie Clo. S Cold —1J 57
Carnoustie Clo. Wals —6G 25
Carnwath Rd. S Cold —7E 56
Carol Av. B'gve —6K 179
Carol Cres. Hale —4M 109
Carol Cres. Wolv —3L 37
Carol Gdns. Stourb —1M 107
Carol Green. —1M 163
Caroline Clo. Nun —2M 103
Caroline Rd. Birm —5M 113
Caroline St. Birm —5J 93 (2D 4)
Caroline St. Dud —8L 65
Caroline St. W Brom —7H 67
Carolyn La. Ct. Rugby —6M 171
Carousel Pk. Barw —1F 84
Carpenter Rd. Birm —2G 113
Carpenters Clo. Hinc —4M 81
Carpenter's Hill. —8L 183
Carpenter's Rd. Birm —2J 93
Carpet Trades Way. Kidd —2K 149
Carrick Clo. Wals —4A 26
Carriers Clo. Wals —8F 38
Carrington Rd. W'bry —7K 53
Carroll Wlk. Kidd —3B 150
Carroway Head. —5C 44
Carroway Head Hill. Can —6B 44
Carr's Dri. Earl S —1M 85
Carrs La. Birm —7L 93 (5H 5)
Carrs Rd. Earl S —1M 85
Carsal Clo. Exh —4D 122
Carshalton Gro. Wolv —2E 50 (8M 7)
Carshalton Rd. Birm —7A 56
Cartbridge Cres. Wals —3M 39
(in two parts)
Cartbridge La. Wals —4A 40
Cartbridge La. S. Wals —5A 40
Cartbridge Wlk. Wals —3A 40
Carter Av. Cod —6H 21
Carter Av. Kidd —5H 149
Carter Ct. Kidd —5J 149
Carter Rd. Birm —7F 54
Carter Rd. Cov —1G 167
Carter Rd. Wolv —4B 36
Carters Clo. B'gve —2K 201
Carters Clo. S Cold —6M 57
Cartersfield La. Wals —3K 27
Carters Grn. W Brom —5H 67
Carter's Hurst. Birm —8B 96
Carter's La. Hale —4F 110
Carthorse La. Redd —4A 204
Carthusian Rd. Cov —1C 166
Cartland Rd. S'brk —2C 114
Cartland Rd. Stir & K Hth —1H 135
Cartmel Clo. Cov —5G 143
Cartmel Ct. Birm —5B 70
Cartway, The. Pert —5D 34
Cartwright Gdns. Tiv —7C 66
Cartwright Ho. Blox —8H 25
Cartwright Rd. S Cold —6J 43
Cartwright St. Wolv —1D 50 (8K 7)
Carver Clo. Cov —7L 145
Carver Gdns. Stourb —7L 107
Carver St. Birm —5H 93 (2A 4)
Cascade Clo. Cov —3E 166
Case La. Hatt —8D 188
Casewell Rd. K'wfrd —1J 87
Casey Av. Birm —1D 70
Cash-Joynson Av. W'bry —1C 52
Cashmore Av. Lea S —4M 215
Cashmore Rd. Bed —8E 102
Cashmore Rd. Ken —5J 191
Cash's Bus. Cen. Cov —4D 144
Cash's La. Cov —3D 144
Casita Gro. Ken —5J 191
Caslon Cres. Stourb —5K 107
Caslon Rd. Hale —3J 109
Caslow Flats. Hale —5J 109
Caspian Way. Cov —1A 146
Cassandra Clo. Brie H —8C 64
Cassandra Clo. Cov —6K 165
Cassandra Gro. H'cte —5K 215
Cassino Dri. Cov —3D 166
Cassowary Rd. Birm —6F 68
Castello Dri. Birm —8D 72
Castlebridge Gdns. Wolv —2M 37
Castlebridge Rd. Wolv —3M 37
Castle Bromwich. —8C 72
Castle Bromwich Bus. Pk. Cas V —8M 71
Castle Bromwich Hall. Cas B —1A 96
Castle Bromwich Hall Gardens. —1A 96
Castle Clo. Cov —3D 166
Castle Clo. Crad H —8B 90
Castle Clo. Earl S —1M 85
Castle Clo. Fill —7E 100
Castle Clo. Sap —2K 83
Castle Clo. Sol —8B 116
Castle Clo. Tam —5E 32
Castle Clo. Wals —7F 16
Castle Clo. Warw —3E 214
Castle Ct. Birm —2E 96
Castle Ct. Hinc —3K 81
Castle Ct. Ken —3G 191
Castle Ct. Warw —3E 214
Castle Cres. Birm —1C 96
Castlecroft. —8G 35
Castlecroft. Cann —4L 15
Castle Cft. O'bry —1K 111
Castlecroft Av. Wolv —1G 49
Castlecroft Gdns. Wolv —1J 49
Castlecroft La. Wolv —1F 48
Castle Cft. Rd. Bils —2L 51
Castlecroft Rd. Wolv —1F 48
Castleditch La. Redd —2E 208
Castle Dri. Asty —2L 101
Castle Dri. Col —4M 97
Castle Dri. W'hall —4B 38
Castle Dyke. Lich —2H 19
Castle End. —6G 191
Castleford Gro. Birm —5C 114
Castleford Rd. Birm —5C 114
Castlefort Rd. Wals —6G 24
Castle Ga. M. Warw —2F 214
Castle Green. —4D 190
Castle Grn. Ken —4D 190
Castle Gro. Ken —5E 190
Castle Gro. Stourb —6B 108
Castlehall. Tam —7G 33
Castle Heights. Crad H —1B 110
Castle Hill. Dud —7K 65
Castle Hill. Ken —4E 190
Castle Hill. Warw —3E 214
Castlehill Rd. Wals —6H 27
Castlehills Dri. Birm —1A 96
Castle La. Bew —6C 148
Castle La. Col —7E 74
Castle La. Sol —8M 115
Castle La. Warw —3E 214
Castlemaine Dri. Hinc —6E 84
Castle M. Rugby —6B 172
Castle Mill Rd. Dud —5J 65
Castle Mound. Barby —7J 199
Castle Pl. Ind. Est. Cov —5E 144 (1E 6)
Castle Ring. —3E 10
Castle Rd. Birm —7A 112
(B29)
Castle Rd. Birm —5F 134
(B30)
Castle Rd. Cookl —4A 128
Castle Rd. Harts —1B 78
Castle Rd. H'ley —4F 46
Castle Rd. Ken —4E 190
Castle Rd. Kidd —4K 149
Castle Rd. Nun —2J 79
Castle Rd. Stud —5L 209
Castle Rd. Tip —5K 65
Castle Rd. Wals —7G 27
Castle Rd. E. O'bry —1K 111
Castle Rd. W. O'bry —1J 111
Castle Sq. Birm —8A 112
Castle St. A'wd B —7E 208
Castle St. Bils —1J 65
Castle St. Birm —7L 93 (5H 5)
Castle St. Cov —5E 144 (2F 6)
Castle St. Dud —8K 65
Castle St. Hinc —1K 81
Castle St. Kinv —5A 106
Castle St. Rugby —6B 172
Castle St. Sed —1D 64
Castle St. Tip —4L 65
Castle St. Wals —7F 16
Castle St. Warw —3E 214
Castle St. W'bry —1D 52
(in two parts)
Castle St. W Brom —1G 67
Castle St. Wolv —7D 36 (4K 7)
Castleton Rd. Birm —2K 69
Castleton Rd. Wals —6J 25
Castleton St. Dud —4J 89
Castle Vale. —5B 72
Castle Va. Ind. Est. Min —4A 72
Castle Va. Shop. Cen. Birm —7M 71
Castle Vw. Dud —7H 65
Castle Vw. Tam —6C 32
Castle Vw. Clo. Mox —5A 52
Castle Vw. Rd. Bils —5A 52
Castle Vw. Ter. Bils —1H 65
Castle Yd. Cov —5D 6
Castle Yd. Wolv —7D 36 (4K 7)
Caswell Rd. Dud —1C 64
Caswell Rd. Lea S —3B 216
Cat & Kittens La. F'stne —2E 22
Catchems Corner. —4L 163
Catchems End. —4D 148
Cater Dri. S Cold —7M 57
Caterham Dri. K'wfrd —6M 87
Catesby Dri. K'wfrd —1K 87
Catesby Ho. Birm —4F 96
Catesby La. Lapw —7H 187
Catesby Rd. Cov —1B 144
Catesby Rd. Rugby —8D 172
Catesby Rd. Shir —8M 137
Cateswell Rd. Hall G —8F 114
Cateswell Rd. S'hll —7F 114
Cathcart Rd. Stourb —4L 107
Cathedral Av. Kidd —3G 149
Cathedral Clo. Lich —1G 19
Cathedral Lanes Shop. Cen. Cov —6C 144 (4C 6)
Cathedral Ri. Lich —1G 19
Cathel Dri. Birm —2G 69
Catherine Clo. B'gve —1M 201
Catherine-de-Barnes. —4H 139
Catherine de Barnes La. Bick —3J 139
Catherine Dri. S Cold —3G 57
Catherine Rd. Bils —8G 51
Catherines Clo. Cath B —5H 139
Catherine St. Birm —2A 94
Catherine St. Cov —6F 144
Catherton Clo. Tip —7C 52
Cathiron La. Brin —6M 147
Cathiron La. Harb M —1G 171
(in three parts)
Catholic La. Dud —3C 64
Catisfield Cres. Wolv —8M 21
Cat La. Birm —2B 96
Caton Gro. Birm —2G 137
Cato St. Birm —5B 94
Cato St. N. Birm —4C 94
Catshill. —1A 180
(nr. Bromsgrove)
Catshill. —2G 27
(nr. Brownhills)
Catshill Rd. Wals —2G 27
Cattell Dri. S Cold —4B 58
Cattell Rd. Birm —8C 94
Cattell Rd. Warw —2E 214
Cattells Gro. Birm —3C 94
Cattermole Gro. Birm —6J 55
Cattock Hurst Dri. S Cold —2K 71
Caunsall. —2B 128
Caunsall Rd. Cau —3B 128
Causeway. Row R —7C 90
Causeway Green. —6F 90
Causeway Grn. Rd. O'bry —6F 90
Causeway Rd. Bils —1K 65
Causeway, The. Birm —2K 115
Causey Farm Rd. Hale —1J 131
Cavalier Cir. Wolv —5E 22
Cavalier Clo. Nun —7L 79
Cavandale Av. Birm —8L 55
Cavans Clo. Bin I —1A 168
Cavans Clo. Cann —5E 8
Cavans Way. Bin I —1A 168
Cavan's Wood Cvn. Site, The. Cann —4D 8
Cavell Clo. Wals —7K 39
Cavell Ct. Rugby —6D 172
Cavell Rd. Dud —8M 65
Cavendish. Tam —2L 31
Cavendish Clo. Birm —8H 135
Cavendish Clo. K'wfrd —5K 87
Cavendish Clo. Marl —8C 154
Cavendish Ct. Dorr —6G 161
Cavendish Dri. Hag —5M 129
Cavendish Dri. Kidd —2B 150
Cavendish Gdns. Wals —5G 39
Cavendish Gdns. Wolv —8J 37
Cavendish Rd. Birm —6D 92
Cavendish Rd. Cov —7E 142
Cavendish Rd. Hale —5F 110
Cavendish Rd. Wals —4G 39
Cavendish Rd. Wolv —8H 37
Cavendish Wlk. Nun —1C 104
Cavendish Way. Wals —4H 41
Caversham Clo. Nun —2M 79
Caversham Rd. Birm —7A 56
Cawdon Gro. Dorr —7F 160
Cawdor Cres. Birm —8F 92
Cawney Hill. Dud —1L 89
Cawnpore Rd. Cov —7B 122
Cawston. —2G 197
Cawston La. Caw —2G 197
Cawston Way. Rugby —1J 197
Cawthorne Clo. Cov —5E 144
Caxton Ct. Cann —1E 14
Caxton Gro. Birm —8C 56
Caxton St. Cann —1E 14
Caynham Clo. Redd —5K 205
Caynham Rd. Birm —1H 133
Cayton Gro. Birm —3F 70
Cecil Dri. Tiv —7D 66
Cecil Leonard Knox Cres. Bram —3F 104
Cecil Rd. Erd —6F 70
Cecil Rd. S Oak —8J 113
Cecil St. Birm —5L 93 (1G 5)
Cecil St. Cann —5F 8
Cecil St. Stourb —4M 107
Cecil St. Wals —6M 39
Cecily Rd. Cov —2D 166
Cedar Av. Bils —2H 65
Cedar Av. Birm —1C 96
Cedar Av. Wals —1G 27
Cedar Bri. Cft. S Cold —1H 57
Cedar Clo. Birm —3E 134
Cedar Clo. Burn —3G 17
Cedar Clo. Cann —1G 9
Cedar Clo. K'bry —3D 60
Cedar Clo. Lea S —5A 212
Cedar Clo. Lich —2M 19
Cedar Clo. O'bry —1J 111
Cedar Clo. Stourb —7K 107
Cedar Clo. Stour S —7F 174
Cedar Clo. Wals —5B 54
Cedar Ct. Alle —3G 143
Cedar Ct. Hinc —3A 82
Cedar Ct. Wiln —3E 46
Cedar Cres. Kidd —3J 149
Cedar Dri. Birm —4J 71
Cedar Dri. B'gve —8A 180
Cedar Dri. Kidd —2J 149
Cedar Dri. S Cold —8L 41
Cedar Dri. Tam —1A 32
Cedar Gdns. Kinv —3A 106
Cedar Gro. Bils —2M 51
Cedar Gro. Cod —6H 21
Cedargrove. Hag —3A 130
Cedar Gro. Warw —8G 211
Cedar Gro. Wolv —2M 49
Cedarhill Dri. Cann —7F 8
Cedar Ho. Birm —1M 95
Cedar Ho. Sol —8M 137
Cedarhurst. Birm —4A 112
Cedarhurst. Sol —6D 138
Cedar Pk. Rd. Redd —5D 204
Cedar Pk. Rd. W'hall —8C 24
Cedar Ri. Stour S —5E 174
Cedar Rd. Birm —3E 134
Cedar Rd. Burn —2G 17
Cedar Rd. Dud —6H 65
(in two parts)
Cedar Rd. Earl S —2K 85
Cedar Rd. Nun —3D 78
Cedar Rd. Redd —5C 204
Cedar Rd. Tip —4K 65
Cedar Rd. W'bry —7G 53
Cedar Rd. W'hall —7L 37
Cedars Av. Birm —5J 115
Cedars Av. Cov —4L 143
Cedars Av. K'wfrd —5K 87
Cedars Av. Wom —4G 63
Cedars Rd. Exh —8H 103
Cedars, The. Birm —8L 95
Cedars, The. Exh —1G 123
Cedars, The. Lea S —1K 215
Cedars, The. Wolv —4K 35
Cedar Ter. B'gve —8A 180
Cedar Vw. Redd —5C 204
Cedar Wlk. Birm —7H 97
Cedar Way. Birm —8M 133
Cedar Way. Wolv —2J 37
Cedarwood. S Cold —1H 57
Cedarwood Cft. Birm —1F 68
Cedarwood Dri. Bal C —3H 163
Cedarwood Rd. Dud —4D 64
Cedric Clo. Cov —4J 167
Celandine. Rugby —1E 172
Celandine. Tam —6C 32
Celandine Clo. K'wfrd —5J 87
Celandine Rd. Cov —7K 123
Celandine Rd. Dud —5G 65
Celandines, The. Wom —3E 62
Celbury Way. Birm —1D 68
Celtic Rd. Cann —6E 8
Celts Clo. Row R —5C 90
Cemetery La. Harts —1B 78
Cemetery La. Hock —4H 93
Cemetery La. Redd —6D 204
Cemetery Rd. Cann —5D 8
Cemetery Rd. O'bry —3J 91
Cemetery Rd. Smeth —5M 91
Cemetery Rd. Stourb —4D 108
(in two parts)
Cemetery Rd. S Cold —3K 57
Cemetery Rd. W'bry —1F 52
Cemetery Rd. W'hall —6A 38
Cemetery St. Bils —3J 51
Cemetery St. Wals —7C 14
Cemetery Way. Wals —8H 25
Centaur Rd. Cov —7M 143
Centenary Bus. Pk. Attl F —6L 79
Centenary Clo. Birm —8A 134
Centenary Dri. Birm —8E 68
Centenary Rd. Cov —2K 165
Centenary Sq. Birm —7J 93 (5D 4)
Central Arc. Wolv —7C 36 (4J 7)
Central Av. Bils —2L 51
Central Av. Birm —1L 155
Central Av. Cann —4F 8
Central Av. Cov —7G 145
Central Av. Crad H —1J 109
Central Av. Lea S —3M 215
Central Av. Nun —4H 79
Central Av. Row R —7C 90
Central Av. Stourb —6E 108
Central Av. Tip —2M 65
Central Bldgs. Cov —8C 144 (7B 6)
Central City Ind. Est. Cov —4F 144
Central Clo. Wals —8G 25
Central Dri. Bils —2J 65
Central Dri. Birm —7J 71
Central Dri. Dud —7C 64
Central Dri. Wals —1F 38
Central Gro. Birm —7J 115
Central Links Ind. Est. Birm —3B 94
Central Pk. Ind. Est. Dud —6L 89
Central Rd. B'gve —8A 180
Central Six. Cov —8B 144 (7A 6)
Central Sq. Erd —5G 71
Central Trad. Est. Wolv —1F 50
Central Way. Brie H —6E 88
Centre City. Birm —7F 4
Centre La. Hale —6B 110
Centreway, The. Birm —5D 136
Centrovell Ind. Est. Nun —7J 79
Centurion Clo. Col —8M 73
Centurion Pk. Wiln —3H 47
Centurion Way. Wiln —3H 47
Century Ho. O'bry —3D 90
Century Ind. Est. Birm —6L 55
Century Pk. Birm —7C 94
Century Rd. O'bry —1G 91
Century Tower. Birm —4J 113
Ceolmund Cres. Birm —7H 97
Chace Av. Cov —4H 167
Chaceley Clo. Cov —1A 146
Chaceley Ct. Redd —1D 208
Chaceley Gro. Birm —2D 70
Chadbrook Crest. Birm —2E 112
Chadbury Cft. Sol —1B 160
Chadbury Rd. Hale —6C 110
Chadcote Way. Cats —8M 153
Chaddersley Clo. Redn —8F 132
Chaddesley. —1L 177
Chaddesley Clo. O'bry —4D 90
Chaddesley Clo. Redd —8F 204
Chaddesley Dri. Stourb —8B 108
Chaddesley Gdns. Kidd —4A 150
Chaddesley Rd. Birm —7D 134
Chaddesley Rd. Hale —7M 109
Chaddesley Rd. Kidd —4A 150
Chaddesley Wood Nature Reserve. —2C 178
Chadley Clo. Sol —3A 138
Chad Rd. Bils —2G 65
Chad Rd. Birm —1F 112
Chadshunt Clo. Birm —7D 72
Chadsmoor. —5G 9
Chadsmoor Ter. Birm —3B 94
Chad Sq. Birm —2E 112
Chadstone Clo. Shir —4B 160
Chadswell Heights. Lich —7K 13
Chad Valley. —2D 112
Chad Valley Clo. Birm —3D 112
Chadwell Dri. Shir —3H 137
Chadwell Gdns. Cod —5F 20
Chadwich La. Belb & Chad —3L 153
Chadwick Av. Redn —3H 155
Chadwick Bank Ind. Est. Stour S —8K 175
Chadwick Clo. Cov —6H 143
Chadwick Clo. Wolv —3J 49
Chadwick End. —2B 188
Chadwick La. Know —6A 162
Chadwick La. Stour S & Hartl —8K 175
(in two parts)
Chadwick M. Chad E —3B 188
Chadwick M. Redd —2G 209
Chadwick Rd. S Cold —4M 57
Chadworth Av. Dorr —5E 160
Chaffcombe Rd. Birm —3C 116
Chaffinch Clo. Cann —5H 9
Chaffinch Clo. Dud —7C 50
Chaffinch Dri. Birm —2H 97
Chaffinch Dri. Kidd —7M 149
Chaffinch Rd. Stourb —6D 108
Chainmakers Clo. Cose —7K 51
Chain Wlk. Birm —1K 93
Chalcot Dri. Cann —2F 8
Chalcot Gro. Birm —4E 68
Chaldon Clo. Wolv —8A 22
Chale Gro. Birm —6A 136
Chalfield. Tam —3K 31
Chalfont Av. Cann —1C 14
Chalfont Clo. Bed —5G 103
Chalfont Clo. Cov —5H 143
Chalfont Pl. Stourb —7E 108
Chalfont Rd. Birm —7H 69
Chalford Rd. Birm —1C 70
Chalford Way. Shir —8K 137
Chalgrove Av. Birm —8E 134
Chalgrove Cres. Sol —8B 138
Challenge Clo. Cov —5D 144 (1D 6)
Challenor Av. W'hall —7K 37
Chalybeate Clo. Redn —8F 132
Chamberlain Clo. Cubb —4D 212
Chamberlain Clo. Tiv —7D 66
Chamberlain Ct. K Hth —8L 113
Chamberlain Cres. Shir —7G 137
Chamberlaine St. Bed —6H 103
Chamberlain Rd. Birm —3M 135
Chamberlain Rd. Rugby —1H 199
Chamberlains Grn. Cov —2M 143
Chamberlains La. Wolv —6L 49
Chamberlain Sq. Birm —7K 93 (5E 4)
Chamberlain Wlk. Smeth —4B 92
Chance Cft. O'bry —1H 111
Chance Fields. Rad S —3F 216
Chancel Ind. Est. W'bry —4D 52
Chancel Ind. Est. W'hall —7B 38
Chancel Ind. Est. Wolv —8G 37
Chancellors Clo. Birm —2E 112
Chancellors Clo. Cov —5K 165
Chancel Way. Birm —4M 69
Chancel Way. Hale —3C 110
Chancery Ct. Nun —2A 78
Chancery Dri. Cann —2J 9
Chancery La. Nun —2B 78
Chancery Way. Brie H —7F 88
Chanders Rd. Warw —8D 210
Chandler Av. Kinv —4A 106
Chandler Ct. Cov —1B 166 (8A 6)
Chandler Dri. Penn —6K 49
Chandler Ho. O'bry —5D 90
Chandlers Clo. Redd —3D 208
Chandlers Clo. Wolv —8A 22
Chandlers Dri. Tam —4H 33
Chandlers Keep. Bwnhls —3F 26
Chandlers Rd. W'nsh —6A 216
Chandos Av. Birm —6M 113
Chandos Rd. Birm —1A 114
Chandos St. Cov —6G 145
Chandos St. Lea S —8M 211
Chandos St. Nun —5G 79
Change Brook Clo. Nun —1M 79
Channon Dri. Brie H —1D 108
Chanston Av. Birm —5L 135
Chanterelle Gdns. Wolv —5A 50
Chantrey Cres. Bils —2M 51
Chantrey Cres. Birm —5K 55
Chantries, The. Cov —4E 144
Chantry Av. Wals —1J 39
Chantry Clo. H'wd —2A 158
Chantry Dri. Hale —3G 111
Chantry Heath Cres. Know —1J 161
Chantry Heath La. S'lgh —3E 192
Chantry Rd. Hand —1F 92
Chantry Rd. Mose —5L 113
Chantry Rd. Stourb —2J 107
Chantry, The. Warw —8G 211
Chapel Ash. Wolv —7B 36 (4G 7)
Chapel Ash Island. Wolv —7B 36 (4G 7)
Chapel Av. Wals —7E 16
Chapel Clo. Crad H —1B 110
Chapel Clo. Wom —4F 62
Chapel Ct. A'wd B —8E 208
Chapel Ct. Brie H —7D 88
(off Promenade, The)
Chapel Ct. Kidd —8A 128
Chapel Ct. Lea S —1A 216
Chapel Dri. Bal C —1H 163
Chapel Dri. Wals —7E 16
Chapel Dri. Wyt —6M 157
Chapel End. —2B 78
Chapel Farm Clo. Cov —3J 167
Chapelfield Rd. Redn —2G 155
Chapel Fields. —7L 143
Chapel Fields Rd. Sol —7M 115
Chapel Green. —2C 120
Chapel Grn. W'hall —7B 38
Chapel Hill. Kidd —8A 128
Chapel Ho. La. Hale —3J 109
Chapelhouse Rd. Birm —7F 96
Chapel Ho. St. Birm —8M 93 (7K 5)
Chapel La. A'chu —5E 182
Chapel La. Aston C —5K 207
Chapel La. Barn —3B 124
Chapel La. Belb —2K 153
Chapel La. Beo —1M 205

Chapel La.—Cheverel St.

Chapel La. Cann W —4E 10
Chapel La. Cod —6E 20
Chapel La. Cov —6A 144
(off Up. Spon St.)
Chapel La. Gent —5G 11
Chapel La. Gt Barr —6E 54
Chapel La. Lapw —2K 187
Chapel La. Lich —3H 19
Chapel La. Rom —3J 131
Chapel La. Ryton D —7A 168
Chapel La. S Oak —7E 112
Chapel La. Sharn —5J 83
Chapel La. Swind —5C 62
Chapel La. Wych —8E 200
Chapel La. Wyt —7L 157
Chapelon. Tam —8G 33
Chapel Pas. O'bry —5G 91
Chapel Rd. A'wd B —8E 208
Chapel Row. Warw —2E 214
Chapel Sq. Wals —6D 14
Chapel St. A'wd B —8E 208
Chapel St. Barw —3G 85
Chapel St. Bed —6H 103
(in two parts)
Chapel St. Bils —4M 51
Chapel St. Birm —6M 93 (4J 5)
Chapel St. B'gve —7A 180
Chapel St. Bwnhls —7E 16
Chapel St. Burn —1E 16
Chapel St. Cov —6C 144 (3B 6)
Chapel St. Dud —5K 89
Chapel St. Earl S —1M 85
Chapel St. Hag —4A 130
Chapel St. Hale —6A 110
Chapel St. Hand —2D 92
Chapel St. Head X —8D 204
Chapel St. Hth H —8L 9
Chapel St. Kidd —3K 149
Chapel St. Kils —7M 199
Chapel St. Lea S —2A 216
Chapel St. Long L —5F 170
Chapel St. Lye —4E 108
Chapel St. Nort C —4L 15
Chapel St. Nun —5J 79
Chapel St. O'bry —2E 90
Chapel St. Pels —6M 25
Chapel St. Pens —2C 88
Chapel St. Quar B —1G 109
Chapel St. Rugby —6A 172
Chapel St. Sharn —5J 83
Chapel St. Stourb —5A 108
Chapel St. Tip —4L 65
(in two parts)
Chapel St. W Hth —1H 87
Chapel St. Wals —1K 39
Chapel St. Warw —2E 214
Chapel St. W'bry —6E 52
Chapel St. W Brom —4H 67
Chapel St. Wolv —2D 50
Chapel St. Wom —4F 62
(in two parts)
Chapel St. Word —6K 87
Chapel St. Precinct. B'gve —7A 180
Chapel Vw. Smeth —5M 91
Chapel Wlk. Birm —7G 135
Chapel Wlk. B'gve —7A 180
Chapel Wlk. Dud —7C 64
Chapelwood Gro. Birm —4K 69
Chapel Yd. Cov —6B 144
(off Up. Spon St.)
Chapel Yd. Hinc —1K 81
Chaplain Rd. Cann —7L 9
Chapman Clo. Rad S —4E 216
Chapman Ct. Warw —1J 215
Chapman Rd. Small H —1C 114
Chapman's Hill. —1B 154
Chapman's Hill. Rom —8B 132
Chapmans Pas. Birm —8K 93 (7E 4)
Chapman St. W Brom —6H 67
Chard Rd. Bin —1K 167
Charfield Clo. Birm —2D 134
Charford. —1M 201
Charford Rd. B'gve —1L 201
Charingworth Rd. Sol —7C 116
Chariot Way. Gleb F —2A 172
Charity Rd. Ker E —2A 122
Charlbury Av. Birm —7F 96
Charlbury Cres. Birm —1M 115
Charlbury M. Lea S —3C 216
Charlecoat Tower. Birm —8D 4
Charlecote Clo. Redd —7K 205
Charlecote Cft. Shir —1H 159
Charlecote Dri. Birm —2E 70
Charlecote Dri. Dud —6E 64
Charlecote Gdns. S Cold —1G 71
Charlecote Gdns. Syd —4D 216
Charlecote Ri. W'hall —1M 51
Charlecote Rd. Cov —7A 122
Charlecote Wlk. Nun —1M 103
Charlecott Clo. Birm —2D 136
Charlemont. —1K 67
Charlemont Av. W Brom —1L 67
Charlemont Clo. Wals —3C 54
Charlemont Cres. W Brom —1L 67
Charlemonte Clo. Cann —6K 9
Charlemont Gdns. Wals —3C 54
Charlemont Rd. Wals —3B 54
Charlemont Rd. W Brom —1L 67
Charles Av. Ess —5M 23
Charles Av. Kidd —4E 128
Charles Av. Row R —5C 90
Charles Av. Wolv —4B 50
Charles Clo. Birm —5D 94
Charles Clo. C Hay —8D 14
Charles Ct. S Cold —6M 57
Charles Ct. Warw —1H 215
Charles Cres. Wals —4A 26
Charlesdale Dri. Wals —5H 41
Charles Dri. Birm —3B 94
Charles Eaton Rd. Bed —6F 102
Charles Edward Rd. Birm —3K 115
Charlesfield Rd. Rugby —1A 198
Charles Foster St. W'bry —3C 52
Charles Gardner Rd. Lea S —3A 216
Charles Hayward Flats. Wolv —4B 36
Charles Henry St. Birm —1M 113 (8J 5)
Charles Holland St. W'hall —7B 38
Charles Lakin Clo. Shil —4C 124
Charles Pearson Ct. Smeth —4B 92
(off Mill Dri.)
Charles Rd. Aston —8A 70
Charles Rd. Brie H —8G 89
Charles Rd. Hale —5M 109
Charles Rd. Hand —8J 69
Charles Rd. Small H —7E 94
Charles Rd. Sol —7L 137
Charles Rd. Stourb —5L 107
Charles Rd. Tip —2A 66
Charles St. Cov —5E 144 (2F 6)
Charles St. Gun H —1G 101
Charles St. Hinc —8D 84
Charles St. Hurl —4J 61
Charles St. Kidd —3M 149
Charles St. Nun —4G 79
Charles St. Redd —8C 204
Charles St. Rugby —6M 171
Charles St. Smeth —2C 92
Charles St. Wals —7K 39
Charles St. Warw —1G 215
Charles St. W Brom —4E 66
Charles St. W'hall —6C 38
Charleston Cres. Barw —3G 85
Charles Wlk. Row R —4C 90
Charles Warren Clo. Rugby —6B 172
Charles Watson Ct. Lea S —7A 212
Charles Wesley Ct. Wolv —2A 50
(off Claremont Rd.)
Charlesworth Av. Shir —3B 160
Charleville Rd. Birm —2H 93
Charlewood Rd. Cov —7B 122
Charlock Gro. Cann —6J 9
Charlotte Clo. Tiv —7A 66
Charlotte Gdns. Smeth —4B 92
Charlotte Rd. Edg —2J 113
Charlotte Rd. Stir —3G 135
Charlotte Rd. W'bry —8C 52
Charlotte St. Birm —6J 93 (4D 4)
Charlotte St. Dud —1H 89
Charlotte St. Lea S —3M 215
Charlotte St. Rugby —6B 172
Charlotte St. Wals —7A 40
Charlton. —6L 175
Charlton Dri. Cong E —2K 109
Charlton La. Hartl —6L 175
Charlton Pl. Birm —4D 94
Charlton Rd. Birm —1A 70
Charlton St. Brie H —6A 88
Charlton St. Dud —8H 65
Charminster Av. Birm —1K 115
Charminster Dri. Cov —5D 166
Charnley Dri. S Cold —7L 43
Charnwood Av. Dud —7D 50
Charnwood Av. Nun —7E 78
Charnwood Bus. Pk. Bils —4J 51
Charnwood Clo. Bils —6B 52
Charnwood Clo. Brie H —2B 108
Charnwood Clo. Cann —6J 9
Charnwood Clo. Hinc —7E 84
Charnwood Clo. Lich —8J 13
Charnwood Clo. Redn —6H 133
Charnwood Ct. Stourb —7E 108
Charnwood Ho. Lich —7H 13
Charnwood Rd. Barw —1H 85
Charnwood Rd. Birm —2F 68
Charnwood Rd. Hinc —7D 84
Charnwood Rd. Wals —5A 54
Charnwood Way. Lea S —6C 212
Charter App. Warw —4D 214
Charter Av. Cov —2D 164
Charter Cl. Tip —4L 65
Charter Clo. Cann —5L 15
Charter Cres. Crad H —1B 110
Charterfield Cen. K'wfrd —1K 87
Charterfield Dri. Cann —8J 9
Charterfield Dri. K'wfrd —1K 87
Charterhouse Dri. Sol —8B 138
Charterhouse Rd. Cov —7E 144
Charter Rd. Rugby —1E 198
Charter Rd. Tip —8C 52
Charters Av. Cod —8H 21
Charters, The. Lich —8H 13
Charter St. Brie H —4E 88
Chartist Rd. Birm —3D 94
Chartley Clo. Dorr —6E 160
Chartley Clo. Wolv —5F 34
Chartley Rd. Birm —8D 70
Chartley Rd. W Brom —3K 67
Chartway, The. Wals —5A 26
Chartwell. Tam —2K 31
Chartwell Clo. Dud —3H 65
Chartwell Clo. Nun —8M 79
Chartwell Dri. Shir —4K 159
Chartwell Dri. S Cold —5D 42
Chartwell Dri. Wolv —8E 22
Chartwell Dri. Wom —4F 62
Charwelton Dri. Rugby —3E 172
Chase Av. Wals —6F 14
Chase Clo. Nun —3K 79
Chase Gro. Birm —3K 71
Chaselands. Burn —2D 16
Chase La. Ken —3A 190
Chaseley Av. Cann —7C 8
Chaseley Cft. Cann —7C 8
Chaseley Gdns. Burn —2J 17
Chase Pk. Ind. Est. Burn —2D 16
Chasepool Rd. Swind —2C 86
Chase Rd. Bwnhls —8G 17
Chase Rd. Burn —4G 17
Chase Rd. Dud & Brie H —8B 64
Chase Rd. Wals —1G 39
Chaseside Dri. Cann —6H 9
Chaseside Ind. Est. Cann —6H 9
Chase Terrace. —1E 16
Chase, The. S Cold —2K 71
Chase, The. Wolv —3B 36
Chasetown. —4F 16
Chasetown Ind. Est. Burn —2E 16
Chase Va. Burn —3E 16
Chase Vw. Wolv —7E 50
Chase Wlk. Cann —5C 8
Chasewater Heath Bus. Pk. Burn —2C 16
Chasewater Railway & Mus. —6C 16
Chasewater Way. Cann —4M 15
Chasewood Pk. Bus. Cen. Cann —8L 9
Chassieur Wlk. Col —1M 97
Chater Dri. S Cold —8A 58
Chatham Clo. Cov —1J 167
Chatham Rd. Birm —6A 134
Chatsworth. Tam —2J 31
Chatsworth Av. Birm —8C 54
Chatsworth Clo. Hinc —3M 81
Chatsworth Clo. Shir —4K 159
Chatsworth Clo. S Cold —2K 71
Chatsworth Clo. W'hall —4B 38
Chatsworth Cres. Wals —2D 40
Chatsworth Dri. Cann —5G 9
Chatsworth Dri. Nun —7M 79
Chatsworth Gdns. Syd —3D 216
Chatsworth Gdns. Wolv —2G 35
Chatsworth Gro. Ken —4J 191
Chatsworth M. Stourb —7H 87
Chatsworth Ri. Cov —3E 166
Chatsworth Rd. Hale —2A 110
Chatsworth Tower. Birm —1J 113 (8D 4)
Chattaway Dri. Bal C —3H 163
Chattaway St. Birm —2C 94
Chatterton Wlk. Kidd —3B 150
Chattle Hill. —7K 73
Chattle Hill. Col —7L 73
Chattock Av. Sol —5E 138
Chattock Clo. Birm —2L 95
Chatwell Gro. Birm —7B 112
Chatwin Pl. Bils —6L 51
Chatwin St. Smeth —2M 91
Chatwins Wharf. Tip —4M 65
Chaucer Av. Dud —4A 64
Chaucer Av. Tip —1B 66
Chaucer Av. W'hall —2E 38
Chaucer Clo. Bils —1K 65
Chaucer Clo. Birm —6B 70
Chaucer Clo. Lich —3H 19
Chaucer Clo. Stourb —1A 108
Chaucer Clo. Tam —3A 32
Chaucer Cres. Kidd —3C 150
Chaucer Dri. Burn —8G 11
Chaucer Dri. Gall C —4A 78
Chaucer Gro. Birm —7H 115
Chaucer Ho. Hale —4H 109
Chaucer Rd. B'gve —1B 202
Chaucer Rd. Rugby —3M 197
Chaucer Rd. Wals —1L 39
Chauntry Pl. Cov —6D 144 (3D 6)
Chauson Gro. Sol —1A 160
Chavasse Rd. S Cold —6J 57
Chawner Clo. Burn —8E 10
Chawnhill. —6D 108
Chawn Hill. Stourb —6C 108
Chawn Hill Clo. Stourb —6C 108
Chawn Pk. Dri. Stourb —6C 108
Chaynes Gro. Birm —6D 96
Chaytor Rd. Pole —1M 47
Cheadle Clo. Cov —5G 123
Cheadle Dri. Birm —1D 70
Cheam Clo. Cov —8G 123
Cheam Gdns. Wolv —1L 35
Cheapside. Birm & Camp H —8M 93 (8J 5)
Cheapside. Stour S —7G 175
Cheapside. W'hall —8A 38
Cheapside. Wolv —7C 36 (4J 7)
Cheapside Ind. Est. Birm —8M 93 (8K 5)
Cheatham St. Birm —3C 94
Cheatle Ct. Dost —4D 46
Checketts St. Wals —7J 39
Checkley Cft. S Cold —1M 71
Cheddar Rd. Birm —3L 113
Chedworth Clo. Birm —3A 134
Chedworth Clo. Redd —4J 205
Chedworth Ct. Birm —1E 134
Cheedon Clo. Dorr —7E 160
Chelford Cres. K'wfrd —6A 88
Chells Gro. Birm —4B 136
Chelmar Clo. Birm —1F 96
Chelmar Dri. Brie H —3A 88
Chelmarsh Av. Wolv —8G 35
Chelmarsh Clo. Redd —2J 205
Chelmorton Rd. Birm —2K 69
Chelmscote Rd. Sol —8M 115
Chelmsley Av. Col —3M 97
Chelmsley Circ. Birm —7H 97
Chelmsley Gro. Birm —6E 96
Chelmsley La. Birm —1F 116
(in two parts)
Chelmsley Rd. Birm —6F 96
Chelmsley Wood. —7J 97
Chelney Wlk. Bin —8A 146
Chelsea Clo. Birm —5M 111
Chelsea Clo. Nun —2M 79
Chelsea Dri. S Cold —5F 42
Chelsea Trad. Est. Birm —3A 94
Chelsea Way. K'wfrd —3K 87
Chelsey Rd. Cov —1L 145
Chelston Dri. Wolv —5L 35
Chelston Rd. Birm —7L 133
Cheltenham Clo. Bed —5H 103
Cheltenham Clo. Wolv —3B 36
Cheltenham Cft. Cov —2M 145
Cheltenham Dri. Birm —1K 95
Cheltenham Dri. K'wfrd —3H 87
Chelthorn Way. Sol —7C 138
Cheltondale Rd. Sol —3M 137
Chelveston Cres. Sol —8B 138
Chelveston Rd. Cov —4L 143
Chelwood Gdns. Bils —4H 51
Chelwood Gro. Cov —8M 123
Chelworth Rd. Birm —7H 135
Chem Rd. Bils —4J 51
Chenies Clo. Cov —6H 143
Cheniston Rd. W'hall —3C 38
Chepstow Clo. Cov —4J 167
Chepstow Clo. Pert —5F 34
Chepstow Gro. Redn —3H 155
Chepstow Rd. Wals —8F 24
Chepstow Rd. Wolv —4D 22
Chepstow Way. Wals —8F 24
Chequerfield Dri. Wolv —3A 50
Chequers Av. Wom —8G 49
Chequers Clo. Stour S —8F 174
Chequers Ct. Cann —4A 16
Chequers La. Wych —8E 200
Chequers, The. Lich —1J 19
Chequer St. Bulk —7C 104
Chequer St. Wolv —3A 50
Cherhill Covert. Birm —7J 135
Cherington Clo. Redd —8M 205
Cherington Rd. Birm —1G 135
Cheriton Clo. Cov —5K 143
Cheriton Gro. Wolv —6E 34
Cheriton Wlk. Birm —6B 70
Cherrington Clo. Birm —2M 133
Cherrington Dri. Wals —5F 14
Cherrington Gdns. Stourb —1C 130
Cherrington Gdns. Wolv —7H 35
Cherrington Way. Sol —8B 138
Cherrybank. Cann —3J 9
Cherry Blossom Gro. W'nsh —7B 216
Cherrybrook Way. Cov —8J 123
Cherry Clo. Bew —2B 148
Cherry Clo. Burn —3F 16
Cherry Clo. Cov —7D 122
Cherry Clo. Hurl —5J 61
Cherry Cres. B'gve —7L 179
Cherry Cres. Erd —6F 70
Cherry Dri. Birm —8B 94
Cherry Dri. Crad H —8M 89
Cherry Grn. Dud —5F 64
Cherry Gro. Rugby —1L 197
Cherry Gro. Smeth —4C 92
(off Rosedale Av.)
Cherry Gro. Stourb —5L 107
Cherry Gro. Wolv —2J 37
Cherry Hill Av. B Grn —1J 181
Cherry Hill Dri. B Grn —1J 181
Cherry Hill Rd. B Grn —1H 181
Cherry Hill Wlk. Dud —1G 89
Cherry La. Himl —6J 63
Cherry La. S Cold —2G 71
Cherry La. W'bry —7G 53
Cherry Lea. Birm —3B 96
Cherry Orchard. —8A 90
Cherry Orchard. Crad H —8M 89
Cherry Orchard. Ken —4G 191
Cherry Orchard. Kidd —4M 149
Cherry Orchard. Lich —2J 19
Cherry Orchard Av. Hale —4M 109
Cherry Orchard Cres. Hale —4M 109
Cherry Orchard Dri. B'gve —6L 179
Cherry Orchard Rd. Birm —4F 68
Cherry Pit La. Beo —8A 184
Cherry Rd. Tip —2M 65
Cherry St. Birm —7L 93 (5G 5)
Cherry St. Hale —4M 109
Cherry St. Stourb —5L 107
Cherry St. Tam —4B 32
Cherry St. Warw —2F 214
Cherry St. Wolv —8B 36
Cherry Tree Av. Nun —3E 78
Cherry Tree Av. Wals —5A 54
Cherry Tree Ct. Birm —4F 134
Cherrytree Ct. Stourb —6E 108
Cherry Tree Cft. Birm —4J 115
Cherry Tree Dri. Barw —1H 85
Cherry Tree Gdns. Cod —6H 21
Cherry Tree La. Cod —6H 21
Cherry Tree La. Hale —8K 109
Cherry Tree Rd. Cann —1D 8
Cherry Tree Rd. K'wfrd —1L 87
Cherry Tree Rd. Nort C —5B 16
Cherry Tree Wlk. Redd —5B 204
Cherry Tree Wlk. Tam —1A 32
Cherry Wlk. H'wd —4B 158
Cherry Way. Ken —4G 191
Cherrywood Ct. Sol —7A 116
Cherrywood Cres. Sol —1C 160
Cherrywood Grn. Bils —1K 51
Cherrywood Gro. Cov —4F 142
Cherrywood Ind. Est. Birm —7D 94
Cherrywood Rd. Birm —7D 94
Cherry Wood Rd. S Cold —8K 41
Cherrywood Way. Lit A —4D 42
Chervil Clo. Birm —2J 69
Chervil Ri. Wolv —6F 36
Cherwell. Tam —8D 32
Cherwell Clo. Hinc —1G 81
Cherwell Dri. Birm —1F 96
Cherwell Dri. Wals —7C 16
(in two parts)
Cherwell Gdns. Birm —1K 93
Cherwell Way. Rugby —5H 171
Chesford Cres. Cov —7H 123
Chesford Cres. Warw —8H 211
Chesham St. Lea S —2B 216
Cheshire Av. Shir —6G 137
Cheshire Clo. Rugby —1J 197
Cheshire Clo. Stourb —1K 107
Cheshire Ct. Birm —2B 96
Cheshire Gro. Kidd —2G 149
Cheshire Gro. Pert —5E 34
Cheshire Rd. Birm —7A 70
Cheshire Rd. Smeth —5A 92
Cheshire Rd. Wals —7F 38
Chesholme Rd. Cov —6B 122
Cheshunt Ho. Birm —7H 97
Chesils, The. Cov —4C 166
Cheslyn Dri. Wals —6D 14
Cheslyn Gro. Birm —6A 136
Cheslyn Hay. —6C 14
Chessetts Gro. Birm —3A 136
Chessetts Wood. —2K 187
Chessetts Wood Rd. Lapw —1H 187
Chessher St. Hinc —8C 84
Chesshire Av. Stour S —8E 174
Chesshire Clo. Stour S —8E 174
Chestall Rd. Ruge —4F 10
Chester Av. Wolv —2M 35
Chester Clo. Birm —7G 97
Chester Clo. Cann —8H 9
Chester Clo. Lich —7J 13
Chester Clo. W'hall —7D 38
Chester Ct. Birm —7K 97
(off Hedingham Gro.)
Chesterfield. —1E 28
Chesterfield Clo. Birm —7B 134
Chesterfield Ct. Wals W —5F 26
Chesterfield Rd. Lich —4G 19
Chesterfield Way. Barw —2J 85
Chestergate Cft. Birm —5K 71
Chester Hayes Ct. Erd —4J 71
Chester House. —3J 161
Chester Pl. Wals —8H 39
Chester Ri. O'bry —1H 111
Chester Road. —2J 71
Chester Rd. Bwnhls & Wals W —4H 27
Chester Rd. Cas B & K'hrst —1A 96
Chester Rd. Chel W & Col —4H 97
Chester Rd. Crad H —1J 109
Chester Rd. Dud —7K 89
Chester Rd. Env —2A 106
Chester Rd. Erd & Cas V —4J 71
Chester Rd. S'tly —8M 41
Chester Rd. S Cold & Birm —8D 56
Chester Rd. Wals & S Cold —4L 41
Chester Rd. W Brom —8H 53
Chester Rd. N. Bwnhls —8D 16
Chester Rd. N. Kidd —1M 149
Chester Rd. N. S Cold —4A 56
Chester Rd. S. Kidd —7L 149
Chester St. Birm & Aston —4M 93
Chester St. Cov —6B 144
Chester St. Rugby —5C 172
Chester St. Wolv —5B 36
Chester St. Wharf. Birm —4M 93
Chesterton Av. Birm —4B 114
(B12)
Chesterton Av. Birm —5E 92
(B18)
Chesterton Clo. Redd —5D 208
Chesterton Clo. Sol —4L 137
Chesterton Dri. Gall C —4M 77
Chesterton Dri. Lea S —4C 216
Chesterton Rd. Birm —4B 114
Chesterton Rd. Cov —2A 144
Chesterton Rd. Wolv —1G 37
Chesterton Way. Tam —3A 32
Chesterwood. A'rdge —7M 41
Chesterwood. H'wd —3A 158
Chesterwood Gdns. Birm —7K 69
Chesterwood Rd. Birm —3M 135
Chestnut Av. Dud —6J 65
Chestnut Av. Ken —6F 190
Chestnut Av. Tam —2B 32
Chestnut Av. Tip —2M 65
Chestnut Clo. Birm —5J 115
Chestnut Clo. Cann —7J 9
Chestnut Clo. Cod —7F 20
Chestnut Clo. K'bry —3D 60
Chestnut Clo. Sol —1K 137
Chestnut Clo. Stourb —7J 107
Chestnut Clo. S Cold —6A 42
Chestnut Ct. Cas B —2E 96
Chestnut Ct. H'cte —7L 215
Chestnut Ct. Kidd —1H 149
Chestnut Ct. Smeth —2L 91
Chestnut Ct. Tam —6C 32
Chestnut Cres. Nun —3E 78
Chestnut Dri. Attl F —6L 79
Chestnut Dri. Cas B —1A 96
Chestnut Dri. C Hay —6D 14
Chestnut Dri. Erd —5J 71
Chestnut Dri. Gt Wyr —6F 14
Chestnut Dri. Lich —4F 28
Chestnut Dri. Redn —5K 155
Chestnut Dri. Wals —8B 26
Chestnut Dri. Wom —4G 63
Chestnut Fld. Rugby —6A 172
Chestnut Gro. Col —2A 98
Chestnut Gro. Cov —7G 143
Chestnut Gro. Harb —4D 112
Chestnut Gro. Kidd —1H 149
Chestnut Gro. K'wfrd —2M 87
Chestnut Gro. Kinv —4A 106
Chestnut Gro. Wols —6G 169
Chestnut Gro. Wolv —2J 37
Chestnut Ho. Birm —5A 94 (1M 5)
Chestnut Pl. Birm —3A 114
Chestnut Pl. K Hth —1M 135
Chestnut Pl. Wals —3K 39
Chestnut Rd. A'wd B —8E 208
Chestnut Rd. Bed —5K 103
Chestnut Rd. Birm —5A 114
Chestnut Rd. B'gve —5M 179
Chestnut Rd. O'bry —2J 111
Chestnut Rd. Wals —3L 39
Chestnut Rd. W'bry —8G 53
Chestnuts Av. Birm —2B 116
Chestnut Sq. Lea S —7B 212
Chestnuts, The. Bed —7E 102
Chestnuts, The. Cov —1H 167
Chestnut Tree Av. Cov —7G 143
Chestnut Wlk. Birm —7H 97
Chestnut Way. Wolv —1K 49
Chestom Rd. Bils —3H 51
Chestom Rd. Ind. Est. Bils —3H 51
Cheston Ind. Est. Birm —3B 94
Cheston Rd. Birm —3A 94
Cheswell Clo. Wolv —7H 35
Cheswick Clo. Cov —2G 145
Cheswick Clo. Redd —6A 206
Cheswick Clo. W'hall —1M 51
Cheswick Green. —5J 159
Cheswick Way. Shir —5K 159
Cheswood Dri. Min —3B 72
Chesworth Rd. B'gve —8B 180
Chetland Cft. Sol —2F 138
Chettle Rd. Bils —6M 51
Chetton Grn. Wolv —6B 22
Chetwode Clo. Cov —5H 143
Chetwood Clo. Wolv —4A 36
Chetwynd Clo. Wals —6C 38
Chetwynd Dri. Nun —2B 104
Chetwynd Gdns. Cann —6D 8
Chetwynd Rd. Birm —4H 95
Chetwynd Rd. Pole —1M 47
Chetwynd Rd. Wolv —3B 50
Cheveley Av. Redn —2H 155
Chevening Clo. Dud —2E 64
Cheveral Av. Cov —3B 144
Cheveral Rd. Bed —6G 103
Cheverel Pl. Nun —7H 79
Cheverel St. Nun —6H 79

Cheveridge Clo.—Cleeve Rd.

Cheveridge Clo. Sol —7B 138
Cheverton Rd. Birm —5L 133
Cheviot. Wiln —8J 33
Cheviot Clo. Nun —6B 78
Cheviot Clo. Stour S —8D 174
Cheviot Ri. Cann —4J 9
Cheviot Ri. Lea S —6C 212
Cheviot Rd. Stourb —3A 108
Cheviot Rd. Wolv —2F 50
Cheviot Way. Hale —6K 109
Cheviot Way. Salt —3C 94
Cheylesmore. —2D 166
Cheylesmore. Cov —7C 144 (6C 6)
Cheylesmore Clo. S Cold —5H 57
Cheylesmore Shop. Pde. Cov —2D 166
Cheyne Gdns. Birm —6E 136
Cheyne Pl. Harb —4D 112
Cheyne Wlk. Brie H —2C 108
Cheyne Way. Harb —4D 112
Cheyney Clo. Wolv —4A 36
Chichester Av. Dud —5K 89
Chichester Av. Kidd —8J 127
Chichester Clo. Nun —2A 80
Chichester Ct. S Cold —4H 57
Chichester Dri. Birm —4G 111
Chichester Dri. Cann —8J 9
Chichester Gro. Birm —8G 97
Chicory Dri. Rugby —1D 172
Chideock Hill. Cov —3A 166
Chiel Clo. Cov —5F 142
Chigwell Clo. Birm —6A 72
Chilcote Clo. Birm —5F 136
Childs Av. Bils —7G 51
Childs Oak Clo. Bal C —3G 163
Chilgrove Gdns. Wolv —4J 35
Chilham Dri. Birm —7J 97
Chillaton Rd. Cov —7B 122
Chillenden Ct. W'hall —7C 38 (off Mill St.)
Chillingham. Tam —2C 46
Chillinghome Rd. Birm —1K 95
Chillington Clo. Wals —8F 14
Chillington Dri. Cod —5F 20
Chillington Dri. Dud —6E 64
Chillington Fields. Wolv —8G 37
Chillington La. Cod —4D 20
Chillington Pl. Bils —4J 51
Chillington Rd. Tip —8C 52
Chillington St. Wolv —1F 50
Chillington Wlk. Row R —6C 90
Chiltern Clo. Dud —6D 64
Chiltern Clo. Hale —7J 109
Chiltern Dri. W'hall —8K 37
Chiltern Ho. Redd —8L 205
Chiltern Leys. Cov —5A 144
Chiltern Rd. Stourb —3B 108
Chiltern Rd. Tam —8J 33
Chilterns, The. Cov —5H 143
Chilterns, The. O'bry —4E 90
Chilton Ct. Birm —7C 70 (off Park App.)
Chilton Rd. Birm —5D 136
Chilvers Coton. —8J 79
Chilvers Ct. Nun —5J 79
Chilwell Clo. Sol —8B 138
Chilwell Cft. Birm —4L 93
Chilworth Av. Wolv —2M 37
Chilworth Clo. Birm —3M 93
Chilworth Clo. Nun —1L 103
Chimes Clo. Birm —8E 96
Chimney Rd. Tip —2D 66
Chines, The. Nun —2K 79 (CV10)
Chines, The. Nun —7K 79 (CV11)
Chingford Clo. Stourb —5J 87
Chingford Rd. Birm —1A 70
Chingford Rd. Cov —5G 123
Chinley Gro. Birm —8C 56
Chinn Brook Rd. Birm —4B 136
Chip Clo. Birm —7D 134
Chipperfield Rd. Birm —1L 95
Chipstead Rd. Birm —2D 70
Chipstone Clo. Sol —1C 160
Chirbury Gro. Birm —8B 134
Chirk Clo. Kidd —7L 149
Chirton Gro. Birm —3K 135
Chiseldon Cft. Birm —6A 136
Chisholm Gro. Birm —1J 137
Chiswell Rd. Birm —5E 92
Chiswick Ct. Birm —7E 70
Chiswick Ho. Birm —8C 4
Chiswick Wlk. Birm —7K 97
Chivenor Ho. Birm —7A 72
Chivers Gro. Birm —4F 96
Chivington Clo. Shir —3B 160
Chorley. —6L 11
Chorley Av. Birm —3M 95
Chorley Gdns. Bils —4H 51
Chorley Rd. Burn —8F 10
Christchurch Clo. Birm —1E 112
Christ Chu. Gdns. Lich —2F 18
Christ Chu. Gro. Wals —2A 54
Christchurch La. Lich —2F 18
Christchurch Rd. Amin —3F 32
Christchurch Rd. Cov —3M 143
Christine Clo. Tip —7C 52
Christine Ledger Sq. Lea S —3A 216
Christopher Hooke Ho. Cov —8E 122
Christopher Rd. Birm —7C 112
Christopher Rd. Hale —6E 110
Christopher Rd. Wolv —1E 50 (8M 7)
Christophers Wlk. Lich —6G 13
Christopher Taylor Ct. Birm —4E 134
Chub. Tam —2D 46
Chubb St. Wolv —7D 36 (3L 7)
Chuckery Rd. Wals —8A 40
Chuckery, The. —8A 40
Chudleigh Av. Birm —5E 70
Chudleigh Gro. Birm —1D 68
Chudleigh Rd. Birm —5E 70
Chudleigh Rd. Cov —2L 145
Churchacre. Birm —1C 70
Church Av. Birm —1J 93
Church Av. Clent —7E 130
Church Av. Mose —6M 113
Church Av. Stourb —2A 108
Church Av. Stour S —5G 175
Church Av. Wat O —6H 73
Churchbridge. —4F 14
Churchbridge. O'bry —4F 90 (in two parts)
Churchbridge Ind. Est. O'bry —4F 90 (off Churchbridge)
Church Clo. Barw —3G 85
Church Clo. Birm —3G 97
Church Clo. B'gve —7M 179
Church Clo. Burb —4A 82
Church Clo. Dray B —4L 45
Church Clo. Nun —1B 78
Church Clo. Ryton D —7A 168
Church Clo. Shen —4G 29
Church Clo. W'nsh —5B 216
Church Clo. Wood E —8J 47
Church Clo. Wyt —6A 158
Church Ct. A'wd B —7E 208
Church Ct. Cov —8M 121
Church Ct. Crad H —8L 89
Church Cres. Ess —6M 23
Churchcroft. Birm —5B 112
Church Cft. Hale —5A 110
Chu. Cross Vw. Dud —1E 88
Churchdale Clo. Nun —5C 78
Chu. Dale Rd. Birm —6K 55
Chu. Down Clo. Redd —3D 208
Church Dri. Hop —2H 31
Church Dri. Ken —4F 190
Church Dri. Stir —2H 135
Church Dri. Stour S —5G 175
Church End. —7J 75 (nr. Coleshill)
Church End. —5H 145 (nr. Coventry)
Church End. —3F 76 (nr. Nuneaton)
Church End. Rad S —3E 216
Chu. Farm Clo. Dost —5C 46
Chu. Farm Ct. Aston F —3E 82
Churchfield. —3L 67
Churchfield Av. Tip —1M 65
Churchfield Clo. Birm —3C 94
Churchfield Rd. Wolv —1B 36
Churchfields. —6M 179
Churchfields. B'gve —6M 179
Churchfields. Kidd —2L 149
Churchfields Clo. B'gve —6M 179
Churchfields Gdns. B'gve —6M 179
Churchfields Rd. B'gve —6M 179
Churchfields Rd. W'bry —5F 52
Churchfield St. Dud —1J 89
Church Gdns. Smeth —5A 92
Church Grn. Bils —1J 51
Church Grn. Birm —7F 68
Church Grn. E. Redd —5E 204
Church Grn. W. Redd —5E 204
Church Gro. Hand —8H 69
Church Gro. Mose —4C 136
Church Hill. —4K 9 (nr. Cannock)
Church Hill. —3J 205 (nr. Redditch)
Church Hill. —6F 52 (nr. Wednesbury)
Church Hill. Belb —3D 152
Church Hill. Beo —1J 205
Church Hill. Brie H —7D 88
Church Hill. Cann —4J 9
Church Hill. Cod —4F 20
Church Hill. Col —2A 98
Church Hill. Cubb —4E 212
Church Hill. Kinv —7A 106
Church Hill. Lea S —1L 215
Church Hill. N'fld —6B 134 (in two parts)
Church Hill. Penn —6L 49
Church Hill. Quin —4G 133
Church Hill. Ruge —1A 12
Church Hill. Rush —6J 177
Church Hill. Stret D —4F 194
Church Hill. S Cold —4J 57
Church Hill. Ullen —6J 207
Church Hill. Wals —8M 39
Church Hill. W'bry —6F 52 (in two parts)
Church Hill. Wlvy —5K 105
Chu. Hill Cen. Redd —3K 205
Chu. Hill Clo. Sol —7C 138
Chu. Hill Ct. W'bry —6F 52
Chu. Hill Dri. Wolv —4L 35
Chu. Hill Rd. Birm —8H 69
Chu. Hill Rd. Sol —6C 138
Chu. Hill Rd. Wolv —3K 35
Chu. Hill St. Smeth —3M 91
Chu. Hill Way. Redd —4H 205
Church Ho. Wals —2J 53
Church Ho. Dri. S Cold —4J 57
Churchill. —5J 129
Churchill Av. Cov —8E 122
Churchill Av. Ken —3G 191
Churchill Clo. Tiv —7C 66
Churchill Dri. Row R —7B 90
Churchill Dri. Stourb —2A 108
Churchill Gdns. Dud —2C 64
Churchill Ho. Wals —5B 54
Churchill La. Blak —8H 129
Churchill Pde. S Cold —4A 58
Churchill Pl. Birm —8B 96
Churchill Rd. Birm —6F 94
Churchill Rd. Cats —8A 154
Churchill Rd. Hale —7M 109
Churchill Rd. Lich —4G 29
Churchill Rd. New O —6D 56
Churchill Rd. Rugby —8A 172
Churchill Rd. S Cold —4A 58
Churchill Rd. Wals —7D 38
Churchill Shop. Precinct, The. Dud —8K 65
Churchill Wlk. Tip —1A 66
Church La. Ansl —4F 76
Church La. Arly —7E 76
Church La. Asty —8K 77
Church La. Barw —3G 85
Church La. Berk —6J 141
Church La. Bick —8K 117
Church La. Birm & Aston —1A 94
Church La. B'gve —7M 179
Church La. Cod —5F 20
Church La. Col —7G 99
Church La. Cor —2F 120
Church La. Cov —6H 145
Church La. Cubb —3E 212
Church La. Curd —3H 73
Church La. E Grn —4C 142
Church La. Exh —2E 122
Church La. Fill —6E 100
Church La. Hale —5B 110
Church La. Hamm —6K 17
Church La. Hand —7F 68
Church La. K'bry —4D 60
Church La. Kitts G —6M 95
Church La. Lapw —7D 186
Church La. Lea M —2A 74
Church La. Lea S —6A 212
Church La. Mer —1K 141
Church La. Midd —8H 45
Church La. Nun —2J 79
Church La. Seis —7A 48 (in two parts)
Church La. Shut —2L 33
Church La. S'lgh —3C 192
Church La. Ston —5L 27
Church La. Tam —4B 32
Church La. Tard —2H 203
Church La. T'ton —7F 196
Church La. W Brom —3H 67
Church La. W'nsh —5B 216
Church La. Wig P —8F 82
Church La. Wis —8F 58
Church La. Wolv —8C 36 (6H 7)
Church La. Wych —8E 200
Church La. Ind. Est. W Brom —3J 67
Church Lawford. —4B 170
Church M. Tip —2M 65
Chu. Moat Way. Wals —1H 39
Churchover Clo. S Cold —3K 71
Church Pk. Clo. Cov —8M 121
Church Path. H Mag —3A 214
Church Pl. Wals —1K 39
Church Rd. Aston —2B 94
Church Rd. A'wd B —7E 208
Church Rd. Bag —7E 166
Church Rd. Belb —3D 152
Church Rd. Bils —8K 51
Church Rd. B'mre —2L 49
Church Rd. B'gve —6M 179
Church Rd. Bwnhls —2F 26
Church Rd. Bubb —3J 193
Church Rd. Burn —2K 17
Church Rd. Cann —8A 8
Church Rd. Cats —1M 179
Church Rd. Chu L —4C 170
Church Rd. Cod —5F 20
Church Rd. Col —7F 74
Church Rd. D'frd —2F 178
Church Rd. Dost —5C 46
Church Rd. Dud —4H 89
Church Rd. Edg —2G 113
Church Rd. Erd —5F 70
Church Rd. Hale —2J 109
Church Rd. Harts —1B 78
Church Rd. Lye —4E 108
Church Rd. Maney —6H 57
Church Rd. Mose —6A 114
Church Rd. N'fld —5A 134
Church Rd. Nort C —5L 15
Church Rd. Nun —6C 78
Church Rd. Oxl —8C 22
Church Rd. Pels —6A 26
Church Rd. P Barr —4K 69
Church Rd. Pert —5E 34
Church Rd. Redd —7L 203
Church Rd. Redd & Web —5D 204
Church Rd. Row R —6C 90
Church Rd. Ryton D —7B 168
Church Rd. Share —1K 23
Church Rd. Sheld —4B 116
Church Rd. Shen —4F 28
Church Rd. Shil —4E 124
Church Rd. Shir —7H 137
Church Rd. Smeth —5M 91
Church Rd. Ston —6L 27
Church Rd. Stourb —7K 87
Church Rd. S Cold —1F 70
Church Rd. Swind —6D 62
Church Rd. Tett —4L 35
Church Rd. Tett W —6H 35
Church Rd. Ullen —7H 207
Church Rd. W'hall —3D 38
Church Rd. Wom —2H 63
Church Rd. Word —6B 108
Church Rd. Yard —2K 115
Churchside Way. Wals —7H 27
Church Sq. O'bry —2G 91
Churchstone Clo. Cats —1M 179
Church St. Bils —4K 51
Church St. Birm —6K 93 (4F 4)
Church St. B'twn —3D 14
Church St. Brie H —8C 88
Church St. B'gve —7M 179
Church St. Bulk —7C 104
Church St. Burb —3A 82
Church St. Cann —8E 8 (in two parts)
Church St. C'mr —5G 9
Church St. Chase —4E 16
Church St. Clay —3E 26
Church St. Clift D —4G 173
Church St. Cov —5D 144 (1E 6)
Church St. Crad H —8L 89
Church St. Darl —2D 52
Church St. Dud —1J 89
Church St. Earl S —1M 85
Church St. Gorn W —6D 64
Church St. Hag —4A 130
Church St. Hale —8D 90
Church St. Hth T —5G 37
Church St. Kidd —3L 149
Church St. Lea S —2A 216
Church St. Lich —1J 19 (in two parts)
Church St. Loz —2J 93
Church St. Mox —5B 52
Church St. Nun —5J 79
Church St. O'bry —1G 91
Church St. Pens —2D 88
Church St. Quar B —8F 88
Church St. Rugby —6A 172
Church St. Sap —2K 83
Church St. Stourb —4A 108
Church St. Stud —6L 209
Church St. Tam —4B 32
Church St. Tip —7A 66
Church St. Wals —8M 39 (WS1)
Church St. Wals —1H 39 (WS3)
Church St. Warw —3E 214
Church St. Wed —4J 37
Church St. W Brom —5J 67
Church St. W'hall —7B 38 (in two parts)
Church St. Wolv —8C 36 (6H 7)
Church Ter. Cubb —4E 212
Church Ter. Lea S —2A 216
Church Ter. S Cold —6H 43
Church Ter. Yard —8L 95
Church Va. Birm —8H 69
Church Va. Cann —5L 15
Church Va. W Brom —3K 67
Church Vw. Bew —6A 148
Church Vw. Ryton D —7A 168
Church Vw. Wals —4H 41
Church Vw. Wals W —6F 26
Church Vw. Wiln —2F 46
Church Vw. Clo. Wals —1J 39
Church Vw. Dri. Crad H —8M 89
Church Vw. Gdns. Kinv —5A 106
Church Wlk. Alle —3J 143
Church Wlk. Barby —8J 199
Church Wlk. Bed —7H 103
Church Wlk. Bil —1K 197
Church Wlk. Birm —3G 95
Church Wlk. Col —2A 98
Church Wlk. Hinc —1K 81
Church Wlk. Kidd —3J 149
Church Wlk. Lea S —2M 215
Church Wlk. Nun —7L 79
Church Wlk. Penn F —2M 49
Church Wlk. Row R —5C 90
Church Wlk. Rugby —6A 172
Church Wlk. Sap —2K 83
Church Wlk. Stour S —7E 174
Church Wlk. Tett —4L 35
Church Wlk. T'ton —6F 196
Church Wlk. W'hall —8B 38
Churchward Clo. Stourb —3B 108
Churchward Gro. Wolv —2G 63
Church Way. Bed —7H 103
Church Way. Wals —7B 26
Churchwell Ct. Hale —6B 110
Churchwell Gdns. W Brom —3L 67
Churchyard Rd. Tip —4B 66
Churnet Gro. Wolv —5F 34
Churn Hill Rd. Wals —5G 41
Churston Clo. Wals —6G 25
Churwell Ct. Wom —3G 63
Chylds Ct. Cov —4G 143
Cicero App. H'cte —6L 215
Cicey La. Burt H —1G 105 (in two parts)
Cider Av. Brie H —1E 108 (in two parts)
Cinder Bank. Dud —2H 89
Cinder Hill. —8F 50
Cinder Rd. C Ter —2E 16
Cinder Rd. Dud —8B 64
Cinder Way. W'bry —6E 52
Cinquefoil Leasow. Tip —3C 66
Circle, The. Birm —3C 112
Circle, The. Nun —5E 78
Circuit Clo. W'hall —6B 38
Circular Rd. Birm —7J 115
Circus Av. Birm —7J 97
Cirencester Clo. B'gve —7B 180
City Arc. Birm —7L 93 (5G 5) (off Corporation St.)
City Arc. Cov —7C 144 (5B 6)
City Arc. Lich —2H 19
City Est. Crad H —1K 109
City Plaza. Birm —5G 5
City Rd. Birm —8B 92
City Rd. Tiv —2B 90
City, The. Tip —6A 66
City Trad. Est. Birm —6G 93
City Vw. Birm —5D 94
City Wlk. Birm —8L 93 (7G 5)
Civic Clo. Birm —7J 93 (5C 4)
Cladsworth Ho. Redd —5A 204 (off Lock Clo.)
Claerwen Av. Stour S —2E 174
Claerwen Gro. Birm —4L 133
Claines Cres. Kidd —4B 150
Claines Rd. Birm —5C 134
Claines Rd. Hale —4K 109
Claire Ct. Birm —2C 116
Clanbrook Rd. Env —2A 106
Clandon Clo. Birm —7J 135
Clanfield Av. Wolv —1M 37
Clapgate Gdns. Bils —6G 51
Clap Ga. Gro. Wom —3E 62
Clapgate La. Birm —7G 111
Clapgate Rd. Wom —2E 62
Clapham Sq. Lea S —2B 216
Clapham St. Lea S —3B 216
Clapham Ter. Lea S —2B 216
Clapton Gro. Birm —8B 56
Clara St. Cov —7G 145
Clare Av. Wolv —8M 23
Clare Clo. Lea S —7C 212
Clare Ct. Rugby —6M 171
Clare Ct. Shir —7D 136
Clare Cres. Bils —7F 50
Clare Dri. Birm —1F 112
Clarel Av. Birm —6C 94
Claremont Clo. Bulk —5B 104
Claremont Ct. Crad H —8L 89
Claremont M. Wolv —2A 50
Claremont Pl. Birm —4F 92
Claremont Rd. Dud —1E 64
Claremont Rd. Hock —3H 93
Claremont Rd. Lea S —3M 215
Claremont Rd. Rugby —6C 172
Claremont Rd. Smeth —5B 92
Claremont Rd. S'brk —2B 114
Claremont Rd. Tam —1M 31
Claremont Rd. Wolv —2A 50
Claremont St. Bils —3J 51
Claremont St. Crad H —8L 89
Claremont Wlk. Alle —3J 143
Claremont Way. Hale —6B 110
Clarence Av. Birm —1C 92
Clarence Ct. Hinc —1L 81
Clarence Ct. O'bry —7J 91
Clarence Gdns. S Cold —7F 42
Clarence Rd. Bils —2L 51
Clarence Rd. Dud —3K 89
Clarence Rd. Erd —6D 70
Clarence Rd. Hand —1C 92
Clarence Rd. Harb —3D 112
Clarence Rd. Hinc —1L 81
Clarence Rd. K Hth & Mose —8A 114
Clarence Rd. Rugby —6L 171
Clarence Rd. S'hll —5C 114
Clarence Rd. S Cold —4E 42
Clarence Rd. Wolv —7C 36 (3H 7)
Clarence St. Cov —5E 144
Clarence St. Dud —3E 64
Clarence St. Kidd —3M 149
Clarence St. Lea S —3A 216
Clarence St. Nun —5G 79
Clarence St. Wolv —7C 36 (4H 7)
Clarence Ter. Lea S —8M 211
Clarence Way. Bew —5B 148
Clarenden Pl. Birm —4C 112
Clarendon Av. Lea S —8M 211
Clarendon Clo. Redd —4B 204
Clarendon Cres. Lea S —8L 211
Clarendon Dri. Tip —8D 52
Clarendon Pl. Hale —3G 111
Clarendon Pl. Lea S —8L 211
Clarendon Pl. Wals —5M 25
Clarendon Rd. Birm —8E 92
Clarendon Rd. Hinc —2J 81
Clarendon Rd. Ken —6G 191
Clarendon Rd. Smeth —5M 91
Clarendon Rd. S Cold —6J 43
Clarendon Rd. Wals —7C 26
Clarendon Sq. Lea S —8L 211 (in two parts)
Clarendon St. Cov —8M 143
Clarendon St. Lea S —8A 212
Clarendon St. Wals —8H 25
Clarendon St. Wolv —7A 36
Clarendon Way. Sol —6C 138
Clare Rd. Wals —3M 39
Clare Rd. Wolv —2E 36
Clare's Ct. Kidd —3J 149
Clarewell Av. Sol —1B 160
Clare Witnell Clo. Kidd —1H 149
Clarion Way. Cann —4E 8
Clarke Ho. Wals —8H 25
Clarke's Av. Cann —1G 9
Clarke's Av. Ken —6G 191
Clarkes Gro. Tip —3C 66
Clarke's La. W Brom —2J 67
Clarke's La. W'hall —6C 38
Clarke St. Redd —5D 204
Clarkes Yd. Hinc —8D 84
Clark Rd. Wolv —7M 35
Clarkson Dri. W'nsh —5A 216
Clarkson Rd. W'bry —5G 53
Clark St. Birm —7F 92
Clark St. Cov —8G 123
Clark St. Stourb —4L 107
Clarry Dri. S Cold —1F 56
Clary Gro. Wals —6A 54
Clatterbach La. Clent —5G 131
Clatterbatch. —4B 108
Clattercut La. Chad C —8L 177
Claughton Rd. Dud —8K 65
Claughton St. Kidd —4J 149
Clausen Clo. Birm —5L 55
Clavedon Clo. Birm —2L 133
Claverdon Clo. Redd —5D 208
Claverdon Clo. Sol —6L 137
Claverdon Dri. Birm —1D 68
Claverdon Dri. S Cold —5B 42
Claverdon Gdns. Birm —4H 115
Claverdon Rd. Cov —6H 143
Claverley Ct. Dud —8H 65
Claverley Dri. Wolv —4K 49
Clay Av. Nun —2L 79
Claybrook Dri. Redd —2L 209
Claybrook St. Birm —8L 93 (8G 5)
Claycroft Pl. Stourb —4E 108
Claycroft Ter. Dud —3H 65
Claydon Gro. Birm —6A 136
Claydon Rd. K'wfrd —8J 63
Clay Dri. Birm —4G 111
Claygate Rd. Cann —6L 9
Clayhanger. —3E 26
Clayhanger La. Wals —2D 26
Clayhanger Rd. Wals —3F 26
Clayhill La. Long L —3F 170
Clay La. Alle —5E 120
Clay La. Birm —4L 115
Clay La. Cov —5G 145
Clay La. O'bry —5G 91
Claymore. Wiln —2D 46
Claypit Clo. W Brom —6G 67
Claypit La. B'hth —8L 153
Claypit La. Lich —6E 18
Clay Pit La. Shir —4G 159
Claypit La. W Brom —6G 67
Clayton Clo. Wolv —2C 50 (8H 7)
Clayton Dri. Birm —1C 96
Clayton Dri. B'gve —2B 202
Clayton Gdns. Redn —7G 155
Clayton Rd. Bils —2H 65
Clayton Rd. Birm —4D 94
Clayton Rd. Cov —4L 143
Clayton Wlk. Birm —7A 72
Clear Vw. K'wfrd —3H 87
Clearwell Gdns. Dud —6E 64
Clearwell Rd. Redd —6J 205
Cleasby. Wiln —8J 33
Cleaver Gdns. Nun —3J 79
Clee Av. Kidd —7J 149
Clee Hill Dri. Wolv —8G 35
Clee Hill Rd. Dud —5C 64
Clee Rd. Birm —1A 156
Clee Rd. Cookl —4B 128
Clee Rd. Dud —2G 89
Clee Rd. O'bry —5J 91
Clee Rd. Stourb —3A 108
Cleeton St. Cann —8K 9
Cleeve. Glas —6D 32
Cleeve Clo. Redd —4K 205
Cleeve Clo. Stour S —8D 174
Cleeve Dri. S Cold —3F 42
Cleeve Ho. Erd —7G 71
Cleeve Rd. Birm —5C 136

Cleeve Rd.—Coneyford Rd.

Cleeve Rd. Wals —6F 24
Cleeves Av. Warw —3J 215
Cleeve Way. Wals —7F 24
Clee Vw. Mdw. Dud —7D 50
Clee Vw. Rd. Wom —4E 62
Clematis. Tam —6F 32
Clematis Dri. Pend —6M 21
Clemens St. Lea S —2A 216
Clement Pl. Bils —2K 51
Clement Rd. Bils —2K 51
Clement Rd. Hale —8D 90
Clements Clo. O'bry —5F 90
Clements Rd. Birm —1K 115
Clements St. Cov —6G 145
Clement St. Birm —6H 93 (4B 4)
Clement St. Nun —6H 79
Clement St. Prem B —8K 39
Clements Way. Birm —2D 156
Clemson St. W'hall —7A 38
Clennon Ri. Cov —1K 145
Clensmore St. Kidd —2K 149
Clent. —6F 130
Clent Av. Kidd —8H 149
Clent Av. Redd —2D 208
Clent Ct. Dud —8H 65
Clent Dri. Hag —3D 130
Clent Dri. Nun —6B 78
Clent Hill Dri. Row R —4A 90
Clent Hills. —5G 131
Clent Hills Country Pk. —4G 131
Clent Ho. B'gve —6B 180 (off Burcot La.)
Clent Rd. Hand —8D 68
Clent Rd. O'bry —1J 111
Clent Rd. Redn —1E 154
Clent Rd. Stourb —3A 108
Clent Vw. Smeth —6B 92
Clent Vw. Rd. Birm —8G 111
Clent Vw. Rd. Hale —5J 109
Clent Vw. Rd. Stourb —6J 107
Clent Vs. Birm —5B 114
Clent Way. Birm —1G 133
Cleobury Clo. Redd —3B 204
Cleobury La. Earls —4F 158
Cleobury Rd. Bew —3A 148
Cleton St. Tip —6B 66
Cleton St. Bus. Pk. Tip —6B 66
Clevedon Av. Birm —1E 96
Clevedon Rd. Birm —3L 113
Cleveland Clo. W'hall —8K 37
Cleveland Clo. Wolv —8M 23
Cleveland Ct. Lea S —7M 211
Cleveland Dri. B Grn —7G 155
Cleveland Dri. Cann —5H 9
Cleveland Pas. Wolv —8C 36 (5J 7)
Cleveland Rd. Bulk —6B 104
Cleveland Rd. Cov —5G 145
Cleveland Rd. Hinc —1J 81
Cleveland Rd. Wolv —8D 36 (6L 7)
Cleveland St. Dud —8H 65
Cleveland St. Stourb —5L 107
Cleveland St. Wolv —8C 36 (5J 7)
Cleveland Tower. Birm —7F 4
Cleveley Dri. Nun —2D 78
Cleves Cres. C Hay —8D 14
Cleves Dri. Redn —2E 154
Cleves Rd. Redn —1E 154
Clewley Dri. Wolv —6A 22
Clewley Gro. Birm —4H 111
Clews Clo. Wals —2L 53
Clewshaw La. Birm —5H 157
Clews Rd. Redd —2F 208
Cley Clo. Birm —3K 113
Clifden Gro. Ken —3J 191
Cliffe Ct. Lea S —8K 211
Cliffe Dri. Birm —6C 96
Cliffe Rd. Lea S —8K 211
Cliffe Way. Warw —1F 214
Cliff Hall La. Cliff —8B 46
Clifford Bri. Rd. Cov & Bin —4M 145
Clifford Clo. Glas —6F 32
Clifford Rd. Ben H —5F 160
Clifford Rd. Smeth —8M 91
Clifford Rd. W Brom —7H 67
Clifford St. Birm —2K 93
Clifford St. Dud —1H 89
Clifford St. Glas —6E 32
Clifford St. Wolv —6A 36
Clifford Wlk. Birm —2K 93 (in two parts)
Cliff Rock Rd. Redn —2H 155
Cliff, The. Kinv —6A 106
Clift Clo. W'hall —3C 38
Clifton Av. A'rdge —1J 41
Clifton Av. Bwnhls —2D 26
Clifton Av. Cann —2C 14
Clifton Av. Tam —2M 31
Clifton Clo. Birm —2M 93
Clifton Clo. O'bry —5G 91
Clifton Clo. Redd —8K 205
Clifton Ct. Hinc —8B 84
Clifton Cres. Sol —8L 137
Clifton Dri. S Cold —3H 57
Clifton Gdns. Cod —6J 21
Clifton Grn. Birm —4G 137
Clifton Ho. Bal H —4A 114
Clifton La. W Brom —1L 67
Clifton Rd. Aston —2M 93
Clifton Rd. Bal H —4M 113
Clifton Rd. Cas B —1E 96
Clifton Rd. Hale —1D 110
Clifton Rd. Kidd —8G 149
Clifton Rd. Nun —5F 78
Clifton Rd. Rugby —6B 172
Clifton Rd. Smeth —5M 91
Clifton Rd. S Cold —5G 57
Clifton Rd. Wolv —4K 35
Clifton St. Bils —8F 50
Clifton St. Cov —5E 144 (1F 6)
Clifton St. Crad H —8M 89
Clifton St. Stourb —5L 107
Clifton St. Wolv —7B 36
Clifton Ter. Erd —5F 70
Clifton Ter. Ken —3G 191
Clifton upon Dunsmore. —4F 172
Clifton Way. Hinc —7A 84
Clinic Dri. Nun —6J 79
Clinic Dri. Stourb —4E 108
Clinton Av. H Mag —2A 214
Clinton Av. Ken —3D 190
Clinton Cres. Burn —1H 17
Clinton Gro. Shir —8L 137
Clinton La. Ken —2D 190
Clinton Rd. Bils —2A 52
Clinton Rd. Col —3M 97
Clinton Rd. Cov —7F 122
Clinton Rd. Shir —1K 159
Clinton St. Birm —4E 92
Clinton St. Lea S —2A 216
Clipper Vw. Birm —8E 92
Clipstone Rd. Cov —3L 143
Clipston Rd. Birm —5F 94
Clissold Clo. Birm —2L 113
Clissold Pas. Birm —5G 93
Clissold St. Birm —5G 93
Clive Clo. S Cold —7K 43
Cliveden Av. Birm —5J 69
Cliveden Av. Wals —8H 27
Cliveden Coppice. S Cold —8F 42
Cliveden Wlk. Nun —1L 103
Clivedon Way. Hale —2A 110
Cliveland St. Birm —5L 93 (1G 5)
Clive Pl. Birm —5K 93 (2F 4)
Clive Rd. Bal C —4J 163
Clive Rd. Birm —2K 111
Clive Rd. B'gve —1B 202
Clive Rd. Burn —2G 17
Clive Rd. Redd —5D 204
Clive St. W Brom —4J 67
Clives Way. Hinc —7C 84
Clockfields Dri. Brie H —8A 88
Clock Ho., The. B'hth —2L 179
Clock La. Bick —7J 117
Clockmill Av. Wals —6L 25
Clockmill Pl. Wals —6M 25
Clockmill Rd. Wals —6L 25
Clock Towers Shop. Cen. Rugby —6A 172
Clodeshall Rd. Birm —5E 94
Cloister Cft. Cov —3M 145
Cloister Crofts. Lea S —6M 211
Cloister Dri. Hale —6D 110
Cloisters, The. Earl S —1L 85
Cloisters, The. Lea S —6M 211
Cloisters, The. Stud —5K 209
Cloister Way. Lea S —6M 211
Clonmel Rd. Birm —3G 135
Clopton Cres. Birm —5H 97
Clopton Rd. Birm —1C 116
Close, The. Barw —2H 85
Close, The. Bran —4F 168
Close, The. Dud —5C 64
Close, The. Hale —3K 109
Close, The. Harb —2M 111
Close, The. H'wd —4A 158
Close, The. Hunn —2A 132
Close, The. Ken —3G 191
Close, The. Lea S —3A 216
Close, The. S Oak —1D 134
Close, The. Sharn —5H 83
Close, The. Sol —1M 137
Close, The. Swind —7E 62
Close, The. W'bry —6E 52
Clothier Gdns. W'hall —6A 38
Clothier St. W'hall —6A 38
Cloudbridge Dri. Sol —2F 138
Cloud Grn. Cov —4K 165
Cloudsley Bush La. Wlvy —3M 105
Cloudsley Gro. Sol —6M 115
Clovelly Gdns. Cov —4J 145
Clovelly Ho. Birm —7J 133
Clovelly Rd. Cov —4H 145
Clovelly Way. Nun —4L 79
Clover Av. Birm —7K 97
Clover Clo. Rugby —1D 172
Cloverdale. Pert —5D 34
Cloverdale. S Prior —6J 201
Clover Dri. Birm —7J 111
Cloverfield. Hinc —6C 84
Clover Hill. Wals —1E 54
Clover La. K'wfrd —2G 87
Clover Lea Sq. Birm —3G 95
Clover Ley. Wolv —6F 36
Clover Meadows. Cann —8J 9
Clover Pk. Hinc —6B 84
Clover Piece. Tip —3C 66
Clover Ridge. C Hay —6C 14
Clover Rd. Birm —2A 134
Cloweswood La. Earls —1F 184
Club Row. Dud —4E 64
Club Vw. Birm —7D 134
Clunbury Cft. Birm —4B 96
Clunbury Rd. Birm —1A 156
Clun Clo. Tiv —8M 65
Clunes Av. Nun —3L 79
Clun Rd. Birm —3M 133
Clyde Av. Hale —1E 110
Clyde Ct. S Cold —4H 57
Clyde M. Brie H —3B 88
Clyde Rd. Bulk —6A 104
Clyde Rd. Dorr —7G 161
Clydesdale. Birm —4A 116
Clydesdale Rd. Birm —3H 111
Clydesdale Rd. Clay —3E 26
Clydesdale Rd. Dud —6J 89
Clydesdale Tower. Birm —8F 4
Clyde St. Bord —8A 94 (8L 5)
Clyde St. Crad H —8L 89
Clyde Tower. Birm —2K 93
Coach Ho. Ri. Wiln —2F 46
Coalash La. Hnbry —8C 202
Coalbournbrook. —1M 107
Coalbourne Gdns. Hale —4J 109
Coalbourn La. Stourb —2M 107
Coalbourn Way. Brie H —6A 88
Coalheath La. Wals —1C 40
Coalmeadow Clo. Wals —6F 24
Coalpit Field. —7K 103
Coalpit Fields Rd. Bed —7J 103
Coalpit La. Law H —1M 195
Coalpit La. Wols —5J 169
Coal Pit La. Wlvy —8J 105
Coal Pool. —4M 39
Coalpool La. Wals —5L 39
Coalpool Pl. Wals —3M 39
Coalport La. Wals —3M 39
Coalport Rd. Wolv —8G 37
Coalway Av. Birm —5C 116
Coalway Av. Wolv —3A 50
Coalway Gdns. Wolv —3K 49
Coalway Rd. Wals —1G 39
Coalway Rd. Wolv —3K 49
Coates Rd. Kidd —2B 150
Coat of Arms Bri. Rd. Cov —3M 165
Coatsgate Wlk. Pend —8M 21
Cobbett Rd. Burn —2C 16
Cobbles, The. S Cold —2J 71
Cobble Wlk. Birm —4G 93
Cobb's Engine House. —4L 89
Cobbs Rd. Ken —3D 190
Cobbs Wlk. Row R —4M 89
Cobden Av. Lea S —4C 216
Cobden Clo. Cann —2J 9
Cobden Clo. Tip —1M 65
Cobden Clo. W'bry —3F 52
Cobden Gdns. Birm —3L 113
Cobden St. Cov —4E 144
Cobden St. Kidd —3J 149
Cobden St. Stourb —3K 107
Cobden St. Wals —2K 53
Cobden St. W'bry —3F 52
Cobham Clo. Birm —6M 71
Cobham Clo. B'gve —2M 201
Cobham Ct. M. Hag —3D 130
Cobham Cres. Birm —6A 148
Cobham Grn. W'nsh —5M 215
Cobham Rd. Birm —7D 94
Cobham Rd. Hale —5B 110
Cobham Rd. Kidd —5L 149
Cobham Rd. Stourb —7A 108
Cobham Rd. W'bry —7L 53
Cobia. Tam —2D 46
Cob La. Birm —2C 134
Cobley Hill. —6L 181
Cobley Hill. A'chu —5L 181
Cobnall Rd. Cats —7A 154
Cobs Fld. Birm —3C 134
Coburg Cft. Tip —3C 66
Coburn Dri. S Cold —7K 43
Cochrane Clo. Stourb —1C 130
Cochrane Clo. Tip —3C 66
Cochrane Rd. Dud —3E 88
Cock All. Lich —2H 19
Cockerills Mdw. Rugby —1G 199
Cockermouth Clo. Lea S —7K 211
Cock Green. —5A 90
Cock Hill La. Redn —8F 132
Cockley Wharf Ind. Est. Brie H —5B 88
Cockshed La. Hale —1C 110
Cockshut Hill. Birm —1A 116
Cockshutt La. D'frd —3K 179
Cockshutt La. Wolv —2D 50
Cocksmead Cft. Birm —4K 135
Cocksparrow St. Warw —3D 214
Cocksparrrow La. Cann —5A 8
Cockspur St. B'moor —2L 47
Cockthorpe Clo. Birm —2M 111
Cocton Clo. Wolv —4E 34
Codeshill Ct. S Cold —5L 57
Codsall. —5F 20
Codsall Gdns. Cod —5E 20
Codsall Ho. Cod —5E 20
Codsall Rd. Cod —8J 21
Codsall Rd. Crad H —1L 109
Codsall Rd. Wolv —2L 35
Codsall Wood. —2B 20
Cofield Rd. S Cold —8F 56
Cofton Chu. La. Redn & B Grn —7J 155
Cofton Ct. Redn —2K 155
Cofton Gro. Birm —3L 155
Cofton Lake Rd. Redn —6J 155
Cofton Rd. Birm —2A 156
Cokeland Pl. Crad H —1K 109
Colaton Clo. Wolv —5E 36
Colbourne Gro. Lea S —7K 211
Colbourne Rd. Tam —7A 32
Colbourne Rd. Tip —5A 66
Colbrand Gro. Birm —1K 113
Colbrook. Tam —8D 32
Colchester St. Cov —6E 144 (3F 6)
Coldbath Rd. Birm —1B 136
Coldfield Dri. Redd —1D 208
Coldridge Clo. Pend —8M 21
Coldstream Clo. Hinc —8A 84
Coldstream Dri. Stourb —6L 87
Coldstream Rd. S Cold —1L 71
Coldstream Way. Witt —7L 69 (in two parts)
Cold Well. —5H 11
Cole Bank Rd. Mose & Hall G —1D 136
Colebourne Rd. Birm —2C 136
Colebridge Cres. Col —1M 97
Colebrook Clo. Cov —7M 145
Colebrook Cft. Shir —7F 136
Colebrook Rd. Birm —4D 114
Colebrook Rd. Shir —7E 136
Coleby Clo. Cov —2D 164
Cole Ct. Birm —7H 97
Cole End. —1A 98
Coleford Clo. Redd —7A 204
Coleford Clo. Stourb —7J 87
Coleford Dri. Birm —7G 97
Cole Grn. Shir —8E 136
Colehall. —4B 96
Cole Hall La. Birm —3A 96 (in three parts)
Colehill. Tam —4B 32
Cole Holloway. Birm —1L 133
Colehurst Cft. Shir —3M 159
Coleman Rd. W'bry —4G 53
Coleman St. Cov —6F 142
Coleman St. Wolv —5M 35
Colemeadow Rd. Birm —4B 136
Colemeadow Rd. Col —2M 97
Colemeadow Rd. Moons I —3L 205
Colenso Rd. Birm —5D 92
Coleraine Rd. Birm —3G 69
Coleridge Clo. Redd —1C 208
Coleridge Clo. Tam —3A 32
Coleridge Clo. Wals —4A 26
Coleridge Clo. W'hall —2E 38
Coleridge Dri. Wolv —5E 34
Coleridge Pas. Birm —6L 93 (3H 5)
Coleridge Ri. Dud —5A 64
Coleridge Rd. Birm —2E 68
Coleridge Rd. Cov —6J 145
Colesbourne Av. Birm —7J 135
Colesbourne Rd. Sol —6A 116
Coles Cres. W Brom —2H 67
Colesden Wlk. Wolv —3J 49
Coleshaven. Col —3A 98
Coleshill. —3A 98
Coleshill Clo. Redd —4C 208
Coleshill Heath. —1J 117
Coleshill Heath Rd. Birm & Col —2J 117
Coleshill Ind. Est. Col —7A 74
Coleshill Rd. Ansl —2J 77
Coleshill Rd. Birm —3K 95
Coleshill Rd. Col —4D 98 (nr. Arnolds La.)
Coleshill Rd. Col —7D 74 (nr. Blythe Rd.)
Coleshill Rd. Curd —3H 73 (in two parts)
Coleshill Rd. F End —6J 75
Coleshill Rd. Mars G —2G 117
Coleshill Rd. Nun —2A 78
Coleshill Rd. S Cold —4J 57
Coleshill Rd. Tam & Faz —3M 45
Coleshill Rd. Wat O —6H 73
Coleshill St. Birm —6M 93 (3J 5)
Coleshill St. Faz —1A 46
Coleshill St. S Cold —4J 57
Coleshill Trad. Est. Col —8M 73
Coleside Av. Birm —2D 136
Coles La. S Cold —5J 57
Coles La. W Brom —2G 67
Colesleys, The. Col —3A 98
Cole St. Dud —6L 89
Cole Valley Rd. Birm —3D 136
Coleview Cres. Birm —6E 96
Coleville Rd. Min —3B 72
Coley Clo. Hinc —2K 81
Coley Pits La. Wych —4D 200
Coley's La. Birm —7A 134
Colgreave Av. Birm —7D 114
Colina Clo. Cov —4J 167
Colindale Rd. Birm —6A 56
Colinwood Clo. Wals —8F 14
Collector Rd. Birm —8B 72
Colledge Clo. Brin —6L 147
Colledge Rd. Cov —8D 122
Colleen Av. Birm —6H 135
College Clo. W'bry —8G 53
College Ct. Tett —5K 35
College Dri. Birm —7F 68
College Dri. Lea S —7M 211
College Farm Dri. Birm —1D 70
College Gro. Hand —2H 93
College Hill. S Cold —5H 57
College La. Hinc —8E 84
College La. Tam —4B 32
College Rd. Birm —6E 94
College Rd. Birm & P Barr —4L 69
College Rd. B'gve —7A 180
College Rd. Hand —7E 68
College Rd. Kidd —5L 149
College Rd. Mose —7C 114
College Rd. Quin —3G 111
College Rd. Stourb —5A 108
College Rd. Wolv —5K 35
College St. Birm —5G 93
College St. Nun —7H 79
College Vw. Wolv —6K 35
College Wlk. Birm —1D 134
College Wlk. B'gve —7A 180 (in two parts)
Collegiate Church of St Mary. —3E 214
Collet Rd. Pert —4E 34
Collets Brook. Bass P —7B 44
Collett. Tam —8G 33
Collett Clo. Stourb —3A 108
Colletts Gro. Birm —4F 96
Collett Wlk. Cov —6B 144
Colley Av. Wolv —1F 36
Colley Ga. Hale —3J 109
Colley La. Hale —2J 109
Colley Orchard. Hale —3J 109
Colley St. W Brom —5K 67
Collier Clo. C Hay —7D 14
Collier Clo. Wals —2C 26
Collier's Clo. W'hall —3B 38
Colliers Fold. Brie H —4B 88
Colliers Way. Arly —1E 100
Colliery Dri. Wals —6F 24
Colliery La. Exh —8H 103
Colliery La. N. Exh —8H 103
Colliery Rd. W Brom —8A 68
Colliery Rd. Wolv —7F 36
Collindale Ct. K'wfrd —8K 63
Collingbourne Av. Birm —2K 95
Collingdon Av. Birm —3C 116
Colling Wlk. Birm —3G 97
Collingwood Av. Bil —8K 171
Collingwood Cen., The. Birm —6K 55
Collingwood Dri. Birm —5J 55
Collingwood Rd. Cov —7A 144
Collingwood Rd. Wolv —7E 22
Collins Clo. Birm —4G 111
Collins Gro. Cov —4K 165
Collins Hill. Lich —7G 13
Collinson Clo. Redd —8G 205
Collins Rd. H'cte I —4K 215
Collins Rd. Wals —4G 27
Collins Rd. W'bry —6J 53
Collins St. Wals —2L 53
Collins St. W Brom —6E 66
Collis Clo. B'gve —2L 201
Collis St. Stourb —1M 107
Collister Clo. Shir —5H 137
Collycroft. —5H 103
Colly Cft. Birm —4F 96
Collycroft Pl. A Grn —4H 115
Colman Av. Wolv —3M 37
Colman Cres. O'bry —7J 91
Colman Hill. Hale —4K 109
Colman Hill Av. Hale —3K 109
Colmers Wlk. Birm —8K 133
Colmore Av. Birm —2K 135
Colmore Cir. Queensway. Birm —6L 93 (4G 5)
Colmore Cres. Birm —8B 114
Colmore Dri. S Cold —4A 58
Colmore Flats. Birm —5K 93 (1F 4)
Colmore Ga. Birm —4G 5
Colmore Rd. Birm —2K 135
Colmore Row. Birm —7K 93 (5E 4)
Coln Clo. Birm —3M 133
Colonial Rd. Birm —6F 94
Colshaw Rd. Stourb —5L 107
Colston Rd. Birm —7H 71
Colt Clo. S Cold —2L 55
Coltham Rd. W'hall —3C 38
Coltishall Clo. Birm —7M 71
Coltman Clo. Lich —2K 19
Colton Hills. —6A 50
Colts Clo. Hinc —5K 81
Coltsfoot Clo. Wed —4L 37
Coltsfoot Vw. Wals —7E 14
Colts La. Redd —6K 205
Columbia Clo. Birm —2K 113
Columbia Gdns. Bed —7K 103
Columbian Cres. Burn —1F 16
Columbian Dri. Cann —6F 8
Columbian Way. Cann —6F 8
Columbine Clo. Wals —6A 54
Colville Clo. Tip —1D 66
Colville Rd. Birm —4B 114
Colville Wlk. Birm —4B 114
Colwall Rd. Dud —5D 64
Colwall Wlk. Birm —5K 115
Colworth Rd. Birm —5L 133
Colyere Clo. Ker E —3A 122
Colyns Gro. Birm —4M 95
Combe Fields Rd. Ansty —6F 146
Comber. —6A 106
Comber Cft. Birm —1D 136
Comber Dri. Brie H —3B 88
Comberford Ct. W'bry —7G 53
Comberford Dri. W'bry —4K 53
Comberford Rd. Tam —1A 32
Comber Gro. Kinv —6A 106
Comber Rd. Kinv —7A 106
Comberton. —4B 150
Comberton Av. Kidd —4B 150
Comberton Ct. Kidd —5A 150
Comberton Hill. Kidd —4M 149
Comberton Mans. Kidd —4A 150
Comberton Pk. Rd. Kidd —5B 150
Comberton Pl. Kidd —4M 149
Comberton Rd. Birm —2B 116
Comberton Rd. Kidd —4M 149
Comberton Ter. Kidd —4M 149
Combrook Grn. Birm —3D 96
Commainge Clo. Warw —2D 214
Commercial Rd. Wals —2G 39
Commercial Rd. Wolv —8E 36 (5M 7)
Commercial St. Birm —8J 93 (7D 4)
Commissary Rd. Birm A —6G 117
Comn. Barn La. Cookl —4C 128
Commonfield Cft. Birm —4D 94
Common La. Cann —6G 9
Common La. Cor —3E 120
Common La. Ken —2H 191
Common La. Map G —6B 206
Common La. Sheld —4A 116
Common La. Tam —5B 32
Common La. Wash H —3F 94
Common La. Ind. Est. Ken —2J 191
Common Rd. Wom —5F 62
Common Side. —7A 16
Commonside. Brie H —3C 88
Commonside. Bwnhls —3G 27
Commonside. Pels —7A 26
Commonside. Ruge —5G 11
Common, The. —2H 191
Common, The. Barw —3H 85
Common Vw. Burn —8G 11
Common Vw. Cann —2H 9
Common Wlk. Cann —4C 8
Common Way. Cov —3G 145
Communication Row. Birm —8J 93 (8C 4)
Compass Ct. Cov —6B 144 (4A 6)
Compa, The. Kinv —6A 106
Compton. —7J 35
Compton Clo. Kinv —5A 106
Compton Clo. Lea S —7C 212
Compton Clo. Redd —7E 204
Compton Clo. Sol —5K 137
Compton Ct. Dud —3J 89
Compton Ct. Wolv —7M 35
Compton Cft. Birm —8K 97
Compton Dri. Dud —1M 89
Compton Dri. K'wfrd —4K 87
Compton Dri. S Cold —2L 55
Compton Gdns. Kinv —5A 106
Compton Gro. Hale —5J 109
Compton Gro. K'wfrd —4K 87
Compton Hill Dri. Wolv —7K 35
Compton Pk. Wolv —7L 35
Compton Rd. Birm —8E 70
Compton Rd. Cov —7D 122
Compton Rd. Crad H —8J 89
Compton Rd. Hale —4F 110
Compton Rd. Kinv —5A 106
Compton Rd. Stourb —8D 108
Compton Rd. Tam —2M 31
Compton Rd. Wolv —7L 35
Compton Rd. W. Wolv —7J 35
Comrie Clo. Cov —3M 145
Comsey Rd. Birm —6H 55
Comwall Clo. Wals —3J 39 (in two parts)
Comyn St. Lea S —8B 212
Conally Dri. Redn —8H 133
Conchar Clo. S Cold —7J 57
Conchar Rd. S Cold —7J 57
Concorde Tower. Birm —7M 71
Condor Gro. Cann —8J 9
Condover Clo. Wals —6D 38
Condover Rd. Birm —1B 156
Conduit Rd. Nort C —5A 16
Conduit St. Lich —1H 19
Coneybury Wlk. Min —4D 72
Coneyford Rd. Birm —3C 96 (in two parts)

Coneygree Ind. Est.—Coventry Highway

Coneygree Ind. Est. Tip —6M 65
Coney Grn. Stourb —4B 108
Coney Grn. Dri. Birm —1M 155
Coneygree Rd. Tip —7M 65
Coneygree Ter. Dud —7M 65
Congleton Clo. Cov —7E 122
Congleton Clo. Redd —4B 204
Congreve Clo. Warw —7F 210
Congreve Pas. Birm —7K 93 (5E 4)
Congreve Wlk. Bed —7H 103
Conifer Clo. Bed —5J 103
Conifer Clo. Brie H —1C 108
Conifer Clo. Cann —1G 9
Conifer Ct. Bed —5J 103
Conifer Ct. Birm —7L 113
Conifer Dri. Birm —6B 134
Conifer Dri. Hand —2E 92
Conifer Gro. B'gve —6M 179
Conifer Gro. Lea S —4A 216
Conifer Paddock. Cov —8L 145
Conifer Paddock. Hale —1E 110
Conifer Rd. S Cold —1L 55
Coningsby Clo. Lea S —3C 216
Coningsby Dri. Kidd —2G 149
Conington Gro. Birm —4A 112
Coniston. Wiln —2H 47
Coniston Av. Sol —5M 115
Coniston Clo. Birm —2F 136
Coniston Clo. B'gve —8B 180
Coniston Clo. Bulk —6C 104
Coniston Clo. Earl S —1M 85
Coniston Clo. Rugby —3D 172
Coniston Ct. Earl S —1M 85
Coniston Ct. Nun —2M 79
Coniston Cres. Birm —2F 68
Coniston Cres. Stour S —3F 174
Coniston Dri. Cov —5D 142
Coniston Dri. K'wfrd —2H 87
Coniston Grange. Ken —4G 191
Coniston Ho. Birm —4D 112
Coniston Ho. Kidd —2L 149
Coniston Ho. O'bry —4D 90
Coniston Rd. Birm —4D 70
Coniston Rd. Cov —8M 143
Coniston Rd. Lea S —8K 211
Coniston Rd. S Cold —6M 41
Coniston Rd. Wolv —1K 35
Coniston Way. Bew —2A 148
Coniston Way. Cann —8E 8
Coniston Way. Nun —2M 79
Conker La. Dorr —5E 160
Connaught Av. Kidd —6J 149
Connaught Av. W'bry —6J 53
Connaught Clo. Wals —2C 54
Connaught Dri. Wom —8G 49
Connaught Rd. Bils —2M 51
Connaught Rd. Wolv —7A 36
Connops Way. Stourb —4E 108
Connor Rd. W Brom —1L 67
Conrad Clo. Birm —2A 114
Conrad Clo. Rugby —3M 197
Conrad Rd. Cov —2A 144
Consort Cres. Brie H —3C 88
Consort Dri. W'bry —1D 52
Consort Rd. Birm —6G 135
Constable Clo. Bed —4G 103
Constable Clo. Birm —6K 55
Constable Rd. Rugby —8H 173
Constables, The. O'bry —7H 91
Constance Av. W Brom —8K 67
Constance Clo. Bed —1F 122
Constance Rd. Birm —4K 113
Constantine La. Col —8M 73
Constantine Way. Bils —7A 52
Constitution Hill. Birm —5K 93 (1D 4)
Constitution Hill. Dud —1J 89
Consul Rd. Rugby —2M 171
Convent Clo. Cann —1D 14
Convent Clo. Ken —2G 191
Conway Av. Birm —3H 111
Conway Av. Cov —1D 164
Conway Av. O'bry —7H 91
Conway Av. W Brom —8H 53
Conway Clo. Dud —3J 65
Conway Clo. K'wfrd —5M 87
Conway Clo. Shir —8K 137
Conway Cres. W'hall —2C 38
Conway Gro. Birm —2D 68
Conway Ho. Wals —3K 39
Conway Rd. B'gve —8M 179
Conway Rd. Cann —1B 14
Conway Rd. F'bri —6H 97
Conway Rd. Lea S —1K 215
Conway Rd. Shir —8K 137
Conway Rd. S'brk —3C 114
Conway Rd. Wolv —6F 34
Conwy Clo. Nun —6K 79
Conwy Clo. Wals —5G 39
Conybere St. Birm —2L 113
Conyworth Clo. Birm —5K 115
Cook Av. Dud —2K 89
Cook Clo. Know —3J 161
Cook Clo. Rugby —2C 172
Cook Clo. Wolv —5E 34
Cooke Clo. Longf —5G 123
Cooke Clo. Warw —8F 210
Cooke Ct. Birm —4H 97
Cookes Cft. Birm —7B 134
Cookesley Clo. Birm —5K 55
Cooke St. Wolv —2C 50 (8J 7)
Cookley. —4A 128
Cookley Clo. Hale —7M 109
Cookley La. Kinv —8B 106
Cookley Way. O'bry —4E 90
Cooknell Dri. Stourb —7L 87
Cook Rd. Wals —7K 25
Cooksey Corner. —4D 200
Cooksey Green. —1B 200
Cooksey Grn. La. Elmb & U War —3A 200
Cooksey La. Birm —5L 55
Cooksey Rd. Birm —2C 114
Cook's La. Birm —6F 96
Cooks La. F'ton —8J 195
Cooks La. Sap —2K 83
Cookspiece Wlk. Birm —6M 95
Cook St. Birm —2C 94
Cook St. Cov —6C 144 (3C 6)
Cook St. W'bry —3F 52
Coombe Abbey Country Pk. —6D 146
Coombe Abbey Country Pk. Vis. Cen. —6E 146
Coombe Abbey Gardens. —5E 146
Coombe Av. Bin —2M 167
Coombe Ct. Cov —7A 146
Coombe Cft. Wolv —6A 22
Coombe Dri. Bin W —2E 168
Coombe Hill. Crad H —1B 110
Coombe Hill Rd. Crad H —1B 110
Coombe Pk. S Cold —2F 56
Coombe Pk. Rd. Cov —7M 145
Coombe Rd. Birm —8L 69
Coombe Rd. Shir —7J 137
Coombes La. Birm —3M 155
Coombe St. Cov —7H 145
Coombeswood. —2C 110
Coombs Rd. Hale —3B 110
Co-Operative St. Cov —6H 123
Cooper Av. Brie H —7A 88
Cooper Clo. B'gve —3L 201
Cooper Clo. W Brom —7L 67
Cooper's Bank. —8C 64
Cooper's Bank Rd. Brie H & Dud —8C 64
Coopers Hill. A'chu —3K 181
Cooper's La. Smeth —4M 91
Coopers La. Stour S —6F 174
Coopers Rd. Birm —6G 69
Cooper St. Nun —5K 79
Cooper St. W Brom —6K 67
Cooper St. Wolv —1F 50
Coopers Wlk. Bubb —3J 193
Cope Arnolds Clo. Cov —5F 122
Copeland. Brow —2C 172
Copelands, The. Kinv —5A 106
Copeley Hill. Birm —8C 70
Copes Cres. Wolv —3G 37
Copes Dri. Tam —2A 32
Cope St. Birm —6G 93
Cope St. Cov —6D 144 (4E 6)
Cope St. Wals —3J 39
Cope St. W'bry —3E 52
Cophall St. Tip —4D 66
Cophams Clo. Sol —7C 116
Copland Pl. Cov —8E 142
Coplow Clo. Bal C —3G 163
Coplow Cotts. Birm —6F 92
Coplow St. Birm —6F 92
Coplow Ter. Birm —6F 92
(off Coplow St.)
Copnor Gro. Birm —3L 115
Coppenhall Gro. Birm —6A 96
Copperas St. Cov —7H 123
Copperbeech Clo. Birm —4M 111
Copper Beech Clo. Cov —8E 122
Copperbeech Dri. Birm —4A 114
Copper Beech Dri. K'wfrd —8K 63
Copper Beech Dri. Wom —3H 63
Copperbeech Gdns. Hand —7F 68
Copperfield Rd. Cov —6H 145
Copperfields. Lich —2K 19
Copperkins Rd. Cann —5K 9
Coppermill Clo. Cann —2F 8
Coppice Ash Cft. Birm —1K 93
Coppice Av. Stourb —6F 108
Coppice Clo. Brie H —8F 88
Coppice Clo. C Ter —1F 16
Coppice Clo. C Hay —5D 14
Coppice Clo. Dud —2B 64
Coppice Clo. Hinc —6F 84
Coppice Clo. Redd —6C 204
Coppice Clo. Redn —2F 154
Coppice Clo. Shir —5J 159
Coppice Clo. Sol —2A 138
Coppice Clo. Wolv —8A 24
Coppice Ct. Cann —2B 14
Coppice Cres. Wals —2D 26
Coppice Dri. Birm —7H 115
Coppice Dri. Dord —2M 47
Coppice Farm Way. W'hall —8B 24
Coppice Gro. Lich —2M 19
Coppice Heights. Kidd —8H 149
Coppice Hollow. Birm —8H 111
Coppice La. Brie H —8F 88
Coppice La. Bwnhls —1C 26
Coppice La. C Hay —5D 14
Coppice La. Hamm —6M 17
Coppice La. Midd —7C 44
Coppice La. Wals W —8F 26
Coppice La. W'hall —3C 38
Coppice La. Wolv —3H 35
Coppice Ri. Brie H —8G 89
Coppice Rd. Bils —1G 65
Coppice Rd. Birm —6A 114
Coppice Rd. Crad H —2L 109
Coppice Rd. Sol —2E 138
Coppice Rd. Wals —5F 26
Coppice Rd. W'nsh —6B 216
Coppice Rd. Wolv —1K 49
Coppice Side. Bwnhls —1D 26
Coppice Side Ind. Est. Wals —2C 26
Coppice St. Dud —5K 65
Coppice St. Tip —3L 65
Coppice St. W Brom —5G 67
Coppice, The. Birm —7G 69
Coppice, The. Burb —1A 82
Coppice, The. Cann —8L 9
Coppice, The. Cov —1H 167
Coppice, The. Nun —2J 79
Coppice, The. Tip —8C 52
Coppice, The. W'hall —3C 38
Coppice Vw. Rd. S Cold —5A 56
Coppice Wlk. Hinc —6F 84
Coppice Wlk. Shir —5J 159
Coppice Way. Birm —7H 97
Copplestone Clo. Birm —3B 96
Copps Rd. Lea S —1K 215
Coppy Hall Gro. Wals —8H 27
Coppy Nook La. Hamm —4H 17
Copse Clo. Birm —7A 134
Copse Cres. Wals —5A 26
Copse Dri. Cov —1B 142
Copse Rd. Dud —6H 89
Copse, The. Exh —1G 123
Copse, The. S Cold —8F 42
Copsewood Av. Nun —2A 104
Copsewood Ter. Cov —7J 145
Copstone Dri. Dorr —6F 160
Copston Gro. Birm —1B 134
Copthall Rd. Birm —7C 68
Copthall Ter. Cov —8C 144 (7C 6)
Copt Heath. —8G 139
Copt Heath Cft. Know —1H 161
Copt Heath Dri. Know —2G 161
Copthorne Av. Burn —5F 16
Copthorne Rd. Birm —6L 55
Copthorne Rd. Cov —1M 143
Copthorne Rd. Wolv —2A 50
Copt Oak Clo. Cov —2C 164
Copyholt. —5B 202
Copyholt La. S Prior & Lwr B —5A 202
Coral Clo. Burb —5M 81
Coral Clo. Cov —7J 143
Coralin Clo. Birm —7H 97
Corbett Clo. B'gve —1B 202
Corbett Cres. Stourb —2A 108
Corbett Dri. S Prior —8J 201
Corbett Rd. Brie H —8D 88
Corbett Rd. H'wd —2A 158
Corbett Rd. Kidd —1G 149
Corbetts Clo. H Ard —2B 140
Corbett St. Rugby —5C 172
Corbett St. Smeth —5B 92
Corbin Rd. Dord —3M 47
Corbison Clo. Warw —8D 210
Corbizum Av. Stud —5K 209
Corbridge Av. Birm —8M 55
Corbridge Rd. S Cold —7F 56
Corbyn Rd. Birm —6H 95
Corbyn Rd. Dud —1F 88
Corbyn's Clo. Brie H —2B 88
Corbyn's Hall La. Brie H —2B 88
Corbyn's Hall Rd. Brie H —3B 88
Cordelia Grn. H'cte —5L 215
Cordelia Way. Rugby —3L 197
Cordle Marsh Rd. Bew —4C 148
Cordley St. W Brom —5H 67
Corfe Clo. Birm —4M 111
Corfe Clo. Cov —4M 145
Corfe Clo. Wolv —6F 34
Corfe Dri. Tiv —1A 90
Corfe Rd. Bils —1G 65
Corfe Way. Nun —6H 79
Corfton Dri. Wolv —5J 35
Coriander Clo. Redn —8H 133
Coriander Clo. S Prior —8J 201
Corinne Clo. Redn —3G 155
Corinne Cft. Birm —5G 97
Corinthian Pl. Cov —3K 145
Corisande Rd. Birm —7C 112
Corley. —2J 121
Corley Ash. —1G 121
Corley Av. Birm —6B 134
Corley Clo. Shir —8E 136
Corley Moor. —3E 120
Corley Vw. Ash G —2C 122
Cormorant Gro. Kidd —6B 150
Cornbrook Rd. Birm —2M 133
Cornbury Gro. Sol —5K 137
Corncrake Clo. S Cold —7K 57
Corncrake Dri. Birm —1G 97
Corncrake Rd. Dud —6E 64
Corndon Clo. Kidd —7H 149
Cornel. Tam —6F 32
Cornel Clo. Birm —1J 117
Cornelius St. Cov —1D 166
Cornerstone Country Club. Birm —4B 134
Cornerstone Ho. Cov —1E 6
Cornerway. Birm —2F 156
Cornets End. —3H 141
Cornets End La. Mer —2E 140
Cornfield. Hinc —5C 84
Cornfield. Wolv —8L 21
Cornfield Av. Stoke H —3K 201
Cornfield Clo. W Hth —1G 87
Cornfield Cft. Birm —6K 97
Cornfield Cft. S Cold —6M 57
Cornfield Dri. Lich —1L 19
Cornfield Pl. Row R —5M 89
Cornfield Rd. Birm —5B 134
Cornfield Rd. Row R —5M 89
Cornfield, The. Cov —8J 145
Cornflower Clo. F'stne —2G 23
Cornflower Cres. Dud —1M 89
Corn Flower Dri. Rugby —1D 172
Cornflower Rd. Clay —3D 26
Corngreaves Rd. Crad H —8K 89
Corngreaves, The. Birm —3C 96
Corngreaves Trad. Est. Crad H —2K 109
Corngreaves Wlk. Crad H —2L 109
Cornhampton Clo. Redd —4B 204
Cornhill. Cann —4E 8
Corn Hill. Wals —1E 54
Corn Hill. Wolv —7D 36 (4L 7)
Cornhill Gro. Birm —2J 135
Cornhill Gro. Ken —4J 191
Cornish Clo. Nun —1M 77
Cornish Cres. Nun —7G 79
Corn Mill Clo. Birm —8L 111
Corn Mill Clo. Wals —2K 53
Cornmill Gro. Pert —6D 34
Cornovian Clo. Wolv —4E 34
Corns Gro. Wom —4F 62
Corns Ho. W'bry —3E 52
(off Birmingham St.)
Corns St. W'bry —4E 52
Cornwall Av. Kidd —8J 127
Cornwall Av. O'bry —1H 111
Cornwall Av. Tam —8A 32
Cornwall Clo. K'wfrd —1L 87
Cornwall Clo. Wals —8G 27
Cornwall Clo. Warw —8F 210
Cornwall Clo. W'bry —5K 53
Cornwall Ga. W'hall —4B 38
Cornwall Ind. Est. Smeth —2B 92
Cornwallis Rd. Rugby —8H 171
Cornwallis Rd. W Brom —8G 67
Cornwall Pl. Lea S —8K 211
Cornwall Pl. Wals —6E 38
Cornwall Rd. Birm —7F 68
Cornwall Rd. Cann —4H 9
Cornwall Rd. Cov —8E 144 (7F 6)
Cornwall Rd. Redn —8E 132
Cornwall Rd. Smeth —2B 92
Cornwall Rd. Stourb —1K 107
Cornwall Rd. Wals —2B 54
Cornwall Rd. Wolv —5J 35
Cornwall St. Birm —6K 93 (4E 4)
Cornwall Tower. Birm —4H 93
Cornwall Way. Hinc —5E 84
Cornwell Clo. Redd —4H 209
Cornwell Clo. Tip —4A 66
Cornyx La. Sol —3D 138
Coronation Av. M Oak —8K 31
Coronation Av. W'hall —7D 38
Coronation Ct. Nun —5H 79
Coronation Cres. Shut —2M 33
Coronation Rd. Bils —4J 51
Coronation Rd. Chu L —5B 170
Coronation Rd. Cov —5F 144
Coronation Rd. Earl S —3K 85
Coronation Rd. Gt Barr —5E 54
Coronation Rd. Hurl —5J 61
Coronation Rd. Pels —7B 26
Coronation Rd. Salt —3F 94
Coronation Rd. S Oak —7F 112
Coronation Rd. Tip —1A 66
Coronation Rd. Wals W —6G 27
Coronation Rd. W'bry —6J 53
Coronation Rd. Wolv —4G 37
Coronation St. Tam —4A 32
Coronation Ter. B'gve —2B 202
Coronation Way. Kidd —4B 150
Coronel Av. Longf —5E 122
Corporation Rd. Dud —7L 65
Corporation Sq. Birm —6L 93 (4H 5)
Corporation St. Birm (in two parts) —7L 93 (5G 5)
Corporation St. Cov —6C 144 (5B 6)
(in three parts)
Corporation St. Kidd —4L 149
Corporation St. Nun —4H 79
Corporation St. Rugby —6A 172
Corporation St. Tam —4B 32
Corporation St. Wals —1L 53
Corporation St. W'bry —7G 53
Corporation St. Wolv —7C 36 (4H 7)
Corporation St. W. Wals —1K 53
Correen. Wiln —8J 33
Corrie Cft. Bart G —1H 133
Corrie Cft. Birm —2B 116
Corrie Ho. Cov —5A 6
Corrin Gro. K'wfrd —1J 87
Corron Hill. Hale —5B 110
(off Cobham Rd.)
Corser St. Dud —7F 64
Corser St. Stourb —6A 108
Corser St. Wolv —8F 36
Corsican Clo. Burn —1G 17
Corsican Clo. W'hall —2E 38
Corsican Dri. Cann —1G 9
Corston M. Lea S —3C 216
Cort Dri. Burn —1H 17
Corvedale Rd. Birm —3A 134
Corve Gdns. Wolv —4L 35
Corve Vw. Dud —8C 50
Corville Gdns. Birm —5C 116
Corville Rd. Hale —3F 110
Corwen Cft. Birm —2K 133
(in two parts)
Cory Cft. Tip —4A 66
Coseley. —6J 51
Coseley Hall. Bils —1J 65
Coseley Rd. Bils —4J 51
Cosford Clo. Lea S —6B 212
Cosford Clo. Redd —8M 205
Cosford Ct. Wolv —4E 34
Cosford Cres. Birm —6K 72
Cosford Dri. Dud —5L 89
Cosford La. Swift I —1M 171
Cosgrove Wlk. Wolv —8M 21
Cossington Rd. Birm —2D 70
Costers La. Redd —6M 205
Cote La. Env —1A 106
Coten End. Warw —2F 214
Cotes Rd. Burb —4M 81
Cotford Rd. Birm —7A 136
Cotheridge Clo. Shir —3C 160
Cot La. K'wfrd & Stourb —3J 87
Cotleigh Gro. Birm —6K 55
Cotman Clo. Bed —5G 103
Cotman Clo. Birm —6J 55
Cotman Dri. Hinc —6A 84
Coton. —2J 31
Coton Grn. Precinct. Tam —2M 31
Coton Gro. Shir —7E 136
Coton La. Birm —5F 70
Coton La. Mars —7B 60
Coton La. Tam —2K 31
Coton Lawn. —8D 78
Coton Rd. Mars & Col —7B 60
Coton Rd. Nun —5J 79
Coton Rd. Rugby —1G 199
Coton Rd. Wolv —4B 50
Cotsdale Rd. Wolv —6L 49
Cotsford. Sol —6A 138
Cotswold Av. Gt Wyr —6F 14
Cotswold Av. Stour S —8D 174
Cotswold Clo. A'rdge —8J 27
Cotswold Clo. Kidd —7J 149
Cotswold Clo. O'bry —4E 90
Cotswold Clo. Redn —7H 133
Cotswold Cres. Nun —6B 78
Cotswold Cft. Hale —8J 109
Cotswold Dri. Cov —6C 166
Cotswold Gro. W'hall —8B 24
Cotswold Rd. Cann —1G 9
Cotswold Rd. Stourb —3B 108
Cotswold Rd. Wolv —2F 50
Cotswold Way. B'gve —4A 180
Cottage Clo. Burn —4F 16
(in two parts)
Cottage Clo. Cann —4K 9
Cottage Clo. Lea S —3C 216
Cottage Clo. Wed —3J 37
(in two parts)
Cottage Ct. Burn —4F 16
Cottage Dri. Marl —8C 154
Cottage Farm La. Marl —7C 154
Cottage Farm Lodge. Cov —8A 122
Cottage Farm Rd. Cov —8A 122
Cottage Farm Rd. Two G & Dost —2D 46
Cottage Gdns. Earl S —1M 85
Cottage Gdns. Redn —4F 154
Cottage La. Burn —4F 16
Cottage La. Col —3D 74
Cottage La. Marl —7C 154
Cottage La. Min —3D 72
Cottage La. Wolv —6D 22
Cottage Leap. Rugby —5D 172
Cottage M. A'rdge —5L 41
Cottage St. Brie H —6D 88
Cottage St. K'wfrd —2K 87
Cottage Vw. Cod —5H 21
Cottage Wlk. W Brom —7K 67
Cottage Wlk. Wiln —3F 46
Cotterell Rd. Rugby —3M 171
Cotteridge. —5F 134
Cotteridge Rd. Birm —5G 135
Cotterills Av. Birm —5J 95
Cotterills Clo. W'nsh —6B 216
Cotterills La. Birm —5G 95
Cotterills Rd. Tip —2B 66
Cottesbrook Clo. Bin —8L 145
Cottesbrook Rd. Birm —5K 115
Cottesfield Clo. Birm —5H 95
Cottesmore Clo. W Brom —1M 67
Cottesmore Ho. Birm —6F 68
Cottle Clo. Wals —6F 38
Cotton Ct. Earl S —1M 85
Cotton Dri. Ken —3J 191
Cotton Gro. Cann —1G 9
Cotton La. Birm —7M 113
Cotton Mill Spinney. Cubb —3E 212
Cotton Pool Rd. B'gve —7L 179
Cotton Way. Burn —8F 10
Cottrells Clo. Birm —5C 136
Cottrell St. W Brom —5K 67
Cottsmeadow Dri. Birm —5J 95
Cotwall End. —2C 64
Cotwall End Countryside Cen. —3C 64
Cotwall End Rd. Dud —5B 64
Cotysmore Rd. S Cold —3K 57
Couchman Rd. Birm —5E 94
Coughton Dri. Syd —4D 216
Coulson Clo. Burn —8D 10
Coulter Gro. Pert —5D 34
Coulter La. Burn —1L 17
(in two parts)
Council Cres. W'hall —5C 38
Council Rd. Hinc —8D 84
Coundon. —2L 143
Coundon Grn. Cov —2L 143
Coundon Rd. Cov —5B 144
Coundon St. Cov —5B 144 (3A 6)
Coundon Wedge Dri. Alle —8K 121
Counterfield Dri. Row R —4M 89
Countess Cft., The. Cov —2D 166
Countess Dri. Wals —2D 40
Countess Rd. Nun —5G 79
Countess St. Wals —2K 53
Counting Ho. Way. Stoke H —3L 201
County Bridge. —7E 38
County Clo. Birm —3H 135
County Clo. W'gte —6J 111
County Dri. Tam —7A 32
County La. Alb & Cod W —4A 20
County La. Iver —1K 129
(in two parts)
County Pk. Av. Hale —6C 110
Courtaulds Ind. Est. Cov —3D 144
Courtaulds Way. Cov —3D 144
Court Clo. Kidd —8H 127
Court Cres. K'wfrd —4H 87
Court Dri. Lich —4F 28
Courtenay Gdns. Birm —7E 54
Courtenay Rd. Birm —2L 69
Ct. Farm Rd. Birm —3E 70
Ct. Farm Way. Birm —2M 133
Courthouse Cft. Ken —5J 191
Court House Green. —1H 145
Courtland Av. Cov —4M 143
Courtland Rd. K'wfrd —1L 87
Courtlands Clo. Birm —3J 113
Courtlands, The. Wolv —5L 35
Court La. Birm —1E 70
Court Leet. Bin W —2D 168
Ct. Leet Rd. Cov —2E 166
Courtney Clo. Nun —2M 79
Ct. Oak Gro. Birm —3M 111
Ct. Oak Rd. Birm —3L 111
Court Pde. Wals —3H 41
Court Pas. Dud —8J 65
Court Rd. Bal H —3L 113
Court Rd. Lane —6G 51
Court Rd. S'hll —5C 114
Court Rd. Wolv —5M 35
Court St. Crad H —8L 89
Court St. Lea S —2A 216
Court St. Stourb —4A 108
Court Way. Wals —7L 39
Courtway Av. Birm —8B 136
Courtyard, The. Col —7M 73
Courtyard, The. Ken —5J 191
Courtyard, The. Sol —5C 138
Courtyard, The. Warw —3F 214
Cousins St. Wolv —2D 50
Coveley Gro. Birm —4G 93
Coven Clo. Wals —4A 26
Coven Gro. Birm —7B 112
Coven Heath. —3D 22
Coven La. Coven —4M 21
Coven Lawn. —1B 22
Coven St. Wolv —5D 36
Coventry. —7C 144 (5C 6)
Coventry Bus. Pk. Cov —8J 143
Coventry Canal Basin. Cov —2C 6
Coventry Cathedral. —6D 144 (4D 6)
Coventry Cathedral Vis. Cen. —6D 144 (4D 6)
Coventry Eastern By-Pass. Bin & Cov —5K 167
Coventry Highway. Redd —5F 204

Coventry Old Cathedral—Cumberland Wlk.

Coventry Old Cathedral. —7D 144 (5D 6)
Coventry Rd. Bag —6E 166
Coventry Rd. Barn & Bulk —2M 123
Coventry Rd. Bed —8H 103
Coventry Rd. Berk —6K 141
Coventry Rd. Bick —6G 117
Coventry Rd. Bret —3L 169
Coventry Rd. Brin —6H 147
Coventry Rd. Burb —5L 81
Coventry Rd. Chu L —5C 170
Coventry Rd. Col —6A 98
Coventry Rd. Dunc —5D 196
Coventry Rd. Fill —6E 100
Coventry Rd. Griff & Nun —4H 103
Coventry Rd. Hinc —2E 80
Coventry Rd. Ken —3F 190
Coventry Rd. Ken & Cov —8J 165
Coventry Rd. K'bry —5D 60
Coventry Rd. Sap —4L 83
Coventry Rd. Sheld & Elmd —5A 116
Coventry Rd. Small H & Yard —8A 94 (8M 5)
Coventry Rd. S'gh & Cubb —3C 192
Coventry Rd. Warw —2F 214
Coventry Rd. Wig P & Sharn —8E 82
Coventry Rd. Wlvy —6K 105
Coventry Rd. Exhall. Exh —2G 123
Coventry St. Birm —7M 93 (6J 5)
Coventry St. Cov —5G 145
Coventry St. Kidd —3L 149
Coventry St. Nun —5J 79
Coventry St. Stourb —4A 108
Coventry St. Wolv —7G 37
Coventry Tourist Info. Cen. —7D 144 (5D 6)
Coventry Toy Mus. —7D 144 (6E 6)
Coventry Trad. Est. Cov —6J 167
Coventry University Technology Pk. Cov —8D 144 (7D 6)
(in two parts)
Cove Pl. Cov —2J 145
Cover Cft. S Cold —8A 58
Coverdale Rd. Sol —5A 116
Coverley Pl. Rugby —6L 171
Covers, The. Stud —3L 209
Covert La. Stourb —8K 107
Covert, The. Wolv —8L 21
Covey Clo. Lich —8K 13
Cowan Clo. Rugby —8J 171
Cowdray Clo. Lea S —2C 216
Cow La. What —6F 46
Cowles Cft. Birm —8L 95
Cowley. Tam —7E 32
Cowley Clo. Birm —8F 72
Cowley Dri. Birm —5K 115
Cowley Dri. Dud —7F 64
Cowley Grn. Cann —1F 8
Cowley Gro. Birm —4E 114
Cowley Rd. Birm —4E 114
Cowley Rd. Cov —5K 145
Cowley Way. Kils —7M 199
Cowper Clo. Warw —8F 210
Cowper Clo. W'hall —2E 38
Cowper Rd. Hinc —3K 81
Cowper Wlk. Kidd —3C 150
Cowslip Clo. K Nor —1F 156
Cowslip Clo. S Oak —2A 134
Cowslip Wlk. Brie H —3C 108
Cox Cres. Dunc —5J 197
Coxcroft Av. Brie H —1F 108
Coxmoor Clo. Wals —6F 24
Cox Rd. Bils —8L 51
Coxs Clo. Nun —6H 79
Cox's La. Crad H —7M 89
Cox's Orchard. W'nsh —5A 216
Cox St. Birm —5K 93 (2D 4)
Cox St. Cov —6D 144 (3E 6)
Coxwell Av. Wolv —3C 36
Coxwell Gdns. Birm —7F 92
Coyne Clo. Tip —4K 65
Coyne Rd. W Brom —7H 67
Cozens Clo. Bed —5G 103
Crabbe St. Stourb —4F 108
Crabbs Cross. —3D 208
Crabbs Cross La. Redd —4D 208
Crab La. Cann —6G 9
Crab La. K'wfrd —5A 88
Crab La. W'hall —8D 24
Crabmill Clo. Birm —2E 156
Crabmill Clo. Know —2J 161
Crabmill La. Birm —2J 157
Crabmill La. Cov —2F 144
Crabourne Rd. Dud —7H 89
Crabtree Clo. Birm —7C 134
Crabtree Clo. Hag —3B 130
Crabtree Clo. Redd —7F 204
Crabtree Clo. W Brom —1M 67
Crabtree Ct. B'gve —6L 179
Crabtree Dri. Birm —7F 96
Crabtree Dri. B'gve —6M 179
Crabtree Gro. Lea S —3C 216
Crab Tree Ho. Birm —6L 95
Crabtree La. B'gve —5L 179
Crabtree Rd. Barw —4F 84
Crabtree Rd. Birm —4G 93
Crackley. —1H 191
Crackley Cotts. Ken —1H 191
Crackley Cres. Ken —1H 191
Crackley La. Ken —5E 164
Crackley Way. Dud —3G 89
Craddock Ct. Nun —2C 78
Craddock Dri. Nun —2C 78
Craddock Rd. Smeth —3L 91
Craddock St. Wolv —5A 36
Cradley Clo. Redd —7M 205
Cradley Cft. Birm —6C 68
Cradley Fields. Hale —4K 109
Cradley Forge. Brie H —1G 109
Cradley Heath. —1J 109
Cradley Heath Factory Cen. Crad H —1J 109
Cradley Mill. Brie H —2F 108
Cradley Pk. Rd. Dud —7J 89
Cradley Rd. Crad H —1J 109
Cradley Rd. Dud —5K 89
Cradock Rd. Salt —4E 94
Craig Clo. Lea S —3B 216
Craig Cft. Birm —7K 97
Craigends Av. Bin —3M 167
Crail Gro. Birm —5H 55
Crakston Clo. Cov —7L 145
Cramlington Rd. Birm —1G 69
Crammond Clo. Hinc —1H 81
Crampers Fld. Cov —4A 144
Cramp Hill. W'bry —3D 52
Cranberry Dri. Stour S —5E 174
Cranborne Chase. Cov —4M 145
Cranbourne Av. Wolv —6E 50
Cranbourne Clo. Redn —7G 133
Cranbourne Gro. Birm —1A 70
Cranbourne Pl. W Brom —5K 67
Cranbourne Rd. Birm —1A 70
Cranbourne Rd. Stourb —5A 108
Cranbrook Ct. W'hall —7C 38
(off Mill St.)
Cranbrook Gro. Wolv —6F 34
Cranbrook Rd. Birm —8C 68
Cranby St. Birm —4D 94
Craneberry Rd. Birm —7E 96
Cranebrook Hill. Dray B —4E 44
Cranebrook La. Hltn —3M 27
Crane Clo. Warw —8D 210
Crane Ct. Wals —6A 40
Crane Dri. Burn —5G 17
Crane Fields. Lich —8G 13
Crane Hollow. Wom —4E 62
Cranehouse Rd. Birm —7B 56
Cranemoor Clo. Birm —3C 94
Crane Rd. Bils —6M 51
Craner's Rd. Cov —5F 144
Cranesbill Clo. F'stne —2J 23
Cranesbill Rd. Birm —3A 134
Cranes Pk. Rd. Birm —4C 116
Crane St. Kidd —3J 149
Crane Ter. Wolv —4L 35
Cranfield Gro. Birm —1M 115
Cranfield Pl. Wals —5M 53
Cranfield Rd. Burn —2G 17
Cranford Gro. Sol —8B 138
Cranford Rd. Cov —5K 143
Cranford Rd. Wolv —1J 49
Cranford St. Smeth —4C 92
Cranford Way. Smeth —4C 92
Cranham Clo. Redd —1B 208
Cranham Dri. K'wfrd —4L 87
Cranhill Clo. Sol —8B 116
Crankhall La. W'bry & W Brom —6H 53
Cranleigh Clo. Wals —4H 41
Cranleigh Clo. W'hall —8C 24
Cranleigh Ho. Birm —3F 70
Cranleigh Pl. Birm —4L 69
Cranleigh Way. Lich —2L 19
Cranley Dri. Cod —5F 20
Cranmer Av. W'hall —2D 38
Cranmere Av. Wolv —3G 35
Cranmere Clo. C Hay —8D 14
Cranmer Gro. H'cte —6K 215
Cranmer Gro. S Cold —3F 42
Cranmoor Cres. Hale —4A 110
Cranmore Av. Birm —2D 92
Cranmore Av. Shir —1L 159
Cranmore Boulevd. Shir —1K 159
Cranmore Clo. Tip —1A 66
Cranmore Dri. Shir —8L 137
Cranmore Rd. Birm —8D 72
Cranmore Rd. Shir —1K 159
Cranmore Rd. Wolv —6M 35
Cransley Gro. Sol —8A 138
Crantock Clo. Ess —8C 24
Crantock Rd. Birm —5J 69
Crantock Way. Nun —5M 79
Cranwell Grn. Wom —4F 62
Cranwell Gro. Birm —6K 71
Cranwell Ri. M Oak —8J 31
Cranwell Way. Birm —6A 72
Crathie Clo. Cov —3M 145
Crathorne Av. Wolv —8C 22
Craufurd Ct. Stourb —6A 108
Craufurd St. Stourb —6A 108
Craven. Wiln —8G 33
Craven Av. Bin W —2C 168
Craven Heights. H Ard —2A 140
Craven Rd. Rugby —5B 172
Craven St. Cov —7M 143
Craven St. Wolv —3F 50
Crawford Av. Smeth —5M 91
Crawford Av. W'bry —2C 52
Crawford Av. Wolv —6F 50
Crawford Clo. Lea S —4B 212
Crawford Rd. S Cold —1M 71
Crawford Rd. Wolv —7A 36
Crawford St. Birm —4C 94
Crawley Wlk. Crad H —8K 89
Crawshaws Rd. Birm —8C 72
Crayford Rd. Birm —8A 56
Craythorne Av. Birm —4E 68
Crecy Clo. S Cold —5L 57
Crecy Rd. Cov —2E 166
Credenda Rd. W Brom —8G 67
Crediton Clo. Nun —4M 79
Credon Gro. Edg —5F 112
Cregoe St. Birm —8J 93 (8D 4)
Cremore Av. Birm —4E 94
Cremorne Rd. S Cold —7H 43
Crendon Clo. Stud —4L 209
Crendon Rd. Row R —3A 90
Crescent Av. Brie H —7C 88
Crescent Av. Cov —7J 145
Crescent Av. Hock —3H 93
Crescent Rd. Dud —4H 89
Crescent Rd. Kidd —3J 149
Crescent Rd. W'bry —3D 52
Crescent Rd. W'hall —7C 38
Crescent, The. Bils —3K 51
Crescent, The. Birm —6K 55
(nr. Collingwood Dri.)
Crescent, The. Birm —8G 55
(nr. Queslett Rd.)
Crescent, The. Birm P —1L 117
Crescent, The. Brin —5M 147
Crescent, The. B'gve —8M 179
Crescent, The. Burn —8F 10
Crescent, The. Cookl —5B 128
Crescent, The. Crad H —2A 110
Crescent, The. Dud —5L 65
Crescent, The. Elme —4K 85
Crescent, The. Gt Wyr —7G 15
Crescent, The. Hag —4M 129
Crescent, The. H Ard —2B 140
Crescent, The. Hock —3H 93
Crescent, The. Ker E —3M 121
Crescent, The. Kidd —1M 175
Crescent, The. Law H —3C 196
Crescent, The. Row R —7C 90
Crescent, The. Shir —5G 137
Crescent, The. Sol —5B 138
Crescent, The. Stourb —5C 108
Crescent, The. Wals —1A 54
Crescent, The. Wat O —6H 73
Crescent, The. W'bry —5G 53
Crescent, The. W'hall —8C 38
Crescent, The. Wolv —6H 35
Crescent Tower. Birm —5C 4
Crescent Wlk. Birm —6C 4
Cressage Av. Birm —8A 134
Cressage Rd. Cov —3A 146
Cressett Av. Brie H —5B 88
Cressett La. Brie H —5C 88
Cressington Dri. S Cold —8G 43
Cresswell Clo. Nun —1J 79
Cresswell Ct. Pend —6A 22
Cresswell Cres. Wals —7F 24
Cresswell Gro. Birm —5K 71
Crest Pk. Redd —3M 205
Crest, The. Birm —2B 156
Crest, The. Lea S —6C 212
Crest Vw. Birm —5B 136
Crest Vw. S Cold —1M 55
Crestwood. Tam —4G 33
Crestwood Av. Kidd —4G 149
Crestwood Dri. Birm —2L 69
Crestwood Glen. Wolv —2L 35
Creswell Green. —8L 11
Creswell Rd. Birm —2H 137
Creswick Gro. Redn —2J 155
Crew La. Ken —3J 191
Crew Rd. W'bry —5G 53
Creynolds Clo. Shir —5K 159
Creynolds La. Shir —6K 159
Cricket Clo. Cov —6M 143
Cricket Clo. Wals —2B 54
Cricketers Mdw. Crad H —2L 109
Cricket La. Lich —5J 19
Cricket Mdw. Dud —4E 64
Cricket Mdw. Wolv —5D 22
Cricket St. W Brom —2F 66
Crick La. Birm —1G 93
Cricklewood Dri. Hale —6D 110
Crick Rd. Rugby & Hillm —1H 199
Crigdon. Wiln —7J 33
Crimmond Ri. Hale —4L 109
Crimscote Clo. Shir —3M 159
Cringlebrook. Tam —8D 32
Cripps Rd. Wals —6E 38
Critchley Dri. Dunc —6K 197
Criterion Works. W'hall —1B 52
Crocketts Av. Birm —2D 92
Crockett's La. Smeth —4A 92
Crocketts Rd. Birm —2C 92
Crockett St. Dud —7G 65
Crockford Dri. S Cold —6H 43
Crockford Rd. W Brom —8J 53
Crockington La. Seis —7A 48
Crocus Cres. Pend —6A 22
Croft Apartments. W'hall —7A 38
(off Croft St.)
Croft Av. Cann —1G 9
Croft Clo. Barw —3H 85
Croft Clo. Birm —1L 115
Croft Clo. Redd —6K 205
Croft Clo. Stret D —3F 194
Croft Clo. Warw —2J 215
Croft Clo. Wlvy —5L 105
Croft Ct. Cas B —1B 96
Croft Cres. Wals —2D 26
Croftdown Rd. Birm —3M 111
Cft. Down Rd. Sol —5D 116
Croft Dri. Birm —1M 115
Crofters Clo. Stourb —5B 108
Crofters Ct. Birm —3E 112
Crofters Wlk. Wolv —8L 21
Croft Fields. Bed —7H 103
Croft Gdns. Birm —1M 95
Croft Gdns. Burn —1G 17
Croft Ho. Wals —8M 39
(off Paddock La.)
Croft Ind. Est. Birm —7K 97
Croft Ind. Est. W'hall —7A 38
Croft La. Wolv —2G 37
Croftleigh Gdns. Sol —7L 137
Croft Mead. Nun —6J 77
Crofton Common. —2A 156
Crofton Hackett. —7K 155
Croft Pde. Wals —3H 41
Croft Pool. Bed —7F 102
Croft Rd. Bed —7F 102
Croft Rd. Birm —1L 115
Croft Rd. Cov —7B 144 (5A 6)
Croft Rd. Leek W —2G 211
Croft Rd. Nun —7E 78
Crofts La. A'wd B —7A 208
Crofts, The. S Cold —2A 72
Croft St. Tam —3B 32
Croft St. Wals —6K 39
Croft St. W'hall —7A 38
(in two parts)
Croft, The. Birm —6B 134
Croft, The. Blak —7J 129
Croft, The. Bulk —7B 104
Croft, The. Dud —3F 88
Croft, The. Longf —5F 122
Croft, The. Mer —8J 119
Croft, The. Sed —8E 50
Croft, The. Wals —1E 54
Croft, The. W'hall —3D 38
Croft, The. Wom —4D 62
Croftway, The. Birm —3E 68
Croftwood Rd. Stourb —5D 108
Cromane Sq. Birm —2E 68
Cromarty Clo. Cov —5G 143
Cromarty Dri. Hinc —1F 80
Cromdale. Wiln —8J 33
Cromdale Clo. Nun —6A 78
Cromdale Dri. Hale —6K 109
Cromer Gdns. Wolv —4M 35
Crome Rd. Birm —6K 55
Cromer Rd. Birm —4M 113
Cromer Rd. Lea S —7B 212
Cromes Wood. Cov —8D 142
Crompton Av. Hand —8J 69
Crompton Clo. Wals —4G 39
Crompton Rd. Hand —8J 69
Crompton Rd. Nech —1C 94
Crompton Rd. Redn —8D 132
Crompton Rd. Tip —5A 66
Crompton St. Warw —3D 214
Cromwell Clo. Bntly —5E 38
Cromwell Clo. Row R —4M 89
Cromwell Dri. Dud —1M 89
Cromwell La. Birm —1K 133
Cromwell La. Burt G & Cov —5B 164
Cromwell Mdw. Lich —4J 19
Cromwell Rd. Cann —8L 9
Cromwell Rd. Rugby —8C 172
Cromwell Rd. Tam —1L 31
Cromwell Rd. Wolv —6E 22
Cromwell St. Birm —4B 94
Cromwell St. Cov —3F 144
Cromwell St. Dud —1L 89
Cromwell St. W Brom —5J 67
Crondal Pl. Birm —2H 113
Crondal Rd. Exh —2H 123
Cronehills Linkway. W Brom —5K 67
Cronehills St. W Brom —6K 67
Cronehills, The. —6J 67
Crooked Ho. La. Dud —7M 63
Crookham Clo. Birm —2M 111
Crookhay La. W Brom —1G 67
Crook Ho. Yd. Brin —5M 147
Crook La. Wals —2G 55
Crooks La. Stud —5K 209
Croome Clo. Cov —5M 143
Croome Clo. Redd —8M 205
Croome Clo. S'hll —6B 114
Cropredy Rd. Birm —1A 156
Cropthorne Clo. Redd —2G 209
Cropthorne Dri. H'wd —2B 158
Cropthorne Ho. B'gve —6B 180
(off Burcot La.)
Cropthorne Rd. Shir —6J 137
Crosbie Rd. Birm —3B 112
Crosbie Rd. Cov —6L 143
Crosby Clo. Birm —6H 93 (4A 4)
Crosby Clo. Wolv —4M 35
Cross Cheaping. Cov (in two parts) —6C 144 (4C 6)
Cross Clo. Crad H —7M 89
Cross Farm Rd. Birm —5C 112
Cross Farms La. Redn —8F 132
Crossfell. Wiln —8H 33
Crossfield Ind. Est. Lich —1L 19
Crossfield Rd. Birm —5B 96
Crossfield Rd. Lich —1L 19
Crossfields Rd. Warw —1F 214
Crossgate Rd. Dud —3F 88
Crossgate Rd. Park I & Redd —1J 209
Cross Green. —1D 22
Crossings Ind. Est., The. Wals —1G 39
Crossings, The. Lich —1L 19
Cross in Hand La. Fare —5A 12
(in two parts)
Crosskey Clo. Birm —7E 96
Cross Keys. Lich —1H 19
Cross Keys M. Hag —5M 129
Crosskirk Rd. Hinc —1F 80
Crossland Cres. Wolv —3M 35
Crossland Rd. Birm —5M 133
Crossland Row. Burb —3A 82
Cross La. Birm —8E 54
Cross La. Cubb —5E 212
Cross La. Dud —1D 64
Cross La. Lich —3K 19
Cross La. Wtgtn —8E 28
Crossley Ct. Cov —2F 144
Crossley Est. Kidd —2K 149
Crossley St. Dud —5K 89
Crossley Wlk. B'gve —2L 201
Cross Pl. Dud —8E 50
Cross Point Bus. Pk. Cross P —1B 146
Cross Rd. Cov —1E 144
Cross Rd. Ker E —3M 121
Cross Rd. Lea S —1K 215
Cross Rd. Ind. Est. Cov —2F 144
Cross Row. Cann —5F 8
Cross St. Bils —7L 51
(in two parts)
Cross St. Birm —1C 92
Cross St. Burn —1E 16
Cross St. Cann —4E 14
Cross St. C Hay —7D 14
Cross St. Cov —5D 144 (2E 6)
Cross St. Dud —8J 65
Cross St. Hale —6A 110
Cross St. Hth H —8L 9
Cross St. Kett —6C 32
Cross St. K'wfrd —1H 87
Cross St. Lea S —8A 212
Cross St. Long L —4G 171
Cross St. Nun —6D 78
Cross St. O'bry —5G 91
Cross St. Pels —8A 26
Cross St. Row R —8C 90
Cross St. Rugby —5C 172
Cross St. Smeth —3A 92
Cross St. Stourb —4L 107
Cross St. Tam —4B 32
Cross St. Warw —2F 214
Cross St. W'bry —2D 52
(nr. Blockhall)
Cross St. W'bry —6E 52
(nr. Meeting St.)
Cross St. W'hall —8A 38
Cross St. Wolv —8F 36
Cross St. Word —6K 87
Cross St. N. Wolv —5D 36 (1K 7)
Cross St. S. Wolv —2C 50
Cross, The. K'wfrd —3K 87
Cross Wlk. Dord —3M 47
Cross Wlk. Tiv —1C 90
Cross Walks Rd. Stourb —4E 108
Crossway La. Birm —3M 69
Crossway Rd. Cov —5B 166
Crossways. Hinc —4M 81
Crossways Cotts. Fill —5G 101
Crossways Ct. Birm —2B 70
Crossways Grn. Birm —2B 70
Crosswells Rd. O'bry —4H 91
Crowberry Clo. Clay —3D 26
Crowberry La. Midd —8J 45
Crowden Rd. Wiln —8G 33
Crowesbridge M. Bils —1H 65
Crowhill Rd. Nun —7M 79
Crowhurst Rd. Birm —2L 155
Crowland Av. Wolv —5E 34
Crowle Dri. Stourb —4C 108
Crowley's Clo. Ullen —6J 207
Crowmere Rd. Cov —2M 145
Crown & Anchor Yd. Hinc —8D 84
Crown Av. Birm —7K 69
Crown Cen., The. Stourb —4A 108
Crown Clo. B'gve —7M 179
Crown Clo. Dud —8D 50
Crown Clo. Row R —5D 90
Crown Ct. Hinc —8D 84
Crown Ct. W'bry —1C 52
Crown Grn. Cov —7E 122
Crown Hill Rd. Burb —5K 81
Crown La. Iver —2J 129
Crown La. Stourb —4M 107
Crown La. S Cold —6E 42
Crown La. Ware —3L 149
Crown La. Wych —5A 200
Crown Mdw. A'chu —3A 182
Crownmeadow Dri. Tip —2D 66
Crown Rd. Birm —7D 94
(B9)
Crown Rd. Birm —5G 135
(B30)
Crown St. Wolv —5D 36
Crown Wlk. Tip —7A 66
Crown Way. Lea S —6B 212
Crows Nest Clo. S Cold —6M 57
Crowther Gdns. Hale —2J 109
Crowther Gro. Wolv —5M 35
Crowther Rd. Birm —4C 70
Crowther Rd. Wolv —5L 35
Crowther St. Kidd —3J 149
Crowther St. Wolv —5E 36
Crowthorns. Rugby —2C 172
Croxall Way. Smeth —4B 92
Croxdene Av. Wals —8F 24
(in two parts)
Croxhall Dri. Col —7G 75
Croxhall St. Bed —7J 103
Croxley Dri. Cann —6J 9
Croxley Gdns. W'hall —1M 51
Croxstalls Av. Wals —1G 39
Croxstalls Clo. Wals —8G 25
Croxstalls Pl. Wals —1G 39
Croxstalls Rd. Wals —8G 25
Croxton Gro. Birm —5A 96
Croyde Av. Birm —2G 69
Croydon Clo. Cov —3E 166
Croydon Rd. B'brk —6F 112
Croydon Rd. Erd —8F 70
Croy Dri. Birm —5B 72
Crummock Clo. Cov —6D 122
Crumpfields La. Redd —8L 203
Crusader Clo. O'bry —4E 90
Crutch La. Elmb & U War —8A 200
Crutchley Av. Tam —7A 32
Crutchley Way. W'nsh —7A 216
Crychan Clo. Redn —7H 133
Cryersoak Clo. Shir —2B 160
Cryfield Grange Rd. Ken & Cov —7J 165
Cryfield Halls. Cov —5H 165
Cryfield Heights. Cov —7K 165
Cryfield Hurst Flats. Cov —5H 165
Cryfield Redfern Flats. Cov —6H 165
Crystal Av. Stourb —8M 87
Crystal Dri. Smeth —1J 91
Crystal Ho. Smeth —3B 92
Cubbington. —4E 212
Cubbington Rd. Cov —7G 123
Cubbington Rd. Lea S —6A 212
Cubley Rd. Birm —8E 114
Cuckoo Clo. Cann —6J 9
Cuckoo La. Cov —6D 144 (4D 6)
Cuckoo Rd. Birm —1C 94
Cuin Dri. Smeth —4C 92
Cuin Rd. Smeth —4C 92
Cuin Wlk. Smeth —4C 92
(off Cuin Rd.)
Culey Gro. Birm —7D 96
Culey Wlk. Birm —7K 97
Culford Dri. Birm —1J 133
Culham Clo. Birm —7K 115
Cullwick St. Wolv —2G 51
Culmington Rd. Birm —1M 155
Culmore Clo. W'hall —5D 38
Culmore Rd. Hale —8E 90
Culpeper Clo. Nun —5E 78
Culverhouse Dri. Brie H —8A 88
Culverley Cres. Know —3F 160
Culvert Way. Smeth —2K 91
Culwell Ind. Est. Wolv —5F 36
Culwell St. Wolv —6D 36 (2L 7)
Culworth Clo. Brow —2E 172
Culworth Clo. Lea S —4M 215
Culworth Ct. Cov —2E 144
Culworth Ct. Lea S —4A 216
Culworth Row. Cov —1E 144
Cumberford Av. Birm —8E 96
Cumberland Av. Birm —2L 113
Cumberland Clo. K'wfrd —5L 87
Cumberland Cres. Burn —1G 17
Cumberland Cres. Lea S —6D 212
Cumberland Dri. Nun —6E 78
Cumberland Dri. Tam —8A 32
Cumberland Ho. Wolv —1J 7
Cumberland Rd. Bils —2K 51
Cumberland Rd. Cann —5G 9
Cumberland Rd. O'bry —2H 111
Cumberland Rd. W Brom —3K 67
Cumberland Rd. W'hall —7D 38
Cumberland St. Birm —7J 93 (6C 4)
Cumberland St. N. Birm —7H 93 (6B 4)
Cumberland Wlk. Cov —3A 146

Cumberland Wlk.—Dennis Rd.

Cumberland Wlk. S Cold —4B 58
Cumberland Way. Barw —2G 85
Cumberledge Hill. Ruge —4D 10
Cumbrae Dri. Hinc —8B 84
Cumbria Clo. Cov —6A 144
Cumbrian Cft. Hale —7K 109
Cumbria Way. Salt —3D 94
Cumming St. Lea S —2A 216
Cundall Clo. Lea S —3B 216
Cunningham Rd. Pert —5E 34
Cunningham Rd. Wals —7E 38
Cunningham Way. Rugby —7J 171
Cupfields Av. Tip —1B 66
Cupfields Cres. Tip —2C 66
Curbar Rd. Birm —3J 69
Curborough. —4J 13
Curborough Rd. Lich —6H 13
Curdale Rd. Birm —1H 133
Curdworth. —3H 73
Curdworth La. Wis —8F 58
Curie Clo. Rugby —6D 172
Curlew. Wiln —2G 47
Curlew Clo. Kidd —7B 150
Curlew Clo. Lich —2L 19
Curlew Hill. Cann —6G 9
Curlews Clo. Birm —1C 70
Curlieu Clo. H Mag —2A 214
Curral Rd. Row R —6C 90
Curran Clo. W'nsh —5B 216
Curriers Clo. Char I —2D 164
Curriers Clo. Ind. Est. Cov —2D 164
Curr La. Up Ben —6H 203
Cursley La. Kidd —8F 150
Curtin Dri. W'bry —5B 52
Curtis Clo. Smeth —5C 92
Curtis Clo. Tard —1F 202
Curtis Rd. Cov —3K 145
Curzon Av. Cov —1E 144
Curzon Circ. Birm —6A 94 (3L 5)
Curzon Clo. Burb —2M 81
Curzon Gro. Lea S —3C 216
Curzon St. Birm —6M 93 (4K 5)
Curzon St. Wolv —2D 50
Cuthbert Rd. Birm —5E 92
Cutlers Rough Clo. Birm —4M 133
Cutler St. Smeth —3B 92
Cutsdean Clo. Birm —3M 133
Cutshill Clo. Birm —1C 96
Cut Throat La. H'ley H —2K 185
Cut-Throat La. Wool —8K 197
Cutting, The. Wals —6M 39
Cuttle Mill La. Wis —6K 59
Cuttle Pool La. Know —5M 161
Cutty Sark Dri. Stour S —7H 175
Cutworth Clo. S Cold —6A 58
Cwerne Ct. Dud —6C 64
Cygnet Clo. A'chu —2A 182
Cygnet Clo. Hed —2J 9
Cygnet Clo. Wolv —7J 35
Cygnet Ct. Kidd —8A 150
Cygnet Gro. Birm —3A 70
Cygnet Ho. Cov —2E 6
Cygnet La. Pens —2C 88
Cygnet Rd. W Brom —4G 67
Cygnus Bus. Pk. Ind. Cen. W Brom —3F 66
Cygnus Way. W Brom —4F 66
Cymbeline Way. Rugby —3K 197
Cypress Av. Dud —4D 64
Cypress Ct. Kidd —5A 150
Cypress Cft. Bin —1M 167
Cypress Gdns. K'wfrd —5J 87
Cypress Gdns. Wals —5C 54
Cypress Gro. Birm —8L 133
Cypress La. W'nsh —6B 216
Cypress Ri. Cann —3A 10
Cypress Rd. Dud —8M 65
Cypress Rd. Wals —5C 54
Cypress Sq. Birm —4J 115
Cypress Way. Birm —1M 155
Cyprus Av. A'wd B —7D 208
Cyprus Clo. Birm —2A 134
Cyprus St. O'bry —1G 91
(in two parts)
Cyprus St. Wolv —3C 50
Cyril Rd. Birm —1D 114

Dace. Tam —2D 46
Dacer Clo. Birm —4H 135
Dadford Vw. Brie H —7B 88
Dad's La. Birm —8J 113
Daffern Av. Gun H —1G 101
Daffern Rd. Exh —8G 103
Daffodil Clo. Dud —2E 64
Daffodil Pl. Wals —1D 54
Daffodil Rd. Wals —1D 54
Daffodil Way. Birm —8L 133
Dagger La. W Brom —5L 67
Dagnall Rd. Birm —6K 115
Dagnell End Rd. Redd —2E 204
Dagtail End. —6E 208
Dagtail La. Redd —6D 208
Dahlia Clo. Hinc —3L 81
Daimler Clo. Birm —8F 72
Daimler Rd. Birm —6D 136
Daimler Rd. Cov —4C 144
Dainton Gro. Birm —8J 111
Daintree Cft. Cov —2C 166
Daintry Dri. Hop —2H 31
Dairy Clo. Tip —4B 66
Dairy Ct. O'bry —2K 111
Dairy La. Redd —4A 204
Daisy Bank. —1E 54
Daisy Bank. Cann —1F 8
Daisy Bank Clo. Wals —7B 26
Daisy Bank Cres. Wals —1D 54
Daisy Dri. Erd —4A 70
Daisy Farm Rd. Birm —7B 136
Daisy Mdw. Tip —3C 66
Daisy Rd. Birm —7F 92
Daisy St. Bils —7K 51
Daisy Wlk. Pend —6A 22
Dalbeg Clo. Wolv —1L 35
Dalbury Rd. Birm —4E 136
Dalby Clo. Bin —1L 167
Dalby Rd. Wals —3M 39
Dale Clo. Birm —8D 54
Dale Clo. B'hth —2M 179
Dale Clo. Smeth —6A 92
Dale Clo. Tip —4D 66
Dale Clo. Warw —1G 215
Dalecote Av. Sol —1E 138
Dale Dri. Burn —2H 17
Dale End. Birm —6L 93 (5H 5)
Dale End. Nun —4E 78
Dale End. W'bry —2D 52
(in two parts)
Dale End Clo. Hinc —2G 81
Dale Hill. B'wll —3F 180
Dalehouse La. Ken —3H 191
Dale La. L End —2E 180
Dale Mdw. Clo. Bal C —3H 163
Dale Rd. Birm —6E 112
Dale Rd. Hale —2E 110
Dale Rd. Redd —4F 204
Dale Rd. Stourb —7M 107
Dales Clo. Wolv —3B 36
Dales La. Wals —4C 40
Dalesman Clo. K'wfrd —2H 87
Dale St. Bils —4M 51
Dale St. Lea S —1L 215
Dale St. Rugby —5A 172
Dale St. Smeth —6A 92
Dale St. Tip —3D 66
Dale St. Wals —2K 53
(in two parts)
Dale St. W'bry —6E 52
Dale St. Wolv —8B 36 (6G 7)
Dale Ter. Tiv —1C 90
Daleview Rd. Birm —5C 136
Dale Wlk. Birm —2H 115
Daleway Rd. Cov —6B 166
Dalewood Cft. Birm —3M 115
Dalewood Rd. Birm —4F 96
Daley Clo. Birm —6H 93 (4A 4)
Daley Rd. Bils —7M 51
Dalkeith Av. Rugby —2K 197
Dalkeith Rd. S Cold —7D 56
Dalkeith St. Wals —6J 39
Dallas Rd. Birm —5C 70
Dallimore Clo. Sol —6M 115
Dallington Rd. Cov —3L 143
Dalloway Clo. Birm —3K 113
Dalmahoy Clo. Nun —1C 104
Dalmeny Rd. Cov —2D 164
Dalston Clo. Dud —3K 89
Dalston Rd. Birm —5J 115
Dalton Clo. Chu L —3B 170
Dalton Ct. Birm —5B 70
Dalton Gdns. Cov —5M 145
Dalton Rd. Bed —7F 102
Dalton Rd. Cov —1B 166 (8A 6)
Dalton Rd. Wals —6G 39
Dalton St. Birm —6L 93 (4H 5)
Dalton St. Wolv —1B 50
Dalton Tower. Birm —2J 5
Dalton Way. Birm —6L 93 (4G 5)
Dalvine Rd. Dud —7H 89
Dalwood Clo. Bils —2H 65
Dalwood Way. Cov —5H 123
Daly Av. H Mag —3A 214
Damar Cft. Birm —5K 135
Dama Rd. Faz —1M 45
Dame Agnes Gro. Cov —1H 145
Damian Clo. Smeth —4M 91
Damson Clo. Call H —3C 208
Damson Ct. Hinc —2H 81
Damson La. Sol —4E 138
Damson Parkway. Sol —6F 116
Damson Way. Bew —5C 148
Dam St. Lich —1H 19
Danbury Clo. S Cold —7A 58
Danbury Rd. Shir —7H 137
Danby Dri. Cann —5C 10
Danby Gro. Birm —7H 71
Dando Rd. Dud —1K 89
Dandy Bank Rd. K'wfrd —1A 88
Dandy's Wlk. Wals —8M 39
Dane Gro. Birm —1K 135
Danehill Wlk. Wolv —1M 35
Danelagh Clo. Tam —2M 31
Dane Rd. Cov —5G 145
Danesbury Cres. Birm —1A 70
Danesbury Cres. Lea S —3D 216
Danes Clo. Ess —5M 23
Danescourt Rd. Wolv —3J 35
Danescroft. Stour S —5F 174
Daneswood Dri. Wals —6F 26
Daneswood Rd. Bin W —2E 168
Dane Ter. Row R —4C 90
Daneways Clo. S Cold —1A 56
Danford Clo. Stourb —5A 108
Danford Gdns. Birm —1C 114
Danford La. Sol —6L 137
Danford Rd. H'wd —3M 157
Danford Way. Birm —1D 68
Dangerfield Ho. W Brom —8L 67
Dangerfield La. W'bry —4C 52
Daniel Av. Nun —6C 78
Daniels La. Wals —5J 41
Daniels Rd. Birm —7G 95
Danilo Rd. Cann —8D 8
Danks St. Tip —7A 66
Danzey Clo. Redd —4H 209
Danzey Green. —1J 207
Danzey Grn. La. Tan A —8H 185
Danzey Green Postmill. —4L 201
Danzey Grn. Rd. Birm —8B 72
Danzey Gro. Birm —6J 135
Daphne Clo. Cov —6J 123
Darby Clo. Bils —7G 51
Darby End. —5L 89
Darby End Rd. Dud —5L 89
Darby Ho. Wals —2J 53
(off Caledon St.)
Darby Rd. O'bry —4J 91
Darby Rd. W'bry —6H 53
Darby's Hill Rd. Tiv —1A 90
Darby St. Row R —8C 90
Darell Cft. S Cold —6L 57
Daren Clo. Birm —1F 96
Dare Rd. Birm —5E 70
Dares Wlk. Hinc —8D 84
Darfield Ct. Bubb —4J 193
Darfield Wlk. Birm —1M 113
Darges La. Wals —5F 14
Darkhouse La. Bils —7J 51
Darkies, The. N'fld —6B 134
(in two parts)
Dark La. A'wd B —8C 208
Dark La. Bed —8D 102
Dark La. Belb —2E 152
Dark La. B'moor —1L 47
Dark La. Cov —5C 144 (1B 6)
Dark La. C Grn —1D 22
Dark La. F'stne —2J 23
Dark La. K Nor & H'wd —2J 157
Dark La. Kinv —6B 106
Dark La. Lich —8A 12
Dark La. Rom —5M 131
Dark La. Ruge —3K 11
Dark La. Stoke H —3K 201
Dark La. Wals —8J 15
Darlaston. —3D 52
Darlaston Central Trad. Est. W'bry —2E 52
Darlaston Ct. Mer —8K 119
Darlaston Green. —1D 52
Darlaston La. Bils —2A 52
Darlaston Rd. Wals —2F 52
Darlaston Rd. W'bry —3D 52
Darlaston Rd. Ind. Est. W'bry —4D 52
Darlaston Row. Mer —8H 119
Darley Av. Birm —3M 95
Darleydale Av. Birm —8L 55
Darley Dri. Wolv —4B 36
Darley Green. —1H 187
Darley Grn. Rd. Know —1H 187
Darley Ho. O'bry —3D 90
Darley Mead Ct. Sol —5E 138
Darley Rd. Hinc —4L 81
Darley Way. S Cold —2A 56
Darlings La. Ruge —4G 11
Darlington St. W'bry —5D 52
Darlington St. Wolv —7B 36 (4G 7)
Darlington Yd. Wolv —7C 36 (4H 7)
Darnbrook. Wiln —8J 33
Darnel Cft. Birm —8B 94
Darnel Hurst Rd. S Cold —6J 43
Darnford. —3M 19
Darnford Clo. Birm —4G 137
Darnford Clo. Cov —2M 145
Darnford Clo. S Cold —2K 71
Darnford La. Lich —3L 19
Darnford Moors. Lich —3L 19
Darnford Vw. Lich —8L 13
Darnick Rd. S Cold —6D 56
Darnley Rd. Birm —7G 93
Darnwell Pk. Tam —7J 33
Darrach Clo. Cov —8L 123
Darris Rd. Birm —1G 135
Dart. H'ley —4G 47
Dart Clo. Hinc —1G 81
Dartford Rd. Wals —8F 24
Dartington Way. Nun —1M 103
Dartmoor Clo. Redn —7G 133
Dartmouth Av. Cann —1C 14
Dartmouth Av. Stourb —5K 87
Dartmouth Av. Wals —4L 39
Dartmouth Av. W'hall —7A 38
Dartmouth Cir. Birm —4M 93
Dartmouth Clo. Wals —4L 39
Dartmouth Cres. Bils —2A 52
Dartmouth Dri. Wals —4F 40
Dartmouth Middleway. Birm —4M 93 (1K 5)
Dartmouth Pl. Wals —3M 39
Dartmouth Rd. Cann —8D 8
Dartmouth Rd. Cov —4J 145
Dartmouth Rd. S Oak & Birm —7F 112
Dartmouth Rd. Smeth —1M 91
Dartmouth Sq. W Brom —7K 67
Dartmouth St. W Brom —6H 67
Dartmouth St. Wolv —1D 50 (7L 7)
Dart St. Birm —8B 94
Darvel Rd. W'hall —5D 38
Darwall St. Wals —7L 39
Darwin Clo. Burn —2H 17
Darwin Clo. Cann —7L 9
Darwin Clo. Cov —3A 146
Darwin Clo. Hinc —6E 84
Darwin Clo. Lich —1G 19
Darwin Ct. Bed —7G 103
Darwin Ct. Wolv —5E 34
Darwin Ho. Birm —8H 97
Darwin Pl. Wals —3H 39
Darwin Rd. Wals —4H 39
Darwin St. Birm —1M 113
(in two parts)
Dassett Gro. Birm —7J 95
Dassett Rd. Ben H —5F 160
Datchet Clo. Cov —5J 143
Datteln Rd. Cann —5G 9
D'Aubeny Rd. Cov —2J 165
Dauntsey Covert. Birm —7K 135
Davena Dri. Birm —7L 111
Davena Gro. Bils —6K 51
Davenport Dri. Birm —6C 72
Davenport Dri. B'gve —8B 180
Davenport Rd. Cov —1B 166 (8A 6)
Davenport Rd. Tett —4H 35
Davenport Rd. Wed —3L 37
Davenport Ter. Hinc —1L 81
Daventry Gro. Birm —3K 111
Daventry Rd. Barby —8J 199
Daventry Rd. Cov —2C 166
Daventry Rd. Dunc —6K 197
Daventry Rd. Kils —6M 199
Davey Rd. Birm —8L 69
Davey Rd. W Brom —4G 67
David Cox Tower. Birm —2M 133
David Garrick Gdns. Lich —7H 13
David Peacock Clo. Tip —4A 66
David Rd. Birm —7H 69
David Rd. Cov —7E 144
David Rd. Exh —1F 122
David Rd. Rugby —1K 197
David Rd. Tip —2A 66
Davidson Av. Lea S —2A 216
Davidson Rd. Lich —2H 19
Davids, The. Birm —3C 134
Davies Av. Bils —6K 51
Davies Ho. Blox —7H 25
Davies Rd. Exh —1F 122
Davis Av. Tip —5L 65
Davis Clo. Lea S —7K 211
Davis Gro. Birm —3K 115
Davis Ho. O'bry —2G 91
Davison Rd. Smeth —6M 91
Davis Rd. Tam —5F 32
Davis Rd. W'hall —1D 38
Davy Rd. Wals —4G 39
Dawberry Clo. Birm —4K 135
Dawberry Fields Rd. Birm —4J 135
Dawberry Rd. Birm —4J 135
Daw End. —3C 40
Daw End. Wals —3C 40
Daw End La. Wals —2B 40
Dawes Av. W Brom —8J 67
Dawes Clo. Cov —5G 145
Dawes La. Wals —8G 17
Dawley Brook Rd. K'wfrd —2K 87
Dawley Clo. Wals —2H 53
Dawley Cres. Birm —8H 97
Dawley Rd. K'wfrd —1J 87
Dawley Trad. Est. K'wfrd —1K 87
Dawley Wlk. Cov —2A 146
Dawlish Clo. Nun —4L 79
Dawlish Dri. Cov —4D 166
Dawlish Rd. Birm —6F 112
Dawlish Rd. Dud —3H 65
Dawlish Rd. Smeth —4B 92
Daw Mill La. Col & Arly —8J 75
Dawn Dri. Tip —7C 52
Dawney Dri. S Cold —5G 43
Dawn Rd. Birm —3L 133
Dawson Av. Bils —7G 51
Dawson Clo. W'nsh —7A 216
Dawson Rd. Birm —1E 92
Dawson Rd. B'gve —7K 179
Dawson Rd. Cov —8H 145
Dawsons La. Barw —3H 85
Dawson Sq. Bils —4J 51
Dawson St. Smeth —6A 92
Dawson St. Wals —1K 39
Day Av. Wolv —2L 37
Daybrook Clo. Redd —4B 204
Day Ho. Tip —1C 66
Dayhouse Bank. —8A 132
Dayhouse Bank. Rom —8B 132
Daylesford Rd. Sol —6A 116
Days Clo. Cov —6E 144
Day's La. Cov —6E 144
Day St. Wals —6L 39
Daytona Dri. Alle —1B 142
Deacon Clo. Rugby —8C 172
Deacon St. Nun —6J 79
Deakin Av. Wals —8F 16
Deakin Rd. Birm —6F 70
Deakin Rd. S Cold —2L 57
Deakins Rd. Birm —2H 115
Deal Av. Burn —1G 17
Deal Dri. Tiv —8A 66
Deal Gro. Birm —5A 134
Deanbrook Clo. Shir —3A 160
Dean Clo. Birm —1B 70
Dean Clo. Hinc —7E 84
Dean Clo. Stourb —3B 108
Dean Clo. S Cold —2J 71
Dean Ct. Brie H —7D 88
(off Promenade, The)
Dean Ct. Pert —3E 34
Deane Pde. Hillm —1G 199
Deane Rd. Hillm —1G 199
Deanery Row. Wolv —6C 36 (2J 7)
Dean Rd. Birm —4F 70
Dean Rd. Hinc —7E 84
Dean Rd. Wals —2C 40
Dean Rd. Wom —4F 62
Dean Rd. W. Hinc —7E 84
Deans Bank Cen., The. Wals —1K 53
Deans Clo. Redd —4K 205
Deans Cft. Lich —1J 19
Deanscroft Dri. L End —3C 180
Deansfield Rd. Wolv —7G 37
Deansford La. Kidd —1F 150
Dean's Green. —4L 207
Deans Pl. Wals —3M 39
Dean's Rd. Wolv —6G 37
Deanston Cft. Cov —8M 123
Dean St. Birm —8L 93 (7H 5)
Dean St. Cov —6G 145
Dean St. Dud —1D 64
Deansway. B'gve —8K 179
Deans Way. Cov —3D 122
Deansway. Warw —7D 210
Deansway Ho. Kidd —1A 150
Deansway, The. Kidd —2A 150
Dearman Rd. Birm —2B 114
Dearmont Rd. Birm —2L 155
Dearne Ct. Dud —3G 65
Deasy Ho. Cov —4H 167
Deavall Way. Cann —7H 9
Debdale Clo. Sol —4D 138
Debden Clo. Dorr —7E 160
Debenham Cres. Birm —8K 95
Debenham Rd. Birm —8K 95
Deblen Dri. Birm —8D 92
Deborah Clo. Wolv —3C 50
De Compton Clo. Ker E —2A 122
Deedmore Rd. Cov —1J 145
Deegan Clo. Cov —4G 145
Dee Gro. Birm —1E 156
Dee Gro. Cann —2D 14
Deelands Rd. Redn —1F 154
Deeley. Tam —8G 33
Deeley Clo. Birm —2J 113
Deeley Clo. Crad H —2L 109
Deeley Dri. Tip —3C 66
Deeley Pl. Wals —1H 39
Deeley St. Brie H —8E 88
Deeley St. Wals —1H 39
Deepdale. Wiln —7K 33
Deepdale Av. Birm —5B 116
Deepdale La. Dud —6E 64
Deepdales. Wom —3E 62
Deepfields. —7H 51
Deep La. Col —3F 74
Deeplow Clo. S Cold —5J 57
Deepmoor Rd. Birm —6M 95
Deepmore Av. Wals —6H 39
Deepmore Rd. Rugby —1K 197
Deepwood Clo. Wals —1B 40
Deepwood Gro. Birm —1H 133
Deer Barn Hill. Redd —8G 205
Deer Clo. Nort C —2A 16
Deer Clo. Wals —8J 25
Deerdale Ter. Bin —1M 167
Deerdale Way. Bin —1M 167
Deerfold Cres. Burn —2H 17
Deerham Clo. Birm —2D 70
Deerhill. Wiln —8J 33
Deerhurst Clo. Redd —2J 205
Deerhurst Ct. Sol —5D 138
Deerhurst M. Dunc —6J 197
Deerhurst Ri. Cann —3M 9
Deerhurst Rd. Birm —4F 68
Deerhurst Rd. Cov —7B 122
Deerings Rd. Rugby —1F 198
Deer Leap, The. Ken —3H 191
Dee Rd. Wals —8L 25
Deerpark Dri. Warw —1E 214
Deer Pk. Rd. Faz —8L 31
Deer Pk. Way. Sol —8C 138
Deer Wlk. Wolv —7M 21
Dee Wlk. Birm —1G 97
(in two parts)
Defford Av. Wals —8C 26
Defford Dri. O'bry —5H 91
Deighton Rd. Wals —5B 54
De-la-Bere Cres. Hinc —3A 82
Delage Clo. Cov —5H 123
Delamere Clo. Birm —8D 72
Delamere Dri. Wals —6C 54
Delamere Rd. Bed —7F 102
Delamere Rd. Bew —5C 148
Delamere Rd. Birm —2F 136
Delamere Rd. W'hall —2C 38
Delamere Way. Lea S —5C 212
Delancey Keep. S Cold —4A 58
Delaware Rd. Cov —4C 166
Delf Ho. Cov —8K 123
Delhi Av. Cov —8D 122
Delhurst Rd. Birm —8K 55
Delhurst Rd. Wolv —6E 50
Delius Ho. Birm —7H 93 (6B 4)
Delius St. Cov —6E 142
Della Dri. Birm —1K 133
Dell Clo. Cov —4J 167
Dell Farm Clo. Know —3J 161
Dellow Gro. A'chu —4A 182
Dellows Clo. Birm —2D 156
Dell Rd. Birm —4G 135
Dell Rd. Brie H —4B 88
Dell, The. Birm —8F 72
Dell, The. Cann —5M 9
Dell, The. Lich —2F 18
Dell, The. N'fld —3K 133
Dell, The. Sol —8A 116
Dell, The. Stourb —3L 107
Dell, The. S Cold —1G 57
Dell, The. Tam —3B 32
Delmore Way. Min —3B 72
Delph Dri. Brie H —2E 108
Delphi Clo. Tach P —5L 215
Delphinium Clo. Birm —6F 94
Delphinium Clo. Kidd —8J 127
Delph La. Brie H —1D 108
Delph Rd. Brie H —8C 88
Delph Rd. Ind. Est. Brie H —8C 88
Delrene Rd. Hall G & Shir —6F 136
Delta Way. Cann —3D 14
Delta Way Bus. Cen. Cann —3D 14
Deltic. Tam —8G 33
Delves Cres. Wals —4A 54
Delves Cres. Wood E —8J 47
Delves Grn. Rd. Wals —3A 54
Delves Rd. Wals —2M 53
Delville Clo. W'bry —5F 52
Delville Rd. W'bry —5F 52
Delville Ter. W'bry —5F 52
De Marnham Clo. W Brom —8L 67
De Montfort Ho. Birm —4F 96
De Montfort Rd. Hinc —7E 84
De Montfort Rd. Ken —3E 190
De Montfort Way. Cov —3J 165
De Moram Gro. Sol —2F 138
Dempster Ct. Nun —5K 79
Dempster Rd. Bed —5G 103
Demuth Way. O'bry —3F 90
Denaby Gro. Birm —5D 136
Denbigh Clo. Dud —7F 64
Denbigh Cres. W Brom —3H 67
Denbigh Dri. W'bry —5K 53
Denbigh Dri. W Brom —2G 67
Denbigh Rd. Cov —3L 143
Denbigh Rd. Tip —4C 66
Denbigh St. Birm —7D 94
Denbury Clo. Cann —8K 9
Denby Clo. Birm —4B 94
Denby Clo. Lea S —7C 212
Denby Cft. Shir —3B 160
Dencer Clo. Redn —1G 155
Dencer Dri. Ken —4J 191
Dencil Clo. Hale —4K 109
Dene Av. K'wfrd —5J 87
Dene Ct. Rd. Sol —8M 115
Denegate Clo. Min —3A 72
Dene Hollow. Birm —3C 136
Denehurst Clo. B Grn —8G 155
Denehurst Way. Nun —6F 78
Dene Rd. Stourb —6M 107
Dene Rd. Wolv —5F 48
Denewood Av. Birm —7G 69
Denewood Way. Ken —3J 191
(in two parts)
Denford Gro. Birm —4K 135
Dengate Dri. Bal C —2H 163
Denham Av. Cov —5H 143
Denham Ct. Birm —7C 70
(off Park App.)
Denham Gdns. Wolv —1H 49
Denham Rd. Birm —4H 115
Denholme Gro. Birm —6A 136
Denholm Rd. S Cold —6D 56
Denise Dri. Bils —1H 65
Denise Dri. Harb —5C 112
Denise Dri. K'hrst —5F 96
Denis Rd. Hinc —4J 81
Denleigh Rd. K'wfrd —5M 87
Denmark Clo. Wolv —5A 36
Denmark Ri. Cann —2K 9
Denmead Dri. Wolv —1M 37
Denmore Gdns. Wolv —7H 37
Dennett Clo. Warw —7F 210
Dennis. Tam —7E 32
Dennis Hall Rd. Stourb —1A 108
Dennis Rd. Birm —5B 114

Dennis Rd.—Druid Pk. Rd.

Dennis Rd. Cov —4H 145
Dennis St. Stourb —1M 107
Denshaw Cft. Cov —1A 146
Denshaw Rd. Birm —3K 135
Denton Clo. Ken —3D 190
Denton Cft. Dorr —6D 160
Denton Gro. Gt Barr —2D 68
Denton Gro. Stech —7K 95
Denton Rd. Stourb —5G 109
Dent St. Tam —4C 32
Denver Rd. Birm —7A 136
Denville Clo. Bils —2L 51
Denville Cres. Birm —6H 95
Denville Rd. Lea S —6A 212
Derby Av. Wolv —2L 35
Derby Dri. Birm —7H 97
Derby Rd. Hinc —7D 84
Derby St. Birm —7A 94 (5M 5)
Derby St. Wals —5K 39
Dereham Clo. Birm —5D 94
Dereham Ct. Lea S —7A 212
Dereham Wlk. Bils —7L 51
Dereton Clo. Dud —1E 88
Derick Burcher's Mall. Kidd —3L 149
Dering Clo. Cov —1J 145
Deritend. —8A 94 (7L 5)
Deronda Clo. Bed —6G 103
Derron Av. Birm —4L 115
Derry Clo. Birm —6A 112
Derry Clo. Wols —5G 169
Derrydown Clo. Birm —6E 70
Derrydown Rd. Birm —4H 69
Derry St. Brie H —7D 88
Derry St. Wolv —1D 50 (8K 7)
Dersingham Dri. Cov —7H 123
Derwent. Tam —8D 32
Derwent Av. Stour S —4F 174
Derwent Clo. Brie H —3A 88
Derwent Clo. Cov —5E 142
Derwent Clo. Earl S —2M 85
Derwent Clo. Lea S —8K 211
Derwent Clo. Rugby —3C 172
Derwent Clo. S Cold —7M 41
Derwent Clo. W'hall —7C 38
Derwent Dri. Bew —1B 148
Derwent Gro. Birm —1J 135
Derwent Gro. Burn —3K 17
Derwent Gro. Cann —1D 14
Derwent Ho. Birm —4D 112
Derwent Ho. Kidd —2M 149
Derwent Ho. O'bry —4D 90
Derwent Rd. Bed —7G 103
Derwent Rd. Birm —1J 135
Derwent Rd. Cov —7A 122
Derwent Rd. Wolv —1K 35
Derwent Way. B'gve —8B 180
Derwent Way. Nun —3M 79
Desford Av. Birm —2J 69
Despard Rd. Cov —4D 142
Dettonford Rd. Birm —1H 133
Devereux Clo. Birm —1C 96
Devereux Clo. Cov —8C 142
Devereux Ho. Tam —5A 32
Devereux Rd. S Cold —8J 43
Devereux Rd. W Brom —8L 67
Deveron Way. Hinc —8B 84
Devey Dri. Tip —3D 66
Devil's Elbow La. Wolv —2L 37
Devil's Spittleful & Rifle Range Nature Reserve. —7F 148
Devine Cft. Tip —4A 66
Devitts Clo. Shir —2M 159
Devitts Green. —8C 76
Devitts Grn. La. Arly —8A 76
Devon Clo. Birm —7F 68
Devon Clo. Kidd —8J 127
Devon Clo. Nun —6F 78
Devon Ct. Cann —1E 14
Devon Cres. Dud —2F 88
Devon Cres. Wals —8G 27
Devon Cres. W Brom —3J 67
Devon Grn. Cann —1F 14
Devon Gro. Cov —3H 145
Devon Ho. Birm —7J 133
Devon Ox Rd. Kils —7M 199
Devonport Clo. Redd —4B 204
Devon Rd. Cann —1F 14
Devon Rd. Redn —7E 132
Devon Rd. Smeth —2L 111
Devon Rd. Stourb —2L 107
Devon Rd. W'bry —5J 53
Devon Rd. W'hall —7D 38
Devon Rd. Wolv —6B 36 (1G 7)
Devonshire Av. Birm —3F 92
Devonshire Ct. S Cold —7F 42
Devonshire Dri. Tam —8A 32
Devonshire Dri. W Brom —6L 67
Devonshire Rd. Birm —7F 68
Devonshire Rd. Smeth —3L 91
Devonshire St. Birm —3F 92
Devon St. Birm —5C 94
Devoran Clo. Exh —1H 123
Devoran Clo. Wolv —5B 36
Dewar Gro. Rugby —7E 172
Dewberry Clo. Stour S —5E 174
Dewberry Dri. Wals —6A 54
Dewberry Rd. Stourb —8M 87
Dew Clo. Dunc —6J 197
Dewhurst Cft. Birm —6B 96
Dewis Ho. Cov —8H 123
Dewsbury Av. Cov —4B 166
Dewsbury Clo. A'wd B —8E 208
Dewsbury Clo. Stourb —6L 87
Dewsbury Dri. Burn —3J 17
Dewsbury Dri. Wolv —6A 50
Dewsbury Gro. Birm —4J 69
De Wyche Clo. Wych —8E 200
De Wyche Rd. Wych —8E 200
Dexter Ct. Hurl —5J 61
Dexter La. Hurl —7H 61
Dexter Way. B'moor —1M 47
Deykin Av. Birm —7A 70
Deyncourt Rd. Wolv —2G 37
Dial Clo. Birm —7L 135
Dialhouse La. Cov —5F 142
Dial La. Stourb —1L 107
Dial La. W Brom —3F 66
Diamond Gro. Cann —6J 9
Diamond Pk. Dri. Stourb —8L 87
Diana Clo. Wals W —6H 27
Diana Dri. Cov —8L 123
Diane Clo. Tip —7B 52
Dibble Clo. W'hall —4D 38
Dibble Rd. Smeth —3M 91
Dibdale Rd. Dud —6E 64
Dibdale Rd. W. Dud —6E 64
Dibdale St. Dud —7F 64
Dice Pleck. Birm —7C 134
Dickens Clo. Dud —4B 64
Dickens Clo. Gall C —5A 78
Dickens Gro. Birm —6A 136
Dickens Heath. —4F 158
Dickens Heath Rd. Tid G & Shir —5E 158
Dickens Rd. Bils —7K 51
Dickens Rd. Cov —8A 122
Dickens Rd. Rugby —3M 197
Dickens Rd. Wolv —1G 37
Dickinson Av. Wolv —1E 36
Dickinson Ct. Rugby —8A 172
Dickinson Dri. S Cold —5L 57
Dickinson Dri. Wals —3J 53
Dickinson Rd. Wom —5G 63
Dickins Rd. Warw —1H 215
Dick Sheppard Av. Tip —1B 66
Dick's La. Row —8K 187
Didcot Clo. Redd —4C 208
Diddington Av. Birm —4G 137
Diddington La. H Ard —1C 140
Didgley Gro. Birm —4G 97
Didgley La. Fill —5C 100
Didsbury Rd. Exh —8G 103
Digbeth. —8M 93 (7J 5)
Digbeth. Birm —8M 93 (6H 5)
Digbeth. Wals —8L 39
Digby Clo. Alle —3H 143
Digby Cres. Wat O —6H 73
Digby Dri. Birm —3G 117
Digby Ho. Birm —5F 96
Digby Pl. Mer —8J 119
Digby Rd. Col —3M 97
Digby Rd. K'wfrd —1K 87
Digby Rd. S Cold —5G 57
Digby Wlk. Birm —1C 116
Dilcock Way. Cov —2F 164
Dilke Rd. Wals —4F 40
Dillam Clo. Longf —5G 123
Dilliars Wlk. W Brom —4G 67
Dillington Ho. Birm —7H 97
Dillon Ct. Nun —4H 79
Dillotford Av. Cov —2C 166
Dilloway's La. W'hall —8L 37
Dilwyn Clo. Redd —8M 205
Dimbles Hill. Lich —8H 13
Dimbles La. Lich —6G 13
Dimbles, The. Lich —6G 13
Dimmingsdale Bank. Birm —5J 111
Dimmingsdale Rd. Wolv —4E 48
Dimminsdale. W'hall —8A 38
Dimmocks Av. Bils —1K 65
Dimmock St. Wolv —4E 50
Dimsdale Gro. Birm —6L 133
Dimsdale Rd. Birm —6K 133
Dinedor Clo. Redd —6K 205
Dingle Av. Crad H —1L 109
Dingle Clo. Birm —2D 134
Dingle Clo. Cov —3A 144
Dingle Clo. Dud —2L 89
Dingle Ct. O'bry —1E 90
Dingle Ct. Sol —8M 137
Dingle Hollow. O'bry —1D 90
Dingle La. Col —5F 74
Dingle La. Sol —7M 137
Dingle La. W'hall —5A 38
Dingle Mead. Birm —5J 135
Dingle Rd. Dud —2L 89
Dingle Rd. K'wfrd —5A 88
Dingle Rd. Stourb —7B 108
Dingle Rd. Wals —3E 26
Dingle Rd. Wom —3G 63
Dingleside. Redd —6E 204
Dingle St. O'bry —1D 90
Dingle, The. Nun —3E 78
Dingle, The. O'bry —1D 90
Dingle, The. S Oak —7E 112
Dingle, The. Shir —4K 159
Dingle, The. Wolv —8K 35
Dingle Vw. Dud —3C 64
Dingley Rd. Bulk —7B 104
Dingley Rd. W'bry —4G 53
Dingleys Pas. Birm —6L 93 (5H 5)
Dinham Gdns. Dud —6E 64
Dinmore Av. Birm —5B 134
Dinmore Clo. Redd —6K 205
Dinsdale Wlk. Wolv —4A 36
Dippons Dri. Wolv —6G 35
Dippons La. Wergs —3F 34
Dippons La. Wolv —3E 34
Dippons Mill Clo. Wolv —6G 35
Dirtyfoot La. Wolv —4G 49
Discovery Clo. Tip —4C 66
Discovery Rd. Stour S —7H 175
Discovery Way. Bin —2A 168
Ditchford Clo. Redd —5D 208
Ditch, The. Wals —8M 39
Ditton Clo. Rugby —8J 171
Ditton Gro. Birm —3M 155
Dixon Clo. Birm —7A 72
Dixon Clo. Tip —3C 66
Dixon Ct. Kidd —1C 150
Dixon Rd. Birm —1B 114
Dixon's Green. —2L 89
Dixon's Grn. Ct. Dud —1L 89 (off Dixon's Grn.)
Dixon's Grn. Rd. Dud —1K 89
Dixon St. Kidd —4L 149
Dixon St. Wolv —3E 50
Dobbins Oak Rd. Stourb —8D 108
Dobbs Mill Clo. Birm —7H 113
Dobbs St. Wolv —1C 50 (7J 7)
Dobes La. Kidd —3J 177
Dobson La. W'nsh —5A 216
Dockar Rd. Birm —7L 133
Dockers Clo. Bal C —2J 163
Dock La. Dud —8H 65
Dock La. Ind. Est. Dud —8H 65 (off Dock La.)
Dock Mdw. Dri. Wolv —5G 51
Dock Rd. Stourb —7M 87
Dock, The. Cats —1A 180
Dock, The. Stourb —4F 108
Doctor Cookes Clo. Barw —3G 85
Doctors Fields. Earl S —2K 85
Doctors Hill. B'hth —8K 153
Doctors Hill. Stourb —6C 108
Doctor's Hill. Tan A —7G 185
Doctors La. K'wfrd —4F 86
Doctors La. Shen —3G 29
Doctor's Piece. W'hall —7B 38
Dodd Av. Warw —2J 215
Doddington Gro. Birm —1H 133
Dodds La. Lich —6J 11
Dodford. —3F 178
Dodford Clo. Redn —2F 154
Dodford Ho. B'gve —6B 180 (off Burcot La.)
Dodford Rd. B'hth —8K 153
Dodgson Clo. Longf —5G 123
Dodwells Bri. Ind. Est. Hinc —1E 80
Dodwells Rd. Hinc —2D 80
Doe Bank. —1H 57
Doe Bank Ct. S Cold —1H 57
Doe Bank La. Cov —6A 144
Doe Bank La. Wals & Birm —3J 55
Doe Bank Rd. Tip —8C 52
Dogberry Clo. Cov —3J 167
Dogberry Way. H'cte —7M 215
Dogge La. Cft. Birm —7H 115
Dogkennel La. Hale —6B 110
Dogkennel La. O'bry —4J 91
Dog Kennel La. Shir —2J 159
Dog Kennel La. Wals —7M 39
Doglands, The. Lea S —5B 216
Dog La. Amin —3H 33
Dog La. Bew —6B 148
Dog La. Bod H —4M 59
Dog La. Col —3G 75
Dog La. U War —2B 200
Dog La. W'frd —5A 30
Dogpool La. Birm —8H 113
Doidge Rd. Birm —6D 70
Dolben La. Redd —6K 205
Dollery Dri. Birm —4J 113
Dollis Gro. Birm —6M 55
Dollman St. Birm —6B 94
Dollymakers Hill. Ruge —4H 11
Dolman Rd. Birm —1L 93
Dolobran Rd. Birm —2B 114
Dolomite Av. Ken —8K 143
Dolphin Clo. Wals —8M 25
Dolphin Ho. Wals —1M 39
Dolphin La. Birm —8H 115 (in two parts)
Dolphin Rd. Birm —4D 114
Dolphin Rd. Redd —4G 205
Dolton Way. Tip —3L 65
Domar Rd. Kidd —2H 149
Dominic Dri. Birm —5D 134
Doncaster Clo. Cov —2K 145
Doncaster Way. Birm —1J 95
Don Clo. Birm —1D 112
Done-Cerce Clo. Dunc —6J 197
Donegal Clo. Cov —2G 165
Donegal Rd. S Cold —4M 55
Dongan Rd. Warw —2E 214
Don Gro. Cann —2D 14
Donibristle Cft. Birm —5A 72
Donkey La. Sap —3J 83
Donnington Av. Cov —4L 143
Donnington Clo. Redd —4H 205
Donnithorne Av. Nun —8J 79
Dooley Clo. W'hall —7L 37
Doone Clo. Cov —3L 145
Dorado. Tam —2D 46
Doran Clo. Hale —8K 109
Doranda Way. W Brom —8M 67
Dora Rd. Hand —2E 92
Dora Rd. Small H —1E 114
Dora Rd. W Brom —8J 67
Dora St. Wals —2H 53
Dorcas Clo. Nun —1C 104
Dorchester Clo. W'hall —1C 38
Dorchester Ct. Sol —5A 138
Dorchester Dri. Birm —5B 112
Dorchester Rd. Cann —8B 8
Dorchester Rd. Hinc —2B 82
Dorchester Rd. Sol —5A 138
Dorchester Rd. Stourb —7D 108
Dorchester Rd. W'hall —1C 38
Dorchester Way. Cov —4M 145
Dorchester Way. Nun —2A 80
Dordale. —8E 152
Dordale Rd. Belb —6D 152
Dordon. —4M 47
Dordon Clo. Shir —8E 136
Dordon Rd. Dord —1M 47
Doreen Gro. Birm —7H 71
Doris Rd. Bord G —7C 94
Doris Rd. Col —1M 97
Doris Rd. S'hll —5B 114
Dorking Gro. Birm —8J 93 (8D 4)
Dorlcote Rd. Birm —5G 95
Dorlecote Ct. Nun —8J 79
Dorlecote Pl. Nun —1J 103
Dorlecote Rd. Nun —8J 79
Dormer Av. Tam —4D 32
Dormer Harris Av. Cov —8F 142
Dormer Pl. Lea S —1M 215
Dormie Clo. Birm —8D 134
Dormington Rd. Birm —6L 55
Dormston Clo. Redd —8F 204
Dormston Clo. Sol —2C 160
Dormston Dri. Birm —7M 111
Dormston Dri. Dud —1E 64
Dormston Trad. Est. Dud —5E 64
Dormy Dri. Birm —2A 156
Dorncliffe Av. Birm —2D 116
Dorney Clo. Cov —1L 165
Dornie Dri. Birm —8F 134
Dornton Rd. Birm —1J 135
Dorothy Gdns. Hand —7G 69
Dorothy Powell Way. W'grve S —8M 123
Dorothy Rd. Birm —4H 115
Dorothy Rd. Smeth —6A 92
Dorothy St. Wals —2K 53
Dorridge. —6G 161
Dorridge Clo. Redd —8B 204
Dorridge Cft. Dorr —7F 160
Dorridge Rd. Dorr —7G 161
Dorrington Grn. Birm —4G 69
Dorrington Rd. Birm —3G 69
Dorset Clo. Nun —6F 78
Dorset Clo. Redn —7F 132
Dorset Clo. Tam —8A 32
Dorset Cotts. Birm —3G 135
Dorset Dri. Wals —8G 27
Dorset Rd. Birm —6B 92
Dorset Rd. Cann —8L 9
Dorset Rd. Cov —4C 144
Dorset Rd. Stourb —2K 107
Dorset Tower. Hock —5H 93 (2A 4)
Dorsett Pl. Wals —2J 39
Dorsett Rd. Darl —3C 52
Dorsett Rd. Stour S —4F 174
Dorsett Rd. W'bry —7K 53
Dorsett Rd. Ter. W'bry —3C 52
Dorset Way. Salt —3D 94
Dorsheath Gdns. Birm —5F 70
Dorsington Rd. Birm —8K 115
Dorstone Covert. Birm —7J 135
Dorville Clo. Birm —1D 156
Dosthill. —4C 46
Dosthill Rd. Two G —2D 46
Dotterel Pl. Kidd —8A 150
Douay Rd. Birm —3H 71
Double Row. Dud —5L 89
Doughty St. Tip —4C 66
Douglas Av. Birm —3K 95
Douglas Av. O'bry —4K 91
Douglas Davies Clo. W'hall —5C 38
Douglas Ho. Cov —2E 6
Douglas Pl. Wolv —3C 36
Douglas Rd. A Grn —5H 115
Douglas Rd. Bils —1K 65
Douglas Rd. Dud —1K 89
Douglas Rd. Hale —8E 90
Douglas Rd. Hand —1E 92
Douglas Rd. H'wd —2A 158
Douglas Rd. O'bry —5K 91
Douglas Rd. Rugby —3C 172
Douglas Rd. S Cold —6J 57
Doulton Clo. Birm —6M 111
Doulton Clo. Cov —8L 123
Doulton Rd. Crad H & Row R —6M 89
Doulton Trad. Est. Row R —5M 89
Dovebridge Clo. S Cold —5M 57
Dove Clo. Bed —5J 103 (nr. Furnace Rd.)
Dove Clo. Bed —5E 102 (nr. Woodlands La.)
Dove Clo. Birm —1L 115
Dove Clo. Burn —3K 17
Dove Clo. Hinc —1G 81
Dove Clo. Kidd —7B 150
Dove Clo. W'bry —5G 53
Dovecote Clo. Cov —4K 143
Dovecote Clo. Sap —2K 83
Dovecote Clo. Sol —1B 138
Dovecote Clo. Tip —4C 66
Dovecote Clo. Wolv —5J 35
Dovecote Rd. B'gve —8L 179
Dovecotes, The. Alle —4H 143
Dovecotes, The. S Cold —6H 43
Dovecote Way. Barw —3H 85
Dovedale. Cann —4G 9
Dove Dale. Rugby —2C 172
Dovedale Av. Cov —7F 122
Dovedale Av. Shir —8H 137
Dovedale Av. Wals —4A 26
Dovedale Av. W'hall —4A 38
Dovedale Ct. Wat O —6G 73
Dovedale Ct. Wolv —7F 50
Dovedale Dri. Birm —3F 136
Dovedale Rd. Birm —1C 70
Dovedale Rd. K'wfrd —1L 87
Dovedale Rd. Wolv —6E 50
Dove Dri. Stourb —1A 108
Dove Gdns. Birm —7H 135
Dove Hollow. Cann —5K 9
Dove Hollow. Wals —8F 14
Dove Ho. Ct. Sol —2M 137
Dovehouse Fields. Lich —3H 19
Dove Ho. La. Sol —2M 137
Dovehouse Pool Rd. Birm —1L 93
Dover Clo. Birm —2G 133
Dovercourt Rd. Birm —4C 116
Doverdale Av. Kidd —4B 150
Doverdale Clo. Hale —4K 109
Doverdale Clo. Redd —2H 209
Dover Farm Clo. Wiln —1H 47
Dove Ridge. Stourb —2A 108
Doveridge Clo. Sol —2L 137
Doveridge Pl. Wals —1M 53
Doveridge Rd. Birm —4E 136
Doversley Rd. Birm —4J 135
Dover St. Bils —3K 51
Dover St. Birm —3G 93
Dover St. Cov —6B 144 (4A 6)
Dovestone. Wiln —8K 33
Dove Way. Birm —1F 96
Dovey Dri. S Cold —2A 72
Dovey Rd. Birm —7D 114
Dovey Rd. Tiv —1D 90
Dovey Tower. Birm —5A 94 (2M 5)
Dowar Rd. Redn —2J 155
Dowells Clo. Birm —7M 113
Dowells Gdns. Stourb —6K 87
Doweries, The. Redn —1F 154
Dower Rd. S Cold —8H 43
Dowlers Hill Cres. Redd —1G 209
Dowles Clo. Birm —3B 134
Dowles Rd. Bew —4A 148
Dowles Rd. Kidd —7H 149
Dowley Cft. Bin —8B 146
Downcroft Av. Birm —7E 134
Downderry Way. Cov —3G 145
Downend Clo. Wolv —5F 22
Downes Ct. Tip —4L 65
Downesway. Cann —7C 8 (in two parts)
Downey Clo. Birm —2B 114
Downfield Clo. Wals —5G 25
Downfield Dri. Sed —3E 64
Downham Clo. Wals —8E 40
Downham Pl. Wolv —1M 49
Downham Wood. Wals —1E 54
Downie Rd. Cod —6J 21
Downing Clo. Know —5G 161
Downing Clo. Row R —8C 90
Downing Clo. Wolv —2A 38
Downing Ct. O'bry —2H 111
Downing Cres. Bed —5J 103
Downing Dri. Tam —4L 31
Downing Ho. Birm —8H 97
Downing St. Hale —4A 110
Downing St. Smeth —2B 92
Downing St. Ind. Est. Smeth —2C 92
Downland Clo. Birm —8F 134
Downsell Rd. Redd —7A 204
Downsfield Rd. Birm —2B 116
Downside Rd. Birm —8E 70
Downs Rd. W'hall —1C 52
Downs, The. A'rdge —7L 41
Downs, The. Wolv —3C 36
Downton Clo. Cov —1A 146
Downton Cres. Birm —6E 96
Dowry Ho. Redn —1F 154 (off Rubery La. S.)
Dowty Av. Bed —8D 102
Dowty Way. Wolv —6A 22
Doyle Dri. Blac I —6F 122
Dragoon Fields. B'gve —1B 202
Drake Clo. Wals —8H 25
Drake Cres. Kidd —2F 148
Drake Cft. Lich —1J 19
Drake Ho. Tip —2A 66
Drakelow. —3H 127
Drakelow La. W'ley —3H 127
Drake Rd. Birm —7B 70
Drake Rd. Smeth —2L 91
Drake Rd. Wals —8H 25
Drakes Clo. Redd —3C 208
Drakes Cross Pde. H'wd —4A 158
Drakes Grn. Bils —6M 51
Drakes Hill Clo. Stourb —5J 107
Drake St. Cov —2D 144
Drake St. W Brom —4J 67
Drake Way. Hinc —5D 84
Drancy Av. W'hall —3D 38
Draper Clo. Ken —5J 191
Draper's Fields. —5C 144 (2C 6)
Drapers Fields. Cov —5C 144 (2C 6)
Drawbridge Rd. Shir —1E 158
Draycote. —8B 196
Draycote Clo. Sol —2D 138
Draycott Av. Birm —5D 70
Draycott Clo. Redd —4C 204
Draycott Clo. Wolv —4J 49
Draycott Cres. Tam —8C 32
Draycott Dri. Birm —2L 133
Draycott Rd. Cov —2H 145
Draycott Rd. Smeth —2L 91
Drayton. —4A 152
Drayton Bassett. —4L 45
Drayton Clo. Nun —1A 78
Drayton Clo. Redd —1K 209
Drayton Clo. S Cold —6H 43
Drayton Ct. B'gve —1B 202
Drayton Ct. Nun —3C 78
Drayton Ct. Warw —7F 210
Drayton Cres. Cov —4D 142
Drayton La. Dray B —3F 44
Drayton Leys. Rugby —2A 198
Drayton Mnr. Dri. Faz —1M 45
Drayton Mnr. Dri. Tam —2M 45
Drayton Manor Pk. —1M 45
Drayton Manor Pk. Zoo. —1M 45
Drayton Rd. Bed —7K 103
Drayton Rd. Belb —7M 151
Drayton Rd. Birm —1L 135
Drayton Rd. Shir —1L 159
Drayton Rd. Smeth —8A 92
Drayton St. Wals —7H 39
Drayton St. Wolv —1C 50 (8J 7)
Drayton St. E. Wals —7J 39
Drayton Way. Nun —2C 78
Dreadnought Rd. Brie H —2B 88
Dreel, The. Birm —2E 112
Dreghorn Rd. Birm —1L 95
Drem Cft. Birm —7A 72
Dresden Clo. Wolv —5G 51
Drew Cres. Ken —5G 191
Drew Cres. Stourb —6D 108
Drew Rd. Stourb —6D 108
Drew's Holloway. Hale —4K 109
Drew's Holloway S. Hale —4K 109
Drews La. Birm —3G 95
Drews Mdw. Clo. Birm —7J 135
Dreyer Clo. Rugby —7J 171
Driffield Clo. Redd —7K 205
Driffold. —5G 57
Driffold. S Cold —5H 57
Driffold Vs. S Cold —6H 57
Driftwood Clo. Birm —2D 156
Drinkwater Ho. Cov —7B 144 (off Butts)
Drive Fields. Wolv —3H 49
Drive, The. A'chu —6B 156
Drive, The. Barw —1H 85
Drive, The. Brie H —4C 88
Drive, The. Cod —6F 20
Drive, The. Cov —6K 145
Drive, The. Dunc —5K 197
Drive, The. Erd —7E 70
Drive, The. Hale —4K 109 (nr. Drew's Holloway)
Drive, The. Hale —6A 110 (nr. Hagley Rd.)
Drive, The. Hand —7G 69
Drive, The. Lich —8L 19
Drive, The. Redd —3J 203 (B97)
Drive, The. Redd —6E 204 (B98)
Drive, The. Wals —7L 25 (WS3)
Drive, The. Wals —8C 26 (WS4)
Drive, The. Wolv —4J 35
Droitwich Rd. Tort —2A 176
Dronfield Rd. Cov —6H 145
Drovers Way. B'gve —3L 201
Droveway, The. Wolv —7L 21
Droxford Wlk. Wolv —8L 21
Droylesdon Pk. Rd. Cov —6B 166
Druid Pk. Rd. W'hall —8C 24

Edinburgh Rd.—Estria Rd.

Edinburgh Rd. Dud —3K 89
Edinburgh Rd. Earl S —2K 85
Edinburgh Rd. Hurl —4J 61
Edinburgh Rd. Nun —3C 78
Edinburgh Rd. O'bry —1H 111
Edinburgh Rd. Wals —1B 54
Edinburgh Way. Long L —4H 171
Edingale Rd. Cov —8M 123
Edison Clo. Cann —2J 9
Edison Gro. Birm —4K 111
Edison Rd. Wals —4G 39
Edison Wlk. Wals —4H 39
Edith Rd. Smeth —6B 92
Edith St. W Brom —6H 67
Edmondes Clo. Warw —8F 210
Edmonds Clo. Birm —7B 96
Edmondscote Rd. Lea S —1J 215
Edmondson Clo. Dunc —5K 197
Edmonds Rd. O'bry —7J 91
Edmonton Av. Birm —8B 56
Edmonton Clo. Cann —7H 9
Edmoor Clo. W'hall —3C 38
Edmund Rd. Birm —5D 94
Edmund Rd. Cov —4D 144
Edmund Rd. Dud —3E 64
Edmund St. Birm —6K 93 (4E 4)
Ednall La. B'gve —8M 179
Ednam Clo. W Brom —1M 67
Ednam Gro. Wom —8G 49
Ednam Rd. Dud —8J 65
Ednam Rd. Wolv —3C 50
Edsome Way. Birm —1M 95
Edstone Clo. Dorr —5F 160
Edstone M. Birm —1M 95
Edward Av. Wals —2G 41
Edward Bailey Clo. Bin —2L 167
Edward Clo. Bils —6L 51
Edward Ct. Tam —5E 32
Edward Ct. Wals —1A 54
Edward Fisher Dri. Tip —4A 66
Edward Rd. Bal H —3K 113
Edward Rd. Bed —6J 103
Edward Rd. Cov —5F 144 (CV1)
Edward Rd. Cov —6A 122 (CV6)
Edward Rd. Hale —5M 109
Edward Rd. May —8M 135
Edward Rd. O'bry —1J 111
Edward Rd. Smeth —5M 91
Edward Rd. Tip —2A 66
Edward Rd. Wat O —6J 73
Edward Rd. Wolv —4E 34
Edwards Gro. Ken —4J 191
Edwards Rd. Birm —4G 71
Edward's Rd. Burn —4F 16
Edwards Rd. Dud —5J 89
Edwards Rd. S Cold —6K 43
Edward St. Birm —7H 93 (5B 4)
Edward St. Cann —5E 8
Edward St. Cov —4E 144
Edward St. Dud —8H 65
Edward St. Hinc —7C 84
Edward St. Lea S —8J 211
Edward St. Nun —5H 79
Edward St. O'bry —5G 91
Edward St. P'flds —3F 50
Edward St. Redd —6D 204
Edward St. Rugby —5M 171
Edward St. Tam —4A 32
Edward St. Wals —6H 39
Edward St. Warw —2D 214
Edward St. W'bry —3E 52
Edward St. W Brom —6J 67
Edward Tyler Rd. Exh —8G 103
Edwin Av. Kidd —8L 149
Edwin Ct. B'gve —1M 201
Edwin Cres. B'gve —1M 201
Edwin Rd. Birm —2H 135
Edyth Rd. Cov —5L 145
Edyvean Clo. Rugby —3L 197
Edyvean Walker Ct. Nun —4H 79
Eel St. O'bry —2F 90
Effingham Rd. Birm —3C 136
Egbert Clo. Birm —1B 94
Egelwin Clo. Wolv —4E 34
Egerton Clo. Rugby —3M 171
Egerton Rd. Birm —6K 71
Egerton Rd. S Cold —8M 41
Egerton Rd. Wolv —6E 22
Egg Hill. —6H 133
Egghill La. N'fld & Redn —5G 133
Eggington Rd. Stourb —2K 107
Egginton Rd. Birm —4E 136
Egg La. Belb —1L 151
Egmont Gdns. Wolv —4M 37
Egret Ct. Kidd —8A 150
Eider Clo. Kidd —8B 150
Eileen Gdns. Birm —5F 96
Eileen Rd. Birm —6B 114
Elan Av. Stour S —2E 174
Elan Clo. Cookl —5B 128
Elan Clo. Dud —6D 64
Elan Clo. Lea S —6C 212
Elan Rd. Birm —7J 133
Elan Rd. Dud —1C 64
Elborow St. Rugby —6A 172
Elbow St. Crad H —7M 89
Elbury Cft. Know —4F 160
Elcock Dri. Birm —4K 69
Eldalade Way. W'bry —7K 53
Elderberry Clo. Stourb —6J 107
Elderberry Clo. Stour S —5E 174
Elderberry Way. Cov —3H 145
Elder Clo. Cann —7J 9
Elder Clo. K'bry —2D 60
Elder Clo. Rugby —8H 171
Elderfield. Birm —1B 116
Elderfield Rd. Birm —6H 135
Elder Gro. Wom —3F 62
Elder La. Burn —2J 17
Eldersfield Clo. Redd —2L 205
Eldersfield Gro. Sol —2B 160
Elderside Clo. Bwnhls —1F 26
Elder Way. Birm —7E 70
Eldon Ct. Wals —8M 39 (off Eldon St.)
Eldon Dri. S Cold —2L 71
Eldon Rd. Birm —8F 92
Eldon Rd. Hale —6G 111
Eldon St. Wals —8M 39
Eldorado Clo. Stud —5K 209
Eldridge Clo. Wolv —7M 21
Eld Rd. Cov —2E 144
Eleanor Rd. Bils —3K 51
Electra Pk. Birm —8B 70
Electric Av. Birm —8B 70
Elenor Harrison Dri. Cookl —4B 128
Elford Clo. Birm —4L 135
Elford Gro. Bils —5J 51
Elford Gro. Birm —8H 97
Elford Rd. Birm —6B 112
Elford Rd. W Brom —8L 53
Elgar Clo. Cann —4E 8
Elgar Clo. Lich —7H 13
Elgar Clo. Nun —2A 104
Elgar Cres. Brie H —2D 88
Elgar Ho. Birm —7H 93 (6B 4)
Elgar M. B'gve —7M 179
Elgar Rd. Cov —1H 145
Elgin Clo. Dud —8E 50
Elgin Clo. Stourb —2A 108
Elgin Ct. Wolv —5E 34
Elgin Gro. Birm —2J 115
Elgin Rd. Wals —5G 25
Elias Clo. Lich —3L 19
Eliot Clo. Tam —2A 32
Eliot Clo. Warw —7E 210
Eliot Ct. Bil —6L 171
Eliot Cft. Bils —7K 51
Eliot St. Birm —1C 94
Eliot Wlk. Kidd —3C 150
Elizabeth Av. Bils —6M 51
Elizabeth Av. W'bry —6J 53
Elizabeth Av. Wolv —4B 50
Elizabeth Ct. Warw —3H 215
Elizabeth Cres. O'bry —7K 91
Elizabeth Dri. Tam —3A 32
Elizabeth Gro. Dud —2M 89
Elizabeth Gro. Shir —7J 137
Elizabeth Ho. S Cold —6M 57
Elizabeth Ho. Wals —2D 54
Elizabeth M. Tiv —7A 66
Elizabeth Prout Gdns. Row R —8B 90
Elizabeth Rd. Cann —3E 8
Elizabeth Rd. Hale —6M 109
Elizabeth Rd. Hinc —6D 84
Elizabeth Rd. Lea S —3L 215
Elizabeth Rd. Mose —7J 113
Elizabeth Rd. Stech —6J 95
Elizabeth Rd. S Cold —8C 56
Elizabeth Rd. Wals —2B 54
Elizabeth Rd. W Brom —5D 66
Elizabeth Wlk. Tip —8A 52
Elizabeth Way. Ken —4E 190
Elizabeth Way. Long L —4H 171
Elizabeth Way. Redd —4D 204
Elkington Cft. Shir —4A 160
Elkington La. Barby —8G 199
Elkington St. Birm —4L 93
Elkington St. Cov —1F 144
Elkstone Clo. Sol —6B 116
Elkstone Covert. Birm —7J 135
Ellacombe Rd. Cov —1K 145
Elland Gro. Birm —7J 115
Ellards Dri. Wolv —4M 37
Ellenbrook Clo. Redd —4B 204
Ellen St. Birm —5G 93 (2A 4) (in two parts)
Ellenvale Clo. Bils —1G 65
Ellerbeck. Wiln —8H 33 (in two parts)
Ellerby Gro. Birm —5L 71
Ellerdene Clo. Redd —1D 208
Ellerside Gro. Birm —7M 133
Ellerslie Clo. Brie H —1D 108
Ellerslie Rd. Birm —2C 136
Ellerton Rd. Birm —8B 56
Ellerton Wlk. Wolv —4F 36
Ellesborough Rd. Birm —1B 112
Ellesmere Ct. O'bry —1D 90
Ellesmere Dri. Bew —2B 148
Ellesmere Rd. Bed —7G 103
Ellesmere Rd. Birm —5D 94
Ellesmere Rd. Cann —1B 14
Ellice Dri. Birm —2H 97
Elliots Fld. Retail Pk. Rugby —2B 172
Elliott Clo. Cann —4F 8
Elliott Ct. Cov —8K 143
Elliott Gdns. Redn —4J 155
Elliott Rd. Birm —8E 112
Elliotts La. Cod —6G 21
Elliotts Rd. Tip —4L 65
Elliot Way. Witt —6M 69
Ellis Av. Brie H —7A 88
Ellis Gro. Hag —5A 130
Ellison St. W Brom —8J 67
Ellis St. Birm —8K 93 (7E 4)
Elliston Av. Birm —1L 69
Elliston Gro. Lea S —3C 216
Ellis Wlk. Cann —1F 14
Ell La. Brin —5M 147
Ellowes Rd. Dud —5C 64
Ellys Rd. Cov —4C 144 (1B 6)
Elm Av. Bils —3K 51
Elm Av. Birm —4A 114
Elm Av. W'bry —5F 52
Elm Av. Wolv —1H 37
Elmay Rd. Birm —2A 116
Elm Bank. Mose —6A 114
Elm Bank Clo. Lea S —5A 212
Elmbank Gro. Birm —4E 68
Elmbank Rd. Ken —3E 190
Elmbank Rd. Wals —5C 54
Elmbridge. —5A 200
Elmbridge Clo. Hale —4K 109
Elmbridge Dri. Shir —3B 160
Elmbridge Ho. Birm —7D 134
Elmbridge La. Elmb —2A 200
Elmbridge Rd. Birm —3L 69
Elmbridge Way. Sed —3E 64
Elm Clo. Bin W —2C 168
Elm Clo. Cookl —5B 128
Elm Clo. Dud —7B 64
Elm Clo. Stourb —7K 107
Elm Ct. Cov —1C 142
Elm Ct. Redd —5D 204
Elm Ct. Smeth —1J 91
Elm Ct. Wals —1A 54
Elm Cres. Tip —3M 65
Elm Cft. O'bry —2J 111
Elmcroft. Smeth —4C 92
Elmcroft Av. Birm —8G 111
Elmcroft Ct. Cann —8E 8
Elmcroft Gdns. Wolv —6E 22
Elmcroft Rd. Birm —2M 115
Elmdale. Hale —2G 111
Elmdale Cres. Birm —4L 133
Elmdale Dri. Kidd —4C 150
Elmdale Dri. Wals —1J 41
Elmdale Gro. Birm —5L 133
Elmdale Rd. Bils —2G 65
Elmdale Rd. Earl S —3K 85
Elmdale Rd. Wolv —4A 50
Elmdene Clo. Wols —5G 169
Elmdene Rd. Ken —5H 191
Elmdon. —7F 116
Elmdon Clo. Sol —7D 116
Elmdon Clo. Wolv —8A 22
Elmdon Coppice. Sol —2F 138
Elmdon Ct. Mars G —2G 117
Elmdon Heath. —3E 138
Elmdon La. Birm A —6G 117
Elmdon La. Mars G —2F 116
Elmdon Pk. Rd. Sol —6D 116
Elmdon Rd. A Grn —5K 115
Elmdon Rd. Mars G —2G 117
Elmdon Rd. S Oak —7G 113
Elmdon Rd. Wolv —8A 22
Elmdon Trad. Est. Birm —4J 117
Elm Dri. Birm —8D 54
Elm Dri. Blak —7H 129
Elm Dri. Hale —8E 90
Elmesthorpe Est. Elme —4L 85
Elmesthorpe La. Earl S —3K 85
Elm Farm Av. Birm —2F 116
Elm Farm Rd. Wolv —2D 50 (8K 7)
Elmfield Av. Birm —5M 71
Elmfield Cres. Birm —7M 113
Elmfield Rd. Birm —2E 96
Elmfield Rd. Hartl —8A 176
Elmfield Rd. Nun —2J 79
Elmfield Wlk. Stour S —5D 174
Elm Gdns. Lich —2J 19
Elm Grn. Dud —4G 65
Elm Gro. Arly —7E 76
Elm Gro. Bal C —3J 163
Elm Gro. Birm —3F 96
Elm Gro. B'gve —5A 180
Elm Gro. Cann —1D 8
Elm Gro. Cod —6G 21
Elm Gro. Hurl —5J 61
Elm Gro. Kinv —6C 106
Elmhurst. —4G 13
Elmhurst Av. Row R —6C 90
Elmhurst Clo. Redd —5D 208
Elmhurst Dri. Burn —5G 17
Elmhurst Dri. K'wfrd —5M 87
Elmhurst Dri. Tam —6A 32
Elmhurst Rd. Birm —8E 68
Elmhurst Rd. Cov —5G 123
Elmley Clo. Cose —2H 65
Elmley Clo. Kidd —6H 149
Elmley Gro. Birm —7H 135
Elmley Gro. Wolv —6F 34
Elmley Ho. Redd —5A 204 (off Cardy Clo.)
Elmley Lovett. —8F 176
Elm Lodge. H Ard —2A 140
Elmore Clo. Cov —1K 167
Elmore Clo. F'bri —5G 97
Elmore Grn. Clo. Wals —1H 39
Elmore Grn. Rd. Wals —8G 25
Elmore Rd. Birm —6A 96
Elmore Rd. Rugby —8M 171
Elmore Row. Wals —8H 25
Elm Pl. Cookl —5B 128
Elm Rd. Birm —1F 134
Elm Rd. Cann —4B 16
Elm Rd. Dud —5J 65
Elm Rd. Kidd —3A 150
Elm Rd. K'wfrd —3L 87
Elm Rd. Lea S —6B 212
Elm Rd. Redd —5D 204
Elm Rd. S Cold —7M 57
Elm Rd. Wals —3K 39
Elms Clo. Birm —1C 156
Elms Clo. Sol —4D 138
Elmsdale. Wolv —7G 35
Elmsdale Av. Cov —7E 122
Elmsdale Ct. Wals —1M 53
Elms Dri. Cann —8C 8
Elms Dri. Rugby —1F 198
Elms La. Share —1K 23
Elms Paddock, The. Clift D —4F 172
Elms Rd. Edg —5F 112
Elms Rd. S Cold —6J 57
Elmstead Av. Birm —2D 116
Elmstead Clo. Wals —8E 40
Elmstead Wood. Wals —8E 40
Elms, The. Bed —7E 102
Elms, The. Birm —6F 92
Elms, The. Leek W —3F 210
Elmstone Clo. Redd —4C 208
Elm St. W'hall —7C 38
Elm St. Wolv —8A 36
Elm Ter. Tiv —8A 66
Elm Tree Av. Cov —7G 143
Elm Tree Clo. K'bry —3D 60
Elm Tree Clo. Wom —4F 62
Elm Tree Dri. Hinc —1M 81
Elm Tree Gro. Hale —3K 109
Elm Tree Ri. H Ard —3A 140
Elm Tree Rd. Bulk —7D 104
Elm Tree Rd. Harb —2A 112
Elmtree Rd. Stir —3G 135
Elmtree Rd. S Cold —8K 41
Elm Tree Wlk. Tam —2M 31
Elm Tree Way. Crad H —8M 89
Elm Way. Harts —1A 78
Elmwood Av. Cov —4M 143
Elmwood Av. Ess —6A 24
Elmwood Clo. Bal C —2H 163
Elmwood Clo. Birm —3K 113
Elmwood Clo. Cann —6G 9
Elmwood Ct. Cov —5C 144 (1B 6)
Elmwood Ct. S Cold —4A 56
Elmwood Gdns. Birm —7H 69
Elmwood Gro. H'wd —3A 158
Elmwood Ri. Dud —8B 50
Elmwood Rd. Birm —7J 71
Elmwood Rd. Stourb —6J 87
Elmwood Rd. S Cold —4A 56
Elmwoods. Birm —7H 111
Elphin Clo. Cov —6A 122
Elphinstone End. Birm —3J 71
Elsee Rd. Rugby —6B 172
Elsma Rd. O'bry —1J 111
Elston Hall La. Wolv —8D 22
Elstree Rd. Birm —4D 70
Elswick Gro. Birm —1B 70
Elswick Rd. Birm —8B 56
Elsworth Gro. Birm —3J 115
Elsworth Ho. Birm —7D 134
Elter Clo. Rugby —2D 172
Eltham Gro. Birm —8B 56
Eltham Rd. Cov —2E 166
Elton Clo. Lea S —7C 212
Elton Clo. Wolv —5E 22
Elton Cft. Dorr —5F 160
Elton Gro. Birm —7G 115
Eltonia Cft. Birm —3B 116
Elton Rd. Bew —2B 148
Elunda Gro. Burn —3E 16
Elva Cft. Birm —8F 72
Elvers Grn. La. Know —3L 161
Elvetham Rd. Birm —1J 113
Elvetham Rd. N. Birm —1J 113 (8C 4)
Elviron Dri. Wolv —4H 35
Elwell Av. Barw —1H 85
Elwell Cres. Dud —3F 64
Elwells Clo. Bils —6G 51
Elwell St. W'bry —6H 53
Elwell St. W Brom —4E 66
Elwy Circ. Ash G —2B 122
Elwyn Rd. S Cold —6G 57
Ely Clo. Birm —7H 97
Ely Clo. Cann —8H 9
Ely Clo. Cov —3A 146
Ely Clo. Kidd —3G 149
Ely Clo. Row R —5E 90
Ely Cres. W Brom —2H 67
Ely Gro. Birm —5M 111
Ely Pl. Wals —8H 39
Ely Rd. Wals —8H 39
Emay Clo. W Brom —1F 66
Embankment, The. Brie H —6E 88
Embassy Dri. Edg —1G 113 (8A 4)
Embassy Dri. O'bry —1E 90
Embassy Rd. O'bry —1E 90
Embassy Wlk. Cov —1K 145
Emberton Way. Amin —4F 32
Embleton Clo. Hinc —8B 84
Embleton Gro. Birm —3A 96
Emerald Ct. Birm —4J 95
Emerald Ct. Sol —8M 115
Emerald Way. Lea S —4M 215
Emerson Clo. Dud —5A 64
Emerson Gro. Wolv —1F 36
Emerson Rd. Birm —3C 112
Emerson Rd. Cov —6J 145
Emerson Rd. Wolv —8F 22
Emery Clo. Birm —8D 70
Emery Clo. Cov —2L 145
Emery Clo. Wals —1M 53
Emery Ct. Kidd —2L 149
Emery St. Wals —1M 53
Emily Gdns. Birm —6F 92
Emily Rd. Birm —3K 115
Emily St. Birm —1M 113
Emily St. W Brom —7H 67
Emmanuel Rd. Burn —2H 17
Emmanuel Rd. S Cold —2H 71
Emmeline St. Birm —8B 94
Emmott Dri. Lea S —3B 216
Emperor Way. Gleb F —2M 171
Empire Clo. Wals —1F 40
Empire Ind. Pk. A'rdge —1F 40
Empire Rd. Cov —7E 142
Empress Arc. Cov —7H 145
Empress Dri. Birm —1L 95
Empress Way. Darl —1D 52
Emscote. —2G 215
Emscote Dri. S Cold —2H 71
Emscote Grn. Sol —7L 137
Emscote Rd. Birm —8M 69
Emscote Rd. Cov —7J 145
Emscote Rd. Warw —2G 215
Emsworth Cres. Wolv —7A 22
Emsworth Gro. Birm —3K 135
Ena Rd. Cov —4D 144
Endeavour Pl. Stour S —7G 175
Endemere Rd. Cov —1D 144
Enderby Dri. Wolv —5M 49
Enderby Rd. Birm —2C 70
Enderley Clo. Wals —6H 25
Enderley Dri. Wals —6H 25
End Hall Rd. Wolv —6G 35
Endhill Rd. Birm —5A 56
Endicott Rd. Birm —8M 69
Endmoor Gro. Birm —3D 70
Endsleigh Gdns. Lea S —3B 216
Endsleigh Gro. Birm —1G 137
Endwood Ct. Hand —7G 69
Endwood Ct. Rd. Birm —7G 69
Endwood Dri. Sol —7M 137
Endwood Dri. S Cold —5C 42
Enfield. —4D 204
Enfield Clo. Birm —3F 70
Enfield Ind. Est. Redd —4D 204
Enfield Rd. Birm —1H 113 (8B 4)
Enfield Rd. Cov —6H 145
Enfield Rd. Redd —4D 208 (in two parts)
Enfield Rd. Row R —6D 90
Enford Clo. Birm —3D 96
Engine La. Brie H —6F 88
Engine La. Bwnhls —1B 26
Engine La. Glas —7G 33
Engine La. Stourb —3D 108
Engine La. Stour S —6F 174
Engine La. W'bry —5A 52
Engine St. O'bry —3G 91
Engine St. Smeth —3B 92
England Cres. Lea S —2L 215
Englestede Clo. Birm —6F 68
Engleton Rd. Cov —3A 144
Englewood Dri. Birm —1G 137
Ennerdale. Rugby —2C 172
Ennerdale Clo. Clay —2E 26
Ennerdale Clo. Lea S —7K 211
Ennerdale Cres. Nun —3M 79
Ennerdale Dri. Hale —7K 109
Ennerdale Dri. Pert —5F 34
Ennerdale La. Cov —5M 145
Ennerdale Rd. Birm —3F 68
Ennerdale Rd. Stour S —3F 174
Ennerdale Rd. Tett —1K 35
Ennersdale Bungalows. Col —8M 73
Ennersdale Clo. Col —8M 73
Ennersdale Rd. Col —8M 73
Enright Clo. Lea S —7L 211
Ensall Dri. Stourb —8L 87
Ensbury Clo. W'hall —5D 38
Ensdale Row. W'hall —8A 38
Ensdon Gro. Birm —8B 56
Ensford Clo. S Cold —4E 42
Ensign Bus. Cen. W'wd B —3F 164
Ensign Clo. Cov —8D 142
Ensign Ho. Birm —5A 72
Ensor Clo. Nun —4A 80
Ensor Dri. Pole —8M 33
Enstone Rd. Birm —2G 71
Enstone Rd. Dud —1F 88
Enterprise Dri. Stourb —3F 108
Enterprise Dri. S Cold —2L 55
Enterprise Gro. Pels —4B 26
Enterprise Ind. Pk. Brit E —1M 19
Enterprise Trad. Est. Brie H —6F 88
Enterprise Way. Birm —5M 93 (1J 5)
Enville Clo. Wals —6G 25
Enville Gro. Birm —4D 114
Enville Rd. Dud —5D 64
Enville Rd. K'wfrd —1G 87
Enville Rd. Kinv —3A 106
Enville Rd. Wolv —5J 49
Enville St. Stourb —4M 107
Enville Towermill. —5B 86
Epperston Ct. Lea S —2M 215
Epping Clo. Redn —7H 133
Epping Clo. Wals —3M 39
Epping Gro. Birm —2A 70
Epping Way. Lea S —5C 212
Epsom Clo. Bed —5H 103
Epsom Clo. Lich —2K 19
Epsom Clo. Pert —5F 34
Epsom Clo. Redd —1C 208
Epsom Dri. Cov —3J 167
Epsom Gro. Birm —1B 70
Epsom Rd. Cats —8A 154
Epsom Rd. Lea S —5C 212
Epsom Rd. Rugby —8K 171
Epwell Gro. Birm —3M 69
Epwell Rd. Birm —3M 69
Epworth Ct. Brie H —4B 88
Equity Rd. Earl S —2L 85
Equity Rd. E. Earl S —1L 85
Erasmus Rd. Birm —2A 114
Erasmus Way. Lich —1G 19
Ercall Clo. Birm —3A 70
Erdington. —5G 71
Erdington Hall Rd. Birm —7F 70
Erdington Ind. Pk. Birm —5M 71
Erdington Rd. Wals —5H 41
Erica Av. Bed —7F 102
Erica Clo. Birm —1A 134
Erica Clo. Kidd —8K 127
Erica Dri. W'nsh —7B 216
Erica Rd. Wals —6B 54
Eric Grey Clo. Cov —4G 145
Eric Inott Ho. Cov —3E 166
Eringden. Wiln —8H 33
Erithway Rd. Cov —5B 166
Ermington Cres. Birm —1L 95
Ermington Rd. Wolv —4D 50
Erneley Clo. Stour S —8F 174
Ernest Clarke Clo. W'hall —5C 38
Ernest Richards Rd. Bed —5H 103
Ernest Rd. Birm —5B 114
Ernest Rd. Dud —8M 65
Ernest Rd. Smeth —3L 91
Ernest St. Birm —8K 93 (8E 4)
Ernsford Av. Cov —8H 145
Ernsford Clo. Dorr —7F 160
Erskine Clo. Hinc —7A 84
Erskine St. Birm —5B 94 (2M 5)
Erwood Clo. Redd —7B 204
Esher Dri. Cov —2E 166
Esher Rd. Birm —5M 55
Esher Rd. W Brom —3K 67
Eskdale. Rugby —1C 172
Eskdale Clo. Wolv —7G 37
Eskdale Rd. Hinc —1G 81
Eskdale Wlk. Brie H —1B 108
Eskdale Wlk. Cov —2K 167
Eskrett St. Cann —4H 9
Esme Rd. Birm —5B 114
Esmond Clo. Birm —4D 134
Essendon Gro. Birm —5H 95
Essendon Rd. Birm —5H 95
Essendon Wlk. Birm —5H 95
Essen La. Kils —6M 199
Essex Av. K'wfrd —4H 87
Essex Av. W'bry —5J 53
Essex Av. W Brom —2J 67
Essex Clo. Cov —6H 143
Essex Clo. Ken —7E 190
Essex Ct. Birm —2C 134
Essex Ct. Warw —1E 214
Essex Dri. Cann —5H 9
Essex Gdns. Stourb —2K 107
Essex Ho. Wolv —1J 7
Essex Rd. Dud —3G 89
Essex Rd. S Cold —8K 43
Essex St. Birm —8L 93 (8F 4)
Essex St. Rugby —5A 172
Essex St. Wals —4L 39
Essington. —5M 23
Essington Clo. Lich —4G 19
Essington Clo. Shen —3F 28
Essington Clo. Stourb —8L 87
Essington Ho. Birm —4G 95
Essington Ind. Est. Ess —5M 23
Essington Rd. Ess & W'hall —7B 24
Essington St. Birm —8H 93 (7B 4)
Essington Way. Wolv —8H 37
Este Rd. Birm —1A 116
Esterton Clo. Cov —7C 122
Estone Wlk. Birm —2M 93
Estria Rd. Birm —2H 113

Estridge La.—Ferndale Dri.

Estridge La. *Wals* —7G **15**
Etchell Rd. *Tam* —6M **31**
Ethelfield Rd. *Cov* —6H **145**
Ethelfleda Rd. *H'ley* —4F **46**
Ethelfleda Ter. *W'bry* —6F **52**
Ethelred Clo. *S Cold* —6G **43**
Ethel Rd. *Birm* —4D **112**
Ethel St. *Birm* —7K **93** (5F **4**)
Ethel St. *O'bry* —5G **91**
Ethel St. *Smeth* —7M **91**
Etheridge Rd. *Bils* —2J **51**
Eton Clo. *Dud* —2F **64**
Eton Ct. *Lich* —3H **19**
Eton Dri. *Stourb* —6A **108**
Etone Ct. *Nun* —4H **79**
Eton Rd. *Birm* —5B **114**
Eton Wlk. *Hag* —3A **130**
Etruria Way. *Bils* —2L **51**
Etta Gro. *Birm* —5M **55**
Ettingley Clo. *Redd* —4H **209**
Ettingshall. —4G 51
Ettingshall Park. —5E 50
Ettingshall Pk. Farm La. *Wolv* —5E **50**
Ettingshall Rd. *Bils* —7G **51**
Ettingshall Rd. *Wolv* —2G **51**
Ettington Clo. *Dorr* —7D **160**
Ettington Rd. *Birm* —1L **93**
Ettington Rd. *Cov* —6G **143**
Ettymore Clo. *Dud* —1D **64**
Ettymore Rd. *Dud* —1D **64**
Ettymore Rd. W. *Dud* —1C **64**
Etwall Rd. *Birm* —4E **136**
Euan Clo. *Birm* —1C **112**
Euro Bus. Pk. *O'bry* —2E **90**
Europa Av. *W Brom* —7M **67**
Europa Way. *Birm A* —5J **117**
Europa Way. *Brit E* —1M **19**
Europa Way. *Warw* —5J **215**
Eustace Rd. *Bulk* —8D **104**
Euston Cres. *Cov* —2J **167**
Euston Pl. *Lea S* —1M **215**
Euston Sq. *Lea S* —1M **215**
Evans Clo. *Bed* —6J **103**
Evans Clo. *Kidd* —6J **127**
Evans Clo. *Tip* —4J **65**
Evans Cft. *Faz* —8A **32**
Evans Gdns. *Birm* —8D **112**
Evans Gro. *W'nsh* —7A **216**
Evans Pl. *Bils* —2L **51**
Evans Rd. *Rugby* —7J **171**
Evans St. *Bils* —8F **50**
Evans St. *W'hall* —8K **37**
Evans St. *Wolv* —5A **36**
Eva Rd. *Birm* —3D **92**
Eva Rd. *O'bry* —6J **91**
Evason Ct. *Birm* —8L **69**
Eve Hill. —7H 65
Eve La. *Dud* —4F **64**
Evelyn Av. *Cov* —7E **122**
Evelyn Cft. *S Cold* —1G **71**
Evelyn Rd. *Birm* —5C **114**
Evenlode Clo. *Redd* —8F **204**
Evenlode Clo. *Sol* —6B **116**
Evenlode Cres. *Cov* —4M **143**
Evenlode Gro. *W'hall* —8D **38**
Evenlode Rd. *Sol* —6A **116**
Everall Pas. *Tam* —4L **31**
Everard Clo. *Clift D* —4G **173**
Everard Ct. *Nun* —7L **79**
Everdon Clo. *Rugby* —1D **198**
Everdon Rd. *Cov* —7C **122**
(in two parts)
Evered Bardon Ho. O'bry
*(off Round's Grn. Rd.) —2E **90***
Everest Clo. *Smeth* —1L **91**
Everest Rd. *Birm* —6G **69**
Everest Rd. *Rugby* —1L **197**
Everest Rd. *Wals* —6F **38**
Everglade Rd. *Wood E* —7H **47**
Evergreen Clo. *Cose* —1H **65**
Evergreen Heights. *Cann* —1G **9**
Everitt Dri. *Know* —3G **161**
Eversleigh Rd. *Cov* —2L **143**
Eversley Dale. *Birm* —7G **71**
Eversley Gro. *Dud* —7C **50**
Eversley Gro. *Wolv* —3J **37**
Eversley Rd. *Birm* —8D **94**
(in two parts)
Evers St. *Brie H* —1G **109**
Everton Rd. *Birm* —5J **95**
Eves Cft. *Birm* —8J **111**
Evesham Cres. *Wals* —6F **24**
*Evesham Ho. B'gve —6B **180***
(off Burcot La.)
Evesham M. *Redd* —6E **204**
Evesham Ri. *Dud* —6K **89**
Evesham Rd. *A'wd B* —6E **208**
Evesham Rd. *Redd* —8D **204**
Evesham Sq. *Redd* —6E **204**
Evesham St. *Redd* —6E **204**
Evesham Wlk. *Cov* —4K **165**
Evesham Wlk. *Redd* —5E **204**
Eveson Rd. *Stourb* —7K **107**
Evreux Way. *Rugby* —6A **172**
Ewart Rd. *Wals* —6E **38**
Ewell Rd. *Birm* —5H **71**
Ewhurst Av. *Birm* —8F **112**
(nr. Heeley Rd.)
Ewhurst Av. *Birm* —1G **135**
(nr. Umberslade Rd.)
Ewhurst Clo. *W'hall* —1M **51**
Ewloe Clo. *Kidd* —8L **149**
Exbury Clo. *Wolv* —7M **21**
Exbury Way. *Nun* —1L **103**
Excelsior Gro. *Pels* —4B **26**
Exchange Ind. Est., The. *Cann* —3E **14**
Exchange St. *Brie H* —5D **88**
Exchange St. *Kidd* —4L **149**
Exchange St. *W Brom* —7H **67**
Exchange St. *Wolv* —7C **36** (4J **7**)
Exchange, The. *Wals* —8H **25**
Exe Cft. *Birm* —1B **156**
Exeter Clo. *Cov* —1K **167**
Exeter Clo. *Kidd* —3G **149**
Exeter Dri. *Birm* —1F **116**
Exeter Dri. *Tam* —3L **31**
Exeter Ho. *Birm* —7J **133**
Exeter Pas. *Birm* —8K **93** (8F **4**)
Exeter Pl. *Wals* —8H **39**
Exeter Rd. *Birm* —7F **112**
Exeter Rd. *Cann* —1B **14**
Exeter Rd. *Dud* —7K **89**
Exeter Rd. *Smeth* —4B **92**
Exeter St. *Birm* —8K **93** (8F **4**)
Exford Clo. *Brie H* —2B **108**
Exhall. —2E 122
Exhall Basin. *Longf* —4H **123**
Exhall Clo. *Redd* —4K **205**
Exhall Clo. *Sol* —7L **137**
Exhall Grn. *Exh* —2F **122**
Exhall Mobile Homes. *Ash G* —2B **122**
Exhall Rd. *Ker E* —3M **121**
Exham Clo. *Warw* —8E **210**
Exhibition Way. *Birm* —4K **117**
Exis Ct. *Attl F* —7L **79**
Exley. *Tam* —8D **32**
Exminster Rd. *Cov* —4E **166**
Exmoor Ct. *B'gve* —5A **180**
Exmoor Dri. *B'gve* —5A **180**
Exmoor Dri. *Lea S* —5C **212**
Exmoor Grn. *Wed* —2J **37**
Exmouth Clo. *Cov* —2J **145**
Exonbury Wlk. *Cann* —7F **8**
Exon Ct. *Tip* —3M **65**
Expressway, The. *W Brom* —5J **67**
Exton Clo. *Ash G* —2C **122**
Exton Clo. *Wolv* —1M **37**
Exton Way. *Birm* —4D **94**
Eydon Clo. *Rugby* —3E **172**
Eyffler Dri. *Warw* —2D **214**
Eyland Gro. *Wals* —7M **39**
Eymore Clo. *Birm* —3B **134**
Eyre St. *Birm* —6G **93**
Eyston Av. *Tip* —1D **66**
Eyton Clo. *Redd* —6K **205**
Eyton Cft. *Birm* —2M **113**
Ezekiel La. *W'hall* —3C **38**

Fabian Clo. *Cov* —2K **167**
Fabian Clo. *Redn* —7F **132**
Fabian Cres. *Shir* —8H **137**
Facet Rd. *Birm* —7G **135**
Factory La. *B'gve* —8L **179**
Factory Rd. *Birm* —3F **92**
Factory Rd. *Hinc* —8D **84**
Factory Rd. *Tip* —3L **65**
Factory St. *W'bry* —3C **52**
Fair Acre Rd. *Barw* —3G **85**
Fairbanks Clo. *Cov* —2A **146**
Fairbourne Av. *Birm* —7L **55**
Fairbourne Av. *Row R* —5E **90**
Fairbourne Gdns. *Redd* —1C **208**
Fairbourne Way. *Cov* —1L **143**
Fairbourn Tower. *Birm* —3G **71**
Fairburn Cres. *Pels* —4B **26**
Fair Clo. *F'ton* —8J **195**
Faircroft. *Ken* —6F **190**
Faircroft Av. *S Cold* —3M **71**
Faircroft Rd. *Birm* —8D **72**
Fairdene Way. *Birm* —1D **68**
Fairfax Ct. *S Cold* —5A **58**
Fairfax Ct. *Warw* —2F **214**
Fairfax Rd. *Birm* —1A **156**
Fairfax Rd. *S Cold* —4M **57**
Fairfax Rd. *Wolv* —7D **22**
Fairfax St. *Cov* —6D **144** (4D **6**)
Fairfield. —6K 153
(nr. Bromsgrove)
Fairfield. —6H 127
(nr. Kidderminster)
Fairfield. *Exh* —8G **103**
Fairfield Clo. *Cann* —8K **9**
Fairfield Ct. *Cov* —2G **167**
Fairfield Dri. *Cod* —5E **20**
Fairfield Dri. *Hale* —8E **90**
Fairfield Dri. *Kinv* —6A **106**
Fairfield Dri. *Wals* —5B **26**
Fairfield Gro. *Hale* —8E **90**
*Fairfield Ho. B'gve —6B **180***
(off Burcot La.)
Fairfield La. *Kidd* —6H **127**
Fairfield Mt. *Wals* —1M **53**
Fairfield Pk. Ind. Est. *Hale* —7E **90**
Fairfield Pk. Rd. *Hale* —8E **90**
Fairfield Ri. *Mer* —8J **119**
Fairfield Ri. *Stourb* —4J **107**
Fairfield Rd. *Birm* —1L **135**
Fairfield Rd. *B'hth* —8K **153**
Fairfield Rd. *Dud* —2K **89**
Fairfield Rd. *Hale* —7A **110**
Fairfield Rd. *H Grn* —8E **90**
Fairfield Rd. *Stourb* —7M **87**
Fairfields Hill. *Pole* —1M **47**
Fairford Clo. *Redd* —2L **205**
Fairford Clo. *Sol* —4K **137**
Fairford Gdns. *Burn* —3J **17**
Fairford Gdns. *Stourb* —6L **87**
Fairford Rd. *Birm* —3M **69**
Fairgreen Gdns. *Brie H* —4B **88**
Fairgreen Way. *Birm* —8F **112**
Fairgreen Way. *S Cold* —8A **42**
Fair Ground Way. *Wals* —1K **53**
Fairhaven Cft. *H Grn* —8E **90**
Fairhills. *Dud* —1D **64**
Fairhill Way. *Birm* —2B **114**
Fairholme Rd. *Birm* —2H **95**
Fairhurst Dri. *Lea S* —6L **211**
Fair Isle Dri. *Nun* —6F **78**
Fair Lady Dri. *Burn* —8D **10**
Fairlands Pk. *Cov* —4L **165**
Fairlawn. *Edg* —2G **113**
Fairlawn Clo. *Lea S* —8K **211**
Fairlawn Clo. *W'hall* —8C **24**
Fairlawn Dri. *K'wfrd* —5K **87**
Fairlawns. *Birm* —8A **96**
Fairlawns. *S Cold* —1A **72**
Fairlawn Way. *W'hall* —8C **24**
Fairlie Cres. *Birm* —8D **134**
Fairlight Dri. *B Grn* —8G **155**
Fairmead Ri. *Birm* —8E **134**
Fairmile Clo. *Bin* —1J **167**
Fairmile Rd. *Hale* —3M **109**
Fairmont Rd. *B'gve* —1B **202**
Fairmount Dri. *Cann* —1E **14**
Fairoak Dri. *B'gve* —3L **201**
Fairoak Dri. *Wolv* —6H **35**
Fair Oaks Dri. *Wals* —1G **25**
Fairview Av. *Birm* —3H **69**
Fairview Clo. *C Hay* —7D **14**
Fairview Clo. *Tam* —4F **32**
Fairview Clo. *Wolv* —3H **37**
Fairview Ct. *Wals* —7D **38**
Fairview Cres. *K'wfrd* —4M **87**
Fairview Cres. *Wolv* —2H **37**
Fairview Gro. *Wolv* —2H **37**
Fairview Rd. *Dud* —6G **65**
Fairview Rd. *Penn* —5J **49**
Fairview Rd. *Wed* —2H **37**
Fairview Wlk. *Cov* —7E **122**
Fairway. *Cann* —3D **14**
Fairway. *N'fld* —7L **133**
Fairway. *Nun* —8B **80**
Fairway. *Wals* —8D **26**
Fairway. *Wiln* —4E **46**
Fairway Av. *Tiv* —1A **90**
Fairway Ct. *Rugby* —5D **172**
Fairway Ct. *Tam* —6J **33**
Fairway Dri. *Redn* —3F **154**
Fairway Grn. *Bils* —2K **51**
Fairway Ri. *Ken* —3J **191**
Fairway Rd. *O'bry* —7F **90**
Fairways Av. *Stourb* —7L **107**
Fairways Clo. *Cov* —3G **143**
Fairways Clo. *Stourb* —7L **107**
Fairways Ct. *Hinc* —6G **85**
(in two parts)
Fairways Ct. *Kidd* —5A **150**
Fairways Dri. *B'wll* —4G **181**
Fairways, The. *Lea S* —7K **211**
Fairway, The. *Hinc* —2M **81**
Fairway, The. *K Nor* —7D **134**
Fairyfield Av. *Birm* —8D **54**
Fairyfield Ct. *Birm* —8D **54**
Fakenham Cft. *Birm* —2M **111**
Falcon. *Wiln* —3G **47**
Falcon Av. *Bin* —1M **167**
Falcon Clo. *Cann* —7C **8**
Falcon Clo. *Kidd* —6L **149**
Falcon Clo. *Nun* —1B **104**
Falcon Clo. *Wals* —7C **14**
Falcon Cres. *Bils* —7F **50**
Falcondale Rd. *W'hall* —8C **24**
Falconers Grn. *Hinc* —3M **81**
Falconhurst Rd. *Birm* —7C **112**
Falcon Lodge. —4B 58
Falcon Lodge Cres. *S Cold* —4M **57**
Falcon Pl. *Tiv* —2C **90**
Falcon Ri. *Stourb* —3J **107**
Falcon Rd. *O'bry* —7F **90**
Falconry Cen., The. —6M 129
Falcons, The. *S Cold* —4B **58**
Falcon Way. *Dud* —8F **64**
Falfield Clo. *Row R* —3D **90**
Falfield Gro. *Birm* —2L **155**
Falkener Ho. *Cov* —2E **144**
Falkland Clo. *Char I* —2D **164**
Falkland Cft. *Birm* —3H **135**
Falklands Clo. *Swind* —7E **62**
Falkland Way. *Birm* —4H **97**
Falkwood Gro. *Know* —3F **160**
Fallindale Rd. *Birm* —3B **116**
Fallings Heath. —3F 52
Fallings Heath Clo. *W'bry* —2F **52**
Fallings Park. —4F 36
Fallings Pk. Ind. Est. *Wolv* —4F **36**
Fallow Fld. *Cann* —6E **8**
Fallow Fld. *Lich* —6J **13**
Fallowfield. *Pend* —7L **21**
Fallowfield. *Pert* —5D **34**
Fallow Fld. *S Cold* —6B **42**
Fallowfield Av. *Birm* —4F **136**
Fallowfield Rd. *Hale* —6K **109**
Fallowfield Rd. *Row R* —6A **90**
Fallowfield Rd. *Sol* —7C **116**
Fallowfield Rd. *Wals* —1E **54**
Fallowfields Clo. *B'gve* —6L **179**
Fallow Hill. *Lea S* —3C **216**
Fallow Rd. *Faz* —8M **31**
Fallows Ho. *Birm* —4L **93**
Fallows Rd. *Birm* —3C **114**
Fallow Wlk. *Birm* —7G **111**
Falmouth Clo. *Nun* —4A **80**
Falmouth Dri. *Amin* —4F **32**
Falmouth Dri. *Hinc* —5E **84**
Falmouth Rd. *Birm* —4L **95**
Falmouth Rd. *Wals* —2D **54**
Falna Cres. *Tam* —2M **31**
Falstaff Av. *H'wd* —3A **158**
Falstaff Clo. *Nun* —8A **80**
(in two parts)
Falstaff Clo. *S Cold* —2B **72**
Falstaff Ct. *S Cold* —4C **58**
Falstaff Dri. *Rugby* —4K **197**
Falstaff Gro. *H'cte* —6L **215**
Falstaff Rd. *Cov* —7E **142**
Falstaff Rd. *Shir* —7H **137**
Falstone Rd. *S Cold* —7D **56**
Fancott Dri. *Ken* —3F **190**
Fancott Rd. *Birm* —4A **134**
Fancourt Av. *Wolv* —5K **49**
Fane Rd. *Wolv* —8A **24**
Fanshawe Rd. *Birm* —8J **115**
Fanum Ho. *Hale* —6B **110**
Faraday Av. *Birm* —4K **111**
Faraday Av. *Col* —4M **73**
Faraday Rd. *Hinc* —2E **80**
Faraday Rd. *Rugby* —8C **172**
Faraday Rd. *Wals* —3H **39**
Farber Rd. *Cov* —3A **146**
Farbrook Way. *W'hall* —3B **38**
Farcroft Av. *Birm* —1D **92**
Farcroft Av. *Cov* —5D **142**
Farcroft Gro. *Birm* —8D **68**
Farcroft Rd. *Birm* —8D **68**
Fareham Av. *Rugby* —1E **198**
Fareham Cres. *Wolv* —3J **49**
Farewell. —5A 12
Farewell La. *Burn* —3L **17**
Farfield. *Kidd* —4M **149**
Farfield. *Stoke P* —5M **201**
Farfield Clo. *Birm* —7B **134**
Far Gosford St. *Cov* —7E **144** (5F **6**)
Far Highfield. *S Cold* —5K **57**
Farhill Clo. *W Brom* —1M **67**
Faringdon. *Tam* —8F **32**
Farlands Dri. *Stourb* —6A **108**
Farlands Gro. *Birm* —2F **68**
Farlands Rd. *Stourb* —6A **108**
Far Lash. *Hinc* —2M **81**
Far Lash Extension. *Hinc* —3M **81**
Farleigh Dri. *Wolv* —1G **49**
Farleigh Rd. *Pert* —6G **35**
Farley Cen. *W Brom* —7K **67**
Farley La. *Rom* —1L **153**
Farley Rd. *Birm* —5B **70**
Farley St. *Lea S* —2B **216**
Farley St. *Tip* —4D **66**
Farlow Clo. *Cov* —3G **145**
Farlow Clo. *Redd* —5K **205**
Farlow Cft. *Mars G* —1F **116**
Farlow Rd. *Birm* —6C **134**
Farmacre. *Birm* —7B **94** (6M **5**)
Farman Rd. *Cov* —7M **143**
Farm Av. *O'bry* —6G **91**
Farmbridge Clo. *Wals* —6D **38**
Farmbridge Rd. *Wals* —6D **38**
Farmbridge Way. *Wals* —6D **38**
Farmbrook Av. *Wolv* —6D **22**
Farm Clo. *Cann* —6J **9**
Farm Clo. *Cod* —7H **21**
Farm Clo. *Cov* —6B **122**
Farm Clo. *Dud* —2B **64**
Farm Clo. *Kidd* —7H **149**
Farm Clo. *Sol* —7C **116**
Farm Clo. *Tam* —2C **32**
Farmcote Clo. *Redd* —5D **208**
*Farmcote Lodge. Cov —5H **123***
(off Loach Dri.)
Farmcote Rd. *Birm* —5A **96**
Farmcote Rd. *Cov* —5H **123**
Farm Cft. *Birm* —3J **93**
Farmcroft Rd. *Stourb* —6E **108**
Farmdale Gro. *Redn* —3G **155**
Farmer Rd. *Birm* —2G **115**
Farmers Clo. *S Cold* —5L **57**
Farmers Ct. *Hale* —5M **109**
Farmers Fold. *Wolv* —4J **7**
Farmers Rd. *B'gve* —3L **201**
Farmers Wlk. *Birm* —2D **92**
Farmer Ward Rd. *Ken* —5G **191**
Farmer Way. *Tip* —8B **52**
Farm Fld. La. *Redd* —7L **205**
Farm Gro. *Rugby* —8C **172**
Farmhouse Rd. *W'hall* —4D **38**
Farm Ho. Way. *Birm* —5E **54**
Farmhouse Way. *Shir* —2B **160**
Farmhouse Way. *W'hall* —4E **38**
Farmoor Gro. *Birm* —3E **96**
Far Moor La. *Redd* —4M **205**
Farmoor Way. *Wolv* —5E **22**
Farm Rd. *Barw* —1H **85**
Farm Rd. *Birm* —2B **114**
Farm Rd. *Brie H* —8E **88**
Farm Rd. *Dud* —6G **89**
Farm Rd. *Hinc* —3L **81**
Farm Rd. *Ken* —7E **190**
Farm Rd. *Lea S* —6B **212**
Farm Rd. *O'bry* —6G **91**
Farm Rd. *Redd* —6G **205**
Farm Rd. *Row R* —5A **90**
Farm Rd. *Smeth* —6L **91**
Farm Rd. *Stour S* —4H **175**
Farm Rd. *Tip* —2C **66**
Farm Rd. *Wolv* —1J **49**
Farmside. *Cov* —4K **167**
Farmside Grn. *Wolv* —7M **21**
Farmstead Rd. *Sol* —7C **116**
Farmstead, The. *Cov* —1J **167**
Farm St. *Birm* —3H **93**
Farm St. *Wals* —5L **39**
Farm St. *W Brom* —8J **67**
Farnborough Clo. *Redd* —8M **205**
Farnborough Ct. *S Cold* —7H **43**
Farnborough Dri. *Shir* —3M **159**
Farnborough Rd. *Birm* —7A **72**
Farnbury Cft. *Birm* —7H **135**
Farn Clo. *Birm* —6M **95**
Farncote Dri. *S Cold* —6F **42**
Farndale Av. *Cov* —6D **122**
Farndale Av. *Wolv* —4M **35**
Farndale Clo. *Brie H* —3B **108**
Farndon Av. *Mars G* —2H **117**
Farndon Clo. *Bulk* —6B **104**
Farndon Rd. *Birm* —5F **94**
Farndon Way. *Birm* —2D **70**
Farneway. *Hinc* —8B **84**
Farnham Clo. *Birm* —1F **68**
Farnham Rd. *Birm* —7D **68**
Farnhurst Rd. *Birm* —2H **95**
Farnol Rd. *Birm* —1M **115**
Farnworth Gro. *Birm* —8E **72**
Farquhar Rd. *Edg* —3F **112**
Farquhar Rd. *Mose* —6M **113**
Farquhar Rd. E. *Birm* —3F **112**
Farran Way. *Birm* —2E **68**
Farr Dri. *Cov* —7H **143**
Farren Rd. *Birm* —8K **133**
Farren Rd. *Cov* —5K **145**
Farrier Clo. *B'gve* —3L **201**
Farrier Clo. *S Cold* —1M **71**
Farrier Rd. *Birm* —6K **55**
Farriers Mill. *Pels* —5L **25**
Farriers, The. *Birm* —4B **116**
Farriers Way. *Hinc* —4M **81**
Farriers Way. *Nun* —7M **79**
Farrier Way. *K'wfrd* —2G **87**
*Farringdon Ho. Wals —6K **39***
(off Green La.)
Farringdon St. *Wals* —7K **39**
Farrington Rd. *Birm* —4B **70**
Farrington Rd. *Wolv* —6D **50**
Farrow Rd. *Birm* —6L **55**
Farthing La. *Curd* —3J **73**
Farthing La. *Redd* —4B **204**
Farthing La. *S Cold* —5H **57**
Farthing Pools Clo. *S Cold* —5J **57**
Farthings, The. *Birm* —3D **112**
Farvale Rd. *Min* —3C **72**
Far Vw. *Wals* —7H **27**
Farway Gdns. *Cod* —7F **20**
Far Wood Rd. *Birm* —1L **133**
Faseman Av. *Cov* —6F **142**
Fashoda Rd. *Birm* —8H **113**
Fastlea Rd. *Bart G* —8K **111**
Fastmoor Oval. *Birm* —8E **96**
Fast Pits Rd. *Birm* —1H **115**
Fatherless Barn Cres. *Hale* —5J **109**
Faulconbridge Av. *Cov* —5E **142**
Faulconbridge Way. *H'cte* —6L **215**
Faulkland Cres. *Wolv* —6D **36** (2K **7**)
Faulkner Clo. *Stourb* —5M **107**
Faulkner Rd. *Sol* —8B **116**
Faulkners Farm Dri. *Birm* —3B **70**
Faulknor Dri. *Brie H* —2B **88**
Faultlands Clo. *Nun* —1M **103**
Faversham Clo. *Wals* —6D **38**
Faversham Clo. *Wolv* —1L **35**
Fawdry Clo. *S Cold* —4H **57**
Fawdry St. *Birm* —7A **94** (5M **5**)
Fawdry St. *Smeth* —4C **92**
Fawdry St. *Wolv* —6B **36** (1G **7**)
Fawley Clo. *Cov* —3K **167**
Fawley Clo. *W'hall* —1M **51**
Fawley Gro. *Birm* —4H **135**
Fawsley Leys. *Rugby* —2A **198**
Faygate Clo. *Cov* —6A **146**
Fazeley. —8L 31
Fazeley Rd. *Tam* —8B **32**
Fazeley St. *Birm* —7M **93** (5J **5**)
Fazeley St. Ind. Est. *Birm* —7A **94** (5K **5**)
Feamings Cotts. *Redd* —4D **208**
Fearon Pl. *Smeth* —4A **92**
Featherbed La. *Cov* —4G **165**
Featherbed La. *H End* —4C **208**
Featherbed La. *Lich* —6E **12**
Featherbed La. *Rugby* —1G **199**
Featherbed La. *Withy* —3M **125**
Featherston Dri. *Hinc* —2K **81**
Featherstone. —3H 23
Featherstone Clo. *Nun* —7J **79**
Featherstone Clo. *Shir* —7K **137**
Featherstone Cres. *Shir* —7K **137**
Featherstone La. *F'stne & Share* —1H **23**
Featherstone Rd. *Birm* —3L **135**
Featherston Rd. *S Cold* —7A **42**
*Feckenham Ho. B'gve —6B **180***
(off Burcot La.)
Feckenham Rd. *A'wd B* —7E **208**
Feckenham Rd. *H End* —5B **208**
Feckenham Rd. *H End & Head X* —1C **208**
Fecknam Way. *Lich* —7J **13**
Feiashill. —2B 62
Feiashill Clo. *Try* —2B **62**
Feiashill Rd. *Try* —1B **62**
Felbrigg Clo. *Brie H* —1C **108**
Feldings, The. *Birm* —5J **71**
Feldon La. *Hale* —2E **110**
Felgate Clo. *Shir* —3A **160**
Fellbrook Clo. *Birm* —5M **95**
Fell Gro. *Birm* —7C **68**
Fell Gro. *Lea S* —6C **212**
Fellmeadow Rd. *Birm* —7A **96**
Fellmeadow Way. *Sed* —3E **64**
Fellmore Gro. *Lea S* —2C **216**
Fellows Av. *K'wfrd* —1J **87**
Fellows La. *Birm* —3A **112**
Fellows Rd. *Bils* —2K **51**
Fellows St. *Wolv* —1C **50** (8H **7**)
Fellows Way. *Hillm* —2F **198**
Felspar Rd. *Tam* —6G **33**
Felstead Clo. *Dost* —5D **46**
Felsted Way. *Birm* —5A **94** (2M **5**)
Felstone Rd. *Birm* —8L **55**
Feltham Clo. *Birm* —8E **96**
Felton Clo. *Cov* —8L **123**
Felton Clo. *Redd* —8L **205**
Felton Cft. *Birm* —6A **96**
Felton Gro. *Sol* —8B **138**
Fenbourne Clo. *Wals* —1C **40**
Fenchurch Clo. *Wals* —5K **39**
Fencote Av. *F'bri* —5G **97**
Fen End Rd. *Ken* —6E **162**
Fen End Rd. W. *Know* —4B **162**
Fenmere Clo. *Wolv* —4D **50**
Fennel Clo. *Wals* —6D **14**
Fennel Cft. *Birm* —2B **96**
*Fennell Ho. Cov —7B **144***
(off Meadow St.)
Fennel Rd. *Brie H* —2C **108**
Fennis Clo. *Dorr* —6F **160**
Fenn Ri. *Stourb* —6J **87**
Fenn Ri. *W'hall* —3B **38**
Fenn St. *Tam* —8E **32**
Fens Cres. *Brie H* —4C **88**
Fenside Av. *Cov* —5D **166**
Fens Pool Av. *Brie H* —4D **88**
Fensway, The. *Birm* —4A **96**
Fenter Clo. *Birm* —4M **113**
Fentham Clo. *H Ard* —3B **140**
Fentham Ct. *Sol* —1M **137**
Fentham Grn. *H Ard* —2A **140**
Fentham Rd. *Aston* —1K **93**
Fentham Rd. *Erd* —6D **70**
Fentham Rd. *H Ard* —3A **140**
Fenton Rd. *Birm* —4H **115**
Fenton Rd. *H'wd* —2A **158**
Fenton St. *Brie H* —6C **88**
Fenton St. *Smeth* —2L **91**
Fenton Way. *Birm* —5H **115**
Fenwick Clo. *Redd* —8B **204**
Fenwick Dri. *Rugby* —1G **199**
Fereday Rd. *Wals* —6H **27**
Fereday's Cft. *Dud* —2D **64**
Fereday St. *Tip* —1M **65**
Ferguson Dri. *Kidd* —8G **149**
Ferguson Rd. *O'bry* —4K **91**
Ferguson St. *Wolv* —8A **24**
Fern Av. *Tip* —2M **65**
Fern Bank Clo. *Hale* —7K **109**
Fernbank Cres. *Wals* —5C **54**
Fernbank Rd. *Birm* —5G **95**
Ferncliffe Rd. *Birm* —5B **112**
Fern Clo. *Bils* —1H **65**
Fern Clo. *Cov* —7H **123**
Fern Clo. *Rugby* —1D **172**
Fern Clo. *Shelf* —8C **26**
Fern Cft. *Lich* —8F **12**
Ferndale Av. *Birm* —2F **68**
Ferndale Clo. *Burn* —3H **17**
Ferndale Clo. *Cats* —8A **154**
Ferndale Clo. *Hag* —4A **130**
Ferndale Clo. *Lich* —8F **12**
Ferndale Clo. *Nun* —4L **79**
Ferndale Clo. *Stour S* —6J **175**
Ferndale Ct. *Col* —4A **98**
Ferndale Cres. *Birm* —1A **114**
Ferndale Cres. *Kidd* —1G **149**
Ferndale Dri. *Ken* —7G **191**

Ferndale Housing Est.—Fosterd Rd.

Ferndale Housing Est. Kidd —1G 149
Ferndale M. Col —4A 98
Ferndale Pk. Stourb —1B 130
Ferndale Rd. Bal C —3F 162
Ferndale Rd. Bin W —2D 168
Ferndale Rd. Birm —1F 136
Ferndale Rd. Col —4A 98
Ferndale Rd. Ess —6B 24
Ferndale Rd. Lich —7F 12
Ferndale Rd. O'bry —8F 90
Ferndale Rd. S Cold —1M 55
Ferndell Clo. Cann —7C 8
Ferndene Rd. Birm —6F 114
Ferndown Av. Dud —2C 64
Ferndown Clo. Birm —8A 96
Ferndown Clo. Cov —6F 142
Ferndown Clo. Wals —5H 25
Ferndown Ct. Rugby —8L 171
Ferndown Gdns. Wolv —4M 37
Ferndown Rd. Rugby —8L 171
Ferndown Rd. Sol —3B 138
Ferndown Ter. Rugby —8L 171
Fern Dri. Wals —5G 15
Ferneley Av. Hinc —6A 84
Ferness Clo. Hinc —7B 84
Ferness Rd. Hinc —7B 84
Ferney Hill Av. Redd —6C 204
Fernfell Ct. Birm —4E 70
Fernhill Clo. Ken —3E 190
Fernhill Dri. Lea S —8B 212
Fernhill Gro. Birm —6M 55
Fernhill La. Ken —5E 162
Fernhill Rd. Sol —7L 115
Fern Hill Way. Wlvy —5K 105
Fernhurst Dri. Brie H —2B 88
Fernhurst Rd. Birm —6G 95
Fernleigh. B'gve —8A 180 (off New Rd.)
Fernleigh Av. Burn —1G 17
Fernleigh Ct. Sol —4C 138
Fernleigh Gdns. Stourb —6J 87
Fernleigh Rd. Wals —6B 40
Fernley Av. Birm —7H 113
Fernley Rd. Birm —5C 114
Fern Leys. Wolv —8K 35
Fern Rd. Birm —5G 71
Fern Rd. Cann —4D 8
Fern Rd. Dud —5J 65
Fern Rd. Wolv —1B 50 (7G 7)
Fernside Gdns. Birm —6B 114
Fernside Rd. W'hall —6K 37
Fernwood Clo. Redd —4H 209
Fernwood Clo. S Cold —8E 56
Fernwood Cft. Birm —3L 135
Fernwood Cft. Tip —5M 65
Fernwood Rd. S Cold —1E 70
Fernwoods. Birm —7H 111
Ferrers Clo. Cov —7F 142
Ferrers Clo. S Cold —7K 43
Ferrers Rd. Tam —5D 32
Ferrie Gro. Bwnhls —2E 26
Ferrieres Clo. Dunc —6J 197
Ferris Gro. Birm —8G 115
Festival Av. W'bry —5C 52
Festival Ct. Cann —4E 8
Festival M. Hed —3F 8
Festival Way. Wolv —4B 36
Fetherston Ct. Lea S —3M 215
Fetherstone Cres. Ryton D —8B 168
Fibbersley. Wolv & W'hall —5M 37
Fibbersley Bank. W'hall —5M 37
Fiddlers Grn. H Ard —2A 140
Field Av. Birm —4M 133
Fld. Barn Rd. H Mag —2A 214
Field Clo. Birm —3A 116
Field Clo. Blox —1J 39
Field Clo. Hinc —6F 84
Field Clo. Ken —4H 191
Field Clo. Pels —7B 26
Field Clo. Stoke H —3L 201
Field Clo. Stourb —7A 88
Field Clo. Warw —2H 215
Fld. Cottage Dri. Stourb —6B 108
Field Ct. Wals —7B 26
Field End. Stour S —5E 174
Fieldfare. Hamm —4K 17
Fieldfare Clo. Crad H —5M 89
Fieldfare Ct. Kidd —8A 150
Fieldfare Cft. Birm —1G 97
Fieldfare Rd. Stourb —5D 108
Fld. Farm Rd. Tam —7D 32
Fieldgate La. Ken —3E 190
Fieldgate La. W'nsh —7B 216
Fieldgate Lawn. Ken —3F 190
Fieldgate Trad. Est. Wals —8M 39
Fieldhead La. Warw —3H 215
Fld. Head Pl. Wolv —5H 35
Fieldhead Rd. Birm —6G 115
Fieldhouse La. Rom —5K 131
Fieldhouse Rd. Birm —1J 115
Fieldhouse Rd. Burn —2G 17
Fieldhouse Rd. Cann —2F 8
Fieldhouse Rd. Wolv —5E 50
Fielding Clo. Cov —3A 146
Fielding Way. Gall C —4A 78
Field La. Birm —1G 133
Field La. Clent —5C 130
Field La. Gt Wyr —6G 15
Field La. Pels —7B 26
Field La. Sol —3G 139
Field La. Stourb —6A 108
Field March. Cov —3L 167
Field M. Dud —6L 89
Fieldon Clo. Shir —6J 137
Field Rd. Dud —8L 65
Field Rd. Lich —6H 13
Field Rd. Tip —1M 65
Field Rd. Wals —1J 39
Fields Ct. Warw —1F 214
Fieldside La. Cov —6M 145
Fieldside Wlk. Bils —1K 51
Field St. Bils —6L 51
Field St. Cann —6F 8
Field St. W'hall —7A 38
Field St. Wolv —6E 36 (1M 7)
Fieldview Clo. Cose —7L 51
Field Vw. Clo. Exh —1G 123
Field Vw. Dri. Row R —6F 90
Field Wlk. Wals —2H 41
Field Way. Earl S —1K 85
Fieldway. H'ley H —3C 186
Fieldways Clo. H'wd —2A 158
Fiery Hill Dri. B Grn —2J 181
Fiery Hill Rd. B Grn —1H 181
Fife Rd. Cov —7M 143
Fife St. Nun —5G 79
Fifield Clo. Nun —7K 79
Fifield Gro. Birm —6M 95
Fifth Av. Birm —7F 94
Fifth Av. Wolv —2D 36
Filey. Amin —3F 32
Filey Clo. Cann —1C 14
Filey Rd. Wolv —7B 22
Fillingham Clo. Birm —8K 97
Fillongley. —6E 100
Fillongley Rd. Col —4H 99
Fillongley Rd. Mer —8J 119
Filton Av. Burn —1G 17
Filton Cft. Birm —5A 72
Fimbrell Clo. Brie H —1A 108
Finbury Clo. Sol —8M 115
Finchall Cft. Sol —2E 138
Fincham Clo. Wolv —6A 22
Finch Clo. Cov —7C 122
Finch Clo. Row R —5M 89
Finchdene Gro. Wolv —8K 35
Finch Dri. S Cold —4A 56
Finches End. Birm —4C 96
Finchfield Clo. Stourb —5J 107
Finchfield Gdns. Wolv —8L 35
Finchfield Hill. Wolv —7J 35
Finchfield La. Wolv —1J 49
Finchfield Rd. Wolv —8L 35
Finchfield Rd. W. Wolv —8K 35
Finchley Av. Birm —1J 93
Finchley Clo. Dud —7D 64
Finchley Rd. Birm —7B 56
Finchmead Rd. Birm —8E 96
Finchpath Rd. W Brom —3G 67
Finch Rd. Birm —1J 93
Findlay Rd. Birm —8L 113
Findon Clo. Bulk —6C 104
Findon Rd. Birm —3H 95
Findon St. Kidd —3M 149
Fineacre La. Ryton D & Stret D —4C 194
Finfold Cft. Bal C —3H 163
Fingal Clo. Cov —3J 167
Fingerpost Dri. Pels —4A 26
Fingest Clo. Cov —5H 143
Finham. —6C 166
Finham Cres. Ken —3H 191
Finham Flats. Ken —3H 191
Finham Grn. Rd. Cov —6B 166
Finham Gro. Cov —6C 166
Finham Rd. Ken —3H 191
Finings Ct. Lea S —7M 211
Finlarigg Dri. Birm —3F 112
Finlay Ct. Cov —8D 144 (7C 6)
Finmere. Rugby —3D 172
Finmere Rd. Birm —1F 136
Finmore Clo. A'wd B —8D 208
Finnemore Clo. Cov —4B 166
Finnemore Rd. Birm —7G 95
Finneywell Clo. Bils —6H 51
Finsbury Dri. Brie H —2C 108
Finsbury Gro. Birm —3D 70
Finstall. —8D 180
Finstall Clo. Birm —5A 94 (2M 5)
Finstall Clo. S Cold —8J 57
Finstall Rd. B'gve & Fins —1B 202
Finwood Clo. Sol —1E 138
Finwood Rd. Row —8L 187
Fir Av. Birm —4A 114
Firbank Clo. Birm —2E 134
Firbank Way. Wals —7M 25
Firbarn Clo. S Cold —6K 57
Firbeck Gro. Birm —8A 56
Firbeck Rd. Birm —8A 56
Fir Clo. Cann —1D 8
Fircroft. Bils —6A 52
Fircroft. Birm —1M 133
Fir Cft. Brie H —1C 108
Fircroft. K'bry —2C 60
Fircroft. Sol —3M 137
Fircroft Clo. Cann —6G 9
Fircroft Clo. Stoke H —3K 201
Fircroft Ho. Birm —7G 97
Firecrest Clo. Cann —7J 9
Firecrest Clo. Erd —2B 70
Firecrest Way. Kidd —8B 150
Fire Sta. Rd. Birm A —4H 117
Firethorn Cres. W'nsh —7A 216
Fir Gro. Birm —4M 135
Fir Gro. Cov —7G 143
Fir Gro. Stourb —3J 107
Fir Gro. Wolv —8A 36
Firhill Cft. Birm —7K 135
Firleigh Dri. Bulk —6D 104
Firmstone Ct. Stourb —2L 107
Firmstone St. Stourb —2L 107
Firsbrook Clo. Wolv —4M 35
Firsby Rd. Birm —4L 111
Firs Clo. Kidd —4A 150
Firs Clo. Marl —8C 154
Firs Clo. Smeth —4A 92
Firs Dri. Rugby —7M 171
Firs Dri. Shir —8G 137
Firs Farm Dri. Birm —1M 95
Firsholm Clo. S Cold —2G 71
Firs Ho. Birm —1M 95
Firs Ind. Est. Kidd —2H 175
Firs La. Smeth —4A 92
Firs Rd. K'wfrd —3L 87
Firs St. Dud —8K 65
First Av. Bord G —8E 94
First Av. Cov —8J 145
First Av. Min —4A 72
First Av. Pens T —8A 64
First Av. S Oak —6H 113
First Av. Wals —1G 27
First Av. Witt —7M 69
First Av. Wolv —3E 36
First Exhibition Av. Birm —4K 117
Firs, The. Bed —7E 102
Firs, The. Birm —3C 114
Firs, The. Cann —7G 9
Firs, The. Cov —1A 166
Firs, The. K'bry —2D 60
Firs, The. Mer —8H 119
Firs, The. Ruge —4F 10
First Mdw. Piece. Birm —5L 111
Fir St. Sed —2M 63
Firsvale Rd. Wolv —4M 37
Firsway. Wolv —7G 35
Firswell La. Barw —2G 85
Firswood Rd. Birm —8C 96
Firth Dri. Birm —4B 136
Firth Dri. Hale —1E 110
Firth Pk. Cres. Hale —1E 110
Fir Tree Av. Cov —7G 143
Fir Tree Clo. Barw —1H 85
Firtree Clo. Birm —2L 69
Firtree Clo. Redd —5D 204
Firtree Clo. Tam —2L 31
Fir Tree Dri. Dud —2E 64
Fir Tree Dri. Wals —5B 54
Fir Tree Gro. Nun —8K 79
Fir Tree Gro. S Cold —8F 56
Firtree La. Gun H —1G 101
Firtree Rd. Birm —6H 71
Fir Tree Rd. Wolv —1K 49
Fisher Av. Rugby —1E 198
Fisher Clo. Redn —7E 132
Fisher Rd. Cov —1E 144
Fisher Rd. O'bry —2J 91
Fisher Rd. Wals —7F 24
Fishers Clo. Kils —7M 199
Fishers Ct. Warw —5D 214
Fishers Dri. Shir —4F 158
Fisher St. Brie H —6B 88
Fisher St. Cann —1F 8
Fisher St. Dud —8K 65
Fisher St. Dud P —6A 66
Fisher St. Gt Bri —4D 66
Fisher St. W'hall —7C 38
Fisher St. Wolv —1B 50
Fish Hill. Redd —5E 204
Fish Ho. La. S Prior & Stoke P —5L 201
Fishing Line Rd. Redd —4E 204
Fishley. —5J 25
Fishley Clo. Wals —5J 25
Fishley La. Wals —6K 25
Fishpond La. Mer —3B 118
Fishponds Rd. Ken —6E 190
Fishpool Clo. Birm —1J 95
Fistral Gdns. Wolv —2M 49
Fitchetts Bank. Burn —3M 17
Fithern Clo. Dud —4E 64
Fitters Mill Clo. Birm —3L 113
Fitton Av. K'wfrd —4A 88
Fitton St. Nun —6H 79
Fitzalan Clo. Chu L —3B 170
Fitzgerald Pl. Brie H —3B 108
Fitzguy Clo. W Brom —8L 67
Fitzmaurice Rd. Wolv —2M 37
Fitz Roy Av. Birm —2M 111
Fitzroy Clo. Cov —3B 146
Fitzroy Rd. Birm —6J 133
Fivefield Rd. Ker E —4K 121
Five Fields Rd. W'hall —4A 38
Five Foot. Hinc —7D 84
Five Oaks Rd. W'hall —1L 51
Five Ways. —1H 113 (8A 4) (nr. Birmingham)
Five Ways. —8F 188 (nr. Hatton Green)
Five Ways. Brie H —7D 88
Five Ways. Dud —6D 64
Five Ways. Hase —8F 188
Five Ways. Stech —7K 95
Five Ways. Wolv —5C 36 (WV1)
Five Ways. Wolv —2J 49 (WV3)
Five Ways. Wlvy —8J 105
Five Ways Rd. Hatt —8F 188
Five Ways Shop. Cen. Birm —8H 93 (8A 4)
Flackwell Rd. Birm —2E 70
Fladbury Clo. Dud —6K 89
Fladbury Clo. Redd —1H 209
Fladbury Cres. Birm —8D 112
Fladbury Gdns. Hand —1J 93
Fladbury Pl. Birm —2J 93
Flamborough Clo. Bin —1M 167
Flamborough Clo. Birm —2A 96
Flamborough Way. Cose —2H 65
Flamville Rd. Hinc —4B 82
Flanders Clo. Redd —4K 205
Flanders Dri. K'wfrd —1K 87
Flash La. Lwr P —7E 48
Flash Rd. O'bry —2G 91
Flats La. Lich —4A 30
Flats, The. B'gve —6M 179
Flatts, The. W'bry —2E 52
Flaunden Clo. Cov —5H 143
Flavel Cres. Lea S —2M 215
Flavell Av. Bils —8K 51
Flavell Clo. Birm —8H 111
Flavells La. Birm —1J 115
Flavells La. Dud —7B 64
Flavell St. Cov —4F 144
Flavell St. Dud —3H 65
Flavel Rd. B'gve —2L 201
Flax Clo. H'wd —4A 158
Flax Gdns. Birm —1F 156
Flaxhall St. Wals —1H 53
Flaxley Clo. Birm —6M 95
Flaxley Clo. Redd —5A 206
Flaxley Parkway. Birm —5L 95
Flaxley Rd. Birm —5K 95
Flaxton Gro. Birm —5A 96
Flaxton Wlk. Wolv —4A 36
Flecknoe Clo. Birm —8C 72
Flecknose St. Cov —3J 167
Fledburgh Dri. S Cold —5K 57
Fleet Cres. Rugby —7E 172
Fleet Ho. Cov —7C 144 (5B 6)
Fleet St. Bils —4K 51
Fleet St. Birm —6J 93 (4D 4)
Fleet St. Cov —6B 144 (4B 6)
Fleetwood Gro. Birm —8A 96
Fleming Pl. Wals —3G 39
Fleming Rd. Birm —4K 111
Fleming Rd. Hinc —2E 80
Fleming Rd. Wals —3G 39
Flemmynge Clo. Cod —5E 20
Fletchamstead Highway. Cov —7J 143
Fletcher Gro. Know —5G 161
Fletcher Rd. Hinc —2L 81
Fletcher Rd. W'hall —8D 24
Fletcher's La. W'hall —7C 38
Fletcher St. Stourb —4F 108
Fletchers Wlk. Birm —7J 93 (5D 4)
Fletchworth Ga. Cov —1K 165
Fletton Gro. Birm —6A 136
Fleur-de-Lys Ct. Warw —1H 215
Flinkford Clo. Wals —3D 54
Flinn Clo. Lich —2K 19
Flint Clo. Kidd —7L 149
Flint Grn. Rd. Birm —6H 115
Flintham Clo. Birm —6L 115
Flint Ho. Wolv —1J 7
Flint's Green. —4B 142
Flintway, The. Birm —5L 95
Floodgate St. Birm —8M 93 (7K 5)
Flood St. Dud —1K 89
Flora Clo. Tam —2C 32
Flora Rd. Birm —2H 115
Florence Av. S'hll —3C 114
Florence Av. S Cold —2H 71
Florence Av. Wolv —5F 50
Florence Bldgs. Birm —7F 112
Florence Clo. Bed —1F 122
Florence Dri. S Cold —2H 71
Florence Gro. Birm —5E 92
Florence Gro. W Brom —8L 53
Florence Rd. A Grn —5K 115
Florence Rd. Cod —6J 21
Florence Rd. Hand —1D 92
Florence Rd. K Hth —1M 135
Florence Rd. O'bry —2D 90
Florence Rd. Smeth —5B 92
Florence Rd. S Cold —2H 71
Florence Rd. Tip —2A 66
Florence Rd. W Brom —8L 67
Florence St. Birm —8K 93 (8E 4)
Florence St. Cann —2G 9
Florence St. Wals —8A 40
Florendine St. Amin —4F 32
Florian Gro. W'bry —2E 52
Florida Way. K'wfrd —3A 88
Flowerdale Clo. Bils —1H 65
Flowerdale Dri. Cov —3H 145
Floyds La. Wals —3C 40
Floyer Rd. Birm —8E 94
Flude Rd. Cov —3C 122
Flyford Clo. Redd —8F 204
Flyford Cft. Birm —7M 111
Flynt Av. Cov —3G 143
Fockbury Mill La. D'frd & B'gve —4K 179
Fockbury Rd. D'frd —5G 179
Foden Clo. Shen —3F 28
Foden Rd. Birm —1G 69
Foinavon Clo. Row R —3M 89
Fold St. Wolv —8C 36 (5H 7)
Fold, The. Birm —8G 135
Fold, The. Seis —7A 48
Fold, The. W'bry —3D 52
Fold, The. Wolv —5M 49
Foldyard Clo. S Cold —1A 72
Foleshill. —8G 123
Foleshill Rd. Cov —5C 144 (1C 6)
Foley Av. Wolv —6J 35
Foley Chu. Clo. S Cold —7A 42
Foley Dri. Wolv —6J 35
Foley Gdns. S Prior —6K 201
Foley Gro. Wom —4E 62
Foley Ho. O'bry —1H 111
Foley Ind. Est. Kidd —6J 149
Foley Park. —6H 149
Foley Rd. Birm —4H 95
Foley Rd. Stourb —7B 108
Foley Rd. E. S Cold —8M 41
Foley Rd. W. S Cold —8K 41
Foley St. Kinv —5A 106
Foley St. W'bry —6G 53
Foley Wood Clo. S Cold —8L 41
Foliot Fields. Birm —1K 115
Folkes Rd. Stourb —3G 109
Folkestone Cft. Birm —1L 95
Folkland Grn. Cov —2M 143
Folliott Rd. Birm —6A 96
Follyhouse Clo. Wals —2M 53
Follyhouse La. Wals —2M 53
Fontenaye Rd. Tam —1M 31
Fontley Clo. Birm —8M 95
Fontmell Clo. Cov —5A 146
Fontwell Rd. Wolv —5D 22
Footherley. —6E 28
Footherley La. Lich —5B 28
Footherley Rd. Shen —4F 28
Fordbridge. —6G 97
Fordbridge Clo. Redd —8C 204
Fordbridge Rd. Birm —5F 96
Ford Brook La. Wals —7B 26
Forde Hall La. Tan A —1E 206
Forder Gro. Birm —7A 136
Forde Way Gdns. Birm —2E 156
Fordfield Rd. Birm —5C 96
Fordham Gro. Pend —6A 22
Fordhouse Ind. Est. Wolv —1D 36
Fordhouse La. Birm —3H 135
Fordhouse Rd. B'gve —8A 180
Fordhouse Rd. Wolv —8D 22
Fordhouses. —6B 22
Ford La. Lich —7M 11
Fordraught La. Rom —8B 132
Fordrift, The. Birm —3G 117
Ford Rd. B'gve —8L 179
Fordrough. Yard —2F 114
Fordrough Av. Birm —6E 94
Fordrough La. Birm —6E 94
Fordrough, The. N'fld —8B 134
Fordrough, The. Shir —1B 158
Fordrough, The. S Cold —8G 43
Fords Rd. Shir —2E 158
Ford St. Birm —4H 93
Ford St. Cov —6D 144 (3E 6)
Ford St. Nun —5E 78
Ford St. Smeth —3M 91
Ford St. Wals —2J 53
Fordwater Rd. S Cold —3M 55
Fordwell Clo. Cov —6M 143
Foredraft Clo. Birm —7J 111
Foredraft St. Hale —4K 109
Foredraught. Stud —5L 209
Foredrift Clo. Redd —8E 204
Foredrove La. Sol —3E 138
Foregate St. A'wd B —8E 208
Forelands Gro. B'gve —1K 201
Foreland Way. Cov —6A 122
Forest Av. Wals —2K 39
Forest Clo. Bew —2B 148
Forest Clo. L End —3B 180
Forest Clo. Smeth —2L 91
Forest Clo. S Cold —2L 55
Forest Ct. Dorr —6F 160
Forest Ct. W'hall —1C 38
Forest Dale. Redn —3H 155
Forest Dri. Birm —3D 112
Forest Dri. Crad H —7M 89
Forest Dri. Kinv —6A 106
Foresters Pl. Rugby —2H 199
Foresters Rd. Cov —3E 166
Forester Way. Kidd —6L 149
Forest Ga. W'hall —1D 38
Forest Hill Rd. Birm —4C 116
Forest La. Wals —4K 39
Forest Pk. S Cold —5L 57
Forest Pl. Wals —3L 39
Fore St. Birm —7L 93 (5G 5)
Forest Rd. Dorr —6G 161
Forest Rd. Dud —5J 65
Forest Rd. Hinc —1M 81
Forest Rd. Mose —6A 114
Forest Rd. O'bry —2J 111
Forest Rd. Yard —3J 115
Forest Vw. Redd —3D 208
Forest Vw. Rd. Barw —2J 85
Forest Way. H'wd —3B 158
Forest Way. Nun —7E 78
Forest Way. Wals —8G 15
Forfar Wlk. Birm —7D 134
Forfield Pl. Lea S —2A 216
Forfield Rd. Cov —3L 143
Forge Clo. Hamm —4K 17
Forge Clo. Pend —8L 21
Forge Cft. Min —3B 72
Forge Dri. B'gve —6M 179
Forge Hall La. Ullen —4H 207
Forge La. A'rdge —4G 41
Forge La. Belb —2D 152
Forge La. Blak —8H 129
Forge La. Burn —3M 17
Forge La. Crad H —1H 109
Forge La. Foot & Lit A —1B 42
Forge La. Hale —4C 110
Forge La. K'wfrd —1G 87
Forge La. Lich —8G 13
Forge La. Min —3B 72 (in two parts)
Forge La. Wals —2M 41
Forge La. W Brom —2A 68
Forge Leys. Wom —3E 62
Forge Mill National Needle Mus. —3F 204
Forge Mill Rd. Redd —4F 204
Forge Rd. Col —7G 75
Forge Rd. Ken —3G 191
Forge Rd. Stourb —3M 107
Forge Rd. Wals —4M 25
Forge Rd. W'bry —3C 52
Forge Rd. W'hall —5C 38
Forge St. Cann —5J 9
Forge St. Wals —6K 39
Forge St. W'bry —5E 52
Forge St. W'hall —6B 38
Forge, The. Hale —1H 109
Forge, The. Tam —4A 32
Forge Trad. Est. Hale —4C 110
Forge Valley Way. Wom —3E 62
Forge Way. Cov —6C 122
Forge Way. O'bry —3E 90
Forhill. —5G 157
Forknell Av. Cov —4J 145
Forman's Rd. Birm —6D 114
Formby Av. Pert —5D 34
Formby Way. Wals —6G 25
Fornside Clo. Rugby —2D 172
Forrell Gro. Birm —2B 156
Forrest Av. Cann —1E 14
Forrest Av. Ess —5A 24
Forresters Clo. Hinc —3M 81
Forresters Rd. Hinc —3M 81
Forrester St. Wals —7J 39
Forrester St. Precinct. Wals —7J 39
Forrest Rd. Ken —5E 190
Forryan Rd. Hinc —2M 81
Forshaw Heath. —2C 184
Forshaw Heath La. Earls —2M 183
Forshaw La. Earls —1B 184
Forster St. Birm —6A 94 (3L 5)
Forster St. Smeth —2L 91
Forsythia Clo. Birm —1M 133
Forsythia Gro. Cod —6G 21
Fort Cres. Wals —6G 27
Forth Dri. Birm —5H 97
Forth Gro. Birm —1E 156
Forth Way. Hale —1E 110
Forties. Wiln —2D 46
Fort Ind. Est., The. Cas V —8L 71
Fort Mahon Pl. Bew —2B 148
Fortnum Clo. Birm —7D 96
Forton Clo. Wolv —7H 35
Fort Parkway. Birm —1H 95
Fort Shop. Pk., The. Birm —8H 71
Forum Dri. Rugby —3A 172
Forward Rd. Birm A —6G 117
Fosberry Clo. Warw —1H 215
Fosbrooke Rd. Birm —1G 115
Fossdale Rd. Wiln —1G 47
Fosse Clo. Sharn —5H 83
Fosse Cres. Prin —6E 194
Fosse Meadow Nature Reserve. —6J 83
Fosse, The. Wols —5J 169
Fosse Way. Bret —4K 169
Fosse Way. Ches & Rad S —8G 217
Fosseway. Lich —4G 19
Fosse Way. Stret D —4G 195
Fosse Way. Ufton —5J 217
Fosseway Dri. Birm —1E 70
Fosseway La. Lich —4C 18
Fosseway Rd. Cov —5B 166
Fossil Dri. Redn —2G 155
Foster Av. Bils —8H 51
Foster Av. Cann —3F 8
Foster Av. Stud —6K 209
Foster Cres. Kinv —5A 106
Fosterd Rd. Rugby —4M 171

Garth, The—Gordon Rd.

Garth, The. Lich —7H 13
Gartree Cres. Earl S —1K 85
Garway Clo. Lea S —5A 212
Garway Clo. Redd —8L 205
Garway Gro. Birm —3H 115
Garwood Rd. Birm —7M 95
Garyth Williams Clo. Rugby —1L 197
Gas Sq. B'gve —8L 179
Gas St. Birm —7J 93 (6C 4)
Gas St. Lea S —2M 215
Gas St. Rugby —6B 172
Gatacre St. Dud —6D 64
Gatcombe Clo. Wolv —5F 22
Gatcombe Rd. Dud —7E 64
Gatehouse Clo. Hillm —1G 199
Gatehouse Fold. Dud —8K 65
Gatehouse La. Bed —7G 103
Gatehouse Trad. Est. Bwnhls —8H 17
Gate La. Col —3F 74
Gate La. H'ley H & Dorr —5B 160
Gate La. S Cold —7F 56
Gateley Clo. Redd —5A 206
Gateley Rd. O'bry —2L 111
Gateside Rd. Cov —7E 122
Gate St. Birm —4D 94
Gate St. Dud —2E 64
Gate St. Tip —7A 66
Gatis St. Wolv —5A 36
Gatwick Rd. Birm —5C 72
Gauden Rd. Stourb —8D 108
Gaulby Wlk. Bin —8A 146
Gaunts, The. A'chu —3B 182
Gaveston Clo. Warw —1F 214
Gaveston Rd. Cov —3L 143
Gaveston Rd. Lea S —8L 211
Gawne La. Crad H —5M 89
Gawsworth. Tam —2K 31
Gaydon Clo. Cov —1G 145
Gaydon Clo. Redd —8F 204
Gaydon Clo. Wolv —4E 34
Gaydon Gro. Birm —7A 112
Gaydon Pl. S Cold —5H 57
Gaydon Rd. Sol —6D 116
Gaydon Rd. Wals —5G 41
Gayer St. Cov —8G 123
Gayfield Av. Brie H —8D 88
Gay Hill. —2H 157
Gayhill La. Birm —8H 135
Gayhurst Clo. Bin —1L 167
Gayhurst Dri. Birm —1L 115
Gayle. Wiln —8G 33
Gayle Gro. Birm —1J 137
Gaymore Rd. Cookl —4B 128
Gayton Rd. W Brom —3K 67
Gaywood Cft. Birm —1J 113 (8D 4)
Gaza Clo. Cov —8G 143
Gazelle Clo. Cov —6E 144 (3F 6)
Geach St. Birm —3K 93
Geach Tower. Birm —4K 93 (off Uxbridge St.)
Gedney Clo. Shir —6C 136
Geeson Clo. Birm —5B 72
Gee St. Birm —3K 93
Gem Ho. Birm —3J 5
Gemini Dri. Cann —3F 14
Geneva Rd. Tip —4K 65
Genge Av. Wolv —5E 50
Genners App. N'fld —1K 133
Genners La. Bart G & Birm —1J 133
Genners La. N'fld —3L 133
Genthorn Clo. Wolv —5F 50
Gentian. S Cold —5F 42
Gentian Clo. Birm —3M 133
Gentian Way. Rugby —1E 172
Gentlemans La. Ullen —4H 207
Gentleshaw. —5G 11
Geoffrey Clo. Cov —4H 145
Geoffrey Clo. S Cold —2B 72
Geoffrey Pl. Birm —6C 114
Geoffrey Rd. Birm —6C 114
Geoffrey Rd. Shir —6F 136
George Arthur Rd. Birm —5D 94
George Av. M Oak —8J 31
George Av. Row R —7D 90
George Birch Clo. Brin —6L 147
George Bird Clo. Smeth —3A 92
George Clo. Dud —1L 89
George Dance Clo. Kidd —3B 150
George Eliot Av. Bed —7K 103
George Eliot Bldgs. Nun —5J 79
George Eliot Rd. Cov —4D 144
George Eliot St. Nun —7J 79
George Foster Clo. Earl S —1M 85
George Frederick Rd. S Cold —5A 56
George Geary Clo. Barw —2J 85
George Henry Rd. Tip —2E 66
George Hodgkinson Clo. Cov —6F 142
George La. Lich —1J 19
George Marston Rd. Bin —8L 145
George Pk. Clo. Cov —8J 123
George Poole Ho. Cov —7B 144 (off Butts)
George Rd. A'chu —3A 182
George Rd. Bils —8K 51
George Rd. Edg —1H 113 (8B 4)
George Rd. Erd —5B 70
George Rd. Gt Barr —7F 54
George Rd. Hale —5M 109
George Rd. O'bry —7H 91
George Rd. S Oak —6E 112
George Rd. Sol —6C 138
George Rd. S Cold —8D 56
George Rd. Tip —3K 65
George Rd. Warw —1G 215
George Rd. Wat O —6J 73
George Rd. Yard —3G 115
George Robertson Clo. Bin —2L 167
George Rose Gdns. W'bry —3C 52
George Ryan Cen. Bone —8K 31
George St. Attl —7L 79
George St. Bal H —4L 113
George St. Barw —3H 85
George St. Bed —6H 103
George St. Birm —6J 93 (4C 4)
George St. B'gve —7M 179
George St. Cann —5J 9
George St. Cov —4D 144 (1E 6) (in two parts)
George St. E'shll —2G 51
George St. Gun H —1G 101
George St. Hand —1C 92
George St. Hinc —1K 81
George St. Kidd —3M 149
George St. Lea S —2A 216
George St. Loz —2H 93
George St. Rugby —6M 171
George St. Stourb —8M 87
George St. Tam —5B 32
George St. Wals —8L 39
George St. W Brom —7K 67
George St. W'hall —6A 38
George St. Wolv —8D 36 (6K 7)
George St. Woods —3H 65
George St. Ringway. Bed —6H 103
George St. W. Birm —5G 93 (2A 4)
George Wlk. Redd —6E 204
George Ward Clo. Barw —2H 85
Georgian Gdns. W'bry —6F 52
Georgian Pl. Cann —7E 8
Georgina Av. Bils —6K 51
Geraldine Rd. Birm —2H 115
Gerald Rd. Stourb —2L 107
Geranium Gro. Birm —6F 94
Geranium Rd. Dud —1M 89
Gerard. Tam —2L 31
Gerard Av. Cov —1H 165
Gerardsfield Rd. Birm —6D 96
Germander Dri. Wals —6B 54
Gerrard Clo. Birm —2J 93
Gerrard Rd. W'hall —8L 37
Gerrard St. Birm —2J 93
Gerrard St. Warw —3E 214
Gervase Dri. Dud —6J 65
Geston Rd. Dud —1F 88
Gheluvelt Av. Kidd —2M 149
Gheluvelt Ct. Stour S —5F 174
Gibbet Hill. —7K 165
Gibbet Hill Rd. Cov —4H 165
Gibbet La. Kinv —4E 106
Gibbins Rd. Birm —8C 112
Gibb La. Cats —1A 180
Gibbons Clo. Cov —7F 142
Gibbons Cres. Stour S —5F 174
Gibbons Gro. Wolv —5M 35
Gibbons Hill Rd. Dud —7D 50
Gibbon's La. Brie H —2A 88
Gibbons Rd. S Cold —6H 43
Gibbons Rd. Wolv —5M 35
Gibbs Clo. Cov —3B 146
Gibbs Hill Rd. Birm —2B 156
Gibbs Rd. Redd —4G 205
Gibbs Rd. Stourb —4G 109
Gibbs St. Wolv —5A 36
Gibb St. Birm —8M 93 (7K 5)
Gib Heath. —3G 93
Gibraltar. Kinv —5B 106
Gibson Cres. Bed —8G 103
Gibson Dri. Birm —8H 69
Gibson Dri. Rugby —8G 173
Gibson Rd. Birm —1H 93
Gibson Rd. Pert —6E 34
Giddywell La. Longd —1M 11
Gideon Clo. Birm —3K 115
Gideons Clo. Dud —4D 64
Gielgud Way. Cross P —1B 146
Giffard Rd. Bush —6E 22
Giffard Rd. Stow H —2H 51
Giffard Way. Warw —8E 210
Gifford Ct. Brie H —7D 88 (off Hill St.)
Giffords Cft. Lich —8G 13
Giggetty La. Wom —3F 62
Gigg La. Wis —6H 59
Gigmill Way. Stourb —5L 107
Gilbanks Rd. Stourb —2K 107
Gilberry Clo. Know —4G 161
Gilbert Av. Rugby —7K 171
Gilbert Av. Tiv —2B 90
Gilbert Clo. Cov —6E 144
Gilbert Clo. Wolv —2A 38
Gilbert Ct. Wals —5A 40 (off Lichfield Rd.)
Gilbert Enterprise Pk. W'hall —5B 38
Gilbert La. Wom —2H 63
Gilbert Rd. B'gve —2L 201
Gilbert Rd. Lich —7J 13
Gilbert Rd. Smeth —5B 92
Gilbert Scott Way. Kidd —2M 149
Gilbert's Green. —6E 184
Gilbertstone. —2L 115
Gilbertstone Av. Birm —4L 115
Gilbertstone Clo. Redd —8E 204
Gilbert St. Tip —7A 66
Gilbert Wlk. Lich —7J 13 (off Gilbert Rd.)
Gilbeys Clo. Stourb —8L 87
Gilby Rd. Birm —7G 93 (7A 4)
Gilchrist Dri. Birm —1E 112
Gildas Av. Birm —8G 135
Giles Clo. Birm —6L 95
Giles Clo. Cov —7C 122
Giles Clo. Sol —2F 138
Giles Clo. Ho. Birm —6L 95
Giles Hill. Stourb —3A 108
Giles Rd. Lich —6G 13
Giles Rd. O'bry —4H 91
Gilfil Rd. Nun —8H 79
Gilgal. Stour S —5G 175
Gildown Pl. Birm —2H 113
Gillespie Cft. Birm —2M 93
Gillett Clo. Nun —6H 79
Gillhurst Rd. Birm —2B 112
Gillians Wlk. Cov —1A 146
Gillies Ct. Stech —6K 95
Gilling Gro. Birm —3A 96
Gillingham Clo. W'bry —4K 53
Gillity Av. Wals —1B 54
Gillity Clo. Wals —1B 54
Gillity Ct. Wals —2D 54
Gilliver Rd. Shir —7H 137
Gillman Clo. Birm —5D 116
Gillott Clo. Sol —6E 138
Gillott Rd. Birm —8C 92
Gillows Cft. Shir —2A 160
Gillscroft Rd. Birm —5A 96
Gills Fld. Brie H —5C 88
Gill St. Dud —5L 89
Gill St. W Brom —8J 67
Gillway. —1B 32
Gillway La. Tam —1A 32
Gilmorton Clo. Birm —2B 112
Gilmorton Clo. Sol —8C 138
Gilpin Clo. Birm —2J 95
Gilpin Cres. Wals —5A 26
Gilpins Arm. Wals —4B 26
Gilson. —8K 73
Gilson Dri. Col —2K 97
Gilson Rd. Col —8K 73
Gilson St. Tip —1C 66
Gilson Way. Birm —4G 97
Gilwell Rd. Birm —3E 96
Gilwell Rd. Ruge —3F 10
Gimble Wlk. Birm —1A 112 (in two parts)
Gin Cridden. Stourb —3E 108
Gingles Ct. Hillm —1G 199
Ginkgo Wlk. Lea S —4M 215
Gipsy Clo. Bal C —4H 163
Gipsy La. Bal C —4J 163
Gipsy La. Birm —4A 70
Gipsy La. Nun —3J 103
Gipsy La. W'hall —8B 38
Gipsy La. W'ley —1M 127
Gipsy La. Wlvy —1L 105
Girdlers Clo. Cov —4B 166
Girtin Clo. Bed —5G 103
Girton Ho. Birm —1F 96
Girton Rd. Cann —1E 14
Girvan Gro. Lea S —4C 212
Gisborn Clo. Birm —1B 114
Gisburn Clo. Redd —4B 204
Gisburn Clo. Warw —8F 210
Givens Ho. Cov —5A 6
Gladeside Clo. Wals —1D 40
Glades, The. Wals —2H 41
Glade, The. Birm —5D 116
Glade, The. Cann —7C 8
Glade, The. Cov —6F 142
Glade, The. Stourb —4E 108
Glade, The. S Cold —8L 41
Glade, The. Wolv —8L 21
Gladiator Way. Gleb F —2M 171
Gladstone Clo. Hinc —6E 84
Gladstone Dri. Stourb —4K 107
Gladstone Dri. Tiv —7C 66
Gladstone Gro. K'wfrd —1K 87
Gladstone Rd. Cann —8K 9
Gladstone Rd. Dorr —7G 161
Gladstone Rd. Erd —6D 70
Gladstone Rd. S'brk —3B 114
Gladstone Rd. Stourb —3K 107
Gladstone Rd. Yard —3K 115
Gladstone St. Birm —1A 94
Gladstone St. Rugby —5M 171
Gladstone St. Wals —5K 39
Gladstone St. W'bry —3E 52
Gladstone St. W Brom —3J 67
Gladstone Ter. Hand —2E 92
Gladstone Ter. Hinc —1L 81
Gladys Rd. Birm —2H 115
Gladys Rd. Smeth —7M 91
Gladys Ter. Smeth —7M 91
Glaisdale Av. Cov —6E 122
Glaisdale Gdns. Wolv —4A 36
Glaisdale Rd. Birm —1G 137
Glaisedale Gro. W'hall —7C 38
Glaisher Dri. Wolv —3C 36
Glamis Rd. W'hall —2B 38
Glamorgan Clo. Cov —4K 167
Glanville Dri. S Cold —5G 43
Glarmara Clo. Rugby —2D 172
Glasbury Cft. Birm —2E 156
Glascote. —7F 32
Glascote Clo. Shir —5G 137
Glascote Ct. Tam —5E 32
Glascote Gro. Birm —2C 96
Glascote La. Wiln —2F 46 (in two parts)
Glascote Rd. Tam & Glas —5C 32
Glasscroft Cotts. Burn —2M 17
Glasshouse Hill. Stourb —6B 108
Glasshouse La. H'ley H —4E 186
Glasshouse La. Ken —4J 191
Glastonbury Clo. Kidd —3G 149
Glastonbury Cres. Wals —7E 24
Glastonbury Rd. Birm —5C 136
Glastonbury Rd. W Brom —8K 53
Glastonbury Way. Wals —8E 24
Glaston Dri. Sol —8A 138
Gleads Cft. Hale —6G 111
Gleaston Wlk. Wolv —8J 37
Gleave Rd. Birm —8E 112
Gleave Rd. W'nsh —6A 216
Glebe Av. Bed —8E 102
Glebe Clo. Cov —2G 165
Glebe Clo. Redd —7K 205
Glebe Cres. Ken —6G 191
Glebe Cres. Rugby —6L 171
Glebe Dri. S Cold —1F 70
Glebe Farm. —5B 96
Glebe Farm Gro. Cov —6M 145
Glebe Farm Ind. Est. Gleb F —2M 171
Glebe Farm Rd. Birm —4A 96
Glebe Farm Rd. Gleb F —2M 171
Glebe Fields. Curd —3H 73
Glebefields Rd. Tip —1A 66
Glebeland Clo. Birm —8H 93 (7A 4)
Glebe La. Nun —3M 79 (in two parts)
Glebe La. Stourb —5L 107
Glebe Pl. Lea S —2B 216
Glebe Pl. W'bry —3B 52
Glebe Rd. A'chu —2A 182
Glebe Rd. Hinc —1M 81
Glebe Rd. Nun —5K 79
Glebe Rd. Sol —4D 138
Glebe Rd. W'hall —1M 51
Glebe St. Wals —1L 53
Glebe, The. Belb —3E 152
Glebe, The. Beo —2M 205
Glebe, The. Cor —2H 121
Glebe Way. Bal C —2G 163
Gledhill Pk. Lich —4J 19
Gleeson Dri. Warw —8E 210
Glenavon Rd. Birm —6M 135
Glen Bank. Hinc —8E 84
Glenbarr Clo. Hinc —1G 81
Glenbarr Dri. Hinc —1G 81
Glen Clo. Cann —4E 8
Glen Clo. Wals —6A 40
Glencoe Dri. Cann —5G 9
Glencoe Rd. Birm —5C 92
Glencoe Rd. Cov —7H 145
Glen Ct. Cod —5G 21
Glen Ct. Wolv —7L 35
Glencroft Rd. Sol —5D 116
Glendale Av. Ken —3G 191
Glendale Clo. Hale —5B 110
Glendale Clo. Wolv —1J 49
Glendale Ct. Wiln —3H 47
Glendale Dri. Birm —6M 95
Glendale Dri. Wom —3G 63
Glendale Tower. Birm —3H 71
Glendawn Clo. Cann —6G 9
Glendene Cres. Birm —2C 156
Glendene Dri. Birm —1D 68
Glendene Rd. Cann —3K 9
Glendevon Clo. Redn —7G 133
Glendon Gdns. Bulk —6C 104
Glendon Rd. Birm —3D 70
Glendon Way. Dorr —6D 160
Glendower App. H'cte —6L 215
Glendower Av. Cov —7K 143
Glendower Rd. Birm —5J 69
Glendower Rd. Wals —8H 27
Gleneagles. Tam —4H 33
Gleneagles Clo. Nun —8C 80
Gleneagles Dri. Birm —6E 54
Gleneagles Dri. B'wll —4G 181
Gleneagles Dri. S Cold —2J 57
Gleneagles Dri. Tiv —2A 90
Gleneagles Rd. Birm —1A 116
Gleneagles Rd. Blox —6F 24
Gleneagles Rd. Cov —3L 145
Gleneagles Rd. Pert —4D 34
Glenelg Dri. Stourb —7B 108
Glenelg M. Wals —4D 54
Glenfern Rd. Bils —1G 65
Glenfield. Tam —8C 32
Glenfield. Wolv —7L 21
Glenfield Av. Nun —2J 79
Glenfield Clo. Redd —3D 208
Glenfield Clo. Sol —1C 160
Glenfield Clo. S Cold —6L 57
Glenfield Gro. Birm —8G 113
Glengarry Clo. Birm —2H 133
Glengarry Gdns. Wolv —8M 35
Glenhurst Clo. Wals —6D 38
Glenmead Rd. Birm —1K 69
Glenmore Av. Burn —3G 17
Glenmore Clo. Wolv —2L 49
Glenmore Dri. Birm —8D 134
Glenmore Dri. Cov —4F 122
Glenmount Av. Longf —4F 122
Glenn St. Cov —6D 122
Glenpark Rd. Birm —4E 94
Glen Pk. Rd. Dud —7D 64
Glenridding Clo. Cov —4F 122
Glen Ri. Birm —3C 136
Glen Rd. Dud —3E 64
Glen Rd. Stourb —6M 107
Glenrosa Wlk. Cov —2G 165
Glenroy Clo. Cov —3L 145
Glenroyde. Birm —2E 156
Glen Side. Birm —7K 111
Glenside Av. Sol —6B 116
Glen, The. B'wll —3G 181
Glenthorne Dri. Wals —6E 14
Glenthorne Rd. Birm —7G 71
Glenthorne Way. Birm —7G 71
Glentworth. S Cold —7A 58
Glentworth Av. Cov —7A 122
Glentworth Gdns. Wolv —4B 36
Glenville Av. Wood E —8J 47
Glenville Dri. Birm —4E 70
Glenwood Clo. Brie H —1D 108
Glenwood Dri. Shir —5K 159
Glenwood Gdns. Bed —5G 103
Glenwood Ri. Wals —6K 27
Glenwood Rd. Birm —1D 156
Globe St. W'bry —8F 52
Gloster Dri. Ken —3F 190
Gloucester Clo. Lich —6H 13
Gloucester Clo. Nun —2A 80
Gloucester Flats. Row R —5E 90
Gloucester Ho. Wolv —1J 7
Gloucester Pl. W'hall —7D 38
Gloucester Rd. Dud —7K 89
Gloucester Rd. Wals —1B 54
Gloucester Rd. W'bry —6J 53
Gloucester St. Birm —8L 93 (7G 5)
Gloucester St. Cov —6B 144 (4A 6)
Gloucester St. Lea S —2A 216
Gloucester St. Wolv —5B 36
Gloucester Way. Bew —5B 148
Gloucester Way. Birm —8G 97
Gloucester Way. Cann —8H 9
Glover Clo. Birm —3F 136
Glover Clo. Warw —5B 214
Glover Rd. S Cold —4M 57
Glovers Clo. Cann —4A 10
Glovers Clo. Mer —8J 119
Glovers Cft. Birm —6F 96
Glovers Fld. Dri. Birm —2C 94
Glover's Rd. Birm —1C 114
Glover St. Birm —7A 94 (6M 5)
Glover St. Cann —6M 9
Glover St. Cov —1D 166
Glover St. Redd —6E 204
Glover St. W Brom —8K 67
Glovers Trust Homes. S Cold —1F 70
Glyme Dri. Wolv —4L 35
Glyn Av. Bils —6B 52
Glyn Clo. Barw —2G 85
Glyndebourne. Tam —2K 31
Glyn Dri. Bils —6B 52
Glyn Farm Rd. Birm —4J 111
Glynn Cres. Hale —2H 109
Glynne Av. K'wfrd —5K 87
Glyn Rd. Birm —3K 111
Glynside Av. Birm —3K 111
Goat Ho. La. Bal C —5J 163
Godfrey Clo. Rad S —4E 216
Godiva Pl. Cov —6E 144 (4F 6)
Godolphin. Tam —3K 31
Godson Cres. Kidd —6H 149
Godson Pl. Kidd —6J 149
Goffs Clo. Birm —6M 111
Gofton. Wiln —8G 33
Goldacre Clo. W'nsh —5M 215
Gold Clo. Nun —1L 103
Goldcrest. Wiln —4G 47
Goldcrest Clo. Dud —7J 89
Goldcrest Cft. Birm —1G 97
Goldcrest Dri. Kidd —7B 150
Goldenacres La. Cov —2M 167
Goldencrest Dri. O'bry —1E 90
Golden Cft. Birm —8F 68
Golden Cross La. Cats —8A 154
Golden End. —3K 161
Golden End Dri. Know —3K 161
Golden Hillock Rd. Dud —6J 89
Golden Hillock Rd. Small H —2D 114
Golden Hillock Rd. S'brk & New S —4D 114
Golden Hind Dri. Stour S —7G 175
Goldfinch Clo. Birm —1D 134
Goldfinch Rd. Stourb —6D 108
Goldicroft Rd. W'bry —5G 53
Goldieslie Clo. S Cold —7H 57
Goldieslie Rd. S Cold —7H 57
Golding St. Dud —3J 89
Goldsborough. Wiln —8G 33
Golds Green. —1E 66
Golds Hill Gdns. Birm —2F 92
Golds Hill Rd. Birm —1F 92
Golds Hill Way. Tip —2D 66
Goldsmith Av. Rugby —2M 197
Goldsmith Av. Warw —4C 214
Goldsmith Pl. Tam —2A 32
Goldsmith Rd. Birm —1M 135
Goldsmith Rd. Wals —2L 39
Goldsmith Wlk. Kidd —4C 150
Goldstar Way. Birm —7C 96
Goldthorn Av. Cann —7F 8
Goldthorn Av. Wolv —3B 50
Goldthorn Clo. Cov —5D 142
Goldthorn Cres. Wolv —3A 50
Goldthorne Av. Birm —5C 116
Goldthorne Clo. Head X —8C 204
Goldthorn Hill. —3B 50
Goldthorn Hill. Wolv —3A 50
Goldthorn Hill Rd. Wolv —3B 50
Goldthorn Park. —5C 50
Goldthorn Pl. Kidd —7J 149
Goldthorn Rd. Kidd —6H 149
Goldthorn Rd. Wolv —3B 50
Goldthorn Ter. Wolv —2B 50
Goldthorn Wlk. Brie H —1D 108
Golf Club Dri. Wals —3A 54
Golf Dri. Nun —1A 104
Golf La. Bils —2K 51
Golf La. W'nsh —6B 216
Golson Clo. S Cold —3M 57
Gomeldon Av. Birm —6M 135
Gomer St. W'hall —7A 38
Gomer St. W. W'hall —7A 38
Gonville Ho. Birm —1F 96
Gooch Clo. Stourb —3A 108
Gooch St. Birm —1L 113
Gooch St. N. Birm —8L 93 (8G 5)
Gooch's Way. W'nsh —5A 216
Goodacre Clo. Clift D —4G 173
Goodall Gro. Birm —4L 55
Goodall St. Wals —8M 39
Goodby Rd. Birm —6K 113
Goode Av. Birm —4G 93
Goode Clo. O'bry —5J 91
Goode Cft. Cov —7F 142
Goodere Av. Pole —1M 47
Goodere Dri. Pole —7M 33
Goodeve Wlk. S Cold —4B 58
Goodfellow St. Lea S —8J 211
Goodison Gdns. Birm —4H 71
Goodleigh Av. Birm —3L 155
Goodman Clo. Birm —3F 136
Goodman St. Birm —6H 93 (4A 4)
Goodman Way. Cov —8C 142
Goodrest Av. Hale —4F 110
Goodrest Clo. Birm —5C 136
Goodrest La. Birm —3F 156 (in two parts)
Goodrich Av. Pert —6G 35
Goodrich Clo. Redd —7M 205
Goodrich Covert. Birm —7J 135
Goodrick Way. Birm —3B 94
Good's Green. —3A 126
Goodway Rd. Birm —1L 69
Goodway Rd. Sol —6E 116
Goodwin Clo. Kidd —2J 149
Goodwood Clo. Birm —1K 95
Goodwood Clo. Cann —3A 10
Goodwood Clo. Cov —3J 167
Goodwood Clo. Lich —2K 19
Goodwood Dri. S Cold —2M 55
Goodwyn Av. O'bry —2K 111
Goodyear Av. Wolv —1E 36
Goodyear Rd. Smeth —7L 91
Goodyers End. —1C 122
Goodyers End La. Bed —1C 122
Goosehill Clo. Redd —8L 205
Goosehills Rd. Hinc —4L 81
Goose La. Barw —4G 85
Goosemoor Green. —5J 11
Goosemoor La. Birm —2E 70
Goostry Clo. Tam —5D 32
Goostry Rd. Tam —4D 32
Gopsall Rd. Hinc —7D 84
Gopsal St. Birm —6A 94 (3L 5)
Gorcott Hill. —3C 206
Gorcott Hill. Beo —4B 206
Gordon Av. Birm —2K 93
Gordon Av. W Brom —1J 67
Gordon Av. Wolv —6F 50
Gordon Clo. Bed —5H 103
Gordon Clo. Tiv —7D 66
Gordon Cres. Brie H —4E 88
Gordon Dri. Tip —3C 66
Gordon Pas. Lea S —2A 216
Gordon Pl. Bils —4J 51
Gordon Rd. Harb —3D 112
Gordon Rd. Loz —1J 93

Gordon St.—Greensforge

Gordon St. Birm —7B 94 (off Garrison La.)
Gordon St. Cov —8A 144
Gordon St. Lea S —2A 216
Gordon St. W'bry —3D 52
Gordon St. Wolv —1D 50 (7L 7)
Gorey Clo. W'hall —1B 38
Gorge Rd. Dud & Bils —1E 64
Goring Rd. Cov —5G 145
Gorleston Gro. Birm —7B 136
Gorleston Rd. Birm —7B 136
Gornalwood. —7C 64
Gorsebrook Rd. Wolv —4B 36
Gorse Clo. F'bri —7F 96
Gorse Clo. Rugby —8L 171
Gorse Clo. S Oak —1A 134
Gorse Dri. Cann —4D 8
Gorse Farm Rd. Birm —1E 68
Gorse Farm Rd. Nun —1B 104
Gorsefield Rd. Birm —4C 96
Gorse Grn. La. Belb —1G 153
Gorse La. Lich —3M 13 (WS13)
Gorse La. Lich —3K 19 (WS14)
Gorse La. Try —3A 62
Gorsemeadow Dri. B Grn —1H 181
Gorsemoor Rd. Cann —8J 9
Gorsemoor Way. Ess —6B 24
Gorse Rd. Dud —5G 65
Gorse Rd. Wolv —1A 38
Gorseway. Burn —4H 17
Gorseway. Cov —6J 143
Gorse Way. Hed —1J 9
Gorseway, The. S Cold —5H 57
Gorsey Clo. A'wd B —8E 208
Gorsey La. Cann —8B 8
Gorsey La. Col —7L 73
Gorsey La. Gt Wyr —8F 14
Gorsey La. Pels —7K 15
Gorsey La. Wyt —5A 158
Gorsey Way. Col —7L 73
Gorsey Way. Wals —4E 40
Gorsly Piece. Birm —5J 111
Gorstey Lea. Burn —2J 17
Gorstey Ley. —1J 17
Gorstie Cft. Birm —1E 68
Gorsty Av. Brie H —6C 88
Gorsty Bank. Lich —1L 19
Gorsty Clo. W Brom —1M 67
Gorsty Hayes. Cod —6F 20
Gorsty Hill Rd. Row R —1B 110
Gorsy Bank Rd. H'ley —4F 46
Gorsymead Gro. Birm —7J 133
Gorsy Rd. Birm —5K 111
Gorsy Way. Nun —4D 78
Gorton Cft. Bal C —2H 163
Gorway Clo. Wals —2M 53
Gorway Gdns. Wals —2A 54
Gorway Rd. Wals —2M 53
Goscote. —7L 25
Goscote Clo. Wals —2M 39
Goscote Ind. Est. Wals —8L 25
Goscote La. Wals —7L 25
Goscote Lodge Cres. Wals —2M 39
Goscote Pl. Wals —2A 40
Goscote Rd. Wals —8M 25
Gosford Dri. Hinc —8A 84
Gosford Green. —7F 144
Gosford Ind. Est. Cov —7F 144
Gosford St. Birm —3M 113
Gosford St. Cov —7D 144 (5E 6)
Gosford Wlk. Sol —8A 116
Gospel End Rd. Dud —1A 64
Gospel End St. Dud —2D 64
Gospel End Village. —1M 63
Gospel Farm Rd. Birm —1H 137
Gospel La. Birm —2J 137
Gospel Oak Rd. Cov —5B 122
Gospel Oak Rd. Tip —8B 52
Gosport Clo. Wolv —2H 51
Gosport Rd. Cov —1E 144
Goss Cft. Birm —8D 112
Gossett La. Bran —2E 168
Gossey La. Birm —7C 96
Goss, The. Brie H —8D 88
Gosta Grn. Birm —5M 93 (2J 5)
Gotham Rd. Birm —3L 115
Gothersley. —1E 86
Gothersley La. Stourb —7C 86
Goths Clo. Row R —5C 90
Gough Av. Wolv —1H 37
Gough Rd. Bils —8J 51
Gough Rd. Edg —2J 113
Gough Rd. Greet —4D 114
Gough St. Birm —8K 93 (7E 4)
Gough St. W'hall —6C 38
Gough St. Wolv —7E 36 (4M 7)
Gould Av. E. Kidd —7G 149
Gould Av. W. Kidd —8G 149
Gould Firm La. Wals —3L 41
Gould Rd. H Mag —2A 214
Gowan Rd. Birm —5E 94
Gower Av. K'wfrd —5M 87
Gower Rd. Dud —1B 64
Gower Rd. Hale —3E 110
Gower St. Birm —2K 93
Gower St. Wals —2H 53
Gower St. W'hall —7A 38
Gower St. Wolv —1E 50 (7M 7) (in two parts)
Gowland Dri. Cann —8B 8
Gowrie Clo. Hinc —7B 84
Goya Clo. Cann —7J 9
Gozzard St. Bils —4L 51
Gracechurch Cen. S Cold —4H 57
Gracemere Cres. Birm —6E 136
Grace Moore Ct. Cann —5F 8
Grace Rd. Alle —1A 142
Grace Rd. Birm —2C 114
Grace Rd. Sap —1L 83
Grace Rd. Tip —2A 66
Grace Rd. Tiv —1C 90
Gracewell Homes. Birm —8D 114
Gracewell Rd. Birm —8D 114
Grafton Clo. Redd —2H 209
Grafton Cres. B'gve —2L 201
Grafton Dri. W'hall —1K 51
Grafton Gdns. Dud —6B 64
Grafton Gro. Birm —2J 93
Grafton Ho. B'gve —6B 180 (off Burcot La.)
Grafton La. U War —2H 201
Grafton Manor. —2H 201
Grafton Pl. Bils —2L 51
Grafton Rd. Hand —8D 68
Grafton Rd. O'bry —8F 90
Grafton Rd. Shir —7C 136
Grafton Rd. S'brk —2B 114
Grafton Rd. W Brom —5K 67
Grafton St. Cov —7E 144
Graham Clo. Cov —8H 123
Graham Clo. Tip —8B 52
Graham Cres. Redn —2G 155
Graham Rd. Birm —3J 115
Graham Rd. Hale —1C 110
Graham Rd. Rugby —5C 172
Graham Rd. Stourb —5K 87
Graham Rd. W Brom —5K 67
Graham St. Birm —6J 93 (3C 4)
Graham St. Loz —2J 93
Graham St. Nun —4J 79
Grainger Clo. Tip —3D 66
Grainger Ct. Cann —7D 8
Graingers La. Crad H —1J 109
Grainger St. Dud —2K 89
Graiseley Ct. Wolv —6H 7
Graiseley Hill. Wolv —1C 50 (8G 7)
Graiseley La. Wolv —4H 37
Graiseley Row. Wolv —1C 50 (8H 7)
Graiseley St. Wolv —8B 36 (6G 7)
Graith Clo. Birm —6E 136
Grammar School La. Hale —5A 110
Grampian Rd. Stourb —3A 108
Granada Ind. Est. O'bry —2F 90
Granary Clo. Cann —4H 9
Granary Clo. K'wfrd —1G 87
Granary La. S Cold —6M 57
Granary Rd. Stoke H —3L 201
Granary Rd. Wolv —8L 21
Granary, The. A'rdge —2H 41
Granborough Clo. Bin —1M 167
Granborough Ct. Lea S —6A 212
Granbourne Rd. Wals —5D 38
Granby Av. Birm & Kitts G —8C 96
Granby Bus. Pk. Birm —8C 96
Granby Clo. Hinc —2J 81
Granby Clo. Redd —5M 205
Granby Clo. Sol —2L 137
Granby Rd. Hinc —2J 81
Granby Rd. Nun —6F 78
Grandborough Dri. Sol —8A 138
Grand Clo. Smeth —6B 92
Grand Depot Rd. Bram —3F 104
Grand Junct. Way. Wals —3K 53
Grandys Cft. Birm —6F 96
Grange Av. A'rdge —7G 27
Grange Av. Bin —2M 167
Grange Av. Burn —3H 17
Grange Av. Cov —6C 166
Grange Av. Ken —2E 190
Grange Av. S Cold —6J 43
Grange Clo. Nun —2C 78
Grange Clo. Tam —1C 46
Grange Clo. Warw —1J 215
Grange Ct. Redd —5F 204
Grange Ct. Stourb —6C 108
Grange Ct. Wals —7D 38
Grange Ct. Wolv —8B 36 (6G 7)
Grange Cres. Hale —6B 110
Grange Cres. Redn —1E 154
Grange Cres. Wals —1B 40
Grange Dri. Burb —4L 81
Grange Dri. Cann —7F 8
Grange Estate. —5C 108
Grange Farm Dri. Birm —8D 134
Grangefield Clo. Wolv —8M 21
Grange Hill. Hale —7C 110
Grange Hill Rd. Birm —8K 134
Grange La. A'chu —6L 181
Grange La. K'wfrd —5M 87
Grange La. Lich —6E 12 (nr. Featherbed La.)
Grange La. Lich —2C 18 (nr. Walsall Rd.)
Grange La. Shen —1G 29
Grange La. Stourb —6C 108
Grange La. S Cold —6J 43
Grange M., The. Lea S —8K 211
Grangemouth Rd. Cov —3B 144
Granger Clo. W'bry —6E 52
Grange Ri. Birm —2F 156
Grange Rd. Aston —1L 93
Grange Rd. Bal C —2F 162
Grange Rd. Bils —2H 65
Grange Rd. Burn —4G 17
Grange Rd. Cann —3B 16
Grange Rd. Crad H —8A 90
Grange Rd. Dud —8H 65
Grange Rd. Erd —4H 71
Grange Rd. Hale —6B 110
Grange Rd. H'ley H & Dorr —2E 186
Grange Rd. Kidd —2G 149 (nr. Beaufort Av.)
Grange Rd. Kidd —2H 149 (nr. Habberley Rd.)
Grange Rd. K Hth —1L 135
Grange Rd. Lea S —6B 212
Grange Rd. Longf —5G 123
Grange Rd. Redd —5F 204
Grange Rd. Rugby —3L 171
Grange Rd. S Oak —6F 112
Grange Rd. Small H —8D 94
Grange Rd. Smeth —6A 92
Grange Rd. Sol —2L 137
Grange Rd. Stourb —5C 108
Grange Rd. Tett —4J 35
Grange Rd. W Brom —6H 67
Grange Rd. Wolv —3B 50
Grangers La. Redd —4F 208
Grange St. Dud —8H 65
Grange St. Wals —2M 53
Grange, The. Cubb —4F 212
Grange, The. Earl S —2L 85
Grange, The. Hale —3F 110
Grange, The. Lea S —8B 212
Grange, The. Warw —2H 215
Grange, The. Wom —2G 63
Grangewood. S Cold —2G 71
Grangewood Ct. Sol —2L 137
Granhill Clo. Redd —1G 209
Granleigh Ct. Lea S —4E 212
Granmore Ho. Shir —8L 137
Granoe Clo. Cov —1L 167
Granshaw Clo. Birm —8F 134
Grant Clo. K'wfrd —1K 87
Grant Clo. W Brom —4J 67
Grant Ct. K Nor —4G 135
Grantham Rd. Birm —3B 114
Grantham Rd. Smeth —6B 92
Grantham St. Cov —6F 144
Grantley Cres. K'wfrd —3J 87
Grantley Dri. Birm —6H 97
Granton Clo. Birm —4K 135
Granton Rd. Birm —4K 135
Grantown Rd. Wals —5G 25
Grant Rd. Cov —7H 145
Grant Rd. Exh —1G 123
Grant St. Birm —1K 113 (8E 4)
Grant St. Wals —1H 39
Granville. Tam —8F 32
Granville Clo. B'gve —8B 180
Granville Clo. Wolv —1D 50 (7L 7)
Granville Crest. Kidd —3B 150
Granville Dri. K'wfrd —4M 87
Granville Gdns. Hinc —1J 81
Granville Rd. Crad H —1B 110
Granville Rd. Dorr —7G 161
Granville Rd. Hinc —1J 81
Granville Sq. Birm —8J 93 (7C 4)
Granville St. Birm —8J 93 (7C 4)
Granville St. Lea S —7A 212
Granville St. W'hall —6A 38
Granville St. Wolv —1D 50 (7L 7)
Grapes Clo. Cov —4B 144
Grasdene Gro. Birm —5C 112
Grasmere Av. Cov —3M 165
Grasmere Av. Pert —6F 34
Grasmere Av. S Cold —7A 42
Grasmere Clo. Birm —2F 68
Grasmere Clo. Kidd —2L 149
Grasmere Clo. K'wfrd —2H 87
Grasmere Clo. Rugby —3D 172
Grasmere Clo. Tett —1L 35
Grasmere Clo. Wed —2J 37
Grasmere Ct. Wals —6D 14
Grasmere Cres. Nun —2M 79
Grasmere Gro. Stour S —3F 174
Grasmere Ho. O'bry —5D 90
Grasmere Pl. Cann —4E 8
Grasmere Rd. Bed —7H 103
Grasmere Rd. Birm —2F 92
Grasscroft Dri. Cov —3E 166
Grassholme. Wiln —1G 47
Grassington Av. Warw —8F 210
Grassington Dri. Birm —8F 96
Grassington Dri. Nun —7A 80
Grassmere Dri. Stourb —6M 107
Grassmoor Rd. Birm —7E 134
Grassy La. Wolv —8H 23 (in two parts)
Graston Clo. Birm —7G 93 (6A 4)
Gratham Clo. Brie H —2B 108
Gratley Cft. Cann —5C 8
Grattidge Rd. Birm —7K 115
Gratton Ct. Cov —3M 165
Gravel Bank. Birm —6K 111
Gravel Hill. Cov —8E 142
Gravel Hill. Wom —3H 63
Gravel La. Cann —3B 8 (in two parts)
Gravelly Hill. —7E 70
Gravelly Hill. Birm —8D 70
Gravelly Hill N. Birm —7E 70
Gravelly Ind. Pk. Birm & Erd —1E 94 (in two parts)
Gravelly La. Birm —4F 70
Gravelly La. Wals —7L 27
Gravel Pit La. A'chu —5E 182
Gravel, The. Wis —7H 59
Gray Clo. Kidd —3B 150
Graydon Ct. S Cold —2H 57
Grayfield Av. Birm —6M 113
Grayland Clo. Birm —7H 115
Graylands, The. Cov —5C 166
Grayling. Dost —3D 46
Grayling Clo. W'bry —6B 52
Grayling Rd. Stourb —3C 108
Grayling Wlk. Birm —6J 97
Gray Rd. Cann —3F 8
Grayshott Clo. Birm —4E 70
Grayshott Clo. B'gve —6L 179
Grays Orchard. T'ton —7F 196
Grays Rd. Birm —3D 112
Grayston Av. Tam —5E 32
Gray St. Birm —7B 94
Grayswood Av. Cov —5K 143
Grayswood Pk. Rd. Birm —3J 111
Grayswood Rd. Birm —2M 155
Grazebrook Cft. Birm —1K 133
Grazebrook Ind. Pk. Dud —3H 89
Grazebrook Rd. Dud —2J 89
Grazewood Clo. W'hall —1B 38
Grazing La. Redd —7L 203
Grazings, The. Kinv —7C 106
Greadier St. W'hall —4C 38
Gt. Arthur St. Smeth —2M 91
Gt. Balance. Brin —6K 147
Gt. Barn La. Redd —8B 204
Great Barr. —6E 54
Gt. Barr St. Birm —7A 94 (6L 5)
Gt. Borne. Rugby —1C 172
Gt. Brickkiln St. Wolv —8A 36 (6G 7)
Great Bridge. —3D 66
Great Bri. Tip —3D 66
Gt. Bridge Ind. Est. Tip —2C 66
Gt. Bridge Rd. Bils —5A 52
Gt. Bridge St. W Brom & Swan V —4D 66
Gt. Bridge W. Ind. Est. Tip —3D 66
Gt. Brook St. Birm —5A 94 (2L 5)
Gt. Central Way. Rugby —5D 172
Gt. Central Way Ind. Est. Rugby —4D 172
Gt. Charles St. Wals —1F 26
Gt. Charles St. Queensway. Birm —6K 93 (4E 4)
Gt. Colmore St. Birm —1J 113 (8D 4)
Gt. Cornbow. Hale —6B 110
Gt. Croft Ho. W'bry —3D 52 (off Lawrence Way)
Gt. Croft St. W'bry —3D 52 (off Lawrence Way)
Greatfield Rd. Kidd —5H 149
Gt. Francis St. Birm —5B 94
Gt. Hampton Row. Birm —5J 93 (1D 4)
Gt. Hampton St. Birm —4J 93 (1C 4)
Gt. Hampton St. Wolv —6B 36 (1G 7) (in two parts)
Great Heath. —3E 144
Greatheed Rd. Lea S —8L 211
Great Hill. Dud —8H 65
Gt. King St. Birm —4J 93 (in two parts)
Gt. King St. N. Birm —3J 93
Gt. Lister St. Birm —5M 93 (1K 5)
Gt. Mead. Tam —8C 32
Gt. Moor Rd. Patt —7A 34
Great Oaks. Birm —4B 116
Greatorex Ct. W Brom —1H 67
Gt. Stone Rd. Birm —6A 134
Gt. Tindal St. Birm —7G 93 (5A 4)
Gt. Western Arc. Birm —6L 93 (4G 5)
Gt. Western Clo. Birm —3E 92
Gt. Western Dri. Crad H —8A 90
Gt. Western Ind. Est. Birm —3E 92
Gt. Western St. W'bry —7E 52
Gt. Western St. Wolv —6D 36 (1K 7)
Gt. Western Way. Gt Bri —3D 66
Gt. Western Way. Stour S —4G 175
Gt. Wood Rd. Birm —8C 94
Great Wyrley. —7E 14
Greaves Av. Wals —2C 54
Greaves Clo. Wals —1C 54
Greaves Clo. Warw —2J 215
Greaves Cres. W'hall —1C 38
Greaves Gdns. Kidd —8H 127
Greaves Rd. Dud —4K 89
Greaves Sq. Birm —8H 135
Grebe Clo. Birm —6B 70
Greenacre Clo. Tam —4H 33
Greenacre Dri. Cod —7H 21
Greenacre Rd. Tip —8A 52
Green Acres. Birm —7H 115
Green Acres. Dud —8B 50
Greenacres. S Cold —1A 72
Greenacres. Wolv —4H 35
Green Acres. Wom —4F 62
Greenacres Av. Wolv —7H 23
Greenacres Clo. A'rdge —7L 41
Greenacres La. Bew —5A 148
Greenacres Rd. Birm —1D 156
Greenacres Rd. B'gve —6L 179
Greenaleigh Rd. Birm —5D 136
Green Av. Birm —8E 114
Greenaway Clo. Birm —6J 55
Greenbank. B Grn —1K 181
Grn. Bank Av. Birm —8E 114
Greenbank Gdns. Word —7L 87
Greenbank Rd. Bal C —3F 162
Greenbank Rd. Bew —2A 148
Grn. Barns La. Lich —8J 29
Greenbush Dri. Hale —4A 110
Green Clo. Long L —5F 170
Green Clo. Stud —6L 209
Green Clo. W'nsh —5B 216
Green Clo. Wyt —6A 158
Greencoat Tower. Birm —7J 93 (5C 4)
Green Ct. Birm —7E 70
Green Ct. Hall G —1F 136
Green Ct. Rugby —5D 172
Green Cft. Bils —3K 51
Green Cft. Birm —6G 95
Greencroft. K'wfrd —5K 87
Greencroft. Lich —7G 13
Greendale Clo. Cats —1B 180
Greendale Rd. Cov —6K 143
Green Dri. Birm —8J 111
Green Dri. Wolv —2C 36
Green End. —8M 99
Greenend Rd. Birm —7M 113
Grn. End Rd. Fill —7J 99
Grn. Farm Clo. Lilb —3M 173
Greenfels Ri. Dud —1M 89
Greenfield Av. Bal C —2G 163
Greenfield Av. Crad H —8H 89
Greenfield Av. Marl —8D 154
Greenfield Av. Stourb —4M 107
Greenfield Cres. Birm —1G 113
Greenfield Cft. Bils —7K 51
Greenfield La. Wolv —4D 22
Greenfield Rd. Gt Barr —2C 68
Greenfield Rd. Harb —4C 112
Greenfield Rd. Smeth —5L 91
Greenfields. Cann —7E 8
Greenfields. Redd —7E 204
Green Fields. Wals —2G 41
Greenfields Rd. K'wfrd —4K 87
Greenfields Rd. Wals —7D 26
Greenfields Rd. Wom —4G 63
Green Fld., The. Cov —1H 167
Greenfield Vw. Dud —2B 64
Greenfinch Clo. Birm —2G 97
Greenfinch Clo. Kidd —6B 150
Greenfinch Rd. Birm —2G 97
Greenfinch Rd. Stourb —6D 108
Greenford Clo. Redd —4B 204
Greenford Rd. Birm —6C 136
Grn. Gables. S Cold —2H 57
Grn. Gables Dri. H'wd —2A 158
Greenheart. Tam —5G 33
Green Heath. —2G 9
Grn. Heath Rd. Cann —2G 9
Green Hill. —4F 180 (nr. Bromsgrove)
Greenhill. —2A 150 (nr. Kidderminster)
Green Hill. Burc & B'wll —5E 180
Greenhill. Lich —1J 19
Greenhill. Wom —3H 63
Greenhill Av. Kidd —1M 149
Grn. Hill Av. K Hth —8M 113
Greenhill Clo. Dost —4C 46
Grn. Hill Clo. L End —3D 180
Greenhill Clo. W'hall —4B 38
Greenhill Ct. Wom —4H 63
Greenhill Dri. Barw —2H 85
Greenhill Dri. Birm —8C 112
Greenhill Gdns. Birm —7E 54
Greenhill Gdns. Wom —4H 63
Greenhill Oak. Kidd —2M 149
Greenhill Rd. Dud —4E 64
Greenhill Rd. Hale —2D 110
Greenhill Rd. Hand —7D 68
Greenhill Rd. Mose —8M 113
Greenhill Rd. Rugby —8M 171
Greenhill Rd. S Cold —1H 71
Greenhill Rd. W'nsh —5B 216
Greenhill Wlk. Wals —1M 53
Grn. Hill Way. Shir —4H 137
Greenhill Way. Wals —8H 27
Greenholm Rd. Birm —2L 69
Greenhough Rd. Lich —1F 18
Greenhurst Dri. B Grn —8H 155
Greening Dri. Birm —2H 113
Greenland Av. Cov —4F 142
Greenland Clo. K'wfrd —1L 87
Greenland Ct. Birm —3E 94
Greenland Ct. Cov —4F 142
Greenland Ri. Sol —2D 138
Greenland Rd. Birm —8H 113
Greenlands. —1G 209
Greenlands. Wom —2F 62
Greenlands Av. Redd —1G 209
Greenlands Bus. Cen. Redd —8H 205
Greenlands Ct. Birm —6L 135
Greenlands Dri. Redd —7F 204
Greenlands Rd. Birm & Chel W —7H 97
Green Lane. —5B 166 (nr. Coventry)
Green Lane. —3J 209 (nr. Studley)
Green La. Bal C —2H 163
Green La. Bir H —1D 76
Green La. B'moor —2K 47
Green La. Birm —1E 156
Green La. Brin —5K 147
Green La. Burn —8K 11 (in two parts)
Green La. Call H —8M 203
Green La. Cann —3E 14
Green La. Cas B —1D 96
Green La. Cats —8A 154
Green La. Chel W —6J 97
Green La. Chor —6J 11
Green La. Chu L —4C 170
Green La. Col —4M 97 (in two parts)
Green La. Cor —3D 120
Green La. Cov —3A 166
Green La. Dud —4F 64
Green La. Earl S —1M 85
Green La. Fill —6F 100
Green La. Gt Barr —1D 68
Green La. Hale —8D 90
Green La. Hamm —7G 17
Green La. Hand —1C 92
Green La. K'wfrd —2K 87
Green La. Midd —2G 59
Green La. Nun —3C 78
Green La. Pels —5A 26
Green La. Quin —3J 111
Green La. Shelf —8C 26
Green La. Shir —8E 136
Green La. Small H —8C 94
Green La. Stourb —4D 108
Green La. Stud —4H 209
Green La. Wall —5D 18 (in two parts)
Green La. Wals —3J 39 (WS2)
Green La. Wals —2J 39 (WS3)
Green La. Wals —4L 41 (WS9)
Green La. Warw —1F 214
Green La. Wat O —1H 97
Green La. Wiln —3J 47 (in two parts)
Green La. Wolv —2L 35
Green La. Ind. Est. Bord G —8E 94
Green Lanes. —2J 51
Green Lanes. Bils —2J 51
Green Lanes. S Cold —2H 71
Green La. Wlk. Birm —1F 156
Greenleaf Clo. Cov —6G 143
Greenleas Gdns. Hale —6C 110
Greenlee. Wiln —1G 47
Green Leigh. Birm —1F 70
Greenleighs. Dud —6D 50
Greenly Rd. Wolv —4D 50
Grn. Man Entry. Dud —8K 65
Green Mdw. Stourb —1B 130
Green Mdw. Wed —4L 37
Grn. Meadow Clo. Wom —4E 62
Green Mdw. Rd. Birm —2M 133
Green Mdw. Rd. W'hall —2B 38
Grn. Meadows. Cann —8J 9
Greenmoor Rd. Hinc —4K 81
Greenmoor Rd. Nun —5G 79
Greenoak Cres. Bils —2G 65
Greenoak Cres. Birm —1J 135
Grn. Oak Rd. Cod —7H 21
Greenodd Dri. Cov —4F 122
Green Pk. Av. Bils —1J 51
Green Pk. Dri. Bils —1J 51
Green Pk. Rd. Birm —7L 133
Green Pk. Rd. B'gve —8B 180
Green Pk. Rd. Dud —1M 89
Greenridge Rd. Birm —4E 68
Green Rd. Dud —2K 89
Green Rd. Mose & Hall G —8D 114
Grn. Rock La. Wals —8K 25
Greenroyde. Stourb —8B 108
Greensforge. —3D 86

Hall Clo., The—Hatcham Rd.

Hall Clo., The. Dunc —7J 197
Hall Ct. Pole —8M 33
Hallcourt Clo. Cann —1E 14
Hallcourt Cres. Cann —1E 14
Hallcourt La. Cann —1E 14
Hall Cres. W Brom —3J 67
Hallcroft Clo. S Cold —2J 71
Hallcroft Way. Know —3G 161
Hallcroft Way. Wals —4J 41
Hall Dale Clo. Birm —4F 136
Hall Dri. Bag —6E 166
Hall Dri. Birm —2G 117
Hall Dri. Hag —3D 130
Hall End. —4L 47
(nr. Dordon)
Hallend. —6M 207
(nr. Ullenhall)
Hall End. —3K 67
(nr. West Bromwich)
Hall End. Nun —7K 79
Hall End. W'bry —6F 52
Hall End Pl. Nun —7K 79
Hallens Dri. W'bry —6D 52
Hallett Dri. Wolv —8B 36 (6G 7)
Hallewell Rd. Birm —6D 92
Hall Farm La. Trim —1C 148
Hallfields. Rad S —4E 216
Hall Flat. —2C 180
Hall Green. —1F 136
(nr. Acock's Green)
Hall Green. —7L 51
(nr. Coseley)
Hall Green. —7H 123
(nr. Coventry)
Hall Green. —8J 53
(nr. Wednesbury)
Hall Grn. Rd. Cov —7H 123
Hall Grn. Rd. W Brom —8J 53
Hall Grn. St. Bils —6L 51
Hall Gro. Bils —1J 65
Hall Gro. Brin —5L 147
Hall Hays Rd. Birm —2E 96
Hall La. Bils —8F 50
Hall La. Cov —3M 145
Hall La. Dud —3J 89
Hall La. Gt Wyr —5F 14
Hall La. Hag —3D 130
Hall La. Hamm —5K 17
Hall La. Hamm & Lich —7M 17
Hall La. Pels —6M 25
Hall La. Tip —1B 66
Hall La. Wals W —5E 26
Hall La. Wlvy —5K 105
Hall Mdw. Cann —3B 14
Hall Mdw. Hag —2D 130
Hallmoor Rd. Birm —6B 96
Hallot Clo. Birm —1D 70
Halloughton Rd. S Cold —2G 57
Hallow Ho. Birm —7D 134
Hall Pk. St. Bils —3H 51
Hall Rd. Cas B —1A 96
Hall Rd. Hand —1G 93
Hall Rd. Hinc —3K 81
Hall Rd. Lea S —8M 211
Hall Rd. Salt —5D 94
Hall Rd. Smeth —5L 91
Hall Rd. Wlvy —5K 105
Hall Rd. Av. Hand —1G 93
Hall's Clo. W'nsh —6B 216
Halls Cres. Sharn —4J 83
Hallstead Rd. Birm —4B 136
Hall St. Bils —4L 51
Hall St. Birm —5J 93 (1D 4)
Hall St. Brie H —7D 88
Hall St. Crad H —7M 89
Hall St. Dud —8K 65
Hall St. O'bry —4H 91
Hall St. Sed —1D 64
Hall St. Stourb —6A 108
Hall St. Tip —4L 65
Hall St. Wals —6K 39
Hall St. W'bry —2B 52
Hall St. W Brom —7J 67
Hall St. W'hall —8B 38
Hall St. Wolv —4J 37
Hall St. E. W'bry —2C 52
Hall St. S. W Brom —1K 91
Hallswelle Gro. Birm —5L 55
Hall Wlk. Col —4L 97
(in two parts)
Hallway Dri. Shil —3E 124
Halsbury Gro. Birm —1B 70
Halstead Gro. Sol —1A 160
Halston Rd. Burn —1H 17
Haltonlea. Wiln —1G 47
Halton Rd. S Cold —6D 56
Halton St. Dud —4J 89
Hamar Way. Birm —8G 97
Hamberley Ct. Birm —5D 92
Hamble. Tam —7D 32
Hamble Clo. Brie H —3A 88
Hambledon Clo. Wolv —7A 22
Hamble Gro. Pert —6E 34
Hamble Rd. Birm —8F 54
Hamble Rd. Wolv —3J 49
Hambleton Rd. Hale —7K 109
Hambletts Rd. W Brom —6G 67
Hambrook Clo. Wolv —4A 36
Hambury Dri. Birm —2K 135
Hamelin St. Cann —6E 8
Hamilton Av. Birm —1A 112
Hamilton Av. Hale —6C 110
Hamilton Av. Stourb —3K 107
Hamilton Clo. Bed —8C 102
Hamilton Clo. Cann —5M 9
Hamilton Clo. Dud —2C 64
Hamilton Clo. Hinc —7A 84
Hamilton Clo. L End —3C 180
Hamilton Clo. Nun —5D 78
Hamilton Clo. Stourb —7J 87
Hamilton Ct. Birm —5E 134
Hamilton Ct. Nun —5D 78
Hamilton Dri. S Oak —1D 134
Hamilton Dri. Stourb —7J 87
Hamilton Dri. Stud —6K 209
Hamilton Dri. Tiv —7C 66
Hamilton Gdns. Wolv —6E 22
Hamilton Ho. Smeth —5C 92
Hamilton Ho. Wals —8J 25
Hamilton Rd. Birm —1D 92
Hamilton Rd. Cov —6G 145
Hamilton Rd. Kidd —6H 149
Hamilton Rd. Rad S —4E 216
Hamilton Rd. Redd —1C 208
Hamilton Rd. Smeth —7L 91
Hamilton Rd. Tip —3C 66
Hamilton St. Wals —8J 25
Hamilton Ter. Lea S —1M 215
Ham La. K'wfrd —8L 63
Ham La. Stourb —8C 108
Hamlet Clo. Nun —8A 80
Hamlet Clo. Rugby —3K 197
Hamlet Gdns. Birm —1F 136
Hamlet Rd. Birm —1F 136
Hamlet, The. Cann —4L 15
Hamlet, The. Leek W —2G 211
Hammer Bank. Brie H —1G 109
Hammersley Clo. Hale —2J 109
Hammersley St. Bed —8E 102
Hammerwich. —6K 17
Hammerwich Rd. Burn —3K 17
Hammond Av. Wolv —1E 36
Hammond Bus. Pk. Attl F —6L 79
Hammond Clo. Attl F —6L 79
Hammond Dri. Birm —4F 70
Hammond Rd. Cov —5F 144
Hammonds Ter. Ken —4D 190
Hammond Way. Stourb —2A 108
Hampden Clo. Brie H —1G 109
Hampden Ct. O'bry —1D 90
Hampden Retreat. Birm —3L 113
Hampden Way. Rugby —2J 197
Hamps Clo. Burn —2K 17
Hampshire Clo. Bin —1M 167
Hampshire Clo. Tam —7A 32
Hampshire Dri. Birm —1E 112
Hampshire Rd. W Brom —1G 67
Hampson Clo. Birm —3B 114
Hampstead. —2E 68
Hampstead Glade. Hale —7C 110
Hampton Av. B'gve —1A 202
Hampton Av. Nun —5B 78
Hampton Clo. Cov —3F 144
Hampton Clo. Redd —2H 209
Hampton Clo. S Cold —7C 56
Hampton Clo. Tam —2C 32
Hampton Ct. Rd. Birm —3M 111
Hampton Dri. S Cold —1H 57
Hampton Grn. Cann —2E 14
Hampton Gro. Kinv —5C 106
Hampton Gro. Lea S —8B 212
Hampton Gro. Wals —5M 25
Hampton in Arden. —2A 140
Hampton La. Mer —1E 140
Hampton La. Sol & Cath B —5D 138
(in two parts)
Hampton Magna. —3A 214
Hampton Pl. W'bry —1C 52
Hampton Rd. Aston —8K 69
Hampton Rd. Cov —3F 144
Hampton Rd. Erd —5D 70
Hampton Rd. Know —2J 161
Hampton Rd. Warw —4A 214
Hampton Rd. Wolv —8B 22
Hampton St. Birm —5K 93 (1E 4)
Hampton St. Cann —2D 14
Hampton St. Cose —1H 65
Hampton St. Dud —4J 89
Hampton St. Warw —3D 214
Hampton Vw. Wolv —5F 36
Hams La. Col & Lea M —4K 73
Hams Rd. Birm —5D 94
Hamstead. —1F 68
Hamstead Clo. Wolv —3K 37
Hamstead Hall Av. Birm —4E 68
Hamstead Hall Rd. Birm —5E 68
Hamstead Hill. Birm —6F 68
Hamstead Ho. Birm —2F 68
Hamstead Ind. Est. Hamp I —4G 69
Hamstead Rd. Gt Barr —1C 68
Hamstead Rd. Hand & Hock —8H 69
Hamstead Ter. W'bry —7G 53
Hanam Clo. S Cold —3M 57
Hanbury Clo. B'gve —1A 202
Hanbury Clo. Hale —7M 109
Hanbury Ct. Stourb —5A 108
(off College Rd.)
Hanbury Cres. Wolv —3L 49
Hanbury Cft. Birm —6L 115
Hanbury Hill. Stourb —5A 108
Hanbury Ho. Redd —5B 204
(off Cardy Clo.)
Hanbury Pas. Stourb —5A 108
Hanbury Pl. Cov —7G 123
Hanbury Rd. Bed —5J 103
Hanbury Rd. Cann —4M 15
Hanbury Rd. Dorr —5F 160
Hanbury Rd. Stoke H & S Prior —3K 201
Hanbury Rd. Tam —5F 32
Hanbury Rd. Wals —7E 16
Hanbury Rd. W Brom —6G 67
Hanch Hall. —1E 12
Hanch Pl. Wals —1M 53
Hancock Grn. Cov —1F 164
Hancock Rd. Birm —5F 94
Hancox Clo. W Weth —2K 213
Hancox St. O'bry —7H 91
Handcross Gro. Cov —4A 166
Handel Ct. Cann —7J 9
Handel Wlk. Lich —7J 13
Handley Gro. Birm —7J 133
Handley Gro. Warw —8D 210
Handleys Clo. Ryton D —8A 168
Handley St. W'bry —5G 53
Handsworth. —8D 68
Handsworth Clo. Birm —2D 92
Handsworth Cres. Cov —5E 142
Handsworth Dri. Birm —6G 55
(in two parts)
Handsworth New Rd. Birm —3E 92
Handsworth Wood. —7G 69
Handsworth Wood Rd. Birm & Hand —6F 68
Hanford Clo. Cov —3E 144
Hanger Rd. Birm A —6G 117
Hanging La. Birm —7L 133
Hangleton Dri. Birm —3D 114
Hangmans La. Hinc —6D 84
Hanley Clo. Hale —5L 109
Hanley St. Birm —5L 93 (1F 4)
Hanlith. Wiln —1G 47
Hannaford Way. Cann —7F 8
Hannafore Rd. Birm —6D 92
Hannah Rd. Bils —6A 52
Hanney Hay Rd. Burn —5G 17
Hannon Rd. Birm —4L 135
Hanover Clo. Birm —2L 93
Hanover Ct. Hinc —3L 81
Hanover Ct. Redd —1D 208
Hanover Ct. Tam —2L 31
Hanover Ct. Wals —8E 38
Hanover Ct. Wolv —5J 35
Hanover Dri. Erd —1F 94
Hanover Gdns. Lea S —8A 212
Hanover Glebe. Nun —7J 79
Hanover Pl. B'gve —8M 179
Hanover Pl. Cann —7E 8
Hanover Rd. Row R —5C 90
Hanover St. B'gve —7M 179
Hans Clo. Cov —5F 144
Hansell Dri. Dorr —7E 160
Hansom Rd. Birm —4J 111
Hansom Rd. Hinc —7F 84
Hanson Ct. Hinc —1K 81
Hanson Gro. Sol —4M 115
Hansons Bri. Rd. Birm —4M 71
Hanson Way. Longf —4G 123
Hanstone Rd. Stour S —8F 174
Hanwell Clo. S Cold —2B 72
Hanwood Clo. Birm —1M 113
Hanwood Clo. Cov —5C 142
Hanworth Clo. Lea S —6B 212
Hanworth Rd. Warw —1D 214
Harald Clo. Wolv —4E 34
Harbeck Av. Birm —1M 69
Harberrow Clo. Hag —3A 130
Harbet Dri. Birm —5L 117
Harbinger Rd. Birm —7H 135
Harborne. —3A 112
Harborne La. Harb & S Oak —6D 112
Harborne Pk. Rd. Birm —4C 112
Harborne Rd. Birm —3E 112 (8A 4)
Harborne Rd. O'bry —8K 91
Harborough Cotts. Lapw —6J 187
Harborough Ct. S Cold —7G 43
Harborough Dri. Birm —8D 72
Harborough Dri. Wals —4G 41
Harborough Rd. Cov —7B 122
Harborough Rd. Harb M —1J 171
Harborough Wlk. Stourb —7C 108
Harbours Clo. B'gve —2K 201
Harbours Hill. —8M 201
Harbours Hill. Belb & Wild —3L 153
Harbour Ter. Wolv —8A 36
Harbury Clo. Min —3B 72
Harbury Clo. Redd —8K 205
Harbury La. H'cte —5J 215
Harbury La. Ufton —8M 217
Harbury Rd. Birm —4K 113
Harcourt. Cov —4L 167
Harcourt Dri. Dud —7D 64
Harcourt Dri. S Cold —5F 42
Harcourt Gdns. Nun —6J 79
Harcourt Ho. Tam —5A 32
Harcourt Rd. Birm —3E 70
Harcourt Rd. Crad H —1M 109
Harcourt Rd. W'bry —5F 52
Harden. —2M 39
Harden Clo. Wals —2L 39
Harden Ct. N'fld —1M 133
Harden Gro. Wals —2L 39
Harden Mnr. Ct. Hale —6C 110
Harden Rd. Wals —2K 39
Harden Va. Hale —4L 109
Hardie Grn. Cann —6F 8
Harding St. Bils —7K 51
Hardingwood La. Fill —7L 99
Hardon Rd. Wolv —4F 50
Hardware St. W Brom —5K 67
Hardwick. —7L 41
Hardwick Clo. Cov —5G 143
Hardwick Ct. Tam —4C 32
Hardwick Dri. Hale —2A 110
Hardwicke Wlk. Birm —7K 135
Hardwicke Way. Stourb —4D 108
Hardwick Fld. Dud —7D 50
Hardwick La. Out —8E 206
Hardwick La. Stud —5M 209
Hardwick Rd. Sol —5L 115
Hardwick Rd. S Cold —7M 41
Hardwyn Clo. Bin —8A 146
Hardy Av. Kidd —3A 150
Hardy Clo. Gall C —5A 78
Hardy Clo. Hinc —5D 84
Hardy Clo. Rugby —7J 171
Hardy Rd. Cov —2A 144
Hardy Rd. Wals —1L 39
Hardy Rd. W'bry —6G 53
Hardy Sq. Wolv —3F 50
Hare & Hounds La. Nun —7G 79
Harebell. Tam —5G 33
Harebell Clo. Cann —7K 9
Harebell Clo. F'stne —2G 23
Harebell Clo. Wals —6A 54
Harebell Cres. Dud —5G 65
Harebell Gdns. Birm —1F 156
Harebell Wlk. Birm —7K 97
Harebell Way. Rugby —1D 172
Harecroft Cres. Sap —1L 83
Harefield La. Arb —1E 102
Harefield Rd. Cov —6H 145
Harefield Rd. Nun —5J 79
Hare Gro. Birm —6K 133
Haresfield Clo. Redd —7D 204
Hare St. Bils —4M 51
(in two parts)
Harewell Dri. S Cold —8J 43
Harewood Av. Birm —7C 54
Harewood Av. W'bry —6J 53
Harewood Clo. Birm —4E 136
Harewood Rd. Cov —6D 143
Harford St. Birm —5J 93 (1D 4)
Hargate La. W Brom —5J 67
Harger Ct. Ken —5F 190
Hargrave Clo. Bin —8A 146
Hargrave Clo. Wat O —6H 73
Hargrave Rd. Shir —7C 136
Hargreave Clo. S Cold —2M 71
Hargreaves Ct. Kidd —6H 149
Hargreaves St. Wolv —2G 51
Harland Rd. S Cold —6G 43
Harlech Clo. Birm —2G 133
Harlech Clo. Ken —4J 191
Harlech Clo. Tiv —8A 66
Harlech Ho. Wals —3J 39
(off Providence Clo.)
Harlech Rd. W'hall —3C 38
Harlech Tower. Birm —3G 71
Harlech Way. Dud —7F 64
Harlech Way. Kidd —7L 149
Harleston Rd. Birm —1M 69
Harley Clo. Wals —3G 27
Harley Dri. Bils —5H 51
Harley St. Cov —6G 145
Harlow Gro. Birm —3G 137
Harlow Wlk. Cov —2A 146
Harlstones Clo. Stourb —2A 108
Harlyn Clo. Bils —7A 52
Harman Rd. S Cold —2H 71
Harmar Clo. Warw —8D 210
Harmer Clo. Cov —2A 146
Harmer St. Birm —4G 93
Harmon Rd. Stourb —4J 107
Harnall Clo. Shir —2L 159
Harnall La. Cov —5D 144 (1D 6)
Harnall La. E. Cov —5D 144 (1E 6)
Harnall La. Ind. Est. Cov —5D 144 (1E 6)
Harnall La. W. Cov —5D 144 (1C 6)
Harnall Row. Cov —6E 144
Harness Clo. Wals —5M 53
Harold Cox Pl. Rugby —3L 197
Harold Evers Way. Kidd —2M 149
Harold Rd. Birm —8F 92
Harold Rd. Cov —7K 145
Harold Rd. Smeth —6L 91
Harold St. Nun —6J 79
Harpenden Dri. Cov —4G 143
Harper Av. Wolv —2J 37
Harper Rd. Bils —3K 51
Harper Rd. Cov —7E 144 (6F 6)
Harpers Bldgs. Birm —4A 114
Harpers Rd. May —8A 136
Harpers Rd. N'fld —7A 134
Harper St. W'hall —7A 38
Harport Rd. Redd —8G 205
Harpur Clo. Wals —5A 40
Harpur Rd. Wals —5A 40
Harrier Rd. Birm —7K 115
Harriers Grn. Kidd —1B 150
Harriers Ind. Est. Agg —4M 149
Harrier Way. P Barr —6K 69
Harriet Clo. Brie H —4B 88
Harrietts Hayes Rd. Cod W —2A 20
Harringay Dri. Stourb —6L 107
Harringay Rd. Birm —7A 56
Harrington Rd. Cov —4A 144
Harringworth Ct. Shelf —1C 40
Harriott Dri. H'cte I —5K 215
Harris Ct. Hock —3G 93
Harris Dri. Birm —1G 69
Harris Dri. Rugby —1M 197
Harris Dri. Smeth —6B 92
Harris Ind. Pk. S Prior —7L 201
Harrison Clo. Earl S —1M 85
Harrison Clo. Rugby —1H 199
Harrison Clo. Wals —8J 25
Harrison Ct. Brie H —8A 88
Harrison Ct. Wom —4F 62
Harrison Cres. Bed —7G 103
Harrison Rd. Birm —5F 70
Harrison Rd. Cann —2E 14
Harrison Rd. Redd —1C 208
Harrison Rd. Stourb —8A 88
Harrison Rd. S Cold —4E 42
Harrison Rd. Wals —7C 26
Harrison's Fold. Dud —4J 89
Harrisons Grn. Birm —3E 112
Harrisons Pleck. Birm —6M 113
Harrison's Rd. Birm —3E 112
Harrison St. Wals —8H 25
Harris Rd. Cov —7H 145
Harris Rd. Warw —1C 214
Harrold Av. Row R —6E 90
Harrold Rd. Row R —6E 90
Harrold St. Tip —2C 66
Harrop Way. Stourb —1L 107
Harrowbrook Ind. Est. Hinc —2E 80
Harrowbrook Rd. Hinc —2E 80
Harrowby Dri. Tip —5A 66
Harrowby Pl. Bils —5A 52
Harrowby Pl. W'hall —8D 38
Harrowby Rd. Bils —5A 52
Harrowby Rd. Wolv —6B 22
Harrow Clo. Hag —3A 130
Harrow Clo. Longf —5G 123
Harrow Clo. Stoke H —3L 201
Harrowfield Rd. Birm —5L 95
Harrow Rd. Birm —6F 112
Harrow Rd. K'wfrd —8K 63
Harrow Rd. W'nsh —6B 216
Harrow St. Wolv —5B 36 (1G 7)
Harry Edwards Ho. Cov —1K 145
Harry Perks St. W'hall —6A 38
Harry Price Ho. O'bry —4D 90
Harry Rose Rd. Cov —6L 145
Harry Salt Ho. Cov —3F 6
Harry Taylor Ho. Redd —6G 205
Harry Truslove Clo. Cov —2A 144
Harry Weston Rd. Bin —8M 145
Hart Clo. Rugby —7D 172
Hart Dri. S Cold —1G 71
Hartfield Cres. Birm —7G 115
Hartfields Way. Row R —4M 89
Hartford Clo. Birm —2A 112
Hartford Rd. B'gve —1B 202
Hartill Rd. Wolv —6K 49
Hartill St. W'hall —1B 52
Hartington Clo. Dorr —6E 160
Hartington Cres. Cov —8M 143
Hartington Grn. Hinc —4L 81
Hartington Rd. Birm —1K 93
Hartland Av. Bils —1G 65
Hartland Av. Cov —3H 145
Hartland Rd. Birm —3L 155
Hartland Rd. Tip —4K 65
Hartland Rd. W Brom —1M 67
Hartland St. Brie H —2D 88
Hartle. —3F 152
Hartlebury. —7A 176
Hartlebury Castle. —6M 175
Hartlebury Clo. Cann —6J 9
Hartlebury Clo. Dorr —6F 160
Hartlebury Clo. Redd —2K 205
Hartlebury Common Nature Reserve. —7J 175
Hartlebury Rd. Hale —7M 109
Hartlebury Rd. O'bry —4D 90
Hartlebury Rd. Stour S —6H 175
Hartlebury Trad. Est. Hartl —8D 176
Hartledon Rd. Birm —4B 112
Hartle La. Belb —2E 152
Hartlepool Rd. Cov —5E 144 (1F 6)
Hartleyburn. Wiln —1G 47
Hartley Dri. Wals —5H 41
Hartley Gro. Birm —6B 56
Hartley Pl. Edg —1F 112
Hartley Rd. Birm —6B 56
Hartley St. Wolv —7A 36
Harton Way. Birm —4J 135
Hartopp Rd. Birm —5E 94
Hartopp Rd. S Cold —8F 42
Hartridge Wlk. Cov —5H 143
Hart Rd. Birm —4G 71
Hart Rd. Wolv —5K 37
Hartsbourne Dri. Hale —5D 110
Harts Clo. Birm —3D 112
Harts Green. —4A 112
Harts Grn. Rd. Birm —4A 112
Hart's Hill. —4E 88
(nr. Brierley Hill)
Hartshill. —1B 78
(nr. Nuneaton)
Hartshill Rd. A Grn —7K 115
Hartshill Rd. S End —3A 96
Hartshorn St. Bils —4K 51
Hartside Clo. Hale —7K 109
Hartslade. Lich —3L 19
Harts Rd. Birm —4E 94
Hart St. Wals —1L 53
Hartswell Dri. Birm —3M 135
Hartwell Clo. Sol —8B 138
Hartwell La. Wals —6G 15
Hartwell Rd. Birm —7H 71
Harvard Clo. Dud —5F 64
Harvard Rd. Sol —5A 116
Harvest Clo. Birm —3H 135
Harvest Clo. Dud —4E 64
Harvest Clo. Stoke H —3K 201
Harvest Ct. Row R —5A 90
Harvesters Clo. A'rdge —7L 41
Harvesters Clo. Bin —7A 146
Harvesters Rd. W'hall —4D 38
Harvesters Wlk. Pend —8L 21
Harvesters Way. W'hall —4D 38
Harvester Way. K'wfrd —1G 87
Harvest Gdns. O'bry —5G 91
Harvest Hill Clo. Lea S —3C 216
Harvest Hill La. Alle —5A 120
Harvest Rd. Row R —5A 90
Harvest Rd. Smeth —6K 91
Harvest Wlk. Row R —5A 90
Harvey Clo. Alle —2G 143
Harvey Ct. Birm —2E 134
(B30)
Harvey Ct. Birm —6D 96
(B33)
Harvey Dri. S Cold —7J 43
Harvey M. Birm —2E 134
Harvey Rd. Birm —2K 115
Harvey Rd. Wals —4H 39
Harvey's Ter. Dud —5K 89
Harvills Hawthorn. —2F 66
Harvills Hawthorn. W Brom —2F 66
Harvine Wlk. Stourb —6L 107
Harvington. —7G 151
Harvington Clo. Kidd —1G 149
Harvington Clo. Redd —4B 204
Harvington Dri. Shir —3B 160
Harvington Hall. —8H 151
Harvington Hall La. Harv —7H 151
Harvington Rd. Bils —1H 65
Harvington Rd. Birm —1A 134
Harvington Rd. B'gve —1A 202
Harvington Rd. Hale —7M 109
Harvington Rd. O'bry —2G 111
Harvington Wlk. Row R —6C 90
Harvington Way. S Cold —1A 72
Harwell Clo. Tam —2C 32
Harwin Clo. Wolv —2M 35
Harwood Dri. Dost —5D 46
Harwood Dri. Hinc —5F 84
Harwood Gro. Shir —1J 159
Harwood Rd. Lich —6H 13
Harwood St. W Brom —6H 67
Hasbury. —7L 109
Hasbury Clo. Hale —7L 109
Hasbury Rd. Birm —1G 133
Haselbech Rd. Bin —8M 145
Haseley Clo. Lea S —4B 216
Haseley Clo. Redd —8L 205
Haseley Grange. Hase —8F 188
Haseley Knob. —6G 189
Haseley Rd. Birm —2E 92
Haseley Rd. Cov —8J 123
Haseley Rd. Sol —3L 137
Haselor Rd. S Cold —8E 56
Haselour Rd. Birm —4F 96
Hasilwood Sq. Cov —7H 145
Haskell St. Wals —2M 53
Haslemere Gro. Cann —1B 14
Haslucks Clo. Shir —2E 158
Haslucks Cft. Shir —6G 137
Haslucks Green. —7F 136
Haslucks Grn. Rd. Shir —2E 158
Hassop Rd. Birm —2K 69
Hastings Clo. Wiln —3F 46
Hastings Ct. Dud —7E 64
Hastings Dri. Barw —2H 85
Hastings Rd. Birm —2B 70
(in two parts)
Hastings Rd. B'gve —2L 201
Hastings Rd. Cov —5G 145
Haswell Clo. Rugby —7C 172
Haswell Rd. Hale —6K 109
Hatcham Rd. Birm —7C 56

Hatchett St.—Helmingham

Hatchett St. Birm —4L 93
Hatchford Av. Sol —6C 116
Hatchford Brook Rd. Sol —6C 116
Hatchford Ct. Sol —6C 116
Hatchford Wlk. Birm —8H 97
Hatch Heath Clo. Wom —2F 62
Hateley Dri. Wolv —5E 50
Hateley Heath. —1J 67
Hatfield Clo. Birm —2D 70
Hatfield Clo. Redd —8L 205
Hatfield Rd. Birm —1K 93
Hatfield Rd. Stourb —5C 108
Hathaway Clo. Bal C —2H 163
Hathaway Clo. W'hall —1M 51
Hathaway Dri. Nun —8A 80
Hathaway Dri. Warw —7D 210
Hathaway Gro. Tys —4H 115
Hathaway M. Stourb —6H 87
Hathaway Rd. Cov —8D 142
Hathaway Rd. Shir —8H 137
Hathaway Rd. S Cold —5G 43
Hatherden Dri. S Cold —7A 58
Hatherell Rd. Rad S —4E 216
Hathersage Rd. Birm —2K 69
Hatherton. —8A 8
Hatherton Cft. Cann —8C 8
Hatherton Gdns. Wolv —7E 22
Hatherton Gro. Birm —8M 111
Hatherton Pl. Wals —2G 41
Hatherton Rd. Bils —3M 51
Hatherton Rd. Cann —8B 8
Hatherton Rd. Wals —7L 39
Hatherton St. C Hay —7C 14
Hatherton St. Wals —7L 39
Hattersley Gro. Birm —6G 115
Hatton Cres. Wolv —2G 37
Hatton Gdns. Birm —2H 69
Hatton Rd. Cann —8A 8
Hatton Rd. Wolv —6M 35
Hattons Gro. Cod —7H 21
Hatton St. Bils —5L 51
Haughton Rd. Birm —8K 69
Hauley Gro. W'nsh —5A 216
Haunch La. Birm —3M 135
Haunch La. Lea M —1A 74
Haunchwood Dri. S Cold —2M 71
Haunchwood Pk. Dri. Gall C —5L 77
Haunchwood Pk. Ind. Est. Gall C —5L 77
Haunchwood Rd. Nun —5D 78
Havacre La. Bils —7J 51
Havefield Av. Lich —2K 19
Havelock Clo. Wolv —1L 49
Havelock Rd. Greet —5E 114
Havelock Rd. Hand —8J 69
Havelock Rd. Salt —4D 94
Havelock Ter. Hand —2E 92
Haven Cft. Birm —1D 68
Havendale Clo. Cov —4B 144
Haven Dri. Birm —6H 115
Haven, The. B Grn —1G 181
Haven, The. Birm —5D 136
Haven, The. Stourb —7K 87
Haven, The. Wolv —1C 50 (8J 7)
Haverford Dri. Redn —3H 155
Havergal Wlk. Hale —5H 109
Haverhill Clo. Wals —6G 25
Hawbridge Clo. Shir —3B 160
Hawbush. —7A 88
Hawbush Gdns. Brie H —8A 88
Hawbush Rd. Brie H —8A 88
Hawbush Rd. Wals —3K 39
Hawcroft Gro. Birm —3C 96
Hawes Clo. Wals —3M 53
Hawes La. Row R —5B 90
Hawes Rd. Wals —3M 53
Haweswater Dri. K'wfrd —3K 87
Hawfield Clo. Tiv —2C 90
Hawfield Gro. S Cold —2J 71
Hawfield Rd. Tiv —2C 90
Hawfinch. Wiln —3G 47
Hawfinch Ri. Kidd —7A 150
Hawford Av. Kidd —4A 150
Hawk Clo. Nun —1B 104
Hawker Dri. Birm —7M 71
Hawkesbury. —3J 123
Hawkesbury La. Cov —4K 123
Hawkesbury Rd. Shir —8F 136
Hawkes Clo. Birm —1G 135
Hawkes Dri. H'cte I —5K 215
Hawkes End. —7H 121
Hawkesford Clo. Birm —1A 96
Hawkesford Clo. S Cold —8H 43
Hawkesford Rd. Birm —6D 96
Hawkeshead. Rugby —2D 172
Hawkes La. W Brom —2G 67
Hawkesley. —1E 156
Hawkesley Cres. Birm —8M 133
Hawkesley Dri. Birm —1M 155
Hawkesley End. Birm —1E 156
Hawkesley Mill La. Birm —7M 133
Hawkesley Rd. Dud —1F 88
Hawkesley Sq. Birm —2E 156
Hawkes Mill La. Alle —7G 121
Hawkesmoor Dri. Lich —1K 19
Hawkes St. Birm —1D 114
Hawkestone Cres. W Brom —3F 66
Hawkestone Rd. Birm —2A 134
Hawkesville Dri. Cann —7F 8
Hawkeswell Clo. Sol —8L 115
Hawkeswell La. Col —6A 98
Hawkesworth Dri. Ken —3G 191
Hawkesyard Rd. Birm —8E 70
Hawkhurst Rd. Birm —7M 135
Hawkinge Dri. Birm —6A 72
Hawkins Clo. Birm —3L 113
Hawkins Clo. Hinc —5D 84
Hawkins Clo. Lich —7H 13
Hawkins Clo. Rugby —8L 171
Hawkins Cft. Tip —6A 66
Hawkins Dri. Cann —5C 14
Hawkins Pl. Bils —6M 51
Hawkins Rd. Cov —7A 144
Hawkins St. W Brom —1G 67
Hawkley Clo. Wolv —7H 37
Hawkley Rd. Wolv —7H 37
Hawkmoor Gdns. Birm —1G 157
Hawksbury Clo. Redd —4K 205
Hawks Clo. Wals —7D 14
Hawksford Cres. Wolv —2D 36
Hawk's Green. —8H 9
Hawks Grn. La. Cann —7G 9 (in three parts)
Hawkshead Dri. Know —3F 160
Hawkside. Wiln —1H 47
Hawksmoor Dri. Pert —6D 34
Hawkstone Clo. Kidd —1K 149
Hawkstone Ct. Pert —4D 34
Hawkswell Av. Wom —4G 63
Hawkswell Dri. W'hall —8M 37
Hawkswood Dri. Bal C —2H 163
Hawkswood Dri. W'bry —6B 52
Hawkswood Gro. Birm —6B 136
Hawksworth. Tam —7F 32
Hawksworth Dri. Cov —6A 144
Hawkyard Ct. Cann —5G 9
Hawlands. Rugby —3C 172
Hawley Rd. Hinc —2J 81
Hawnby Gro. S Cold —7A 58
Hawne. —3M 109
Hawne Clo. Hale —3L 109
Hawnelands, The. Hale —4M 109
Hawne La. Hale —3L 109
Hawthorn Av. Hurl —4J 61
Hawthorn Av. Wals —8G 15
Hawthorn Brook Way. Birm —1E 70
Hawthorn Clo. Birm —8B 94 (B9)
Hawthorn Clo. Birm —2F 70 (B23)
Hawthorn Clo. Lich —1K 19
Hawthorn Coppice. Birm —5E 134
Hawthorn Coppice. Hag —3A 130
Hawthorn Cres. Bew —3A 148
Hawthorn Cres. Burb —4L 81
Hawthorn Cft. O'bry —2K 111
Hawthornden Ct. S Cold —2K 71
Hawthorn Dri. H'wd —3B 158
Hawthorne Av. Gun H —1H 101
Hawthorne Av. Tam —1A 32
Hawthorne Clo. Wols —5G 169
Hawthorne Ct. Cov —8E 142
Hawthorne Cres. Burn —3G 17
Hawthorne Gro. Dud —7D 64
Hawthorne Ho. Wolv —6F 36
Hawthorne La. Cod —7F 20
Hawthorne Rd. Cas B —2E 96
Hawthorne Rd. C Hay —5E 14
Hawthorne Rd. Dud —5J 65
Hawthorne Rd. Edg —2E 112
Hawthorne Rd. Hale —7L 109
Hawthorne Rd. K Nor —5D 134
Hawthorne Rd. Wals —4M 53
Hawthorne Rd. Wed —4M 37
Hawthorne Rd. W'hall —2D 38
Hawthorne Rd. Wim —1D 8 (nr. Cherry Tree Rd.)
Hawthorne Rd. Wim —6M 9 (nr. Sycamore Rd.)
Hawthorne Rd. Wolv —3D 50
Hawthorne Ter. Nun —4E 78
Hawthorne Way. Barw —3H 85
Hawthorn Gro. Birm —1J 93
Hawthorn Gro. Kidd —3G 149
Hawthorn Ho. Lich —2K 19
Hawthorn La. Cov —6E 142 (nr. Broad La.)
Hawthorn La. Cov —7E 142 (nr. Tile Hill La.)
Hawthorn Pk. Birm —6E 68
Hawthorn Pk. Dri. Birm —6F 68
Hawthorn Pl. Wals —6E 38
Hawthorn Rd. Birm —1M 69
Hawthorn Rd. Brie H —1E 108
Hawthorn Rd. B'gve —4A 180
Hawthorn Rd. Ess —6A 24
Hawthorn Rd. Lea S —3M 215
Hawthorn Rd. Redd —5A 204
Hawthorn Rd. Shelf —8H 23
Hawthorn Rd. Stow H —1H 51
Hawthorn Rd. S'tly —8A 42
Hawthorn Rd. Tip —1A 66
Hawthorn Rd. W'bry —5F 52
Hawthorn Rd. W Grn —8J 57
Hawthorns Ind. Est. Hand —8B 68
Hawthorns, The. Hag —5M 129 (off Cavendish Dri.)
Hawthorns, The. Kidd —4A 150
Hawthorns, The. K'bry —2C 60
Hawthorn Ter. W'bry —5F 52
Hawthorn Way. Harts —1A 78
Hawthorn Way. Kinv —6C 106
Hawthorn Way. Rugby —8H 171
Haxby Av. Birm —3A 96
Haybarn, The. S Cold —1A 72
Haybridge Av. Hag —4M 129
Haybrook Dri. Birm —5F 114
Hay Clo. Kidd —2J 149
Haycock Pl. W'bry —2C 52
Haycroft Av. Birm —4E 94
Haycroft Dri. S Cold —5G 43
Haydn Sanders Sq. Wals —1L 53
Haydock Clo. Birm —1J 95
Haydock Clo. Cov —5H 123
Haydock Clo. Wolv —3B 36
Haydon Clo. Dorr —7F 160
Haydon Cft. Birm —6A 96
Haydon Way. Cou —8M 209
Hayehouse Gro. Birm —2L 95
Haye La. Map G —8A 206
Hayes Clo. Rugby —2D 172
Hayes Cres. O'bry —4K 91
Hayes Cft. Birm —2E 156
Hayes Green. —1G 123
Hayes Grn. Rd. Bed —8F 102
Hayes Gro. Birm —3K 71
Hayes La. Exh —1F 122
Hayes La. Stourb —3G 109
Hayes Mdw. S Cold —2K 71
Hayes Rd. Kidd —6H 127 (in two parts)
Hayes Rd. Nun —1A 78
Hayes Rd. O'bry —4K 91
Hayes St. W Brom —5G 67
Hayes, The. —3G 109
Hayes, The. Birm —2C 156
Hayes, The. Lye & Stourb —4F 108
Hayes, The. W'hall —3B 38
Hayes Vw. Lich —8F 12
Hayes Vw. Dri. Wals —5E 14
Hayes Way. Hth H —8G 9
Hayfield Ct. Birm —7B 114
Hayfield Gdns. Birm —7C 114
Hayfield Hill. Ruge —6F 10
Hayfield Rd. Birm —7B 114
Hayford Clo. Redd —4G 205
Hay Green. —4D 108
Hay Grn. Stourb —4D 108
Hay Grn. Clo. Birm —3D 134
Hay Grn. La. Birm —4C 134
Hay Gro. Bwnhls —1F 26
Hay Hall Rd. Birm —4F 114
Hay Hill. Wals —1E 54
Hayland Rd. Birm —3E 70
Hay La. Cov —7D 144 (5D 6)
Hay La. Longd G —2A 12
Hay La. Shir —3M 159
Hayle. Tam —8D 32
Hayle Av. Warw —8F 210
Hayle Clo. Birm —7H 135
Hayle Clo. Nun —4A 80
Hayley Ct. Erd —3J 71
Hayley Green. —8K 109
Hayley Grn. Rd. Birm —1H 133
Hayley Pk. Rd. Hale —1J 131
Hayling Clo. Redn —8F 132
Hayling Gro. Wolv —3B 50
Hayloft Clo. Stoke H —3L 201
Haylofts, The. Hale —8J 109
Haymarket, The. Pend —8L 21
Hay Mills. —3H 115
Haymoor. Lich —2L 19
Haynes Clo. Cats —1B 180
Haynes La. Wals —5B 54
Haynestone Rd. Cov —3L 143
Haynes Way. Swift I —1M 171
Hay Pk. Birm —3K 113
Haypits Clo. W Brom —2L 67
Hayrick Dri. K'wfrd —2G 87
Hay Rd. Birm —2G 115
Hayseech. Crad H —2M 109
Hayseech Rd. Hale —3M 109
Hays Kent Moat, The. Birm —8A 96
Hays La. Hinc —2H 81
Hayton Grn. Cov —1F 164 (in two parts)
Haytor Av. Birm —4K 135
Haytor Ri. Cov —2J 145
Haywain Clo. Wolv —7A 22
Hayward Rd. S Cold —2J 57
Haywards Clo. Birm —4E 70
Haywards Clo. Wals —6M 25
Haywards Grn. Cov —2A 144
Haywards Ind. Est. Cas V —7B 72
Hayward St. Bils —1H 65
Hayway, The. Wals —6G 39
Haywharf Rd. Brie H —4B 88
Haywood Dri. Hale —1C 110
Haywood Dri. Wolv —5J 35
Hay Wood La. Know —4A 188
Haywood Rd. Birm —7E 96
Haywood's Farm. W Brom —7M 53
Hayworth Clo. Tam —1M 31
Hayworth Rd. Lich —7J 13
Hazel Av. S Cold —8C 56
Hazel Av. W'bry —5G 53
Hazelbank. Birm —7E 134
Hazelbeach Rd. Birm —4F 94
Hazel Beech Rd. W Brom —7H 67
Hazel Clo. Harts —1A 78
Hazel Clo. Lea S —7A 212
Hazel Cft. Chel W —8H 97
Hazel Cft. K'bry —2C 60
Hazel Cft. N'fld —6A 134
Hazeldene. Stour S —6J 175
Hazeldene Gro. Aston —1L 93
Hazeldene Rd. Birm —2D 116
Hazeldene Rd. Hale —7L 109
Hazel Dri. Cann —3A 10
Hazel Dri. H'wd —4B 158
Hazeley Clo. Birm —2M 111
Hazel Gdns. Birm —5J 115
Hazel Gdns. Cod —5G 21
Hazelgarth. Wiln —1G 47
Hazel Gro. Bed —6K 103
Hazel Gro. Bils —2L 51
Hazel Gro. H'ley H —3C 186
Hazel Gro. Lich —2J 19
Hazel Gro. Stourb —6J 107
Hazel Gro. W Brom —8J 67
Hazel Gro. Wolv —2J 37
Hazel Gro. Wom —2G 63
Hazelhead Ind. Est. Cov —7F 144
Hazelhurst Rd. Cas B —2E 96
Hazelhurst Rd. K Hth —3L 135
Hazel La. Wals —7H 15
Hazell Way. Nun —8G 79
Hazelmead Ct. S Cold —2G 71
Hazelmere Clo. Cov —5H 143
Hazelmere Ct. O'bry —1D 90
Hazelmere Dri. Burn —5F 16
Hazelmere Dri. Wolv —8G 35
Hazelmere Rd. Birm —8F 114
Hazeloak Rd. Shir —8G 137
Hazel Rd. Cov —8H 123
Hazel Rd. Dud —7J 65
Hazel Rd. K'wfrd —4L 87
Hazel Rd. Nun —4D 78
Hazel Rd. Redd —4C 204
Hazel Rd. Redn —3F 154
Hazel Rd. Tip —8C 52
Hazel Rd. Wolv —2L 49
Hazelslade. —2A 10
Hazels, The. Hag —4M 129 (off Greenway, The)
Hazelton Clo. Marl —1C 180
Hazelton Clo. Sol —8B 138
Hazelton Rd. Marl —1B 180
Hazeltree Cft. Birm —7H 115
Hazeltree Gro. Dorr —6E 160
Hazelville Gro. Birm —3G 137
Hazelville Rd. Birm —3G 137
Hazel Way. Barw —2G 85
Hazelwell Cres. Birm —3H 135
Hazelwell Fordrough. Birm —2H 135
Hazelwell La. Birm —2H 135
Hazelwell Rd. Birm —3G 135
Hazelwell St. Birm —2G 135
Hazelwood Clo. Dunc —6H 197
Hazelwood Clo. Kidd —5G 149
Hazelwood Clo. Wals —7D 14
Hazelwood Dri. Wolv —4G 37
Hazelwood Gro. Cann —1C 14
Hazelwood Gro. W'hall —4D 38
Hazelwood Rd. Birm —7H 115
Hazelwood Rd. Dud —4F 64
Hazelwood Rd. S Cold —8K 41
Hazlemere Dri. S Cold —1G 57
Hazlitt Gro. Birm —5D 134
Headborough Rd. Cov —4G 145
Headborough Wlk. Wals —8H 27
Headingley Rd. Birm —7E 68
Headington Av. Cov —7A 122
Headland Dri. Birm —4D 94
Headland Rd. Wolv —8F 34
Headlands, The. Cov —5K 143
Headlands, The. S Cold —6C 42
Headless Cross. —1C 208
Headless Cross Dri. Redd —8D 204
Headley Cft. Birm —1D 156
Headley Heath. —3J 157
Headley Heath La. Birm —2H 157
Headley Ri. Shir —7K 137
Heale Clo. Hale —2G 109
Healey. Tam —7E 32
Healey Clo. Rugby —2C 172
Healey Ct. Warw —2F 214
Health Cen. Rd. Cov —5J 165
Heanley La. Hurl —2K 61
Heanor Cft. Birm —1B 94
Heantum Cft. Wolv —4G 37
Heantun Ho. Wolv —5H 7
Heantun Mill Ct. W'bry —8D 52
Heantun Ri. Wolv —5C 36 (1H 7)
Hearsall Comn. Cov —7L 143
Hearsall Ct. Cov —7K 143
Hearsall La. Cov —7M 143
Heartland M. Row R —7B 90
Heartland Parkway. Birm —4C 94
Heartlands Pl. Birm —5E 94
Heart of England Way. Nun —6M 79
Heart of England Way. Ruge —1D 10
Heath. —5J 197 (nr. Dunchurch)
Heath. —5M 107 (nr. Stourbridge)
Heath Acres. W'bry —5C 52
Heath Av. Bed —8E 102
Heathbank Dri. Hunt —3C 8
Heath Bri. Clo. Wals —1A 40
Heathbrook Av. K'wfrd —2H 87
Heathcliff Rd. Birm —5F 114
Heathcliff Rd. Dud —2M 89
Heath Clo. Birm —4D 134
Heath Clo. Stoke H —3L 201
Heath Clo. Ston —4L 27
Heath Clo. Tip —4B 66
Heathcote. —6K 215
Heathcote Av. Sol —6L 137
Heathcote Ind. Est. H'cte I —5J 215
Heathcote La. H'cte —5J 215
Heathcote Pk. H'cte —7L 215
Heathcote Rd. Birm —4G 135
Heathcote Rd. W'nsh —6M 215
Heathcote St. Cov —3A 144
Heathcote Way. H'cte I —5K 215
Heath Ct. Earl S —2K 85
Heath Cres. Cov —3G 145
Heath Cft. Birm —2A 156
Heath Cft. Rd. S Cold —8J 43
Heath Dri. Kidd —8B 128
Heath End. —8A 26 (nr. Bloxwich)
Heath End. —7F 78 (nr. Nuneaton)
Heath End Rd. Belb —2J 153
Heath End Rd. Nun —7E 78
Heather Av. Wals —5B 54
Heather Clo. Birm —1G 97
Heather Clo. Nun —6F 78
Heather Clo. Rugby —8L 171
Heather Clo. Wals —1G 39
Heather Clo. Wed —4L 37
Heather Ct. Gdns. S Cold —1H 57
Heather Cft. Birm —8M 55
Heather Dale. Birm —7K 113
Heather Dri. Bed —7E 102
Heather Dri. Cann —4D 8
Heather Dri. Kinv —5A 106
Heather Dri. Redn —3F 154
Heather Gro. Sol —3E 138
Heather Gro. W'hall —5E 38
Heatherleigh Rd. Birm —1F 96
Heather M. Cann —1G 9
Heather Rd. Bin W —2C 168
Heather Rd. Birm & Small H —2F 114
Heather Rd. Cann —1G 9
Heather Rd. Cov —7H 123
Heather Rd. Dud —5J 65
Heather Rd. Gt Barr —1C 68
Heather Rd. Smeth —3L 91
Heather Rd. Wals —1G 39
Heather Valley. Hed —3K 9
Heath Farm Rd. Cod —7H 21
Heath Farm Rd. Stourb —7K 107
Heathfield Av. Birm —1H 93
Heathfield Clo. Crad H —7M 89
Heathfield Clo. Know —4G 161
Heathfield Ct. Loz —2H 93
Heathfield Cres. Kidd —5H 149
Heathfield Dri. Wals —7H 25
Heathfield Gdns. Stourb —5M 107
Heathfield La. W'bry —3C 52
Heathfield La. W. W'bry —4B 52
Heathfield Rd. Bew —5C 148
Heathfield Rd. Cov —7J 143
Heathfield Rd. Hale —6L 109
Heathfield Rd. Hand —1H 93
Heathfield Rd. K Hth —1L 135
Heathfield Rd. Redd —8M 203
Heathfield Rd. Stour S —8H 175
Heathfield Rd. S Cold —6F 42
Heath Gap Rd. Cann —6F 8
Heath Gdns. Sol —3D 138
Heath Green. —6M 183
Heath Grn. Dud —4F 64
Heathgreen Clo. Birm —6K 97
Heath Grn. Rd. Birm —5E 92
Heath Grn. Way. Cov —3F 164
Heath Gro. Cod —6H 21
Heath Hayes. —8M 9
Heath Hill Rd. Wolv —8E 34
Heath Ho. Birm —7M 135
Heath Ho. Dri. Wom —4D 62
Heath Ho. La. Cod —1E 34
Heathland Av. Birm —2A 96
Heathland Clo. Cann —7K 9
Heathlands. Wom —4D 62
Heathlands Clo. K'wfrd —1L 87
Heathlands Cres. S Cold —8F 56
Heathlands Gro. N'fld —8A 134
Heathlands Rd. S Cold —7F 56
Heathlands, The. Row R —8C 90
Heathlands, The. Stourb —5B 108
Heathlands, The. Stour S —6H 175
Heathlands, The. Wals —6G 39
Heath La. Brin —7K 147
Heath La. Earl S —1H 85
Heath La. Shens —8C 150
Heath La. Stourb —5A 108
Heath La. W Brom —2K 67
Heath La. S. Earl S —1K 85
Heathleigh Rd. Birm —1C 156
Heathley La. Dray B —3K 45
Heathmere Av. Birm —1K 115
Heathmere Dri. Birm —7F 96
Heath Mill Clo. Wom —5D 62
Heath Mill La. Birm —8A 94 (7L 5)
Heath Mill Rd. Wom —5D 62
Heath Mobile Home Pk. Cov H —3C 22
Heath Ri. Birm —8A 136
Heath Rd. Bed —8F 102
Heath Rd. Birm —4C 134
Heath Rd. Cov —5F 144
Heath Rd. Dud —7H 89
Heath Rd. H'wd —2A 158
Heath Rd. Sol —3D 138
Heath Rd. W'bry —1E 52
Heath Rd. W'hall —1C 38
Heath Rd. S. Birm —5B 134
Heathside Dri. Birm —8H 135
Heathside Dri. Wals —5A 26
Heath St. Cann —1G 9
Heath St. Row R —8C 90
Heath St. Smeth & Birm —4D 92
Heath St. Stourb —4M 107
Heath St. Tam —4C 32
Heath St. S. Birm —5F 92
Heath Ter. Beau —7J 189
Heath Ter. Lea S —8L 211
Heath, The. —4E 148
Heath, The. Dunc —6J 197
Heath Town. —5H 37
Heath Trad. Est. Smeth —4D 92
Heath Vw. Wals —6F 38
Heath Way. Birm —2M 95
Heath Way. Cann —7H 9
Heath Way. Rugby —1D 198
Heathy Farm Clo. Birm —8H 111
Heathy Ri. Birm —7G 111
Heaton Clo. Wolv —4E 22
Heaton Dri. Birm —1F 112
Heaton Dri. S Cold —1F 56
Heaton Rd. Sol —3M 137
Heaton St. Birm —4H 93
Hebden. Wiln —1H 47
Hebden Av. Warw —8E 210
Hebden Gro. Birm —6E 136
Hebden Gro. W'hall —8B 24
Hebden Way. Nun —7A 80
Heckley Rd. Exh —2G 123
Heddle Gro. Cov —1H 145
Heddon Pl. Birm —6A 94 (3M 5)
Hedera Clo. Wals —6B 54
Hedera Rd. Redd —3M 205
Hedgefield Gro. Hale —5J 109
Hedgerow Clo. Cann —2F 8
Hedgerow Dri. K'wfrd —8K 63
Hedgerows, The. Nun —3F 78
Hedgerows, The. Rom —5M 131
Hedgerows, The. Wiln —1F 46
Hedgerow Wlk. Cov —5B 122
Hedgerow Wlk. Wolv —8L 21
Hedges, The. Wom —3E 62
Hedges Way. B'gve —8B 180
Hedgetree Cft. Birm —7J 97
Hedging La. Dost & Wiln —4D 46
Hedging La. Ind. Est. Wiln —4E 46
Hedgings, The. Birm —3B 96
Hedgley Gro. Birm —5A 96
Hedingham Gro. Birm —7K 97
Hedley Cft. Birm —5B 72
Hednesford. —4J 9
Hednesford Rd. Cann —8E 8
Hednesford Rd. Hth H —7K 9
Hednesford Rd. Nort C —2M 15
Hednesford Rd. Wals —6C 16
Hednesford St. Cann —8E 8
Heeley Rd. Birm —7E 112
Heemstede La. Lea S —7A 212
Heenan Gro. Lich —7F 12
Heera Clo. Cov —2D 144
Heightington Pl. Stour S —8E 174
Heightington Rd. Ribb —1A 174
Helena Clo. Nun —6F 78
Helena Pl. Smeth —2J 91
Helena St. Birm —6J 93 (4C 4)
Helenny Clo. Wolv —4G 37
Helen St. Cov —3F 144
Hele Rd. Cov —3D 166
Helford Clo. Tip —4K 65
Heligan Pl. Cann —7K 9
Hellaby Clo. S Cold —5H 57
Hellidon Clo. Lea S —7A 212
Hellier Av. Tip —5B 66
Hellier Rd. Wolv —7E 22
Hellier St. Dud —1J 89
Helmdon Clo. Rugby —3D 172
Helming Dri. Wolv —6H 37
Helmingham. Tam —2K 31

Helmsdale Rd.—Hillditch La.

Helmsdale Rd. Lea S —5B 212
Helmsdale Way. Dud —2G 65
Helmsley Clo. Brie H —1C 108
Helmsley Rd. Wolv —1J 37
Helmswood Dri. Birm —1J 117
Helston Clo. Nun —4A 80
Helston Clo. Stourb —7J 87
Helston Clo. Tam —1C 32
Helston Clo. Wals —2D 54
Helstone Gro. Birm —6G 115
Helston Rd. Wals —3D 54
Helvellyn Way. Rugby —2D 172
Hembs Cres. Birm —1C 68
Hemdale. Nun —5A 80
Hemdale Bus. Pk. Nun —5A 80
Hemingford Rd. Cov —1M 145
Heming Rd. Redd —2L 209
Hemlingford Cft. Birm —2G 117
Hemlingford Rd. Birm —3E 96
Hemlingford Rd. K'bry —5D 60
Hemlingford Rd. S Cold —2A 72
Hemlock Pk. Cann —7H 9
Hemlock Way. Cann —7H 9
Hemmings Clo. Rad S —4E 216
Hemmings Clo. Stourb —4M 107
Hemmings Clo. Wolv —6E 36
Hemmings Entry. Redd —5D 204
Hemmings St. W'bry —1C 52
Hemming St. Kidd —5J 149
Hemming Way. Chad C —1L 177
Hemplands Rd. Stourb —4M 107
Hempole La. Tip —3D 66
Hemsby Clo. Cov —1G 165
Hemsworth Dri. Bulk —7B 104
Hemyock Rd. Birm —1B 134
Henbrook. —7F 200
Henbury Rd. Birm —6K 115
Henderson Cl. Alle —2J 143
Henderson Clo. Lich —2K 19
Henderson Ct. O'bry —1H 111
Henderson Wlk. Tip —1B 66
Henderson Way. Row R —8C 90
Hendon Clo. Dud —7D 64
Hendon Clo. Wolv —1E 36
Hendon Rd. Birm —4B 114
Hendre Clo. Cov —7J 143
Hendy Vs. Redd —4J 205
Heneage Pl. Birm —5A 94 (2L 5)
Heneage St. Birm —5A 94 (1L 5)
Heneage St. W. Birm (in two parts) —5M 93 (2K 5)
Henfield Clo. Wolv —2K 37
Hengham Rd. Birm —8A 96
Hen La. Cov —6C 122
Henley Clo. Burn —4H 17
Henley Clo. Nun —1M 79
Henley Clo. S Cold —1H 71
Henley Clo. Tam —3C 32
Henley Clo. Tip —4D 66
Henley Clo. Wals —8L 25
Henley Ct. Lich —3H 19
Henley Cres. Sol —2B 138
Henley Dri. S Cold —6G 43
Henley Green. —1K 145
Henley Mill La. Cov —2H 145
Henley Pk. Ind. Est. Cov —2L 145
Henley Rd. Cov —8H 123
Henley Rd. Lea S —4B 216
Henley Rd. Map G & Out —7B 206
Henley Rd. Wolv —8B 22
Henley St. Birm —2A 114
Henlow Clo. Tip —4K 65
Henlow Rd. Birm —7M 135
Hennalls, The. Birm —2M 95
Hennals Av. Redd —7M 203
Henn Dri. Tip —1L 65
Henne Dri. Bils —8J 51
Henn St. Tip —1A 66
Henrietta St. Birm —5K 93 (2E 4)
Henrietta St. Cov —4E 144
Henry Boteler Rd. Cov —2H 165
Henry Caplan Ho. Cov —3H 143
Henry Rd. Birm —2J 115
Henry St. Cov —6C 144 (3C 6)
Henry St. Hinc —7A 84
Henry St. Ken —4G 191
Henry St. Nun —7J 79
Henry St. Rugby —6A 172
Henry St. Wals —8K 39
Henry Tanday Ct. Lea S —8L 211
Henry Wlk. B'gve —2L 201
Hensborough. Shir —4G 159
Hensel Dri. Wolv —1J 49
Henshaw Gro. Birm —2J 115
Henshaw Rd. Birm —1D 114
Henson Rd. Bed —8E 102
Henson Way. Sharn —4H 83
Henstead St. Birm —1K 113 (8F 4)
Hentland Clo. Redd —5K 205
Henwood Clo. Wolv —6J 35
Henwood Cft. Birm —7M 111
Henwood La. Cath B —4H 139
Henwood Rd. Wolv —7J 35
Henwood Wharf. Sol —7H 139
Hepburn Clo. Wals —5G 41
Hepburn Edge. Birm —5H 71
Hepworth Clo. Wolv —5F 34
Hepworth Rd. Bin —7A 146
Herald Av. Cov —8J 143
Herald Bus. Pk. Cov —2M 167
Herald Ct. Dud —8J 65
Heralds Ct. Warw —1H 215
Herald Way. Bin I —2A 168
Herald Way. Burb —4K 81
Herbert Art Gallery & Mus. —7D 144 (5D 6)
Herbert Austin Dri. Marl —8E 154
Herbert Rd. Birm & Small H —8C 94
Herbert Rd. Hand —8F 68
Herbert Rd. Smeth —8A 92
Herbert Rd. Sol —6B 138
Herbert Rd. Wals —8G 27
Herberts La. Ken —4G 191
Herberts Pk. Rd. W'bry —3B 52
Herbert St. Bils —3H 51
Herbert St. Nun —6E 78
Herbert St. Redd —5E 204
Herbert St. W Brom —6K 67
Herbert St. Wolv —6D 36 (2K 7)
Herbhill Clo. Wolv —5D 50
Hereford & Worcester County Mus. —6M 175
Hereford Av. S'brk —3A 114
Hereford Clo. Barw —3F 84
Hereford Clo. Kidd —4G 149
Hereford Clo. Nun —5E 78
Hereford Clo. Redn —7G 133
Hereford Clo. Wals —1G 41
Hereford Ho. Wolv —1J 7
Hereford Pl. W Brom —2H 67
Hereford Rd. Bram —3F 104
Hereford Rd. Cann —5H 9
Hereford Rd. Dud —6L 89
Hereford Rd. O'bry —2H 111
Hereford Sq. Salt —4D 94
Hereford St. Wals —5L 39
Hereford Wlk. Birm —8F 96
Hereford Way. Tam —7A 32
Hereward Ri. Hale —4B 110
Herford Way. Hinc —3M 81
Heritage Clo. O'bry —5J 91
Heritage Ct. Cov —6K 165
Heritage Ct. Lich —3K 19
Heritage, The. Wals —1L 53 (off Sister Dora Gdns.)
Heritage Way. Birm —6D 96
Hermes Clo. Warw —4L 215
Hermes Ct. S Cold —6F 42
Hermes Cres. Cov —2K 145
Hermes Ho. Birm —5A 72
Hermes Rd. Lich —8K 13
Hermitage Dri. S Cold —5A 58
Hermitage La. Pole —8L 33
Hermitage Rd. Cov —5J 145
Hermitage Rd. Edg & Birm —1C 112
Hermitage Rd. Erd —6D 70
Hermitage Rd. Sol —4C 138
Hermitage, The. Sol —3C 138
Hermitage Way. Ken —6G 191
Hermitage Way. Stour S —8E 174
Hermit's Cft. Cov —1D 166 (8E 6)
Hermit St. Dud —4D 64
Hermon Row. Birm —4D 114
Hernall Cft. Birm —2A 116
Herne Clo. Birm —5G 93
Hernefield Rd. Birm —2A 96
Hernehurst. Birm —4H 111
Herne's Nest. Bew —7A 148
Hern Rd. Brie H —3C 108
Heron Clo. A'chu —2A 182
Heron Clo. Shir —5K 159
Heron Ct. S Cold —2H 71 (off Florence Av.)
Herondale Cres. Stourb —5J 107
Herondale Rd. Birm —3M 115
Herondale Rd. Cann —5H 9
Heronfield Clo. Redd —3J 205
Heronfield Dri. Birm —3M 155
Heronfield Way. Sol —4E 138
Heron Ho. Cov —6H 145
Heron Mill. Pels —6L 25
Heron Rd. O'bry —7G 91
Heronry, The. Wolv —7F 34
Heronsdale Rd. Stourb —6J 107
Herons Way. Birm —6C 112
Heronswood Dri. Brie H —8D 88
Heronswood Rd. Kidd —7M 149
Heronswood Rd. Redn —3H 155
Heronville Dri. W Brom —2G 67
Heronville Ho. Tip —6B 66
Heronville Rd. W Brom —3F 66
Heron Way. Redn —2F 154
Herrick Rd. Birm —4E 94
Herrick Rd. Cov —6K 145
Herrick St. Wolv —8B 36 (5G 7)
Herringshaw Cft. S Cold —6L 57
Hertford Pl. Cov —7B 144 (6A 6)
Hertford St. Birm —4A 114
Hertford St. Cov —7C 144 (5C 6)
Hertford Ter. Birm —4A 114
Hertford Way. Know —5H 161
Hervey Gro. Birm —3K 71
Hesketh Cres. Birm —4C 70
Heskett Av. O'bry —8J 91
Hesleden. Wiln —1H 47
Heslop Clo. Bin —1M 167
Hessian Clo. Bils —7H 51
Hestia Dri. Birm —1E 134
Heston Av. Birm —1G 69
Hetton Clo. Warw —8F 210
Hever Av. Birm —8A 56
Hever Clo. Dud —6E 64
Hewell Av. B'gve —2M 201
Hewell Clo. Birm —2M 155
Hewell Clo. K'wfrd —8K 63
Hewell Clo. Redd —3J 203
Hewell La. B Grn —1J 181
Hewell La. Tard & Redd —6F 180
Hewell Park. —2J 203
Hewell Rd. B Grn —1K 181
Hewell Rd. Redd —4C 204
Hewitson Gdns. Smeth —7M 91
Hewitt Av. Cov —4B 144 (1A 6)
Hewitt Clo. Lich —7G 13
Hewitt St. W'bry —3C 52
Hewston Cft. Cann —5K 9
Hexby Clo. Cov —3A 146
Hexham Cft. Birm —1J 95
Hexham Way. Dud —7F 64
Hexton Clo. Shir —7D 136
Hexworthy Av. Cov —4B 166
Heybarnes Cir. Small H —2F 114
Heybarnes Rd. Birm —2F 114
Heybrook Clo. Cov —2J 145
Heycott Gro. Birm —7J 135
Heycroft. Cov —5K 165
Heydon Rd. Brie H —4B 88
Heydon Rd. Fins —8D 180
Heyford Gro. Sol —1C 160
Heyford Leys. Rugby —3M 197
Heyford Way. Birm —4B 72
Heygate Way. Wals —7H 27
Heynesfield Rd. Birm —6C 96
Heythrop Gro. Birm —1D 136
Heyville Cft. Ken —6J 191
Heywood Clo. Cov —2G 145
Hibberd Ct. Ken —5F 190
Hibbert Clo. Rugby —8M 171
Hickman Av. Wolv —8G 37
Hickman Gdns. Birm —8F 92
Hickman Pl. Bils —3J 51
Hickman Rd. Bils —4J 51
Hickman Rd. Birm —3B 114
Hickman Rd. Brie H —5C 88
Hickman Rd. Gall C —5L 77
Hickman Rd. Tip —1M 65
Hickman's Av. Crad H —7L 89
Hickmans Clo. Hale —3G 111
Hickman St. Stourb —3C 108
Hickmerelands La. Dud —1D 64
Hickory Ct. Cann —7J 9
Hickory Dri. Birm —7B 92
Hicks Clo. Warw —7F 210
Hidcote Av. S Cold —1A 72
Hidcote Clo. Nun —1M 103
Hidcote Clo. Syd —4C 216
Hidcote Gro. Kitts G —1C 116
Hidcote Gro. Mars G —2G 117
Hidcote Rd. Ken —3J 191
Hidson Rd. Birm —4C 70
Higgins Av. Bils —7K 51
Higgins La. Birm —4J 111
Higgins Wlk. Smeth —3B 92
Higgs Fld. Cres. Crad H —8A 90
Higgs Rd. Wolv —8A 24
Higham La. Nun —4L 79
Highams Clo. Row R —6B 90
Higham Way. Burb —2L 81
Higham Way. Wolv —3E 36
Higham Way Ho. Burb —2L 81
High Arcal Dri. Dud —2F 64
High Arcal Rd. Dud —6M 63
High Ash Clo. Exh —2F 122
High Av. Crad H —1M 109
High Bank. Cann —1E 14
High Beech. Cov —3G 143
High Beeches. Birm —8D 54
Highbridge. —3A 26
Highbridge Rd. Dud —6G 89
Highbridge Rd. S Cold —8G 57
High Brink Rd. Col —2M 97
Highbrook Clo. Wolv —7A 22
High Brow. Birm —2B 112
High Bullen. W'bry —6F 52
Highbury Av. Hand —1F 92
Highbury Av. Row R —6D 90
Highbury Clo. Row R —6D 90
Highbury Grn. Nun —2C 78
Highbury Rd. Birm —1K 135
Highbury Rd. O'bry —4H 91
Highbury Rd. Smeth —2K 91
Highbury Rd. S Cold —6C 42
Highclere. Bew —7A 148
Highclere. Crad H —2A 110
Highclere Dri. Bew —7A 148
Highcliffe Rd. Tam —8D 32
Highcrest Clo. Birm —2A 156
Highcroft. A'rdge —7H 27
High Cft. Birm —8C 54
High Cft. Pels —4B 26
Highcroft Av. Stourb —6J 87
Highcroft Clo. Lich —3J 19
Highcroft Clo. Sol —7C 116
Highcroft Cres. Lea S —8J 211
Highcroft Dri. S Cold —6E 42
Highcroft Rd. Birm —6E 70
Highdown Cres. Shir —3A 160
Highdown Rd. Lea S —3B 216
High Elms La. Lwr B —8E 202
High Ercal. —7C 88
High Ercal Av. Brie H —7C 88
High Farm Rd. Hasb —6L 109
High Farm Rd. H Grn —1F 110
Highfield. Mer —8J 119
Highfield Av. Burn —2H 17
Highfield Av. Redd —1D 208
Highfield Av. Shelf —1C 40
Highfield Av. Tam —4G 33
Highfield Av. Wolv —7G 23
Highfield Clo. Birm —4D 136
Highfield Clo. Burn —2H 17
Highfield Clo. Ken —5E 190
Highfield Ct. Cann —4H 9
Highfield Ct. Earl S —2L 85
Highfield Ct. S Cold —8H 57
Highfield Ct. Wolv —3J 49
Highfield Cres. Hale —3K 109
Highfield Cres. Row R —1B 110
Highfield Cres. Wolv —3H 37
Highfield Dri. S Cold —2F 70
Highfield Gdns. Lich —3L 19
Highfield La. Birm —4H 111
Highfield La. Clent —7F 130
Highfield La. Cor —8H 101
Highfield La. Hale —6M 109
Highfield Pas. Wals —1L 53
Highfield Pl. Birm —4D 136
Highfield Rd. Birm & Edg —1G 113
Highfield Rd. B'gve —1L 201
Highfield Rd. Burn —2H 17
Highfield Rd. Cann —8L 9
Highfield Rd. Cookl —4A 128
Highfield Rd. Cov —5F 144
Highfield Rd. Dud —8L 65
Highfield Rd. Gt Barr —2C 68
Highfield Rd. Hale —4K 109
Highfield Rd. Kidd —1A 150
Highfield Rd. Mose —6B 114
Highfield Rd. Nun —7K 79
Highfield Rd. Pels —5A 26
Highfield Rd. Redd —1D 208
Highfield Rd. Row R —8B 90
Highfield Rd. Salt —5E 94
Highfield Rd. Sed —8D 50
Highfield Rd. Smeth —4M 91
Highfield Rd. Stourb —7A 88
Highfield Rd. Stud —5K 209
Highfield Rd. Tip —2A 66
Highfield Rd. Yard W & Hall G —4D 136
Highfield Rd. N. Pels —4M 25
Highfields. —5F 16
Highfields. B'gve —8L 179
Highfields. Burn —2H 17
Highfields Av. Bils —5L 51
Highfields Dri. Bils —6K 51
Highfields Dri. Wom —4G 63
Highfields Rd. Bils —6J 51
Highfields Rd. Chase —5F 16
Highfields Rd. Hinc —8E 84
Highfields, The. Wolv —7G 35
Highfield St. Earl S —2K 85
Highfield Ter. Lea S —8K 211
Highfield Ter. Wash H —4E 94
Highfield Way. Wals —7H 27
Highgate. —2M 113
Highgate. Dud —4E 64
Highgate. S Cold —8A 42
Highgate Av. Wals —1M 53
Highgate Av. Wolv —3K 49
Highgate Clo. Birm —2M 113
Highgate Clo. Kidd —5G 149
Highgate Clo. Wals —2M 53
Highgate Common Country Pk. —1A 86
Highgate Dri. Wals —2M 53
Highgate Ho. Birm —1L 113 (off Southacre Av.)
Highgate Middleway. Birm —2M 113
Highgate Pl. Birm —2A 114
Highgate Rd. Birm —3A 114
Highgate Rd. Dud —3F 88
Highgate Rd. Wals —1M 53
Highgate Sq. Birm —2M 113
Highgate St. Birm —2M 113
Highgate St. Crad H —7M 89 (in two parts)
Highgate Trad. Est. Birm —2A 114
High Grange. Cann —4G 9
High Grange. Lich —7F 12
High Grn. Cann —8D 8
Highgrove. Cov —4F 164
Highgrove. Rugby —2K 197
Highgrove. Tett —6J 35
Highgrove Clo. W'hall —2B 38
Highgrove Ct. Kidd —8A 128
Highgrove Pl. Dud —7F 64
High Habberley. —2F 148
High Haden Cres. Crad H —1A 110
High Haden Rd. Crad H —1A 110
High Harcourt. Crad H —1M 109
High Heath. —7C 26 (nr. Bloxwich)
High Heath. —1B 58 (nr. Sutton Coldfield)
High Heath Clo. Birm —4D 134
High Hill. Ess —7A 24
High Holborn. Dud —2D 64
High Ho. Dri. Redn —6F 154
High Ho. La. Tard —3G 203
Highland M. Bils —8K 51
Highland Ridge. Hale —4E 110
Highland Rd. Cann —5C 8
Highland Rd. Cov —8M 143
Highland Rd. Crad H —7L 89
Highland Rd. Dud —6G 65
Highland Rd. Erd —4F 70
Highland Rd. Gt Barr —6E 54
Highland Rd. Ken —2H 191
Highland Rd. Lea S —5B 212
Highland Rd. Wals W —6H 27
Highlands Clo. Kidd —4G 149
Highlands Clo. Warw —1F 214
Highlands Ct. Shir —1L 159
Highlands Rd. Shir —1L 159
Highlands Rd. Wolv —1K 49
Highland Way. Redd —1G 209
High Leasowes. Hale —5A 110
High Lees. Sharn —5H 83
Highley Clo. Kidd —7H 149
Highley Clo. Redd —5L 205
Highlow Av. Kidd —8J 127
High Mdw. Ruge —4F 10
High Mdw. Rd. Birm —7G 135
High Meadows. Stoke H —3K 201
High Meadows. Wolv —6J 35
High Meadows. Wom —3G 63
Highmoor Clo. Bils —6K 51
Highmoor Clo. W'hall —2B 38
Highmoor Rd. Row R —6B 90
Highmore Dri. Birm —1J 133
High Mt. St. Cann —3H 9
High Oak. Brie H —2C 88
Highpark Av. Stourb —4K 107
High Pk. Clo. Cov —6F 142
High Pk. Clo. Dud —8D 50
High Pk. Clo. Smeth —4B 92
High Pk. Cres. Dud —8D 50
High Park Estate. —4J 107
High Pk. Rd. Hale —4J 109
High Point. Birm —3E 112
High Ridge. Wals —4F 40
High Ridge Clo. A'rdge —4E 40
High Ridge Clo. W'bry —5A 52
High Rd. W'hall —4C 38
High St. B'gve —7M 179
High St. A'rdge —3H 41 (in two parts)
High St. Amb —1M 107
High St. Aston —2L 93
High St. A'wd B —8E 208
High St. Barw —4G 85
High St. Bed —7H 103
High St. Belb —2D 152
High St. Bew —6B 148
High St. Bils —4K 51
High St. Birm —7L 93 (5G 5)
High St. Blox —1H 39
High St. Bord —8A 94 (7L 5)
High St. Brie H —7D 88
High St. Brock —5B 88
High St. Bwnhls —2F 26
High St. Cann —4B 16
High St. C Ter —1E 16
High St. Chase —4F 16 (in two parts)
High St. C Hay —7C 14
High St. Clay —3E 26
High St. Col —1M 97
High St. Cov —7C 144 (5C 6)
High St. Crad H —1J 109
High St. Cubb —4E 212
High St. Der —8M 93 (7K 5)
High St. Dost —5C 46
High St. Dud —8J 65
High St. Earl S —1M 85
High St. Erd —5F 70
High St. Hale —5B 110
High St. H Ard —3A 140
High St. Harb —4C 112
High St. Hillm —1F 198
High St. Hurl —4J 61
High St. Ken —4E 190
High St. Ker —8M 121
High St. Kidd —3L 149
High St. K Hth —1L 135
High St. K'wfrd —3K 87
High St. Kinv —5A 106
High St. Know —3J 161
High St. Lea S —2M 215
High St. Lye —4E 108
High St. Mox —5A 52
High St. Nun —5H 79
High St. Pels —5A 26
High St. Pens —2A 88
High St. Pole —7M 33
High St. P End —1L 65
High St. Quar B —8F 88
High St. Quin —3G 111
High St. Row R —8B 90
High St. Rugby —6A 172
High St. Ryton D —8B 168
High St. Salt —4D 94
High St. Sed —8D 50
High St. Shir —7C 136
High St. Smeth —3M 91
High St. Sol —5C 138
High St. Stourb —3A 108
High St. Stour S —6G 175
High St. Stud —5L 209
High St. S Cold —3J 57
High St. Swind —7E 62
High St. Tett —5K 35
High St. Tip —4L 65
High St. W Hth —1H 87
High St. Wals —8L 39
High St. Wals W —6F 26
High St. Warw —3E 214
High St. Wed —4J 37
High St. W Brom —5H 67
High St. W'hall —8L 37
High St. Woll —3L 107
High St. Wom —3H 63
High St. Word —6L 87
High St. Precinct. Mox —3D 52
Highters Clo. Birm —7B 136
Highter's Heath La. Birm —8A 136
Highters Rd. Birm —6A 136
High Timbers. Redn —8F 132
High Tor E. Earl S —1L 85
High Tor W. Earl S —1L 85
High Tower. Birm —4B 94
High Town. —4H 9
Hightown. Hale —3J 109
High Town. Prin —7E 194
Hightree Clo. Birm —8H 111
High Trees. Birm —6F 68
High Trees Clo. Redd —2E 208
High Trees Rd. Know —2G 161
High Vw. Bils —8F 50
Highview. Hurl —5J 61
Highview. Wals —1M 53 (off Highgate Rd.)
High Vw. Dri. Ash G —2C 122
Highview Dri. K'wfrd —5M 87
High Vw. Rd. Lea S —4C 212
Highview St. Dud —8L 65
Highwayman's Cft. Cov —4K 165
Highwood Av. Sol —8A 116
High Wood Clo. K'wfrd —3J 87
Highwood Cft. Birm —8D 134
Hiker Gro. Birm —7K 97
Hilary Cres. Dud —3H 65
Hilary Dri. S Cold —6A 58
Hilary Dri. Wals —4G 41
Hilary Dri. Wolv —2K 49
Hilary Gro. Birm —5M 133
Hilary Rd. Cov —3K 165
Hilary Rd. Nun —4F 78
Hilden Rd. Birm —5A 94 (2M 5)
Hilderic Cres. Dud —2F 88
Hilderstone Rd. Birm —3J 115
Hildicks Cres. Wals —2M 39
Hildicks Pl. Wals —2M 39
Hill. —5G 43
Hillaire Clo. Birm —7J 135
Hillaries Rd. Birm —7D 70
Hillary Av. W'bry —6J 53
Hillary Crest. Dud —4E 64
Hillary Rd. Rugby —1L 197
Hillary Rd. Stour S —2K 175
Hillary St. Wals —2J 53
Hill Av. Wolv —6F 50
Hill Bank. Stourb —4F 108
Hillbank. Tiv —8D 66
Hill Bank Dri. Birm —5K 95
Hill Bank Rd. Birm —7G 135
Hillbank Rd. Hale —3K 109
Hillboro Ri. Kinv —4A 106
Hillborough Rd. Birm —7L 115
Hillbrook Gro. Birm —6M 95
Hillbrow Cres. Hale —1F 110
Hillbury Dri. W'hall —1B 38
Hill Clo. A'wd B —8E 208
Hill Clo. Birm —8B 134
Hill Clo. Dud —8E 50
Hill Clo. Lea S —6A 212
Hill Cres. Stret D —3F 194
Hillcrest. Dud —5C 64
Hillcrest. Lea S —4E 212
Hillcrest Av. Birm —7E 54
Hillcrest Av. Brie H —8C 88
Hillcrest Av. Hale —2H 109
Hillcrest Av. Wolv —8E 22
Hillcrest Clo. Dud —4J 89
Hillcrest Clo. Tam —3B 32
Hill Crest Dri. Lich —8G 13
Hillcrest Gdns. W'hall —4D 38
Hillcrest Gro. Birm —2A 70
Hillcrest Ind. Est. Crad H —1K 109
Hillcrest Ri. Burn —5H 17
Hillcrest Rd. Birm —7E 54
Hillcrest Rd. Dord —2M 47
Hillcrest Rd. Dud —8L 65
Hill Crest Rd. Mose —7L 113
Hillcrest Rd. Nun —3D 78
Hillcrest Rd. Rom —5A 132
Hillcrest Rd. S Cold —1J 71
Hillcroft Ho. Birm —7M 135
Hill Cft. Rd. K Hth —3J 135
Hillcroft Rd. K'wfrd —2L 87
Hillcross Wlk. Birm —1M 95
Hilldene Rd. K'wfrd —5J 87
Hillditch La. Hartl —7L 175

Holly Rd.—Illmington Dri.

Holly Rd. Stour S —5H 175
Holly Rd. W'bry —4F 52
Holly Rd. W Brom —1L 67
Holly Stitches Rd. Nun —3E 78
Holly St. Cann —3F 8
Holly St. Dud —3E 88
Holly St. Lea S —8A 212
Holly St. Smeth —4M 91
Holly Vw. Ess —6A 24
Holly Wlk. Bag —7E 166
Holly Wlk. Lea S —1M 215
(in two parts)
Holly Wlk. Nun —7M 79
Hollywell Rd. Birm —3B 116
Hollywell Rd. Know —4G 161
Hollywell St. Bils —8G 51
Hollywood. —1A 158
Holly Wood. Birm —8G 55
Hollywood By-Pass. K Nor —3L 157
Hollywood Cft. Birm —1F 68
Hollywood Gdns. H'wd —1A 158
Hollywood La. H'wd —1A 158
Holman Clo. W'hall —7L 37
Holman Rd. W'hall —7K 37
Holman St. Kidd —4J 149
Holman Way. Nun —6K 79
Holman Way. W'hall —7L 37
Holman Way Ind. Est. Nun —6K 79
Holmcroft. Cov —1M 145
Holmcroft Rd. Kidd —3A 150
Holme Clo. Rugby —3C 172
Holme Mill. Wolv —5D 22
Holmes Clo. Birm —2E 68
Holmes Ct. Ken —4F 190
Holmes Dri. Cov —4D 142
Holmes Dri. Redn —3F 154
Holmesfield Rd. Birm —2J 69
Holmes La. Hnbry —8B 202
Holmes Rd. W'nsh —6B 216
Holmes Rd. W'hall —2D 38
Holmes, The. Wolv —6D 22
Holme Way. Barby —8K 199
Holme Way. Wals —2B 40
Holmewood Clo. Ken —4H 191
Holmfield Rd. Cov —6H 145
Holmsdale Rd. Cov —2E 144
Holm Vw. Clo. Lich —3F 28
Holmwood Av. Kidd —3G 149
Holmwood Dri. Redd —6C 204
Holmwood Ho. Redd —6C 204
Holmwood Rd. Birm —8D 94
Holroyd Ho. Cov —7F 142
Holston Clo. Cann —8M 9
Holsworth Clo. Tam —8D 32
Holsworthy Clo. Nun —4L 79
Holt Ct. N. Birm —5M 93 (2K 5)
Holt Ct. S. Birm —5M 93 (2K 5)
Holt Cres. Cann —7H 9
Holte Dri. S Cold —7K 43
Holt End. —1L 205
Holte Rd. Aston —8A 70
Holte Rd. Birm —4D 114
Holtes Wlk. Birm —1B 94
Holt Gdns. Stud —7L 209
Holt Hill. Beo —1M 205
Holt La. Rom —4K 131
Holt Rd. Hale —8E 90
Holt Rd. Hinc —2L 81
Holt Rd. Stud —7L 209
Holtshill La. Wals —7M 39
Holt St. Birm —5M 93 (1J 5)
Holt, The. Lea S —6B 212
Holwick. Wiln —1H 47
Holy Cross. —7E 130
Holy Cross Ct. Cov —5L 145
Holy Cross Grn. Clent —7E 130
Holy Cross La. Belb —2E 152
Holyhead Rd. Birm —8B 68
Holyhead Rd. Cod —7B 20
Holyhead Rd. Cov —4J 143
Holyhead Rd. W'bry —5C 52
(nr. Heath Acres)
Holyhead Rd. W'bry —6D 52
(nr. Portway Rd.)
Holyhead Rd. Ind. Est. W'bry —6D 52
Holyhead Way. Birm —1D 92
Holyoak Clo. Bed —8F 102
Holyoak Clo. Rugby —1J 197
Holyoak Dri. Sharn —4H 83
Holyoakes La. B'ley —3H 203
Holyoak Rd. Aston —8M 69
Holyoke Gro. W'nsh —7B 216
Holyrood Ct. Nun —4E 78
Holyrood Gro. Aston —1L 93
Holy Well Clo. Birm —7G 93
Holywell Clo. Cov —8D 142
Holywell La. Redn —3D 154
Holywell Ri. Lich —3K 19
Home Clo. Birm —3F 136
Home Clo. Bubb —3J 193
Homecroft Rd. Birm —1L 115
Homedene Rd. Birm —2L 133
Home Farm. Leek W —3F 210
Home Farm Cres. W'nsh —5B 216
Homefield La. Dunc —5K 197
Homefield Rd. Cod —6H 21
Homelands. Birm —2H 69
Homelea Rd. Birm —1K 115
Homemead Gro. Redn —2F 154
Home Mdw. La. Redd —2L 205
Home Pk. Rd. Nun —6J 79
Homer Clo. Tach P —4L 215
Homer Hill. Hale —2H 109
Homer Hill Rd. Hale —2J 109
Homer Rd. Sol —6B 138
Homer Rd. S Cold —7J 43
Homers Fold. Bils —4K 51
Homer St. Birm —4M 113
Homerton Rd. Birm —8B 56
Homestead Clo. Dud —4E 64
Homestead Dri. S Cold —6J 43
Homestead Rd. Birm —8B 96
Home Tower. Birm —4B 94
Homeward Way. Bin —8A 146
Homewood Clo. S Cold —6L 57
Homfray Rd. Kidd —8M 127
Honesty Clo. Clay —3D 26
Honeswode Clo. Birm —1G 93
Honeyborne Rd. S Cold —2K 57
Honeybourne. Tam —7D 32
Honeybourne Clo. Cov —6H 143
Honeybourne Clo. Hale —6A 110
Honeybourne Cres. Wom —4F 62
Honeybourne Rd. Birm —1C 116
Honeybourne Rd. Hale —6C 110
Honeybourne Way. W'hall —7C 38
Honeybrook. Kidd —8H 127
Honeybrook Clo. Kidd —7K 127
Honeybrook Gdns. Kidd —8H 127
Honeybrook La. Kidd —8H 127
Honeyfield Rd. Cov —4D 144
Honeysuckle Av. K'wfrd —2L 87
Honeysuckle Clo. Birm —4H 111
Honeysuckle Clo. Rugby —1D 172
Honeysuckle Cotts. A'chu —3M 181
Honeysuckle Dri. Cov —7H 123
Honeysuckle Dri. F'stne —2J 23
Honeysuckle Dri. Wals —6A 54
Honeysuckle Gro. Birm —4J 115
Honeytree Clo. K'wfrd —6M 87
Honiley. —4H 189
Honiley Dri. S Cold —7C 56
Honiley Rd. Beau —4H 189
Honiley Rd. Birm —7A 96
Honiley Rd. Ken —8G 163
Honiley Way. Cov —8K 123
Honister Clo. Brie H —8F 88
Honiton Clo. Birm —5L 133
Honiton Cres. Birm —5L 133
Honiton Rd. Cov —4H 145
Honiton Wlk. Smeth —4B 92
Honiton Way. Wals —4F 40
Honor Av. Wolv —4C 50
Hoobrook. —8L 149
Hoobrook Enterprise Cen. Kidd —7L 149
Hoobrook Ind. Est. Kidd —7K 149
Hood Gro. Birm —5D 134
Hood La. Ansl —5F 76
Hood St. Cov —6E 144 (4F 6)
Hood's Way. Rugby —7K 171
Hoo Farm Ind. Est. Kidd —8L 149
Hook Dri. S Cold —6F 42
Hook La. Wals —6C 28
Hoopers La. A'wd B —8E 208
Hooper St. Birm —5F 92
Hoo Rd. Kidd —5L 149
Hoosen Clo. Hale —3G 111
Hope Clo. Ker E —2A 122
Hopedale Clo. Cov —6L 145
Hopedale Rd. Birm —4J 111
Hope Dri. Nort C —4B 16
Hope Pl. Birm —7F 112
Hope Rd. Tip —3C 66
Hope St. Birm —1L 113
Hope St. Cov —7B 144
Hope St. Dud —1J 89
Hope St. Hale —1D 110
Hope St. Stourb —6K 87
Hope St. Wals —1L 53
Hope St. W Brom —7L 67
Hope Ter. Dud —4J 89
Hope Ter. W'bry —5D 52
Hopgardens Av. B'gve —7B 180
Hopkins Ct. W'bry —6G 53
Hopkins Dri. W Brom —2L 67
Hopkins Rd. Cov —5A 144
Hopkins St. Tip —7A 66
Hopley's Clo. Tam —5E 32
Hop Pole La. Bew —2A 148
Hopsford. —4J 125
Hopstone Gdns. Wolv —4M 49
Hopstone Rd. Birm —8A 112
Hopton Clo. Cov —5G 143
Hopton Clo. Pert —6F 34
Hopton Clo. Tip —7C 52
Hopton Cres. Wolv —3L 37
Hopton Crofts. Lea S —7J 211
Hopton Dri. Kidd —8L 149
Hopton Gdns. Dud —6G 65
Hopton Gro. Birm —4C 136
Hopton Mdw. Cann —8J 9
Hopwas. —3G 31
Hopwas Gro. Birm —4F 96
Hopwas Hill. Hop —2F 30
Hopwood. —6C 156
Hopwood Clo. Hale —7A 110
Hopwood Gro. Birm —3L 155
Hopyard Clo. Dud —6B 64
Hopyard Gdns. Bils —6H 51
Hopyard La. Dud —7B 64
Hopyard La. Redd —6K 205
Hopyard Rd. Wals —7E 38
Horace Partridge Rd. W'bry —4A 52
Horace St. Bils —1G 65
Horatio Dri. Mose —5M 113
Hordern Clo. Wolv —4M 35
Hordern Cres. Brie H —1D 108
Hordern Gro. Wolv —4M 35
Hordern Mobile Home Pk. Cov H —3C 22
Hordern Rd. Wolv —4M 35
Horeston Grange. —4M 79
Horeston Grange Shop. Cen. Nun —4A 80
Hornbeam. Tam —5G 33
Hornbeam Clo. Bew —2A 148
Hornbeam Clo. Birm —2B 134
Hornbeam Cres. Cann —3A 10
Hornbeam Dri. Cov —8D 142
Hornbeam Gro. Lea S —3C 216
Hornbeam Wlk. Wolv —8A 36
Hornbrook Gro. Sol —2J 137
Hornby Gro. Birm —5D 136
Hornby Rd. Wolv —5C 50
Hornchurch Clo. Cov —8C 144 (8C 6)
Hornchurch Clo. Ind. Est. Cov —8C 144 (8C 6)
Horndean Clo. Cov —1E 144
Horne Clo. Rugby —1H 199
Horner Way. Row R —8C 90
Horne Way. Birm —4E 96
Horngrove. —1B 176
Horning Dri. Bils —6J 51
Horninghold Clo. Bin —1L 167
Hornsey Clo. Cov —2L 145
Hornsey Gro. Birm —7A 56
Hornsey Rd. Birm —7A 56
Hornton Clo. S Cold —4D 42
Horobins Yd. Bed —4H 103
Horrell Rd. Birm —2A 116
Horrell Rd. Shir —7F 136
Horse Bri. La. Kinv —7C 106
Horsecroft Dri. W Brom —1A 68
(off Tompstone Rd.)
Horse Fair. Birm —8K 93 (7F 4)
Horse Fair. Kidd —2L 149
Horsefair, The. Hinc —1K 81
Horsehills Dri. Wolv —7L 35
Horselea Cft. Birm —5J 95
Horseley Fields. Wolv —7D 36 (4L 7)
Horseley Heath. —3C 66
Horseley Heath. Tip —5B 66
Horseley Rd. Tip —3C 66
Horsepool. Hinc —4A 82
Horseshoe Clo. Wals —2H 53
(off Wellington St.)
Horse Shoe Rd. Cov —5G 123
Horse Shoes La. Birm —4B 116
Horseshoe, The. O'bry —7J 91
Horseshoe Wlk. Tip —4L 65
(off Owen St.)
Horsey La. Ruge —1J 11
Horsfall Rd. S Cold —4A 58
Horsford Rd. Cov —3D 166
Horsham Av. Stourb —6J 87
Horsley La. Lich —1D 28
Horsley Rd. Birm —5K 55
Horsley Rd. S Cold —7B 42
Horton Clo. Dud —1C 64
Horton Clo. W'bry —2D 52
Horton Cres. Rugby —7A 172
Horton Gro. Shir —4A 160
Horton Pl. Darl —2D 52
Horton Rd. Kinv —4A 106
Horton Sq. Birm —2L 113
Horton St. Tip —4D 66
Horton St. W'bry —2D 52
Horton St. W Brom —7J 67
Hosiery St. Bed —7J 103
Hoskyn Clo. Rugby —1F 198
Hospital Dri. Edg —5E 112
Hospital La. Bed —7B 102
Hospital La. Bils —2H 65
(in two parts)
Hospital La. Tiv —7B 66
Hospital Rd. Burn —5G 17
Hospital St. Birm —4K 93 (1F 4)
(in two parts)
Hospital St. Tam —4B 32
Hospital St. Wals —5K 39
Hospital St. Wolv —8D 36 (6L 7)
Hossil La. Clent —2B 152
Hotchkiss Way. Bin I —2A 168
Hothersall Dri. S Cold —1F 70
Hothorpe Clo. Bin —8M 145
Hotspur Rd. Birm —8M 55
Hough Pl. Wals —2H 53
Hough Rd. Birm —3K 135
Hough Rd. Wals —2G 53
Houghton Ct. Hall G —5D 136
Houghton St. O'bry —3F 90
Houghton St. W Brom —1K 91
Houlbrooke Ho. Lich —1J 19
Houldey Rd. Birm —8B 134
Houldsworth Cres. Cov —5C 122
Houliston Clo. W'bry —4H 53
Houndsfield Clo. H'wd —3C 158
Houndsfield Ct. Wyt —4A 158
Houndsfield Gro. Wyt —4A 158
(in two parts)
Houndsfield La. H'wd & Wyt —4A 158
Houndsfield La. Shir —3D 158
Houndsfield M. Wyt —4B 158
Housman Clo. B'gve —1L 201
Housman Ct. B'gve —7A 180
(off Housman Pk.)
Housman Pk. B'gve —7A 180
Housman Wlk. Kidd —3C 150
Houston Rd. Rugby —3C 172
Houting. Dost —4D 46
Houx, The. Stourb —1L 107
Hove Av. Cov —5E 142
Hovelands Clo. Cov —1J 145
Hove Rd. Birm —8J 115
Howard Av. B'gve —6L 179
Howard Clo. Barw —2G 85
Howard Clo. Cov —5E 142
Howard Clo. Dunc —5K 197
Howard Cres. Cann —2J 9
Howard Rd. Bils —6M 51
Howard Rd. Gt Barr —1C 68
Howard Rd. Hand —7H 69
Howard Rd. K Hth —2K 135
Howard Rd. Nun —6G 79
Howard Rd. Park I —1H 209
Howard Rd. Sol —6L 115
Howard Rd. Wolv —1M 37
Howard Rd. Yard —2J 115
Howard Rd. E. Birm —2M 135
Howard St. Birm —5K 93 (1E 4)
Howard St. Cov —5D 144 (1D 6)
Howard St. Tip —4B 66
Howard St. W Brom —2F 66
Howard St. Wolv —1D 50 (7K 7)
Howard Wlk. Warw —3K 215
Howarth Way. Birm —2A 94
Howat Rd. Ker E —2M 121
Howcotte Grn. Cov —2E 164
Howden Pl. Birm —4A 96
Howdle's La. Wals —7F 16
Howe Clo. Hinc —5D 84
Howe Clo. S Stan —1J 83
Howe Cres. W'hall —3C 38
Howe Green. —4K 101
Howe Grn. La. Fill & Asty —5K 101
Howell Rd. Wolv —2E 50
Howells Clo. Bed —8D 102
Howes Cft. Birm —7A 72
Howes La. Cov —7C 166
Howe St. Birm —6M 93 (3K 5)
Howford Gro. Birm —5B 94
Howkins Rd. Rugby —3C 172
Howland Clo. Wolv —7M 21
Howlette Rd. Cov —7E 142
Howley Av. Birm —8L 55
Howley Grange Rd. Hale —4F 110
Howl Pl. Tip —4M 65
Hoylake. Tam —5H 33
Hoylake Clo. Nun —8B 80
Hoylake Clo. Wals —6H 25
Hoylake Dri. Tiv —2A 90
Hoylake Rd. Pert —4D 34
Hoyland Way. Birm —1E 134
Huband Clo. Redd —4G 205
Hubert Cft. Birm —7F 112
Hubert Rd. Birm —7F 112
Hubert St. Birm —4M 93
Hucker Clo. Wals —2G 53
Hucker Rd. Wals —2G 53
Huddisdon Clo. Warw —8F 210
Huddlestone Clo. F'stne —3H 23
Huddleston Way. Birm —8C 112
Huddocks Vw. Wals —4M 25
Hudson Av. Col —3M 97
Hudson Clo. Cann —7H 9
Hudson Dri. Burn —3J 17
Hudson Gro. Wolv —4E 34
Hudson Rd. Birm —5F 68
Hudson Rd. Rugby —8L 171
Hudson Rd. Tip —5C 66
Hudson's Dri. Birm —5G 135
Hudswell Dri. Brie H —1D 108
Hughes Av. Wolv —1M 49
Hughes Clo. W'nsh —7A 216
Hughes Clo. Wood P —7D 210
Hughes Pl. Bils —2K 51
Hughes Rd. Bils —2K 51
Hughes Rd. W'bry —4A 52
Hughes, The. Warw —3E 214
Hugh Rd. Birm —8E 94
Hugh Rd. Cov —7G 145
Hugh Rd. Smeth —4K 91
Huins Clo. Redd —5G 205
Hulbert Dri. Dud —3H 89
Hulborn Shop. Cen., The. Dud —2D 64
Hulland Pl. Brie H —6C 88
Hullbrook Rd. Birm —4C 136
Hulme Clo. Bin —8B 146
Humber Av. Cov —8E 144
(in two parts)
Humber Av. S Cold —2A 72
Humber Ct. Cov —2G 167
Humber Gro. Birm —8F 72
Humber Rd. Cov —8F 144
Humber Rd. Wolv —8A 36
Humberstone Rd. Birm —5L 71
Humberstone Rd. Cov —4A 144
Humber Tower. Birm —5A 94 (1M 5)
Hume St. Kidd —4J 149
Hume St. Smeth —5B 92
Humpage Rd. Birm —7E 94
Humphrey Av. B'gve —2L 201
Humphrey Burton's Rd. Cov —1C 166
Humphrey-Davy Rd. Bed —1D 122
Humphrey Middlemore Dri. Birm —5D 112
Humphrey's Rd. Wolv —2D 36
Humphrey St. Dud —6D 64
Humphries Cres. Bils —8M 51
Humphries Dri. Kidd —7M 149
Humphries Ho. Wals —2F 26
Humphris St. Warw —1H 215
Hundred Acre Rd. S Cold —2M 55
Hungary Clo. Stourb —4C 108
Hungary Hill. Stourb —4C 108
Hungerfield Rd. Birm —8C 72
Hungerford Rd. Stourb —7L 107
Hungry La. Lich —5M 29
Hunningham. —4L 213
Hunningham Gro. Sol —1B 160
Hunnington. —2B 132
Hunnington Clo. Birm —8G 111
Hunnington Cres. Hale —7B 110
Hunscote Clo. Shir —8F 136
Hunslet Rd. Birm —5M 111
Hunslet Rd. Burn —1H 17
Hunstanton Av. Birm —2M 111
Hunstanton Clo. Brie H —2C 108
Hunt End. —4C 208
Hunt End La. Redd —4C 208
Hunter Av. Burn —2H 17
Hunter Clo. Lich —3K 19
Hunter Ct. Birm —4K 113
Hunter Cres. Wals —3M 39
Hunter Rd. Cann —1E 14
Hunters Clo. Bils —2A 52
Hunters Clo. Cov —7A 146
Hunter's Heath. —7A 136
Hunters La. Rugby —4A 172
Hunters Ride. Stourb —7H 87
Hunters Ri. Hale —8K 109
Hunter's Rd. Birm —2H 93
Hunter St. Rugby —5C 172
Hunter St. Wolv —5A 36
Hunter's Va. Birm —3J 93
Hunters Wlk. Birm —1C 70
Hunter Ter. Cov —1K 165
Huntfield Dri. Ken —8E 190
Huntingdon Clo. Tam —7M 31
Huntingdon Gdns. Hale —2J 109
Huntingdon Rd. Cov —8A 144
Huntingdon Rd. W Brom —3H 67
Huntingdon Way. Nun —6E 78
Huntington. —2D 8
Huntington Clo. Redd —7L 205
Huntington Rd. W'hall —2D 38
Huntington Ter. Rd. Cann —5F 8
Huntingtree Rd. Hale —5L 109
Huntlands Rd. Hale —7L 109
Huntley Dri. Sol —7B 138
Huntly Rd. Birm —8G 93
Hunton Ct. Birm —7E 70
(off Gravelly Hill N.)
Hunton Hill. Birm —6D 70
Hunton Rd. Birm —6E 70
Hunts Green. —2J 59
Hunt's La. W'hall —3D 38
Huntsmans Ga. Burn —1H 17
Huntsmans Ri. Cann —1C 8
Hunts Mill Dri. Brie H —8C 64
Hunt's Rd. Birm —2G 135
Hunt Ter. Cov —2H 165
Hurcott. —1B 150
Hurcott Ct. Kidd —2M 149
Hurcott La. Kidd —1C 150
Hurcott Rd. Kidd —2L 149
Hurcott Village. Kidd —1C 150
Hurdis Rd. Shir —6G 137
Hurdlow Av. Birm —4H 93
Hurlbutt Rd. H'cte I —5J 215
Hurley. —5H 61
Hurley Clo. Lea S —7A 212
Hurley Clo. S Cold —7J 57
Hurley Clo. Wals —3D 54
Hurley Common. —2H 61
Hurley Comn. Hurl —4H 61
Hurley Gro. Birm —4F 96
Hurley La. Col —3K 75
Hurley's Fold. Dud —4H 89
Hurlingham Rd. Birm —7A 56
Hurn Way. Cov —5H 123
Huron Clo. Cann —7H 9
Hursey Dri. Tip —4A 66
Hurstbourne Cres. Wolv —8H 37
Hurst Clo. Birm —2E 96
Hurstcroft Rd. Birm —6B 96
Hurst Dri. Stourb —8M 87
Hurst Grn. Rd. Ben H —5F 160
Hurst Grn. Rd. Hale —8E 90
Hurst Grn. Rd. Min —3D 72
Hurst Hill. —8G 51
Hurst La. Birm —3D 96
Hurst La. Brie H —6F 88
Hurst La. Tip —4K 65
Hurst La. N. Birm —2E 96
Hurst Rd. Bed —6H 103
Hurst Rd. Bils —8G 51
Hurst Rd. Earl S —2L 85
Hurst Rd. Hinc —1K 81
Hurst Rd. Longf —5G 123
(in two parts)
Hurst Rd. Smeth —6K 91
Hurst St. Birm —8L 93 (7G 5)
(in two parts)
Hurst, The. H'wd —3A 158
Hurst, The. Mose —2C 136
Hurstway, The. Birm —1C 70
Hurstwood Rd. Birm —1C 70
Husphins La. Cod W —4A 20
Hussey Rd. Cann —4M 15
Hussey Rd. Wals —1E 26
Husum Way. Kidd —2C 150
Hut Hill La. Wals —5G 15
Hutton Av. Birm —4D 94
Hutton Rd. Hand —8H 69
Hutton Rd. Salt —4D 94
Huxbey Dri. Sol —1F 138
Huxley Clo. Pend —6A 22
Hyacinth Way. Hinc —4K 81
Hyatt Sq. Brie H —2C 108
Hyatts Wlk. Row R —4M 89
Hyde Clo. B'gve —7C 180
Hyde Clo. Kinv —4A 106
Hyde La. Kinv —4A 106
Hyde Pl. Lea S —1L 215
Hyde Rd. Birm —7F 92
Hyde Rd. Cov —5L 145
Hyde Rd. Ken —4G 191
Hyde Rd. Wolv —3K 37
Hydes La. Hinc —5E 80
Hydes Rd. W'bry —6G 53
Hydes Rd. W Brom —8J 53
Hyde, The. Stourb —7D 108
Hyett Way. Bils —7B 52
Hylda Rd. Birm —8H 69
Hylstone Cres. Wolv —3K 37
Hylton St. Birm —4J 93 (1B 4)
Hyperion Dri. Wolv —6A 50
Hyperion Rd. Birm —8L 71
Hyperion Rd. Stourb —2J 107
Hyron Hall Rd. Birm —7J 115
Hyssop Clo. Birm —4A 94
Hyssop Clo. Cann —7H 9
Hytall Rd. Shir —7C 136
Hythe Gro. Birm —1K 115

Ibberton Rd. Birm —6B 136
Ibex Clo. Bin —8M 145
Ibis Clo. Kidd —6B 150
Ibis Gdns. K'wfrd —3A 88
Ibstock Clo. Redd —5L 205
Ibstock Dri. Stourb —5A 108
Ibstock Ho. Redd —5L 205
Ibstock Rd. Cov —4G 123
Icknield Clo. S Cold —8A 42
Icknield Port Rd. Birm —5E 92
Icknield Sq. Birm —6G 93
Icknield St. Beo & Chu H —7J 183
Icknield St. Hock —5H 93 (3A 4)
(in two parts)
Icknield St. Ips —7K 205
Icknield St. K Nor & A'chu —1G 157
Icknield St. Dri. Redd & Stud —7K 205
Ida Rd. Wals —8H 39
Ida Rd. W Brom —8K 67
Idbury Rd. Birm —2A 70
Ideal Bldgs. Kidd —3K 149
Iden Rd. Cov —5E 144
Idmiston Cft. Birm —7M 135
Idonia Rd. Wolv —4E 34
Ikon Gallery. —7J 93 (6C 4)
Ilam Pk. Ken —4J 191
Ilex Ct. Warw —2G 215
Ilford Clo. Bed —6G 103
Ilford Ct. Bin W —2D 168
Ilford Dri. Cov —4B 166
Ilford Rd. Birm —3D 70
Ilfracombe Gro. Cov —4A 166
Iliffe Way. Birm —5D 112
Ilkley Gro. Birm —7F 96
Illey. —1E 132
Illeybrook Sq. Birm —7K 111
Illey Clo. Birm —8H 133
Illey La. Hale & Birm —8C 110
Illshaw. Wolv —6B 22
Illshaw Clo. Redd —5A 206
Illshaw Heath. —8L 159
Illshaw Heath Rd. H'ley H —6K 159
Ilmer Clo. Rugby —2E 172
Ilmington Clo. Cov —4B 166
Ilmington Clo. Redd —8K 205
Ilmington Dri. S Cold —6C 56

Ilmington Rd.—Karlingford Clo.

Ilmington Rd. Birm —8M 111
Ilminster Clo. Hinc —2B 82
Ilsham Gro. Birm —3L 155
Ilsley Rd. Birm —5E 70
Imber Rd. Kidd —8A 150
Imex Bus. Pk. Birm —7D 94
Imex Bus. Pk. Wolv —2C 50
Imogen Gdns. H'cte —6L 215
Imperial Av. Kidd —1M 149
Imperial Gro. Kidd —1M 149
Imperial Ri. Col —7L 73
Imperial Rd. Birm —7E 94
Impney Clo. Redd —3K 205
Impsley Clo. Birm —1B 96
Inca Clo. Bin —1M 167
Ince Rd. W'bry —2C 52
Inchbrook Rd. Ken —2J 191
Inchcape Av. Birm —6G 69
Inchford Av. Warw —7E 210
Inchford Clo. Nun —8M 79
Inchford Rd. Sol —2E 138
Inchlaggan Rd. Wolv —3F 36
Independent St. Kils —6M 199
Ingatestone Dri. Stourb —6J 87
Ingestre Clo. Cann —8H 9
Ingestre Clo. Wals —6F 24
Ingestre Dri. Birm —8D 54
Inge St. Birm —8L 93 (8F 4)
Ingestre Rd. Birm —2F 136
Ingestre Rd. Wolv —8C 22
Ingeva Dri. B Grn —8G 155
Ingham Way. Birm —1A 112
Ingleby Gdns. Wolv —4M 35
Ingle Ct. Lea S —2L 215
Ingledew Clo. Wals —6D 38
Inglefield Rd. Birm —6M 95
Inglemere Gro. Birm —2M 133
Inglenook Dri. Birm —7H 69
Ingleton Clo. Nun —7A 80
Ingleton Rd. Birm —2G 95
Inglewood Av. Wolv —1M 49
Inglewood Clo. K'wfrd —4K 87
Inglewood Clo. Lea S —6A 212
Inglewood Gro. S Cold —7M 41
Inglewood Rd. Birm —4C 114
Ingoldsby Rd. Birm —5C 134
Ingot Clo. Wals —3H 39
Ingram Cres. Bew —5A 148
Ingram Gro. Birm —7G 115
Ingram Pit La. Tam —4G 33
Ingram Pl. Wals —8K 25
Ingram Rd. Cov —1K 165
Ingram Rd. Wals —8J 25
Inhedge St. Dud —4E 64
Inhedge, The. Dud —8J 65
Inkberrow Rd. Hale —7M 109
Inkerman Gro. Wolv —7F 36
Inkerman St. Birm —6B 94
(in two parts)
Inkerman St. Wolv —6F 36
Inkford. —8M 157
Inland Rd. Birm —7H 71
Innage Clo. Lea S —1A 216
Innage Rd. Birm —5B 134
Innage, The. H'wd —4A 158
Innis Rd. Cov —1L 165
Inn La. Hartl —7A 176
Innsworth Dri. Birm —5A 72
Insetton Clo. Redd —5K 205
Inshaw Clo. Birm —6L 95
Institute Rd. Birm —1M 135
Instone Rd. Cov —8A 122
Instone Rd. Hale —6M 109
Instow Clo. W'hall —1B 38
Insull Av. Birm —8B 136
Intended St. Hale —2J 109
International Dri. Birm A —5J 117
International Ho. Birm —4K 117
International Ho. Cov —5J 165
Intown. Wals —7M 39
Intown Row. Wals —7M 39
Inverary Clo. Ken —5J 191
Inverclyde Rd. Birm —6G 69
Inverness Clo. Cov —5G 143
Inverness Ho. Wolv —1J 7
Inverness Rd. Birm —6L 133
Invicta Rd. Bin —1M 167
Inworth. Wolv —6B 22
Ipsley. —7J 205
Ipsley Alders Nature Reserve. —5M 205
Ipsley Chu. La. Redd —7J 205
Ipsley Gro. Birm —4A 70
Ipsley La. Redd —7K 205
Ipsley St. Redd —6E 204
Ipstones Av. Birm —5M 95
Ipswich Cres. Birm —2H 69
Ipswich Wlk. Birm —7H 97
Ireland Grn. Rd. W Brom —7H 67
Ireton Clo. Cov —8C 142
Ireton Rd. Birm —5G 69
Ireton Rd. Wolv —6E 22
Iris Clo. Birm —1B 134
Iris Clo. Dud —8M 65
Iris Clo. Hinc —4L 81
Iris Clo. Tam —3C 32
Iris Dri. Birm —5K 135
Irnham Rd. S Cold —7G 43
Iron Bri. Wlk. Stourb —1B 130
Iron La. Birm —5K 95
Ironmonger Row. Cov —6C 144 (4C 6)
Ironside Clo. Bew —2B 148
Ironstone Rd. Burn —8D 10
Ironstone Rd. Cann —6C 10
(in two parts)
Irvan Av. W Brom —4F 66
Irvine Clo. Wals —2H 39
Irvine Rd. Wals —1H 39
Irving Clo. Dud —5A 64
Irving Clo. Lich —7E 12
Irving Rd. Cov —7E 144
Irving Rd. Sol —5E 116
Irving Rd. Tip —8A 52
Irving St. Birm —8K 93 (8E 4)
Irwell. Tam —8E 32
Irwin Av. Hedn —3J 155
Isaac Walton Pl. W Brom —2E 66
Isbourne Way. Birm —7B 94
Isis Gro. Birm —1F 96
Isis Gro. W'hall —7C 38
Island Clo. Hinc —7E 84
Island Dri. Kidd —5L 149
Islandpool. —4C 128
Island Rd. Birm —8C 68
Island, The. M Oak —8J 31
Islington. Hale —5A 110
Islington Row Middleway. Birm —8H 93 (8A 4)
Ismere. —5F 128
Ismere Rd. Birm —7H 71
Ismere Way. Kidd —8M 127
Itchen Gro. Wolv —6E 34
Ithon Gro. Birm —1E 156
Ivanhoe Av. Nun —8L 79
Ivanhoe Rd. Birm —6H 55
Ivanhoe Rd. Lich —3H 19
Ivanhoe Rd. Wolv —3G 51
Ivanhoe St. Dud —2G 89
Ivatt. Tam —7F 32
Ivatt Clo. Wals —2B 40
Iverley. —1K 129
Iverley La. Stourb —5J 129
Iverley Rd. Hale —5C 110
Iverley Wlk. Stourb —7B 108
Ivor Rd. Birm —5B 114
Ivor Rd. Cov —7F 122
Ivor Rd. Redd —7D 204
Ivy Av. Birm —4B 114
(nr. Chesterton Rd.)
Ivy Av. Birm —4A 114
(nr. Runcorn Rd.)
Ivybridge Gro. Birm —6J 69
Ivybridge Rd. Cov —3D 166
Ivy Clo. Cann —1D 14
Ivy Cft. Pend —6M 21
Ivydale Av. Birm —4C 116
Ivydene Clo. Earl S —1M 85
Ivy Farm La. Cov —3K 165
Ivyfield Rd. Birm —4B 70
Ivy Gro. Birm —5E 92
Ivy Gro. Nun —3D 78
Ivyhouse La. Bils —1H 65
Ivyhouse Rd. Birm —1C 156
Ivy Ho. Rd. O'bry —3D 90
Ivyhouse Wlk. Wiln —3F 46
Ivy La. Birm —7A 94 (5M 5)
Ivy La. Rom —4K 131
Ivy La. Ryge —4F 10
Ivy Lodge Clo. Mars G —2G 117
Ivy Pl. Birm —7F 112
Ivy Rd. Dud —5G 65
Ivy Rd. Hand —2G 93
Ivy Rd. Stir —3G 135
Ivy Rd. S Cold —7F 56
Ivy Rd. Tip —2M 65
Ivy Wlk. Shir —3G 159
Izons La. W Brom —8F 66
Izons La. Ind. Est. W Brom —8F 66
Izons Rd. W Brom —6J 67

Jacey Rd. Birm —7D 92
Jacey Rd. Shir —5H 137
Jack Ball Ho. Cov —8M 123
Jack David Ho. Tip —4D 66
Jackdaw Clo. Dud —7C 50
Jackdaw Dri. Birm —1G 97
Jacker's Rd. Cov —5H 123
Jack Holden Av. Bils —7G 51
Jacklin Dri. Cov —5C 166
Jacknell Clo. Hinc —1D 80
Jacknell Ind. Pk. Hinc —1D 80
Jacknell Rd. Hinc —1D 80
Jack Newell Ct. Cose —1J 65
(off Castle St.)
Jack O Watton Ind. Est. Wat O —6K 73
Jackson Av. Birm —5F 94
Jackson Clo. Cann —5L 15
Jackson Clo. F'stne —3G 23
Jackson Clo. Ker E —2A 122
Jackson Clo. O'bry —4H 91
Jackson Clo. Tip —8B 52
Jackson Ct. Brie H —8F 88
Jackson Cres. Stour S —8E 174
Jackson Dri. Smeth —4K 91
Jackson Ho. O'bry —2G 91
Jackson Rd. Birm —5F 94
Jackson Rd. Cov —8D 122
Jackson Rd. Lich —6H 13
Jackson Rd. Rugby —8G 173
Jackson St. O'bry —5H 91
Jackson St. Stourb —3E 108
Jackson St. Wolv —5B 36
Jackson Wlk. Birm —7A 72
Jackson Way. Birm —4G 111
Jackwood Grn. Bed —1C 122
Jacmar Cres. Smeth —3L 91
Jacobean La. Know —8G 139
Jacob's Hall La. Wals —8G 15
Jacob's Ladder. Low H —8D 126
Jacoby Pl. Birm —4H 113
Jacox Cres. Ken —4J 191
Jacquard Clo. Cov —5D 166
Jade Clo. Cov —5E 144 (1E 6)
Jade Gro. Cann —7J 9
Jaffray Cres. Birm —6F 70
Jaffray Rd. Birm —6F 70
Jaguar. Tam —7E 32
Jakeman Rd. Birm —4L 113
Jakemans Clo. Redd —5L 205
James Bri. Clo. Wals —2H 53
James Brindley Wlk. Birm —7J 93 (5C 4)
James Clift Ho. O'bry —4D 90
James Clo. Smeth —4A 92
James Clo. W'bry —3F 52
James Ct. Warw —2F 214
Jamescroft. Cov —3L 167
James Dawson Dri. Alle —1B 142
James Dee Clo. Brie H —8G 89
James Diskin Ct. Nun —7L 79
James Eaton Clo. W Brom —4J 67
James Galloway Clo. Bin —2L 167
James Gilbert Rugby Football Mus. —6A 172
James Grn. Rd. Cov —7F 142
James Greenway. Lich —7G 13
James Ho. Birm —3J 93
(off Newtown Dri.)
James Ho. Cov —1J 145
James Hutchens Ct. Burn —4F 16
James Memorial Homes. Birm —2C 94
(off Stuart St.)
Jameson Rd. Birm —1C 94
Jameson St. Wolv —5B 36
James Rd. Col —1M 97
James Rd. Gt Barr —2E 68
James Rd. Kidd —1A 150
James Rd. Tys —3F 114
James Scott Rd. Hale —3G 109
James St. Bils —3L 51
James St. Birm —6J 93 (3D 4)
James St. Cann —4F 8
James St. Earl S —2L 85
James St. Gun H —1G 101
James St. Kinv —5A 106
James St. Nun —4G 79
James St. Rugby —6B 172
James St. W'hall —6A 38
James Turner St. Birm —3E 92
James Wlk. Rugby —6B 172
James Watt Dri. Birm —1H 93
James Watt Ho. Smeth —4B 92
James Watt Point. Birm —1B 94
James Watt Queensway. Birm —6L 93 (3H 5)
James Watt St. Birm —6L 93 (4H 5)
James Watt St. W Brom —1H 67
(in two parts)
Jane La. Clo. Wals —5F 38
Janice Gro. Birm —5B 136
Janine Av. Wolv —2L 37
Jaques Clo. Wat O —7H 73
Jardine Cres. Cov —7F 142
Jardine Rd. Birm —8M 69
Jardine Shop. Cen. Cov —7F 142
Jarvis Clo. Hinc —5D 84
Jarvis Cres. O'bry —5F 90
Jarvis Rd. Birm —3F 70
Jarvis Way. Birm —1E 94
J A S Ind. Pk. Row R —5E 90
Jasmin Cft. Birm —5L 135
Jasmine Clo. Pend —6M 21
Jasmine Gro. B'gve —5M 179
Jasmine Gro. Cod —6H 21
Jasmine Gro. Cov —1J 167
Jasmine Gro. Lea S —7A 212
Jasmine Rd. Dud —8M 65
Jasmine Rd. Tam —5G 33
Jasmine Way. Darl —2D 52
Jason Clo. Tam —4D 32
Jason Rd. Stourb —5F 108
Jaydon Ind. Est. Earl S —1L 85
Jayne Clo. W Brom —8L 53
Jayne Clo. Wolv —2K 37
Jay Pk. Cres. Kidd —7A 150
Jay Rd. K'wfrd —1K 87
Jay's Av. Tip —5B 66
Jays Clo. Redd —6A 206
Jays Cres. A'chu —8B 156
Jayshaw Av. Birm —1E 68
Jeal Clo. Wyt —7L 157
Jean Dri. Tip —3D 66
Jeavons Pl. Bils —4J 51
Jedburgh Av. Wolv —5E 34
Jedburgh Gro. Cov —5A 166
Jeddo St. Wolv —1C 50 (7H 7)
Jeffcock Rd. Wolv —1M 49
Jefferson Clo. W Brom —1H 67
Jeffrey Av. Wolv —4F 50
Jeffrey Clo. Bed —1D 122
Jeffrey Rd. Row R —6E 90
Jeffries Clo. Hinc —7E 84
Jeffries Ho. O'bry —2G 91
Jeffs Av. Wolv —1D 50 (8L 7)
Jeliff St. Cov —7F 142
Jelleyman Clo. Kidd —3H 149
Jellicoe Way. Hinc —5D 84
Jenkins Av. Cov —5F 142
Jenkins Clo. Bils —4J 51
Jenkinson Rd. W'bry —8D 52
Jenkins Rd. Rugby —8G 173
Jenkins St. Birm —1C 114
Jenkinstown Rd. Cann —3A 10
Jenks Av. Kinv —4A 106
Jenks Av. Wolv —1E 36
Jenks Rd. Wom —4F 62
Jennens Rd. Birm —6M 93 (4J 5)
Jenner Clo. Wals —3G 39
Jenner Ho. Wals —3F 38
Jenner Rd. Wals —3F 38
Jenner St. Cov —5D 144 (1E 6)
Jenner St. Wolv —8E 36 (6M 7)
Jennifer Wlk. Birm —1L 115
Jennings St. Crad H —7M 89
Jennings Wood La. H'ton —6A 174
Jenny Clo. Bils —8L 51
Jennyns Ct. W'bry —6F 52
Jenny Walkers La. Wolv —1D 48
Jensen. Tam —7E 32
Jenton Rd. Lea S —3B 216
Jephcott Gro. Birm —5G 95
Jephcott Ho. Cov —3F 6
Jephcott Rd. Birm —5G 95
Jephson Dri. Birm —2M 115
Jephson Gardens. —1A 216
Jephson Pl. Lea S —2B 216
Jeremy Gro. Sol —5B 116
Jeremy Rd. Wolv —4C 50
Jerome Clo. Cann —4A 16
Jerome Ct. S Cold —8M 41
Jerome Dri. Cann —4A 16
Jerome K Jerome Birthplace. —7M 39
Jerome Rd. Cann —4M 15
Jerome Rd. S Cold —5K 57
Jerome Rd. Wals —8H 39
Jerome Way. Burn —2H 17
Jerrard Ct. S Cold —4J 57
Jerrard Dri. S Cold —4J 57
Jerry's La. Birm —2D 70
Jerry's La. Lich —2B 30
Jersey Clo. Redd —2K 205
Jersey Cft. Birm —3H 97
Jersey Rd. Birm —5D 94
Jersey Way. Barw —3G 85
Jerusalem Wlk. Kidd —2L 149
Jervis Clo. Brie H —2C 88
Jervis Ct. Wals —7M 39
(off Dog Kennel La.)
Jervis Cres. S Cold —6D 42
Jervis Rd. H'ley —4F 46
Jervoise Dri. Birm —4B 134
Jervoise La. W Brom —8L 53
Jervoise Rd. Birm —8M 111
Jervoise St. W Brom —5G 67
Jesmond Clo. Cann —3A 10
Jesmond Gro. Birm —5L 71
Jesmond Rd. Cov —5F 144
Jessel Rd. Wals —7J 39
Jessie Rd. Wals —8G 27
Jesson Clo. Wals —2A 54
Jesson Ct. Wals —1A 54
Jesson Rd. Dud —3G 65
Jesson Rd. S Cold —4A 58
Jesson Rd. Wals —1M 53
Jesson St. W Brom —7L 67
Jessop Dri. Tam —4D 32
Jevons Rd. S Cold —6C 56
Jevon St. Bils —1H 65
(in two parts)
Jewellery Quarter. —5H 93 (2B 4)
Jewellery Quarter Discovery Cen. —4J 93 (1C 4)
Jew's La. Dud —5E 64
Jiggin's La. Birm —1J 133
Jill Av. Birm —1C 68
Jillcot Rd. Sol —6B 116
Jill La. Sam —8F 208
Jim Forrest Clo. Cov —1M 167
Jinnah Clo. Birm —1M 113
Jitty, The. Warw —3D 214
J M Halls. Cov —5J 165
Joanna Dri. Cov —6C 166
Joan of Arc Ho. Cov —3E 166
Joans Clo. Lea S —3C 216
Joan St. Wolv —3E 50
Joan Ward St. Cov —1D 166 (8D 6)
Job's La. Cov —6G 143
Jockey Fld. Dud —3E 64
Jockey La. W'bry —5G 53
Jockey Rd. S Cold —7D 56
Jodrell St. Nun —3H 79
Joe Jones Ct. Dud —8D 50
Joe O'Brien Clo. Cov —3J 167
Joe Williams Clo. Bin —1M 167
Joey's La. Cod —5J 21
John Bright Clo. Tip —1M 65
John Bright St. Birm —7K 93 (6F 4)
John Dory. Dost —4D 46
John Feeney Tower. Birm —2M 133
John F Kennedy Wlk. Tip —1A 66
John Fletcher Clo. W'bry —5H 53
John Grace St. Cov —1D 166
John Harper St. W'hall —7B 38
John Howell Dri. Tip —4A 66
John Kempe Way. Birm —2A 114
John Knight Rd. Bed —5H 103
John McGuire Cres. Bin —2L 167
John Nash Sq. Ken —6F 190
John Nichols St. Hinc —2H 81
John of Gaunt Ho. Cov —2E 166
John O'Gaunt Rd. Ken —6E 190
John Riley Dri. W'hall —1C 38
John Rd. Hale —6F 110
John Rous Av. Cov —2H 165
John's Clo. Hinc —4K 81
John's Clo. Stud —5J 209
Johns Gro. Birm —1C 68
John Shelton Dri. Cov —5C 122
John Simpson Clo. Wols —6G 169
John Sinclair Ct. Cov —2C 6
John's La. Tip —5B 66
John's La. Tiv —6C 66
Johns La. Wals —6F 14
John Smith Ho. Birm —6J 93 (4C 4)
Johnson Av. Rugby —7K 171
Johnson Av. Wolv —2M 37
Johnson Clo. Lich —8J 13
Johnson Clo. Redd —4G 205
Johnson Clo. S'hll —4C 114
Johnson Clo. W End —3J 95
Johnson Clo. W'bry —4D 52
Johnson Dri. Birm —6M 71
Johnson Pl. Bils —2M 51
Johnson Rd. Bed —6J 103
Johnson Rd. Birm —4F 70
Johnson Rd. Burn —1F 16
Johnson Rd. Cann —5D 8
Johnson Rd. Cov —1G 145
Johnson Rd. W'bry —4D 52
(nr. Lodge Rd.)
Johnson Rd. W'bry —7J 53
(nr. Walton Rd.)
Johnson Rd. W'hall —2D 38
Johnson Row. Bils —8F 50
Johnsons Bri. Rd. W Brom —3J 67
Johnsons Gro. O'bry —1J 111
Johnson St. Bils —8F 50
Johnson St. Birm —3C 94
Johnson St. Wolv —2D 50 (8K 7)
Johnson St. Wood E —8J 47
Johnstone St. Birm —1K 93
Johnston St. W Brom —8K 67
John St. Bed —7G 103
John St. Birm —2H 93
John St. Brie H —5D 88
John St. Cann —4F 8
John St. Cot —7J 79
John St. Hinc —8E 84
John St. Lea S —1M 215
John St. O'bry —2G 91
John St. Row R —8C 90
John St. Stock —6E 78
John St. Stourb —8M 87
John St. Swan V —4F 66
John St. Tam —6E 32
John St. Wals —6L 39
John St. W Brom —5H 67
John St. W'hall —8B 38
John St. Wim —6M 9
(in two parts)
John St. Wolv —3G 51
John St. N. W Brom —4H 67
John Thwaites Clo. Rugby —7A 172
John Tofts Ho. Cov —5C 144 (2C 6)
John Wooton Ho. W'bry —3D 52
(off Lawrence Way)
Joiners Cft. Sol —1E 138
Joinings Bank. O'bry —5H 91
Jolly Sailor Island. Tam —5A 32
Jolly Sailor Retail Pk. Tam —6M 31
Jonathan Rd. Cov —1M 145
Jon Baker Ct. Hinc —1L 81
Jones Fld. Cres. Wolv —7G 37
Jones Ho. Wals —6K 39
Jones' La. Burn —2M 17
Jones Rd. Exh —8G 103
Jones Rd. W'hall —8D 24
Jones Rd. Wolv —3C 36
Jones's La. Wals —8G 15
Jones Wood Clo. S Cold —2M 71
Jonkel Av. H'ley —4F 46
Jordan Clo. Ken —7H 191
Jordan Clo. Lich —1G 19
Jordan Clo. Smeth —4B 92
Jordan Clo. S Cold —8H 43
Jordan Ho. Birm —1L 95
Jordan Leys. Tip —4B 66
Jordan Pl. Bils —6L 51
Jordan Rd. S Cold —8H 43
Jordans Clo. Redd —3D 208
Jordans, The. Cov —5J 143
Jordan Way. Wals —8H 27
Jordan Well. Cov —7D 144 (5D 6)
Jorden's Wlk. Bew —5C 148
Joseph Creighton Clo. Bin —2L 167
Joseph Halpin Ho. Cov —2E 6
Joseph Latham Ho. Cov —8H 123
Joseph Luckman Rd. Bed —5G 103
Joseph St. O'bry —3F 90
Josiah Mason Mall. Kidd —3L 149
Josiah Rd. Birm —7K 133
Jourdain Pk. H'cte —6L 215
Jowett. Tam —7D 32
Jowett's La. W Brom —1H 67
Joyberry Dri. Stourb —6M 107
Joyce Pool. Warw —2E 214
Joynson St. W'bry —4E 52
Jubilee Av. Redd —2D 208
Jubilee Av. W Brom —2H 67
Jubilee Clo. Gt Wyr —7F 14
Jubilee Clo. Wals —3L 39
Jubilee Ct. K'bry —4D 60
Jubilee Cres. Cov —1B 144
Jubilee Dri. N. Kidd —7H 149
Jubilee Dri. S. Kidd —7H 149
Jubilee Rd. Bils —5A 52
Jubilee Rd. Redn —7E 132
Jubilee Rd. Tip —2A 66
Jubilee St. Rugby —6L 171
Jubilee St. W Brom —2K 67
Jubilee Ter. Bed —5H 103
Jubilee Ter. Dud —3J 89
Jubilee Ter. S Prior —8J 201
Judd Clo. Bed —6F 102
Judd's La. Longf —5E 122
Jude Wlk. Lich —7F 12
Judge Clo. Long L —4G 171
Judge Clo. O'bry —2G 91
Judge Rd. Brie H —2F 108
Juggins La. Earls —2B 184
Julia Av. Birm —5M 71
Julia Gdns. W Brom —1M 67
Julian Clo. Cats —1A 180
Julian Clo. Cov —1M 145
Julian Clo. Wals —6G 15
Julian Clo. Wolv —7H 37
Julian Rd. Wolv —7H 37
Julie Cft. Bils —8L 51
Juliet Clo. Nun —8A 80
Juliet Dri. Rugby —3K 197
Juliet Rd. Hale —6F 110
Julius Dri. Col —8M 73
Junction Rd. Birm —1C 92
Junction Rd. B'gve —6L 179
Junction Rd. Stourb —1L 107
(nr. Camp Hill)
Junction Rd. Stourb —5B 108
(nr. Church St.)
Junction Rd. Wolv —2H 51
Junction St. Cov —7B 144 (6A 6)
Junction St. Dud —1H 89
Junction St. O'bry —8E 66
Junction St. Wals —1K 53
Junction St. S. O'bry —4G 91
Junction, The. Stourb —1L 107
June Cres. Amin —4E 32
June Cft. Birm —4D 116
Junewood Clo. Rugby —2D 172
Juniper. Tam —5G 33
Juniper Clo. Bed —7E 102
Juniper Clo. Birm —4H 115
Juniper Clo. Cann —3A 10
Juniper Clo. S Cold —6M 57
Juniper Ct. Kidd —5A 150
Juniper Dri. Cov —4F 142
Juniper Dri. S Cold —2A 72
Juniper Dri. Wals —5B 54
Juniper Ho. Birm —6F 68
(B20)
Juniper Ho. Birm —2M 95
(B36)
Juniper Ri. Hale —4J 109
Juno Dri. Lea S —4M 215
Jury Rd. Brie H —2F 108
Jury St. Warw —3E 214
Justice Clo. W'nsh —5A 216
Jutland Rd. Birm —2B 136

Kanzan Rd. Cov —5H 123
Kareen Gro. Bin W —2C 168
Karen Clo. Nun —2E 78
Karen Way. Brie H —1D 108
Karlingford Clo. Cov —1K 165

Kate's Hill—Kingsley Av.

Kate's Hill. —8L 65
Kateshill Ho. Bew —7B 148
Katherine Rd. Smeth —7M 91
Kathleen Av. Bed —8E 102
Kathleen Fld. Ct. B'gve —6M 179
Kathleen Rd. Birm —2J 115
Kathleen Rd. S Cold —5J 57
Katie Rd. Birm —8E 112
Katrine Clo. Nun —4C 78
Katrine Rd. Stour S —2E 174
Kay Clo. Rugby —2C 172
Kayne Clo. K'wfrd —3J 87
Kaysbrook Dri. Stret D —3G 195
Kean Clo. Lich —7E 12
Keanscott Dri. O'bry —5J 91
Keasden Gro. W'hall —6C 38
Keating Gdns. S Cold —5G 43
Keatley Av. Birm —7E 96
Keats Av. Birm —2D 114
Keats Av. Cann —4E 8
Keats Clo. Dud —4A 64
Keats Clo. Earl S —1M 85
Keats Clo. Gall C —4A 78
Keats Clo. Stourb —1A 108
Keats Clo. S Cold —3F 42
Keats Clo. Tam —1M 31
Keats Dri. Bils —7K 51
Keats Gro. Birm —8H 115
Keats Gro. Wolv —1G 37
Keats Ho. O'bry —5J 91
Keats Ho. Redd —1C 208
Keats La. Earl S —1L 85
Keats Pl. Kidd —3B 150
Keats Rd. Cov —7K 145
Keats Rd. Wals —2L 39
Keats Rd. W'hall —2E 38
Keats Rd. Wolv —7G 23
Keble Clo. Burn —2J 17
Keble Clo. Cann —1E 14
Keble Gro. Birm —3B 116
Keble Gro. Wals —2A 54
Keble Ho. Birm —7G 97
Keble Wlk. Tam —3A 32
(in two parts)
Kebull Grn. Cov —1E 164
Kedleston Clo. Wals —6G 25
Kedleston Ct. Birm —5F 136
Kedleston Rd. Birm —3F 136
Keegan Wlk. Wals —5F 38
Keel Dri. Birm —8D 114
Keele Clo. Redd —3K 205
Keele Ho. Birm —5H 97
Keeley St. Birm —7B 94 (7M 5)
Keeling Dri. Cann —8B 8
Keelinge St. Tip —4B 66
Keeling Rd. Ken —4H 191
Keenan Dri. Bed —8D 102
Keen St. Smeth —5D 92
Keeper's Clo. Burn —3G 17
Keepers Clo. Col —5M 97
Keepers Clo. K'wfrd —1H 87
Keepers Clo. Lich —2L 19
Keepers Clo. Wals W —6F 26
Keepers Ga. Clo. S Cold —2J 57
Keepers La. Cod & Wolv —7G 21
Keepers Rd. S Cold —4C 42
Keepers Wlk. Bed —8D 102
Keer Ct. Birm —7B 94
Kegworth Clo. Cov —5G 123
Kegworth Rd. Birm —7C 70
Keir Clo. Lea S —7A 212
Keir Hardie Wlk. Tiv —7D 66
Keir Pl. Stourb —1L 107
Keir Rd. W'bry —7J 53
Keith Rd. Lea S —5B 212
Keith Winter Clo. B'gve —3M 179
Kelby Clo. Birm —5L 133
Kelby Rd. Birm —5M 133
Keldy Clo. Wolv —4M 35
Kele Rd. Cov —2F 164
Kelfield Av. Birm —5B 112
Kelham Pl. Sol —8B 116
Kelia Dri. Smeth —3M 91
Kellett Rd. Birm —5A 94 (1L 5)
Kelling Clo. Brie H —1C 108
Kellington Clo. Birm —5F 94
Kelmarsh Dri. Sol —8B 138
Kelmscote Rd. Cov —1M 143
Kelmscott Rd. Birm —2B 112
Kelsall Clo. Wolv —7H 37
Kelsall Cft. Birm —6H 93 (4A 4)
Kelsey Clo. Attl F —6L 79
Kelsey Clo. Birm —5B 94 (1M 5)
Kelsey La. Bal C —4J 163
Kelsey's Clo. Wols —6F 168
Kelso Gdns. Wolv —5D 34
Kelsull Cft. Birm —7G 97
Kelton Ct. Birm —2G 113
Kelvedon Gro. Sol —4C 138
Kelverdale Gro. Birm —5J 135
Kelverley Gro. W Brom —8A 54
Kelvin Av. Cov —4K 145
Kelvin Clo. Kidd —1G 149
Kelvin Dri. Cann —6G 9
Kelvin Pl. Wals —3H 39
Kelvin Rd. Birm —8A 134
Kelvin Rd. Lea S —4B 212
Kelvin Rd. Wals —3G 39
Kelvin Way. W Brom —8H 67
Kelvin Way Ind. Est. W Brom —1H 91
Kelway. Bin —7A 146
Kelway Av. Birm —6H 55
Kelwood Dri. Hale —4A 110
Kelynmead Rd. Birm —7A 96
Kemberton Clo. Wolv —8J 35
Kemberton Rd. Birm —7A 112
Kemberton Rd. Wolv —8J 35
Kemble Clo. W'hall —6D 38
Kemble Cft. Birm —2L 113
Kemble Dri. Birm —6A 72
Kemble Tower. Birm —6A 72
Kemelstowe Cres. Hale —1J 131
Kemerton Ho. Redd —5A 204
Kemerton Way. Shir —4M 159
Kemp Clo. Warw —2G 215
Kempe Rd. Birm —5A 96
Kempley Av. Cov —4G 145
Kempsey Clo. Hale —5L 109
Kempsey Clo. O'bry —5E 90
Kempsey Clo. Redd —2H 209
Kempsey Clo. Sol —6A 116
Kempsey Covert. Birm —2E 156
Kempsey Ho. Birm —1G 133
Kempsford Clo. Redd —3F 208
Kemps Green. —8A 186
Kemps Grn. Rd. Bal C —3H 163
Kemps Grn. Rd. H'ley H —8M 185
Kempson Av. S Cold —8J 57
Kempson Av. W Brom —4H 67
Kempson Rd. Birm —1L 95
Kempsons Gro. Bils —6H 51
Kempthorne Av. Wolv —8E 22
Kempthorne Gdns. Wals —7G 25
Kempthorne Rd. Bils —3M 51
Kempton Clo. Cann —3A 10
Kempton Ct. Cats —8A 154
Kempton Cres. Lea S —5C 212
Kempton Dri. Wals —7F 14
Kempton Pk. Rd. Birm —1K 95
Kempton Way. Stourb —6L 107
Kemsey Dri. Bils —6M 51
Kemshead Av. Birm —1L 155
Kemsley Rd. Birm —7M 135
Kem St. Nun —7K 79
Kenchester Clo. Redd —7L 205
Kenchester Ho. Birm —6A 4
Kendal Av. Col —2M 97
Kendal Av. Lea S —7J 211
Kendal Av. Redn —2H 155
Kendal Clo. B'gve —8B 180
Kendal Clo. Nun —3A 80
Kendal Clo. Redd —6A 206
Kendal Clo. Wolv —3M 35
Kendal Ct. Birm —6B 70
Kendal Ct. Cann —1B 14
Kendal Ct. Wals W —5F 26
Kendal Dri. Redn —8K 155
Kendal End. —7J 155
Kendal End Rd. Redn —7K 155
Kendal Gro. Sol —1F 138
Kendal Ho. O'bry —5D 90
Kendall Ri. K'wfrd —4M 87
Kendal Ri. Cov —5J 143
Kendal Ri. O'bry —6H 91
Kendal Ri. Wolv —3M 35
Kendal Ri. Rd. Redn —2H 155
Kendal Rd. Birm —2B 114
Kendal Tower. Birm —4D 112
Kendlewood Rd. Kidd —8B 128
Kendon Av. Cov —3L 143
Kendrick Av. Birm —4E 96
Kendrick Clo. Cov —5G 123
Kendrick Clo. Sol —3F 138
Kendrick Pl. Bils —5A 52
Kendrick Rd. Bils —5A 52
Kendrick Rd. S Cold —4M 71
Kendrick Rd. Wolv —3E 36
Kendricks Rd. W'bry —2F 52
Kendrick St. W'bry —6G 53
Keneggy M. Birm —7F 112
Kenelm Ct. Cov —4J 167
Kenelm Rd. Bils —8J 51
Kenelm Rd. Birm —1E 114
Kenelm Rd. O'bry —6G 91
Kenelm Rd. S Cold —5H 57
Kenelm's Ct. Rom —5A 132
Kenilcourt. Ken —3D 190
Kenilworth. —5F 190
Kenilworth By-Pass. Ken —4G 211
Kenilworth Castle. —4D 190
Kenilworth Clo. Redd —3D 208
Kenilworth Clo. Stourb —7K 87
Kenilworth Clo. S Cold —1G 57
Kenilworth Clo. Tip —5K 65
Kenilworth Ct. Birm —1F 112
(B16)
Kenilworth Ct. Birm —7E 70
(B24)
Kenilworth Ct. Cann —8E 8
Kenilworth Ct. Cov —1C 166
Kenilworth Ct. Dud —1F 88
Kenilworth Cres. Wals —5G 39
Kenilworth Cres. Wolv —5E 50
Kenilworth Dri. Cann —5D 8
Kenilworth Dri. Kidd —7L 149
Kenilworth Dri. Nun —6G 79
Kenilworth Ho. Wals —3J 39
(off Providence La.)
Kenilworth M. Ken —4F 190
Kenilworth Rd. Bal C & Ken —8G 141
Kenilworth Rd. Birm —8L 69
Kenilworth Rd. Col —8A 98
Kenilworth Rd. Cov —7K 165
Kenilworth Rd. Cubb —3C 212
Kenilworth Rd. H Ard —3D 140
Kenilworth Rd. Ken —1H 191
Kenilworth Rd. Ken & B'dwn —1J 211
Kenilworth Rd. Know —3K 161
Kenilworth Rd. Lich —3H 19
Kenilworth Rd. Mer —7C 118
Kenilworth Rd. O'bry —1K 111
Kenilworth Rd. Pert —5F 34
Kenilworth Rd. Tam —5E 32
Kenilworth St. Lea S —8M 211
Kenilworth Tourist Info. Cen. —5F 190
Kenley Gro. Birm —6H 135
Kenley Way. Sol —5K 137
Kenmare Way. Wolv —5J 37
Kenmore Av. Cann —2F 8
Kenmore Dri. Hinc —7B 84
Kenmure Rd. Birm —2C 116
Kennan Av. Lea S —2M 215
Kennedy Clo. Kidd —6M 149
Kennedy Clo. S Cold —5J 57
Kennedy Clo. Tam —8C 32
Kennedy Cres. Dud —5D 64
Kennedy Cres. W'bry —2C 52
Kennedy Cft. Birm —2A 116
Kennedy Dri. Rugby —7J 171
Kennedy Gro. Birm —3H 135
Kennedy Ho. O'bry —1H 111
Kennedy Rd. Wolv —6D 36 (2L 7)
Kennedy Sq. Lea S —8A 212
Kennedy Tower. Birm —3F 4
Kennerley Rd. Birm —3K 115
Kennet. Tam —8D 32
Kennet Clo. Cov —1J 145
Kennet Clo. Wals —7C 16
Kennet Gro. Birm —1F 96
Kenneth Gro. Birm —4A 70
Kennford Clo. Row R —3C 90
Kennington Rd. Wolv —4F 36
Kenpas Highway. Cov —3M 165
Kenrick Cft. Birm —7A 72
Kenrick Ho. W Brom —8L 67
Kenrick Way. W Brom —1K 91
(B70)
Kenrick Way. W Brom —8M 67
(B71)
Kensington Av. Birm —5A 114
Kensington Ct. Cov —8A 144
Kensington Ct. Nun —3C 78
Kensington Dri. S Cold —4F 42
Kensington Gdns. Cann —7C 8
Kensington Gdns. Stourb —8J 87
Kensington Pl. Cann —8J 9
Kensington Rd. Birm —7G 113
Kensington Rd. Cov —8M 143
Kensington Rd. W'hall —2B 38
Kensington St. Birm —3K 93
Kenstone Cft. Birm —2M 113
Kenswick Dri. Hale —7A 110
Kent Av. Tam —7M 31
Kent Av. Wals —6H 39
Kent Clo. A'rdge —8H 27
Kent Clo. Cov —3E 166
Kent Clo. Kidd —6L 149
Kent Clo. Wals —4L 39
Kent Clo. W Brom —2H 67
Kent Dri. Hinc —5E 84
Kenthurst Clo. Cov —5C 142
Kentish Rd. Birm & Midd I —1C 92
Kentmere Clo. Cov —7L 123
Kentmere Tower. Birm —3H 71
Kenton Av. Wolv —5M 35
Kenton Wlk. Birm —7F 112
Kent Pl. Cann —8L 9
Kent Pl. Dud —3G 89
Kent Rd. Hale —3E 110
Kent Rd. Redn —8F 132
Kent Rd. Stourb —2K 107
Kent Rd. Wals —6F 38
Kent Rd. W'bry —5J 53
Kent Rd. Wolv —2E 50
Kents Clo. Sol —6M 115
Kent St. Birm —1L 113 (8G 5)
Kent St. Dud —4E 64
Kent St. Wals —4L 39
Kent St. N. Birm —4F 92
Kent, The. Rugby —7G 173
Kentwell. Tam —2K 31
Kenward Cft. Birm —2M 111
Kenway. H'wd —2A 158
Kenwick Rd. Birm —5B 112
Kenwood Rd. Birm —6H 95
Kenwyn Grn. Exh —1H 123
Kenyon Clo. B'gve —8A 180
Kenyon Clo. Stourb —2A 108
Kenyon St. Birm —5J 93 (2D 4)
Kepler. Tam —2L 31
Keppel Clo. Rugby —8J 171
Keppel St. Cov —4E 144
Kerby Rd. Birm —5C 70
Keresley. —7M 121
Keresley Brook Rd. Cov —7M 121
Keresley Clo. Cov —7A 122
Keresley Clo. Sol —4C 138
Keresley Grn. Rd. Cov —8M 121
Keresley Gro. Birm —7M 111
Keresley Newland. —3M 121
Keresley Rd. Cov —1M 143
Kernthorpe Rd. Birm —5K 135
Kerr Dri. Tip —1L 65
Kerria Cen. Tam —5G 33
Kerria Ct. Birm —1K 113 (8E 4)
Kerria Rd. Tam —5H 33
Kerridge Clo. Wolv —7A 22
Kerrls Way. Bin —8A 146
Kerry Clo. Barw —2F 84
Kerry Clo. Birm —3M 133
Kerry Clo. Brie H —5C 88
Kerry Ct. Wals —1A 54
Kerry Hill. B'gve —3L 201
Kerrys Ho. Cov —7B 144
(off Windsor St.)
Kersley Gdns. Wolv —4M 37
Kerswell Clo. Redd —4B 204
Kerswell Dri. Shir —4M 159
Kesterton Rd. S Cold —4E 42
Kesterton Tower. Birm —4B 70
Kesteven Clo. Birm —3H 113
Kesteven Rd. W Brom —2J 67
Keston Rd. Birm —5M 55
Kestrel. Wiln —3G 47
Kestrel Av. Birm —1H 115
Kestrel Clo. Birm —3D 70
Kestrel Clo. Burb —3M 81
Kestrel Clo. Kidd —6L 149
Kestrel Cft. Bin —1M 167
Kestrel Dri. S Cold —4F 42
Kestrel Gro. Birm —1D 134
Kestrel Gro. Cann —8J 9
Kestrel Gro. W'hall —1C 38
Kestrel Ri. Wolv —2M 35
Kestrel Rd. Dud —1F 88
Kestrel Rd. Hale —2H 109
Kestrel Rd. O'bry —7F 90
Kestrel Way. Wals —7C 14
Keswick Clo. Nun —3A 80
Keswick Dri. Brow —1C 172
Keswick Dri. K'wfrd —3K 87
Keswick Grn. Lea S —8K 211
Keswick Gro. S Cold —7M 41
Keswick Ho. O'bry —5D 90
Keswick Rd. Sol —5M 115
Keswick Wlk. Cov —5M 145
Ketley Cft. Birm —2M 113
Ketley Fields. K'wfrd —4A 88
Ketley Hill Rd. Dud —1F 88
Ketley Rd. K'wfrd —3M 87
(in two parts)
Kettlebrook. —6B 32
Kettlebrook Rd. Shir —3B 160
Kettlebrook Rd. Tam —5C 32
Kettlehouse Rd. Birm —6M 55
Kettles Bank Rd. Dud —7B 64
(in two parts)
Kettles Wood Dri. Birm —7H 111
Kettlewell Clo. Warw —8E 210
Kettlewell Way. Birm —7F 96
Ketton Gro. Birm —2D 116
Keviliok St. Cov —3D 166
Kew Clo. Birm —6F 96
Kew Clo. Ken —4J 191
Kew Dri. Dud —7G 65
Kew Gdns. Birm —8K 95
Kew Rd. Rugby —5A 172
Kewstoke Clo. W'hall —8B 24
Kewstoke Cft. Birm —3L 133
Kewstoke Rd. W'hall —8B 24
Key Clo. Cann —6J 9
Keyes Dri. K'wfrd —8K 63
Keyes Dri. Rugby —7J 171
Key Hill. Birm —4H 93
Key Hill Dri. Birm —4H 93
Key Ind. Est. W'hall —6K 37
Keynell Covert. Birm —6J 135
Keynes Dri. Bils —3L 51
Keys Cres. W Brom —3J 67
Keyse Rd. S Cold —2M 57
Keys Pk. Rd. Cann —6J 9
Keyte Clo. Tip —4A 66
Keyway. W'hall —1A 52
Keyway Junct. W'hall —1B 52
Keyway, The. W'hall —8M 37
Keyworth Clo. Tip —4A 66
Khyser Clo. W'bry —2C 52
Kidd Cft. Tip —7C 52
Kidderminster. —3L 149
Kidderminster Railway Mus. —4M 149
Kidderminster Rd. Bew —6B 148
Kidderminster Rd. D'frd & B'gve —4C 178
Kidderminster Rd. Hag —4A 130
Kidderminster Rd. Ism & I'ley —3H 129
Kidderminster Rd. K'wfrd —1F 106
Kidderminster Rd. S. Hag —6L 129
Kidderminster Tourist Info. Cen. —4M 149
Kielder Clo. Cann —7L 9
Kielder Clo. Wals —6C 54
Kielder Dri. Nun —7E 78
Kielder Gdns. Stourb —8B 108
Kier's Bri. Clo. Tip —6A 66
Kilberry Clo. Hinc —8A 84
Kilburn Dri. Cov —6M 143
Kilburn Dri. K'wfrd —8L 63
Kilburn Gro. Birm —6M 55
Kilburn Pl. Dud —3K 89
Kilburn Rd. Birm —6M 55
Kilby Av. Birm —7G 93 (5A 4)
(in two parts)
Kilbye Clo. H'ley —4F 46
Kilby Grn. Hinc —3M 81
Kilby Gro. Syd —4C 216
Kilbys Gro. Birm —7F 68
Kilcote Rd. Shir —7C 136
Kildale Clo. Cov —6E 144 (3F 6)
Kildwick Way. Warw —8E 210
Kilmarie Clo. Hinc —8A 84
Kilmet Wlk. Smeth —4A 92
Kilmore Cft. Birm —8L 71
Kilmorie Rd. Birm —4J 115
Kilmorie Rd. Cann —7C 8
Kiln Clo. Lea S —7A 212
Kiln Clo. Nun —6E 78
Kiln Clo. Stud —5J 209
Kiln Cft. Row R —5A 90
Kiln La. Birm —3H 115
Kiln La. Shir —4G 159
Kilnsey Gro. Warw —8E 210
Kiln Way. Pole —8M 33
Kiln Way. Shil —2E 124
Kilpeck Clo. Redd —7M 205
Kilsby. —6M 199
Kilsby Gro. Sol —1C 160
Kilsby La. Rugby —2J 199
Kilsby Rd. Barby —8J 199
Kilvert Rd. W'bry —7H 53
Kilworth Rd. Rugby —2H 199
Kimbells Wlk. Know —3J 161
Kimberlee Av. Cookl —5B 128
Kimberley. Wiln —2F 46
Kimberley Av. Birm —4E 94
Kimberley Clo. Cov —5F 142
Kimberley Clo. Redd —2H 205
Kimberley Clo. S Cold —6A 42
Kimberley Pl. Cose —2H 65
Kimberley Rd. Bag —7E 166
Kimberley Rd. Bed —5J 103
Kimberley Rd. Rugby —5B 172
Kimberley Rd. Smeth —2A 92
Kimberley Rd. Sol —7A 116
Kimberley St. Wolv —8A 36
Kimberley Wlk. Min —3D 72
Kimble Clo. Cov —5H 143
Kimble Gro. Birm —6K 71
Kimbolton Dri. B'wll —4G 181
Kimpton Clo. Birm —7L 135
Kimsan Cft. S Cold —2A 56
Kinchford Clo. Sol —1C 160
Kineton Clo. Redd —8K 205
Kineton Cft. Birm —1K 133
Kineton Grn. Rd. Sol —1K 137
Kineton La. H'ley H —8M 159
Kineton Ri. Dud —7C 50
Kineton Rd. Cov —3J 145
Kineton Rd. Ken —5J 191
Kineton Rd. Redn —2E 154
Kineton Rd. S Cold —8E 56
Kinfare Dri. Wolv —5H 35
Kinfare Ri. Dud —5E 64
King Alfreds Pl. Birm —7J 93 (5C 4)
King Charles Av. Wals —7E 38
King Charles Clo. Kidd —3J 149
King Charles Ct. K'sdng —7B 56
King Charles Rd. Hale —5F 110
King Charles Sq. Kidd —3L 149
King Edmund St. Dud —7H 65
(in two parts)
King Edward Av. B'gve —5M 179
King Edward Rd. Birm —6M 113
King Edward Rd. B'gve —4M 179
King Edward Rd. Cov —5E 144
King Edward Rd. Nun —5K 79
King Edward Rd. Rugby —5B 172
King Edwards Clo. Birm —1H 93
King Edwards Gdns. Birm —2H 93
King Edwards Rd. Birm —7H 93 (5B 4)
(nr. Edward St.)
King Edwards Rd. Birm —6G 93 (3A 4)
(nr. Ladywood Middleway)
King Edward's Row. Wolv —1C 50 (8J 7)
King Edwards Sq. S Cold —3J 57
King Edward St. W'bry —3D 52
Kingfield Ind. Est. Cov —3C 144
Kingfield Rd. Cov —3C 144
Kingfield Rd. Shir —7C 136
Kingfisher. Wiln —3G 47
Kingfisher Av. Nun —4C 78
Kingfisher Bus. Pk. Redd —6G 205
Kingfisher Clo. Birm —3A 116
Kingfisher Clo. Dud —7C 50
Kingfisher Ct. A'chu —2A 182
Kingfisher Dri. Birm —1G 97
Kingfisher Dri. Cann —5J 9
Kingfisher Dri. Stourb —6J 107
Kingfisher Gro. Kidd —6B 150
Kingfisher Gro. W'hall —1B 38
Kingfisher Shop. Cen. Redd —5E 204
Kingfisher Vw. Birm —4A 96
Kingfisher Wlk. Redd —5D 204
Kingfisher Way. Birm —1D 134
King George Av. B'gve —5M 179
King George Clo. B'gve —5L 179
King George Cres. Wals —3B 40
King George Pl. Wals —3B 40
King George's Av. Bed —4H 103
King George's Av. Cov —7E 122
King George's Ct. Long L —4G 171
King George VI Av. Wals —1C 54
King George's Way. Hinc —2H 81
Kingham Clo. Dud —7C 64
Kingham Clo. Redd —5M 205
Kingham Covert. Birm —7K 135
Kingland Dri. Lea S —8J 211
King Richard Rd. Hinc —7C 84
King Richard St. Cov —6F 144
Kings Av. Cann —5J 9
Kings Av. Tiv —7B 66
Kingsbridge Rd. Birm —8K 111
Kingsbridge Rd. Nun —3K 79
Kingsbridge Wlk. Smeth —4B 92
Kingsbrook Dri. Sol —1B 160
Kingsbury. —4D 60
Kingsbury Av. Birm —6K 71
Kingsbury Clo. Min —4D 72
Kingsbury Clo. Wals —5B 40
Kingsbury Ind. Pk. Min —3E 72
Kingsbury Link. Picc —8G 47
Kingsbury Rd. Birm & Erd —7E 70
Kingsbury Rd. Cas V —6M 71
Kingsbury Rd. Cov —3K 143
Kingsbury Rd. Curd & Mars —2H 73
Kingsbury Rd. Mars —6B 60
Kingsbury Rd. Min —4C 72
Kingsbury Rd. Tip —1A 66
Kingsbury Water Pk. —3B 60
Kingsbury Water Pk. Vis. Cen. —5A 60
Kings Bus. Pk. Gt Barr —6L 55
Kingsclere Wlk. Wolv —3J 49
Kingscliff Rd. Birm —1G 115
King's Clo. Birm —3J 135
Kingscote Clo. Redd —2K 205
Kingscote Gro. Cov —5A 166
Kingscote Rd. Birm —3D 112
Kingscote Rd. Dorr —7E 160
Kings Ct. S Cold —6H 43
Kings Ct. W'bry —6E 52
Kings Cft. Birm —4A 116
Kings Cft. Cann —5L 9
Kings Cft. Cas B —2F 96
Kingscroft Clo. S Cold —2A 56
Kingscroft Rd. S Cold —1A 56
Kingsdene Av. K'wfrd —5J 87
Kingsdown Av. Birm —3F 68
Kingsdown Rd. Birm —8M 111
Kingsdown Rd. Burn —8D 10
Kingsfield Rd. Barw —2H 85
Kingsfield Rd. Birm —1L 135
Kingsford. —1H 127
Kingsford Clo. Birm —8D 72
Kingsford Country Pk. —1K 127
Kingsford La. W'ley —3H 127
Kingsford Nouveau. K'wfrd —4A 88
Kings Gdns. Bed —7J 103
Kings Gdns. Birm —5E 134
Kingsgate Ho. Birm —7G 97
Kings Grn. Av. Birm —7F 134
Kings Gro. Cov —6H 145
Kingshayes Rd. Wals —7H 27
King's Heath. —2A 136
King's Hill. —4E 52
Kings Hill Bus. Pk. W'bry —5E 52
Kings Hill Clo. W'bry —4E 52
(in two parts)
Kingshill Dri. Birm —7F 134
Kings Hill Fld. W'bry —4E 52
King's Hill La. Cov —8M 165
Kings Hill M. W'bry —4D 52
King's Hill Rd. Lich —3J 19
Kingshurst. —4G 97
Kingshurst. Rad S —3E 216
Kingshurst Ho. Birm —4F 96
Kingshurst Rd. Birm —6A 134
Kingshurst Rd. Shir —8F 136
Kingshurst Way. Birm —5F 96
Kingsland Av. Cov —7M 143
Kingsland Dri. Birm —6E 160
Kingsland Rd. Birm —5L 55
Kingsland Rd. Wolv —6B 36
Kingslea Rd. Sol —7L 137
Kingsleigh Dri. Birm —1A 96
Kingsleigh Rd. Birm —7H 69
Kingsley Av. Cann —2J 9
Kingsley Av. Redd —6G 205
Kingsley Av. Rugby —8E 172
Kingsley Av. Wolv —5H 35

Langley Hall Rd.—Lexington Grn.

Langley Hall Rd. Sol —2J 137
Langley Hall Rd. S Cold —4B 58
Langley Heath Dri. S Cold —6M 57
Langley High St. O'bry —4G 91
Langley Ri. Sol —6E 116
Langley Rd. Birm —1D 114
Langley Rd. Lea S —5A 216
Langley Rd. O'bry —5H 91
Langley Rd. Wolv —4E 48
Langleys Rd. Birm —8E 112
Langlodge Rd. Cov —7B 122
Langmead Clo. Wals —6D 38
Langnor Rd. Cov —3J 145
Langsett Rd. Wolv —5E 36
Langstone Rd. Birm —7B 136
Langstone Rd. Dud —8E 64
Langton Clo. Bin —1L 167
Langton Clo. Birm —3H 97
Langton Ct. Lich —8G 13
Langton Pl. Bils —3A 52
Langton Rd. Birm —5E 94
Langton Rd. Rugby —8E 172
Langtree Av. Sol —8B 138
Langtree Clo. Cann —8K 9
Langwood Clo. Cov —2H 165
Langwood Ct. Birm —1B 96
Langworth Av. Birm —4J 115
Lannacombe Rd. Birm —3L 155
Lansbury Av. W'bry —5C 52
Lansbury Clo. Cov —2L 145
Lansbury Dri. Cann —5E 8
Lansbury Grn. Crad H —1B 110
Lansbury Rd. Crad H —1B 110
Lansbury Wlk. Tip —1A 66
Lansdowne Av. Cod —7E 20
Lansdowne Cir. Lea S —8A 212
Lansdowne Clo. Bed —6G 103
Lansdowne Clo. Cose —2G 65
Lansdowne Ct. Stourb —8B 108
Lansdowne Cres. Lea S —8A 212
Lansdowne Cres. Stud —6K 209
Lansdowne Cres. Tam —8D 32
Lansdowne Ho. Birm —1K 113 (8E 4)
Lansdowne Pl. Rugby —7D 172
Lansdowne Rd. Bils —2L 51
Lansdowne Rd. Erd —6F 70
Lansdowne Rd. Hand —2G 93
Lansdowne Rd. Hay G —7K 109
Lansdowne Rd. H Grn —1F 110
Lansdowne Rd. Lea S —8A 212
Lansdowne Rd. Stud —6K 209
Lansdowne Rd. Wolv —6B 36 (2G 7)
Lansdowne St. Birm —5F 92
(in two parts)
Lansdowne St. Cov —6F 144
Lansdowne St. Lea S —8A 212
Lansdown Grn. Kidd —4H 149
Lansdown Pl. Birm —4F 92
Lant Clo. Cov —1B 164
Lantern Rd. Dud —7J 89
Lapal. —6F 110
Lapal La. Birm —7G 111
Lapal La. N. Hale —6E 110
Lapal La. S. Hale —6E 110
Lapley Clo. Wolv —7H 37
Lapper Av. Wolv —6F 50
Lapwing. Wiln —3G 47
Lapwing Clo. Kidd —8B 150
Lapwing Clo. Wals —8C 14
Lapwing Dri. H Ard —2B 140
Lapwood Av. K'wfrd —3M 87
Lapworth. —6E 186
Lapworth Clo. Redd —2F 208
Lapworth Dri. S Cold —6C 56
Lapworth Gro. Birm —3M 113
Lapworth Mus. —6F 112
Lapworth Oaks. Lapw —6K 187
Lapworth Rd. Cov —7J 123
Lapworth St. Lapw —6H 187
Lara Clo. Harb —1B 112
Lara Gro. Tip —7A 66
Larch Av. Birm —7D 68
Larch Clo. Kinv —6C 106
Larch Clo. Lich —2L 19
Larch Clo. Rugby —7H 171
Larch Cft. Birm —7H 97
Larch Cft. Tiv —7B 66
Larches Cottage Gdns. Kidd —6J 149
Larches La. Wolv —7A 36
Larches Pas. Birm —3A 114
Larches Rd. Kidd —6K 149
Larches St. Birm —3A 114
Larches, The. Exh —1G 123
Larches, The. K'bry —2D 60
Larchfield Clo. Birm —6H 69
Larchfields. Wols —5G 169
Larch Gro. Dud —2E 64
Larch Gro. Warw —8G 211
Larch Ho. Birm —6F 68
(B20)
Larch Ho. Birm —1M 95
(B36)
Larchmere Dri. Birm —1F 136
Larchmere Dri. B'gve —6L 179
Larchmere Dri. Ess —6B 24
Larch Rd. K'wfrd —3L 87
Larch Tree Av. Cov —6G 143
Larch Wlk. Birm —1H 115
Larchwood Cres. S Cold —1L 55
Larchwood Dri. Cann —5G 9
Larchwood Grn. Wals —5B 54
Larchwood Rd. Exh —1H 123
Larchwood Rd. Wals —5A 54
Larcombe Dri. Wolv —4D 50
Larford Wlk. Stour S —8F 174
Large Av. W'bry —5C 52
Lark Clo. Birm —7A 136
Larkfield Av. Birm —1B 96
Larkfield Rd. Redd —8G 205
Larkfield Way. Cov —3G 143
Larkhill. —1L 149
Larkhill. Kidd —2L 149
Larkhill Rd. Stourb —5J 107
Larkhill Wlk. Birm —8K 135
Larkin Clo. Bulk —6B 104
Larkin Clo. Wolv —8G 23
Lark Mdw. Dri. Birm —6E 96
Larksfield M. Brie H —2C 108
(off Hillfields Rd.)
Larks Mill. Pels —5L 25
Larkspur. Dost —5D 46
Larkspur. Rugby —1D 172
Larkspur Av. Burn —4G 17
Larkspur Ct. Bed —1C 122
Larkspur Cft. Birm —1K 95
Larkspur Dri. F'stne —2H 23
Larkspur Rd. Dud —1M 89
Larkspur Way. Clay —3D 26
Larkswood Dri. Dud —2D 64
Larkswood Dri. Wolv —6J 49
Larne Rd. Birm —2A 116
Lashbrooke Ho. Redn —2F 154
Lash Hill. —1M 81
Lash Hill Path. Hinc —1L 81
Lassington Clo. Redd —5L 205
Latches Clo. Darl —3E 52
Latchford Clo. Redd —3L 205
Latelow Rd. Birm —7A 96
Latham Av. Birm —2E 68
Latham Cres. Tip —6A 66
Latham Rd. Cov —7A 144
Lath La. Smeth —1K 91
Lathom Gro. Birm —4M 95
Latimer Clo. Ken —7F 190
Latimer Gdns. Birm —2K 113
Latimer Pl. Birm —3E 92
Latimer Rd. A'chu —4A 182
Latimer St. W'hall —6B 38
Latymer Clo. S Cold —2A 72
Lauder Clo. Dud —8C 50
Lauder Clo. W'hall —8K 37
Lauderdale Av. Cov —6D 122
Lauderdale Clo. Clay —3E 26
Lauderdale Clo. Rugby —5H 171
Lauderdale Gdns. Wolv —6E 22
Launce Gro. H'cte —7M 215
Launceston Clo. Tam —7D 32
Launceston Clo. Wals —2D 54
Launceston Dri. Nun —5M 79
Launceston Rd. Wals —2D 54
Launde, The. Birm —6E 136
Laundry Rd. Smeth —6C 92
Laureates Wlk. S Cold —8G 43
Laurel Av. Birm —4A 114
Laurel Bank. Tam —3B 32
Laurel Bank M. B'wll —5F 180
Laurel Clo. Cov —7L 123
Laurel Clo. Dud —6G 65
Laurel Clo. Lich —1K 19
Laurel Clo. Redd —7E 204
Laurel Ct. Mose —7M 113
Laurel Dri. Burn —2J 17
Laurel Dri. Cann —5L 9
Laurel Dri. Harts —1A 78
Laurel Dri. Rugby —8H 171
Laurel Dri. Smeth —1A 92
Laurel Dri. S Cold —1L 55
Laurel Gdns. A Grn —4J 115
Laurel Gdns. Birm —8E 68
Laurel Gdns. Rugby —1M 197
Laurel Gro. Bils —5A 52
Laurel Gro. Birm —3E 134
Laurel Gro. B'gve —5M 179
Laurel Gro. Wolv —2K 49
Laurel La. Hale —6B 110
Laurel Rd. Dud —5F 64
Laurel Rd. Hand —8E 68
Laurel Rd. K Nor —5G 135
Laurel Rd. Tip —2M 65
Laurel Rd. Wals —5B 54
Laurels Cres. Bal C —3J 163
Laurels, The. Bed —7E 102
Laurels, The. Birm —4C 116
(B26)
Laurels, The. Birm —6F 92
(off Marroway St., B16)
Laurels, The. K'bry —2D 60
Laurels, The. Smeth —5C 92
Laurel Ter. Aston —8M 69
Laurence Ct. Birm —4B 134
Laurence Gro. Wolv —2L 35
Lauriston Clo. Dud —6F 64
Lavender Av. Cov —4L 143
Lavender Clo. Pend —6M 21
Lavender Clo. Rugby —1E 172
Lavender Ct. W Brom —2J 67
(off Sussex Av.)
Lavender Gro. Bils —3M 51
Lavender Hall La. Berk —1H 163
Lavender La. Stourb —6K 107
Lavender Rd. Dud —6H 65
Lavender Rd. Tam —5F 32
Lavendon Rd. Birm —4H 69
Lavenham Clo. Nun —1C 104
Lavinia Rd. Hale —6E 110
Law Cliff Rd. Birm —3H 69
Law Clo. Tiv —7D 66
Lawden Rd. Birm —1B 114 (8M 5)
Lawford Av. Lich —2L 19
Lawford Clo. Bin —8L 145
Lawford Clo. Birm —6A 94 (3M 5)
Lawford Gro. Birm —1L 113
Lawford Gro. Shir —7D 136
Lawford Heath. —2C 196
Lawford Heath Ind. Est. Law H —2B 196
Lawford Heath La. Law H —3B 196
Lawford La. Rugby —7H 171
Lawford Rd. Lea S —4B 216
Lawford Rd. Rugby —5J 171
Lawfred Av. Wolv —4K 37
Lawley Clo. Cov —7G 143
Lawley Clo. Wals —8B 26
Lawley Middleway. Birm —5A 94 (2L 5)
Lawley Rd. Bils —3H 51
Lawley St. Dud —8G 65
Lawley St. W Brom —6F 66
Lawley, The. Hale —8K 109
Lawn Av. Stourb —5L 107
Lawn La. Coven —4M 21
Lawn Oaks Clo. Wals —7D 16
Lawn Rd. Wolv —3F 50
Lawnsdale Clo. Col —2M 97
Lawnsdown Rd. Brie H —2F 108
Lawnsfield Gro. Birm —3D 70
Lawnside Grn. Bils —1K 51
Lawns, The. Bed —7D 102
Lawns, The. Hinc —1L 81
Lawns, The. Kils —7M 199
Lawn St. Stourb —5L 107
Lawns Wood. —7G 87
Lawns Wood. Hinc —1G 81
Lawnswood. Stourb —5G 87
Lawnswood. S Cold —1A 72
Lawnswood Av. Burn —4F 16
Lawnswood Av. P'flds —5E 50
Lawnswood Av. Shir —6K 137
Lawnswood Av. Stourb —5J 87
Lawnswood Av. Tett —1L 35
Lawnswood Clo. Cann —8K 9
Lawnswood Dri. Stourb —7G 87
Lawnswood Dri. Wals —6G 27
Lawnswood Gro. Birm —8C 68
Lawnswood Ri. Wolv —1M 35
Lawnswood Rd. Dud —4D 64
Lawnswood Rd. Stourb —6J 87
Lawnwood Rd. Dud —7H 89
Lawrence Av. Hth T —5G 37
Lawrence Av. Wed —3M 37
Lawrence Ct. O'bry —1H 111
Lawrence Ct. Tam —3A 32
Lawrence Dri. Min —3D 72
Lawrence Gdns. Ken —3F 190
Lawrence La. Crad H —8L 89
Lawrence Rd. Exh —1G 123
Lawrence Rd. Rugby —6D 172
Lawrence Saunders Rd. Cov —4A 144
Lawrence Sheriff St. Rugby —6A 172
Lawrence St. Stourb —3C 108
Lawrence St. W'hall —6A 38
Lawrence Tower. Birm —3H 5
Lawrence Wlk. Birm —5K 55
Lawson Clo. Wals —5H 41
Lawson St. Birm —5L 93 (2H 5)
Law St. W Brom —4J 67
Lawton Av. Birm —7H 113
Lawton Clo. Hinc —1F 80
Lawton Clo. Row R —3D 90
Lawyers Wlk. Wals —8M 39
Laxey Rd. Birm —6D 92
Laxford Clo. Birm —3L 113
Laxford Clo. Hinc —1F 80
Lax Lane. Bew —6B 148
Laxton Clo. K'wfrd —4A 88
Laxton Dri. Bew —2B 148
Laxton Gro. Birm —8K 95
Layamon Wlk. Stour S —8E 174
Lay Gdns. Rad S —4E 216
Lazy Hill. Birm —7H 135
Lazy Hill. Ston —7J 27
Lazy Hill Rd. A'rdge —1H 41
Lea Av. W'bry —8D 52
Lea Bank. Wolv —7J 35
Lea Bank Av. Kidd —4G 149
Lea Bank Rd. Dud —6H 89
Leabon Gro. Birm —5C 112
Leabrook. Birm —1M 115
Leabrook Rd. Tip & W'bry —8C 52
Leabrook Rd. N. W'bry —8D 52
Lea Castle Clo. Kidd —8M 127
Lea Causeway, The. Kidd —4G 149
Leach Grn. La. Redn —2G 155
Leach Heath La. Redn —2F 154
Leacliffe Way. Wals —6M 41
Leacote Dri. Wolv —5J 35
Lea Cres. Rugby —3K 171
Leacrest Rd. Cov —7A 122
Leacroft. —3F 14
Leacroft. W'hall —2C 38
Leacroft Av. Wolv —1E 36
Leacroft Clo. Wals —8H 27
Leacroft Gro. W Brom —1H 67
Leacroft La. Cann —1G 15
Lea Cft. La. C'bri —4F 14
Leacroft Rd. K'wfrd —1L 87
Lea Cft. Rd. Redd —4D 208
Leadbeater Ho. Wals —1H 39
(off Somerfield Rd.)
Leadbetter Dri. B'gve —7K 179
Lea Dri. Birm —3A 116
Lea End. —6F 156
Lea End La. A'chu & Birm —5C 156
Leaf Ct. Cov —5D 166
Leafdown Clo. Cann —5K 9
Leafenden Av. Burn —3G 17
Leafield Clo. Cov —8M 123
Leafield Cres. Birm —4A 96
Leafield Gdns. Hale —1D 110
Leafield Rd. Sol —8B 116
Leaf La. Cov —5E 166
Lea Ford Rd. Birm —5C 96
Leaford Way. K'wfrd —4M 87
Leafy Glade. S Cold —6A 42
Leafy La. Earls —1H 185
Leafy Ri. Dud —5D 64
Lea Gdns. Wolv —1B 50 (8G 7)
Leagh Clo. Ken —2H 191
Lea Grn. Av. Tip —4J 65
Lea Grn. La. Wyt —3C 158
Lea Hall Dri. C Ter —8D 10
Lea Hall Rd. Birm —6A 96
Leahill Cft. Birm —7F 96
Lea Hill Rd. Birm —7J 69
Leaholme Ct. Cov —1M 165
Leaholme Gdns. Stourb —7B 108
Leahouse Gdns. O'bry —6G 91
Lea Ho. Rd. Birm —2G 135
Leahouse Rd. O'bry —6G 91
Leahurst Cres. Birm —5C 112
Lea La. Cookl —6L 127
Lea La. Wals —6G 15
Lea Mnr. Dri. Wolv —6L 49
Lea Marston. —2A 74
Leam Clo. Nun —8M 79
Leam Cres. Sol —8B 116
Leam Dri. Burn —2K 17
Leam Grn. Cov —4K 165
Leamington Clo. Cann —1C 14
Leamington Rd. Bal H —4B 114
Leamington Rd. Cov —1B 166
Leamington Rd. Ken —7G 191
Leamington Rd. Prin —8A 194
Leamington Rd. Ryton D —1A 194
Leamington Spa Art Gallery & Mus. —2M 215
Leamonsley. —2F 18
Leamore. —4H 39
Leamore Clo. Wals —2G 39
Leamore Enterprise Pk. Wals
(in two parts) —2G 39
Leamore Ind. Est. Wals —3H 39
Leamore La. Wals —2G 39
Leamount Dri. Birm —7C 56
Leam Rd. Lea S —2K 215
Leam St. Lea S —2B 216
Leam Ter. Lea S —2A 216
Leam Ter. E. Lea S —1B 216
Leander Clo. Burn —8D 10
Leander Clo. Wals —8F 14
Leander Gdns. Birm —4M 135
Leander Rd. Stourb —5F 108
Leandor Dri. S Cold —2A 56
Lea Pk. Ri. B'gve —4M 179
Leapgate La. Stour S & Hartl —4K 175
Lear Gro. H'cte —5L 215
Lea Rd. Birm —5D 114
Lea Rd. Wolv —2A 50 (8G 7)
Lear Rd. Wom —1H 63
Leas Clo. Bed —6G 103
Leason La. Wolv —1G 37
Leasow Dri. Birm —6D 112
Leasowe Dri. Pert —5D 34
Leasowen Country Pk., The. —5D 110
Leasowe Rd. Redn —1F 154
Leasowe Rd. Tip —5L 65
Leasowes Av. Cov —5M 165
Leasowes Dri. Wolv —3K 49
Leasowes La. Hale —4D 110
(in two parts)
Leasowes Rd. Birm —8M 113
Leasowe, The. Lich —8G 13
Leasow, The. Wals —4E 40
Leas, The. F'stne —2J 23
Lea St. Kidd —4M 149
Lea, The. Birm —7A 96
Lea, The. Kidd —4G 149
Leatherhead Clo. Birm —3M 93
Lea Va. Rd. Stourb —7M 107
Leavesden Gro. Birm —4A 116
Lea Vw. Wals —4E 40
Lea Vw. W'hall —4A 38
Lea Wlk. Redn —1F 154
Leaward Clo. Nun —7E 78
Leawood Gro. Kidd —4G 149
Lea Yield Clo. Birm —2G 135
Lebanon Gro. Burn —1F 16
Lechlade Clo. Redd —2H 205
(in two parts)
Lechlade Rd. Birm —1E 68
Leckie Rd. Wals —5L 39
Ledbrook Rd. Lea S —4D 212
Ledbury Clo. Birm —7G 93
Ledbury Clo. Redd —7M 205
Ledbury Clo. Wals —8J 27
Ledbury Dri. Wolv —8H 37
Ledbury Ho. Birm —7E 96
Ledbury Ho. Redd —5B 204
Ledbury Rd. Lea S —3C 216
Ledbury Way. S Cold —1A 72
Ledsam Gro. Birm —3M 111
Ledsam St. Birm —7G 93
Lee Bank. —1J 113 (8D 4)
Lee Bank Middleway. Birm —1J 113 (8C 4)
Leebank Rd. Hale —7L 109
Leech St. Tip —4C 66
Lee Clo. Warw —7E 210
Lee Ct. Wals —6F 26
Lee Cres. Birm —1J 113
Leecrofts, The. Earl S —1M 85
Leeder Clo. Cov —7C 122
Leedham Av. Tam —4D 32
Lee Gdns. Smeth —4L 91
Leek Wootton. —3F 210
Leeming Clo. Cov —4J 165
Lee Rd. Crad H —1M 109
Lee Rd. H'wd —2A 158
Lee Rd. Lea S —2L 215
Leeson Wlk. Birm —5D 112
Lees Rd. Bils —6M 51
Lees St. Birm —4F 92
Lees Ter. Bils —6M 51
Lee St. W Brom —1G 67
Lee, The. Cov —5J 143
Lee Wlk. Cann —5H 9
Legge La. Bils —7K 51
Legge La. Birm —6H 93 (3B 4)
Legge St. Birm —5M 93 (1J 5)
Legge St. W Brom —6K 67
Legge St. Wolv —3E 50
Legion Clo. Cann —3A 16
Legion Rd. Redn —2E 154
Legs La. Wolv —5E 22
Le Hanche Clo. Ker E —2A 122
Leicester Causeway. Cov —5D 144 (1D 6)
Leicester Clo. Smeth —8L 91
Leicester Ct. Bulk —7C 104
Leicester Ct. Lea S —8B 212
Leicester La. Lea S —4A 212
Leicester Pl. W Brom —2J 67
Leicester Rd. Bed —5H 103
Leicester Rd. Hinc —8E 84
Leicester Rd. Nun —4K 79
Leicester Rd. Rugby —4A 172
Leicester Rd. Sap —2K 83
Leicester Rd. Sharn —5H 83
Leicester Rd. Shil —4E 124
(nr. Church Rd.)
Leicester Rd. Shil —1A 146
(nr. Parkway)
Leicester Rd. Wlvy —4L 105
Leicester Row. Cov —5C 144 (2C 6)
Leicester Sq. Wolv —6A 36
Leicester St. Bed —6H 103
Leicester St. Bulk —7C 104
Leicester St. Lea S —8A 212
Leicester St. Wals —7L 39
Leicester St. Wolv —5B 36 (1G 7)
Leigham Dri. Birm —2A 112
Leigh Av. Burn —2H 17
Leigh Av. Cov —6C 166
Leigh Clo. Wals —5A 40
Leigh Ct. Wals —6A 40
(off Leigh Rd.)
Leigh Rd. Birm —3E 94
Leigh Rd. S Cold —3B 58
Leigh Rd. Swift I —1M 171
Leigh Rd. Wals —6A 40
Leighs Clo. Pels —8C 26
Leighs Rd. Pels —8B 26
Leigh St. Cov —5E 144
Leighswood. —1G 41
Leighswood Av. Wals —2G 41
Leighswood Clo. Cann —4M 15
Leighswood Ct. Wals —3H 41
Leighswood Gro. Wals —2G 41
Leighswood Ind. Est. Wals
(nr. Brickyard Rd.) —8F 26
Leighswood Ind. Est. Wals
(nr. Vigo Pl.) —2G 41
Leighswood Rd. Wals —2G 41
Leigh Ter. H'ham —4M 213
Leighton Clo. Birm —6J 55
Leighton Clo. Cov —7K 165
Leighton Clo. Dud —7E 64
Leighton Clo. Lea S —5C 212
Leighton Cres. Elme —4M 85
Leighton Rd. Bils —5A 52
Leighton Rd. Birm —7M 113
Leighton Rd. Wolv —3M 49
Leisure Wlk. Wiln —3F 46
Leith Gro. Birm —1E 156
Lelant Gro. Birm —4A 112
Lellow St. W Brom —1H 67
Le More. S Cold —7G 43
Lemox Rd. W Brom —1G 67
Lench Clo. Birm —7M 113
Lench Clo. Hale —8C 90
Lench Clo. Redd —4A 204
Lenchs Grn. Birm —2L 113
Lench St. Birm —5L 93 (2H 5)
Lenchs Trust. Birm —3K 111
Lench's Trust Houses. Birm
(nr. Conybere St.) —2M 113
Lench's Trust Houses. Birm
(nr. Ravenhurst St.) —1A 114
Lenchville. Kidd —8A 128
Len Davis Rd. W'hall —2B 38
Lennard Gdns. Smeth —3D 92
Lennon Clo. Rugby —1J 199
Lennox Clo. Cov —3L 167
Lennox Gdns. Wolv —1A 50
Lennox Gro. S Cold —2G 71
Lennox St. Birm —3K 93
Lenton Cft. Birm —5L 115
Lenton's La. Cov —4K 123
Lenwade Rd. O'bry —1K 111
Leofric St. Cov —4A 144
Leomansley Clo. Lich —2F 18
Leomansley Ct. Lich —2E 18
Leomansley Rd. Lich —2F 18
Leomansley Vw. Lich —2E 18
Leominster Ho. Birm —7E 96
Leominster Rd. Birm —6E 114
Leominster Wlk. Redn —1F 154
Leonard Av. Birm —1K 93
Leonard Av. Kidd —8A 128
Leonard Gro. Birm —1K 93
Leonard Perkins Ho. Bulk
(off Elm Tree Rd.) —7D 104
Leonard Rd. Birm —1J 93
Leonard Rd. Stourb —4J 107
Leopold Av. Birm —4E 68
Leopold Rd. Cov —5F 144
Leopold St. Birm —1M 113
Lepid Gro. Birm —7D 112
Lerryn Clo. K'wfrd —4M 87
Lerwick Clo. K'wfrd —4M 87
Lesingham Dri. Cov —8E 142
Lesley Dri. K'wfrd —5L 87
Leslie Bentley Ho. Birm —4C 4
Leslie Dri. Tip —8A 52
Leslie Ri. Tiv —1C 90
Leslie Rd. Edg —7F 92
Leslie Rd. Hand —7K 69
Leslie Rd. S Cold —7B 42
Leslie Rd. Wolv —4F 36
Lesscroft Clo. Wolv —6A 22
Lester Gro. Wals —7L 41
Lester St. Bils —4M 51
Lestock Clo. Rugby —7J 171
Leswell Gro. Kidd —3M 149
Leswell La. Kidd —3M 149
Leswell St. Kidd —3M 149
Letchlade Clo. Cov —1J 145
Levante Gdns. Birm —7K 95
Leve La. W'hall —7B 38
Level St. Brie H —6D 88
Leven Clo. Hinc —8B 84
Leven Cft. S Cold —2A 72
Leven Dri. W'hall —8B 24
Leven Way. Cov —1A 146
Levenwick Way. K'wfrd —4A 88
Leverretts, The. Birm —7C 68
Lever Rd. Rugby —8G 173
Lever St. Wolv —1D 50 (7K 7)
Leverton Ri. Wolv —3C 36
Leveson Av. Wals —7E 14
Leveson Clo. Dud —1L 89
Leveson Ct. W'hall —7A 38
Leveson Cres. Bal C —3J 163
Leveson Dri. Tip —4L 65
Leveson Rd. Wolv —1M 37
Leveson St. W'hall —7A 38
Leveson Wlk. Dud —1L 89
Levett Rd. Tam —4H 33
Levetts Fields. Lich —2J 19
Levetts Hollow. Cann —6K 9
Levett's Sq. Lich —2H 19
Levington Clo. Wolv —5F 34
Levy Clo. Rugby —5M 171
Lewis Av. Wolv —6H 37
Lewis Clo. Lich —2L 19
Lewis Clo. W'hall —4D 38
Lewis Gro. Wolv —3K 37
Lewisham Ind. Est. Smeth —2B 92
Lewisham Rd. Smeth —2A 92
Lewisham Rd. Wolv —7B 22
Lewisham St. W Brom —5K 67
Lewis Rd. Birm —2J 135
Lewis Rd. Cov —4D 144
Lewis Rd. O'bry —2H 111
Lewis Rd. Rad S —5E 216
Lewis Rd. Stourb —4D 108
Lewis St. Bils —3L 51
Lewis St. Tip —4D 66
Lewis St. Wals —5K 39
Lewthorn Ri. Wolv —5D 50
Lexington Ct. Nun —4H 79
Lexington Grn. Brie H —2C 108

Leybourne Cres.—Lloyd Dri.

Leybourne Cres. Wolv —7M 21
Leybourne Gro. Birm —3H 115
Leybrook Rd. Redn —1H 155
Leyburn Clo. Cov —7D 122
Leyburn Clo. Nun —7A 80
Leyburn Clo. Wals —5D 38
Leyburn Clo. Warw —8E 210
Leyburn Rd. Birm —8G 93
Leycester Clo. Birm —2A 156
Leycester Pl. Warw —3E 214
Leycester Rd. Ken —7F 190
Leycroft Av. Birm —5D 96
Leydon Cft. Birm —7H 135
Leyes La. Ken —4H 191
Leyfields. —2A 32
Leyfields. Lich —7H 13
Leyfields Cres. Warw —5D 214
Ley Hill. —8G 43
Ley Hill Farm Rd. Birm —4L 133
Ley Hill Ho. Birm —3L 133
Ley Hill Rd. S Cold —8J 43
Leylan Cft. Birm —2C 136
Leyland Av. Wolv —8M 35
Leyland Cft. Wals —5M 25
Leyland Dri. Dud —1K 89
Leyland Rd. Bulk —7B 104
Leyland Rd. Cov —5K 143
Leyland Rd. Nun —8L 79
Leyland Rd. Tam —6E 32
Leyman Clo. Birm —5C 136
Leymere Clo. Mer —8J 119
Ley Ri. Dud —8C 50
Leys Clo. Stourb —7C 108
Leys Cres. Brie H —6B 88
Leysdown Gro. Birm —1J 137
Leysdown Rd. Birm —1J 137
Leyside. Cov —4L 167
Leys La. Mer —8J 119
Leysmill Clo. Hinc —1F 80
Leys Rd. Brie H —6A 88
Leys Rd. Rugby —2J 199
Leysters Clo. Redd —6L 205
Leys, The. —4A 32
Leys, The. Birm —4B 134
Leys, The. Redn —1H 155
Leys, The. W'bry —3C 52
Leys Wood Cft. Birm —3A 116
Leyton Clo. Brie H —1C 108
Leyton Gro. Birm —8A 56
Leyton Rd. Birm —1F 92
Libbards Ga. Sol —1C 160
Libbards Way. Sol —1B 160
Liberty Rd. H'ley —4F 46
Liberty Way. Attl F —6M 79
Libra Clo. Tam —2M 31
Library Clo. Burb —4A 82
Library Rd. Cov —5H 165
Library Way. Redn —2F 154
Lich Av. Wolv —2L 37
Lichen Clo. Hunt —3C 8
Lichen Gdns. Birm —2E 156
Lichen Grn. Cov —4K 165
Lichfield. —2H 19
Lichfield Av. Kidd —3F 148
Lichfield Bus. Cen. Lich —8K 13
Lichfield Cathedral. —1H 19
Lichfield Clo. Arly —1G 101
Lichfield Clo. Nun —2A 80
Lichfield Ct. Shir —7D 136
Lichfield Ct. Wals —5A 40 (off Lichfield Rd.)
Lichfield Cres. Hop —2H 31
Lichfield Heritage Exhibition. —1H 19
Lichfield Ind. Est. Tam —3L 31
Lichfield Pas. Wolv —7D 36 (3K 7)
Lichfield Rd. Birm & Aston —3A 94
Lichfield Rd. Blox —7H 25
Lichfield Rd. Bwnhls —1F 26
Lichfield Rd. Burn —3K 17
Lichfield Rd. Cann —8E 8
Lichfield Rd. Cov —1D 166
Lichfield Rd. Curd —5K 73
Lichfield Rd. Hop & Tam —2H 31
Lichfield Rd. Midd & Wis —4F 58
Lichfield Rd. Pels —4A 26
Lichfield Rd. Ruge & Lich —1D 12
Lichfield Rd. S Cold —4F 42
Lichfield Rd. Wals —5A 40
Lichfield Rd. Wals W —6F 26
Lichfield Rd. Wat O & Col —5K 73
Lichfield Rd. Wolv & W'hall —4K 37
Lichfield Rd. Ind. Est. Tam (in three parts) —2L 31
Lichfield St. Bils —3L 51
Lichfield St. Faz —8L 31
Lichfield St. Stour S —6G 175
Lichfield St. Tam —4A 32
Lichfield St. Tip —1M 65
Lichfield St. Wals —7M 39
Lichfield St. Wolv —7C 36 (4J 7)
Lichfield Tourist Info. Cen. —2H 19
Lich Gates. Wolv —7C 36 (3J 7)
Lichwood Rd. Wolv —2M 37
Lickey. —6G 155
Lickey Coppice. Redn —5J 155
Lickey End. —3C 180
Lickey Grange Dri. Marl —8E 154
Lickey Gro. Kidd —7H 149
Lickey Hills Country Pk. —5G 155
Lickey Hills Country Pk. Vis. Cen. —6H 155
Lickey Rd. Redn —4J 155
Lickey Rd. Stourb —3B 108
Lickey Rock. —1D 180
Lickey Rock. Marl —8D 154
Lickey Square. —7F 154
Lickey Sq. Redn —7F 154
Lickhill. —4D 174
Lickhill Rd. Stour S —5F 174
Lickhill Rd. N. Stour S —3D 174
Liddon Gro. Birm —1J 137
Liddon Rd. Birm —1J 137
Lifford. —4H 135
Lifford Clo. Birm —4H 135
Lifford La. Birm —4G 135
Lifford Way. Bin I —2A 168
Lifton Cft. K'wfrd —4M 87
Lightfields Wlk. Row R —4M 89
Lighthorne Av. Birm —7G 93 (5A 4)
Lighthorne Rd. Sol —3C 138
Lighthouse, The. Wolv —3K 7
Light La. Cov —5C 144 (2B 6)
Lightning Way. Birm —2B 156
Lightoak Clo. Redd —3C 208
Lightwood Clo. Know —1H 161
Lightwood Rd. Dud —6G 65
Lightwoods Hill. Smeth —1L 111
Lightwoods Rd. Smeth —7A 92
Lightwoods Rd. Stourb —8C 108
Lilac Av. Birm —4A 114
Lilac Av. Cann —2D 14
Lilac Av. Cov —4M 143
Lilac Av. P Barr —2L 69
Lilac Av. S Cold —1L 55
Lilac Av. Tip —2L 65
Lilac Av. Wals —5A 54
Lilac Clo. Hinc —3L 81
Lilac Clo. Redd —7E 204
Lilac Dri. Rugby —7H 171
Lilac Dri. Wom —3F 62
Lilac Gro. Burn —2F 16
Lilac Gro. Stour S —5E 174
Lilac Gro. Wals —6E 38
Lilac Gro. Warw —8G 211
Lilac Gro. W'bry —7G 53
Lilac La. Wals —1F 24
Lilac Rd. Bed —4K 103
Lilac Rd. Dud —5H 65
Lilac Rd. Tam —1A 32
Lilac Rd. W'hall —2E 38
Lilac Rd. Wolv —1H 51
Lilacvale Way. Cov —4K 165
Lilac Way. Hale —1F 110
Lilbourne Castle. —2M 173
Lilbourne Rd. Clift D —4G 173
Lilian Gro. Bils —8L 51
Lilleshall Clo. Redd —6L 205
Lilleshall Cres. Wolv —2D 50 (8L 7)
Lilleshall Rd. Birm —2B 116
Lilley Clo. Cov —7C 122
Lilley Grn. Rd. A'chu —6J 183
Lilley La. Birm —1B 156
Lillington. —6C 212
Lillington Av. Lea S —7M 211
Lillington Clo. Lea S —6A 212
Lillington Clo. Lich —1G 19
Lillington Clo. S Cold —5A 58
Lillington Gro. Birm —4D 96
Lillington Rd. Cov —8K 123
Lillington Rd. Lea S —7A 212
Lillington Rd. Shir —1H 159
Lillycroft La. Birm —2G 157
Lily Cres. Birm —7A 94 (5M 5)
Lily Grn. La. Redd —4A 204
Lily Rd. Birm —3K 115
Lily St. W Brom —4J 67
Limberlost Clo. Birm —6G 69
Limbrick Av. Cov —8F 142
Limbrick Clo. Shir —7F 136
Limbury Gro. Sol —1F 138
Lime Av. Birm —7F 112
Lime Av. Lea S —5A 212
Lime Av. Wals —6E 38
Lime Clo. Bntly —6E 38
Lime Clo. Gt Wyr —5F 14
Lime Clo. H'wd —4A 158
Lime Clo. Tip —4L 65
Lime Clo. W Brom —5G 67
Lime Ct. Birm —5C 114
Lime Ct. Kidd —5A 150
Lime Gro. Bal H —4M 113
Lime Gro. Bils —2J 51
Lime Gro. Birm —1D 114
Lime Gro. B'gve —5M 179
Lime Gro. Burn —3J 17
Lime Gro. Chel W —8H 97
Lime Gro. Cov —7H 143
Lime Gro. Earl S —2L 85
Lime Gro. Hurl —5H 61
Lime Gro. Ken —5G 191
Lime Gro. Kinv —6C 106
Lime Gro. Lich —1K 19
Lime Gro. Loz —1J 93
Lime Gro. Nun —4E 78
Lime Gro. Smeth —6B 92 (nr. Florence Rd.)
Lime Gro. Smeth —5B 92 (nr. Windmill La.)
Lime Gro. S Cold —2H 71
Lime Gro. Wals —3C 40
Limehurst Av. Wolv —1J 49
Limehurst Rd. Rus —4C 40
Lime Kiln Clo. Birm —2D 156
Limekiln La. Birm —5A 136
Limekiln La. Earls —8J 159
Lime Kiln Wlk. Dud —7K 65
Lime La. Pels —7M 15
Limepit La. Dud —6G 65
Limepit La. Hunt —3C 8
Lime Rd. Cann —1D 8
Lime Rd. Dud —8F 50
Lime Rd. W'bry —5F 52
Limes Av. Brie H —4C 88
Limes Av. Row R —7C 90
Limes Coppice. Nun —2L 77
Limes Rd. Dud —6H 65
Limes Rd. Wolv —5J 35
Limes, The. Bed —7E 102
Limes, The. Birm —3C 114 (B11)
Limes, The. Birm —6F 92 (B16)
Limes, The. Erd —6F 70
Limes, The. Wals —2D 40
Limestone Hall La. Chu L —8M 169
Lime St. Bils —1G 65
Lime St. Wals —8M 39
Lime St. Wolv —1A 50
Limes Vw. Dud —2D 64
Lime Ter. Aston —8M 69
Lime Tree Av. Bil —2M 197
Lime Tree Av. Cov —7G 143
Lime Tree Av. Wolv —6G 35
Lime Tree Cres. Redd —5B 204
Lime Tree Gdns. Cod —6H 21
Lime Tree Gro. Birm —7B 134
Lime Tree Park. —7G 143
Lime Tree Rd. A Grn —4J 115
Lime Tree Rd. Birm —3F 94
Lime Tree Rd. Cod —6H 21
Lime Tree Rd. S Cold —8K 41
Lime Tree Rd. Wals —5A 54
Lime Tree Wlk. Stour S —4E 174
Lime Wlk. Birm —1E 156
Linacre Ho. Birm —7F 96
Linaker Rd. Cov —4J 167
Linchmere Rd. Birm —7C 68
Lincoln Av. Nun —2B 78
Lincoln Av. Tam —3L 31
Lincoln Av. W'hall —6D 38
Lincoln Clo. Birm —6L 115
Lincoln Clo. Lich —6J 13
Lincoln Clo. Warw —8E 210
Lincoln Cres. Kidd —3F 148
Lincoln Cft. Lich —3F 28
Lincoln Dri. Cann —1F 14
Lincoln Grn. Wolv —7D 22
Lincoln Gro. Birm —8G 97
Lincoln Ho. Wolv —6E 36
Lincoln Rd. Barw —3G 85
Lincoln Rd. Birm —7K 115
Lincoln Rd. B'gve —5L 179
Lincoln Rd. Dud —6K 89
Lincoln Rd. Smeth —7L 91
Lincoln Rd. Wals —7A 40
Lincoln Rd. W Brom —8K 53
Lincoln Rd. N. Birm —8L 115
Lincoln St. Birm —4L 113
Lincoln St. Cov —5D 144 (2C 6)
Lincoln St. Wolv —6E 36 (2M 7)
Lincoln Tower. Birm —8G 93 (7A 4)
Lincroft Cres. Cov —5K 143
Lindale. Rugby —1D 172
Lindale Av. Birm —3J 95
Lindale Cres. Brie H —3B 108
Lindale Dri. Wom —3F 62
Linden Av. Birm —1D 68 (in two parts)
Linden Av. Burn —1G 17
Linden Av. Hale —2E 110
Linden Av. Kidd —2A 150
Linden Av. Stour S —8E 174
Linden Av. Tiv —1D 90
Linden Clo. Tam —5F 32
Linden Clo. Wals —7D 38
Linden Clo. Warw —7E 210
Linden Dri. Stourb —6A 108
Linden Gdns. Kidd —3A 150
Linden Glade. Hale —5A 110
Linden Gro. Kidd —2A 150
Linden La. W'hall —2E 38
Linden Lea. Bed —6H 103
Linden Lea. Wolv —8K 35
Linden Rd. Birm —1E 134
Linden Rd. Dud —6H 65
Linden Rd. Hinc —8C 84
Linden Rd. Smeth —7A 92
Lindens Dri. S Cold —4M 55
Lindens, The. Birm —2L 111
Lindens, The. Wolv —6L 35
Linden Ter. Bal H —4B 114
Linden Vw. Cann —5H 9
Lindenwood. S Cold —3H 57
Lindera. Tam —5G 33
Lindfield, The. Cov —1J 167
Lindford Way. Birm —7M 135
Lindhurst Dri. H'ley H —3B 186
Lindisfarne. Glas —6D 32
Lindisfarne Dri. Ken —5H 191
Lindley Av. Tip —6M 65
Lindley Rd. Bed —7D 102
Lindley Rd. Cov —7H 145
Lindon Clo. Bwnhls —3G 27
Lindon Dri. Wals —2F 26
Lindon Rd. Wals —4F 26
Lindon Vw. Wals —4G 27
Lindrick Clo. Wals —6F 24
Lindridge Clo. Redd —6A 206
Lindridge Dri. Min —3C 72
Lindridge Rd. Birm —5B 70
Lindridge Rd. Shir —8F 136
Lindridge Rd. S Cold —2M 57
Lindrosa Rd. S Cold —6M 41
Lindsay Rd. Birm —8H 55
Lindsey Av. Birm —5C 134
Lindsey Cres. Ken —8F 190
Lindsey Gdns. W Brom —2J 67
Lindsey Pl. Brie H —6C 88
Lindsey Rd. W Brom —2J 67
Lindsworth App. Birm —6J 135
Lindsworth Ct. Birm —6J 135
Lindsworth Rd. Birm —6H 135
Lineholt Clo. Redd —3G 209
Linehouse La. Marl & L End —8D 154
Linen St. Warw —3D 214
Linfield Gdns. Dud —8C 50
Linford Gro. Birm —8K 95
Linford Wlk. W'grve S —8M 123
Linforth Dri. S Cold —2A 56
Lingard Clo. Birm —4B 94
Lingard Ho. S Cold —1M 71
Lingard Rd. S Cold —4M 57
Lingen Clo. Redd —6L 205
Lingfield Av. Birm —8L 55
Lingfield Av. Wolv —4D 22
Lingfield Clo. Wals —7F 14
Lingfield Ct. Birm —2D 68
Lingfield Ct. Cov —5H 123
Lingfield Dri. Wals —7F 14
Lingfield Gdns. Birm —3B 96
Lingfield Gro. Pert —5F 34
Lingfield Rd. Bew —4D 148
Lingfield Wlk. Cats —8B 154
Lingfield Way. K'wfrd —4A 88
Lingham Clo. Sol —2D 138
Ling Ho. Wolv —6F 36
Ling Rd. Cann —4C 8
Lingwood Dri. Nun —6F 78
Linhope Dri. K'wfrd —4A 88
Link One Ind. Pk. Tip —3E 66
Link Rd. Birm —6E 92
Link Rd. Wals —6H 27
Link Rd. Wom —2G 63
Links Av. Wolv —2K 35
Links Cres. O'bry —1H 111
Links Dri. Redn —4G 155
Links Dri. Sol —3B 138
Links Dri. Stourb —7L 107
Links Rd. Birm —8A 136
Links Rd. Cov —1A 144
Links Rd. O'bry —1H 111
Links Rd. Wolv —6A 50
Links Side Way. Wals —1J 41
Links, The. Kidd —5A 150
Links Vw. Hale —5D 110
Links Vw. S Cold —8B 42
Linkswood Clo. Birm —8B 114
Link, The. Birm —8G 115
Linkway. Lea S —3L 215
Linkway Retail Pk. Cann —3B 14
Linkwood Ind. Est. Stourb —3L 107
Linley Clo. A'rdge —4E 40
Linley Dri. Wolv —8E 22
Linley Gro. Birm —3J 135
Linley Gro. Dud —7B 64
Linley Lodge Ind. Est. A'rdge —3E 40
Linley Rd. Wals —2D 40
Linley Wood Rd. Wals —4E 40
Linnell Rd. Rugby —7E 172
Linnet Clo. Birm —1E 134
Linnet Clo. Cov —4K 167
Linnet Clo. Hale —3B 110 (nr. Lodgefield Rd.)
Linnet Clo. Hale —8L 109 (nr. Manor Way)
Linnet Clo. Hunt —2D 8
Linnet Gro. Birm —3B 70
Linnet Gro. W'hall —1B 38
Linnet Ri. Kidd —8M 149
Linpole Wlk. Birm —7J 135
Linsey Rd. Sol —7C 116
Linslade Clo. Wolv —5D 50
Linstock Way. Cov —5H 123
Linthouse La. Wolv —1K 37
Linthouse Wlk. Wiln —3F 46
Linthurst. —3G 181
Linthurst Newtown. B'wll —4G 181
Linthurst Rd. B'wll & B Grn —3G 181
Lintly. Wiln —8H 33
Linton Av. Sol —8A 138
Linton Clo. Hale —4K 109
Linton Clo. Redd —7M 205
Linton Cft. Bils —4K 51
Linton M. Redd —7M 205 (in two parts)
Linton Rd. Crad H —6M 89
Linton Rd. Gt Barr —5J 55
Linton Rd. Tys —5G 115
Linton Rd. Wolv —4L 49
Linton Wlk. Birm —6B 70
Linwood Clo. Hinc —7B 84
Linwood Dri. Cann —2F 8
Linwood Dri. Cov —8M 123
Linwood Rd. Birm —1E 92
Linwood Rd. Dud —4H 65
Linwood Rd. Sol —4K 137
Lionel St. Birm —6J 93 (4D 4)
Lion Fields Av. Cov —3H 143
Lionfields Clo. Cookl —4A 128
Lionfields Rd. Cookl —5A 128
Lion Hill. Stour S —6G 175
Lion Ind. Est. Wals —1G 41
Lion Pas. Stourb —4M 107
Lion Rd. Crad H —8A 90
Lion's Den. Hamm —7L 17
Lion Sq. Kidd —3L 149
Lion St. Kidd —3L 149
Lion St. Stourb —4M 107
Liskeard Clo. Nun —4A 80
Liskeard Rd. Wals —2D 54
Lisko Clo. Brie H —1A 108
Lisle Av. Kidd —6J 149
Lismore Clo. Redn —8E 132
Lismore Cft. W'grve R —2B 146
Lismore Dri. Birm —6A 112
Lismore Dri. Hinc —8B 84
Lissimore Dri. Tip —7A 66
Lisson Gro. Birm —5M 55
Listelow Clo. Birm —1B 96
Lister Clo. Tip —5A 66
Lister Clo. Wals —4H 39
Lister Rd. Dud —2J 89
Lister Rd. Kidd —6H 149
Lister Rd. Wals —4H 39
Lister St. Birm —5M 93 (2J 5)
Lister St. Nun —6K 79
Lister St. W'hall —8B 38
Listowel Rd. Birm —3K 135
Lisures Dri. S Cold —5K 57
Lit. Acre. Redd —3D 208
Lit. Albert St. Wals —7L 39
Lit. Ann St. Birm —7M 93 (6K 5)
Little Aston. —3C 42
Lit. Aston Hall Dri. Lit A —4A 42
Lit. Aston La. S Cold —3C 42
Lit. Aston Pk. Rd. S Cold —6A 42
Lit. Aston Rd. Wals —3H 41
Lit. Barrow Wlk. Lich —8G 13
Lit. Barr St. Birm —7A 94 (5M 5)
Little Bedworth Heath. —1F 122
Lit. Birches. Wolv —1M 49
Little Bloxwich. —6K 25
Lit. Brick Kiln St. Wolv —8C 36 (6H 7)
Little Bromwich. —7F 94
Lit. Bromwich Rd. Birm —8H 95
Lit. Broom St. Birm —1A 114
Lit. Caldmore. Wals —1L 53
Lit. Checkhill La. Stourb —5D 86
Lit. Church La. Tam —4B 32
Lit. Church St. Cov —5D 144 (1D 6)
Lit. Church St. Rugby —6A 172
Lit. Clothier St. W'hall —6A 38
Lit. Clover Clo. Birm —3C 94
Little Comn. Wals —5A 26
Lit. Cornbow. Hale —6B 110
Littlecote. Tam —2K 31
Littlecote Cft. Birm —6A 136
Littlecote Dri. Birm —2F 70
Lit. Cottage St. Brie H —7D 88
Little Cft. Birm —8C 54
Lit. Cross St. W'bry —2C 52
Lit. Cryfield. Cov —7J 165
Lit. Duke St. Nun —5H 79
Lit. Edward St. Birm —7A 94 (6M 5)
Lit. Elborow St. Rugby —6A 172
Lit. Farm. Cov —3K 167
Lit. Fields. Cov —4G 145
Lit. Fields Way. O'bry —2F 90
Lit. Forge Rd. Redd —1J 209
Lit. Francis Gro. Birm —4B 94 (1M 5)
Lit. Gorway. Wals —2M 53
Lit. Grange. Lich —8F 12
Lit. Grebe Rd. Kidd —6B 150
Lit. Green La. Birm —8C 94
Lit. Grn. Lanes. S Cold —2H 71
Little Gro. Rugby —8C 172
Lit. Hall Rd. Birm —5B 94
Lit. Hardwick Rd. Wals —7J 41
Little Hay. —8J 29
Lit. Hayes. Kidd —6J 127
Lit. Hay La. Lich —2H 43
Little Heath. —3D 180 (nr. Bromsgrove)
Little Heath. —7F 122 (nr. Coventry)
Lit. Heath Cft. Birm —2B 96
Lit. Heath Ind. Est. Cov —8F 122 (in two parts)
Littleheath La. L End —3C 180
Lit. Hill. W'bry —6F 52
Lit. Hill Gro. Birm —8G 135
Lit. Hill Way. Birm —7K 111
Lit. Johnsons La. Wals —1H 55
Lit. John St. Brie H —5D 88
Little La. B'gve —7M 179
Little La. W Brom —4K 67
Little La. W'hall —2D 38
Little Lawford. —2F 170
Lit. Lawford La. Lit L & Rugby —2F 170
Lit. Lawns Clo. Wals —5G 27
Little London. —7J 177 (nr. Cooksey Green)
Little London. —6E 100 (nr. Fillongley)
Little London. —6M 37 (nr. Wednesfield)
Lit. London. Wals —2L 53
Lit. London Ho. Wals —2M 53
Lit. London La. Newt —1G 173
Littlemead Av. Birm —8C 134
Lit. Meadow Cft. Birm —4M 133
Lit. Meadow Wlk. Birm —6L 95
Littlemead Rd. Shir —1E 158
Lit. Moor Hill. Smeth —4M 91
Lit. Newport St. Wals —8L 39 (off Newport St.)
Lit. Oaks Dri. Stourb —7G 87
Lit. Oaks Rd. Birm —1L 93
Littleover Av. Birm —3F 136
Little Packington. —3D 118
Little Pk. Birm —5H 111
Lit. Park St. Cov —7D 144 (6D 6)
Lit. Park St. Wolv —7D 36 (4L 7)
Lit. Pennington St. Rugby —6M 171
Lit. Pipe La. Lich —8M 11
Lit. Pitts Clo. Birm —4K 71
Lit. Potter St. Brie H —7D 88
Lit. Pountney St. Wolv —1C 50 (7J 7)
Lit. Shadwell St. Birm —5L 93 (2G 5)
Littleshaw Cft. Wyt —5C 158
Littleshaw La. Wyt —5C 158
Little's La. Wolv —7D 36 (3K 7) (in two parts)
Lit. Station St. Wals —7L 39
Little St. Dud —8K 65
Little St. Wals —6K 39
Little Sutton. —7K 43
Lit. Sutton La. S Cold —2J 57
Lit. Sutton Rd. S Cold —7J 43
Littlethorpe. Cov —3K 167
Littleton Bus. Pk. Cann —2C 8
Littleton Clo. Ken —2G 191
Littleton Clo. S Cold —7A 58
Littleton Cft. Sol —1C 160
Littleton Dri. Cann —2C 8
Littleton Rd. W'hall —2C 38
Littleton St. E. Wals —7M 39
Littleton St. W. Wals —7L 39
Littleton Way. Burn —8D 10
Littlewood. —5E 14
Littlewood Clo. Sol —1B 160
Littlewood Green. —7K 209
Littlewood Grn. Stud —7K 209
Littlewood La. Wals —5E 14 (in two parts)
Littlewood Rd. Wals —5E 14
Littlewoods. Redd —4D 208
Lit. Wood St. W'hall —7A 38
Littleworth. —5L 9
Littleworth Av. Dud —3H 65
Littleworth End. —1D 58
Littleworth Gro. S Cold —5M 57
Littleworth Hill. Cann —5K 9
Littleworth Rd. Cann —5J 9
Little Wyrley. —1L 25
Litton. Wiln —8J 33
Liveridge Clo. Know —3F 160
Liverpool Cft. Birm —1F 116
Liverpool St. Birm —7A 94 (6L 5)
Livery St. Birm —5K 93 (1D 4) (in two parts)
Livery St. Lea S —1M 215
Livesey Ct. Sap —2J 83
Livesey Dri. Sap —2J 83
Livingstone Av. Long L —5F 170
Livingstone Av. Wolv —4E 34
Livingstone Rd. Bils —4H 51
Livingstone Rd. Cov —2D 144
Livingstone Rd. Hand —8J 69
Livingstone Rd. K Hth —3L 135
Livingstone Rd. Wals —7L 25
Livingstone Rd. W Brom —8H 67
Liza Ct. Rugby —1C 172
Lizafield Ct. Smeth —2L 91
Llangorse Clo. Stour S —2E 174
Llewellyn Rd. Lea S —3A 216
Lloyd Clo. H Mag —3A 214
Lloyd Clo. Nun —7K 79
Lloyd Cres. Cov —6L 145
Lloyd Dri. Wolv —7J 49

Lyall Gdns.—Margam Way

Lyall Gdns. Redn —8E 132
Lyall Gro. Birm —7G 115
Lychgate Av. Stourb —8C 108
Lychgate Clo. Burb —4A 82
Lychgate La. Hinc —4A 82
Lydate Rd. Hale —5F 110
Lydbrook Covert. Birm —1E 156
Lydbury Gro. Birm —5A 96
Lyd Clo. Wolv —4H 37
Lydd Cft. Birm —5B 72
Lyddington Dri. Hale —2B 110
Lyde Grn. Hale —2H 109
Lydford Clo. Cov —2J 145
Lydford Gro. Birm —7G 71
Lydford Rd. Wals —6H 25
Lydgate Ct. Bed —5G 103
Lydgate Ct. Nun —6J 79
Lydgate Rd. Cov —4B 144
Lydgate Rd. K'wfrd —3M 87
Lydget Gro. Birm —2D 70
Lydham Clo. Bils —5H 51
Lydham Clo. Birm —3A 70
Lydham Clo. Redd —4E 204
Lydia Cft. S Cold —3E 42
Lydian Clo. Wolv —5B 36
Lydiate Ash. —6C 154
Lydiate Ash Rd. L Ash —6B 154
Lydiate Av. Birm —8K 133
Lydiates Clo. Dud —2B 64
Lydney Clo. Redd —2K 205
Lydney Clo. W'hall —6D 38
Lydney Gro. Birm —6M 133
Lydstep Gro. Lea S —2C 216
Lye. —3F 108
Lye Av. Birm —7G 111
Lye Clo. Birm —7F 110
Lye Clo. La. Hale & Birm (in two parts) —7F 110
Lyecroft Av. Birm —7K 97
Lye Cross Rd. Tiv —2B 90
Lye Valley Ind. Est. Stourb —3F 108
Lygon Clo. Redd —4G 205
Lygon Ct. Hale —3B 110
Lygon Gro. Birm —5L 111
Lymedene Rd. Birm —4H 69
Lyme Grn. Rd. Birm —5M 95
Lymer Rd. Wolv —8C 22
Lymesy St. Cov —3D 166
Lymington Clo. Cov —1D 144
Lymington Dri. Longf —4H 123
Lymington Rd. Burn —8F 10
Lymington Rd. W'hall —7D 38
Lymore Cft. Cov —1A 146
Lymsey Cft. Stourb —6J 87
Lyn Av. Lich —8F 12
Lynbrook Clo. Dud —3K 89
Lynbrook Clo. H'wd —2A 158
Lynbrook Rd. Cov —1K 165
Lynchgate Ct. Cov —3J 165
Lynchgate Rd. Cov —3J 165
Lynch, The. Nun —7K 79
Lynch, The. Pole —8M 33
Lyncourt Gro. Birm —3H 111
Lyncroft Rd. Birm —7F 114
Lyndale. Wiln —3F 46
Lyndale Clo. Cov —6J 143 (in two parts)
Lyndale Dri. Wolv —3L 37
Lyndale Rd. Cov —6J 143
Lyndale Rd. Dud —3L 89
Lyndale Rd. Sed —7B 50
Lynden Clo. B'gve —6L 179
Lyndene Clo. Earl S —2M 85
Lyndenwood. Redd —7A 204
Lyndholm Rd. Kidd —3A 150
Lyndhurst Clo. Burb —3A 82
Lyndhurst Clo. Longf —4H 123
Lyndhurst Cft. E Grn —5C 142
Lyndhurst Dri. Kidd —1L 149
Lyndhurst Dri. Stourb —8M 87
Lyndhurst Rd. Birm —7F 70
Lyndhurst Rd. Cann —8K 9
Lyndhurst Rd. Rugby —1F 198
Lyndhurst Rd. W Brom —2L 67
Lyndhurst Rd. Wolv —2A 50
Lyndon. —5K 67
Lyndon. W Brom —4K 67
Lyndon Clo. Cas B —1C 96
Lyndon Clo. Dud —8E 50
Lyndon Clo. Hale —5L 109
Lyndon Clo. Hand —7J 69
Lyndon Ct. Lea S —1L 215
Lyndon Cft. Birm —2H 117
Lyndon Green. —2A 116
Lyndon Gro. K'wfrd —1H 87
Lyndon Gro. W Brom —5K 67
Lyndon Ho. W Brom —4K 67
Lyndon Rd. Redn —2E 154
Lyndon Rd. Sol —7M 115
Lyndon Rd. Stech —6L 95
Lyndon Rd. S Cold —4H 57
Lyndworth Rd. Birm —2J 135
Lyneham Clo. Hinc —8A 84
Lyneham Clo. Tam —1B 32
Lyneham Gdns. Min —3A 72
Lyneham Way. Birm —6M 71
Lyne Ho. Cov —8K 123
Lynfield Clo. Birm —2F 156
Lynfield Rd. Lich —8F 12
Lyng Clo. Cov —6G 143
Lyng La. W Brom —6J 67 (in two parts)
Lynmouth Clo. Nun —4L 79
Lynmouth Clo. Wals —4G 41
Lynmouth Rd. Cov —1L 145
Lynn. —4M 27
Lynn Gro. Birm —6C 112
Lynn La. Lynn —4M 27
Lynton Av. Smeth —3A 92
Lynton Av. W Brom —2J 67
Lynton Av. Wolv —2L 35
Lynton Clo. Warw —8D 210
Lynton Ho. O'bry —8E 66
Lynton Rd. Aston —2A 94
Lynton Rd. Cov —8F 122
Lynval Rd. Brie H —2F 108
Lynwood Av. K'wfrd —2H 87
Lynwood Clo. W'hall —1E 38
Lynwood Dri. Blak —7H 129
Lynwood Wlk. Birm —5D 112
Lynwood Wlk. Lea S —3C 216
Lyon Ct. S Cold —4J 57 (off Midland Dri.)
Lyons Gro. Birm —6C 114
Lysander Rd. Redn —7G 133
Lysander Way. Cann —6E 8
Lyster Clo. Warw —1B 214
Lysways La. Ruge —1B 12
Lysways St. Wals —1M 53
Lythall Clo. Rad S —4F 216
Lythalls La. Cov —7D 122
Lythalls La. Ind. Est. Cov —8E 122
Lytham. Tam —4H 33
Lytham Clo. Min —3B 72
Lytham Clo. Stourb —7A 108
Lytham Cft. Birm —1K 113 (8E 4)
Lytham Gro. Wals —5G 25
Lytham Rd. Pert —5D 34
Lytham Rd. Rugby —8K 171
Lythwood Dri. Brie H —1C 108
Lyttelton Rd. Edg —8D 92
Lyttelton Rd. Stourb —4K 107
Lyttleton Av. B'gve —2L 201
Lyttleton Av. Hale —2E 110
Lyttleton Av. W Brom —7H 67
Lyttleton Clo. Bin —8A 146
Lyttleton Clo. Dud —5J 89
Lyttleton Pl. Hag —3C 130
Lyttleton Rd. Bew —5A 148
Lyttleton Rd. Stech —7K 95
Lyttleton Rd. Warw —1E 214
Lyttleton St. W Brom —7J 67
Lytton Av. Wolv —5K 49
Lytton Gro. Birm —8H 115
Lytton La. Birm —6M 111

Maas Rd. Birm —6A 134
Mabey Av. Redd —4F 204
Macadam Clo. Burn —1H 17
Macarthur Rd. Crad H —1J 109
Macaulay Ho. W Brom —8K 67
Macaulay Rd. Cov —5K 145
Macaulay Rd. Rugby —2L 197
Macbeth App. H'cte —5K 215
Macbeth Clo. Rugby —3L 197
Macdonald Clo. Tiv —7D 66
Macdonald Rd. Cov —6K 145
Macdonald St. Birm —1L 113
Macefield Clo. Ald I —6K 123
Mace St. Crad H —8L 89
MacGregor Cres. Tam —5F 32
MacGregor Tithe. Tam —4B 32
Machin Rd. Birm —5F 70
Mackadown La. Birm —7D 96
Mackay Rd. Wals —7K 25
Mackenzie Clo. Cov —2G 143
Mackenzie Ct. Birm —1L 133
Mackenzie Rd. Birm —7C 114
Mackmillan Rd. Row R —7B 90
Macmillan Clo. Tiv —7C 66
Macrome Rd. Wolv —2L 35
Madams Hill Rd. Shir —2K 159
Madden Pl. Rugby —7J 171
Maddocks Hill. S Cold —7J 57
Madehurst Rd. Birm —3E 70
Madeira Av. Cod —7G 21
Madeira Cft. Cov —7L 143
Madeley Heath. —2L 153
Madeley Rd. Belb —4K 153
Madeley Rd. Birm —4C 114
Madeley Rd. K'wfrd —5M 87
Madeley Rd. Moons I —4M 205
Madin Rd. Tip —5L 65
Madison Av. Birm —3K 95
Madison Av. Wals —7H 39
Madley Clo. Redn —1E 154
Madox Clo. Tam —2L 31
Madresfield Dri. Hale —7B 110
Madrona. Tam —5H 33
Maer Clo. Row R —5C 90
Mafeking Rd. Smeth —2A 92
Magdala St. Birm —4E 92
Magdalen Clo. Dud —7G 65
Magdalene Rd. Wals —2A 54
Magee Clo. Hinc —7C 84
Magna Clo. Wals —6E 14
Magness Cres. W'hall —4C 38
Magnet La. Rugby —1J 197
Magneto Rd. Cov —8J 145
Magnet Wlk. Birm —6C 70
Magnolia. Tam —5G 33
Magnolia Clo. Birm —2A 134
Magnolia Clo. Cov —4B 166
Magnolia Gro. Cod —6G 21
Magnolia Way. Stourb —1M 107
Magnum Clo. S Cold —2M 55
Magnus. Wiln —3E 46
Magpie Clo. Dud —6L 89
Magpie Ho. Cov —4D 142
Magpie La. Bal C —2E 162
Magpie Way. Kidd —7B 150
Maguire Ind. Est. Cov —1F 164
Magyar Cres. Nun —1M 103
Maidavale Cres. Cov —4C 166
Maidendale Rd. K'wfrd —2H 87
Maidenhair Dri. Rugby —1D 172
Maidensbridge Dri. K'wfrd —1J 87
Maidensbridge Gdns. K'wfrd —8H 63
Maidensbridge Rd. K'wfrd —8H 63
Maidstone Dri. Burn —3K 17
Maidstone Dri. Stourb —6L 87
Maidstone Rd. Birm —8L 69
Maidwell Dri. Shir —1L 159
Main Av. Birm A —5J 117
Main Rd. Ansty —6D 124
Main Rd. Birm A —6F 116
Main Rd. Mer —8J 119
Main Rd. Shut —2L 33
Main Rd. Tam —1B 32
Mainstone Clo. Redd —6L 205
Mainstream 47 Ind. Pk. Birm —4C 94
Mainstream Way. Birm —5C 94
Main St. Bil —1J 197
Main St. Birm —2A 114
Main St. Bour —7L 195
Main St. Clift D —4F 172
Main St. F'ton —8K 195
Main St. Frol —7M 83
Main St. Long L —5G 171
Main St. N'bld —2J 171
Main St. Newt —1G 173
Main St. Shen —3F 28
Main St. Ston —6K 27
Main St. T'ton —7F 196
Main St. Wols —5F 168
Main St. Wlvy & Withy —8J 105
Main Ter. Birm —2A 114
Mainwaring Dri. S Cold —7L 43
Maisemore Clo. Redd —2K 205
Maitland. Tam —7F 32
Maitland Ho. Birm —3E 96
Maitland Rd. Birm —5F 94
Maitland Rd. Dud —8E 64
Maizefield. Hinc —6C 84
Majestic Way. Row R —5C 90
Major St. Wolv —1E 50
Majuba Rd. Birm —5C 92
Makepeace Av. Warw —8F 210
Malam Clo. Cov —8G 143
Malcolm Av. Birm —4J 71
Malcolm Av. B'gve —6L 179
Malcolm Ct. Sheld —4A 116
Malcolm Ct. Wolv —6A 36
Malcolm Gro. Redn —2G 155
Malcolm Rd. Shir —8H 137
Malcolmson Clo. Birm —1F 112
Maldale. Wiln —8J 33
Malfield Dri. Birm —6L 115
Malfield Rd. Redd —6M 203
Malham Clo. Nun —7A 80
Malham Rd. Stour S —2E 174
Malham Rd. Warw —8F 210
Malham Rd. Wiln —1H 47
Malins Rd. Birm —4D 112
Malins Rd. Wolv —4E 50
Malins, The. Warw —3H 215
Malkit Clo. Wals —5F 38
Mallaby Clo. Shir —1G 159
Mallard Av. Kidd —6B 150
Mallard Av. Nun —4C 78
Mallard Clo. Birm —6J 115
Mallard Clo. Brie H —2F 108
Mallard Clo. Redd —4F 204
Mallard Clo. Wals —3A 26
Mallard Cft. Lich —1J 19
Mallard Dri. Birm —6B 70
Mallard Dri. O'bry —5F 90
Mallard Rd. Stud —5M 209
Mallards Reach. Sol —1L 137
Mallender Dri. Know —3F 160
Mallerin Cft. Nun —4B 78
Mallicot Clo. Lich —8K 13
Mallin Gdns. Dud —1E 88
Mallin St. Smeth —2K 91
Mallory Cres. Wals —7K 25
Mallory Dri. Kidd —8K 127
Mallory Dri. Warw —2D 214
Mallory Ri. Birm —8C 114
Mallory Rd. Pert —6E 34
Mallory St. Earl S —1J 85
Mallory Way. Gall P —5E 122
Mallow Clo. Wals —6A 54
Mallow Way. Rugby —1C 172
Malmesbury Pk. Birm & Edg —2E 112
Malmesbury Rd. Birm —3E 114
Malmesbury Rd. Cov —7A 122
Malpas Dri. Birm —1J 133
Malpass Gdns. Cod —5E 20
Malpass Rd. Brie H —2F 108
Malpas Wlk. Wolv —4G 37
Malt Clo. Birm —3D 112
Malthouse. Smeth —2L 91
Malthouse Clo. Ansl —5H 77
Malthouse Cft. Birm —1L 93
Malthouse Gdns. Birm —2K 93
Malthouse Gro. Birm —8L 95
Malthouse La. Chad —4B 154 (in three parts)
Malthouse La. Earls —3E 184
Malthouse La. Gt Barr —1K 69
Malthouse La. Ken —2E 190
Malthouse La. Wash H —3E 94
Malt Ho. La. W'hall —7A 38
Malthouse La. Wolv —3L 35
Malt Ho. Rd. Ruge —4G 11
Malthouse Rd. Tip —4L 65
Malt Ho. Row. Mars G —1G 117
Maltings, The. Lea S —7M 211 (in two parts)
Maltings, The. Nun —4L 79
Maltings, The. Stud —5K 209
Maltings, The. Wals —3J 41
Maltings, The. Wolv —6D 36 (1K 7)
Maltings, The. Wom —3G 63
Malt Mill Bank. Barw —3G 85
Malt Mill La. Hale —1C 110
Malton Av. O'bry —3D 90
Malton Gro. Birm —2B 136
Malton Ho. O'bry —3D 90 (off Malton Av.)
Malvern Av. Nun —6B 78
Malvern Av. Rugby —8D 172
Malvern Av. Stourb —4C 108
Malvern Clo. Edg —1C 112
Malvern Clo. Stour S —8D 174
Malvern Clo. W Brom —4K 67
Malvern Clo. W'hall —5B 38
Malvern Ct. A Grn —5J 115
Malvern Ct. Wolv —1D 36
Malvern Cres. Dud —3F 88
Malvern Dri. Kidd —6L 149
Malvern Dri. S Cold —1A 72
Malvern Dri. Wals —8J 27
Malvern Dri. Wolv —8H 37
Malvern Hill Rd. Birm —2C 94
Malvern Ho. Redd —8C 204
Malvern Pk. Av. Sol —6D 138
Malvern Rd. A Grn —5J 115
Malvern Rd. Bal C —3J 163
Malvern Rd. B'gve —2K 201
Malvern Rd. Cov —5M 143
Malvern Rd. Hand —8C 68
Malvern Rd. O'bry —1H 111
Malvern Rd. Redd —1D 208
Malvern Rd. Redn —7G 155
Malvern St. S'brk —4A 114
Malvern Vw. Chad C —8L 151
Malvern Vw. Kidd —8H 149
Malvern Vw. Rd. Dud —5D 64
Mamble Rd. Stourb —4L 107
Manby Clo. Wolv —5B 36
Manby Rd. Birm —5A 72
Manby St. Tip —1M 65
Mancetter Rd. Nun —2D 78
Mancetter Rd. Shir —6J 137
Manchester St. Birm —4L 93 (1G 5)
Manchester St. O'bry —2H 91
Mancroft Clo. K'wfrd —2H 87
Mancroft Gdns. Wolv —4J 35
Mancroft Rd. Wolv —4J 35
Mandale Rd. Wolv —3F 36
Mandarin Av. Kidd —6B 150
Mander Cen. Wolv —7C 36 (4J 7)
Mander Gro. Warw —5B 214
Manderley Clo. Cov —4C 142
Manderley Clo. Dud —7C 50
Mander Sq. Wolv —5J 7
Mander St. Wolv —1B 50 (7G 7)
Manderville Gdns. K'wfrd —3J 87
Manderville Ho. Birm —1M 155
Mandeville Gdns. Wals —1M 53
Mandeville Way. B'gve —4A 180
Mandrake Clo. Cov —5D 122
Maney. —5J 57
Maney Corner. S Cold —5H 57
Maney Hill Rd. S Cold —6H 57
Manfield Av. Cov —2A 146
Manfield Rd. W'hall —6J 37
Manifold Clo. Burn —3K 17
Manilla Rd. Birm —8H 113
Manitoba Cft. Birm —1F 156
Manley Clo. W Brom —6H 67
Manley Rd. Lich —8K 13
Manlove St. Wolv —1A 50
Manningford Ct. Birm —7M 135
Manningford Rd. Birm —7L 135
Mann's Clo. Ryton D —1B 194
Mnr. Abbey Rd. Hale —6E 110
Manor Av. Cann —8D 8
Manor Av. Kidd —2G 149
Manor Av. Wals —5G 15
Manor Av. S. Kidd —2G 149
Manor Clo. Cod —5H 21
Manor Clo. Hinc —4J 81
Manor Clo. Kidd —3G 149
Manor Clo. Stour S —4H 175
Manor Clo. W'hall —6A 38
Manor Clo. Wolv —5M 49
Manor Ct. Dorr —7F 160
Manor Ct. Dud —4J 89
Manor Ct. Ken —3G 191
Manor Ct. Lea S —2M 215
Manor Ct. Wals —7J 39
Manor Ct. Av. Nun —4H 79
Manor Ct. Rd. B'gve —1L 201
Manor Ct. Rd. Nun —5G 79
Manor Dri. Dud —6B 64
Manor Dri. Stret D —3F 194
Manor Dri. S Cold —5H 57
Manor Dri. Swind —7E 62
Manor Est. Wols —6F 168
Mnr. Farm Clo. Barby —7J 199
Mnr. Farm Dri. W'hall —4D 38
Mnr. Farm Rd. Birm —5E 114
Manor Fold. Oaken —7D 20
Manorford Av. W Brom —8A 54
Manor Gdns. Birm —7K 95
Manor Gdns. W'bry —5F 52
Manor Gdns. Wom —2H 63
Mnr. Hall M. Cov —3K 167
Manor Hill. S Cold —5H 57
Manor Ho. A'wd B —6E 208
Manor Ho. Cov —2M 145
Manor Ho. Clo. Aston F —3E 82
Manor Ho. Clo. Birm —8M 111
Manor Ho. Clo. N'bld —2K 171
Manor Ho. Dri. Birm —2B 134
Manor Ho. Dri. Cov —7C 144 (7B 6)
Manor Ho. La. Birm —3M 115
Manor Ho. La. Wat O —6H 73
Manor Ho. Pk. Cod —5H 21
Manor Ho. Rd. W'bry —6F 52
Manor Ind. Est. Wals —8J 39
Manor La. Chad —4C 154
Manor La. Clift D —3G 173 (in two parts)
Manor La. Hale —6D 110
Manor La. Stourb —6K 107
Manor La. Wrox —6F 188
Manor M. Stud —5L 209
Manor Pk. K'wfrd —3K 87
Manor Pk. Gro. Birm —8J 133
Manor Pk. Rd. Birm —2D 96
Manor Pk. Rd. Nun —4G 79
Manor Pl. Hinc —8D 84
Manor Ri. Burn —4G 17
Manor Ri. Lich —2J 19
Manor Rd. Aston —8M 69
Manor Rd. Cov —8C 144 (7B 6)
Manor Rd. Dorr —6E 160
Manor Rd. Edg —8D 92
Manor Rd. E'shll —4G 51
Manor Rd. Ken —3F 190
Manor Rd. Kils —6M 199
Manor Rd. Lea S —6B 212
Manor Rd. M Oak —8K 31
Manor Rd. Oxl —2C 36
Manor Rd. Penn —5M 49
Manor Rd. Rugby —5B 172
Manor Rd. Sap —1K 83
Manor Rd. Smeth —4K 91
Manor Rd. Sol —4B 138
Manor Rd. Stech —6L 95
Manor Rd. Stourb —7L 87
Manor Rd. Stour S —4G 175
Manor Rd. S'tly —1A 56
Manor Rd. Stud —5L 209
Manor Rd. S Cold —4H 57
Manor Rd. Tam —5C 32
Manor Rd. Tip —5M 65
Manor Rd. Up Ben —8G 203
Manor Rd. Wals —7J 39
Manor Rd. W'bry —7K 53
Manor Rd. Wyt —6A 158
Manor Rd. N. Birm —8D 92
Manor Rd. Precinct. Wals —7J 39
Manor St. Hinc —8C 84
Manor St. Wolv —4J 35
Manor Ter. Cov —6C 6
Manor Wlk. Sol —6C 138
Manor Way. Burb —4K 81
Manor Way. Hale —8K 109
Manor Way. S Cold —5H 57
Manor Yd. Cov —7C 144 (6C 6)
Mansard Clo. B'mre —1M 49
Mansard Clo. Wed —1G 37
Mansard Ct. Col —2A 98
Manse Clo. Exh —8G 103
Mansell Clo. Hale —2H 109
Mansell Rd. Redd —2D 208
Mansell Rd. Tip —1A 66
Mansel Rd. Birm —2E 114
Mansel St. Cov —1E 144
Mansfield Clo. Tam —3L 31
Mansfield Ho. Birm —6J 97
Mansfield Rd. Aston —1K 93
Mansfield Rd. Yard —4J 115
Mansion Clo. Dud —6F 64
Mansion Cres. Smeth —5L 91
Mansion Dri. Hamm —5K 17
Mansion Dri. Tip —4C 66
Mansion St. Hinc —8D 84
Manston Dri. Wolv —4E 34
Manston Rd. Birm —2B 116
Manston Vw. Tam —1C 32
Mansty La. Penk & Cann —1A 8
Manta Rd. Dost —3D 46
Mantilla Dri. Cov —4A 166
Manton Cft. Dorr —6E 160
Manway Clo. Birm —4F 68
Manwoods Clo. Hand —7H 69
Maple Av. Exh —8H 103
Maple Av. W'bry —5J 53
Maplebeck Clo. Cov —6A 144
Maplebeck Ct. Sol —4C 138
Maple Bus. Pk. Birm —3B 94
Maple Cen., The. W'bry —6B 52
Maple Clo. Bils —2G 65
Maple Clo. Birm —8E 68
Maple Clo. Burb —4L 81
Maple Clo. Burn —2F 16
Maple Clo. Kidd —1H 149
Maple Clo. Kinv —4A 106
Maple Clo. Stourb —7K 107
Maple Clo. Stour S —5E 174
Maple Ct. Lich —4J 19
Maple Ct. Smeth —1K 91
Maple Cres. Cann —8C 8
Maple Cft. Birm —3M 135
Mapledene Rd. Birm —3D 116
Maple Dri. Birm —1B 70
Maple Dri. Cann —1D 8
Maple Dri. Dud —7B 64
Maple Dri. K'bry —2D 60
Maple Dri. Shelf —1B 40
Maple Dri. Wals —5B 54
Maple Dri. W'bry —5B 52
Maple Grn. Dud —4G 65
Maple Gro. Bils —5M 51
Maple Gro. Birm —1J 93 (B19)
Maple Gro. Birm —3F 96 (B37)
Maple Gro. K'wfrd —3L 87
Maple Gro. Lich —2M 19
Maple Gro. Rugby —5A 172
Maple Gro. Warw —8G 211
Maple Gro. Wolv —7J 35
Maple Leaf Dri. Birm —1H 117
Maple Leaf Ind. Est. Wals —6G 39
Maple Leaf Rd. W'bry —8C 52
Maple Ri. O'bry —7J 91
Maple Ri. Tam —5G 33
Maple Rd. Birm —1E 134
Maple Rd. Dud —6J 65
Maple Rd. Hale —1D 110
Maple Rd. Lea S —3M 215
Maple Rd. Nun —4E 78
Maple Rd. Redn —3F 154
Maple Rd. S Cold —6J 57
Maple Rd. Wals —7M 25
Maple Rd. Wolv —2L 49
Maples, The. Bed —7E 102
Maple St. Wals —7K 25
Mapleton Gro. Birm —2H 137
Mapleton Rd. Birm —2H 137
Mapleton Rd. Cov —1M 143
Maple Tree La. Hale —3J 109
Maple Wlk. Birm —7H 97
Maple Way. Birm —8M 133
Maple Way. Earl S —3K 85
Maplewood. S Cold —1A 72
Mapperley Clo. Cov —1A 146
Mapperley Gdns. Birm —6J 113
Mappleborough Clo. Redd —4B 204
Mappleborough Green. —8A 206
Mappleborough Rd. Shir —8E 136
Marans Cft. Birm —2D 156
Marble All. Stud —5L 209
Marbury Clo. Birm —7D 134
Marbury M. Brie H —8D 88
Marchant Rd. Bils —2J 51
Marchant Rd. Hinc —1J 81
Marchant Rd. Wolv —7M 35
March End. —4L 37
March End Rd. Wolv —4K 37 (in two parts)
Marchfont Clo. Nun —5A 80 (nr. Eastboro' Way)
Marchfont Clo. Nun —7A 80 (nr. Rainsbrook Dri.)
March Gro. Bew —5B 148
Marchmont Rd. Birm —7G 95
Marchmount Rd. S Cold —1J 71
March Way. Cov —2K 167
March Way. Wals —8J 27
Marchwood Clo. Redd —4A 204
Marcliff Cres. Shir —7C 136
Marconi Pl. Cann —2J 9
Marcos Dri. Birm —8F 72
Marcot Rd. Sol —4M 115
Marcroft Pl. Lea S —3D 216
Marden Clo. W'hall —8M 37
Marden Gro. Birm —2A 156
Marden Wlk. Birm —6B 70
Mardol Clo. Cov —2K 145
Mardon Rd. Birm —4B 116
Maree Gro. W'hall —8B 24
Marfield Clo. Min —3A 72
Margam Cres. Wals —7F 24
Margam Ter. Wals —7F 24
Margam Way. Wals —7F 24

Margaret Av.—Meadow Vw.

Margaret Av. Bed —6G 103
Margaret Av. Hale —5M 109
Margaret Clo. Brie H —1E 108
Margaret Dri. Cann —3E 8
Margaret Dri. Stourb —5B 108
Margaret Gdns. Smeth —4L 91
Margaret Gro. Birm —2C 112
Margaret Rd. Birm —4C 112
Margaret Rd. S Cold —8D 56
Margaret Rd. Wals —6E 38
Margaret Rd. W'bry —5C 52
Margarets Ho. S Cold —6M 57
Margaret St. Birm —6K 93 (4E 4)
Margaret St. W Brom —7H 67
Margaret Va. Tip —8C 52
Margaret Vine Ct. Hale —8F 90
Margeson Clo. Cov —7L 145
Margesson Dri. B Grn —8K 155
Margetts Clo. Ken —5F 190
Marholm Clo. Wolv —7M 21
Marian Cft. Birm —4D 116
Maria St. W Brom —1L 91
Marie Brock Clo. Cov —8G 143
Marie Dri. Birm —8H 115
Marigold Clo. Cann —6J 9
Marigold Cres. Dud —5G 65
Marigold Dri. Hinc —4L 81
Marina Clo. Cov —2E 164
Marina Cres. Cann —4G 9
Marine Cres. Stourb —8L 87
Marine Dri. Birm —3L 69
Marine Gdns. Stourb —8L 87
Mariner. Tam —2L 31
Mariner Av. Birm —8E 92
Marion Clo. Brie H —7F 88
Marion Rd. Cov —2D 144
Marion Rd. Smeth —3K 91
Marion Way. Birm —2E 136
Marita Clo. Dud —6L 89
Marjoram Clo. Birm —1F 156
Marjorie Av. Birm —6H 135
Mark Antony Dri. H'cte —5K 215
Mark Av. W'bry —6E 52
Markby Rd. Birm —3E 92
Mark Ct. Wals —6A 40
Market Corner. Lea S —3M 215
Market End. —7D 102
Mkt. End Clo. Bed —8D 102
Mkt. Hall Precinct. Cann —8E 8
Mkt. Hall St. Cann —8E 8
Market La. Lich —7D 18
Market La. Wolv —3F 48
Market Pl. Blox —8H 25
Market Pl. B'gve —7M 179
Market Pl. Cann —8D 8 (in two parts)
Market Pl. Dud —4J 89 (nr. Halesowen Rd.)
Market Pl. Dud —8J 65 (nr. Stone St.)
Market Pl. Gt Bri —4D 66
Market Pl. Hinc —1K 81
Market Pl. Nun —5J 79
Market Pl. Redd —5E 204
Market Pl. Row R —8C 90
Market Pl. Rugby —6A 172
Market Pl. Warw —3E 214
Market Pl. W'bry —7F 52
Market Pl. W'hall —8A 38
Market Sq. Crad H —1J 109
Market St. B'gve —7M 179
Market St. Hed —3H 9
Market St. Kidd —4L 149
Market St. K'wfrd —3K 87
Market St. Lich —2H 19 (in two parts)
Market St. O'bry —1G 91
Market St. Pole —8M 33
Market St. Rugby —5B 172
Market St. Stourb —4A 108
Market St. Tam —5B 32
Market St. Warw —3D 214
Market St. Wolv —7D 36 (4K 7)
Market Wlk. Redd —5E 204
Market Way. Bils —4K 51
Market Way. Cov —7C 144 (5B 6)
Market Way. Hag —3C 130
Markfield Rd. Birm —1B 116
Markford Wlk. Birm —3K 93
Markham Cres. Sol —8F 116
Markham Cft. Wolv —7A 22
Markham Dri. K'wfrd —5L 87
Markham Dri. W'nsh —6B 216
Markham Rd. S Cold —6C 56
Mark Ho. Birm —7A 114
Marklew Clo. Wals —4G 27
Marklin Av. Wolv —8D 22
Mark Rd. W'bry —6E 52
Marksbury Clo. Wolv —4A 36
Marks M. Warw —3E 214
Marks Wlk. Lich —7G 13
Marlbank Rd. Stourb —8A 88
Marlborough Av. B'gve —2A 202
Marlborough Clo. Hinc —2B 82
Marlborough Clo. S Cold —3E 42
Marlborough Ct. B'gve —1B 202
Marlborough Ct. Lich —2H 19
Marlborough Dri. Stourb —6A 108
Marlborough Dri. Stour S —8E 174
Marlborough Dri. Syd —3D 216
Marlborough Gdns. Stourb —7J 87
Marlborough Gdns. Wolv —5L 35
Marlborough Gro. Birm —8K 95
Marlborough Rd. Birm —8E 94
Marlborough Rd. Cas B —1C 96
Marlborough Rd. Cov —7G 145
Marlborough Rd. Dud —2F 64
Marlborough Rd. Nun —5H 79
Marlborough Rd. Rugby —8L 171
Marlborough Rd. Smeth —6A 92
Marlborough St. Kidd —4L 149
Marlborough St. Wals —8H 25
Marlborough Way. Tam & Two G —8D 32
Marlbrook Clo. Sol —5C 116
Marlbrook Dri. Wolv —3B 50
Marlbrook La. Marl —8D 154
Marlburn Way. Wom —3E 62
Marlcliff Gro. Birm —3A 136
Marlcroft. Cov —3L 167
Marldon Rd. Birm —3L 135
Marlene Cft. Birm —8J 97
Marler Rd. Cov —2F 164
Marley Rd. K'wfrd —5A 88
Marlfield. Redd —4H 205
Marlfield La. Redd —5H 205 (in two parts)
Marlin. Dost —3D 46
Marling Cft. Sol —2E 138
Marlissa Dri. Cov —7E 122
Marloes Wlk. Syd —3C 216
Marlow Clo. Cov —5H 143
Marlow Clo. Dud —6K 89
Marlowe Clo. Gall C —4M 77
Marlowe Clo. Kidd —3B 150
Marlowe Dri. W'hall —2A 38
Marlow Rd. Birm —4D 70
Marlow Rd. Hurl —4J 61
Marlow Rd. Tam —4D 32
Marlow St. Row R —8B 90
Marlow St. Wals —5L 39
Marlpit La. Redd —8B 204 (in two parts)
Marlpit La. S Cold —6K 43
Marlpool Clo. Kidd —8H 127
Marlpool Dri. Pels —8A 26
Marlpool Dri. Redd —6C 204
Marlpool La. Kidd —8J 127
Marlpool Pl. Kidd —1H 149
Marl Rd. Dud —5H 89
Marlston Wlk. Cov —5H 143
Marl Top. Birm —7F 134
Marlwood Clo. Longf —5F 122
Marmion Dri. Birm —7F 54
Marmion Gro. Dud —1G 89
Marmion St. Tam —4B 32
Marmion Way. W Brom —3F 66
Marnel Dri. Wolv —1K 49
Marner Cres. Cov —3B 144
Marner Rd. Bed —6G 103
Marner Rd. Nun —8H 79
Marnhull Clo. Cov —5M 145
Marquis Dri. Hale —2A 110
Marrick. Wiln —1J 47
Marriner's La. Cov —4H 143
Marriott Rd. Bed —7D 102
Marriott Rd. Cov —5A 144
Marriott Rd. Dud —5J 89
Marriott Rd. Smeth —2K 91
Marroway St. Birm —6F 92
Marrowfat La. Birm —2F 92
Mars Clo. Bils —8G 51
Marsdale Dri. Nun —6E 78
Marsden Clo. Sol —8L 115
Marsden Rd. Redd —6E 204
Marsett. Wiln —2J 47
Marshall Clo. Wals —5H 41
Marshall Gro. Birm —2M 69
Marshall Ho. Wals —1J 53 (off St Quentin St.)
Marshall Lake Rd. Shir —1K 159
Marshall Rd. Exh —1F 122
Marshall Rd. O'bry —8J 91
Marshall Rd. W'hall —8J 37
Marshalls Ind. Est. Wolv —2C 50 (8J 7)
Marshall St. Birm —8K 93 (7E 4)
Marshall St. Smeth —2K 91
Marshall St. Tam —4E 32
Marsham Clo. Warw —1H 215
Marsham Ct. Rd. Sol —2M 137
Marsham Rd. Birm —6M 135
Marshbrook Clo. Ald I —7L 123
Marshbrook Rd. Birm —5K 71
Marsh Cres. Stourb —6J 87
Marshdale Av. Cov —6E 122
Marsh End. Birm —1G 157
Marshfield Clo. Redd —2H 205
Marshfield Dri. Cov —7K 165
Marshfield Gdns. Birm —7E 70
Marsh Gro. Swind —7E 62
Marsh Hill. Birm —5B 70
Marsh Ho. Cov —2A 146
Marsh Ho. Farm La. Brad M —6D 140
Marshland Way. Wals —8E 38
Marsh La. Birm —4D 70
Marsh La. Curd —4J 73
Marsh La. H Ard —3A 140 (in two parts)
Marsh La. Lich —4H 19
Marsh La. Sol —5E 138
Marsh La. Wals —7K 39
Marsh La. Wat O —6H 73
Marsh La. W Brom —1K 67
Marsh La. Wolv —6B 22
Marsh La. Pde. Wolv —7C 22
Marshmont Way. Birm —1D 70
Marsh St. Wals —7K 39
Marsh, The. W'bry —6E 52
Marsh Way. Cats —8M 153
Marshwood Clo. Cann —7G 9
Marshwood Cft. Hale —6G 111
Marsland Clo. Birm —8C 92
Marsland Rd. Sol —2L 137
Mars St. Wolv —3H 51
Marston. —7B 60 (nr. Kingsbury)
Marston. —4J 169 (nr. Wolston)
Marston Av. W'bry —3C 52
Marston Clo. Lea S —7B 212
Marston Clo. Stourb —5K 107
Marston Cft. Birm —2F 116
Marston Dri. Birm —4G 97
Marston Green. —1G 117
Marston Gro. Birm —1C 68
Marston Jabbett. —4M 103
Marston La. Bed —5H 103
Marston La. Curd —8L 59
Marston La. Nun —7L 79
Marston Rd. Birm —1M 133
Marston Rd. Cann —3F 8
Marston Rd. Dud —1D 88
Marston Rd. S Cold —2G 71
Marston Rd. Wolv —2B 50 (8G 7)
Marston Rd. Ind. Est. Wolv —2B 50 (8H 7)
Marston St. W'hall —7C 38
Marten Clo. H Mag —2A 214
Martham Dri. Wolv —7H 35
Martin Clo. Bils —2K 65
Martin Clo. Birm —3K 115
Martin Clo. B'gve —8L 179
Martin Clo. Cov —5E 142
Martin Cft. Lich —8G 13
Martindale. Cann —7G 9
Martindale Rd. Exh —1J 123
Martindale Trad. Est. Cann —7G 9
Martindale Wlk. Brie H —3B 108
Martin Dri. W'hall —4C 38
Martineau Sq. Birm —7L 93 (5G 5)
Martineau Tower. Birm —4K 93 (off Uxbridge St.)
Martineau Way. Birm —7L 93 (5G 5)
Martingale Clo. B'gve —3L 201
Martingale Clo. Wals —5M 53
Martin Hill St. Dud —1J 89
Martin La. Rugby —2K 197
Martin Ri. Birm —1F 116
Martin Rd. Bils —6M 51
Martin Rd. Tip —4A 66
Martin Rd. Wals —1C 54
Martins Rd. Bed —8E 102
Martin St. Wolv —4F 50
Martins Way. Stour S —6F 174
Mart La. Stour S —6G 175
Martlesham Sq. Birm —5A 72
Martley Clo. Redd —2H 209
Martley Ct. Stourb —5C 108
Martley Cft. Birm —5L 111
Martley Cft. Sol —1B 160
Martley Dri. Stourb —5C 108
Martley Rd. O'bry —3D 90
Martley Rd. Stour S —8D 174
Martley Rd. Wals —8C 26
Marton Av. Burn —1G 17
Marton Clo. Birm —3B 94
Martyrs Clo., The. Cov —1D 166
Marwood Cft. S Cold —7A 42
Mary Ann St. Birm —5K 93 (2E 4)
Mary Herbert St. Cov —2D 166
Maryland Av. Birm —4L 95
Maryland Clo. Barw —3F 84
Maryland Dri. Birm —4B 134
Maryland Rd. Brie H —2F 108
Marylebone Clo. Stourb —2A 108
Mary Macarthur Dri. Crad H —8J 89
Mary Rd. Hand —2E 92
Mary Rd. Stech —6K 95
Mary Rd. Tiv —1C 90
Mary Rd. W Brom —8K 67
Mary Slessor St. Cov —3J 167
Marystow Clo. Alle —1H 143
Mary St. Bal H —4L 113
Mary St. Birm —5J 93 (2D 4)
Mary St. Cann —2H 9
Mary St. Earl S —1M 85
Mary St. Wals —6K 39
Maryvale Ct. Lich —2K 19
Maryvale Ct. Wals —8L 39
Mary Va. Rd. Birm —3E 134
Marywell Clo. Birm —2H 133
Marywell Clo. Hinc —1F 80
Masefield Av. Dud —2J 65
Masefield Av. Warw —5C 214
Masefield Clo. Barw —1J 85
Masefield Clo. Bils —7M 51
Masefield Clo. Burn —8G 11
Masefield Clo. Lich —3H 19
Masefield Dri. Tam —2A 32
Masefield Gdns. Kidd —3B 150
Masefield Gro. Cann —5E 8
Masefield Ri. Hale —6D 110
Masefield Rd. Dud —5A 64
Masefield Rd. Wals —2L 39
Masefield Rd. Wolv —8G 23
Masefield Sq. Birm —5C 134
Masham Clo. Birm —7L 95
Mashie Gdns. Birm —8D 134
Maslen Pl. Hale —6B 110
Maslin Dri. Bils —8G 51
Mason Av. Lea S —6B 212
Mason Clo. Redd —2D 208
Mason Ct. Hinc —1H 81
Mason Cres. Wolv —4L 49
Mason Ho. Shir —8E 136
Mason La. Earls —8F 158
Masonleys Rd. Birm —6K 133
Mason Rd. Birm —5G 71
Mason Rd. Cov —8F 122
Mason Rd. Kidd —3J 149
Mason Rd. Redd —2C 208
Mason Rd. Wals —4H 39
Mason's Clo. Hale —3J 109
Masons Cotts. Birm —4H 71
Mason St. Bils —2H 65
Mason St. W Brom —5H 67
Mason St. Wolv —2C 50 (8J 7)
Masons Way. Sol —7L 115
Massbrook Gro. Wolv —3F 36
Massbrook Rd. Wolv —3F 36
Masser Rd. Cov —5C 122
Massers Yd. Cov —5G 123
Masshouse Cir. Queensway. Birm —6L 93 (4H 5)
Masshouse La. Birm —6M 93 (4J 5)
Masshouse La. K Nor —8F 134
Masters La. Hale —8E 90
Masters Rd. Lea S —4A 216
Matchborough. —8L 205
Matchborough Shop. Cen. Redd —8L 205
Matchborough Way. Redd —2L 209
Matchlock Clo. S Cold —2L 55
Matfen Av. S Cold —7F 56
Mathecroft. Lea S —4C 216
Math Mdw. Birm —4M 111
Matlock Clo. Dud —6K 89
Matlock Clo. Rugby —2C 172
Matlock Clo. Wals —6J 25
Matlock Dri. Cann —5G 9
Matlock Rd. Birm —6F 114
Matlock Rd. Cov —3D 144
Matlock Rd. Wals —6J 25
Matterson Rd. Cov —4A 144
Matthew Dri. Hand —3E 92
Matthew La. Kidd —8M 149
Matthews Clo. Row R —8B 90
Matthews Wlk. Lich —7G 13
Mattox Rd. Wolv —3K 37
Matty Rd. O'bry —5H 91
Maud Rd. Wat O —6K 73
Maud Rd. W Brom —8J 67
Maudslay Rd. Cov —7L 143
Maughan St. Brie H —1F 108
Maughan St. Dud —8G 65
Maughan St. Earl S —1M 85
Maund Clo. B'gve —2L 201
Maureen Clo. Cov —8C 142
Maurice Gro. Wolv —3G 37
Maurice Rd. Birm —4L 135
Maurice Rd. Smeth —7L 91
Mavis Gdns. O'bry —1H 111
Mavis Rd. Birm —8L 133
Mavis Rd. Cann —2H 9
Mavor Av. Burn —8D 10
Mavor Dri. Bed —8D 102
Mawgan Dri. Lich —3K 19
Mawnan Clo. Exh —1H 123
Maw St. Wals —3M 53
Maxholm Rd. S Cold —1L 55
Max Rd. Birm —4K 111
Max Rd. Cov —4M 143
Maxstoke. —7H 99
Maxstoke Castle. —2E 98
Maxstoke Clo. Birm —2G 133
Maxstoke Clo. Dost —5C 46
Maxstoke Clo. Mer —8H 119
Maxstoke Clo. Redd —8K 205
Maxstoke Clo. S Cold —7E 56
Maxstoke Clo. Wals —6G 25
Maxstoke Ct. Col —5A 98
Maxstoke Cft. Shir —1J 159
Maxstoke Gdns. Lea S —3M 215
Maxstoke La. Col —3A 98
Maxstoke La. Mer —1H 119
Maxstoke Rd. S Cold —7E 56
Maxstoke St. Birm —7B 94
Maxted Rd. Birm —1C 70
Maxwell Av. Birm —8H 69
Maxwell Clo. Lich —2J 19
Maxwell Rd. Wolv —1D 50 (7L 7)
Mayall Dri. S Cold —5J 43
Mayama Rd. Faz —1M 45
May Av. Birm —4A 114
Maybank. Birm —6F 94
Maybank Clo. Lich —1L 19
Maybank Pl. Birm —3L 69
Maybank Rd. Dud —6J 89
Mayberry Clo. Birm —7B 136
Mayberry Clo. Stour S —5E 174
Maybridge Dri. Sol —1B 160
Maybrook Ho. Hale —5A 110
Maybrook Ind. Est. Wals —4F 26 (in two parts)
Maybrook Rd. Min —4A 72
Maybrook Rd. Wals —5F 26
Maybury Clo. Cod —5E 20
Maybush Gdns. Wolv —8C 22
May Clo. Burn —8F 10
Maycock Rd. Cov —2D 144
Maycroft Clo. Cann —2F 8
Maydene Cft. Birm —3M 113
Mayers Green. —5L 67
Mayfair. Stourb —7D 108
Mayfair Clo. Birm —2B 70
Mayfair Clo. Dud —7G 65
Mayfair Dri. Faz —2A 46
Mayfair Dri. K'wfrd —2J 87
Mayfair Dri. Nun —5M 77
Mayfair Gdns. Tip —5A 66
Mayfair Gdns. Wolv —7K 35
Mayfair Pde. Birm —2B 70
May Farm Clo. H'wd —3A 158
Mayfield. Bed —6H 103
Mayfield. Wiln —1J 47
Mayfield Av. Birm —7H 113
Mayfield Clo. Bed —6H 103
Mayfield Clo. Cats —8M 153
Mayfield Clo. Kidd —1G 149
Mayfield Clo. Lea S —3C 216
Mayfield Clo. Sol —8C 138
Mayfield Cres. Row R —6A 90
Mayfield Dri. Ken —5J 191
Mayfield Gdns. Redd —7D 204
Mayfield Rd. A Grn —6G 115
Mayfield Rd. Cov —1A 166
Mayfield Rd. Dud —4J 65
Mayfield Rd. Hand —1J 93
Mayfield Rd. Hasb —7K 109
Mayfield Rd. H Grn —8F 90
Mayfield Rd. Mose —7A 114
Mayfield Rd. Nun —7L 79
Mayfield Rd. Stir —3G 135
Mayfield Rd. S'tly —1M 55
Mayfield Rd. Tys & Birm —5G 115
Mayfield Rd. Wolv —8H 37
Mayfield Rd. W Grn —7G 57
Mayfields Dri. Bwnhls —7B 16
Mayfields, The. Redd —7D 204
Mayfield Way. Barw —2J 85
Mayflower Clo. Birm —3K 93
Mayflower Clo. Stour S —7G 175
Mayflower Dri. Brie H —2A 88
Mayflower Dri. Cov —7K 145
Mayford Gro. Birm —3B 136
Maygrove Rd. K'wfrd —2J 87
Mayhurst Clo. H'wd —2C 158
Mayhurst Clo. Tip —1A 66
Mayhurst Rd. H'wd —2B 158
Mayland Dri. S Cold —4M 55
Mayland Rd. Birm —7C 92
May La. Birm —4M 135
May La. H'wd —2A 158
May La. Rugby —8K 171
Maynard Av. Bed —1D 122
Maynard Av. Stourb —6K 107
Maynard Av. Warw —2G 215
Mayo Dri. Ken —5G 191
Mayor's Cft. Cov —2H 165
Maypole Clo. Bew —6C 148
Maypole Clo. Crad H —1H 109
Maypole Dri. Stourb —4L 107
Maypole Fields. Hale —2G 109
Maypole Gro. Birm —7B 136
Maypole Hill. Hale —1G 109
Maypole La. Birm —7M 135
Maypole Rd. O'bry —8H 91
Maypole St. Wom —2H 63
May St. Cov —1E 144
May St. Wals —3J 39
Mayswood Dri. Wolv —8F 34
Mayswood Gro. Birm —5K 111
Mayswood Rd. Sol —7C 116
Maythorn Av. S Cold —3A 72
Maythorn Gdns. Wolv —6J 35
Maythorn Gro. Sol —1B 160
Maytree Clo. Birm —7G 97
May Tree Gro. Birm —6F 68
May Trees. H'wd —3M 157
Maywell Dri. Sol —1F 138
Maywood Clo. K'wfrd —3J 87
McBean Rd. Wolv —5M 35
McConnell Clo. B'gve —2B 202
McDonnell Dri. Exh —3F 122
McDougall Rd. W'bry —6J 53
McGeough Wlk. Cann —4H 9
McGhie St. Cann —3H 9
McGregor Clo. Birm —8M 69
McKean Rd. O'bry —8G 67
McKen Ct. W Brom —7J 67
McKinnell Cres. Rugby —7E 172
McLean Rd. Wolv —7C 22
McMahon Rd. Bed —1E 122
Meaburn Clo. Birm —2A 134
Mead Clo. Wals —3H 41
Mead Cres. Birm —6H 95
Meadfoot Av. Birm —6M 135
Meadfoot Dri. K'wfrd —2H 87
Meadfoot Rd. Cov —3K 167
Meadlands, The. Wom —3E 62
Meadow Av. W Brom —8M 53
Meadowbank Rd. Lich —6H 13
Meadow Brook Rd. Birm —4M 133
Meadowbrook Rd. Hale —6K 109
Meadowbrook Rd. Lich —6H 13
Meadow Clo. Ansty —6K 141 (nr. Coventry Rd.)
Meadow Clo. Ansty —6D 124 (nr. Grove Rd.)
Meadow Clo. Birm —8B 92
Meadow Clo. H'ley H —3C 186
Meadow Clo. K'bry —4D 60
Meadow Clo. Lea S —5C 212
Meadow Clo. Shir —1K 159
Meadow Clo. Stret D —3G 195
Meadow Clo. S Cold —7M 41
Meadow Clo. Wals —1C 40
Meadow Clo. W'hall —1C 38
Meadow Clo. Wlvy —5K 105
Meadow Ct. Nun —4H 79
Mdw. Court Rd. Earl S —2M 85
Meadow Cft. Arly —8E 76
Meadow Cft. Cann —5C 8
Meadow Cft. Hag —5M 129
Meadow Cft. Lich —8M 13
Meadow Cft. Pert —6D 34
Meadow Cft. Wyt —6A 158
Meadow Dri. H Ard —2B 140
Meadow Dri. Hinc —2A 82
Meadowfield Rd. Redn —2G 155
Meadowfields Clo. Stourb —7L 87
Meadow Grange Dri. W'hall —2B 38
Meadow Gro. Gt Wyr —7G 15
Meadow Gro. Sol —8K 115
Meadow Hill Clo. Kidd —4G 149
Meadowhill Cres. Redd —4F 204
Meadow Hill Dri. Cann —7G 9
Meadow Hill Dri. Stourb —7L 87
Meadow Hill Rd. Birm —7E 134
Meadowhill Rd. Redd —4F 204
Meadow Ho. Cov —6B 144
Meadowlands Dri. Shelf —1D 40
Meadow La. A'chu —3B 182
Meadow La. Bils —7H 51 (in two parts)
Meadow La. Cov H —3C 22
Meadow La. Lapw —6K 187
Meadow La. W'hall —4A 38
Meadow La. Wom —1G 63
Meadowlark Clo. Cann —5H 9
Meadow Mills Est. Kidd —4L 149
Meadow Pk. Tam —4M 31
Mdw. Park Rd. Stourb —1K 107
Meadow Ri. Bew —5C 148
Meadow Ri. Birm —2D 134
Meadow Rd. Barw —2J 85
Meadow Rd. Cats —1M 179
Meadow Rd. Cov —5B 122
Meadow Rd. Dud —5G 65
Meadow Rd. Hale —1C 110
Meadow Rd. Harb —8B 92
Meadow Rd. Hurl —4J 61
Meadow Rd. Nun —1A 78
Meadow Rd. O'bry —7H 91
Meadow Rd. Quin —3G 111
Meadow Rd. Rugby —3K 171
Meadow Rd. Smeth —5A 92
Meadow Rd. Tam —6L 31
Meadow Rd. Wals —5G 41
Meadow Rd. Warw —2G 215
Meadow Rd. Wols —5G 169
Meadow Rd. Wolv —1J 49
Meadow Rd. Wyt —6A 158
Meadowside. Nun —8B 80
Meadowside Clo. Birm —8E 54
Meadowside Rd. S Cold —5F 42
Meadows, The. Hinc —3A 82
Meadows, The. Leek W —2G 211
Meadows, The. Stourb —1B 130
Meadows, The. Wals —4E 40
Meadow St. Cov —7B 144
Meadow St. Crad H —1M 109
Meadow St. Nun —4H 79
Meadow St. Tam —6C 32
Meadow St. Wals —1K 53
Meadow St. Wolv —7B 36
Meadowsweet. Rugby —1C 172
Meadowsweet Av. Birm —8F 134
Meadowsweet Way. K'wfrd —3A 88
Meadow Va. Cod —7H 21
Meadowvale Rd. L End —3C 180
Meadow Vw. Birm —1C 136

Meadow Vw. Burn —3K 17
Meadow Vw. Dud —8C 50
Mdw. View Ter. Wolv —5L 35
(in two parts)
Meadow Wlk. Birm —8L 135
Meadow Wlk. Crad H —1K 109
Meadow Way. Cann —8J 9
Meadow Way. Cod —7E 20
Meadow Way. Stourb —7J 87
Meadow Wyrthe. Tam —2B 32
Mead Ri. Birm —3F 112
Mead, The. Dud —1B 64
Meadthorpe Rd. Birm —1K 69
Meadvale Rd. Redn —3H 155
Meadway. Birm —7M 95
Meadway. Cov —3H 145
Meadway Clo. Cann —6J 9
Meadway N. Cov —3H 145
Meadway St. Burn —4G 17
Meadway, The. Hinc —2M 81
Meadway, The. Redd —8C 204
Meadway, The. Wolv —4G 35
Meadwood Ind. Est. Bils —4L 51
Mears Clo. Birm —1D 70
Mears Coppice. Brie H —3E 108
Mears Dri. Birm —5K 95
Mearse Clo. Birm —4G 93
Mearse La. B Grn —1F 180
Mearse La. Belb —3F 152
Mease Av. Burn —3K 17
Mease Cft. Birm —7B 94
Measham Gro. Birm —4L 115
Measham Way. Wolv —2L 37
Meaton Gro. Birm —1H 133
Medcroft Av. Birm —5E 68
Meddins Clo. Kinv —5A 106
Meddins La. Kinv —5A 106
Meddins Ri. Kinv —5A 106
Medhurst Clo. Dunc —6H 197
Medina. Tam —8E 32
Medina Clo. Wolv —5F 22
Medina Rd. Birm —5E 114
Medina Rd. Cov —8E 122
Medina Way. K'wfrd —3J 87
Medland Av. Cov —4M 165
Medley Gdns. Tip —5D 66
Medley Gro. W'nsh —6M 215
Medley Rd. Birm —4D 114
Medlicott Rd. Birm —3C 114
Medway. Tam —8D 32
Medway Clo. Brie H —3A 88
Medway Cft. Birm —2F 96
Medway Gro. Birm —1E 156
Medway Rd. Wals —7C 16
Medway Tower. Birm —4B 94
Medway Wlk. Wals —7C 16
Medwin Gro. Birm —2D 70
Meerash La. Hamm —6H 17
Meer End. —8J 163
Meer End. Birm —2E 156
Meer End Rd. Hon —1H 189
Meerhill Av. Shir —3A 160
Meeting Ho. La. Bal C —2J 163
Meetinghouse La. Birm —5A 134
Meeting La. Brie H —8B 88
(in two parts)
Meeting La. Ind. Est. Brie H —8B 88
Meeting St. Dud —4J 89
Meeting St. Tip —3D 66
Meeting St. W'bry —6E 52
Meg La. Burn —8G 11
Meir Rd. Redd —1J 209
Melbourne Av. Birm —3J 93
Melbourne Av. B'gve —5L 179
Melbourne Av. Smeth —2B 92
Melbourne Clo. B'gve —6L 179
Melbourne Clo. K'wfrd —5L 87
Melbourne Clo. Nun —1L 103
Melbourne Clo. W Brom —2G 67
Melbourne Ct. Bed —7G 103
Melbourne Cres. Cann —7M 9
Melbourne Gdns. Wals —3B 54
Melbourne Ho. Birm —3E 96
Melbourne Rd. B'gve —5L 179
Melbourne Rd. Cann —8L 9
Melbourne Rd. Cov —7A 144
Melbourne Rd. Hale —4B 110
Melbourne Rd. Smeth —2A 92
Melbourne St. Wolv —8D 36 (6K 7)
Melbury Clo. Wolv —8A 36
Melbury Gro. Birm —4L 135
Melbury Way. Cann —7F 8
Melchester Wlk. Cann —7F 8
Melchett Rd. Birm —6F 134
Melcote Gro. Birm —1L 69
Meldon Dri. Bils —7A 52
Meldrum Rd. Nun —6D 78
Melen St. Redd —5D 204
Melford. Tam —3K 31
Melford Clo. Dud —7C 50
Melford Grange. Burn —8E 10
Melford Hall Rd. Sol —2M 137
Melford Ri. Burn —8F 10
Melfort Clo. Cov —7M 145
Melfort Clo. Nun —4C 78
Melfort Gro. Birm —6A 136
Melksham Sq. Birm —6A 72
Mellis Gro. Birm —4A 70
Mellish Ct. Rugby —8L 171
Mellish Ct. Wals —6A 40
(off Mellish Rd.)
Mellish Dri. Wals —6B 40
Mellish Rd. Rugby —8L 171
Mellish Rd. Wals —6A 40
Mellor Dri. S Cold —6E 42
Mellor Rd. Rugby —1H 199
Mellors Clo. Birm —6B 112
Mellowdew Rd. Cov —5J 145
Mellowdew Rd. Stourb —6J 87
Mellowship Rd. Cov —4C 142
Mell Sq. Sol —5C 138
Mellwaters. Wiln —1J 47
Melmerby. Wiln —1J 47
Melplash Av. Sol —5A 138
Melrose Av. Bed —1D 122
Melrose Av. Birm —3B 114
(in two parts)
Melrose Av. S'brk —3A 114
Melrose Av. Stourb —7M 107
Melrose Av. S Cold —7E 56
Melrose Av. W Brom —1K 67
Melrose Clo. Birm —8F 134
Melrose Clo. Hinc —1H 81
Melrose Cotts. Lich —8M 17
Melrose Dri. Cann —2F 8
Melrose Dri. Wolv —5D 34
Melrose Gro. Loz —2H 93
Melrose Pl. Smeth —1K 91
Melrose Rd. Birm —8L 69
Melstock Clo. Tip —4K 65
Melstock Rd. Birm —2K 135
Melton Av. Sol —5A 116
Melton Dri. Birm —2J 113
Melton Rd. Birm —1M 135
Melton Rd. Lea S —5B 212
Melton St. Earl S —1L 85
Melverley Gro. Birm —1M 69
Melverton Av. Wolv —1D 36
Melville Clo. Exh —1G 123
Melville Clo. Rugby —8L 171
Melville Hall. Edg —8D 92
Melville Rd. Birm —8C 92
Melville Rd. Cov —6A 144
Melvina Rd. Birm —5B 94
Membury Rd. Birm —3D 94
Memorial Clo. W'hall —7A 38
Memory La. Darl —1D 52
Memory La. Wolv —4H 37
Menai Clo. W'hall —3C 38
Menai Wlk. Birm —5H 97
Mendip Av. Birm —4E 94
Mendip Clo. B'gve —4A 180
Mendip Clo. Dud —6D 64
Mendip Clo. Hale —8K 109
Mendip Clo. Wolv —3F 50
Mendip Dri. Nun —6B 78
Mendip Ho. Redd —3K 205
Mendip Rd. Birm —4E 94
Mendip Rd. Cann —1G 9
Mendip Rd. Hale —8J 109
Mendip Rd. Stourb —3B 108
Mendip Way. Wiln —8J 33
Menin Cres. Birm —2B 136
Menin Pas. Birm —1B 136
Menin Rd. Birm —1B 136
Menin Rd. Tip —4K 65
Menteith Clo. Stour S —2E 174
Mentone Ct. Birm —6E 68
Meon Gro. Birm —1B 116
Meon Gro. Pert —5F 34
Meon Ri. Stourb —6C 108
Meon Way. Wolv —2M 37
Meranti Clo. W'hall —1C 38
Mercer Av. Cov —4G 145
Mercer Av. Wat O —6G 73
Mercer Ct. Rugby —1F 198
Mercer Gro. Wolv —2L 37
Merchants Way. Wals —2G 41
Mercia Av. Ken —5E 190
Mercia Bus. Village. W'wd B —3F 164
Mercia Clo. B'gve —2M 201
Mercia Clo. Tam —2L 31
Mercia Dri. Wolv —4E 34
Mercia Ho. Cov —6C 144 (4B 6)
Mercian Ct. Lich —2J 19
Mercian Pk. Tam —6G 33
Mercian Way. Tam —4G 33
Mercia Way. Warw —2H 215
Mercot Clo. Redd —3G 209
Mercote Hall La. Mer —4G 141
Mercury Ct. Tam —6J 33
Mercury Rd. Cann —4G 9
Mere Av. Birm —6A 72
Mere Clo. W'hall —4A 38
Merecote Rd. Sol —2K 137
Meredith Grn. Kidd —8G 149
Meredith Pool Clo. Birm —3F 92
Meredith Rd. Cov —6K 145
Meredith Rd. Dud —4A 64
Meredith Rd. Wolv —1J 37
Meredith St. Crad H —8K 89
Mere Dri. S Cold —7H 43
Mere Green. —6H 43
Mere Grn. Clo. S Cold —7J 43
Mere Grn. Rd. S Cold —7H 43
Mere Oak Rd. Wolv —4E 34
Mere Pool Rd. S Cold —7K 43
Mere Rd. Birm —6C 70
Mere Rd. Stourb —6L 107
Mereside Way. Sol —1L 137
Meres Rd. Hale —4J 109
Merevale Av. Hinc —2J 81
Merevale Av. Nun —5G 79
Merevale Clo. Hinc —2J 81
Merevale Clo. Redd —1K 209
Merevale Rd. Sol —7B 116
Mere Vw. Wals —1C 40
Merganser. Wiln —3G 47
Merganser Way. Kidd —7B 150
Meriden. —8J 119
Meriden Av. Stourb —3K 107
Meriden Clo. Birm —2H 115
Meriden Clo. Cann —1B 14
Meriden Clo. Redd —6A 206
Meriden Clo. Stourb —3K 107
Meriden Cross. —8H 119
Meriden Dri. Birm —3G 97
Meriden Hall Mobile Home Pk. Mer —1J 141
Meriden Ri. Sol —6D 116
Meriden Rd. H Ard —2B 140
Meriden Rd. Mer —4J 141
Meriden Rd. Wolv —1A 36
Meriden St. Birm —7M 93 (7J 5)
Meriden St. Cov —6B 144
Meridian Pl. B'gve —8A 180
Merino Av. Birm —1A 156
Merlin Av. Nun —3B 78
Merlin Clo. Cann —7C 8
Merlin Clo. Dud —1F 88
Merlin Clo. Wiln —3G 47
Merlin Dri. Kidd —6B 150
Merlin Gro. Birm —4B 116
Merrick Clo. Hale —7K 109
Merrick Ct. Burb —4M 81
Merrick Rd. Wolv —3A 38
Merricks Clo. Bew —2B 148
Merricks La. Bew —2B 148
Merridale. —8M 35
Merridale Av. Wolv —8M 35
Merridale Cemetery Nature Reserve. —1A 50
Merridale Ct. Wolv —8M 35
Merridale Cres. Wolv —7A 36
Merridale Gdns. Wolv —8A 36
Merridale Gro. Wolv —8L 35
Merridale La. Wolv —7A 36
Merridale Rd. Wolv —8M 35
Merridale St. Wolv —8B 36 (6G 7)
Merridale St. W. Wolv —1A 50
Merriemont Dri. B Grn —8G 155
Merrifield Gdns. Burb —4L 81
Merrill Clo. Wals —7E 14
Merrill Gdns. Marl —8D 154
Merrill's Hall La. Wolv —5L 37
Merrington Clo. Sol —1C 160
Merrions Clo. Birm —5E 54
Merrishaw Rd. Birm —1A 156
Merritts Brook Clo. Birm —4A 134
Merritt's Brook La. Birm —5L 133
Merritt's Hill. Birm & N'fld —3K 133
Merrivale Rd. Cov —6L 143
Merrivale Rd. Hale —1F 110
Merrivale Rd. Smeth —7A 92
Merryfield Clo. Sol —2D 138
Merryfield Gro. Birm —5C 112
Merryfield Rd. Dud —1D 88
Merryfields Way. Cov —8M 123
Merry Hill. —8F 88
(nr. Brierley Hill)
Merry Hill. —2K 49
(nr. Wolverhampton)
Merry Hill. Brie H —8F 88
Merry Hill Cen. Brie H —6F 88
Merry Hill Ct. Smeth —3D 92
Merryhill Dri. Birm —3F 92
Merse Rd. Moons I & Redd —3L 205
Mersey Gro. Birm —1E 156
Mersey Pl. Wals —8L 25
Mersey Rd. Bulk —7A 104
Mersey Rd. Wals —8L 25
Merstal Dri. Sol —2F 138
Merstone Clo. Bils —3J 51
Merstowe Clo. Birm —6H 115
Merton Clo. Bew —1B 148
Merton Clo. Kidd —2A 150
Merton Clo. O'bry —7H 91
Merton Ho. Birm —7F 96
Merton Rd. Birm —6B 114
Merttens Dri. Rugby —7M 171
Mervyn Pl. Bils —6M 51
Mervyn Rd. Bils —6M 51
Mervyn Rd. Birm —8E 68
Meryhurst Rd. W'bry —4G 53
Merynton Av. Cov —3L 165
Meschede Way. Cov —7D 144 (5D 6)
Meschines St. Cov —3D 166
Mesnes Grn. Lich —2J 19
Messenger La. W Brom —6K 67
Messenger Rd. Smeth —3B 92
Mesty Croft. —6H 53
Metcalf Clo. Burn —1J 17
Metcalfe Clo. Cann —3J 9
Metcalfe St. Earl S —2L 85
Metchley Ct. Birm —5D 112
Metchley Cft. Shir —3M 159
Metchley Dri. Birm —4C 112
Metchley Ho. Birm —4D 112
Metchley La. Birm —5D 112
Metchley Pk. Rd. Birm —5D 112
Meteor Ho. Birm —5A 72
Metfield Clo. Tam —1C 32
Metfield Cft. Birm —5D 112
Metfield Cft. K'wfrd —3M 87
Metlin Gro. Birm —6E 96
Metric Wlk. Smeth —4A 92
Metro Triangle. Birm —2D 94
Metro Way. Smeth —2C 92
Mews Rd. Lea S —1K 215
Mews, The. A Grn —6J 115
Mews, The. Bed —7H 103
Mews, The. Birm —2B 70
Mews, The. Ken —6E 190
Mews, The. Row R —7B 90
Mews, The. Rugby —8G 173
Meynell Ho. Birm —6F 68
Meyrick Rd. W Brom —3G 67
Meyrick Wlk. Birm —8F 92
Miall Pk. Rd. Sol —4L 137
Miall Rd. Birm —1G 137
Mica Clo. Tam —7H 33
Michael Blanning Gdns. Dorr —6E 160
Michael Dri. Birm —2J 113
Michaelmas Rd. Cov —8C 144 (8B 6)
Michael Rd. Smeth —3L 91
Michael Rd. W'bry —2B 52
Michaelwood Clo. Redd —7M 203
Michel Ho. Cov —5D 144 (1E 6)
Michell Clo. Cov —1H 167
Michigan Clo. Cann —7H 9
Micklehill Dri. Shir —1H 159
Mickle Mdw. Wat O —6H 73
Mickleover Rd. Birm —4J 95
Mickleton. Wiln —1J 47
Mickleton Av. Birm —1C 116
Mickleton Clo. Redd —2E 208
Mickleton Rd. Cov —8A 144
Mickleton Rd. Sol —1K 137
Mickley Av. Wolv —4E 36
Midacre. W'hall —8A 38
Middle Acre Rd. Birm —7L 111
Middle Av. W'hall —1L 51
Middle Bickenhill La. H Ard —4A 118
Middleborough Rd. Cov —6B 144 (3A 6)
Middleburg Clo. Nun —8A 80
Middlecotes. Cov —8H 143
Middle Cres. Wals —2A 40
Middle Cross. Wolv —8D 36 (4M 7)
Middle Cross St. Wolv —8E 36 (5M 7)
(off Warwick St.)
Middle Dri. Redn —5K 155
Middle Entry. Tam —4B 32
Middlefield. —6C 84
Middlefield. Wolv —7L 21
Middlefield Av. Hale —1F 110
Middlefield Av. Know —6H 161
Middlefield Clo. Hale —8F 90
Middlefield Clo. Hinc —7D 84
Middlefield Ct. Hinc —7D 84
Middlefield Dri. Bin —8A 146
Middlefield Gdns. Hale —1F 110
(off Hurst Grn. Rd.)
Middlefield La. Hag —3B 130
Middlefield La. Hinc —6D 84
Middlefield Pl. Hinc —6D 84
Middle Fld. Rd. Birm —7C 134
Middlefield Rd. B'gve —2B 202
Middlefield Rd. Tiv —1A 90
Middle Gdns. W'hall —7B 38
Middlehill Ri. Birm —7K 111
Middle Ho. Dri. Marl —8D 154
Middlehouse La. Redd —3E 204
Middle La. Col —3E 74
Middle La. Coven —5M 21
(in two parts)
Middle La. K Nor & Wyt —3J 157
Middle La. Oaken —7C 20
Middle Leaford. Birm —4A 96
Middle Leasowe. Birm —5J 111
Middlemarch Bus. Pk. Cov —5K 167
(nr. Siskin Dri.)
Middlemarch Bus. Pk. Cov —8J 167
(nr. Siskin Parkway E.)
Middlemarch Rd. Cov —3B 144
Middlemarch Rd. Nun —8H 79
Middle Mdw. Av. Birm —4J 111
Middlemist Gro. Birm —3F 68
Middlemore Bus. Pk. Wals —4D 40
Middlemore Clo. Stud —6K 209
Middlemore Ind. Est. Hand —1B 92
Middlemore La. A'rdge —3F 40
Middlemore La. W. Wals —3D 40
Middlemore Rd. Hand & W Brom —1B 92
Middlemore Rd. Mid I & Smeth —1B 92
Middlemore Rd. N'fld —7B 134
Middlemore Rd. Smeth & Hand —2B 92
Middle Pk. Clo. Birm —1B 134
Middle Pk. Rd. Birm —1B 134
Middlepark Rd. Dud —1E 88
Middle Piece Dri. Redd —7A 204
Middle Ride. Cov —3L 167
Middle Rd. Up Ben —7G 203
Middle Rd. Wild —5M 153
Middle Roundhay. Birm —6A 96
Middlesmoor. Wiln —1J 47
Middle Stoke. —6H 145
Middle St. Kils —6M 199
Middleton. —8H 45
Middleton Clo. Redd —7M 205
Middleton Clo. Wals —4M 53
(in two parts)
Middleton Gdns. Birm —5D 134
Middleton Grange. Birm —5C 134
Middleton Hall. —8L 45
Middleton Hall Rd. Birm —5D 134
Middleton La. Midd —3F 58
Middleton M. Redd —7M 205
Middleton Rd. Birm —2L 135
Middleton Rd. B'gve —5M 179
Middleton Rd. Kidd —8J 127
Middleton Rd. Shir —7G 137
Middleton Rd. S Cold —8A 42
Middleton Rd. Wals —8G 17
Middletown. —7J 209
Middletown. Stud —8K 209
Middletown La. Sam & Stud —8J 209
Middletree Rd. Hale —2J 109
Middle Vauxhall. Wolv —7A 36
Middleway. Cann —3A 10
Middleway Av. Stourb —6J 87
Middleway Grn. Bils —1J 51
Middleway Rd. Bils —1J 51
Middleway Vw. Birm —6G 93 (3A 4)
Midford Gro. Birm —1J 113 (8D 4)
Midgley Dri. S Cold —7G 43
Midhill Dri. Row R —3C 90
Midhurst Dri. Cann —2J 9
Midhurst Gro. Wolv —4J 35
Midhurst Rd. Birm —6H 135
Midland Air Mus. —6H 167
Midland Clo. Birm —2G 93
Midland Ct. Birm —2E 4
Midland Cft. Birm —6D 96
Midland Dri. S Cold —4J 57
Midland Rd. Birm —4F 134
Midland Rd. Cann —4C 8
Midland Rd. Cov —4E 144
Midland Rd. Nun —4G 79
Midland Rd. S Cold —2G 57
Midland Rd. Wals —8K 39
Midland Rd. W'bry —1C 52
Midland St. Birm —6C 94
Midland Trad. Est. Cov —7E 122
Midpoint Boulevd. Min —4C 72
Midvale Dri. Birm —7K 135
Milburn. Wiln —1J 47
Milburn Rd. Birm —6A 56
Milby Ct. Nun —7J 79
Milby Dri. Nun —1M 79
Milcote Clo. Redd —2F 208
Milcote Dri. S Cold —6C 56
Milcote Dri. W'hall —8K 37
Milcote Rd. Birm —1A 134
Milcote Rd. Smeth —7M 91
Milcote Rd. Sol —5B 138
Milcote Way. K'wfrd —2H 87
Mildenhall. Tam —1C 32
Mildenhall Rd. Birm —8G 55
Mildred Rd. Crad H —7L 89
Mildred Way. Row R —3C 90
Milebrook Gro. Birm —1H 133
Mile Flat. K'wfrd —3E 86
Mile La. Cov —8D 144 (7D 6)
Mile Oak. —8J 31
Mile Oak Ct. Smeth —3B 92
Milesbush Av. Birm —8D 72
Miles Gro. Dud —2M 89
Miles Mdw. Cov —8H 123
Miles Mdw. Clo. W'hall —1C 38
Milestone Ct. Wolv —6G 35
Milestone Dri. Hag —5M 129
Milestone Dri. Rugby —1M 197
Milestone Ho. Cov —7B 144
(off Windsor St.)
Milestone La. Hand —1D 92
Milestone Way. W'hall —1B 38
Mile Tree La. Cov —3L 123
Milford Av. Birm —3A 114
Milford Av. Stour S —3E 174
Milford Av. W'hall —4A 38
Milford Clo. Alle —3H 143
Milford Clo. Redd —2B 208
Milford Clo. Stourb —6L 87
Milford Cft. Birm —4K 93 (1E 4)
Milford Cft. Row R —3M 89
Milford Gro. Shir —2C 160
Milford Pl. K Hth —1L 135
Milford Rd. Birm —4B 112
Milford Rd. Wolv —2C 50 (8H 7)
Milford St. Nun —7H 79
Milhill Rd. Redd —8L 205
Milholme Grn. Sol —1D 138
Milking Bank. Dud —7D 64
Milk St. Birm —8M 93 (7K 5)
Millais Clo. Bed —5G 103
Millais Rd. Hinc —6A 84
Millard Rd. Bils —8H 51
Millards Ind. Est. W Brom —8G 67
Mill Bank. Dud —1D 64
Millbank. Warw —8G 211
Millbank Gro. Birm —3B 70
(in two parts)
Millbank M. Ken —3H 191
Millbank St. Wolv —8M 23
Millbeck. Brow —2D 172
Millbrook Clo. Cann —7F 8
Mill Brook Dri. Birm —1L 155
Millbrook Dri. Lich —3F 28
Millbrook Rd. Birm —3J 135
Millbrook Way. Brie H —1B 108
Millburn Hill Rd. Cov —3H 165
Mill Burn Way. Birm —7B 94
Mill Clo. Blak —7H 129
Mill Clo. B'gve —3M 201
Mill Clo. Cov —6H 123
Mill Clo. H'wd —2A 158
Mill Clo. Nun —8M 79
Mill Clo. Sap —1L 83
Mill Clo. Stour S —6H 175
Mill Ct. Shen —3G 29
Mill Cres. Cann —7H 9
Mill Cres. K'bry —4D 60
Mill Cft. Bils —3L 51
Millcroft Clo. Birm —7L 111
Millcroft Rd. S Cold —1A 56
Milldale Clo. Kidd —1L 149
Milldale Cres. Wolv —5D 22
Milldale Rd. Wolv —5D 22
Mill Dri. Smeth —4B 92
Mill End. —3H 191
Mill End. Ken —3G 191
Millennium Clo. Wals —6A 26
Millennium Point. Birm —6M 93 (4K 5)
Miller Clo. B'gve —3L 201
Miller Cres. Bils —8G 51
Millers Clo. Dunc —5G 197
Millers Clo. Wals —8F 38
Millers Ct. Smeth —4B 92
(off Corbett St.)
Millers Dale Clo. Rugby —2C 172
Millersdale Dri. W Brom —7M 53
Millers Grn. Hinc —3M 81
Millers Grn. Dri. K'wfrd —1G 87
Millers Rd. Warw —1D 214
Miller St. Birm —4L 93
Millers Va. Cann —8K 9
Millers Va. Wom —4D 62
Millers Wlk. Pels —6L 25
Millers Wharf. Pole —8M 33
Mill Farm Cvn. Pk. Bulk —3B 104
Mill Farm Clo. Dunc —6J 197
Mill Farm Rd. Birm —6C 112
Millfield. N'fld —5A 134
Millfield Av. Pels —8B 26
Millfield Av. Wals —7K 25
Millfield Ct. Dud —7G 65
(off Eve Hill)
Millfield Gdns. Kidd —3K 149
Millfield Rd. Birm —4E 68
Millfield Rd. B'gve —8K 179
Millfield Rd. Wals —2G 27
Millfields. Birm —6D 96
(in two parts)
Mill Fields. Kinv —6B 106
Millfields Av. Rugby —1F 198
Millfields Clo. W Brom —8H 53
Millfields Rd. W Brom —8H 53
Millfields Rd. Wolv —4G 51
Millfields Way. Wom —3E 62
Millfield Vw. Hale —5L 109
Millford Clo. Birm —4G 137
Mill Gdns. Birm —4D 136
Mill Gdns. Nun —7H 79
Mill Gdns. Smeth —6M 91
Mill Green. —1F 14
(nr. Cannock)
Mill Green. —2M 41
(nr. Sutton Coldfield)
Mill Grn. Wolv —5D 22
Mill Gro. Cod —6J 21
Millhaven Av. Birm —3H 135
Mill Hill. Bag —5D 166
Mill Hill. Smeth —6M 91
Mill Hill Rd. Hinc —8C 84
Mill Ho. Clo. Lea S —1J 215
Mill Ho. Ct. Cov —2F 144
Mill Ho. Dri. Lea S —1J 215
Millhouse Rd. Birm —1H 115
Mill Ho. Ter. Lea S —1J 215
Millicent Clo. Cann —3H 9
Millicent Pl. Birm —3A 114
Millichip Rd. W'hall —8L 37
Millington Rd. Birm —1L 95
Millington Rd. Tip —8M 51
Millington Rd. Wolv —3E 36
Millison Gro. Shir —2A 160
Mill La. A'rdge —2M 41
Mill La. Bin —7M 145

Mill La. Birm —8M 93 (7J 5)
Mill La. Blak —7H 129
Mill La. B'gve —7M 179
Mill La. Bulk —6A 104
Mill La. Burt H —1F 104
Mill La. Clift D —3E 172
Mill La. Cod —3E 20
Mill La. Cubb —4F 212
Mill La. Dorr & Ben H —5E 160
Mill La. Earl S —1M 85
Mill La. Env —6A 86
Mill La. Faz —1A 46
Mill La. Fill —4C 100
Mill La. Hale —5C 110
Mill La. Hamm —6K 17
Mill La. Kidd —7M 149 (DY10)
Mill La. Kidd —6K 127 (nr. Franche Rd.)
Mill La. Kidd —3K 149 (nr. Mill St.)
Mill La. Lapw —6J 187
Mill La. Lich —3G 29
Mill La. N'fld —8M 133
Mill La. O'bry —5G 91
Mill La. Quin —7K 111
Mill La. Row —8M 187
Mill La. Sharn —4J 83
Mill La. Sol —6C 138
Mill La. Ston —4A 28
Mill La. Stour S —5H 175
Mill La. Swind —6D 62
Mill La. Tam —4C 32
Mill La. Tett W —6G 35
Mill La. Wals —5M 39
Mill La. Wed —2G 37
Mill La. Wild —6L 153
Mill La. W'hall —4B 38
Mill La. Wlvy —4M 105
Mill La. Wom —2H 63
Mill La. Wych —8E 200
Mill La. Wyt —8B 158
Millmead Lodge. Birm —1D 136
Millmead Rd. Birm —7L 111
Mill Pk. Cann —7G 9
Mill Pk. Ind. Est. Cann —7G 9
Mill Pl. Wals —5L 39
Mill Pleck. Stud —6L 209
Mill Pond, The. Lich —7J 13
Millpool Clo. Hag —5A 130
Mill Pool Clo. Wom —4D 62
Millpool Gdns. Birm —6M 135
Millpool Hill. Birm —5M 135
Mill Pool La. Dorr —8F 160
Millpool Rd. Cann —3H 9
Millpool, The. Seis —7A 48
Millpool Way. Smeth —5A 92
Mill Race La. Cov —6G 123
Mill Race La. Stourb —3A 108
Millrace Rd. Redd —3E 204
Millridge Way. Ware —8M 175
Mill Rd. Bwnhls —2G 27
Mill Rd. Crad H —2L 109
Mill Rd. Lea S —1A 216
Mill Rd. Pels —8B 26
Mill Rd. Rugby —4C 172
Mill Rd. Stour S —5H 175
Mill Rd. Yard —3F 114
Mill Row. Wlvy —4M 105
Mills Av. S Cold —5L 57
Millsborough Rd. Redd —6E 204 (in two parts)
Mills Clo. Wolv —1H 37
Mills Cres. Wolv —1E 50 (8M 7)
Millside. Birm —6E 136
Mill Side. Wom —4E 62
Millside Ct. Bew —6B 148
Mills Rd. Wolv —1E 50 (8M 7)
Millstream Clo. Cod —5H 21
Mill St. Barw —4F 84
Mill St. Bed —6H 103
Mill St. Bils —4J 51
Mill St. Birm —4M 93 (1J 5)
Mill St. Brie H —7D 88
Mill St. Cann —8E 8
Mill St. Cov —6B 144 (2A 6)
Mill St. Darl —3C 52
Mill St. Hale —2J 109
Mill St. Kidd —2J 149
Mill St. Lea S —2A 216
Mill St. Nun —5J 79
Mill St. Redd —5D 204
Mill St. S Cold —4J 57
Mill St. Tip —4D 66
Mill St. Wals —6L 39
Mill St. Warw —3F 214
Mill St. W Brom —5J 67
Mill St. W'hall —7C 38
Mill St. Word —7L 87
Mill St. Chambers. Cann —8E 8 (off Mill St.)
Mill St. Ind. Est. Barw —3G 85
Millsum Ho. Wals —8M 39 (off Paddock La.)
Mills Wlk. Tip —2M 65
Mill Ter. Bed —4H 103
Millthorpe Clo. Birm —4F 94
Mill Vw. Birm —5C 96
Mill Vw. Hinc —8E 84
Mill Wlk. Nun —5J 79
Millwalk Dri. Wolv —6A 22
Mill Wlk., The. Birm —8M 133
Millward St. Birm —8C 94
Millward St. W Brom —6G 67
Millwright Clo. Tip —4B 66
Milner Clo. Bulk —7D 104
Milner Cres. Cov —8L 123
Milner Dri. Shut —2L 33
Milner Rd. Birm —8G 113
Milner Way. Birm —1D 136
Milnes Walker Ct. Birm —8L 55
Milo Cres. Tam —7A 32
Milrose Way. Cov —1F 164
Milsom Gro. Birm —3D 96
Milstead Rd. Birm —8A 96
Milston Clo. Birm —8L 135
Milton Av. Birm —3A 114
Milton Av. Tam —2A 32
Milton Av. Warw —4C 214
Milton Clo. Bed —8K 103
Milton Clo. Ben H —5F 160
Milton Clo. Hinc —8C 84
Milton Clo. Kidd —3G 149
Milton Clo. Redd —1C 208
Milton Clo. Stourb —2A 108
Milton Clo. Wals —3K 53
Milton Clo. W'hall —2E 38
Milton Ct. Pert —5E 34
Milton Ct. Smeth —8A 92
Milton Cres. Birm —2K 115
Milton Cres. Dud —4A 64
Milton Dri. Hag —2C 130
Milton Gro. S Oak —6F 112
Milton Pl. Wals —3K 53
Milton Rd. Ben H —5F 160
Milton Rd. Bils —1K 65
Milton Rd. Cann —5E 8
Milton Rd. Cats —1A 180
Milton Rd. Smeth —4K 91
Milton Rd. Wolv —4G 37
Milton St. Birm —3L 93
Milton St. Brie H —3D 88
Milton St. Cov —4G 145
Milton St. Wals —1K 53
Milton St. W Brom —4H 67
Milverton. —1L 215
Milverton Clo. Hale —3A 110
Milverton Clo. S Cold —2M 71
Milverton Ct. Lea S —1L 215
Milverton Cres. Lea S —8L 211
Milverton Cres. W. Lea S —8L 211
Milverton Hill. Lea S —1L 215
Milverton Rd. Birm —5E 70
Milverton Rd. Cov —7J 123
Milverton Rd. Know —4J 161
Milverton Ter. Lea S —1L 215
Milward Sq. Redd —6E 204
Mimosa Clo. Birm —1B 134
Mimosa Wlk. K'wfrd —1L 87
Mincing La. Row R —6D 90
Mindelsohn Way. Edg —5D 112
Minden Gro. Birm —8B 112
Minehead Rd. Dud —1D 88
Minehead Rd. Wolv —7B 22
Miner St. Wals —6J 39
Minerva Clo. Tam —4D 32
Minerva Clo. W'hall —5E 38
Minerva La. Wolv —8E 36
Minewood Clo. Wals —6F 24
Minith Rd. Bils —1K 65
Miniva Dri. S Cold —8A 58
Minivet Dri. Birm —3L 113
Minley Av. Birm —2M 111
Minories. Birm —6L 93 (4G 5)
Minories, The. Dud —8J 65
Minors Hill. Lich —3K 19
Minors Wlk. Pole —8M 33
Minstead Rd. Birm —8D 70
Minster Clo. Know —1H 161
Minster Clo. Row R —6E 90
Minster Ct. Mose —5A 114
Minster Dri. Birm —2D 114
Minsterley Clo. Wolv —1L 49
Minsterpool Wlk. Lich —1H 19
Minster Rd. Cov —6B 144
Minster Rd. Stour S —5G 175
Minster, The. Wolv —2M 49
Minster Wlk. Cats —1M 179
Mintern Rd. Birm —1J 115
Minton Clo. Wolv —8G 37
Minton M. B'gve —1B 202
Minton Rd. Birm —5M 111
Minton Rd. Cov —1M 145
Minworth. —4D 72
Minworth Clo. Redd —7B 204
Minworth Ind. Est. Min —3A 72
Minworth Ind. Pk. Min —3C 72
Minworth Rd. Wat O —6G 73
Miranda Clo. Cov —2K 167
Miranda Clo. Redn —6G 133
Miranda Dri. H'cte —6L 215
Mirfield Clo. Pend —6A 22
Mirfield Rd. Birm —7B 96
Mirfield Rd. Sol —3A 138
Mission Clo. Crad H —8A 90
Mission Dri. Tip —6A 66
Mistletoe Dri. Wals —6B 54
Mistral Clo. Hinc —1M 81
Mitcham Clo. Cann —2F 8
Mitcham Gro. Birm —8B 56
Mitcheldean Clo. Redd —2E 208
Mitcheldean Covert. Birm —7K 135
Mitchell Av. Bils —8H 51
Mitchell Av. Cov —2G 165
Mitchell Rd. Bed —7J 103
Mitchells Ct. Tam —4B 32 (off Lwr. Gungate)
Mitchel Rd. K'wfrd —5M 87
Mitchison Clo. Barby —8J 199
Mitford Dri. Sol —2D 138
Mitre Clo. Ess —6A 24
Mitre Clo. W'hall —2D 38
Mitre Ct. B'gve —6A 180 (off Strand, The)
Mitre Ct. S Cold —3J 57
Mitre Fold. Wolv —7C 36 (3H 7)
Mitre Rd. Stourb —4E 108
Mitre Rd. Wals —7C 14
Mitten Av. Redn —8F 132
Mitton Clo. Stour S —5G 175
Mitton Gdns. Stour S —6G 175
Mitton Rd. Birm —7E 68
Mitton St. Stour S —6G 175
Mitton Wlk. Stour S —6G 175
Moat Av. Cov —5M 165
Moat Bank. —7B 18
Moatbrook Av. Cod —5E 20
Moatbrook La. Cod —4C 20
Moat Clo. Bubb —3J 193
Moat Clo. T'ton —7F 196
Moat Coppice. W'gte —8H 111
Moat Cft. Birm —7G 97
Moat Cft. S Cold —2B 72
Moat Dri. Dray B —4L 45
Moat Dri. Hale —8E 90
Moat Farm Dri. Bed —1C 122
Moat Farm Dri. Birm —8G 111
Moat Farm Dri. Rugby —2G 199
Moat Farm La. Ullen —4K 207
Moat Farm Way. Wals —4A 26
Moatfield Ter. W'bry —6G 53
Moat Gdns. Sap —2K 83
Moat Grn. Sher —8A 214
Moat Grn. Av. Wolv —2L 37
Moat Ho. La. Col —8F 74
Moat Ho. La. Cov —2J 165
Moat Ho. La. E. Wolv —2K 37
Moat Ho. La. W. Wolv —2K 37
Moat Ho. Rd. Birm —5G 95
Moat La. Birm —8L 93 (7H 5)
Moat La. Sol —3C 138
Moat La. Wals —7G 15
Moat La. Wlvy —3L 105
Moat La. Yard —2L 115
Moat Meadows. Birm —5L 111
Moatmead Wlk. Birm —1L 95
Moat Mill La. B'gve —8L 179
Moat Rd. O'bry —7H 91
Moat Rd. Tip —2A 66
Moat Rd. Wals —7H 39
Moatside Clo. Wals —4A 26
Moat St. W'hall —7A 38
Moat Way. Barw —3F 84
Moatway, The. Birm —2E 156
Mobberley Rd. Bils —8G 51
Mob La. Wals —7C 26
Mockleywood Rd. Know —2H 161
Modbury Av. Birm —8K 111
Modbury Clo. Cov —4D 166
Moden Clo. Dud —4D 64
Moden Hill. Dud —3C 64
Moffit Way. Stour S —5E 174
Mogul La. Hale —2G 109
Moilliett Ct. Smeth —3C 92
Moilliett St. Birm —5D 92
Moira Cres. Birm —5C 136
Moises Hall Rd. Wom —2H 63
Moland St. Birm —5L 93 (1H 5)
Mole St. Birm —3B 114
Molesworth Av. Cov —8G 145
Molineux All. Wolv (in two parts) —6C 36 (1H 7)
Molineux Fold. Wolv —6C 36 (2J 7)
Molineux St. Wolv —6C 36 (2J 7)
Molineux Way. Wolv —6C 36 (1H 7)
Mollington Cres. Shir —6J 137
Mollington Rd. W'nsh —6A 216
Molyneux Rd. Dud —7L 89
Momus Boulevd. Cov —7J 145
Monaco Ho. Birm —1K 113 (8F 4)
Monarch Dri. Tip —3C 66
Monarch's Way. Hag —3B 130
Monarch's Way. Stourb —4L 129
Monarch's Way. Wolv —4E 48
Monarch Way. Dud —5J 89
Mona Rd. Erd —4F 70
Monastery Dri. Sol —3K 137
Mona St. Earl S —2L 85
Monckton Rd. O'bry —2G 111
Moncrieff Dri. Lea S —4C 216
Moncrieffe Clo. Dud —1L 89
Moncrieffe St. Wals —8A 40
Money La. Chad —4A 154
Monica Rd. Birm —2F 114
Monins Av. Tip —6A 66
Monk Clo. Tip —6B 66
Monk Rd. Birm —4H 95
Monks Clo. Wom —3E 62
Monks Cft., The. Cov —2C 166
Monks Dri. Stud —5K 209
Monkseaton Rd. S Cold —7H 57
Monksfield Av. Birm —8D 54
Monk's Fld. Clo. Cov —8G 143
Monkshood M. Erd —2B 70
Monkshood Retreat. Birm —1F 156
Monks Kirby Rd. S Cold —5M 57
Monks Path. Redd —5M 203
Monkspath. S Cold —8M 57
Monkspath Bus. Pk. Shir —2M 159
Monkspath Clo. Shir —2K 159
Monkspath Hall Rd. Shir & Sol —3M 159
Monkspath Street. —4B 160
Monks Rd. Bin W —2C 168
Monks Rd. Cov —7F 144
Monks Way. Amin —4F 32
Monksway. Birm —8H 135
Monks Way. Warw —3D 214
Monkswell Clo. Birm —2D 114
Monkswell Clo. Brie H —8D 88
Monkswood Cres. Cov —1K 145
Monkswood Rd. Birm —7C 134
Monkton Rd. Birm —6A 112
Monmar Ct. W'hall —4B 38
Monmer Clo. W'hall —6B 38
Monmer La. W'hall —5B 38
Monmore Green. —1E 50
Monmore Pk. Ind. Est. Wolv —2F 50
Monmore Rd. Wolv —1G 51
Monmouth Clo. Cov —6H 143
Monmouth Clo. Ken —3F 190
Monmouth Dri. S Cold —6C 56
Monmouth Dri. W Brom —2H 67
Monmouth Gdns. Nun —6E 78
Monmouth Ho. Birm —7E 96
Monmouth Rd. Birm —1K 133
Monmouth Rd. Smeth —1L 111
Monmouth Rd. Wals —6E 38
Monsal Av. Wolv —5E 36 (1M 7)
Monsaldale Clo. Clay —3D 26
Monsal Rd. Birm —2J 69
Monsieurs Hall La. D'frd —7H 179
Mons Rd. Dud —8L 65
Montague Dri. Kils —6M 199
Montague Rd. Edg —8E 92
Montague Rd. Erd —8G 71
Montague Rd. Hand —1F 92
Montague Rd. Rugby —4K 197
Montague Rd. Smeth —6B 92
Montague Rd. Warw —8G 211
Montague St. Aston —1B 94
Montague St. Bord —7A 94 (6M 5)
Montalt Rd. Cov —2D 166
Montana Av. Birm —4G 69
Montana Wlk. Nun —6E 78
Monteagle Dri. K'wfrd —8K 63
Montford Gro. Dud —2D 64
Montfort Rd. Col —4M 97
Montfort Rd. Wals —3H 53
Montfort Wlk. Birm —7G 111
Montgomery Clo. Cats —8A 154
Montgomery Clo. Cov —5J 167
Montgomery Cres. Brie H —2F 108
Montgomery Cft. Birm —2C 114
Montgomery Dri. Rugby —8J 171
Montgomery Rd. Earl S —1M 85 (in two parts)
Montgomery Rd. Wals —7E 38
Montgomery Rd. W'nsh —5M 215
Montgomery St. Birm —2B 114
Montgomery Wlk. W Brom —5K 67
Montgomery Way. Birm —5G 95
Montjoy Clo. Cov —2K 167
Montley. Wiln —1J 47
Montpelier Rd. Birm —8G 71
Montpellier Clo. Cov —3C 166
Montpellier Gdns. Dud —7E 64
Montpellier St. Birm —3A 114
Montrose Av. Lea S —5A 212
Montrose Clo. Cann —4F 8
Montrose Dri. Birm —6A 72
Montrose Dri. Dud —1G 89
Montrose Dri. Nun —6F 78
Montrose Rd. Rugby —8A 172
Montsford Clo. Know —3F 160
Monument Av. Stourb —5E 108
Monument Dri. Share —1J 23
Monument La. Dud —8E 50
Monument La. Hag —2D 130
Monument La. Redn —5F 154
Monument Rd. Birm —8F 92 (in two parts)
Monway Ind. Est. W'bry —6E 52 (off Monway Ter.)
Monway Ter. W'bry —6E 52
Monwode Lea. —6B 76
Monwode Lea La. Col —5A 76
Monwood Gro. Sol —7M 137
Monyhull Hall Rd. Birm —7H 135
Moodyscroft Rd. Birm —6C 96
Moons La. Wals —7D 14
Moons Moat. —4M 205
Moons Moat Dri. Redd —4K 205
Moorbrooke. Harts —2A 78
Moor Cen., The. Brie H —7D 88
Moorcroft Clo. Call H —3B 208
Moorcroft Clo. Nun —8B 80
Moorcroft Dri. W'bry —7C 52
Moorcroft Gdns. Call H —3B 208
Moorcroft Pl. Birm —5A 94 (2L 5)
Moorcroft Rd. Birm —6L 113
Moordown Av. Sol —7A 116
Moore Clo. Longf —5G 123
Moore Clo. Pert —5F 34
Moore Clo. S Cold —3F 42
Moore Clo. Warw —7E 210
Moore Cres. O'bry —6J 91
Moorend Av. Birm —1F 116
Moor End La. Birm —5G 71
Moore Rd. Barw & Earl S —1H 85
Moore Rd. W'hall —1D 38
Moore's Row. Birm —8M 93 (7K 5)
Moore St. Cann —2J 9
Moore St. Wolv —8F 36
Moore Wlk. Warw —2J 215
Moor Farm Clo. Stret D —3F 194
Moorfield Av. Know —3E 160
Moorfield Dri. B'gve —6M 179
Moorfield Dri. Hale —3M 109
Moorfield Dri. S Cold —1F 70
Moorfield Rd. Birm —3A 96
Moorfield Rd. Wolv —2C 50
Moorfield, The. Cov —1G 167
Moorfoot Av. Hale —8J 109
Moorgate. Tam —4A 32
Moorgate Clo. Redd —3L 205
Moorgate Rd. S Prior —8M 201
Moor Green. —7J 113
Moor Grn. La. Birm —8J 113
Moor Hall Dri. Clent —7G 131
Moor Hall Dri. Stour S —5F 174
Moor Hall Dri. S Cold —1J 57
Moorhall La. Stour S —5E 174
Moorhill Rd. W'nsh —6A 216
Moorhills Ct. Shir —1H 159
Moorings, The. Hurst B —5G 89
Moorings, The. Lea S —2K 215
Moorings, The. O'bry —1E 90
Moorings, The. Wolv —7M 21
Moorland Av. Wolv —3C 36
Moorland Rd. Birm —8D 92
Moorland Rd. Cann —4E 8
Moorland Rd. Wals —1G 39
Moorlands Av. Ken —6F 190
Moorlands Ct. Row R —5D 90
Moorlands Dri. Shir —6J 137
Moorlands Rd. W Brom —8J 53
Moorlands, The. S Cold —8F 42
Moor La. Amin —3G 33
Moor La. Birm —3M 69
Moor La. Bol & Tam —4D 32
Moor La. Lich —8D 28
Moor La. Row R —7A 90
Moor La. Ind. Est. Birm —4M 69
Moor Leasow. Birm —7C 134
Moor Mdw. Rd. S Cold —2K 57
Moor Pk. Pert —4D 34
Moor Pk. Wals —6H 25
Moorpark Clo. Nun —1C 104
Moorpark Rd. Birm —8A 134
Moor Pool Av. Birm —3C 112
Moorpool Ter. Birm —3C 112
Moor Rd. Nun —1A 78
Moors Av. Hartl —7B 176
Moors Cft. Birm —8H 111
Moorside Gdns. Wals —6H 39
Moorside Rd. Birm —5C 136
Moor's La. Birm —1L 133
Moor's La. Hillm —1J 199
Moors Mill La. Tip —2D 66
Moorsom St. Birm —4L 93
Moorsom Way. B'gve —2B 202
Moors, The. Birm —1M 95
Moor Street. —7G 111
Moor St. Birm —6H 5
Moor St. Brie H —6A 88
Moor St. Cov —8M 143
Moor St. Tam —4A 32
Moor St. W'bry —7H 53
Moor St. W Brom —7J 67
Moor St. Ind. Est. Brie H —7C 88
Moor St. Queensway. Birm —7L 93 (5H 5)
Moor St. S. B'hll —2C 50
Moor, The. S Cold —1A 72
Moor Vw. Ruge —7H 11
Moorville Wlk. Birm —2A 114
Moorwood Cres. Harts —1A 78
Moorwood La. Nun —1A 78
Morar Clo. Birm —5C 72
Moray Clo. Hale —1E 110
Moray Clo. Hinc —1G 81
Morcom Rd. Birm —4E 114
Morcroft. Bils —6A 52
Mordaunt Dri. S Cold —7L 43
Morden Rd. Birm —6K 95
Mordiford Clo. Redd —6L 205
Moreall Meadows. Cov —6K 165
Moreland Cft. Min —3B 72
Morelands, The. Birm —8B 134
Morella Clo. Bew —2B 148
Morestead Av. Birm —4C 116
Moreton Av. Birm —7J 55
Moreton Av. Wolv —5E 50
Moreton Clo. Birm —4M 111 (in two parts)
Moreton Clo. Tip —7B 52
Moreton Rd. Shir —7J 137
Moreton Rd. Wolv —8D 22
Moreton St. Birm —5H 93 (2A 4)
Moreton St. Cann —5F 8
Morfa Gdns. Cov —4K 143
Morford Rd. Wals —2G 41
Morgan Clo. Arly —1F 100
Morgan Clo. Stud —7L 209
Morgan Clo. W'hall —5B 38
Morgan Dri. Bils —1H 65
Morgan Gro. Birm —8F 72
Morgan Rd. Tam —7A 32
Morgans Rd. Cov —5C 142
Morgrove Av. Know —3F 160
Morillon Ct. Kidd —8A 150
Morjon Dri. Birm —7F 54
Morland Clo. Bulk —7D 104
Morland Dri. Hinc —6B 84
Morland Rd. Birm —5J 55
Morland Rd. Cov —7C 122
Morley Gro. Wolv —5C 36
Morley Rd. Birm —3H 95
Morley Rd. Burn —2G 17
Morley Rd. Sap —2L 83
Morley Rd. Shop. Cen. Burn —2H 17
Morlich Ri. Brie H —1B 108
Morlings Dri. Burn —1H 17
Morning Pines. Stourb —5L 107
Morningside. Cov —1B 166 (8A 6)
Morningside. S Cold —3H 57
Mornington Ct. Col —2A 98 (off High St.)
Mornington Rd. Smeth —2B 92
Morpeth. Tam —2C 46
Morrell St. Lea S —8M 211
Morris Av. Cov —5K 145
Morris Av. Wals —7E 38
Morris Clo. Birm —5K 115
Morris Clo. N'bld —3M 171
Morris Cft. Birm —8F 72
Morris Dri. Nun —8K 79
Morris Dri. W'nsh —7B 216
Morris Fld. Cft. Birm —5E 136
Morris Hill. Pole —2M 47
Morrison Av. Wolv —1D 36
Morrison Rd. Tip —5C 66
Morris Rd. Birm —3H 95
Morris St. W Brom —8J 67
Morris Wlk. B'gve —1L 201
Morsefield La. Redd —8K 205
Morse Rd. W'nsh —6B 216
Morson Cres. Rugby —7E 172
Morston. Dost —5D 46
Mortimer Gro. Bew —5B 148
Mortimer Rd. Ken —7F 190
Mortimers Clo. Birm —8B 136
Morton Clo. Cov —8A 122
Morton Gdns. Rugby —7B 172
Morton Ho. Redd —6A 204
Morton La. Redd —3B 208
Morton Rd. Brie H —2D 108
Morton Rd. Harv —7H 151
Morton St. Lea S —8M 211
Morvale Gdns. Stourb —4E 108
Morvale St. Stourb —4E 108
Morven Rd. S Cold —6G 57
Morville Clo. Dorr —6D 160
Morville Cft. Bils —5H 51
Morville Rd. Dud —5K 89
Morville St. Birm —8G 93 (6A 4) (in two parts)
Mosborough Cres. Birm —4J 93
Mosedale. Rugby —2D 172
Mosedale Dri. Wolv —4M 37
Moseley. —6A 114 (nr. Birmingham)
Moseley. —5F 22 (nr. Oxley)
Moseley. —7J 37 (nr. Wolverhampton)
Moseley Av. Cov —5A 144
Moseley Ct. Ess —6M 23
Moseley Ct. W'hall —8K 37
Moseley Dri. Birm —1F 116
Moseley Hall Dovecote. —6L 113
Moseley Old Hall. —4G 23
Moseley Old Hall La. F'stne —4G 23
Moseley Rd. Birm (in two parts) —4M 113 (8L 5)
Moseley Rd. Ken —6H 191
Moseley Rd. W'hall & Bils —8K 37
Moseley Rd. Wolv & Westc —4F 22
Moseley St. Birm —8M 93 (8J 5)
Moseley St. Tip —2C 66
Moseley St. Wolv —5C 36
Mossbank Av. Burn —3G 17
Moss Clo. A'rdge —4G 41
Moss Clo. Rugby —8L 171

Moss Clo.—Newhall St.

Moss Clo. Wals —6A 40
Moss Cres. Cann —4C 8
Mossdale. Wiln —1J 47
Mossdale Clo. Cov —3A 144
Mossdale Cres. Nun —7F 78
Mossdale Way. Sed —2E 64
Moss Dri. S Cold —6J 57
Mossfield Rd. Birm —2L 135
Moss Gdns. Bils —6H 51
Moss Gro. Birm —3K 135
Moss Gro. Ken —2H 191
Moss Gro. K'wfrd —2K 87
Moss Ho. Clo. Birm —8H 93 (8B 4)
Moss La. Beo —1M 205
Moss La. Clo. Beo —1M 205
Mossley Clo. Wals —8F 24
Mossley La. Wals —7F 24
Mosspaul Clo. Lea S —7K 211
Moss Rd. Cann —6G 9
Moss St. Cann —5G 9
Moss St. Lea S —2A 216
Mossvale Clo. Crad H —8M 89
Mossvale Gro. Birm —4F 94
Moss Way. S Cold —2M 55
Mosswood St. Cann —2D 14
Mostyn Cres. W Brom —2H 67
Mostyn Pl. Aston —8L 69
Mostyn Rd. Edg —7F 92
Mostyn Rd. Hand —1F 92
Mostyn Rd. Stour S —3E 174
Mostyn St. Wolv —5B 36 (1G 7)
Mother Teresa Ho. W Brom —6H 67
Motorway Trad. Est. Birm —4M 93 (1J 5)
Mott Clo. Ock H —1C 66
Mottistone Clo. Cov —3D 166
Mottram Clo. W Brom —7G 67
Mottrams Clo. S Cold —7J 57
Mott St. Birm —5K 93 (1D 4)
Mott St. Ind. Est. Birm —5K 93 (1D 4)
Motts Way. Col —4A 98
Moule Clo. Kidd —3H 149
Moultrie Rd. Rugby —7B 172
Moundsley Gro. Birm —6A 136
Moundsley Ho. Birm —7M 135
Mounds, The. Birm —1E 156
Mountain Ash Dri. Stourb —7C 108
Mountain Ash Rd. Clay —4E 26
Mountain Pine Clo. Hed —1G 9
Mount Av. Barw —2J 85
Mount Av. Brie H —5C 88
Mount Av. Cann —2H 9
Mountbatten Av. Ken —5J 191
Mountbatten Clo. Burn —8F 10
Mountbatten Clo. W Brom —7M 67
Mountbatten Rd. Wals —7F 38
Mount Clo. Dud —8C 64
Mount Clo. Mose —5M 113
Mount Clo. Wals —7E 14
Mount Clo. Wom —2G 63
Mount Ct. Wolv —6H 35
Mount Dri. Bed —6G 103
Mount Dri. Wom —2G 63
Mountfield Clo. Birm —7A 136
Mount Fld. Ct. Cov —5E 144 (2F 6)
Mountfield Rd. Earl S —1L 85
Mountford Clo. Row R —6C 90
Mountford Cres. Wals —1J 41
Mountford Dri. S Cold —1H 57
Mountford La. Bils —2K 51
Mountford Rd. Shir —8D 136
Mountford St. Birm —4D 114
Mount Gdns. Cod —5F 20
Mount Gdns. Cov —1B 166
Mountjoy Cres. Sol —6C 116
Mount La. Clent —5E 130
Mount La. Dud —7C 64
Mt. Nod Way. Cov —6G 143
Mount Pleasant. —6G 103
Mt. Pleasant. Bils —3L 51
Mt. Pleasant. Birm —8B 94
Mt. Pleasant. Brie H —8E 88
Mt. Pleasant. K Hth —8M 113
Mt. Pleasant. K'wfrd —4H 87
Mt. Pleasant. Redd —8D 204
Mt. Pleasant. Tam —8C 32
Mt. Pleasant. Wals —7D 14
Mt. Pleasant Av. Birm —8E 68
Mt. Pleasant Av. Wom —2F 62
Mt. Pleasant La. Aston C —6K 207
Mt. Pleasant Rd. Bed —6G 103
Mt. Pleasant St. Bils —1H 65
Mt. Pleasant St. W Brom —7J 67
Mt. Pleasant Ter. Nun —3F 78
Mountrath St. Wals —8L 39
Mount Rd. Birm —2D 92
Mount Rd. Burn —4H 17
Mount Rd. Fair —8K 153
Mount Rd. Hinc —1K 81
Mount Rd. Lane —7F 50
Mount Rd. Pels —5A 26
Mount Rd. Penn —4A 50
Mount Rd. Row R —6E 90
Mount Rd. Stourb —4B 108
Mount Rd. Tett W —7G 35
Mount Rd. Tiv —1C 90
Mount Rd. W'hall —1L 51
Mount Rd. Wom —2G 63
Mount Rd. Word —7K 87
Mt. Side St. Cann —2H 9
Mounts Rd. W'bry —7F 52
Mount St. Birm & Nech —3C 94
Mount St. Cann —2H 9
Mount St. Cov —7M 143
Mount St. Hale —7A 110
Mount St. Nun —5H 79
Mount St. Redd —6E 204
Mount St. Stourb —4A 108
Mount St. Tip —3C 66
Mount St. Wals —1L 53
Mount St. Ind. Est. Birm —2D 94
Mount St. Pas. Nun —5H 79
Mounts Way. Birm —2C 94
Mount, The. Birm —8D 70
Mount, The. Cov —1D 166
Mount, The. Crad H —8A 90
Mount, The. Curd —3J 73
Mount, The. S Cold —5L 57
Mt. Vernon Dri. B'gve —4A 180
Mount Vw. S Cold —5L 57
Mountwood Covert. Wolv —6H 35
Mousehall Farm Rd. Brie H —1D 108
Mouse Hill. Wals —6M 25
Mouse La. Kidd —1H 149
Mouse Sweet. —6L 89
Mousesweet Clo. Dud —5L 89
Mousesweet La. Dud —6L 89
Mousesweet Wlk. Crad H —1H 109
Mousley End. —8C 188
Mowbray Clo. Redn —7G 133
Mowbray Cft. Burn —8E 10
Mowbray St. Birm —1L 113
Mowbray St. Cov —6F 144
Mowe Cft. Birm —2G 117
Mows Hill Rd. Tan A —8A 186
Moxhull Clo. W'hall —8C 24
Moxhull Dri. S Cold —1L 71
Moxhull Gdns. W'hall —8C 24
Moxhull Rd. Birm —4G 97
Moxley. —5B 52
Moxley Ct. W'bry —5A 52
Moxley Ind. Cen. W'bry —5C 52
Moxley Rd. W'bry —5B 52
Moyeady Av. Rugby —1E 198
Moyle Cres. Cov —5E 142
Moyle Dri. Hale —2H 109
Moyses Cft. Smeth —1A 92
Mozart Ct. Cann —7J 9
Muchall Rd. Wolv —4A 50
Much Pk. St. Cov —7D 144 (5D 6)
Muckley Corner. —8A 18
Mucklow Hill. Hale —5C 110
Mucklow Hill Trad. Est. Hale —4C 110
Muirfield. Tam —4H 33
Muirfield Clo. Blox —6G 25
Muirfield Clo. Nun —1C 104
Muirfield Cres. Tiv —2B 90
Muirfield Gdns. Birm —8D 134
Muirhead Ho. Birm —3J 113
Muirville Clo. Stourb —6K 87
Mulberry Clo. Lea S —7A 212
Mulberry Dri. Birm —8B 114
Mulberry Dri. Warw —1F 214
Mulberry Grn. Dud —4G 65
Mulberry Pl. Wals —8F 24
Mulberry Rd. Birm —4C 134
Mulberry Rd. Cann —6E 8
Mulberry Rd. Cov —3G 145
Mulberry Rd. Rugby —7H 171
Mulberry Rd. Wals —8F 24
Mulberry Wlk. S Cold —1L 55
Mulberry Way. Harts —1M 77
Muldoon Clo. Cann —4G 9
Mullard Dri. W'nsh —6B 216
Mull Clo. Redn —8E 132
Mull Cft. Birm —2G 97
Mullens Gro. Rd. Birm —4G 97
Mullett Rd. Wolv —2H 37
Mullett St. Brie H —4B 88
Mulliners Clo. Birm —7J 97
Mulliner St. Cov —4F 144
Mullion Cft. Birm —8E 134
Mulroy Rd. S Cold —3H 57
Mulwych Rd. Birm —7E 96
Munches La. Rom —1H 153
Munnings Dri. Hinc —6A 84
Munro Clo. Kidd —3C 150
Munsley Clo. Redd —7M 205
Munslow Gro. Birm —1M 155
Muntz Cres. H'ley H —3C 186
Muntz St. Birm —1D 114
Murcott Ct. W'nsh —6A 216
Murcott Rd. W'nsh —6A 216
(in two parts)
Murcott Rd. E. W'nsh —6B 216
Murcroft Rd. Stourb —8D 108
Murdoch Rd. Bils —3A 52
Murdock Gro. Birm —2E 92
Murdock Pl. Smeth —5B 92
(off Corbett St.)
Murdock Point. Birm —1B 94
Murdock Rd. Birm —1E 92
Murdock Rd. Smeth —3D 92
Murdock Way. Wals —3F 38
(in two parts)
Murray Ct. S Cold —6G 57
Murrayian Clo. Rugby —6B 172
Murray Rd. Cov —2A 144
Murray Rd. Rugby —6B 172
Murrell Clo. Birm —2K 113
Murton. Wiln —1J 47
Musborough Clo. Birm —8C 72
Muscott Gro. Birm —4B 112
Muscovy Rd. Birm —6C 70
Musgrave Clo. S Cold —6L 57
Musgrave Rd. Birm —3F 92
Mushroom Green. —7H 89
Mushroom Grn. Dud —8H 89
Mushroom Hall Rd. O'bry —4H 91
Musketts Ct. Redd —7B 204
Musketts Way. Redd —7C 204
Musk La. Dud —6B 64
Musk La. W. Dud —6B 64
Muskoka. Bew —2B 148
Mustow Green. —8G 151
Muswell Clo. Sol —4D 138
Muxloe Clo. Wals —6G 25
Myatt Av. A'rdge —4F 40
Myatt Av. Burn —2G 17
Myatt Av. Wolv —3E 50
Myatt Clo. Wolv —3E 50
Myatt Way. Wals —4F 40
Myddleton St. Birm —5G 93
Myers Rd. Rugby —1J 199
Myles Ct. Brie H —5D 88
Mylgrove. Cov —6D 166
Mynors Cres. H'wd —4A 158
Myring Dri. S Cold —3M 57
Myrtle Av. Birm —4A 114
Myrtle Av. K Hth —7M 135
Myrtle Av. Redd —7E 204
Myrtle Clo. Barw —2G 85
Myrtle Clo. W'hall —2E 38
Myrtle Gro. Birm —1J 93
Myrtle Gro. Cov —8M 143
Myrtle Gro. Wolv —3L 49
Myrtle Pl. S Oak —7H 113
Myrtle Rd. Dud —6H 65
Myrtle St. Wolv —3F 50
Myrtle Ter. Tip —7B 52
Myton. —3H 215
Myton Cres. Warw —3H 215
Myton Crofts. Lea S —2K 215
Myton Dri. Shir —7D 136
Myton Gdns. Warw —3G 215
Myton La. Warw —3H 215
Myton Rd. Warw & Lea S —3G 215
Mytton Clo. Dud —8L 65
Mytton Gro. Tip —4L 65
Mytton Rd. Birm —4C 134
Mytton Rd. Wat O —6G 73
Myvod Rd. W'bry —4G 53

Naden Rd. Birm —3H 93
Nadin Rd. S Cold —1G 71
Nafford Gro. Birm —7M 135
Nagersfield Rd. Brie H —6A 88
Nailcote Av. Cov —8C 142
Nailcote La. Berk —3A 164
Nailers Clo. Birm —7F 110
Nailers Clo. Stoke H —3L 201
Nailers Ct. B'gve —7M 179
Nailers Dri. Burn —3J 17
Nailors Fold. Cose —7K 51
Nailstone Cres. Birm —1J 137
Nailsworth Rd. Dorr —7D 160
Nailsworth Rd. Redd —7F 204
Nairn Clo. Birm —4F 136
Nairn Clo. Nun —7G 79
Nairn Clo. Redd —5L 205
Nairn Rd. Wals —5G 25
Nally Dri. Bils —7G 51
Nanaimo Way. K'wfrd —5A 88
Nansen Rd. Salt —4E 94
Nansen Rd. S'hll —6C 114
Nantmel Gro. Birm —1J 133
Naomi Way. Wals W —5H 27
Napier. Tam —6E 32
Napier Dri. Tip —3C 66
Napier Rd. Wals —4G 39
Napier Rd. Wolv —2D 50
Napier St. Cov —6E 144
Napier St. Ind. Est. Cov —6E 144
(off Napier St.)
Napton Clo. Redd —8K 205
Napton Dri. Lea S —7A 212
Napton Grn. Cov —6G 143
Napton Gro. Birm —7M 111
Narberth Way. Cov —2M 145
Narborough Ct. Lea S —1K 215
Nares Clo. Rugby —8L 171
Narraway Gro. Tip —1D 66
Narrowboat Way. Dud —4G 89
Narrowboat Way. Hurst B —5G 89
Narrow La. Bwnhls —1F 26
Narrow La. Hale —1E 110
Narrow La. Wals —2H 53
Narrows, The. Hinc —1L 81
Naseby Clo. Bin —8M 145
Naseby Clo. Redd —3K 205
Naseby Dri. Hale —7K 109
Naseby Rd. Birm —4F 94
Naseby Rd. Rugby —8C 172
Naseby Rd. Sol —3B 138
Naseby Rd. Wolv —6F 34
Nash Av. Wolv —6E 34
Nash Clo. Kidd —4C 150
Nash Clo. Row R —8C 90
Nash Ho. Birm —1K 113
Nash La. Belb —2D 152
Nash La. Lich —4G 13
Nash Sq. Birm —5K 69
Nash Wlk. Smeth —4C 92
(off Poplar St.)
Nately Gro. Birm —7C 112
Nathan Clo. S Cold —1H 57
National Agricultural Cen. S'lgh P —5A 192
National Agricultural Cen. Showground. —5A 192
National Distribution Pk. Col —4M 73
National Motorcycle Mus. —7M 117
National Sea Life Cen. —7H 93 (5B 4)
Naul's Mill Ho. Cov —5B 144 (2A 6)
Naunton Clo. Birm —2A 134
Naunton Rd. Wals —6G 39
Navenby Clo. Shir —6C 136
Navigation Dri. Hurst B —5G 89
Navigation La. W'bry —7M 53
Navigation Roundabout. Tip —3E 66
Navigation St. Birm —7K 93 (6E 4)
Navigation St. Wals —7K 39
Navigation St. Wolv —8E 36 (6M 7)
Navigation Way. Cann —7G 9
Navigation Way. Cov —1G 145
Navigation Way. W Brom —7F 66
Nayland Cft. Birm —4G 137
Nayler Clo. Rugby —3C 172
Naylor Clo. Kidd —6H 149
Naylors Gro. Dud —5E 64
Neachell. —7K 37
Neachells La. Wolv & W'hall —4K 37
Neachless Av. Wom —4G 63
Neachley Gro. Birm —5M 95
Neal Clo. Bulk —8C 104
Neal Ct. Cov —1A 146
Neale Av. Cov —3G 143
Neale Ho. W Brom —8K 67
Neale St. Wals —7J 39
Neal's Green. —3D 122
Neander. Tam —3M 31
Nearhill Rd. Birm —1C 156
Near Lands Clo. Birm —5H 111
Nearmoor Rd. Birm —3D 96
Neasden Gro. Birm —1B 70
Neath Rd. Wals —7F 24
Neath Way. Dud —3G 65
Neath Way. Wals —7F 24
Nebsworth Clo. Shir —4K 137
Nechells. —2D 94
Nechells Green. —1M 5
Nechells Pk. Rd. Birm —3B 94
Nechell's Parkway. Birm —5A 94 (2L 5)
Nechells Pl. Birm —3B 94
NEC Ho. Birm —4K 117
(in two parts)
Needham St. Birm —2C 94
Needhill Clo. Know —3F 160
Needle Clo. Stud —5L 209
Needle Mill La. Redd —3E 204
Needlers End. —3H 163
Needlers End La. Bal C —3F 162
Needless All. Birm —7K 93 (5F 4)
Needwood Clo. Wolv —3B 50
Needwood Dri. Wolv —5F 50
Needwood Gro. W Brom —8L 53
Needwood Hill. Lich —7G 13
Neighbrook Clo. Redd —7M 203
Neilston St. Lea S —2A 216
Nelson Av. Bils —2J 51
Nelson Av. Warw —1G 215
Nelson Building. Birm —2J 5
Nelson Dri. Cann —5L 9
Nelson Dri. Hinc —5D 84
Nelson Ho. Tip —2A 66
Nelson La. Warw —1F 214
Nelson Rd. Birm —8M 69
Nelson Rd. Dud —8H 65
Nelson Rd. Stour S —8H 175
Nelson St. Birm —6H 93 (4B 4)
Nelson St. Cov —5E 144
Nelson St. O'bry —3H 91
Nelson St. W Brom —4J 67
Nelson St. W'hall —6B 38
Nelson St. Wolv —1C 50 (7J 7)
Nelson Way. Rugby —8J 171
Nemesia. Tam —5H 33
Nene Clo. Bin —2K 167
Nene Clo. Stourb —5A 108
Nene Ct. Rugby —5J 171
Nene Way. Birm —1F 96
Neptune Ind. Est. W'hall —1B 52
Neptune St. Tip —4L 65
Nesbit Gro. Birm —6H 95
Nesfield Clo. Birm —8C 134
Nesfield Gro. H Ard —2B 140
Nesscliffe Gro. Birm —2D 70
Nest Comn. Wals —4M 25
(in three parts)
Neston Gro. Birm —7J 95
Netheravon Clo. Birm —7K 135
Nether Beacon. Lich —8G 13
Netherbridge Av. Lich —1L 19
Netherby Rd. Dud —1C 64
Nethercote Gdns. Shir —6E 136
Netherdale Clo. S Cold —2J 71
Netherdale Rd. Birm —8A 136
Netherend. —2G 109
Netherend Clo. Hale —2G 109
Netherend La. Hale —2H 109
Netherend Sq. Hale —2G 109
Netherfield. Redd —1G 209
Netherfield Gdns. Birm —6H 115
Nethergate. Dud —4F 64
Nether La. Burn —1J 17
Netherley Rd. Hinc —6D 84
Nethermill Rd. Cov —4A 144
Netherstone Gro. S Cold —4F 42
Nether Stowe. —7J 13
Netherstowe. Lich —8J 13
Netherstowe La. Lich —7J 13
Netherton. —4H 89
Netherton Bus. Pk. Dud —5K 89
Netherton Gro. Birm —6D 96
Netherton Hill. Dud —4J 89
Netherton La. Bew —7C 148
Netherton Lodge. Dud —4J 89
Netherton Tunnel. —2M 89
Nether Whitacre. —3G 75
Netherwood Clo. Sol —3L 137
Netherwood La. Chad E —2M 187
Nethy Dri. Wolv —4H 35
Netley Gro. Birm —6F 114
Netley Rd. Wals —7E 24
Netley Way. Wals —7E 24
Nevada Way. Birm —8J 97
Neve Av. Wolv —8F 22
Neve's Opening. Wolv —7F 36
Nevill Clo. Lea S —3M 215
Neville Av. Kidd —6K 149
Neville Av. Wolv —4D 50
Neville Clo. Redd —4F 204
Neville Ct. Kidd —6K 149
Neville Gro. Warw —8F 210
Neville Rd. Cas B —8E 72
Neville Rd. Erd —6C 70
Neville Rd. Shir —8F 136
Neville Smith Clo. Sap —2K 83
Neville St. Glas —6E 32
Neville Wlk. Birm —7A 72
Nevill St. Tam —4A 32
Nevin Gro. Birm —4J 69
Nevis Ct. Wolv —7L 35
Nevis Gro. W'hall —8B 24
Nevison Gro. Birm —5H 55
Newall Clo. Clift D —4E 172
Newark Cft. Birm —3B 116
Newark Rd. Dud —7K 89
Newark Rd. W'hall —2C 38
New Arley. —1G 101
New Ash Dri. Cov —4F 142
New Bank Gro. Birm —6G 95
New Barns La. Lich —5B 28
New Bartholomew St. Birm —7M 93 (5J 5)
New Bilton. —6L 171
New Birmingham Rd. Tiv —7M 65
Newbold Clo. Ben H —4F 160
Newbold Clo. Bin —8M 145
Newbold Comyn Country Pk. —1C 216
Newbold Cft. Birm —4B 94
Newbold Footpath. Rugby —5M 171
(in two parts)
Newbold on Avon. —3L 171
Newbold Pl. Lea S —1M 215
Newbold Rd. Rugby —2L 171
Newbolds. —3G 37
Newbolds Rd. Wolv —3G 37
Newbold St. Lea S —1A 216
Newbold Ter. Lea S —1M 215
Newbold Ter. E. Lea S —1A 216
Newbolt Rd. Bils —3L 51
Newbolt St. Wals —4L 53
New Bond St. Birm —8B 94 (7M 5)
New Bond St. Dud —1K 89
Newborough Gro. Birm —5F 136
Newborough Rd. Hall G & Shir —5F 136
Newbourne Hill. A'chu —5E 182
Newbridge. —6L 35
Newbridge Av. Wolv —6L 35
Newbridge Cres. Wolv —5L 35
Newbridge Dri. Wolv —5L 35
Newbridge Gdns. Wolv —5L 35
Newbridge M. Wolv —5M 35
Newbridge Rd. Birm —1H 115
Newbridge Rd. K'wfrd —1J 87
Newbridge St. Wolv —5M 35
New Brook St. Lea S —1L 215
New Bldgs. Cov —6D 144 (4C 6)
New Bldgs. Hinc —8D 84
New Bldgs. Kidd —3K 149
Newburgh Cres. Warw —1E 214
Newburn Cft. Birm —4H 111
Newbury Clo. Hale —6D 110
Newbury Clo. Lea S —3D 216
Newbury Clo. Wals —6F 14
Newbury Ho. O'bry —4D 90
Newbury La. O'bry —3C 90
Newbury Rd. Birm —2L 93
Newbury Rd. Stourb —7J 87
Newbury Rd. Wolv —7C 22
Newbury Wlk. Row R —3C 90
Newby Clo. Cov —3E 166
Newby Gro. Birm —4H 97
New Canal St. Birm —7M 93 (6J 5)
New Cannon Pas. Birm —7L 93 (5G 5)
Newcastle Cft. Birm —6C 72
New Century Pk. Cov —8K 145
New Century Way. Nun —5H 79
Newchurch Gdns. Birm —7E 70
New Chu. Rd. S Cold —1G 71
New Cole Hall La. Birm —4B 96
New College Clo. Wals —2A 54
Newcombe Clo. Dunc —6J 197
Newcombe Rd. Birm —7D 68
Newcombe Rd. Cov —8M 143
Newcomen Clo. Bed —1D 122
Newcomen Clo. Burn —1J 17
Newcomen Ct. Wals —2B 40
Newcomen Dri. Tip —6M 65
Newcomen Rd. Bed —8D 102
New Cotts. Nun —6F 78
New Cotts. Off —1H 217
Newcott Clo. Wolv —7M 21
New Ct. Brie H —7D 88
(off Promenade, The)
New Coventry Rd. Birm —4M 115
New Cft. Birm —2L 93
Newcroft Gro. Birm —2L 115
New Cross. —4H 37
New Cross Ind. Est. Wolv —6G 37
New Cross St. Tip —4L 65
New Cross St. W'bry —4D 52
Newdegate Pl. Nun —5J 79
Newdegate St. Nun —5J 79
Newdigate. Lea S —4C 216
Newdigate Clo. Bed —6G 103
Newdigate Rd. Bed —5G 103
Newdigate Rd. Cov —3F 144
Newdigate Rd. S Cold —4A 58
New Dudley Rd. K'wfrd —1J 87
Newells Dri. Tip —2D 66
Newells Rd. Birm —1A 116
New End Rd. Col —5G 99
New England. Hale —2E 110
New England Clo. O'bry —8E 66
Newent Clo. Redd —6A 206
Newent Clo. W'hall —6D 38
New Enterprise Workshops. Birm —3C 94
Newent Rd. Birm —5C 134
Newey Av. Bed —1D 122
Newey Clo. Redn —3G 155
Newey Dri. Ken —7G 191
Newey Rd. Birm —3F 136
Newey Rd. Cov —5K 145
Newey Rd. Wolv —1A 38
Newey St. Dud —7G 65
New Farm Rd. Stourb —5C 108
Newfield Av. Ken —6H 191
Newfield Clo. Sol —3D 138
Newfield Clo. Wals —3J 39
Newfield Cres. Hale —4A 110
Newfield Dri. K'wfrd —5L 87
Newfield Gdns. Hag —5A 130
Newfield La. Hale —4A 110
Newfield Rd. Cov —4C 144
Newfield Rd. Hag —5A 130
Newfield Rd. O'bry —1F 90
New Forest Rd. Wals —4L 39
Newgale Wlk. Lea S —2C 216
New Gas St. W Brom —4G 67
(in two parts)
Newgate Ct. Cov —7D 144 (6E 6)
Newgate St. Burn —4G 17
New Grn. Pk. Cvn. Site. Cov —2K 145
Newhall Cres. Cann —6H 9
New Hall Dri. S Cold —5K 57
(in two parts)
Newhall Farm Clo. S Cold —5K 57
Newhall Gdns. Cann —7F 8
Newhall Green. —8A 100
Newhall Hill. Birm —6J 93 (3C 4)
Newhall Ho. Wals —1L 53
(off Newhall St.)
Newhall Pl. Birm —6J 93 (3C 4)
New Hall Pl. W'bry —6G 53
Newhall Rd. Cov —2K 145
Newhall Rd. Row R —6C 90
Newhall St. Birm —6J 93 (3D 4)
Newhall St. Cann —1D 14
Newhall St. Tip —1L 65

Nursery Clo.—Olivier Way

Nursery Clo. Hag —5A 130
Nursery Clo. Kidd —1H 149
Nursery Cft. Lich —8F 12
Nursery Dri. Birm —4F 134
Nursery Dri. Wom —5F 62
Nursery Gdns. Cod —5F 20
Nursery Gdns. Earl S —2K 85
Nursery Gdns. Shir —1E 158
Nursery Gdns. Stourb —8M 87
Nursery Gro. Kidd —1H 149
Nursery La. Hop —3H 31
Nursery La. Lea S —4A 216
Nursery Rd. Bew —5B 148
Nursery Rd. Edg —3D 112
Nursery Rd. Hock —3H 93
Nursery Rd. Nun —1L 77
Nursery Rd. Wals —1H 39
Nursery St. Wolv —6C 36 (2J 7)
Nursery Vw. Clo. A'rdge —7L 41
Nursery Wlk. Wolv —5K 35
Nurton. —6A 34
Nurton Bank. Patt —6A 34
Nutbrook Av. Cov —7E 142
Nutbush Dri. Birm —3K 133
Nutfield Wlk. Birm —4M 111
Nutgrove Clo. Birm —2M 135
Nuthatch Dri. Brie H —2C 108
Nuthurst. —5B 186
Nuthurst. S Cold —5B 58
Nuthurst Cres. Ansl —6J 77
Nuthurst Dri. Cann —5F 14
Nuthurst Grange Rd. H'ley H —5C 186
Nuthurst Gro. Ben H —5G 161
Nuthurst Gro. Birm —7M 135
Nuthurst La. Asty —6J 77
Nuthurst Rd. Birm —3M 155
Nuthurst Rd. H'ley H —7A 186
Nutley Dri. Tip —1D 66
Nuttall Gro. Birm —2C 92
Nutt's La. Hinc —3F 80
Nymet. Tam —1E 46

Oakalls Av. B'gve —7B 180
Oak Apple Rd. Cats —1B 180
Oak Av. Arly —7E 76
Oak Av. Birm —4A 114
Oak Av. Cann —1D 8
Oak Av. Gt Wyr —8G 15
Oak Av. Wals —6E 38
Oak Av. W Brom —6H 67
Oak Bank. Birm —3G 93
Oak Barn Rd. Hale —1E 110
Oak Clo. Bag —7F 166
Oak Clo. Bed —5J 103
Oak Clo. Birm —3A 112
Oak Clo. Burb —4L 81
Oak Clo. Kinv —6C 106
Oak Clo. Tip —8A 52
Oak Cotts. Birm —6B 94
Oak Ct. Hale —7M 109
Oak Ct. H'cte —7L 215
Oak Ct. Smeth —1J 91
Oak Ct. Stourb —5A 108
Oak Cres. Tiv —8B 66
Oak Cres. Wals —3K 39
Oak Cft. Birm —6F 96
Oakcroft Rd. Birm —2B 136
Oakdale Clo. Brie H —2B 88
Oakdale Clo. O'bry —7G 91
Oakdale Rd. Bin W —2C 168
Oakdale Rd. Birm —1L 95
Oakdale Rd. Earl S —2K 85
Oakdale Rd. O'bry —7G 91
Oakdale Trad. Est. K'wfrd —8K 63
Oakdene. Stour S —6H 175
Oakdene Clo. Wals —7D 14
Oakdene Cres. Nun —2J 79
Oakdene Dri. B Grn —1J 181
Oakdene Rd. Burn —3G 17
Oak Dri. Birm —2C 70
Oak Dri. Harts —1M 77
Oak Dri. Seis —7A 48
Oaken. —7D 20
Oaken Covert. Cod —7E 20
Oaken Dri. Cod —7D 20
Oaken Dri. Sol —4M 137
Oaken Dri. W'hall —2E 38
Oakenfield. Lich —7G 13
Oaken Gdns. Burn —1G 17
Oaken Gro. Cod —7E 20
Oakenhayes Cres. Min —4C 72
Oakenhayes Cres. Wals —8F 16
Oakenhayes Dri. Wals —8F 16
Oaken La. Oaken —6C 20
Oaken Lanes. Cod —6E 20
Oaken Pk. Cod —7G 21
Oakenshaw. —3E 208
Oakenshaw Rd. Redd —1F 208
Oakenshaw Rd. Shir —8K 137
Oakeswell St. W'bry —6G 53
Oakey Clo. Cov —5F 122
Oakeywell St. Dud —8K 65
Oakfarm. —8L 63
Oak Farm Clo. S Cold —2A 72
Oak Farm Rd. Birm —4D 134
Oakfield Av. Birm —3C 114 (B11)
Oakfield Av. Birm —3A 114 (B12)
Oakfield Av. Dud —2H 65
Oakfield Av. Hand —2D 92
Oakfield Av. K'wfrd —4L 87
Oakfield Clo. Smeth —3C 92
Oakfield Clo. Stourb —8M 87
Oakfield Ct. Brie H —7D 88 (off Promenade, The)
Oakfield Dri. Redn —5K 155
Oakfield Dri. Wals —4B 26
Oakfield Ho. Lea S —7M 211
Oakfield Rd. Bal H —4L 113
Oakfield Rd. Cod —7H 21
Oakfield Rd. Cov —4M 143
Oakfield Rd. Erd —6F 70
Oakfield Rd. Kidd —4H 149
Oakfield Rd. Rugby —7M 171
Oakfield Rd. S Oak —6G 113
Oakfield Rd. Smeth —3C 92
Oakfield Rd. W'cte —7F 108
Oakfield Rd. Word —8A 88
Oakfields Way. Cath B —4H 139
Oakfield Trad. Est. Crad H —1K 109
Oakford Dri. Cov —3F 142
Oak Grn. Dud —4G 65
Oak Grn. Wolv —6H 35
Oak Gro. Birm —8M 133
Oak Gro. Kidd —5A 150
Oak Gro. Wolv —2H 37
Oakhall Dri. Dorr —5F 160
Oakham. —2A 90
Oakham Av. Dud —2L 89
Oakham Clo. Redd —4G 209
Oakham Ct. Dud —1L 89
Oakham Cres. Bulk —7D 104
Oakham Cres. Dud —2L 89
Oakham Dri. Dud —1M 89
Oakhampton Rd. Stour S —8E 174
Oakham Rd. Birm —2B 112
Oakham Rd. Dud —1L 89
Oakham Rd. Tiv —2A 90
Oakham Way. Sol —8A 116
Oak Hill. Wolv —1J 49
Oakhill Av. Kidd —5L 149
Oakhill Cres. Birm —1H 137
Oak Hill Dri. Birm —2E 112
Oakhill Dri. Brie H —2B 108
Oakhill Rd. Cann —7F 8
Oak House Mus. —7H 67
Oakhurst. Lich —2J 19
Oakhurst Dri. B'gve —6A 180
Oakhurst Rd. Birm —8H 115
Oakhurst Rd. S Cold —1J 71
Oakington Ho. Birm —6A 72
Oakland Clo. Sol —5E 138
Oakland Dri. Dud —7B 64
Oakland Gro. B'gve —5B 180
Oakland Rd. Hand —1E 92 (in two parts)
Oakland Rd. Mose —6A 114
Oakland Rd. Wals —2L 39
Oaklands. Curd —3H 73
Oaklands. Hale —5G 111
Oaklands Av. Birm —4B 112
Oaklands Clo. Cann —3C 8
Oaklands Ct. Ken —7G 191
Oaklands Cft. S Cold —2B 72
Oaklands Dri. Birm —7F 68
Oaklands Dri. S Cold —8M 41
Oaklands Grn. Bils —1K 51
Oaklands Ind. Est. Cann —6H 9
Oaklands Rd. S Cold —1H 57
Oaklands Rd. Wolv —1B 50 (8G 7)
Oaklands, The. Birm —2G 117
Oaklands, The. Cov —7G 143
Oaklands, The. Kidd —2A 150
Oaklands Way. Birm —8H 133
Oaklands Way. Wals —6A 26
Oak La. Alle —1C 142
Oak La. Bars —8B 140
Oak La. Burn —8F 10
Oak La. K'wfrd —8L 63
Oak La. W Brom —6H 67
Oak La. Pk. Homes. Alle —8D 120
Oaklea Dri. Crad H —7M 89
Oakleaf Clo. Birm —7K 111
Oak Leaf Dri. Mose —6A 114
Oak Leasow. Birm —5H 111
Oakleigh. Birm —7C 134
Oakleigh Dri. Cod —6G 21
Oakleigh Dri. Dud —2C 64
Oakleigh Rd. Stourb —7A 108
Oakleighs. Stourb —8J 87
Oakleigh Wlk. K'wfrd —1L 87
Oakley Av. A'rdge —4G 41
Oakley Av. Tip —3A 66
Oakley Clo. Lich —7H 13
Oakley Ct. Bed —8D 102
Oakley Est. Ken —8F 162
Oakley Gro. Wolv —4K 49
Oakley Ho. B'gve —8A 180
Oakley Rd. Birm & Small H (in two parts) —2C 114
Oakley Rd. K Nor —4H 135
Oakley Rd. Wolv —4K 49
Oak Leys. Wolv —8J 35
Oakley Wood Dri. Sol —5E 138
Oakley Wood Rd. Bis T (in two parts) —8M 215
Oakly Rd. Redd —6D 204
Oakmeadow Clo. Birm —7D 96
Oakmeadow Clo. Yard —4K 115
Oakmeadow Way. Erd —6K 71
Oakmoor Rd. Cov —6G 123
Oakmount Clo. Wals —6M 25
Oak Mt. Rd. S Cold —2A 56
Oak Pk. Rd. Stourb —8M 87
Oakridge Clo. Redd —2J 205
Oakridge Clo. W'hall —5C 38
Oakridge Dri. W'hall —5C 38
Oakridge Rd. Lea S —5C 212
Oak Ri. Col —4M 97
Oak Rd. Cats —1B 180
Oak Rd. Dud —6J 65
Oak Rd. O'bry —2J 111
Oak Rd. Pels —4M 25
Oak Rd. Tip —2L 65
Oak Rd. Wals —8C 26
Oak Rd. Wals W —6G 27
Oak Rd. W Brom —7H 67
Oak Rd. W'hall —7L 37
Oakroyd Cres. Nun —2D 78
Oaks Cres. Wolv —8A 36
Oaks Dri. Cann —8C 8
Oaks Dri. F'stne —1F 22
Oaks Dri. Wolv —7A 36
Oaks Dri. Wom —4G 63
Oakslade Dri. Sol —1E 138
Oak's Pl. Longf —6G 123
Oaks Precinct. Ken —6E 190
Oaks Rd. Ken —7E 190
Oaks, The. Bed —7F 102
Oaks, The. Birm —1B 112 (B17)
Oaks, The. Birm —2B 96 (B34)
Oaks, The. K Nor —3F 156
Oaks, The. Lea S —1K 215
Oaks, The. Smeth —4M 91
Oaks, The. S Cold —6A 58
Oak St. Bils —2H 65
Oak St. Crad H —8K 89
Oak St. Dud —5L 89
Oak St. K'wfrd —4J 87
Oak St. Quar B —8F 88
Oak St. Rugby —7A 172
Oak St. Wolv —3H 51 (WV2)
Oak St. Wolv —8A 36 (WV3)
Oak St. Trad. Est. Brie H —8F 88
Oaks Way. Earl S —1L 85
Oakthorpe Dri. Birm —4F 96
Oakthorpe Gdns. Tiv —7A 66
Oak Tree Av. Cov —3A 166
Oak Tree Av. Redd —5B 204
Oak Tree Clo. A'chu —2A 182
Oak Tree Clo. Ben H —5E 160
Oaktree Clo. K'bry —3D 60
Oak Tree Clo. Lea S —7A 212
Oaktree Cres. Hale —3F 110
Oak Tree Gdns. Stourb —8A 88
Oak Tree La. H'wd —3B 158
Oak Tree La. Sam —7H 209
Oak Tree La. S Oak & B'vlle —8E 112
Oak Tree Rd. Bin —2A 168
Oaktree Rd. W'bry —6H 53
Oak Trees. H'wd —3M 157
Oak Tree Wlk. Tam —2L 31
Oak Vw. Wals —6E 38
Oak Wlk., The. Birm —8A 134
Oak Way. Cov —7D 142
Oak Way. S Cold —7M 57
Oakwood Clo. Ess —6B 24
Oakwood Clo. Shen —3G 29
Oakwood Clo. Wals —5E 26
Oakwood Cres. Dud —3F 88
Oakwood Cft. Sol —8C 138
Oakwood Dri. Birm —5K 135
Oakwood Dri. S Cold —1L 55
Oakwood Gro. Warw —8G 211
Oakwood Rd. Bew —2B 148
Oakwood Rd. H'wd —3A 158
Oakwood Rd. Smeth —5M 91
Oakwood Rd. S'hll —6C 114
Oakwood Rd. S Cold —7E 56
Oakwood Rd. Wals —2L 39
Oakwoods. Cann —1D 14
Oakwood St. W Brom —4H 67
Oakworth Clo. Cov —1M 145
Oasthouse Clo. K'wfrd —2G 87
Oasthouse Clo. Stoke H —3K 201
Oaston Rd. Birm —1D 96
Oaston Rd. Nun —5K 79
Oatfield Clo. Burn —5G 17
Oatlands Wlk. Birm —7J 135
Oatlands Way. Pert —6D 34
Oat Mill Clo. W'bry —4E 52
Oban Dri. Nun —7G 79
Oban Rd. Cov —4F 122
Oban Rd. Hinc —2G 81
Oban Rd. Sol —8M 115
Oberon Clo. H'cte —5L 215
Oberon Clo. Nun —8A 80
Oberon Clo. Redn —7G 133
Oberon Clo. Rugby —3K 197
Oberon Dri. Shir —8G 137
Occupation Rd. Cov —6J 145
Occupation Rd. Wals —5G 27
Occupation St. Dud —7G 65
Ocean Dri. W'bry —8D 52
Ockam Cft. Birm —7C 134
Ocker Hill. —1C 66
Ocker Hill Rd. Tip —8B 52
O'Connor Dri. Tip —8C 52
Oddicombe Cft. Cov —4D 166
Oddingley Ct. Birm —7B 70
Oddingley Rd. Birm —7C 134
Odell Cres. Wals —2J 39
Odell Pl. Birm —4J 113
Odell Rd. Wals —2H 39
Odell Way. Wals —2H 39
Odensil Grn. Sol —7B 116
Odiham Clo. Tam —1C 32
Odin Clo. Cann —4G 9
Odnall La. Clent —5E 130
Odstone Dri. Hinc —1F 80
Offa Dri. Ken —4G 191
Offadrive. Tam —4B 32
Offa Rd. Lea S —3B 216
Offa's Dri. Wolv —4E 34
Offa St. Tam —4B 32
Offchurch. —1H 217
Offchurch La. Rad S —3F 216
Offchurch Rd. Cubb —4D 212
Offenham Clo. Redd —3H 205
Offenham Covert. Birm —1E 156
Offini Clo. W Brom —7M 67
Offmoor Rd. Birm —1H 133
Offmore Farm. —3A 150
Offmore Farm Clo. Kidd —3C 150
Offmore La. Kidd —3A 150
Offmore Rd. Kidd —3M 149
Offwell Clo. Redd —8K 205
Ofield La. Kils —6M 199
Ogbury Clo. Birm —7J 135
Ogley Cres. Wals —2G 27
Ogley Dri. S Cold —4M 57
Ogley Hay Rd. Bwnhls —7G 17
Ogley Hay Rd. Burn —7G 11
Ogley Rd. Wals —2G 27
Ogmore Rd. Lea S —2B 216
O'Hare Ho. Wals —6M 39
O'Keefe Clo. Birm —3B 114
Okehampton Rd. Cov —4E 166
Okement Dri. Wolv —4H 37
Okement Gro. Long L —4H 171
Oken Ct. Warw —2D 214
Oken Rd. Warw —1D 214
Olaf Pl. Cov —2A 146
Old Abbey Gdns. Birm —5D 112
Oldacre Clo. S Cold —3K 71
Old Acre Dri. Hand —2E 92
Oldacre Rd. O'bry —2G 111
Oldany Way. Nun —7F 78
Old Arley. —7E 76
Old Bakery Ct. Hag —4A 130
Old Bank Pl. S Cold —4J 57
Old Bank Top. Birm —7B 134
Old Barn Rd. Birm —3D 134
Old Barn Rd. Stourb —8A 88
Old Beeches. Birm —1C 70
Old Bell Rd. Birm —3H 71
Oldberrow. —8J 207
Oldberrow Clo. Shir —3A 160
Oldberrow Hill. —4E 206
Oldberrow La. Hen A —8L 207
Old Birchills. Wals —6J 39
Old Birmingham Rd. A'chu —1A 182
Old Birmingham Rd. L End & Marl —2C 180
Old Birmingham Rd. Redn —7F 154
Old Bri. St. Birm —3J 93
Old Bri. Wlk. Row R —4M 89
Old Bromford La. Birm —2H 95
Old Brookside. Birm —7L 95
Old Budbrooke Rd. H Mag —2A 214
Oldbury. —1G 91
Oldbury Bus. Cen. O'bry —7G 91
Oldbury Clo. Redd —3H 205
Oldbury Ct. Tam —3B 32
Oldbury Grn. Retail Pk. O'bry —1E 90
Oldbury Ho. O'bry —7J 91
Oldbury Ringway. O'bry —1F 90
Oldbury Rd. Nun —1J 77
Oldbury Rd. Row R —7D 90
Oldbury Rd. Smeth —2J 91
Oldbury Rd. W Brom —6E 66
Oldbury Rd. Ind. Est. Smeth —2K 91
Oldbury Rd. Ind. Est. W Brom —7F 66
Oldbury St. W'bry —6H 53
Old Bush St. Brie H —6E 88
Old Camp Hill. Birm —1A 114 (8M 5)
Old Canal Wlk. Tip —4B 66
Old Cannock Rd. Share —1K 23
Old Castle Gro. Bwnhls —7F 16
Old Chapel Rd. Smeth —6M 91
Old Chapel Wlk. O'bry —5G 91
Old Chester Rd. S. Kidd —7L 149
Old Chu. Av. Harb —4C 112
Old Chu. Grn. Birm —7L 95
Old Chu. Rd. Birm & Harb —4B 112
Old Chu. Rd. Cov —8F 122
Old Chu. Rd. Wat O —6H 73
Old College La. Ken —8E 162
Old Colliery Trad. Est. Ker E —3M 121
Old Coton La. Tam —3M 31
Old Ct. Cft. Birm —8C 94
Old Ct. Yd., The. W Weth —2K 213
Old Crest Av. Redd —7E 204
Old Cft. La. Birm —2C 96
Old Cross. Birm —3J 5
Old Cross St. Birm —6M 93 (3J 5)
Old Cross St. Tip —4L 65
Old Crown Clo. Birm —8H 111
Old Crown M. Cov —5K 123
Old Damson La. Sol —7G 117
Old Dickens Heath Rd. Shir —4G 159
Olde Hall Ct. F'stne —2J 23
Olde Hall La. Gt Wyr —5F 14
Olde Hall Rd. F'stne —2J 23
Old End La. Bils —2J 65
Old Fallings. —1F 36
Old Fallings Cres. Wolv —2E 36
Old Fallings La. Wolv —8F 22
Oldfallow. —6D 8
Old Fallow Av. Cann —6E 8
Old Fallow Rd. Cann —6E 8
Old Falls Clo. C Hay —6D 14
Old Farm Gro. Birm —4D 136
Old Farm La. Col —5F 74
Old Farm Mdw. Wolv —1J 49
Old Farm Rd. Birm —5L 95
Oldfield Dri. Stourb —6A 108
Old Fld. Rd. Bils —1G 65
Oldfield Rd. Birm —3A 114
Oldfield Rd. Cov —6K 143
Old Fld. Rd. W'bry —8E 52
Oldfields. Crad H —1K 109
Oldfields. Hag —3B 130
Old Fire Sta., The. Birm —3D 112
Old Fordrove. S Cold —6K 57
Old Ford Wlk. Stour S —8E 174
Old Forest Way. Birm —3B 96
Old Forge Clo. Wals —1M 53
Old Forge Dri. Redd —7H 205
Old Forge Gdns. Hartl —7B 176
Old Forge Trad. Est. Stourb —3E 108
Old Grange Rd. Birm —5C 114
Old Grn. La. Know & Ken —7B 162
Old Gro. Gdns. Stourb —6D 108
Old Hall Clo. Stourb —1A 108
Old Hall La. A'rdge —4H 55
Old Hall La. Cann —2H 15
Old Hall St. Wolv —8D 36 (5K 7)
Oldham Av. Cov —5K 145
Old Ham La. Stourb —7C 108
Old Hampton La. Westc —7J 23
Oldham Way. Long L —5H 171
Old Hawne La. Hale —4A 110
Old Heath Cres. Wolv —8G 37
Old Heath Rd. Wolv —8G 37
Old Hedging La. Dost —4D 46
Old Hednesford Rd. Cann —7F 8
Old High St. Brie H —8F 88
Old Hill. —7M 89
Old Hill. Wolv —4K 35
Old Hill By-Pass. Crad H —7M 89
Old Hinckley Rd. Nun —4K 79
Old Hobicus La. O'bry —4H 91
Old Horns Cres. Birm —7J 55
Oldhouse Farm Clo. Birm —3F 136
Old Ho. La. Cor —2G 121
Old Ho. La. Rom —8B 132
Oldington Gro. Sol —1B 160
Oldington La. Kidd —1H 175
Oldington Trad. Est. Kidd —8H 149
Old Kingsbury Rd. Mars —7A 60
Old Kingsbury Rd. Min —4C 72
Oldknow Rd. Birm —3E 114
Old Landywood La. Ess —3C 24
Old La. A'chu —5J 183
Old La. F'stne —2J 23
Old La. Wals —2J 39
Old La. Wolv —7F 34
Old Leicester Rd. Rugby (in two parts) —2A 172
Old Level Way. Neth —5K 89
Old Lime Gdns. Birm —1E 156
Old Lindens Clo. S Cold —2L 55
Old Lode La. Sol —5B 116
Old Mnr. Clo. Dray B —4L 45
Old Mnr., The. Wolv —4K 35
Old Marsh La. Curd —4J 73
Old Mdw. Rd. Birm —2C 156
Old Meeting Rd. Bils —1J 65
Old Meeting St. W Brom (in two parts) —4H 67
Old Meeting Yd. Bed —6H 103
Old Mill Av. Cov —4K 165
Old Mill Clo. Shir —7D 136
Old Mill Ct. Col —2M 97
Old Mill Gdns. Birm —7L 95
Old Mill Gdns. Wals —7C 26
Old Mill Gro. Birm —7J 69
Old Mill Rd. Col —2M 97
Old Milverton. —6J 211
Old Milverton La. Lea S —6J 211
Old Milverton Rd. Lea S —6J 211
Old Moat Dri. Birm —6B 134
Old Moat Way. Birm —3H 95
Old Moxley. —5B 52
Oldnall Clo. Stourb —5F 108
Oldnall Rd. Kidd —5M 149
Oldnall Rd. Stourb & Hale —5F 108
Old Oak Clo. Wals —1H 41
Old Oak Rd. Birm —7G 135
Old Oscott. —8L 55
Old Oscott Hill. Birm —8M 55
Old Oscott La. Birm —1L 69
Old Pk. Birm —4A 134
Old Pk. Clo. Aston —2L 93
Old Pk. La. O'bry —4G 91
Old Pk. Rd. Cann —4A 10
Old Pk. Rd. Dud —5F 64
Old Pk. Rd. W'bry —3E 52
Old Pk. Rd. Ind. Est. W'bry —5E 52
Old Pk. Wlk. Aston —2L 93
Old Penkridge M. Cann —8D 8
Old Penkridge Rd. Cann —7C 8
Old Penns La. Col —2M 97 (off Penns La.)
Old Pl. Wals —1J 39
Old Pleck Rd. Wals —1H 53
Old Port Clo. Tip —7B 66
Old Portway. Birm —2E 156
Old Postway. Birm —2K 93 (in two parts)
Old Pound. Warw —2E 214
Old Quarry Clo. Redn —1F 154
Old Quarry Dri. Dud —4D 64
Old Rectory Gdns. Wals —3J 41
Old Rectory La. A'chu —2B 182
Old Rd. Mer —8L 119
Old School Clo. W'hall —7A 38
Old School Dri. Row R —6C 90
Old School M. Lea S —6B 212
Old School Row. Dray B —4L 45 (off Drayton La.)
Old Scott Clo. Birm —7C 96
Old Smithy Pl. Birm —4G 93
Old Snow Hill. Birm —5K 93 (2F 4)
Old Sq. Birm —6L 93 (4H 5)
Old Sq. Warw —3E 214
Old Sq. Shop. Cen. Wals —8L 39
Old Stables Wlk. Birm —2C 94
Old Stafford Rd. S Hth & C Grn —1C 22
Old Sta. Rd. Birm —5K 95
Old Sta. Rd. B'gve —8M 179
Old Sta. Rd. H Ard —7M 117
Old Stone Clo. Redn —8F 132
Old Stone Yd. Lea S —8L 211
Old Stow Heath La. Wolv —8J 37
Old Swinford. —7A 108
Old Tamworth Rd. Amin —4G 33
Old Tokengate. Birm —3D 112
Old Town Clo. Birm —7F 134
Old Town La. Wals —6M 25
Old Vicarage Clo. Wals —7A 26
Old Vicarage Clo. Wom —2H 63
Old Vicarage Gdns. Stud —5L 209
Old Walsall Rd. Birm & Hamp I —4F 68
Old Warstone La. Ess —1B 24
Old Warwick Ct. Sol —8L 115
Old Warwick Rd. Lapw —4C 186
Old Warwick Rd. Lea S —2L 215
Old Warwick Rd. Sol —8L 115
Oldway Dri. Sol —7E 138
Old Well Clo. Rus —2B 40
Old Wharf. Tard —8H 181
Old Wharf Rd. Stourb —3M 107
Oldwich Lane. —8C 162
Oldwich La. E. Ken —8D 162
Oldwich La. W. Chad E —2B 188
Old Winnings Rd. Ker E —3M 121
Olga Dri. Tip —8B 52
Olinthus Av. Wolv —2L 37
Olive Av. Cov —4K 145
Olive Av. Wolv —4E 50
Olive Dri. Hale —1C 110
Olive Gro. Stour S —5F 174
Olive Hill Rd. Hale —1D 110
Olive La. Hale —1C 110
Olive Mt. O'bry —1D 90
Olive Pl. Birm —2M 135
Oliver Clo. Dud —1L 89
Oliver Ct. Row R —7B 90
Oliver Cres. Bils —7L 51
Oliver Rd. Erd —3F 70
Oliver Rd. Lady —7F 92
Oliver Rd. Smeth —6C 92
Oliver St. Birm —4A 94
Oliver St. Cov —3F 144
Oliver St. Rugby —6M 171
Olivier Way. Cross P —1B 146

Pennington M.—Pool Rd.

Pennington M. Rugby —6M 171
Pennington St. Rugby —6M 171 (in two parts)
Pennington Way. Cov —1E 144
Pennis Ct. S Cold —2M 71
Penn La. Port & Tan A —5A 184
Penn Rd. Dud —8M 49
Penn Rd. Row R —6E 90
Penn Rd. Wolv —6K 49 (8G 7)
Penn Rd. Island. Wolv —8C 36 (6H 7)
Penns Clo. Lea S —4E 212
Penns Lake Rd. S Cold —1L 71
Penns La. Col —2M 97
Penns La. S Cold —2J 71
Penn St. Birm —6A 94 (3L 5)
Penn St. Crad H —1M 109
Penn St. Wolv —1B 50 (7G 7)
Penns Wood Clo. Dud —7C 50
Penns Wood Dri. S Cold —2M 71
Pennwood La. Wolv —6M 49
Pennyacre Rd. Birm —7K 135
Penny Ct. Wals —1F 24
Pennycress Gdns. F'stne —2J 23
Pennycress Grn. Cann —5M 15
Pennycroft Ho. Birm —6L 95
Pennyfield Cft. Birm —6L 95
Pennyford Clo. Redd —4A 204
Pennyhill La. W Brom —2L 67
Penny La. Barw —2G 85
Pennymoor Rd. Wiln —1H 47
Penny Pk. La. Cov —6M 121
Penny Royal Clo. Dud —7D 64
Pennyroyal Clo. Wals —6B 54
Pennys Cft. Lich —8L 13
Pennystone Clo. Lea S —3D 216
Penrice Dri. Tiv —8M 65
Penrith Clo. Brie H —1B 108
Penrith Clo. Cov —7C 122
Penrith Clo. Lea S —7J 211
Penrith Cft. Birm —1K 133
Penrith Gro. Birm —7J 97
Penrose Clo. Cov —2G 165
Penryhn Clo. Ken —4J 191
Penryn Clo. Nun —5A 80
Penryn Clo. Wals —2D 54
Penryn Rd. Wals —2D 54
Pensby Clo. Birm —1D 136
Pensford Rd. Birm —6C 134
Pensham Cft. Shir —3A 160
Penshaw Clo. Wolv —6A 22
Penshaw Gro. Birm —8D 114
Penshurst Av. Birm —8K 69
Penshurst Way. Nun —1M 103
Pensilva Way. Cov —5E 144
Pensnett. —3C 88
Pensnett Rd. Brie H —4C 88
Pensnett Rd. Dud —2E 88
Pensnett Trad. Est. K'wfrd —1M 87
Penstock Ct. Kidd —1C 150
Penstone La. Wolv —5E 48
Pentire Clo. Nun —4M 79
Pentire Rd. Lich —2K 19
Pentland Clo. Hinc —8B 84
Pentland Cft. Birm —2M 113
Pentland Gdns. Wolv —7L 35
Pentos Dri. Birm —5D 114
Pentridge Clo. S Cold —4M 71
Penzance Clo. Hinc —5E 84
Penzance Way. Nun —4M 79
Penzer Dri. B Grn —1K 181
Penzer St. K'wfrd —2K 87
Peolsford Rd. Pels —5A 26
Peony Wlk. Birm —6B 70
Peplins Way. Birm —6H 135
Peplow Rd. Birm —5A 96
Pepperbox Dri. Tip —4A 66
Peppercorn Pl. W Brom —5J 67
Pepper Hill. Stourb —5A 108
Pepper La. Cov —7C 144 (5C 6)
Pepperwood Clo. Fair —6J 153
Pepper Wood Nature Reserve. —7H 153
Pepys Corner. Cov —6E 142
Pepys Ct. Birm —2E 68
Perch Av. Birm —6G 97
Perch Rd. Wals —5G 39
Percival Rd. Birm —8C 92
Percival Rd. Rugby —1D 198
Percy Bus. Pk. O'bry —2F 90
Percy Cres. Ken —7E 190
Percy Rd. Birm —6D 114
Percy Rd. Ken —7E 190
Percy Rd. Warw —1E 214
Percy St. Cov —6B 144 (4A 6)
Percy Ter. Birm —5D 114
Percy Ter. Lea S —8K 211
Peregrine Clo. Dud —8F 64
Peregrine Dri. Cov —4G 143
Peregrine Gro. Kidd —7A 150
Pereira Rd. Birm —2C 112
Perimeter Rd. Birm —5K 117 (in two parts)
Perivale Gro. Bils —1K 65
Perivale Way. Stourb —1A 108
Periwinkle Clo. Clay —3D 26
Perkins Clo. Dud —3J 65
Perkins Gro. Rugby —8F 172
Perkins St. Cov —6D 144 (3E 6)
Perks Rd. Wolv —8A 24
Permian Clo. Rugby —3C 172
Perott Dri. S Cold —7K 43
Perrett Wlk. Kidd —3K 149
Perrin Av. Kidd —5H 149
Perrins Gro. Birm —3G 95
Perrin's La. Stourb —5F 108
Perrins Ri. Stourb —5F 108
Perrott Gdns. Brie H —8A 88
Perrott's Folly. —8F 92
Perrott St. Birm —3D 92
Perry. —3L 69
Perry Av. Birm —4J 69
Perry Av. Wolv —1F 36
Perry Barr. —4H 69
Perry Beeches. —2G 69
Perry Clo. Dud —1K 89
Perry Common. —1D 70
Perry Comn. Rd. Birm —2B 70
Perry Crofts. —3C 32
Perrycrofts Cres. Tam —2C 32
Perryfields. —5K 179
Perryfields Clo. Redd —4F 208
Perryfields Cres. B'gve —4M 179
Perryfields Rd. B'gve —6K 179
Perryford Dri. Sol —1C 160
Perry Hall Dri. W'hall —4B 38
Perry Hall Rd. Wolv —3M 37
Perry Hill Cres. O'bry —2H 111
Perry Hill Ho. O'bry —1J 111
Perry Hill La. O'bry —2H 111
Perry Hill Rd. O'bry —2H 111
Perry La. B'gve —7M 179
Perry La. Tort —4B 176
Perryman Dri. Picc —1F 60
Perrymill La. Sam —8H 209
Perry Mill La. Ullen —4J 207
Perry Pk. Cres. Birm —3J 69
Perry Pk. Rd. Crad H & Row R —8B 90
Perry St. Bils —6L 51
Perry St. Darl —1D 52 (in two parts)
Perry St. Smeth —2M 91
Perry St. Tip —5A 66
Perry St. W'bry —7F 52
Perry Trad. Est. Bils —6L 51
Perry Villa Dri. Birm —4K 69
Perry Wlk. Birm —3B 70
Perrywell Rd. Birm —4M 69
Perry Wood Rd. Birm —1G 69
Persehouse St. Wals —7M 39
Pershore Av. Birm —7H 113
Pershore Clo. Wals —7F 24
Pershore Pl. Cov —3L 165
Pershore Rd. Hale —7A 110
Pershore Rd. Kidd —3G 149
Pershore Rd. K Nor & Stir —5G 135
Pershore Rd. S Oak & Birm —8H 113
Pershore Rd. Wals —7F 24
Pershore Rd. S. Birm —5F 134
Pershore St. Birm —8L 93 (7G 5)
Pershore Tower. Birm —7J 133
Pershore Way. Wals —7F 24
Perth Ri. Cov —5G 143
Perth Rd. W'hall —3B 38
Perton. —5D 34
Perton Brook Va. Wolv —7F 34
Perton Gro. Birm —8A 112
Perton Gro. Wolv —7F 34
Perton Rd. Wolv —7E 34
Pestilence La. A'chu —8C 156 (in two parts)
Peter Av. Bils —7M 51
Peterborough Dri. Cann —8J 9
Peterbrook. Shir —8C 136
Peterbrook Clo. Redd —2F 208
Peterbrook Ri. Shir —8D 136
Peterbrook Rd. Shir —7C 136
Peterdale Dri. Wolv —6M 49
Peter Hall La. W'grve S —3F 146
Peterhead. Amin —4F 32
Peter Lee Wlk. Cov —3A 146
Peters Av. Birm —7M 133
Petersfield. Cann —5F 8
Petersfield Ct. Hall G —1F 136
Petersfield Dri. Row R —6E 90
Petersfield Rd. Birm —2E 136
Peter's Finger. B'gve —8M 179
Petersham Pl. Birm —3E 112
Petersham Rd. Birm —8C 56
Peter's Hill Rd. Brie H —2C 108
Petershouse Dri. S Cold —4F 42
Peter's La. Burn —4A 18
Peter's St. W Brom —2G 67
Peters Wlk. Lich —7G 13
Peters Wlk. Longf —5G 123
Petford St. Crad H —8L 89
Petitor Cres. Cov —1J 145
Pettitt Clo. Birm —7L 135
Pettiver Cres. Rugby —8F 172
Petton Clo. Redd —6M 205
Pettyfield Clo. Birm —3B 116
Pettyfields Clo. Know —4F 160
Petworth Clo. W'hall —1M 51
Petworth Gro. Birm —3L 115
Pevensey Clo. Tiv —1M 89
Peverell Dri. Birm —2F 136
Peveril Dri. Cov —4B 166
Peveril Gro. S Cold —5L 57
Peverill Rd. Pert —5F 34
Peverill Rd. Wolv —6E 50
Peveril Way. Birm —7F 54
Pewterers All. Bew —5B 148
Peyto Clo. Cov —7B 122
Pheasant Clo. Bed —8D 102
Pheasant Clo. Kidd —7A 150
Pheasant Cft. Birm —1G 97
Pheasant La. Redd —3E 208
Pheasant Rd. Smeth —7K 91
Pheasant St. Brie H —6C 88
Pheasey. —5K 55
Philip Ct. S Cold —6M 57
Philip Gro. Cann —3E 8
Philip Rd. Hale —6M 109
Philip Rd. Tip —4D 66
Philip Sidney Rd. Birm —6C 114
Philips Ter. Redd —5F 204
Philip St. Bils —8K 51
Philip Victor Rd. Birm —8F 68
Phillimore Rd. Birm —4D 94
Phillip Docker Ct. Bulk —7B 104
Phillippes Rd. Warw —8F 210
Phillip Rd. Wals —3J 53
Phillips Av. Wolv —8M 23
Phillips St. Birm —3L 93
Phillips St. Ind Est. Birm —3M 93
Phipp Ho. Rugby —1G 199
Phipps Av. Rugby —8F 172 (in two parts)
Phipson Rd. Birm —6B 114
Phoenix Bus. Pk. Hinc —1E 80
Phoenix Cen. B'twn —3E 14
Phoenix Dri. Wals —2G 41
Phoenix Grn. Birm —2E 112
Phoenix Ho. Cov —2E 6
Phoenix Ind. Est. Bils —5M 51
Phoenix Ind. Est. W Brom —4F 66
Phoenix Pk. Bay I —2H 123
Phoenix Pk. Birm —3A 94
Phoenix Ri. Birm —2B 70
Phoenix Ri. W'bry —5D 52
Phoenix Rd. Cann —7G 9
Phoenix Rd. Tip —3M 65
Phoenix Rd. Wolv —6K 37
Phoenix Rd. Ind. Est. Wolv —6K 37
Phoenix St. W Brom —5F 66
Phoenix St. Wolv —3D 50
Phoenix Way. Cov —7F 144
Phoenix Way. Longf & Cov —5E 122
Picasso Clo. Cann —7K 9
Piccadilly. —8F 46
Piccadilly. Picc —8F 46
Piccadilly Arc. Birm —5F 4
Piccadilly Clo. Birm —8J 97
Piccadilly Cres. Picc —1F 60
Piccadilly Way. K'bry —5D 60
Pickard Clo. Rugby —2E 172
Pickard St. Warw —2G 215
Pickenham Rd. Birm —8A 136
Pickering Cft. Birm —8J 111
Pickering Rd. Wolv —4K 37
Pickersleigh Clo. Hale —6A 110
Pickford. —1D 142
Pickford Clo. Nun —8A 80
Pickford Grange La. Alle —2C 142
Pickford Green. —2C 142
Pickford Grn. La. Cov —4C 142
Pickford St. Birm —7M 93 (6K 5)
Pickford Way. Cov —3G 143
Pickrell Rd. Bils —8H 51
Pickwick Gro. Birm —7C 114
Pickwick Pl. Bils —5L 51
Picton Cft. Birm —7K 97
Picton Gro. Birm —4B 136
Picturedrome Way. Darl —3D 52
Piddock Rd. Smeth —4A 92
Pierce Av. Sol —6L 115
Piercy St. W'bry —6H 53
Piercy St. W Brom —6G 67
Piers Clo. Warw —1F 214
Piers Rd. Birm —2G 93 (in two parts)
Pier St. Wals —2F 26
Piggotts Cft. Birm —6F 96
Pike Clo. Burb —4K 81
Pike Clo. Hand —8F 68
Pike Dri. Birm —6J 97
Pikehelve St. W Brom —2E 66
Pike Hill. B'wll —2G 181 (in two parts)
Pikehorne Cft. Birm —7D 72
Pike Rd. Wals —5G 39
Piker's La. Cor —6G 121
Pikes Pool La. Fins & Burc —8D 180
Pikes, The. Redn —1F 154
Pikewater Rd. Birm —7E 94
Pilgrims Ga. Burb —3A 82
Pilgrims La. Newt —1F 172
Pilkington Av. S Cold —6H 57
Pilkington Rd. Cov —8K 143
Pillar Box Cotts. Cor —2D 120
Pillaton Dri. Hunt —3C 8
Pilling Clo. Cov —1M 145
Pilson Clo. Birm —1M 95
Pimbury Rd. W'hall —3D 38
Pimlico Ct. Dud —6D 64
Pimpernel Dri. Wals —6A 54
Pinbury Cft. Birm —1H 117
Pinchers Clo. Belb —2E 152
Pinders Ct. Rugby —6B 172
Pinders La. Rugby —5B 172 (in two parts)
Pineapple Gro. Birm —1J 135
Pineapple Rd. Birm —2J 135
Pine Av. Smeth —2L 91
Pine Av. W'bry —4F 52
Pine Clo. Gt Wyr —5F 14
Pine Clo. K'wfrd —4K 87
Pine Clo. Kinv —6C 106
Pine Clo. Sol —7M 137
Pine Clo. Tam —1B 32
Pine Clo. Wolv —8A 36
Pine Ct. Lea S —6B 212
Pinedene. Stour S —6H 175
Pine Grn. Dud —3G 65
Pine Gro. Burn —4F 16
Pine Gro. K Hth —4A 136
Pine Gro. Redn —7F 154
Pine Gro. Rugby —8G 173
Pine Ho. Birm —1M 95
Pinehurst. Cubb —3E 212
Pinehurst Dri. Birm —6F 134
Pine Leigh. S Cold —8H 43
Pine Needle Cft. W'hall —5E 38
Pineridge Dri. Kidd —4H 149
Pine Rd. Dud —4J 65
Pine Rd. Tiv —1A 90
Pineside Av. Ruge —3F 10
Pine Sq. Birm —7H 97
Pines, The. Bed —7E 102
Pines, The. Cov —2D 164
Pines, The. Lich —2M 19
Pines, The. Redn —8G 133
Pines, The. Shir —4K 159
Pines, The. Wals —1M 53
Pines, The. Wolv —8K 35
Pine St. Wals —7K 25
Pine Tree Av. Cov —7G 143
Pine Tree Clo. Cann —1G 9
Pine Tree Clo. Redd —6M 203
Pine Tree Ct. Bed —5J 103
Pinetree Dri. S Cold —8K 41
Pine Tree Rd. Bed —5J 103
Pinetree Rd. Bew —3B 148
Pineview. Birm —7M 133
Pine Wlk. Birm —6B 134
Pine Wlk. Cod —7F 20
Pine Wlk. Stourb —6D 108
Pine Wlk. Stour S —5E 174
Pinewall Av. Birm —8G 135
Pineways. Stourb —7J 87
Pineways. S Cold —6C 42
Pineways Dri. Wolv —5L 35
Pineways, The. O'bry —4C 90
Pinewood Av. Cann —5D 8
Pinewood Av. Wood E —8J 47
Pinewood Clo. Bwnhls —7E 16
Pinewood Clo. Gt Barr —2L 69
Pinewood Clo. Kidd —8J 127
Pinewood Clo. Redn —1D 154
Pinewood Clo. Wals —5B 54
Pinewood Clo. W'hall —3D 38
Pinewood Clo. Wolv —1G 49
Pinewood Clo. Wom —3G 63
Pinewood Dri. Bin W —2C 168
Pinewood Dri. Birm —8G 111
Pinewood Gro. Cov —1B 166
Pinewood Gro. Sol —7M 137
Pinewoods. Bart G —7G 111
Pinewoods. Hale —2G 111
Pinewoods. N'fld —1M 133
Pinewoods Av. Hag —5M 129
Pinewoods Clo. Hag —5M 129
Pinewoods Ct. Hag —5M 129
Pinewood Wlk. K'wfrd —1L 87
Pinfield Dri. B Grn —8H 155
Pinfold Ct. W'bry —4C 52
Pinfold Cres. Wolv —3K 49
Pinfold Gdns. Wolv —4K 37
Pinfold Gro. Wolv —3K 49
Pinfold Hill. Lich —3F 28
Pinfold La. Cann —5L 15
Pinfold La. C Hay —7C 14
Pinfold La. Wals —2H 55
Pinfold La. Wolv —3K 49
Pinfold Rd. Lich —8F 12
Pinfold Rd. Sol —4E 138
Pinfold St. Bils —4K 51
Pinfold St. Birm —7K 93 (5E 4)
Pinfold St. O'bry —1G 91
Pinfold St. Rugby —6L 171
Pinfold St. W'bry —4C 52 (in two parts)
Pinfold St. Extension. W'bry —4C 52
Pinfold, The. Wals —1J 39
Pingle Clo. W Brom —8M 53
Pingle Ct. Nun —7K 79
Pingle La. Hamm —4K 17
Pinkett's Booth. —8C 120
Pink Green. —1B 206
Pink Grn. La. Beo —1B 206
Pink Grn. La. Redd —5A 204
Pinkney Pl. O'bry —6J 91
Pink Pas. Smeth —5B 92
Pinley. —2J 167
Pinley Fields. Cov —1H 167
Pinley Gro. Birm —6H 55
Pinley Way. Sol —1A 160
Pinner Gro. Birm —5L 111
Pinner's Cft. Cov —4G 145
Pinnock Pl. Cov —8F 122
Pinson Rd. W'hall —8M 37
Pinta Dri. Stour S —6H 175
Pintail Dri. Birm —7C 70
Pintail Gro. Kidd —6B 150
Pinto Clo. Birm —7F 92
Pinvin Ho. Redd —5A 204
Pinza Cft. Birm —1K 95
Pioli Pl. Wals —4K 39
Pioneer Ho. Cov —2F 6
Pioneer Units. Attl F —6L 79
Pipehill. —4C 18
Piper Clo. Pert —5F 34
Piper Pl. Stourb —1M 107
Piper Rd. Wolv —1J 49
Pipers Clo. B'gve —2K 201
Pipers Cft. Lich —7G 13
Piper's End. Wlvy —5K 105
Pipers Grn. Birm —4F 136
Pipers La. Ken —4G 191
Pipers La. Nun —1J 77
Pipers Rd. Park I —3K 209
Piper's Row. Wolv —7D 36 (4L 7)
Pipes Mdw. Bils —4L 51
Pipewell Clo. Rugby —8J 171
Pipit Ct. Kidd —7A 150
Pippin Av. Hale —2H 109
Pirbright Clo. Bils —6L 51
Pirrey Clo. Cose —8L 51
Pitcairn Clo. Birm —3H 135
Pitcairn Dri. Hale —4B 110
Pitcairn Rd. Smeth —8K 91
Pitcheroak Cotts. Redd —6A 204
Pitclose Rd. Birm —8B 134
Pitfield Rd. Birm —8D 96
Pitfield Row. Dud —8H 65
Pitfields Clo. O'bry —1G 111
Pitfields Rd. O'bry —1G 111
Pitfield St. Dud —8J 65
Pithall Rd. Birm —4D 96
Pit Hill. Bubb —4J 193
Pit Leasow Clo. Birm —1H 135
Pitman Rd. Birm —4J 111
Pitmaston Ct. Birm —6K 113
Pitmaston Rd. Birm —3G 137
Pitney St. Birm —5B 94
Pitsford St. Birm —4G 93 (1A 4)
Pitt La. Bick —7K 117
Pittoms La. Barby —8J 199
Pitts Farm Rd. Birm —4J 71
Pitts La. Kidd —3L 149
Pitt St. Birm —6A 94 (3L 5)
Pitt St. Kidd —8A 128
Pitt St. Wolv —8C 36 (5H 7)
Pixall Dri. Edg —2H 113
Pixhall Wlk. Birm —6B 72
Plainview Clo. A'rdge —7L 41
Plaistow Av. Birm —2J 95
Plane Gro. Birm —8H 97
Planetary Ind. Est. W'hall —6J 37
Planetary Rd. W'hall —5J 37
Planetree Clo. B'gve —7B 180
Plane Tree Clo. Kidd —2M 149
Plane Tree Rd. S Cold —1K 55
Plane Tree Rd. Wals —5B 54
Planet Rd. Brie H —5D 88
Plank La. Wat O —7G 73
Planks La. Wom —3F 62
Plantagenet Dri. Rugby —3L 197
Plantagenet Pk. H'cte —6L 215
Plantation La. Himl —5H 63
Plantation La. Hop & M Oak —3G 31 (in two parts)
Plantation Rd. Cann —1G 9
Plantation Rd. Wals —6A 54
Plantation, The. Brie H —2B 88
Plant Ct. Brie H —7D 88 (off Hill St.)
Plant La. C Ter —2D 16
Plants Brook Nature Reserve. —4A 72
Plants Brook Rd. S Cold —3M 71
Plants Clo. Gt Wyr —1G 25
Plant's Clo. S Cold —8D 56
Plants Gro. Birm —4J 71
Plants Hill Cres. Cov —1E 164
Plants Hollow. Brie H —8E 88
Plant St. Crad H —8L 89
Plant St. Stourb —7L 87
Plant Way. Wals —5M 25
Plascom Rd. Wolv —8G 37
Plato Clo. Tach P —4K 215
Platts Cres. Stourb —1L 107
Platts Dri. Stourb —1L 107
Platts Rd. Stourb —1L 107
Platt St. Cann —4G 9
Platt St. W'bry —4D 52
Playdon Gro. Birm —6A 136
Pleasant Clo. K'wfrd —5J 87
Pleasant Harbour. Bew —5B 148
Pleasant Mead. Wals —4E 40
Pleasant St. Hill T —1G 67
Pleasant St. Kidd —2L 149
Pleasant St. Lyng —7J 67
Pleasant Vw. Dud —7D 64
Pleasant Way. Lea S —7A 212
Pleck. —2H 53
Pleck Bus. Pk. Wals —8J 39
Pleck Ind. Est. Wals —1J 53
Pleck Rd. Wals —1J 53
Pleck, The. Hock —2F 92
Pleck Wlk. Birm —8G 135
Plestowes Clo. Shir —4H 137
Plexfield Rd. Rugby —8J 171
Pleydell Clo. Cov —4J 167
Plimsoll Gro. Birm —4J 111
Plimsoll St. Kidd —4K 149
Plomer Clo. Rugby —1J 197
Plott La. Ryton D & Stret D —3E 194
Plough & Harrow Rd. Birm —8F 92
Plough Av. Birm —7J 111
Plough Hill Rd. Nun —4M 77
Ploughmans Wlk. K'wfrd —2G 87
Ploughmans Wlk. Lich —6J 13
Ploughmans Wlk. Stoke H —3K 201
Ploughmans Wlk. Wolv —8L 21
Plover Clo. F'stne —2H 23
Ploverdale Cres. K'wfrd —2A 88
Plover Gro. Kidd —8B 150
Plowden Rd. Birm —5M 95
Plowman St. Rugby —6M 171
Plume St. Birm —1C 94
Plumstead Rd. Birm —1A 70
Plym Clo. Wolv —4J 37
Plymouth Clo. Birm —2A 156
Plymouth Clo. Cov —2J 145
Plymouth Clo. Redd —7C 204
Plymouth Ct. Redd —8C 204
Plymouth Dri. B Grn —1G 181
Plymouth Pl. Lea S —2A 216
Plymouth Rd. B Grn —8G 155
Plymouth Rd. K Nor —2H 135
Plymouth Rd. Redd —7D 204
Plymouth Rd. S. Redd —8C 204
Pochard Clo. Kidd —8M 149
Pocklington Pl. Birm —3C 134
Podmoor. —5E 176
Poets Corner. Small H —2D 114
Pointon Clo. Bils —7G 51
Poitiers Rd. Cov —3D 166
Polden Clo. Hale —8J 109
Polesworth. —7M 33
Polesworth Clo. Redd —8K 205
Polesworth Gro. Birm —3B 96
Pollard Rd. Birm —8J 115
Pollards, The. Birm —1E 70
Polo Fields. Stourb —8B 108
Polperro Dri. Cov —4G 143
Pomeroy Clo. Cov —2D 164
Pomeroy Rd. Bart G —8J 111
Pomeroy Rd. Gt Barr —5K 55
Pommel Clo. Wals —5M 53
Pond Cres. Wolv —2E 50
Pond Gro. Wolv —2E 50
Pond La. Wolv —1D 50 (8L 7)
Pondthorpe. Cov —3L 167
Ponesfield Rd. Lich —7H 13
Ponesgreen. Lich —7H 13
Pontypool Av. Bin —3M 167
Pool Av. Cann —4B 16
Pool Bank. Redd —8D 204
Pool Bank St. Nun —5H 79
Pool Clo. Rugby —1K 197
Pool Clo. Share —1K 23
Pool Cotts. Burn —5E 16
Poole Cres. Bils —7K 51
Poole Cres. Birm —6C 112
Poole Cres. Wals —7C 16
Poole Ho. Rd. Birm —6E 54
Pool End Clo. Know —3F 160
Poole Rd. Cov —3M 143
Pooles Ct. Kidd —2L 149
Pooles La. W'hall —1E 38
Poole St. Stourb —5L 107
Poole's Way. Burn —2J 17
Pooley La. Pole —8M 33
Pooley Vw. Pole —7M 33
Pool Farm Rd. Birm —8H 115
Pool Fld. Av. Birm —3L 133
Poolfield Dri. Sol —6M 137
Pool Furlong. Clent —8E 130
Pool Green. —4G 41
Pool Grn. Wals —4G 41
Pool Grn. Ter. Wals —4G 41
Pool Hall Cres. Wolv —1F 48
Pool Hall Rd. Wolv —1F 48
Pool Hayes La. W'hall —4A 38
Poolhead La. Earls & Tan A —1B 184
Pool Ho. Rd. Wom —4D 62
Pool La. O'bry —5F 90
Poolmeadow. S Cold —1A 72
Pool Mdw. Clo. Birm —8D 114
Pool Mdw. Clo. Sol —8F 138
Pool Pl. Redd —6E 204
Pool Rd. Burn —5E 16 (in three parts)
Pool Rd. Hale —6B 110
Pool Rd. Nun —4F 78
Pool Rd. Smeth —4B 92
Pool Rd. Stud —5L 209
Pool Rd. Wolv —3A 38

Poolside Gdns.—Quadrangle, The

Poolside Gdns. Cov —4A 166
Pool St. Birm —3M 93
Pool St. Dud —3G 65
Pool St. Wals —8M 39
Pool St. Wolv —1C 50 (7H 7)
(in two parts)
Pooltail Wlk. Birm —8K 133
Pool Vw. Gt Wyr —5G 15
Pool Vw. Rus —2D 40
Pool Way. Birm —8A 96
Pope Gro. Cann —3F 8
Pope Rd. Wolv —1G 37
Popes La. A'wd B —7E 208
Popes La. Birm —5D 134
Pope's La. O'bry —3H 91
Popes La. Wolv —3G 35
Pope St. Birm —6H 93 (2A 4)
Pope St. Rugby —6L 171
Pope St. Smeth —2B 92
Poplar Av. Bed —7K 103
Poplar Av. Bntly —6D 38
Poplar Av. Birm —3B 114
(B11)
Poplar Av. Birm —5A 114
(B12)
Poplar Av. Birm —1J 93
(B19)
Poplar Av. Bwnhls —1G 27
Poplar Av. Burn —3F 16
Poplar Av. Cann —5F 8
Poplar Av. Chel W —1J 117
Poplar Av. Edg —8A 92
Poplar Av. Erd —5F 70
Poplar Av. K Hth —1M 135
Poplar Av. O'bry —5G 91
Poplar Av. S Cold —2M 57
Poplar Av. Tip —4K 65
Poplar Av. Tiv —1B 90
Poplar Av. Wals —5A 54
Poplar Av. W Brom —7L 67
Poplar Av. Wolv —2H 37
Poplar Clo. Cats —1M 179
Poplar Clo. Tiv —8C 66
Poplar Clo. Wals —5E 38
Poplar Clo. Wom —3H 63
Poplar Cres. Dud —6H 65
Poplar Cres. Stourb —6L 107
Poplar Dri. B Grn —1K 181
Poplar Dri. Witt —4M 69
Poplar Grn. Dud —3G 65
Poplar Gro. Birm —1J 93
Poplar Gro. Rugby —5A 172
Poplar Gro. Smeth —6B 92
Poplar Gro. W Brom —8L 67
Poplar Ho. Bed —7K 103
Poplar La. Cann —1A 14
Poplar La. Rom —5A 132
Poplar Ri. S Cold —4D 42
Poplar Ri. Tiv —1C 90
Poplar Rd. Bils —2M 51
Poplar Rd. Bwnhls —1G 27
Poplar Rd. Cov —8M 143
Poplar Rd. Dorr —5F 160
Poplar Rd. Gt Wyr —8F 14
Poplar Rd. Kidd —5J 149
Poplar Rd. K Hth —1L 135
Poplar Rd. K'wfrd —4L 87
Poplar Rd. O'bry —1G 91
Poplar Rd. Redd —6A 204
Poplar Rd. Smeth —8A 92
Poplar Rd. Sol —5C 138
Poplar Rd. S'hll —4B 114
Poplar Rd. Stourb —6L 107
Poplar Rd. W'bry —3G 53
Poplar Rd. Wolv —3A 50
Poplar Row. Kidd —5J 149
Poplars Dri. Birm —1B 96
Poplars Dri. Cod —7F 20
Poplars Ind. Est., The. Birm —4M 69
Poplars La. A'wd B —8A 208
Poplars, The. Birm —3C 114
(B11)
Poplars, The. Birm —5F 92
(B16)
Poplars, The. Cann —5E 8
Poplars, The. Nun —6D 78
Poplars, The. Smeth —5C 92
Poplars, The. Stourb —7M 87
Poplar St. Cann —3A 16
Poplar St. Smeth —4C 92
Poplar St. Wolv —3D 50
Poplar Trees. H'wd —3A 158
(off May Farm Clo.)
Poplar Way. Harts —2A 78
Poplar Way Shop. Cen. Sol —5C 138
Poplarwoods. Birm —7H 111
Poppy Dri. Rugby —1E 172
Poppy Dri. Wals —6A 54
Poppyfield Ct. Cov —6K 165
Poppy Gro. Salt —5F 94
Poppy La. Birm —4J 71
Poppymead. Erd —1B 70
Porchester Clo. Bin —7A 146
Porchester Clo. Wals W —6G 27
Porchester Dri. Birm —3K 93
Porchester St. Birm —3K 93
Porlock Clo. Cov —4E 166
Porlock Cres. Birm —6K 133
Porlock Rd. Stourb —3A 108
Portal Rd. Wals —7F 38
Portchester Dri. Wolv —4K 37
Porter Clo. Cov —1E 164
Porter Clo. S Cold —2H 71
Porters Cft. Birm —1A 112
Porter's Fld. Dud —8K 65
Portersfield Ind. Est. Crad H —2K 109
Portersfield Rd. Crad H —1J 109
Portershill Dri. Shir —8J 137
Porter St. Dud —8K 65
Porters Way. Birm —7E 94
Portfield Dri. Tip —6A 66
Portfield Gro. Birm —3G 71
Porth Kerry Gro. Dud —2B 64
Port Hope Rd. Birm —2A 114
Porthouse Gro. Bils —6H 51
Portia Av. Shir —7H 137
Portia Clo. Nun —8A 80
Portland Av. Tam —1M 31
Portland Av. Wals —4H 41
Portland Ct. Lea S —8M 211
Portland Ct. Wals —4H 41
Portland Cres. Stourb —8B 108
Portland Dri. Hinc —6E 84
Portland Dri. Nun —5B 78
Portland Dri. Stourb —8B 108
Portland M. Lea S —1M 215
Portland Pl. Bils —2H 65
Portland Pl. Cann —2C 14
Portland Pl. Rugby —7D 172
Portland Pl. E. Lea S —1M 215
Portland Pl. W. Lea S —1L 215
Portland Rd. Birm —6B 92
Portland Rd. Rugby —7D 172
Portland Rd. Wals —3H 41
Portland Row. Lea S —1L 215
Portland St. Birm —2A 94
Portland St. Lea S —1M 215
Portland St. Wals —6L 39
Port La. Coven —3H 21
Portleys La. Dray B —5J 45
Portman Rd. Birm —2M 135
Port Manteau M. H'ley H —3C 186
Portobello. —1L 51
Portobello Clo. W'hall —8K 37
Portobello Rd. W Brom —1F 66
Portree Av. Cov —7M 145
Portrush Av. Birm —8D 134
Portrush Rd. Pert —5D 34
Portsdown Clo. Wolv —2F 36
Portsdown Rd. Hale —8J 109
Portsea Clo. Cov —3D 166
Portsea St. Wals —3J 39
Port St. Wals —2K 53
Portswood Clo. Wolv —8M 21
Portway. —4C 90
(nr. Langley)
Portway. —3M 183
(nr. Redditch)
Portway Clo. Cov —1E 164
Portway Clo. K'wfrd —4L 87
Portway Clo. Lea S —3D 216
Portway Clo. Sol —8L 137
Portway Hill. Row R —3B 90
Portway La. W'bry —7E 52
Portway Pl. Cookl —4A 128
Portway Rd. Bils —2L 51
Portway Rd. O'bry —2E 90
Portway Rd. Row R —5B 90
Portway Rd. W'bry —6E 52
Portway, The. K'wfrd —4K 87
Portway Wlk. Row R —3C 90
Portwrinkle Av. Cov —3G 145
Posey Clo. Birm —6D 68
Postbridge Rd. Cov —4D 166
Postle Clo. Kils —7M 199
Post Office Rd. Seis —6A 48
Post Office Row. Asty —2L 101
Post Office Wlk. A'wd B —8E 208
Post Office Yd. Brin —5M 147
Poston Cft. Birm —5K 135
Potter Clo. Birm —1D 70
Potter Ct. Brie H —7D 88
(off Promenade, The)
Potters Clo. Brin —6L 147
Potter's Cross. —4A 106
Potter's Green. —8L 123
Potter's Grn. Rd. Cov —8L 123
Potters La. Aston —3L 93
Potters La. Pole —1M 47
Potter's La. W'bry —7E 52
Potters Rd. Bed —8E 102
Potterton Way. Smeth —1M 91
Potterton Works. Warw —1J 215
Pottery Rd. O'bry —8J 91
Pottery Rd. Smeth —2A 92
Potton Clo. Cov —3L 167
Potts Clo. Ken —5J 191
Pougher Clo. Sap —2L 83
Pouk Hill Clo. Wals —6G 39
Pouk La. Lich —1L 27
Poultney Rd. Cov —3A 144
Poultney St. W Brom —2F 66
Poulton Clo. Birm —7A 114
Pound Clo. Berk —6K 141
Pound Clo. Lapw —6H 187
Pound Clo. O'bry —6F 90
Pound Grn. Birm —3F 94
Pound Ho. La. H'ley H —5L 185
Pound La. Col —5A 98
(nr. Packington La.)
Pound La. Col —5K 75
(nr. Tamworth Rd.)
Pound La. Fran —6F 132
Pound La. Lea S —6A 212
Poundley Clo. Birm —1C 96
Pound Rd. Birm —8L 135
Pound Rd. O'bry —6F 90
(in two parts)
Pound Rd. W'bry —6G 53
Pountney St. Wolv —1C 50 (7H 7)
Poverty. A'wd B —7E 208
Powell Av. Birm —3G 111
Powell Pl. Bils —6L 51
Powell Pl. Tip —4C 66
Powell Rd. Cov —5G 145
Powell St. Birm —6H 93 (3B 4)
Powell St. Hale —6B 110
Powell St. Wolv & Hth T —5F 36
Powell Way. Nun —5J 79
Power Cres. Birm —7G 93
Powers Ct. Lea S —8M 211
Powers Rd. Barw —4F 84
Power Sta. Rd. Stour S —7G 175
Power Way. Tip —1D 66
Powick Pl. Birm —2J 93
Powick Rd. Birm —8D 70
Powis Av. Tip —3A 66
Powis Gro. Ken —4J 191
Powke Ind. Est. Row R —7A 90
Powke La. Crad H —6M 89
Powke La. Row R —7A 90
Powlers Clo. Stourb —7E 108
Powlett St. Wolv —8D 36 (6L 7)
Poxon Rd. Wals —5G 27
Poynings, The. Wolv —4J 35
Poyser Rd. Nun —1J 103
Pratts La. Map G —2M 209
Precinct, The. Cov —7C 144 (5B 6)
Precinct, The. Tam —4B 32
Precinct, The. Warw —8G 211
Precinct, The. W'hall —4B 38
Premier Bus. Pk. Prem B —8K 39
Premier Ct. Birm —6J 135
Premier Partnership Ind. Est. K'wfrd —6B 88
Premier St. Birm —1D 94
Premier Trad. Est. Birm —4M 93 (1J 5)
Premier Way. S Cold —7D 56
Prentice Clo. Long L —4H 171
Prescelly Clo. Nun —6B 78
Prescot Rd. Stourb —5C 108
Prescott St. Hock —5H 93 (1A 4)
Presidential Pk. S Cold —1F 56
Prestbury Clo. Redd —6A 206
Prestbury Rd. Birm —1L 93
Presthope Rd. Birm —2B 134
Preston Av. S Cold —6L 57
Preston Clo. Cov —2F 164
Preston Clo. Redd —3H 205
Preston Ho. Wals —8M 39
(off Paddock La.)
Preston Rd. Hinc —7B 84
Preston Rd. Hock —3E 92
Preston Rd. Yard —3K 115
Prestons Row. Bils —6G 51
Prestwick Clo. S Cold —1J 57
Prestwick Rd. Birm —5B 72
Prestwick Rd. K'wfrd —3J 87
Prestwood. —8F 86
Prestwood Av. Wolv —2K 37
Prestwood Dri. Stourb —1F 106
Prestwood Rd. Birm —1B 134
Prestwood Rd. Stourt —2E 106
Prestwood Rd. Wolv —4G 37
Prestwood Rd. W. Wolv —3G 37
Pretorian Way. Gleb F —2A 172
Pretoria Rd. Birm —6E 94
Priam Gro. Pels —3B 26
Price Av. M Oak —8K 31
Price Cres. Bils —2K 51
Price Rd. Lea S —5E 212
Price Rd. W'bry —6J 53
Prices Rd. Dud —6C 64
Price St. Bils —4M 51
Price St. Birm —5L 93 (2G 5)
Price St. Cann —8E 8
Price St. Dud —8L 65
Price St. Smeth —4B 92
Price St. W Brom —6J 67
Pridmore Rd. Cov —2D 144
(in two parts)
Priestfield. —3H 51
Priestfield Clo. Birm —7J 55
Priestfield Rd. Redd —4E 208
Priestfield St. Bils —3H 51
Priesthills Rd. Hinc —1K 81
Priestland Rd. Birm —2B 96
Priestley Clo. Birm —8G 69
Priestley Clo. Hale —3H 109
Priestley Point. Birm —1B 94
Priestley Rd. Birm —2A 114
Priestley Rd. Wals —4G 39
Priest Mdw. Clo. A'wd B —8D 208
Priest St. Crad H —8M 89
Primley Av. Birm —2K 95
Primley Av. H'ley —4F 46
Primley Av. Wals —8H 39
Primley Clo. Wals —7H 39
Primrose Av. S'hll —3C 114
Primrose Av. Tip —1C 66
Primrose Av. Wolv —6D 22
Primrose Bank. O'bry —5H 91
Primrose Clo. Crad H —1H 109
Primrose Clo. L End —3C 180
Primrose Clo. Rugby —1E 172
Primrose Clo. Wals —4A 26
Primrose Cres. Dud —5J 65
Primrose Cft. Birm —4F 136
Primrose Dri. Hinc —4L 81
Primrose Gdns. Birm —1F 156
Primrose Gdns. Cod —6G 21
Primrose Gdns. F'stne —2H 23
Primrose Hill. —5K 89
Primrose Hill. Birm —8F 134
(in two parts)
Primrose Hill. Smeth —5K 91
Primrose Hill. Stourb —7L 87
Primrose Hill. Warw —8C 210
Primrose Hill St. Cov —5D 144 (2E 6)
Primrose Hill Trad. Est. Dud —5K 89
Primrose La. Birm —4F 136
Primrose La. Shir —4G 159
Primrose La. Wolv —1F 36
Primrose Mdw. Cann —7J 9
Primrose Pk. Brie H —2C 88
Primrose Rd. Dud —5J 89
Primrose Woods. Birm —7H 111
Primsland Clo. Shir —2C 160
Prince Albert St. Birm —8D 94
(in two parts)
Prince Andrew Cres. Redn —7E 132
Prince Charles Clo. Redn —7E 132
Prince Charles Rd. Bils —6M 51
Prince Edward Dri. Redn —7E 132
Prince George Rd. W'bry —4G 53
Prince of Wales Ct. Dud —7G 65
Prince of Wales La. Birm —7C 136
Prince of Wales Rd. Cov —6L 143
Prince of Wales Way. Smeth —4C 92
Princep Clo. Birm —5K 55
Prince Philip Clo. Redn —7E 132
Prince Regent Ct. Lea S —3M 215
Prince Rd. Birm —6G 135
Prince Rupert M. Lich —1G 19
Prince Rupert Rd. Stour S —7E 174
Prince Rupert's Way. Lich —1G 19
Princes Av. Nun —6H 79
Princes Av. Wals —1A 54
Princes Clo. Cov —1H 167
Princes Dri. Cod —6G 21
Princes Dri. Ken —2H 191
Prince's Dri. Lea S —1K 215
Princes End. —1L 65
Princes End Ind. Est. Tip —8L 51
Princes Gdns. Cod —6F 20
Princes Ga. Sol —5B 138
Princes Rd. Hurl —4J 61
Princes Rd. Stourb —7K 107
Princes Rd. Tiv —7A 66
Princess Alice Dri. S Cold —7D 56
Princess All. Wolv —7D 36 (4K 7)
Princess Anne Dri. Redn —7E 132
Princess Anne Rd. Bils —6M 51
Princess Anne Rd. Wals —6F 38
Princess Clo. Burn —2E 16
Princess Ct. Wolv —3G 37
Princess Cres. Hale —3L 109
Princess Diana Way. Redn —7E 132
Princess Gro. W Brom —1K 67
Princess Pde. W Brom —6K 67
Princess Sq. Wolv —7D 36 (3K 7)
Princess Rd. Birm —3L 113
Princess Rd. Hinc —1L 81
Princess Rd. O'bry —7K 91
Princess Sq. Bils —6M 51
Princess St. Burn —1E 16
Princess St. Cann —4E 8
Princess St. Cov —2F 144
Princess St. Wolv —7D 36 (4K 7)
Prince's St. Lea S —8B 212
Princes St. Nun —6H 79
Princes St. Rugby —5A 172
Princess Way. Darl —1C 52
Princess Way. Stour S —8E 174
Prince St. Cann —3E 8
Prince St. Crad H —1K 109
Prince St. Dud —3J 89
Prince St. Wals —1J 53
Prince St. Wals W —7F 26
Prince's Way. Sol —5B 138
Princethorpe. —7E 194
Princethorpe Clo. Birm —2D 96
Princethorpe Clo. Shir —7G 137
Prince Thorpe Ct. Bin —2L 167
Princethorpe Rd. Birm —8A 112
Princethorpe Way. Bin —2K 167
Princeton Gdns. Wolv —7M 21
Prince William Clo. Birm —7D 70
Prince William Clo. Cov —3L 143
Princip St. Birm —5L 93 (2G 5)
Printing Ho. St. Birm —6L 93 (3G 5)
Prior Av. S Prior —6J 201
Prior Clo. Kidd —4C 150
Prior Deram Wlk. Cov —1H 165
Priors Clo. Bal C —3H 163
Priorsfield Rd. Cov —5A 144
Priorsfield Rd. Ken —2D 190
Priorsfield Rd. N. Cov —5A 144
Priorsfield Rd. S. Cov —5A 144
Priors Harnall. Cov —5E 144 (1F 6)
Priors Mill. Dud —4E 64
Priors Oak. Redd —5B 204
Priors, The. Bed —7J 103
Priors Way. Birm —1D 70
Priory Av. Hand —8E 68
Priory Av. S Oak —7H 113
Priory Clo. Col —4A 98
Priory Clo. Dud —7H 65
Priory Clo. Lapw —4K 187
Priory Clo. Smeth —5C 92
Priory Clo. Stourb —6B 108
Priory Clo. Tam —2M 31
Priory Clo. W Brom —7M 67
Priory Ct. Dud —8J 65
Priory Ct. Nun —5G 79
Priory Ct. Shir —2B 160
Priory Ct. Stourb —6B 108
Priory Ct. Wals W —5G 27
Priory Cft. Ken —5F 190
Priory Dri. O'bry —4J 91
Priory Fld. Clo. Bils —8F 50
Priory Fields Nature Reserve. —6D 136
Priory Ga. Way. Birm —7E 94
Priory Ho. Ind. Est. Birm —4G 93 (1A 4)
Priory La. Dud —2D 64
Priory M. Warw —2E 214
Priory New Way Ind. Est. Birm —4M 93
Priory Queensway, The. Birm —6L 93 (4G 5)
Priory Rd. Aston —1B 94
Priory Rd. Cann —5K 9
Priory Rd. D'frd —4G 179
Priory Rd. Dud —5J 65
Priory Rd. Edg —3H 113
Priory Rd. Hale —5E 110
Priory Rd. Hall G —4D 136
Priory Rd. Ken —4F 190
Priory Rd. K Hth —2J 135
Priory Rd. Stourb —6B 108
Priory Rd. Warw —2E 214
Priory Rd. Wols —5H 169
Priory Row. Cov —6D 144 (4D 6)
Priory Sq. Stud —4L 209
Priory Sq. Shop. Cen. Birm —4H 5
Priory St. Cov —6D 144 (5D 6)
Priory St. Dud —8J 65
Priory St. Lea S —3M 215
Priory St. Nun —6C 78
Priory Ter. Lea S —2M 215
Priory, The. Dud —1D 64
Priory, The. Stour S —4G 175
Priory Wlk. Birm —6L 93 (4H 5)
Priory Wlk. Hinc —8E 84
Priory Wlk. S Cold —2J 71
Priory Wlk. Warw —2F 214
Pritchard Av. Wolv —3L 37
Pritchard Clo. Smeth —4B 92
Pritchard Ct. Bew —6B 148
Pritchard St. Brie H —6B 88
Pritchard St. W'bry —6G 53
Pritchatts Rd. Birm —4E 112
Pritchett Av. Wolv —6F 50
Pritchett Rd. Birm —2B 156
Pritchett St. Birm —4L 93 (1J 5)
Private Rd. Warw —1B 214
Private Way. Redn —5J 155
Privet Clo. Gt Barr —6L 55
Privet Rd. Cov —7H 123
Probert Rd. Wolv —1A 36
Proctors Barn La. Redd —5H 205
Proctor St. Birm —4A 94 (1L 5)
Proffitt Av. Cov —8G 123
Proffitt Clo. Bwnhls —4G 27
Proffitt Clo. Wals —5L 39
Proffitt St. Wals —5L 39
Progress Clo. Bin —2A 168
Progress Dri. Cann —2E 14
Progress Ind. Cen. Cann —3E 14
Progress Way. Bin I —1A 168
Prole St. Wolv —5E 36
Promenade, The. Brie H —7D 88
Prophet's Clo. Redd —6D 204
Prospect Dri. Brit E —1M 19
Prospect Gdns. Stourb —5A 108
Prospect Hill. Kidd —3L 149
Prospect Hill. Redd —5E 204
Prospect Hill. Stourb —5A 108
Prospect La. Kidd —3L 149
Prospect La. Sol —4K 137
Prospect Mnr. Ct. Cann —6J 9
Prospect Pk. Cann —2D 14
Prospect Pl. Birm —4M 113
Prospect Rd. Birm —8M 113
Prospect Rd. Burn —3H 17
Prospect Rd. Dud —7B 64
Prospect Rd. Hale —4C 110
Prospect Rd. Lea S —4B 216
Prospect Rd. Stour S —5G 175
Prospect Rd. N. Redd —5G 205
Prospect Rd. S. Redd —5G 205
Prospect Row. Dud —2K 89
Prospect Row. Stourb —6A 108
Prospect St. Bils —3L 51
Prospect St. Tam —4A 32
Prospect St. Tip —8C 52
Prospect Ter. Kidd —3L 149
Prospect Trad. Est. Birm —4C 4
Prospect Village. —5C 10
Prospect Way. Earl S —1L 85
Prospect Way. Rugby —4C 172
Prosper Mdw. K'wfrd —2L 87
Prospero Clo. Redn —7G 133
Prospero Dri. H'cte —6L 215
Prosser St. Bils —4K 51
Prosser St. Wolv —4E 36
Prossers Wlk. Col —2M 97
Proud Cross Ringway. Kidd —3J 149
Prouds La. Bils —1K 51
Provence Clo. Wolv —5F 36
Providence Clo. Wals —2J 39
(in two parts)
Providence Dri. Stourb —3F 108
Providence La. Wals —2J 39
Providence Rd. B'gve —6M 179
Providence Row. Bils —1H 65
Providence St. Cov —1M 165
Providence St. Crad H —8K 89
Providence St. Stourb —3E 108
Providence St. Tip —4C 66
Pruden Av. Wolv —6F 50
Pryor Rd. O'bry —6J 91
Ptarmigan Pl. Attl F —6M 79
Puckerings La. Warw —3E 214
Pudding Bag La. T'ton —7F 196
Pudsey Dri. S Cold —6J 43
Pugh Cres. Wals —7E 38
Pughe's Clo. Burb —3A 82
Pugh Rd. Bils —7F 50
Pugh Rd. Birm —2A 94
Pugh Rd. Woodc —6L 51
Pugin Clo. Wolv —6D 34
Pugin Gdns. Birm —1D 70
Pullman Clo. Stour S —5G 175
Pullman Clo. Tam —7G 33
Puma Way. Cov —8D 144 (7D 6)
Pumphouse La. B Grn & B'wll —1F 180
Pumphouse La. Redd —8H 203
Pump La. Fill —7B 100
Pump St. Kidd —5L 149
Pump St. Wolv —2G 51
Puppy Grn. Tip —4A 66
Purbeck Clo. Hale —8K 109
Purbeck Cft. Birm —4M 111
Purbrook. Tam —1E 46
Purbrook Rd. Wolv —1G 51
Purcell Av. Lich —7H 13
Purcell Av. Nun —2A 104
Purcell Clo. Lea S —1A 216
Purcell Ho. Kidd —3F 148
Purcell Rd. Cov —1H 145
Purcell Rd. Wolv —1D 36
Purdy Rd. Bils —7L 51
Purefoy Rd. Birm —4C 136
Purefoy Rd. Cov —1D 166
Purley Gro. Birm —4A 70
Purlieu La. Ken —4D 190
Purnells Way. Know —4G 161
Purser Dri. Warw —5B 214
Purshall Clo. Redd —6C 204
Purshull Green. —5A 178
Purshull Grn. La. Elmb —7L 177
Purslet Rd. Wolv —8G 37
Purslow Gro. Birm —7A 134
Purton M. Lea S —3C 216
Putney Av. Birm —8J 69
Putney La. Rom —7A 132
Putney Rd. Birm —8H 69
Putney Wlk. Birm —6H 97
Puxton Dri. Kidd —8K 127
Puxton La. Kidd —2J 149
Pye Grn. Rd. Cann —7D 8
Pyeharps Rd. Burb —4L 81
Pye Hill. Hartl —7D 176
Pype Hayes Rd. Birm —6K 71
Pytchley Ho. Birm —6F 68
Pytchley Rd. Rugby —8C 172
Pytman Dri. S Cold —2A 72
Pyt Pk. Cov —5J 143

Quadrangle, The. Birm —3F 134
Quadrangle, The. Shir —1L 159

Red Hall Rd.—Robins Rd.

Red Hall Rd. Barw —2J 85
Redhall Rd. Birm —2L 111
Redhall Rd. Dud —7C 64
Red Hill. —8G 101
Red Hill. Bew —7B 148
Redhill. Dud —1K 89
Red Hill. Redd —7F 204
Red Hill. Stourb —5B 108
Redhill Av. Wom —3G 63
Red Hill Clo. Stourb —5B 108
Redhill Clo. Tam —2A 32
Red Hill Gro. Birm —2F 156
Red Hill Gro. Stud —3L 209
Redhill La. Chad & Redn —4C 154
Redhill Pl. Hunn —2A 132
Redhill Rd. Cann —5E 8
Redhill Rd. N'fld & K Nor —1B 156
Redhill Rd. Yard —3G 115
Red Hill St. Wolv —6C 36 (1J 7)
Redhill Ter. Yard —3H 115
Redholme Ct. Stourb —5A 108
Red Ho. Av. W'bry —6H 53
Redhouse Clo. Ben H —4E 160
Redhouse Glassworks Mus. —8L 87
Redhouse Ind. Est. A'rdge —3D 40
Redhouse La. Wals —4E 40
Red Ho. Pk. Rd. Birm —7E 54
Redhouse Rd. Birm —6L 95
Redhouse Rd. Wolv —4G 35
Redhouse St. Wals —2L 53
Redhurst Dri. Wolv —6B 22
Redlake. Tam —1F 46
Redlake Dri. Stourb —8B 108
Redlake Rd. Stourb —8B 108
Redland Clo. Ald I —7L 123
Redland Clo. Marl —8C 154
Redland La. Ryton D —7A 168
Redland Rd. Lea S —4B 216
Redlands Clo. Sol —4D 138
Redlands Rd. Sol —4C 138
Redlands Way. S Cold —8A 42
Red La. Asty —2L 101
Red La. Burt G —5B 164
Red La. Cov —4E 144
Red La. Dud —1B 64
Red La. Ind. Est. Cov —3F 144
Red Leasowes Rd. Hale —6M 109
Redliff Av. Birm —8D 72
Red Lion Av. Cann —5A 16
Red Lion Clo. Tiv —1A 90
Red Lion Cres. Cann —5A 16
Red Lion La. Cann —5A 16
Red Lion St. A'chu —3B 182
Red Lion St. Redd —5E 204
Red Lion St. Wals —6L 39
Red Lion St. Wolv —7C 36 (3H 7)
Redlock Fld. Lich —4G 19
Red Lodge Dri. Rugby —1L 197
Redmead Clo. Birm —5C 134
Redmoor Gdns. Wolv —4A 50
Redmoor Rd. Ruge —6F 10
Redmoor Way. Min —3C 72
Rednal. —3J 155
Rednal Hill La. Redn —3F 154
Rednall Dri. S Cold —6J 43
Rednal Mill Dri. Redn —2K 155
Rednal Rd. Birm —1C 156
Redoak Ho. Wolv —6F 36
Redpine Crest. W'hall —5D 38
Red River Rd. Wals —4G 39
Red Rock Dri. Cod —7F 20
Redruth Clo. Cov —1G 145
Redruth Clo. K'wfrd —1K 87
Redruth Clo. Nun —5A 80
Redruth Clo. Wals —2D 54
Redruth Rd. Wals —2D 54
Red Sands Rd. Kidd —1L 149
Redstart Av. Kidd —7B 150
Redstone Clo. Redd —3J 205
Redstone Dri. Wolv —4M 37
Redstone Farm Rd. Birm —3H 137
Redstone La. Stour S —8E 174
Redstone Nature Reserve. —8G 175
Redthorn Gro. Birm —6K 95
Redvers Rd. Birm —8E 94
Redway Ct. S Cold —5L 57
Redwell Clo. Tam —4D 32
Redwing. Wiln —3G 47
Redwing Clo. Hamm —4K 17
Redwing Ct. Kidd —8A 150
Redwing Dri. Cann —2C 8
Redwing Gro. Erd —2B 70
Red Wing Wlk. Birm —1G 97
Redwood Av. Dud —4F 64
Redwood Clo. Birm —5E 134
Redwood Clo. S Cold —7M 41
Redwood Cft. Birm —2L 135
Redwood Cft. Nun —7G 79
Redwood Dri. Burn —1F 16
Redwood Dri. Cann —6G 9
Redwood Dri. K'bry —2D 60
Redwood Dri. Tiv —7B 66
Redwood Gdns. Birm —4H 115
Redwood Ho. Birm —4G 97
Redwood Rd. Bils —7K 51
Redwood Rd. Birm —5E 134
Redwood Rd. Kinv —6B 106
Redwood Rd. Wals —5B 54
Redwood Way. W'hall —1B 38
Redworth Ho. Redn —1F 154 (off Declands Rd.)
Reedham Gdns. Wolv —4K 49
Reedly Rd. W'hall —8C 24
Reedmace. Tam —7C 32
Reedmace Clo. Birm —1F 156
Reeds Pk. Ufton —8M 217
Reed Sq. Birm —5B 72
Reedswood Clo. Wals —6J 39
Reedswood Gdns. Wals —6J 39
Reedswood La. Wals —6J 39
Reedswood Way. Wals —5G 39
Rees Dri. Cov —5C 166
Rees Dri. Wom —2H 63
Reeve Ct. Kidd —8A 150
Reeve Dri. Ken —5G 191
Reeves Gdns. Cod —5G 21
Reeves Green. —1B 164
Reeves Rd. Birm —3J 135
Reeves Rd. Hinc —3M 81
Reeves St. Wals —1H 39
Reflex Ind. Pk. W'hall —6M 37
Reform St. W Brom —6K 67
Regal Cft. Birm —1H 95
Regal Dri. Wals —1J 53
Regan Av. Shir —8G 137
Regan Ct. S Cold —4C 58
Regan Cres. Birm —3E 70
Regency Arc. Lea S —1M 215
Regency Clo. Birm —8D 94
Regency Clo. Nun —3K 79
Regency Ct. Cov —1M 165
Regency Ct. Hinc —2A 82
Regency Ct. Wolv —6C 36 (2H 7)
Regency Dri. Birm —7F 134
Regency Dri. Cov —4M 165
Regency Dri. Ken —6F 190
Regency Gdns. Birm —6C 136
Regency M. Lea S —1A 216
Regency Wlk. S Cold —4D 42
Regent Av. Tiv —8A 66
Regent Clo. Birm —3K 113
Regent Clo. Hale —5A 110
Regent Clo. K'wfrd —3K 87
Regent Clo. Tiv —1A 90
Regent Ct. Hinc —1K 81
Regent Ct. Smeth —4A 92
Regent Dri. Tiv —8A 66
Regent Gro. Lea S —1M 215
Regent Ho. Wals —6K 39 (off Green La.)
Regent M. B'gve —1L 201
Regent Pde. Birm —5J 93 (2C 4)
Regent Pde. Hinc —1K 81 (off Regent St.)
Regent Pk. Rd. Birm —8C 94
Regent Pl. Birm —5J 93 (2C 4)
Regent Pl. Lea S —2A 216
Regent Pl. Rugby —5A 172
Regent Pl. Tiv —7B 66
Regent Rd. Hand —1D 92
Regent Rd. Harb —3D 112
Regent Rd. Tiv —1A 90
Regent Rd. Wolv —4L 49
Regent Row. Birm —5J 93 (2C 4)
Regents Pk. Rd. B'gve —7B 180
Regents, The. Edg —1D 112
Regent St. Barw —2H 85
Regent St. Bed —5J 103
Regent St. Bils —3K 51
Regent St. Birm —5J 93 (2C 4)
Regent St. Cov —8B 144 (7A 6)
Regent St. Crad H —7M 89
Regent St. Dud —3J 65
Regent St. Hinc —1K 81
Regent St. Lea S —1M 215
Regent St. Nun —4J 79
Regent St. Rugby —6A 172
Regent St. Smeth —3A 92
Regent St. Stir —2G 135
Regent St. Tip —1L 65
Regent St. W'hall —6A 38
Regent Wlk. Birm —2H 95
Reg Haddon Ct. Nun —3K 79
Regimental Mus. of the Queen's Own Hussars. —3E 214
Regina Av. Birm —1L 69
Regina Clo. Redn —7E 132
Regina Cres. Cov —2A 146
Regina Cres. Wolv —5H 35
Regina Dri. Birm —6J 69
Regina Dri. Wals —5A 40
Reginald Rd. Birm —5D 94
Reginald Rd. Smeth —7M 91
Regis Beeches. Wolv —4J 35
Regis Gdns. Row R —7C 90
Regis Heath Rd. Row R —7D 90
Regis Ho. O'bry —7J 91
Regis Rd. Row R —8C 90
Regis Rd. Wolv —4H 35
Regis Wlk. Cov —2M 145
Regnier Pl. H'cte —7M 215
Reid Av. W'hall —3D 38
Reid Rd. O'bry —8J 91
Reigate Av. Birm —5H 95
Reindeer Rd. Faz —8L 31
Relay Dri. Wiln —2J 47
Reliance Trad. Est. Bils —4H 51
Relko Dri. Birm —2J 95
Rembrandt Clo. Cann —7K 9
Rembrandt Clo. Cov —6J 143
Remburn Gdns. Warw —1F 214
Remembrance Rd. Cov —3K 167
Remembrance Rd. W'bry —6J 53
Remington Dri. Cann —1F 14
Remington Pl. Wals —4J 39
Remington Rd. Wals —3H 39
Rene Rd. Tam —4E 32
Renfrew Clo. Stourb —6J 87
Renfrew Gdns. Kidd —4J 149
Renfrew Sq. Birm —5B 72
Renfrew Wlk. Cov —1G 165
Renison Rd. Bed —8E 102
Rennie Gro. Birm —4K 111
Rennison Dri. Wom —3G 63
Renolds Clo. Cov —7J 143
Renown Av. Cov —8K 143
Renown Clo. Brie H —1B 88
Renton Gro. Wolv —8A 22
Renton Rd. Wolv —8A 22
Repington Rd. N. Tam —4G 33
Repington Rd. S. Tam —4G 33
Repington Way. S Cold —3B 58
Repton Av. Wolv —6E 34
Repton Clo. Cann —1B 14
Repton Dri. Cov —7H 123
Repton Gro. Birm —6H 95
Repton Ho. Birm —3F 70
Repton Rd. Birm —6H 95
Reservoir Clo. Wals —1H 53
Reservoir Dri. Col —7F 74
Reservoir Pas. W'bry —6F 52
Reservoir Pl. Wals —1H 53
Reservoir Retreat. Birm —8F 92
Reservoir Rd. Cann —5K 9
Reservoir Rd. Edg —7F 92
Reservoir Rd. Erd —5D 70
Reservoir Rd. Kidd —6J 149
Reservoir Rd. O'bry —5J 91
Reservoir Rd. Redn —6J 155
Reservoir Rd. Row R —6C 90
Reservoir Rd. Rugby —3C 172
Reservoir Rd. S Oak —6B 112
Reservoir Rd. Sol —1M 137
Reservoir St. Wals —1H 53
Resolution Way. Stour S —7H 175
Retallack Clo. Smeth —1B 92
Retford Dri. S Cold —5L 57
Retford Gro. Birm —3J 115
Retreat Gdns. Dud —2E 64
Retreat St. A'wd B —8E 208
Retreat St. Wolv —1B 50 (7G 7)
Retreat, The. Crad H —2L 109
Revesby Wlk. Birm —5A 94 (2M 5)
Revival St. Wals —8H 25
Rex Clo. Cov —1D 164
Reyde Clo. Redd —7M 203
Reynards Clo. Dud —2G 65
Reynards Clo. Redd —6M 203
Reynolds Clo. Hinc —6A 84
Reynolds Clo. Lich —7H 13
Reynolds Clo. Rugby —1H 199
Reynolds Clo. Swind —7E 62
Reynolds Ct. O'bry —2H 111
Reynolds Gro. Wolv —4F 34
Reynolds Rd. Bed —5G 103
Reynolds Rd. Birm —2E 92
Reynoldstown Rd. Birm —1J 95
Reynolds Wlk. Wolv —1B 38
Rhayader Rd. Birm —4L 133
Rhodes Clo. Dud —5A 64
Rhone Clo. Birm —6C 114
Rhoose Cft. Birm —7B 72
Rhuddlan Way. Kidd —8L 149
Rhyl Rd. Bram —3F 104
Rhys Thomas Clo. W'hall —5D 38
Ribbesford. —1B 174
Ribbesford Av. Wolv —1B 36
Ribbesford Clo. Hale —4K 109
Ribbesford Cres. Bils —8K 51
Ribbesford Dri. Stour S —5E 174
Ribbesford Rd. Stour S —6C 174
Ribble Clo. Bulk —7B 104
Ribble Rd. Cov —7F 144
Ribblesdale. Wiln —2H 47
Ribblesdale Av. Hinc —6E 84
Ribblesdale Rd. Birm —2G 135
Ribble Wlk. Birm —1F 96
Ribbonbrook. Nun —6K 79
Ribbonfields. Nun —6K 79
Richard Cooper Rd. Lich —4F 28
Richard Joy Clo. Cov —7C 122
Richard Lighton Ho. Birm —4C 4
Richard Pl. Wals —1C 54
Richard Rd. Wals —1C 54
Richards Clo. Birm —3M 155
Richards Clo. Ken —4F 190
Richards Clo. Row R —5E 90
Richards Ct. Cann —3M 15
Richards Gro. Lea S —4A 216
Richards Ho. O'bry —5E 90
Richards Ho. Wals —6K 39 (off Burrowes St.)
Richardson Clo. Warw —8F 210
Richardson Dri. Stourb —1L 107
Richardson Way. Cross P —1B 146
Richards Rd. Tip —8M 51
Richards St. W'bry —1D 52
Richard St. Birm —4M 93 (1K 5)
Richard St. W Brom —6H 67
Richard St. S. W Brom —7J 67
Richard St. W. W Brom —7H 67
Richard Williams Rd. W'bry —7H 53
Richborough Dri. Dud —6E 64
Rich Clo. Warw —2G 215
Riches St. Wolv —6M 35
Richford Gro. Birm —7D 96
Richmere Ct. Wolv —6H 35
Richmond Ashton Dri. Tip —4A 66
Richmond Av. Birm —4M 113
Richmond Av. Wolv —8M 35
Richmond Clo. Birm —6G 69
Richmond Clo. Cann —4G 9
Richmond Clo. H'wd —2B 158
Richmond Clo. Tam —4A 32
Richmond Ct. Hale —6L 109
Richmond Ct. O'bry —4J 91
Richmond Ct. Stourb —8B 108 (off Redlake Rd.)
Richmond Ct. S Cold —2H 71
Richmond Cft. Birm —3F 68
Richmond Dri. Lich —2K 19
Richmond Dri. Pert —5F 34
Richmond Dri. Wolv —8L 35
Richmond Gdns. Amb —2M 107
Richmond Gdns. Wom —4G 63
Richmond Gro. Stourb —1L 107
Richmond Hill. O'bry —4J 91
Richmond Hill Gdns. Birm —2E 112
Richmond Hill Rd. Birm —3E 112
Richmond Ho. Birm —8J 97
Richmond Pk. K'wfrd —1J 87
Richmond Pl. Birm —1M 135
Richmond Rd. Bew —1B 148
Richmond Rd. Dud —1J 89
Richmond Rd. Hinc —6C 84
Richmond Rd. Hock —3H 93
Richmond Rd. Nun —6G 79
Richmond Rd. Redn —2E 154
Richmond Rd. Rugby —7C 172
Richmond Rd. Sed —2E 64
Richmond Rd. Smeth —7A 92
Richmond Rd. Sol —8L 115
Richmond Rd. Stech —7K 95
Richmond Rd. S Cold —3H 57
Richmond Rd. Wolv —7L 35
Richmond St. Cov —6G 145
Richmond St. Hale —5A 110
Richmond St. Wals —8M 39
Richmond St. W Brom —3F 66
Richmond St. S. W Brom —4E 66
Richmond Way. Birm —6J 97
Rickard Clo. Know —4E 160
Rickman Dri. Birm —1K 113 (8F 4)
Rickyard Clo. Pole —8M 33
Rickyard Clo. S Oak —3A 134
Rickyard Clo. Yard —8K 95
Rickyard La. Redd —4K 205
Rickyard Piece. Birm —5L 111
Riddfield Rd. Birm —1L 95
Ridding La. W'bry —7F 52
Riddings Clo. Bew —4C 148
Riddings Cres. Wals —5M 25
Riddings Gdns. Pole —1M 47
Riddings, The. Amin —4E 32
Riddings, The. Birm —5L 95
Riddings, The. Cov —2K 165
Riddings, The. Stourb —7D 108
Riddings, The. S Cold —1B 72
Riddings, The. Wolv —2G 37
Riddon Dri. Hinc —1H 81
Rideswell Gro. W'nsh —8A 216
Ridgacre. —3K 111
Ridgacre Enterprise Pk. W Brom —3H 67
Ridgacre La. Birm —3H 111
Ridgacre Rd. Birm —3H 111
Ridgacre Rd. W Brom —3H 67
Ridgacre Rd. W. Birm —3G 111
Ridge Clo. Birm —3C 136
Ridge Clo. Wals —6D 38
Ridge Ct. Cov —3G 143
Ridgefield Rd. Hale —1C 110
Ridge Gro. Stourb —4C 108
Ridge Hill. Stourb —6M 87
Ridge La. Oldb —1J 77
Ridge La. Wolv —2K 37
Ridgeley Clo. Warw —7E 210
Ridgemount Dri. Birm —2D 156
Ridge Rd. K'wfrd —4H 87
Ridge St. Stourb —3J 107
Ridgethorpe. Cov —4L 167
Ridgewater Clo. Redn —3H 155
Ridgeway. A'rdge —5H 41
Ridgeway. Edg —7B 92
Ridgeway Av. Cov —3C 166
Ridgeway Av. Hale —3G 111
Ridgeway Clo. Stud —7L 209
Ridgeway Dri. Wolv —6M 49
Ridgeway Rd. Stourb —7M 87
Ridgeway Rd. Tip —1A 66
Ridgeway, The. Burn —4G 17
Ridgeway, The. Dud —3D 64
Ridgeway, The. Erd —3A 70
Ridgeway, The. Hinc —3K 81
Ridgeway, The. Kils —8L 199
Ridgeway, The. Stour S —4F 174
Ridgeway, The. Warw —8G 211
Ridgewood. Birm —3B 96
Ridgewood Av. Stourb —2J 107
Ridgewood Clo. Lea S —8J 211
Ridgewood Clo. Wals —1M 53
Ridgewood Dri. S Cold —8H 43
Ridgewood Gdns. Birm —2L 69
Ridgewood Ri. Tam —4G 33
Ridgley Rd. Cov —8E 142
Ridgmont Cft. Birm —4L 111
Riding Clo. W Brom —1M 67
Ridings Brook Dri. Cann —7G 9
Ridings La. Redd —2H 205
Ridings Pk. Cann —6G 9
Riding Way. W'hall —3D 38
Ridley La. Col —4G 75
Ridley St. Birm —8J 93 (8D 4)
Ridpool Rd. Birm —6B 96
Rifle Range Rd. Kidd —6H 149
Rifle St. Bils —1G 65
Rigby Clo. H'cte I —5K 215
Rigby Dri. Cann —5E 8
Rigby La. B'gve —1B 202
Rigby St. W'bry —8F 52
Rigdale Clo. Cov —7L 145
Righton Ho. Tam —8D 32
Riland Av. S Cold —4K 57
Riland Ct. S Cold —2J 71
Riland Gro. S Cold —4J 57
Riland Ind. Est. S Cold —4K 57
Riland Rd. S Cold —4K 57
Riley. Tam —6E 32
Riley Clo. Ken —5J 191
Riley Cres. Wolv —3M 49
Riley Dri. Birm —8G 73
Riley Rd. Birm —6D 136
Riley Sq. Cov —8H 123
Riley St. W'hall —7B 38
Rills, The. Hinc —7E 84
Rilstone Rd. Birm —4M 111
Rindleford Av. Wolv —3J 49
Ringhills Rd. Cod —7H 21
Ringinglow Rd. Birm —7J 55
Ringmere Av. Birm —1B 96
Ring Rd. Burn —2D 16
Ring Rd. St Andrews. Wolv —7B 36 (4G 7)
Ring Rd. St Davids. Wolv —7D 36 (4L 7)
Ring Rd. St Georges. Wolv —8D 36 (6K 7)
Ring Rd. St Johns. Wolv —8C 36 (6H 7)
Ring Rd. St Marks. Wolv —8B 36 (5G 7)
Ring Rd. St Patricks. Wolv —6D 36 (2K 7)
Ring Rd. St Peters. Wolv —7C 36 (3H 7)
Ringswood Rd. Sol —5L 115
Ring, The. Birm —1J 115
Ringway. Cann —8E 8
Ringway Hillcross. Cov —6B 144 (4A 6)
Ringway Ind. Est. Lich —6J 13
Ringway Queens. Cov —7B 144 (6A 6)
Ringway Rudge. Cov —7B 144 (5A 6)
Ringway St Johns. Cov —7D 144 (6D 6)
Ringway St Nicholas. Cov —6C 144 (3B 6)
Ringway St Patrick's. Cov —8C 144 (7B 6)
Ringway Swanswell. Cov —6D 144 (2D 6)
Ringway, The. Kidd —3L 149
Ringway Whitefriars. Cov —7D 144 (4E 6)
Ringwood Av. Wals —4H 41
Ringwood Dri. Redn —8G 133
Ringwood Highway. Cov —7L 123
Ringwood Rd. Wolv —8D 22
Rinill Gro. Lea S —3D 216
Ripley Clo. Tiv —1M 89
Ripley Gro. Birm —4B 70
Ripon Clo. Alle —1G 143
Ripon Dri. W Brom —8K 53
Ripon Rd. Birm —5C 136
Ripon Rd. Wals —7H 39
Ripon Rd. Wolv —2C 36
Rippingille Rd. Birm —5J 55
Ripple Rd. Birm —2H 135
Risborough Clo. Cov —6J 143
Risborough Ho. Birm —1M 155
Rischale Way. Wals —1D 40
Risdale Clo. Lea S —7K 211
Rise Av. Redn —2G 155
Riseley Cres. Birm —2K 113
Rise, The. A'chu —5B 156
Rise, The. Gt Barr —1G 69
Rise, The. K'wfrd —4L 87
Rise, The. Mars G —2G 117
Rising Brook. Wolv —5H 35
Rising La. Lapw & Know —4L 187
Rising Rd. Lapw —5H 187
Rissington Av. Birm —1G 135
Ritchie Clo. Birm —8A 114
Rivendell Gdns. Wolv —4H 35
Riverbank Rd. W'hall —7D 38
River Brook Dri. Birm —1H 135
River Clo. Bed —8F 102
River Clo. Lea S —1K 215
River Ct. Cov —6B 144
Riverdrive. Tam —6A 32
Riverfield Gro. Tam —4D 32
Riverford Cft. Cov —5K 165
River Lee Rd. Birm —4E 114
Rivermead. Nun —5G 79
Rivermead Pk. Birm —4A 96
Riversdale. Lea S —1L 215
Riversdale Rd. Birm —6D 136
Riverside. —4F 204
Riverside. Stud —5L 209
Riverside Cvn. Pk. Bew —5A 148
Riverside Clo. Cov —2F 166
Riverside Clo. L End —3C 180
Riverside Ct. Birm —6D 134
Riverside Ct. Col —2A 98 (off Prossers Wlk.)
Riverside Cres. Birm —5D 136
Riverside Dri. Sol —7F 138
Riverside Ind. Est. Faz —8B 32
Riverside N. Bew —5B 148
Riverside Wlk. Warw —3F 214
Riversleigh Dri. Stourb —1L 107
Riversleigh Rd. Lea S —8J 211
Riversley Rd. Nun —6J 79
River St. Birm —7A 94 (6L 5)
River Wlk. Cov —7J 123
Riverway. W'bry —7H 53
Riverway Dri. Bew —5B 148
Rivington Clo. Stourb —5L 107
Rivington Cres. Birm —8C 56
Roach. Dost —3D 46
Roach Clo. Birm —6J 97
Roach Clo. Brie H —4D 88
Roach Cres. Wolv —1M 37
Roach Pool Cft. Birm —7C 92
Road No. 1. Kidd —7L 149 (DY10)
Road No. 1. Kidd —2J 175 (DY11)
Road No. 3. Kidd —7L 149
Road No. 2. Kidd —7L 149 (DY10)
Road No. 2. Kidd —2H 175 (DY11)
Roadway Clo. Bed —7H 103
Roanne Ringway. Nun —5H 79
Robbins Ct. Rugby —1F 198
Robert Av. Birm —3E 70
Robert Clo. Cov —5J 167
Robert Clo. Tam —2M 31
Robert Cramb Av. Cov —1F 164
Robert Hill Clo. Hillm —8G 173
Robert Rd. Birm —8H 69
Robert Rd. Exh —1F 122
Robert Rd. Tip —3M 65
Roberts Clo. Stret D —3F 194
Roberts Clo. Wals —7F 26
Roberts Clo. W'bry —5B 52
Roberts Ct. Erd —3J 71
Roberts Grn. Rd. Dud —5E 64
Roberts La. Stourb —1B 130
Robertson Clo. Clift D —4G 173
Robertson Knoll. Birm —2M 95
Robertsons Gdns. Birm —2C 94
Roberts Rd. Birm —6J 115
Roberts Rd. Wals —4M 39
Roberts Rd. W'bry —6L 53
Robert St. Dud —5D 64
Robert Wynd. Bils —8F 50
Robeson Clo. Tip —4K 65
Robey's La. A'cte —7K 33
Robin Clo. Birm —1G 97
Robin Clo. Hunt —2C 8
Robin Clo. K'wfrd —3A 88
Robin Ct. Kidd —7A 150
Robin Gro. Wolv —2J 37
Robin Hood Cres. Birm —2E 136
Robin Hood Cft. Birm —3F 136
Robin Hood La. Birm —2D 136
Robin Hood Rd. Brie H —7F 88
Robin Hood Rd. Cov —3J 167
Robinia. Tam —5G 33
Robinia Clo. Lea S —8B 212
Robin Rd. Birm —5E 70
Robins Bus. Pk. Tip —2E 66
Robins Clo. C Hay —8D 14
Robins Clo. Stourb —6A 108
Robinsfield Dri. Birm —2A 156
Robins Gro. Warw —5B 214
Robins Hill Dri. A'chu —4A 182
Robins La. Redd —4A 204
Robinson Clo. Tam —2L 31
Robinson Rd. Bed —1D 122
Robinson Rd. Burn —8F 10
Robinson's End. —6M 77
Robinsons Way. Min —4D 72
Robinson Way. Burb —5M 81
Robins Rd. C Ter —3D 16

Robins Way—Runnymede Rd.

Robins Way. Nun —6A 78
Robin Wlk. Wals —6F 38
Robotham Clo. Rugby —3M 171
Robottom Clo. Wals —3H 39
Robson Clo. Wals —4F 26
Rocester Av. Wolv —2L 37
Rochdale Wlk. Birm —2C 114
Rocheberie Way. Rugby —1M 197
Roche Rd. Wals —8F 24
Rochester Av. Burn —2G 17
Rochester Clo. Head X —1C 208
Rochester Clo. Nun —6H 79
Rochester Cft. Wals —5G 39
Rochester Rd. Birm —5A 134
Rochester Rd. Cov —1L 165
Rochester Wlk. Kidd —4B 150
Rochester Way. Cann —8J 9
Roche, The. Lich —8M 11
Roche Way. Wals —8F 24
Rochford Clo. Hale —7M 109
Rochford Clo. Redn —2E 154
Rochford Clo. S Cold —1A 72
Rochford Clo. Wals —2J 53
Rochford Ct. Lea S —2L 215
Rochford Ct. Shir —3A 160
Rochford Gro. Wolv —4K 49
Rock Av. Redn —2J 155
Rock Clo. Cov —8H 123
Rock Clo. Gall C —5M 77
Rocken End. Cov —1D 144
Rocket Pool Dri. Bils —7M 51
Rock Farm La. Bag —1F 192
Rockford Clo. Redd —4F 208
Rockford Rd. Birm —2G 69
Rock Gro. Sol —6L 115
Rock Hill. —2K 201
Rock Hill. B'gve —2K 201
Rockingham Clo. Dorr —7D 160
Rockingham Clo. Dud —6B 64
Rockingham Clo. Wals —8H 25
Rockingham Dri. Wolv —6E 34
Rockingham Gdns. S Cold —3H 57
Rockingham Hall Gdns. Hag —2D 130
Rockingham Rd. Birm —1K 115
Rockland Dri. Birm —5L 95
Rockland Gdns. W'hall —1M 51
Rocklands Cres. Lich —8K 13
Rocklands Dri. S Cold —1H 57
Rock La. Cor —2J 121
Rockley Gro. Redn —2H 155
Rockley Rd. Row R —3A 90
Rockmead Av. Birm —7M 55
Rock Mill La. Lea S —8J 211
Rockmoor Clo. Birm —6E 96
Rock Rd. Bils —1F 64
Rock Rd. Sol —6L 115
Rockrose Gdns. F'stne —2G 23
Rocks Hill. Brie H —8D 88
Rocks, The. Clent —6E 130
Rock St. Dud —4E 64
Rock, The. Wolv —4K 35
Rockville Rd. Birm —5G 95
Rockwell La. A'chu —5E 182
Rocky La. Aston & Nech —3A 94
Rocky La. Birm —3B 94
Rocky La. B'thh —1L 179
Rocky La. Gt Barr & P Barr —3G 69
Rocky La. Ken —6J 191
(in two parts)
Rocky La. Ind. Est. Birm —3A 94
Rodborough Rd. Birm —3B 116
Rodborough Rd. Dorr —7E 160
Rodbourne Rd. Birm —6C 112
Roddis Clo. Birm —1D 70
Roden Av. Kidd —2M 149
Roderick Dri. Wolv —2K 37
Roderick Rd. Birm —4C 114
Rodhouse Clo. Cov —8B 142
Rodlington Av. Birm —8M 55
Rodman Clo. Birm —1D 112
Rodney Clo. Birm —7G 93
Rodney Clo. Hinc —5D 84
Rodney Clo. Rugby —8J 171
Rodney Clo. Sol —8B 116
Rodney Rd. Sol —8B 116
Rodway Clo. Birm —2L 93
Rodway Clo. Brie H —2D 108
Rodway Clo. Wolv —6D 50
Rodway Dri. Cov —5D 142
Rodwell Gro. Birm —1A 70
Roebuck Clo. Birm —4E 96
Roebuck Glade. W'hall —5E 38
Roebuck La. Smeth —2L 91
Roebuck La. W Brom —8L 67
Roebuck Pl. Wals —3L 39
Roebuck Rd. Wals —3L 39
Roebuck St. W Brom —8M 67
Roebuck Wlk. Erd —1C 70
Roe Clo. Warw —1F 214
Roedean Clo. Birm —2B 70
Roford Ct. Dud —3E 64
Rogerfield Rd. Birm —3G 71
Rogers Clo. Wolv —8A 24
Rogers Rd. Birm —4H 95
Rogers Way. Warw —5B 214
Rogue's La. Hinc —4A 84
Rokeby Clo. S Cold —5L 57
Rokeby Rd. Birm —7F 54
Rokeby St. Rugby —6D 172
Rokeby Wlk. Birm —3A 96
Rokewood Clo. K'wfrd —8K 63
Rokholt Cres. Cann —8C 8
Roland Av. Cov —6B 122
Roland Gdns. Birm —1J 93
Roland Gro. Birm —1J 93
Roland Mt. Cov —6C 122
Rolan Dri. Shir —1E 158
Roland Rd. Birm —1J 93
Rolfe St. Smeth —3A 92
Rollason Clo. Cov —1C 144
Rollason Rd. Birm —6G 71
Rollason Rd. Cov —1B 144
Rollason Rd. Dud —1K 89
Rollasons Yd. Cov —6G 123
Rollesby Dri. W'hall —1M 51
Rolling Mill Clo. Birm —2L 113
Rollingmill St. Wals —8J 39
Rollswood Dri. Sol —5M 137
Roman Army Mus. —6E 166
Roman Clo. Earl S —1M 85
Roman Clo. Wals —7E 16
Roman Ct. B'twn —4E 14
Roman Ct. Wiln —2E 46
Roman La. S Cold —5B 42
Roman Pk. S Cold —5B 42
Roman Rd. Cov —6H 145
Roman Rd. Stourb —5J 107
(in two parts)
Roman Rd. S Cold —4C 42
Roman Vw. Cann —4F 14
Roman Wlk. Wall —7D 18
Roman Way. Birm —6D 112
Roman Way. B'gve —5B 180
Roman Way. Col —7L 73
Roman Way. Cov —6D 166
Roman Way. Dord —3M 47
Roman Way. Gleb F —2A 172
Roman Way. Lich —2K 19
Roman Way. Row R —5C 90
Roman Way. Tam —2L 31
Romany Rd. Redn —8D 132
Romany Way. Stourb —6J 107
Roma Rd. Birm —4E 114
Romeo Arbour. H'cte —6L 215
Romford Clo. Birm —3B 116
Romford Rd. Cov —7B 122
Romilly Av. Birm —7H 69
Romilly Clo. Lich —2L 19
Romilly Clo. Stourb —3L 107
Romilly Clo. S Cold —5A 58
Romney. Tam —1F 46
Romney Clo. Birm —2F 136
Romney Clo. Hinc —6A 84
Romney Ho. Ind. Est. W'bry —2B 52
(off Wolverhampton St.)
Romney Way. Birm —5K 55
Romsey Av. Nun —1K 79
Romsey Gro. Wolv —6C 22
Romsey Rd. Wolv —6C 22
Romsey Way. Wals —6F 24
Romsley. —5A 132
Romsley Clo. Hale —7B 110
Romsley Clo. Redd —6M 205
Romsley Clo. Redn —1E 154
Romsley Clo. Wals —7C 26
Romsley Ct. Dud —1H 89
Romsley Hill. —7A 132
Romsley Hill Grange. Rom —8L 131
Romsley La. Shat —1B 126
Romsley Rd. Birm —1H 133
Romsley Rd. O'bry —7H 91
Romsley Rd. Stourb —4C 108
Romulus Clo. Birm —6H 69
Ronald Gro. Birm —8D 72
Ronald Pl. Birm —7E 94
Ronald Rd. Birm —7D 94
Ronald Toon Rd. Earl S —1M 85
Ron Davis Clo. Smeth —4B 92
Ro-Oak Rd. Cov —4M 143
Rood End. —3J 91
Rood End Rd. O'bry —2J 91
Rooker Av. Wolv —2E 50
Rooker Cres. Wolv —3F 50
Rookery Av. Brie H —7A 88
Rookery Av. Wolv —6G 51
Rookery Clo. Redd —8D 204
Rookery Ct. Lich —2E 18
Rookery La. A'rdge —3H 41
Rookery La. Cov —5B 122
Rookery La. Hale —6F 110
Rookery La. S Cold —7C 30
Rookery La. Wolv —3A 50
Rookery Pde. A'rdge —3H 41
Rookery Pk. Brie H —4B 88
Rookery Ri. Wom —3H 63
Rookery Rd. Hand —1E 92
Rookery Rd. S Oak —7F 112
Rookery Rd. Wolv —6G 51
Rookery Rd. Wom —3H 63
Rookery St. Wolv —4J 37
Rookery, The. Gall C —4L 77
Rookery, The. Hale —7G 111
Rooks Mdw. Hag —3B 130
Rooks Nest. Brin —6L 147
Rookwood Dri. Wolv —7F 34
Rookwood Rd. Birm —5H 115
Roosevelt Dri. Cov —7E 142
Rootes Halls. Cov —5J 165
Rooth St. W'bry —5H 53
Roper Clo. Rugby —1G 199
Roper Wlk. Dud —3F 64
Roper Way. Dud —3F 64
Rope Wlk. Bew —5D 148
(off Heathfield Rd.)
Rope Wlk. Wals —8A 40
Rosafield Av. Hale —3F 110
Rosalind Av. Dud —2H 65
Rosalind Gro. Wolv —4A 38
Rosamond St. Wals —2K 53
Rosary Rd. Birm —6D 70
Rosary Vs. S'hll —4C 114
Rosaville Cres. Alle —3G 143
Rose Av. A'chu —3A 182
Rose Av. Cov —4M 143
Rose Av. K'wfrd —4M 87
Rose Av. O'bry —2K 111
Rose Bank. S Cold —4D 42
Rose Bank Dri. Wals —5L 39
Rosebay Av. Birm —1F 156
Rosebay Mdw. Cann —7J 9
Roseberry Av. Cov —8H 123
Rosebery Rd. Dost —5C 46
Rosebery Rd. Smeth —5C 92
Rosebery St. Birm —5G 93
Rosebery St. Wolv —8B 36
Rosebury Gro. Wom —3E 62
Rose Clo. Smeth —4C 92
Rose Cotts. Birm —7F 112
Rose Cotts. Cov —4D 142
Rose Ct. Bal C —1H 163
Rose Cft. Ken —3E 190
Rosecroft Rd. Birm —3C 116
Rosedale Av. Birm —6E 70
Rosedale Av. Smeth —4C 92
Rosedale Clo. Redd —4A 204
Rosedale Gro. Birm —1J 115
Rosedale Pl. W'hall —1A 52
Rosedale Rd. Birm —1J 115
Rosedale Wlk. K'wfrd —1L 87
Rose Dene. Stour S —5E 174
Rosedene Dri. Birm —7F 68
Rose Dri. Wals —3E 26
Rosefield Ct. Smeth —5A 92
Rosefield Cft. Birm —2M 93
Rosefield Pl. Lea S —1M 215
Rosefield Rd. Smeth —5A 92
Rosefields. Birm —4B 134
Rosefield St. Lea S —1M 215
Rosefield Wlk. Lea S —1M 215
Rosegreen Clo. Cov —3E 166
Rosehall Clo. Redd —3E 208
Rosehall Clo. Sol —8M 137
Rose Hill. Brie H —8G 89
Rosehill. Cann —1F 8
Rose Hill. Redn —6G 155
Rose Hill. W'hall —1A 52
Rose Hill Clo. Birm —1B 96
Rose Hill Gdns. W'hall —8A 38
Rose Hill Rd. Birm —2G 93
Rose Hill Shop. Cen. Cann —1F 8
Rosehip Clo. Wals —6A 54
Rosehip Dri. Cov —3H 145
Roseland Av. Dud —1M 89
Roseland Rd. Ken —6F 190
Roselands Av. Cov —1K 145
Roseland Way. Birm —8H 93 (8B 4)
Rose La. Burn —2J 17
Rose La. Nun —6J 79
Rose La. Tiv —7C 66
Rose La. W Brom —5D 66
Roseleigh Rd. Redn —3H 155
Rosemary Av. Bils —3M 51
Rosemary Av. Wals —6D 14
Rosemary Av. Wolv —3C 50
Rosemary Clo. Clay —3D 26
Rosemary Clo. Cov —6E 142
Rosemary Cres. Dud —3F 64
Rosemary Cres. Wolv —4C 50
Rosemary Cres. W. Wolv —4B 50
Rosemary Dri. S Prior —8J 201
Rosemary Dri. S Cold —6C 42
Rosemary Hill. Ken —4F 190
Rosemary Hill Rd. S Cold —6C 42
Rosemary La. Stourb —6K 107
Rosemary M. Ken —4F 190
Rosemary Nook. S Cold —4D 42
Rosemary Rd. Birm —7M 95
Rosemary Rd. Hale —7K 109
Rosemary Rd. Kidd —2B 150
Rosemary Rd. Tam —5F 32
Rosemary Rd. Tip —3A 66
Rosemary Rd. Wals —5D 14
(in two parts)
Rosemary Way. Hinc —2H 81
Rosemoor Dri. Brie H —2B 108
Rosemount. Birm —5L 111
Rosemount Clo. Cov —2L 145
Rosemullion Clo. Exh —1H 123
Rosenhurst Dri. Bew —6A 148
Rose Pl. Birm —5J 93 (2C 4)
Rose Rd. Birm —3D 112
Rose Rd. Col —1M 97
Rose St. Bils —7M 51
Rose Ter. B Grn —1K 181
Rosetti Clo. Kidd —3C 150
Roseville. —2H 65
Roseville Ct. Bils —1J 65
(off Castle St.)
Roseville Gdns. Cod —5G 21
Roseville Precinct. Bils —1J 65
(off Castle St.)
Rosewood. Nun —8M 79
Rosewood Av. Rugby —1A 198
Rose Wood Clo. Hinc —3M 81
Rosewood Clo. Lit A —4D 42
Rosewood Clo. Tam —5D 32
Rosewood Ct. Tam —5D 32
Rosewood Cres. Lea S —7B 212
Rosewood Dri. B Grn —2J 181
Rosewood Dri. Birm —7D 70
Rosewood Dri. W'hall —1B 38
Rosewood Gdns. Ess —6B 24
Rosewood Pk. Wals —7D 14
Rosewood Rd. Dud —4H 65
Roshven Av. Birm —5A 114
Roshven Rd. Birm —5A 114
Roslin Clo. B'gve —8B 180
Roslin Gro. Birm —3J 93
Roslyn Clo. Smeth —3A 92
Ross. Row R —7B 90
Ross Clo. Cov —4G 143
Ross Clo. Wolv —7L 35
Ross Dri. K'wfrd —2J 87
Rosse Ct. Sol —1F 138
Rossendale Clo. Hale —3K 109
Rossendale Rd. Earl S —1K 85
Rossendale Way. Nun —7D 78
Ross Heights. Row R —6B 90
Rosslyn Av. Cov —3L 143
Rosslyn Rd. S Cold —3M 71
Ross Rd. Wals —3M 39
Ross Way. Nun —2B 104
Roston Dri. Hinc —1F 80
Rostrevor Rd. Birm —8F 94
Rosy Cross. Tam —4C 32
Rothay. Tam —1F 46
Rothbury Grn. Cann —7L 9
Rotherby Gro. Mars G —2H 117
Rotherfield Clo. Lea S —2B 216
Rotherfield Rd. Birm —1B 116
Rotherham Rd. Cov —7B 122
Rotherhams Oak La. H'ley H —3M 185
Rothesay Av. Cov —7H 143
Rothesay Clo. Nun —7G 79
Rothesay Cft. Birm —2H 133
Rothesay Dri. Stourb —6J 87
Rothesay Way. W'hall —3B 38
Rothley Dri. Rugby —2E 172
Rothley Wlk. Birm —1C 156
Rothwell Dri. Sol —4K 137
Rothwell Rd. Warw —8C 210
Rotten Row. —5J 161
Rotten Row. Know —5J 161
Rotten Row. Lich —2J 19
Rotton Pk. Rd. Birm —5D 92
(in two parts)
Rotton Pk. St. Edg —6F 92
Rough Coppice Wlk. Birm —7A 72
Rough Hay. —2C 52
Rough Hay Pl. W'bry —2C 52
Rough Hay Rd. W'bry —2C 52
Rough Hill Dri. Redd —4E 208
Rough Hill Dri. Row R —3M 89
Rough Hills Clo. Wolv —3F 50
Rough Hills Rd. Wolv —3F 50
Roughknowles Rd. Cov —3D 164
Roughlea Av. Birm —2M 95
Roughley. —6K 43
Roughley Dri. S Cold —7J 43
Rough Rd. Birm —6A 56
Rough, The. Head X & Redd —1D 208
Rough Wood Country Pk. —3E 38
Rouncil Clo. Sol —2D 138
Rouncil La. Ken —7M 189
Roundabout, The. Birm —8K 133
Round Av. Long L —4G 171
Round Cft. W'hall —7A 38
Round Hill. Dud —7D 50
Round Hill Av. Stourb —8C 108
Roundhill Clo. S Cold —6L 57
Roundhill Ho. K'wfrd —8K 63
Roundhills Rd. Hale —1F 110
Roundhills, The. Elme —4M 85
Roundhill Ter. Hale —8E 90
Roundhill Way. Wals —7F 16
Round Ho. Rd. Cov —1G 167
Roundhouse Rd. Dud —5E 64
Roundlea Clo. W'hall —1B 38
Roundlea Rd. Birm —1L 133
Round Moor Wlk. Birm —6A 72
Round Oak. —5D 88
Round Oak Rd. W'bry —5E 52
Round Rd. Birm —7H 71
Roundsaw Cft. Redn —1F 154
Rounds Gdns. Rugby —6M 171
Round's Grn. Rd. O'bry —2E 90
Rounds Hill. Ken —7E 190
Rounds Hill Rd. Bils —1K 65
Rounds Rd. Bils —6K 51
Round St. Dud —3J 89
Round St. Rugby —6M 171
Roundway Down. Wolv —6E 34
Rousay Clo. Redn —8F 132
Rousdon Gro. Birm —1D 68
Rover Dri. A Grn —5K 115
Rover Dri. Birm —8F 72
Rover Rd. Cov —7C 144 (5B 6)
Rovex Bus. Pk. Birm —4F 114
Rowallan Rd. S Cold —8K 43
Rowanberry Clo. Stour S —5E 174
Rowan Clo. Bin W —2D 168
Rowan Clo. B'gve —7L 179
Rowan Clo. H'wd —4B 158
Rowan Clo. K'bry —3D 60
Rowan Clo. Lich —1K 19
Rowan Clo. S Cold —7M 57
Rowan Ct. Cann —8E 8
Rowan Ct. Smeth —1K 91
Rowan Cres. Bils —8H 51
Rowan Cres. Redd —5A 204
Rowan Cres. Wolv —2L 49
Rowan Dri. Birm —4G 137
Rowan Dri. Ess —6B 24
Rowan Dri. Rugby —7H 171
Rowan Dri. Warw —1F 214
Rowan Gro. Burn —2F 16
Rowan Gro. Cov —7L 123
Rowan Ho. Kidd —8H 127
Rowan Ho. W'wd B —3F 164
Rowan Ri. K'wfrd —3L 87
Rowan Rd. Cann —7B 8
Rowan Rd. Dud —8F 50
Rowan Rd. Nun —3C 78
Rowan Rd. Redd —5A 204
Rowan Rd. S Cold —7J 57
Rowan Rd. Wals —5M 53
Rowans, The. Bed —7E 102
Rowantrees. Redn —4H 155
Rowan Way. Chel W —8J 97
Rowan Way. Harts —1M 77
Rowan Way. N'fld —1M 155
Roway La. O'bry —8E 66
Rowborough Clo. A'wd B —7E 208
Rowbrook Clo. Shir —1E 158
Rowcroft Covert. Birm —6J 135
Rowcroft Rd. Cov —3A 146
Rowdale Rd. Birm —2J 69
Rowden Dri. Birm —3G 71
Rowden Dri. Sol —7L 137
Rowena Gdns. Dud —7C 50
Rowheath Rd. Birm —5F 134
Rowington Av. Row R —6D 90
Rowington Clo. Cov —4K 143
Rowington Green. —8M 187
Rowington Grn. Row —8M 187
Rowington Rd. Birm —3E 96
Rowland Av. Stud —6L 209
Rowland Ct. Arly —8E 76
Rowland Gdns. Wals —6J 39
Rowland Hill Av. Kidd —4H 149
Rowland Hill Cen. Kidd —3L 149
(off Worcester St.)
Rowland Hill Dri. Tip —4C 66
Rowlands Av. Wals —6E 38
Rowlands Av. Wolv —7H 37
Rowlands Clo. Wals —5E 38
Rowlands Cres. Sol —1B 138
Rowlands Rd. Birm —2L 115
Rowland St. Rugby —6M 171
Rowland St. Wals —6J 39
Rowland Way. Kidd —8L 149
Rowley Clo. Cann —1H 9
Rowley Dri. Cov —5H 167
Rowley Gro. Birm —6D 96
Rowley Hall Av. Row R —5C 90
Rowley Hill Vw. Crad H —1M 109
Rowley Pl. Wals —2B 40
Rowley Regis. —6B 90
Rowley Rd. Bag & Cov —6F 166
Rowley Rd. W'nsh —6A 216
Rowleys Green. —5E 122
Rowley's Grn. Longf —5E 122
Rowleys Grn. Ind. Est. Cov —5E 122
Rowley's Grn. La. Longf —5E 122
Rowley St. Wals —7M 39
Rowley Vw. Bils —6A 52
Rowley Vw. W'bry —5C 52
Rowley Vw. W Brom —6H 67
Rowley Village. Row R —6C 90
Rowney Cft. Birm —5E 136
Rowney Green. —5E 182
Rowney Grn. La. A'chu —2E 182
Rowood Dri. Sol —2C 138
Rowse Clo. Rugby —2C 172
Row, The. Ansty —6D 124
Row, The. Bag —7F 166
Rowthorn Clo. S Cold —2A 56
Rowthorn Dri. Shir —3A 160
Rowton Av. Wolv —6E 34
Rowton Dri. S Cold —4M 55
Roxall Clo. Blak —7J 129
Roxborough Ho. Redd —7D 204
Roxburgh Cft. Lea S —4B 212
Roxburgh Gro. Birm —5J 55
Roxburgh Rd. Nun —8L 79
Roxburgh Rd. S Cold —6G 57
Roxby Gdns. Wolv —4A 36
Royal Birmingham Society of Artists Gallery. —7K 93 (5E 4)
Royal Brierley Crystal. —6D 88
Royal Clo. Brie H —1C 108
Royal Clo. Row R —4C 90
Royal Ct. Hinc —2K 81
Royal Ct. S Cold —7H 57
Royal Cres. Cov —4J 167
Royal Doulton Crystal. —2M 107
Royal Leamington Spa. —2A 216
Royal Leamington Spa Tourist Info. Cen. —1M 215
Royal Mail St. Birm —7K 93 (6E 4)
Royal Oak La. Bed & Cov —2C 122
Royal Oak Rd. Hale —5F 110
Royal Oak Rd. Row R —4M 89
Royal Oak Yd. Bed —5H 103
Royal Priors Shop. Cen. Lea S —1M 215
Royal Rd. S Cold —4J 57
Royal Scot Gro. Wals —4L 53
Royal Sq. Redd —6E 204
Royal Star Clo. Birm —7C 96
Royal, The. —8E 36 (6M 7)
Royal Way. Tip —7A 66
Roydon Rd. Birm —1J 137
Roylesden Cres. S Cold —7C 56
Royston Chase. S Cold —6B 42
Royston Clo. Cov —6A 146
Royston Cft. Birm —3M 113
Royston Way. Dud —1C 64
Rozel Av. Kidd —8B 128
Rubens Clo. Cov —6J 143
Rubens Clo. Dud —4D 64
Rubery. —2F 154
Rubery By-Pass. Redn —2E 154
Rubery Ct. W'bry —2C 52
Rubery Farm Gro. Redn —1F 154
Rubery La. Redn —8F 132
Rubery La. S. Redn —1F 154
Rubery St. W'bry —1D 52
Ruckley Av. Birm —2J 93
Ruckley Rd. Birm —1B 134
Ruddington Way. Birm —4L 93
Rudgard Rd. Longf —5G 123
Rudge Av. Wolv —6H 37
Rudge Clo. W'hall —5C 38
Rudge Cft. Birm —5A 96
Rudge Rd. Cov —7B 144 (5A 6)
Rudge St. Bils —7L 51
Rudge Wlk. Birm —6G 93
Rudgewick Cft. Birm —3M 93
Rudyard Clo. Wolv —5E 22
Rudyard Gro. Birm —6B 96
Rudyngfield Dri. Birm —6M 95
Rufford. Tam —3L 31
Rufford Clo. Birm —1D 70
Rufford Clo. Hinc —6K 81
Rufford Rd. Stourb —5C 108
Rufford St. Stourb —3D 108
Rufford Way. Wals —2E 40
Rugby. —6A 172
Rugby La. Stret D —3G 195
Rugby Rd. Barby —7J 199
Rugby Rd. Bin W —1B 168
Rugby Rd. Bran —4G 169
Rugby Rd. Brin —6M 147
Rugby Rd. Bulk —7D 104
Rugby Rd. Chu L —4C 170
Rugby Rd. Clift D —4F 172
Rugby Rd. Dunc —6K 197
Rugby Rd. Harb M —1J 171
Rugby Rd. Hinc —1J 81
Rugby Rd. Kils —3K 199
Rugby Rd. Lea S —8K 211
Rugby Rd. Lea S & W Weth —4C 212
Rugby Rd. Lilb —3L 173
Rugby Rd. Long L —5H 171
Rugby Rd. Prin —7E 194
Rugby Rd. Stourb —2K 107
Rugby Rd. Withy —5L 125
Rugby School Mus. —6A 172
Rugby St. Wolv —6B 36 (1G 7)
Rugby Tourist Info. Cen. —6A 172
Rugeley Av. W'hall —1D 38
Rugeley Cl. Tip —4L 65
Rugeley Gro. Birm —3B 94
Rugeley Rd. Burn —7J 11
Rugeley Rd. C Ter —2F 16
Rugeley Rd. Haz S —3M 9
Rugeley Rd. Hed —4J 9
Ruislip Clo. Birm —5A 72
Ruiton. —5D 64
Ruiton St. Dud —5D 64
Rumbow. Hale —5B 110
Rumbow La. Rom —5J 131
Rumbush. —7E 158
Rumbush La. Earls —8D 158
Rumbush La. Shir —3G 159
Rumer Hill. —1E 14
Rumer Hill Bus. Est. Cann —2F 14
Rumer Hill Rd. Cann —1E 14
Runcorn Clo. Birm —5J 97
Runcorn Clo. Redd —1F 208
Runcorn Rd. Birm —4M 113
Runcorn Wlk. Cov —2A 146
Runnymede Dri. Bal C —4J 163
Runnymede Gdns. Nun —6F 78
Runnymede Rd. Birm —6E 114

Rupert Brooke Rd.—St Mark's Rd.

Rupert Brooke Rd. Rugby —2L 197
Rupert Rd. Cov —1B 144
Rupert St. Birm —5A 94 (1L 5)
Rupert St. Wolv —7A 36
Rushall. —2C 40
Rushall Clo. Stourb —1L 107
Rushall Clo. Wals —5B 40
Rushall Ct. Birm —2E 68 (off West Rd.)
Rushall Mnr. Clo. Wals —5B 40
Rushall Mnr. Rd. Wals —5B 40
Rushall Path. Cov —2H 165
Rushall Rd. Wolv —7E 22
Rushbrook. —6D 184
Rushbrook Clo. Clay —3E 26
Rushbrook Clo. Sol —7L 115
Rushbrooke Clo. Birm —5M 113
Rushbrooke Dri. S Cold —6C 56
Rushbrook Gro. Birm —6J 135
Rushbrook La. Tan A —5C 184
Rushbury Clo. Bils —4H 51
Rushbury Clo. Shir —5K 137
Rushden Cft. Birm —8M 55
Rushes Mill. Pels —6L 25
Rushey La. Birm —4G 115
Rushford Av. Wom —3G 63
Rushford Clo. Shir —2A 160
Rush Grn. Birm —7L 111
Rushlake Grn. Birm —4B 96
Rush La. Dost —6D 46
Rush La. Redd —3H 205
Rushleigh Rd. Shir —1E 158
Rushmead Gro. Redn —2G 155
Rushmere Rd. Tip —1A 66
Rushmoor Clo. S Cold —3H 57
Rushmoor Dri. Cov —6M 143
Rushmore Ho. Redn —1F 154
Rushmore Pl. Lea S —2B 216
Rushmore St. Lea S —2B 216
Rushock. —6J 177
Rushock Clo. Redd —2J 209
Rushton Clo. Bal C —2J 163
Rushwater Clo. Wom —3E 62
Rushwick Cft. Birm —3D 96
Rushwick Gro. Shir —3A 160
Rushwood Clo. Wals —6A 40
Rushy Piece. Birm —6K 111
Ruskin Av. Dud —4A 64
Ruskin Av. Kidd —3C 150
Ruskin Av. Row R —7D 90
Ruskin Av. Wolv —7F 50
Ruskin Clo. Birm —2M 93
Ruskin Clo. Cov —3K 143
Ruskin Clo. Gall C —4A 78
Ruskin Clo. Rugby —3M 197
Ruskin Gro. Birm —7H 115
Ruskin Rd. Wolv —1F 36
Ruskin St. W Brom —4J 67
Russel Cft. B'gve —2A 202
Russell Av. Dunc —5K 197
Russell Bank Rd. S Cold —5E 42
Russell Clo. Tip —8C 52
Russell Clo. Tiv —7D 66
Russell Clo. Wolv —8M 23
Russell Ct. Wolv —8B 36 (6G 7)
Russell Ho. Cod —5E 20
Russell Ho. W'bry —7F 52
Russell Rd. Bils —2M 51
Russell Rd. Hall G —7E 114
Russell Rd. Kidd —5M 149
Russell Rd. Mose —6K 113
Russell's Hall. —8F 64
Russells Hall Rd. Dud —8E 64
Russells, The. Mose —6K 113
Russell St. Cov —5D 144 (1D 6)
Russell St. Dud —8H 65
Russell St. Lea S —8M 211
Russell St. W'bry —7F 52
Russell St. W'hall —7B 38
Russell St. Wolv —8B 36 (6G 7)
Russell St. N. Cov —5D 144 (1D 6)
Russell Ter. Lea S —2A 216
Russelsheim Way. Rugby —7A 172
Russett Clo. Burn —3G 17
Russett Clo. Wals —1E 54
Russett Way. Bew —1B 148
Russett Way. Brie H —2B 88
Russet Wlk. Pert —8L 21
Russet Way. Birm —3L 133
Ruston St. Birm —8H 93 (7A 4)
Ruthall Clo. Birm —2C 134
Ruth Chamberlain Ct. Kidd —3K 149 (off Paternoster Row)
Ruth Clo. Tip —7C 52
Rutherford Glen. Nun —8M 79
Rutherford Rd. Birm —2E 70
Rutherford Rd. B'gve —3B 202
Rutherford Rd. Wals —3G 39
Rutherglen Av. Cov —3G 167
Rutland Av. Hinc —2J 81
Rutland Av. Nun —5F 78
Rutland Av. Wolv —5K 49
Rutland Ct. Birm —2C 134
Rutland Cres. Bils —2K 51
Rutland Cres. Wals —8H 27
Rutland Cft. Bin —1M 167
Rutland Dri. Birm —2L 115
Rutland Dri. B'gve —1A 202
Rutland Dri. Tam —8A 32
Rutland Pas. Dud —8J 65
Rutland Pl. Stourb —1K 107
Rutland Rd. Cann —8L 9
Rutland Rd. Smeth —8A 92
Rutland Rd. W'bry —5J 53
Rutland Rd. W Brom —2J 67
Rutland St. Wals —4L 39
Rutley Gro. Birm —5M 111
Rutters Mdw. Birm —5H 111
Rutter St. Wals —2K 53
Ryan Av. Wolv —1A 38
Ryan Pl. Dud —3J 89 (in two parts)
Rycroft Gro. Birm —7C 96
Rydal. Wiln —2G 47
Rydal Av. Nun —3A 80
Rydal Clo. Alle —1H 143
Rydal Clo. Hed —1G 9
Rydal Clo. Hinc —2F 80
Rydal Clo. Rugby —3D 172
Rydal Clo. Stour S —3F 174
Rydal Clo. S Cold —7M 41
Rydal Clo. Wolv —2J 37
Rydal Dri. Pert —5F 34
Rydal Ho. O'bry —4D 90
Rydal Way. Birm —2F 136
Rydding La. W Brom —1H 67
Rydding Sq. W Brom —1H 67
Ryde Av. Nun —3K 79
Ryde Gro. Birm —8G 115
Ryde Pk. Rd. Redn —3J 155
Ryder Clo. H Mag —3A 214
Ryder Ho. W Brom —6E 66
Ryder Row. Gun H —1G 101
Ryders Grn. Rd. W Brom —5E 66
Ryders Hayes La. Wals —5A 26
Ryders Hill Cres. Nun —2C 78
Ryder St. Birm —6L 93 (3H 5)
Ryder St. Stourb —7K 87
Ryder St. W Brom —4E 66
Ryebank Clo. Birm —4C 134
Ryeclose Cft. Birm —6K 97
Ryecroft. —5L 39
Rye Cft. Birm —4J 115
Rye Cft. H'wd —4A 158
Rye Cft. Stourb —7E 108
Ryecroft Av. Wolv —4B 50
Ryecroft Clo. Dud —1C 64
Ryecroft Dri. Burn —1G 17
Ryecroft Pk. Wals —6L 39
Ryecroft Pl. Wals —3M 39
Ryecroft Shop. Cen. Burn —1G 17
Ryecroft St. Wals —6L 39
Ryefield. Wolv —7L 21
Ryefield Clo. Hag —5A 130
Ryefield Clo. Sol —5L 137
Ryefield La. Wis —8H 59
Ryefields Rd. S Prior —6J 201
Ryegrass La. Redd —3C 208
Rye Grass Wlk. Birm —6B 72
Rye Gro. Birm —5F 114
Rye Hill. Cov —3G 143
Rye Hill La. Cov —3G 143
Ryeland La. Elm L & Hartl —7F 176
Ryelands, The. Law H —2C 196
Ryemarket. Stourb —4A 108
Rye Piece Ringway. Bed —6H 103
Ryhope Clo. Bed —8C 102
Ryhope Wlk. Wolv —6A 22 (in two parts)
Ryknild Clo. S Cold —3F 42
Ryknild St. Lich —3L 19
Ryland Clo. Hale —7L 109
Ryland Clo. Lea S —3C 216
Ryland Clo. Tip —4B 66
Ryland Ho. Birm —4K 93 (off Gt. Hampton Row)
Ryland Rd. Edg —2J 113
Ryland Rd. Erd —8F 70
Ryland Rd. S'hll —5D 114
Rylands Dri. Wolv —5M 49
Ryland St. Birm —8H 93 (7A 4)
Ryle St. Wals —7J 25
Ryley St. Cov —6C 144 (4A 6)
Rylston Av. Cov —8A 122
Rylstone Way. Warw —8E 210
Rymond Rd. Birm —3L 95
Ryton. —6D 104
Ryton. Tam —1F 46
Ryton Clo. Cov —1H 165
Ryton Clo. Redd —8K 205
Ryton Clo. S Cold —4H 57
Ryton Clo. Wolv —4G 37
Ryton End La. Bars —8C 140
Ryton Gro. Birm —2D 96
Ryton-on-Dunsmore. —8B 168
Ryton Organic Gardens. —8E 168
Ryvere Clo. Stour S —7F 174

Sabell Rd. Smeth —3M 91
Sabin Dri. W Weth —2K 213
Sabrina Dri. Bew —5A 148
Sabrina Rd. Wolv —8E 34
Sackville Ho. Cov —1F 6
Saddington Rd. Bin —1L 167
Saddle Dri. Birm —6M 111
Saddlers Cen. Wals —8L 39
Saddlers Clo. Hinc —3M 81
Saddlers Ct. Wals —2H 53
Saddlers Ct. Ind. Est. Wals —2G 39
Saddlers M. Sol —8C 138
Saddlestones, The. Pert —5D 34
Saddleworth Rd. Wals —5G 25
Sadler Ho. Birm —3J 93
Sadler Rd. Cov —8A 122
Sadler Rd. S Cold —2M 57
Sadler Rd. Wals —2G 27
Sadlers Mill. Wals —2G 27
Sadlers Wlk. Birm —8G 93
Sadlerswell La. H'ley H —3B 186
Saffron. Tam —5H 33
Saffron Clo. Barw —1H 85
Saffron Clo. Rugby —1E 172
Saffron Gdns. Wolv —5A 50
Sagebury Dri. S Prior —8J 201
Sage Cft. Birm —4M 133
St Agatha's Rd. Birm —4H 95
St Agatha's Rd. Cov —6G 145
St Agnes Clo. Birm —7B 114
St Agnes Clo. Stud —5J 209
St Agnes La. Cov —6C 144 (3C 6)
St Agnes Rd. Birm —7B 114
St Agnes Way. Nun —5L 79
St Aidan's Rd. Cann —5E 8
St Aidans Wlk. Birm —1C 114
St Alban's Av. Kidd —2G 149
St Albans Clo. Lea S —7J 211
St Albans Clo. Smeth —3L 91
St Albans Clo. Wolv —1A 38
St Albans Rd. Birm —6A 114
St Alban's Rd. Smeth —3L 91
St Alphege Clo. Sol —6C 138
St Andrew Clo. Cann —4A 10
St Andrews. Tam —5H 33
St Andrew's Av. Wals —4A 26
St Andrews Clo. Birm —6A 112
St Andrews Clo. Dud —6A 64
St Andrews Clo. Stourb —7M 107
St Andrew's Clo. Wolv —5A 36
St Andrews Cres. Rugby —1A 198
St Andrews Dri. Nun —8B 80
St Andrews Dri. Pert —4D 34
St Andrews Dri. Tiv —2B 90
St Andrews Grn. Kidd —5L 149
St Andrew's Ho. Wolv —5B 36
St Andrews Ind. Est. Birm —7C 94
St Andrew's Rd. Birm —7B 94 (5M 5)
St Andrew's Rd. Cov —1M 165
St Andrew's Rd. Lea S —4B 212
St Andrews Rd. S Cold —2J 57
St Andrews St. Birm —7B 94
St Andrew's St. Dud —4J 89
St Andrews Way. B'gve —1K 201
St Annes Clo. Birm —5F 68
St Anne's Clo. Burn —5E 16
St Annes Ct. Birm —5L 113 (B13)
St Annes Ct. Birm —2A 70 (B44)
St Annes Ct. Crad H —8J 89
St Anne's Ct. W'hall —8B 38
St Annes Gro. Know —3G 161
St Annes Ind. Est. W'hall —6B 38
St Anne's Rd. Dud —8J 89
St Annes Rd. Lich —6H 13
St Anne's Rd. Rugby —8L 171
St Annes Rd. W'hall —6B 38
St Anne's Rd. Wolv —7C 22
St Anne's Way. Birm —2A 70
St Ann's Clo. Lea S —2C 216
St Ann's Rd. Cov —6G 145
St Ann's Ter. W'hall —6B 38
St Anthony's Dri. Wals —4B 26
St Asaphs Av. Stud —5K 209
St Athan Cft. Birm —6B 72
St Audries Ct. Sol —7M 137
St Augustine's Rd. Birm —8D 92
St Augustine's Wlk. Cov —2A 144
St Augustus Clo. W Brom —7M 67
St Austell Clo. Nun —4A 80
St Austell Clo. Tam —3A 32
St Austell Rd. Cov —6L 145
St Austell Rd. Wals —2E 54
St Bartholomews Clo. Bin —7A 146
St Bartholomew's Ter. W'bry —6F 52
St Benedict's Clo. W Brom —7M 67
St Benedicts Rd. Birm —2F 114
St Benedict's Rd. Burn —3H 17
St Benedicts Rd. Wom —3G 63
St Bernards Clo. Cann —5C 10
St Bernard's Rd. Sol —4K 137
St Bernards Rd. S Cold —7J 57
St Bernards Wlk. Cov —3K 167
St Blaise Av. Wat O —7H 73
St Blaise Rd. S Cold —6K 43
St Brades Clo. Tiv —2C 90
St Brides Clo. Dud —1C 64
St Brides Clo. Lea S —3C 216
Saintbury Dri. Sol —2C 160
St Caroline Clo. W Brom —7M 67
St Catharines Clo. Wals —2A 54
St Catherines Clo. B'wll —4G 181
St Catherine's Clo. Burb —2M 81
St Catherine's Clo. Cov —1H 167
St Catherine's Clo. Dud —8A 66
St Catherines Clo. S Cold —2M 57
St Catherine's Cres. W'nsh —6M 215
St Catherine's Cres. Wolv —5M 49
St Catherines Lodge. Cov —5A 144
St Catherine's Rd. B'wll —3F 180
St Catherines Rd. Lich —6H 13
St Cecilia Clo. Kidd —7L 149
St Chads Cir. Queensway. Birm —5K 93 (2F 4)
St Chads Clo. Cann —5G 9
St Chad's Clo. Dud —6B 64
St Chad's Clo. Lich —8H 13
St Chads Ind. Est. Birm —4L 93 (1G 5)
St Chads M. Lapw —6K 187
St Chad's Queensway. Birm —5L 93 (3F 4)
St Chads Rd. Bils —2M 51
St Chad's Rd. Lich —8H 13
St Chad's Rd. Redn —2F 154
St Chads Rd. Stud —5J 209
St Chads Rd. S Cold —4L 57
St Chads Rd. Wolv —1F 36
St Christian's Cft. Cov —1E 166 (8E 6)
St Christian's Rd. Cov —1E 166
St Christopher Clo. Cann —4A 10
St Christopher Clo. W Brom —7M 67
St Christophers. Birm —5F 68
St Christopher's Clo. Warw —1D 214
St Christophers Dri. Tam —8C 32
St Clements Av. Wals —2K 39
St Clements Ct. Cov —1K 145
St Clements Ct. Hale —6A 110
St Clements La. W Brom —5K 67
St Clements Rd. Birm —3C 94
St Columbas Clo. Cov —5C 144 (2B 6)
St Columbas Dri. Redn —2K 155
St Cuthbert's Clo. W Brom —7M 67
St David Clo. Cann —3A 10
St Davids Clo. Bin —2M 167
St David's Clo. Kidd —3F 148
St Davids Clo. Lea S —2C 216
St David's Clo. Wals —4B 26
St David's Clo. W Brom —7M 67
St Davids Dri. Birm —4H 111
St Davids Gro. Birm —5F 68
St David's Ho. Redd —5B 204
St Davids Pl. Wals —7K 25
St Davids Way. Berm I —3G 103
St Denis Rd. Birm —3A 134
St Dominic's Rd. Birm —8E 70 (in two parts)
St Edburgh's Rd. Birm —8L 95
St Editha's Clo. Tam —4B 32
St Edithas Rd. Pole —1M 47
St Ediths Grn. Warw —1H 215
St Edmonds Rd. Hurl —4J 61
St Edmund's Clo. W Brom —7M 67
St Edmund's Clo. Wolv —6M 35
St Edwards Rd. Birm —7F 112
St Eleanors Clo. W Brom —7M 67
St Elizabeth's Rd. Cov —2E 144
St Francis Av. Sol —3L 137
St Francis Clo. Cann —4A 10
St Francis' Clo. Wals —4B 26
St Francis Factory Est. W Brom —7K 67
St George Dri. Cann —4A 10
St George Dri. Smeth —2A 92
St George's. —5F 204 (nr. Redditch)
St Georges. —8D 36 (5K 7) (nr. Wolverhampton)
St Georges Av. Birm —4G 71
St George's Av. Hinc —8C 84
St Georges Av. Rugby —8A 172
St Georges Clo. Birm —2G 113
St George's Clo. S Cold —3M 57
St George's Clo. W'bry —2D 52
St Georges Ct. B'vlle —2E 134
St Georges Ct. Kidd —3M 149
St Georges Ct. S Cold —4E 42
St Georges Ct. Wals —7M 39 (off Persehouse St.)
St George's Ct. W'bry —2D 52 (off St George's St.)
St Georges Gdns. Redd —5F 204
St George's Pde. Wolv —8D 36 (5K 7)
St George's Pl. Kidd —2L 149
St Georges Pl. Wals —7M 39
St Georges Pl. W Brom —5J 67
St George's Rd. Cov —7F 144
St George's Rd. Dud —3K 89
St Georges Rd. Lea S —3M 215
St Georges Rd. Redd —5F 204
St Georges Rd. Shir —1K 159
St George's Rd. Stourb —7K 107
St George's St. Birm —5K 93 (1E 4)
St George's St. W'bry —2D 52
St George's Ter. Kidd —3M 149
St Georges Way. Berm I —8H 79
St Georges Way. Tam —5E 32
St Gerards Ct. Sol —7L 137
St Gerards Rd. Sol —7L 137
St Giles Av. Row R —5B 90
St Giles Clo. Row R —5C 90
St Giles Ct. Row R —6D 90
St Giles Ct. W'hall —8B 38
St Giles Cres. Wolv —7G 37
St Giles Rd. Birm —7D 96
St Giles Rd. Burn —3H 17
St Giles Rd. Cov —3D 122
St Giles Rd. W'hall —8B 38
St Giles Rd. Wolv —7G 37
St Giles St. Dud —4J 89
St Godwald's Cres. B'gve —1B 202
St Godwalds Rd. B'gve —2B 202
St Govans Clo. Lea S —3C 216
St Helens Av. Tip —4C 66
St Helen's Clo. Sharn —4J 83
St Helens Pas. Birm —6J 93 (2C 4)
St Helens Rd. Lea S —4M 215
St Helens Rd. Lich —6H 13
St Helens Rd. Sol —3A 138
St Helen's Way. Alle —1H 143
St Heliers Rd. Birm —5L 133
St Ives Clo. Tam —3B 32
St Ives Rd. Cov —6K 145
St Ives Rd. Wals —2D 54
St Ives Way. Nun —4M 79
St James Av. Row R —5B 90
St James Clo. Longd —1A 12
St James' Clo. Wals —4B 26
St James Clo. W Brom —7M 67
St James Ct. B'gve —6A 180 (off Strand, The)
St James Ct. Cov —3L 167
St James Gdns. Bulk —7C 104
St James La. Cov —4J 167
St James Mdw. Rd. Lea S —7J 211
St James Pl. Birm —6A 94 (3M 5)
St James Pl. Shir —7H 137
St James Rd. Cann —8C 8
St James' Rd. Edg —1H 113
St James' Rd. Hand —1D 92
St James Rd. Nort C —4B 16
St James Rd. O'bry —1D 90
St James Rd. S Cold —7J 43
St James's Clo. Hinc —4K 81
St James's Priory. —5J 65
St James's Rd. Dud —7H 65
St James's Ter. Dud —7G 65
St James' St. Dud —6D 64
St James St. W'bry —7E 52
St James St. Wolv —8E 36 (5M 7)
St James Wlk. Wals —2F 26
St John. Hinc —8E 84
St John Bosco Clo. W Brom —2H 67
St John Clo. S Cold —5K 43
St Johns. Warw —2F 214
St John's Arc. Wolv —7C 36 (4J 7)
St John's Av. Ken —6F 190
St John's Av. Kidd —2G 149
St Johns Av. Row R —5B 90
St Johns Av. Rugby —1E 198
St John's Clo. Cann —1D 14
St John's Clo. Kidd —3J 149
St John's Clo. Know —3H 161
St John's Clo. Lich —3H 19
St Johns Clo. Nun —1L 77
St John's Clo. Swind —7D 62
St John's Clo. Wals —6F 26
St John's Clo. W Brom —7M 67
St Johns Ct. Brie H —7D 88 (off Hill St.)
St Johns Ct. Hth H —8L 9
St Johns Ct. Wals —8H 25
St John's Ct. Warw —2F 214
St Johns Dri. Shen —4F 28
St John's Flats. Ken —6G 191
St Johns Gro. Birm —6F 96
St Johns Hill. Shen —4F 28
St John's House. —2F 214
St John's Ho. W Brom —7J 67
St John's La. Long L —4G 171
St Johns Retail Pk. Wolv —8C 36 (6J 7)
St John's Rd. Cann —1D 14
St John's Rd. Dud —1L 89
St Johns Rd. Ess —6A 24
St John's Rd. Hale —5L 109
St John's Rd. Harb —3D 112
St Johns Rd. Lea S —3A 216
St John's Rd. O'bry —4J 91
St John's Rd. S'hll —4C 114
St Johns Rd. Stourb —3A 108
St John's Rd. Stour S —4G 175
St Johns Rd. Tip —2M 65
St John's Rd. Wals —1H 53 (WS2)
St John's Rd. Wals —4B 26 (WS3)
St Johns Rd. Wals —4G 27 (WS8)
St Johns Rd. W'bry —4C 52
St John's Sq. Wolv —8C 36 (6J 7)
St John's St. Cov —7D 144 (6D 6)
St John's St. Dud —4J 89
St John's St. Ken —6G 191
St John's St. Kidd —3J 149
St Johns St. Tam —4B 32
St Johns St. Wolv (off Victoria St.) —8C 36 (5J 7)
St John St. B'gve —7M 179
St John St. Lich —2H 19
St John St. Rugby —5A 172
St Johns Wlk. Birm —5K 69
St John's Way. Know —3J 161
St Johns Wood. Redn —4H 155
St Joseph's Av. Birm —4B 134
St Josephs Clo. Wals —5A 26
St Joseph's Ct. Wolv —3J 49
St Joseph's Rd. Birm —4J 95
St Joseph St. Dud —8K 65
St Judes Av. Stud —5J 209
St Jude's Clo. Birm —7M 135
St Judes Clo. S Cold —3M 57
St Jude's Cres. Cov —2K 167
St Judes Pas. Birm —8K 93 (7F 4)
St Jude's Rd. Wolv —6M 35
St Jude's Rd. W. Wolv —6M 35
St Just's Rd. Cov —5M 145
St Katherines Rd. O'bry —7H 91
St Kenelms Av. Hale —8L 109
St Kenelm's Clo. W Brom —7M 67
St Kenelm's Pass. Clent —5G 131
St Kenelm's Rd. Rom —3K 131
St Kilda's Rd. Birm —5E 94
St Laurence Av. Warw —4D 214
St Laurence Clo. A'chu —3B 182
St Laurence M. Birm —6A 134
St Laurence Rd. Birm —4B 134
St Lawrence Clo. Know —4H 161
St Lawrence Dri. Cann —7H 9
St Lawrences Rd. Ansl —5H 77
St Lawrence's Rd. Cov —8F 122
St Lawrence Way. W'bry —2D 52
St Leonard's Clo. Birm —2G 117
St Leonards Sq. Clent —6F 130
St Leonards Vw. Pole & Dord —1M 47
St Leonard's Wlk. Ryton D —8A 168
St Loye's Clo. Hale —2D 110
St Luke's Clo. Cann —1C 14
St Lukes Clo. Row R —5B 90
St Luke's Cotts. Redd —8D 204
St Luke's Rd. Birm —1K 113 (in two parts)
St Luke's Rd. Burn —3J 17
St Luke's Rd. Cov —6D 122
St Luke's Rd. W'bry —6G 53 (in two parts)
St Lukes St. Crad H —8K 89
St Luke's Ter. Dud —1G 89
St Luke's Way. Nun —5C 78
St Margaret Rd. Cov —7F 144
St Margaret's. S Cold —6C 42
St Margarets Av. Birm —3H 95
St Margarets Dri. Hale —7M 109
St Margaret's Rd. Birm —3G 95
St Margaret's Rd. Gt Barr —7F 54
St Margaret's Rd. Lea S —4B 216
St Margarets Rd. Lich —7H 13
St Margarets Rd. Sol —8L 115
St Margaret's Rd. Tam —2B 32
St Margarets Rd. Wals —5A 26
St Mark's Av. Rugby —2J 197
St Mark's Clo. Nun —5C 78
St Mark's Clo. Ullen —5J 207
St Marks Cres. Birm —6G 93 (4A 4)
St Mark's La. Lea S —8L 211
St Mark's M. Lea S —8L 211
St Marks Rd. Bwnhls —4G 27
St Mark's Rd. Burn —3J 17
St Marks Rd. Dud —7M 65
St Mark's Rd. Lea S —8K 211
St Mark's Rd. Pels —5A 26
St Marks Rd. Smeth —6K 91
St Marks Rd. Stourb —4D 108
St Marks Rd. Tip —1M 65
St Mark's Rd. Wolv (in two parts) —8A 36 (5G 7)

St Marks St.—Schoolfield Gro.

St Marks St. Birm —6H 93 (3A 4)
St Mark's St. Wolv —8B 36 (5G 7)
St Martin's. Hinc —3K 81
St Martin's Av. Stud —5K 209
St Martin's Cir. Queensway. Birm —7L 93 (6G 5)
St Martin's Clo. W Brom —7M 67
St Martins Clo. Wolv —3E 50
St Martins Dri. Tip —4A 66
St Martins La. Birm —7L 93 (6H 5)
St Martin's Rd. Cov —5C 166
St Martin's Rd. S Cold —4M 57
St Martin's St. Birm —8H 93 (8B 4)
St Martin's Ter. Bils —5L 51
St Mary's Abbey. —4E 190
St Mary's Av. Barw —4F 84
St Mary's Clo. Birm —5K 71 (B24)
St Marys Clo. Birm —6H 115 (B27)
St Marys Clo. Dud —1F 64
St Mary's Clo. Ullen —6J 207
St Marys Clo. Warw —1D 214
St Mary's Ct. Barw —3G 85
St Marys Ct. Brie H —7D 88
St Mary's Ct. Nun —4H 79
St Mary's Ct. W'hall —7A 38 (off Wolverhampton St.)
St Mary's Cres. Lea S —2B 216
St Mary's Guildhall. —7D 144 (5D 6)
St Mary's La. Stourb —6B 108
St Mary's Mobile Home Pk. Wyt —7L 157
St Mary's Ringway. Kidd —3K 149
St Mary's Rd. Fill —6E 100
St Mary's Rd. Harb —4C 112
St Mary's Rd. Hinc —1K 81
St Mary's Rd. Lea S —2B 216
St Marys Rd. Lich —6H 13
St Mary's Rd. Nun —4H 79
St Mary's Rd. Smeth —8M 91
St Mary's Rd. W'bry —6F 52
St Mary's Row. Birm —6L 93 (3G 5)
St Marys Row. Mose —6M 113
St Mary's St. Wolv —7D 36 (3K 7)
St Mary's Ter. Lea S —2B 216
St Mary St. Cov —7D 144 (5D 6)
St Mary's Vw. Birm —1D 70
St Marys Way. Tam —5E 32
St Marys Way. Wals —4G 41
St Matthew Clo. Cann —4A 10
St Matthew's Av. Burn —2M 17
St Matthew's Clo. Nun —5C 78
St Matthew's Clo. Pels —4B 26
St Matthews Clo. Wals —8M 39
St Matthew's Rd. Burn —2L 17
St Matthews Rd. O'bry —7G 91 (in two parts)
St Matthews Rd. Smeth —4C 92
St Matthews St. Rugby —6A 172
St Matthews St. Wolv —8F 36
St Mawes Rd. Pert —6F 34
St Mawgan Clo. Birm —5C 72
St Michael Rd. Lich —8J 13
St Michael's Clo. Arly —1G 101
St Michael's Clo. Ufton —8M 217
St Michaels Clo. Wals —7A 26
St Michael's Clo. W Weth —2J 213
St Michaels Clo. Wood E —8J 47
St Michaels Ct. W Brom —6J 67
St Michaels Ct. Wolv —4L 35
St Michaels Cres. O'bry —5F 90
St Michaels Dri. Cann —4A 10
St Michael's Gro. Dud —8A 66
St Michael's Hill. Birm —2G 93
St Michael's M. Tiv —7A 66
St Michael's Rd. Birm —2G 93
St Michael's Rd. Cov —6G 145
St Michael's Rd. Dud —4M 63
St Michael's Rd. S Cold —1F 70
St Michaels Rd. Warw —1C 214
St Michael St. Wals —1L 53
St Michael St. W Brom —6J 67
St Michael's Way. Nun —5C 78
St Michaels Way. Tip —6A 66
St Nicholas Av. Ken —6F 190
St Nicholas Chu. St. Warw —3F 214
St Nicholas Clo. Cov —5C 144 (1B 6)
St Nicholas Clo. Wals —5A 26
St Nicholas Ct. Birm —7F 134
St Nicholas Ct. Cov —2F 144 (nr. Crabmill La.)
St Nicholas Ct. Cov —3B 144 (nr. Radford Rd.)
St Nicholas Gdns. Birm —7F 134
St Nicholas Rd. Rad S —4F 216
St Nicholas St. Cov —5C 144 (1B 6)
St Nicholas Ter. Rad S —5E 216
St Nicholas Wlk. Curd —3H 73
St Nicolas Park. —2M 79
St Nicolas Pk. Dri. Nun —2L 79
St Nicolas Rd. Nun —4K 79
St Osburgh's Rd. Cov —6G 145
St Oswalds Clo. Kidd —1M 149
St Oswald's Rd. Birm —1E 114
St Patrick Clo. Cann —4A 10
St Patricks Clo. Birm —4L 135
St Patricks Ct. Kidd —8H 149
St Patricks Rd. Cov —7C 144 (7C 6)
St Paul's Av. Birm —4A 114
St Paul's Av. Kidd —3G 149
St Paul's Clo. Cann —8H 9
St Paul's Clo. Wals —7L 39
St Paul's Clo. Warw —3D 214
St Pauls Ct. Birm —5J 93 (2D 4)
St Paul's Ct. Dost —5C 46
St Pauls Ct. Row R —8D 90
St Pauls Ct. Wat O —6H 73
St Paul's Cres. Col —2M 97
St Paul's Cres. Wals —5B 26
St Paul's Cres. W Brom —2E 66
St Pauls Dri. Hale —8D 90
St Pauls Dri. Tip —5B 66
St Paul's Gdns. Hinc —8E 84
St Paul's Rd. Birm —3M 113
St Paul's Rd. Burn —3J 17
St Paul's Rd. Cann —6L 9
St Paul's Rd. Cov —3E 144
St Paul's Rd. Dud —4K 89
St Paul's Rd. Nun —6C 78
St Paul's Rd. Smeth —2K 91
St Paul's Rd. W'bry —4H 53
St Paul's Sq. Birm —6J 93 (3D 4)
St Pauls Sq. Lea S —8A 212
St Paul's St. Wals —7L 39
St Pauls Ter. Birm —5J 93 (2D 4)
St Paul's Ter. Warw —3D 214
St Peters Clo. Birm —3D 136
St Peter's Clo. Redd —4E 208
St Peter's Clo. Ston —5L 27
St Peter's Clo. S Cold —6H 57
St Peters Clo. Tam —8C 32
St Peter's Clo. Tip —5D 66
St Peters Clo. Wat O —7H 73
St Peters Clo. Wolv —7C 36 (3J 7)
St Peters Ct. Blox —8H 25
St Peter's Dri. Gall C —5M 77
St Peter's Dri. Wals —5A 26
St Peters La. Sol —8K 117
St Peter's Rd. Burn —3J 17
St Peters' Rd. Cann —5K 9
St Peter's Rd. Dud —3K 89
St Peter's Rd. Hand —8J 69
St Peter's Rd. Harb —4B 112
St Peter's Rd. Lea S —1M 215
St Peter's Rd. Rugby —7C 172
St Peters Rd. Stourb —8C 108
St Peter's Sq. Wolv —7C 36 (3J 7)
St Peters Ter. Wals —5L 39
St Philips Av. Wolv —2M 49
St Philips Gro. Wolv —2M 49
St Philips Pl. Birm —6L 93 (4G 5)
St Phillips Ct. Col —2A 98
St Quentin St. Wals —1J 53
St Richards Clo. Wych —8E 200
St Richards Rd. Wych —8E 200
St Saviours Clo. Wolv —3F 50
St Saviour's Rd. Birm —5D 94
St Silas' Sq. Birm —2H 93
St Simons Clo. S Cold —3M 57
St Stephens Av. W'hall —7M 37
St Stephens Ct. Cann —5J 9
St Stephen's Ct. W'hall —8M 37
St Stephen's Gdns. Redd —4F 204
St Stephens Gdns. W'hall —7A 38
St Stephen's Rd. Burn —3J 17
St Stephens Rd. S Oak —1H 135
St Stephens Rd. W Brom —1B 92
St Stephen's St. Birm —3L 93
Saints Way. Nun —4K 79
St Thomas' Clo. A'rdge —8H 27
St Thomas Clo. S Cold —4M 57
St Thomas Clo. Wals —3L 39
St Thomas' Ct. Cov —7B 144
St Thomas Dri. Cann —4A 10
St Thomas Ho. Cov —7B 144 (off Gordon St.)
St Thomas' Rd. Birm —6D 70
St Thomas Rd. Cov —6G 123
St Thomas's Clo. Nun —6C 78
St Thomas St. Dud —4J 89
St Thomas St. Stourb —4M 107
St Valentines Clo. W Brom —7M 67
St Vincent Cres. W Brom —3F 66
St Vincent St. Birm —7H 93 (5A 4)
St Vincent St. W. Birm —7G 93 (6A 4)
Saladin Av. O'bry —4E 90
Salcombe Av. Birm —4C 116
Salcombe Clo. Cann —2C 14
Salcombe Clo. Cov —3K 167
Salcombe Clo. Nun —4M 79
Salcombe Dri. Brie H —2C 108
Salcombe Gro. Bils —8K 51
Salcombe Rd. Smeth —4B 92
Saldavian Ct. Wals —3H 53
Salem Rd. Hinc —4M 81
Salem St. Tip —4D 66
Salford Circ. Birm —8D 70
Salford Clo. Cov —4G 145
Salford Clo. Redd —3H 209
Salford St. Birm —1C 94
Salford Trad. Est. Birm —1C 94
Salisbury Av. Cov —3C 166
Salisbury Av. Nun —2B 78
Salisbury Clo. Birm —5L 113
Salisbury Clo. Dud —6F 64
Salisbury Clo. Lich —6J 13
Salisbury Ct. Sol —5C 138
Salisbury Dri. Cann —8H 9
Salisbury Dri. Kidd —3F 148
Salisbury Dri. Nun —2B 78
Salisbury Dri. Wat O —6J 73
Salisbury Gro. S Cold —2J 71
Salisbury Pl. Ind. Est. Wolv (off Rosebery St.) —8B 36
Salisbury Rd. B'fld —1K 93
Salisbury Rd. Hinc —2A 82
Salisbury Rd. Mose —5L 113
Salisbury Rd. Salt —4E 94
Salisbury Rd. Smeth —5B 92
Salisbury Rd. W Brom —8L 67
Salisbury St. W'bry —2E 52
Salisbury St. Wolv —8B 36
Salisbury Tower. Birm —6G 93 (3A 4)
Sallow Gro. Wals —8F 16
Sally Ward Dri. Wals —5G 27
Salop Clo. W Brom —3H 67
Salop Dri. Cann —1F 14
Salop Dri. O'bry —7J 91
Salop Rd. O'bry —6J 91
Salop Rd. Redd —7D 204
Salop St. Bils —5L 51
Salop St. Birm —1M 113
Salop St. Dud —7H 65
Salop St. O'bry —8E 66
Salop St. Wolv —8C 36 (5H 7)
Salstar Clo. Birm —3L 93
Saltash Gro. Birm —8J 95
Saltbrook Rd. Hale —3F 108 (in two parts)
Saltbrook Trad. Est. Hale —2G 109
Salter Rd. Tip —2M 65
Salter's La. Redd —5A 204
Salters La. Tam —3B 32
Salter's La. W Brom —5L 67
Salter's Rd. Wals —5G 27
Salter Street. —7J 159
Salter St. Earls & H'ley H —2J 185
Salters Va. W Brom —8L 67
Saltisford. Warw —2D 214
Saltisford Gdns. Warw —1D 214
Salt La. Cov —7C 144 (5C 6)
Saltley. —5D 94
Saltley Bus. Pk. Salt —3D 94
Saltley Ind. Est. Birm —6C 94
Saltley Rd. Birm —4B 94
Saltley Trad. Est. Birm —3D 94
Saltley Viaduct. Birm —4C 94
Saltney Clo. Birm —4K 71
Salts La. Dray B —4L 45
Saltwells. Brie H —7G 89
Saltwells La. Brie H —7F 88
Saltwells Rd. Dud —7H 89
Saltwells Wood Nature Reserve. —6G 89
Salwarpe Gro. Birm —7M 111
Salwarpe Rd. B'gve —1L 201
Sam Barber Ct. Hth H —8L 9
Sambar Rd. Faz —8M 31
Sambourn Clo. Sol —3E 138
Sambourne. —8H 209
Sambourne Dri. Birm —2D 96
Sambourne La. A'wd B & Sam —8E 208
Sambourne Pk. Sam —8G 209
Sambrook Rd. Wolv —3G 37
Sam Gault Clo. Birm —2M 167
Sammons Way. Cov —8D 142
Sampson Clo. Birm —8C 68
Sampson Clo. Cov —8J 123
Sampson Clo. Tiv —2C 90
Sampson Rd. Birm —2B 114
Sampson Rd. N. Birm —1B 114
Sampson St. W'bry —6H 53
Sams La. W Brom —7J 67
Sam Spencer Ct. Harv —8G 151
Samuel Clo. Lich —7J 13
Samuel Hayward Ho. Cov (off Roseberry Av.) —8H 123
Samuel Johnson Birthplace Mus. —1H 19
Samuels Rd. Birm —4G 111
Samuel St. Wals —8H 25
Samuel Va. Ho. Cov —5C 144 (2B 6)
Sanda Cft. Birm —3H 97
Sandalls Clo. Birm —8K 133
Sandal Ri. Sol —6E 138
Sandals Ri. Hale —6D 110
Sandalwood Clo. W'hall —1B 38
Sandbank. Wals —8G 25
Sandbarn Clo. Shir —3M 159
Sandbeds Rd. W'hall —5C 38
Sandbourne Dri. Bew —6C 148
Sandbourne Rd. Birm —5G 95
Sandby Clo. Bed —5G 103
Sandcroft, The. Birm —8D 96
Sanderling Clo. F'stne —2H 23
Sanderling Ct. Kidd —8A 150
Sanderling Ri. Burn —1H 17
Sanderling Ri. K'wfrd —3A 88
Sanders Clo. Dud —2L 89
Sanders Clo. Redd —5A 204
Sanders Ct. Warw —1J 215
Sanders Ind. Est. B'gve —8L 179
Sanderson Ct. Kidd —4J 149
Sanders Rd. B'gve —8L 179
Sanders Rd. Cov —3H 123
Sanders St. Tip —4B 66
Sandfield. Smeth —2L 91
Sandfield Bri. K'wfrd —8B 64
Sandfield Clo. Shir —1G 159
Sandfield Gro. Dud —7B 64
Sandfield Rd. Stourb —7M 87
Sandfield Rd. W Brom —8L 53
Sandfields. —4G 19
Sandfields Av. Birm —1B 114
Sandfields Rd. O'bry —7J 91
Sandford Av. Row R —6C 90
Sandford Clo. Ald I —6K 123
Sandford Ri. Wolv —3L 35
Sandford Rd. Birm —5A 114
Sandford Rd. Dud —8E 64
Sandford St. Lich —2H 19
Sandford Wlk. Birm —4M 113
Sandford Way. Dunc —6J 197
Sandgate Cres. Cov —7K 145
Sandgate Rd. Birm —5F 136
Sandgate Rd. Tip —1A 66
Sandhill Farm Clo. Birm —2K 93
Sandhills Cres. Sol —1B 160
Sandhills Grn. B Grn & A'chu —1L 181
Sandhills La. B Grn —2K 181
Sandhills Rd. B Grn —1K 181
Sandhill St. Wals —8G 25
Sandhurst Av. Birm —3K 95
Sandhurst Av. Stourb —7D 108
Sandhurst Clo. Redd —3J 205
Sandhurst Dri. Wolv —5A 50
Sandhurst Gro. Cov —4B 144
Sandhurst Gro. Stourb —6L 87
Sandhurst Rd. Birm —7L 113
Sandhurst Rd. K'wfrd —5A 88
Sandhurst Rd. S Cold —4F 42
Sandicliffe Clo. Kidd —1J 149
Sandilands Clo. Cov —5L 145
Sandland Clo. Bils —3M 51
Sandland Rd. W'hall —1D 38
Sandmartin Clo. Dud —7J 89
Sand Martin Way. Kidd —7A 150
Sandmere Gro. Birm —6D 136
Sandmere Ri. Wolv —8E 22
Sandmere Rd. Birm —6D 136
Sandon Clo. Redd —6G 205
Sandon Gro. Birm —5H 71
Sandon Rd. Nun —4H 79
Sandon Rd. Smeth & Birm —7A 92
Sandon Rd. Stourb —5F 108
Sandon Rd. Wolv —7B 22
Sandown. Amin —4F 32
Sandown Av. Cov —7F 122
Sandown Av. Wals —6E 14
Sandown Clo. Burn —8F 10
Sandown Clo. Cann —3A 10
Sandown Clo. Lea S —5C 212
Sandown Dri. Pert —5F 34
Sandown Rd. Birm —1K 95
Sandown Rd. Rugby —5C 172
Sandown Tower. Birm —8A 134
Sandpiper. Wiln —4G 47
Sandpiper Clo. Hed —2J 9
Sandpiper Clo. Kidd —7B 150
Sandpiper Clo. Stourb —4F 108
Sandpiper Gdns. Birm —2F 156
Sandpiper Rd. Ald G —6H 123
Sandpit Clo. W'bry —7L 53
Sand Pits. Birm —6H 93 (4B 4)
Sandpits Clo. Curd —3H 73
Sandpits Ind. Est. Birm —6H 93 (4B 4)
Sandpits La. Ker E & Cov —7L 121
Sandpits, The. Birm —1E 134
Sandpits, The. Bulk —7C 104
Sandra Clo. Wals —4H 41
Sandringham Av. Earl S —2K 85
Sandringham Av. W'hall —2B 38
Sandringham Clo. Burn —8E 10
Sandringham Ct. Nun —3F 78
Sandringham Dri. Row R —5C 90
Sandringham Dri. Wals —8H 27
Sandringham Pl. Stourb —8K 87
Sandringham Rd. Birm —3H 69
Sandringham Rd. Hale —2B 110
Sandringham Rd. Stourb —8J 87
Sandringham Rd. Wolv —5A 50
Sandringham Rd. Wom —3F 62
Sandringham Way. Brie H —1C 108
Sandstone Av. Redn —1G 155
Sandstone Clo. Dud —5D 64
Sandstone Ct. Wiln —2G 47
Sandstone Rd. Bew —6C 148
Sand St. W Brom —5E 66
Sandway Gdns. Birm —3D 94
Sandway Gro. Birm —2C 136
Sandwell. —1A 92
Sandwell Av. W'bry —4B 52
Sandwell Bus. Development Cen. Smeth —2J 91
Sandwell Bus. Pk. Smeth —1J 91
Sandwell Cen. W Brom —6K 67 (in two parts)
Sandwell Ind. Est. Smeth —1J 91
Sandwell Pk. Farm & Mus. —6M 67
Sandwell Pl. Smeth —1A 92
Sandwell Pl. W'hall —2D 38
Sandwell Rd. Birm —8D 68
Sandwell Rd. W Brom —5J 67
Sandwell Rd. Wolv —8B 22
Sandwell Rd. N. W Brom —5K 67
Sandwell Rd. Pas. W Brom —5J 67
Sandwell St. Wals —1M 53
Sandwell Valley Bird Sanctuary. —3C 68
Sandwell Valley Country Pk. —6M 67
Sandwell Wlk. Wals —1M 53
Sandwick Clo. Cov —1M 167
Sandwood Dri. Birm —1M 69
Sandyacre Way. Stourb —4B 108
Sandy Bank. Bew —6A 148
Sandy Cres. Hinc —8B 84
Sandy Cres. Wolv —1A 38
Sandy Cft. Birm —2C 136
Sandycroft. S Cold —6J 57
Sandyfields Est. Dud —2C 64
Sandyfields Rd. Dud —4M 63
Sandygate Clo. Redd —7M 203
Sandy Gro. Bwnhls —8F 16
Sandy Hill Ri. Shir —4G 137
Sandy Hill Rd. Shir —5G 137
Sandy Hollow. Wolv —7J 35
Sandy La. Aston —2B 94
Sandy La. B'dwn —3L 211
Sandy La. Blak —1H 151
Sandy La. Cann —8A 8 (in two parts)
Sandy La. Cod —4F 20
Sandy La. Col —5L 75
Sandy La. Cov —4C 144 (1B 6)
Sandy La. Fill —6F 100
Sandy La. Gt Barr —1J 69
Sandy La. Kidd —8F 126 (in two parts)
Sandy La. Kinv —1M 127
Sandy La. New B —6L 171
Sandy La. Stourb —5K 107
Sandy La. Stour S —8H 175
Sandy La. Tett —3L 35
Sandy La. W'bry —6M 53
Sandy La. Wild & L Ash —4K 153
Sandy La. Wolv & Bush —8E 22
Sandy La. Bus. Pk. Cov —4C 144 (1B 6)
Sandy La. Ind. Est. Stour S —8H 175
Sandy Mt. Wom —2H 63
Sandymount Rd. Wals —1M 53
Sandy Rd. Stourb —8K 107
Sandys Gro. Tip —4L 65
Sandythorpe. Cov —3L 167
Sandy Wlk. Hinc —7A 84
Sandy Way. Amin & Tam —6G 33
Sandy Way. Birm —8H 93 (7B 4)
Sangwin Rd. Bils —2J 65
Sankey Rd. Cann —6F 8
Sansome Ri. Shir —7F 136
Sansome Rd. Shir —7F 136
Sanstone Clo. Wals —6J 25
Sanstone Rd. Wals —6H 25
Santa Maria Way. Stour S —6H 175
Santolina Dri. Wals —6A 54
Santos Clo. Bin —1M 167
Santridge Ct. B'gve —5A 180 (off Bewell Head)
Santridge La. B'gve —5A 180
Sant Rd. Birm —2B 156
Sapcote Gro. Cov —5H 123
Sapcote Rd. Burb & Hinc —1A 82
Sapcote Rd. S Stan —1L 83
Sapcote Trad. Est. Crad H —6M 89
Saplings, The. S Cold —1A 72
Sapphire Ct. Birm —5J 93 (2D 4)
Sapphire Ct. Cov W —8B 124
Sapphire Ct. Sol —8M 115
Sapphire Dri. Cann —7J 9
Sapphire Dri. Lea S —4M 215
Sapphire Ga. Cov —7J 145
Sapphire Tower. Aston —3M 93 (off Park La.)
Saracen Dri. Bal C —3E 162
Sara Clo. S Cold —6G 43
Sarah Clo. Bils —8L 51
Sarah Gdns. Wals —5M 53
Sarah Seager Clo. Stour S —3E 174
Sarah St. Birm —7B 94
Saredon Clo. Pels —8A 26
Saredon Rd. C Hay —5B 14
Sarehole Rd. Birm —2D 136
Sarehole Watermill. —1D 136
Sargeaunt St. Lea S —2M 215
Sargent Clo. Birm —5K 55
Sargent Ho. Birm —7H 93 (5B 4)
Sargent's Hill. Wals —3C 54
Sark Dri. Birm —3H 97
Satchwell Ct. Lea S —1M 215
Satchwell Pl. Lea S —2A 216
Satchwell Wlk. Lea S —1M 215
Saturn Rd. Cann —4F 8
Saumur Way. Warw —3J 215
Saunders Av. Bed —7H 103
Saunders Clo. Cann —3M 9
Saunton Clo. Alle —8H 121
Saunton Rd. Rugby —8L 171
Saunton Rd. Wals —6G 25
Saunton Way. Birm —8C 112
Saveker Dri. S Cold —5L 57
Savernake Clo. Redn —7G 133
Saville Clo. Hinc —6E 84
Saville Clo. Redn —2H 155
Saville Gro. Ken —3J 191
Savoy Clo. Birm —4M 111
Saw Mill Clo. Wals —6L 39
Sawpits La. Lit H —8K 29
Saxelby Clo. Birm —7L 135 (in two parts)
Saxelby Ho. Birm —7L 135
Saxon Bus. Pk. S Prior —7L 201
Saxon Clo. Bin W —2D 168
Saxon Clo. Pole —8M 33
Saxon Clo. Stud —4L 209
Saxon Clo. Wals —7G 15
Saxon Clo. Wiln —3F 46
Saxon Ct. Lich —2E 18
Saxon Ct. Wolv —4J 35
Saxondale Av. Birm —3M 115
Saxon Dri. Row R —5C 90
Saxon Dri. Tam —5C 32
Saxonfields. Wolv —4J 35
Saxon Meadows. Lea S —7J 211
Saxon Mill La. Tam —4C 32
Saxon Rd. Cov —5H 145
Saxons Way. Birm —7A 136
Saxon Wlk. Lich —2E 18
Saxon Way. Birm —6F 96
Saxon Wood Clo. Birm —5A 134
Saxon Wood Rd. Shir —4K 159
Saxton Dri. S Cold —3F 42
Sayer Ho. Birm —3K 93
Scafell. Rugby —2D 172
Scafell Clo. Cov —5G 143
Scafell Dri. Bils —2M 51
Scafell Dri. Birm —4D 70
Scafell Rd. Stourb —3B 108
Scaife Rd. B'gve —2B 202
Scammerton. Wiln —2H 47
Scampton Clo. Wolv —4E 34
Scampton Way. Tam —1C 32
Scar Bank. Warw —8E 210
Scarborough Clo. Wals —1H 53
Scarborough Rd. Wals —1H 53
Scarborough Way. Cov —2F 164
Scarfield Hill. A'chu —4K 181
Scarman Ho. Cov —4H 165
Scarman Rd. Cov —4H 165
Scarsdale Rd. Birm —1K 69
Schofield Av. W Brom —1H 67
Schofield Rd. Birm —4G 97
Scholars Ga. Birm —7B 96
Scholars Ga. Burn —3K 17
Scholefield Tower. Birm —4K 93 (off Uxbridge St.)
Scholfield Rd. Ker E —3A 122
Schoolacre Ri. S Cold —8L 41
Schoolacre Rd. Birm —3B 96
School Av. Wals —1J 39 (WS3)
School Av. Wals —1F 26 (WS8)
School Bell M. S'lgh —3B 192
School Clo. Birm —3G 97
School Clo. Burb —3A 82
School Clo. Burn —1D 16
School Clo. Cann —3A 16
School Clo. Cov —7F 144
School Clo. Tiv —2C 90
School Clo. Try —1C 62
School Clo. Wolv —2H 49
School Ct. Cann —3J 9
School Cres. Cann —3A 16
School Cft. Beau —7J 189
School Dri. Bils —7A 52
School Dri. B'gve —7A 180
School Dri. Stourb —1M 107
School Dri. Wyt —6A 158
School Dri., The. Dud —2K 89
Schoolfield Gro. Rugby —6M 171

Schoolfields Rd.—Sherbourne Cres.

Schoolfields Rd. Shen —4G 29
School Gdns. Rugby —8G 173
Schoolgate Clo. Birm —3G 95
Schoolgate Clo. Shelf —8D 26
School Grn. Bils —1J 51
School Hill. Nun —2A 78
School Hill. Off —1H 217
Schoolhouse Clo. Birm —7H 135
School Ho. La. Cov —3A 146
School La. A'chu —4B 182
School La. Beau —7H 189
School La. Brie H —5B 88
School La. Buc E —2B 96
School La. Burn —1D 16
School La. Dost —4D 46
School La. Exh —2E 122
School La. Gall C —3L 77
School La. Gent —4G 11
School La. Hag —3D 130
School La. Hale —7M 109
School La. Hints —6D 30
School La. Hon & Wrox —3E 188
School La. Hop —2H 31
School La. H'ham —5L 213
School La. Ken —4F 190
School La. Kitts G —8M 95
School La. Lea M —2A 74
School La. L End —3B 180
School La. Pels —7L 15 (nr. Gorsey La.)
School La. Pels —5M 25 (nr. Wolverhampton Rd.)
School La. Rad S —4E 216
School La. Sharn —5J 83
School La. Shut —2M 33
School La. Sol —4D 138
School La. Stret D —3F 194
School La. U War —6F 200
School La. Wolv —8C 36 (5H 7) (WV3)
School La. Wolv —7D 22 (WV10)
School La. Wlvy —5L 105
School Pas. Brie H —8G 89
School Rd. Brie H —7G 89
School Rd. Bulk —7B 104
School Rd. Cann —3A 16
School Rd. Hall G —1F 136
School Rd. Himl —6H 63
School Rd. H'ley H —1M 185
School Rd. Mose —8M 113
School Rd. Redn —3E 154
School Rd. Shir —7H 137
School Rd. Tett W —5G 35
School Rd. Try —1C 62
School Rd. W'bry —7K 53
School Rd. Wed —3H 37
School Rd. Wom —2H 63
School Rd. Wych —8E 200
School Rd. Yard W —5B 136
School St. Bils —1J 65
School St. Brie H —2D 88
School St. Chu L —4B 170
School St. Crad H —8K 89
School St. Darl —3C 52
School St. Dud —8H 65 (in two parts)
School St. Dunc —6J 197
School St. Hillm —8G 173
School St. Long L —5G 171
School St. Sed —1E 64
School St. Stourb —3M 107
School St. Tam —5E 32
School St. Wals —8D 26
School St. W'bry —4D 52 (in two parts)
School St. W'hall —7M 37
School St. Wols —6G 169
School St. Wolv —8C 36 (5H 7)
School St. W. Bils —1J 65
School Ter. Birm —7F 112
School Wlk. Bils —1J 51
School Wlk. Burn —1D 16
School Wlk. Nun —7L 79
Scimitar Clo. Tam —2L 31
Scorers Clo. Shir —3H 137
Scotchill, The. Cov —8A 122
Scotchings, The. Birm —1L 95
Scotch Orchard. Lich —8K 13
Scotia Rd. Cann —6D 8
Scotland La. Birm —1H 133
Scotland Pas. W Brom —6K 67
Scotlands. —1G 37
Scotland St. Birm —6J 93 (4C 4)
Scots Clo. Rugby —2J 197
Scots La. Cov —3M 143
Scott Arms Shop. Cen. Gt Barr —8F 54
Scott Av. Nun —1K 79
Scott Av. W'bry —7H 53
Scott Av. Wolv —5L 49
Scott Clo. Lich —3H 19
Scott Clo. W Brom —4K 67
Scott Gro. Sol —6L 115
Scott Ho. Birm —2F 68
Scott Rd. Birm —7F 54
Scott Rd. Ken —7E 190
Scott Rd. Lea S —3B 216
Scott Rd. Redd —1C 208
Scott Rd. Sol —6L 115
Scott Rd. Tam —5E 32
Scott Rd. Wals —3D 54
Scott's Green. —1G 89
Scotts Grn. Clo. Dud —1F 88
Scott's Rd. Stourb —3M 107
Scott St. Cann —6L 9
Scott St. Tip —4C 66
Scott Way. Burn —8F 10
Scotwell Clo. Row R —6B 90
Scout Clo. Birm —7C 96
Scribbans Clo. Smeth —5B 92
Scriber's La. Brie H —5E 136
Scrimshaw Ho. Wals —2J 53 (off Pleck Rd.)
Sculthorpe Rd. Blak —7H 129
Seabroke Av. Rugby —6M 171
Seacroft Av. Birm —8L 95
Seafield. Amin —4F 32
Seafield Clo. K'wfrd —5L 87
Seafield La. A'chu & Beo —3L 183
Seaford Clo. Cov —5H 123
Seaforth Dri. Hinc —8A 84
Seaforth Gro. W'hall —8B 24
Seagar St. W Brom —5L 67
Seagers La. Brie H —7D 88
Seagrave Rd. Cov —7E 144 (6F 6)
Seagull Bay Dri. Cose —8K 51
Sealand Dri. Bed —6G 103
Seal Clo. S Cold —5L 57
Seals Grn. Birm —2D 156
Seamless Dri. Wolv —5K 37
Sear Hills Clo. Bal C —3H 163
Seathwaite. Rugby —2C 172
Seaton. Tam —1F 46
Seaton Clo. Hinc —2A 82
Seaton Clo. Nun —4M 79
Seaton Clo. Wolv —4M 37
Seaton Gro. Birm —8K 113
Seaton Pl. Stourb —7J 87
Seaton Rd. Smeth —4B 92
Seaton Tower. Birm —7J 133
Sebastian Clo. Cov —4H 167
Sebright Grn. Kidd —6J 127
Sebright Rd. Kidd —6H 127
Sebright Wlk. Kidd —6J 127
Seckham Rd. Lich —1G 19
Second Av. Bord G —8E 94
Second Av. Cov —8J 145
Second Av. K'wfrd —2M 87
Second Av. S Oak —6H 113
Second Av. Wals —8G 17
Second Av. Witt —6M 69
Second Av. Wolv —2E 36
Second Exhibition Av. Birm —4K 117
Security Ho. Wolv —5J 7
Sedge Av. Birm —6F 134
Sedgeberrow Covert. Birm —1E 156
Sedgeberrow Rd. Hale —7A 110
Sedgefield Clo. Dud —6E 64
Sedgefield Gro. Pert —5F 34
Sedgeford Clo. Brie H —1D 108
Sedgehill Av. Birm —5B 112
Sedgemere Gro. Bal C —4J 163
Sedgemere Gro. Wals —1C 40
Sedgemere Rd. Birm —8M 95
Sedgemoor Av. Burn —4H 17
Sedgemoor Rd. Cov —4H 167
Sedgley. —8D 50
Sedgley Clo. Redd —5F 204
Sedgley Gro. Birm —5E 68
Sedgley Hall Av. Dud —1C 64
Sedgley Hall Est. Dud —8C 50
Sedgley Rd. Dud & Tip —3H 65
Sedgley Rd. Wolv —6L 49
Sedgley Rd. E. Tip —5A 66
Sedgley Rd. W. Tip —3K 65
Sedgley St. Wolv —2C 50
Sedlescombe Pk. Rugby —1M 197
Seed Fld. Cft. Cov —2D 166
Seedgreen Clo. Stour S —8E 174
Seedhouse Ct. Crad H —1A 110
Seeds La. Wals —1F 26
Seedymill La. Lich —2E 12
Seekings, The. W'nsh —6B 216
Seeleys Rd. Birm —4D 114
Seeney La. Mars —7B 60
Seeswood Clo. Nun —7C 78
Sefton Dri. Row R —3M 89
Sefton Gro. Tip —7C 52
Sefton Rd. Birm —7F 92
Sefton Rd. Cov —3L 165
Sefton Rd. Dost —4D 46
Segbourne Rd. Redn —1E 154
Segundo Clo. Wals —5M 53
Segundo Rd. Wals —5M 53
Seisdon. —6A 48
Seisdon Rd. Try —7A 48
Selba Dri. Kidd —3F 148
Selborne Clo. Wals —8A 40
Selborne Gro. Birm —4C 136
Selborne Rd. Birm —7G 69
Selborne Rd. Dud —2K 89
Selborne Rd. Rugby —1K 197
Selborne St. Wals —8A 40
Selbourne Cres. Wolv —8H 37
Selby Clo. Birm —8M 95
Selby Gro. Birm —4B 136
Selby Ho. O'bry —3D 90
Selby Way. Nun —4B 78
Selby Way. Wals —7E 24
Selcombe Way. Birm —2F 156
Selcroft Av. Birm —4L 111
Selecta Av. Birm —7K 55
Selina Dix Ho. Cov —2E 6
Selker Dri. Amin —4E 32
Selkirk Clo. W Brom —3J 67
Selly Av. Birm —7G 113
Selly Clo. Birm —7H 113
Selly Hall Cft. Birm —3G 135
Selly Hill Rd. Birm —7F 112
Selly Manor Mus. —2F 134
Selly Oak. —7D 112
Selly Oak Rd. Birm —2E 134
Selly Park. —7H 113
Selly Pk. Rd. Birm —6G 113
Selly Wharf. S Oak —7E 112
Selly Wick Dri. Birm —7H 113
Selly Wick Rd. Birm —7G 113
Sellywood Rd. Birm —1E 134
Selma Gro. Birm —4D 136
Selman's Hill. Wals —6J 25
Selman's Pde. Wals —7J 25
Selsdon Clo. Kidd —4H 149
Selsdon Clo. Wyt —4C 158
Selsdon Rd. Wals —6F 24
Selsey Av. Birm —6B 92
Selsey Clo. Cov —5J 167
Selsey Rd. Birm —6B 92
Selside. Rugby —2D 172
Selston Rd. Birm —2L 93
Selvey Av. Birm —6H 55
Selworthy Rd. Birm —2F 96
Selworthy Rd. Cov —6D 122
Selwyn Clo. Wolv —2C 50 (8J 7)
Selwyn Ho. Birm —6K 97
Selwyn Rd. Bils —3M 51
Selwyn Rd. Birm —6D 92
Selwyn Wlk. S Cold —5C 42
Semele Clo. Rad S —4E 216
Senate Ho. Cov —5H 165
Senator Ho. Shir —1L 159
Seneschal Rd. Cov —2E 166
Senior Clo. Ess —6A 24
Senneley's Pk. Rd. Birm —1L 133
Sennen Clo. Nun —4A 80
Sennen Clo. W'hall —8M 37
Sensall Rd. Stourb —6F 108
Sephton Dri. Longf —3J 123
Serin Clo. Kidd —8M 149
Serpentine Rd. Aston —8A 70
Serpentine Rd. Harb —3C 112
Serpentine Rd. S Oak —6G 113
Serpentine, The. Kidd —5J 149
Servite Ct. Birm —7A 136
Servite Ho. Ken —6F 190
Settle Av. Birm —3A 96
Settle Cft. Birm —8F 96
Setton Dri. Dud —2E 64
Seven Acres. Wals —4H 41
Sevenacres La. Redd —4J 205
Seven Acres Rd. Birm —8C 134
Seven Acres Rd. Hale —4G 111
Sevens Rd. Cann & Ruge —5C 10
Seven Star Rd. Sol —4A 138
Seven Stars Ind. Est. Cov —2G 167
Seven Stars Rd. O'bry —2G 91
Seven Valley Railway. —6C 148
Severn Av. Hinc —1G 81
Severn Clo. Birm —2F 96
Severn Clo. Cats —1A 180
Severn Clo. Lea S —6C 212
Severn Clo. Tip —4M 65
Severn Clo. W'hall —2A 38
Severn Ct. Birm —6B 70
Severn Dri. Brie H —2B 88
Severn Dri. Burn —3K 17
Severn Dri. Wolv —5E 34
Severne Gro. Birm —8J 115
Severne Rd. Birm —1J 137
Severn Gro. Birm —3C 114 (B11)
Severn Gro. Birm —2J 93 (B19, in two parts)
Severn Gro. Kidd —6H 149
Severnhills Dri. Stour S —8D 174
Severn Quay. Bew —6B 148
Severn Ri. Stour S —4E 174
Severn Rd. Bwnhls —7C 16
Severn Rd. Bulk —6A 104
Severn Rd. Cov —8F 144
Severn Rd. Hale —4H 109
Severn Rd. Stourb —6M 107
Severn Rd. Stour S —7G 175
Severn Rd. Wals —8L 25
Severn Side. Stour S —7G 175
Severnside Mill. Bew —6B 148
Severn Side N. Bew —6B 148
Severn Side S. Bew —6B 148
Severn St. Birm —8K 93 (7E 4)
Severn Tower. Birm —4B 94
Severn Way. Bew —3B 148
Severn Way. Wyt —7L 157
Sevington Clo. Sol —1C 160
Sewall Highway. Cov —1G 145
Seward Clo. Lich —3K 19
Seymour Clo. Birm —7G 113
Seymour Clo. Cov —4J 167
Seymour Clo. Wals —8D 14
Seymour Dri. Redd —4G 205
Seymour Gdns. S Cold —6E 42
Seymour Gro. Warw —3K 215
Seymour Pl. Ken —3E 190
Seymour Rd. Kidd —1H 149
Seymour Rd. Nun —6K 79
Seymour Rd. O'bry —2J 91
Seymour Rd. Rugby —3C 172
Seymour Rd. Stourb —4F 108
Seymour Rd. Tip —8C 52
Seymour St. Birm (B5) —6M 93 (5J 5)
Seymour St. Birm —2M 113 (B12)
Shackleton Dri. Wolv —4E 34
Shackleton Rd. Wals —7K 25
Shadowbrook La. H Ard —1K 139
Shadowbrook Rd. Cov —4A 144
Shadwell Dri. Dud —6D 64
Shadwell St. Birm —5K 93 (2F 4)
Shady La. Birm —7K 55
Shadymoor Dri. Brie H —1C 108
Shaftesbury Av. Hale —2H 109
Shaftesbury Av. Ker E —2A 122
Shaftesbury Av. Stourb —6C 108
Shaftesbury Clo. B'gve —7B 180
Shaftesbury Dri. Cann —2J 9
Shaftesbury Rd. Cov —1M 165
Shaftesbury Rd. W'bry —7H 53
Shaftesbury Sq. W Brom —4J 67
Shaftesbury St. W Brom —5J 67
Shaft La. Mer —5M 119
Shaftmoor Ind. Est. Hall G —7F 114
Shaftmoor La. Hall G & A Grn —7E 114
Shaftsbury Clo. Bils —2M 51
Shaftsbury Rd. Birm —4C 116
Shakespeare Av. Bed —7K 103
Shakespeare Av. Lich —3H 19
Shakespeare Av. Redd —7G 205
Shakespeare Av. Warw —4C 214
Shakespeare Clo. Bils —7K 51
Shakespeare Clo. Tam —3A 32
Shakespeare Cres. Wals —1L 39
Shakespeare Dri. Hinc —8C 84
Shakespeare Dri. Kidd —3A 150
Shakespeare Dri. Nun —8A 80
Shakespeare Dri. Shir —8G 137
Shakespeare Gdns. Rugby —1L 197
Shakespeare Gro. Cann —5D 8
Shakespeare Pl. Wals —2L 39
Shakespeare Rd. Birm —6B 70
Shakespeare Rd. Burn —1F 16
Shakespeare Rd. Dud —5A 64
Shakespeare Rd. Shir —8K 137
Shakespeare Rd. Smeth —5L 91
Shakespeare Rd. Tip —1A 66
Shakespeare St. Birm —4C 114
Shakespeare St. Cov —4H 145
Shakespeare St. Wolv —8E 36 (5M 7)
Shakleton Rd. Cov —7A 144
Shaldon Wlk. Smeth —4B 92
Shales, The. Wom —4E 62
Shale St. Bils —4J 51
Shalford Rd. Sol —5L 115
Shallcross La. Dud —6D 64
Shalnecote Gro. Birm —4J 135
Shambles. W'bry —7F 52
Shandon Clo. Birm —6M 111
Shanklin Dri. Nun —3K 79
Shanklin Rd. Cov —5H 167
Shanklyn Clo. Wals —6F 14
Shannon. Tam —1F 46
Shannon Dri. Wals —7C 16
Shannon Rd. Birm —2D 156
Shannons Mill. Tam —4A 32
Shannon Wlk. Wals —7C 16
Shanti Niketan. Wolv —8K 7
Shapfell. Rugby —2D 172
Shapinsay Dri. Redn —8F 132
Shard End. —2C 96
Shard End Cres. Birm —3C 96
Shardlow Rd. Wolv —1L 37
Shardway, The. Birm —4C 96
Sharesacre St. W'hall —6B 38
Sharington Clo. Dud —1L 89
Sharman Rd. Wolv —3E 36
Sharmans Cross. —6K 137
Sharmans Cross Rd. Sol —5L 137
Sharnbrook Gdns. Sharn —5J 83
Sharnford. —4J 83
Sharnford Rd. Aston F —3E 82
Sharnford Rd. Sap —2L 83
Sharon Clo. Wolv —4E 50
Sharon Way. Cann —6J 9
Sharp Clo. Cov —7B 122
Sharpe Clo. Warw —1E 214
Sharpe St. Tam —4G 33
Sharpless Rd. Hinc —2L 81
Sharpley Ct. Cov —1A 146
Sharps Clo. Redn —2G 155
Sharrat Fld. S Cold —7K 43
Sharratt Rd. Bed —7G 103
Sharrocks St. Wolv —8E 36 (6M 7)
Shatterford. —3C 126
Shaver's End. —6H 65
Shaw Av. Kidd —3B 150
Shawbank Rd. Redd —6H 205
Shawberry Av. Birm —6A 72
Shawberry Rd. Birm —4F 96
Shawbrook. —5A 158
Shawbrook Gro. Birm —6A 136
Shawbury Clo. Redd —6L 205
Shawbury Gro. Birm —1M 113
Shawbury Gro. Wolv —4E 34
Shawbury La. Col —7J 75
Shawbury Rd. Wolv —4F 36
Shaw Dri. Birm —7L 95
Shaw Dri. Burn —8G 11
Shawe Av. Nun —2J 79
Shawfield. H'wd —4A 158
Shaw Hall La. Cov H —2C 22
Shaw Hedge Rd. Bew —5C 148
Shawhellier Av. Brie H —7E 88
Shaw Hill Gro. Birm —5G 95
Shaw Hill Rd. Birm —5G 95
Shawhurst Cft. H'wd —2A 158
Shawhurst La. H'wd —4A 158
Shaw La. Hanch —1E 12
Shaw La. Lich —1G 19
Shaw La. Ruge —5G 11
Shaw La. S Prior —8F 200
Shaw La. Wolv —6H 35
Shaw La. Ind. Est. S Prior —7J 201
Shawley Cft. Birm —5L 115
Shaw Pk. Bus. Village. Wolv —3D 36
Shaw Rd. Bils —8H 51
Shaw Rd. B'hll —3C 50
Shaw Rd. Dud —2H 89 (in two parts)
Shaw Rd. Tip —5C 66
Shaw Rd. Wolv —3C 36 (in two parts)
Shaws Clo. Redd —7M 203
Shawsdale Rd. Birm —2M 95
Shaws La. Wals —7G 15
Shaw's Pas. Birm —7M 93 (6J 5)
Shaw St. Wals —7K 39 (in two parts)
Shaw St. W Brom —1E 66
Shayler Gro. Wolv —2D 50
Sheaf La. Birm —4B 116
Shearwater Clo. Kidd —8B 150
Shearwater Clo. Redn —3F 154
Shearwater Dri. Brie H —2C 108
Shearwater Wlk. Erd —2B 70
Sheaves Clo. Bils —6H 51
Shedden St. Dud —1K 89
Sheddington Rd. Birm —2D 70
Sheen Rd. Birm —5L 55
Sheepclose Dri. Birm —6G 97
Sheepcote Clo. Lea S —8A 212
Sheepcote Grange. B'gve —4M 179
Sheepcote La. Tam —6F 32
Sheepcote St. Birm —7H 93 (5A 4)
Sheepcroft Clo. Redd —7M 203
Sheep Dip La. Prin —6E 194
Sheepfold Clo. Row R —5A 90
Sheepmoor Clo. Birm —1M 111
Sheep St. Birm —5M 93 (2J 5)
Sheep St. Rugby —6A 172
Sheepwash La. Tip —4D 66
Sheepwash La. W'ley —1J 127
Sheffield Rd. S Cold —2G 71
Sheffield St. Brie H —8G 89
Shefford Rd. Birm —4M 93
Sheila Av. Wolv —2L 37
Shelah Rd. Hale —3M 109
Shelbourne Clo. Tiv —7D 66
Sheldon. —4D 116
Sheldon Av. W'bry —5G 53
Sheldon Clo. Bils —6K 51
Sheldon Country Pk. —2E 116
Sheldon Dri. Birm —7K 133
Sheldonfield Rd. Birm —4D 116
Sheldon Gro. Birm —4B 116
Sheldon Gro. Warw —8C 210
Sheldon Hall Av. Birm —6D 96 (in two parts)
Sheldon Heath Rd. Birm —8A 96
Sheldon Rd. Redd —8G 205
Sheldon Rd. W Brom —1L 67
Sheldon Rd. Wolv —8A 22
Sheldon Wlk. Birm —8C 96
Sheldrake Clo. Bin —8A 146
Shelduck Gro. Kidd —6B 150
Shelfield. —8D 26
Shelfield Clo. Cov —6H 143
Shelfield Rd. Birm —6J 135
Shelley Av. Kidd —2L 149
Shelley Av. Tip —1A 66
Shelley Av. Warw —5C 214
Shelley Clo. Bed —8K 103
Shelley Clo. Cats —1A 180
Shelley Clo. Dud —4A 64
Shelley Clo. Redd —1C 208
Shelley Clo. Stourb —1A 108
Shelley Dri. Birm —6B 70
Shelley Dri. S Cold —3F 42
Shelley Gdns. Hinc —6E 84
Shelley Rd. Burn —8G 11
Shelley Rd. Cann —4E 8
Shelley Rd. Cov —6J 145
Shelley Rd. Tam —2M 31
Shelley Rd. W'hall —2E 38
Shelley Rd. Wolv —7D 22
Shelley Tower. Birm —6C 134
Shellon Clo. Bin —1M 167
Shelly Clo. Birm —7F 96
Shelly Cres. Shir —2B 160
Shelly Cft. Birm —6A 96
Shelly Ho. O'bry —5H 91
Shelly La. Shir —3B 160
Shelly Shop. Cen. Shir —2B 160
Shelsley Av. O'bry —4D 90
Shelsley Dri. Birm —8B 114
Shelsley Way. Sol —8B 138
Shelton Clo. W'bry —4J 53
Shelton La. Hale —4L 109
Shelton Sq. Cov —7C 144 (5B 6)
Shelton St. Wiln —2F 46
Sheltwood Clo. Redd —7A 204
Sheltwood La. Up Ben —6G 203
Shelwick Gro. Dorr —5E 160
Shenley Av. Dud —3H 65
Shenley Fields. —2M 133
Shenley Fields Dri. Birm —1L 133
Shenley Fields Rd. Birm —2M 133
Shenley Gdns. Birm —2A 134
Shenley Grn. Birm —3M 133
Shenley Hill. Birm —3L 133
Shenley La. Birm —8M 111
Shenstone. —3F 28 (nr. Brownhills)
Shenstone. —2D 176 (nr. Kidderminster)
Shenstone Av. Hale —4E 110
Shenstone Av. Rugby —8E 172
Shenstone Av. Stourb —6K 107
Shenstone Clo. B'gve —6A 180
Shenstone Clo. S Cold —3E 42
Shenstone Ct. B'gve —6B 180
Shenstone Ct. Shir —7D 136
Shenstone Ct. Wolv —3A 50
Shenstone Dri. Bal C —3G 163
Shenstone Dri. Wals —1G 41
Shenstone Flats. Hale —4F 110
Shenstone Rd. Edg —6C 92
Shenstone Rd. Gt Barr —1E 68
Shenstone Rd. May —8A 136
Shenstone Trad. Est. Hale —5C 110
Shenstone Valley Rd. Hale —3E 110
Shenstone Wlk. Hale —4D 110
Shenstone Woodend. —8G 29
Shenton Rd. Barw —2H 85
Shenton Wlk. Birm —4G 97
Shepheard Rd. Birm —4D 116
Shepherd Clo. Cov —6F 142
Shepherd Clo. Lich —6J 13
Shepherd Dri. W'hall —4C 38
Shepherds Brook Rd. Stourb —4D 108
Shepherds Fold. Row R —7B 90
Shepherds Gdns. Birm —8H 93 (8C 4)
Shepherds Grn. Rd. Birm —7F 70
Shepherds La. Mer —6G 119
Shepherds Pool Rd. S Cold —7L 43
Shepherds Standing. Birm —3B 96
Shepherds Wlk. B'gve —2L 201
Shepherds Wlk. Wolv —7M 21
Shepherds Way. Birm —1C 70
Shepley Rd. B Grn —2G 181
Shepley Rd. Redn —3H 155
Shepperton Bus. Pk. Nun —8J 79
Shepperton Ct. Nun —7J 79
Shepperton St. Nun —7J 79
Sheppey Dri. Birm —4H 97
Shepwell Gdns. Share —1J 23
Shepwell Green. —7D 38
Shepwell Grn. W'hall —8C 38
Sherard Cft. Birm —3H 97
Sheraton Clo. Cann —2F 8
Sheraton Clo. Wals —3H 41
Sheraton Dri. Kidd —3B 150
Sheraton Grange. Stourb —7M 107
Sherborne Clo. Col —5A 98
Sherborne Clo. Wals —2J 39
Sherborne Gdns. Cod —6G 21
Sherborne Gro. Birm —6G 93 (4A 4)
Sherborne Rd. Hinc —2B 82
Sherborne Rd. Wolv —8D 22
Sherborne St. Birm —7H 93 (6A 4)
Sherbourne. —8A 214
Sherbourne Av. Cann —5L 9
Sherbourne Av. Nun —4B 78
Sherbourne Clo. Redd —7K 205
Sherbourne Ct. A Grn —5J 115
Sherbourne Ct. Cov —8C 144 (7C 6)
Sherbourne Ct. Sher —8A 214
Sherbourne Cres. Cov —5L 143

Sherbourne Dri.—Snow Hill

Sherbourne Dri. Birm —5J 115
Sherbourne Pl. Lea S —7A 212
Sherbourne Rd. A Grn —5J 115
Sherbourne Rd. Bal H —2L 113
Sherbourne Rd. Crad H —1A 110
Sherbourne Rd. Stourb —5B 108
Sherbourne Rd. E. Bal H —3M 113
Sherbourne St. Cov —7A 144
Sherbourne Ter. Lea S —8A 212
Sherbrooke Av. Wiln —3E 46
Sherbrook Rd. Cann —8C 8
Sherdmore Cft. Shir —3A 160
Sheridan Clo. Rugby —2M 197
Sheridan Clo. Wals —2H 53
Sheridan Dri. Gall C —4M 77
Sheridan Gdns. Dud —4M 63
Sheridan St. Wals —2H 53
Sheridan St. W Brom —5K 67
Sheridan Wlk. Birm —6A 72
Sheriff Av. Cov —2H 165
Sheriff Dri. Brie H —7F 88
Sheriff Rd. Rugby —6D 172
Sheriffs Clo. Lich —3L 19
Sheriffs Orchard. Cov —7C 144 (6B 6)
Sherifoot La. S Cold —5H 43
Sheringham. Birm —1E 112
Sheringham Clo. Nun —7M 79
Sheringham Rd. Birm —6H 135
Sherington Av. Cov —5J 143
Sherington Dri. Wolv —4D 50
Sherlock Clo. W'hall —4D 38
Sherlock Rd. Cov —6K 143
Sherlock St. Birm —1L 113 (8H 5)
Sherrans Dell. Wolv —6E 50
Sherratt Clo. S Cold —1M 71
Sherringham Dri. Ess —8C 24
Sherron Gdns. Birm —4M 113
Sherston Covert. Birm —7J 135
Shervale Clo. Wolv —3A 50
Sherwin Av. Bils —7G 51
Sherwood Av. Tip —5M 65
Sherwood Clo. Birm —4F 136
Sherwood Clo. Sol —2M 137
Sherwood Clo. Wood E —8H 47
Sherwood Dri. Brie H —8F 88
Sherwood Dri. Cann —6G 9
Sherwood Jones Clo. Cov —3B 144
Sherwood M. Birm —3E 136
Sherwood Rd. Birm —2E 136
Sherwood Rd. B'gve —2A 202
Sherwood Rd. Smeth —8A 92
Sherwood Rd. Stourb —2L 107
Sherwood St. Wolv —6C 36 (1H 7)
Sherwood Wlk. Lea S —5C 212
Sherwood Wlk. Redn —6H 133
Sherwood Wlk. Wals —2E 40
Shetland Av. Wiln —2F 46
Shetland Clo. Birm —7F 92
Shetland Clo. Cov —5G 143
Shetland Clo. Wolv —4B 36
Shetland Dri. Nun —7F 78
Shetland Dri. Smeth —2K 91
Shetland Rd. Cov —4H 167
Shetland Wlk. Birm —3H 97
Shevlock Way. Cov —3G 145
Shidas La. O'bry —2E 90
Shifnal Rd. Alb —8A 20
Shifnal Wlk. Birm —1M 155
Shillcock Gro. Birm —4L 93
Shillingstone Clo. Cov —5A 146
Shilton. —4F 124
Shilton Clo. Shir —3M 159
Shilton Gro. Birm —1M 133
Shilton Ind. Est. Shil —2E 124
Shilton La. Bulk —7D 104
Shilton La. Cov & Shil —7L 123
Shilton Rd. Barw —3H 85
Shilton Rd. Withy —5L 125
Shinwell Cres. Tiv —7D 66
Shipbourne Clo. Birm —4M 111
Shipley Fields. Birm —6G 71
Shipley Gro. Birm —1A 134
Shipston Clo. Redd —5A 204
Shipston Rd. Birm —8B 134
Shipston Rd. Cov —3J 145
Shipton Clo. Dud —6E 64
Shipton Rd. S Cold —6J 57
Shipway Rd. Birm —2G 115
Shirebrook Clo. Birm —1L 93
Shirebrook Clo. Cov —7K 123
Shire Brook Ct. Birm —2K 93
Shire Clo. Birm —7F 92
Shire Clo. Cov —8H 123
Shire Clo. O'bry —7H 91
Shire Hall Pl. Cann —7H 9
Shirehampton Clo. Redd —7M 203
Shireland Brook Gdns. Birm —5D 92
Shireland Clo. Birm —6E 68
Shireland La. Redd —5A 204
Shireland Rd. Smeth —5B 92
Shire Lea. Bwnhls —3H 27
Shirelea Clo. Burn —1H 17
Shire Oak. —4G 27
Shire Ridge. Wals W —5G 27
Shires Ind. Est., The. Lich —3G 19
Shires Retail Pk., The. Warw —3K 215
Shirestone Rd. Birm —7D 96
Shireview Gdns. Wals —5B 26
Shireview Rd. Wals —5A 26
Shirlett Clo. Cov —5H 123
Shirley. —8J 137
Shirley Dri. S Cold —5J 57
Shirley Heath. —8H 137
Shirley La. Mer —4A 142
Shirley Pk. Rd. Shir —7H 137
Shirley Rd. Cov —2M 145
Shirley Rd. Dud —1L 89
Shirley Rd. Hall G & A Grn —3G 137
Shirley Rd. K Nor —4G 135
Shirley Rd. O'bry —3J 91
Shirley Street. —6J 137
Shirley Trad. Est. Shir —1L 159
Shirley Wlk. Tam —2M 31
Shirrall Dri. Dray B —5C 44
Shirrall Gro. Birm —4F 96
Shoal Hill Clo. Cann —7B 8
Shoesmith Clo. Barw —3G 85
Sholing Clo. Pend —8M 21
Shooters Clo. Birm —3K 113
Shooters Hill. S Cold —7K 57
Shop La. Oaken —8C 20
Shop La. Tres —2B 48
Shopping Cen., The. Lea S —4B 216
Shopton Rd. Birm —2A 96
Shoreham Clo. W'hall —8K 37
Shorncliffe Rd. Cov —3K 143
Short Acre St. Wals —6K 39
Shortbutts La. Lich —4H 19
Short Cross. —4A 110
Shorters Av. Birm —5B 136
Shortfield Clo. Bal C —2H 163
Short Heath. —3D 70 **(nr. Aston)**
Short Heath. —3E 38 **(nr. Darlaston)**
Short Heath Rd. Birm & Erd —3D 70
Shortland Clo. Know —2G 161
Shortlands. Cov —3D 122
Shortlands Clo. Birm —7G 135
Shortlands La. Wals —5M 25
Short La. Wals —6E 14
Shortley Rd. Cov —1E 166
Short Rd. Smeth —6K 91
Short Rd. Wolv —8E 22
Short St. Bils —3K 51
Short St. Bwnhls —1F 26
Short St. Cann —6F 8
Short St. Cov —7D 144 (6E 6)
Short St. Darl —2F 52
Short St. Dud —7G 65
Short St. Hale —5M 109
Short St. Nun —5C 78
Short St. Prem B —8K 39
Short St. Row R —7C 90 (in two parts)
Short St. Stourb —4M 107
Short St. Tip —1L 65
Short St. W'bry —6E 52
Short St. W'hall —4C 38
Short St. Wolv —7D 36 (3K 7)
Shortwood Clo. Birm —3A 96
Shortwood Ct. Cov —8M 123
Shortwoods, The. Dord —4M 23
Shortyard, The. W'ley —5L 127
Shorwell Pl. Brie H —1B 108
Shottery Clo. Cov —6H 143
Shottery Clo. S Cold —8M 57
Shottery Gro. S Cold —8M 57
Shottery Gro. Tys —4H 115
Shottery Rd. Shir —8H 137
Shotteswell Rd. Shir —2H 159
Showell Cir. Wolv —2E 36
Showell Green. —5B 114
Showell Grn. La. Birm —6B 114
Showell Ho. O'bry —2G 91
Showell La. Mer —7A 120
Showell La. Wolv —6G 49
Showell Rd. Wolv —2D 36
Showells Gdns. Birm —2C 94
Shrawley Av. Kidd —6H 149
Shrawley Clo. Hale —7A 110
Shrawley Clo. Redn —2F 154
Shrawley Ho. Birm —7D 134
Shrawley Rd. Birm —7C 134
Shrewley Cres. Birm —8E 96
Shrewsbury Clo. Barw —2G 85
Shrewsbury Clo. Wals —8F 24
Shrewsbury Rd. Kidd —4G 149
Shrewton Av. Birm —8K 135
Shrops Row. K'wfrd —8A 64
Shrubberies, The. Cov —5L 165
Shrubbery Av. Tip —4K 65
Shrubbery Clo. Cookl —4B 128
Shrubbery Clo. S Cold —3K 71
Shrubbery Ct. Kidd —2M 149
Shrubbery Hill. Cookl —4A 128
Shrubbery Pl. Tip —3L 65
Shrubbery Rd. B'gve —8L 179
Shrubbery St. Kidd —2M 149
Shrubbery, The. Birm —6F 92
Shrubbery, The. Tip —3C 66
Shrublands Av. O'bry —2H 111
Shrubland St. Lea S —3M 215 (in two parts)
Shrub La. Birm —6H 71
Shuckburgh Cres. Bour —7L 195
Shuckburgh Cres. Rugby —1D 198
Shuckburgh Gro. Lea S —7B 212
Shugborough Clo. Blox —8H 25
Shugborough Dri. Dud —7E 64
Shugborough Way. Cann —8H 9
Shulmans Wlk. Cov —2K 145
Shultern La. Cov —3J 165
Shuna Cft. Cov —2A 146
Shustoke. —7F 74
Shustoke La. Wals —5B 54
Shustoke Rd. Birm —3C 96
Shustoke Rd. Sol —4D 138
Shute Hill. Lich —6L 11
Shut End. —8A 64
Shut La. Birm —7L 93 (5H 5)
Shutlock La. Birm —8K 113
Shut Mill La. Rom —1K 153
Shuttington. —2M 33
Shuttington Rd. A'cte —3H 33
Shutt La. Earls —8H 159
Shuttle St. Cov —1H 145
Shuttleworth Rd. Clift D —4F 172
Shylock Gro. H'cte —7L 215
Shyltons Cft. Birm —7G 93 (6A 4)
Sibdon Gro. Birm —1B 156
Sibree Rd. Cov —5H 167
Sibton Clo. Cov —8H 123
Sidaway Clo. Row R —3C 90
Sidaway St. Crad H —8L 89
Sidbury Gro. Dorr —6E 160
Sidcup Clo. Bils —6H 51
Sidcup Rd. Birm —8A 56
Siddeley Av. Cov —8G 145
Siddeley Av. Ken —6E 190
Siddeley Wlk. Birm —8F 72
Siddons Clo. Lich —7F 12
Siddons Factory Est. W Brom —1F 66
Siddons Rd. Bils —7K 51
Siddons Way. W Brom —2G 67
Sidemoor. —5L 179
Sidenhill Clo. Shir —1H 159
Sidford Gdns. Birm —6J 71
Sidford Gro. Birm —2E 70
Sidings, The. Cann —2J 9
Sidings, The. Hand —1J 93
Sidings, The. Stourb —3A 130
Sidlaw Clo. Hale —7K 109
Sidlaw Clo. Wolv —3C 36
Sidmouth Clo. Cov —2J 145
Sidmouth Clo. Nun —4M 79
Sidney Rd. Rugby —1D 198
Sidney St. Wolv —1C 50 (7H 7)
Sidon Hill Way. Cann —6J 9
Sidwick Cres. Wolv —3H 51
Sigmund Clo. Wolv —6H 37
Signal Gro. Wals —8G 25
Signal Hayes Rd. S Cold (in two parts) —7M 57
Signal Wlk. Tam —7G 33
Silesbourne Clo. Birm —1C 96
Silhill Hall Rd. Sol —3A 138
Silica Rd. Tam —7H 33
Silksby St. Cov —1D 166
Sillins Av. Redd —6G 205
Silva Av. K'wfrd —5M 87
Silver Birch Av. Bed —7E 102
Silverbirch Clo. Harts —2A 78
Silver Birch Coppice. S Cold —4D 42
Silverbirch Ct. Birm —3H 71
Silver Birch Dri. H'wd —3B 158
Silver Birch Dri. Kidd —4C 150
Silver Birch Dri. Kinv —4A 106
Silver Birches Bus. Pk. B'gve —3A 202
Silver Birch Gro. Lea S —4M 215
Silver Birch Rd. Cann —1D 8
Silver Birch Rd. Erd —3H 71
Silver Birch Rd. K'hrst —3F 96
Silver Birch Rd. Nort C —5B 16
Silverbirch Rd. Sol —6E 138
Silver Birch Rd. S Cold —8M 41
Silver Birch Rd. Wolv —2E 50
Silver Ct. Wals —2F 26
Silver Ct. Gdns. Wals —2F 26
Silvercroft Av. Birm —6D 68
Silverdale. B'gve —5M 179
Silverdale Clo. Cov —5H 123
Silverdale Dri. Wolv —5E 36
Silverdale Gdns. Stourb —6J 87
Silverdale Rd. Birm —4K 71
Silver End. —8C 88
Silver End Ind. Est. Brie H —8B 88
Silver End Trad. Est. Brie H —8C 88
Silverfield Clo. Birm —1L 135
Silver Fir Clo. Cann —1G 9
Silver Innage. Hale —2J 109
Silverlands Av. O'bry —6H 91
Silverlands Clo. Birm —8F 114
Silver Link Rd. Tam —7F 32
Silvermead Rd. S Cold —8G 57
Silvermere Rd. Birm —3D 116
Silvers Clo. Wals —4M 25
Silverstone Av. Kidd —8K 127
Silverstone Clo. Wals —6E 38
Silverstone Dri. Gall P —4E 122
Silverstone Dri. S Cold —3M 55
Silver Street. —4L 157
Silver St. Brie H —7B 88
Silver St. Bwnhls —2E 26
Silver St. Cov —6C 144 (3C 6)
Silver St. Kidd —2L 149
Silver St. K Hth —1L 135
Silver St. K Nor & Wyt —4K 157
Silver St. Newt —1G 173
Silver St. Redd —6E 204
Silver St. Tam —5B 32
Silverthorne Av. Tip —4K 65
Silverthorne La. Crad H —8H 89
Silverton Cres. Birm —8D 114
Silverton Heights. Smeth —3M 91
Silverton Rd. Cov —2F 144
Silverton Rd. Smeth —3L 91
Silverton Way. Wolv —4M 37
Silver Trees Dri. Bulk —5B 104
Silver Wlk. Nun —6F 78
Silvester Ct. W Brom —6K 67
Silvester Rd. Bils —3L 51
Silvester Way. Brie H —1B 108
Silvington Clo. Birm —2C 134
Simcox Gdns. Birm —7K 111
Simcox Rd. W'bry —4F 52
Simcox St. Cann —5K 9
Simeon Bissell Clo. Tip —4A 66
Simeon's Wlk. Brie H —2F 108
Simmonds Clo. Wals —6K 25
Simmonds Pl. Wals —6K 25
Simmonds Pl. W'bry —2E 52
Simmonds Rd. Wals —6K 25
Simmonds Way. Wals —4G 27
Simmons Clo. Midd —8H 45
Simmons Dri. Birm —4J 111
Simmons Leasow. Birm —7K 111
Simmons Rd. Wolv —8B 24
Simms La. Dud —4J 89
Simms La. H'wd —4A 158 (in two parts)
Simon Cl. Tip —4L 65
Simon Clo. Nun —7K 79
Simon Clo. W Brom —8L 53
Simon Ct. Exh —1G 123
Simon Rd. H'wd —2A 158
Simon Stone St. Cov —1F 144
Simpkins Clo. Wals —6G 27
Simpkins Clo. W Weth —2K 213
Simpson Gro. Wolv —3E 36
Simpson Rd. Lich —6H 13
Simpson Rd. S Cold —8J 57
Simpson Rd. Wals —4H 39
Simpson Rd. Wolv —3E 36
Simpson St. O'bry —2G 91
Singer Clo. Cov —1G 145
Singer Cft. Birm —8F 72
Singh Clo. Birm —8E 68
Singing Cavern Experience. —5K 65
Sion Av. Kidd —8M 127
Sion Clo. Brie H —6D 88
Sion Gdns. Stour S —6F 174
Sion Hill. Kidd —7M 127
Sir Alfred's Way. S Cold —6L 57
Sir George's Mall. Kidd —3L 149
Sir Harrys Rd. Edg & Birm —3H 113
Sir Henry Parkes Rd. Cov —2J 165
Sir Hilton's Rd. Birm —2B 156
Sir Johns Rd. Birm —6J 113
Sir Richards Dri. Birm —2M 111
Sir Thomas White's Rd. Cov —7M 143
Sir Walters Mall. Kidd —3L 149
Sir William Lyons Rd. Cov —3J 165
Sir Winston Churchill Pl. Bin W —2C 168
Sisefield Rd. Birm —8G 135
Siskin Clo. Hamm —4K 17
Siskin Dri. Birm —3L 113
Siskin Dri. Cov —5J 167
Siskin Parkway E. Mid B —8J 167
Siskin Parkway W. Mid B —8H 167
Siskin Rd. Stourb —6D 108
Siskin Way. Kidd —8B 150
Sisley Way. Hinc —6A 84
Sister Dora Gdns. Wals —8L 39
Siviters Clo. Row R —6C 90
Siviters La. Row R —6B 90
Siviter St. Hale —5B 110
Six Acres. Birm —5J 111
Six Foot Rd. Dud —4J 89
Six Towers Rd. Wals —5J 39
Six Ways. Birm —5F 70
Skelcher Rd. Shir —5G 137
Skelwith Ri. Nun —3A 80
Skemp Clo. Bils —6K 51
Sketchley. —4K 81
Sketchley Clo. Smeth —3A 92
Sketchley Hill. —3L 81
Sketchley La. Hinc —4J 81
Sketchley La. Ind. Est. Hinc —4J 81
Sketchley Mnr. Gdns. Hinc —4J 81
Sketchley Mnr. La. Hinc —4K 81
Sketchley Meadows. Burb & Hinc —4J 81
Sketchley Meadows Bus. Pk. Hinc —4J 81
Sketchley Old Village. Burb —4J 81
Sketchley Rd. Hinc —4L 81
Skiddaw. Rugby —2C 172
Skiddaw Clo. Birm —3D 70
Skidmore Av. Dost —4C 46
Skidmore Av. Wolv —1M 49
Skidmore Dri. W Brom —6G 67
Skidmore Rd. Bils —7K 51
Skilts Av. Redd —8F 204
Skinner La. Birm —8L 93 (8H 5)
Skinner St. Wolv —7C 36 (4H 7)
Skip La. Wals —4D 54
Skipness. Amin —4E 32
Skipton Gdns. Cov —3H 145
Skipton Grn. Wolv —4A 36
Skipton Pl. Cann —2B 14
Skipton Rd. Birm —8G 93
Skipwith Clo. Brin —6K 147
Skipworth Rd. Bin —7A 146
Skomer Clo. Redn —8E 132
Sky Blue Way. Cov —6E 144 (5F 6)
Skye Clo. Birm —3H 97
Skye Clo. Nun —7F 78
Skye Clo. Wiln —2F 46
Skye Wlk. Crad H —8L 89
Sky Lark Clo. Brie H —8C 64
Skylark Clo. Cann —2C 8
Skylark Way. Kidd —7A 150
Skywalk. Birm —5L 117
Slack La. Birm —7E 68
Slacky La. Wals —8L 25
Sladd La. W'ley —4G 127
Sladd, The. —4G 127
Slade Av. Burn —1G 17
Slade Clo. Nun —1C 104
Slade Clo. W Brom —7M 53
Sladefield Rd. Birm —4G 95
Slade Gdns. Cod —5G 21
Slade Gro. Know —3F 160
Slade Hill. H Mag —2A 214
Slade Hill. Wolv —6M 35
Slade La. Birm —6E 136
Slade La. Dost —5C 46
Slade La. S Cold —6A 44
Slade Lanker. Birm —4A 96
Slade Mdw. Rad S —4E 216
Sladepool Farm Rd. Birm —6M 135
Slade Rd. Birm —5D 70
Slade Rd. Hale —3J 109
Slade Rd. Rugby —7C 172
Slade Rd. S Cold & Can —6L 43
Slade Rd. Wolv —6C 22
Slade Vw. Ri. Cann —3A 10
Slad, The. Stour S —3K 175
Slaithwaite Rd. W Brom —5L 67
Slaney Ct. Wals —2J 53
Slaney Rd. Wals —3H 53
Slang La. Ruge —4E 10
Slatch Ho. Rd. Smeth —7L 91
Slate La. Cod —4D 20
Slateley Cres. Shir —3A 160
Slate Row. Wals —6A 26
Slater Rd. Ben H —5E 160
Slater's La. Wals —2H 53
Slater's Pl. Wals —2H 53
Slater St. Bils —5L 51
Slater St. Gt Bri —4D 66
Slater St. Tip —5A 66
Slater St. W'bry —2D 52
Slater St. W'hall —6C 38
Sleaford Gro. Birm —2G 137
Sleaford Rd. Birm —2H 137
Sleath's Yd. Bed —6H 103
Sledmere Clo. Cov —6H 123
Sledmore Rd. Dud —2K 89
Slideslow. —7C 180
Slideslow Av. B'gve —7B 180
Slieve, The. Birm —6G 69
Slim Av. Bils —6L 51
Slimbridge Clo. Redd —4E 208
Slimbridge Clo. Shir —3A 160
Slim Rd. Wals —7E 38
Slims Ga. Hale —5A 110
Slingfield Rd. Birm —7C 134
Slingsby. Tam —2C 46
Slingsby Clo. Attl F —7L 79
Sling, The. Dud —3J 89
Slitting Mill Clo. Birm —1C 92
Sloane Ho. Birm —3C 4
Sloane St. Birm —6J 93 (4C 4)
Slough La. K Nor & H'wd (in two parts) —1L 157
Slough, The. Redd —4E 208
Slowley Hill. Arly —8A 76
Smallbrook La. Wom —2H 63
Smallbrook Queensway. Birm —8K 93 (7F 4)
Small Clo. Smeth —4K 91
Smalldale Rd. Birm —2K 69
Smalley Clo. Cann —4G 9
Smalley Pl. Ken —5F 190
Small Heath. —1D 114
Small Heath Bri. Birm —2B 114
Small Heath Bus. Pk. Birm —2F 114
Small Heath Highway. Birm —1B 114
Small Heath Trad. Est. Birm —3D 114
Small La. Earls —3D 184
Smallridge. Lich —7F 12
Smallshire Way. Stourb —1K 107
Small St. Wals —1L 53
Small St. W Brom —3H 67
Smallwood. —6F 204
Smallwood Almshouses. Redd —6E 204
Smallwood Clo. Birm —6K 71
Smallwood Clo. S Cold —6L 57
Smallwood Rd. Pend —7L 21
Smallwood St. Redd —6E 204
Smarts Av. Lich —2G 43
Smarts Est. Kils —6M 199
Smarts Rd. Bed —8F 102
Smeaton Gdns. Birm —5E 92
Smeaton La. Stret F —3J 147
Smedley Crooke Pl. A'chu —7C 156
Smeed Gro. Birm —6H 71
Smercote Clo. Bed —8D 102
Smestow. —5C 62
Smestow La. Swind —5C 62
Smestow St. Wolv —5D 36
Smestow Wildlife Cen. —5D 62
Smethwick. —3M 91
Smethwick Ho. O'bry —7J 91
Smethwick New Enterprise Cen. Smeth —3A 92
Smillie Pl. Cann —6F 8
Smirrells Rd. Birm —4E 136
Smith Av. W'bry —5D 52
Smith Clo. Bils —8G 51
Smith Clo. Smeth —6K 91
Smithfield Ri. Lich —1J 19
Smithfield Rd. Wals —8K 25
Smithfields. Stourb —4A 108
Smithfield St. Birm —8M 93 (7J 5)
Smithford Way. Cov —6C 144 (4B 6)
Smith Ho. Wals —6J 25
Smithmoor Cres. W Brom —1M 67
Smith Pl. Tip —5B 66
Smith Rd. Wals —3J 53
Smith Rd. W'bry —8E 52
Smiths Clo. Birm —7H 111
Smith's Clo. C Ter —2D 16
Smiths La. Know —3E 160
Smith St. Bed —8E 102
Smith St. Bils —4K 51
Smith St. Birm —4J 93 (1D 4)
Smith St. Cov —4F 144
Smith St. Dud —2K 89
Smith St. Lea S —2M 215
Smith St. Redd —5E 204
Smith St. Warw —2E 214
Smith St. Wood E —8J 47
Smiths Way. Wat O —6G 73
Smith's Wood. —2G 97
Smithy Dri. Wals —5A 26
Smithy La. Brie H —8B 64
Smithy La. Chu L —4B 170
Smithy La. Lich —8G 13
Smithy La. Longd —1M 11
Smithy La. Wiln —2F 46
Smithy, The. Birm —3C 116
Smockington. —8C 82
Smockington La. Wlvy —3M 105
Smorrall La. Bed —8K 101
Smout Cres. Bils —7F 50
Smythe Gro. Warw —8E 210
Snake La. A'chu —3A 182
Snake La. W'ley —2L 127
Snakes Lake La. D'frd —3K 179
Snake Ter. A'chu —3A 182
Snapdragon Dri. Wals —6A 54
Snape Rd. Cov —4M 145
Snape Rd. Wolv —8A 24
Snapes Lodge. W'hall —3C 38
Sneyd Hall Clo. Wals —1G 39
Sneyd Hall Rd. Wals —8G 25
Sneyd La. Ess —7B 24
Sneyd La. Wals —8F 24
Snipe Clo. F'stne —2H 23
Snowberry Clo. Stour S —5E 174
Snowberry Dri. Brie H —8C 64
Snowberry Gdns. Birm —4J 115
Snowdon Clo. Kidd —8J 127
Snowdon Clo. Nun —6B 78
Snowdon Gro. Hale —8K 109
Snowdon Ri. Dud —3D 64
Snowdon Rd. Cann —3E 8
Snowdon Rd. Stourb —3B 108
Snowdon Way. W'hall —8B 24
Snowdon Way. Wolv —3B 36
Snowdrop Clo. Clay —3D 26
Snowford Clo. Shir —8F 136
Snow Hill. Birm —6K 93 (3F 4)

Snow Hill—Stafford Dri.

Snow Hill. Wolv —8D 36 (5K 7)
Snow Hill Junct. Wolv —8D 36 (6K 7)
Snow Hill Queensway. Birm —6K 93 (3F 4)
Snowshill Clo. Nun —1M 103
Snowshill Clo. Redd —3H 205
Snowshill Dri. Shir —4K 159
Snowshill Gdns. Dud —5F 64
Snuff Mill Wlk. Bew —7A 148
Soar Way. Hinc —1G 81
Soberton Clo. Wolv —2M 37
Soden Clo. Cov —3K 167
Soden's Av. Ryton D —8A 168
Soho. —3B 92
Soho Av. Birm —2G 93
Soho Clo. Smeth —4C 92
Soho Hill. Birm —2G 93
Soho Ho. Smeth —4C 92
Soho Rd. Birm —1E 92
Soho St. Smeth —3C 92
Soho Way. Smeth —3B 92
Solari Clo. Ock H —1C 66
Solcum La. W'ley —3K 127
Solent Clo. Wolv —7M 21
Solent Dri. Cov —8M 123
Solihull. —6C 138
Solihull By-Pass. Sol —4C 138
Solihull La. Birm —3G 137
Solihull Lodge. —7C 136
Solihull Parkway. Birm P —2K 117
Solihull Retail Pk. Shir —8K 137
Solihull Rd. Birm —6D 114
Solihull Rd. H Ard —3J 139
Solihull Rd. Shir —6J 137
Solihull Tourist Info. Cen. —6C 138
Solly Gro. Tip —2D 66
Solva Clo. Wolv —8H 37
Solway Clo. Lea S —3C 216
Solway Clo. Tam —2A 32
Solway Clo. W'bry —5J 53
Somerby Dri. Sol —1A 160
Somercotes Rd. Birm —1K 69
Somerdale Rd. Birm —5C 134
Somerfield Clo. Wals —8C 26
Somerfield Rd. Wals —1H 39
Somerford Clo. Wals —8E 14
Somerford Gdns. Wolv —7E 22
Somerford Pl. W'hall —8M 37
Somerford Rd. Birm —1M 133
Somerford Way. Bils —1H 65
Somerland Rd. Birm —8A 96
Somerleyton Av. Kidd —4A 150
Somerleyton Ct. Kidd —4A 150
Somerly Clo. Bin —1M 167
Somerset Clo. Tam —8A 32
Somerset Cres. W'bry —5K 53
Somerset Dri. Birm —2M 155
Somerset Dri. Kidd —8J 127
Somerset Dri. Nun —5E 78
Somerset Dri. Stourb —2K 107
Somerset Pl. Cann —6F 8
Somerset Rd. Cov —4C 144
Somerset Rd. Edg —3E 112
Somerset Rd. Erd —3F 70
Somerset Rd. Hand —7F 68
Somerset Rd. Wals —5A 40
Somerset Rd. W Brom —3K 67
Somerset Rd. W'hall —7D 38
Somers Pl. Lea S —1L 215
Somers Rd. Hale —4C 110
Somers Rd. Ker E —3M 121
Somers Rd. Mer —8F 118
Somers Rd. Rugby —6K 171
Somers Rd. Wals —2G 53
Somerton Dri. Birm —3G 71
Somerton Dri. Mars G —2G 117
Somerville Ct. S Cold —7G 57
Somerville Ct. Tam —3K 31
Somerville Dri. S Cold —5G 57
Somerville Ho. Birm —6K 97
Somerville Rd. Birm —1D 114
Somerville Rd. S Cold —5G 57
Somery Rd. Birm —7A 112
Somery Rd. Dud —6J 65
Sommerfield Rd. Birm —7J 111
Sommerville Rd. Cov —5J 145
Sonning Dri. Wolv —7M 21
Sopwith Cft. Birm —7A 72
Sorbus. Tam —5H 33
Sordale Cft. Bin —8A 146
Sorrel. Tam —4H 33
Sorrel Clo. Cov —1E 164
Sorrel Clo. F'stne —2H 23
Sorrel Clo. Tiv —7B 66
Sorrel Dri. K'bry —2D 60
Sorrel Dri. Rugby —1D 172
Sorrel Dri. Wals —6A 54
Sorrel Gro. Birm —6K 71
Sorrel Ho. Birm —6K 71
Sorrell Dri. Birm —7H 115
Sorrell Rd. Nun —8K 79
Sorrel Wlk. Brie H —3B 108
Soudan. Redd —7D 204
Southacre Av. Birm —1L 113 (in two parts)
Southall Cres. Bils —8J 51
Southall Dri. Hartl —8A 176
Southall Rd. Wolv —1A 38
Southalls La. Dud —8H 65
Southam Clo. Birm —1E 136
Southam Clo. Cov —2E 164
Southam Dri. S Cold —8H 57
Southampton St. Wolv —6D 36 (2L 7)
Southam Rd. Birm —1E 136
Southam Rd. Dunc —7H 197
Southam Rd. Prin —7E 194
Southam Rd. Rad S —3E 216
South Av. Cov —7G 145
South Av. Stourb —5M 107
South Av. Wolv —4J 37
Southbank Ct. Ken —5F 190
Southbank Rd. Cov —4L 143
Southbank Rd. Crad H —8L 89
Southbank Rd. Ken —4F 190
Southbank Vw. K'wfrd —5L 87
Southborough Ter. Lea S —3A 216
Southbourne Av. Birm —3K 95
Southbourne Av. Wals —8H 39
Southbourne Clo. Birm —7G 113
Southbourne Pl. Cann —7D 8
Southbourne Rd. Wolv —6C 22
Southbrook Rd. Rugby —8A 172
S. Car Pk. Rd. Birm —6L 117
South Clo. Cann —1C 14
Southcote Gro. Birm —8D 134
Southcott Av. Brie H —1D 108
Southcott Way. Cov —8M 123
South Cres. B'gve —8A 180
South Cres. F'stne —2J 23
Southcrest. —7D 204
Southcrest Gdns. Redd —8D 204
Southcrest Rd. Redd —7F 204
South Dene. Smeth —4M 91
Southdown Av. Birm —3G 93
South Dri. Birm —5J 113
South Dri. Col —2K 97
South Dri. S Cold —3J 57
S. Eastern Arc. Birm —7L 93 (5G 5) (off Martineau Sq.)
Southern By-Pass. Dud —2J 89
Southern Clo. K'wfrd —6M 87
Southern Cross. Lich —2J 19
Southerndown Rd. Dud —2B 64
Southern Rd. Birm —4J 95
Southern Way. W'bry —6C 52
Southey Clo. Sol —1B 160
Southey Clo. W'hall —1E 38
Southey Rd. Rugby —2L 197
Southfield Av. Cas B —1A 96
Southfield Av. Edg —6D 92
Southfield Clo. Nun —4K 79
Southfield Dri. Birm —4G 137
Southfield Dri. Ken —3G 191
Southfield Gro. Wolv —2J 49
Southfield Rd. Birm —6D 92
Southfield Rd. Hinc —2K 81
Southfield Rd. Rugby —8C 172
Southfield Rd. Wolv —4M 37
Southfields. Lea S —6A 212
Southfields Clo. Col —5A 98
Southfields Rd. Sol —8M 137
Southfield Way. Wals —7F 14
South Gdns. Hag —5A 130
South Ga. Cann —2B 14
Southgate. Crad H —1K 109
Southgate. Wolv —7B 36 (3G 7)
Southgate Clo. Kidd —5G 149
S. Gate End. Cann —2B 14
Southgate Rd. Birm —7L 55
South Grn. Wolv —4K 49
South Gro. Aston —1K 93
South Gro. Erd —4F 70
South Gro. Hand —1H 93
South Holme. Birm —7C 94
Southlands Rd. Birm —8A 114
Southlea Av. Lea S —3L 215
Southlea Clo. Lea S —3L 215
Southleigh Av. Cov —2M 165
Southmead Clo. Birm —5E 134
Southmead Cres. Redd —6F 204
Southmead Dri. L End —3B 180
Southmead Gdns. Stud —6L 209
Southminster Dri. Birm —3L 135
S. Moons Moat Ind. Area. Redd —5K 205
Southorn Ct. Lea S —6D 212
South Oval. Dud —4E 64
South Pde. S Cold —4J 57
S. Park M. Brie H —7C 88
Southport Clo. Cov —4H 167
South Range. Birm —3B 114
South Ridge. Cov —5H 143
South Rd. B'gve —2B 202
South Rd. Clift D —4F 172
South Rd. Erd —5F 70
South Rd. Hag —5A 130
South Rd. Hock —2G 93
South Rd. K Hth —1L 135
South Rd. N'fld —7M 133
South Rd. Smeth —4M 91
South Rd. S'brk —2B 114
South Rd. Stourb —5K 107
South Rd. Tip —1B 66
South Rd. Av. Birm —3G 93
South Roundhay. Birm —6A 96
S. Staffordshire Bus. Pk. Cann —5C 14
South St. Bils —1J 65
South St. Birm —4D 112
South St. Brie H —7C 88
South St. Cov —6E 144
South St. Redd —6E 204
South St. Rugby —5D 172
South St. Wals —1K 53
South St. W'hall —8M 37
South St. Wolv —3C 36
South St. Gdns. Wals —1K 53
South Ter. W'nsh —6A 216
South Tower. Birm —5B 94
South Vw. Birm —2E 68
South Vw. H Mag —3A 214
South Vw. K'bry —5D 60
S. View Clo. Cod —7H 21
S. View Clo. F'stne —3H 23
S. View Rd. Dud —1B 64
S. View Rd. Lea S —4C 212
S. View Rd. Long L —5F 170
Southville Bungalows. Birm —5B 136
South Wlk. Birm —8C 134
Southwark Clo. Lich —6J 13
South Way. Birm —6L 117
Southway. Lea S —4A 216
Southway Ct. K'wfrd —5M 87
Southwick Pl. Bils —2K 51
Southwick Rd. Hale —1D 110
Southwold Av. Birm —6J 135
Southwood Av. Birm —2B 96
Southwood Clo. K'wfrd —4L 87
Southwood Covert. Birm —7K 135
South Yardley. —3K 115
Sovereign Clo. Ken —8F 190
Sovereign Ct. Birm —6J 93 (3C 4)
Sovereign Dri. Dud —7E 64
Sovereign Heights. Birm —8J 133
Sovereign Rd. Birm —5F 134
Sovereign Rd. Cov —7M 143 (in two parts)
Sovereign Row. Cov —7A 144
Sovereign Wlk. Wals —7A 40
Sovereign Way. Mose —5M 113
Sowe Common. —7L 123
Sowerby March. Erd —5K 71
Sowers Clo. W'hall —4D 38
Sowers Gdns. W'hall —4D 38
Spa Clo. Hinc —8E 84
Spade Green. —1A 18
Spadesbourne Rd. L End —3C 180
Spa Dri. Sap —1K 83
Spa Gro. Birm —1J 135
Spa La. Hinc —8E 84
Sparkbrook. —2B 114
Sparkbrook St. Cov —6F 144
Sparkhill. —5D 114
Spark St. Birm —2A 114
Sparrey Dri. Birm —1G 135
Sparrow Clo. W'bry —4H 53
Sparrow Cock La. Chad E —8C 162
Sparta Clo. Rugby —3A 172
Spartan Clo. Warw —5L 215
Spartan Ind. Est. W Brom —3E 66
Spa Vw. W'nsh —5B 216
Spearhill. Lich —2L 19
Speed Rd. Tip —3L 65
Speedway La. Bran —2F 168
Speedwell Clo. Rugby —2E 172
Speedwell Clo. Wals —4F 40
Speedwell Clo. Wed —4L 37
Speedwell Clo. Yard —3G 115
Speedwell Dri. Bal C —3G 163
Speedwell Gdns. Brie H —3B 108
Speedwell Gdns. F'stne —1H 23
Speedwell Rd. Birm —3K 113
Speedwell Rd. Yard —3G 115
Speedy Clo. Cann —4E 8
Spelter Works. Wals —2G 39
Spencer Av. Bew —5C 148
Spencer Av. Bils —1J 65
Spencer Av. Cov —8A 144
Spencer Clo. Dud —5A 64
Spencer Clo. W Brom —1M 67
Spencer Dri. Burn —1E 16
Spencer Rd. Cov —8B 144 (8A 6)
Spencer Rd. Lich —3H 19
Spencer's La. Berk —7K 141
Spencer St. Birm —4J 93 (1C 4) (in two parts)
Spencer St. Hinc —8D 84
Spencer St. Kidd —5J 149
Spencer St. Lea S —2M 215
Spencer Yd. Lea S —2M 215
Spen La. Trad. Est. W Brom —7K 67
Spennells. —7A 150
Spennells Valley Rd. Kidd —7M 149
Spenser Av. Pert —5F 34
Spenser Clo. Tam —3A 32
Spenser Wlk. Cats —1A 180
Spernal Ash. Sper —8M 209
Spernal La. Sper —8M 209
Spernall Gro. Birm —8A 112
Spetchley Clo. Redd —3C 208
Spey Clo. Birm —3K 113
Sphinx Dri. Cov —8H 145
Spiceland Rd. Birm —3M 133
Spicer Pl. Rugby —8K 171
Spiers Clo. Know —3G 161
Spies Clo. Hale —3F 110
Spies La. Hale —4F 110
Spills Mdw. Dud —4E 64
Spilsbury Clo. Lea S —7L 211
Spilsbury Cft. Sol —1A 160
Spindle Clo. Kidd —8K 127
Spindle La. Shir —3G 159
Spindles, The. Burb —4M 81
Spindle St. Cov —3D 144
Spindlewood Clo. Cann —8K 9
Spinners End Ind. Est. Crad H —1K 109
Spinney Clo. Arly —1E 100
Spinney Clo. Bin W —2E 168
Spinney Clo. B'moor —1M 47
Spinney Clo. Birm —6A 134
Spinney Clo. Burn —8G 11
Spinney Clo. Cann —4M 15
Spinney Clo. Kidd —2G 149
Spinney Clo. Stourb —6J 87
Spinney Clo. Wals —7A 26
Spinney Dri. Shir —5K 159
Spinney Farm Rd. Cann —2B 14
Spinney Hill. Warw —8G 211
Spinney La. Burn —8F 10
Spinney La. Nun —5C 78
Spinney M. Redd —8C 204
Spinney Path. Cov —4M 165
Spinney Rd. Hinc —3J 81
Spinney, The. Birm —5E 68
Spinney, The. Cov —6K 165
Spinney, The. Dud —7C 64
Spinney, The. Lea S —8K 211
Spinney, The. Lit A —4B 42
Spinney, The. Long L —4G 171
Spinney, The. Wolv —8K 35
Spinney, The. Wyt —5B 158
Spinney Wlk. Redd —8C 204
Spinney Wlk. S Cold —2M 71
Spinning School La. Tam —4B 32
Spiral Clo. Hale —1E 110
Spiral Ct. Birm —7E 70
Spiral Ct. Stourb —5A 108
Spiral Grn. Birm —5J 71
Spirehouse La. Burc & B'wll —4D 180
Spires, The. Lich —3L 19
Spires, The. Nun —5C 78
Spire Vw. B'gve —6M 179
Spitalfields. Bed —7J 103
Spitfire Rd. Birm —7J 71
Spitfire Way. Cas V —7A 72
Splash La. Cann —6J 9
Spode Pl. Cann —7H 9
Spon Causeway. Cov —6A 144
Spondon Gro. Birm —4C 96
Spondon Rd. Wolv —1L 37
Spon End. —6A 144
Spon End. Cov —6A 144
Spon Ga. Ho. Cov —7A 144
Spon La. W Brom —8K 67
Spon La. Ind. Est. Smeth —1K 91
Spon La. S. W Brom & Smeth —1K 91
Spon Street. —6B 144 (4A 6)
Spon St. Cov —6B 144 (4A 6)
Spoon Dri. Birm —7D 134
Spooner Cft. Birm —1L 113
Spooners Clo. Sol —2F 138
Spot La. Wals —3F 26
Spouthouse La. Birm —2E 68
Spout La. Wals —2L 53 (in two parts)
Spreadbury Clo. Birm —1M 111
Sprig Cft. Birm —1J 95
Spring Av. Row R —7C 90
Spring Avon Cft. Birm —3B 112
Spring Bank. —6B 38
Springbank. Birm —6F 94
Spring Bank Ho. W'hall —6A 38
Springbank Rd. Edg —2J 113
Springbrook Clo. Birm —8D 72
Springbrook La. Earls —2F 184
Spring Clo. Cov —6E 144
Spring Clo. Hag —5M 129
Spring Clo. Kils —7M 199
Spring Clo. Kinv —4A 106
Spring Clo. Sol —6M 137
Spring Clo. Wals —7C 26
Spring Coppice Dri. Dorr —6G 161
Spring Ct. Smeth —4C 92
Spring Ct. Wals —2A 54
Spring Ct. W Brom —7K 67
Spring Cres. Crad H —2M 109
Springcroft Rd. Birm —7F 114
Springdale Ct. Nun —6K 79
Spring Dri. Gt Wyr —7G 15
Spring Dri. Ind. Est. Wolv —5G 51
Springfield. —8H 103 (nr. Bedworth)
Springfield. —4A 90 (nr. Dudley)
Springfield. —8D 114 (nr. Shirley)
Springfield. —6E 36 (1M 7) (nr. Wolverhampton)
Springfield. Birm —6D 70
Springfield Av. Birm —3A 114
Springfield Av. B'gve —2A 202
Springfield Av. Dud —8E 50
Springfield Av. O'bry —5J 91
Springfield Av. Stourb —5E 108
Springfield Clo. Row R —4A 90
Springfield Ct. Hall G —1F 136
Springfield Ct. S Cold —4C 58
Springfield Cres. Bed —7H 103
Springfield Cres. Dud —1M 89
Springfield Cres. Sol —6C 116
Springfield Cres. S Cold —5A 58
Springfield Cres. W Brom —8L 67
Springfield Dri. Hale —2D 110
Springfield Dri. K Hth —8L 113
Springfield Grn. Dud —8E 50
Springfield Gro. Dud —8D 50
Springfield Ind. Est. O'bry —2H 91
Springfield La. Kidd —1M 149
Springfield La. Row R —4M 89
Springfield La. Wolv —5D 22
Springfield Park. —6A 84
Springfield Pk. Hinc —6A 84
Springfield Pl. Cov —5D 144 (1D 6)
Springfield Ri. Cann —3J 9
Springfield Rd. Bils —2L 51
Springfield Rd. Brie H —7B 88
Springfield Rd. Cas B —1D 96
Springfield Rd. Cov —5D 144 (1D 6)
Springfield Rd. Hale —2D 110
Springfield Rd. Hinc —2K 81
Springfield Rd. K Hth —1M 135
Springfield Rd. Mose —8D 114
Springfield Rd. Nun —7L 79
Springfield Rd. O'bry —5J 91
Springfield Rd. S Cold —7M 57
Springfield Rd. Tam —1D 46
Springfield Rd. Wolv —5E 36 (1M 7)
Springfields. Col —4A 98
Springfields. Wals —2B 40
Springfield St. Birm —6G 93
Springfield Ter. Row R —4M 89
Spring Gdns. Dud —1K 89 (DY2)
Spring Gdns. Dud —7C 64 (DY3)
Spring Gdns. Earl S —1M 85
Spring Gdns. Hand —2E 92
Spring Gdns. Sap —1L 83
Spring Gdns. Smeth —6B 92
Spring Gro. Birm —3H 93
Spring Gro. Cres. Kidd —6H 149
Spring Gro. Gdns. Birm —3F 92
Spring Gro. Rd. Kidd —6H 149
Spring Head. W'bry —7F 52
Springhill. —4D 24 (nr. Bloxwich)
Springhill. —2L 27 (nr. Brownhills)
Spring Hill. —5J 49 (nr. Wolverhampton)
Spring Hill. Arly —1E 100
Spring Hill. Bubb —4J 193
Spring Hill. Erd —6F 70
Spring Hill. Hock —5G 93 (3A 4)
Springhill. Nun —1A 78
Springhill Av. Wolv —6J 49
Spring Hill Bus. Pk. Arly —1F 100
Springhill Clo. Wals —8D 26
Springhill Clo. W'hall —2D 38
Springhill Ct. Wals —1A 54
Springhill Gro. Wolv —5J 49
Springhill Houses. Rugby —1C 198
Springhill La. Wolv —4F 48
Springhill Pk. Wolv —6H 49
Spring Hill Pas. Birm —6G 93
Springhill Ri. Bew —5C 148
Springhill Rd. Bwnhls —2G 27
Springhill Rd. Burn —3G 17
Spring Hill Rd. Nun —3C 78
Springhill Rd. Wals —8M 39
Springhill Rd. Wolv —1L 37
Spring Hill Ter. Wolv —3A 50
Spring La. Birm —6G 71
Spring La. H'ley H —5A 186
Spring La. Ken —4G 191
Spring La. Lapw —5D 186
Spring La. Rad S —4E 216
Spring La. Rom —5K 131
Spring La. Wals —7C 26
Spring La. W'hall —5B 38
Springle Styche La. Burn —8J 11
Spring Mdw. C Hay —8D 14
Spring Mdw. Crad H —8M 89
Spring Mdw. Hale —7M 109
Spring Mdw. Tip —3C 66
Springmeadow Rd. Birm —3K 93
Springmeadow Rd. Dud —7J 89
Spring Parklands. Dud —1G 89
Spring Pool. Warw —2E 214
Spring Rd. Barn —3B 124
Spring Rd. Cov —1F 144
Spring Rd. Dud —3K 89
Spring Rd. Edg —2K 113
Spring Rd. Lich —7K 13
Spring Rd. Smeth —1K 91
Spring Rd. Tys —6F 114
Spring Rd. Wals —8D 26
Spring Rd. Wolv —4G 51
Spring Rd. Ind. Est. Wolv —5G 51
Springs Av. Cats —8M 153
Springside. Redd —1H 209
Springslade Dri. Birm —6K 71
Springs Mire. —1E 88
Springs, The. Crad H —8A 90
Spring St. Birm —1K 113
Spring St. Cann —1E 14
Spring St. Cov —6E 144
Spring St. Hale —3J 109
Spring St. Ock H —1C 66
Spring St. Rugby —6B 172
Spring St. Stourb —5E 108
Spring St. Tip —4A 66
Spring, The. —2F 190
Springthorpe Grn. Birm —5J 71
Springthorpe Rd. Birm —6K 71
Spring Vale. —5H 51
Springvale Av. Bils —5H 51
Springvale Av. Wals —2C 54
Springvale Bus. Pk. Bils —5J 51
Spring Va. Clo. Bils —8G 51
Spring Va. Ind. Pk. Bils —4J 51
Springvale Rd. Redd —7M 203
Spring Va. Rd. Row R —4A 90
Springvale St. W'hall —6B 38
Springvale Way. Bils —5J 51
Spring Vs. Hale —6A 110
Spring Wlk. Hale —8K 109
Spring Wlk. O'bry —4G 91
Spring Wlk. Wals —6H 39
Springwell Rd. Lea S —3D 216
Sproat Av. W'bry —4C 52
Spruce. Tam —5H 33
Spruce Gro. Birm —7H 71
Spruce Gro. Lea S —4M 215
Spruce Rd. Cann —1F 8
Spruce Rd. Cov —7J 123
Spruce Rd. Wals —6B 54
Spruces, The. Hag —5M 129
Spruce Way. Wolv —8K 35
Spur Tree Av. Wolv —8G 35
Squadron Clo. Birm —5C 72
Square Clo. Birm —6J 111
Square La. Cor —8G 101
Square St. Lea S —8M 211
Square, The. A'rdge —3H 41
Square, The. A'chu —3B 182
Square, The. Attl —7L 79
Square, The. Birm —8H 93 (7A 4)
Square, The. Cod —5F 20
Square, The. Dud —3F 88
Square, The. Dunc —6J 197
Square, The. Harb —3B 112
Square, The. Ken —5F 190
Square, The. L'thpe —2K 83
Square, The. Sol —6C 138
Square, The. Tip —2D 66
Square, The. W'hall —1D 38
Square, The. Wolv —1D 50 (8L 7)
Square, The. Wlvy —5K 105
Squires Ct. Brie H —1C 108
Squires Cft. Cov —8M 123
Squires Cft. S Cold —7A 58
Squires Ga. Burn —1J 17
Squires Ga. Wlk. Birm —6A 72
Squires Grn. Hinc —3M 81
Squires Rd. Stret D —3F 194
Squires Wlk. W'bry —6F 52
Squires Way. Cov —3K 165
Squirhill Pl. Lea S —2B 216
Squirrel Clo. Hth H —7K 9
Squirrel Hollow. S Cold —7A 58
Squirrels Hollow. Burn —7G 11
Squirrels Hollow. O'bry —2K 111
Squirrel Wlk. Penn —5A 50
Squirrel Wlk. S Cold —4C 42
Stable Ct. Dud —3E 64
Stable Cft. W Brom —2M 67
Stableford Clo. Birm —6M 111
Stableford Clo. Redd —2D 208
Stables, The. Birm —7G 113
Stables, The. Bulk —6A 104
Stable Wlk. Nun —7M 79
Stable Way. Stoke H —3L 201
Stablewood Gro. Wals —2A 54
Stacey Clo. Crad H —8L 89
Stacey Dri. Birm —4A 136
Stacey Grange Gdns. Redn —3G 155
Stackhouse Clo. Wals —5G 27
Stackhouse Dri. Wals —5A 26
Stadium Clo. Agg —5M 149
Stadium Clo. Cov —7D 122
Stadium Clo. W'hall —6B 38
Stafford Clo. Bulk —7C 104
Stafford Clo. Wals —7H 25
Stafford Ct. Birm —2E 68 (off West Rd.)
Stafford Dri. W Brom —3H 67

Stafford Ho.—Stourbridge Rd.

Stafford Ho. Birm —7E 96
Stafford La. Cann —4H 9
Stafford La. Cod —8D 20
Stafford Rd. Birm —1F 92
Stafford Rd. Cov H —1C 22
Stafford Rd. Hunt —1C 8
Stafford Rd. Hunt & Cann —4C 8
Stafford Rd. Lich —6E 12
(in two parts)
Stafford Rd. Wals —5H 25
Stafford Rd. W'bry —3C 52
Stafford Rd. Wolv —5C 36
Staffordshire Pool Clo. Birm
(off Emscote Rd.) —8M 69
Stafford St. Barw —3G 85
Stafford St. Bils —4K 51
Stafford St. Cann —8L 9
Stafford St. Dud —8H 65
Stafford St. Wals —6L 39
Stafford St. W'bry —7E 52
Stafford St. W'hall —7A 38
(in two parts)
Stafford St. Wolv —5C 36 (1J 7)
Stafford St. Junct. Wolv
—6C 36 (2J 7)
Stafford Tower. Birm —3J 5
Stafford Way. Birm —2E 68
Stagborough Way. Cann —5H 9
Stagborough Way. Stour S
—4E 174
Stag Cres. Nort C —3A 16
Stag Cres. Wals —3L 39
Stag Hill Rd. Wals —2L 39
Stag Wlk. S Cold —2K 71
Staines Clo. Nun —2M 79
Stainforth Clo. Nun —7M 79
Stainsby Av. Birm —4J 93
Stainsby Cft. Shir —4B 160
Staircase La. Alle —3J 143
(in two parts)
Staite Dri. Cookl —4A 128
Stakenbridge. —6K 129
Stakenbridge La. C'hll & Hag
—5J 129
Staley Cft. Cann —5C 8
Stallings La. K'wfrd —1K 87
Stambermill Clo. Stourb
—4D 108
Stambermill Ho. Stourb
—4E 108
Stambermill Ind. Est. Stourb
—3C 108
Stamford Av. Cov —3C 166
Stamford Cres. Burn —1G 17
Stamford Cft. Sol —7B 138
Stamford Gdns. Lea S —8L 211
Stamford Gro. Birm —8J 69
Stamford Rd. Birm —8J 69
Stamford Rd. Brie H —2C 108
Stamford Rd. Stourb —4B 108
(in two parts)
Stamford St. Stourb —2M 107
Stamford Way. Wals —7H 27
Stanbridge Way. Tip —4A 66
Stanbrook Rd. Shir —3A 160
Stanbury Av. W'bry —3B 52
Stanbury Rd. Birm —5B 136
Stancroft Gro. Birm —1A 116
Standard Av. Cov —8G 143
Standard Way. Erd —8F 70
Standbridge Way. Tip —4A 66
Standedge. Wiln —2G 47
Standhills Rd. K'wfrd —3L 87
Standish Clo. Cov —7L 145
Standlake Av. Birm —2K 95
Standlake M. Lea S —3C 216
Stand St. Warw —3D 214
Stanfield Rd. Birm —4K 55
Stanfield Rd. Quin —2K 111
Stanford Av. Birm —2G 69
Stanford Clo. Redd —3B 208
Stanford Dri. Row R —5B 90
Stanford Gro. Hale —8J 109
Stanford Rd. Wolv
—2C 50 (8H 7)
Stanford St. Birm
—6M 93 (3H 5)
Stanford Way. O'bry —5E 90
Stanhoe Clo. Brie H —1D 108
Stanhope Ho. Tam —5A 32
Stanhope Rd. Smeth —6M 91
Stanhope St. Birm —2M 113
Stanhope St. Dud —5L 89
Stanhope St. Wolv
—8B 36 (5G 7)
Stanhope Way. Birm —5K 55
Stanhurst Way. W Brom —7A 54
Stanier Av. Cov —6A 144
Stanier Clo. Wals —2B 40
Stanier Gro. Hand —7H 69
Stanier Ho. Birm —7K 93 (6E 4)
Staniforth St. Birm
—5L 93 (1H 5)
Stanklyn La. Summ & Stone
—1A 176
Stanklyr. —7D 150
Stanley Av. Birm —2L 111
Stanley Av. Shir —5H 137
Stanley Av. S Cold —5M 57
Stanley Clo. Birm —4G 137
Stanley Clo. Redd —4G 205
Stanley Clo. Wolv —1M 37
Stanley Ct. Lea S —2C 216
Stanley Ct. Pert —5E 34
Stanley Dri. Swind —7E 62
Stanley Gro. Birm —3B 114
Stanley Pl. Bils —4H 51
Stanley Pl. Mose —6M 113
Stanley Pl. Wals —3B 40
Stanley Rd. Cann —4G 9
(in three parts)
Stanley Rd. Cov —1M 165
Stanley Rd. Hinc —7C 84
Stanley Rd. K Hth —2K 135
Stanley Rd. Nech —2C 94
Stanley Rd. Nun —4G 79
Stanley Rd. O'bry —1J 111
Stanley Rd. Rugby —8E 172
Stanley Rd. Stourb —6M 107
Stanley Rd. Wals —3B 40
Stanley Rd. W'bry —4D 52
Stanley Rd. W Brom —2L 67
Stanley Rd. Wolv —8D 22
Stanley St. Barw —3G 85
Stanley St. Wals —1J 39
Stanmore Gro. Hale —6G 111
Stanmore Rd. Birm —8C 92
Stansbury Ho. Wals —1J 53
(off St Quentin St.)
Stansfield Gro. Ken —5K 191
Stanton Av. Dud —3F 64
Stanton Gro. Birm —1M 115
Stanton Gro. Shir —5G 137
Stanton Gro. Tip —4A 66
Stanton Ho. W Brom —8M 53
Stanton La. Sap —1H 83
Stanton Rd. Birm —2D 68
Stanton Rd. Lea S —3C 216
Stanton Rd. Sap —2K 83
Stanton Rd. Shir —5G 137
Stanton Rd. Wolv —7F 36
Stanton Wlk. Warw —8D 210
Stanville Rd. Birm —3C 116
Stanway Gdns. W Brom —3K 67
Stanway Gro. Birm —6M 55
Stanway Rd. Cov —1A 166
Stanway Rd. Shir —6H 137
Stanway Rd. W Brom —3K 67
Stanwell Gro. Birm —3E 70
Stanwick Av. Birm —6E 96
Stan Williams Ct. Nun —5K 79
Stapenhall Rd. Shir —3A 160
Staple Flat. L End —2C 180
Stapleford Cft. Birm —7J 135
Stapleford Gdns. Burn —3K 17
Stapleford Gro. Stourb —6L 87
Staplehall Rd. Birm —7B 134
Staple Hill. —1C 180
Staplehurst Rd. Birm —1F 136
Staple Lodge Rd. Birm —8B 134
Staples Clo. Bulk —6C 104
Stapleton Clo. Min —3B 72
Stapleton Clo. Redd —6K 205
Stapleton Clo. Stud —6K 209
Stapleton Dri. F'bri —6H 97
Stapleton La. Dad —1A 84
Stapleton La. Stap & Barw
(in two parts) —1F 84
Stapleton Rd. Stud —5K 209
Stapleton Rd. Wals —4F 40
Stapylton Av. Birm —4B 112
Stapylton Ct. Harb —4B 112
(off Old Church Rd.)
Starbank Rd. Birm —1G 115
Starbold Ct. Know —3H 161
Starbold Cres. Know —4G 161
Star Clo. Birm —1D 94
Star Clo. Tip —4C 66
Star Clo. Wals —5F 38
Star Corner. Barby —8J 199
Starcross Clo. Cov —2J 145
Starcross Rd. Birm —7J 115
Stare Grn. Cov —3K 165
Stareton. —6D 192
Stareton Clo. Cov —3L 165
Star Hill. Birm —1H 113
Starkey Cft. Birm —7J 97
Starkie Dri. O'bry —5J 91
Starley Ct. Bin I —2A 168
Starley Pk. Bay I —1H 123
Starley Rd. Cov —7B 144 (6A 6)
Starley Way. Birm —3J 117
Star St. Stourb —4F 108
Star St. Wolv —1L 49
Startin Clo. Exh —2F 122
Statham Dri. Birm —7C 92
Station App. B Grn —1K 181
Station App. Dorr —7F 160
Station App. Kidd —4M 149
Station App. Lea S —2M 215
Station App. Sol —5A 138
Station App. S Cold —3H 57
(B73)
Station App. S Cold —3F 42
(B74)
Station Av. Birm —8C 92
Station Av. Cov —1D 164
Station Av. Warw —2F 214
Station Bldgs. Wat O —6H 73
(off Minworth Rd.)
Station Clo. Cod —6F 20
Station Clo. Wals —1H 39
Station Cotts. B'wll —5G 181
Station Dri. Blak —7J 129
Station Dri. Brie H —7E 88
(nr. Boulevard, The)
Station Dri. Brie H —8B 88
(nr. Brettell La.)
Station Dri. Dud —7K 65
Station Dri. Earls —8D 158
Station Dri. Hag —4A 130
Station Dri. Hall G —8F 114
Station Dri. Kidd —4M 149
Station Dri. Sol —8L 115
Station Dri. S Cold —1H 57
Station Dri. Tip —5B 66
Station Dri. Wat O —6H 73
Sta. Fields Cvn. Pk. Tam —4C 32
Station Hill. Fill —2C 100
Station La. Lapw —6K 187
Station Pl. Wals —1H 39
Station Rd. A Grn —6J 115
Station Rd. A'rdge —4G 41
Station Rd. A'chu —4A 182
Station Rd. Arly —2D 100
Station Rd. Aston —8M 69
Station Rd. Bal C —3G 163
Station Rd. Bew —6C 148
Station Rd. Bils —4L 51
Station Rd. B'wll —4G 181
Station Rd. Brie H —5C 88
Station Rd. Clift D —4F 172
Station Rd. Cod —6E 20
Station Rd. Col —1M 97
(nr. Cole End)
Station Rd. Col —3D 74
(nr. Whitacre Heath)
Station Rd. Crad H —8M 89
Station Rd. Dorr & Know
—6G 161
Station Rd. Earl S —3L 85
Station Rd. Elme & S Stan
—4L 85
Station Rd. Erd —4F 70
Station Rd. Gt Wyr —5F 14
Station Rd. Hag —3A 130
Station Rd. Hamm —6L 17
Station Rd. H Ard —2B 140
Station Rd. Hand —1C 92
Station Rd. Harb —3C 112
Station Rd. Hartl —7B 176
Station Rd. Hed —3H 9
Station Rd. Hinc —1K 81
Station Rd. Ken —5F 190
Station Rd. K Hth —1K 135
Station Rd. K Nor —4E 134
Station Rd. Lich —2H 19
Station Rd. Lilb —2M 173
Station Rd. Mars G —1F 116
Station Rd. N'fld —7A 134
Station Rd. O'bry —4G 91
Station Rd. Pels —6A 26
Station Rd. Pole —7M 33
Station Rd. Row R —7D 90
Station Rd. Rus —3A 40
Station Rd. Shen —3F 28
Station Rd. Sol —5B 138
Station Rd. Stech —5K 95
Station Rd. Stourb —3E 108
Station Rd. Stud —5J 209
Station Rd. S Cold —8G 57
Station Rd. Warw —2F 214
Station Rd. Wom —1G 63
Station Rd. Wyt —6A 158
Station Rd. Ind. Est. Col —7M 73
Station Rd. Ind. Est. Row R
—7D 90
Station Sq. Cov —8C 144 (7B 6)
Station St. Birm —8K 93 (7F 4)
Station St. Blox —1H 39
Station St. B'gve —7M 179
Station St. C Hay —6E 14
Station St. Crad H —1J 109
Station St. S Cold —4J 57
Station St. Tip —4B 66
Station St. Wals —8K 39
Station St. W'bry —3E 52
Station St. E. Cov —2E 144
Station St. W. Cov —1D 144
Station Ter. Bils —8J 51
Station Tower. Cov
—8C 144 (7B 6)
Station Way. Birm —5K 117
Station Way. Redd —6D 204
Station Yd. Hinc —2K 81
Staulton Grn. O'bry —5E 90
Staunton Rd. Lea S —4A 216
Staveley Rd. Birm —3K 135
Staveley Rd. Wolv
—5C 36 (1H 7)
Staveley Way. Rugby —3D 172
Staverton Clo. Cov —6F 142
Staverton Leys. Rugby —2A 198
Stead Clo. Tip —8B 52
Stead Clo. Wals —4J 39
Steadman Cft. Tip —1D 66
Steatite Way. Stour S —4E 174
Stechford. —7L 95
Stechford La. Birm —4J 95
Stechford Retail Pk. Birm
—5L 95
Stechford Rd. Birm —4K 95
Stechford Trad. Est. Birm
—6L 95
Steel Bright Rd. Smeth —3C 92
Steel Dri. Wolv —1D 36
Steele St. Rugby —6L 171
Steel Gro. Birm —2J 115
Steelhouse La. Birm
—6L 93 (3G 5)
Steelhouse La. Wolv
—8E 36 (6M 7)
Steelmans Rd. W'bry —2F 52
Steelpark Way. Wolv —5K 37
Steel Rd. Birm —7M 133
Steel Roundabout. W'bry
—7E 52
Steene Gro. Birm —6K 133
Steeping Rd. Long L —4H 171
Steeplefield Rd. Cov —4A 144
Steeples, The. Stourb —6B 108
Steepwood Cft. Birm —5D 134
Steere Av. Tam —2C 32
Steetley Ind. Est. K'wfrd —2A 88
Stella Cft. Birm —7J 97
Stella Gro. Birm —1B 68
Stella Rd. Tip —3M 65
Stenbury Clo. Wolv —5F 22
Stencills Dri. Wals —6B 40
Stencills Rd. Wals —5B 40
Stennels Av. Hale —5E 110
Stennels Clo. Cov —1M 143
Stennels Cres. Hale —5E 110
Stephens Clo. Wolv —1M 37
Stephenson Av. Wals —3G 39
(in two parts)
Stephenson Clo. Glas —7G 33
Stephenson Clo. Lea S —8J 211
Stephenson Ct. Kils —7M 199
Stephenson Dri. Birm —6H 97
Stephenson Dri. Pert —3E 34
Stephenson Pl. Bew —6C 148
Stephenson Pl. Birm
—7L 93 (5G 5)
Stephenson Rd. Exh —2J 123
Stephenson Rd. Hinc —2E 80
Stephenson Sq. Wals —4H 39
Stephenson St. Birm
—7K 93 (5F 4)
Stephenson St. Wolv
—8B 36 (5G 7)
Stephenson Tower. Birm —6F 4
Stephens Rd. S Cold —5A 58
Stephen St. Rugby —6M 171
Stephens Wlk. Lich —7G 13
Stepney Rd. Cov —5G 145
Stepping Stone Clo. Wals
—5F 38
Stepping Stones. Stourb
—4B 108
Stepping Stones Rd. Cov
—5M 143
Steppingstone St. Dud —8H 65
Sterling Pk. Brie H —5F 88
Sterling Way. Nun —1L 103
Sterndale Rd. Birm —3J 69
Sterrymere Gdns. Kinv —5B 106
Stevenage Wlk. Cov —2A 146
Steven Dri. Bils —8L 51
Stevens Av. Birm —7K 111
Stevens Dri. Cann —3K 9
Stevens Ga. Wolv —1C 50 (8J 7)
Stevens Ho. Cov
—5D 144 (2E 6)
Stevenson Av. Redd —5F 204
Stevenson Rd. Cov —1A 144
Stevenson Rd. Tam —3A 32
Stevenson Wlk. Lich —3H 19
Stevens Rd. Hale —4H 109
Stevens Rd. Stourb —6D 108
Steward Cen., The. Erd —5B 70
Steward St. Birm —6G 93
Stewart Clo. Cov —7K 143
Stewart Ct. Kidd —5M 149
Stewart Rd. K'wfrd —5K 87
Stewart Rd. Wals —6G 27
Stewarts Rd. Hale —2D 110
Stewart St. Nun —6H 79
Stewart St. Wolv —1C 50 (7J 7)
Stewkins. Stourb —1L 107
Stewponey. —2F 106
Stewponey Wharf. Stourt
—3E 106
Steyning Rd. Birm —4L 115
Stickley La. Dud —5C 64
Stidfall Gro. Lea S —3D 216
Stilehouse Cres. Row R —7C 90
Stilthouse Gro. Redn —2G 155
Stirchley. —3H 135
Stirchley Trad. Est. Birm
—3H 135
Stirling Av. Hinc —8A 84
Stirling Av. Lea S —4B 212
Stirling Clo. Bin —1M 167
Stirling Cres. W'hall —3B 38
Stirling Pl. Cann —1B 14
Stirling Rd. Bils —6M 51
Stirling Rd. Birm —8F 92
Stirling Rd. Dud —3L 89
Stirling Rd. Shir —1L 159
Stirling Rd. S Cold —7D 56
Stirrup Clo. Wals —5M 53
Stivichall. —4B 166
Stivichall & Cheylesmore
By-Pass. Cov —5E 166
Stivichall Cft. Cov —3B 166
Stockbridge Clo. Wolv —7F 34
Stockdale Pde. Tip —4L 65
Stockdale Pl. Birm —1D 112
Stockfield. —4K 115
Stockfield Rd. A Grn & Yard
—5H 115
Stockhay La. Hamm —4K 17
Stockhill Dri. Redn —3F 154
Stockingford. —5C 78
Stockings La. Shen —8G 19
Stocking St. Stourb —4F 108
Stockland Ct. S Cold —1A 56
Stockland Green. —5B 70
Stockland Rd. Birm —5D 70
Stockmans Clo. Birm —1E 156
Stocks La. T'ton —6F 196
Stocks Wood. Birm —1F 134
Stockton Clo. Know —5H 161
Stockton Clo. Min —4C 72
Stockton Clo. Wals —5K 39
Stockton Ct. Bils —1H 65
Stockton Gro. Birm —8D 96
Stockton Gro. Lea S —7A 212
Stockton Rd. Cov
—5E 144 (1F 6)
Stockwell Av. Brie H —1D 108
Stockwell End. —4K 35
Stockwell End. Wolv —3K 35
Stockwell Head. Hinc —1K 81
Stockwell Ri. Sol —2D 138
Stockwell Rd. Birm —7E 68
Stockwell Rd. Tett —4K 35
Stoke. —6K 145
Stoke Aldermoor. —1G 167
Stoke Cross. —1D 202
Stoke End. —2F 58
Stoke Floods Nature Reserve.
—6M 145
Stoke Grn. Cov —7G 145
(in two parts)
Stoke Grn. Cres. Cov —8H 145
Stoke Heath. —4K 201
(nr. Bromsgrove)
Stoke Heath. —3G 145
(nr. Coventry)
Stoke La. Redd —2H 205
Stoke La. S Prior —8F 200
Stoke Pound. —5A 202
Stoke Pound La. S Prior &
Stoke P —6L 201
Stoke Prior. —5K 201
Stoke Rd. B'gve —2A 202
Stoke Rd. Stoke G & Hinc
—3A 84
Stoke Row. Cov —5G 145
Stokes Av. Tip —1A 66
Stokes Av. W'hall —1M 51
Stokesay Av. Wolv —6F 34
Stokesay Clo. Kidd —7L 149
Stokesay Clo. Nun —6H 79
Stokesay Clo. Tiv —1A 90
Stokesay Gro. Birm —1M 155
Stokesay Ho. Birm —3F 70
Stokesay Ri. Dud —6E 64
Stokes La. Cann —3L 15
Stokes St. Wals —1H 39
Stoke Way. Birm —8J 93 (7C 4)
Stoke Wharf. —6L 201
Stoke Works. —8K 201
Stom Rd. Bils —4H 51
Stone. —6D 150
Stoneacre Clo. Wolv —8G 35
Stone Av. S Cold —4A 58
Stonebow Av. Sol —1B 160
Stonebridge. —7C 118
Stonebridge Cres. Birm —4F 96
Stonebridge Highway. Cov
—5C 166
Stonebridge Ind. Est. Cov
(in two parts) —5H 167
Stonebridge Rd. Col —2M 97
(in three parts)
Stonebrook Way. Birm —7M 111
Stonebrook Way. Blac I —6F 122
Stonebury Av. Cov —5D 142
Stonechat Clo. Kidd —7B 150
Stonechat Dri. Birm —7C 70
Stone Clo. Birm —7F 134
Stonecroft Av. Redn —2G 155
Stonecrop Clo. Birm —1F 156
Stonecrop Clo. Clay —3D 26
Stonecross. Wat O —6H 73
Stonedown Clo. Bils —6G 51
Stonefield Clo. Cov —1A 146
Stonefield Dri. Brie H —2B 88
Stonefield Rd. Bils —4K 51
Stonefield Wlk. Bils —4K 51
Stoneford Rd. Shir —5G 137
Stonehaven. Amin —4F 32
Stonehaven Dri. Cov —6C 166
Stonehaven Gro. Birm —1H 137
Stonehenge Cft. Birm —8K 135
Stone Hill. Stone —6D 150
Stone Hill Cft. Shir —3M 159
Stonehills. Rugby —2C 172
Stonehill Wlk. Wiln —3F 46
Stonehouse Av. W'hall —5M 37
Stonehouse Clo. Lea S —4D 212
Stonehouse Clo. Redd —8C 204
Stone House Cottage Gardens.
—6E 150
Stonehouse Cres. W'bry
—7H 53
Stonehouse Dri. S Cold —5C 42
Stonehouse Gro. Birm —7K 111
Stonehouse Hill. Birm —6A 112
Stonehouse La. A'chu —7D 156
Stonehouse La. Arly —2D 100
Stonehouse La. Birm & Quin
—7K 111
Stonehouse La. Cor —3F 120
Stonehouse La. Cov —5J 167
Stone Ho. M. Leek W —3F 210
Stonehouse Rd. B'gve —1A 202
Stonehouse Rd. S Cold —6F 56
Stonehurst Rd. Birm —5J 55
Stone La. Kinv —5A 106
Stone Lea. Wals —4H 41
Stonelea Clo. W Brom —1L 67
Stoneleigh. —3B 192
Stoneleigh Av. Cov —2M 165
Stoneleigh Av. Ken —3G 191
Stoneleigh Clo. Redd —3F 208
Stoneleigh Clo. S'lgh —3B 192
Stoneleigh Clo. S Cold —1F 56
Stoneleigh Ct. Nun —6J 79
Stoneleigh Deer Pk. Bus. Village.
S'lgh P —5D 192
Stoneleigh Gdns. Cod —5F 20
Stoneleigh Rd. Birm —8L 69
Stoneleigh Rd. B'dwn —4M 211
Stoneleigh Rd. Cov —7K 165
Stoneleigh Rd. Ken —3G 191
Stoneleigh Rd. Sol —4K 137
Stoneleigh Rd. S'lgh —4F 192
Stoneleigh Way. Dud —3D 64
Stone Pine Clo. Cann —1F 8
Stonepit. Tam —8C 32
Stonepits La. Redd —5D 208
Stone Rd. Birm —2K 113
Stonerwood Av. Birm —2E 136
Stones Grn. Birm —3F 70
Stone St. Bils —4L 51
Stone St. Dud —8J 65
(DY1)
Stone St. Dud —4D 64
(DY3)
Stone St. O'bry —2G 91
Stoneton Cres. Bal C —3G 163
Stoneton Gro. Birm —1A 134
Stoneway Gro. Lea S —3D 216
Stonewell Cres. Nun —1B 104
Stone Yd. Birm —8M 93 (7K 5)
Stone Yd. Crad H —1J 109
Stoneybridge. —4K 153
Stoneybrook Leys. Wom —4E 62
Stoney Clo. Sol —2E 138
Stoney Cft. Cann —8F 8
Stoneycroft Rd. Earl S —2K 85
Stoneycroft Tower. Birm —1L 95
Stoneyfields Clo. Cann —7F 8
Stoneyford Gro. Birm —5B 136
Stoneygate. —7F 84
Stoneygate Dri. Hinc —6E 84
Stoney Hill. —8B 180
Stoney Hill Clo. B'gve —8A 180
Stoneyhurst Rd. Birm —8F 70
Stoney La. Bal H —4B 114
Stoney La. Dud —6J 89
Stoney La. Kidd —2L 149
Stoney La. Quin —3H 111
Stoney La. Tard & A'chu
—8G 181
Stoney La. Wals —6H 25
(in two parts)
Stoney La. W Brom —5K 67
Stoney La. Wolv —4B 50
Stoney La. Yard —1K 115
Stoney La. Ind. Est. Kidd
—2K 149
Stoney Lea. —8F 8
Stoney Lea Rd. Cann —7F 8
Stoneymoor Dri. Birm —8K 72
Stoney Rd. Cov —8C 144 (8C 6)
Stoney Rd. Nun —3G 79
Stoney Stanton Rd. Cov
—5D 144 (2D 6)
Stoneythorpe Clo. Sol —8B 138
Stoneywood Rd. Cov —1M 145
Stonnal Gro. Birm —3G 71
Stonnall. —5K 27
Stonnall Ga. Wals —1J 41
Stonnall Rd. Wals —1J 41
Stonor Pk. Rd. Sol —4M 137
Stonor Rd. Birm —4G 137
Stonydelph. —8H 33
Stonydelph La. Wiln —2G 47
Stony La. Smeth —4M 91
Stony St. Smeth —3M 91
Stonywell. —4A 12
Stonywell La. Ruge —3K 11
Stornoway Rd. Birm —5B 72
Storrage La. A'chu —6D 182
Storrs Clo. Birm —8D 94
Storrs Pl. Birm —8D 94
Storrs Way, The. Birm —2H 133
Stotfold Rd. Birm —7M 135
Stour. H'ley —4G 47
Stourbridge. —4A 108
Stourbridge Ind. Est. Stourb
—3A 108
Stourbridge Rd. Brie H & Dud
—4E 88
Stourbridge Rd. B'gve —2M 179
Stourbridge Rd. Fair & Cats
—5K 153

Stourbridge Rd.—Sycamore Paddock

Stourbridge Rd. Hag —2C 130 (nr. Birmingham Rd.)
Stourbridge Rd. Hag —4C 130 (nr. Kidderminster Rd.)
Stourbridge Rd. Hale —4L 109
Stourbridge Rd. Harv & Belb —8G 151
Stourbridge Rd. Kidd & Hurc —2L 149
Stourbridge Rd. P'gte & Ism —7C 128
Stourbridge Rd. Stourb —4C 108
Stourbridge Rd. Wom & Wolv —5J 63
Stour Clo. Burn —3K 17
Stour Clo. Hale —3L 109
Stourdale Rd. Crad H —1J 109
Stourdell Rd. Hale —3L 109
Stour Hill. Brie H —2G 109
Stour La. Stour S —6G 175
Stourmore Clo. W'hall —3D 38
Stourport Marina. Stour S —8H 175
Stourport-on-Severn. —6F 174
Stourport Rd. Bew —6B 148
Stourport Rd. Kidd —1H 175
Stourport Rd. Stour S —8K 175
Stour St. Birm —6G 93
Stour St. W Brom —6E 66
Stourton. —2C 106
Stourton Clo. Know —2H 161
Stourton Clo. S Cold —5M 57
Stourton Cres. Stourb —3F 106
Stourton Dri. Wolv —4J 49
Stourton Rd. Birm —4H 111
Stour Va. Rd. Stourb —3F 108
Stour Valley Clo. Brie H —2D 108
Stow Dri. Brie H —3B 108
Stowe. —8J 13
Stowecroft. Lich —7J 13
Stowe Hill Gdns. Lich —8J 13
Stowell Rd. Birm —2M 69
Stowe Pl. Cov —8C 142
Stowe Rd. Lich —1H 19
Stowe St. Lich —1J 19 (in two parts)
Stowe St. Wals —2J 39
Stow Gro. Birm —2L 95
Stow Heath. —2H 51
Stowheath La. Wolv & Mose V —2H 51
Stow Heath Pl. Wolv —2H 51
Stow Lawn. —1H 51
Stowmans Clo. Bils —6H 51
Strachey Av. Lea S —7L 211
Straight Mile. Bour —6M 195
Straight Rd. W'hall —3C 38
Straits Est. Dud —5A 64
Straits Grn. Dud —5B 64
Straits Rd. Dud —6B 64
Straits, The. —5B 64
Straits, The. Dud —4M 63
Strand, The. B'gve —6A 180
Stratford Clo. Dud —7E 64
Stratford Ct. S Cold —6H 57
Stratford Dri. Wals —1J 41
Stratford Pl. S'brk —1A 114
Stratford Rd. Birm & Shir —4G 137
Stratford Rd. B'gve —7A 180 (in two parts)
Stratford Rd. H'ley H & Lapw —6B 160
Stratford Rd. Sher & Warw —8A 214
Stratford Rd. S'hll —4C 114
Stratford Rd. S'hll & Hall G (in two parts) —2A 114
Stratford St. Cov —5G 145
Stratford St. Nun —5J 79
Stratford St. N. Birm —1A 114
Stratford Wlk. Birm —2J 95
Stratford Way. Cann —4F 8
Strath Clo. Rugby —2G 199
Strathdene Gdns. Birm —8C 112
Strathdene Rd. Birm —7C 112
Strathearn Rd. Lea S —8L 211
Strathern Dri. Cose —8G 51
Strathfield Wlk. Wolv —3J 49
Strathmore Av. Cov —7E 144 (6F 6)
Strathmore Cres. Wom —8G 49
Strathmore Pl. Cann —7F 8
Strathmore Rd. Hinc —2G 81
Strathmore Rd. Tip —1A 66
Stratton St. Wolv —5E 36
Strawberry Clo. Tiv —2C 90
Strawberry Fields. Mer —8H 119
Strawberry La. Wals —1E 24
Strawberry La. W'hall —6J 37
Strawberry Wlk. Cov —7K 123
Strawmoor La. Cod —7B 20
Stray, The. Brie H —3C 88
Stream Mdw. Wals —8C 26
Stream Pk. K'wfrd —5L 87
Stream Rd. K'wfrd & Stourb (in two parts) —4K 87
Streamside Clo. Alle —1G 143
Streamside Way. Shelf —1D 40
Streamside Way. Sol —5D 116
Streatham Gro. Birm —7A 56
Streather Rd. S Cold —7J 43
Streethay. —7M 13
Streetly. —8M 41
Streetly Cres. S Cold —6D 42
Streetly Dri. S Cold —6D 42
Streetly La. S Cold —7C 42
Streetly Rd. Birm —4D 70
Streetly Wood. S Cold —7A 42
Streetsbrook Rd. Shir —3H 137
Streetsbrook Rd. Sol —4L 137
Streets Corner Gdns. Wals —5G 27
Streets La. C Hay —1E 24
Streetway Rd. Lich —2H 29
Strensham Hill. Birm —5L 113
Strensham Rd. Birm —5L 113
Stretton Av. Cov —4J 167
Stretton Clo. Hinc —3K 81
Stretton Ct. Birm —7E 70
Stretton Cres. Lea S —4B 216
Stretton Dri. B Grn —7G 155
Stretton Gdns. Cod —5F 20
Stretton Gro. Bal H —4B 114
Stretton Gro. Birm —3J 95 (B8)
Stretton Gro. Birm —3C 114 (B11)
Stretton Gro. Birm —2J 93 (B19)
Stretton Ho. Redd —5A 204
Stretton Lodge. Cov —3J 167
Stretton-on-Dunsmore. —3F 194
Stretton Pl. Bils —8G 51
Stretton Pl. Dud —5K 89
Stretton Rd. Aston —3A 94
Stretton Rd. Kidd —5H 149
Stretton Rd. Nun —6G 79
Stretton Rd. Shir —1H 159
Stretton Rd. W'hall —1C 38
Stretton Rd. Wols —2G 195
Stretton St. Tam —6E 32
Stringer Clo. S Cold —5G 43
Stringers Hill. Cann —2K 9
Stringes Clo. W'hall —6C 38
Stringes La. W'hall —6B 38
Strode Ho. Tam —5A 32
Strode Rd. Wolv —3C 50
Stroma Way. Nun —7F 78
Stronsay Clo. Redn —8F 132
Stroud Av. W'hall —5C 38
Stroud Clo. W'hall —5C 38
Stroud Rd. Shir —7F 136
Strutt Clo. Birm —1D 112
Strutt Rd. Hinc —4A 82
Stuart Clo. Warw —4D 214
Stuart Ct. Cov —1G 145
Stuart Ct. Lea S —8L 211
Stuart Cres. Dud —8L 65
Stuart Ho. Col —2A 98
Stuart Rd. Hale —4F 110
Stuart Rd. Row R —5C 90
Stuarts Ct. Hag —4A 130
Stuarts Dri. Birm —8K 95
Stuarts Grn. Stourb —1B 130
Stuarts Rd. Birm —7K 95
Stuart St. Birm —2C 94
Stuart St. Wals —1H 39
Stuarts Way. Birm —2H 133
Stubbers Green. —1E 40
Stubbers Grn. Rd. Wals —8D 26
Stubbington Clo. W'hall —8K 37
Stubbs Clo. Bed —5G 103
Stubbs Gro. Cov —4H 145
Stubbs Rd. Wolv —2A 50
Stubby La. Wolv —3M 37
Stubley Dri. Wolv —3E 36
Stud Farm Dri. Tam —7L 31
Studland Av. Rugby —8F 172
Studland Grn. Cov —5A 146
Studland Rd. Birm —1G 137
Stud La. Birm —6M 95
Studley. —5L 209
Studley Cft. Sol —5D 116
Studley Dri. Brie H —1C 108
Studley Ga. Stourb —5K 107
Studley Rd. Redd —6G 205
Studley Rd. Wolv —1J 49
Studley St. Birm —3B 114
Sturgeon's Hill. Lich —2J 19
Sturley Clo. Ken —3H 191
Sturman Dri. Row R —8B 90
Sturminster Clo. Cov —5A 146
Stychbrook Gdns. Lich —7H 13
Styles Clo. H Mag —2A 214
Styles Clo. Lea S —2A 216
Styvechale Av. Cov —1M 165
Suckling Grn. La. Cod —7F 20
Sudbury Clo. Lea S —7C 212
Sudbury Clo. Wolv —1L 37
Sudbury Gro. Birm —7B 56
Sudeley. Tam —2C 46
Sudeley Clo. Birm —8B 72
Sudeley Gdns. Dud —7D 64
Sudeley Rd. Nun —1J 103
Suffield Gro. Birm —4B 70
Suffolk Clo. Bed —6G 103
Suffolk Clo. Cov —6H 143
Suffolk Clo. Nun —6E 78
Suffolk Clo. O'bry —5H 91
Suffolk Clo. Wed —2J 37
Suffolk Dri. Brie H —2C 108
Suffolk Gro. Wals —1H 41
Suffolk Pl. Birm —8K 93 (7F 4)
Suffolk Pl. Wals —4K 39
Suffolk Rd. Dud —2G 89
Suffolk Rd. W'bry —6J 53
Suffolk St. Lea S —8A 212
Suffolk St. Queensway. Birm —7K 93 (6E 4)
Suffolk Way. Tam —8A 32
Suffrage St. Smeth —4B 92
Sugarbrook La. Stoke P —4M 201
Sugarbrook Rd. B'gve —2A 202
Sugar Loaf La. Ism & I'ley (in two parts) —4G 129
Sugden Gro. Birm —1L 113
Sulgrave Clo. Cov —2L 145
Sulgrave Clo. Dud —6F 64
Sullivan Ct. Cov —2H 145
Sullivan Rd. Cov —2H 145
Sullivan Wlk. Lich —7J 13
Sullivan Way. Lich —7J 13
Sumburgh Cft. Birm —6A 72
Summercourt Dri. K'wfrd —3J 87
Summercourt Sq. K'wfrd —4J 87
Summer Cft. Birm —3K 93
Summercroft. Stour S —8E 174
Summer Dri. Dud —6C 64
Summerfield. —2M 175
Summerfield Av. K'wfrd —2J 87
Summerfield Av. W Brom (in two parts) —5J 67
Summerfield Clo. Tam —5D 32
Summerfield Ct. Edg —1C 112
Summerfield Cres. Birm —6E 92
Summerfield Dri. Birm —2A 134
Summerfield Gro. Birm —5E 92
Summerfield Ind. Est. Birm —5G 93
Summerfield La. Summ —2M 175
Summerfield Rd. Birm —6E 92
Summerfield Rd. Burn —4G 17
Summer Fld. Rd. Clent —7E 130
Summerfield Rd. Dud —2K 89
Summerfield Rd. Sol —7A 116
Summerfield Rd. Stour S —5H 175
Summerfield Rd. Tam —5D 32
Summerfield Rd. Wolv —7B 36
Summerfields Av. Hale —1F 110
Summergate. Dud —6C 64
Summer Gro. Lich —7K 13
Summerhill. —8M 17 (nr. Brownhills)
Summer Hill. —2A 66 (nr. Dudley)
Summerhill. —4G 149 (nr. Kidderminster)
Summer Hill. Hale —6B 110
Summer Hill. K'wfrd —3J 87
Summerhill Av. Kidd —3G 149
Summer Hill Ind. Pk. Birm —6H 93 (3A 4) (off Goodman St.)
Summer Hill Rd. Bils —8K 51
Summer Hill Rd. Birm —6H 93 (3A 4)
Summerhill Rd. Tip —2M 65
Summer Hill St. Birm —6H 93 (4B 4)
Summer Hill Ter. Birm —6H 93 (3B 4)
Summerhouse Clo. Call H —3A 208
Summerhouse La. Lich —6K 11
Summerhouse Rd. Bils —8G 51
Summer La. Birm —5K 93 (2F 4)
Summer La. Dud —6C 64
Summer La. Min —3D 72
Summer La. Wals —7C 26
Summerlee Rd. Birm —7H 71
Summer Pl. Kidd —4J 149
Summer Rd. A Grn —7G 115
Summer Rd. Dud —5G 65
Summer Rd. Edg —2J 113 (in two parts)
Summer Rd. Erd —4F 70
Summer Rd. Kidd —6H 149
Summer Rd. Row R —6D 90
Summer Row. Birm —6J 93 (4D 4)
Summer Row. Wolv —8C 36 (5J 7)
Summerside Av. Cann —5C 10
Summer St. K'wfrd —3K 87
Summer St. Lye —4E 108
Summer St. Redd —6E 204
Summer St. Stourb —4M 107
Summer St. W Brom —5K 67
Summer St. W'hall —7M 37
Summerton Rd. O'bry —8D 66
Summerton Rd. W'nsh —6A 216
Summervale Clo. Hag —4A 130
Summervale Rd. Hag —4M 129
Summerville Ter. Birm —4C 112
Summerway La. Tort —3L 175
Summit Cres. Smeth —1L 91
Summit Gdns. Hale —6M 109
Summit Pl. Dud —7B 64
Summit, The. Stourb —5D 108
Sumner Clo. H Mag —3A 214
Summer Rd. Col —3A 98
Sumpner Building. Birm —3J 5
Sunart Way. Nun —4C 78
Sunbeam. Tam —6E 32
Sunbeam Clo. Birm —8F 72
Sunbeam Clo. Rugby —6C 172
Sunbeam Dri. Wals —6F 14
Sunbeam St. Wolv —2C 50
Sunbeam Way. Birm —7C 96
Sunbridge Ter. Rugby —6C 172
Sunbury Av. Lich —2L 19
Sunbury Clo. Bils —8L 51
Sunbury Cotts. N'fld —5A 134
Sunbury Rd. Birm —2L 155
Sunbury Rd. Cov —4J 167
Sunbury Rd. Hale —5M 109
Suncliffe Dri. Ken —7F 190
Suncroft. Birm —4J 111
Sundbury Ri. Birm —4B 134
Sunderland Dri. Stourb —1A 108
Sunderton Rd. Birm —4L 135
Sundew Cft. Birm —1K 95
Sundew St. Cov —7K 123
Sundial La. Birm —8F 54
Sundorne Clo. Cov —5G 143
Sundour Cres. Wolv —8H 23
Sundridge Rd. Birm —5L 55
Sundridge Wlk. Wolv —3J 49
Sunfield Gro. Birm —5E 114
Sunfield Rd. Cann —8A 8
Sunleigh Gro. Birm —5L 115
Sunley Dri. Cann —2K 9
Sunningdale. B'gve —8A 180 (off New Rd.)
Sunningdale. Hale —5E 110
Sunningdale. Tam —4J 33
Sunningdale Av. Cov —7D 122
Sunningdale Av. Ken —5H 191
Sunningdale Av. Pert —4D 34
Sunningdale Clo. Birm —5E 68
Sunningdale Clo. Nun —8A 80
Sunningdale Clo. Stourb —7M 107
Sunningdale Clo. S Cold —7G 57
Sunningdale Dri. Tiv —2A 90
Sunningdale Rd. Birm —6G 115
Sunningdale Rd. B'gve —1K 201
Sunningdale Rd. Dud —1B 64
Sunningdale Way. Wals —6G 25
Sunny Av. Birm —4A 114
Sunnybank Av. Birm —2B 70
Sunnybank Av. Cov —4H 167
Sunnybank Clo. A'rdge —7L 41
Sunny Bank Ct. O'bry —2J 111
Sunnybank Rd. Dud —4E 64
Sunny Bank Rd. O'bry —2J 111
Sunnybank Rd. S Cold —1G 71
Sunnydale Cres. Hinc —2G 81
Sunnydale Rd. Hinc —2F 80
Sunnydale Wlk. W Brom —5J 67
Sunnydene. Birm —4G 95
Sunnyhill. Hinc —2M 81
Sunny Hill Clo. Wom —3H 63
Sunnyhill S. Hinc —3M 81
Sunnymead. B'gve —8A 180
Sunnymead Rd. Birm —3M 115
Sunnymead Rd. Burn —8F 10
Sunnymead Way. S Cold —2M 55
Sunnymede Rd. K'wfrd —5A 88
Sunnyside. Hinc —6D 84
Sunnyside. Tiv —2B 90
Sunnyside. Wals —7G 27
Sunnyside Av. Birm —6E 70
Sunnyside Clo. Bal C —2J 163
Sunnyside Clo. Cov —6M 143
Sunnyside Ct. Nun —6F 78
Sunnyside Gdns. Kidd —8H 127
Sunnyside La. Bal C —2J 163
Sunnyside Pk. Ind. Est. Hinc —6C 84
Sunnyside Ter. Bal C —2J 163
Sunridge Av. Birm —3K 93
Sunridge Av. Wom —2G 63
Sunrise Hill. Cann —3H 9
Sunrise Wlk. O'bry —6J 91
Sunset Clo. Tam —5A 32
Sunset Clo. Wals —6F 14
Sunset Pl. Wolv —6F 50
Sunshine Clo. Ken —7G 191
Sun St. Brie H —8F 88
Sun St. Rugby —6C 172
Sun St. Wals —2K 53 (in two parts)
Sun St. Wolv —7E 36 (2M 7)
Sunway Gro. Cov —3B 166
Surfeit Hill Rd. Crad H —1K 109
Surrey Clo. Burb —5L 81
Surrey Clo. Cann —1F 14
Surrey Clo. Nun —6E 78
Surrey Ct. Warw —1E 214
Surrey Cres. W Brom —1G 67
Surrey Dri. K'wfrd —5M 87
Surrey Dri. Tam —8A 32
Surrey Dri. Wolv —8L 35
Surrey Rd. Birm —5L 55
Surrey Rd. Dud —2G 89
Surrey Wlk. Wals —8G 27
Sussex Av. Wals —1G 41
Sussex Av. W'bry —5K 53
Sussex Av. W Brom —3J 67
Sussex Clo. Nun —6E 78
Sussex Ct. Warw —1E 214
Sussex Dri. Cann —4H 9
Sussex Dri. Wolv —8L 35
Sussex Rd. Cov —5M 143
Sutherland Av. Cov —5G 143
Sutherland Av. Shir —6J 137
Sutherland Av. Wolv —1F 50
Sutherland Clo. Birm —5K 55
Sutherland Clo. Warw —8E 210
Sutherland Dri. Bed —5G 103
Sutherland Dri. Birm —5M 113
Sutherland Dri. Wom —1G 63
Sutherland Gro. Pert —5F 34
Sutherland Ho. Wolv —7A 36
Sutherland Pl. Wolv —8D 36 (6L 7)
Sutherland Rd. Crad H —1L 109
Sutherland Rd. Wals —6E 14
Sutherland Rd. Wolv —4B 50
Sutherland St. Birm —1B 94
Sutton App. Birm —5G 95
Sutton Av. Cov —4C 142
Sutton Av. Tam —7A 32
Sutton Clo. Hinc —6F 84
Sutton Clo. Redd —7K 205
Sutton Coldfield. —4H 57
Sutton Coldfield By-Pass. S Cold (B75) —7B 44
Sutton Coldfield By-Pass. S Cold (B76) —3C 72
Sutton Ct. Birm —2E 68
Sutton Ct. S Cold —2J 57
Sutton Ct. Wolv —7E 50
Sutton Cres. W Brom —6G 67
Sutton Farm. —5H 149
Sutton New Rd. Birm —5F 70
Sutton Oak Corner. S Cold —4A 56
Sutton Oak Rd. S Cold —5A 56
Sutton Pk. Nun —2B 78
Sutton Pk. Ct. S Cold —7H 57
Sutton Pk. Gro. Kidd —6J 149
Sutton Pk. Ri. Kidd —6G 149
Sutton Pk. Rd. Kidd —5G 149
Sutton Pk. Vis. Cen. —4G 57
Sutton Rd. Birm —4G 71
Sutton Rd. Kidd —4J 149
Sutton Rd. M Oak & Tam —3F 44
Sutton Rd. Wals —1M 53 (WS1)
Sutton Rd. Wals —1B 54 (WS5)
Sutton Rd. W'bry —4A 52
Suttons Dri. Birm —5F 54
Sutton Sq. Min —3F 72
Sutton Stop. Longf —4H 123
Sutton St. Birm —8K 93 (8E 4)
Sutton St. Birm & Aston —3M 93
Sutton St. Stourb —8L 87
Swadling St. Lea S —3M 215
Swain Crofts. Lea S —3B 216
Swains Grn. Hinc —3M 81
Swains Gro. Birm —5M 55
Swaledale Clo. B'gve —3L 201
Swale Gro. Birm —8F 134
Swale Gro. W'hall —7D 38
Swale Rd. Birm —4G 95
Swale Rd. S Cold —8A 58
Swallow Av. Birm —1G 97
Swallow Clo. Birm —4B 114
Swallow Clo. Dud —7K 89
Swallow Clo. Hunt —2C 8
Swallow Clo. W'bry —5H 53
Swallow Ct. Bed —1C 122
Swallow Ct. Wolv —2D 36
Swallow Cft. Lich —8G 13
Swallowdale. Wals W —5H 27
Swallowdale. Wolv —7F 34
Swallowdean Rd. Cov —1L 143
Swallow Dri. Kidd —7A 150
Swallowfall Av. Stourb —5J 107
Swallowfield. Tam —3L 31
Swallowfields Dri. Cann —6H 9
Swallowfields Rd. Dud —7C 50
Swallow Rd. Cov —8C 122
Swallows Clo. Wals —4A 26
Swallows Mdw. Shir —1K 159 (in two parts)
Swallow St. Birm —7K 93 (6E 4)
Swanage Grn. Cov —5A 146
Swanage Rd. Birm —1D 114
Swan Av. Smeth —2L 91
Swan Bank. Wolv —5M 49
Swan Cen. Kidd —3L 149
Swan Clo. Blak —8H 129
Swan Clo. Wals —7D 14
Swan Copse. Birm —4J 115
Swan Corner Shop. Precinct. (off Chase Rd.) Burn —3J 17
Swancote Dri. Wolv —3J 49
Swancote Rd. Birm —4M 95
Swancote Rd. Dud —8H 65
Swancote St. Dud —1G 89
Swan Cres. O'bry —5F 90
Swan Cft. Rd. Cov —4F 144
Swancroft Rd. Tip —1M 65
Swanfield Rd. Stourb —8M 87
Swanfields. Burn —3J 17
Swan Gdns. Birm —5F 70
Swan Island. Burn —3J 17
Swan La. Cov —5F 144
Swan La. Fair —5K 153
Swan La. Stourb —7M 87
Swan La. U War —3E 200
Swan La. W Brom —4G 67
Swan La. Ind. Est. W Brom —4G 67
Swanley Clo. Hale —6G 111
Swanmore Clo. Wolv —1L 49
Swanmote. Tam —4M 31
Swann Rd. Bils —7G 51
Swann Wlk. Tip —1A 66
Swan Pas. Stour S —6G 175
Swan Pool Gro. Shelf —8D 26
Swan Rd. Lich —2G 19
Swan Roundabout. W Brom —4F 66
Swansbrook Gdns. Birm —7J 135
Swan Shop. Cen., The. Yard —3K 115
Swanshurst La. Birm —1C 136
Swans Length. A'chu —2A 182
Swan St. A'chu —3B 182
Swan St. Brie H —2C 88
Swan St. Dud —3J 89
Swan St. Lea S —8A 212
Swan St. Stourb —4L 107
Swan St. Warw —3E 214
Swan St. Wolv —7F 36
Swans Wlk. A'chu —3A 182
Swanswell Rd. Sol —1K 137
Swanswell St. Cov —5D 144 (2E 6)
Swanswood Gro. Birm —6J 97
Swan Village. —2H 65 (nr. Sedgley)
Swan Village. —4G 67 (nr. West Bromwich)
Swan Village. W Brom —4G 67
Swan Village Ind. Est. W Brom —4G 67
Swarthmore Rd. Birm —2A 134
Sweetbriar Dri. Stourb —8L 87
Sweetbriar La. W'hall —4D 38
Sweetbriar Rd. Wolv —2G 51
Sweetman Pl. Wolv —6A 36
Sweetman St. Wolv —5A 36 (in two parts)
Sweetmoor Clo. Birm —1C 96
Sweetpool La. Hag —4M 129
Swift. Tam —6E 32
Swift Clo. Birm —1G 97
Swift Clo. B'gve —1L 201
Swift Clo. Ken —7G 191
Swift Pk. Rugby —2A 172
Swift Pk. Gro. Kidd —7B 150
Swift Point. Swift I —1M 171
Swift's Corner. Cov —1E 166
Swift Valley Ind. Est. Swift I —1M 171
Swillington Rd. Cov —4B 144 (1A 6)
Swinbrook Gro. Birm —8L 55
Swinbrook Way. Shir —5K 137
Swinburne Av. Cov —7K 145
Swinburne Clo. Gall C —4A 78
Swinburne Rd. Hinc —8C 84
Swinburne Rd. Redd —2C 208
Swincross Rd. Stourb —5B 108
Swindale. Wiln —2H 47
Swindale Cft. Bin —1M 167
Swindell Rd. Stourb —8C 108
Swindon. —7E 62
Swindon Rd. Birm —6B 92
Swindon Rd. K'wfrd —1F 86
Swinfen. —1L 29
Swinfen Broun Rd. Lich —1G 19
Swinfen La. Lich —1J 29
Swinford Gro. Dorr —6E 160
Swinford Leys. Wom —4D 62
Swinford Rd. Birm —6A 112
Swinford Rd. Stourb —7A 108
Swinford Rd. Wolv —4E 36
Swin Forge Way. Swind —7E 62
Swiss Dri. Stourb —7M 87
Swiss Heights. Stour S —8E 174
Swiss Lodge Dri. Faz —1M 45
Sword Dri. Hinc —6B 84
Swynnerton Dri. Ess —5M 23
Sycamore. Wiln —3E 46
Sycamore Av. Birm —4A 114
Sycamore Av. Redd —7E 204
Sycamore Clo. Burb —4L 81
Sycamore Clo. Kidd —2M 149
Sycamore Clo. Stourb —7K 107
Sycamore Clo. S Cold —7M 57
Sycamore Clo. Wals —1B 40
Sycamore Cres. Birm —1G 117
Sycamore Cres. Erd —6F 70
Sycamore Cres. Gun H —1H 101
Sycamore Cres. Tip —2M 65
Sycamore Dri. H'wd —4A 158
Sycamore Dri. Wolv —8K 35
Sycamore Grn. Cann —3E 8
Sycamore Grn. Dud —4F 64
Sycamore Gro. Rugby —5A 172
Sycamore Gro. Warw —8G 211
Sycamore Hill. Ruge —4F 10
Sycamore Paddock. Word —8A 88

Sycamore Pl.—Thorne St.

Sycamore Pl. Bils —6A 52
Sycamore Pl. Smeth —5M 91
Sycamore Rd. Aston —1A 94
Sycamore Rd. B'vlle —2F 134
Sycamore Rd. Burn —2F 16
Sycamore Rd. Cann —5M 9
Sycamore Rd. Cov —7H 123
Sycamore Rd. Erd —2F 70
Sycamore Rd. Gt Barr —6E 54
Sycamore Rd. Hand —2D 92
Sycamore Rd. K'bry —2C 60
Sycamore Rd. K'wfrd —3L 87
Sycamore Rd. Nun —3D 78
Sycamore Rd. O'bry —5G 91
Sycamore Rd. Shelf —1B 40
Sycamore Rd. Smeth —6B 92
Sycamore Rd. Tip —2M 65
Sycamore Rd. Wals —4M 53
Sycamore Rd. W'bry —7G 53
Sycamores, The. Bed —7E 102
Sycamores, The. Hag —4M 129
Sycamores, The. Lich —4H 19
Sycamores, The. Wolv —1F 36
Sycamore Ter. K Hth —3J 135
Sycamore Way. Birm —5J 115
Sycamore Way. Cann —1D 8
Sydenham. —4C 216
Sydenham Dri. Lea S —3B 216
Sydenham Ind. Est. Lea S —3B 216
Sydenham Rd. Birm & New S —3C 114
Sydenham Rd. Smeth —2A 92
Sydenham Rd. Wolv —7H 37
Sydnall Clo. Redd —7M 203
Sydnall Fields. Longf —5F 122
Sydnall Rd. Cov —5F 122
Sydney Clo. W Brom —2G 67
Sydney Ct. Bed —7G 103
Sydney Ho. Birm —3E 96
Sydney Rd. Birm —7C 94
Sydney Rd. B'gve —6L 179
Sydney Rd. Crad H —8J 89
Sydney Rd. Smeth —7L 91
Sykesmoor. Wiln —2H 47
Sylvan Av. Birm —6M 133
Sylvan Dri. Cov —3M 165
Sylvan Grn. Hale —4D 110
Sylvan Gro. Shir —4H 137
Sylvia Av. Birm —1B 156
Symphony Ct. Birm —7H 93 (6B 4)
Synkere Clo. Ker E —3A 122
Sytch La. Wom —4G 63
Sywell Leys. Rugby —3M 197

Tabbs Gdns. Kidd —2A 150
Table Oak La. Ken —7F 162
Tachbrook Clo. Cov —7J 123
Tachbrook Ct. Lea S —3M 215
Tachbrook Mallory. —8M 215
Tachbrook Pk. Bus. Cen. Tach P —4L 215
Tachbrook Pk. Dri. Warw —3K 215
Tachbrook Rd. Lea S —6M 215
Tachbrook St. Lea S —3A 216
Tack Farm Rd. Stourb —8K 87
Tackford Clo. Birm —8C 72
Tackford Rd. Cov —1G 145
Tackley Clo. Shir —1H 159
Tadmore Clo. Bils —4J 51
Tadworth Clo. Wolv —7G 37
Tainters Hill. Ken —3F 190
Tait Cft. Sol —1F 138
Talaton Clo. Wolv —7A 22
Talbot. Tam —6E 32
Talbot Av. S Cold —6B 42
Talbot Clo. Birm —1D 70
Talbot Clo. Hartl —8A 176
Talbot Clo. Wals —3J 39
Talbot Ct. Lea S —8A 212
Talbot Pl. Bils —3J 51
Talbot Rd. B'gve —2L 201
Talbot Rd. Dud —5H 89
Talbot Rd. Smeth —6A 92
Talbot Rd. Wolv —3C 50
Talbots La. Brie H —8E 88
Talbot St. Birm —3F 92
Talbot St. Brie H —6D 88
Talbot St. Hale —3J 109
Talbot St. Kidd —5J 149
Talbot St. Lye —4F 108
Talbot St. Stourb —4A 108
Talbot Way. Birm —3F 114
Talfourd St. Birm —8D 94
Talgarth Covert. Birm —2E 156
Talisman Clo. Ken —6F 190
Talisman Sq. Ken —5F 190
Talke Rd. Wals —4M 53
Talladale. Birm —2H 133
Talland Av. Amin —4E 32
Talland Av. Cov —3G 145
Tallants Clo. Cov —1G 145
Tallants Rd. Cov —1F 144
Tallington Rd. Birm —2C 116
Tall Trees Clo. Cats —1M 179
Tall Trees Clo. S Cold —5D 42
Tall Trees Clo. W'hall —3D 38
Tall Trees Dri. Stourb —7D 108
Talton Clo. Shir —4A 160
Tamar Clo. Bulk —6B 104
Tamar Clo. Long L —4H 171
Tamar Clo. Wals —7C 16
Tamar Dri. Birm —1F 96
Tamar Dri. Dud —3F 64
Tamar Dri. S Cold —2B 72
Tamar Gro. Pert —5E 34
Tamar Gro. W'hall —7C 38
Tamarisk Clo. Birm —1B 134
Tamar Ri. Stourb —1A 108
Tamar Rd. Bulk —7A 104
Tamar Rd. H'ley —4G 47
Tame Av. Burn —3K 17
Tame Av. W'bry —5J 53
Tame Bank. K'bry —3C 60
Tame Bri. Wals —5M 53
Tame Bri. Factory Est. Wals —7B 54
Tamebridge Ind. Est. P Barr —5L 69
Tame Clo. Wals —3L 53
Tame Ct. Faz —1B 46
Tame Ct. Tam —4A 32
Tame Cres. W Brom —3J 67
Tamedrive. Tam —5A 32
Tame Dri. Wals —8A 26
Tame Gro. Cann —1D 14
Tame Pk. Wiln —3E 46
Tame Ri. O'bry —1H 111
Tame Rd. Birm —7A 70
Tame Rd. O'bry —1G 111
Tame Rd. Tip —4C 66
Tame Rd. Ind. Est. Birm —8A 70
Tamerton Rd. Birm —8K 111
Tameside Dri. Birm & Cas V —8M 71
Tameside Dri. Holf —5M 69
Tame St. Bils —4M 51
Tame St. Tam —6C 32
Tame St. Wals —3L 53
Tame St. W Brom —1F 66
Tame St. E. Wals —3M 53
Tame Valley Bus. Pk. Wiln —3E 46
Tame Valley Ind. Est. Wiln (nr. Brent) —2E 46
Tame Valley Ind. Est. Wiln (nr. Ninian Way) —3E 46
Tame Way. Hinc —1G 81
Tamora Clo. H'cte —6K 215
Tamworth. —4B 32
Tamworth Bus. Cen. Tam —6H 33
Tamworth Bus. Pk. Tam —6J 33
Tamworth Castle, Mus. & Garden. —5B 32
Tamworth Clo. Wals —7F 16
Tamworth La. Lich —2L 29
Tamworth Rd. Amin —4E 32
Tamworth Rd. Bass P —7B 44
Tamworth Rd. Cliff & Dost —8C 46
Tamworth Rd. Col —3G 75
Tamworth Rd. Cor & Cov (in two parts) —8G 101
Tamworth Rd. Faz & Tam —1A 46
Tamworth Rd. Four O & S Cold —2J 57
Tamworth Rd. F End & Arly —8M 75
Tamworth Rd. Kett & Dost —3C 46
Tamworth Rd. K'bry —8C 46
Tamworth Rd. Lich —4J 19
Tamworth Rd. Pole —8K 33
Tamworth Rd. Tam & Two G —7C 32
Tamworth Rd. Wood E —8J 47
Tamworth St. Lich —1H 19
Tamworth Tourist Info. Cen. —5B 32
Tanacetum Dri. Wals —6B 54
Tandy Dri. Birm —6M 135
Tandy's La. Harv —4K 151
Tanfield Clo. Wolv —6H 35
Tanfield Rd. Birm —6M 95
Tanfield Rd. Dud —2H 89
Tanford Rd. Sol —6C 116
Tanglewood Clo. Birm —4C 96
Tanglewood Clo. B'wll —3G 181
Tanglewood Clo. Quin —4H 111
Tanglewood Gro. Dud —7C 50
Tangmere Clo. Wolv —4E 34
Tangmere Dri. Birm —7M 71
Tanhill. Wiln —2H 47
Tanhouse Av. Birm —2C 68
Tanhouse Farm Rd. Sol —7C 116
Tanhouse La. Hale —3H 109
Tanhouse La. Redd —2J 205
Tan La. Stour S —5F 174
Tanners Clo. S Cold —2M 57
Tanners Ct. Wals —1L 53
Tanners' Green. —7A 158
Tanners Grn. La. Wyt & Earls —7M 157
Tanners Hill. Bew —2A 148
Tanner's La. Berk & Cov —1A 164
Tannery Clo. Wals —6K 39
Tannery Ct. Ken —5F 190
Tansey. S Cold —4F 42
Tansey Ct. Brie H —2B 88
Tansey Green. —2B 88
Tansey Grn. Rd. Brie H —1A 88
Tansley Clo. Dorr —5F 160
Tansley Gro. Birm —8M 55
Tansley Hill Av. Dud —1M 89
Tansley Hill Rd. Dud —1L 89
Tansley Rd. Birm —1M 69
Tansley Vw. Wolv —2D 50 (8L 7)
Tansy. Tam —6C 32
Tantallan Dri. Birm —8K 111
Tantany La. W Brom —5J 67
Tantarra St. Wals —8M 39 (in two parts)
Tanwood. —7A 152
Tanwood Clo. Call H —3A 208
Tanwood Clo. Sol —1B 160
Tanwood La. Kidd —8M 151
Tanworth Gro. Birm —3M 113
Tanworth-in-Arden. —7G 185
Tanworth La. Beo —2C 206
Tanworth La. Hen A —2K 207
Tanworth La. Shir —2H 159
Tanyard. Lich —1J 19
Tanyard Clo. A'chu —3B 182
Tanyard Clo. Cov —8D 142
Tanyard La. A'chu —3A 182
Tanyards. Birm —6J 115
Tapcon Way. Cov —4M 145
Tapestries Av. W Brom —5G 67
Taplow Pl. Cann —5F 8
Tappinger Gro. Ken —4J 191
Tapster La. Lapw —6E 186 (nr. Church La.)
Tapster La. Lapw —8G 187 (nr. Yew Tree La.)
Tapton Clo. Wals —6J 25
Tardebigge. —2G 203
Tardebigge Ct. Redd —3J 203
Tardebigge Ho. B'gve —6B 180 (off Burcot La.)
Tardebigge Lock Flight. —4C 202
Tardebigge St Bartholomew's Church. —2H 203
Tarlington Rd. Cov —3L 143
Tarmac Rd. Wolv —4H 51
Tarn Clo. Bed —7G 103
Tarquin Clo. Cov —2K 167
Tarragon Clo. Cov —8K 123
Tarragon Gdns. Birm —7J 133
Tarrant. Tam —1F 46
Tarrant Gro. Birm —4M 111
Tarrant Wlk. Cov —4A 146
Tarrington Covert. Birm —1E 156
Tarry Hollow Rd. Brie H —1B 88
Tarry Rd. Birm —5E 94
Tarvin M. Brie H —8D 88
Taryn Dri. Darl —2D 52
Tasker St. Wals —1K 53
Tasker St. W Brom —5E 66
Tasman Gro. Wolv —4E 34
Tat Bank. —3H 91
Tat Bank Rd. O'bry —2G 91
Tatnall Gro. Warw —1E 214
Taunton Av. Wolv —5D 22
Taunton Rd. Birm —5A 114
Taunton Tower. Birm —7J 133
Taunton Way. Cov —7A 122
Taverners Clo. W'hall —8C 24
Taverners Grn. Birm —6F 68
Tavistock Clo. Tam —2C 32
Tavistock Rd. Birm —2J 137
Tavistock St. Lea S —8M 211
Tavistock Wlk. Cov —2J 145
Tavistock Way. Nun —4L 79
Taw Clo. Birm —1F 96
Tay Cft. Birm —5J 97
Tay Gro. Birm —1E 156
Tay Gro. Hale —1E 110
Taylor Av. Lea S —7B 212
Taylor Av. Wals —1K 39
Taylor Clo. Ken —3H 191
Taylor Ct. Warw —2D 214
Taylor Ho. Wals —2J 53 (off Oxford St.)
Taylor Rd. Birm —4M 135
Taylor Rd. Dud —7L 89
Taylor Rd. Wolv —4F 50
Taylor's La. O'bry —2E 90
Taylors La. Smeth —4M 91
Taylor's La. W Brom —5K 67
Taylors Orchard. Birm —5B 70
Taylor St. Wolv —4K 37
Taynton Covert. Birm —6J 135
Tay Rd. Cov —3B 144
Tay Rd. Redn —8H 133
Taysfield Rd. Birm —3L 133
Taywood Dri. Birm —2C 114
Teachers Clo. Cov —4A 144
Tea Garden, The. Bed —1E 122
Teal Bus. Pk. Hinc —2E 80
Tealby Gro. Birm —8G 113
Teal Cres. Kidd —6A 150
Teal Dri. Birm —6B 70
Teal Gro. W'bry —7B 52
Teall Ct. Birm —6J 115
Teall Rd. Birm —4E 94
Teal Rd. Stud —5M 209
Tean Clo. Birm —6G 115
Tean Clo. Burn —3K 17
Teasdale Way. Stourb —5D 108
Teasel Clo. Rugby —1D 172
Teasel Gro. F'stne —2H 23
Teasel Rd. Wed —4L 37
Teazel Av. Birm —3D 134
Tebworth Clo. Wolv —7M 21
Tedbury Cres. Birm —3E 70
Tedder Rd. Wals —7F 38
Teddesley Ct. Cann —6D 8
Teddesley Gro. Birm —5C 96
Teddesley St. Wals —6M 39
Teddesley Way. Hunt —3C 8
Teddington Clo. S Cold —7G 57
Teddington Gro. Birm —6K 69
Ted Pitts La. Alle —7H 121
Tedstone Rd. Birm —4L 111
Teesdale Av. Birm —3M 95
Teesdale Clo. Wolv —7G 37
Tees Gro. Birm —8F 134
Teeswater Clo. B'gve —3L 201
Teign. H'ley —4G 47
Teignbank Clo. Hinc —7D 84
Teignbank Rd. Hinc —6C 84
Teignmouth Rd. Birm —7F 112
Telephone Rd. Cov —7J 145
Telfer Rd. Cov —2B 144
Telford Av. Lea S —4B 212
Telford Av. Wals —6F 14
Telford Clo. Burn —1H 17
Telford Clo. Smeth —8K 91
Telford Clo. Wals —4G 39
Telford Clo. W Brom —1G 67
Telford Dri. Bew —6A 148
Telford Gdns. Wolv —2K 49
Telford Gro. Cann —2H 9
Telford Rd. Exh —1J 123
Telford Rd. Tam —1M 31
Telford Rd. Wals —4G 39
Teme Av. Kidd —6H 149
Teme Gro. W'hall —7D 38
Teme Rd. Hale —4H 109
Teme Rd. Stourb —6M 107
Tempest St. Tam —4A 32
Tempest St. Wolv —8D 36 (5K 7)
Templar Av. Cov —8G 143
Templar Ind. Pk. Cov —1H 165
Templars' Fields. Cov —2H 165
Templars, The. O'bry —4E 90
Templars, The. Warw —4F 214
Temple Av. Bal C —3F 162
Temple Av. Birm —3G 137
Temple Balsall. —4B 162
Temple Bar. W'hall —7A 38
Temple Clo. Redd —5F 204
Temple Ct. Col —8M 73
Templefield Gdns. Birm —8C 94
Templefield Sq. Birm —2H 113
Templefield St. Birm —8C 94
Temple Gro. Warw —4D 214
Temple Hill. Wlvy —4D 105
Temple La. Know —6A 162
Temple Meadows Rd. W Brom —4L 67
Templemore Dri. Birm —2E 68
Temple Pas. Birm —7K 93 (5F 4)
Templer Ct. Nun —6J 79
Temple Rd. Dorr —6G 161
Temple Rd. W'hall —6A 38
Temple Row. Birm —7K 93 (5F 4)
Temple Row W. Birm —7K 93 (4F 4)
Temple Sq. W'hall —6B 38
Temple St. Bils —4L 51
Temple St. Birm —7K 93 (5F 4)
Temple St. Dud —6D 64
Temple St. Rugby —7C 172
Temple St. W Brom —5J 67
Temple St. Wolv —8C 36 (5J 7)
Templeton Clo. Dorr —6G 161
Templeton Rd. Birm —7L 55
Temple Way. Col —8M 73
Temple Way. Tiv —7C 66
Tenacre La. Dud —3E 64
Ten Acres. —1H 135
Tenacres La. Redd —6L 205
Ten Ashes La. Redn —5J 155
Tenbury Clo. A'rdge —1J 41
Tenbury Clo. Bntly —6D 38
Tenbury Clo. Redd —3J 205
Tenbury Ct. Wolv —4K 49
Tenbury Gdns. Wolv —5K 49
Tenbury Rd. Birm —3K 135
Tenby Clo. Bed —8C 102
Tenby Rd. Birm —8D 114
Tenby St. Birm —5H 93 (2B 4)
Tenby St. N. Birm —5H 93 (2B 4)
Tenby Tower. Birm —8A 134
Tenby Way. Stour S —3E 174
Teneriffe Rd. Cov —8F 122
Tenlands Rd. Hale —6M 109
Tenlons Rd. Nun —7F 78
Tennal Dri. Birm —3M 111
Tennal Gro. Birm —3M 111
Tennal La. Birm —4L 111
Tennal Rd. Birm —3L 111
Tennant Clo. Rugby —8E 172
Tennant St. Birm —8H 93 (8B 4)
Tennant St. Nun —6L 79
Tennis Ct., The. Birm —4G 113
Tennscore Av. Wals —6E 14
Tennyson Av. Burn —8G 11
Tennyson Av. Rugby —2L 197
Tennyson Av. S Cold —3F 42
Tennyson Av. Tam —3A 32
Tennyson Av. Warw —5C 214
Tennyson Clo. Ken —5J 191
Tennyson Ho. O'bry —5J 91
Tennyson Rd. Birm —2E 114
Tennyson Rd. Cov —6J 145
Tennyson Rd. Dud —4A 64
Tennyson Rd. Hinc —8C 84
Tennyson Rd. Redd —1C 208
Tennyson Rd. Wals —1L 39
Tennyson Rd. W'hall —1E 38
Tennyson Rd. Wolv —8G 23
Tennyson St. Brie H —3D 88
Tennyson Way. Kidd —3B 150
Ten Shilling Dri. W'wd B —3E 164
Tenter Ct. Hale —5B 110
Tenter Dri. Hale —5B 110
Tenterfields. Hale —5B 110
Tern Clo. Wolv —6D 50
Tern Gro. Birm —8E 134
Terrace Rd. Birm —2G 93
Terrace St. Brie H —4E 88
Terrace St. Row R —8B 90
Terrace St. W'bry —6G 53
Terrace, The. Crad H —1L 109
Terrace, The. Wolv —8J 35
Terry Av. Lea S —8J 211
Terry Clo. Lich —7F 12
Terry Dri. S Cold —7M 57
Terry Rd. Cov —7F 144
Terry's Clo. Redd —4F 204
Terry's Green. —1E 184
Terry St. Dud —8K 65
Tessall La. Birm —8H 133 (in two parts)
Tetbury Gro. Birm —6K 133
Tetley Av. Wals —5A 40
Tetley Rd. Birm —6E 114
Tetnall St. Dud —1K 89
Tettenhall. —5J 35
Tettenhall Rd. Wolv —5L 35
Tettenhall Wood. —6J 35
Teviot Gdns. Brie H —3A 88
Teviot Gro. Birm —1F 156
Teviot Tower. Birm —4J 93 (off Mosborough Cres.)
Tewkesbury Dri. Bed —6J 103
Tewkesbury Dri. Dud —6K 89
Tewkesbury Rd. Birm —8L 69
Tewkesbury Rd. Wals —7E 24
Tewnals La. Lich —5E 12
Tew Pk. Rd. Birm —2E 92
Thackeray Clo. Gall C —5A 78
Thackeray Clo. Rugby —2M 197
Thackeray Dri. Tam —2A 32
Thackeray Rd. Birm —4D 134
Thackhall St. Cov —5F 144
Thames Clo. Brie H —2B 88
Thames Clo. Bulk —6A 104
Thames Ct. S Cold —4H 57
Thames Ct. Wyt —7L 157 (off Chapel La.)
Thames Gdns. Bils —8G 51
Thames Ho. Kidd —7L 149
Thames Rd. Wals —1K 39
Thames Tower. Birm —4B 94
Thamley Rd. Cov —5A 144
Thane Clo. Stud —5L 209
Thanet Clo. K'wfrd —3J 87
Thanet Gro. Birm —5J 69
Thatchings, The. Dunc —6J 197
Thatchway Gdns. Birm —2E 156
Thaxted Rd. Birm —6E 96
Theatre App. Birm —8L 93 (7G 5)
Theatre St. Warw —3D 214
Thebes Clo. Alle —1B 142
Theddingworth Clo. Cov —1L 167
Thelbridge Rd. Birm —3L 155
Thelma Rd. Tip —4L 65
Thelma St. Wals —2K 53
Thelsford Way. Sol —1D 138
Theodore Clo. Birm —5D 112
Theodore Clo. O'bry —8E 66
Theresa Rd. Birm —2B 114
Thetford Clo. Tip —4K 65
Thetford Gdns. Wolv —3K 37
Thetford Rd. Birm —2H 69
Thetford Way. Wals —6C 54
Thickett Clo. Wals —1H 53
Thicknall Dri. Stourb —7B 108
Thicknall La. Clent —6M 129
Thicknall Ri. Hag —5A 130
Thickthorn Clo. Ken —6H 191
Thickthorn M. Ken —7H 191
Thickthorn Orchard. Ken —7H 191
Thimble End. —8M 57
Thimble End Rd. S Cold —6M 57
Thimble Mill La. Birm —2B 94
Thimblemill Rd. Smeth —5K 91
Thimbler Rd. Cov —2J 165
Third Av. Bord G —7F 94
Third Av. K'wfrd —1M 87
Third Av. S Oak —6J 113
Third Av. Wals —8G 17
Third Av. Witt —6M 69
Third Av. Wolv —2E 36
Third Exhibition Av. Birm —4K 117
Third Rd. Wild —6L 153
Thirlestane Clo. Ken —3J 191
Thirlmere. Rugby —2C 172
Thirlmere Av. Nun —3M 79
Thirlmere Clo. Cann —8E 8
Thirlmere Clo. Cov —6E 142
Thirlmere Clo. Tett —1K 35
Thirlmere Dri. Birm —1C 136
Thirlmere Dri. Ess —7A 24
Thirlmere Gro. Pert —5F 34
Thirlmere Rd. Bed —7G 103
Thirlmere Rd. Hinc —1G 81
Thirlmere Rd. Stour S —3F 174
Thirlmere Rd. Tett —1K 35
Thirlmere Wlk. Brie H —2B 108
Thirsk Cft. Birm —1J 95
Thirsk Rd. Cov —4C 166
Thirston Clo. Wolv —4A 38
Thistle Clo. Dud —3F 64
Thistle Cft. Wed —4K 37
Thistledown Av. Burn —3G 17
Thistle Down Clo. S Cold —7A 42
Thistledown Dri. Cann —8J 9
Thistledown Dri. F'stne —2G 23
Thistledown Rd. Birm —2C 96
Thistledown Wlk. Dud —8C 50
Thistle Grn. Birm —1E 156
Thistle Grn. Clo. Row R —4M 89
Thistlegreen Rd. Dud —5L 89
Thistle Ho. Birm —1K 95
Thistle La. Bart G —1H 133
Thistle Way. Rugby —1D 172
Thistlewood Gro. Chad E —3B 188
Thistley Fld. E. Cov —3M 143
Thistley Fld. N. Cov —2A 144
Thistley Fld. S. Cov —3M 143
Thistley Fld. W. Cov —3M 143
Thistley Nook. Lich —8G 13
Thomas Cres. Smeth —4C 92
Thomas Greenway. Lich —7F 12
Thomas Guy Rd. W Brom —2E 66
Thomas Guy Way. Bone & Tam —7K 31
Thomas Hardy Ct. Tam —2A 32
Thomas Ho. Wals —6K 25
Thomas King Ho. Cov —2F 6
Thomas Landsdail St. Cov —8D 144 (8D 6)
Thomas La. St. Cov —8G 123
Thomas Mason Clo. Wolv —2K 37
Thomas Naul Cft. Cov —6F 142
Thomas Sharp St. Cov —2G 165
Thomas St. Bed —7G 103
Thomas St. Birm —3M 93
Thomas St. Lea S —8A 212
Thomas St. Smeth —4B 92
Thomas St. Tam —5D 32
Thomas St. Wals —7K 39
Thomas St. W Brom —7K 67
Thomas St. Wolv —1C 50 (7J 7)
Thomas Town. —6L 209
Thomas Wlk. Cas V —6B 72
Thomas Way. Long L —4G 171
Thompson Av. Wolv —2D 50
Thompson Clo. Dud —7H 89
Thompson Clo. W'hall —6A 38
Thompson Dri. Erd —1F 94
Thompson Gdns. Smeth —5M 91
Thompson Ho. Tip —1C 66
Thompson Rd. O'bry —5H 91
Thompson Rd. Smeth —5M 91
Thompsons Rd. Ker E —3L 121
Thompson St. Bils —4K 51
Thompson St. W'hall —6A 38
Thomson Av. Birm —8D 134
Thomson Clo. Rugby —3B 172
Thor Clo. Cann —4G 9
Thoresby. Tam —3L 31
Thoresby Cft. Dud —6F 64
Thorley's Hill. Ruge —3J 11
Thornberry Dri. Dud —1D 88
Thornberry Wlk. Birm —3C 94
Thornbridge Av. Birm —2J 69
Thorn Brook Ct. Wals —6M 39 (off Butts Rd.)
Thornbury Ct. Pert —6G 35
Thornbury La. Redd —2J 205
Thornbury Rd. Birm —7K 69
Thornby Av. Ken —6G 191
Thornby Av. Sol —4B 138
Thornby Av. Tam —1E 46
Thornby Rd. Birm —1C 70
Thorncliffe Clo. Call H —3A 208
Thorncliffe Rd. Birm —7L 55
Thorncliffe Way. Nun —1L 77
Thorn Clo. Rugby —3C 172
Thorn Clo. W'bry —5F 52
Thorncroft Way. Wals —5B 54
Thorne Av. Wolv —2E 36
Thorne Pl. Row R —7C 90
Thorne Rd. W'hall —6A 38
Thornes. —6L 27
Thornes Cft. Wals —5L 27
Thorne St. Wolv —2G 51

Thorneycroft La.—Tryon Pl.

Thorneycroft La. Wolv —4G 37
Thorneycroft Pl. Bils —6B 52
Thorneycroft Rd. Bils —6A 52
Thorneyfield Rd. Shir —6J 137
Thorney Rd. Cov —3H 145
Thorney Rd. S Cold —8M 41
Thornfield Cres. Burn —1G 17
Thornfield Cft. Sed —2E 64
Thornfield Rd. Birm —7J 115
Thornfield Way. Hinc —1L 81
Thorngrove Av. Sol —1C 160
Thornham Way. Birm —8K 135
Thornhill Dri. Nun —1B 104
Thornhill Gro. Birm —1F 92
Thornhill Pk. S Cold —1A 56
Thornhill Rd. Brie H —8E 88
Thornhill Rd. Cann —2F 8
Thornhill Rd. Cov —4D 144
Thornhill Rd. Dud —5J 65
Thornhill Rd. Hale —6L 109
Thornhill Rd. Hand —2F 92
Thornhill Rd. Moons I —2L 205
Thornhill Rd. Sol —2C 138
Thornhill Rd. S'hll —6D 114
Thornhill Rd. S Cold —3A 56
Thornhurst Av. Birm —2L 111
Thornleigh. Dud —4D 64
Thornleigh Trad. Est. Dud —2G 89
Thornley Clo. Birm —8A 114
Thornley Clo. Rad S —4F 216
Thornley Clo. Wolv —8M 23
Thornley Gro. Min —3C 72
Thornley Rd. Wolv —8M 23
Thornley St. Wolv —7D 36 (3K 7)
Thorn Rd. Birm —2E 134
Thorns Av. Brie H —8E 88
Thornsett Gro. Shir —3H 137
Thorns Rd. Brie H —2E 108
Thorn Stile Clo. Cubb —3E 212
Thornthwaite Clo. Redn —7H 133
Thornton Clo. Cov —5C 142
Thornton Clo. Tiv —7C 66
Thornton Clo. Wood P —8F 210
Thornton Dri. Brie H —8E 88
Thornton Rd. Birm —4H 95
Thornton Rd. Shir —3M 159
Thornton Rd. Wolv —8H 37
Thorntons Way. Nun —6A 78
Thornwood Clo. O'bry —4J 91
Thornycroft Rd. Hinc —1L 81
Thornyfield Clo. Shir —6J 137
Thornyhurst La. Hltn —2A 28
Thorpe Av. Burn —1D 16
Thorpe Clo. Burn —1D 16
Thorpe Clo. S Cold —1J 57
Thorpe Rd. Wals —2L 53
Thorpe St. Burn —1D 16
Thorp St. Birm —8K 93 (7F 4)
Threadneedle St. Cov —3D 144
Three Corner Clo. Shir —1E 158
Three Cornered Clo. Cubb —3E 212
Three Maypoles. —2H 159
Three Oaks Rd. Wyt —5C 158
Three Pots Rd. Hinc —5L 81
Three Shires Oak Rd. Smeth —7M 91
Three Spires Av. Cov —4A 144
Three Spires Junct. Cov —8E 122
Three Spires Shop. Cen. Lich —1H 19
Three Tuns La. Wolv —7C 22
Three Tuns Pde. Wolv —7C 22
Threshers Dri. W'hall —3D 38
Threshers Way. W'hall —3D 38
Throckmorton Clo. Hase —8F 188
Throckmorton Rd. Redd —2F 208
Throne Clo. Row R —4C 90
Throne Cres. Row R —4D 90
Throne Rd. Row R —4C 90
Throstles Clo. Gt Barr —2E 68
Thrushel Wlk. Wolv —4J 37
Thrush Rd. O'bry —7F 90
Thruxton Clo. Birm —6M 135
Thruxton Clo. Redd —6L 205
Thurcroft Clo. Birm —5F 94
Thuree Rd. Smeth —7L 91
Thurlaston. —6F 196
Thurlaston La. Earl S —1M 85
Thurleigh Clo. Stourb —7C 108
Thurlestone Rd. Birm —2L 155
Thurlestone Rd. Cov —1M 143
Thurloe Cres. Redn —8E 132
Thurlston Av. Sol —5M 115
Thurlstone Dri. Penn —5M 49
Thurlstone Rd. Wals —6H 25
Thurmaston Ct. Lea S —7M 211
Thurne. Tam —1F 46
Thurnmill Rd. Long L —5J 171
Thursfield Rd. Lea S —6B 212
Thursfield Rd. Tip —3A 66
Thursfield Rd. W Brom —1L 67
Thurso. Amin —4E 32
Thurston Av. O'bry —3F 90
Thynne St. W Brom —7L 67
Tibbats Clo. Birm —6J 111
Tibberton Clo. Hale —6C 110
Tibberton Clo. Sol —1A 160
Tibberton Clo. Wolv —2K 49
Tibberton Ct. B'gve —2L 201
Tibbets La. Birm —5A 112
Tibbington Rd. Tip —2L 65
Tibbington Ter. Tip —2L 65
Tibbits Ct. Warw —3E 214
Tibbits Ho. Wals —6K 39
(off Burrowes St.)
Tiber Clo. Cov —5F 142
Tiberius Clo. Col —8M 73
Tiber Way. Gleb F —2M 171
Tibland Rd. Birm —8J 115
Ticknall Clo. Redd —4A 204
Tidbury Clo. Redd —3C 208
Tidbury Green. —5D 158
Tiddington Clo. Birm —8B 72
Tideswell Clo. Bin —8A 146
Tideswell Rd. Birm —3J 69
Tidmarsh Clo. Bal C —3G 163
Tidmarsh Rd. Leek W —2G 211
Tidworth Cft. Birm —6A 136
Tierney Dri. Tip —3C 66
Tiffany La. Wolv —7M 21
Tiffield Rd. Birm —4J 115
Tigley Av. Birm —8K 111
Tilbury Clo. Wolv —1G 49
Tilbury Gro. Birm —8K 113
Tildasley St. W Brom —4H 67
Tildesley Dri. W'hall —4B 38
Tile Cross. —8D 96
Tile Cross Rd. Birm —8D 96
Tile Cross Trad. Est. Birm —8D 96
Tiled Ho. La. Brie H —4B 88
Tile Gro. Birm —4G 97
Tile Hill. —8E 142
Tile Hill La. Cov —8D 142
Tilehill Wood Nature Reserve. —7D 142
Tilehouse. Redd —7D 204
Tilehouse Green. —3E 160
Tilehouse Grn. La. Know —2F 160
Tilehouse La. Tid G & Shir —5E 158
Tilehurst Dri. Cov —7D 142
Tilesford Clo. Shir —4A 160
Tilewood Av. Cov —5E 142
Tilia Rd. Tam —4G 33
Tilley St. W'bry —3E 52
Tillington Clo. Redd —6L 205
Tillyard Cft. Birm —8C 112
Tilshead Clo. Birm —6L 135
Tilsley Gro. Birm —4B 70
Tilston Dri. Brie H —8D 88
Tilton Rd. Birm —8C 94
(in two parts)
Tilton Rd. Hinc —3L 81
Timbercombe Way. Hand —1D 92
Timber Ct. Rugby —7C 172
Timberdine Clo. Hale —3K 109
Timberhonger. —8D 178
Timberhonger La. U War —2E 200
Timberlake Clo. Shir —3B 160
Timber La. Stour S —4H 175
Timberley La. Birm —3C 96
(in two parts)
Timber Mill Ct. Harb —3B 112
Timbers Way. Erd —5M 71
Timbers Way. S'brk —3A 114
Timbertree Cres. Crad H —2L 109
Timbertree Rd. Crad H —2L 109
Times Sq. Av. Brie H —7E 88
Timmins Clo. Sol —4E 138
Timmis Clo. Bils —6H 51
Timmis Rd. Stourb —3C 108
Timon Vw. H'cte —6L 215
Timothy Gro. Cov —8H 143
Timothy Rd. Tiv —2C 90
Tinacre Hill. Wolv —7E 34
Tinchbourne St. Dud —8J 65
Tindal St. Birm —4M 113
(in two parts)
Tink-A-Tank. Warw —3E 214
Tinker's Farm Gro. Birm —6L 133
Tinker's Farm Rd. Birm —6L 133
Tinkers Grn. Rd. Wiln —3F 46
Tinkers La. Earls —2K 185
(nr. Cut Throat La., in two parts)
Tinkers La. Earls —8D 186
(nr. Stratford Rd.)
Tinmeadow Cres. Redn —2J 155
Tinsley St. Tip —4E 66
Tintagel Clo. Cov —4K 167
Tintagel Clo. Wolv —6F 34
Tintagel Dri. Dud —7E 64
Tintagel Gro. Ken —5H 191
Tintagel Way. A'rdge —3E 40
Tintagel Way. Nun —4A 80
Tintern Clo. B'gve —8L 179
Tintern Clo. Kidd —3F 148
Tintern Clo. S Cold —2A 56
Tintern Ct. Wolv —5E 34
Tintern Cres. Wals —6F 24
Tintern Rd. Birm —8L 69
Tintern Way. Bed —7J 103
Tintern Way. Wals —7F 24
Tipperary Clo. Birm —1L 95
Tipperary Wlk. O'bry —2F 90
Tipper's Hill. —3E 100
Tipper's Hill La. Fill —3D 100
Tipper Trad. Est. Stourb —3G 109
Tippett Clo. Nun —2A 104
Tipping's Hill. H End —4C 208
Tippity Grn. Row R —5B 90
Tipps Stone Clo. Tip —5L 65
Tipton. —4L 65
Tipton Ind. Est. Bils —2K 65
Tipton Rd. Dud —5L 65
Tipton Rd. Tip & Tiv —6B 66
Tipton Rd. Woods —2E 64
Tipton St. Dud —2E 64
Tipton Trad. Est. Bils —2K 65
Tipton Trad. Est. Bloom —3K 65
Tirley Rd. Birm —4A 96
Tisdale Ri. Ken —3H 191
Titan Bus. Cen. Warw —5L 215
Titania Clo. Redn —6H 133
Titan Way. Brit E —1M 19
Titchfield Clo. Wolv —5E 22
Titford Clo. O'bry —5F 90
Titford La. Row R —5E 90
Titford Rd. O'bry —5F 90
(in two parts)
Tithe Barn Clo. H Mag —2A 214
Tithe Barn La. H'ley H —4H 185
Tithe Barn La. Ruge —4J 11
Tithe Cft. Wolv —6F 36
Tithe Rd. Wolv —3K 37
Titterstone Rd. Birm —1A 156
Titton. —8J 175
Tiverton Clo. K'wfrd —6M 87
Tiverton Dri. Nun —4L 79
Tiverton Gro. Cov —4K 145
Tiverton Rd. Birm —7F 112
Tiverton Rd. Cov —4K 145
Tiverton Rd. Smeth —4B 92
Tiveycourt Rd. Cov —6G 123
Tividale. —8A 66
Tividale Ho. O'bry —1D 90
Tividale Rd. Tip & Tiv —7M 65
Tividale Rd. Tiv —7M 65
Tividale St. Tip —6A 66
Tivoli, The. Birm —3K 115
(off Church Rd.)
Tixall Rd. Birm —4E 136
Tobruk Wlk. Brie H —6D 88
Tobruk Wlk. W'hall —8L 37
Tocil Cft. Cov —4K 165
Toft. —7H 197
Toler Rd. Nun —4H 79
Tollard Clo. Cov —4M 145
Tollbar End. —5J 167
Toll End Rd. Tip —2C 66
Tolley Rd. Kidd —8H 149
Tollgate Clo. Birm —1M 155
Tollgate Dri. Birm —2G 93
Tollgate Precinct. Smeth —3M 91
Toll Ho. Rd. Redn —2J 155
Tollhouse Rd. Stoke H —3L 201
Tollhouse Way. Smeth —2M 91
Tolman Dri. Tam —6D 32
Tolson Av. Faz —1B 46
Tolson Clo. Dost —4C 46
Tolworth Gdns. Wolv —2E 50 (8M 7)
Tolworth Hall Rd. Birm —6H 71
Tom Brown St. Rugby —5B 172
Tom Eatough Ct. Earl S —1M 85
Tom Ellis Ct. Exh —1F 122
Tomey Rd. Birm —4D 114
Tom Henderson Clo. Bin —2M 167
Tom Hill. —5H 185
Tom Hill. Tan A —7G 185
Tomkinson Dri. Kidd —5H 149
Tomkinson Rd. Nun —5E 78
Tomlan Rd. Birm —2C 156
Tomlinson Rd. Birm —8D 72
Tompstone Rd. W Brom —1M 67
Tomson Av. Cov —4B 144
Toms Town La. Stud —6L 209
Tom Ward Clo. Cov —2L 167
Tonadine Clo. Wolv —8A 24
Tonbridge Rd. Birm —8G 71
Tonbridge Rd. Cov —3G 167
Tong Ct. Wolv —1J 7
Tong St. Wals —8A 40
Tookeys Dri. A'wd B —8E 208
Topcroft Rd. Birm —2F 70
Top Fld. Wlk. Birm —7K 135
Topland Gro. Birm —7J 133
Topp's Dri. Bed —8E 102
Topp's Heath. Bed —8E 102
Top Rd. Barn —1A 124
Top Rd. Wild —4A 154
Top Row. Shat —2C 126
Topsham Cft. Birm —4K 135
Topsham Rd. Smeth —3L 91
Torbay. Amin —4F 32
Torbay Rd. Cov —5J 143
Torcastle Clo. Cov —2F 144
Torc Av. Tam —5E 32
Torcross Av. Cov —4J 145
Torfield. Wolv —7L 21
Tor Lodge Dri. Wolv —7H 35
Toronto Gdns. Birm —3L 111
Torpoint Clo. Cov —2J 145
Torrance Rd. Rugby —6M 171
Torre Av. Birm —7L 133
Torrey Gro. Birm —5J 95
Torridge. H'ley —4G 47
Torridge Dri. Wolv —4J 37
Torridon Clo. Stour S —2E 174
Torridon Cft. Birm —6K 113
Torridon Rd. W'hall —8B 24
Torridon Way. Hinc —8B 84
Torrington Av. Cov —1D 164
Torrs Clo. Redd —7D 204
Torside. Wiln —2H 47
Torton. —4B 176
Torton La. Tort —4B 176
Tor Va. Rd. Wolv —7G 35
Tor Way. Wals —6M 25
Torwood Clo. W'wd B —3F 164
Totnes Clo. Cov —2J 145
Totnes Gro. S Oak —7F 112
Totnes Rd. Smeth —3M 91
Tottenham Cres. Birm —7B 56
Touchwood Hall Clo. Sol —5C 138
Tove Ct. Long L —4H 171
Towbury Clo. Redd —4F 208
Towcester Cft. Birm —1K 95
Tower Bldgs. Kidd —3L 149
Tower Cft. Birm —5H 97
Tower Hill. —3H 69
Tower Hill. Birm —3G 69
Tower Ri. Tiv —2C 90
Tower Rd. Bed —7G 103
Tower Rd. Birm —2M 93
(in two parts)
Tower Rd. Cann —1F 8
Tower Rd. Earl S —1M 85
Tower Rd. Rugby —8C 172
Tower Rd. S Cold —6H 43
Tower Rd. Tiv —2B 90
Towers Clo. Ken —7F 190
Towers Clo. Kidd —4B 150
Tower St. Birm —4K 93 (1E 4)
Tower St. Cov —6C 144 (3C 6)
Tower St. Dud —8J 65
Tower St. Lea S —2A 216
Tower St. Sed —8D 50
Tower St. Wals —7L 39
Tower St. Wolv —7D 36 (4K 7)
Tower Vw. Cres. Nun —6B 78
Tower Vw. Rd. Gt Wyr —1F 24
Town End Rd. Barw —2G 85
Townend Sq. Wals —7L 39
(off Park St.)
Townend St. Wals —7L 39
Townesend Clo. Warw —8F 210
Townfields. Lich —2G 19
(in two parts)
Townfields Clo. Cov —2H 143
Town Fold. Wals —5A 26
Townley Gdns. Birm —8L 69
Townsend Av. B'gve —5B 180
Townsend Av. Dud —1D 64
Townsend Cft. Cov —2C 166
Townsend Dri. Attl F —7M 79
Townsend Dri. S Cold —2M 71
Townsend Ho. Tam —5A 32
Townsend La. Long L —4G 171
Townsend Pl. K'wfrd —3K 87
Townsend Rd. Cov —1C 166
Townsend Rd. Rugby —6D 172
Townsends Clo. Burt H —8G 81
Townsend Way. Birm —6H 93 (4B 4)
Townshend Gro. Birm —5F 96
Townson Rd. Wolv —1A 38
Town Wall. Wiln —3F 46
Townwell Fold. Wolv —7C 36 (4H 7)
Town Wharf Bus. Pk. Wals —8K 39
Town Yd. Brin —5M 147
Town Yd. W'hall —8A 38
Towpath Clo. Birm —7B 94
Towyn Rd. Birm —7D 114
Toy's La. Hale —4J 109
Tozer St. Tip —2M 65
Traceys Mdw. Redn —2G 155
Trafalgar Clo. Cann —5L 9
Trafalgar Ct. Tiv —8B 66
Trafalgar Gro. Yard —3G 115
Trafalgar Ho. Cov —5A 6
Trafalgar Rd. Erd —6F 70
Trafalgar Rd. Hand —1E 92
Trafalgar Rd. Mose —6M 113
Trafalgar Rd. Smeth —5B 92
Trafalgar Rd. Tiv —8B 66
Trafalgar Ter. Smeth —5B 92
Trafford Dri. Nun —4C 78
Trafford Pk., The. Redd —6F 204
Trafford Rd. Hinc —7F 84
Trajan Hill. Col —8M 73
Tram St. Kidd —4L 149
Tram Way. Smeth —2J 91
Tramway Clo. Bils —8M 51
Tramway Clo. W'bry —2E 52
Tranter Av. A'chu —4A 182
Tranter Cres. Cann —7H 9
Tranter Rd. Birm —4G 95
Tranwell Clo. Wolv —7M 21
Trap's Green. —2F 206
Traquain Dri. Dud —6G 65
Travellers Clo. Burn —4G 17
Travellers Way. Birm —6K 97
Treaford La. Birm —5H 95
Treasure Clo. Tam —5E 32
Treddles La. W Brom —6K 67
Tredington Clo. Birm —2A 134
Tredington Clo. Redd —3H 209
Tredington Rd. Cov —5F 142
Tree Acre Gro. Hale —5J 109
Treedale Clo. Cov —1D 164
Treeford Clo. Sol —8M 137
Trees Rd. Wals —3M 53
Treeton Cft. Birm —7A 96
Treetops Dri. W'hall —4E 38
Trefoil. Tam —4H 33
Trefoil Clo. Birm —2A 134
(in two parts)
Treforest Rd. Cov —1J 167
Tregarron Rd. Hale —4J 109
Tregea Ri. Birm —2C 68
Tregony Ri. Lich —3K 19
Tregorrick Rd. Exh —2G 123
Tregullan Rd. Exh —1H 123
Trehern Clo. Know —4G 161
Treherne Rd. Cov —1B 144
Trehernes Dri. Stourb —8B 108
Trehurst Av. Birm —1J 69
Trejon Rd. Crad H —1L 109
Trelawney Rd. Exh —2G 123
Tremaine Gdns. Wolv —5D 36 (1L 7)
Tremelline Way. Arly —1F 100
Tremont Ho. Wolv —6E 36
Tremont St. Wolv —6E 36
Trenance Clo. Lich —2K 19
Trenance Rd. Exh —2G 123
Trenchard Clo. S Cold —4M 57
Treneere Rd. Exh —1H 123
Trensale Av. Cov —5M 143
Trent Clo. Burn —3K 17
Trent Clo. Stourb —5A 108
Trent Clo. Wolv —5E 34
Trent Cres. Wyt —7L 157
Trent Dri. Birm —1F 96
Trentham Av. W'hall —4A 38
Trentham Clo. Cann —8H 9
Trentham Clo. Nun —1M 103
Trentham Gdns. Ken —4J 191
Trentham Gro. Birm —4L 115
Trentham Ri. Wolv —2F 50
Trentham Rd. Cov —5F 144
Trent Pl. Wals —1K 39
Trent Rd. Bulk —7A 104
Trent Rd. Cann —4E 8
Trent Rd. Hinc —1G 81
Trent Rd. Nun —4K 79
Trent Rd. Wals —8A 26
Trent St. Birm —7M 93 (6K 5)
Trent Tower. Birm —5A 94 (1M 5)
Trent Valley Cotts. S'hay —8M 13
Trent Valley Ind. Site. Lich —7K 13
Trent Valley Rd. Lich —1K 19
Trenville Av. Bal H —4B 114
Trenville Av. Birm —4B 114
Tresco Clo. Redn —8E 132
Trescott. —2B 48
Trescott Rd. Birm —6K 133
Trescott Rd. Redd —6F 204
Tresham Rd. Birm —8M 55
Tresham Rd. K'wfrd —1K 87
Tresillian Rd. Exh —1H 123
Tressel Cft. H'cte —7L 215
Trevanie Av. Birm —3J 111
Trevelyan Ho. Birm —8J 97
Treville Clo. Redd —6L 205
Treviscoe Clo. Exh —2G 123
Trevithick Clo. Burn —1J 17
Trevithick Clo. Stour S —5G 175
Trevor Av. Gt Wyr —6G 15
Trevor Clo. Cov —1D 164
Trevorne Clo. Birm —3M 113
Trevor Rd. Hinc —8F 84
Trevor Rd. Wals —5M 25
Trevor St. Birm —3C 94
Trevor St. W. Birm —3C 94
Trevor White Dri. Rugby —8B 172
Trevose Av. Exh —2H 123
Trevose Clo. Wals —6F 24
Trevose Retreat. Birm —4M 113
Trewern Dri. Burn —4F 16
Trewint Clo. Exh —1G 123
Trewman Clo. S Cold —1M 71
Treyamon Rd. Wals —2D 54
Treynham Clo. Wolv —8J 37
Triangle. —5G 17
Triangle, The. Alle —5H 143
Tribune Trad. Est. Rugby —3A 172
Tricorn Ho. Birm —8G 93 (8A 4)
Trident Bus. Pk. Nun —6K 79
Trident Cen. Dud —8J 65
Trident Clo. Erd —2G 71
Trident Clo. S Cold —2M 71
Trident Ct. Birm —6G 69
Trident Dri. O'bry —4H 91
Trident Dri. W'bry —6D 52
Trigg Rd. Amin —4F 32
Trigo Cft. Birm —1L 95
Trimpley. —8C 126
Trimpley Clo. Dorr —6E 160
Trimpley Dri. Kidd —2G 149
Trimpley Gdns. Wolv —6L 49
Trimpley La. Bew —4D 148
Trimpley La. Shat —3C 126
Trimpley Rd. Birm —1H 133
Trimpley Rd. Trim & Low H —8C 126
Trinculo Gro. H'cte —7M 215
Trinder Rd. Smeth —7K 91
Trindle Clo. Dud —8K 65
Trindle Rd. Dud —8K 65
Tring Ct. Wolv —5M 35
Trinity Cen. Crad H —7L 89
Trinity Chyd. Cov —4C 6
(in two parts)
Trinity Clo. Cann —1E 14
Trinity Clo. Shen —3F 28
Trinity Clo. Sol —8B 116
Trinity Clo. Stourb —7K 87
Trinity Ct. B'gve —2B 202
Trinity Ct. Crad H —8L 89
Trinity Ct. Kidd —3A 150
Trinity Ct. Rugby —6B 172
Trinity Ct. S Cold —4J 57
(off Midland Dri.)
Trinity Ct. W'hall —8M 37
Trinity Ct. Wolv —7A 36
Trinity Dri. Tam —3K 31
Trinity Fields. Kidd —3M 149
Trinity Grange. Kidd —2M 149
Trinity Gro. W'bry —6G 53
Trinity Hill. S Cold —4J 57
Trinity La. Cov —6C 144 (4C 6)
Trinity La. Hinc —1J 81
Trinity M. Warw —2F 214
Trinity Pk. Birm —6K 117
Trinity Rd. Bils —4M 51
(in two parts)
Trinity Rd. Birm & Aston —8K 69
Trinity Rd. Dud —8J 65
Trinity Rd. K'bry & Picc —3D 60
Trinity Rd. Stourb —1A 108
Trinity Rd. S Cold —8H 43
Trinity Rd. W'hall —3D 38
Trinity Rd. N. W Brom —8K 67
(in two parts)
Trinity Rd. S. W Brom —8K 67
Trinity St. Brie H —6D 88
Trinity St. Cov —6C 144 (4C 6)
Trinity St. Crad H —8L 89
Trinity St. Lea S —8M 211
Trinity St. O'bry —4G 91
Trinity St. Smeth —3A 92
Trinity St. W Brom —7K 67
Trinity Ter. Birm —1A 114 (8M 5)
Trinity Vicarage Rd. Hinc —1J 81
Trinity Wlk. Nun —6L 79
Trinity Way. W Brom —8K 67
Trippleton Av. Birm —1H 133
(in two parts)
Tristram Av. Birm —8B 134
Triton Clo. Wals —8F 14
Triton Pk. Swift I —1M 171
Trittiford Rd. Birm —3B 136
Triumph. Tam —6E 32
Triumph Clo. Cov —6L 145
Triumph Wlk. Birm —8G 73
Trojan. Tam —7E 32
Trojan Bus. Cen. Warw —5L 215
Troon. Tam —5H 33
Troon Clo. S Cold —1K 57
Troon Clo. Wals —6G 25
Troon Ct. Pert —4D 34
Troon Pl. Stourb —6J 87
Trossachs Rd. Cov —6F 142
Trotter's La. W Brom —2G 67
Troubridge Wlk. Rugby —7J 171
Troughton Cres. Cov —4A 144
Trouse La. W'bry —6E 52
Troutbeck Av. Lea S —7J 211
Troutbeck Dri. Brie H —1B 108
Troutbeck Rd. Cov —5F 142
Troyes Clo. Cov —2D 166
Troy Gro. Birm —5K 135
Troy Ind. Est. Sam —6G 209
(in two parts)
Truda St. Wals —2K 53
Trueman Clo. Warw —1E 214
Trueman's Heath. —2C 158
Trueman's Heath La. H'wd & Shir —2B 158
Truggist La. Berk —1K 163
Truro Clo. Hinc —5E 84
Truro Clo. Lich —6H 13
Truro Clo. Nun —4M 79
Truro Clo. Row R —5E 90
Truro Dri. Kidd —3G 149
Truro Pl. Cann —8J 9
Truro Rd. Wals —2D 54
Truro Tower. Birm —7G 93
Truro Wlk. Birm —7G 97
Trustin Cres. Sol —1E 138
Tryan Rd. Nun —5E 78
Tryon Pl. Bils —3L 51

Trysull—Vicarage Clo.

Trysull. —8C 48
Trysull Av. *Birm* —5C **116**
Trysull Gdns. *Wolv* —2K **49**
Trysull Holloway. *Try* —5C **48**
Trysull Rd. *Wolv* —2K **49**
Trysull Rd. *Wom* —1E **62**
Trysull Way. *Dud* —6J **89**
Tuckey Clo. *Sap* —1L **83**
Tudbury Rd. *Birm* —5K **133**
Tudman Clo. *S Cold* —2A **72**
Tudor Av. *Cov* —6F **142**
Tudor Clo. *Bal C* —3G **163**
Tudor Clo. *Birm* —3M **135**
Tudor Clo. *Burn* —3H **17**
Tudor Clo. *C Hay* —6E **14**
Tudor Clo. *Lich* —3M **19**
Tudor Clo. *May* —8A **136**
Tudor Clo. *S Cold* —7D **56**
Tudor Ct. *Ess* —6M **23**
Tudor Ct. *Exh* —2E **122**
Tudor Ct. *S Cold* —4J **57**
(B72)
Tudor Ct. *S Cold* —7G **43**
(B74)
Tudor Ct. *Tip* —5A **66**
Tudor Ct. *Warw* —4D **214**
Tudor Cres. *Tam* —5F **32**
(in two parts)
Tudor Cres. *Wolv* —3B **50**
Tudor Cft. *Birm* —8F **96**
Tudor Gdns. *Birm* —6E **70**
Tudor Gdns. *Stourb* —4L **107**
Tudor Gro. *S Cold* —1A **56**
Tudor Hill. —3H 57
Tudor Hill. *S Cold* —3G **57**
Tudor Pk. Ct. *S Cold* —6E **42**
Tudor Pl. *Dud* —3E **64**
Tudor Rd. *Bew* —2B **148**
Tudor Rd. *Bils* —5B **52**
Tudor Rd. *Birm* —7M **113**
Tudor Rd. *Burn* —3J **17**
Tudor Rd. *Cann* —1F **8**
Tudor Rd. *Dud* —3E **64**
Tudor Rd. *Hinc* —7C **84**
Tudor Rd. *Nun* —3C **78**
Tudor Rd. *O'bry* —5J **91**
Tudor Rd. *Row R* —4C **90**
Tudor Rd. *S Cold* —4H **57**
Tudor Rd. *Wolv* —5G **37**
Tudors Clo. *Birm* —1C **114**
Tudor St. *Birm* —5D **92**
Tudor St. *Tip* —5A **66**
Tudor Ter. *Birm* —3C **112**
Tudor Ter. *Dud* —8L **65**
Tudor Va. *Dud* —3E **64**
Tudor Way. *C Hay* —8D **14**
Tufnell Gro. *Birm* —2G **95**
Tugford Rd. *Birm* —2C **134**
Tuke Pl. *Lich* —8F **12**
Tulip Tree Av. *Ken* —4H **191**
Tulip Tree Ct. *Ken* —5H **191**
Tulip Wlk. *Birm* —1J **117**
Tulliver Clo. *Bed* —5H **103**
Tulliver Rd. *Nun* —1J **103**
Tulliver St. *Cov* —4B **144**
Tulsi Cen. *Birm* —5J **93** (1D **4**)
Tulyar Clo. *Birm* —1J **95**
Tunnel Dri. *Redd* —7E **204**
Tunnel La. *K Nor & K Hth*
(in three parts) —5H **135**
Tunnel Rd. *Ansl* —6J **77**
Tunnel Rd. *W Brom* —1G **67**
Tunnel St. *Bils* —1J **65**
Tunstall Rd. *K'wfrd* —4A **88**
Turchill Dri. *S Cold* —1A **72**
Turfpits La. *Birm* —3D **70**
Turf Pitts La. *Can* —6M **43**
Turlands Clo. *Cov* —2A **146**
Turley St. *Dud* —3G **65**
Turls Hill Rd. *Dud & Bils* —1E **64**
(in two parts)
Turls St. *Dud* —1E **64**
Turnberry. *Tam* —4J **33**
Turnberry Clo. *Wolv* —4D **34**
Turnberry Dri. *Nun* —1C **104**
Turnberry Rd. *Birm* —1H **69**
Turnberry Rd. *Wals* —6F **24**
Turner Av. *Bils* —7F **50**
Turner Clo. *Bed* —5G **103**
Turner Clo. *Cann* —7K **9**
Turner Clo. *Rugby* —1H **199**
Turner Clo. *Warw* —5B **214**
Turner Dri. *Brie H* —2D **108**
Turner Dri. *Hinc* —6A **84**
Turner Gro. *Pert* —5G **35**
Turner Rd. *Cov* —6K **143**
Turners Bldgs. *Birm* —3F **92**
Turners Cft. *W Brom* —1A **68**
Turners Gro. *Dud* —5C **64**
Turner's Hill. —3B 90
Turner's Hill. *Row R* —3B **90**
Turners Hill Rd. *Dud* —5C **64**
Turner's La. *Brie H* —1C **108**
Turner St. *Birm* —3A **114**
Turner St. *Dud* —1H **89**
Turner St. *Lwr G* —6D **64**
Turner St. *Tip* —2M **65**
Turner St. *W Brom* —5G **67**
Turney Rd. *Stourb* —3M **107**
Turnham Grn. *Wolv* —6E **34**
Turnhouse Rd. *Birm* —5B **72**
Turnley Rd. *Birm* —3C **96**
Turnpike Clo. *Birm* —3A **114**
Turnpike Dri. *Wat O* —6J **73**
Turnpike La. *Redd* —5A **204**
Turnstone Dri. *F'stne* —2H **23**
Turnstone Rd. *Kidd* —8A **150**
Turpin Ct. *Lea S* —3M **215**
Turquoise Gro. *Cann* —6J **9**
Turton Clo. *Wals* —5G **25**
Turton Rd. *Tip* —8M **51**
Turton Rd. *W Brom* —7H **67**
Turtons Cft. *Bils* —6H **51**
Turton St. *Kidd* —1A **150**
Turton Way. *Ken* —5J **191**
Turves Green. —1A 156
Turves Grn. *Birm* —2M **155**
Turville Rd. *Birm* —8J **69**
Tustin Gro. *Birm* —1J **137**
Tutbury. *Tam* —2C **46**
Tutbury Av. *Cov* —3L **165**
Tutbury Av. *Pert* —6F **34**
Tutbury Clo. *Cann* —6J **9**
Tutbury La. *Bret* —2K **169**
Tutehill. *Wiln* —2H **47**
Tutnall. —8G 181
Tutnall Clo. *Tutn* —8F **180**
Tutnall La. *Tutn* —8F **180**
Tuttle Hill. *Nun* —2E **78**
Tuttle Hill Ind. Est. *Nun* —2E **78**
Tuxford Clo. *Wolv*
—5E **36** (1M **7**)
Twatling Rd. *B Grn* —7G **155**
Tweedside Clo. *Hinc* —6F **84**
Tweeds Well. *Birm* —2H **133**
Twelve O'Clock Ride. *Bin*
—7E **146**
Twelve Row. *Birm* —2M **113**
Twickenham Ct. *Stourb*
—2J **107**
Twickenham Rd. *Birm* —8B **56**
Twiners Rd. *Redd* —8F **204**
Two Gates. —2C 46
Two Gates. *Hale* —4H **109**
Two Gates Ind. Est. *Wiln*
—2D **46**
Two Gates La. *Hale* —4J **109**
Two Locks. *Hurst B* —5G **89**
Two Woods La. *Brie H* —8E **88**
Two Woods Trad. Est. *Brie H*
—8E **88**
Twycross Gro. *Birm* —2K **95**
Twycross Rd. *Hinc* —3M **81**
Twycross Wlk. *Warw* —8D **210**
Twydale Av. *Tiv* —7C **66**
Twyford Clo. *A'rdge* —4H **41**
Twyford Ct. *Barw* —2H **85**
Twyford Gro. *Wolv* —2M **37**
Twyford Rd. *Birm* —4J **95**
Twyning Rd. *Edg* —5D **92**
Twyning Rd. *Stir* —2H **135**
Tybalt Clo. *Cov* —4J **167**
Tybalt Clo. *H'cte* —5K **215**
Tyber Dri. *Birm* —6H **69**
Tyberry Clo. *Shir* —8G **137**
Tyburn. —6M 71
Tyburn Gro. *Birm* —6K **71**
Tyburn Rd. *Birm* —8D **70**
Tyburn Rd. *Wolv* —8J **37**
Tyburn Sq. *Birm* —6K **71**
Tyburn Trad. Est. *Birm* —7K **71**
Tyebeams. *Birm* —4C **96**
Tye Gdns. *Stourb* —8B **108**
Tyler Ct. *Birm* —6F **70**
Tyler Gdns. *W'hall* —8B **38**
Tyler Gro. *Birm* —8H **55**
Tyler Rd. *W'hall* —1A **52**
Tylers Grn. *Birm* —7H **135**
Tylers Gro. *Shir* —3M **159**
Tylney Clo. *Bin* —7B **146**
Tylney Clo. *Birm* —2K **113**
Tyndale Cres. *Birm* —6J **55**
Tyndall Wlk. *Birm* —7G **111**
Tyne Clo. *Birm* —5H **97**
Tyne Clo. *Bwnhls* —7C **16**
Tynedale Cres. *Wolv* —6E **50**
Tynedale Rd. *Birm* —6F **114**
Tyne Gro. *Birm* —1K **115**
Tynemouth Clo. *Cov* —4K **123**
Tyne Pl. *Brie H* —7F **88**
Tynes, The. *Stoke H* —2L **201**
Tyning Clo. *Wolv* —7A **22**
Tyninghame Av. *Wolv* —3K **35**
Tynings Clo. *Kidd* —8H **127**
Tynings La. *Wals* —4G **41**
Tynsall Av. *Redd* —7M **203**
Tynward Clo. *Cov* —4B **166**
Tyrley Clo. *Wolv* —7H **35**
Tyrol Clo. *Stourb* —4K **107**
Tyseley. —4G 115
Tyseley Hill Rd. *Birm* —5G **115**
Tyseley Ind. Est. *Birm* —3E **114**
(B10)
Tyseley Ind. Est. *Birm* —4E **114**
(B11)
Tyseley La. *Birm* —5G **115**
Tysoe Clo. *H'ley H* —3C **186**
Tysoe Clo. *Redd* —7K **205**
Tysoe Cft. *Bin* —1M **167**
Tysoe Dri. *S Cold* —5M **57**
Tysoe Rd. *Birm* —2M **69**
Tythe Barn Clo. *Stoke H*
—3K **201**
Tythebarn Dri. *K'wfrd* —2G **87**
Tythe Barn La. *Shir* —3E **158**
Tyzack Clo. *Brie H* —7C **88**

Udall Rd. *Bils* —6K **51**
Uffculme Rd. *Birm* —1K **135**
Uffmoor Est. *Hale* —7L **109**
Uffmoor Green. —4H 131
Uffmoor La. *Rom & Hale*
(in two parts) —3K **131**
Uffmoor Wood Nature Reserve.
—2L 131
Ufton. —8M 217
Ufton Clo. *Shir* —6L **137**
Ufton Cres. *Shir* —6K **137**
Ufton Cft. *Cov* —6G **143**
Ufton Hill. *Ufton* —7L **217**
Ullapool Clo. *H End* —3D **208**
Ullenhall. —6J 207
Ullenhall La. *Beo* —3C **206**
Ullenhall Rd. *Know* —3G **161**
Ullenhall Rd. *S Cold* —8M **57**
Ullenhall Rd. *Ullen* —6J **207**
Ullenhall St. *Ullen* —5J **207**
Ullenwood. *Birm* —2D **92**
Ulleries Rd. *Sol* —7M **115**
Ulleswater Ho. *O'bry* —4D **90**
Ullrik Grn. *Birm* —7F **70**
Ullswater. *Wiln* —2G **47**
Ullswater Av. *Lea S* —7J **211**
Ullswater Av. *Nun* —3M **79**
Ullswater Av. *Stour S* —3F **174**
Ullswater Clo. *Birm* —7M **111**
Ullswater Clo. *Earl S* —2M **85**
Ullswater Gdns. *K'wfrd* —3K **87**
Ullswater Pl. *Cann* —8E **8**
Ullswater Ri. *Brie H* —4D **88**
Ullswater Rd. *Bed* —7G **103**
Ullswater Rd. *Bin* —8L **145**
Ullswater Rd. *W'hall* —8B **24**
Ulster Clo. *Cann* —6G **9**
Ulster Dri. *K'wfrd* —5L **87**
Ulverley Cres. *Sol* —1M **137**
Ulverley Green. —1M 137
Ulverley Grn. Rd. *Sol* —8L **115**
Ulverscroft Rd. *Cov* —2C **166**
Ulverston. *Brow* —2D **172**
Ulwine Dri. *Birm* —5M **133**
Umberslade Children's Farm.
—7J 185
Umberslade Rd. *Earls* —1H **185**
(in two parts)
Umberslade Rd. *S Oak & Stir*
—8F **112**
Underhill Clo. *Cov* —6D **166**
Underhill Clo. *Redd* —3F **208**
Underhill La. *Wolv* —6F **22**
Underhill Rd. *Birm* —6F **94**
Underhill Rd. *Tip* —3C **66**
Underhill St. *O'bry* —4G **91**
Underhill Wlk. *O'bry* —4G **91**
Underley Clo. *K'wfrd* —2H **87**
Underpass, The. *Birm* —5K **117**
Underwood Clo. *Call H* —2A **208**
Underwood Clo. *Edg* —5D **112**
Underwood Clo. *Erd* —5C **70**
Underwood Cres. *Sap* —1L **83**
Underwood Rd. *Birm* —4E **68**
Unett Ct. *Smeth* —4C **92**
Unett St. *Birm* —4J **93**
(in two parts)
Unett St. *Smeth* —5C **92**
Unett Wlk. *Birm* —4J **93**
Unicorn Av. *Cov* —5E **142**
Unicorn Hill. *Redd* —5D **204**
Unicorn La. *Cov* —5F **142**
Union Cen. *W'bry* —7F **52**
Union Dri. *S Cold* —7F **56**
Union La. *Try* —8D **48**
Union Mill St. *Wolv*
—7E **36** (4M **7**)
Union Pas. *Birm* —7L **93** (5G **5**)
Union Pas. *Small H* —1C **114**
Union Pl. *Cov* —4F **122**
Union Rd. *Birm* —1B **94**
Union Rd. *Lea S* —8L **211**
Union Rd. *O'bry & W Brom*
—8E **66**
Union Rd. *Shir* —7J **137**
Union Rd. *Sol* —5C **138**
Union Row. *Birm* —1F **92**
Union St. *Bils* —4J **51**
Union St. *Birm* —7L **93** (5G **5**)
Union St. *Burn* —4E **16**
Union St. *Cann* —3E **14**
Union St. *Dud* —8J **65**
Union St. *Kidd* —2L **149**
Union St. *Lye* —4E **108**
Union St. *P End* —1M **65**
Union St. *Redd* —6F **204**
Union St. *Row R* —8C **90**
Union St. *Rugby* —7A **172**
Union St. *Stourb* —4A **108**
Union St. *Tip* —4M **65**
Union St. *Wals* —7M **39**
Union St. *W'bry* —7F **52**
Union St. *W Brom* —1K **91**
Union St. *W'hall* —7A **38**
Union St. *Wolv* —7D **36** (4L **7**)
Union Wlk. *Lea S* —2A **216**
Unit Ind. Est. *Hinc* —3G **81**
Unity Ho. *Cov* —2E **6**
Unity Pl. *Birm* —7F **112**
Unity Pl. *O'bry* —1G **91**
University of Warwick
Science Pk. *Cov* —3H **165**
University Rd. *Cov* —4H **165**
University Rd. E. *Edg* —5F **112**
University Rd. W. *Edg* —5E **112**
Unketts Rd. *Smeth* —6L **91**
Unwin Cres. *Stourb* —4L **107**
Upavon Clo. *Birm* —5A **72**
Upfields. *Burn* —2L **17**
Upfields Cotts. *Burn* —2L **17**
Upland Gro. *B'gve* —4A **180**
Upland Rd. *B'gve* —5A **180**
Upland Rd. *S Park* —7G **113**
Uplands. *Cov* —4G **145**
Uplands. *Hale* —7L **109**
Uplands Av. *Row R* —6D **90**
Uplands Av. *W'hall* —8K **37**
Uplands Av. *Wolv* —1K **49**
Uplands Clo. *Dud* —2M **89**
Uplands Clo. *Ruge* —4F **10**
Uplands Dri. *Dud* —1D **64**
Uplands Dri. *Wolv* —1L **49**
Uplands Dri. *Wom* —3G **63**
Uplands Gro. *W'hall* —8J **37**
Uplands Rd. *Dud* —2M **89**
Uplands Rd. *Hand* —7D **68**
Uplands Rd. *W'hall* —8J **37**
Uplands, The. *Smeth* —4M **91**
Upleadon Clo. *Call H* —3A **208**
Up. Abbey St. *Nun* —4H **79**
Up. Ashley St. *Hale* —8C **90**
Up. Balsall Heath Rd. *Birm*
—3M **113**
Upper Bentley. —8H 203
Up. Bond St. *Hinc* —8D **84**
Up. Brook St. *Prem B* —8K **39**
Up. Castle St. *W'bry* —1D **52**
Upper Catshill. —8B 154
Up. Chapel St. *Tiv* —7B **66**
Up. Church La. *Tip* —1M **65**
Up. Clifton Rd. *S Cold* —4H **57**
Upper Clo. *Birm* —6K **111**
Up. Conybere St. *Birm* —2M **113**
Up. Crossgate Rd. *Park I*
—1J **209**
Up. Dean St. *Birm*
—8L **93** (7G **5**)
Upper Eastern Green. —4D 142
Up. Eastern Grn. La. *Cov*
—4C **142**
Up. Ettingshall Rd. *Bils* —1G **65**
Up. Field Clo. *Redd* —3J **205**
Upperfield Way. Bin —8A 146
(off Middlefield Dri.)
Up. Forster St. *Wals* —6M **39**
Up. Gambolds La. *S Prior*
—3C **202**
Upper Gornal. —4F 64
Up. Gough St. *Birm*
—8K **93** (8E **4**)
Upper Grn. *Wolv* —4K **35**
Up. Grosvenor Rd. *Birm* —7H **69**
Up. Grove St. *Lea S* —8L **211**
Up. Gungate. *Tam* —4B **32**
Up. Hall Clo. *Redd* —7K **205**
Up. Hall La. *Wals* —8L **39**
Up. Highgate St. *Birm* —2M **113**
Up. High St. *Crad H* —8K **89**
Up. High St. *W'bry* —6F **52**
Up. Hill St. *Cov* —6B **144** (3A **6**)
Up. Hill St. *Lea S* —8A **212**
Up. Holland Rd. *S Cold* —5J **57**
Up. Holly Wlk. *Lea S* —8A **212**
Up. Keys Bus. Pk. *Cann* —6K **9**
Up. Ladyes Hill. *Ken* —3G **191**
Upper Ladyes Hills. —3G 191
Upper Landywood. —1E 24
Up. Landywood La. *Wals*
—8D **14**
Up. Lichfield St. *W'hall* —7A **38**
Upper Marlbrook. —7D 154
Up. Marshall St. *Birm*
—8K **93** (7E **4**)
Up. Meadow Rd. *Birm* —4J **111**
Up. Navigation St. *Wals* —7K **39**
Upper Pk. *Cov* —4K **167**
Up. Portland St. *Birm* —2A **94**
Up. Precinct. *Cov*
—6C **144** (4B **6**)
Upper Ride. *Cov* —4K **167**
Up. Rosemary Hill. *Ken*
—4F **190**
Up. Rushall St. *Wals* —8M **39**
Up. Russell St. *W'bry* —7F **52**
Up. St John St. *Lich* —2H **19**
Up. St Mary's Rd. *Smeth*
—8M **91**
Up. Short St. *Prem B* —8K **39**
Up. Sneyd Rd. *Ess* —7B **24**
Up. Spon St. *Cov* —6A **144**
Up. Spring La. *Ken* —2F **190**
Upper Stoke. —5H 145
Up. Stone Clo. *S Cold* —5L **57**
Upper St. *Wolv* —4K **35**
Up. Sutton St. *Birm* —2M **93**
Up. Thomas St. *Birm* —2M **93**
Up. Trinity St. *Birm*
—8A **94** (7L **5**)
Up. Vauxhall. *Wolv* —7A **36**
Up. Villiers St. *Wolv* —3C **50**
Up. Well St. *Cov*
—6C **144** (3B **6**)
Up. William St. *Birm*
—8J **93** (7C **4**)
Up. York St. *Cov*
—8B **144** (7A **6**)
Up. Zoar St. *Wolv*
—1B **50** (7G **7**)
Upton Clo. *Redd* —6M **205**
Upton Ct. *Birm* —6B **70**
Upton Gdns. *Bils* —4J **51**
Upton Gro. *Birm* —8J **95**
Upton Rd. *Birm* —7J **95**
Upton Rd. *Kidd* —8M **127**
Upton Rd. *Rugby* —6K **171**
Upton St. *Dud* —4J **89**
Upton Warren. —5G 201
Upwey Av. *Sol* —5A **138**
USAM Trad. Est. *Wolv* —7D **22**
Usk Way. *Birm* —1F **96**
Usmere Rd. *Kidd* —8M **127**
Utrillo Clo. *Cov* —6J **143**
Uttoxeter Clo. *Wolv* —3B **36**
Uxbridge Av. *Cov* —7J **145**
Uxbridge Clo. *Dud* —6D **64**
Uxbridge Ct. *Cann* —4J **9**
Uxbridge Ct. *Kidd* —4J **149**
Uxbridge St. *Birm* —4K **93**
Uxbridge St. *Cann* —5J **9**

Valbourne Rd. *Birm* —5J **135**
Vale Av. *Dud* —3D **64**
Vale Av. *Wals* —6K **41**
Vale Clo. *Birm* —6M **111**
Vale Clo. *Lich* —8H **13**
Vale Clo. *Rugby* —1G **199**
Vale Head Dri. *Wolv* —7G **35**
Vale Ind. Est. *Kidd* —8J **149**
Valencia Cft. *Birm* —5B **72**
Valentine Clo. *S Cold* —3M **55**
Valentine Ct. *Birm* —8M **113**
Valentine Rd. *Birm* —8L **113**
Valentine Rd. *O'bry* —7J **91**
Valepits Rd. *Birm* —8C **96**
Valerian. *S Cold* —5F **42**
Valerie Gro. *Birm* —1C **68**
Vale Rd. *Dud* —5L **89**
Vale Rd. *Stour S* —6G **175**
Vale Row. *Dud* —4D **64**
Vales Clo. *S Cold* —2L **71**
Vale St. *Dud* —4D **64**
Vale St. *Stourb* —1A **108**
Vale St. *W Brom* —3L **67**
Vale St. *Wolv* —3G **51**
Vale, The. *Cov* —1H **167**
Vale, The. *Edg* —3G **113**
Vale, The. *S'hll* —7C **114**
Vale Vw. *Nun* —5E **78**
Vale Vw. *Wals* —5H **41**
Valiant Ho. *Birm* —4B **72**
Valiant Way. *Sol* —1C **138**
Valley Clo. *Call H* —3A **208**
Valley Clo. *Lea S* —1E **148**
Valley Country Pk. —6K 35
Valley Dri. *Rugby* —1A **172**
Valley Farm Rd. *Redn* —3F **154**
Valley Heritage Cen. & Mus.
—3K 9
Valley La. *Lapw* —2K **187**
Valley La. *Lich* —1K **19**
Valley La. *Wiln* —2E **46**
Valley Rd. *Birm* —2C **68**
Valley Rd. *B'hth* —2L **179**
Valley Rd. *Cov* —3G **145**
Valley Rd. *Crad H* —2L **109**
Valley Rd. *Dud* —3E **64**
Valley Rd. *Earls* —8G **159**
Valley Rd. *Gall C* —5L **77**
Valley Rd. *Hale* —1F **110**
Valley Rd. *Haz S* —3A **10**
Valley Rd. *Hed* —3J **9**
Valley Rd. *Lill* —6B **212**
Valley Rd. *Rad S* —5E **216**
Valley Rd. *Smeth* —6M **91**
Valley Rd. *Sol* —6C **116**
Valley Rd. *Stourb* —4F **108**
Valley Rd. *S Cold* —2M **55**
Valley Rd. *Wals* —1J **39**
Valley Rd. *Wolv* —4F **36**
Valleyside. *Pels* —7M **25**
Valley, The. *Burn* —1D **16**
Valley, The. *Rad S* —5E **216**
Valley Vw. *Bew* —3B **148**
Valley Vw. *Wals* —2G **27**
Vallian Cft. *Birm* —2M **95**
Vallord Ct. *Wolv* —6C **36** (2H **7**)
Vanborough Wlk. *Dud* —7G **65**
Vanbrugh Ct. *Wolv* —6E **34**
Van Diemans Rd. *Wom* —4E **62**
Van Dyke Clo. *Cov* —6J **143**
Van Gogh Clo. *Cann* —7K **9**
Vanguard. *Wiln* —3D **46**
Vanguard Av. *Cov* —8J **143**
Vanguard Cen. *Cov* —3J **165**
Vanguard Clo. *Birm* —1L **95**
Vann Clo. *Birm* —1C **114**
Varden Cft. *Birm* —2K **113**
Vardon Dri. *Cov* —5D **166**
Vardon Way. *Birm* —8D **134**
Varley Rd. *Birm* —5K **71**
Varley Va. *Birm* —5K **71**
Varlins Way. *Birm* —2D **156**
Varney Av. *W Brom* —7K **67**
Vaughan Clo. *S Cold* —3F **42**
Vaughan Gdns. *Cod* —5F **20**
Vaughan Rd. *W'hall* —8K **37**
Vaughan Trad. Est. *Tip* —6B **66**
Vaughton Dri. *S Cold* —3L **57**
Vaughton St. *Birm* —1M **113**
Vaughton St. S. *Birm* —1L **113**
Vauxhall. —4B 94
Vauxhall Av. *Wolv* —7A **36**
Vauxhall Bus. Pk. *Birm* —4C **94**
Vauxhall Clo. *Cov* —6E **144**
Vauxhall Cres. *Birm* —8F **72**
Vauxhall Gdns. *Dud* —2L **89**
Vauxhall Gro. *Birm*
—6B **94** (3M **5**)
Vauxhall Ho. *Birm* —3J **5**
Vauxhall Pl. *Birm*
—6A **94** (3M **5**)
Vauxhall Rd. *Birm*
—6A **94** (3M **5**)
Vauxhall Rd. *Stourb* —4A **108**
Vauxhall St. *Cov* —6E **144**
Vauxhall St. *Dud* —1H **89**
Vauxhall Ter. *Birm* —5B **94**
Vauxhall Trad. Est. *Birm* —5B **94**
Vawdrey Clo. *Stour S* —8E **174**
Vaynor Dri. *Redd* —1D **208**
Veasey Clo. *Attl F* —6L **79**
Vecqueray St. *Cov* —7E **144**
Vector Ind. Est. *W Brom* —3J **67**
Velsheda Rd. *Shir* —7G **137**
Venetia Rd. *Birm* —7C **94**
Venning Gro. *Birm* —2D **68**
Ventnor Av. *Loz* —2J **93**
Ventnor Av. *W End* —2K **95**
Ventnor Clo. *Cov* —6L **145**
Ventnor Clo. *O'bry* —2J **111**
Ventnor Rd. *Sol* —6C **116**
Ventnor St. *Nun* —3K **79**
Ventura Pk. *Tam* —6A **32**
Ventura Pk. Rd. *Tam* —6M **31**
Venture Ct. *Hinc* —1E **80**
Venture Way. *Birm*
—5M **93** (1K **5**)
Venus Bank. *Bew* —6A **148**
Vera Rd. *Birm* —2L **115**
Verbena Clo. *Cov* —8H **123**
Verbena Clo. *S Prior* —8J **201**
Verbena Gdns. *Birm*
—4A **94** (1M **5**)
Verbena Rd. *Birm* —3M **133**
Vercourt. *S Cold* —6B **42**
Verden Av. *Warw* —5B **214**
Verdi Ct. *Lich* —7J **13**
Verdun Clo. *W'nsh* —7B **216**
Verdun Cres. *Dud* —8M **65**
Vere Rd. *Rugby* —8F **172**
Vere St. *Birm* —1K **113**
Verity Wlk. *Stourb* —8L **87**
Vermont Grn. *Cann* —6G **9**
Vermont Gro. *Lea S* —3D **216**
Verney Av. *Birm* —2D **116**
Vernier Av. *K'wfrd* —4A **88**
Vernolds Cft. *Birm* —1L **113**
Vernon Av. *Birm* —5F **68**
Vernon Av. *Rugby* —1E **198**
Vernon Av. *Tip* —5L **65**
Vernon Av. *Wals* —1G **27**
Vernon Clo. *Cov* —6E **144**
Vernon Clo. *Ess* —5M **23**
Vernon Clo. *Hale* —1C **110**
Vernon Clo. *Lea S* —6L **211**
Vernon Clo. *Redd* —4G **205**
Vernon Clo. *S Cold* —4E **42**
Vernon Clo. *W'hall* —8L **37**
Vernon Ct. *Cov* —6E **144**
Vernon Ct. *O'bry* —2H **111**
Vernon Ind. Est. *Hale* —1C **110**
Vernon Rd. *Bils* —3M **51**
Vernon Rd. *Birm* —8D **92**
Vernon Rd. *Hale* —1C **110**
Vernon Rd. *O'bry* —3J **91**
Vernon Rd. *Stour S* —5G **175**
Vernons Ct. *Nun* —5F **78**
Vernons La. *Nun* —5E **78**
Vernons Pl. *Share* —1K **23**
Vernon St. *Bils* —7L **51**
Vernon St. *W Brom* —6E **66**
Vernon Way. *Wals* —8D **24**
Verona Clo. *Nun* —8A **80**
Veronica Av. *Wolv* —4E **50**
Veronica Clo. *Birm* —3M **133**
Veronica Rd. *K'wfrd* —3A **88**
Verstone Cft. *Birm* —6A **134**
Verstone Rd. *Shir* —5J **137**
Verwood Clo. *W'hall* —8K **37**
Vesey Clo. *S Cold* —7F **42**
Vesey Clo. *Wat O* —7H **73**
Vesey Rd. *S Cold* —8H **57**
Vesey St. *Birm* —5L **93** (2G **5**)
Vestry Clo. *Crad H* —8M **89**
Vestry Ct. *Woll* —3L **107**
Viacount Ho. *Birm A* —5J **117**
Viaduct Dri. *Wolv* —3B **36**
Viaduct St. *Birm* —6A **94** (4M **5**)
Vibart Rd. *Birm* —1M **115**
Vicarage Clo. *Birm* —2K **69**
Vicarage Clo. *Brie H* —1C **108**
Vicarage Clo. *B'gve* —1B **202**
Vicarage Clo. *Bwnhls* —2G **27**

Vicarage Clo.—Waring Clo.

Vicarage Clo. Dord —4M 47
Vicarage Clo. Stir —2J 135
Vicarage Clo. Tip —4L 65
Vicarage Ct. Bwnhls —2G 27
Vicarage Ct. Earl S —1M 85
Vicarage Ct. Kinv —6A 106
Vicarage Cres. Kidd —4M 149
Vicarage Cres. Redd —6C 204 (in two parts)
Vicarage Dri. Kinv —6A 106
Vicarage Fld. Warw —1H 215
Vicarage Gdns. Hale —8D 90
Vicarage Gdns. Ken —7G 191
Vicarage Gdns. S Cold —2M 71
Vicarage Hill. Clift D —5E 172
Vicarage Hill. Midd —8H 45
Vicarage Hill. Tan A —6E 184
Vicarage La. Ash G —2C 122
Vicarage La. Brie H —1D 88
Vicarage La. Dunc —6K 197
Vicarage La. Sher —8A 214
Vicarage La. Wat O —7H 73
Vicarage Pl. Wals —8L 39
Vicarage Prospect. Dud —8H 65
Vicarage Rd. Amb —2M 107
Vicarage Rd. Aston —2A 94 (in two parts)
Vicarage Rd. Bils —2J 65
Vicarage Rd. Brie H —2C 108
Vicarage Rd. Bwnhls —2F 26
Vicarage Rd. Dud —4F 64
Vicarage Rd. Earls —6J 159
Vicarage Rd. Edg —1F 112
Vicarage Rd. Hale —8C 90
Vicarage Rd. Harb —4B 112
Vicarage Rd. Hock —2G 93
Vicarage Rd. H'ley H —2E 186
Vicarage Rd. K Hth —3J 135
Vicarage Rd. Lea S —6B 212
Vicarage Rd. Lye —4E 108
Vicarage Rd. O'bry —5H 91
Vicarage Rd. Penn —6K 49
Vicarage Rd. Rugby —6M 171
Vicarage Rd. Smeth —4M 91
Vicarage Rd. Stone —7E 150
Vicarage Rd. S'lgh —3B 192
Vicarage Rd. Stourb —2J 107
Vicarage Rd. Wals —7A 26
Vicarage Rd. W'bry —6F 52
Vicarage Rd. Wed —3H 37
Vicarage Rd. W Brom —3K 67
Vicarage Rd. Wolv —1D 50 (8L 7)
Vicarage Rd. Yard —8L 95
Vicarage Rd. W. Dud —3J 65
Vicarage St. Earl S —1M 85
Vicarage St. Nun —5J 79
Vicarage St. O'bry —4H 91
Vicarage Ter. Wals —1J 53
Vicarage Vw. Redd —6D 204
Vicarage Wlk. Wals —8L 39
Vicar's Clo. Lich —1G 19
Vicar St. Dud —8J 65
Vicar St. Kidd —3L 149
Vicar St. Sed —1D 64
Vicar St. W'bry —6G 53
Vicars Wlk. Stourb —7E 108
Viceroy Clo. Birm —3J 113
Viceroy Clo. K'wfrd —4A 88
Victor Clo. Wolv —3H 51
Victoria Arc. Wolv —4J 7
Victoria Av. Birm —1D 114
Victoria Av. Hale —3F 110
Victoria Av. Hand —1F 92
Victoria Av. Rugby —5M 171
Victoria Av. Smeth —4A 92
Victoria Av. Wals —8H 25
Victoria Bus. Pk. Lea S —2A 216
Victoria Colonade. Lea S (off Victoria Ter.) —2M 215
Victoria Ct. Brie H —6D 88
Victoria Ct. Cov —5K 143
Victoria Ct. Kidd —3M 149
Victoria Ct. Smeth —3B 92
Victoria Dri. Faz —1A 46
Victoria Fold. Wolv —8C 36 (5H 7)
Victoria Gdns. Crad H —7M 89
Victoria Gdns. Lich —3F 18
Victoria Gro. Birm —5E 92
Victoria Gro. Wom —1G 63
Victoria Ho. Birm —6A 4
Victoria Ho. Wals —1K 39
Victoria Ho. W'bry —3C 52 (off Factory St.)
Victoria M. B Grn —1K 181
Victoria M. O'bry —6F 90
Victoria M. Wals —6A 40
Victoria M. Warw —2D 214
Victoria Pk. Rd. Smeth —4B 92
Victoria Pas. Stourb —4A 108
Victoria Pas. Wolv —7C 36 (4J 7)
Victoria Pl. Kidd —6H 149
Victoria Rd. A Grn —7J 115 (in two parts)
Victoria Rd. Aston —2A 94 (nr. Park Rd. N.)
Victoria Rd. Aston —2L 93 (nr. Witton Rd.)
Victoria Rd. B'mre —2L 49
Victoria Rd. Brie H —8G 89
Victoria Rd. B'gve —6A 180
Victoria Rd. Crad H —7M 89
Victoria Rd. D'frd —3F 178
Victoria Rd. Dud —1E 64
Victoria Rd. Erd —6D 70
Victoria Rd. Fall P —4F 36
Victoria Rd. Hale —8D 90
Victoria Rd. Hand —2E 92
Victoria Rd. Harb —4B 112
Victoria Rd. Hinc —4M 81
Victoria Rd. Lea S —1L 215
Victoria Rd. Nun —1B 78
Victoria Rd. O'bry —3J 91
Victoria Rd. Stech —6K 95
Victoria Rd. Stir —2G 135
Victoria Rd. S Cold —4J 57
Victoria Rd. Tam —4B 32
Victoria Rd. Tett —4L 35
Victoria Rd. Tip —4M 65
Victoria Rd. Wals —6A 26
Victoria Rd. W'bry —3D 52
Victoria Rd. Wed —3H 37
Victoria Sq. Birm —7K 93 (5E 4)
Victoria Sq. Lich —3H 19
Victoria Sq. Wolv —4K 7
Victoria St. Birm —8D 94
Victoria St. Brie H —2C 88
Victoria St. Bmhll —5E 8
Victoria St. Cann —1D 14
Victoria St. Cov —5E 144 (2F 6)
Victoria St. Hale —5A 110
Victoria St. Hed —3J 9
Victoria St. Hinc —8D 84
Victoria St. Lea S —2L 215
Victoria St. Nun —5J 79
Victoria St. Redd —5E 204
Victoria St. Rugby —6L 171
Victoria St. Stourb —4A 108
Victoria St. Swan V —4F 66
Victoria St. W Hth —1H 87
Victoria St. Warw —2D 214
Victoria St. W'bry —7E 52
Victoria St. W Brom —6J 67
Victoria St. W'hall —6A 38
Victoria St. Wolv —8C 36 (5J 7)
Victoria Ter. Hand —1E 92
Victoria Ter. Lea S —1M 215
Victoria Ter. Wals —6M 39
Victor Rd. Birm —3E 92
Victor Rd. Sol —6D 116
Victor St. Pels —8A 26
Victor St. Wals —2L 53
Victor Tower. Birm —4B 94
Victory Av. Burn —2F 16
Victory Av. Row R —7B 90
Victory Av. W'bry —5C 52
Victory Clo. Cann —5L 9
Victory Clo. Stour S —7H 175
Victory La. Wals —5G 39
Victory Ri. W Brom —4J 67
Victory Rd. Cov —1E 144
Victory Ter. Faz —1B 46
View Dri. Dud —1L 89
Viewfield Av. Cann —2F 8
Viewfield Cres. Dud —2D 64
Viewlands Dri. Wolv —7G 35
View St. Cann —3F 8
Vigo. —7F 26 (nr. Aldridge)
Vigo. —6G 181 (nr. Bromsgrove)
Vigo Clo. Wals —7F 26
Vigo Pl. Wals —1F 40
Vigo Rd. Wals —7F 26
Vigo Ter. Wals —7F 26
Viking. Wiln —2D 46
Viking Ri. Row R —5C 90
Vilia Clo. Burb —5M 81
Villa Clo. Bulk —8B 104
Villa Cres. Bulk —8C 104
Village M. Rugby —1K 197
Village Rd. Birm —8A 70
Village Sq. Birm —8J 133
Village, The. —2L 177 (nr. Kidderminster)
Village, The. —2M 87 (nr. Kingswinford)
Village, The. —7M 175 (nr. Stourport-on-Severn)
Village, The. K'wfrd —2L 87
Village Wlk. W'bry —6H 53
Village Way. Bils —4J 51
Village Way. S Cold —1M 71
Villa Rd. Birm —2G 93
Villa Rd. Cov —3B 144
Villa St. Birm —2H 93 (in two parts)
Villa St. Stourb —1A 108
Villa Wlk. Birm —3J 93
Villebon Way. W'nsh —7A 216
Villette Gro. Birm —5C 136
Villiers Av. Bils —2K 51
Villiers Pl. Bils —2K 51
Villiers Rd. B'gve —2K 201
Villiers Rd. Ken —4H 191
Villiers Sq. Bils —2K 51
Villiers St. Cov —6G 145
Villiers St. Kidd —4A 150
Villiers St. Lea S —8A 212
Villiers St. Nun —6H 79
Villiers St. Wals —2L 53
Villiers St. W'hall —7A 38
Villiers Trad. Est. Wolv —2B 50 (8G 7)
Vimy Rd. Birm —1B 136
Vimy Rd. W'bry —5G 53
Vimy Ter. W'bry —5G 53
Vincent Clo. Birm —3M 113
Vincent Dri. Birm —6D 112
Vincent Pde. Birm —3M 113
Vincent Rd. S Cold —2L 57
Vincent St. Birm —4M 113 (in two parts)
Vincent St. Cov —7B 144
Vincent St. Lea S —8A 212
Vincent St. Wals —2M 53
Vincent Wyles Ho. Cov —6L 145
Vince St. Smeth —6A 92
Vinculum Way. W'hall —1B 52
Vine Av. Birm —4A 114
Vinecote Rd. Longf —6F 122
Vine Cres. W Brom —3K 67
Vine La. Cann —4D 14
Vine La. Clent —6F 130
Vine La. Hale —6B 110
Vine La. Warw —1E 214
Vineries, The. Birm —5K 115
Vine St. Aston —2B 94
Vine St. Brie H —4E 88
Vine St. Cov —5E 144 (2E 6)
Vine St. Kidd —1A 150
Vine St. Redd —5D 204
Vine St. Stourb —8L 87
Vine Ter. Harb —4C 112
Vineyard Clo. Birm —2F 92
Vineyard Rd. Birm —4M 133
Vinnall Gro. Birm —1H 133
Vintage Clo. Birm —4A 96
Violet Clo. Cov —6J 123
Violet Clo. Rugby —1E 172
Violet Cft. Tip —8C 52
Violet La. Clent —5E 130
Virginia Dri. Penn —5M 49
Virginia Pl. Nun —6E 78
Virginia Rd. Cov —6E 144 (3F 6)
Viscount Cen. Cov —3J 165
Viscount Clo. Birm —7A 72
Viscount Clo. Lea S —3M 215
Viscount Rd. Burn —8E 10
Vista Grn. Birm —8G 135 (in three parts)
Vista, The. Dud —8D 50
Vittle Dri. Warw —2D 214
Vittoria St. Birm —5J 93 (2C 4)
Vittoria St. Smeth —3D 92
Vivian Clo. Birm —4C 112
Vivian Rd. Birm —4C 112
Vixen Clo. S Cold —2K 71
Vogue Clo. Cov —6E 144 (3F 6)
Vowchurch Clo. Redd —4A 204
Voyager Dri. Cann —3F 14
Vulcan Ind. Est. Wals —3J 39
Vulcan Rd. Bils —4M 51
Vulcan Rd. Lich —8L 13
Vulcan Rd. Sol —2C 138
Vulcan Rd. Ind. Est. Sol —2C 138
Vyrnwy Gro. Birm —1E 156
Vyse St. Aston —1B 94
Vyse St. Birm & Hock —4J 93 (1C 4)

Wackrill Dri. Lea S —6C 212
Waddell Clo. Bils —7F 50
Waddens Brook La. Wolv —4L 37
Waddington Av. Birm —8E 54
Wade Av. Cov —4B 166
Wadebridge Dri. Nun —5L 79
Wade Gro. Warw —7E 210
Wadesmill Lawns. Wolv —5E 22
Wade St. Lich —2H 19
Wadey Pl. Bew —4D 148
Wadham Clo. Row R —3C 90
Wadham Ho. Birm —6J 97
Wadhurst Rd. Birm —7B 92
Wadley's Rd. Sol —3M 137
Waen Clo. Tip —1B 66
Waggoners Clo. Bubb —4J 193
Waggoners Clo. Stoke H —3L 201
Waggoners La. Hints —2D 44
Waggon La. Kidd —6E 128
Waggon St. Crad H —7M 89
Waggon Wlk. Birm —1C 156 (in two parts)
Wagoners Clo. Birm —3F 94
Wagon La. Sol & Birm —5M 115
Wagon Overthrow. —2G 123
Wagstaff Clo. Bils —1K 65
Wainbody Av. N. Cov —3A 166
Wainbody Av. S. Cov —5M 165
Waine Ho. Bwnhls —3G 27
Wainrigg. Wiln —2H 47
Wainwright Clo. K'wfrd —2G 87
Wainwright St. Birm & Aston —2A 94
Waite Rd. W'hall —1L 51
Wakefield Clo. Bin —2M 167
Wakefield Clo. Hurl —5H 61
Wakefield Clo. S Cold —7G 57
Wakefield Ct. Birm —7B 114
Wakefield Gro. Wat O —6H 73
Wakeford Rd. Birm —8C 134
Wake Green. —7A 114
Wake Grn. Pk. Birm —7B 114
Wake Grn. Rd. Birm —6M 113
Wake Grn. Rd. Tip —8A 52
Wake Gro. Warw —4B 214
Wakehurst Clo. Nun —1M 103
Wakelam Gdns. Birm —3D 54
Wakelams Fold. Dud —6C 64
Wakeley Hill. Wolv —5M 49
Wakelin Rd. Shir —2H 159
Wakeman Gro. Birm —2D 116
Wakes Clo. W'hall —8B 38
Wakes Rd. W'bry —7G 53
Walcot Clo. S Cold —6H 43
Walcot Dri. Birm —3F 68
Walcote Clo. Hinc —1F 80
Walcot Gdns. Bils —5H 51
Walcot Grn. Dorr —7G 161
Waldale Clo. Ess —8C 24
Walden Gdns. Wolv —3L 49
Walden Rd. Birm —6G 115
Waldeve Gro. Sol —1F 138
Waldley Gro. Birm —6J 71
Waldon Wlk. Birm —1F 96
Waldron Av. Brie H —7B 88
Waldron Clo. W'bry —3F 52
Waldrons Moor. Birm —4J 135
Walford Av. Wolv —1M 49
Walford Dri. Sol —6D 116
Walford Grn. Birm —2H 133
Walford Gro. Warw —8F 210
Walford Pl. Rugby —1F 198
Walford Rd. Birm —3B 114
Walford St. Tiv —7A 66
Walford Wlk. Redd —6E 204
Walhouse Clo. Wals —7M 39
Walhouse Rd. Wals —7M 39 (in two parts)
Walhouse St. Cann —1E 14
Walker Av. Brie H —2D 108
Walker Av. Stourb —6D 108
Walker Av. Tiv —2C 90
Walker Av. Wolv —1E 36
Walker Dri. Birm —1E 94
Walker Dri. Kidd —8A 128
Walker Grange. Tip —2M 65
Walker Pl. Wals —1L 39
Walker Rd. Wals —1K 39
Walker's Cft. Lich —7J 13
Walkers Fold. W'hall —3D 38
Walker's Heath. —7G 135
Walkers Heath Rd. Birm —8H 135
Walkers Orchard. S'lgh —3B 192
Walkers Ri. Hed —1K 9
Walkers Rd. Moons I —3L 205
Walker St. Dud —5J 89
Walker St. Tip —2B 66
Walkers Way. Bed —8F 102
Walkers Way. Col —3A 98
Walk La. Wom —2G 63
Walkmill Bridge. —4C 14
Walkmill Dri. Wych —8D 200
Walkmill La. Cann —4D 14
Walkmill Way. Cann —4D 14
Walk, The. Dud —8D 50
Walkwood. —4B 208
Walkwood Cres. Redd —3C 208
Walkwood Rd. Redd —3C 208
Wallace Clo. Cann —4M 15
Wallace Clo. O'bry —3D 90
Wallace Ct. Warw —2D 214
Wallace Ho. O'bry —4D 90
Wallace Ri. Crad H —2L 109
Wallace Rd. Bils —6A 52
Wallace Rd. Birm —7H 113
Wallace Rd. Cov —1A 144
Wallace Rd. O'bry —3D 90
Wallace Rd. Wals —1E 26
Wall Av. Col —4M 97
Wallbank Rd. Birm —3G 95
Wallbrook. —1K 65
Wallbrook St. Bils —1K 65
Wall Cft. Wals —2H 41
Wall Dri. S Cold —5F 42
Wall End Clo. Wals —2G 39
Waller Clo. Leek W —2F 210
Waller St. Lea S —7A 212
Waller Way. W'nsh —7A 216
Wallface. W Brom —2G 67
Wall Heath. —1H 87
Wallheath Cres. Wals —4L 27
Wall Heath La. Wals —4M 27
Wall Hill. —5G 121
Wall Hill Rd. Cor & Alle —2C 120
Walling Cft. Bils —6H 51
Wallingford Av. Nun —2M 79
Wallington Clo. Wals —7H 25
Wallington Heath. —7G 25
Wallington Heath. Wals —7H 25
Wall Lane. —8B 18
Wall La. Lich —5D 18
Wallows Cres. Wals —3J 53
Wallows Ind. Est., The. Brie H —4D 88
Wallows La. Wals —3J 53 (WS1, in two parts)
Wallows La. Wals —3J 53 (WS2)
Wallows Pl. Brie H —4C 88
Wallows Rd. Brie H —5C 88
Wallows Wood. Dud —5A 64
Wall Roman Site. —7D 18
Wall's Rd. S Prior —6J 201
Wall St. Wolv —7H 37
Wall Well. Hale —6M 109
Wall Well La. Hale —6M 109
Wallwin Ct. Warw —3D 214
Walmead Cft. Birm —2M 111
Walmer Gro. Birm —4B 70
Walmer Mdw. Wals —2H 41
Walmers, The. Wals —2H 41
Walmers Wlk., The. Birm —8K 133
Walmer Way. Birm —6J 97
Walmley. —1M 71
Walmley Ash. —4M 71
Walmley Ash La. Min —3B 72
Walmley Ash Rd. S Cold & Min —2M 71
Walmley Clo. Hale —2H 109
Walmley Rd. S Cold —5L 57
Walney Clo. Hinc —8B 84
Walnut Av. Cod —6G 21
Walnut Clo. Birm —8H 97
Walnut Clo. Cann —6F 8
Walnut Clo. Harts —1A 78
Walnut Clo. Nun —3E 78
Walnut Clo. Stourb —8B 108
Walnut Dri. Cann —7F 8
Walnut Dri. Lea S —6B 212
Walnut Dri. Smeth —4B 92
Walnut Dri. Wolv —8K 35
Walnut Gro. Lich —2M 19
Walnut Ho. Birm —6F 68
Walnut La. Fins —1D 202
Walnut La. W'bry —7G 53
Walnut Rd. Wals —5A 54
Walnut St. Cov —7H 123
Walnut Tree Clo. Ken —6G 191
Walnut Way. Birm —1M 155
Walnut Way. Rugby —8H 171
Walpole St. Wolv —6A 36
Walpole Wlk. W Brom —8K 67
Walsal End La. H Ard —6M 139
Walsall. —8L 39
Walsall Arboretum. —7A 40
Walsall Leather Mus. —7L 39
Walsall Mus. & Art Gallery. —7M 39
Walsall New Firms Cen., The. Wals —1K 53
Walsall Retail Pk. Wals —5H 39
Walsall Rd. A'rdge —6E 40
Walsall Rd. Cann —1E 14 (nr. Avon Rd.)
Walsall Rd. Cann —6M 15 (nr. Watling St.)
Walsall Rd. Four O —7F 42
Walsall Rd. Gt Barr & P Barr —8F 54
Walsall Rd. Gt Wyr —4F 14
Walsall Rd. Lich —2G 19
Walsall Rd. Lit A & S Cold —3C 42
Walsall Rd. Pels —7A 26
Walsall Rd. Spring —2K 27
Walsall Rd. Wals —8D 26 (WS4)
Walsall Rd. Wals —5M 53 (WS5)
Walsall Rd. W'bry —3D 52
Walsall Rd. W Brom —2K 67
Walsall Rd. W'hall —7B 38
Walsall St. Bils —3K 51
Walsall St. Cov —2G 165
Walsall St. W'bry —2D 52 (nr. Foster St.)
Walsall St. W'bry —6F 52 (nr. Up. High St.)
Walsall St. W Brom —6K 67
Walsall St. W'hall —8B 38
Walsall St. Wolv —8E 36 (5M 7)
Walsall Wood. —5F 26
Walsall Wood Rd. Wals —7G 27
Walsgrave Clo. Sol —3D 138
Walsgrave Dri. Sol —2D 138
Walsgrave Gdns. Cov —2A 146
Walsgrave on Sowe. —2A 146
Walsgrave Rd. Cov —6F 144
Walsgrave Triangle Bus. Pk. Cov W —8A 124
Walsham Cft. Birm —4C 96
Walsh Dri. S Cold —5M 57
Walshes, The. —8E 174
Walsh Gro. Birm —1D 70
Walsh La. Mer —7L 119
Walsingham Dri. Berm I —1G 103
Walsingham St. Wals —8A 40
Walstead Clo. Wals —4C 54
Walstead Rd. Wals —4M 53
Walstead Rd. W. Wals —4L 53
Walt Dene Clo. Birm —7E 54
Walter Burden Ho. Smeth —6C 92
Walter Cobb Dri. S Cold —8G 57
Walter Nash Rd. E. Kidd —8G 149
Walter Nash Rd. W. Kidd —8G 149
Walter Rd. Bils —6L 51
Walter Rd. Smeth —3L 91
Walters Clo. Birm —3M 155
Walter Scott Rd. Bed —8J 103
Walters Rd. O'bry —2G 111
Walters Row. Dud —8G 65
Walter St. Birm —3B 94
Walter St. Wals —8A 26
Walter St. W Brom —7L 67
Waltham Clo. B'gve —8L 179
Waltham Cres. Nun —5B 78
Waltham Gro. Birm —7B 56
Waltham Ho. W Brom —6K 67
Walthamstow Ct. Brie H —8D 88
Walton Av. Row R —1B 110
Walton Clo. Bin —2L 167
Walton Clo. Hale —7M 109
Walton Clo. Hartl —8C 176
Walton Clo. Kidd —7H 149
Walton Clo. Nun —2A 104
Walton Clo. Redd —6L 205
Walton Clo. Row R —5A 90
Walton Clo. Stour S —8D 174
Walton Ct. Hale —6M 109
Walton Cres. Wolv —4E 50
Walton Cft. Sol —8B 138
Walton Dri. Stourb —4C 108
Walton Gdns. Cod —5F 20
Walton Gro. Birm —7H 135
Walton Heath. Wals —6F 24
Walton Ho. Birm —7H 93 (6B 4)
Walton La. Hartl —7C 176
Walton Pool. —7G 131
Walton Pool La. Clent —6F 130
Walton Ri. Clent —6G 131
Walton Rd. B'gve —5A 180
Walton Rd. O'bry —7H 91
Walton Rd. Stourb —3A 108
Walton Rd. Wals —8G 27
Walton Rd. W'bry —7J 53
Walton Rd. Wolv —4E 50
Walton St. Tip —4M 65
Wanderers Av. Wolv —3C 50
Wanderer Wlk. Birm —8L 71
Wandle Gro. Birm —6G 115
Wandsbeck. Tam —1E 46
Wandsworth Rd. Birm —6L 55
Wanley Rd. Cov —3D 166
Wannerton Rd. Blak —8H 129
Wansbeck Gro. Birm —1E 156
Wansbeck Wlk. Dud —3F 64
Wansfell Clo. Cov —2G 165
Wanstead Gro. Birm —8A 56
Wantage Rd. Col —8L 73
Wappenbury. —2M 213
Wappenbury Clo. Cov —7J 123
Wappenbury Rd. Cov —7K 123
Wapping. —3B 206 (nr. Mappleborough Green)
Wapping. —4K 209 (nr. Studley)
Wapping La. Beo —2B 206
Warbage La. Belb & D'frd —8F 152
Warbank Clo. A'chu —3A 182
Warbler Pl. Kidd —7A 150
Ward Clo. Birm —4G 95
Warden Av. S Cold —1F 70
Ward End. —3G 95
Ward End Clo. Birm —3F 94
Ward End Hall Gro. Birm —3G 95
Ward End Pk. Rd. Birm —4F 94
Wardend Rd. Birm —3G 95
Warden Rd. Cov —3B 144
Warden Rd. S Cold —1F 70
Wardens Av., The. Cov —3H 143
Wardens, The. Ken —4J 191
Ward Gro. Warw —2J 215
Ward Gro. Wolv —6E 50
Wardle Clo. S Cold —5G 43
Wardle Pl. Cann —4E 8
Wardles La. Wals —7F 14
Wardle St. Tam —4A 32
Wardle Way. Kidd —6H 127
Wardlow Clo. Wolv —3B 50
Wardlow Rd. Birm (in two parts) —4B 94 (1M 5)
Wardour Dri. Birm —7J 97
Wardour Gro. Birm —1C 70
Ward Rd. Cod —6F 20
Ward Rd. Wolv —4D 50
Ward St. Bils —1H 65
Ward St. Birm —5L 93 (1G 5)
Ward St. Cann —3F 8
Ward St. E'shll —2H 51
Ward St. Wals —7M 39
Ward St. W'hall —6B 38
Ward St. Wolv —7E 36 (4M 7) (in two parts)
Wareham Clo. Wals —4M 39
Wareham Grn. Cov —4A 146
Wareham Rd. Redn —7H 133
Wareing Dri. Birm —1D 70
Ware Orchard. Barby —7J 199
Ware Rd. Barby —7J 199
Waresley. —8A 176
Waresley Ct. Rd. Hartl —8A 176
Waresley Park. —8A 176
Waresley Rd. Hartl —8A 176
Warewell Clo. Wals —7M 39
Warewell St. Wals —8M 39
Waring Clo. Tip —1L 65

Wellington Tower—Whitby Rd.

Wellington Tower. Birm —8A 134
Wellington Way. Birm —7B 72
Well La. Birm —7M 93 (6H 5)
Well La. B'gve —7A 180
Well La. Gt Wyr —8G 15
Well La. Hinc —8D 84
Well La. Rush —7H 177
Well La. Tan A —8G 185
Well La. Wals —2L 39
Well La. Wolv —5J 37
Wellman Cft. Birm —7M 111 (nr. Dormston Dri.)
Wellman Cft. Birm —8D 112 (nr. Lodge Hill Rd.)
Wellman's Rd. W'hall —8C 38
Well Mdw. Redn —3G 155
Wellmeadow Gro. H Ard —2A 140
Wellmead Wlk. Redn —1F 154
Well Pl. Wals —1L 39
Wells Av. W'bry —3B 52
Wells Clo. Cann —4E 8
Wells Clo. Gall C —5M 77
Wells Clo. Kidd —3G 149
Wells Clo. Pert —5D 34
Wells Clo. Tip —8A 52
Wells Ct. Cov —2F 166
Wellsford Av. Sol —5A 116
Wells Green. —5B 116
Wells Grn. Rd. Sol —5M 115
Wells Grn. Shop. Cen. Birm —5B 116
Wells Rd. Bils —6L 51
Wells Rd. Brie H —6B 88
Wells Rd. Row R —5E 90
Wells Rd. Sol —5C 116
Wells Rd. Wolv —4M 49
Wells St. Rugby —6B 172
Wells Tower. Birm —7G 93
Well St. Birm —3K 93 (nr. Bridge St. W.)
Well St. Birm —4J 93 (nr. Hockley Hill)
Well St. Cov —6C 144 (3C 6)
Well St. W'bry —3E 52
Wells Wlk. Birm —8G 97
Welney Gdns. Pend —6A 22
Welsby Av. Birm —2E 68
Welsh Clo. Warw —7E 210
Welsh Ho. Farm Rd. Birm —5M 111
Welshmans Hill. S Cold —7B 56
Welsh Rd. Cov —5H 145
Welsh Rd. Cubb & Off —6E 212
Welton Clo. S Cold —7A 58
Welton Pl. Rugby —1D 198
Welton Rd. Warw —8D 210
Welwyndale Rd. S Cold —3J 71
Welwyn Rd. Hinc —8F 84
Wembley Gro. Birm —1J 115
Wembrook Clo. Nun —7K 79
Wembrook Ho. Attl —7L 79
Wembury. Amin —4E 32
Wem Gdns. Wolv —3K 37
Wendell Crest. Wolv —5F 22
Wendiburgh St. Cov —2G 165
Wendover Dri. Hinc —5E 84
Wendover Ho. Birm —1M 155
Wendover Ri. Cov —5J 143
Wendover Rd. Birm —2C 70
Wendover Rd. Row R —4A 90
Wendover Rd. Wolv —7F 50
Wendron Clo. B'gve —7B 180
Wendron Gro. Birm —5K 135
Wenlock. Glas —6D 32
Wenlock Av. Wolv —1L 49
Wenlock Clo. Dud —2C 64
Wenlock Clo. Hale —7K 109
Wenlock Dri. B'gve —4A 180
Wenlock Gdns. Wals —4L 39
Wenlock Rd. Birm —8M 69
Wenlock Rd. Stourb —3B 108
Wenlock Way. Nun —5B 78
Wenlock Way. Stour S —8E 174
Wenman St. Birm —3M 113
Wensley Cft. Shir —3H 137
Wensleydale Av. Barw —4G 85
Wensleydale Clo. Barw —4G 85
Wensleydale Rd. Birm —3G 69
Wensley Rd. Birm —3M 115
Wensum Clo. Hinc —1H 81
Wentbridge Rd. Wolv —8J 37
Wentworth Av. Birm —1B 96
Wentworth Clo. Burn —2J 17
Wentworth Clo. Hinc —6E 84
Wentworth Ct. Erd —7F 70
Wentworth Dri. B'wll —4G 181
Wentworth Dri. Lich —4K 19
Wentworth Dri. Nun —8A 80
Wentworth Dri. Tiv —2A 90
Wentworth Ga. Birm —3B 112
Wentworth Gro. Pert —4D 34
Wentworth Pk. Av. Birm —3B 112
Wentworth Ri. Hale —5D 110
Wentworth Rd. Birm —3A 112
Wentworth Rd. Lea S —3D 216
Wentworth Rd. Rugby —8L 171
Wentworth Rd. Sol —6M 115
Wentworth Rd. Stourb —2K 107
Wentworth Rd. S Cold —2G 57
Wentworth Rd. Wals —5F 24
Wentworth Rd. Wolv —7E 22
Wentworth Way. Birm —6M 111
Wenyon Clo. Tip —5B 66
Weoley Av. Birm —7C 112
Weoley Castle. —8M 111
Weoley Castle. —7A 112
Weoley Castle Rd. Birm —8M 111
Weoley Hill. Birm —1C 134
Weoley Pk. Rd. Birm —8B 112
Wergs. —3F 34
Wergs Dri. Wolv —2G 35
Wergs Hall Rd. Wergs & Wolv —8F 20
Wergs Rd. Wolv —3F 34
Werneth Gro. Wals —5G 25
Wesley Av. Cod —7H 21
Wesley Av. Hale —1H 109
Wesley Av. Stour S —8E 174
Wesley Av. Wals —6D 14
Wesley Clo. Sap —2L 83
Wesley Clo. Wom —4F 62
Wesley Ct. Cann —8E 8
Wesley Ct. Crad H —1M 109
Wesley Ct. W'hall —8L 37
Wesley Gro. W'bry —6E 52
Wesley Ho. Wals —2J 53 (off Oxford St.)
Wesley Pl. Cann —2J 9
Wesley Pl. Tip —2C 66
Wesley Rd. Birm —4F 70
Wesley Rd. Brie H —4B 88
Wesley Rd. Cod —7H 21
Wesley Rd. Hillm —1G 199
Wesley Rd. W'hall —3C 38
Wesley's Fold. W'bry —3D 52
Wesley St. Bils —7L 51
Wesley St. O'bry —1G 91
Wesley St. W Brom —6H 67
Wesley St. Wolv —3G 51
Wesley Wlk. B'gve —2L 201
Wesley Wlk. Hinc —4A 82
Wesley Way. Tam —5E 32
Wessenden. Wiln —2H 47
Wessex Clo. Bed —5G 103
Wessex Clo. Wals —2F 26
Wessex Ct. Shut —2M 33
Wessex Dri. Cann —7F 8
Wessex Rd. Wolv —3F 50
Wesson Gdns. Hale —6A 110
Wesson Rd. W'bry —2C 52
Westacre. W'hall —8M 37
Westacre Cres. Wolv —1H 49
W. Acre Dri. Brie H —1F 108
Westacre Gdns. Birm —6M 95
West Av. Bed —7K 103
West Av. Cas B —1D 96
West Av. Cov —7G 145
West Av. Hand —5G 69
West Av. Redd —6E 204
West Av. Tiv —2B 90
West Av. Wolv —3J 37
West Boulevd. Birm —3L 111
Westbourne Av. Birm —3L 95
Westbourne Av. Cann —7D 8
Westbourne Av. Wals —5E 14
Westbourne Clo. B'gve —8L 179
Westbourne Ct. Wals —6A 40 (off Lichfield Rd.)
Westbourne Cres. Burn —2H 17
Westbourne Cres. Edg —1G 113
Westbourne Gdns. Birm —2G 113
Westbourne Gro. Hand —2F 92
Westbourne Gro. Rugby —8M 171
Westbourne Rd. Edg —2F 112
Westbourne Rd. Hale —3E 110
Westbourne Rd. Hand —8D 68
Westbourne Rd. Sol —1M 137
Westbourne Rd. Wals —5M 39
Westbourne Rd. W'bry —2F 52
Westbourne Rd. W Brom —7H 67
Westbourne Rd. Wolv —4A 50
Westbourne St. Bew —6B 148
Westbourne St. Wals —6M 39
Westbourne Ter. B'gve —8L 179
West Bromwich. —7K 67
W. Bromwich Parkway. W Brom (nr. Dartmouth St.) —6H 67
W. Bromwich Parkway. W Brom (nr. Trinity Way) —8L 67
W. Bromwich Ringway. W Brom —6J 67
W. Bromwich Rd. Wals —3L 53 (in two parts)
W. Bromwich St. O'bry —8F 66
W. Bromwich St. Wals —1L 53
Westbrook Av. Wals —4E 40
Westbrook Ct. Cov —5G 143
Westbrook Way. Wom —4F 62
Westbury Av. W'bry —3F 52
Westbury Ct. Brie H —7D 88 (off Hill St.)
Westbury Ct. Warw —2G 215
Westbury Rd. Birm —6B 92
Westbury Rd. Cov —4K 143
Westbury Rd. Nun —6D 78
Westbury Rd. W'bry —3F 52
Westbury St. Wolv —7D 36 (3K 7)
West Chadsmoor. —3C 8
Westcliff Dri. Warw —7E 210
Westcliffe Dri. Cov —4B 166
Westcliffe Pl. Birm —5M 133
West Clo. Hinc —2K 81
Westcombe Gro. Birm —8G 111
W. Coppice Rd. Wals —1C 26
Westcote Av. Birm —7J 133
Westcote Clo. Sol —7A 116
Westcotes. Cov —8H 143
Westcott Clo. K'wfrd —6M 87
Westcott Rd. Birm —1A 116
West Ct. S Prior —3M 201
Westcroft Av. Wolv —8G 23
Westcroft Gro. Birm —6C 134
Westcroft Rd. Dud —7B 50
Westcroft Rd. Wolv —3F 34
Westcroft Way. Birm —8B 136
W. Dean Clo. Hale —5C 110
West Dri. Birm —4J 113
West Dri. Bone —7L 31
West Dri. Hand —1H 93
W. End Av. Smeth —2K 91
Westerdale Clo. Dud —2G 65
Westerham Clo. Know —3F 160
Westeria Clo. Birm —1C 96
Westering Parkway. Wolv —5E 22
Westerings. Birm —7J 69
Western Av. Birm —2J 93
Western Av. Brie H —7B 88
Western Av. Dud —1B 64
Western Av. Hale —5E 110
Western Av. Wals —6D 38
Western Bus. Pk. Hale —2B 110
Western By-Pass. Lich —8E 12
Western Clo. Wals —6D 38
Western Hill Clo. A'wd B —8D 208
Western Rd. Birm & Hock —5F 92
Western Rd. Cann —3H 9
Western Rd. Crad H —1L 109
Western Rd. Erd —6G 71
Western Rd. Hag —5A 130
Western Rd. O'bry —4H 91
Western Rd. Stourb —5M 107
Western Rd. S Cold —8G 57
Western Way. Kidd —4G 149
Western Way. W'bry —5C 52
Westfield Av. Birm —8B 136
Westfield Clo. Dorr —7E 160
Westfield Clo. Nun —4K 79
Westfield Ct. Hinc —2H 81
Westfield Dri. Wom —2F 62
Westfield Gro. Wolv —1J 49
Westfield Ho. Birm —2G 97
Westfield Mnr. S Cold —5G 43
Westfield Rd. A Grn —6H 115
Westfield Rd. Bils —2H 51
Westfield Rd. Birm & Edg —1D 112
Westfield Rd. Brie H —1F 108
Westfield Rd. Dud —2K 89
Westfield Rd. Hale —8E 90
Westfield Rd. Hinc —2H 81
Westfield Rd. K Hth —1K 135
Westfield Rd. Rugby —7M 171
Westfield Rd. Sed —8D 50
Westfield Rd. Smeth —5M 91
Westfield Rd. W'hall —1L 51
Westfields. B'moor —1M 47
Westfields. Cats —1M 179
Westford Gro. Birm —6E 136
Westgate. A'rdge —2D 40
West Ga. Birm —6E 92
Westgate. Cann —3M 9
Westgate. O'bry —5E 90
Westgate Clo. Sed —2E 64
Westgate Clo. Warw —3D 214
Westgate Ho. Warw —3E 214
Westgate Rd. Rugby —8E 172
Westgate Trad. Est. A'rdge —3E 40
West Grn. Wolv —4J 49
West Grn. Clo. Birm —1H 113
W. Grove Av. Shir —3M 159
Westgrove Ter. Lea S —1K 215
West Hagley. —4M 129
Westham Ho. Birm —5H 97
Westhaven Dri. Birm —2L 133
Westhaven Rd. S Cold —3J 57
Westhay Rd. Birm —2H 137
Westhead Rd. Cookl —5A 128
Westhead Rd. N. Cookl —5A 128
West Heath. —8C 134
W. Heath Rd. N'fld —7B 134
W. Heath Rd. Win G —5D 92
West Hill. —3H 9
Westhill. Wolv —7J 35
W. Hill Av. Cann —4H 9
Westhill Clo. Sol —1L 137
Westhill Rd. Birm —6F 134
Westhill Rd. B'dwn —2A 212
Westhill Rd. Cov —3M 143
West Holme. Birm —7C 94
Westholme Cft. Birm —1E 134
Westhorpe Gro. Birm —4J 93
Westhouse Gro. Birm —5K 135
Westland Av. Wolv —7M 35
Westland Clo. Birm —4F 70
Westland Gdns. Stourb —2M 107
Westland Gdns. Wolv —7A 36
Westland Rd. Wolv —7M 35
Westlands Est. Stourb —8L 87
Westlands Rd. Birm —8A 114
Westlands Rd. S Cold —3M 71
Westland Wlk. Birm —7M 71
Westlea Rd. Lea S —3L 215
Westleigh Av. Cov —2M 165
Westleigh Rd. Wom —4F 62
Westley Brook Clo. Birm —4B 116
Westley Clo. Birm —3H 137
West Leyes. Rugby —6A 172
Westley Rd. Birm —6H 115
Westley St. Birm —7A 94 (6M 5)
Westley St. Dud —1H 89
Westmead Av. Stud —5L 209
Westmead Cres. Birm —5J 71
W. Mead Dri. Birm —3L 135
Westmead Dri. O'bry —5H 91
Westmede Cen. Cov —6J 143
West M. Birm —7K 55
West Midlands Safari & Leisure Pk. —6E 148
W. Mill Cft. Birm —2E 156
Westminster Av. Wolv —4B 50
Westminster Clo. B'gve —8K 179
Westminster Clo. Dud —7G 65
Westminster Ct. Birm —4F 96
Westminster Ct. B'gve —7A 180
Westminster Ct. Hand —7J 69
Westminster Dri. Birm —3L 135
Westminster Dri. Burb —5M 81
Westminster Dri. Nun —3B 78
Westinster Ind. Est. Dud —7K 89
Westminster Rd. Birm & Hand —7J 69
Westminster Rd. Cann —3E 8
Westminster Rd. Cov —8B 144 (7A 6)
Westminster Rd. Kidd —3F 148
Westminster Rd. S Oak —8G 113
Westminster Rd. Stourb —7J 87
Westminster Rd. Wals —2B 40
Westminster Rd. W Brom —8K 53
Westmore Way. W'bry —4J 53
Westmorland Av. Nun —5E 78
Westmorland Clo. Tam —8A 32
Westmorland Ct. W Brom —2K 67
Westmorland Rd. Cov —5M 145
Westmorland Rd. W Brom —2K 67
W. Oak Ho. W'wd B —3E 164
Weston Av. Birm —3C 114
Weston Av. Tiv —8B 66
Westonbirt Clo. Ken —3J 191
Weston Clo. Cann —8J 9
Weston Clo. Dorr —7G 161
Weston Clo. Dunc —5J 197
Weston Clo. Hinc —8A 84
Weston Clo. Lea S —3C 216
Weston Clo. Wals —3L 53
Weston Ct. Rugby —5C 172
Weston Ct. Warw —2F 214
Weston Ct. Wolv —5C 36 (1J 7) (off Boscobel Cres.)
Weston Cres. Wals —4H 41
Weston Dri. Bils —5H 51
Weston Dri. Tip —7C 52
Weston Dri. Wals —1E 24
Weston Hall Rd. S Prior —8J 201
Weston Ho. Birm —3L 93
Weston in Arden. —6A 104
Weston Ind. Est. Birm —5E 114
Weston La. Birm —5E 114
Weston La. Bubb —5H 193
Weston La. Bulk —6B 104
Weston Rd. Birm —2H 93
Weston Rd. Lich —8G 13
Weston Rd. Smeth —7M 91
Weston St. Cov —5D 144 (2E 6)
Weston St. Wals —3L 53
Weston under Wetherley. —2J 213
W. Orchard Shop. Cen. Cov —6C 144 (4C 6)
Westover Rd. Birm —5E 68
West Pk. Cov —1F 164
W. Park Av. Birm —7L 133
W. Park Rd. Smeth —2K 91
West Pathway. Birm —3C 112
Westport Cres. Wolv —4M 37
Westray Clo. Redn —8E 132
Westray Dri. Hinc —8B 84
West Ridge. Cov —4G 143
Westridge. Dud —1C 64
Westridge Rd. Birm —2C 136
West Ri. S Cold —3J 57
West Rd. Birm —8J 71 (B24)
West Rd. Birm —2E 68 (B43)
West Rd. B'gve —8A 180
West Rd. Hale —3H 109
West Rd. Tip —1B 66
West Rd. Witt —7L 69
West Rd. S. Hale —3H 109
Westside Dri. Birm —8K 111
West Smethwick. —2K 91
West St. Brie H —1F 108
West St. Cann —3E 14
West St. Cov —6E 144
West St. Dud —7H 65 (DY1)
West St. Dud —6D 64 (DY3)
West St. Earl S —1M 85
West St. Kett —6C 32
West St. Lea S —2A 216
West St. Long L —4G 171
West St. Redd —6E 204
West St. Row R —8C 90
West St. Stourb —4M 107
West St. Tam —4C 32
West St. Wals —2J 39
West St. Warw —4D 214
West St. Wolv —4C 36
West Vw. Birm —5J 95
West Vw. Nun —1L 77
W. View Dri. K'wfrd —4L 87
W. View Rd. Lea S —4C 212
W. View Rd. Rugby —7K 171
W. View Rd. S Cold —3L 57
Westville Av. Kidd —4G 149
Westville Rd. Wals —6G 39
Westward Clo. Birm —1M 69
West Way. Birm —2B 156
Westway. Rugby —6A 172
West Way. Wals —7B 26
Westwick Clo. Wals —5L 27
Westwood Av. Birm —5D 114
Westwood Av. Stourb —6J 107
Westwood Bus. Pk. W'wd B —3G 165
Westwood Gro. Sol —7M 137
Westwood Heath. —3F 164
Westwood Heath Rd. Cov —3C 164
Westwood Rd. Birm —8A 70
Westwood Rd. Cov —8A 144
Westwood Rd. Rugby —2F 198
Westwood Rd. S Cold —5A 56
Westwoods Hollow. Burn —1H 17
Westwood St. Brie H —8A 88
Westwood Vw. Birm —6J 71
Westwood Way. W'wd B —3E 164
Wetherby Clo. Birm —1K 95
Wetherby Clo. Wolv —5D 22
Wetherby Rd. Birm —7J 115
Wetherby Rd. Wals —5G 25
Wetherell Way. Rugby —2C 172
Wetherfield Rd. Birm —6G 115
Wexford Clo. Dud —7F 64
Wexford Rd. Cov —8K 123
Weybourne Rd. Birm —7L 55
Weycroft Rd. Birm —2B 70
Weyhill Clo. Wolv —7M 21
Weymoor Rd. Birm —6A 112
Weymouth Clo. Cov —4K 167
Weymouth Dri. S Cold —5F 42
Weymouth Ho. Tam —5A 32
Whaley's Cft. Cov —1B 144
Wharf App. A'rdge —2F 40
Wharf Clo. Lich —2J 19
Wharfdale Rd. Birm —4G 115
Wharfedale Clo. K'wfrd —2H 87
Wharfedale St. W'bry —7G 53
Wharf La. Birm —3G 93
Wharf La. Lapw —5C 186
Wharf La. Sol —3D 138
Wharf La. Tard —8H 181
Wharf La. Wals & Burn —6F 16
Wharf Rd. Cov —4F 144
Wharf Rd. K Nor —7G 135
Wharf Rd. Tys —4H 115
Wharfside. O'bry —2F 90
Wharf St. Hock —3G 93
Wharf St. Warw —2G 215
Wharf St. Wolv —8E 36 (5M 7)
Wharf, The. Birm —7J 93 (6D 4)
Wharf Yd. Hinc —2G 81
Whar Hall Rd. Sol —1E 138
Wharrington Clo. Redd —1G 209
Wharrington Hill. Redd —1G 209
Wharton Av. Sol —2E 138
Wharton Rd. Smeth —2C 92
Wharton St. Birm —1D 94
Wharwell La. Gt Wyr —8G 15
Whatcote Grn. Sol —1D 138
Whatecroft, The. Birm —3B 112
Whateley. —6F 46
Whateley Av. Wals —3M 39
Whateley Ct. Nun —5H 79
Whateley Cres. Birm —1D 96
Whateley Grn. Birm —1C 96
Whateley Grn. S Cold —1G 57
Whateley Hall Clo. Know —2J 161
Whateley Hall Rd. Know —2J 161
Whateley La. What —5F 46
Whateley Lodge Dri. Birm —1C 96
Whateley Pl. Wals —3M 39
Whateley Rd. Birm —1E 92
Whateley Rd. Wals —3M 39
Whateley's Dri. Ken —4G 191
Wheatcroft Clo. Burn —4G 17
Wheatcroft Clo. Hale —1F 110
Wheatcroft Dri. Birm —8J 97
Wheatcroft Gro. Dud —8M 65
Wheatcroft Rd. Birm —7M 95
Wheate Cft. Cov —7F 142
Wheaten Clo. Birm —6K 97
Wheatfield Clo. Birm —2G 97
Wheatfield Rd. Bil —8J 171
Wheatfield Vw. Birm —3K 133
Wheatfield Way. Hinc —6C 84
Wheat Hill. Wals —1E 54
Wheathill Clo. Lea S —7L 211
Wheathill Clo. Wolv —6L 49
Wheatlands Clo. Cann —8J 9
Wheatlands Cft. Birm —6E 96
Wheatlands, The. Pert —6D 34
Wheatley Clo. O'bry —1K 111
Wheatley Clo. Sol —1E 138
Wheatley Clo. S Cold —6J 43
Wheatley Grange. Col —3M 97
Wheatley Rd. O'bry —1K 111
Wheatley St. W Brom —6G 67
Wheatley St. Wolv —3E 50
Wheatmill Clo. Blak —7H 129
Wheatmoor Ri. S Cold —3L 57
Wheaton Clo. Wolv —2C 36
Wheaton Va. Birm —6E 68
Wheatridge Clo. K'wfrd —1G 87
Wheatridge Rd. Stoke H —3K 201
Wheats Av. Birm —6B 112
Wheatsheaf La. Lapw —8D 186
Wheatsheaf Rd. Birm —7D 92
Wheatsheaf Rd. Tiv —1A 90
Wheatsheaf Rd. Wolv —8L 21
Wheatstone Clo. Sed —3E 64
Wheatstone Gro. Birm —4M 95
Wheat St. Nun —5J 79 (in three parts)
Wheel Av. Cod —6F 20
Wheeler Clo. Chad E —2B 188
Wheeler Clo. Cod —5E 20
Wheeler Ho. O'bry —2G 91
Wheeler Rd. Wolv —1J 37
Wheeler's Fold. Wolv —7D 36 (4K 7)
Wheeler's La. Birm —3M 135
Wheelers La. Redd —4A 204
Wheeler St. Birm —3K 93
Wheeler St. Dud —3J 65
Wheeler St. Stourb —4M 107
Wheeley Moor Rd. Birm —4G 97
Wheeley Rd. A'chu —5J 181
Wheeley Rd. Sol —2D 138
Wheeley's La. Birm —1J 113 (8C 4)
Wheeley's Rd. Birm —2H 113 (8C 4)
Wheelfield. Cod —6F 20
Wheel La. Lich —8F 12
Wheelock Clo. S Cold —2M 55
Wheelwright Clo. B'gve —3L 201
Wheelwright Ct. Birm —7E 70
Wheelwright La. Cov & Ash G —5C 122
Wheelwright Rd. Birm —7E 70
Wheldrake Av. Birm —4C 96
Wheler Rd. Cov —1G 167
Whernside. Rugby —2C 172
Whernside Dri. Wolv —4A 36
Wherretts Well La. Sol —4E 138
Whetstone Clo. Edg —4F 112
Whetstone Dri. Rugby —2D 172
Whetstone Grn. Wolv —8D 22
Whetstone Gro. Wolv —1D 36
Whetstone La. Wals —5H 41
Whetstone Rd. Wolv —1D 36
Whetty Bri. Rd. Redn —3E 154
Whetty La. Redn —2E 154
Whichbury Ct. Row R —5D 90
Whichcote Av. Mer —8J 119
Whichford Clo. S Cold —3K 71
Whichford Gro. Birm —7H 95
While Rd. S Cold —5H 57
Whiley Clo. Clift D —4F 172
Whilmot Clo. F'stne —3H 23
Whimbrel Gro. Kidd —8A 150
Whinberry Ri. Brie H —8C 64
Whinchat Gro. Kidd —7A 150
Whinfield Rd. D'frd —3H 179
Whinyates Ri. Cann —1F 14
Whiston Av. Wolv —2A 38
Whiston Gro. Birm —1B 134
Whiston Ho. Wals —8M 39 (off New St.)
Whitacre Heath. —3D 74
Whitacre La. Lich —2L 27
Whitacre Rd. Birm —6E 94
Whitacre Rd. Know —2H 161
Whitacre Rd. Nun —5L 79
Whitacre Rd. Ind. Est. Nun —5L 79
Whitaker Rd. Cov —6J 143
Whitbourne Clo. Bal H —4B 114
Whitburn Av. Birm —4G 69
Whitburn Clo. Kidd —4H 149
Whitburn Clo. Wolv —7A 22
Whitburn Rd. Bed —7C 102
Whitby Clo. Wals —6F 24
Whitby Rd. Birm —5A 114

West Midlands Atlas 283

Windmill St.—Wood La.

Windmill St. Dud —4D 64 (DY3)
Windmill St. Wals —1L 53
Windmill St. W'bry —6G 53
Windmill Ter. W'bry —6G 53
Windmill Vw. Dud —2H 65
Windridge Clo. Cov —3K 167
Windridge Cres. Sol —1F 138
Windrow, The. Pert —5D 34
Windrush Clo. Redd —3D 208
Windrush Clo. Sol —7A 116
Windrush Dri. Hinc —1G 81
Windrush Gro. Birm —1G 135
Windrush Rd. Cann —3E 8
Windrush Rd. H'wd —2B 158
Windrush Way. Long L —4H 171
Windsor Arc. Birm —6L 93 (4G 5)
Windsor Av. Cann —3H 9
Windsor Av. O'bry —6G 91
Windsor Av. Wolv —3L 49
Windsor Clo. Birm —3A 156
Windsor Clo. Burn —8E 10
Windsor Clo. Dud —8B 64
Windsor Clo. Hale —6M 109
Windsor Clo. Redn —7G 133
Windsor Clo. Row R —5C 90
Windsor Clo. Tam —2C 32
Windsor Ct. Burb —4A 82
Windsor Ct. Cov —7H 143
Windsor Ct. Lea S —1M 215
Windsor Ct. Lich —3H 19
Windsor Ct. Nun —3E 78
Windsor Ct. Rugby —6A 172
Windsor Cres. Dud —3K 89
Windsor Dri. Birm —4J 71
Windsor Dri. Kidd —2L 149
Windsor Dri. Sol —6B 116
Windsor Dri. Stour S —8F 174
Windsor Gdns. B'gve —7A 180
Windsor Gdns. Cas —2G 49
Windsor Gdns. Cod —6F 20
Windsor Gdns. Nun —5E 78
Windsor Ga. W'hall —5C 38
Windsor Gro. Stourb —8L 87
Windsor Gro. Wals —7C 26
Windsor Holloway. Kinv —7B 106
Windsor Ho. Birm —3F 70
Windsor Ind. Est. Birm —4A 94
Windsor Lodge. Sol —1K 137
Windsor Pl. Birm —6E 70
Windsor Pl. Lea S —1M 215
Windsor Pl. Nech —6A 94 (3M 5)
Windsor Rd. Cas B —2F 96
Windsor Rd. Hale —5M 109
Windsor Rd. O'bry —6G 91
Windsor Rd. Redd —4D 204
Windsor Rd. Row R —5C 90
Windsor Rd. Stir —4H 135
Windsor Rd. Stourb —6K 107
Windsor Rd. S Cold —8D 56
Windsor Rd. Tip —1A 66
Windsor Rd. Wals —5E 14
Windsor Rd. W Brom —1H 67
Windsor Rd. Wolv —4F 50
Windsor Rd. Wom —3F 62
Windsor St. Bils —3J 51
Windsor St. Birm —4M 93
Windsor St. B'gve —7M 179
Windsor St. Cov —7B 144
Windsor St. Hinc —4M 81
Windsor St. Lea S —1M 215
Windsor St. Nun —5H 79
Windsor St. Redd —5D 204
Windsor St. Rugby —6C 172
Windsor St. Wals —2L 53
Windsor St. S. Birm —5A 94 (2L 5)
Windsor Ter. Birm —8F 92
Windsor Vw. Birm —2H 133
Windsor Wlk. Darl —1D 52
Windsor Way. Wals —2D 40
Winds Point. Hag —3A 130
Windward Way. Birm —1F 96
Windward Way Ind. Est. Birm —1F 96
Windy Arbour. —6H 191
Windy Arbour. Ken —4H 191
Windyridge Rd. S Cold —3M 71
Winfield Rd. Nun —4H 79
Winfield St. Rugby —5D 172
Winford Av. K'wfrd —5L 87
Winforton Clo. Redd —6L 205
Wingate Clo. Birm —5F 134
Wingate Ct. S Cold —5E 42
Wingate Rd. Wals —7E 38
Wing Clo. Wals —5F 38
Wingfield Clo. Birm —6F 96
Wingfield Ho. Birm —4F 96
Wingfield Rd. Col —4M 97
Wingfield Rd. Gt Barr —2J 69
Wingfield Way. Cov —7A 122
Wingfoot Av. Wolv —1E 36
Wingrave Clo. Alle —3G 143
Wing Yip Cen. Birm —3B 94
Winifred Av. Cov —8A 144
Winifride Ct. Harb —4B 112
Winkle St. W Brom —5H 67
Winleigh Rd. Birm —7F 68
Winnall Clo. Bils —7K 51
Winnallthorpe. Cov —3L 167
Winn Ho. Wals —6K 39 (off Burrowes St.)
Winnie Rd. Birm —8E 112
Winnington Rd. Birm —2G 95
Winnipeg Rd. Birm —1G 157
Winrush Clo. Dud —6D 64
Winscar Cft. Dud —6E 64
Winsford Av. Cov —5H 143
Winsford Clo. Bal C —3G 163
Winsford Clo. Hale —3A 110
Winsford Clo. S Cold —6L 57
Winsford Ct. Cov —5J 143
Winsham Gro. Birm —1E 92
Winsham Wlk. Cov —6C 166
Winslow Av. Birm —5H 95
Winslow Clo. Cov —6H 143
Winslow Clo. Lea S —8J 211
Winslow Clo. Redd —6M 205
Winslow Dri. Wolv —5M 35
Winslow Ho. Cov —5A 6
Winson Green. —4F 92
Winson Grn. Rd. Birm —4E 92
Winson St. Birm —5D 92
Winspear Clo. Mer —8J 119
Winstanley Rd. Birm —7K 95
Winster Av. Dorr —5E 160
Winster Clo. Ker E —2A 122
Winster Gro. Birm —7K 55
Winster Gro. Ind. Est. Birm —7K 55
Winster Rd. Birm —1D 68
Winster Rd. Wolv —8H 37
Winston Av. Cov —1K 145
Winston Clo. Cov —1K 145
Winston Cres. Lea S —6C 212
Winston Dri. Birm —8H 69
Winston Dri. Rom —5A 132
Winstone Clo. Redd —5G 205
Winston Rd. Cau —3A 128
Winston Rd. Swind —7E 62
Winterbourne Cft. Birm —8J 135
Winterbourne Rd. Sol —5M 137
Winter Clo. Lich —7K 13
Winterdene. Bal C —2H 163
Winterfold. —1H 177
Winterfold Clo. Kidd —3B 150
Winterley Gdns. Sed —3E 64
Winterley La. Wals —2C 40
Winterton Rd. Birm —6A 56
Winterton Rd. Bulk —8C 104
Winthorpe Dri. Sol —1C 160
Wintney Clo. Birm —2A 112
Winton Gro. Min —3A 72
Wintour Wlk. B'gve —2L 201
Winward Rd. Redd —8M 205
Winwick Pl. Rugby —1J 197
Winwood Heath Rd. Rom & Hale —8K 131
Winwood Rd. Row R —6E 90
Winwoods Gro. Birm —1G 133
Winyate Hill. Redd —7G 205
Winyates. —5K 205
Winyates Green. —6M 205
Winyates Way. Redd —4L 205
Wirehill Dri. Redd —8F 204
Wiremill Clo. Birm —3L 69
Wirral Rd. Birm —3M 133
Wiseacre Cft. Shir —7E 136
Wise Gro. Rugby —7F 172
Wise Gro. Warw —7E 210
Wiseman Gro. Birm —8D 56
Wisemore. Wals —7L 39 (in two parts)
Wise St. Lea S —2M 215
Wise Ter. Lea S —2M 215
Wishaw. —7H 59
Wishaw Clo. Redd —1G 209
Wishaw Clo. Shir —7E 136
Wishaw Gro. Birm —4F 96
Wishaw La. Curd —1G 73
Wishaw La. Curd & Midd —5H 59
Wishaw La. Midd —1H 59
Wishaw La. Min —3D 72
Wisley Gro. Ken —4J 191
Wisley Way. Birm —4M 111
Wissage Ct. Lich —1K 19
Wissage Cft. Lich —8J 13
Wissage La. Lich —1K 19
Wissage Rd. Lich —8J 13
Wistaria Clo. Birm —3A 134
Wisteria Clo. Cov —7H 123
Wisteria Gro. Birm —7L 55
Wistmans Clo. Dud —7E 64
Wistwood Hayes. Wolv —5F 22
Witham Clo. S Cold —8A 58
Witham Cft. Sol —8C 138
Withdean Clo. Birm —4D 114
Witherford Clo. Birm —1C 134
Witherford Cft. Sol —7K 137
Witherford Way. Birm —1C 134
Withern Way. Dud —6C 64
Withers Rd. Cod —6H 21
Withers Way. W Brom —5K 67
Withington Covert. Birm —7K 135
Withington Gro. Dorr —5E 160
Withybed Clo. A'chu —3A 182
Withybed Green. —3M 181
Withybed La. A'chu —3M 181
Withybrook. —3M 125
Withybrook Clo. Cov —7K 123
Withybrook La. Shil —3F 124
Withybrook Rd. Bulk —7D 104
Withybrook Rd. Shir —1H 159
Withy Gro. Birm —4F 96
Withy Hill Rd. S Cold —2M 57
Withymere La. Wom —1J 63
Withymoor Rd. Dud —5L 89
Withymoor Rd. Stourb —2A 108
Withymoor Village. —8D 88
Withy Rd. Bils —6J 51
Withywood Clo. W'hall —8C 24
Witley Av. Hale —5L 109
Witley Av. Sol —7C 138
Witley Clo. Kidd —7H 149
Witley Cres. O'bry —4E 90
Witley Farm Clo. Sol —7C 138
Witley Rd. Birm —7D 134
Witley Way. Stour S —8D 174
Witnells End. —1C 126
Witney Clo. Tam —2M 31
Witney Dri. Birm —7F 96
Witney Gro. Wolv —6B 22
Wittersham Ct. W'hall —7B 38 (off Birmingham St.)
Witton. —6M 69
Witton Bank. Hale —2F 110
Witton La. Birm —8M 69
Witton La. W Brom —1G 67
Witton Lodge Rd. Birm —2B 70
Witton Rd. Birm —1L 93
Witton Rd. Wolv —3A 50
Witton St. Birm —7B 94
Witton St. Stourb —5L 107
Wivelden Av. Stour S —3K 175
Wixford Cft. Birm —2A 96
Wixford Gro. Shir —7K 137
Wobaston Rd. Wolv & F'hses —6K 21
Woburn. Glas —6D 32
Woburn Av. W'hall —3B 38
Woburn Clo. B'gve —8K 179
Woburn Clo. Hinc —6E 84
Woburn Clo. Syd —3D 216
Woburn Cres. Birm —8D 54
Woburn Dri. Brie H —2B 108
Woburn Dri. Hale —2B 110
Woburn Dri. Nun —7G 79
Woburn Gro. Birm —8J 115
Wodehouse Clo. Wom —4E 62
Wodehouse La. Wom —1J 63
Woden Av. Wolv —3J 37
Woden Clo. Wom —2F 62
Woden Cres. Wolv —3J 37
Woden Pas. W'bry —7F 52
Woden Rd. Wolv —5E 36
Woden Rd. E. W'bry —5H 53
Woden Rd. N. W'bry —4E 52
Woden Rd. S. W'bry —8F 52
Woden Rd. W. W'bry —5D 52
Woden Way. Wolv —3J 37
Wolcot Gro. Birm —4M 69
Wolds La. Wlvy —5L 105
Wold Wlk. Birm —3B 136
Wolfe Rd. Cov —2F 164
Wolfsbane Dri. Wals —6A 54
Wollaston. —4K 107
Wollaston Ct. Stourb —3J 107
Wollaston Ct. Wals —7M 39 (off Lwr. Rushall St.)
Wollaston Cres. Wolv —3K 37
Wollaston Rd. Stourb —2J 107 (DY7)
Wollaston Rd. Stourb —1M 107 (DY8)
Wollerton Gro. S Cold —3M 57
Wollescote. —4G 109
Wollescote Dri. Sol —8B 138
Wollescote Rd. Stourb —6C 108
Wolmer Rd. Wolv —7M 23
Wolseley. Tam —7F 32
Wolseley Av. Birm —5K 115
Wolseley Bank. Wolv —2F 36
Wolseley Clo. Birm —8G 73
Wolseley Clo. Wolv —2F 36
Wolseley Dri. Birm —2H 95
Wolseley Ga. Wolv —2F 36
Wolseley Rd. Bils —2H 51
Wolseley Rd. W Brom —3E 66
Wolseley St. Bord —7B 94 (in two parts)
Wolsey Rd. Lich —7F 12
Wolsey Rd. Rugby —4K 197
Wolston. —6G 169
Wolston Bus. Pk. Wols —4G 169
Wolston Clo. Shir —5H 137
Wolston La. Ryton D —8C 168
Wolverhampton. —7D 36 (4L 7)
Wolverhampton Art Gallery. —7C 36 (3J 7)
Wolverhampton Rd. Blox —8H 25
Wolverhampton Rd. Cann —2C 14 (in two parts)
Wolverhampton Rd. C Hay —8B 14
Wolverhampton Rd. Cod —5F 20 (in two parts)
Wolverhampton Rd. Cookl —4C 128
Wolverhampton Rd. Dud —8D 50
Wolverhampton Rd. Ess —6M 23
Wolverhampton Rd. Hth T —6F 36
Wolverhampton Rd. Kidd —8A 128
Wolverhampton Rd. K'wfrd —8J 63
Wolverhampton Rd. O'bry —2D 90
Wolverhampton Rd. Patt —6A 34
Wolverhampton Rd. Pels —6L 25
Wolverhampton Rd. Share —7A 14
Wolverhampton Rd. Wals —7G 39 (in three parts)
Wolverhampton Rd. E. Wolv —4D 50
Wolverhampton Rd. S. Birm —2L 111
Wolverhampton Rd. W. W'hall & Wals —7C 38
Wolverhampton Science Pk. Wolv —3C 36
Wolverhampton St. Bils —3J 51
Wolverhampton St. Dud —8H 65
Wolverhampton St. Wals —7K 39
Wolverhampton St. W'bry —2B 52
Wolverhampton St. W'hall —8M 37
Wolverhampton Tourist Info. Cen. —7C 36 (4J 7)
Wolverley. —6K 127
Wolverley Av. Stourb —3J 107
Wolverley Av. Wolv —4K 49
Wolverley Cres. O'bry —4D 90
Wolverley Rd. Birm —1H 133
Wolverley Rd. Hale —7M 109
Wolverley Rd. Kidd —8H 127
Wolverley Rd. Sol —7D 116
Wolverson Clo. W'hall —5C 38
Wolverson Rd. Wals —5G 27
Wolverton Clo. Redd —7K 205
Wolverton Rd. Cov —6G 143
Wolverton Rd. Dud —8L 65
Wolverton Rd. Mars G —2H 117
Wolverton Rd. Redn —3J 155
Wolvey. —5K 105
Wolvey Heath. —3M 105
Wolvey Rd. Bulk —7D 104
Wolvey Rd. Hinc —6L 81
Wombourne. —3H 63
Wombourne Clo. Dud —1C 64
Wombourne Pk. Wom —4F 62
Wombourne Rd. Swind —7E 62
Wombrook Dale. Wom —3D 62
Woodacre Rd. Erd —5J 71
Woodall Rd. Birm —8M 69
Woodall St. Crad H —8J 89
Woodall St. Wals —8J 25
Woodard Rd. Tip —2C 66
Wood Av. Dud —5C 64
Wood Av. Wolv —3K 37
Wood Bank. Birm —2L 115
Woodbank. Burb —2A 82
Woodbank Dri. Cats —1M 179
Woodbank Rd. Dud —2C 64
Wood Bank Rd. Wolv —1G 49
Woodberrow La. Redd —3D 208
Woodberry Dri. S Cold —7A 58
Woodberry Wlk. Birm —6K 115
Woodbine Av. Birm —1D 114
Woodbine Cotts. Lea S —1L 215
Woodbine Cft. Birm —3A 116
Woodbine St. Lea S —1L 215
Woodbine Wlk. Birm —7K 97
Woodbourne. Birm & Edg —1D 112
Woodbourne Rd. Harb & Edg —1C 112
Woodbourne Rd. Smeth —7L 91
Woodbridge Clo. Blox —6G 25
Woodbridge Clo. Rus —8D 26
Woodbridge Rd. Birm —6M 113
Woodbrooke Rd. Birm —2D 134
Woodbrook Ho. Birm —7H 97
Woodburn Clo. Cov —5H 143
Woodburn Rd. Smeth —2D 92
Woodbury Clo. Brie H —7E 88
Woodbury Clo. Call H —3A 208
Woodbury Clo. Hale —1F 110
Woodbury Clo. Hartl —8A 176
Woodbury Dri. B Grn —8G 155
Woodbury Gro. Sol —8B 138
Woodbury Rd. Hale —1F 110
Woodbury Rd. Kidd —7H 149
Woodbury Rd. Stour S —4F 174
Woodbury Rd. N. Stour S —4F 174
Woodbury Rd. W. Stour S —4F 174
Woodchester. Hag —5B 130
Woodchester Rd. Dorr —7E 160
Wood Clo. Col —2M 97
Woodclose Av. Cov —3M 143
Woodclose Rd. Birm —6F 96
Woodcock Clo. Birm —8H 133
Woodcock Clo. Tan A —6E 184
Woodcock Gdns. F'stne —2H 23
Woodcock Hill. —2K 133
Woodcock La. A Grn —6K 115 (in two parts)
Woodcock La. N'fld —2L 133
Woodcock La. N. Birm —5K 115
Woodcock St. Birm —5M 93 (2J 5)
Woodcombe Clo. Brie H —2B 108
Wood Comn. Grange. Wals —5M 25
Woodcote Av. Ken —2D 190
Woodcote Av. Nun —1M 79
Woodcote Clo. Redd —6L 205
Woodcote Dri. Birm —4F 94
Woodcote Dri. Dorr —7H 161
Woodcote Dri. Leek W —2F 210
Woodcote Green. —4C 178
Woodcote La. Leek W —1E 210
Woodcote La. U War & Belb —3D 178
Woodcote Pl. Birm —2J 93
Woodcote Rd. Birm —4K 71
Woodcote Rd. Lea S —6L 211
Woodcote Rd. Warw —1F 214
Woodcote Rd. Wolv —5J 35
Woodcote Way. Birm —4G 93
Woodcote Way. S Cold —3M 55
Wood Ct. Redd —8C 204
Woodcraft Clo. Cov —7G 143
Woodcroft. H'wd —3B 158
Woodcroft Av. Birm —6E 68
Woodcroft Av. Tam —3B 32
Woodcroft Av. Tip —4J 65
Woodcroft Clo. B'wll —4F 180
Woodcroft Clo. Crad H —1M 109
Woodcross. —7F 50
Woodcross La. Bils —7G 51
Woodcross St. Bils —7F 50
Wood End. —7J 123 (nr. Coventry)
Wood End. —8J 47 (nr. Kingsbury)
Wood End. —4G 101 (nr. New Arley)
Wood End. —5F 184 (nr. Tamworth-in-Arden)
Wood End. —2J 37 (nr. Wednesfield)
Woodend. Birm —3E 68
Woodend Clo. Redd —7B 204
Wood End Cft. Cov —1E 164
Wood End Dri. B Grn —1G 181
Wood End La. Birm —6F 70
Wood End La. Elmh —1F 12
Wood End La. Fill —5G 101
Wood End La. Tan A —3E 184
Woodend Pl. Wolv —5H 35
Wood End Rd. Birm —6F 70
Wood End Rd. Wals —1D 54
Wood End Rd. Wolv —2K 37
Woodend Way. Wals —8H 27
Woodfall Av. Birm —4F 134
Woodfield. Belb —1L 153
Woodfield Av. Brie H —2B 88
Woodfield Av. Crad H —1K 109
Woodfield Av. O'bry —5G 91
Woodfield Av. Stourb —7F 108
Woodfield Av. Wolv —3M 49
Woodfield Clo. Cann —2M 15
Woodfield Clo. Redd —4G 205
Woodfield Clo. S Cold —1H 57
Woodfield Clo. Wals —4E 54
Woodfield Cres. Kidd —4J 149
Woodfield Cres. S'brk —3A 114
Woodfield Dri. Cann —2M 15
Woodfield Heights. Wolv —5K 35
Woodfield La. Rom & Belb —1K 153
Woodfield Rd. Bal H —3A 114
Woodfield Rd. Cov —1L 165
Woodfield Rd. Dud —5C 64
Woodfield Rd. Hinc —3J 81
Woodfield Rd. K Hth —1M 135
Woodfield Rd. Sol —3B 138
Woodfields Dri. Lich —3L 19
Woodfield St. Kidd —3J 149
Woodfold Cft. Wals —2H 41
Woodford Av. Birm —1B 96
Woodford Clo. Ash G —4D 122
Woodford Clo. Nun —5D 78
Woodford Clo. Wolv —7M 21
Woodford Cres. Burn —2H 17
Woodford End. C'mr —5F 8
Woodford Grn. Rd. Birm —1G 137
Woodford La. Try —1C 62
Woodford Way. Cann —8J 9
Woodford Way. Wom —3D 62
Woodfort Rd. Birm —2E 68
Woodgate. —8H 111 (nr. Bournville)
Woodgate. —8B 202 (nr. Bromsgrove)
Woodgate Bus. Pk. Birm —7H 111
Woodgate Dri. Birm —8G 111
Woodgate Gdns. Birm —7G 111
Woodgate Ho. Redd —5A 204
Woodgate La. Birm —7G 111
Woodgate Rd. Hinc —1A 82
Woodgate Rd. S Prior & Lwr B —8A 202
Woodgate Valley Country Pk. —6J 111
Woodgate Valley Country Pk. Vis. Cen. —7H 111
Woodgate Way. Belb —2E 152
Woodglade Cft. Birm —7E 134
Wood Green. —4G 53
Wood Grn. C Hay —4E 14
Woodgreen Clo. Call H —2B 208
Woodgreen Cft. O'bry —2J 111
Wood Grn. Rd. Birm —5D 92
Woodgreen Rd. O'bry —2J 111
Wood Grn. Rd. W'bry —5G 53
Woodhall Clo. Nun —7A 80
Woodhall Clo. Tip —1A 66
Woodhall Cft. Sol —8M 115
Woodhall Ho. Wals —1J 39 (off Woodhall St.)
Woodhall Rd. Wolv —5L 49
Woodham Clo. Redn —8E 132
Woodhampton Clo. Stour S —8F 174
Woodhams Rd. Cov —6J 167
Woodhaven. Cann —4B 14
Woodhaven. Wals —8D 26
Wood Hayes. —8J 23
Wood Hayes Rd. Wolv —7H 23
Woodhill Clo. Wom —3F 62
Wood Hill Dri. Wom —4F 62
Wood Hill Ri. Cov —7D 122
Wood Ho. Wals —2M 53
Woodhouse Clo. Bin —1L 167
Woodhouse Fold. Wolv —4K 37
Woodhouse La. Tam —4G 33
Woodhouse Orchard. Belb —2E 152
Woodhouse Rd. Birm —3L 111
Woodhouse Rd. Wolv —5H 35
Woodhouse Rd. N. Wolv —5H 35
Woodhouses. —2A 18
Woodhouses La. Burn —3L 17
Woodhouses Rd. Burn —2A 18
Woodhouse St. Warw —3D 214
Woodhouse Way. Crad H —8J 89
Woodhouse Yd. Cov —5G 123
Woodhurst Clo. Tam —4F 32
Woodhurst Rd. Birm —5A 114
Wooding Cres. Tip —8B 52
Woodington Rd. S Cold —4A 58
Woodland Av. Brie H —8G 89
Woodland Av. Cov —2M 165
Woodland Av. Dud —6J 65
Woodland Av. Hag —4M 129
Woodland Av. Hinc —3A 82
Woodland Av. Kidd —2J 149
Woodland Av. Wolv —6H 35
Woodland Clo. Cann —1H 9
Woodland Clo. Stourb —7D 108
Woodland Clo. W'hall —3D 38
Woodland Ct. Cann —5C 8
Woodland Ct. Shen W —2G 43
Woodland Cres. Wolv —2K 49
Woodland Dri. Smeth —2L 91
Woodland Dri. Wals —5E 14
Woodland Gro. Birm —6E 54
Woodland Gro. Dud —7B 64
Woodland Ri. Crad H —1M 109
Woodland Ri. S Cold —5H 57
Woodland Rd. D'frd —2F 178
Woodland Rd. Hale —1D 110
Woodland Rd. Hand —1C 92
Woodland Rd. Hinc —8F 84
Woodland Rd. Ken —2H 191
Woodland Rd. N'fld —6B 134
Woodland Rd. Redd —6B 204
Woodland Rd. Tam —6G 33
Woodland Rd. Wolv —2J 49
Woodlands Av. Wals —4E 54
Woodlands Av. Wat O —7H 73
Woodlands Clo. Hartl —7B 176
Woodlands Clo. Wood E —8J 47
Woodlands Cotts. Wolv —5L 49
Woodlands Ct. Bin W —3D 168
Woodlands Ct. Cov —1A 166
Woodlands Cres. Wals —4M 25
Woodlands Farm Rd. Birm —5M 71
Woodlands La. Bed —5E 102
Woodlands La. Shir —1H 159
Woodlands Pk. Hurl —5J 61
Woodlands Pk. Rd. Birm —3C 134
Woodlands Rd. Bed —6E 102
Woodlands Rd. Bin W —2D 168
Woodlands Rd. Cookl —5A 128
Woodlands Rd. Redn —2D 154
Woodlands Rd. Salt —5F 94
Woodlands Rd. S'hll —6B 114
Woodlands Rd. Wom —4G 63
Woodlands St. Smeth —4C 92
Woodlands, The. Cod —7G 21
Woodlands, The. Crad H —2A 110
Woodlands, The. Kidd —6H 149
Woodlands, The. Lich —1K 19
Woodlands, The. Nun —1A 78
Woodlands, The. Stourb —7A 108
Woodlands, The. Wood E —8J 47
Woodlands Wlk. Wolv —4L 49
Woodlands Way. Birm —6K 97
Woodland Way. B'moor —1M 47
Woodland Way. Burn —3G 17
Wood La. A'rdge & Lich —8M 27
Wood La. Arly —7C 76
Wood La. Bars —8L 139
Wood La. Cann —5J 9
Wood La. Earls —7D 158
Wood La. Erd —8H 71
Wood La. Fair —7J 153
Wood La. Hand —7G 69
Wood La. Harb —3A 112

HOSPITALS and HOSPICES
covered by this atlas
with their map square reference

N.B. Where Hospitals and Hospices are not named on the map, the reference
given is for the road in which they are situated.

Acorns Childrens Hospice —1E **134**
103 Oak Tree La., Selly Oak,
BIRMINGHAM
B29 6HZ
Tel: 0121 2484850

Acorns Walsall Childrens Hospice —4M **53**
Walstead Rd.,
WALSALL
WS5 4NL
Tel: 01922 422 500

ALEXANDRA HOSPITAL, THE —3J **209**
Woodrow Dri.,
REDDITCH
Worcestershire
B98 7UB
Tel: 01527 503030

ALL SAINTS HOSPITAL (BIRMINGHAM) —4F **92**
Lodge Rd., Hockley,
BIRMINGHAM
B18 5SD
Tel: 0121 6856220

BIRMINGHAM CHILDREN'S HOSPITAL (DIANA PRINCESS OF
WALES HOSPITAL) —6L **93** (3H **5**)
Steelhouse La.,
BIRMINGHAM
B4 6NH
Tel: 0121 3339999

BIRMINGHAM DENTAL HOSPITAL —6L **93** (2G **5**)
St Chad's Queensway,
BIRMINGHAM
B4 6NN
Tel: 0121 2368611

BIRMINGHAM HEARTLANDS HOSPITAL —7H **95**
Bordesley Green E.,
BIRMINGHAM
B9 5SS
Tel: 0121 7666611

BIRMINGHAM NUFFIELD HOSPITAL, THE —4F **112**
22 Somerset Rd., Edgbaston,
BIRMINGHAM
B15 2QQ
Tel: 0121 4562000

BIRMINGHAM WOMENS HOSPITAL —5D **112**
Metchley Park Rd.,
BIRMINGHAM
B15 2TG
Tel: 0121 4721377

BLOXWICH HOSPITAL —1H **39**
Reeves St.,
WALSALL
WS3 2JJ
Tel: 01922 858600

BRAMCOTE HOSPITAL —2E **104**
Lutterworth Rd.,
Bramcote,
NUNEATON
Warwickshire
CV11 6QL
Tel: 024 7638 8200

BUSHEY FIELDS HOSPITAL —2E **88**
Bushey Fields Rd.,
DUDLEY
West Midlands
DY1 2LZ
Tel: 01384 457373

CANNOCK CHASE HOSPITAL —7E **8**
Brunswick Rd.,
CANNOCK
Staffordshire
WS11 2XY
Tel: 01543 572757

CITY HOSPITAL (BIRMINGHAM) —5F **92**
Dudley Rd.,
BIRMINGHAM
B18 7QH
Tel: 0121 5543801

Compton Hospice —7J **35**
Compton Rd. W.,
WOLVERHAMPTON
WV3 9DH
Tel: 01902 758151

CORBETT HOSPITAL —2A **108**
Vicarage Rd.,
STOURBRIDGE
West Midlands
DY8 4JB
Tel: 01384 456111

COVENTRY & WARWICKSHIRE HOSPITAL
—5D **144** (2D **6**)
Stoney Stanton Rd.,
COVENTRY
CV1 4FH
Tel: 024 7622 4055

DOROTHY PATTISON HOSPITAL —8H **39**
Alumwell Clo.,
WALSALL
WS2 9XH
Tel: 01922 858000

EDWARD STREET HOSPITAL —6J **67**
Edward St.,
WEST BROMWICH
West Midlands
B70 8NL
Tel: 0121 553 7676

GEORGE ELIOT HOSPITAL —7H **79**
College St.,
NUNEATON
Warwickshire
CV10 7DJ
Tel: 024 7635 1351

GOOD HOPE HOSPITAL —3K **57**
Rectory Rd.,
SUTTON COLDFIELD
West Midlands
B75 7RR
Tel: 0121 3782211

GOSCOTE HOSPITAL —1M **39**
Goscote La.,
WALSALL
WS3 1SJ
Tel: 01922 710710

GUEST HOSPITAL —6L **65**
Tipton Rd.,
DUDLEY
West Midlands
DY1 4SE
Tel: 01384 456111

HALLAM DAY HOSPITAL —4K **67**
Lewisham St.,
WEST BROMWICH
West Midlands
B71 4HJ
Tel: 0121 553 1831

HAMMERWICH HOSPITAL —4H **17**
Hospital Rd.,
BURNTWOOD
Staffordshire
WS7 0EH
Tel: 01543 675754

HEATH LANE HOSPITAL —2K **67**
Heath La.,
WEST BROMWICH
West Midlands
B71 2BQ
Tel: 0121 553 1831

HIGHCROFT HOSPITAL —6D **70**
Fentham Rd.,
Erdington,
BIRMINGHAM
B23 6AL
Tel: 0121 6235500

HINCKLEY & DISTRICT HOSPITAL —1K **81**
Mount Rd.,
HINCKLEY
Leicestershire
LE10 1AG
Tel: 01455 251200

HINCKLEY SUNNYSIDE HOSPITAL —4D **84**
Ashby Rd.,
HINCKLEY
Leicestershire
LE10 3DA
Tel: 01455 251188

HOSPITAL OF ST CROSS —8B **172**
Barby Rd.,
RUGBY
Warwickshire
CV22 5PX
Tel: 01788 572831

John Taylor Hospice —4J **71**
76 Grange Rd., Erdington
BIRMINGHAM
B24 0DF
Tel: 0121 3735526

Kemp Hospice —6H **149**
58 Sutton Park Rd.,
KIDDERMINSTER
Worcestershire
DY11 6LF
Tel: 01562 861217

KIDDERMINSTER GENERAL HOSPITAL —4J **149**
Bewdley Rd.,
KIDDERMINSTER
Worcestershire
DY11 6RJ
Tel: 01562 823424

KINGS HILL DAY HOSPITAL —4E **52**
School St.,
WEDNESBURY
West Midlands
WS10 9JB
Tel: 0121 5264405

LEA CASTLE CENTRE —6C **128**
Park Gate Rd., Cookley,
KIDDERMINSTER
Worcestershire
DY10 3PP
Tel: 01562 850461

LITTLE ASTON BUPA HOSPITAL —4B **42**
Little Aston Hall Dri.,
Little Aston,
SUTTON COLDFIELD
West Midlands
B74 3UP
Tel: 0121 3532444

Little Bloxwich Day Hospice —6K **25**
Stoney La.,
WALSALL
WS3 3DW
Tel: 01922 858736

LUCY BALDWIN HOSPITAL —4F **174**
Olive Gro.,
STOURPORT-ON-SEVERN
Worcestershire
DY13 8XZ
Tel: 01299 827327

MANOR HOSPITAL (NUNEATON) —4G **79**
Manor Court Av.,
NUNEATON
Warwickshire
CV11 5HX
Tel: 024 7635 1351

MANOR HOSPITAL (WALSALL) —8J **39**
Moat Rd.,
WALSALL
WS2 9PS
Tel: 01922 721172

Mary Stevens Hospice —7B **108**
221 Hagley Rd.,
STOURBRIDGE
West Midlands
DY8 2JR
Tel: 01384 443010

MIRAH DAY HOSPITAL —4G **79**
Manor Hospital,
Manor Court Av.,
NUNEATON
Warwickshire
CV11 5HX
Tel: 024 7635 1351

MOSELEY HALL HOSPITAL —6L **113**
Alcester Rd.,
BIRMINGHAM
B13 8JL
Tel: 0121 4424321

Hospitals & Hospices

MOSSLEY DAY HOSPITAL —8F **24**
Sneyd La.,
WALSALL
WS3 2LW
Tel: 01922 858680

Myton Hamlet Hospice —3H **215**
Myton La.,
WARWICK
CV34 6PX
Tel: 01926 492518

NEW CROSS HOSPITAL (WOLVERHAMPTON) —4H **37**
Wolverhampton Rd., Heath Town,
WOLVERHAMPTON
WV10 0QP
Tel: 01902 307999

NORTHCROFT HOSPITAL —5D **70**
Reservoir Rd.,
Erdington,
BIRMINGHAM
B23 6DW
Tel: 0121 3782211

NUNEATON PRIVATE HOSPITAL —8J **79**
132 Coventry Rd.,
NUNEATON
Warwickshire
CV10 7AD
Tel: 024 7635 3000

PARKWAY BUPA HOSPITAL —4E **138**
1 Damson Parkway,
SOLIHULL
West Midlands
B91 2PP
Tel: 0121 7041451

PENN HOSPITAL —5L **49**
Penn Rd.,
WOLVERHAMPTON
WV4 5HN
Tel: 01902 444141

PRINCESS OF WALES COMMUNITY HOSPITAL —5A **180**
Stourbridge Rd.,
BROMSGROVE
Worcestershire.
B61 0BB
Tel: 01527 488000

PRIORY HOSPITAL, THE —4H **113**
Priory Rd., Edgbaston,
BIRMINGHAM
B5 7UG
Tel: 0121 4402323

QUEEN ELIZABETH HOSPITAL —5E **112**
Edgbaston,
BIRMINGHAM
B15 2TH
Tel: 0121 6271627

QUEEN ELIZABETH PSYCHIATRIC HOSPITAL —5E **112**
Mindelsohn Way, Edgbaston,
BIRMINGHAM
B15 2QZ
Tel: 0121 6272999

RIDGE HILL HOSPITAL —6L **87**
Brierly Hill Rd.,
STOURBRIDGE
West Midlands
DY8 5ST
Tel: 01384 456111

ROWAN DAY HOSPITAL —5E **204**
Smallwood House,
Church Green W.,
REDDITCH
Worcestershire
B97 4BD
Tel: 01527 488600

ROWLEY REGIS HOSPITAL —7B **90**
Moor La.,
ROWLEY REGIS
West Midlands
B65 8DA
Tel: 0121 607 3465

ROYAL LEAMINGTON SPA REHABILITATION HOSPITAL
Heathcote La., —5L **215**
Heathcote,
WARWICK
CV346SR
Tel: 01926 317700

ROYAL ORTHOPAEDIC HOSPITAL —4B **134**
Bristol Rd. S., Northfield,
BIRMINGHAM
B31 2AP
Tel: 0121 685 4000

RUSSELLS HALL HOSPITAL —2D **88**
Pensnett Rd.,
DUDLEY
West Midlands
DY1 2HQ
Tel: 01384 456111

ST DAVID'S HOUSE (DAY HOSPITAL) —2G **63**
Planks La., Wombourne
WOLVERHAMPTON
WV5 8DU
Tel: 01902 326001

St Mary's Hospice —8G **113**
176 Raddlebarn Rd.,
BIRMINGHAM
B29 7DA
Tel: 0121 4721191

ST MICHAEL'S HOSPITAL —1D **214**
St. Michael's Rd.,
WARWICK
CV34 5QW
Tel: 01926 406789

ST MICHAEL'S HOSPITAL —1K **19**
Trent Valley Rd.,
LICHFIELD
Staffordshire
WS13 6EF
Tel: 01543 414555

SANDWELL DISTRICT GENERAL HOSPITAL —4K **67**
Lyndon,
WEST BROMWICH
West Midlands
B71 4HJ
Tel: 0121 553 1831

SELLY OAK HOSPITAL —8F **112**
Raddlebarn Rd.,
BIRMINGHAM
B29 6JD
Tel: 0121 6721627

SIR ROBERT PEEL HOSPITAL —7K **31**
Plantation La., Mile Oak,
TAMWORTH
Staffordshire
B78 3NG
Tel: 01827 263800

Sister Dora Hospice (Due Open Late 2000) —1M **39**
Goscote La.,
WALSALL
WS3 1SJ
Tel: 01922 858736

SOLIHULL HOSPITAL —5C **138**
Lode La.,
SOLIHULL
West Midlands
B91 2JL
Tel: 0121 7114455

SUTTON COLDFIELD COTTAGE HOSPITAL —5H **57**
Birmingham Rd.,
SUTTON COLDFIELD
West Midlands
B72 1QH
Tel: 0121 3556031

VICTORIA HOSPITAL —3G **19**
Friary Rd.,
LICHFIELD
Staffordshire
WS13 6QM
Tel: 01543 414926

WALSGRAVE HOSPITAL —4A **146**
Clifford Bridge Rd.,
COVENTRY
CV2 2DX
Tel: 024 7660 2020

Warren Pearl Marie Curie Hospice —5E **138**
911-913 Warwick Rd.,
SOLIHULL
West Midlands
B91 3ER
Tel: 0121 7054607

WARWICK HOSPITAL —1E **214**
Lakin Rd.,
WARWICK
CV34 5BW
Tel: 01926 495321

WARWICKSHIRE NUFFIELD HOSPITAL, THE —4L **211**
Old Milverton La.,
LEAMINGTON SPA
Warwickshire
CV32 6RW
Tel: 01926 427971

WEST HEATH HOSPITAL —1C **156**
Rednal Rd.,
BIRMINGHAM
B38 8HR
Tel: 0121 6271627

WEST MIDLANDS HOSPITAL —4K **109**
Colman Hill,
HALESOWEN
West Midlands
B63 2AH
Tel: 01384 560123

WEST PARK HOSPITAL —7A **36**
Park Rd. W.,
WOLVERHAMPTON
WV1 4PW
Tel: 01902 444000

WOLVERHAMPTON EYE INFIRMARY —7A **36**
Compton Rd.,
WOLVERHAMPTON
WV3 9QR
Tel: 01902 307999

WOLVERHAMPTON NUFFIELD HOSPITAL —5J **35**
Wood Rd.,
WOLVERHAMPTON
WV6 8LE
Tel: 01902 754177

WOODBOURNE PRIORY HOSPITAL —1C **112**
23 Woodbourne Rd.,
Harborne,
BIRMINGHAM
B17 8BY
Tel: 0121 4344343

WORDSLEY HOSPITAL —5L **87**
Stream Rd.,
STOURBRIDGE
West Midlands
DY8 5QX
Tel: 01384 456111

YARDLEY GREEN HOSPITAL —8G **95**
Yardley Green Rd.,
BIRMINGHAM
B9 5PX
Tel: 0121 7666611

YEW TREE HOUSE DAY HOSPITAL —2B **216**
87 Radford Rd.,
LEAMINGTON SPA
Warwickshire
CV31 1JQ
Tel: 01926 450660

Every possible care has been taken to ensure that the information given in this publication is accurate and whilst the publishers would be grateful to learn of any errors, they regret they cannot accept any responsibility for loss thereby caused.

The representation on the maps of a road, track or footpath is no evidence of the existence of a right of way.

The Grid on this map is the National Grid taken from the Ordnance Survey mapping with the permission of the Controller of Her Majesty's Stationery Office

Copyright of Geographers' A-Z Map Co. Ltd.

No reproduction by any method whatsoever of any part of this publication is permitted without the prior consent of the copyright owners.